ИЛЛЮСТРИРОВАННЫЙ СЛОВАРЬ

НА НЕМЕЦКОМ И РУССКОМ ЯЗЫКАХ

со 181 таблицей в штриховых рисунках

«ЮНВЕС»
Москва
1994

Bearbeiter der russischen Fassung:
Edmund Daum · Werner Schenk · Dagmar Kwech

Zeichnungen:
Graphikerkollektiv unter Leitung von Herbert Wiederroth

Einzelarbeiten: E.-M. Beger-Groh, Taf. 48, 50-53, 77, 79, 80, 91, 96, 99, 105, 107, 109, 167, 168; W. Berndt, Taf. 169; Professor H. Dörffel, Taf. 60; E. Grundeis, Taf. 8; K. Gundermann, Taf. 49, 61-63, 65-76, 78, 82, 86, 92, 128-131, 153-158, 173-175; G. Kretzschmar, Taf. 23-39, 97, 98; R. Lipus, Taf. 87; E. Martick, Taf. 5, 6, 45, 54, 133, 134, 145, 164, 165; K. Mohr, Taf. 1-3, 9, 47, 104, 124, 126, 146, 152, 160-162, 183-186; K. A. Müller, Taf. 139, 142; W. Schiller, Taf. 7, 89, 90; K. R. Schulze, Taf. 13, 14, 182; C. Streller, Taf. 4, 58, 64, 101, 102, 108, 112, 113, 117, 118, 135-138, 147, 148, 171, 177-181, 187, 188; O. Weise, Taf. 83, 84, 94, 95, 106, 110, 111, 114-116, 119-123, 125, 127, 132, 140, 141, 143, 144, 149-151, 159, 172, 176; H. Wiederroth, Taf. 22; F. W. M. Wolff, Taf. 10-12, 15-21, 40, 41, 43, 44, 46, 189

Kollektivarbeiten: E.-M. Beger-Groh und K. Mohr, Taf. 81; E. Grundeis und E.-M. Beger-Groh, Taf. 57, 59; K. Gundermann und E.-M. Beger-Groh, Taf. 100; R. Lipus und E.-M. Beger-Groh, Taf. 85; R. Lipus und K. Mohr, Taf. 88; E. Martick und E.-M. Beger-Groh, Taf. 55, 56; E. Martick und C. Streller, Taf. 170; C. Streller, K. Mohr und E.-M. Beger-Groh, Taf. 103; F. W. M. Wolff und E.-M. Beger-Groh, Taf. 42, 93, 166; F. W. M. Wolff und C. Streller, Taf. 163

BILDWÖRTERBUCH

DEUTSCH UND RUSSISCH

mit 181 Tafeln in Strichätzungen

VEB VERLAG ENZYKLOPÄDIE LEIPZIG

ББК 81.2.3. Нем
С48

С48 Илл. словарь на нем. и рус. языках. — М.: ЮНВЕС, 1994. — 768 с.

ББК 81.2.3 Нем
С48

ЛР № 061681
Подписано к печати 20.05.94. Формат 84х108 1/32. Бумага типографская N 1.
Печать высокая с ФПФ. Усл. печ. л. 40,32. Тираж 30 000 экз. Заказ 1080.

Издательство «ЮНВЕС».
121094, Москва, площадь Победы, д. 1.

Отпечатано с готовых диапозитивов, предоставленных
издательством «ЮНВЕС»», в типографии ГИПП «Вятка».
610044, г.Киров, ул. Московская, д. 122.

ISBN 5-7419-0004-6   © Худож. оформление
                                   ТОО «ЮНВЕС», 1994

Предисловие к первому изданию

Настоящее издание Немецко-русского иллюстрированного словаря выгодно отличается от предыдущего. Издательство надеется, что выход в свет словаря в исправленном виде послужит делу культурного сближения и взаимопонимания между немецким и советским народами.

Словарь рассчитан в первую очередь на лиц, уже в достаточной степени владеющих русским (или немецким) языком. Однако не исключено при этом, что способ подачи материала в словаре привлечёт к занятиям над отдельными темами также и начинающих.

В этом издании словаря, как и в предыдущем, материал располагается по тематическому принципу. Каждая тема снабжена одной или несколькими иллюстративными таблицами с поясняющими их текстами. Кроме таблиц и поясняющих текстов к каждой теме дополнительно даются слова и выражения, не иллюстрируемые или не поддающиеся иллюстрированию, но необходимые для полного и глубокого охвата данной темы.

При разработке тем словаря составители стремились как в иллюстрациях так и в текстах отразить наиболее современные понятия, характерные для сегодняшней жизни , причём особое внимание было уделено точному переводу на русский язык специальных терминов.

Для удобства пользования словарём в конце его помещены немецкий и русский алфавитные указатели всех встречающихся в словаре слов и выражений. При каждом слове (выражении) в указателе даётся соответствующий номер таблицы и текста, где данное слово (выражение) приведено. Эти указатели наряду с оглавлением и статьёй о пользовании должны оказать существенную помощь также и русскому потребителю словаря.

В заключение Издательство выражает свою глубокую благодарность Н. Н. Гришину (Москва) за просмотр русской части словаря.

Vorwort zur ersten Auflage

Wir hoffen, daß dieses deutsch-russische Bildwörterbuch in der gegenüber früheren Ausgaben verbesserten Form den Lehrenden und Lernenden wie auch den zahlreichen Kennern der russischen Sprache eine erwünschte Hilfe und Anregung bieten und so seinen Teil zur Begegnung und Verständigung unserer Völker beitragen wird.

Unser Wörterbuch ist besonders für solche Benutzer bestimmt, die im Erlernen der russischen bzw. der deutschen Sprache fortgeschritten sind. Aber auch der Anfänger wird durch die Art der Darstellung sicherlich zu näherer Beschäftigung mit den einzelnen Themen angeregt werden.

Der Grundgedanke, jedes Thema durch eine oder mehrere Bildtafeln mit gegenübergestelltem erklärendem Text darzustellen, ist für diese Ausgabe beibehalten worden. Außerdem ist fast jedem Tafeltext eine Zusammenstellung von ergänzenden Wörtern zugeordnet. Dieses Wortgut enthält nicht abgebildete oder nicht abbildbare Begriffe, die zu dem Thema der Tafel in engerer Beziehung stehen. Die Themen sind so ausgewählt, daß sie die wichtigsten Bereiche unseres Lebens umfassen. Dabei waren wir bemüht, diese Themen in Wort und Bild gegenwartsnah zu gestalten. Eine besondere Sorgfalt wurde der Übersetzung der zahlreichen Tafeln mit technischen Begriffen zugewendet, wobei man auf die Erfassung der neuesten russischen Bezeichnungen den größten Wert legte.

In einem ausführlichen deutschen und russischen Register sind alle vorkommenden Ausdrücke in alphabetischer Anordnung und mit Angabe der Tafel- und Textnummern aufgeführt. Wir hoffen, daß diese Register zusammen mit dem Inhaltsverzeichnis und den Hinweisen für den Benutzer auch dem von der russischen Sprache ausgehenden Leser genügend Hilfe für eine fruchtbare Auswertung des Buches bieten werden.

Der Verlag möchte auch an dieser Stelle Herrn N. N. Grischin, Moskau, für eine Durchsicht des russischen Textes verbindlichst danken.

Hinweise für den Benutzer

1. Themen

Über die Themen und ihre Anordnung im Buch unterrichtet das Inhaltsverzeichnis (S. IX-XV).
Das Thema ist am Kopf jeder Seite durch die römische Nummer der Gruppe und die arabische Nummer der Bildtafel gekennzeichnet; außerdem ist es auf der Tafeltextseite in Russisch, auf der Bildtafelseite in Deutsch angegeben.

2. Bildtafel und Tafeltext

Die Bildtafel steht auf der rechten, der dazugehörige deutsche und russische Tafeltext auf der linken Seite. Die auf der Bildtafel dargestellten Einzelheiten sind gewöhnlich in mehreren Reihen von links nach rechts durchnumeriert, und zwar von links oben angefangen. Die Numerierung der im Tafeltext angeführten Ausdrücke entspricht der der Bildtafel.

Zur vollen Auswertung des Buches beachte man die Hinweise auf das ergänzende Wortgut am Fuß der Tafeltextseite.

3. Wörterverzeichnis

Ein deutsches und ein russisches Register, in das sämtliche Wörter der Tafeltexte und des zusätzlichen Wortguts in abecelicher Folge aufgenommen wurden, werden das Nachschlagen in unserem Bildwörterbuch erleichtern. Vgl. den Hinweis zum Gebrauch des Registers (S. 553).

4. Verweise

Innerhalb der Texte wird oft durch einen Pfeil (↑) auf andere Tafeln verwiesen, wenn sich wichtige sachliche Berührungspunkte zu anderen Themen ergeben. Wiederholungen werden so vermieden.

О пользовании словарём

1. Темы

Содержание тем и порядок их расположения см. в оглавлении (S. IX-XV).
Разделы темы обозначаются римскими, иллюстративные таблицы — арабскими цифрами; обе цифры ставятся на каждой странице сверху. Название темы над текстовой частью словаря даётся по-русски, над иллюстративными таблицами — по-немецки.

2. Иллюстративные таблицы и поясняющий их текст

Иллюстративные таблицы помещены на развороте книги справа, относящиеся к ним немецкие и русские тексты — слева. Детали иллюстрации нумеруются, начиная с левого верхнего угла, слева направо. Под соответствующим номером в поясняющем таблицу тексте даётся название данной детали.

Для полного использования словаря следует обращать внимание на ссылку к дополнениям внизу поясняющих текстов.

3. Алфавитный указатель

Пользование словарём значительно облегчается благодаря помещаемым в его конце немецким и русским алфавитным указателям. О правилах пользования указателями см. стр. 658.

4. Ссылки

Во избежание излишних повторений при некоторых словах в текстах ставится стрелка (↑), отсылающая к той таблице, где данное понятие увязано с другими, более ему родственными.

INHALTSVERZEICHNIS

ОГЛАВЛЕНИЕ

I Raum, Zahl, Zeit

1 Landschaft
2 Himmel und Erde
3 Wetter
4 Lage und Richtung
5 Geometrie I
6 Geometrie II
7 Rechnen
8 Maße und Gewichte
9 Zeit — Uhr

II Die Pflanze

10 Nutzpflanzen I
11 Nutzpflanzen II
12 Nutzpflanzen III
13 Obst I
14 Obst II
15 Heilpflanzen
16 Laubbäume
17 Nadelbäume
18 Pilze
19 Wiesenblumen
20 Gartenblumen
21 Zimmerpflanzen

III Das Tier

22 Gliedertiere
23 Fische — Lurche — Kriechtiere
24 Tagraubvögel — Eulen — Singvögel I

I Пространство, число, время

1 Ландшафт
2 Небо и земля
3 Погода
4 Местонахождение и направление
5 Геометрия I
6 Геометрия II
7 Арифметика
8 Меры и веса
9 Время — часы

II Растение

10 Полезные растения I
11 Полезные растения II
12 Полезные растения III
13 Ягоды и фрукты I
14 Ягоды и фрукты II
15 Лекарственные растения
16 Лиственные деревья
17 Хвойные деревья
18 Грибы
19 Луговые цветы
20 Садовые цветы
21 Комнатные растения

III Животное

22 Суставчатые животные
23 Рыбы — земноводные — пресмыкающиеся
24 Дневные хищные птицы — Совы — певчие птицы I

25 Singvögel II	25 Певчие птицы II
26 Singvögel III	26 Певчие птицы III
27 Verschiedene andere Vögel	27 Разные другие птицы
28 Dickhäuter — Huftiere	28 Толстокожие животные — копытные животные
29 Nagetiere — Raubtiere — Affen	29 Грызуны — хищные звери — обезьяны
30 Wild I	30 Дичь и промысловый зверь I
31 Wild II	31 Дичь и промысловый зверь II
32 Pelztiere	32 Пушные звери
33 Haustiere I	33 Домашние животные I
34 Haustiere II	34 Домашние животные II

IV Der menschliche Körper   IV Человеческий организм

35 Der nackte Mensch	35 Человеческое тело
36 Einzelne Körperteile I	36 Отдельные части тела I
37 Einzelne Körperteile II	37 Отдельные части тела II
38 Knochengerüst und innere Organe	38 Скелет и внутренние органы
39 Muskeln — Blut — Nerven	39 Мышцы — кровь — нервы

V Das häusliche Leben   V Домашняя жизнь

40 Haus	40 Дом
41 Wohnzimmer — Arbeitszimmer	41 Жилая комната — рабочий кабинет
42 Schlafzimmer	42 Спальня
43 Küche	43 Кухня
44 Bad — Toilette	44 Ванная — уборная
45 Treppenhaus — Korridor	45 Лестничная клетка — коридор
46 Dachgeschoß — Keller	46 Чердачный этаж — подвал
47 Garten	47 Сад
48 Frauenkleidung	48 Женская одежда
49 Männerkleidung	49 Мужская одежда
50 Unterkleidung	50 Нижнее бельё
51 Zubehör zur Kleidung	51 Принадлежности туалета
52 Kinderkleidung	52 Детская одежда
53 Kinderspielzeug	53 Детская игрушка
54 Mahlzeiten	54 Кушанья
55 Häusliche Arbeiten I	55 Домашние работы I
56 Häusliche Arbeiten II	56 Домашние работы II
57 Krankenpflege	57 Уход за больными

VI Soziale und gesundheitliche Betreuung

58 Kurbad. — Ferienheim
59 Seebad
60 Erste Hilfe
61 Poliklinik
62 Krankenhaus
63 Zahnarzt
64 Altersversorgung

VII Körperkultur

65 Geräteturnen
66 Gymnastik
67 Leichtathletik
68 Schwerathletik
69 Ballspiele I
70 Ballspiele II
71 Wintersport I
72 Wintersport II
73 Bergsteigen
74 Schwimmen
75 Wassersport I
76 Wassersport II

VIII Volksbildung

77 Kindertagesstätte
78 Schule
79 Mitschurinschulgarten
80 Universität
81 Volkshochschule

IX Kulturpflege, Unterhaltung, Entspannung

82 Kulturveranstaltungen
83 Volksmusikinstrumente — Noten
84 Orchesterinstrumente
85 Konzert — Ballett
86 Theater

VI Здравоохранение и социальное попечение

58 Санаторий — дом отдыха
59 Приморский курорт
60 Первая помощь
61 Поликлиника
62 Больница
63 Зубной врач
64 Обеспечение старости

VII Физкультура

65 Упражнения на гимнастических снарядах
66 Гимнастика
67 Лёгкая атлетика
68 Тяжёлая атлетика
69 Игры в мяч I
70 Игры в мяч II
71 Зимний спорт I
72 Зимний спорт II
73 Альпинизм
74 Плавание
75 Водный спорт I
76 Водный спорт II

VIII Народное образование

77 Детский сад
78 Школа
79 Школьный мичуринский участок
80 Университет
81 Вечерний университет

IX Культработа, развлечение, отдых

82 Культурные мероприятия
83 Народные музыкальные инструменты — ноты
84 Оркестровые инструменты
85 Концерт — балет
86 Театр

87 Film — Kino	87 Фильм — кино
88 Rundfunk	88 Радиовещание
89 Schrift	89 Шрифт
90 Buch — Zeitung	90 Книга — газета
91 Volksbibliothek — Museum	91 Народная библиотека — музей
92 Klubhaus	92 Клуб
93 Brett- und Kartenspiele	93 Настольные и карточные игры
94 Photographie I	94 Фотография I
95 Photographie II	95 Фотография II
96 Gesellschaftstanz	96 Танцы
97 Zirkus	97 Цирк
98 Jahrmarkt	98 Ярмарка

X Die demokratische Ordnung / X Демократический строй

99 Volksvertretung — Regierung — Verwaltung	99 Народное представительство — правительство — управление
100 Wahl — Rechtspflege	100 Выборы — судопроизводство
101 Deutsche Volkspolizei I	101 Немецкая народная полиция I
102 Deutsche Volkspolizei II	102 Немецкая народная полиция II

XI Parteien und Organisationen / XI Партия и организация

103 Parteileben	103 Партийная жизнь
104 Massenorganisationen	104 Массовые организации
105 Freie Deutsche Jugend (FDJ) I	105 Союз свободной немецкой молодёжи (СНМ) I
106 Freie Deutsche Jugend (FDJ) II	106 Союз свободной немецкой молодёжи (СНМ) II
107 Thälmann-Pioniere	107 Пионеры-тельманцы
108 Versammlung	108 Собрание
109 Demonstration	109 Демонстрация

XII Industrie und Handwerk / XII Промышленность и ремесло

110 Steinkohlenbergwerk I	110 Каменноугольные копи I
111 Steinkohlenbergwerk II	111 Каменноугольные копи II

112	Braunkohlentagebau	112	Буроугольный карьер
113	Kraftwerk	113	Электростанция
114	Gaswerk	114	Газовый завод
115	Hochofen I	115	Доменная печь I
116	Hochofen II	116	Доменная печь II
117	Eisengießerei	117	Чугунолитейная
118	Stahlwerk	118	Сталеплавильный завод
119	Walzwerk	119	Прокатный завод
120	Großschmiede	120	Крупная кузница
121	Schlosserei	121	Слесарная мастерская
122	Schmiede — Schweißerei	122	Кузница — сварочный цех
123	Werkzeugmaschinen für Metallbearbeitung	123	Станки для обработки металлов
124	Maschinenelemente	124	Детали машин
125	Physikalische Werkstoffprüfung	125	Физическое испытание материалов
126	Schiffbau	126	Судостроение
127	Ziegelei	127	Кирпичный завод
128	Maurer	128	Каменщик
129	Zimmerer — Dachdecker	129	Плотник — кровельщик
130	Maler — Tapezierer — Glaser	130	Маляр — обойщик — стекольщик
131	Klempner — Installateur	131	Жестянщик — монтажник
132	Sägewerk	132	Лесопильный завод
133	Möbelfabrik	133	Мебельная фабрика
134	Tischlerei	134	Столярная мастерская
135	Baumwollspinnerei	135	Хлопчатобумажная фабрика
136	Kammgarnspinnerei	136	Гребнепрядильная фабрика
137	Weberei	137	Ткацкая
138	Bekleidungswerk	138	Швейная фабрика
139	Schneiderei	139	Пошивочная мастерская
140	Gerberei	140	Кожевенный завод
141	Schuhfabrik	141	Обувная фабрика
142	Schuhmacher	142	Сапожник
143	Konsumbäckerei	143	Кооперативная хлебопекарня
144	Konsumfleischerei I	144	Кооперативная мясная I
145	Konsumfleischerei II	145	Кооперативная мясная II
146	Seefischerei — Walfang	146	Морское рыболовство — китобойный промысел
147	Friseur	147	Парикмахер
148	Papierherstellung	148	Бумажное производство
149	Setzerei — Lithographie — Stereotypie	149	Наборная — литография — стереотипия
150	Druckerei	150	Типография
151	Buchbinderei	151	Переплётная мастерская

XIII Land- und Forstwirtschaft

152 Dorfformen
153 Bauernhöfe
154 Stall
155 MTS — VdgB — VEAB
156 Feldarbeiten I
157 Feldarbeiten II
158 Feldarbeiten III
159 Landmaschinen
160 Gärtnerei I
161 Gärtnerei II
162 Forstwirtschaft

XIV Handel und Verkehr

163 Geld — Bank
164 Büro I
165 Büro II
166 Konsum HO
167 Café — Hotel
168 Gaststätte
169 Straße I
170 Straße II — Straßenreinigung
171 Straßenbahn
172 Fahrrad — Motorrad
173 Auto I
174 Auto II
175 Landstraße
176 Eisenbahn
177 Bahnhof I
178 Bahnhof II
179 Bahnhof III
180 Post
181 Flughafen
182 Wasserstraßen und Brücken
183 Segelschiff
184 Überseedampfer
185 Hafen
186 Seezeichen

XIII Сельское и лесное хозяйство

152 Типы деревень
153 Крестьянские дворы
154 Хлев, конюшня
155 МТС — VdgB — VEAB
156 Полевые работы I
157 Полевые работы II
158 Полевые работы III
159 Сельскохозяйственные машины
160 Садоводство I
161 Садоводство II
162 Лесное хозяйство

XIV Торговля и транспорт

163 Деньги — банк
164 Бюро I
165 Бюро II
166 Потребительская кооперация — государственная торговля
167 Кафе — отель
168 Ресторан
169 Улица I
170 Улица II — уборка улиц
171 Трамвай
172 Велосипед — мотоцикл
173 Автомашина I
174 Автомашина II
175 Шоссейная дорога
176 Железная дорога
177 Вокзал I
178 Вокзал II
179 Вокзал III
180 Почтамт
181 Аэропорт
182 Водные пути и мосты
183 Парусное судно
184 Океанский пароход
185 Гавань
186 Морские предупредительные сигналы

XV Verschiedenes

187 Eigenschaften
188 Zustände — Muster
189 Farben

XV Разное

187 Свойства
188 Состояния — образцы
189 Цвета

Deutsches Wörterverzeichnis 553
Указатель немецких слов 553

Russisches Wörterverzeichnis 658
Указатель русских слов 658

I.1 Ландшафт

I Der Gletscher im Hochgebirge: 1 die Bergspitze, Spitze, der Gipfel 2 die Moräne 3 der Gletscherbach 4 das Gletschertor 5 die Gletscherspalte, Spalte

I Горный ледник, глетчер: 1 вершина 2 морена 3 ледниковый ручей 4 ворота в леднике 5 трещина в леднике

II Der Berg im Mittelgebirge, im Bergland: 6 die Bergkuppe, Kuppe 7 der Sattel, das Joch, die Einsattelung 8 die Talstraße, Straße in der Talsenke 9 der Hang, Abhang 10 der Fuß des Berges

II Средневысотная гора: 6 вершина 7 седловина горы 8 дорога в долине 9 склон, скат 10 подножие горы

III Die Talbildung im Mittelgebirge: 11 die die Bergkette od. Kette bildenden Berge 12 die Bergstraße, Paßstraße 13 die Terrasse 14 die Talsohle, der Talboden, Grund 15 das Flußbett, Bett 16 die Ablagerungen 17 das Urgestein, Grundgebirge

III Образование долины в средневысотных горах: 11 горы образующие горную цепь, горный хребет 12 горная дорога, проход 13 терраса 14 дно долины 15 русло реки, ложе 16 отложения 17 первичная порода

IV Die Tallandschaft: 18 die Hochebene, das Plateau 19 der Steilhang 20 die Auswaschung, Abtragung, Erosion 21 die Aufschüttung, der Schuttkegel 22 das Flachufer, die Flußaue, Aue 23 die Insel, Flußinsel 24 der Nebenfluß 25 der Hauptfluß, Fluß

IV Ландшафт долины: 18 плоскогорье, возвышенность 19 крутой берег, откос 20 эрозия 21 насыпь 22 плоский берег, долина 23 речной остров 24 приток 25 главная река

V Die Heide: 26 das Heideland 27 der Sumpf, das Moor

V Вересковая пустошь: 26 степной край 27 болото

VI Die Küste: 28 die Steilküste 29 die Spalte 30 die Klippe 31 das Meer, die See 32 die Flachküste, der Strand

VI Берег: 28 крутой берег 29 щель 30 утёс 31 море 32 плоский берег

VII Die Hallig: 33 die Wurte, Warf od. Warft 34 das Meer, die See 35 der Priel

VII Небольшой островок, не защищённый от волн: 33 искусственный холм для постройки жилища 34 море 35 проток на отмели

VIII Der Vulkan in Tätigkeit: 36 der Rauchpilz 37 der Krater 38 die Lava

VIII Действующий вулкан: 36 столб дыма 37 кратер 38 лава

IX Die Marsch und die Geest: 39 die Geest 40 die Windmühle 41 die Marsch 42 der Entwässerungsgraben

IX Марш и гест: 39 гест 40 ветряная мельница 41 марш 42 осушительная канава

X Die Schlucht: 43 die Wand 44 die Klamm, Kluft 45 der Wasserfall, die Kaskade 46 der Steg

X Ущелье: 43 стена 44 ущелье 45 водопад, каскад 46 мостик

XI Die Höhle (hier: Tropfsteinhöhle): 47 der Stalaktit 48 die Tropfsteinsäule 49 der Stalagmit

XI Пещера (здесь: сталактитовая пещера): 47 сталактит 48 сталактитовая колонна 49 сталагмит

Ergänzungen s. S. 381　　　　　　　　Дополнения см. стр. 381

Landschaft

I Der Sternenhimmel, Himmel, das Firmament: 1 der Äquator 2 die Ekliptik (scheinbare Sonnenbahn) 3 der Wendekreis des Krebses 4 der Nordpol mit dem Polarstern 5 die Milchstraße 6-10 die aus Fixsternen (Gestirnen) gebildeten Sternbilder 6 der Bootes 7 der Große Bär, Große Wagen 8 der Kleine Bär, Kleine Wagen 9 der Orion 10 die Kassiopeia

I Звёздное небо: 1 экватор 2 эклиптика (мнимый солнечный путь) 3 тропик Рака 4 северный полюс с полярной звездой 5 Млечный Путь 6-10 созвездия из неподвижных звёзд 6 Волопас 7 Большая Медведица 8 Малая Медведица 9 Орион 10 Кассиопея

II Die Sternwarte, das Observatorium: 11 die Kuppel 12 das Fernrohr, Teleskop, der Refraktor 13 der Astronom

II Обсерватория: 11 купол 12 зрительная труба, телескоп, рефрактор 13 астроном

III Das Planetensystem: 14 die Sonne 15-24 die Planeten, Wandelsterne 15 der Merkur 16 die Venus 17 die Erde 18 der Mars 19 die kleinen Planeten, die Planetoiden 20 der Jupiter 21 der Saturn (mit Saturnring) 22 der Uranus 23 der Neptun 24 der Pluto

III Планетная система: 14 солнце 15-24 планеты, блуждающие звёзды 15 Меркурий 16 Венера 17 Земля 18 Марс 19 маленькие планеты, планетоиды 20 Юпитер 21 Сатурн (с кольцом) 22 Уран 23 Нептун 24 Плутон

IV Die Tageszeiten: 25 der Morgen, Sonnenaufgang 26 der Mittag 27 der Abend, Sonnenuntergang

IV Времена дня: 25 утро, восход солнца 26 полдень 27 вечер, заход солнца

V Die Mondphasen, der Mondwechsel: 28 der Neumond 29 der zunehmende Mond 30 das erste Viertel 31 der Vollmond 32 das letzte Viertel 33 der abnehmende Mond

V Лунные фазы: 28 новолуние 29 новая луна 30 первая четверть 31 полнолуние 32 последняя четверть 33 убывающая луна

VI Die Erde mit dem Gradnetz: 34 die Pole (der Nordpol und der Südpol) 35 der Breitenkreis 36 der Längenkreis, Meridian 37 der Äquator 38 der Erdteil, Kontinent

VI Земля с градуеной сетью: 34 полюсы (Северный полюс и Южный полюс) 35 параллель 36 меридиан 37 экватор 38 часть света, континент, материк

VII Die Landkarte, Karte (hier: im Maßstab 1:100000)

VII Географическая карта (здесь: в масштабе 1:100000)

VIII Die Legende (Erklärung der Zeichen oder Signaturen einer Landkarte): 39 der Laubwald 40 der Nadelwald 41 der Mischwald 42 die Wiese 43 die Anhöhe, der Berg 44 der Höhenpunkt 45 die Ortssignatur 46 das Dorf, die Landgemeinde 47 die Kreisstadt 48 die Großstadt (oft zugleich Bezirksstadt) 49 das Bergwerk 50 die Windmühle 51 die Kirche 52 die Landstraße, Chaussee 53 der Fahrweg 54 der Feldweg 55 der Fußweg 56 die Brücke 57 die Eisenbahn (mit Bahnhof)

VIII Легенда, условные знаки (пояснительный текст на карте): 39 лиственный лес 40 хвойный лес, бор 41 смешанный лес 42 луг 43 возвышенность, гора 44 знак высоты 45 сигнатура места, обозначение поселения 46 деревня, село 47 окружной центр 48 большой город (часто тоже районный центр) 49 рудник 50 ветряная мельница 51 церковь 52 шоссе 53 проезжая дорога 54 просёлочная дорога 55 пешеходная тропинка 56 мост 57 железная дорога (со станцией)

Ergänzungen s. S. 383   Дополнения см. стр. 383

Himmel und Erde

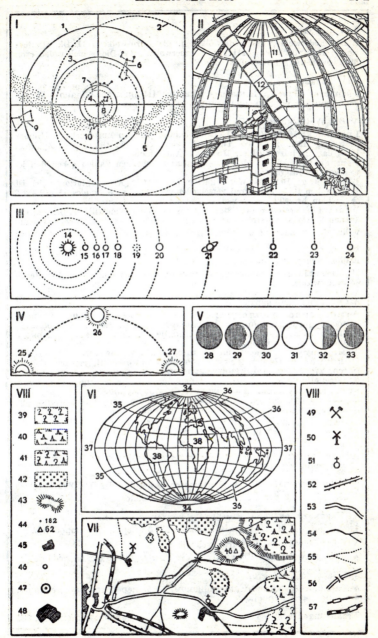

I. 3   Погода

I-IV Die Wolken
I Die Federwolke, das Federwölkchen, die Zirruswolke   II Die Haufenwolke, Kumuluswolke   III Die Schauerwolke   IV Die Schichtwolke (von oben gesehen), Stratuswolke

I-IV Облака
I перистое облако   II кучевое облако   III ливневое облако   IV высокослоистое облако (вид сверху)

V Die Wetterkarte
Luftdruck: 1010—1010 = Isobaren (Linien gleichen Luftdrucks in Millibar [Zeichen: mb]). T = das Tiefdruckgebiet, Tief, die Depression, Zyklone; H = das Hochdruckgebiet, Hoch, die Antizyklone.
Temperatur: Die bei den Ortssignaturen stehenden Zahlen geben den jeweiligen Celsiusgrad an.
Bewölkung: Der die Wetterstation bedeutende Kreis (Stationskreis) ist je nach dem Bewölkungsgrad verschieden gefüllt: ○ = wolkenlos, ◔ = heiter, ◐ = halb bedeckt, ◕ = wolkig, ● = bedeckt.
Wind: Ein Kreis um den Stationskreis bedeutet Windstille, z. B.: ◎. Ein an den Stationskreis stoßender Strich zeigt die Richtung an, woher der Wind weht, die Befiederung des Striches die jeweilige Windstärke, z. B.: ⊸ = mäßige Brise aus WNW, wolkenlos; ⊶ = starker Wind aus E (Ost), halb bedeckt; ⊷ = Sturm aus W, bedeckt.
Niederschlag: ● = Regen, ✳ = Schnee, ∞ = Dunst, ≡ = Nebel, ⎏ = Gewitter.

V Синоптическая карта
Атмосферное давление: 1010—1010 = изобары (линии равного атмосферного давления в миллибарах [знак: мб]). T = область низкого давления, депрессия, циклон; H = область высокого давления, антициклон.
Температура: Цифры на карте обозначают градусы по Цельсию.
Облачность: Круглый знак (станционный кружок), изображающий метеорологическую станцию, заполняется различно в зависимости от степени облачности: ○ = безоблачно, ◔ = ясно, ◐ = переменная облачность, ◕ = облачно, ● = пасмурно.
Ветер: Круг вокруг станционного кружка обозначает безветрие, напр.: ◎. Чёрточка у станционного кружка показывает направление, откуда дует ветер, штрихи соответствующую силу ветра, напр.: ⊸ = умеренный бриз с ВНВ, безоблачно; ⊶ = сильный ветер с востока, переменная облачность; ⊷ = буря с запада, пасмурно.
Атмосферные осадки: ● = дождь, ✳ = снег, ∞ = дымка, ≡ = туман, ⎏ = гроза.

VI Das Barometer, Aneroidbarometer, Aneroid, der Luftdruckmesser
1 der Zeiger   2 der Übertrager   3 die Aneroiddose

VI Барометр, анероид, измеритель давления воздуха
1 стрелка   2 передаточный механизм   3 анероидная коробка

VII Der Barograph, Luftdruckschreiber
4 die Papierwalze (mit Uhrwerk)   5 der Übertrager   6 die Aneroiddose

VII Барограф, высотописец
4 барабан (с часовым механизмом)   5 передаточный механизм   6 анероидная коробка

Ergänzungen s. S. 384   Дополнения см. стр. 384

Das Wetter

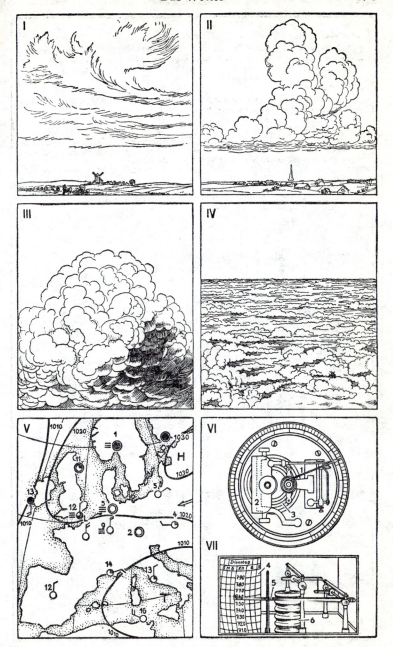

I. 4 Местонахождение и направление

Text zu Tafel 4	I Lage (Stellung)	Текст к таблице 4	I Местонахождение (положение)
54 steht bei der Schaukel 53	54 стоит у качелей 53	7-10 bilden eine Reihe	7-10 составляют ряд
32 sitzt links	32 сидит на левой стороне	49 steht diesseits des Flusses 50	49 стоит на этой стороне реки 50
35 sitzt rechts	35 сидит на правой стороне	47 ist seitwärts der Straße 46	47 находится на стороне улицы 46
25 ist das linke Ufer	25 левый берег	3 ist oberhalb der Treppe 6, der obere	3 находится наверху у лестницы 6
29 ist das rechte Ufer	29 правый берег	23 ist unterhalb der Treppe 6, der untere	23 находится внизу у лестницы 6
60 ist vorn, nah, der vordere Radfahrer	60 находится впереди, близко, велосипедист, едущий впереди	4 ist oben	4 находится вверху
58 ist hinten, der hintere Radfahrer	58 находится позади, велосипедист, едущий последним	23 ist unten	23 находится внизу
59 ist der mittlere, mittelste Radfahrer, kommt nach dem Radfahrer 60	59 велосипедист, находящийся в середине, едет за велосипедистом 60	39 ist innerhalb des Spielplatzes 55	39 находится на площадке для игр 55
15 ist fern, entfernt, weit weg	15 находится далеко	31 ist außerhalb des Spielplatzes 55	31 находится вне площадки для игр 55
7 ist der nächste (am nächsten stehende), erste Baum	7 ближайшее (самое близкое), первое дерево	17 ist drinnen	17 находится внутри
8 ist der nächste (in der Reihenfolge zweite) Baum	8 следующее (в ряду второе) дерево	18 ist draußen	18 находится на дворе
11 ist der entfernteste, letzte Baum	11 самое дальнее, последнее дерево	64 ist innen, der innere Kreis	64 внутренний круг
30 steht jenseits des Flusses 50, dem Jungen 49 gegenüber	30 стоит за рекой 50, напротив мальчика 49	63 ist außen, der äußere Kreis	63 внешний круг
26 und 28 fahren nebeneinander	26 и 28 едут рядом	II Die Richtung (Bewegung)	II Направление (движение)
58, 59 und 60 fahren hintereinander	58, 59 и 60 едут друг за другом	67 kriecht durch das Mauerloch 66	67 лезет через дыру в каменной стене 66
		56 wirft den Ball gegen, wider die Mauer 44	56 бросает мяч в стенку 44
		(Fortsetzung s. S. 10)	(Продолжение см. стр. 10)

Lage und Richtung

I. 4

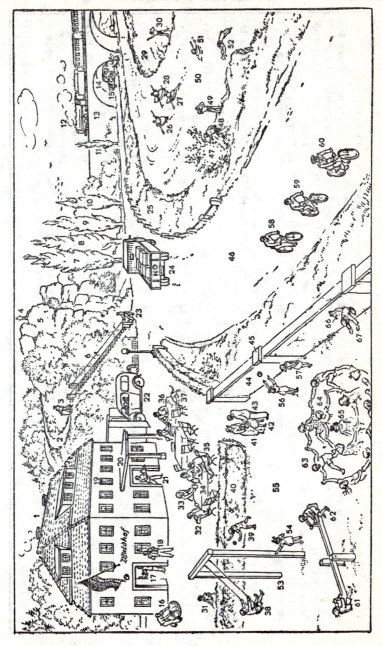

I. 4 Местонахождение и направление

(Fortsetzung von S. 8)   (Продолжение со стр. 8)

	German	Russian
21	kommt aus dem Haus 1	выходит из дому 1
24	fährt vorwärts, nach, zu der, zur Brücke 13	едет вперёд, в направлении моста 13
64	tanzt um das Kind 65 herum	танцует вокруг ребёнка 65
46	führt längs des Flusses 50, den Fluß 50 entlang	идёт вдоль реки 50
61	und 62 wippen auf und ab, auf und nieder	61 и 62 качаются вверх и вниз
38	schaukelt hin und her	качается взад и вперёд
60	fährt geradeaus	едет прямо
63	tanzt (vom Betrachter aus) linksherum	танцует в левую сторону (от зрителя)
64	tanzt rechtsherum	танцует в правую сторону
2	führt nach dem Felsen 5 aufwärts, hinauf	поднимается на скалу 5, идёт вверх
2	führt von dem Felsen 5 nach der Treppe 6 abwärts, hinab	спускается со скалы 5 к лестнице 6, идёт вниз
22	fährt rückwärts	выезжает задом

III Lage und Richtung — III Местонахождение и направление

	German	Russian
57	steht an dem, am Pfeiler 45	стоит у столба 45
56	wirft den Ball an die Mauer 44	бросает мяч в стенку 44
4	ist auf dem Felsen 5	находится на скале 5
3	geht auf den Felsen 5	поднимается на скалу 5
58	fährt hinter dem Radfahrer 59	едет за велосипедистом 59
48	läuft hinter den Busch 47	бежит за куст 47
51	schwimmt in dem, im Fluß 50	плавает в реке 50
52	springt in den Fluß 50	прыгает в реку 50
54	steht neben der Schaukel 53	стоит около качелей 53
33	stellt das Milchkännchen neben die Kaffeekanne 34	ставит молочник возле кофейника 34
19	ist über dem Vorbau 20	находится под выступом 20
12	fährt über die Brücke 13	едет по мосту 13
15	ist unter dem Brückenbogen 14	находится под аркой моста 14
37	kriecht unter den Tisch 36	лезет под стол 36
39	ist vor der Hecke 40	находится перед изгородью 40
16	rollt das Faß vor das Haus 1	катит бочку к дому 1
42	steht zwischen der Mutter 41 und dem Vater 43	стоит между матерью 41 и отцом 43
27	fährt zwischen das linke Paddelboot 26 und das rechte Paddelboot 28	катится между левой байдаркой 26 и правой байдаркой 28

Lage und Richtung I. 4

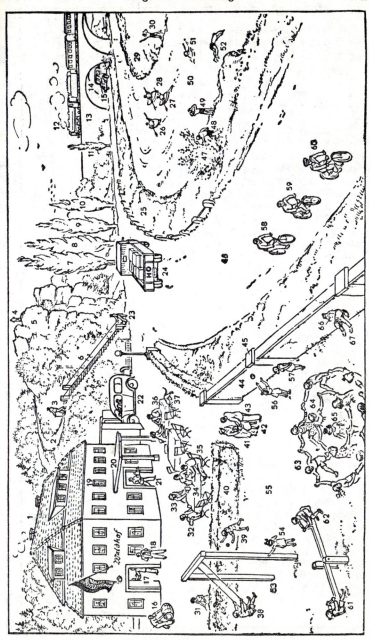

Die Planimetrie (Fortsetzung † Taf. 6)

1 der Punkt, Schnittpunkt **2** die waagerechte Linie, Waagerechte, Horizontale **3** das Lot **4** die parallele Linie, Parallele **5** der Abstand **6** die schräge Linie **7** die senkrechte Linie, Senkrechte, Vertikale **8** die gerade Linie, Gerade **9** die krumme Linie, Kurve **10** der Vektor **11** der Strahl **12** die Strecke **13** der Endpunkt **14** der Schenkel **15** die Scheitelwinkel **16** der Scheitelpunkt **17** der rechte Winkel **18** der spitze Winkel **19** der stumpfe Winkel **20** die Winkelhalbierende **21** das ungleichseitige Dreieck **22** die Spitze **23** die Seite **24** die Mittellinie, Seitenhalbierende **25** die Höhe **26** die Grundlinie, Basis **27** der Innenwinkel **28** der Außenwinkel **29** der Umkreis **30** der Inkreis **31** u. **32** schiefwinklige Dreiecke **31** das spitzwinklige Dreieck **32** das stumpfwinklige Dreieck **33** das rechtwinklige Dreieck **34** die Hypotenuse **35** u. **36** die Katheten **35** die Ankathete (von α) **36** die Gegenkathete (von α) **37** der Halbkreis **38** das gleichschenklige Dreieck **39** das gleichseitige Dreieck **40** der Kreis **41** der Berührungspunkt **42** die Berührende, Tangente **43** der Halbmesser, Radius **44** der Kreisausschnitt, Kreissektor, Sektor **45** der Mittelpunkt, das Zentrum **46** der Durchmesser **47** der Kreisbogen **48** die Sehne **49** die Schneidende, Sekante **50** der Kreisabschnitt, das Segment **51** der Kreisumfang, die Peripherie **52** der zu **53** konzentrische Kreis **54** der zu **52** u. **53** exzentrische Kreis

Планиметрия (продолжение † табл. 6)

1 точка, точка пересечения **2** горизонтальная линия **3** вертикальная прямая, перпендикуляр **4** параллельная линия, параллель **5** расстояние **6** наклонная линия, прямая **7** вертикальная прямая, перпендикуляр **8** прямая линия, прямая **9** кривая линия, кривая **10** вектор **11** луч **12** отрезок, расстояние **13** конечная точка **14** сторона угла **15** вершинные углы **16** вершина **17** прямой угол **18** острый угол **19** тупой угол **20** биссектриса **21** разносторонний треугольник **22** вершина **23** сторона **24** медиана **25** высота **26** основная линия **27** внутренний угол **28** внешний угол **29** описанный круг **30** вписанный круг **31** и **32** косоугольные треугольники **31** остроугольный треугольник **32** тупоугольный треугольник **33** прямоугольный треугольник **34** гипотенуза **35** и **36** катеты **35** прилежащий катет (от α) **36** противолежащий катет (от α) **37** полукруг **38** равнобедренный треугольник **39** равносторонний треугольник **40** круг, окружность **41** точка касания **42** касательная, тангенс **43** радиус **44** сектор **45** центр **46** диаметр **47** дуга круга **48** хорда **49** секущая **50** отрезок, сегмент **51** объём, периферия **52** концентрический круг по отношению к **53** **54** эксцентрический круг по отношению к **52** и **53**

Ergänzungen s. S. 385   Дополнения см. стр. 385

Geometrie I

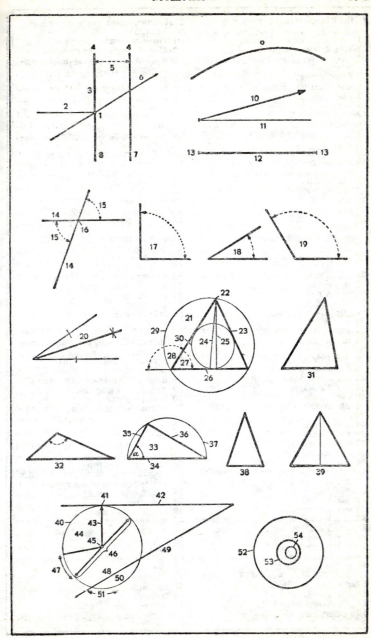

I. 6   Геометрия II

I Die Planimetrie (Fortsetzung von Taf. 5)	**I Планиметрия** (продолжение с табл. 5)
1 die symmetrische Figur	1 симметричная фигура
2-4, 6-8 Vierecke	2-4, 6-8 четырёхугольники
2 das allgemeine (unregelmäßige) Viereck	2 общий (неравномерный) четырёхугольник
3 das Trapez	3 трапеция
4 das Parallelogramm	4 параллелограмм
5 die Diagonale	5 диагональ
6 der Rhombus, die Raute	6 ромб
7 das Rechteck	7 прямоугольник
8 das Quadrat	8 квадрат
9 das Vieleck (Sechseck)	9 многоугольник (шестиугольник)
10, 14, 15 Kegelschnitte	10, 14, 15 конические сечения
10 die Ellipse	10 эллипс
11 die Achse (Hauptachse)	11 ось (большая ось)
12 die Nebenachse	12 малая ось
13 die Brennpunkte	13 фокусы
14 die Parabel	14 парабола
15 die Hyperbel	15 гипербола
16 das Koordinatensystem	16 координаты, система координат
17 u. 18 das Achsenkreuz	17 и 18 оси координат
17 die Ordinatenachse	17 ось ординат
18 die Abszissenachse	18 ось абсцисс
19 der Nullpunkt	19 нулевая точка
20 die Kurve	20 кривая
21 u. 22 die Koordinaten	21 и 22 координаты
21 die Abszisse	21 абсцисса
22 die Ordinate	22 ордината
II Die Stereometrie	**II Стереометрия**
23 der Würfel	23 куб
24 die Ecke	24 угол
25 das Quader	25 прямоугольный параллелепипед
26 das Prisma (dreiseitig)	26 призма (трёхгранная)
27 die Kante	27 ребро
28 die Pyramide (vierseitig)	28 пирамида (четырёхгранная)
29 der Kreiszylinder, die Walze	29 круглый цилиндр, цилиндр
30 der Mantel	30 поверхность
31 die Grundfläche	31 основная площадь, основание
32 der Kegel	32 конус
33 die Kugel	33 шар
34 die Kugelkappe, Kalotte	34 сферический сегмент
35 der Kugelabschnitt	35 шаровой сегмент
36 der Kugelausschnitt	36 шаровой сектор
III Zeichengeräte und Meßwerkzeuge	**III Чертёжный инструментарий и измерительные инструменты**
37 das Reißbrett, Zeichenbrett	37 чертёжная доска
38 die Reißschiene	38 рейсшина
39 die Reißzwecke	39 чертёжная кнопка
40 der Winkelmesser, Transporteur	40 транспортир
41 das Reißzeug im Zirkelkasten	41 готовальня в футляре
42 der Einsatzzirkel	42 циркуль со вставной ножкой
43 der Stechzirkel	43 измерительный циркуль
44 die Reißfeder	44 рейсфедер
45 das Kurvenlineal	45 лекало
46 der Flächenmesser, das Planimeter	46 планиметр
47 der rechte Winkel	47 прямой угол
48 das Lineal	48 линейка
49 der Storchschnabel	49 пантограф
Ergänzungen s. S. 385	Дополнения см. стр. 385

Geometrie II

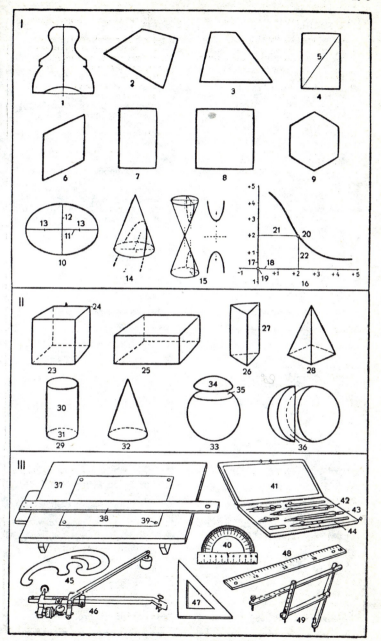

Арифметика

I Die Zahlen	**I Числа**
1 die römischen Ziffern od. Zahlzeichen	1 римские цифры или знаки
2 die arabischen Ziffern	2 арабские цифры
3 die geraden Zahlen	3 чётные числа
4 die ungeraden Zahlen	4 нечётные числа
5 die Primzahlen	5 простые числа
6 die (unbenannte) Zahl (hier: vierstellige Zahl)	6 (неименованное) число (здесь: четырёхзначное число)
7-10 die ganzen Zahlen, die Ganzen, die Stellen	7-10 целые числа, места
7 die Einer	7 единицы
8 die Zehner	8 десятки
9 die Hunderter	9 сотни
10 die Tausender	10 тысячи
11 der gemeine Bruch, die Bruchzahl	11 простая дробь, дробное число
12 der Zähler	12 числитель
13 der Bruchstrich	13 черта в дроби
14 der Nenner	14 знаменатель
15 der echte Bruch	15 правильная дробь
16 der unechte Bruch	16 неправильная дробь
17 der Dezimalbruch	17 десятичная дробь
18 das Komma	18 запятая
19-21 die Dezimalstellen	19-21 десятичные места
19 die Zehntel	19 десятые
20 die Hundertstel	20 сотые
21 die Tausendstel	21 тысячные
II Die Grundrechnungsarten	**II Основные правила арифметики**
22 das Zusammenzählen, Addieren, die Addition	22 сложение
23 der erste Summand	23 первое слагаемое
24 das Pluszeichen	24 плюс, знак сложения
25 der zweite Summand	25 второе слагаемое
26 das Gleichheitszeichen	26 знак равенства
27 die Summe, das Ergebnis, Resultat	27 сумма, результат
28 das Abziehen, Subtrahieren, die Subtraktion	28 вычитание
29 der Minuend	29 уменьшаемое
30 das Minuszeichen	30 знак вычитания, минус
31 der Subtrahend	31 вычитаемое
32 die Differenz, der Unterschied, das Ergebnis, Resultat	32 разница, разность, результат
33 das Malnehmen, Vervielfachen, Multiplizieren, die Multiplikation	33 умножение
34 u. 36 die Faktoren	34 и 36 сомножители
34 der Multiplikand	34 множимое
35 das Malzeichen (auch: ×)	35 знак умножения (также: ×)
36 der Multiplikator	36 множитель
37 das Produkt, Ergebnis, Resultat	37 произведение, результат
38 das Teilen, Dividieren, die Division	38 деление
39 der Dividend	39 делимое
40 das Divisionszeichen	40 знак деления
41 der Divisor	41 делитель
42 der Quotient, das Ergebnis, Resultat	42 частное, результат

Ergänzungen s. S. 386   Дополнения см. стр. 386

I

1. I, II, III, IV, V, VI, VII, VIII, IX, X
2. 0, 1, 2, 3, 4, 5, 6, 7, 8, 9
3. 2, 4, 6, 8, 10, 12 ...
4. 1, 3, 5, 7, 9, 11 ...
5. 1, 2, 3, 5, 7, 11 ...

6. $\underset{10}{1} \; \underset{9}{2} \; \underset{8}{3} \; \underset{7}{4}$

11. $\dfrac{2}{3}\begin{smallmatrix}-12\\-13\\-14\end{smallmatrix}$ 15. $\dfrac{2}{3}$ 16. $\dfrac{3}{2}$

17. $\underset{18}{0}, \underset{19}{1} \; \underset{20}{2} \; \underset{21}{3}$

II

22. $\underset{23}{3} \; \underset{24}{+} \; \underset{25}{2} \; \underset{26}{=} \; \underset{27}{5}$

28. $\underset{29}{3} \; \underset{30}{-} \; \underset{31}{2} \; \; = \; \underset{32}{1}$

33. $\underset{34}{3} \; \underset{35}{\cdot} \; \underset{36}{2} \; = \; \underset{37}{6}$

38. $\underset{39}{6} \; \underset{40}{:} \; \underset{41}{2} \; = \; \underset{42}{3}$

I. 8   Меры и веса

I Längenmaße
1 der Dezimeter (dm; auf die Hälfte verkleinert)   2 der Zentimeter (cm)
3 der Millimeter (mm)   4 das Zentimetermaß, Bandmaß   5 der Zollstock, die Schmiege   6 der Nonius   7 das Mikrometer, die Schraublehre
8-15 Naturmaße   8 die Fingerbreite   9 die Handbreite   10 die Spanne
11 die kleine Elle   12 der Klafter   13 die große Elle   14 der Fuß   15 der Schritt

I Меры длины
1 дециметр (дм; уменьшенный на половину)   2 сантиметр (см)
3 миллиметр (мм)   4 сантиметр, рулетка   5 складной масштаб, дюймовый масштаб   6 нониус, верньер   7 микрометр, винтовой калибр   8-15 естественные единицы измерения   8 ширина пальца
9 ширина ладони   10 пядь   11 короткий локоть   12 сажень
13 длинный локоть   14 фут   15 шаг

II Flächenmaße
16 der Quadratzentimeter (qcm od. cm^2; in natürlicher Größe)

II Квадратные меры
16 квадратный сантиметр (см^2; в натуральную величину)

III Raummaße
17 der Kubikzentimeter (ccm od. cm^3)   18 der Raummeter, Ster (rm)   19 der Festmeter (fm)

III Меры объёма
17 кубический сантиметр (см^3)   18 кубический метр, кубометр, стер
19 плотный кубометр

IV Hohlmaße
20 das od. der Liter (l)   21 die Maß   22 der Schoppen   23 das Seidel   24 u. 25 Naturmaße   24 die Prise, Fingerspitze   25 die Handvoll

IV Меры ёмкости
20 литр (л)   21 кружка   22 бокал   23 кружка (пива)   24 и 25 естественные единицы измерения   24 щепоть   25 горсть

V Zählmaße
26 das Dutzend (Dtzd.)   27 die Mandel

V Счётные единицы
26 дюжина   27 полтора десятка

VI Gewichte und Waagen
28 die Balkenwaage   29 der Waagebalken   30 das Kilogramm, Kilo (kg)
31 das Pfund (Pfd.)   32 das Gramm (g)   33 die Dezimalwaage   34 das 5-kg-Gewicht   35 der Zentner (Ztr.)

VI Гири и весы
28 весы с коромыслом   29 коромысло весов   30 килограмм, кило (кг)   31 фунт, полкило   32 грамм (г)   33 десятичные весы   34 гиря в пять килограммов   35 50 килограммов

Ergänzungen s. S. 389   Дополнения см. стр. 389

Maße und Gewichte

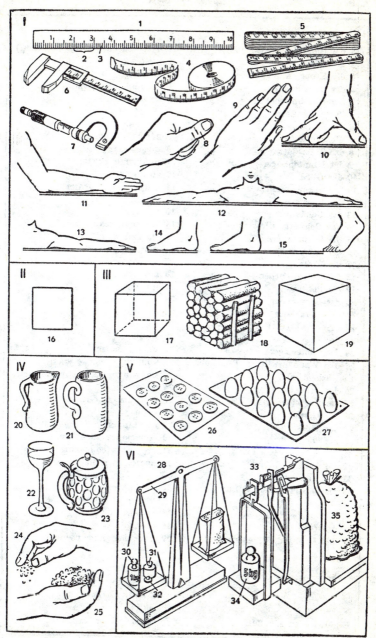

L 9 — Время — часы

1 die Uhr (hier: Taschenuhr)	1 часы (здесь: карманные часы)
2 der Bügel	2 дужка
3 die Krone, Aufzugkrone	3 заводная головка
4 der Bügelknopf	4 головка для дужки
5 der Karabinerhaken	5 карабин
6, 9, 11 die Zeiger	6, 9, 11 стрелки
6 der Stundenzeiger	6 часовая стрелка
7 die Uhrkette	7 часовая цепочка
8 das Zifferblatt	8 циферблат
9 der Minutenzeiger	9 минутная стрелка
10 das Glied	10 звено
11 der Sekundenzeiger	11 секундная стрелка
12 das Scharnier	12 шарнир
13 das Gehäuse	13 корпус
14 das Gehwerk, Uhrwerk	14 часовой механизм
15 die Unruhbrücke	15 мостик для баланса
16 der Rückerzeiger, Regulierzeiger	16 регулирующий движок
17 die Skala	17 шкала
18 das Deckblättchen	18 покрышка
19 die Platine	19 пластинка
20 das Minutenrad	20 минутное колесо
21 die Spiralfeder	21 пружина
22 die Unruh od. Unruhe	22 баланс
23 der Deckel	23 крышка
24 das Zapfenlager	24 опора цапфы
25 die Wanduhr (hier: Penduluhr, Küchenuhr)	25 ходики, стенные часы (здесь: маятниковые, кухонные часы)
26 das Pendel	26 маятник
27 die Gewichtsschnur	27 цепочка для гири
28 das Gewicht	28 гиря
29 der Wecker	29 будильник
30 die Sonnenuhr	30 солнечные часы, гномон
31 der Schattenstab	31 стержень солнечных часов
32 die Tischuhr	32 настольные часы
33 das Aufzugloch	33 заводное отверстие
34 die Sanduhr (hier: Pulsuhr)	34 песочные часы (здесь: часы для измерения пульса)
35 die Armbanduhr	35 ручные часы
36 das Glas	36 стекло
37 das Armband, Uhrenarmband	37 ремешок для ручных часов

Ergänzungen s. S. 391   Дополнения см. стр. 391

Zeit — Uhr

I. 9

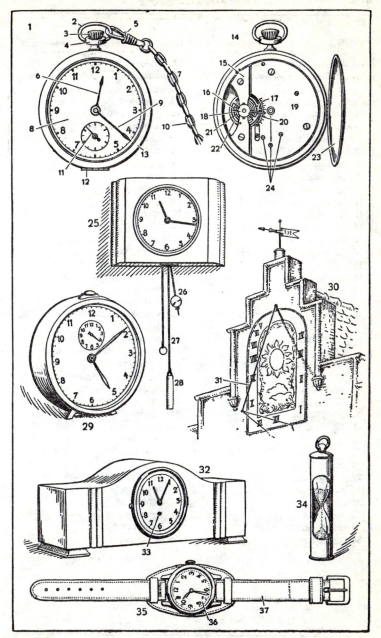

Т. 10 — Полезные растения I

Feldfrüchte und Futterpflanzen	Полевые и кормовые растения
1, 9-14, 17 das Getreide	1, 9-14, 17 хлеба
1 der Roggen, das Korn	1 рожь
2 die Ähre	2 колос
3 der Halm mit Knoten	3 стебель с узлом
4 das Samenkorn, Korn	4 семя, зерно
5 das Mutterkorn (von einem Pilz befallenes Samenkorn)	5 спорынья (выродившееся семечко)
6 das Ährchen (Teil der Ähre)	6 колосок (часть колоса)
7 die Spelze	7 мякина
8 die Granne	8 ость
9 der Weizen	9 пшеница
10 der Spelz od. Spelt	10 полба
11 die Gerste	11 ячмень
12 der Hafer	12 овёс
13 der Reis	13 рис
14 der Mais	14 кукуруза
15 der Maiskolben	15 початок кукурузы
16 das Maiskorn	16 зерно кукурузы
17 der Buchweizen	17 гречиха
18 u. 21 Hackfrüchte	18 и 21 корнеплоды
18 die Kartoffel, Kartoffelpflanze	18 картофель, картофельное растение
19 das Kartoffelkraut	19 картофельная ботва
20 die Kartoffel (Knolle)	20 картофелина (клубень)
21 die Runkelrübe, Futterrübe, Rübe	21 кормовая свёкла
22, 26, 27 Hülsenfrüchte	22, 26, 27 стручковые плоды
22 die Erbse (Pflanze)	22 горох (растение)
23 die Ranke	23 усик
24 die Hülse	24 стручок
25 die Erbse (Samen)	25 горох (семя)
26 die Linse	26 чечевица
27 die Saubohne, Pferdebohne	27 полевой боб, конский боб
28 der Rotklee, Klee	28 клевер
29 das dreiblättrige Kleeblatt	29 тройчатый лист клевера
30 die Luzerne	30 люцерна
31 die Lupine	31 лупин
32 die Wicke	32 вика
33 die Esparsette	33 эспарцет
34 die Serradelle	34 сераделла

Nutzpflanzen I

П. 11 Полезные растения II

1, 3, 6-8 Ölpflanzen	1, 3, 6-8 масличные растения
1 der Ölbaum, Olivenbaum	1 оливковое дерево, маслина
2 die Olive	2 маслина
3 die Ölpalme	3 масличная пальма
4 der Fruchtstand	4 соплодие
5 der Palmkern	5 пальмовая косточка
6 der Raps	6 рапс
7 die Erdnuß	7 земляной орех
8 die Sojabohne	8 соя
9-11, 15 Faserpflanzen	9-11, 15 волокнистые растения
9 der Flachs, Lein	9 лён
10 der Hanf	10 конопля
11 die Baumwolle	11 хлопок
12 die Blüte	12 цветок
13 die Samenkapsel	13 семенная коробочка
14 die Samenwolle	14 семенной пух
15 die Jute	15 джут
16 der Kautschukbaum	16 гевея, каучуковое дерево
17 der Guttaperchabaum	17 гуттаперчевое дерево
18 die Zuckerrübe	18 сахарная свёкла, свекловица
19 der Hopfen	19 хмель

Ergänzungen s. S. 393   Дополнения см. стр. 393

Nutzpflanzen II

II. 11

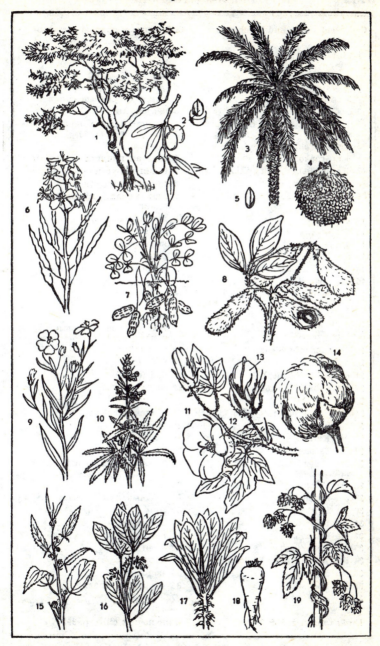

П. 12 Полезные растения III

Gemüsepflanzen und Küchenkräuter	Огородные и пряные растения
1-15, 17, 22-27 Gemüsepflanzen, Gemüse	1-15, 17, 22-27 овощи
1 der Rhabarber	1 ревень
2 eine Staude Salat, Kopfsalat, Gartensalat, Staudensalat	2 кустик салата, кочанный салат, огородный салат
3 das Rapünzchen	3 рапунцель
4 der Spinat (hier: der Spinat schießt)	4 шпинат (здесь: шпинат быстро идёт в рост)
5 der Mangold	5 мангольд
6 der Grünkohl	6 зелёная капуста
7 das Weißkraut, der Weißkohl	7 белая капуста
8 das Rotkraut, der Rotkohl	8 красная капуста
9 das Welschkraut, der Wirsing	9 плюмажная, кудрявая капуста
10 der Blumenkohl	10 цветная капуста
11 der Rosenkohl	11 брюссельская капуста
12 der Kohlrabi	12 кольраби
13 der Rettich	13 редька
14 das Radieschen	14 редиска
15 der Spargel (mit Spargelkraut)	15 спаржа (с зеленью)
16 der Sproß, Schößling, Trieb, die Pfeife, Stange	16 побег
17 die Bohne	17 бобы, фасоль
18 die Blüte (Schmetterlingsblüte)	18 цветок (мотыльковый цветок)
19 der windende Stengel	19 вьющийся стебель
20 die Bohne (Frucht)	20 боб (плод)
21 die Bohne (Samen)	21 боб (семя)
22 die Möhre, Mohrrübe	22 морковь
23 die Karotte	23 морковь
24 die rote Rübe, rote Bete	24 столовая свёкла
25 die Gurke	25 огурец
26 der Kürbis	26 тыква
27 die Tomate	27 помидор
28-37 Küchenkräuter, Gewürzkräuter	28-37 пряные растения
28 der Porree	28 порей
29 der Schnittlauch	29 зелёный лук
30 die Zwiebel	30 лук
31 der Sellerie	31 сельдерей
32 die Petersilie	32 петрушка
33 der Meerrettich	33 хрен
34 das Bohnenkraut, Pfefferkraut	34 чабрец
35 der Majoran	35 майоран
36 der Boretsch	36 огуречная трава
37 der Dill	37 укроп
Ergänzungen s. S. 393	Дополнения см. стр. 393

Nutzpflanzen III

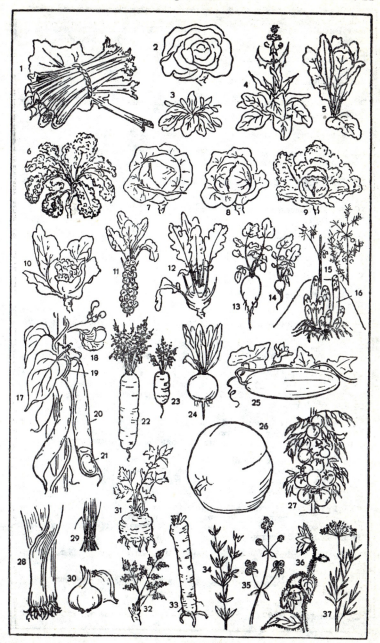

П. 13   Ягоды и фрукты I

I-VI Das Beerenobst   I-VI Ягоды кустарниковых и травянистых растений

I Der Stachelbeerstrauch: 1 der Stachel   2 die Stachelbeere

I Крыжовник: 1 шип   2 крыжовник

II Der Johannisbeerstrauch: 3 der Blütenstand   4 der Fruchtstand   5 die Johannisbeere

II Смородина: 3 соцветие   4 соплодие   5 смородина

III Die Erdbeerpflanze: 6 die Erdbeere   7 der Samen   8 der Kelch   9 der Ausläufer, Schößling, Fechser

III Земляника, клубника: 6 клубника   7 семя   8 чашечка   9 отросток

IV Der Himbeerstrauch: 10 das dreiteilige Blatt   11 die Blütenknospe   12 die Himbeere

IV Малина: 10 тройчатый лист   11 цветочная почка   12 малина

V Der Brombeerstrauch: 13 die Brombeere, Kratzbeere

V Ежевика: 13 ежевика

VI Die Weinrebe, Rebe, der Weinstock: 14 die Weintraube   15 die Weinbeere

VI Виноградная лоза: 14 гроздь винограда   15 виноградная ягода

VII-IX Das Kernobst   VII-IX Семечковые плоды

VII Der Apfelbaum: 16 der Apfel   17 die Blüte   18 das Blütenblatt   19 das Kelchblatt   20 der Staubbeutel (zusammen mit dem Staubfaden das Staubgefäß bildend)   21-23 der Stempel   21 die Narbe   22 der Griffel   23 der Fruchtknoten   24 die Samenanlage

VII Яблоня: 16 яблоко   17 цветок   18 лепесток   19 чашелистик   20 пыльник (образующий вместе со столбиком тычинку)   21-23 пестик   21 рыльце   22 столбик   23 завязь   24 семяпочка

VIII Der Birnbaum: 25 die Birne (durchschnitten)   26 der Stiel   27 das Kerngehäuse, Gehäuse, der Griebs   28 der Kern   29 das Fruchtfleisch   30 die Made   31 der Fraßgang   32 das Wurmloch (die Birne ist angestochen)   33 die Schale   34 der Zweig

VIII Грушевое дерево: 25 груша (разрезанная)   26 плодоножка, веточка   27 семенная камера   28 семечко   29 мякоть плода   30 червячок   31 ход червячка   32 червоточина (груша попорчена)   33 кожица   34 ветвь

IX Der Quittenbaum: 35 das Nebenblatt   36 die Quitte (hier: Birnenquitte)

IX Айва: 35 прилистик   36 айва (здесь: грушевая айва)

Ergänzungen s. S. 393   Дополнения см. стр. 393

Obst I

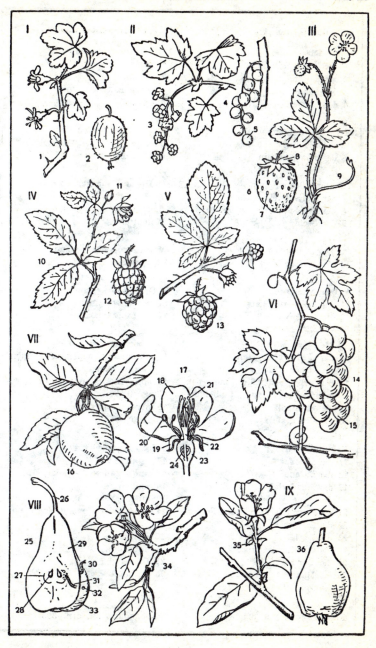

П. 14 — Ягоды и фрукты II

I-IV Das Steinobst	**I-IV Косточковые плоды**
I Der Kirschbaum	**I Вишнёвое дерево**
1 der Zweig mit Blüte	1 ветвь с цветком
2 die Kirsche	2 вишня
3 der Kirschkern	3 вишнёвая косточка
4 der Samen	4 семя
II Der Pflaumenbaum	**II Сливовое дерево**
5 die Pflaume	5 слива
6 der Pflaumenkern	6 сливовая косточка
III Der Pfirsichbaum	**III Персиковое дерево**
7 der Blütenzweig	7 ветвь с цветком
8 der Pfirsich	8 персик
9 der Stein	9 косточка
IV Der Aprikosenbaum	**IV Абрикосовое дерево**
10 die Aprikose	10 абрикос
V Der Nußbaum	**V Ореховое дерево**
11 das gefiederte Blatt	11 перистый лист
12 die Nuß, Walnuß	12 грецкий орех
VI Der Haselstrauch	**VI Орешник, лещина**
13 der Fruchtblütenstand mit den weiblichen Blüten	13 цветочная серёжка с женскими цветками
14 das Blütenkätzchen mit den männlichen Blüten, Staubblüten	14 соцветие с мужскими цветками
15 die Haselnuß	15 лесной орех
16 die Fruchthülle	16 плюска
VII Südfrüchte	**VII Южные фрукты**
17 die Melone	17 дыня
18 die Paranuß	18 американский орех
19 die Mandarine	19 мандарин
20 die Ananas	20 ананас
21 die Feige (hier: ein Kranz Feigen)	21 фига (здесь: венок фиг)
22 die Zitrone	22 лимон
23 die Dattel	23 финик
24 die Apfelsine, Orange	24 апельсин
25 die Banane	25 банан
26 die Mandel	26 миндаль
Ergänzungen s. S. 393	Дополнения см. стр. 393

Obst II

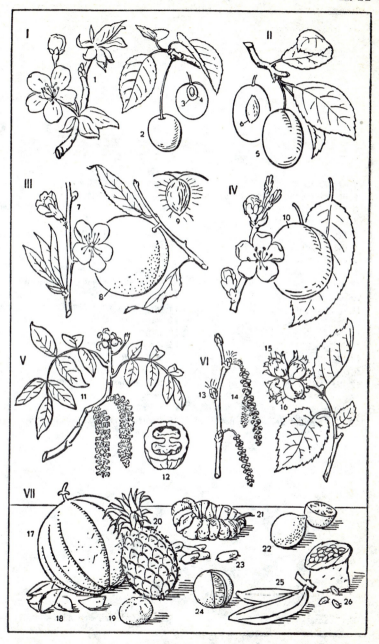

Лекарственные растения

1, 5, 8, 12, 13 Giftpflanzen

1 der Aronstab
2 die Blütenhülle, Blütenscheide
3 der Blütenkolben, Kolben
4 der Fruchtstand
5 die Tollkirsche
6 die Blüte
7 die Frucht, Beere
8 die Herbstzeitlose
9 die Tochterknolle mit der Blüte
10 das grundständige Blatt
11 die Samenkapsel
12 der Fingerhut
13 der Stechapfel
14 das buchtige Blatt
15 die Königskerze
16 die Arnika
17 der Spitzwegerich
18 der Schlafmohn (die Opiumpflanze)
19 die (unreife) Samenkapsel

1, 5, 8, 12, 13 ядовитые растения

1 аронник, арум
2 околоцветник
3 початок
4 соплодие
5 белладонна, красавка
6 цветок
7 плод, ягода
8 осенний безвременник
9 молодой клубень с цветком
10 основной лист
11 семенная коробочка
12 наперстянка
13 дурман
14 выемчатый лист
15 коровяк
16 арника
17 ланцетный подорожник
18 снотворный мак (опийное растение)
19 (незрелая) семенная коробочка

Ergänzungen s. S. 33   **Дополнения** см. стр. 33

Ergänzungen zu Tafel 15 | Дополнения к таблице 15

I Allgemeines | **I Общее**

1 die Arzneipflanze | 1 лекарственное растение
2 die Volksmedizin | 2 народное лекарственное средство
3 der Aufguß | 3 настой, настойка
4 der Absud | 4 отвар
5 der Tee | 5 чай
6 die Tinktur | 6 тинктура, настойка
7 der Extrakt | 7 экстракт, вытяжка
8 das Öl | 8 масло
9 das Pulver | 9 порошок
10 die Salbe | 10 мазь

II Giftpflanzen | **II Ядовитые растения**

11 das Bilsenkraut | 11 белена
12 der Nachtschatten | 12 паслён
13 das Schellkraut | 13 чистотел
14 der Schierling | 14 цикута
15 der Eisenhut, Sturmhut | 15 аконит

III Heilpflanzen | **III Лекарственные растения**

16 der Baldrian | 16 валериана
17 die Bärentraube | 17 толокнянка
18 der Eibisch, die Althee | 18 алтей, просвирняк
19 der Fenchel | 19 фенхель
20 der Huflattich | 20 белокопытник
21 der Kalmus | 21 аир, аирный корень
22 die Kamille | 22 ромашка
23 der Lavendel | 23 лаванда
24 die Malve | 24 мальва, просвирник
25 die Pfefferminze | 25 перечная мята
26 die Melisse | 26 мелисса, медовка
27 der Rainfarn | 27 пижма
28 die Rizinuspflanze | 28 клещевина
29 der Salbei, Gartensalbei | 29 шалфей
30 die Schafgarbe | 30 рябинка
31 der Sennesblätterstrauch | 31 куст александрийского листа
32 die Stockrose, Stockmalve | 32 шток-роза, мальва
33 das Tausendgüldenkraut | 33 золототысячник
34 der Wermut | 34 полынь
35 der Wurmfarn | 35 пижма
36 der Chinarindenbaum | 36 хинное дерево

II. 16 — Лиственные деревья

Laubbäume, Laubhölzer	Лиственные деревья
1 die Eiche	1 дуб
2 die freiliegende Wurzel	2 корень непокрытый землёй
3 der Becher	3 плюска
4 die Eichel	4 жёлудь
5 die Birke	5 берёза
6 der Fruchtzapfen	6 плодущая серёжка
7 die Weide (hier: Kopfweide)	7 ива (здесь: подрезанная ива)
8 das schmale Blatt	8 узкий лист
9 ein Zweig der Salweide, Palmweide	9 ветвь ивы козьи
10 das Fruchtblütenkätzchen, Weidenkätzchen	10 женский цветок, вербная серёжка
11 das Staubblütenkätzchen, Weidenkätzchen	11 мужской цветок, вербная серёжка
12 die Pappel (hier: Pyramidenpappel)	12 тополь (здесь: пирамидальный тополь)
13 ein Zweig der Linde	13 ветвь липы
14 das gesägte Blatt	14 пильчатый лист
15 das Hochblatt	15 верхушечный лист
16 die Lindenblüte	16 липовый цветок
17 eine entlaubte Hainbuche, Weißbuche	17 безлиственный граб
18 der verdrehte Stamm	18 искривлённый ствол
19 die Rotbuche, Buche	19 красный бук, бук
20 das Buchenblatt	20 буковый лист
21 die aufgesprungene Fruchtkapsel	21 раскрытая семенная коробочка
22 die Buchecker	22 буковый орешек
23 die Ulme, Rüster	23 вяз, ильм
24 das gezähnte Blatt	24 зубчатый лист
25 der Spitzahorn	25 остролистый клён
26 die Flügelfrucht	26 крылатка
27 das fünfteilige (gefingerte) Blatt	27 пятидольный (пальцевидный) лист
28 die Roßkastanie	28 конский каштан
29 die Blütenkerze	29 цветочная свеча
30 u. 31 die Frucht	30 и 31 плод
30 die Stachelhülle	30 коробочка с шипами
31 der Samen (Kastanie)	31 семя (каштан)
32 ein Zweig der Erle	32 ветвь ольхи
33 der Fruchtzapfen	33 соплодие
34 das Fruchtblütenkätzchen	34 женский цветок
35 das Staubblütenkätzchen	35 мужской цветок
36 die Esche	36 ясень
37 das gefiederte Blatt	37 перистый лист
38 ein Zweig mit Früchten	38 ветвь с плодами
39 die Eberesche, der Vogelbeerbaum	39 рябина
40 das gefiederte Blatt	40 перистый лист
41 die Fruchtdolde	41 зонтик с плодами
42 die Vogelbeere	42 рябина

Ergänzungen s. S. 394   Дополнения см. стр. 394

Laubbäume

II. 16

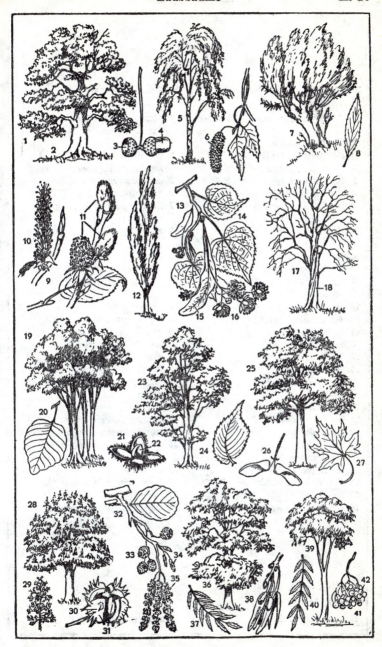

П. 17 Хвойные деревья

Nadelbäume, Nadelhölzer, Koniferen	Хвойные деревья
1 die Tanne, Edeltanne, Weißtanne	1 белая, европейская, гребенчатая пихта
2 der Tannenzweig	2 ветвь пихты
3 die Tannennadel, Nadel	3 пихтовая хвоя, хвоя
4 der Tannenzapfen	4 пихтовая шишка
5 die Schuppe	5 споролистик
6 die Fichte, Rottanne	6 ель, красная ель
7 der Trieb, Maiwuchs	7 побег, росток
8 der Fichtenzapfen	8 еловая шишка
9 die Flechte (hier: Bartflechte)	9 лишайник (здесь: лишайник горных пород)
10 die Kiefer, Föhre	10 сосна
11 der Kiefernzapfen, Kienapfel	11 сосновая шишка
12 die Latschenkiefer, Latsche, Legföhre	12 горная карликовая сосна
13 die Lärche	13 лиственница
14 der Trieb, Maiwuchs	14 побег, росток
15 die Nadel	15 хвоя
16 der Fruchtzapfen	16 плодовая шишка
17 der Wacholder	17 можжевельник
18 der Wacholderzweig	18 ветвь можжевельника
19 die Wacholderbeere	19 можжевёловая ягода, можжевелина
20 die Eibe, der Taxus	20 тис
21 der beerenähnliche Samen	21 ягодоподобное семя
22 die Pinie	22 пиния, итальянская сосна
23 die Piniennadel	23 хвоя итальянской сосны
24 der Pinienzapfen	24 шишка итальянской сосны
25 die Zypresse	25 кипарис
26 der Zypressenzweig mit Zapfen	26 ветвь кипариса с шишкой
27 die Zeder	27 кедр
28 der Zedernzweig mit Zapfen	28 ветвь кедра с шишкой

Ergänzungen s. S. 394   Дополнения см. стр. 394

Nadelbäume

II. 17

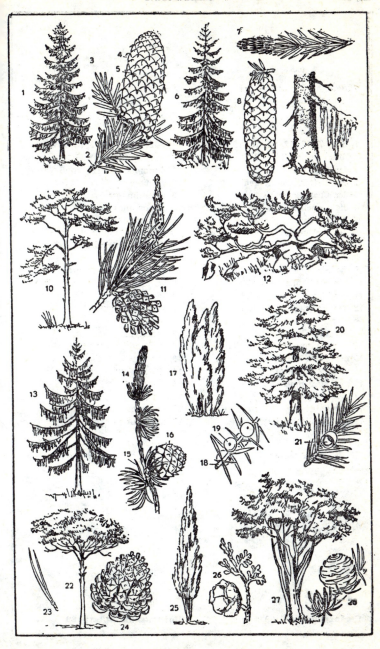

Грибы

1, 3, 6, 7, 10, 12, 13, 14, 15 eßbare Pilze, Speisepilze	1, 3, 6, 7, 10, 12, 13, 14, 15 съедобные грибы
1 der Steinpilz	1 боровик, белый гриб
2 das Futter, die Röhren	2 трубочки
3 der Champignon	3 шампиньон
4 die Lamellen	4 пластинки
5 der Ring	5 кольцо
6 der Birkenpilz	6 (под)берёзовик
7 der Habichtspilz	7 ежевик пёстрый
8 die Stacheln, Stoppeln	8 колючки
9 die Schuppen, Warzen	9 чешуйки, бородавки
10 der Butterpilz	10 маслёнок, масляник
11 der Hut	11 шляпка
12 der Maronenpilz, Kastanienpilz	12 польский гриб
13 der Grünling	13 зеленушка, сырец
14 der Schirmpilz, Parasolpilz	14 гриб-зонтик (зонтик пёстрый)
15 der echte Reizker	15 рыжик
16, 18, 19 Giftpilze	16, 18, 19 ядовитые грибы
16 der Fliegenpilz	16 мухомор
17 der Schleier	17 завеса
18 der Satanspilz	18 сатанинский гриб
19 der Knollenblätterpilz	19 бледная поганка

Ergänzungen s. S. 39   Дополнения см. стр. 39

Ergänzungen zu Tafel 18

I Genießbare Pilze

1 der Hahnenkamm, Ziegenbart
2 der Hallimasch
3 der Kuhpilz
4 die Spitzmorchel
5 die Speisemorchel
6 der Pfifferling
7 der Feld-Egerling
8 die Sommertrüffel
9 der Nelken-Schwindling
10 der Grünschuppige Täubling
11 der Krempling
12 die Rotkappe
13 der Schmerling
14 der Kornblumen-Röhrling
15 die Krause Glucke
16 das Schafshäutchen
17 die Totentrompete
18 der Korallenpilz
19 der Flaschenbovist

II Ungenießbare Pilze

20 der Gallenröhrling
21 die Stinkmorchel
22 der Schwefelkopf
23 der Hexenpilz

III Giftige Pilze

24 der Speiteufel
25 der Pantherpilz
26 der Gelbliche Knollenblätterpilz
27 der Kartoffelbovist

Дополнения к таблице 18

I Съедобные грибы

1 рогатик жёлтый, грибная лапша
2 опёнок осенний
3 козляк, болотовик
4 сморчок
5 сморчок
6 лисичка
7 шампиньон
8 летний чёрный трюфель
9 сморчок
10 сыроежка зелёная
11 свинуха
12 подосиновик
13 маслёнок зернистый
14 маслёнок
15 Sparassia ramosa
16 масляник болотный
17 Craterellus cornucopioides
18 Clavaria
19 Lycoperdon gemmatum

II Несъедобные грибы

20 жёлчный гриб
21 весёлка обыкновенная
22 ложный серный опёнок
23 Tubiporus erythropus

III Ядовитые грибы

24 сыроежка красная
25 мухомор серый
26 мухомор жёлтый
27 ложнодождевик

П. 19 Луговые цветы

1 die Kornblume	1 василёк синий
2 der Löwenzahn	2 одуванчик
3 die Kornrade	3 куколь
4 der Klatschmohn	4 мак-самосейка
5 die Ackerwinde, Winde	5 вьюнок полевой, вьюнок
6 der Wiesenknopf	6 кровохлёбка
7 der Storchschnabel	7 герань луговая
8 die Frucht des Storchschnabels	8 плод герани
9 das Leinkraut	9 льнянка
10 die Glockenblume	10 колокольчик

Ergänzungen s. S. 41   Дополнения см. стр. 41

Ergänzungen — Дополнения

Ergänzungen zu Tafel 19

I Wiesenblumen

1 der Bärenklau
2 die Butterblume, der scharfe Hahnenfuß
3 das Gänseblümchen, Maßliebchen
4 der Himmelschlüssel, die Primel, Schlüsselblume
5 das Vergißmeinnicht

II Das Unkraut

6 die Ackerwinde
7 die Brennessel
8 die Distel
9 der Knöterich
10 der Klatschmohn
11 die Klette
12 die Kornblume
13 die Kornrade
14 der Lattich
15 der Löwenzahn
16 die Melde
17 die Quecke
18 der Schachtelhalm

III Waldpflanzen

19 die Anemone, das Buschwindröschen
20 der Bärlapp
21 das Leberblümchen
22 das Lungenkraut
23 das Springkraut
24 der Waldmeister

IV Heidepflanzen

25 der Ginster (Stechginster)
26 das Heidekraut
27 die Moosbeere
28 das Wollgras
29 das Katzenpfötchen

V Alpenpflanzen

30 die Alpenrose, der Almenrausch
31 das Edelweiß

VI Sumpf- und Wasserpflanzen

32 der Kalmus
33 die Binsen
34 das Schilf
35 das Pfeilkraut
36 die Seerose

Дополнения к таблице 19

I Луговые цветы

1 акант
2 лютик
3 маргаритка
4 примула, первоцвет
5 незабудка

II Сорная трава

6 вьюнок полевой
7 крапива
8 чертополох, осот
9 горец
10 мак-самосейка
11 репейник
12 василёк
13 куколь
14 латук
15 одуванчик
16 марь, лебеда
17 пырей
18 хвощ

III Лесные растения

19 анемон, ветреница дубовая
20 плаун
21 ветреница
22 лёгочница, медуница
23 недотрога
24 ясменник

IV Вересковые растения

25 дрок
26 вереск
27 клюква
28 пушица
29 кошачья лапка, горлянка

V Альпийские растения

30 альпийская роза
31 эдельвейс

VI Болотные и водные растения

32 аир
33 ситники
34 камыш, тростник
35 стрелолист
36 кувшинка, белая лилия

Садовые цветы

1 die Montbretie	1 монтбреция
2 die Dahlie	2 георгина
3 die Georgine, Pompondahlie	3 георгина
4 das Löwenmaul	4 львиный зев
5 die Studentenblume, Samtblume, Tagetes	5 бархатец, тагетес
6 das Stiefmütterchen	6 анютины глазки
7 die Schwertlilie, Iris	7 ирис
8 das Blaukissen, die Aubrietie	8 обриеция
9 die Stockrose, Stockmalve	9 шток-роза, мальва

Ergänzungen s. S. 43   Дополнения см. стр. 43

Ergänzungen — Дополнения

Ergänzungen zu Tafel 20	Дополнения к таблице 20

I Knollen- und Zwiebelgewächse — **I Клубненосные и луковичные растения**

1 der Winterling, die Eranthis	1 подорожник
2 das Schneeglöckchen	2 подснежник
3 der Krokus	3 крокус
4 die Tulpe	4 тюльпан
5 die Narzisse	5 нарцисс
6 die Hyazinthe	6 гиацинт
7 die Lilie	7 лилия

II Einjährige Sommerblumen — **II Однолетние летние цветы**

8 die Nelke	8 гвоздика
9 die Ringelblume	9 ноготки
10 die Levkoje	10 левкой
11 die Aster	11 астра
12 die Reseda	12 резеда
13 die Edelwicke	13 душистый горошек

III Halbstauden — **III Полукустарники**

14 das Tausendschönchen	14 лисячьи хвостики
15 die Glockenblume	15 колокольчик
16 das Vergißmeinnicht	16 незабудка
17 der Goldlack	17 желтофиоль

IV Winterharte Blütenstauden — **IV Зимостойкие цветочные кусты**

18 das Veilchen	18 фиалка
19 das Maiglöckchen	19 ландыш
20 die Pfingstrose	20 пион
21 die Aurikel	21 примула
22 der Rosmarin	22 розмарин
23 der Phlox	23 флокс
24 der Rittersporn	24 живокость
25 das Chrysanthemum, die Chrysantheme	25 хризантема

V Steingarten- und Polsterstauden — **V Растения альпинария и кусты**

26 der Mauerpfeffer	26 очиток
27 der Enzian	27 жёлтая горечавка
28 das Edelweiß	28 эдельвейс
29 die Fetthenne, das Sedum	29 молодило
30 der Steinbrech	30 камнеломка
31 der Felsphlox	31 флокс растущий на скалах

VI Schlingpflanzen — **VI Вьющиеся растения**

32 der Efeu	32 вечнозелёный плющ
33 die Glyzinie, Wistarie	33 глициния
34 die Schlingrose	34 вьющаяся роза

П. 21 — Комнатые растения

1-3 Balkonpflanzen	1-3 балконные растения
1 die Kapuzinerkresse, Kresse	1 настурция
2 die Pelargonie, Geranie, Brennende Liebe	2 пеларгония, герань
3 die Fuchsie	3 фуксия
4 das Alpenveilchen	4 цикламен
5 die Azalee	5 азалия
6 die Gloxinie	6 глоксиния
7 die Klivie	7 кливия
8 der Gummibaum	8 фикус
9 die Amaryllis	9 амариллис
10 der Gießrand	10 рант

Ergänzungen s. S. 45   Дополнения см. стр. 45

Ergänzungen — Дополнения

Ergänzungen zu Tafel 21

I Blütenpflanzen

1 die Zierpflanze
2 der Christusdorn
3 das Fleißige Lieschen
4 die Hyazinthe
5 die Kamellie od. Kamelie
6 der Kaktus
7 die Knollenbegonie
8 die Aloe
9 die Lobelie
10 die Meerzwiebel
11 die Myrte
12 die Passionsblume
13 die Petunie
14 die Primel
15 die Wachsblume
16 die Zimmernessel
17 die Erika
18 die Hortensie
19 der Oleander
20 die Agave
21 die Zimmerlinde
22 die Zimmertanne

II Blattpflanzen

23 die Schildblume

III Ampelpflanzen

24 der Hängespargel
25 die Tradeskantie

Дополнения к таблице 21

I Цветковые растения

1 декоративное растение
2 Христова иголка
3 бегония
4 гиацинт
5 камелия
6 кактус
7 клубневая бегония
8 алоэ
9 лобелия
10 пролеска
11 мирт
12 пассифлора
13 петунья
14 примула, первоцвет
15 вощанка
16 крапива
17 вереск
18 гортензия
19 олеандр
20 агава
21 комнатная липа, спармания
22 комнатная пихта

II Лиственные растения

23 хелоне

III Ампельные растения

24 висячая спаржа
25 традесканция

III. 22 Суставчатые животные

I Gliedertiere
1 die Libelle, Wasserjungfer 2 die Heuschrecke 3 der Schwalbenschwanz (ein Schmetterling) 4 die Raupe, Larve 5 die Puppe 6 die Kleidermotte, Motte 7 der Maikäfer 8 der Engerling (die Larve des Maikäfers) 9 der Kartoffelkäfer 10 die Larve des Kartoffelkäfers 11 die Stubenfliege, Fliege 12 die Stechmücke, Mücke 13 die Wespe 14 die Hummel 15 die Bettwanze 16 die Ameise 17 der Menschenfloh 18 die Kopflaus, Laus 19 das Ei, die Nisse 20 die Hausspinne, Spinne 21 das Netz, Spinngewebe od. Spinnengewebe 22 der Flußkrebs, Krebs 23 der Fühler 24 die Schere

I Суставчатые животные
1 стрекоза 2 саранча 3 махаон 4 гусеница, личинка 5 куколка 6 платяная моль, моль 7 майский жук 8 личинка майского жука 9 картофельный жук 10 личинка картофельного жука 11 комнатная муха, муха 12 обыкновенный комар, комар 13 оса 14 шмель 15 клоп 16 муравей 17 блоха 18 головная вошь, вошь 19 гнида 20 домашний паук, паук 21 паутина 22 речной рак, рак 23 щупальце 24 клешня

II Der Bienenstand, das Bienenhaus
25 der Bienenkorb, Bienenstock 26 das Flugloch 27 der Bienenkasten, die Beute, der Bienenstock 28 der Imker, Bienenzüchter 29 die Bienenpfeife 30 der Bienenschleier

II Пасека
25 улей 26 леток 27 улей 28 пчеловод 29 трубка пчеловода 30 лицевая сетка

III Die Wabe
31 die gedeckelte Honigzelle 32 die geschlossene Zelle (mit der Puppe) 33 die Larve 34 die Weiselzelle 35 das Ei 36 die Drohnenzelle 37 der Pollen, Blütenstaub

III Соты
31 сотовая ячейка с крышкой 32 закрытая ячейка (с куколкой) 33 личинка 34 маточник 35 яйцо 36 ячейка трутня 37 пыльца, перга

IV Der Bienenkasten, die Beute
38 der Honigraum 39 der Brutraum

IV Улей
38 место для мёда 39 инкубатор

V Die Kunstwabe
40 der Rahmen 41 die Rückwand

V Искусственная вощина
40 рама 41 задняя стена

VI Die Honigschleuder

VI Медогонка

VII Die Biene
42 die Arbeitsbiene 43 die od. der Weisel 44 der Drohn

VII Пчела
42 рабочая пчела 43 матка 44 трутень

Ergänzungen s. S. 395 Дополнения см. стр. 395

Gliedertiere

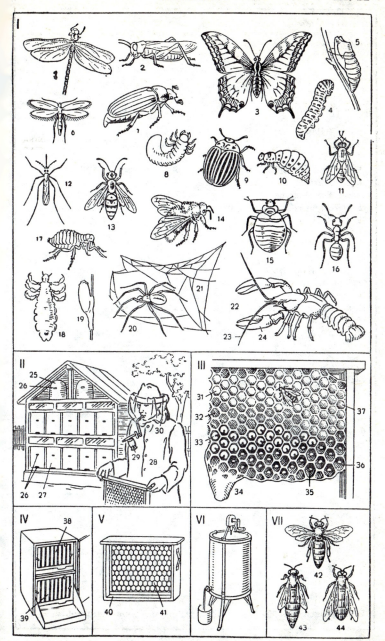

III. 23   Рыбы — земноводные — пресмыкающиеся

1, 2, 4, 5 Fische	1, 2, 4, 5 рыбы
1 der Aal, Flußaal	1 угорь, речной угорь
2 der Haifisch, Hai	2 акула
3 die Kiemenspalte	3 щель в жабрах
4 der Hering	4 сельдь, селёдка
5 der Karpfen, Spiegelkarpfen	5 карп, зеркальный карп
6 der Bartfaden	6 усик
7 der Kiemendeckel	7 жаберная крышка
8 die Schuppe, Spiegelschuppe	8 чешуя, блестящая чешуя
9 die Rückenflosse	9 спинной плавник
10 die Brustflosse	10 грудной плавник
11 die Bauchflosse	11 брюшной плавник
12 die Afterflosse	12 подхвостовой плавник
13 die Schwanzflosse	13 хвостовой плавник
14-16 Lurche	14-16 земноводные, амфибии
14 der Laubfrosch	14 лягушка
15 der Feuersalamander	15 пятнистая саламандра
16 die Kröte	16 жаба
17, 18, 20, 21, 23 Kriechtiere, Reptilien	17, 18, 20, 21, 23 пресмыкающиеся, рептилии
17 das Krokodil	17 крокодил
18 die Schildkröte	18 черепаха
19 der Panzer	19 панцирь
20 die Eidechse	20 ящерица
21 u. 23 Schlangen	21 и 23 змеи
21 die Kreuzotter, Otter	21 чёрная гадюка
22 der Giftzahn	22 ядовитый зуб
23 die Ringelnatter, Natter	23 кольчатый уж, уж

Ergänzungen s. S. 395   Дополнения см. стр. 395

Fische — Lurche — Kriechtiere III. 23

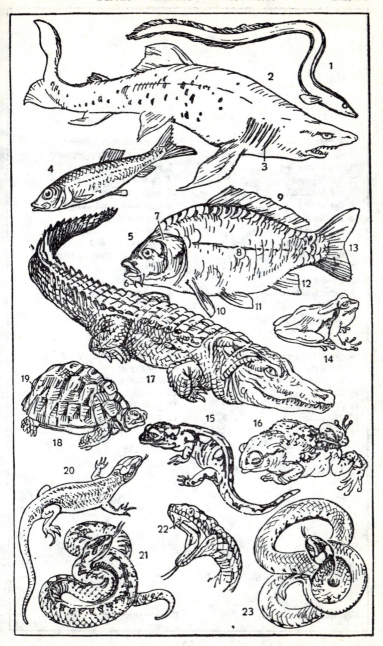

III. 24 Дневные хищные птицы — совы — певчие птицы I

1-3 Tagraubvögel	1-3 дневные хищные птицы
1 u. 2 der Turmfalke (ein Falke)	1 и 2 пустельга (сокол)
1 das Männchen	1 самец
2 das Weibchen	2 самка
3 der Steinadler (ein Adler)	3 беркут (орёл)
4 der Hakenschnabel	4 крючковатый клюв
5 der Fuß, Fang	5 коготь
6 der Schwanz, Stoß	6 хвост
Die Bezeichnungen 4-6 gelten für alle Raubvögel	Названия 4-6 относятся ко всем хищным птицам
7 u. 8 Eulen	7 и 8 совы
7 die Schleiereule	7 огнистая сова
8 der Steinkauz (ein Kauz, Käuzchen)	8 ночная сова (сирин, сыч)
9, 10, 13-15 Singvögel (↑ Taf. 25 u. 26)	9, 10, 13-15 певчие птицы (↑ табл. 25 и 26)
9 der Star	9 скворец
10 die Singdrossel, Drossel	10 певчий дрозд, дрозд
11 das Nest	11 гнездо
12 das Gelege, die Eier	12 гнездо с яйцами
13 die Nachtigall	13 соловей
14 der Zaunkönig	14 крапивник
15 die Lerche	15 жаворонок

Ergänzungen s. S. 53   Дополнения см. стр. 53

Tagraubvögel — Eulen — Singvögel I

III. 25 Певчие итицы II

(Vgl. Taf. 24 u. 26)

1 u. 2 Meisen
1 die Blaumeise
2 die Kohlmeise
3 der Pirol
4 das Gartenrotschwänzchen
5 die gelbe Bachstelze
6 die Mönchsgrasmücke

(ср. табл. 24 и 26)

1 и 2 синицы
1 лазоревка
2 большая синица
3 иволга
4 горихвостка
5 жёлтая трясогузка
6 славка-черноголовка

Ergänzungen s. S. 53 Дополнения см. стр. 53

Ergänzungen zu Tafeln 24-27	Дополнения к таблицам 24-27
1 der Geier	1 коршун
2 der Kondor	2 кондор
3 der Mäusebussard	3 канюк
4 der Habicht	4 ястреб
5 der Sperber	5 ястреб-перепелятник
6 die Weihe od. der Weih	6 коршун
7 der Uhu	7 филин
8 die Amsel	8 чёрный дрозд
9 der Bluthänfling	9 коноплянка, реполов
10 das Rotkehlchen	10 малиновка
11 der Zeisig	11 чиж
12 der Kanarienvogel	12 канарейка
13 der Zugvogel	13 перелётная птица
14 der Strichvogel	14 перелётная птица
15 der Standvogel	15 осёдлая птица
16 der Eichelhäher	16 сойка
17 die Elster	17 сорока
18 der Rabe (Kolkrabe)	18 ворон (лесной ворон)
19 der Eisvogel	19 зимородок
20 die Haubenlerche	20 хохлатый жаворонок
21 die Trappe	21 дрофа
22 der Wiedehopf	22 удод
23 der Flamingo	23 фламинго
24 der Pelikan	24 пеликан
25 der Kolibri	25 колибри
26 der Albatros	26 альбатрос
27 der Pinguin	27 пингвин

III. 26   **Певчие итицы III**

(Vgl. Taf. 24 u. 25)	(ср. табл. 24 и 25)
1 der Stieglitz	1 щегол
2 der Kleiber, die Spechtmeise	2 поползень
3 der Buchfink (ein Fink)	3 зяблик
4 der Buntspecht (ein Specht)	4 большой пёстрый дятел
5 der Gimpel, Dompfaff	5 снегирь
6 das Goldhähnchen	6 королёк

Ergänzungen s. S. 53   Дополнения см. стр. 53

Ergänzungen zu Tafel 28

1 das Faultier
2 der Wal
3 der Delphin
4 das Flußpferd
5 das Dromedar (ein einhöckeriges Kamel)
6 die Antilope
7 das Lama
8 der Wisent

Ergänzungen zu Tafel 29

9 die Wühlmaus
10 der Seelöwe
11 der See-Elefant
12 der Panther
13 der Leopard
14 der Vielfraß
15 der Eisbär
16 der Pavian
17 der Mandrill
18 der Schimpanse
19 der Gorilla

Дополнения к таблице 28

1 тихоход, ленивец
2 кит
3 дельфин
4 бегемот, гиппопотам
5 дромадер (одногорбый верблюд)
6 антилопа
7 лама
8 зубр

Дополнения к таблице 29

9 полёвка
10 морской лев
11 морской слон
12 барс, пантера
13 леопард
14 росомаха
15 белый медведь
16 павиан
17 мандрил
18 шимпанзе
19 горилла

III. 27 — Разные другие птицы

(Vgl. Taf. 24-26)   (ср. табл. 24-26)

1	der Storch	1 аист
2	der Fischreiher	2 цапля
3	der Kranich	3 журавль
4	die Schwalbe	4 ласточка
5	das Nest	5 гнездо
6	das Junge	6 птенец
7	die Wachtel	7 перепел
8	der Kiebitz	8 чибис, пигалица
9	der Kuckuck	9 кукушка
10	die Möwe	10 чайка
11	der Schwan	11 лебедь
12	der Papagei	12 попугай
13	die Krähe	13 ворона
14	der Sperling, Spatz	14 воробей
15	der Strauß	15 страус

Ergänzungen s. S. 53   Дополнения см. стр. 53

Verschiedene andere Vögel III. 27

III. 28   Толстокожие животные — копытные животные

1 das Schnabeltier	1 утконос
2 das Gürteltier	2 броненосец
3 das Känguruh	3 кенгуру
4 das Junge im Beutel	4 детёныш в сумке
5 u. 9 Dickhäuter	5 и 9 толстокожие животные
5 der Elefant	5 слон
6 der Rüssel	6 хобот
7 der Stoßzahn	7 клык
8 die Unterlippe	8 нижняя губа
9 das Nashorn, Rhinozeros	9 носорог
10, 11, 13-16 Huftiere	10, 11, 13-16 копытные животные
10 die Giraffe	10 жираф
11 das Trampeltier (ein zweihöckeriges Kamel)	11 бактриан (двугорбый верблюд)
12 der Höcker	12 горб
13 das Zebra	13 зебра
14 die Gazelle	14 газель
15 das Ren, auch: Rentier	15 северный олень
16 der Büffel (hier: der indische Büffel)	16 буйвол (здесь: индийский буйвол)

Ergänzungen s. S. 55   Дополнения см. стр. 55

Dickhäuter — Huftiere

III. 28

III. 29   Грызуны — хищные звери — обезьяны

1-4 Nagetiere	1-4 грызуны
1 das Stachelschwein	1 дикобраз
2 der Hamster	2 хомяк
3 die Ratte	3 крыса
4 die Maus	4 мышь
5 die Fledermaus	5 летучая мышь
6 die Flughaut	6 лётная перепонка
7 u. 8 Insektenfresser	7 и 8 насекомоядные животные
7 der Maulwurf	7 крот
8 der Igel	8 ёж
9 die Stacheln	9 колючки
10 der Rüssel	10 хобот
11 u. 12 Robben	11 и 12 тюлени
11 das Walroß	11 морж
12 der Seehund	12 тюлень
13, 14, 16-18, 20 Raubtiere	13, 14, 16-18, 20 хищные звери
13 der Tiger	13 тигр
14 der Löwe	14 лев
15 die Mähne	15 грива
16 die Löwin	16 львица
17 der Wolf	17 волк
18 die Hyäne	18 гиена
19 das Aas, der Kadaver	19 падаль, труп
20 der Bär (hier: der Braunbär)	20 медведь (здесь: бурый медведь)
21 der Affe (hier: der Rhesusaffe)	21 обезьяна (здесь: обезьяна-резус)
22 der Orang-Utan (ein Menschenaffe)	22 орангутанг (человекообразная обезьяна)

Ergänzungen s. S. 55   Дополнения см. стр. 55

Nagetiere — Raubtiere — Affen III. 29

III. 30   Дичь и промысловый зверь I

Abkürzungen:	Сокращения:
w. = weiblich	ск. = самка
J. = das Junge, Jungtier	д. = детёныш

1 u. 17 das Edelwild, Rotwild — 1 и 17 благородная дичь, красная дичь
1 der Hirsch, Edelhirsch, Rothirsch; J.: das Hirschkalb — 1 олень, благородный олень; д.: оленёнок
2 das Geweih — 2 рога
3 die Stange — 3 ствол
4 die Sprosse, das Ende — 4 ветвь
5 das Ohr, der Lauscher — 5 ухо
6 das Auge, Licht — 6 глаз
7 das Maul, Geäse — 7 рот, морда
8 das Blatt — 8 лопатка
9 die Flanke — 9 бок
10 der Ziemer — 10 олений зад, оленья ляжка
11 der Spiegel — 11 белое пятно
12 der Schwanz, Wedel — 12 хвост
13 die Keule — 13 задняя часть
14 der Vorderlauf — 14 передняя нога
15 der Hinterlauf — 15 задняя нога
16 die Schale — 16 копыто, копытце
17 die Hirschkuh, das Tier, Stück; J.: das Wildkalb — 17 самка оленя; д.: оленёнок
18 der Feldhase — 18 русак
19 das Auge, der Seher — 19 глаз
20 das Ohr, der Löffel — 20 ухо
21 der Vorderlauf — 21 передняя нога
22 die Pfote — 22 лапа
23 der Hinterlauf — 23 задняя нога
24 der Schwanz, die Blume — 24 хвост
25 der Rehbock, Bock; w.: das Reh, die Ricke; J.: das Rehkitz; Sammelname: das Rehwild — 25 самец козули; ск.: козуля; д.: молодая козуля; имя собирательное: козули
26 das Gehörn Übrige Körperteile ↑ Edelhirsch (3-16) — 26 рога Другие части тела ↑ благородный олень (3-16)
27 der Jagdfasan — 27 фазан
28 der Keiler, Eber, das männliche Wildschwein, Schwein; w.: die Bache, Sau, das weibliche Wildschwein; J.: der Frischling; Sammelname: das Schwarzwild — 28 кабан, дикая свинья, самец вепрь; ск.: веприца, самка кабана; д.: молодой вепрь; имя собирательное: чёрная дичь
29 der Hauer — 29 клык
30 die Schale — 30 копыто, копытце
31 der Fuchs, Rotfuchs; w.: die Füchsin, Fähe — 31 лиса, красная лиса; ск.: лиса самка
32 das Auge, der Seher — 32 глаз
33 das Ohr, Gehör — 33 ухо
34 das Maul, der Fang — 34 морда
35 der Schwanz, die Lunte, Standarte, Rute — 35 хвост

Ergänzungen s. S. 396   Дополнения см. стр. 396

Wild I

III. 31   Дичь и промысловый зверь II

Abkürzungen:

m. = männlich
w. = weiblich
J. = das Junge, Jungtier

1 der Damhirsch; w.: das Damtier (ohne Geweih); J.: das Damkitz; Sammelname: das Damwild
2 das Geweih
3 die Schaufel
4 der Elch, Elchhirsch, das Elen od. Elentier; w.: das Elchtier (ohne Geweih); J.: das Elchhirschkalb (m.), das Elchwildkalb (w.); Sammelname: das Elchwild
5 das Geweih
6 die Schaufel
7 der Bart
8 die Gemse, Gams; m.: der Gemsbock, Gamsbock; w.: die Gamsgeiß; J.: das Gamskitz; Sammelname: das Gamswild
9 der od. das Krickel, die Krucke
10 der Gemsbart, Gamsbart
11 der Birkhahn, Spielhahn
12 der Schwanz, das Spiel
13 das Haselhuhn
14 der Auerhahn
15 der Schwanz, Stoß
16 der Fittich, die Schwinge
17 der Fuß, Ständer
18 der Federbart
19 das Rebhuhn
20 das Schild
21 die Schnepfe, Waldschnepfe
22 der Schnabel, Stecher

Сокращения:

с. = самец
ск. = самка
д. = детёныш

1 лань; ск.: лань самка, ланка (без рогов); д.: оленёнок; имя собирательное: лань
2 рога
3 лопатообразный рог
4 лось, олень; ск.: лосиха (без рогов); д.: телёнок лося (с. или ск.); имя собирательное: лось

5 рога
6 лопатообразный рог
7 борода
8 горная серна; с.: серна-самец; ск.: серна-самка; д.: сернёнок; имя собирательное: серны
9 рожки
10 спинная грива
11 тетерев
12 хвост
13 рябчик
14 глухарь
15 хвост
16 крыло, маховое перо
17 нога
18 перья на подбородке
19 куропатка
20 щиток
21 бекас, вальдшнеп
22 клюв

Ergänzungen s. S. 396   Дополнения см. стр. 396

Wild II

III. 32   Пушные звери

1 der Polarfuchs; Pelz: der Weißfuchs, Blaufuchs
2 das Große Wiesel, Hermelin; Winterpelz: der Hermelin
3 das Eichhörnchen; Pelz der Eichhörnchen aus der Sowjetunion: das Feh
4 der Edelmarder, Baummarder
5 die Chinchilla; Pelz: das Chinchilla
6 das Opossum; Pelz: das Opossum
7 der Biber
8 der Waschbär, Schupp; Pelz: das Schuppenfell
9 der Fischotter; Pelz: der Otter
10 die Bisamratte; Pelz: der Bisam
11 die Nutria, der Sumpfbiber; Pelz: die Nutria
12 der Dachs
13 der Luchs

1 полярный песец; мех: белый песец, голубой песец
2 большая ласка, горностай; зимний мех: горностаевый мех
3 белка; мех белок из СССР: белка, беличий мех
4 лесная куница
5 шиншилла; мех: шиншилла
6 опоссум, двуутробка; мех: опоссум
7 бобр
8 енот; мех: енот
9 речная выдра; мех: речная выдра
10 ондатра; мех: ондатра
11 нутрия; мех: нутрия
12 барсук
13 рысь

Ergänzungen s. S. 397   Дополнения см. стр. 397

Pelztiere

Домашние животные I

Abkürzungen:
m. = männlich
w. = weiblich
v. = verschnitten, kastriert
J. = das Junge, Jungtier

Сокращения:
с. = самец
ск. = самка
к. = кастрированный
д. = детёныш

1, 5, 8, 9 das Vieh
1 das Rind; m.: der Bulle, Stier; v.: der Ochse; w.: die Kuh; J.: das Kalb; Sammelname: das Rindvieh
2 das Horn
3 das Euter
4 die Zitze
5 das Schwein; m.: der Eber; w.: die Sau; J.: das Ferkel
6 der Rüssel
7 der Esel; w.: die Eselin; J.: das Eselsfüllen, Eselsfohlen
8 das Schaf; m.: der Schafbock, Widder; v.: der Hammel, Schöps; J.: das Lamm
9 die Ziege; m.: der Ziegenbock, Bock; w.: die Zicke; J.: das Zicklein
10 der Ziegenbart
11, 13, 14 das Geflügel, Federvieh
11 der Truthahn, Puter; w.: die Truthenne, Pute
12 die Feder
13 die Ente; m.: der Enterich, Erpel
14 die Taube, Haustaube; m.: der Täuberich, Tauber
15 das Kaninchen, Karnickel; m.: der Rammler, Kaninchenbock; w.: die Häsin
16 die Katze; m.: der Kater

1, 5, 8, 9 скот
1 рогатый скот; с.: бык; к.: бык, вол; ск.: корова; д.: телёнок; имя собирательное: крупный рогатый скот
2 рог
3 вымя
4 сосок
5 свинья; с.: кабан, боров; ск.: свинья; д.: поросёнок
6 рыло
7 осёл; ск.: ослица; д.: ослёнок
8 овца; с.: баран; к.: холощённый баран; д.: ягнёнок, барашек
9 коза; с.: козёл; ск.: коза; д.: козлёнок
10 козлиная борода
11, 13, 14 домашние птицы
11 индюк; ск.: индюшка

12 перо
13 утка; с.: селезень
14 голубь, домашний голубь; с.: голубь-самец
15 кролик; с.: кролик; ск.: самка кролика
16 кошка; с.: кот

Ergänzungen s. S. 397

Дополнения см. стр. 397

Haustiere I

III. 34 Домашние животные II

Abkürzungen: m. = männlich; w. = weiblich; v. = verschnitten, kastriert; J. = das Junge, Jungtier

Сокращения: с. = самец; ск. = самка; к. = кастрированный; д. = детёныш

I Das Pferd; m.: der Hengst; v.: der Wallach; w.: die Stute; J.: das Füllen, Fohlen
1 die Nase 2 die Nüster 3 das Maul 4 der Schopf 5 die Mähne 6 der Widerrist 7 der Rücken 8 die Lende 9 das Kreuz, die Kruppe 10 die Brust 11 die Schulter 12 der Bauch 13 die Flanke, Weiche 14 die Hüfte 15 der Schwanz, Schweif 16 das Vorderbein 17 das Hinterbein 18 das Sprunggelenk 19 die Fessel 20 der Huf 21 das Hufeisen

I Лошадь; с.: жеребец; к.: мерин; ск.: кобыла; д.: жеребёнок
1 нос 2 ноздря 3 морда 4 чёлка 5 грива 6 холка 7 спина 8 ляжка 9 круп 10 грудь 11 плечо 12 живот 13 бок, пах 14 бедро 15 хвост 16 передняя нога 17 задняя нога 18 скакательный сустав 19 бабка 20 копыто 21 подкова

II Die Gans; m.: der Gänserich
22 der Schnabel 23 der Flügel 24 der Steiß, Bürzel 25 die Schwimmhaut

II Гусь; с.: гусак
22 клюв 23 крыло 24 гузка 25 плавательная перепонка

III Der Hund; m.: der Rüde; w.: die Hündin; J.: der Welpe
26 die Schnauze 27 die Lefzen 28 der Vorderlauf 29 die Pfote 30 der Hinterlauf 31 der Schwanz, die Rute 32 die Hundeleine 33 das Halsband 34 die Steuermarke 35 der Maulkorb, Beißkorb

III Собака; с.: кобель; ск.: сука; д.: щенок
26 морда 27 губы 28 передняя нога 29 лапа 30 задняя нога 31 хвост 32 повод 33 ошейник 34 жетон 35 намордник

IV Der Hahn; v.: der Kapaun
36 der Hahnenkamm, Kamm 37 der Schwanz 38 der Sporn 39 die Kralle

IV Петух; к.: каплун
36 петуший гребень 37 хвост 38 шпора 39 коготь

V Die Henne

V Курица

VI Das Kücken od. Küken

VI Цыплёнок

VII Längsdurchschnitt durch ein Ei
40 die Schale, Eischale 41 das Eiweiß 42 das Dotter, Eidotter, Eigelb

VII Продольный разрез яйца
40 скорлупа 41 белок 42 желток

Ergänzungen s. S. 397   Дополнения см. стр. 397

Haustiere II

IV. 35 — Человеческое тело

I Ansicht von vorn	**I Вид спереди**
1 der Hals	1 шея
2 die Kehle, Gurgel	2 горло
3-9 der Arm	3-9 рука
3 die Achselhöhle	3 подмышечная впадина
4 der Oberarm	4 плечо
5 der Ellbogen	5 локоть
6 der Unterarm	6 предплечье
7 die Handwurzel	7 запястье
8 die Hand	8 кисть руки
9 der Finger	9 палец
10, 12, 14, 15 der Rumpf	10, 12, 14, 15 туловище
10 die Brust	10 грудь
11 die Brustwarze	11 грудной сосок
12 der Bauch, Leib	12 живот
13 der Nabel	13 пупок
14 die Hüfte	14 бедро
15 die Leistenbeuge, Leiste, Leistengegend	15 пах, паховая область
16 die Geschlechtsteile, Genitalien	16 половые органы
17-22 das Bein	17-22 нога
17 der Oberschenkel	17 бедро
18 das Knie	18 колено
19 der Unterschenkel	19 голень
20 der Spann, Rist	20 подъём
21 der Fuß	21 стопа
22 die Zehe	22 палец ноги
II Ansicht von hinten	**II Вид сзади**
23 der Wirbel	23 макушка
24 der Hinterkopf	24 затылок
25 der Nacken, das Genick	25 затылок
26 die Schulter, Achsel	26 плечо
27 das Schulterblatt	27 лопатка
28 der Rücken	28 спина
29 die Lende	29 поясница
30 das Kreuz	30 крестец
31 das Gesäß	31 ягодица
32 die Gesäßfalte	32 ягодичная борозда
33 der After	33 анальное отверстие
34 die Kniekehle	34 подколенная впадина
35 die Wade	35 икра
36 der Knöchel	36 лодыжка, щиколотка
37 die Ferse, Hacke, der Hacken	37 пятка
38 die Fußsohle, Sohle	38 ступня
39 der Fußballen, Ballen	39 мякоть на ступне
III Der Kopf	**III Голова**
40 das Haar, Kopfhaar	40 волосы
41 der Scheitel	41 темя
42 die Schläfe	42 висок
43 die Stirn	43 лоб
44 das Ohr	44 ухо
45-51 das Gesicht	45-51 лицо
45 die Braue, Augenbraue	45 бровь
46 das Auge	46 глаз
47 die Nase	47 нос
48 die Wange, Backe	48 щека
49 der Mund	49 рот
50 die Lippe	50 губа
51 das Kinn	51 подбородок
Ergänzungen s. S. 399	Дополнения см. стр. 399

Der nackte Mensch

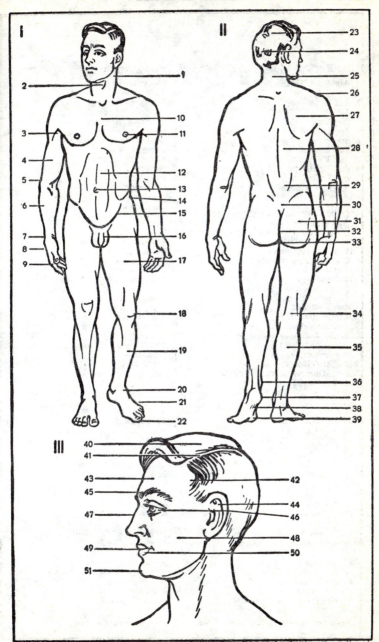

IV. 36 — Отдельные части тела I

I Der Kopf, Schädel | **I Голова, череп**

1 das Schädeldach — 1 крышка черепа
2, 5, 7 das Gehirn, Hirn — 2, 5, 7 мозг
2 das Großhirn — 2 большой головной мозг
3 die Stirnhöhle — 3 лобная пазуха
4 die Nasenhöhle — 4 носовая пазуха
5 der Balken — 5 мозолистое тело
6 der Hirnanhang — 6 мозговой придаток
7 das Kleinhirn — 7 мозжечок
8 das Rückenmark — 8 спинной мозг
9 der Kehlkopf — 9 гортань
10 die Luftröhre — 10 трахея
11 die Speiseröhre — 11 пищевод

II Das Ohr | **II Ухо**

12 die Ohrmuschel — 12 ушная раковина
13 das Ohrläppchen — 13 мочка уха
14 der äußere Gehörgang — 14 наружный слуховой проход
15 das Trommelfell — 15 барабанная перепонка
16 das Mittelohr (die Paukenhöhle mit den Gehörknöchelchen) — 16 среднее ухо (барабанная полость со слуховыми косточками)
17 der Hammer — 17 молоточек
18 der Amboß — 18 наковальня
19 der Steigbügel — 19 стремя
20 u. 21 das Labyrinth — 20 и 21 лабиринт
20 die Bogengänge — 20 полукружные каналы
21 die Schnecke — 21 улитка
22 der Gehörnerv — 22 слуховой нерв
23 die Ohrtrompete, Eustachische Röhre, Tube — 23 Евстахиева труба

III Die Mundhöhle | **III Полость рта**

24 die Oberlippe — 24 верхняя губа
25 der Schneidezahn — 25 зуб-резец
26 das Zäpfchen — 26 язычок
27 die Mandel, Gaumenmandel — 27 миндалевидная железа
28 der Rachen, die Rachenhöhle, der Schlund — 28 зев
29 der Mundwinkel — 29 угол рта
30 die Zunge — 30 язык
31 der Backzahn od. Backenzahn, Mahlzahn — 31 коренной зуб
32 der Eckzahn — 32 глазной зуб, клык
33 die Unterlippe — 33 нижняя губа

Einzelne Körperteile I

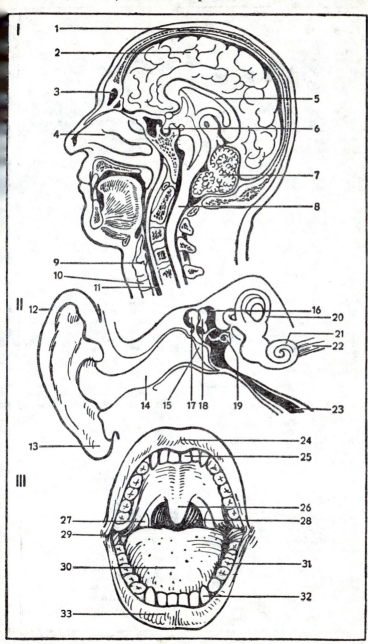

IV. 37 — Отдельные части тела II

I Das Auge	**I Глаз**
1 das Oberlid	1 верхнее веко
2 das Unterlid	2 нижнее веко
3 die Wimpern	3 ресницы
4 die Iris, Regenbogenhaut	4 радужная оболочка, радужка
5 die Pupille, das Sehloch	5 зрачок
6 der Augapfel	6 глазное яблоко
II Längsschnitt durch das Auge	**II Продольный разрез глаза**
7 die Hornhaut	7 роговая оболочка, роговица
8 die Iris, Regenbogenhaut	8 радужная оболочка, радужка
9 die Linse	9 хрусталик
10 der Glaskörper	10 стекловидное тело
11 die Netzhaut	11 сетчатая оболочка, сетчатка, ретина
12 der blinde Fleck	12 слепое пятно
13 der Sehnerv	13 зрительный нерв
14 die Augenmuskeln	14 глазные мышцы
III Der Schneidezahn	**III Зуб-резец**
15 die Krone	15 коронка
16 der Hals	16 шейка
17 das Zahnfleisch	17 десна
18 die Wurzel	18 корень
IV Der Backzahn	**IV Коренной зуб**
19 der Schmelz	19 зубная эмаль
20 das Zahnbein, Dentin	20 дентин
21 die Pulpa (Bindegewebe, Blutgefäße und Nerven)	21 пульпа (соединительная ткань, кровеносные сосуды и нервы)
22 die Zahnhöhle, Pulpahöhle	22 зубная полость
23 der Wurzelkanal	23 корневой канал
V Die Hand (die Rückseite)	**V Рука** (оборотная сторона)
24 das Handgelenk, die Handwurzel	24 запястье
25 die Mittelhand	25 пясть
26 der Handrücken	26 тыльная, наружная сторона руки
27 der kleine Finger	27 мизинец
28 der Ringfinger	28 безымянный палец
29 der Mittelfinger	29 средний палец
30 der Zeigefinger	30 указательный палец
31 der Fingernagel	31 ноготь
32 der Mond	32 лунка
33 der Daumen	33 большой палец
VI Die Hand (die Handfläche)	**VI Рука** (ладонь)
34 die Pulsader	34 артерия
35 der Handballen, die Maus	35 мякоть руки
36 der Handteller	36 ладонь
37 die Handlinie	37 линия руки
38-42 der Finger	38-42 палец
38 das Grundglied	38 третья фаланга
39 das Mittelglied	39 вторая фаланга
40 das Endglied	40 первая фаланга
41 die Fingerkuppe	41 кончик пальца
42 die Fingerspitze	42 кончик пальца

Einzelne Körperteile II

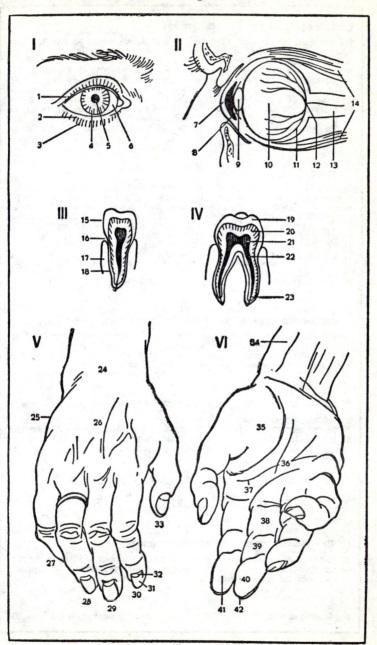

I Das Knochengerüst, Skelett, Gerippe

1-7 der Schädel 1 das Stirnbein 2 das Scheitelbein 3 das Schläfenbein 4 das Jochbein 5 das Nasenbein 6 das Oberkieferbein, der Oberkiefer 7 das Unterkieferbein, der Unterkiefer 8 der Halswirbel 9 das Schlüsselbein 10 das Schulterblatt 11 das Brustbein 12 die Rippe 13 das Oberarmbein 14 der Lendenwirbel (sämtliche Wirbel bilden die Wirbelsäule, das Rückgrat) 15 die Speiche 16 die Elle 17-22 das Becken 17 das Kreuzbein 18 das Steißbein 19-22 das Hüftbein 19 das Darmbein 20 das Schambein 21 die Schambeinfuge 22 das Sitzbein 23 das Oberschenkelbein, der Oberschenkelknochen 24 die Kniescheibe 25 das Kniegelenk 26 das Schienbein 27 das Wadenbein 28 das Sprungbein 29 das Fersenbein

I Скелет

1-7 череп 1 лобная кость 2 теменная кость 3 височная кость 4 скуловая кость 5 носовая кость 6 верхнечелюстная кость, верхняя челюсть 7 нижнечелюстная кость, нижняя челюсть 8 шейный позвонок 9 ключица 10 лопатка 11 грудина 12 ребро 13 плечевая кость 14 поясничный позвонок (все позвонки образуют позвоночный столб) 15 лучевая кость 16 локтевая кость 17-22 таз 17 крестец 18 копчик 19-22 бедренная кость 19 подвздошная кость 20 лобковая кость 21 спайка лобковой кости 22 седалищная кость 23 бедренная кость 24 коленная чашка 25 коленный сустав 26 большая берцовая кость 27 малая берцовая кость 28 таранная кость 29 пяточная кость

II Die inneren Organe, die Eingeweide (von vorn)

30 die Schilddrüse 31 die Lungenspitze 32 die rechte Lunge 33 die linke Lunge 34 das Herz 35 das Zwerchfell 36 die Leber 37 der Magen 38 die Gallenblase 39 der Dickdarm 40 der Dünndarm 41 der Blinddarm mit dem Wurmfortsatz 42 die Harnblase

II Внутренние органы, внутренности (спереди)

30 щитовидная железа 31 верхушка лёгкого 32 правое лёгкое 33 левое лёгкое 34 сердце 35 диафрагма 36 печень 37 желудок 38 жёлчный пузырь 39 толстая кишка 40 тонкая кишка 41 слепая кишка с червеобразным отростком 42 мочевой пузырь

III Die inneren Organe, die Eingeweide (von hinten)

43 die Milz 44 die linke Niere 45 die rechte Niere 46 die Bauchspeicheldrüse 47 der Harnleiter 48 der Mastdarm 49 der After

III Внутренние органы, внутренности (сзади)

43 селезёнка 44 левая почка 45 правая почка 46 поджелудочная железа, панкреатическая железа 47 мочеточник 48 прямая кишка 49 анальное отверстие

Ergänzungen s. S. 401   Дополнения см. стр. 401

Knochengerüst und innere Organe

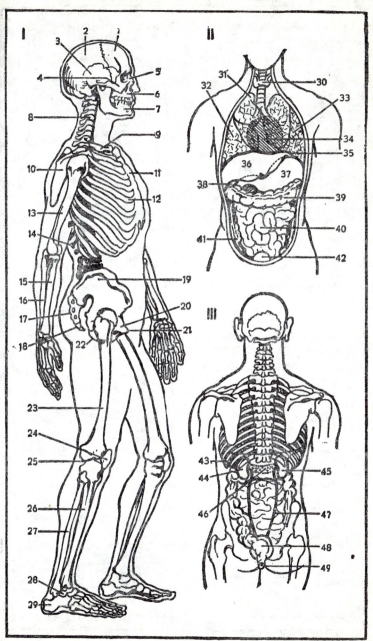

IV. 39   Мышцы — кровь — нервы

I Die Muskulatur (von vorn)	**I Мускулатура (спереди)**
1 die Gesichtsmuskeln	1 лицевые мышцы
2 die Kaumuskeln	2 жевательные мышцы
3 die Halsmuskeln	3 шейные мышцы
4 der Kopfwender	4 грудино-ключично-сосковая мышца
5 die Handwurzelbänder	5 связки запястья
6 der Handstrecker	6 разгибатель руки
7 der Handbeuger	7 сгибатель руки
8 der Bizeps	8 двуглавая мышца, бицепс
9 die Brustmuskeln	9 грудные мышцы
10 die Bauchmuskeln	10 брюшные мышцы
11 der Oberschenkelmuskel, Quadrizeps	11 мышца бедра, четырёхглавая мышца
12 der Schneidermuskel	12 портняжная мышца
13 der Schienbeinmuskel	13 большеберцовая мышца
14 die Fußwurzelbänder	14 связки у предплюсны
II Die Muskulatur (von hinten)	**II Мускулатура (сзади)**
15 der Schulterblattmuskel, Kapuzenmuskel	15 трапециевидная мышца
16 der Deltamuskel	16 дельтовидная мышца
17 der breite Rückenmuskel	17 широкая спинная мышца
18 der Rückenstrecker	18 разгибатель туловища
19 die Hüftmuskeln	19 бедренные мышцы
20 der große Gesäßmuskel	20 большая седалищная мышца
21 der große Wadenmuskel	21 большая икроножная мышца
22 die Achillessehne	22 ахиллово сухожилие
III Der Blutkreislauf, das Kreislaufsystem	**III Кровообращение, система кровообращения**
weiß: die Schlagadern, Arterien	белые линии: артерии
schwarz: die Blutadern, Venen	чёрные линии: вены
23 die Hauptschlagader, Aorta	23 главная артерия, аорта
IV Das Herz (von vorn, geöffnet)	**IV Сердце (спереди, в разрезе)**
24 die Körperschlagader, Aorta	24 аорта
25 die Lungenschlagader	25 лёгочная артерия
26 die Lungenvenen	26 лёгочные вены
27 die obere Hohlvene	27 верхняя полая вена
28 der linke Vorhof	28 левое предсердие
29 die Herzklappen	29 клапаны сердца
30 der rechte Vorhof	30 правое предсердие
31 die rechte Herzkammer	31 правый желудочек сердца
32 die Herzwand	32 стенка сердца
33 die Herzspitze	33 верхушка сердца
34 die Scheidewand	34 перегородка
35 die linke Herzkammer	35 левый желудочек сердца
V Das Nervensystem	**V Нервная система**
36 u. 37 das zentrale Nervensystem	36 и 37 центральная нервная система
36 das Gehirn	36 мозг
37 das Rückenmark	37 спинной мозг
38 die Halsnerven	38 шейные нервы
39 die Brustnerven	39 грудные нервы
40 der Hüftnerv, Ischiasnerv	40 седалищный нерв
41 die Schenkelnerven	41 бедренные нервы
Ergänzungen s. S. 403	Дополнения см. стр. 403

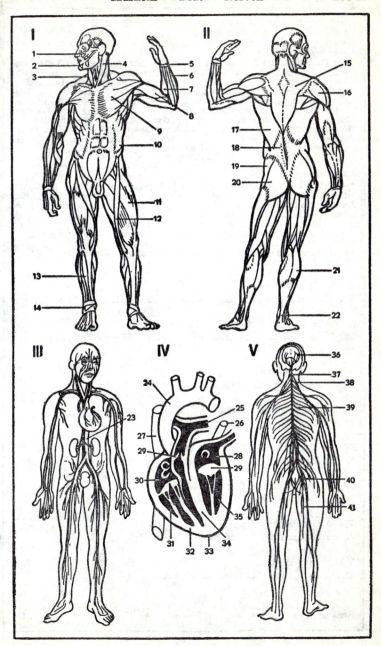

V. 40 — Дом

Haustypen — Типы домов

I Das Einzelhaus
1 der Dachfirst, First 2 der Schornstein, die Esse, der Kamin 3 das Laufbrett 4 die Antenne 5 der Giebel 6 das Dach (hier: Mansarddach) 7 die Mansarde 8 der Dachziegel 9 das Fallrohr 10 das Dachgesims, Gesims, der Sims 11 die Dachrinne, Traufe 12 das Fenster 13 die Sohlbank 14 die Jalousie 15 der Balkon 16 die Markise, das Sonnendach 17 der Blumenkasten, der Balkonkasten 18 die Brüstung 19 das erste Obergeschoß, der erste Stock 20 die Garage 21 die Windfangtür, der Windfang 22 die Hausnummer 23 der Rolladen 24 der Erker 25 das Erdgeschoß 26 der Hof 27 die Mülltonne 28 das Kratzeisen 29 das Kellerfenster 30 das Gitter 31 der Sockel 32 die Kletterrose

I Особняк
1 коньковый брус, конёк крыши 2 дымовая труба 3 сходни 4 антенна 5 фронтон, щипец 6 крыша (здесь: мансардная крыша) 7 мансарда 8 черепица 9 водосточная труба 10 карниз 11 водосточный жёлоб 12 окно 13 подоконник 14 жалюзи 15 балкон 16 маркиза 17 ящик для цветов 18 парапет 19 второй этаж 20 гараж 21 дверь крытого крыльца 22 номер дома 23 ставень 24 крытый балкон 25 первый этаж 26 двор 27 урна для мусора 28 скребок 29 подвальное окно 30 решётка 31 цоколь 32 полаучая роза, вьющаяся роза

II Das Doppelhaus
33 das Schiebefenster 34 das Walmdach 35 die Veranda 36 die Haustür

II Двойной дом
33 подъёмное окно 34 вальмовая крыша 35 веранда 36 входная дверь

III Das Reihenhaus
37 die Loggia 38 die Durchfahrt

III Дом рядовой застройки
37 лоджия 38 проезд

IV Das Bauernhaus († Taf. 152 u. 153)
39 das Satteldach 40 das Fachwerk

IV Крестьянский дом († табл. 152 и 153)
39 двускатная крыша 40 фахверк

V Das Hochhaus
41 der Dachgarten 42 das Flachdach

V Многоэтажный дом
41 сад на крыше 42 плоская крыша

Ergänzungen s. S. 404   Дополнения см. стр. 404

Haus

V. 41 Жилая комната — рабочий кабинет

I Das Wohnzimmer (hier: Eßzimmer)	**I Жилая комната** (здесь: столовая)
1 die Raumbeleuchtung	1 освещение комнаты
2 die Tischbeleuchtung	2 освещение стола
3 das Gemälde (hier: Stilleben)	3 картина (здесь: натюрморт)
4 das Barometer	4 барометр
5 das Thermometer	5 термометр
6 der Leuchter	6 подсвечник
7 die Anrichte, Kredenz	7 сервант, полубуфет
8 der Nähwagen	8 тележка со швейными принадлежностями
9 die versenkbare Nähmaschine	9 опускная швейная машина
10 die Blumenbank	10 скамейка для цветов
11 der Sessel	11 кресло
12 die Stehlampe	12 стоячая лампа
13 der Geschirrschrank, das Büfett	13 шкаф для посуды, буфет
14 der Wandteller	14 стенная тарелка
15 die Tischschaufel	15 столовая лопаточка
16 der Tischbesen	16 щёточка для уборки стола
17 der Kachelofen, Berliner Ofen	17 изразцовая печь, берлинская печь
18 die Brücke	18 дорожка
19 der Ausziehtisch	19 раздвижной стол
20 der Teppich	20 ковёр
21 der Stuhl (hier: Polsterstuhl)	21 стул (здесь: полумягкий стул)
22 das Sitzpolster	22 полумягкое сиденье
23 der Steg	23 планка
24 der Servierwagen	24 сервировочный столик
II Das Arbeitszimmer (mit Kombinationsmöbeln)	**II Рабочий кабинет** (с комбинированной мебелью)
25 der geschlossene Schrank	25 закрытый шкаф
26 der Bücherschrank	26 книжный шкаф
27 die Glasschiebetür	27 стеклянная раздвижная дверь
28 das (kleine) Bücherregal	28 (маленькая) полка для книг
29 das Wandbild (hier: Landschaftsbild)	29 картина (здесь: пейзаж)
30 die Couch (hier: Bettcouch)	30 диван (здесь: спальный диван)
31 der lose Kopfteil	31 откидной валик
32 das Kissen	32 подушка
33 das Bild (hier: ein Industriewerk); davor die Stehlampe	33 картина (здесь: завод); перед картиной стоячая лампа
34 der Radioapparat († Taf. 88, II)	34 радиоприёмник († табл. 88, II)
35 der Anstellschrank	35 приставной шкаф
36 die Buchnische	36 книжная ниша
37 die Bücherstütze	37 книжная стойка
38 die Photographie, das Photo	38 фотография
39 der Stehrahmen	39 стоячая рамка
40 die Schreibtischlampe	40 лампа для письменного стола
41 der Schreibtisch	41 письменный стол
42 die Schreibunterlage	42 подкладка
43 die Schreibmappe	43 папка для бумаг
44 der Schreibtischsessel	44 кресло к письменному столу
45 der Klubtisch	45 клубный стол
46 die Zarge	46 обод
Ergänzungen s. S. 405	**Дополнения см. стр. 405**

Wohnzimmer — Arbeitszimmer V. 41

V. 42 — Спальня

	German		Russian
1	die Gardinenleiste	1	багет для гардин
2 u. 3	die Übergardine	2 и 3	гардины
2	der Querschal	2	поперечник гардин
3	der Längsschal	3	боковые части гардин
4	die Gardine (hier: der Store)	4	гардина (здесь: штора)
5	das Doppelfenster	5	двойные оконные рамы
6	die Abzweigdose	6	ответвительная коробка
7	der Spiegel	7	зеркало
8	die Steckdose	8	штепсельная коробка
9	der Fenstergriff, Fensterwirbel, die Olive	9	ручка шпингалета
10	der Fensterklotz	10	оконная скоба
11	der Schrank (hier: Kleider- und Wäscheschrank)	11	гардероб (здесь: шкаф для одежды и белья)
12	das Fach (hier: Wäschefach)	12	полка (здесь: полка для белья)
13	die Ampel	13	подвесная лампа
14	das Schlafzimmerbild	14	картина
15	der Parfümzerstäuber	15	пульверизатор для духов
16	die Frisiertoilette, Frisierkommode, der Toilettentisch	16	туалетный столик
17	der Hocker	17	табуретка
18	der Heizkörper	18	батарея парового отопления, радиатор
19	die Rippe	19	секция батареи
20	die Hausfrau überzieht das Bett (hier: Deckbett, die Bettdecke)	20	хозяйка стелет постель (здесь: перину, одеяло)
21	die Nachttischlampe	21	ночная лампочка
22	das Inlett	22	чехол
23	der Bettbezug	23	пододеяльник
24	der Bettzipfel, Zipfel	24	кончик пододеяльника, кончик
25	der Kopfkissenbezug	25	наволочка
26	das Kopfkissen	26	подушка
27	das Plumeau	27	перина, плюмо
28	das Überschlaglaken	28	пододеяльник для стёганого одеяла
29	die Steppdecke	29	стёганое одеяло
30	das Bettuch, Laken	30	простыня
31	der Nachttisch	31	тумбочка
32	der Wecker	32	будильник
33	das Bett	33	кровать
34	die Bettumrandung	34	коврики у кровати, дорожки
35	der Wäschepuff	35	сундук для белья
36	der Schrank	36	шкаф
37	die Kommode	37	комод
38	das Kinderbett	38	детская кровать
39	der Zugschalter	39	выключатель с тесьмой
40	das Reformunterbett	40	перина на матрац
41	der Fußteil	41	задняя спинка кровати
42	die Stahlmatratze, Patentmatratze	42	стальная (матрацная) сетка на кровать
43	der Matratzenschoner	43	тюфячное покрывало
44	die Auflegematratze (dreiteilig)	44	накладной матрац (из трёх частей)
45	das Keilkissen	45	подголовник
46	das Seitenteil	46	боковая часть
47	der Kopfteil	47	передняя спинка кровати
48	die Bettvorlage	48	коврик, дорожка перед кроватью

Ergänzungen s. S. 406   **Дополнения см. стр. 406**

Schlafzimmer V. 42

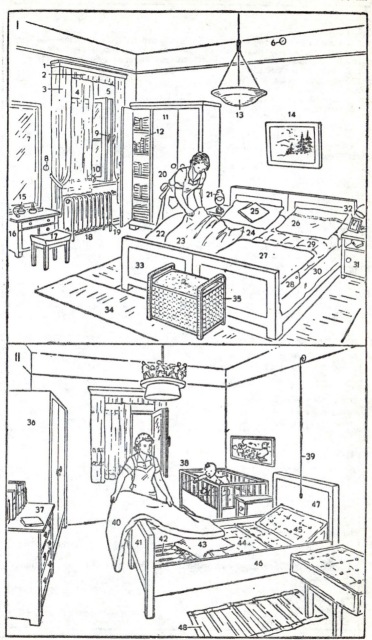

I Die Küche

1 der Heißwasserspeicher, Boiler   2 die Küchenuhr   3 die Büchse   4 das Wandbrett   5 das Wassermaß   6 der Wasserhahn, die Wasserleitung, der Hahn   7 der Behälter   8 der Durchschlag   9 der Satz Schüsseln   10 der Küchentisch, Aufwaschtisch, Abwaschtisch   11 die Brotschneidemaschine   12 der Küchenschrank   13 die Brotkapsel   14 die Kaffeemühle   15 die Küchenbank   16 der Ausguß   17 das Abflußrohr   18 u. 19 der Geruchverschluß   18 das Knierohr, Knie   19 die Reinigungsschraube   20 der Eimer, Wassereimer   21 der Bügel   22 der Schemel   23 der Küchenstuhl   24 die Balkontür   25 die Wasserpfanne   26 die Esse   27 das Ofenrohr   28 die Herdplatte   29 der Ofenring, Herdring   30 die Ofenröhre   31 der Ofenrost, Rost   32 das Ofenloch   33 die Herdstange   34 der Küchenherd   35 der Aschekasten od. Aschenkasten   36 die Asche   37 das Ofenblech   38 der Mülleimer

I Кухня

1 водонагреватель, бойлер   2 кухонные часы   3 банка, жестянка   4 стенная полка   5 кружка-водомер   6 водопроводный кран, водопровод, кран   7 банка   8 дуршлаг   9 комплект блюд   10 кухонный стол для судомойки   11 хлеборезка   12 кухонный шкаф   13 коробка для хлеба   14 кофейная мельница, кофейница   15 кухонный столик   16 кухонная раковина   17 сточная труба   18 и 19 водяной затвор   18 коленчатая труба, колено трубы   19 винт для очистки   20 ведро для воды   21 ручка   22 скамеечка, табуретка   23 кухонный стул   24 балконная дверь   25 металлический резервуар для воды   26 дымоход   27 дымовая труба   28 плита   29 конфорка   30 духовка   31 колосниковая решётка   32 топка   33 штанга плиты   34 кухонная плита   35 зольник   36 зола   37 защитный лист перед плитой   38 ведро для мусора

II Der Gasherd

39 der Absperrhahn   40 der Schlüssel   41 der Gasbrenner, die Brennstelle   42 der Gashahn   43 das Gasrohr   44 die Backröhre, Bratröhre

II Газовая плита

39 затворный кран   40 ключ   41 газовая горелка   42 газовый выключатель, кран   43 газопроводная труба   44 духовка

III-V Einzelne Küchengeräte

45 die Küchenwaage, Reformwaage, Waage   46 die Waagschale   47 die Arretierung   48 die Kartoffelpresse   49 der Fleischwolf, Wolf   50 die Kurbel   51 der Deckel   52 die Tülle, Schnauze   53 der Kaffeetopf   54 der Henkel   55 die elektrische Kochplatte

III-V Кухонные приборы

45 кухонные весы   46 чашка весов   47 стопорное приспособление   48 картофельный пресс   49 мясорубка   50 рукоятка   51 крышка   52 носик кофейника   53 кофейник   54 ручка   55 электрическая плита

Ergänzungen s. S. 407   Дополнения см. стр. 407

Küche

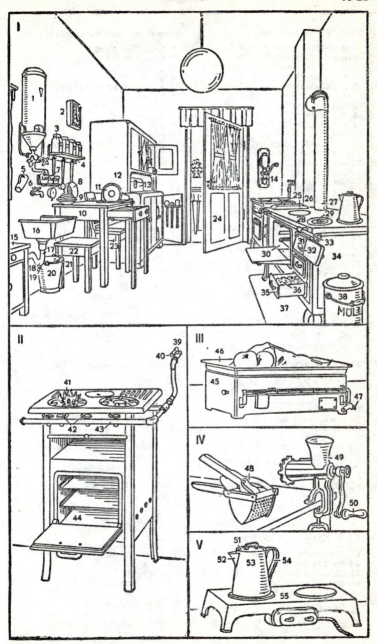

V. 44 — Ванная — уборная

I Das Bad, Badezimmer
I Ванная, ванная комната

	Deutsch	Русский
1	die Kugellampe	шаровая лампа
2	der Ölsockel	масляная краска
3	der Badeofen	ванная колонка
4	der Spiegel	зеркало
5	die Glasplatte	стеклянная пластинка
6	die Handbrause, Brause	ручной душ
7	das Wasserglas	стакан для воды
8	das Handtuch	полотенце
9	der Handtuchhalter	вешалка для полотенца
10	das Waschbecken, Becken	умывальный таз
11	das Ausflußrohr, der Abfluß	сточная труба, водосток
12	der Waschlappen	тряпка
13	die Kinderbadewanne	детская ванна
14	die Batterie	арматура
15	die Badewanne, Wanne	ванна
16	der Überlauf	водослив, водосброс
17	das Badewasser	вода для купания
18	die Seife	мыло
19	das Badethermometer	водяной термометр
20	das Badetuch, Frottiertuch	мохнатое полотенце
21	die Fußmatte, Badematte	циновка
22	das Bidet (die Sitzwanne)	биде (сидячая ванна)
23	die Rasierseife	мыло для бритья
24	der Alaunstift	квасцовый камень
25	der Rasierapparat	безопасная бритва
26	der Rasierpinsel	кисточка для бритья
27	die Haarbürste, Bürste	щётка для волос
28	der Kamm	гребёнка, расчёска
29	die Rasierklinge	лезвие безопасной бритвы
30	die Zahnbürste	зубная щётка
31	die Zahnpasta	зубная паста

II Die Toilette
II Уборная, туалет

	Deutsch	Русский
32	der Abstellhahn	затворный кран
33	der Spülkasten	промывной бачок
34	das Klappfenster	форточка
35	die Scheibengardine	полузанавеска
36	das Abflußrohr	сточная труба
37	die Kette	цепь
38	das Schuhgestell	подставка для обуви
39	der aufklappbare Sitz, die Klosettbrille	откидное сиденье, унитазная крышка
40	das Klosett, Wasserklosett, der Abtritt, Abort	унитаз, ватерклозет
41	die Abortbürste, Klosettbürste	щётка для унитаза

III Die Warmwasserheizung (hier: Etagenheizung)
III Водяное отопление (здесь: этажное отопление)

	Deutsch	Русский
42	das Steigrohr	напорная труба
43	der Wasserstandsmesser	измеритель уровня воды
44	die Fülltür	топочная дверка
45	die Drosselklappe	дроссельный клапан
46	die Aschentür	колосниковая дверка
47	der Füll- und Ablaßhahn	кран для наполнения бачка и спуска воды

Ergänzungen s. S. 408

Дополнения см. стр. 408

Bad — Toilette

V. 44

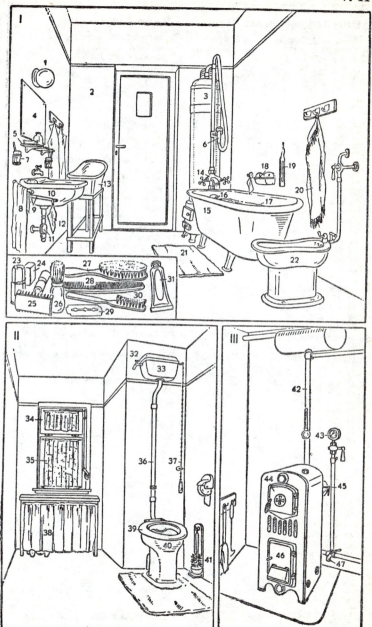

V. 45 — Лестничная клетка — коридор

I Das Treppenhaus, der Hausflur	I Лестничная клетка
1 die Treppenbeleuchtung, Treppenlampe	1 лестничное освещение, лестничная лампа
2 die Gehrung	2 соединение на ус
3 der Lichtschalter	3 выключатель
4 die Klingel, der Klingelknopf	4 звонок, кнопка звонка
5 das Türschild, Namenschild	5 табличка на двери (с фамилией жильца)
6 der Briefeinwurf, Schlitz	6 щель для писем
7 der Bewohner, die Bewohnerin	7 жилец, жилица
8 die offene Wohnungstür, Korridortür	8 открытая квартирная дверь
9 die Brieftasche	9 сумка письмоносца, почтальона
10 der Briefträger	10 письмоносец, почтальон
11 das Guckloch	11 глазок
12 das Sicherheitsschloß	12 цилиндровый замок
13 die Schwelle	13 порог
14 der Abtreter, Abstreicher	14 половик, решётка (для вытирания ног)
15 der Treppenabsatz	15 лестничная площадка
16 das Geländer	16 перила
17 die Stufe	17 ступенька
18 der Aufgang, die Treppe	18 лестничный марш

II Das Türschloß	II Дверной замок
19 der Schloßkasten	19 корпус замка
20 die Türklinke, Klinke	20 дверная ручка
21 das Schlüsselloch	21 замочная скважина
22 die Falle	22 защёлка, косой засов
23 der Riegel	23 ригель
24 der Nachtriegel	24 ночная задвижка, засов

III Der Korridor, Flur, Vorsaal	III Коридор, вестибюль, передняя
25 der Zähler, Stromzähler	25 электрический счётчик
26 die Flurgarderobe, Kleiderablage	26 гардероб
27 der Kleiderhaken	27 вешалка
28 der Wandspiegel	28 стенное зеркало
29 die angelehnte Zimmertür	29 притворенная дверь комнаты
30 die Türfüllung	30 дверная филёнка
31 die Türangel, Angel	31 дверная петля
32 die Türverkleidung	32 дверная обшивка (наличник)
33 die Flurlampe	33 коридорная лампа
34 die Gasuhr	34 газовый счётчик
35 der Schirmständer	35 стойка для зонтиков
36 die Kleiderbürste	36 щётка для одежды
37 das Flurschränkchen	37 коридорный шкафчик
38 der Fußboden, die Diele	38 пол
39 der Läufer	39 дорожка, половик
40 der Armsessel	40 кресло
41 der Hocker	41 табуретка

IV Die Sicherung	IV Электрический предохранитель
42 das Element	42 элемент
43 die Patrone, Sicherung	43 предохранитель
44 das Kennplättchen	44 указательная пластинка

| Ergänzungen s. S. 408 | Дополнения см. стр. 408 |

Treppenhaus — Korridor V. 45

I Das Dachgeschoß

1 u. 13 der Trockenboden, Wäscheboden, Boden   1 der Dachboden, Spitzboden   2 das Dachfenster, die Dachluke   3 die Kehrleine   4 der Essenkehrer, Schornsteinfeger, Kaminfeger   5 die Sonne   6 die Falltür   7 der Reisigbesen   8 das Bodenfenster (hier: Rundfenster)   9 die Stiege   10 die Latte   11 der Lattenverschlag (auch als Raum)   12 die Dachkammer, Bodenkammer   13 der Vorboden   14 die Lattentür

I Чердачный этаж

1 и 13 сушильня, бельевой чердак, чердак   1 чердак над стропильной затяжкой   2 слуховое окно, люк   3 верёвка для веника   4 трубочист   5 веник с грузом   6 дверь чердачного проёма   7 метла   8 слуховое окно (здесь: круглое окно)   9 лестница   10 планка   11 дощатая перегородка (чулан)   12 мансарда, чердачное помещение   13 чердачная площадка   14 дощатая дверь

II Der Vorkeller

15 die Kellertreppe   16 die Kellertür   17 das Türband   18 der Entleerungshahn   19 der Haupthahn   20 der Wassermesser, Wasserzähler, die Wasseruhr   21 der Hauptabsperrhahn   22 die Krampe   23 das Vorlegeschloß   24 der Handwagen   25 die Deichsel   26 der Haspen od. die Haspe

II Подвал

15 подвальная лестница   16 подвальная дверь   17 стержень дверной петли   18 спускной кран   19 главный кран   20 гидрометр, водомер   21 главный запорный кран   22 скоба с пробоем   23 висячий замок   24 ручная тележка   25 дышло   26 дверная петля

III Der Keller

27 die Obsthorde   28 das Gestell   29 das Einmachglas, Weckglas   30 die Säge (hier: Spannsäge)   31 das Sägeblatt   32 das Brikett (hier: die geschichteten Briketts)   33 die Wanne   34 die Daube   35 der Reifen   36 der Hackstock, Hackklotz   37 der Kloben, Holzkloben   38 das Bund Holz   39 der Holm   40 die Axt   41 die Bügelsäge, Bogensäge   42 der Sägebock   43 der Torfziegel, Preßstein   44 die Schaufel   45 die Kartoffelhorde   46 die Kohle   47 das Bündel Briketts

III Подвальная камера

27 полки для фруктов   28 стеллаж   29 стеклянная банка   30 пила (здесь: лучковая пила)   31 полотно пилы   32 брикет (здесь: брикеты, уложенные рядами)   33 лоханка   34 клёпка   35 обруч   36 чурбан   37 полено   38 вязанка дров   39 топорище   40 топор   41 дуговая пила   42 козлы для пилки   43 кирпич из торфа, мокрый брикет   44 лопата   45 специальный ящик для хранения картофеля   46 уголь   47 связка брикетов

Ergänzungen s. S. 409   Дополнения см. стр. 409

Dachgeschoß — Keller

V: 46

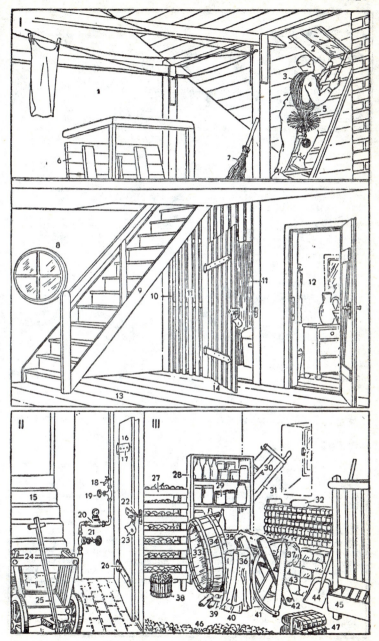

V. 47 Сад

(Vgl. Taf. 160 u. 161)   (ср. табл. 160 и 161)

I Der Garten (hier: Schrebergarten)
1 der Lattenzaun, das Staket   2 der Komposthaufen   3 die Laube   4 das Spalier   5 der Liegestuhl   6 der Hochstamm   7 das Drahtgeflecht   8 der Buschbaum   9 der Halbstamm   10 die Baumscheibe   11 der Rosenhochstamm   12 das Blumenbeet   13 der Plattenweg   14 die Wasserleitung   15 das Wasserfaß   16 die Trittplatte   17 das Gemüsebeet   18 die Schlauchtrommel   19 der Kantenstein   20 der Kiesweg   21 der Beerenhochstamm   22 der Beerenstrauch   23 die Rhabarberstaude   24 die Hecke   25 der senkrechte Schnurbaum, Kordonbaum   26 der Rosenbogen   27 die Gartentür

I Сад (здесь: небольшой семейный сад)
1 ограда из деревянных реек, палисад, тын   2 куча компоста   3 беседка   4 шпалеры   5 шезлонг   6 высокоствольное дерево   7 проволочное плетение   8 кустарник   9 низкоствольное дерево   10 разрыхлённая почва вокруг дерева   11 высокоствольная роза   12 грядка   13 дорожка, мощённая плитами   14 водопровод   15 бочка для воды   16 плитка   17 грядка для овощей   18 барабан для шланга   19 бортовой камень   20 гравийная дорожка   21 высокоствольный ягодник   22 ягодник   23 ревень   24 живая изгородь   25 вертикальный кордон   26 арка из роз   27 садовая дверь

II Das Wasserbecken
28 die Staude   29 die Wasserpflanze (hier: Teichrose)

II Бассейн
28 кустик   29 водное растение (здесь: кувшинка)

III Der Steingarten
30 die Trockenmauer   31 das Blütenpolster   32 das Blattpolster

III Альпинарий
30 сухая кладка   31 подушка из цветков   32 подушка из листьев

IV Gartengeräte
33 der Spaten   34 der Rechen, die Harke   35 die Baumschere   36 das Pflanzholz, Setzholz, der Pflanzer   37 das Gartenmesser, die Hippe   38 die Gießkanne   39 die Brause, Tülle   40 die Heckenschere   41 die Drahtbürste   42 der Obstpflücker   43 die Baumsäge   44 der Baumkratzer   45 die Schaufel   46 die Grabgabel   47 die Zinke   48 der Grubber   49 der Kultivator   50 der Häufler   51 der Drahtbesen   52 die Hacke

IV Садовые инструменты
33 заступ   34 грабли   35 секатор, садовые ножницы   36 сажальный кол   37 садовый нож   38 садовая лейка   39 лейка   40 секатор   41 проволочная щётка   42 плодосниматель   43 садовая ножовка   44 скребок   45 лопата   46 вилы для копания   47 зубец   48 груббер   49 культиватор   50 окучник   51 проволочная метла   52 мотыга

Ergänzungen s. S. 409   Дополнения см. стр. 409

Garten V. 47

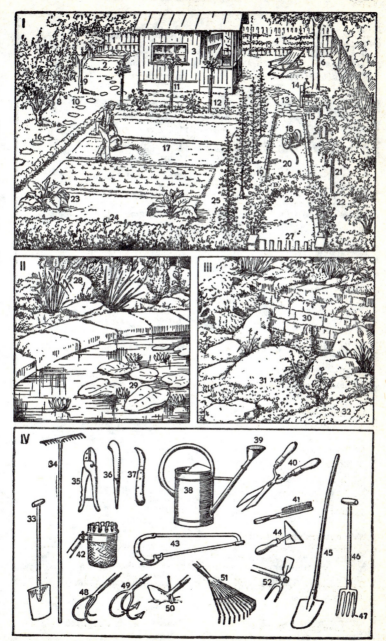

V. 48 — Женская одежда

#	Deutsch	Русский
1	der Kimonoärmel	рукав кимоно
2	der Morgenrock	утренний халат, пеньюар
3	der Spenzer	спенсер
4	der Abnäher	сплошной шов, вытачка
5	der Plisseerock	юбка плиссе
6	der Turban	тюрбан, чалма
7	der Overall, die Kombination	комбинезон
8	der Hausanzug	домашний костюм, пижама
9	der Armreif	браслет, браслетка
10	der Trägerrock	сарафан
11	die Hemdbluse	блуза
12	der Schleier	вуаль
13	das Nachmittagskleid	дневное платье
14	die Biesen	выпушка, кант
15	die Quetschfalte	складка
16	das Kopftuch	головной платок
17	die Rüsche	рюш
18	die Dirndelschürze	передник к немецкому национальному платью
19	das Dirndelkleid	немецкое национальное платье
20	das Söckchen	носок
21	die Sandalette	сандалета
22	der Pullover	свитер, джемпер
23	die Keilhose	лыжные брюки
24	die Strickmütze	вязаная шапочка
25	die Windjacke	непромокаемая спортивная куртка
26	der Berufskittel, Berufsmantel	рабочая блуза, рабочий халат, спецодежда
27	der Saum	кайма
28	die Weste	жилетка
29	der Besatz	аппликация
30	die Wickelschürze	дамский халат
31	die Baskenmütze	берет
32	der Regenmantel	дождевик
33	der Hut, Damenhut	шляпа, дамская шляпа
34	die Brosche	брошка, брошь
35 u. 36	das Kostüm	и 36 костюм
35	die Kostümjacke	жакет костюма
36	der Kostümrock	юбка костюма
37	die Pumps	дамская туфля «пемс»
38	die Strickjacke	вязаная кофта
39	der Anorak	спортивная куртка с капюшоном
40	die Pelzkappe	меховая шапка
41	der Pelzumhang	меховая пелерина
42	die Mufftasche	карман муфты
43	der Sportschuh	спортивная туфля
44	der Mantel	пальто
45	der Pelzbesatz	опушка из меха
46	die Stadttasche	дамская сумка
47	die Überschuhe	боты
48	der Ausschnitt	декольте
49	die Agraffe	застёжка
50	das Armband	браслет
51	das Abendkleid	вечернее платье
52	die Blende	обшивка
53	das Abendtäschchen	театральная сумка

Ergänzungen s. S. 410 — Дополнения см. стр. 410

Frauenkleidung

V. 48

V. 49 Мужская одежда

1 die Hausjacke 2 der Hausschuh 3 das Jackett, der Rock (hier: zweireihig) 4 der Aufschlag, das Revers, Fasson 5 der Bügel, Kleiderbügel 6 die Weste 7 die Hose 8 die Bundverlängerung 9 der Bund 10 der Hosenschlitz, Schlitz 11 die Bügelfalte, der Bruch 12 der Umschlag 13 der Anzug, Jackettanzug (hier: einreihig) 14 die Brusttasche 15 der Sportanzug 16 die Sportmütze 17 die Uhrentasche 18 die Golfhose, die Knickerbocker 19 der Sportstrumpf 20 das Polohemd 21 die Shorts 22 der Janker, die Trachtenjacke 23 die Trachtenhose 24 der Stutzen 25 die Windbluse 26 die Überfallhose 27 die Mütze, Schirmmütze 28-34 die Berufskleidung 28 der Overall, die Kombination 29 die Kapuze 30 der Kesselanzug (= Overall mit Kapuze) 31 der Schlosseranzug, Arbeitsanzug 32 der Berufsmantel 33 der Operationskittel 34 der Arbeitskittel, Kittel 35 u. 37 die Gesellschaftskleidung, der Gesellschaftsanzug 35 der Smoking 36 der Lackschuh 37 der Frack 38 der Spiegel 39 der weiche Hut 40 der Wettermantel, Raglan 41 die Baskenmütze 42 der Lumberjack 43 der Reißverschluß 44 die Ärmelspange 45 der Schal 46 der Ärmelaufschlag 47 der Wintermantel, Ulster 48 die gesteppte Naht 49 die Gamasche 50 die Pelzmütze 51 der Gehpelz 52 das Futter (hier: Pelzfutter) 53 der Sportpelz 54 die Patte 55 die Tasche

1 домашняя куртка 2 домашняя туфля 3 пиджак (здесь: двубортный) 4 лацкан, отворот 5 плечики 6 жилет 7 брюки 8 удлинение пояса 9 пояс 10 разрез брюк 11 складка на брюках 12 отворот 13 костюм (здесь: с однобортным пиджаком) 14 верхний карман 15 спортивный костюм 16 спортивная шапка 17 карман для часов 18 гольфы 19 спортивный чулок 20 тенниска 21 короткие штаны 22 куртка к национальному костюму 23 штаны к национальному костюму 24 короткий чулок 25 непромокаемая спортивная куртка 26 спортивные брюки 27 шапка, картуз 28-34 спецодежда 28 комбинезон 29 капюшон 30 комбинезон с капюшоном 31 прозодежда для слесаря 32 рабочий халат 33 операционный халат 34 рабочий халат 35 и 37 выходная одежда 35 смокинг 36 лаковая туфля 37 фрак 38 лацкан, отворот 39 мягкая шляпа 40 непромокаемое пальто, реглан 41 берет 42 спортивный костюм 43 застёжка «молния» 44 застёжка на рукаве 45 кашне, шарф 46 обшлаг 47 зимнее мужское пальто 48 стёжка 49 гамаша, гетра 50 папаха 51 шуба 52 подкладка (здесь: меховая подкладка) 53 спортивная шуба 54 отворот 55 карман

Ergänzungen s. S. 410   Дополнения см. стр. 410

Männerkleidung

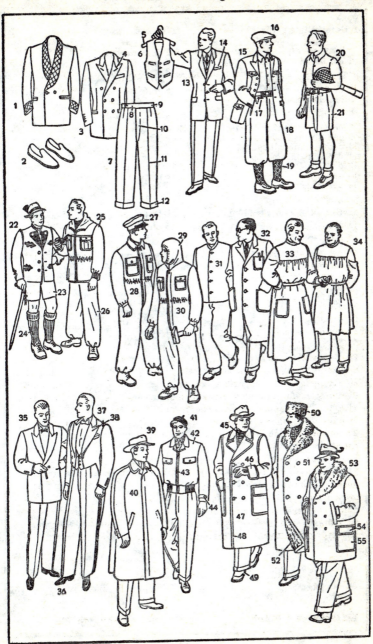

I Unterkleidung für Frauen / I Нижнее женское бельё

	Deutsch	Русский
1	das (ärmellose) Nachthemd	ночная рубашка (без рукавов)
2 u. 3	der Schlafanzug, Pyjama	2 и 3 пижама
2	die Jacke	кофта
3	die Hose	панталоны
4	der Morgenschuh	домашняя туфля
5 u. 6	die Garnitur	5 и 6 гарнитур
5	das Taghemd	рубашка
6	der Schlüpfer	трико
7	das Korselett	корсет
8	der Strumpfhalter, Straps	резинка для чулок
9	der Strumpf	чулок
10	der Strumpfhaltergürtel	пояс для резинок
11	der Büstenhalter	бюстгальтер
12	die Hemdhose	нижняя рубашка
13	der Einsatz	прошивка
14	der Unterrock	комбинация

II Unterkleidung für Männer / II Нижнее мужское бельё

	Deutsch	Русский
15	der Schlafanzug, Pyjama	пижама
16	der Pantoffel (hier: Filzpantoffel)	домашняя туфля (здесь: войлочная туфля)
17	das Unterhemd	нижняя сорочка
18	die kurze Unterhose	короткие кальсоны, трусы
19	der Sockenhalter	резинка для носков
20	die Socken	носки
21	der Hausschuh	домашняя туфля
22	die lange Unterhose	длинные кальсоны
23	das Oberhemd	верхняя сорочка
24	der Kragen	воротник
25	die Manschette	манжета
26	die Krawatte, der Binder, Selbstbinder, Schlips	галстук
27	die Schleife	бабочка
28	der Ärmelhalter	резинка для рукавов
29-32	der Gürtel	29-32 пояс
29	der Riemen	ремень
30	die Schlaufe	петля
31	die Schnalle	пряжка
32	der Dorn	шип
33	der Manschettenknopf	запонка
34	die Schlipsnadel	булавка
35	der Kragenknopf	запонка

III Unterkleidung für Kinder / III Нижнее бельё для детей

	Deutsch	Русский
36	das Nachthemd (für Jungen)	ночная сорочка (для мальчиков)
37	die Patte	клапан
38	der Puffärmel	буф рукава
39	das Nachthemd (für Mädchen)	ночная сорочка (для девочек)
40	das Unterhemd (für Jungen)	нижняя рубашка (для мальчиков)
41	das Bündchen	связка
42	das Unterhöschen	штанишки, трусы
43	das Taghemd (für Mädchen)	нижняя рубашка (для девочек)
44	das Oberhemd	верхняя сорочка
45	der Kniestrumpf	чулок до колен

Ergänzungen s. S. 410

Дополнения см. стр. 410

Unterkleidung V. 50

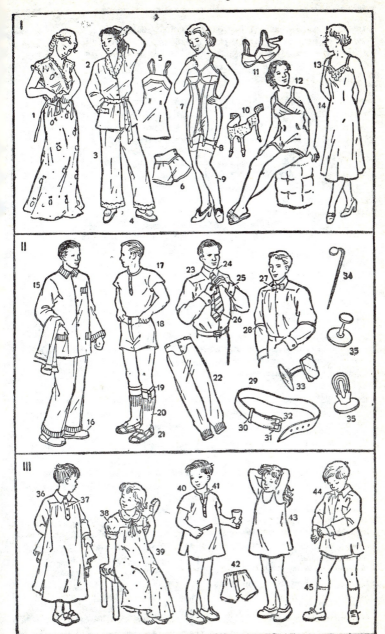

V. 51 Принадлежности туалета

1-6, 8, 9, 11 Schuhe 1 der Säuglingsschuh, Babyschuh 2 die Sandale 3 der Kinderstiefel 4 der Tanzschuh, Ballschuh 5 der Langschäfter, Stiefel 6 der Schnürstiefel, Schnürschuh 7 der Schnürsenkel, das Schnürband (in Schleife gebunden) 8 der Herrenhalbschuh 9 der Russenstiefel 10 die Schnalle 11 der Filzschuh

1-6, 8, 9, 11 обувь 1 пинетки 2 сандалета 3 детский ботинок 4 вечерняя туфля 5 высокий сапог 6 ботинок на шнуровке 7 шнурок (связанный бантиком) 8 полуботинок для мужчин 9 валенок 10 пряжка 11 войлочный ботик

12 die Handtasche, Damenhandtasche 13 der Lippenstift 14 das Parfümfläschchen 15 die Puderquaste 16 die Puderdose 17 der Taschenspiegel 18 der Kamm 19 das Taschentuch 20 der Hohlsaum 21 die Taschenschere 22 der Knirps (ein Damenschirm) 23 das Notizbuch 24 der Regenschirm mit Hülle (hier: ein Herrenschirm) 25 das Portemonnaie, Geldtäschchen 26 die Brieftasche 27-32 der Herrenhut (hier: ein weicher Hut) 27 die Hutkrempe, Krempe 28 das Hutband 29 der Hutrand 30 die Delle 31 der Kniff 32 das Schweißleder 33 der Handschuh 34 der Schlüsselring 35 die Armbanduhr 36-38 die Brille 36 die Brücke 37 der Bügel 38 das Glas, Brillenglas 39 das Taschenmesser 40 das Brillenfutteral

12 дамская сумка 13 губная помада 14 флакон для духов 15 пуховка 16 пудреница 17 карманное зеркало 18 гребёнка, расчёска 19 носовой платок 20 мережка 21 карманные ножницы 22 складной дамский зонтик 23 записная книжка 24 зонтик с футляром (здесь: зонтик для мужчин) 25 кошелёк 26 бумажник 27-32 мужская шляпа (здесь: мягкая шляпа) 27 поля шляпы 28 лента на шляпе 29 край шляпы 30 ямка 31 углубление 32 кожаная лента 33 перчатка 34 кольцо для ключей 35 ручные часы 36-38 очки 36 мостик 37 заушник 38 стекло 39 перочинный ножик 40 футляр для очков, очечник

41 die Hosenträger 42 die Strippe 43 der Kleiderbügel 44 der Hosenbügel 45 der Hosenknopf 46 der Hemdenknopf, Zwirnknopf 47 die Sicherheitsnadel 48 der Druckknopf 49 die Klemme, Haarklemme 50 das Feuerzeug 51 der Drehbleistift 52 das Zigarettenetui 53 der Füllfederhalter, Füllhalter, Füller 54 der Aufhänger (an der Jacke) 55 der od. das Heftel, Häkchen 56 die Öse

41 подтяжки 42 петелька 43 плечики 44 вешалка с зажимом для брюк 45 пуговица к брюкам 46 рубашечная пуговица 47 английская булавка 48 кнопка 49 приколка 50 зажигалка 51 автокарандаш 52 портсигар 53 авторучка 54 вешалка (на куртке) 55 крючок, застёжка 56 петля, ушко

Ergänzungen s. S. 410   Дополнения см. стр. 410

Zubehör zur Kleidung

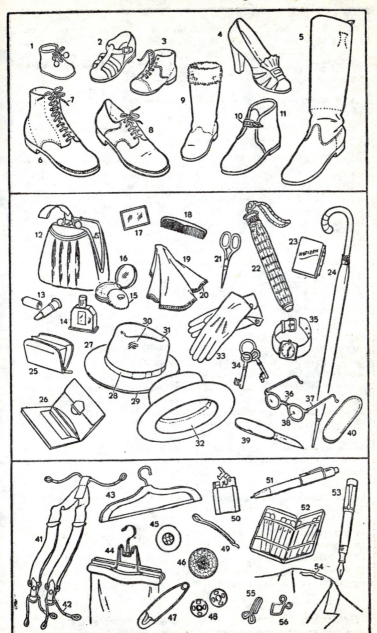

V. 52 — Детская одежда

1 der Säugling, das Baby
2 das Hemdchen
3 die Windel
4 das Wickeltuch
5 die Einlage
6 das Gummihöschen
7 die Mutter
8 die Milchflasche
9 der Sauger, Schnuller, Nuppel
10 das Lätzchen, Sabberlätzchen
11 u. 13 die Ausfahrgarnitur

11 das Mützchen
12 die Bummel od. Bommel
13 das Jäckchen
14 der Kinderwagen
15 die Plane
16 der Haltegurt
17 der Spielanzug
18 das Kinderbett
19 der Strampelsack
20 die Gummiunterlage
21 das Jüpchen
22 das Strampelhöschen
23 das Laufställchen, Laufgitter
24 die Schürze
25 das Hängekleid, der Hänger
26 der Anhänger, das Medaillon
27 die Haarschleife
28 die Halskette
29 das Überhöschen
30 die Falbel, der Volant
31 das Kleid
32 das Leibchen
33 der Trainingsanzug

34 der Gummizug
35 der Mantel (lose Hängerform)
36 der Umhang, das Cape (mit Kapuze)
37 der Bundschuh
38 die Gürtelbluse
39 der aufgekrempelte Hemdsärmel
40 der Hosenträger
41 die kurze Hose, Seppelhose
42 das Rollsöckchen
43 das Halstuch (hier: Pionierhalstuch)
44 der Leibchenrock
45 der Wadenstrumpf
46 der Halbschuh

1 грудной ребёнок, младенец
2 рубашечка
3 пелёнка
4 детская простынка
5 прокладка
6 резиновые штанишки
7 мать
8 детский рожок
9 соска
10 нагрудник
11 и 13 детский гарнитур для гулянья

11 шапочка
12 помпон
13 кофточка
14 детская коляска
15 навес
16 ремень для привязки
17 костюм для игры
18 детская кровать
19 спальный мешок
20 резиновая подстилка
21 курточка
22 штанишки
23 ясли
24 передник
25 платье
26 медальон
27 бант для волос
28 бусы
29 верхние штанишки
30 оборка
31 платье
32 лифчик
33 спортивный костюм для тренировки

34 резинка, резиновый шнурок
35 пальто (здесь: в форме клёша)
36 накидка, плащ (с капюшоном)
37 полуботинок
38 блуза с поясом
39 засученный рукав рубашки
40 подтяжки
41 короткие штаны
42 короткий носок
43 галстук (здесь: пионерский галстук)
44 юбка с лифом
45 длинный носок
46 полуботинок

Ergänzungen s. S. 410   Дополнения см. стр. 410

Kinderkleidung

V. 58 — Детская игрушка

I Im Zimmer

1. die Klapper, Rassel
2. der Würfel, Kubus
3. das Malbuch
4. die Buntstifte
5. der Teddybär
6. das Wachstuchtier
7. der Hampelmann
8. der Pferdewagen
9. der Baukasten
10. die Bauklötze
11. das Stehaufmännchen, Stehaufchen
12. die Puppenstube
13. die Puppenmöbel
14. das Schaukelpferd
15. der Kaufmannsladen, Kaufladen
16. das Puppenbett
17. das Puppengeschirr
18. die Puppe
19. die Eisenbahn
20. die Spieldose

II Im Freien

21. der Roller
22. der Reifen
23. das Segelschiff
24. der Ball
25. das Ballnetz
26. der Brummkreisel
27. die Kreiselpeitsche, Peitsche
28. der Kreisel
29. die Murmeln
30. das Dreirad
31. das Tretauto, der Selbstfahrer
32. die Rollschuhe
33. die Stelzen, ein Paar Stelzen

I В комнате

1. погремушка, трещотка
2. кубик
3. книжка с картинками для раскрашивания
4. разноцветные карандаши
5. медвежонок
6. зверок из клеёнки
7. паяц, игрушечный плясун
8. тележка с лошадьми
9. строительный ящик с кубиками
10. строительные кубики
11. ванька-встанька
12. комнатка для куклы
13. мебель для куклы
14. лошадь-качалка
15. магазин, лавка
16. кукольная кроватка
17. посуда для куклы
18. кукла
19. игрушечная железная дорога
20. музыкальный ящичек

II На открытом воздухе

21. самокат
22. обруч
23. парусное судно
24. мяч
25. сетка для мяча
26. волчок
27. кнут
28. юла
29. камешки
30. детский трёхколёсный велосипед
31. детская автомашина с педалями
32. ролики
33. ходули

Ergänzungen s. S. 412   Дополнения см. стр. 412

Kinderspielzeug

I Das Frühstück
1 das Milchkännchen 2 die Vase 3 die Kaffeekanne 4 der Kaffeewärmer
5 der Brotkorb 6 das Brötchen, die Semmel 7 das Buttermesser 8 die Butterdose 9 der Untersatz 10 die Marmeladenschale 11 der kleine Teller 12 die Tasse 13 die Untertasse 14 das Tischtuch

I Завтрак
1 молочник 2 ваза 3 кофейник 4 колпак на кофейник для сохранения тепла 5 блюдо для хлеба 6 булочка 7 нож для масла
8 маслёнка 9 подставка 10 мармеладница 11 десертная тарелочка
12 чашка 13 блюдце 14 скатерь

II Das Eßbesteck, Besteck
15 der Löffel, Eßlöffel 16 die Gabel 17 das Messer 18 der Messerrücken
19 die Schneide 20 die Klinge 21 die Zwinge 22 der Griff, das Heft

II Столовый прибор
15 ложка 16 вилка 17 нож 18 спинка ножа 19 остриё
20 лезвие 21 соединительное кольцо 22 черенок

III Das Mittagessen
23 die Terrine, Suppenschüssel 24 die Suppenkelle, Schöpfkelle 25 der Suppenteller, tiefe Teller 26 die Sauciere, Soßenschüssel 27 die Gemüseschüssel, offene Schüssel 28 die Bratenplatte, Platte 29 die Fleischgabel 30 der Braten (hier: in Scheiben) 31 die (geschlossene) Schüssel 32 die Kompottschüssel 33 das Kompott 34 der Serviettenring 35 die Serviette, das Mundtuch 36 der Eßteller, flache Teller

III Обед
23 супница, миска 24 разливательная ложка 25 суповая тарелка, глубокая тарелка 26 соусница 27 блюдо для овощей (без крышки)
28 блюдо для жаркого 29 вилка для мяса 30 жаркое (здесь: нарезанное) 31 блюдо (с крышкой) 32 блюдо для компота 33 компот 34 кольцо для салфетки 35 салфетка 36 мелкая тарелка

IV Das Abendbrot
37 das Käsemesser 38 die Käseglocke 39 die Käseecke, der Käse 40 die Butter 41 der Pumpernickel 42 der Samowar, Teekessel 43 die Obstschale (mit Obst) 44 die Teeschale, Teetasse 45 der Teelöffel, Kaffeelöffel
46 der Salzstreuer 47 der Brotteller 48 die Brotschnitte 49 die Zuckerzange 50 die Zuckerdose 51 der Aufschnitt 52 die Scheibe (hier: Wurst)
53 das Butterbrot 54 der Belag

IV Ужин
37 нож для сыра 38 колпак для накрывания сыра 39 сыр
40 масло 41 вестфальский пряник 42 самовар 43 блюдо для фруктов (с фруктами) 44 чайная чашка 45 чайная ложка, кофейная ложка 46 солонка 47 тарелка для хлеба 48 ломоть хлеба 49 щипцы для сахара 50 сахарница 51 закуска мясная сборная 52 ломтик (здесь: колбасы) 53 бутерброд (здесь: с маслом) 54 закуска

Ergänzungen s. S. 413   Дополнения см. стр. 413

Mahlzeiten V. 54

Домашние работы I

I Das Feuermachen, Heizen: 1 der Herd 2 das Feuerloch 3 der Aschenkasten od. Aschekasten 4 die Brikettzange mit dem Brikett 5 der Kohlenkasten 6 das gespaltene Holz 7 die Streichholzschachtel

I Растопка, топка: 1 плита 2 топка 3 зольник 4 брикетные щипцы с брикетом 5 угольный ящик 6 колотые дрова 7 спичечная коробка

II Das Backen; das Braten; das Kochen: 8 das Kuchenbrett 9 das Nudelholz 10 der Gasherd 11 die Bratpfanne 12 der Tiegel, die Stielpfanne 13 der Topf 14 die Backröhre 15 die Springform

II Печение; жаренье; варка: 8 доска для раскатывания теста 9 скалка 10 газовая плита 11 гусятница 12 сковорода с ручкой 13 горшок 14 духовка 15 форма для выпечки торта

III Das Wiegen; das Reiben; das Schälen; das Einwecken: 16 das Wiegemesser 17 das Wiegebrett 18 die Raspel 19 das Reibeisen 20 der Kartoffelschäler 21 u. 22 der Einweckapparat, Weckapparat 21 der Einwecktopf, Einkochtopf 22 der Gläserhalter 23 das Einweckglas mit der Klammer

III Сечка; растирание; чистка; консервирование продуктов: 16 сечка 17 доска для сечки 18 тёрка 19 тёрка 20 желобковый нож 21 и 22 аппарат для консервирования 21 горшок для консервирования 22 подставка для банок 23 стеклянная банка с зажимом

IV Das Fensterputzen: 24 das Putzleder, Fensterleder

IV Чистка окон: 24 кожа для чистки окон

V Das Staubwischen, Abstauben: 25 der Mop 26 das Staubtuch 27 der Staubsauger 28 der Schlauch mit Ansatzstück

V Стирание пыли: 25 полотёрная щётка 26 пыльная тряпка 27 пылесос 28 шланг с наконечником

VI Das Fegen, Kehren: 29 der Besen 30 der Besenstiel 31 der Handbesen, Handfeger 32 die Müllschaufel, Schippe

VI Подметание: 29 метла 30 палка 31 щётка с ручкой 32 совок для мусора

VII Das Bohnern: 33 der Bohner, Bohnerbesen, die Bohnerbürste 34 das Bohnerwachs in der Büchse

VII Натирание воском: 33 полотёрная щётка 34 воск в жестянке для натирания пола

VIII Das Wischen und Scheuern: 35 der Scheuereimer 36 das Scheuertuch, der Scheuerlappen 37 die Scheuerbürste 38 der Schrubber

VIII Мытьё полов: 35 ведро с водой для мытья пола 36 половая тряпка 37 щётка 38 швабра

IX Das Abwaschen, Aufwaschen; Abtrocknen: 39 der Aufwaschtisch 40 das Geschirrtuch, Wischtuch

IX Мытьё посуды; вытирание посуды: 39 судомойный стол 40 тряпка для вытирания

X Das Ausklopfen: 41 die Teppichklopfstange 42 der Ausklopfer

X Выколачивание пыли: 41 столбы с перекладиной для выколачивания ковра 42 выбивалка

XI Das Einkaufen: 43 das Einkaufsnetz, die Einkaufstasche 44 die Kanne, der Krug mit Henkel

XI Покупки: 43 сетка для покупок, сумка 44 бидон

Ergänzungen s. S. 415   Дополнения см. стр. 415

Häusliche Arbeiten I

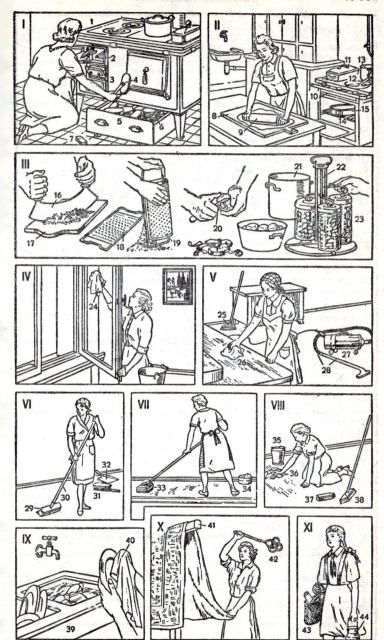

V. 56 Домашние работы II

I-VI Handarbeiten   **I-VI Рукоделие**

I Das Nähen (↑ Taf. 139): **1** die Schere   **2** die Zwirnrolle, Garnrolle   **3** der Zwirnsfaden, Faden   **4** die Nähnadel   **5** der Fingerhut   **6** der Nähwagen

I Шитьё (↑ табл. 139): **1** ножницы   **2** катушка ниток   **3** нитка   **4** швейная иголка   **5** напёрсток   **6** столик со швейными принадлежностями

II Das Stopfen: **7** der Stopfpilz   **8** die Docke   **9** die Stopfnadel

II Штопанье: **7** гриб для штопки   **8** моток ниток   **9** штопальная игла

III Das Häkeln: **10** die Häkelnadel mit Widerhaken   **11** die Spitze

III Вязание крючком: **10** вязальный крючок   **11** кружево

IV Das Stricken: **12** die Stricknadel   **13** die Masche   **14** das Strickgarn   **15** der Strickkorb   **16** der od. das Knäuel

IV Вязание: **12** вязальная спица   **13** петля   **14** нитки для вязания   **15** корзина с вязальными принадлежностями   **16** клубок

V Die Schiffchenarbeit: **17** das Schiffchen

V Работа челноком: **17** челнок

VI Das Sticken: **18** die Plattstickerei, der Plattstich   **19** die Kreuzstickerei, der Kreuzstich   **20** die Monogrammstickerei   **21** die Lochstickerei

VI Вышивание: **18** шитьё гладью, стежок гладью   **19** вышивка крестиком, стежок крестиком   **20** вышивка монограмм   **21** шитьё с обшиванием отверстий

VII-X Das Wäschewaschen, die Wäsche

VII-X Стирка белья

VII Das Waschhaus, die Waschküche: **22** der Wasserschöpfer   **23** der Waschkessel   **24** die Waschmaschine   **25** der Wäschestampfer   **26** der Ablauf, die Gosse   **27** die Wringmaschine   **28** die Walze, Gummiwalze   **29** das Waschbrett   **30** Wäsche waschen   **31** die Waschwanne   **32** der Holzbock, Bock   **33** der Laufrost (hier: als Fußunterlage)   **34** der Waschbottich, Bottich

VII Прачечная: **22** ковшик для воды   **23** стиральный котёл   **24** стиральная машина   **25** уплотнитель белья   **26** водосток   **27** отжимная машина   **28** резиновый валик   **29** стиральная доска   **30** стирать бельё   **31** лохань   **32** козлы   **33** решётка для ног   **34** ушат

VIII Das Wäschetrocknen: **35** die Wäscheleine   **36** die Wäscheklammer, Klammer   **37** die Wäschestütze

VIII Сушка белья: **35** бельевая верёвка   **36** закрепка   **37** подпорка

IX Das Wäschelegen; das Bügeln od. Plätten: **38** Wäsche legen   **39** der Einsprenger   **40** Wäsche plätten, bügeln   **41** die Zuleitungsschnur, Zuleitung   **42** das Ärmelplättbrett   **43** der Untersatz (für das Bügeleisen)   **44** das Plättbrett, Bügelbrett   **45** das Bügeleisen, Plätteisen, die Plätte

IX Складывание и глаженье белья: **38** складывать бельё   **39** опрыскиватель для белья   **40** гладить бельё, утюжить   **41** электрический провод   **42** доска для глаженья рукавов   **43** подставка (для утюга)   **44** гладильная доска   **45** утюг

X Das Wäscherollen, Mangeln: **46** die Wäscherolle, Rolle, Mangel   **47** der Wäschekorb   **48** die Docke

X Катание белья: **46** каток для белья   **47** корзина для белья   **48** скалка

Ergänzungen s. S. 417   Дополнения см. стр. 417

Häusliche Arbeiten II

I Das Krankenzimmer

1. das Gazefenster
2. das Zimmerthermometer
3. das Arzneischränkchen, die Hausapotheke
4. das Heizkissen
5. das Handtuch
6. die Klistierspritze, Ballonspritze
7. das Meßglas
8. der Irrigator, die Spülkanne
9. die Schnabeltasse
10. der Kranke, Patient
11. die Arzneiflasche (hier: Tropfenflasche)
12. der Eisbeutel
13. das Wasserglas
14. die Salbenbüchse
15. die Pillenschachtel
16. das Röhrchen mit den Tabletten
17. die Pflegerin
18. die Fußrolle
19. das Krankenbett
20. die Unterlage
21. das Speiglas
22. das Nachttisch, das Nachttischchen, Nachtschränkchen
23. die Urinflasche
24. das Einschlagtuch
25. das Waschgeschirr
26. die Gummiwärmflasche
27. der Schieber
28. der Eimer

II Weitere Krankenpflegegeräte

29. der Fahrstuhl, Rollstuhl
30. die Metallwärmflasche
31. das Inhalationsgerät
32. der Luftring
33. das Thermometer, Fieberthermometer
34. das Bruchband
35. der Streckverband, Zugverband
36. die Prothese

Ergänzungen s. S. 418

I Больничная палата

1. оконная мелкоячеистая сетка
2. комнатный термометр
3. аптечка
4. нагревательная подушка
5. полотенце
6. клизма
7. мензурка
8. ирригатор, сосуд для промывания
9. поилка
10. больной, пациент
11. бутылка для лекарства (здесь: капельница)
12. пузырь со льдом
13. стакан для воды
14. баночка для мази
15. коробочка для пилюль
16. трубочка с таблетками
17. сиделка, санитарка
18. рулон для упора ног
19. больничная койка
20. подстилка
21. плевательница
22. тумбочка
23. бутылка для мочи
24. обёрточный холст
25. умывальный прибор
26. резиновая грелка
27. подкладное судно
28. ведро

II Прочие предметы для ухода за больными

29. кресло на колёсах
30. металлическая грелка
31. прибор для ингаляции
32. подкладной круг, надувная подстилка
33. градусник, термометр
34. грыжевый бандаж
35. перевязка с постоянным натяжением
36. протез

Дополнения см. стр. 418

Krankenpflege

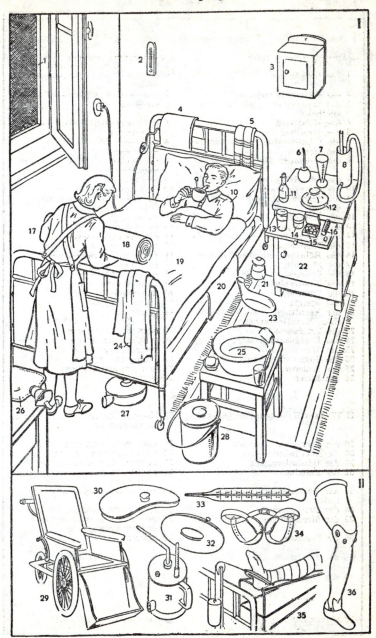

VI. 58 Санаторий — дом отдыха

I Das Kurbad, der Kurort	**I Санаторий**
1 die Moortasche	1 место для сбора грязей
2 das Gästehaus	2 жилой дом для отдыхающих
3 das Kurhaus	3 главный корпус санатория
4 die Torfhalde	4 штабель торфа
5 das Kurmittelhaus	5 здание для выдачи медицинских средств
6 der Kurpark	6 парк санатория
7 der Sonnenschirm	7 зонт защищающий от солнца
8 das Moorbad	8 грязелечебница
9 die Promenade	9 дорожка для прогулок
10 die Terrasse	10 терасса
11 das Kurorchester	11 оркестр санатория
12 die Freilichtbühne	12 открытая сцена
13 der Kurgast	13 больной
14 der ärztliche Direktor	14 заведующий медицинской частью
15 der Verwaltungsleiter	15 директор
16 der Kulturreferent	16 культурный организатор, культорг
17 die Kolonnade, Wandelhalle, der Säulengang	17 колоннада, крытая галерея
18 das Brunnenhäuschen	18 павильон с минеральным источником
19 die Heilquelle, der Sprudel	19 минеральный источник
20 die Badegehilfin	20 служащая
21 der Gläserstand	21 место для стаканов
II Das Moorbad	**II Грязевая ванна**
22 der Rührstengel	22 палка для мешания грязей
23 die Moorzuleitung	23 труба для подачи лечебных грязей
24 der Rost	24 решётка
25 das Moor	25 медицинские грязи
26 das Reinigungsbad	26 очистительная ванна
27 der Vorleger	27 коврик
III Das Solbad	**III Солёная ванна**
28 das Gradierwerk, Gradierhaus	28 градирня
29 die Zerstäuberhalle	29 распылительный зал
30 die Dornwand aus Schwarzdorn	30 терновая изгородь
31 der Wandelsteg	31 мостик для прохода
32 der Gradiermantel	32 защитный халат
33 die Bank	33 скамейка
IV Das Ferienheim des FDGB	**IV Профсоюзный дом отдыха**
34 das Ferienheim	34 дом отдыха
35 der Wald	35 лес
36 der Erholungsuchende	36 отдыхающий
37 die Liegewiese	37 пляж
38 der Liegestuhl	38 шезлонг
39 der Bootsanlegeplatz	39 причал для лодок
40 der Teich	40 пруд
41 der Kahn, das Ruderboot	41 лодка
42 der Wimpel	42 вымпел

Ergänzungen s. S. 418   Дополнения см. стр. 418

Kurbad — Ferienheim

VI. 59 Приморский курорт

1 die Möwe	1 чайка
2 der Leuchtturm	2 маяк
3 das Kurhaus, Kurhotel, Strandhotel	3 курортная гостиница, курзал
4 die Sandbank	4 песчаная отмель
5 das Motorboot	5 моторная лодка
6 die Seebrücke, Landungsbrücke, der Landungssteg	6 пристань, сходни
7 die Buhne	7 буна
8 die Welle	8 волна
9 der Strand,' Badestrand	9 пляж
10 der Strandweg, die Strandpromenade	10 прогулка
11 der Eisstand	11 палатка для продажи мороженого
12 der Musikpavillon, die Musikhalle mit der Kurkapelle	12 концертная эстрада с эстрадным оркестром
13 die Rettungsstation	13 пункт скорой помощи
14 der Rettungsring	14 спасательный круг
15 das Strandzelt	15 палатка на пляже
16 der Badegast	16 курортник
17 die Strandburg	17 песочное сооружение на пляже
18 der Strandkorb	18 кресло-корзинка
19 der Strandhut	19 шляпа для пляжа
20 der Strandanzug	20 костюм для пляжа
21 die Sonnenbrille	21 солнечные очки
22 der Dünenweg	22 дорога через дюны
23 die Düne mit dem Strandhafer	23 дюна, поросшая песчаным овсом
24 der Strandschuh	24 обувь для пляжа

Ergänzungen s. S. 419   Дополнения см. стр. 419

Seebad

VI. 59

VI. 60 — Первая помощь

I Das Tragen eines Verletzten (Verunglückten)	**I Перенос раненого (пострадавшего от несчастного случая)**
1 der Helfer	1 помощник
2 die Verbandstasche	2 перевязочная сумка
II Das Anlegen eines Verbandes	**II Накладывание повязки**
III Das Abbinden, Abschnüren	**III Перевязывание шнуром**
3 die Knebelpresse	3 турникет
4 die Wunde, Verletzung	4 рана, ранение, повреждение
5 das Blut	5 кровь
IV Der Tuchverband (hier: Unterarmverband)	**IV Повязка (здесь: повязка через плечо)**
6 das Dreieckstuch	6 треугольный платок
V Das behelfsmäßige Schienen eines gebrochenen Beines	**V Предварительное накладывание шины на сломанную ногу**
7 das Brett (als Schiene)	7 доска (как шина)
8 die Latte	8 планка
9 das Taschentuch	9 носовой платок
10 der Knoten	10 узел
VI Das Rettungsschwimmen	**VI Приёмы при спасании утопающих**
11 die Rettung eines Ertrinkenden	11 спасание утопающего
12 der Retter	12 спасающий
13 das Transportschwimmen	13 плавание с утопающим
14 der Befreiungsgriff	14 освободительный приём
VII Die Wiederbelebung eines Geretteten	**VII Возвращение к жизни спасённого**
15 das Entfernen des Wassers	15 удаление воды, откачивание
16 u. 19 die künstliche Atmung	16 и 19 искусственное дыхание
16 das Zweiarmverfahren	16 способ разведения рук
17 die Rolle, Unterlage	17 подкладка, подстилка
18 die Binde zum Festhalten der Zunge	18 повязка для придерживания языка
19 das Thoraxverfahren (Rippenverfahren)	19 способ сдавливания рёбер
VIII Die Rettung eines im Eis Eingebrochenen	**VIII Спасание провалившегося под лёд**
20 die Leiter	20 лестница
21 das Brett	21 доска
22 das Loch	22 прорубь
23 das Eis	23 лёд
IX Das Innere eines Krankenwagens, Sanitätsautos	**IX Внутренность санитарной автомашины**
24 die Tragbahre, Bahre	24 носилки
25 der Klappsitz	25 откидное сиденье
Ergänzungen s. S. 420	Дополнения см. стр. 420

Erste Hilfe

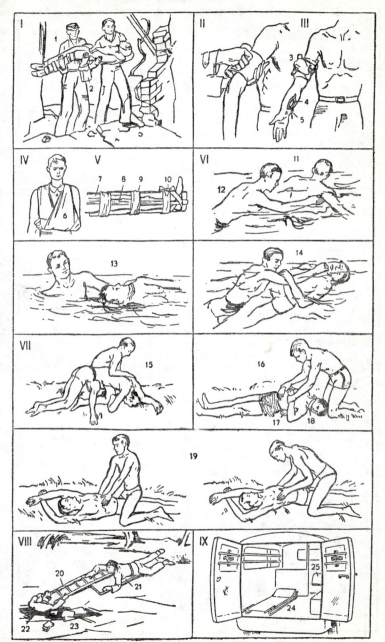

I Der Behandlungsraum einer Betriebspoliklinik

1 der Heißwasserspender 2 das Handtuch 3 der Instrumentenschrank 4 der Medikamentenschrank 5 die Arzneiflasche, Arzneimittelflasche 6 der Reagenzglasständer 7 das Waschbecken 8 der Arzt, Betriebsarzt 9 der Kranke, Patient 10 die Waage 11 der elektrische Instrumentenkocher 12 die Zentrifuge 13 der Ohrenspiegel 14 der Ohrentrichter 15 der Arztkittel 16 das Untersuchungsbett 17 die Nackenrolle, das Polster 18 der Spritzen- und Instrumententisch 19 der Verbandswagen 20 der Abfalleimer 21 der Untersuchungsstuhl

I Кабинет для осмотра в заводской поликлинике

1 аппарат для нагревания воды 2 полотенце 3 шкаф для инструментов 4 шкаф для медикаментов, лекарств 5 склянка для лекарств 6 штатив для пробирок 7 умывальный таз 8 врач, врач на производстве 9 больной, пациент 10 медицинские весы 11 электрический аппарат для стерилизации (кипячения) инструментов 12 центрифуга 13 ушное зеркало 14 ушная воронка 15 врачебный халат 16 кушетка для исследования больных 17 подголовник 18 стол со шприцами и инструментами 19 стол для перевязочного материала 20 (педальное) ведро 21 гинекологическое кресло

II Der Bestrahlungsraum

22 die Kontrolluhr 23 die medizinisch-technische Assistentin 24, 25, 28 die Bestrahlungslampen 24 die Solluxlampe 25 Höhensonne (Quarzlampe) 26 der Oberkörper 27 die Schutzbrille 28 der Lichtkasten 29 das Kurzwellengerät

II Кабинет для облучения, солярий

22 контрольные часы 23 медтехник 24, 25, 28 лампы для облучения 24 соллюкс-лампа 25 горное солнце (кварцевая лампа) 26 верхняя часть туловища 27 защитные очки 28 световая ванна 29 прибор для коротких волн

III Die Mütterberatungsstelle

30 der Warteraum 31 das Mitglied des DFD 32 die Fürsorgerin mit der Karteikarte 33 der Kinderwagenraum 34 der Stillraum 35 die Hebamme 36 die Säuglingswaage 37 die Mutter bei der Stillprobe 38 der Stillstuhl 39 der Untersuchungsraum 40 der Kinderarzt 41 das Stethoskop (hier: Schlauchstethoskop) 42 die Säuglingsschwester 43 der Säugling, 44 der Untersuchungstisch

III Консультационный пункт для матерей, детская консультация

30 зал ожидания 31 член Демократического женского союза Германии 32 медсестра с карточкой из картотеки 33 помещение для детских колясок 34 комната для кормления грудных детей 35 акушерка 36 медицинские весы для грудных детей 37 проверка кормления ребёнка (здесь: мать, кормящая грудью ребёнка) 38 специальный стул для кормящих 39 кабинет для осмотра 40 детский врач 41 стетоскоп (здесь: фонендоскоп) 42 медсестра детской консультации 43 грудной ребёнок 44 стол для исследования больных

Ergänzungen s. S. 421   Дополнения см. стр. 421

Poliklinik

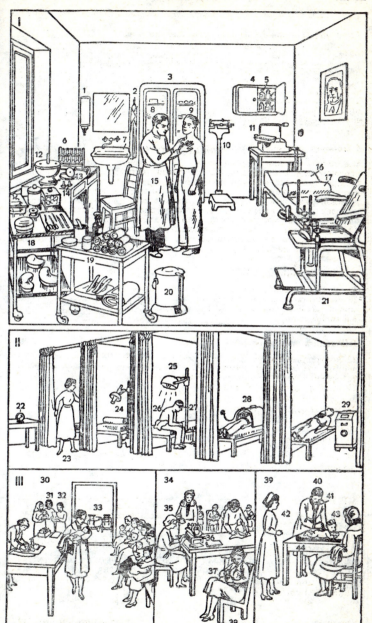

VI. 62 Больница

I Der Operationssaal (Ärztliche Instrumente ↑ Taf. 63, III)
1 der Sterilisierraum   2 die Sterilisiertrommel   3 der Sterilisator, Sterilisationsapparat (Autoklav)   4 die Operationslampe   5 der Narkosetisch   6 der Narkotiseur (hier: eine Schwester)   7 die Narkosemaske   8 die Kranke, Patientin   9 das sterile Tuch   10 der zweite Assistent   11 der Chirurg, Operateur   12 der erste Assistent   13 die Operationshaube, Kappe   14 die Gesichtsmaske   15 der Gummihandschuh   16 die Operationsschwester   17 der Waschraum   18 der Nahttisch   19 die Krankenschwester   20 die Operationsschürze   21 der Gummischuh   22 der Operationsmantel   23 der Instrumententisch   24 der Operationstisch   25 der Schalenständer   26 die fahrbare Krankenbahre

I Операционная, операционный зал (врачебные инструменты ↑ табл. 63, III)
1 стерилизационная камера   2 стерилизационный барабан   3 стерилизатор (автоклав)   4 операционная лампа   5 стол с наркотическими средствами   6 наркотизатор (здесь: медсестра)   7 маска для наркоза   8 больная   9 стерильный платок   10 второй ассистент   11 хирург   12 первый ассистент   13 операционный колпак   14 маска для лица   15 резиновая перчатка   16 операционная сестра   17 умывальная   18 стол с средствами для зашивания   19 больничная сестра, медсестра   20 операционный фартук   21 резиновая обувь   22 операционный халат   23 стол для инструментов   24 операционный стол   25 стойка для чаш   26 подвижные носилки

II Der Krankensaal
27 die Krankentafel mit der Fieberkurve   28 der Schwerkranke   29 der Leichtkranke   30 die Schwester   31 der Rekonvaleszent, Genesende   32 der Gipsverband   33 das Krankenbett (hier: Rollbett)

II Больничная палата
27 табличка у койки больного   28 тяжело больной   29 нетяжело больной   30 сестра   31 выздоравливающий   32 гипсовая повязка   33 больничная койка (здесь: на роликах)

III Die Liegeveranda
34 der Liegestuhl   35 die verstellbare Rückenlehne   36 der Kranke bei der Liegekur (Freiluftkur)   37 die Decke, Wolldecke

III Веранда
34 кушетка, лежак   35 передвижная спинка   36 больной на свежем воздухе   37 одеяло, шерстяное одеяло

IV Der Röntgenraum
38 der Schaltraum   39 die Röntgenassistentin   40 der Schalttisch   41 der Dunkelraum   42 die Röntgenröhre   43 der kippbare Tisch   44 die Aufnahmekassette   45 der Röntgenschirm   46 der Röntgenologe   47 die Schutzschürze

IV Рентгеновский кабинет
38 кабинет с пультом управления   39 рентгеновская ассистентка   40 распределительный столик, пульт управления   41 тёмная комната   42 рентгеновская трубка   43 подвижной стол   44 кассета для снимков   45 рентгеновский экран   46 рентгенолог   47 защитный фартук

Ergänzungen s. S. 421   Дополнения см. стр. 421

Krankenhaus VI. 62

VI. 68 Зубной врач

I Beim Zahnarzt

1 der Instrumentenschrank 2 die zahnärztliche Helferin, Sprechstundenhilfe 3 der Berechtigungsschein für die Zahnbehandlung 4 der Zahnarzt 5 der Zahnkranke 6 die Einheit (ein Universalgerät) 7 die Operationsleuchte 8 der Warmwasserspender 9 die Bohrmaschine 10 der Luftbläser 11 der Kauter 12 die Wasserspritze 13 der Spiritusbrenner 14 der Schwebetisch, die Instrumentenplatte 15 der Wattebehälter 16 der Mörser 17 die Anrührplatte 18 das Handstück für den Bohrer 19 der Operationsstuhl 20 der Anlasser für die Bohrmaschine 21 der Fußhebel, Pumphebel 22 die Kopfstütze 23 das Mundspülglas 24 die Speifontäne 25 der Speichelsauger

I У зубного врача

1 шкаф для инструментов 2 помощник зубного врача 3 зубоврачебная больничная карточка 4 зубной врач 5 пациент 6 универсальный аппарат 7 операционная лампа 8 аппарат для нагревания воды 9 бор-машина 10 воздуходувка 11 прижигатель 12 шприц для воды 13 спиртовка 14 подвижной столик 15 посуда для ваты 16 ступка 17 пластинка для смешивания лекарственного состава 18 ручка для бора 19 операционный стул 20 включатель 21 ножной рычаг 22 подголовник 23 стакан для полоскания рта 24 полоскательная чашка 25 прибор для всасывания слюны

II Zahnärztliche Instrumente

26 der Mundspiegel 27 die Pinzette 28 die Sonde 29 die Zahnzange 30 der Wurzelheber 31 der Zahnbohrer 32 der Schleifstein 33 der Gummipolierer

II Зубоврачебные инструменты

26 зеркало для рта 27 пинцет 28 зонд 29 зубные щипцы 30 корнеподъёмник 31 бор 32 точильный камень 33 резиновый очиститель

III Ärztliche Instrumente

34 das Holzstethoskop, Hörrohr 35 der Glasspatel 36 der Augenspiegel mit Lupe 37 der Perkussionshammer 38 die Injektionsspritze, Spritze, Rekordspritze 39 die Kanüle, Hohlnadel 40 die Ampulle 41 die chirurgische Nadel 42 die Wundklammer 43 die Knochenschere 44 der Trokar 45 die Pipette, das Tropfröhrchen 46 das Skalpell 47 die Sonde 48 die Verbandsschere 49 das Zystoskop 50 der Katheter 51 die Impflanzette

III Врачебные инструменты

34 деревянный стетоскоп 35 стеклянный шпатель 36 глазное зеркало с лупой 37 перкуссионный молоточек 38 шприц для уколов, шприц, рекордшприц 39 иголка для шприцов, полая игла 40 ампула 41 хирургическая игла 42 зажим для ран 43 ножницы для костей 44 троакар 45 пипетка, капельница 46 скальпель 47 зонд 48 перевязочные ножницы 49 цистоскоп 50 катетер 51 ланцет для прививки

Ergänzungen s. S. 424　　　　　　　　　Дополнения см. стр. 424

Zahnarzt

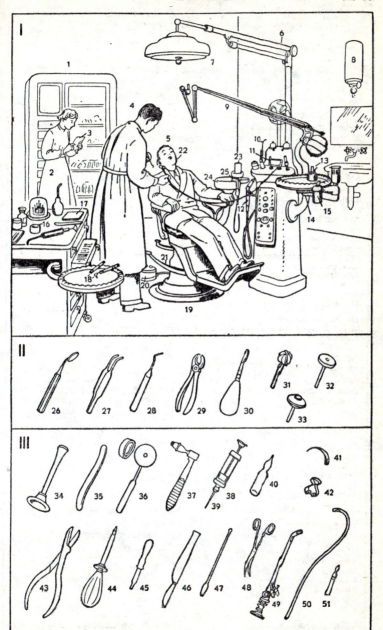

VI. 64   Обеспечение старости

I Die Rentenauszahlung in der Rentenauszahlstelle der Sozialversicherung

1 die Rentenauszahlkasse
2 die Rentenauszahlerin
3 der Deutsche Personalausweis
4 die Rentenempfängerin
5 der Rentenempfänger
6 die Rentenausweiskarte
7 das Rentengeld

II Das Feierabendheim

8 das Heimgebäude
9 der Park
10 die Heimleiterin
11 der Heimbewohner
12 die Bank

III Das Heimbewohnerzimmer

13 die Heimbewohnerin
14 die Pflegerin
15 der Blumentopf

IV Der Speiseraum, Speisesaal

16 die Essenausgabe
17 die Wirtschaftsleiterin
18 der Speisezettel
19 der Wirtschaftspflegelehrling

I Выплата пенсий в отделе социального обеспечения соцстраха

1 касса для выплаты пенсий
2 сотрудница, выплачивающая пенсии
3 немецкое удостоверение личности
4 пенсионерка
5 пенсионер
6 пенсионная книжка
7 пенсия

II Общежитие для пенсионеров

8 здание общежития
9 парк
10 заведующая общежитием
11 пенсионер, живущий в общежитии
12 скамья

III Комната в общежитии

13 пенсионерка, живущая в общежитии
14 работница, обслуживающая пенсионеров, няня
15 цветочный горшок

IV Столовая

16 выдача пищи
17 заведующая хозяйством
18 меню
19 ученик, практикант при хозяйственной части

Ergänzungen s. S. 425   Дополнения см. стр. 425

Altersversorgung

VII, 65 Упражнения на гимнастических снарядах

I Die Turnhalle und ihre Geräte

1 die Sprossenwand 2 die Sprosse 3 die Gitterleiter 4 die Aufzugringe 5 das Klettertau 6 die Kletterstange 7 die Ringe 8 die Leiter 9 das Spannreck 10 die Lohegrube 11 der Sprungtisch 12 der Bock 13 die Übungsleitern 14 der Barren 15 das Sprungbrett 16 das Federbrett 17 der Schwebebalken 18 der Stufenbarren 19 der Holm 20 der Schwingbock 21 der Kasten 22 der Sportlehrer 23 die Schwedenbank, Langbank 24 das Reck (hier: Hülsenreck) 25 die Reckstange 26 das Pferd 27 der Hals 28 die Pausche 29 der Sattel 30 das Kreuz 31 der Turner 32 die Riege 33 die Matte

I Гимнастический зал и гимнастические снаряды

1 шведская стенка, рибстул 2 ступенька 3 подвесная решётка 4 гимнастические кольца 5 вертикальный канат 6 шест для лазанья 7 кольца 8 гимнастическая лестница 9 турник, перекладина 10 яма для прыжков 11 стол для прыганья 12 гимнастический козёл 13 преподавательница физкультуры 14 параллельные брусья 15 трамплин 16 гимнастический мостик, трамплин 17 бум 18 разновысокие брусья 19 жердь 20 гимнастический козёл с ручками 21 гимнастический плинт 22 преподаватель физкультуры 23 шведская скамейка 24 стойки с перекладиной для прыжков в высоту (здесь: перекладина с временным креплением) 25 перекладина 26 гимнастический конь, кобыла 27 шея коня 28 ручка 29 седло 30 круп 31 гимнаст 32 группа гимнастов 33 мат

II Die Griffarten

34 der Ristgriff 35 der Kammgriff 36 der Zwiegriff 37 der Speichgriff 38 der Ellgriff

II Виды хвата

34 хват сверху 35 хват снизу 36 разный хват 37 хват сверху 38 хват внутри

III Der Turnanzug

39 das Turnhemd 40 die Turnhose 41 der Turnschuh 42 die Turnerin 43 die Wettkampfkleidung

III Гимнастический костюм

39 спортивная майка 40 спортивные трусы 41 тапочки 42 гимнастка 43 спортивный костюм, костюм для соревнований

Ergänzungen s. S. 425   Дополнения см. стр. 425

Geräteturnen

VII. 66 Гимнастика

I Gymnastik und Bodenturnen

1 die Grundstellung   2 die Grätschstellung   3-5 das Spreizen   3 das Vorspreizen   4 das Rückspreizen   5 das Seitspreizen   6-8 das Heben   6 die Vorhalte   7 die Seithalte   8 die Hochhalte   9-11, 14 das Beugen   9 das Armbeugen   10 das Rumpfbeugen rückwärts   11 das Rumpfbeugen seitwärts (nach links oder rechts)   12 das Linksdrehen (entsprechend: das Rechtsdrehen)   13 das Rumpfkreisen   14 das Rumpfbeugen vorwärts   15 das Rumpfsenken   16 der Hockstand   17 die Kniebeuge   18 der Ausfall   19 die Auslage   20 die Standwaage vorlings   21 der Strecksitz   22 der Liegestütz vorlings   23 der Schwebestütz   24 der Schubkarren   25 die Brücke   26 die Rolle vorwärts   27 die Kerze   28 der Kopfstand   29 der Handstand   30 das Rad   31 der Spagat

I Гимнастика и вольное упражнение

1 основное положение   2 положение ноги врозь   3-5 движение ногами, вытягивание   3 поднимание ноги вперёд с оттянутым носком   4 отведение ноги назад   5 отведение ноги в сторону   6-8 поднимание рук   6 руки вытянуты вперёд   7 положение рук в стороны   8 положение рук вверх   9-11, 14 сгибание рук и туловища   9 сгибание рук   10 наклон туловища назад   11 наклон туловища в сторону (налево или направо)   12 повороты туловища (влево и вправо)   13 вращение туловища   14 наклон туловища вперёд   15 опускание туловища под углом 90°   16 положение на корточках   17 сгибание коленей, приседание   18 выпад   19 одна нога сгибается в колене, другая, прямая, выставляется   20 горизонтальное равновесие   21 положение сидя с вытянутыми вперёд ногами, руки за головой   22 положение в упоре   23 угол в упоре, преднос   24 один гимнаст передвигается на руках, другой держит его за ноги, «тачка»   25 мост   26 кувырок вперёд   27 стойка на плечах, «свеча»   28 стойка на голове   29 стойка на руках   30 переворот боком   31 шпагат

II Die Handgeräte

32 die Keule, Schwingkeule   33 die Hantel   34 die Stützhantel   35 der Stab, Turnstab   36 der Reifen   37 der Medizinball   38 der Ring, Gummiring   39 das Sprungseil   40 die Kugel   41 das Tamburin

II Ручные снаряды

32 булава, булава для размахивания   33 гимнастическая гантель   34 гимнастическая гантель для упражнений в упоре   35 гимнастическая палка   36 обруч   37 набивной мяч, медицинбол   38 кольцо, резиновое кольцо   39 скакалка   40 ядро   41 тамбурин

Ergänzungen s. S. 425   Дополнения см. стр. 425

Gymnastik

I Der Sportplatz
1 die Tribüne, Ehrentribüne 2 die Aschenbahn 3 die Außenbahn 4 die Innenbahn 5 der Wettkampfturm, Kommandoturm

I Стадион
1 трибуна, почётная трибуна 2 гаревая дорожка 3 наружная дорожка 4 внутренняя дорожка 5 командный пункт соревнований, судейская трибуна

II Das Laufen, der Lauf
6 der Start, Startplatz 7 die Startpistole 8 der Trainer 9 der Trainingsanzug 10 der Starter 11 der Läufer 12 der Startblock 13 die Startlinie 14 der Rennschuh 15 das Ziel 16 das Zielband 17 der Zeitnehmer mit der Stoppuhr 18 die Ziellinie 19 der Staffellauf 20 der Stab 21 die Wechselmarke 22 der Hürdenlauf 23 der Hürdenläufer 24 die Startnummer 25 die Hürde

II Бег, забег
6 старт 7 стартовый пистолет 8 тренер 9 костюм для тренировки 10 стартер 11 бегун 12 стартовая колодка 13 линия старта 14 туфля с шипами 15 цель, финиш 16 лента финиша 17 хронометрист с секундомером 18 линия финиша 19 эстафетный бег 20 эстафета 21 линия передачи эстафеты 22 барьерный бег 23 барьерист, бегун (в беге с препятствиями) 24 стартовый номер 25 барьер

III Das Springen
26 der Weitsprung 27 der Weitspringer 28 das Sporthemd 29 die Sporthose 30 der Sprungbalken 31 die Sprunggrube 32 der Hochsprung 33 der Hochspringer 34 die Sprunglatte 35 der Sprungständer 36 der Stabhochsprung 37 der Stabhochspringer 38 der Stab 39 der Einstichkasten

III Прыжки
26 прыжок в длину 27 прыгун в длину 28 спортивная майка 29 спортивные трусы 30 брусок для отталкивания 31 яма для прыжков 32 прыжок в высоту 33 прыгун в высоту 34 планка, рейка 35 стойка 36 прыжок с шестом в высоту 37 прыгун с шестом 38 шест 39 ямка для отталкивания шестом

IV Das Werfen und Stoßen
40 das Speerwerfen 41 der Speer 42 der Speerwerfer 43 das Kugelstoßen 44 die Kugel 45 der Kugelstoßer 46 der Stoßbalken 47 das Diskuswerfen 48 der Diskus 49 der Diskuswerfer 50 das Hammerwerfen 51 das Hammerwurfgitter 52 der Hammer 53 der Hammerwerfer

IV Метание и толкание
40 метание копья 41 копьё 42 метатель копья 43 толкание ядра 44 ядро 45 толкатель ядра 46 ограничитель круга 47 метание диска 48 диск 49 метатель диска, дискобол 50 метание молота 51 предохранительная сетка при метании молота 52 молот 53 метатель молота

Ergänzungen s. S. 427　　　　　　　　　　Дополнения см. стр. 427

Leichtathletik

VII. 68   Тяжёлая атлетика

I Das Boxen, der Faustkampf, der Boxsport	**I Бокс**
1 der Tiefstrahler	1 световой рефлектор, широкоизлучатель
2 der Ringrichter	2 судья на ринге
3 der Punktrichter	3 судья
4 der Boxer	4 боксёр
5 der Sekundant	5 секундант
6 der Helfer	6 помощник
7 der Ring, Boxring, Kampfring	7 ринг
8 die Treppe	8 лестница
9 die Seile	9 канаты
10 der Bodenbelag mit der Plane	10 настил с брезентовой покрышкой
11 die Ecke mit dem Eckpolster	11 угол ринга с угловой подушкой
12 der Gong	12 гонг
13 der Zeitnehmer	13 хронометрист, хронометражист
14 der Sprecher	14 диктор
15 der Protokollführer	15 секретарь
16 der Delegierte	16 делегат
17 der Arzt	17 врач
18 der Verbandkasten	18 ящик с перевязочным материалом
19 der Boxhandschuh (hier: Kampfhandschuh)	19 боксёрская перчатка (здесь: перчатка для боя)
20 die Bandagen	20 бандажи
21 der Gerade (hier: linke Gerade)	21 прямой удар (здесь: левой рукой)
22 der Haken	22 боковой удар
23 der Aufwärtshaken	23 удар снизу, апперкот
24 der Tiefschlag	24 удар ниже пояса
25 der Plattformball, die Birne	25 боксёрская груша
26 der Punktball	26 пунктбол
27 der Sandsack	27 мешок с песком
28 der Doppelendball	28 набивной мяч
29 das Sprungseil	29 скакалка
II Das Ringen, der Ringkampfsport	**II Борьба**
30 u. 31 der Standkampf	30 и 31 борьба в стойке
30 der Untergriff, Ausheber	30 обхват туловища
31 der Überwurf	31 бросок через себя
32 der Gladiatorenstiefel	32 борцовка
33 der Ringer	33 борец
34 u. 35 der Bodenkampf	34 и 35 борьба в партере
34 die Brücke	34 мост
35 der verkehrte Ausheber	35 обратный пояс в партере
III Das Gewichtheben	**III Поднимание тяжестей**
36 die Hantel, Scheibenhantel	36 штанга
37 die Scheibenstange	37 гриф
38 die Scheibe, Hantelscheibe	38 диск
39 der Gewichtheber	39 штангист, гиревик
40 das einarmige Reißen	40 рывок одной рукой
41 das beidarmige Drücken	41 жим двумя руками
42 das beidarmige Stoßen	42 толчок двумя руками
Ergänzungen s. S. 429	Дополнения см. стр. 429

Schwerathletik

Das Fußballspiel

1 die Barriere 2 die Ecke 3 die Eckfahne 4 das Tor 5 die Torlatte 6 das Netz 7 der Torpfosten 8 die Torlinie 9 der Torraum 10 der Tormann, Torwart 11 der Strafraum 12 die Strafstoßmarke, der Elfmeterpunkt 13 der Torrichter 14 der Linienrichter 15 der rechte Verteidiger 16 der linke Verteidiger 17 der rechte Läufer 18 der Mittelläufer 19 der linke Läufer 20 der rechte Außenstürmer, Rechtsaußen 21 der rechte Innenstürmer, Halbrechte 22 der Mittelstürmer 23 der linke Innenstürmer, Halblinke 24 der linke Außenstürmer, Linksaußen 25 die Seitenlinie 26 die Mittellinie 27 der Schiedsrichter 28 der Mittelkreis, Anstoßkreis 29 der Fußball 30 das Spielfeld 31 der Jersey 32 der Fußballschuh 33 das Aus, der Ausball 34 das Abseits 35 der Eckstoß, Eckball, die Ecke 36 der Einwurf 37 der Freistoß 38 der Strafstoß, Elfmeter 39 das Köpfen, der Kopfball, Kopfstoß 40 das Fausten 41 das Auffangen 42 das Stoppen 43 das Dribbeln 44 der Durchbruch 45 das Abgeben, Zuspielen 46 die Kerze 47 die Deckung 48 die Vorlage 49 die Flanke 50 der Schuß auf das Tor

Футбол

1 барьер 2 угол поля 3 угловой флаг 4 ворота 5 верхняя штанга 6 сетка 7 боковая штанга 8 линия ворот, лицевая линия 9 площадь ворот 10 вратарь 11 штрафная площадь 12 одиннадцатиметровая отметка 13 судья у ворот 14 судья на линии 15 правый защитник 16 левый защитник 17 правый полузащитник 18 центральный полузащитник 19 левый полузащитник 20 правый крайний нападающий 21 правый полусредний нападающий, правый инсайд 22 центр нападения 23 левый полусредний нападающий, левый инсайд 24 левый крайний нападающий 25 боковая линия 26 средняя линия 27 главный судья 28 центральный круг 29 футбольный мяч 30 футбольное поле 31 футболка 32 бутсы 33 за, аут, мяч вне игры, мяч вышел за боковую линию 34 положение вне игры 35 угловой удар, корнер 36 вбрасывание мяча 37 свободный удар 38 одиннадцатиметровый удар, пенальти 39 удар головой 40 отбить мяч кулаками 41 ловить мяч 42 остановить мяч 43 ведение мяча, обводка, дриблинг 44 прорыв 45 передача 46 свеча 47 прикрытие игрока 48 подача мяча 49 передача 50 удар по воротам

Ergänzungen s. S. 430   Дополнения см. стр. 430

Ballspiele I VII. 69

VII. 70 Игры в мяч II

I Das Handballspiel: 1 der Handball 2 der Wurfkreis 3 die 13-m-Marke, Strafwurfmarke 4 der Freiwurfkreis

I Игра в гандбол: 1 ручной мяч, гандбол 2 линия броска 3 отметка 13-метрового броска 4 линия свободного броска

II Das Hockeyspiel, Hockey: 5 der Hockeyhandschuh 6 der Schläger, Stock 7 der Kicker 8 die Schiene 9 der Hockeyball 10 der Hockeyschuh

II Хоккей на траве: 5 хоккейная перчатка 6 клюшка 7 щиток для стопы 8 шингард 9 хоккейный мяч 10 хоккейный ботинок

III Das Volleyballspiel: 11 das Netz 12 der Linienrichter 13 der Schiedsrichter 14 die Mittellinie 15 der Netzspieler 16 die Angriffslinie 17 der Grundspieler 18 die Grundlinie 19 der Volleyball 20 die Seitenlinie 21 der Aufgaberaum mit dem Aufgebenden

III Игра в волейбол: 11 сетка 12 судья на линии 13 главный судья 14 средняя линия 15 игрок у сетки 16 линия нападения 17 основной игрок 18 основная линия 19 волейбольный мяч 20 боковая линия 21 место подачи и игрок, подающий мяч

IV Das Basketballspiel: 22 das Spielbrett 23 der Korb 24 der Basketball 25 der Ständer

IV Игра в баскетбол: 22 щит 23 корзина 24 мяч 25 стойка

V Das Schlagballspiel: 26 das Schlagmal 27 das Schlagholz 28 der Schläger 29 der Schlagball 30 der Schrägraum 31 das Laufmal 32 der Fänger beim Abwerfen 33 der Läufer

V Лапта: 26 место подачи мяча 27 лапта 28 игрок, подающий мяч 29 мяч 30 безопасная зона 31 на черте между полем и безопасной зоной 32 игрок, поймавший мяч и валящий им «противника» 33 игрок, бегущий через поле в безопасную зону

VI Das Faustballspiel: 34 der Faustball 35 die Leine 36 die Angabelinie 37 der linke Vorderspieler 38 der Mittelspieler 39 der rechte Vorderspieler 40 der Hinterspieler

VI Итальянская лапта: 34 мяч для игры в итальянскую лапту 35 верёвка, канат 36 линия подачи 37 левый нападающий 38 средний нападающий 39 правый нападающий 40 защитник

VII Das Tennisspiel, Tennis: 41 der Tennisplatz 42 die Seitenlinie für das Einzelspiel 43 die Seitenlinie für das Doppelspiel 44 das Netz 45 der Tennisball 46 der Tennisschläger 47 die Mittellinie 48 das Aufschlagfeld 49 die Aufschlaglinie 50 der Balljunge 51 das Mittelzeichen 52 die Grundlinie

VII Теннис: 41 корт, теннисная площадка 42 боковая линия для одиночной игры 43 боковая линия для парной игры 44 сетка 45 теннисный мяч 46 ракетка 47 средняя линия 48 поле подачи 49 линия подачи 50 подающий мяч 51 средняя метка 52 задняя линия

Ergänzungen s. S. 430   Дополнения см. стр. 430

Ballspiele II

Schilauf, Schilaufen Лыжный спорт, лыжная гонка

I Flachlauf, Aufstieg und Abfahrt
1 die Schihütte 2 der Schiläufer (hier: Langläufer) 3 die Abfahrt, der Abfahrtslauf 4 der Schneepflug, die Grätschfahrt 5 der Treppenschritt 6 der Schlittschuhschritt 7 der Grätenschritt 8 der Aufstieg 9 der Slalom, Torlauf 10 das Tor (hier: offene Tor) 11 das Fähnchen

I Ровная дистанция, подъём и спуск
1 лыжная база 2 лыжник (здесь: лыжник на дистанции) 3 спуск, скоростной спуск 4 спуск плугом, бег — ноги врозь 5 подъём лесенкой 6 ход с поочерёдной перестановкой лыж 7 подъём ёлочкой 8 подъём 9 слалом 10 ворота слалома (здесь: открытые ворота) 11 флажок

II Schwung und Sprung
12 der Geländesprung 13 der Quersprung 14 der Vorlageschwung, Parallelschwung 15 der Telemark 16 der Stemmbogen 17 der Kristiania, Querschwung

II Мах и прыжок
12 преодоление естественных трамплинов 13 прыжок поперёк склона 14 прыжок с наклоном корпуса вперёд, параллельный мах 15 приземление с выпадом, «телемарк» 16 поворот упором 17 поворот с опорой на палку

III Das Schispringen, der Sprunglauf
18 die Sprungschanze 19 der Anlaufturm 20 die Anlaufbahn, Ablaufbahn 21 der Schispringer 22 der Absprungtisch, Schanzentisch 23 der Kampfrichterturm 24 die Aufsprungbahn 25 der Auslauf, die Auslaufbahn

III Прыжки с трамплина
18 трамплин для прыжков на лыжах 19 вышка для прыжков с трамплина 20 лыжня на спуске 21 лыжник-прыгун 22 стол трамплина 23 судейская вышка 24 дорожка для приземления 25 площадка для остановки

IV Die Schiausrüstung
26 der Tourenschi 27 der Slalomschi, Abfahrtsschi mit Stahlkante 28 der Langlaufschi 29 der Sprungschi 30 die Lauffläche 31 die Führungsrille 32 die Schispitze 33 das Schifell, Steigfell 34 das Spannzeug 35 die Bindung (hier: Kandaharbindung) 36 der Vorderstrammer 37 die Zehenriemen 38 die Backe 39 die Platte, Fußplatte 40 der Tiefenzug 41 die Spiralfeder 42 der Schistiefel 43 der Sohlenschutz 44 der Anorak 45 der Schihandschuh 46 die Schneebrille 47 der Schistock 48 die Keilhose 49 der Schistiefel mit doppelter Schnürung

IV Лыжное снаряжение
26 туристские лыжи 27 лыжи для слалома, лыжи для скоростного спуска со стальным кантом 28 лыжи для бега на дистанцию 29 прыжковые лыжи 30 скользящая поверхность лыж 31 желобок 32 лыжный носок 33 тюленевая шкура 34 стягивающее приспособление 35 крепление (здесь: кандагарное крепление) 36 механизм крепления 37 ремень 38 зажим 39 плитка 40 диагональное крепление 41 спиральная пружина 42 лыжный ботинок 43 предохраняющая подошву металлическая пластинка 44 анорак 45 лыжная перчатка 46 защитные очки для лыжника 47 лыжная палка 48 лыжные штаны 49 лыжный ботинок с двойной шнуровкой

Ergänzungen s. S. 432   Дополнения см. стр. 432

Wintersport I

Eissport und Rodeln   Конькобежный спорт и катание на санях

I Das Schlittschuhlaufen

1 die Eisbahn   2 der Schlittschuhläufer   3 die Haltung beim Pflichtlaufen   4-14 die Figuren   4 der Bogenachter   5 der Schlangenbogen   6 der Dreier   7 der Doppeldreier   8 die Schlinge   9 der Gegendreier   10 die Wende   11 die Gegenwende   12 der Mond   13 der Sprung (hier: Rehsprung)   14 die Pirouette   15 der Paarlauf, das Paarlaufen   16 der Klemmschlittschuh, Klammerschlittschuh   17 die Kufe mit Hohlschliff   18 die Klemme, Klammer   19 der Schlüssel   20 der Kunstlaufschlittschuh   21 die Säge   22 die Kante   23 der Rennschlittschuh   24 der Eishockeyschlittschuh

I Катание на коньках

1 каток   2 конькобежец   3 положение корпуса при обязательном катании на коньках   4-14 фигурное катание: фигуры   4 восьмёрка   5 восьмёрка с петлями   6 тройка   7 двойная тройка   8 петля   9 скобка   10 крюк, рокер   11 выкрюк   12 «кораблик»   13 прыжок «олень»   14 пируэт   15 парное катание   16 коньки со скобой   17 ребро с вогнутым остриём   18 скоба, зажим   19 ключ   20 фигурные коньки   21 пила   22 ребро   23 беговые коньки   24 хоккейные коньки

II Das Eishockey, Eishockeyspiel

25 die Bande   26 der Eishockeyspieler   27 der Handschuh   28 die Beinschiene   29 der Eishockeyschläger, Eishockeystock   30 die Schaufel   31 die Scheibe, der Puck

II Хоккей на льду, хоккей с шайбой

25 бортик   26 хоккеист   27 перчатка   28 шингард   29 клюшка   30 крюк   31 шайба

III Das Rodeln

32 der Schneezaun   33 die Schneewehe   34 der Eiszapfen   35 der Schneemann   36 die Schneedecke   37 die Schlittenbahn   38 der Schlitten, Rodelschlitten   39 der Rodler   40 der Rennrodel   41 die Kufe   42 die Strebe   43 der Sitz   44 der Fausthandschuh, Fäustling   45 die Bobbahn   46 der Bobsleigh, Bob   47 das Lenkrad   48 der Steuermann   49 der Sturzhelm   50 der Bobfahrer (hier: Bremser)   51 das Skeleton

III Катание на санях

32 снежный забор   33 снежный сугроб   34 ледяная сосулька   35 снежная баба   36 снежный покров   37 санный путь   38 сани, спортивные сани   39 спортсмен, занимающийся катанием на санях   40 гоночные сани   41 полоз саней   42 подпорка   43 сиденье   44 рукавица, варежка   45 ледяной жёлоб для катания на бобслее   46 бобслей   47 руль управления   48 рулевой   49 защитный шлем   50 бобслеист (здесь: тормозящий)   51 скелетон, низкие спортивные сани

IV Das Eissegeln

IV Буерный спорт

Ergänzungen s. S. 432   Дополнения см. стр. 432

Wintersport II

VII. 73 Альпинизм

Das Bergsteigen, die Alpinistik	Восхождение на гору, альпинизм
I Das Felsklettern (die Klettertechnik)	**I Скалолазанье** (техника лазанья)
1 der Bergsteiger, Alpinist	1 альпинист
2 die Wand, Felswand, Bergwand	2 стена, отвесная скала, утёс
3 die Kletterjacke	3 куртка для лазанья
4 die Kletterhose	4 брюки для лазанья, полудлинные брюки
5 der Mauerhaken, Fiechtlhaken	5 скальный крюк
6 der Karabiner, Schnappring	6 карабин
7 das Seil, Kletterseil	7 верёвка, канат для лазанья
8 der Felszacken	8 выступ
9 die Schutzhütte	9 туристическая станция
II Das Eisgehen (die Eistechnik)	**II Хождение по льду** (техника хождения по льду)
10 die Eiswand	10 ледяной склон
11 der Eisgrat	11 ледяной гребень
12 die Wächte	12 карниз
13 die Stufe	13 ступень
III Das Klettern im Kamin	**III Лазанье по камину**
14 der Spreizkamin	14 продвижение по камину ножницами
15 der Stemmkamin	15 продвижение по камину расклиниванием
IV Der Seilquergang	**IV Траверс на верёвке**
V Das Abseilen im Dülfersitz	**V Спуск по верёвке бедренно-плечевым способом**
VI Die Ausrüstung des Bergsteigers	**VI Снаряжение альпиниста**
16 der Bergschuh	16 туристский ботинок
17 die Benagelung (hier: Tricouni-Benagelung)	17 оковка гвоздями
18 der Bergschuh mit den Steigeisen	18 туристский ботинок с кошками
19 der Kletterschuh mit Manchon-Filzsohle	19 ботинок для лазанья с войлочной подошвой-манхон
20 die Schneebrille	20 защитные очки от снега
21 der Eispickel	21 ледоруб
22 der Gleitring mit Handschlaufe	22 скользящее кольцо с петлёй
23 der Karabiner	23 карабин
24 der Ringhaken	24 крюк с кольцом
25 der Eishaken	25 ледяной крюк
26 der Kletterhammer mit Schlaufe	26 скальный молоток с темляком
27 der Feldstecher	27 бинокль
28 der Rucksack mit Traggestell	28 рюкзак с лямками
Ergänzungen s. S. 433	Дополнения см. стр. 433

Bergsteigen

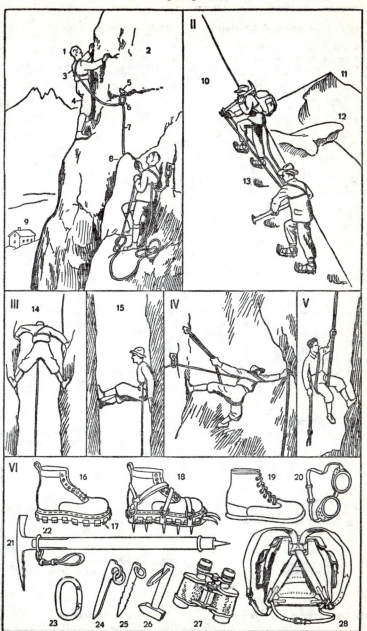

VII. 74   Плавание

Das Schwimmen, der Schwimmsport   Плавание, плавательный спорт

I Das Bad, Schwimmbad, die Badeanstalt
1 der Sprungturm   2 die 10-m-Plattform   3 die 5-m-Plattform   4 das Dreimeterbrett   5 das Einmeterbrett   6 der Duschraum mit den Duschen   7 die Schwimmstange   8 die Badekabine, Badezelle, Umkleidezelle   9 die Rutschbahn   10 der Bademeister, Badewärter   11 das Schwimmbecken, Bassin für Schwimmer   12 das Schwimmbecken, Bassin für Nichtschwimmer   13 der Bademantel   14 das Badetuch   15 die Bademütze, Badekappe   16 der Badeanzug   17 der Badeschuh   18 die Badehose   19 der Schwimmlehrer

I Купание, бассейн для плавания, купальня
1 вышка   2 10-метровая вышка   3 5-метровая вышка   4 3-метровый трамплин   5 1-метровый трамплин   6 душевой павильон   7 шест, применяемый при обучении плаванию   8 кабина для переодевания   9 горка для спуска в воду   10 мастер по плаванию   11 бассейн для плавающих   12 бассейн для начинающих   13 купальный халат   14 купальное полотенце   15 купальная шапочка   16 купальный костюм   17 купальные тапочки   18 плавки   19 инструктор по плаванию

II Die Schwimmarten
20 das Brustschwimmen   21 das Schmetterlingsschwimmen   22 das Rückenschwimmen   23 das Freistilschwimmen (hier: Kraulen, Kraulschwimmen)

II Способы плавания
20 плавание способом брасс   21 плавание способом баттерфляй, бабочка   22 плавание на спине   23 плавание вольным стилем (здесь: плавание способом кроль)

III Das Springen
24 der Fußsprung (vorwärts)   25 der Kopfsprung (vorwärts, gehechtet)   26 der Kopfsprung (vorwärts, gestreckt)   27 der Auerbachsprung   28 der Delphinsprung   29 der Salto   30 die Schraube   31 der Bohrer

III Прыжки в воду
24 прыжок ногами вниз (вперёд)   25 прыжок головой вниз (вперёд, согнувшись)   26 прыжок головой вниз (вперёд, вытянувшись)   27 прыжок из передней стойки назад   28 прыжок из задней стойки вперёд   29 поворот   30 винт   31 прыжок сверлом

IV Das Wettschwimmen, der Schwimmwettkampf
32 der Wenderichter   33 der Starter   34 der Startsprung   35 der Startblock, Startsockel   36 der Zielrichter   37 der Zeitnehmer   38 die Schwimmbahn   39 die Korkleine

IV Соревнования по плаванию
32 судья на повороте   33 стартер   34 стартовый прыжок   35 стартовая колодка   36 судья на дистанции, у финиша   37 хронометрист, хронометражист   38 водная дорожка   39 пробковый канат

Ergänzungen s. S. 434   Дополнения см. стр. 434

Schwimmen

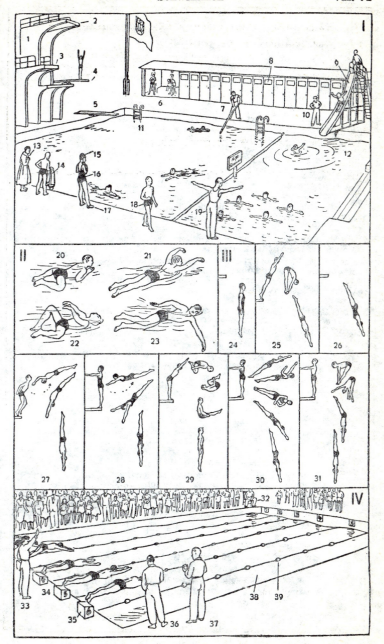

Rudern mit Sportbooten — **Гребля на спортивных лодках**

I Das Bootsrennen, der Ruderwettkampf
1 das Motorboot (hier: Außenbordmotorboot)   2 der Außenbordmotor   3 das Motorrennboot (hier: Einbaumotorboot)   4-8 die Rudermannschaft   4 der Bugmann, die Nummer 1   5 die Nummer 2   6 die Nummer 3   7 der Schlagmann, die Nummer 4   8 der Steuermann

I Гонки на лодках, состязания по гребле
1 моторная лодка (здесь: моторная лодка с подвесным двигателем)   2 подвесной двигатель   3 гоночная моторная лодка (здесь: моторная лодка со стационарным двигателем)   4-8 команда гребцов   4 номер первый   5 номер 2   6 номер 3   7 загребной, номер 4   8 рулевой

II Das Gigboot, Gig mit dachziegelartig übereinandergenieteten Planken (Klinkerbauweise), **Vierer mit Steuermann, Riemenboot**
9 die Dolle (hier: Drehdolle)   10 der Ausleger   11 das Steuerbord   12 das Dollbord   13 der Rollsitz   14 die Gleitschiene   15 das Stemmbrett   16 der Steuersitz   17 das Steuer   18 das Backbord   19 der Kiel (hier Außenkiel)

II Гичка, лодка с прикреплёнными друг на друге планками (клинкерная постройка), **четвёрка с рулевым, распашная лодка**
9 уключина (здесь: вращающаяся уключина)   10 аутригер   11 правый борт   12 фальшборт   13 слайд   14 шина   15 подножка   16 сиденье для рулевого   17 руль   18 левый борт   19 киль (здесь: внешний киль)

III Das Rennboot mit glatter Außenwand (Kraweelbauweise), Doppelzweier, Skullboot
20 der Luftkasten   21 die Bespannung

III Скиф, гоночная лодка с гладкой обшивкой (слитное строение), академическая парная двойка **без рулевого, парная лодка**
20 воздушный ящик   21 обшивка

IV Skull und Riemen
22 das Skull (leichter, kürzer als der Riemen, je eins mit einer Hand bedient)   23 der Riemen (schwerer, länger als das Skull, einer mit beiden Händen bedient)   24 der Innenhebel   25 der Außenhebel   26 der Griff   27 der Dollring   28 die Belederung   29 der Schaft   30 der Hals   31 das Blatt

IV Парное весло и распашное весло
22 парное весло (легче, короче распашного весла, каждое управляется одной рукой)   23 распашное весло (тяжелее, длиннее парного весла, одно управляется обеими руками)   24 внутренний рычаг   25 наружный рычаг   26 рукоять   27 кольцо у уключины для дистанцирования   28 кожаное покрытие для кольца уключины, манжета   29 веретено   30 шейка (весла)   31 лопасть (весла)

V Das Wintertraining, Kastenrudern
32 der Rudertrainer   33 der Ruderkasten

V Зимняя тренировка, гребля в ящике
32 тренер по гребле   33 гребной ящик, учебный аппарат

Ergänzungen s. S. 434   Дополнения см. стр. 434

Wassersport I

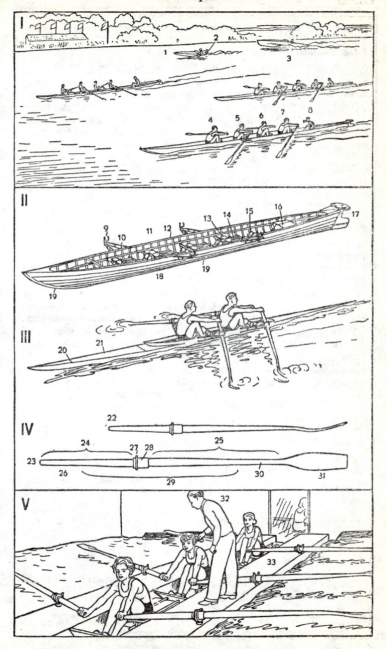

VII. 76 Водный спорт II

Paddeln und Segeln — Гребля на байдарке и плавание под парусами

I Das Paddeln im Kanu

1 der Kanadier (hier: Zehnerkanadier) 2 das Bootshaus 3 der Kajak (hier: Einer) 4 die Rolle 5 der Bootssteg, Anlegeplatz 6 der Einerkanadier 7 das Paddel (hier: Stechpaddel) 8 das Zelt, Hauszelt 9 der Zeltpflock, Hering 10 der Zeltstock 11 die Zeltschnur 12 das Doppelpaddel 13 der Tropfring 14 die Stabtasche 15 der Bootsrucksack 16 der Bootswagen 17 das Faltboot (hier: der Wanderzweier) 18 der Süllrand 19 u. 20 das Holzgerüst 19 das Querspant 20 das Hilfsspant 21 der Sitz mit dem Rückenkissen 22 die Rückenlehne 23 die Steuerleine 24 das Steuer 25 der Steven, Vordersteven 26 u. 27 die Bespannung 26 die Bootshaut, Gummihaut 27 das Verdeck 28 die Bootsleine 29 die Spritzdecke

I Гребля в каноэ

1 каноэ (здесь: каноэ-десятка) 2 лодочная станция 3 гоночная байдарка (здесь: гоночная одиночка) 4 ролик для спускания лодки на воду 5 пристань, причал 6 каноэ-одиночка 7 короткое весло (здесь: одностороннее весло) 8 палатка 9 палаточный прикол 10 палаточная стойка 11 шнур, палаточная верёвка 12 двухстороннее весло 13 кольцо против стечения воды у весла 14 сумка для принадлежностей разборной байдарки 15 лодочный рюкзак 16 лодочная тачка 17 разборная байдарка (здесь: разборная двойка для туризма) 18 комингс, деревянный кант вокруг сиденья 19 и 20 набор из дерева 19 поперечный шпангоут 20 стрингер 21 сиденье со спинной подушкой 22 спинная опора 23 верёвка от руля 24 руль 25 штевень, носовая часть лодки 26 и 27 обшивка 26 обшивка (из прорезиненного брезента) 27 палуба 28 чалка 29 защитный брезент

II Das Segeln

30 die Jolle (kleines, offenes Segelboot) 31 das Segel 32 der Mast 33 die Ruderpinne 34 das Ruder 35 die Plicht, das Cockpit 36 das Schwert 37 die Segeljacht (größeres, gedecktes Segelfahrzeug) 38 das Großsegel 39 das Vorsegel, die Fock 40 das Heck, der Achtersteven 41 die Kajüte 42 der Bug, Vorsteven 43 die Außenhaut 44 die Planke 45 der Kiel

II Плавание под парусами

30 швертбот 31 парус 32 мачта 33 румпель 34 руль 35 кокпит. 36 шверт 37 парусная яхта (перекрытое парусное судно) 38 грот 39 стаксель, фок 40 задняя часть лодки, корма 41 каюта 42 форштевень 43 обшивка 44 планка (обшивная) 45 киль

Ergänzungen s. S. 434　　　　　　　　　　Дополнения см. стр. 434

Wassersport II

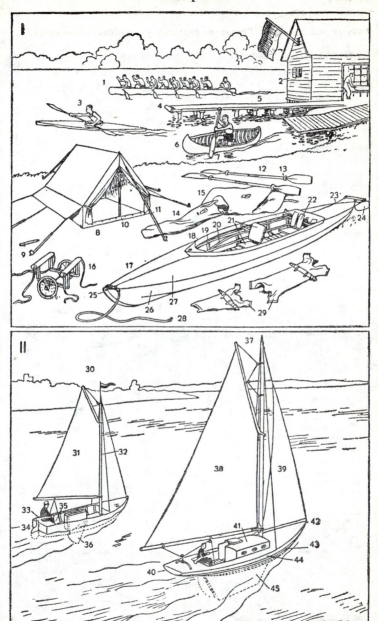

VIII. 77 Детский сад

I Im Tagesraum / I В помещении детского сада

	Deutsch	Русский
1	der Blumenstrauß	букет
2	die Friedenstaube	голубь мира
3	das Kasperletheater, Puppentheater	кукольный театр, петрушка
4	die Kasperlepuppe	ручная кукла
5	das Zeichen der Thälmann-Pioniere, der Jungen Pioniere	значок пионеров-тельманцев, значок юных пионеров
6	der Spielschrank, Spielzeugschrank	шкаф для игрушек
7	die Kindergärtnerin	воспитательница в детском саду
8	die Schere	ножницы
9	der Papierbogen, das Buntpapier	лист цветной бумаги
10	der Leim	клей
11	der Pinsel	кисточка
12	der Kindertisch	детский стол
13	der Kinderstuhl	детский стул
14	das Mädchen	девочка
15	der Junge	мальчик
16	die Baukommode, Bautruhe	комод с игрушками
17	der Lastwagen	грузовик

II Auf dem Spielplatz / II На площадке для игр

	Deutsch	Русский
18 u. 19	die Schaukel	качели
18	das Balkengerüst	столбы с перекладиной
19	das Schaukelbrett	доска качелей
20	die Wippe	качели
21	der Sitz	сиденье
22	das Springseil, Sprungseil	скакалка
23	die Sprossenwand	шведская стенка
24	die Sprosse	ступенька
25	die Rutschbahn	горка для катания
26	die Kindergärtnerin	воспитательница в детском саду
27	der Sandhaufen	куча песку
28	das Loch	дыра
29	der Eimer	ведро
30	die Schaufel	лопата
31	der Spielanzug	костюм для игры
32	das Kleinkind	ребёнок
33	die Schippe	лопатка
34	die Sandform	форма для песка
35	das Sandsieb	решето для песка
36	der Sandkasten	место для игр с песком
37	die Schubkarre, der Schubkarren	тачка
38	das Rad	колесо
39	die Kinder beim Kreisspiel	играющие в хоровод дети

Ergänzungen s. S. 436   Дополнения см. стр. 436

Kindertagesstätte

I Unterricht im Klassenzimmer, Schulzimmer

1 der Wandspruch: Lernen, lernen und nochmals lernen! 2 die Aufhängevorrichtung 3 die Wandbilder 4 die Wandtafel, Tafel 5 die Kreide 6 die Wandkarte, Karte 7 der Zeigestock 8 der Klassenschrank, Schrank 9 die Wandzeitung 10 die Lehrerin 11 das Klassenbuch 12 das Pult, Katheder 13 der Globus 14 der Schwammkasten 15 der Tritt 16 das Podium 17 der Papierkasten, Papierkorb 18 das Lineal 19 das Heft, Schreibheft, Merkheft 20 der Atlas 21 die Landkarte, Karte (im Atlas) 22 die Schülerin (hier: Angehörige der Thälmann-Pioniere, der Jungen Pioniere) 23 das Tintenfaß 24 das Lehrbuch 25 der Stuhl 26 der Tisch

I Урок в классе

1 лозунг: Учиться, учиться и ещё раз учиться! 2 приспособление для подвешивания карт 3 портрет и картина на стене 4 доска 5 мел 6 карта 7 указка 8 классный шкаф 9 стенгазета 10 учительница 11 классный журнал 12 кафедра 13 глобус 14 ящик для губки 15 ступенька 16 помост 17 корзина для бумаги 18 линейка 19 тетрадь 20 атлас 21 географическая карта (в атласе) 22 ученица (здесь: пионерка, член организации юных пионеров им. Тельмана) 23 чернильница 24 учебник 25 стул 26 парта

II Unterricht im naturwissenschaftlichen Arbeitszimmer

27 die wissenschaftliche Tafel 28 die Schalttafel 29 der Chemikalienschrank 30 die Schiebewandtafel 31 die Projektionsleinwand (hier: eingerollt) 32 der Wandschmuck 33 das Thermometer 34 der Kippsche Gasentwickler 35 das Mikroskop 36 der Fuß 37 der Objekttisch 38 das Reagenzglas 39 die Lupe 40 der Gasschlauch 41 der Bunsenbrenner 42 der Kolben 43 der Lehrer 44 der Experimentiertisch 45 der Schüler (hier: Angehöriger der FDJ) 46 die Schülerin (hier: Angehörige der FDJ)

II Урок в естественно-научном кабинете

27 научная таблица 28 распределительная доска 29 шкаф с химикалиями 30 передвижная стенная доска 31 экран (здесь: завёрнутый) 32 стенное украшение 33 термометр 34 Киппа прибор 35 микроскоп 36 стойка 37 предметный столик 38 пробирка 39 лупа 40 газовый рукав 41 горелка Бунзена 42 колба 43 учитель 44 экспериментальный стол 45 ученик, школьник (здесь: член Союза свободной немецкой молодёжи) 46 ученица, школьница (здесь: член Союза свободной немецкой молодёжи)

III Das Nötigste für den Schulanfänger

47 der Schulranzen, Ranzen 48 der Tragriemen 49 die Schultasche, Tasche 50 die Schiefertafel, Tafel 51 der Schwamm 52 der Lappen 53 der Schieferkasten 54 der Schieferstift, Griffel 55 die Frühstückstasche

III Самое необходимое для первоклассника

47 ранец 48 подвесной ремень 49 школьная сумка 50 грифельная доска, аспидная доска 51 губка 52 тряпка 53 пенал 54 грифель 55 сумка для завтрака

Ergänzungen s. S. 437   Дополнения см. стр. 437

Schule

VIII. 79　　　　Школьный мичуринский участок

I Die Wetterstation

1 der Windmesser
2 die Windfahne, Wetterfahne
3 das Wetterhäuschen
4 der Regenmesser

II Die Geräte im Wetterhäuschen

5 das Aneroidbarometer, Barometer, der Luftdruckmesser
6 das Hygrometer, der Feuchtigkeitsmesser
7 das Minimum-Maximum-Thermometer, Thermometer

III Der Jarowisationsversuch

8 u. 9 das im Frühjahr ausgesäte Wintergetreide
8 jarowisiert
9 nicht jarowisiert

IV Die Felder des Mitschurinschulgartens

10 die Koniferengruppe
11 die Demonstrationsfläche für Fruchtwechselversuche
12 das Wetterhäuschen
13 der Regenmesser
14 der Bienenstand († Taf. 22, II)
15 die Freiluftunterrichtshalle
16 die Übungsfläche für Pfropfversuche
17-22 die Sonderfläche
17 die Küchenkräuterecke
18 die Staudengruppe
19 das Freilandterrarium, Terrarium
20 das Freilandaquarium, Aquarium, die Teichanlage
21 die Wasserpflanze
22 der Steingarten, das Alpinum († Taf. 47, III)

Ergänzungen s. S. 440

I Метеорологическая станция, метеостанция

1 анемометр, ветромер
2 флюгер
3 метеобудка
4 дождемер

II Приборы в метеобудке

5 барометр-анероид, измеритель давления воздуха
6 гигрометр, измеритель влажности
7 минимально-максимальный термометр

III Опыты по яровизации

8 и 9 высеянные весной озимые хлеба
8 яровизировано
9 не яровизировано

IV Школьный мичуринский участок

10 группа хвойных деревьев
11 показательный участок для проведения опытов по плодосмену
12 метеобудка
13 дождемер
14 пасека († табл. 22, II)
15 открытый учебный зал
16 подопытный участок для проведения прививок
17-22 специальное поле
17 уголок для возделывания пряных растений
18 группа кочанных культур
19 террариум на открытом воздухе
20 аквариум на открытом воздухе
21 водное растение
22 альпинарий († табл. 47, III)

Дополнения см. стр. 440

Mitschurinschulgarten

VIII. 80 Университет

I Die Seminargruppe im Seminarraum, der Seminargruppenraum, Übungsraum
1 die Handbücherei, Präsenzbibliothek
2 die Losung: Für Einheit, Frieden und Demokratie
3 das Zeitschriftenregal
4 das Protokoll
5 der Protokollant, Protokollführer
6 die Anwesenheitsliste
7 der Seminargruppensekretär
8 der wissenschaftliche Berater
9 das Referatmanuskript
10 der Referent, Vortragende
11 der Seminargruppenleiter
12 das Lehrbuch
13 der Student
14 die Studentin
15 die Aktenmappe, Aktentasche

II Die Vorlesung, das Kolleg im Hörsaal
16 der Kleiderständer, Garderobeständer
17 der Kastellan an der Tür
18 der Professor, Dozent
19 das Lehrbild
20 der Assistent
21 der Laborant
22 die Wandtafel mit der Formel
23 die Projektionswand, weiße Wand
24 das Lesepult, Katheder
25 das Vorlesungsmanuskript
26 das Galvanometer, Galvanoskop
27 das Elektroskop
28 der Plattenkondensator
29 die Influenzmaschine
30 die Bogenlampe
31 der Gaußbock
32 die Schalttafel, Anschlußtafel
33 die Pohlbank
34 der Bildwerfer, das Epidiaskop
35 der Hörer
36 die Hörerin
37 der Student, Hörer
38 das Kollegheft (für die Nachschrift)
39 die Kollegmappe
40 die Bank
41 der Klappsitz

Ergänzungen s. S. 442

I Семинарская группа в помещении для семинарских занятий
1 справочная библиотека
2 лозунг: За единство, мир и демократию
3 полка для журналов
4 протокол
5 секретарь
6 список присутствующих
7 староста
8 научный консультант
9 рукопись доклада, конспект доклада
10 докладчик
11 руководитель семинарской группы
12 учебник
13 студент
14 студентка
15 портфель

II Лекция в аудитории
16 гардероб
17 комендант у двери
18 профессор, доцент
19 наглядное пособие
20 ассистент
21 лаборант
22 стенная доска с формулой
23 экран
24 кафедра
25 рукопись лекции, конспект лекции
26 гальванометр, гальваноскоп
27 электроскоп
28 плоский конденсатор
29 электрофорная машинка
30 дуговая лампа
31 стойка Гаусса
32 распределительная доска
33 стойка Поля
34 эпидиаскоп
35 слушатель
36 слушательница
37 студент, слушатель
38 конспект лекций, запись лекций
39 портфель
40 парта
41 откидное сиденье

Дополнения см. стр. 442

Universität

I Der Betriebslehrgang

1 das Lehrmodell eines Rechenschiebers
2 der Hörer, Teilnehmer
3 die Hörerin, Teilnehmerin
4 der Dozent
5 der Rechenschieber, Rechenstab
6 die Logarithmentafel
7 das Etui, Gehäuse, die Hülle
8 das Merkheft, Schreibheft
9 die Anwesenheitsliste, Strichliste

II Der Rechenschieber, Rechenstab (in der Darstellung verkürzt)

10 der Stab, Körper
11 der Ablesefaden
12 die Zunge, der Schieber
13 der Läufer
14 die Skala

III Meß- und Prüfwerkzeuge

15 der Nullenzirkel
16 der Teilzirkel
17 der Lochzirkel od. Innentaster
18 der Greifzirkel od. Außentaster
19 der Reduktionszirkel
20 der Spitzzirkel mit Feststellvorrichtung

I Заводские учебные курсы

1 учебная счётная линейка
2 слушатель, учащийся
3 слушательница, учащаяся
4 доцент
5 счётная линейка
6 логарифмическая таблица
7 футляр
8 тетрадь для записей
9 список присутствующих

II Счётная линейка (изображена не целиком)

10 корпус линейки
11 визирная линия
12 движок
13 бегун
14 шкала

III Измерительные инструменты и испытательные приборы

15 кронциркуль-заклёпочник
16 делительный циркуль
17 нутромер
18 толщиномер
19 пропорциональный циркуль
20 измерительный циркуль со стопорным приспособлением

Volkshochschule

VIII. 81

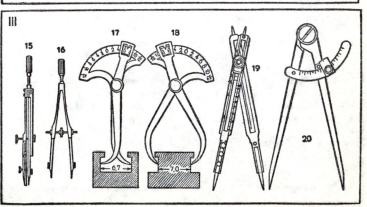

IX. 82 — Культурные мероприятия

(Vgl. Taf. 83—86)

I Der Volkstanz, ausgeführt von der Volkstanzgruppe, Laientanzgruppe, Tanzgruppe

1 der Ziehharmonikaspieler, Harmonikaspieler
2 das Paar
3 der Tänzer
4 die Tänzerin

II Das Chorkonzert, ausgeführt von dem Chor (hier: von dem Klampfenchor)
5 die Zuhörer, die Konzertbesucher, das Publikum
6 die Freilichtbühne (im Hintergrund: die Friedenstaube)
7 der Chorleiter
8 der Chorsänger, Sänger
9 die Gitarre, Klampfe
10 die Chorsängerin, Sängerin

III Das Konzert, ausgeführt von der Musikgruppe, von dem Volksinstrumentenorchester (hier: von dem Zupforchester)

11 der Wandspruch: Für den Frieden der Welt
12 der Mandolinenspieler
13 die Mandoline
14 das Notenpult, der Notenständer
15 das Notenblatt, die Noten, die Stimme
16 der Dirigent
17 die Partitur
18 der Taktstock
19 die Gitarrespielerin, Klampfenspielerin
20 die Gitarre, Klampfe
21 das Podium

Ergänzungen s. S. 444

(ср. табл. 83—86)

I Народный танец, исполняемый группой народного танца, группой художественной самодеятельности, танцевальной группой

1 гармонист
2 пара
3 танцор
4 танцовщица

II Концертный ансамбль, исполняемый хором (здесь: ансамблем гитаристов)
5 посетители концерта, публика
6 открытая сцена (на заднем плане: голубь мира)
7 дирижёр, руководитель хора
8 хорист
9 гитара
10 хористка

III Концерт, исполняемый музыкальной группой, оркестром народных музыкальных инструментов (здесь: оркестром щипковых инструментов)

11 лозунг: За мир во всём мире
12 мандолинист
13 мандолина
14 пюпитр для нот
15 нотный лист, ноты
16 дирижёр
17 партитура
18 дирижёрская палочка
19 гитаристка
20 гитара
21 помост

Дополнения см. стр. 444

Kulturveranstaltungen IX. 82

IX. 83 Народные музыкальные инструменты — ноты

(Vgl. Taf. 82, 84—86)   (ср. табл. 82, 84—86)

I Volksmusikinstrumente

1 die Mandoline 2 der Schallkörper 3 die Decke 4 der Steg 5 das Schalloch 6 die Saite 7 der Hals 8 das Griffbrett 9 der Bund 10 der Wirbel 11 das Spielblättchen 12 die Gitarre, Klampfe, Zupfgeige; Einzelteile ↑ Mandoline (2-10) 13 die Laute 14 der Knickkragen, Wirbelkasten; übrige Einzelteile ↑ Mandoline (2-10) 15 die Zither 16 der Stimmstock 17 der Wirbel 18 das Griffbrett 19 der Bund 20 die Saite 21 das Schalloch 22 der Steg 23 der Schlagring 24 die Mundharmonika 25 die Blockflöte 26 das Griffloch 27 das Akkordeon 28 die Tastatur 29 der Balg 30 der Knopf

I Народные музыкальные инструменты

1 мандолина 2 корпус резонатора 3 дека 4 кобылка 5 резонаторное отверстие 6 струна 7 шейка 8 гриф 9 лад 10 колок 11 плектр 12 гитара, щипковый инструмент; отдельные части ↑ мандолина (2-10) 13 лютня 14 головка с калками; остальные отдельные части ↑ мандолина (2-10) 15 цитра 16 колок 17 колок 18 гриф 19 лад 20 струна 21 резонаторное отверстие 22 кобылка 23 плектр 24 губная гармошка, гармоника 25 продольная флейта 26 звуковое отверстие 27 аккордеон 28 клавиатура 29 мех 30 кнопка

II Noten

31-33 die Note 31 der Kopf 32 der Hals 33 der Schwanz, das Fähnchen 34 u. 37 die Notenschlüssel 34 der Violinschlüssel, G-Schlüssel 35 die Linie 36 die Hilfslinie 37 der Baßschlüssel, F-Schlüssel 38-42 der Notenwert 38 die ganze Note 39 die halbe Note 40 die Viertelnote 41 die Achtelnote 42 die Sechzehntelnote 43-47 die Pausenzeichen 43 die ganze Pause 44 die halbe Pause 45 die Viertelpause 46 die Achtelpause 47 die Sechzehntelpause

II Ноты

31-33 нота 31 головка 32 шейка 33 хвостик 34 и 37 нотные ключи 34 скрипичный ключ, ключь соль, ключ «G» 35 линия 36 вспомогательная линия 37 басовый ключ, ключ фа, ключ «F» 38-42 длительность нот 38 целая нота 39 половинная нота 40 четвертная нота 41 восьмая нота 42 шестнадцатая нота 43-47 знаки пауз 43 целая пауза 44 половинная пауза 45 четвертная пауза 46 восьмая часть целой паузы 47 шестнадцатая часть целой паузы

Ergänzungen s. S. 444   Дополнения см. стр. 444

Volksmusikinstrumente — Noten

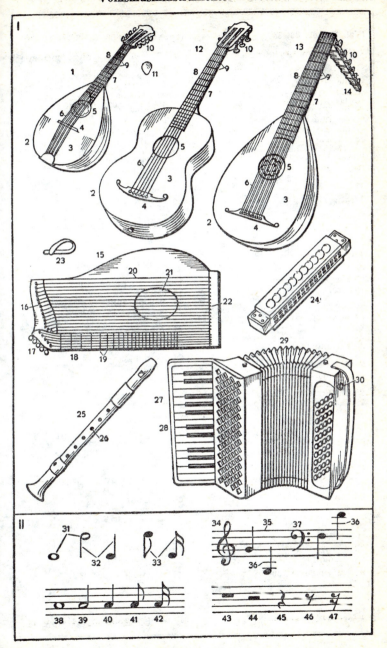

IX. 84 Оркестровые инструменты

(Vgl. Taf. 82, 83, 85, 86)

1, 2, 6-8 Holzblasinstrumente

1 die Kleine Flöte
2 die Große Flöte, Flöte
3 das Mundstück
4 das Griffloch
5 die Klappe
6 die Oboe
7 die Klarinette
8 das Fagott
9, 13-15 Blechinstrumente, Blechblasinstrumente
9 das Horn
10 der Schalltrichter
11 das Ventil
12 das Mundstück
13 die Trompete
14 die Posaune
15 die Tuba (hier: Baßtuba)
16, 28, 29, 31, 32 Saiteninstrumente

16, 28, 29, 31 Streichinstrumente

16 die Violine, Geige
17 der Schallkörper
18 die Decke
19 das F-Loch, Schalloch
20 der Bogen, Violinbogen, Geigenbogen
21 der Steg
22 die Saite
23 der Dämpfer
24 der Hals
25 das Griffbrett
26 der Wirbel
27 die Schnecke
28 die Bratsche, Viola
29 das Violoncello, Cello
30 der Stachel
31 der Kontrabaß
32 die Harfe (ein Zupfinstrument; andere Zupfinstrumente ↑ Taf. 83, I, Nr. 1, 12, 13, 15)

33 das Pedal
34-36, 38, 40, 41 Schlaginstrumente

34 das Becken
35 der Triangel
36 die Kleine Trommel, Trommel
37 der Trommelstock, Trommelschlegel
38 die Pauke, Kesselpauke
39 der Schlegel, Paukenschlegel
40 das Tamtam
41 die Große Trommel

Ergänzungen s. S. 446

(ср. табл. 82, 83, 85, 86)

1, 2, 6-8 деревянные духовые инструменты

1 пикколо, маленькая флейта
2 большая флейта, флейта
3 мундштук
4 звуковое отверстие
5 клапан
6 гобой
7 кларнет
8 фагот
9, 13-15 медные духовые инструменты
9 валторна
10 раструб
11 пистон
12 мундштук
13 труба
14 тромбон
15 туба (здесь: басовая туба)
16, 28, 29, 31, 32 струнные инструменты

16, 28, 29, 31 струнные, смычковые инструменты

16 скрипка
17 корпус резонатора
18 дека
19 резонаторное отверстие (эф)
20 скрипичный смычок

21 кобылка
22 струна
23 сурдина
24 шейка
25 гриф
26 колок
27 завиток
28 альт, виола
29 виолончель
30 шпиль
31 контрабас
32 арфа (щипковый инструмент; другие щипковые инструменты ↑ табл. 83, I, № 1, 12, 13, 15)

33 педаль
34-36, 38, 40, 41 ударные инструменты

34 тарелки
35 треугольник
36 маленький барабан
37 барабанная палочка

38 литавры
39 колотушка
40 гонг
41 большой барабан

Дополнения см. стр. 446

Orchesterinstrumente

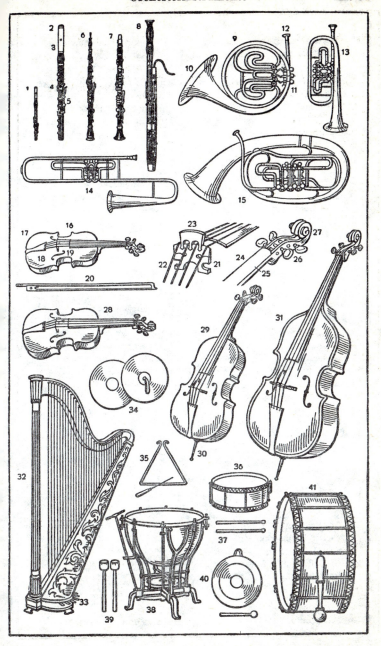

IX. 85 **Концерт — балет**

I Das Konzert, Orchesterkonzert, Sinfoniekonzert, ausgeführt von dem Orchester, Konzertorchester	**I** Концерт, оркестр, симфонический концерт, в исполнении оркестра
1 die Zuhörer, Konzertbesucher, das Publikum	1 посетители концерта, публика
2 das Podium, Konzertpodium	2 концертная эстрада
3 die Solistin (hier: Sängerin, Konzertsängerin)	3 солистка (здесь: певица, концертная певица)
4 der Dirigent	4 дирижёр
5-21 Musiker, Orchestermitglieder	5-21 музыканты, члены оркестра
5-10 Streicher	5-10 играющие на струнных, смычковых инструментах
5 der Konzertmeister	5 концертмейстер
6 der erste Geiger	6 первый скрипач
7 der zweite Geiger	7 второй скрипач
8 der Bratschist	8 альтист
9 der Cellist	9 виолончелист
10 der Kontrabassist	10 контрабасист
11 die Harfenistin	11 арфистка
12-19 Bläser	12-19 играющие на духовых инструментах
12 der Flötist	12 флейтист
13 der Oboer, Oboist	13 гобоист
14 der Fagottist	14 фаготист
15 der Klarinettist	15 кларнетист
16 der Hornist	16 валторнист
17 der Posaunist	17 тромбонист
18 der Trompeter	18 трубач
19 der Tubabläser, Tubaist	19 тубаист
20 der Pauker	20 литаврщик
21 der Schlagzeuger	21 ударник
22 der Wandspruch: Die Kunst gehört dem Volke	22 лозунг: Искусство принадлежит народу
II Das Ballett, ausgeführt von der Ballettgruppe	**II** Балет, в исполнении балетной группы
23 die Ballettänzerin, Balletteuse (hier: Solotänzerin, Ballettsolistin)	23 балетная танцовщица, балерина (здесь: солистка балета)
24 der Ballettänzer (hier: Solotänzer, Ballettsolist)	24 балетный танцор (здесь: солист балета)
Ergänzungen s. S. 446	Дополнения см. стр. 446

Konzert — Ballett

IX. 86 Театр

(Vgl. Taf. 82—85)   (ср. табл. 82—85)

I Die Wandelhalle, der Wandelgang, das Foyer

1 die Garderobefrau od. Garderobenfrau   2 das Opernglas   3 das Programm   4 die Garderobe   5 der Theaterbesucher   6 die Theaterbesucherin   7 die Theaterkarte, Eintrittskarte, Karte   8 der Logenschließer, Türschließer, Schließer   9 der Eingang zum Zuschauerraum

I Кулуары, фойе

1 гардеробщица   2 бинокль   3 программа   4 гардероб   5 театральный зритель   6 театральная зрительница   7 театральный билет   8 капельдинер   9 вход в зрительный зал

II Die Theatervorstellung, Vorstellung, Aufführung (hier: Opernaufführung)

10 der Zuschauerraum   11 die Zuschauer, Theaterbesucher, das Publikum   12 der Rang   13 der Ausgang   14 die Sitzreihen des Saalplatzes, Parketts   15 der Platz, Sitz, Sitzplatz   16 der Orchesterraum   17 der Dirigent, Kapellmeister   18 der Scheinwerfer   19 der eiserne Vorhang   20 der Vorhang   21 der Bühnenraum, das Bühnenportal   22 die Bühnenbeleuchtung, Bühnenleuchten   23 die Bühnengasse, Gasse   24—26 die Dekoration, Theaterdekoration   24 die Kulisse   25 die Soffitte   26 das Versatzstück   27 der Rundhorizont   28 der Feuerlöschpolizist   29 der Spielwart, Inspizient   30 die Signaltafel   31 der Bühnenarbeiter   32 die Rampe   33 der Souffleurkasten   34 die Souffleuse   35 die Bühne, der Bühnenboden   36 die Versenkung   37 der Opernsänger, Sänger, Darsteller   38 das Requisit   39 die Opernsängerin, Sängerin, Darstellerin   40 das Kostüm   41 der Statist

II Театральное представление (здесь: постановка оперы)

10 зрительный зал   11 театральная публика   12 ярус   13 выход   14 ряды кресел партера   15 сидячее место   16 оркестр   17 дирижёр, капельмейстер   18 прожектор   19 железный занавес   20 занавес   21 портал сцены   22 освещение сцены, соффиты   23 сценический карман   24—26 театральная декорация   24 кулиса   25 соффит   26 передвижная декорация   27 (полу)круглый горизонт   28 пожарник   29 наблюдающий за игрой, инспектор   30 сигнальная доска   31 рабочий на сцене   32 рампа   33 суфлёрская будка   34 суфлёрша   35 сцена   36 люк   37 оперный певец, исполнитель, актёр   38 реквизит   39 оперная певица, исполнительница, актриса   40 костюм   41 статист

Ergänzungen s. S. 448   Дополнения см. стр. 448

Theater

IX. 87   Фильм — кино

I Die Filmaufnahme (hier: Innenaufnahme im Filmatelier)

1 der Scheinwerfer
2 der Beleuchter
3 die Dekoration
4 die Darstellerin, Filmschauspielerin
5 der Darsteller, Filmschauspieler
6 der Komparse
7 das Praktikabel
8 der Maskenbildner
9 die Nummernklappe
10 die Ateliersekretärin
11 das Drehbuch
12 der Regisseur
13 der Kamerawagen
14 der Kameramann, Operateur
15 die Bildkamera
16 der Kameraassistent
17 das Mikrophonkabel
18 der Mikrophongalgen
19 das Mikrophon

II Das Kino, Lichtspielhaus, Lichtspieltheater, Filmtheater

20 der Saaleingang
21 die Bühne
22 der Vorhang
23 die Bildwand mit dem Lautsprecher dahinter
24 der Balkon, Rang
25 der Kinobesucher
26 der Zerstäuber
27 die Eintrittskarte
28 die Platzanweiserin
29 der Sitz, Klappsitz
30 der Notausgang
31 die Notbeleuchtung

Ergänzungen s. S. 449

I Киносъёмка (здесь: съёмка в киностудии)

1 прожектор
2 осветитель
3 декорация
4 киноактриса
5 киноактёр
6 статист
7 помост
8 гримёр
9 крышка
10 секретарь киностудии
11 киносценарий
12 кинорежиссёр
13 тележка с киносъёмочным аппаратом
14 кинооператор
15 киносъёмочный аппарат
16 ассистент кинооператора
17 микрофонный кабель
18 микрофонная стойка
19 микрофон

II Кино, кинотеатр

20 вход
21 сцена
22 занавес
23 экран, за экраном громкоговоритель
24 ярус
25 кинозритель
26 распылитель, пульверизатор
27 билет
28 капельдинер
29 стул с откидным сиденьем
30 запасной выход
31 запасное освещение

Дополнения см. стр. 449

Film — Kino

IX. 87

I Der Regieraum und der Senderaum, Aufnahmeraum eines Rundfunksenders

1 die schalldämpfende Wandverkleidung   2 die elektrische Uhr   3 der Abhörschrank   4 die schalldichte Glasscheibe   5 die Sprecherin   6 das Aufnahmemikrophon, ein Kondensatormikrophon   7 die Lichtsignalanlage   8 der Sprecher   9 das Schallplattenabspiel   10 der Regisseur   11 das Manuskript   12 der Toningenieur   13 der Regietisch   14 die Magnetophontruhe

I Радиостудия

1 звукоизоляционная обшивка   2 электрические часы   3 контрольный громкоговоритель   4 звуконепроницаемое стекло   5 диктор   6 конденсаторный микрофон   7 светосигнальная установка   8 диктор   9 передача грамзаписи   10 режиссёр   11 рукопись   12 тонмейстер   13 пульт тонмейстера   14 ящик для магнитофона

II Der Rundfunkapparat, das Radio, Rundfunkgerät, der Rundfunkempfänger (Rückansicht)

15 die Abstimmanzeigeröhre, das magische Auge   16 der Röhrensockel   17 der Lautsprecher (hier: permanent-dynamische Lautsprecher)   18 der Drehknopf   19 die Skala   20 der Skalenantrieb   21 der Drehkondensator   22 die Röhre, Rundfunkröhre (hier: Stahlröhre)   23 der Abschirmbecher (innen: das Zwischenfrequenzbandfilter)   24 die Röhre, Rundfunkröhre (hier: Glasröhre)   25 der Netztransformator   26 der Elektrolytkondensator   27 die Sicherung   28 der Kondensator   29 der Widerstand   30 die Antennenleitung (hier: abgeschirmt)   31 das Chassis, die Grundplatte   32 der Bananenstecker   33 die Erdleitung   34 die Anschlußbuchse (hier: für den Tonabnehmer)   35 die Netzschnur

II Радиоаппарат, радиоприёмник (вид сзади)

15 лампа оптического индикатора настройки   16 цоколь лампы   17 динамик (здесь: перманентный динамический громкоговоритель)   18 ручка настройки   19 шкала   20 привод шкалы   21 переменный конденсатор   22 радиолампа (здесь: металлическая радиолампа)   23 экранирующий цилиндр (внутри: полосовой фильтр промежуточной частоты)   24 радиолампа (здесь: стеклянная радиолампа)   25 силовой трансформатор   26 электролитический конденсатор   27 предохранитель   28 конденсатор   29 сопротивление   30 снижение антенны (здесь: экранированное)   31 шасси   32 банановый штепсель   33 заземление   34 соединительная втулка (здесь: для звукоснимателя)   35 сетевой шнур

Ergänzungen s. S. 450   Дополнения см. стр. 450

Rundfunk IX. 88

Шрифт

1 altägyptische Hieroglyphen (eine Bilderschrift)	1 древнеегипетские иероглифы (фигурные знаки)
2 hebräische Schrift	2 древнееврейский шрифт
3 griechische Schrift	3 греческий шрифт
4 Runen	4 руны
5 russische Schrift	5 русский шрифт
6 chinesische Schrift	6 китайский шрифт
7 arabische Schrift	7 арабский шрифт
8 lateinische Druckschrift, Antiqua	8 антиква
9 deutsche Druckschrift, Fraktur	9 немецкий готический шрифт, фрактура
10 ein großer lateinischer Buchstabe, ein Großbuchstabe, eine Majuskel, ein Versal	10 большая латинская буква, прописная буква, маюскул
11 ein kleiner lateinischer Buchstabe, ein Kleinbuchstabe, eine Minuskel	11 малая латинская буква, строчная буква, минускул
12 lateinische Schreibschrift, Normalschrift	12 латинский шрифт
13 der i-Punkt	13 точка над «i»
14 Schreibmaschinenschrift	14 машинописный шрифт
15 Kurzschrift, Stenographie	15 стенография
16 das Monogramm	16 монограмма
17 die eigenhändige Unterschrift, der Namenszug, das Autogramm, Autograph Wilhelm Piecks	17 собственноручная подпись, вензель, автограф Вильгельма Пика
18-20 die Akzente, Tonzeichen	18-20 знаки ударения
18 der Akut	18 акут
19 der Gravis	19 гравис
20 der Zirkumflex, das Dehnungszeichen	20 циркумфлекс, знак долготы
21-31 die Satzzeichen, Interpunktionszeichen	21-31 знаки препинания
21 der Punkt	21 точка
22 das Komma	22 запятая
23 das Semikolon	23 точка с запятой
24 der Doppelpunkt, das Kolon	24 двоеточие
25 das Fragezeichen	25 вопросительный знак
26 das Ausrufezeichen	26 восклицательный знак
27 der Gedankenstrich	27 тире
28 die runden Klammern, die Parenthese	28 круглые скобки
29 die eckigen Klammern	29 квадратные скобки
30 der Apostroph	30 апостроф
31 die Anführungszeichen, Anführungsstriche („Gänsefüßchen")	31 кавычки
32 das Paragraphenzeichen	32 параграф

Ergänzungen s. S. 452   Дополнения см. стр. 452

Schrift IX. 89

𓂀 𓏤 𓃻 𓏥 𓂋 𓇋𓊨
1

וְאַתֶּם עֲלוּ לְשָׁלוֹם
2

ἀγαθῶν
3

⊥⊥⨉⊣Ψ⋎⊥⊥
4

Дело мира
5

和平
6

خرجت الجماهير عن بكرتها
7

Der Friede 𝕭𝖔𝖑𝖐𝖘𝖐𝖚𝖓𝖋𝖙
8 9

A a *Wir lernen*
10 11   12 / 13

Fünfjahrplan
14

15

W. Pieck
16   17

⁓ ^ . , ; : ? ! – ( ) [ ] ' „ " §
18 19 20 21 22 23 24 25 26 27 28 29 30 31 32

Книга — газета

I Das aufgeschlagene Buch, der aufgeschlagene Band	**I Раскрытая книга, раскрытый том**
1-4 der Einband, die Einbanddecke	1-4 переплёт
1 der Buchdeckel	1 крышка
2 die Ecke, Buchecke	2 книжный угол
3 der Rücken, Buchrücken	3 корешок книги
4 das Kapitalband	4 каптал
5 das Vorsatzpapier, der od. das Vorsatz	5 форзац
6 der Schnitt	6 обрез
7 der Falz, Bundsteg	7 фальц
8 der Rand	8 край
9 die Buchseite, Seite	9 страница
10 der Satzspiegel	10 площадь набора
11 die Zeile	11 строка
12 der Vorschlag	12 отступ, спуск
13 die Fußnote, Anmerkung	13 подстрочная выноска, сноска
14 die Seitenzahl	14 колонцифра
15 der verzierte Anfangsbuchstabe, die Initiale	15 инициал, украшенная начальная буква
16 die Norm mit der Bogenziffer	16 норма с числом листа
17 das Lesezeichen	17 закладка
II Das Signet, Verlagszeichen	**II Издательская марка**
III Das Buch, der Band (geschlossen)	**III Закрытая книга, закрытый том**
18 das Rückenschild, Schild	18 титул на корешке
19 der Buchblock	19 книжный блок
IV Die Zeitung	**IV Газета**
20 der Kopf	20 заголовок, шапка
21 die Schlagzeile	21 лозунговый заголовок
22 der Artikel (hier: Leitartikel)	22 статья (здесь: передовая)
23 die Sportmeldung, Sportnachricht	23 спортивное сообщение
24 die Spalte, Kolumne	24 колонка, полоса
25 die Anzeige, Zeitungsanzeige, Annonce, das Inserat	25 объявление, газетное объявление
V Der Schriftsatz (↑ Taf. 149)	**V Набор (↑ табл. 149)**
26 der Zeilenausgang	26 конец строки
27 der Einzug	27 отступ, красная строка, абзац
28 die Sperrung	28 разрядка
29 der Fettdruck	29 жирный шрифт
30 der Kursivdruck	30 курсивный шрифт
31 der Durchschuß	31 шпон
32 der Zwischenraum, das Spatium	32 промежуток, шпация
Ergänzungen s. S. 452	Дополнения см. стр. 452

Buch — Zeitung

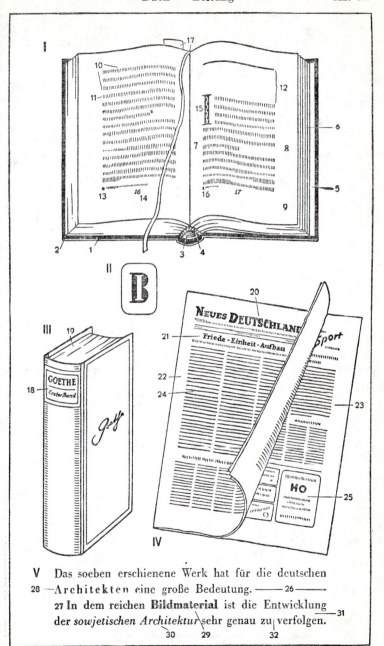

V Das soeben erschienene Werk hat für die deutschen Architekten eine große Bedeutung. —— 26 ——
In dem reichen **Bildmaterial** ist die Entwicklung der *sowjetischen Architektur* sehr genau zu verfolgen.

IX. 91 Народная библиотека — музей

I Die Volksbibliothek (hier: Ausleihe)
1 das Bücherregal
2 die Theke
3 der Buchkartenapparat (hier: Präsenzkasten)
4 die Bibliothekarin
5 der Leser
6 der Katalog
7 die Bibliothekstechnikerin
8 das Leseheft
9 die Leserin

II Das Museum (hier: die Ausstellung)
10 der Wandspruch
11 der Bauplan
12 textliche Erklärung
13 die graphische Darstellung
14 der Ausstellungsgegenstand, das Ausstellungsstück, Exponat (hier: Modell)
15 der Besucher
16 die Besucherin
17 der Schaukasten mit der Glasschutzscheibe
18 der Museumsführer, Ausstellungsführer

I Народная библиотека (здесь: выдача книг на дом)
1 полка для книг
2 стол для выдачи книг
3 библиотечная картотека (здесь: картотека наличия)
4 библиотекарь
5 читатель
6 каталог
7 техническая библиотечная служащая
8 читательская книжка
9 читательница

II Музей (здесь: выставка)
10 лозунг на стене
11 план строительства, проект постройки
12 объяснительный текст
13 графическое изображение
14 экспонат (здесь: модель)
15 посетитель
16 посетительница
17 витрина с защитным стеклом
18 гид

Ergänzungen s. S. 454   Дополнения см. стр. 454

Volksbibliothek — Museum IX. 91

IX. 92 — Клуб

I Die Bibliothek, der Leseraum   **I Библиотека, читальня, читальный зал**

1 das Zeitschriftenregal — 1 полка для журналов
2 das Bücherregal — 2 полка для книг
3 die Bibliothekarin — 3 библиотекарь

II Das Tischtenniszimmer   **II Комната для игры в настольный теннис (пинг-понг)**

4 der Spieler — 4 игрок
5 der Spielball, Ball — 5 мяч
6 die Tischtennisplatte — 6 доска для игры
7 der Bock — 7 подставка
8 das Netz — 8 сетка
9 der Schläger — 9 ракетка
10 der Spielschrank, Schrank — 10 шкаф для теннисных принадлежностей
11 der Schiedsrichter — 11 судья

III Das Billardzimmer   **III Комната для игры в бильярд, бильярдная**

12 die Anschreibtafel — 12 счётная доска
13 der Queueständer — 13 стойка для кия
14 der Billardspieler, Spieler — 14 игрок в бильярд
15 die Billardkugel, der Spielball, Ball — 15 бильярдный шар
16 der Billardtisch — 16 бильярд
17 die Bande, Einfassung — 17 борт
18 der Zähler — 18 счётчик
19 das Queue, der Billardstock — 19 кий

IV Das Nähzimmer   **IV Комната для шитья**

20 die Umkleidekabine, Kabine — 20 кабина для переодевания
21 der Ankleidespiegel, Spiegel — 21 гардеробное зеркало
22 die Zirkelleiterin — 22 руководительница кружка
23 die Nähmaschine — 23 швейная машина
24 der Arbeitstisch — 24 рабочий стол

Ergänzungen s. S. 456   **Дополнения см. стр. 456**

Klubhaus

I Schach, das Schachspiel
1 der Schachspieler   2 das Schachbrett, Brett   3 das Feld   4-9 die Schachfiguren, Schachsteine, Figuren   4 der Bauer   5 der Läufer   6 der Springer, das Pferd, Rössel   7 der Turm   8 die Königin, Dame   9 der König

I Шахматная игра, шахматы
1 шахматист   2 шахматная доска, шашечница   3 поле   4-9 шахматные фигуры   4 пешка   5 слон   6 конь   7 ладья   8 ферзь   9 король

II Dame, das Damespiel
10 das Damebrett   11 der Damestein

II Игра в шашки
10 шашечница   11 шашка

III Das Würfelspiel
12 der Würfelbecher   13 der Würfel   14 das Auge   15 der Pasch

III Игра в кости
12 кубок   13 кость   14 очко   15 дублет

IV Halma, das Halmaspiel
16 der Hof

IV Гальма
16 двор

V Domino, das Dominospiel
17 der Dominostein   18 der Pasch

V Домино
17 кость для игры в домино   18 дублет

VI Mühle, das Mühlespiel

VI Мюле (немецкая игра)

VII Das Kartenspiel
19-26 die französischen Spielkarten (hier: Kreuz)   19 das As   20 die Zehn   21 der König   22 die Dame   23 der Bube   24 die Neun   25 die Acht   26 die Sieben   27, 28, 30 die Kartenspieler (hier: Skatspieler)   27 die Vorhand   28 die Mittelhand   29 der Zuschauer, Kiebitz   30 die Hinterhand, der Geber   31 der Skat   32-39 die deutschen Spielkarten (hier: Eichel)   32 das As, Daus   33 die Zehn   34 der König   35 der Ober   36 der Unter, Wenzel, Bube   37 die Neun   38 die Acht   39 die Sieben

VII Игра в карты
19-26 французские игральные карты (здесь: трефы)   19 туз   20 десятка   21 король   22 дама   23 валет   24 девятка   25 восьмёрка   26 семёрка   27, 28, 30 игроки в карты (здесь: играющие в скат)   27 первый ход   28 средний ход   29 наблюдающий за игрой болельщик   30 вторая рука   31 скат   32-39 немецкие игральные карты (здесь: трефы)   32 туз   33 десятка   34 король   35 дама   36 валет   37 девятка   38 восьмёрка   39 семёрка

Ergänzungen s. S. 457   Дополнения см. стр. 457

Brett- und Kartenspiel

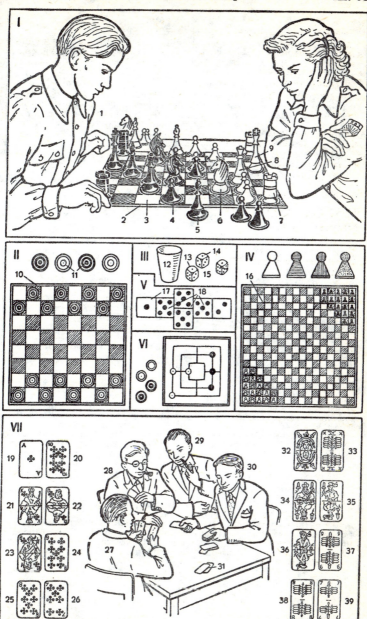

Die Photographie, Lichtbildkunst — Фотография

I Das Aufnahmegerät

1 die Kassette   2 der Kassettenschieber   3 die Kamera (hier: Klappkamera)
4 die Höheneinstellung   5 die Dosenlibelle   6 der Sucher   7 die Verschlußeinstellung   8 der Drahtauslöser   9 das Gehäuse   10 der Balgen   11 der
Verschluß   12 das Objektiv   13 die Stativmutter   14 die Spreize   15 der
Auslöser   16 die Standarte   17 die Seiteneinstellung   18 die Blendeneinstellung   19 die Entfernungsskala   20 der Laufboden   21 die Entfernungseinstellung   22 der Schlitten   23 die Schiene   24 der (doppelte) Auszug
25 das Kugelgelenk   26 das Stativ   27 der Sucher   28 das Fadenkreuz
29 der Entfernungsmesser   30 das Teleobjektiv (für Fernaufnahmen)   31 der
Belichtungsmesser   32 die Mattscheibe   33 die Blende (hier: Irisblende)
34 das Gelbfilter, die Gelbscheibe   35 der Zentralverschluß   36 der Schlitzverschluß   37 der Selbstauslöser   38 das Blitzlicht

I Фотоаппарат

1 кассета   2 задвижка кассеты   3 камера (здесь: складная камера)
4 установка на высоту   5 сферический уровень   6 видоискатель
7 установка затвора   8 спусковой тросик   9 корпус   10 мех
11 затвор   12 объектив   13 гайка для штатива   14 распорка
15 ручной спуск   16 стандарт   17 боковая установка   18 изменение
диафрагмы   19 шкала расстояний   20 кремальера   21 установка
на расстояние   22 тележка   23 шина   24 (двойной) вытяжной
механизм   25 поворотная головка   26 штатив   27 видоискатель
28 крест нитей   29 дальномер   30 телеобъектив (для съёмки
удалённых объектов)   31 экспонометр, экспозиметр   32 матовое
стекло   33 диафрагма (здесь: ирисовая диафрагма)   34 жёлтый
фильтр   35 центральный затвор   36 шторный затвор   37 автоспуск, самосъёмка   38 вспышка магния

II Kameraformen

39 die Kastenkamera   40 die Spreizkamera   41 die Filmspule mit Rollfilm   42 die Schmalfilmkamera   43 das Uhrwerk   44 das Objektiv   45 der
Meterzähler   46 der Auslöser   47 die Kleinbildkamera   48 das Objektiv
49 die Rückwickelspule   50 die Entfernungseinstellung   51 die Aufwickelspule   52 u. 53 die Spiegelreflexkamera   54 die Einstellupe (dahinter der
Lichtschacht)

II Типы камер

39 ящичная камера   40 камера на распорках   41 фотоплёнка на
катушке   42 узкоплёночная камера   43 часовой механизм
44 объектив   45 счётчик метров   46 расцепной механизм   47 малоформатный фотоаппарат   48 объектив   49 кассета для обратной перемотки   50 установка на расстояние   51 кассета для наматывания
52 и 53 зеркальная камера   54 лупа для установки (за лупой
световой двор)

Ergänzungen s. S. 458   Дополнения см. стр. 458

Photographie I

I Der Negativprozeß in der Dunkelkammer 1

1 die Wandlampe für das Grünlicht   2 die Pyramidenlampe mit dem Reflektor   3 die Kontrolluhr   4 der Entwicklungstrog   5 der Fixiertrog, Fixagetrog   6 der Wässerungstrog   7 die Wässerungswanne mit   8 dem Steingutbecken durch den Abfluß verbunden   9 der Trockenschrank   10 die Trockenklammern mit den Rollfilmen   11 die (photographische) Platte (hier: ein Negativ)   12 der Photograph beim Entwickeln   13 die Schale zum Entwickeln (schwarz)   14 die Schale zum Fixieren (weiß)   15 der Filmpack   16 das Trockengestell   17 die Tropfflasche   18 die Entwicklungsdose für die Kleinbildfilme, das Kleinbildentwicklungsgerät   19 die Chemikalienflasche   20 das Meßglas, die Mensur

I Негативный процесс в тёмной комнате 1

1 стенной фонарь с зелёным светом   2 пирамидальный фонарь с рефлектором   3 контрольные часы   4 проявительная ванна   5 фиксажная ванна   6 бачок для промывки плёнки   7 ванна для промывки пластинок соединена сточной трубой с   8 фаянсовым тазом   9 сушильный шкаф   10 зажимы с роликовыми плёнками   11 (фотографическая) пластинка (здесь: негатив)   12 фотограф за проявлением   13 кюветка для проявления (чёрного света)   14 кюветка для фиксирования (белого света)   15 фильмпак   16 сушильная подставка   17 капельница   18 бачок для проявления малоформатных плёнок   19 бутылка с химикалиями   20 мензурка

II Der Positivprozeß in der Dunkelkammer 2

21 die Leine mit den Klammern zum Aufhängen und Trocknen der nassen Bilder   22 die Pyramidenlampe für das Rotlicht   23 das Vergrößerungsgerät, mit und ohne Kondensor verwendbar für 5×5 bis 9×12 cm Negativgröße   24 die Wandlampe, für das Rot- und Gelblicht umschaltbar   25 das Schränkchen für die Entwicklungspapiere   26 das Kleinbildvergrößerungsgerät mit der Belichtungsuhr   27 der Photograph am Vergrößerungsgerät   28 die Wässerungswanne   29 das Steingutbecken; darüber die schwenkbare Wasserbrause   30 der Schrank für die Chemikalien   31 die Beschneidemaschine   32 die Hochglanzpresse mit der elektrischen Beheizung   33 der Rollenquetscher   34 die Schalen zum Fixieren   35 das Kopiergerät mit der Belichtungsuhr

II Позитивный процесс в тёмной комнате 2

21 верёвка с зажимами для сушки отпечатков   22 пирамидальный фонарь с красным светом   23 увеличитель, применяемый с конденсором и без него для негативов с 5×5 см по 9×12 см   24 стенной фонарь с переключателем для красного или жёлтого света   25 шкафчик для проявительных бумаг   26 увеличитель для малоформатных негативов с часами, регулирующими время экспозиции   27 фотограф у увеличителя   28 ванна для промывки пластинок   29 фаянсовый таз с подвижным душом   30 шкаф для хранения химикатов   31 рычажные ножницы   32 электроаппарат для глянцевания и сушки   33 нажимной валик   34 кюветки для фиксирования   35 копировальный аппарат с часами регулирующими время экспозиции

Ergänzungen s. S. 458   Дополнения см. стр. 458

Photographie II

IX. 96 — Танцы

I Tänze

1 der Rheinländer
2 der Walzer
3 der Tango
4 der Foxtrott

II Die Tanzgaststätte

5 die Wandlampe, Wandleuchte
6 das Tanzkleid
7 das Tanzpaar (eingehenkelt)
8 das Schlagzeug
9, 10, 12, 15-17, 19, 20, 23-25 die Tanzkapelle, das Tanzorchester
9 der Schlagzeuger
10 der Klavierspieler
11 das Klavier (hier: der Flügel)
12 der Kontrabaßspieler
13 der Kontrabaß
14 die Trompete
15 der erste Trompeter
16 der zweite Trompeter
17 der Posaunist
18 die Posaune
19 der Kapellmeister
20 der Gitarrespieler
21 die Schlaggitarre
22 das Saxophon
23 der erste Saxophonist
24 der zweite Saxophonist
25 der Tenorsaxophonist
26 das Akkordeon
27 die Tänzerin, Dame, Partnerin
28 der Tänzer, Herr, Partner
29 der Tanzschuh
30 die Tanzfläche (hier: das Parkett, der Parkettfußboden)

Ergänzungen s. S. 460

I Танцы

1 рейнская полька
2 вальс
3 танго
4 фокстрот

II Кафе (ресторан) с танцплощадкой

5 стенная лампа
6 танцевальный костюм
7 танцующая пара (взявшись под руку)
8 ударные инструменты
9, 10, 12, 15-17, 19, 20, 23-25 танцевальный оркестр
9 ударник
10 пианист
11 фортепиано (здесь: рояль)
12 контрабасист
13 контрабас
14 труба
15 первый трубач
16 второй трубач
17 тромбонист
18 тромбон
19 капельмейстер, дирижёр
20 гитарист
21 щипковая гитара
22 саксофон
23 первый саксофонист
24 второй саксофонист
25 теноровый саксофонист
26 аккордеон
27 танцующая, дама, партнёрша
28 танцующий, кавалер, партнёр
29 танцевальная туфля
30 танцевальная площадка (здесь: паркет)

Дополнения см. стр. 460

Gesellschaftstanz

IX. 96

Цирк

1 der Zeltmast	1 столб
2 der Scheinwerfer	2 прожектор
3 der Seiltänzer, Akrobat	3 канатный плясун, канатоходец, акробат
4 die Balancierstange	4 балансир
5 das Zirkuszelt (mit der Losung: Freundschaft mit allen Völkern!)	5 цирковой павильон (лозунг: Дружба со всеми народами!)
6 die Kapelle	6 оркестр
7 das Netz	7 сеть, сетка
8 das Trapez, Schaukelreck	8 трапеция
9 der Trapezkünstler	9 акробат на трапеции
10 die Bankreihe, Sitzreihe	10 ряд скамеек
11 der Kunstreiter	11 цирковой наездник
12 die Zeltstütze	12 остов палатки
13 das Musikpodium	13 эстрада
14 die Loge	14 ложа
15 die Manege	15 манеж
16 der Clown, dumme August	16 клоун
17 die Maske, Larve	17 маска
18 der Jongleur	18 жонглёр
19 der Gaukler (hier: Feuerfresser)	19 фокусник, иллюзионист (здесь: огнеглотатель)
20 die Piste, Bande	20 край манежа
21 der Zwerg	21 карлик
22 der Affe	22 обезьяна
23 das Raubtiergitter	23 клетка для хищных зверей
24 der Tierbändiger, Dompteur	24 укротитель
25 der Eisbär	25 белый медведь

Zirkus

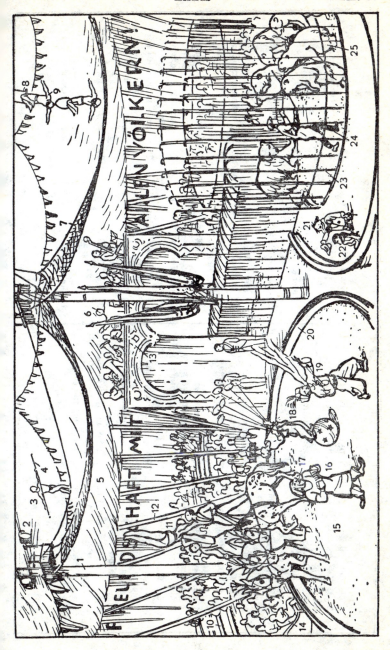

IX. 98 Ярмарка

1 die Achterbahn	1 русские горы
2 die Fahne	2 знамя
3 das Riesenrad	3 чёртово колесо
4 die Berg-und-Tal-Bahn	4 американские горы
5 das Orchestrion	5 оркестрион
6 die Kasse	6 касса
7 die Luftschaukel, Schiffsschaukel	7 лодки-качели
8 der Autoskooter	8 автоскутер
9 das Karussell	9 карусель
10 die Kindereisenbahn	10 детская железная дорога
11 die Eisverkäuferin	11 мороженщица
12 der Portionierer	12 порционная ложка (для мороженого)
13 die Waffelmuschel	13 вафля
14 der Junge Pionier, Thälmann-Pionier	14 юный пионер, пионер-тельманец
15 der Luftballon	15 воздушный шар
16 der Kasper, das Kasperle	16 Петрушка
17 das Kasperletheater, die Puppenbühne	17 петрушка, кукольный театр
18 die Verkaufsbude, der Verkaufsstand, die Bude	18 палатка, киоск
19 das Lebkuchenherz	19 пряник
20 das Glücksrad, die Glücksbude	20 колесо счастья, лотерея
21 der Teddybär	21 медвежонок
22 der Konservator, der Thermosbehälter	22 термос
23 das Mädchen	23 девочка
24 der HO-Rostbratwurststand, Bratwurststand	24 лоток «НО» для продажи жареных сосисок
25 die Bratwurst	25 жареная сарделька, сосиска
26 der Bratrost	26 жаровня
27 die FDJlerin	27 член Союза свободной немецкой молодёжи
28 der Volkspolizist	28 народный полицейский
29 der Bierausgeber, Bierzapfer	29 продавец пива, буфетчик
30 das Bierzelt, der Ausschank	30 пивная
31 das Bierfaß	31 пивная бочка

Ergänzungen s. S. 460   Дополнения см. стр. 460

Jahrmarkt

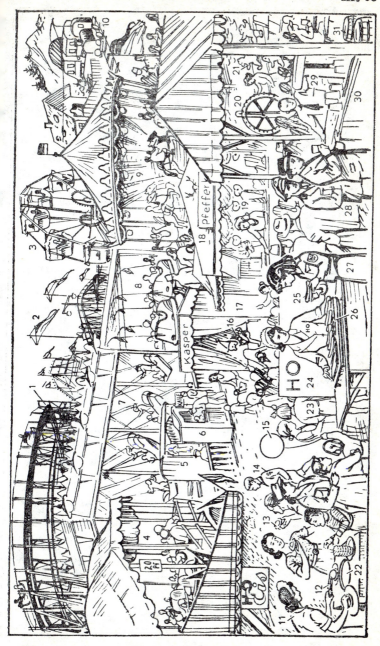

X. 99 Народное представительство — правительство — управление

I Die Sitzung der Volkskammer	**I Заседание Народной палаты**
1 die Regiekabine für die Rundfunkübertragung	1 кабина для радиопередачи
2 der Zuhörer	2 присутствующий (на заседании)
3 der Pressevertreter	3 представитель печати
4 die Tribüne	4 трибуна
5 die Loge für das Diplomatische Korps	5 ложа дипломатического корпуса
6 das Staatswappen der Deutschen Demokratischen Republik	6 государственный герб Германской Демократической Республики
7 u. 8 das Präsidium der Volkskammer	7 и 8 президиум Народной палаты
7 der Präsident der Volkskammer	7 президент Народной палаты
8 die Vizepräsidenten der Volkskammer	8 вице-президенты Народной палаты
9, 10, 12 die Regierung der Deutschen Demokratischen Republik	9, 10, 12 правительство Германской Демократической Республики
9 die Minister	9 министры
10 die Stellvertretenden Ministerpräsidenten	10 заместители премьер-министра
11 der Sitz des Ministerpräsidenten	11 место премьер-министра
12 der Sprecher der Regierung (hier: der Ministerpräsident)	12 докладчик от правительства (здесь: премьер-министр)
13 der Stenograph	13 стенограф, стенографист
14 der Staatssekretär	14 статс-секретарь
15 die Volkskammerabgeordnete	15 депутат Народной палаты
16 der Volkskammerabgeordnete	16 депутат Народной палаты
II Die öffentliche Sprechstunde	**II Приём посетителей**
17 der Abreißkalender	17 отрывной календарь
18 die Akten	18 деловые бумаги
19 das Porträt	19 портрет
20 die Bürgermeisterin	20 бургомистр
21 die Ratsuchende	21 посетительница
22 der Ratsuchende	22 посетитель
23 die Verwaltungsangestellte, Protokollführerin, Protokollantin	23 должностное лицо управления, секретарь
III Die Diskussion im Betrieb	**III Дискуссия на предприятии**
24 die Wettbewerbstafel	24 график соревнований
25 die technische Angestellte	25 техническая служащая
26 die Arbeiterin	26 работница
27 der Abgeordnete od. der Verwaltungsangestellte	27 депутат или должностное лицо управления
28 das Informationsmaterial	28 информационный материал
29 der Arbeiter	29 рабочий
30 der Ingenieur	30 инженер
31 die Werkhalle	31 цех

Ergänzungen s. S. 460   Дополнения см. стр. 460

Volksvertretung — Regierung — Verwaltung X. 99

X. 100 Выборы — судопроизводство

I Das Wahllokal
1 der Wahlhelfer
2 der Wähler
3 der Stimmschein, Stimmzettel
4, 6, 8 der Wahlvorstand
4 der Beisitzer
5 die Wahlurne
6 der Schriftführer
7 die Wahlliste
8 der Vorsitzende des Wahlvorstands
9 die Wahlzelle, Wahlkabine

II Die Gerichtsverhandlung

10 der Justizwachtmeister
11 die Anklagebank
12 der Angeklagte
13, 15, 16, 18 das Gericht
13 die Schriftführerin, Protokollführerin, Protokollantin
14 die Tür zum Beratungszimmer
15 der Schöffe
16 der Vorsitzende, der Richter
17 das Aktenstück
18 der Staatsanwalt
19 der Verteidiger, Beistand
20 die Zeugin
21 der Zeugentisch
22 der Sachverständige
23 der Zeuge
24 der Tisch für Presseberichterstatter und Rechtsstudenten
25 die Zeugenbank
26 u. 27 das Publikum
26 der Zuhörer
27 die Zuhörerin

Ergänzungen s. S. 463

I Избирательный участок
1 помощник по проведению выборов
2 избиратель
3 избирательный бюллетень
4, 6, 8 избирательная комиссия
4 заседатель
5 избирательная урна
6 делопроизводитель, секретарь
7 список избирателей
8 председатель избирательной комиссии
9 кабина для голосования

II Судебное разбирательство, слушание дела

10 судебный надзиратель
11 скамья подсудимых
12 обвиняемый, подсудимый
13, 15, 16, 18 суд
13 секретарь
14 дверь в совещательную комнату
15 судебный заседатель
16 старший судья, председатель
17 акт, судебное дело
18 прокурор
19 защитник, юрисконсульт
20 свидетельница
21 стол для свидетелей
22 эксперт
23 свидетель
24 стол для представителей печати и студентов-практикантов юридических институтов
25 скамья для свидетелей
26 и 27 слушатели, публика
26 слушатель
27 слушательница

Дополнения см. стр. 463

Wahl — Rechtspflege X. 100

X. 101 Немецкая народная полиция I

I Die Seepolizei, Volkspolizei-See
1 das Kontrollboot   2 der Schiffer

I Морская народная полиция
1 контрольное судно   2 моряк

II Die Verkehrspolizei (bei einem Unfall, Verkehrsunfall)

3 das Verkehrszeichen (hier: das Hinweiszeichen „Hauptstraße")   4 der Verkehrspolizist (hier: der Unfallsachbearbeiter) bei der Spurensicherung   5 das Bandmaß (zum Ausmessen der Bremsspur)   6 der Krankenwagen, Rettungswagen   7 der Kraftfahrer   8 die Fahrzeugpapiere   9 das Auto, der Kraftwagen, Personenkraftwagen (PKW)   10 das Motorrad (ist mit dem Auto zusammengestoßen)   11 der Motorradfahrer (hier: der Unfallverletzte)   12 die Krankentrage   13 der Verkehrsunfallwagen mit dem Verkehrsunfallkommando   14 das Blaulicht   15 das Martinshorn   16 das Verkehrszeichen (hier: das Gebotszeichen „Vorfahrt auf der Hauptstraße beachten")   17 der Absperrposten   18 der Augenzeuge, Unfallzeuge   19 die Sperrkette

II Полиция, регулирующая уличное движение (при аварии, при несчастном случае)

3 дорожный знак (здесь: указательный знак «главная улица»)   4 полицейский-регулировщик (здесь: ведущий расследование по следам аварии)   5 рулетка (для измерения следов торможения)   6 карета скорой помощи, санитарный автомобиль   7 шофёр   8 технический паспорт   9 автомашина, легковой автомобиль   10 мотоцикл (столкнулся с автомашиной)   11 мотоциклист (здесь: пострадавший при аварии)   12 носилки   13 автомашина со специальной полицейской командой на случай расследования уличных аварий   14 сигнальная фара с синим светом   15 полицейский рожок   16 дорожный знак (здесь: указательный знак «соблюдать очерёдность проезда по главной улице»)   17 заградительный пост   18 свидетель аварии, несчастного случая   19 оградительная цепь

III Die Transportpolizei
20 der Güterzug   21 der Begleiterwagen   22 der Transportpolizist bei der Prüfung einer Plombe (alle Transportpolizisten bilden das Begleitkommando)   23 die Pistolentasche (mit der Pistole)   24 der Karabiner   25 der Kommandoführer   26 die Brücke

III Железнодорожная полиция
20 товарный поезд, товарный состав, эшелон   21 вагон для сопровождения   22 железнодорожный полицейский, проверяющий пломбу (все железнодорожные полицейские составляют сопровождающую команду)   23 кобура (с пистолетом)   24 карабин   25 начальник команды   26 мост

Ergänzungen s. S. 466   Дополнения см. стр. 466

Deutsche Volkspolizei I X. 101

X. 102 — Немецкая народная полиция II

I Der Betriebsschutz (BS)
1 die Betriebsschutzwache   2 der Betriebsschutzangehörige (hier: der Volkspolizist)   3 der Betriebsausweis   4 der Betriebsangehörige   5 die Volkspolizeiangehörige im Betriebsschutz   6 der Besucher   7 der Passierschein   8 der Pförtner   9 die Losung: Seid wachsam!

I Заводская охрана
1 помещение заводской охраны   2 сотрудник заводской охраны, охранник (здесь: народный полицейский)   3 заводский пропуск   4 рабочий завода   5 сотрудник народной полиции при заводской охране   6 посетитель   7 пропуск   8 сторож   9 лозунг: Будьте бдительными!

II Die Meldestelle
10 die Meldekartei   11 die Meldestellenleiterin   12 die Meldekarteikarte   13 der Deutsche Personalausweis   14 der Wegziehende   15 die Zuziehende   16 das polizeiliche Führungszeugnis

II Бюро прописки, паспортный стол
10 картотека заявлений   11 начальник бюро прописки   12 карточка из картотеки заявлений   13 немецкое удостоверение личности   14 уезжающий   15 приезжающая   16 полицейское свидетельство о поведении

III Der Feuerwehrmann
17 der Helm, Feuerwehrhelm, Schutzhelm   18 der Nackenschutz   19 die Fangleine im Leinenbeutel   20 die Feuerwehraxt   21 die Atemschutzmaske, Rauchmaske   22 der Hakengurt   23 das Feuerwehrbeil   24 der Rollschlauch   25 das Sauerstoffschutzgerät, Atemschutzgerät

III Пожарник
17 шлем, пожарная защитная каска   18 кожаное покрытие для защиты затылка   19 причальный канат в холщовой сумке   20 пожарный топор   21 респиратор, противогаз, маска против дыма   22 ремень с крючками   23 пожарный топор   24 пожарный рукав   25 кислородный аппарат

IV Die Feuerwehr beim Übungsdienst
26 das Strahlrohr   27 der Steigerturm   28 die Feuerwache (hier: Hauptfeuerwache)   29 die Hakenleiter   30 der Haken   31 das Tanklöschfahrzeug   32 der Schlauchwagen   33 das Löschfahrzeug   34 der Hydrant (hier: Überflurhydrant)   35 der Schlauch, Feuerwehrschlauch   36 die vollautomatische Drehleiter   37 das Verteilungsstück   38 die tragbare Schlauchhaspel   39 die Schiebeleiter   40 die Stützstange   41 die fahrbare Schlauchhaspel   42 der Brandmeister   43 das Sprungtuch

IV Пожарная команда на учебном занятии
26 брандспойт   27 башня для тренировки   28 пожарная охрана (здесь: главная пожарная охрана)   29 штурмовая лестница (с крючками)   30 крюк   31 пожарная автоцистерна   32 пожарная катушка   33 пожарный автонасос   34 гидрант (здесь: специальный гидрант)   35 пожарный шланг   36 автомеханическая лестница   37 распределитель   38 переносный барабан для шланга   39 раздвижная лестница   40 подпорный брус   41 передвижной барабан для шланга   42 начальник пожарной команды, брандмейстер   43 спасательное полотно

Ergänzungen s. S. 466   Дополнения см. стр. 466

Deutsche Volkspolizei II — X. 102

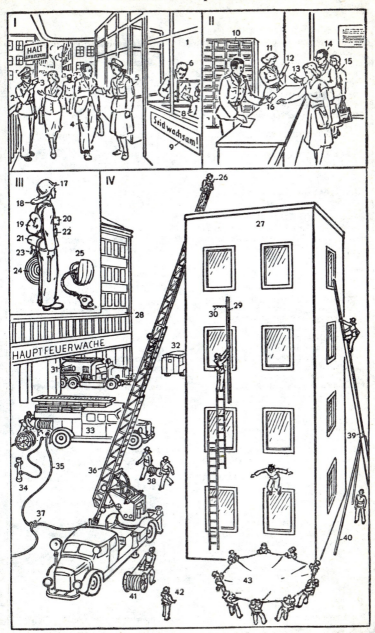

I Der Parteitag der Sozialistischen Einheitspartei Deutschlands

1 der Gast
2 der Pressevertreter
3 die Tribüne
4 die rote Fahne
5 die geschmückte Bühne
6 das Präsidium
7 der Referent od. Diskussionsredner
8 das Parteiabzeichen
9 u. 10 Delegierte
9 die Genossin
10 der Genosse

II Die Abzeichen der Parteien in der Deutschen Demokratischen Republik

11 Sozialistische Einheitspartei Deutschlands (SED)
12 Christlich-Demokratische Union Deutschlands (CDU[D]) (Wahlspruch: EX ORIENTE PAX [Aus dem Osten kommt der Frieden])
13 Liberal-Demokratische Partei Deutschlands (LDPD)
14 National-Demokratische Partei Deutschlands (NDPD)
15 Demokratische Bauernpartei Deutschlands (DBD)

III Die Parteischulung (hier: Parteischullehrgang der CDU[D])

16 der Wandspruch: Alle Kraft dem Aufbau des Sozialismus
17 die Wandtafel
18 die Skizze
19 der Dozent
20 das Rednerpult
21 u. 22 Teilnehmer des Lehrgangs
21 die Unionsfreundin
22 der Unionsfreund

Ergänzungen s. S. 468

I Партийный съезд Социалистической единой партии Германии

1 гость
2 представитель печати
3 трибуна
4 красное знамя
5 украшенная сцена
6 президиум
7 докладчик, выступающий в прениях
8 партийный значок
9 и 10 делегаты партийного съезда
9 товарищ
10 товарищ

II Партийные значки в Германской Демократической Республике

11 Социалистическая единая партия Германии (СЕПГ)
12 Христианско-демократический союз Германии (ХДС[Г]) (девиз: EX ORIENTE PAX [С Востока мир])
13 Либерально-демократическая партия Германии (ЛДПГ)
14 Национально-демократическая партия Германии (НДПГ)
15 Демократическая крестьянская партия Германии (ДКПГ)

III Партийная учёба (здесь: партийные курсы ХДС(Г))

16 лозунг: Все силы на строительство социализма
17 классная доска
18 график
19 доцент
20 ораторская трибуна
21 и 22 слушатели курсов
21 член ХДС(Г)
22 член ХДС(Г)

Дополнения см. стр. 468

1 die Nationale Front des demokratischen Deutschland (NF)	1 Национальный фронт демократической Германии (НФДГ)
2 die Gesellschaft für Deutsch-Sowjetische Freundschaft (Inschrift des Emblems: FÜR DEUTSCH-SOWJETISCHE FREUNDSCHAFT)	2 Общество германо-советской дружбы (эмблема с надписью: ЗА ГЕРМАНО-СОВЕТСКУЮ ДРУЖБУ)
3 der Freie Deutsche Gewerkschaftsbund (FDGB)	3 Объединение свободных немецких профсоюзов (ОСНП)
4 die Freie Deutsche Jugend (FDJ)	4 Союз свободной немецкой молодёжи (СНМ)
5 die Organisation der Jungen Pioniere „Ernst Thälmann" (JP) (Inschrift des Emblems: SEID BEREIT)	5 Организация юных пионеров имени «Эрнста Тельмана» (ЮП) (эмблема с надписью: БУДЬТЕ ГОТОВЫ)
6 der Demokratische Frauenbund Deutschlands (DFD)	6 Демократический женский союз Германии (ДЖС)
7 der Kulturbund zur demokratischen Erneuerung Deutschlands (KB)	7 Культурный союз демократического обновления Германии, Культурбунд
8 die „Domowina, antifašistisko-demokratiski zwjazk łužiskich Serbow" (antifaschistischer demokratischer Bund Lausitzer Sorben)	8 „Domowina, antifašistisko-demokratiski zwjazk łužiskich Serbow" (Антифашистский демократический союз лужицких сорбов)
9 Die Vereinigung der gegenseitigen Bauernhilfe (Bäuerliche Handelsgenossenschaft) (VdgB [BHG])	9 Объединение крестьянской взаимопомощи (крестьянский торговый кооператив)
10 die Volkssolidarität (Inschrift des Emblems: EINHEIT — FRIEDEN — V[OLKS]SOLIDARITÄT)	10 Народная солидарность (эмблема с надписью: ЕДИНСТВО — МИР — НАРОДНАЯ СОЛИДАРНОСТЬ)
11 der Weltgewerkschaftsbund (WGB)	11 Всемирная федерация профсоюзов (ВФП)
12 der Weltbund der Demokratischen Jugend (WBDJ) (Inschrift des Emblems: YOUTH UNITE! FORWARD FOR LASTING PEACE — WORLD FEDERATION OF DEMOCRATIC YOUTH [Jugend, vereine Dich! Vorwärts für dauerhaften Frieden — Weltbund der Demokratischen Jugend])	12 Всемирная федерация демократической молодёжи (ВФДМ) (эмблема с надписью: YOUTH UNITE! FORWARD FOR LASTING PEACE — WORLD FEDERATION OF DEMOCRATIC YOUTH [Молодёжь, соединяйся! Вперёд за прочный мир — Всемирная федерация демократической молодёжи])
13 der Internationale Studentenbund (ISB)	13 Международный союз студентов (МСС)
14 Die Internationale Demokratische Frauenföderation (IDFF)	14 Международная демократическая федерация женщин

Massenorganisationen XI. 104

XI. 105 Союз свободной немецкой молодёжи (СНМ) I

I Der Arbeitseinsatz

1 die Kipplore, Lore
2 die Hacke
3 das Blauhemd
4 die Schaufel
5 die Windbluse
6 das Emblem
7 u. 8 die Mitglieder der FDJ (umgangssprachlich: die FDJler)
7 der Jugendfreund, das FDJ-Mitglied
8 die Jugendfreundin, das FDJ-Mitglied
9 die FDJ-Fahne

II Frohes Jugendleben

10 die Gitarre, Klampfe
11 das Akkordeon
12 die Mandoline
13 der Brotbeutel
14 die Feldflasche
15 der Kompaß
16 die Wanderkarte, Wegekarte, Karte
17 die Sanitätstasche
18 der Rucksack
19 die Botanisiertrommel

III Die Interessengemeinschaft (hier: Interessengemeinschaft Biologie)

20 der Interessengemeinschaftsleiter
21 das Mikroskop
22 die Pflanzenpresse
23 das Aquarium
24 das Vergrößerungsglas, die Lupe
25 das Herbarium
26 das Taschenmesser
27 das Löschpapier, Löschblatt, Fließpapier
28 die Pinzette

Ergänzungen s. S. 470

I Участие в работе

1 вагонетка с опрокидывающимся кузовом
2 кирка
3 синяя рубашка
4 лопата
5 блуза
6 эмблема
7 и 8 члены Союза свободной немецкой молодёжи
7 член СНМ (юноша)

8 член СНМ (девушка)

9 знамя Союза свободной немецкой молодёжи

II Весёлая жизнь молодёжи

10 гитара
11 аккордеон
12 мандолина
13 мешок для сухарей
14 фляга, баклага
15 компас
16 карта дорог, маршрутная карта
17 санитарная сумка
18 рюкзак
19 ботанизирка

III Кружок (здесь: кружок биологии)

20 руководитель кружка
21 микроскоп
22 пресс для растений
23 аквариум
24 увеличительное стекло, лупа
25 гербарий
26 перочинный ножик
27 промокательная бумага

28 пинцет

Дополнения см. стр. 470

Freie Deutsche Jugend (FDJ) I

XI. 106   Союз свободной немецкой молодёжи (СНМ) II

Der Segelflugsport (I-III)	**Планеризм (I-III)**
I Handstart eines Segelflugmodells	**I Запуск модели планёра**
II Fertigmachen zum Start	**II Подготовка к взлёту**
1 die Fliegerhaube	1 лётный шлем
2 der Sturzhelm	2 защитный шлем
3 der Steuerknüppel	3 ручка управления
4 der Flugschüler	4 ученик-лётчик
5 der Schultergurt	5 плечевой привязной ремень
6 die Kombination	6 комбинезон
7 der Bauchgurt	7 поясной привязной ремень
8 die Steuerseile für die Querruder	8 тросы для руля поворота
9 die Steuerseile für die Höhenruder	9 тросы для руля высоты
10 der Sitz	10 сиденье
III Start eines Segelflugzeuges	**III Запуск планёра**
11-14 das Segelflugzeug	11-14 планёр
11 die Tragfläche	11 крыло
12 das Höhenleitwerk	12 руль высоты
13 das Seitenleitwerk	13 руль поворота
14 der Rumpf	14 фюзеляж
15 das Gummiseil, Schleppseil	15 резиновый канат
16 die Startmannschaft	16 стартовая команда
IV Der Motorsport	**IV Мотоспорт**
17 das Motorrad (↑ Taf. 172, II)	17 мотоцикл (↑ табл. 172, II)
18 der Fahrer	18 мотоциклист
19 der Sturzhelm	19 защитный шлем
V Der Wasserfahrtsport	**V Водный спорт**
20 das Brandungsboot	20 вельбот
21 der Bootsname	21 название лодки
22 der Riemen, das Ruder	22 весло
23 der Steuermann	23 рулевой
24 u. 25 das Ruder, Steuer	24 и 25 руль
24 die Ruderpinne	24 румпель
25 der Ruderhals	25 шейка руля
26 die Bootsflagge	26 лодочный флаг
Ergänzungen s. S. 471	Дополнения см. стр. 471

Freie Deutsche Jugend (FDJ) II XI. 106

Das Zeltlager

1 die Freundschaftsfahne
2 das Signalfähnchen
3 das FDJ-Emblem
4 das Spruchband: Für Frieden und Völkerfreundschaft — seid bereit!
5 der Signalmast
6 der Lagereingang
7 der Wimpel
8 der Wimpelträger
9 die Trommel
10 der Trommler
11 die Fanfare
12 der Fanfarenbläser
13 das Zelt
14 die Zeltleine
15 der Hering
16 die Zeltstock
17 die Zeltbahn
18 der Schmuckplatz
19 der Pionierleiter
20 das Lagerfeuer
21 der Thälmann-Pionier, Junge Pionier, Pionier
22 das Halstuch
23 das Emblem

Ergänzungen s. S. 473

Лагерь (здесь: лагерные палатки)

1 знамя пионерской дружины
2 сигнальный флажок
3 эмблема Союза свободной немецкой молодёжи
4 лозунг: К борьбе за мир и дружбу между народами — будьте готовы!
5 сигнальная мачта
6 вход в лагерь
7 знамя
8 знаменосец
9 барабан
10 барабанщик
11 фанфара
12 фанфарист
13 палатка
14 палаточная верёвка
15 палаточный прикол
16 палаточная стойка
17 полотнище палатки
18 клумба
19 пионервожатый
20 костёр
21 пионер-тельманец, юный пионер
22 галстук
23 эмблема

Дополнения см. стр. 473

Thälmann-Pioniere

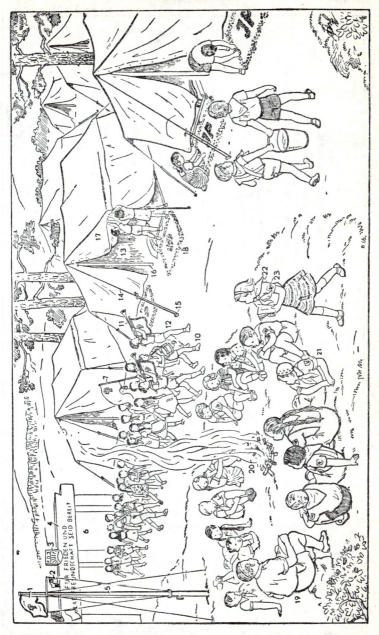

Die Betriebsversammlung

1 der Referent, Redner
2 das Rednerpult
3 der Blumenschmuck
4-6 die Betriebsgewerkschaftsleitung (BGL)
4 der Vorsitzende
5 der Schriftführer
6 das BGL-Mitglied
7 das Podium
8 die Büste
9 der Sockel
10 das Fresko
11 der Diskussionsredner
12 die Versammlung, Zuhörerschaft (hier: Belegschaft)
13 der Wandspruch
14 die Wandzeitung
15 die Zeitung
16 der Zeitungshalter
17 der Schaukasten
18 die Leseecke

Ergänzungen s. S. 474

Собрание на предприятии

1 докладчик
2 ораторская трибуна, кафедра
3 цветочное украшение
4-6 заводской комитет (завком)
4 председатель
5 делопроизводитель
6 член завкома
7 помост
8 бюст
9 цоколь
10 фреска
11 докладчик, оратор, выступающий в прениях
12 собрание, присутствующие (здесь: коллектив рабочих)
13 лозунг
14 стенная газета
15 газета
16 держатель для газеты
17 витрина
18 читальный угол

Дополнения см. стр. 474

Versammlung

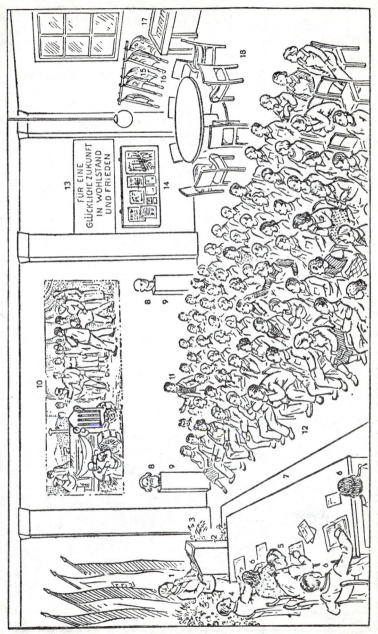

XI. 109 Демонстрации

I Die Demonstration

1 das Transparent: Für den Frieden der Welt
2 die Marschkolonne
3 die Fahne, das Banner
4 die Fahnenstange
5 der Fahnenträger
6 der Ordner
7 das Transparent: Die Menschen müssen sprechen, nicht die Waffen!
8 die Fanfare
9 der Fanfarenbläser
10 die Trommel
11 der Trommler
12 der Zuschauer
13 das Fähnchen

II Die Kundgebung

14 die Losung: Einheit und Frieden — 1. Mai
15 der Fahnenmast
16 der Sprechchor
17 die Tribüne
18 der Präsident
19 der Redner
20 das Mikrophon
21 das Rednerpult
22 die Girlande
23 der Lautsprecher
24 die Aufschrift: Ehre unseren Aktivisten!
25 der Pressephotograph, Reporter, Berichterstatter
26 die Gesundheitshelferin
27 das Transparent: Für Frieden, Demokratie und Sozialismus!
28 das Transparent: Für eine friedliche Zukunft!
29 das Transparent: Es lebe der 1. Mai, der Kampftag der Werktätigen der ganzen Welt!
30 die Armbinde
31 der Gesundheitshelfer

Ergänzungen s. S. 475

I Демонстрация

1 транспарант: За мир во всём мире
2 походная колонна
3 флаг, знамя
4 древко знамени
5 знаменосец
6 распорядитель
7 транспарант: Пусть говорят люди, а не пушки!
8 фанфара
9 фанфарист
10 барабан
11 барабанщик
12 зритель
13 флажок

II Манифестация, демонстрация

14 лозунг: Единство и мир — Первомай
15 флагшток
16 ансамбль хоровой декламации
17 трибуна
18 председатель
19 оратор
20 микрофон
21 ораторская трибуна
22 гирлянда
23 громкоговоритель, репродуктор
24 надпись: Слава нашим активистам!
25 фотокорреспондент, фоторепортёр
26 медсестра
27 транспарант: За мир, демократию и социализм!
28 транспарант: За мирное будущее!
29 транспарант: Да здравствует Первое мая, день борьбы трудящихся всего мира!
30 повязка
31 санитар

Дополнения см. стр. 475

Demonstration

XII. 110 Каменноугольные копи I

1 die Aufbereitungsanlage (hier: Wäsche) **2** der Förderturm **3** die Seilscheibe **4** das Kraftwerk **5** die Halde **6** die Verladeeinrichtung **7** das Förderseil **8** das Schachtgebäude **9** die Hängebank **10** die Waschkaue, der Waschraum **11** die elektrische Fördermaschine **12** der Ventilator **13** der Holzplatz **14** der Schacht (gleichzeitig: Förderschacht, Hauptförderschacht; einziehend) **15** die Schachtmauerung **16** der Saugkanal **17** der Wetterschacht (ausziehend) **18** der Umtrieb, die Umfahrung **19** der Schachtverschluß **20** die Wettersohle **21** die Wettertür **22** die Strecke im Flöz **23** der Alte Mann **24** der Versatz, Bergeversatz **25** die Haspel, Förderhaspel **26** der Blindschacht **27** das Ort **28** das Förderband **29** der streichende Abbau, Strebbau **30** die Wendelrutsche **31** das Fördergestell **32** der schwebende Abbau, Strebbau **33** der Streckenvortrieb **34** die Verwerfung **35** die Vorrichtung **36** die Füllstelle **37** das Füllort **38** die Hauptfördersohle **39** das Abteufen eines Blindschachtes **40** die Wasserhaltung **41** die Pumpe (hier: Kreiselpumpe) **42** das Hangende **43** das Bergemittel **44** das Liegende **45** der Schachtsumpf (Sammelstelle für Grubenwasser) **46** der Saugkorb

1 углеподготовка (здесь: промывательное устройство) **2** копёр, надшахтный копёр **3** канатный шкив **4** электростанция **5** отвал, террикон **6** погрузочная установка **7** подъёмный канат **8** надшахтное здание **9** устье шахты **10** рудопромывочный цех, умывальня **11** электроподъёмник **12** вентилятор **13** склад леса **14** ствол (шахта) [одновременно: подъёмный ствол, главный подъёмный ствол для въезда] **15** каменное или кирпичное крепление **16** всасывающий (приёмный) канал **17** вентиляционная шахта (вытяжная шахта) **18** круговая откатка **19** ляды шахты **20** вентиляционный горизонт **21** вентиляционный шлюз, дверь **22** штрек по пласту **23** завал, выработанное пространство **24** подпора из пустой породы **25** подъёмная лебёдка **26** слепая шахта **27** забой, орт **28** транспортёрная лента **29** разработка по простиранию пласта, сплошной забой **30** винтовой транспортёрный спуск **31** подъёмная клеть **32** разработка по мощности пласта, сплошной забой **33** проходка штрека **34** сброс **35** подготовительная выработка **36** загрузочное место **37** шахтный двор **38** главный горизонт выработки **39** опускание слепой шахты, углубка слепой шахты **40** водоотлив **41** насос (здесь: центробежный насос) **42** висячий бок месторождения **43** прослойка породы **44** лежачий бок месторождения **45** шахтный зумпф (сборный пункт для рудничной воды) **46** всасывающая люлька, сетка.

Ergänzungen s. S. 476 Дополнения см. стр. 476

Steinkohlenbergwerk I

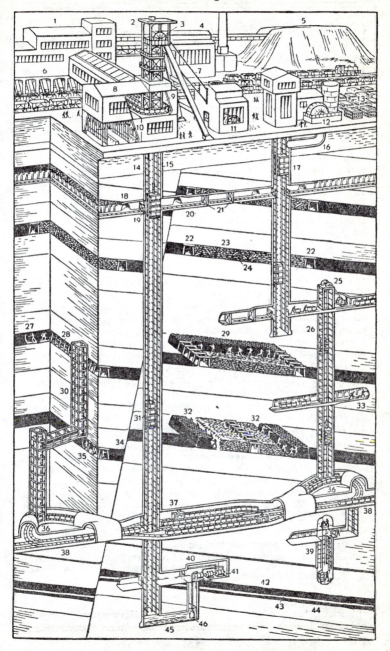

XII. 111 Каменноугольные копи II

I Das Ehrenkleid des Bergmanns
1 der Schlägel 2 das Eisen 3 das Häuerabzeichen

I Почётный костюм горняка
1 молот забойщика 2 кирка 3 значок забойщика

II Vor Ort
4 die Firste 5 der Bergmann, Kumpel (hier: Häuer) 6 die Lederkappe
7 das Gewinnen der Kohle 8 der Abbauhammer (hier: Preßlufthammer)
9 die Grubenlampe 10 das Flöz, Steinkohlenflöz 11 das Laden der Kohle
12 der Grubenschuh 13 die Sohle

II В забое
4 потолок, кровля 5 горнорабочий (здесь: забойщик) 6 кожаная шапка 7 добыча угля 8 отбойный молот (здесь: пневматический молот) 9 шахтная лампа 10 пласт, пласт каменного угля 11 загрузка угля 12 рудничный башмак 13 этаж потолочного забоя

III Im Streb
14 die Kopflampe 15 der Stoß, Kohlenstoß 16 die Schrämmaschine (hier: Doppelschrämmaschine) 17 der Ausleger 18 die Schrämkette, Meißelkette
19 der Panzerförderer 20 der Stempel (hier: Stahlstempel)

III В лаве
14 головной светильник 15 угольный забой 16 врубовая машина (здесь: сдвоенная врубовая машина) 17 бар врубовой машины
18 режущая цепь врубовой машины 19 бронированный транспортёр 20 стойка (здесь: стальная стойка)

IV In der Abbaustrecke
21 die Wasserrohrleitung 22 u. 23 der Türstock 22 der Holzstempel 23 die Kappe 24 der Verzug 25 das Kabel 26 die Rutsche (hier: Schüttelrutsche) 27 die Preßluftleitung 28 das Förderband (hier: Gummigurtband)
29 die Wasserseige (verdeckt)

IV На выемочном штреке
21 водопроводная труба 22 и 23 дверная коробка 22 деревянная стойка 23 верхняк 24 затяжка боков выработки
25 кабель 26 конвейер (здесь: качающийся жёлоб) 27 пневматический провод, трубопровод 28 транспортёрная лента (здесь: резиновая лента) 29 водоотводная канава (не видна)

V Auf der Hauptförderstrecke im Querschlag
30 u. 31 der Förderzug 30 die elektrische Grubenlokomotive 31 der Förderwagen, Hund 32 der Ausbau in Mauerung 33 das Füllort 34 die Steinkohle

V На главном откаточном штреке квершлага
30 и 31 состав шахтных вагонеток 30 шахтный электровоз 31 шахтная вагонетка 32 кирпичное крепление 33 шахтный двор
34 каменный уголь

Ergänzungen s. S. 476   Дополнения см. стр. 476

Steinkohlenbergwerk II

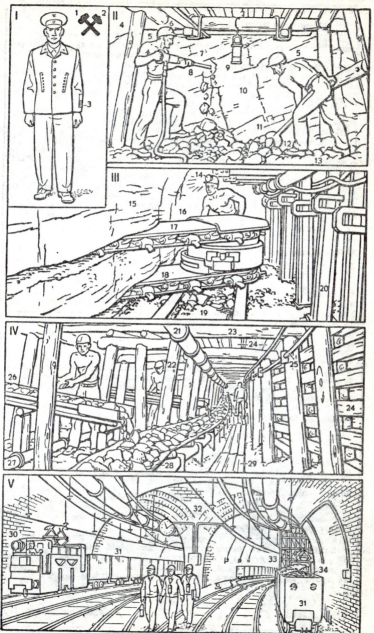

XII. 112 Буроугольный карьер

I Die Abräumung des Deckgebirges
1 die Halde, Abraumhalde   2 der Bagger, Abraumbagger (hier: Eimerkettenbagger, Tiefbagger)   3 der Absetzapparat (hier: Becherabsetzer)   4 die Kippe   5 das Baggerhaus   6 die Schleifleitung   7 das Gegengewicht   8 der Schüttrumpf   9 das Führerhaus, der Führerstand   10 der Eimerleitermast   11 u. 12 der Abraumzug   11 die elektrische Abraumlokomotive   12 der Selbstentladewagen   13 das Fahrwerk, Fahrgestell   14-17 der Ausleger   14 die Eimerleiter   15 der Eimer   16 das Halteseil   17 die Eimerkette   18 die Abraumstrosse, Strosse   19 der Abraum

I Удаление вскрыши
1 отвал, вскрышной отвал, террикон   2 вскрышной багер (здесь: многоковшовый багер [экскаватор], багер [экскаватор] нижнего копания)   3 абзетцер, сбросный багер (здесь: многоковшовый сбросный багер [экскаватор])   4 свалка   5 кабина багера (экскаватора)   6 контактный провод   7 противовес, контргруз   8 ссыпная воронка   9 кабина для машиниста, пост машиниста   10 опора ковшовой рамы   11 и 12 вскрышной состав   13 вскрышной электровоз   12 саморазгружающаяся вагонетка   13 ходовой механизм, шасси   14-17 вылет   14 ковшовая рама   15 ковш   16 оттяжной канат   17 ковшовая цепь   18 вскрышной уступ, уступ   19 вскрыша

II Die Gewinnung der Braunkohle
20 der Kohlenbagger (hier: Schaufelradbagger, Raupenbagger)   21 das Abwurfband, Beladeband   22 das Baggerantriebshaus (mit Winden, Motoren und Schaltgeräten)   23 die Rohbraunkohle   24 die Fahrleitung   25 der Anschnallmast   26 das Drehgewicht, Drehwerk   27 das Schaufelrad   28 das Flöz, Braunkohlenflöz   29 der Großraumkohlenwagen   30 die Raupe   31 die Tragscheibe   32 der Raupenfahrmotor   33 der Turas, die Triebscheibe   34 die Raupenplatte

II Добыча бурого угля
20 угольный багер (экскаватор) (здесь: роторный багер, гусеничный багер, гусеничный экскаватор)   21 сбрасывающая лента, погрузочная лента   22 помещение для привода экскаватора (с лебёдками, двигателями и распределительными приборами)   23 рядовой бурый уголь   24 контактный провод   25 привязная мачта   26 поворотная тележка, поворотный механизм   27 роторное колесо   28 буроугольный пласт   29 большегрузный вагон для угля   30 гусеница   31 опорный диск   32 гусеничный двигатель   33 приводное колесо, ведущий шкив   34 трак гусеницы

III Die Förderung der Braunkohle
35 der Selbstentladewagen   36 das Förderband (zum Naßdienst)   37 die Bandwinkelstation   38 das Stromzuführungskabel   39 die Kabeltrommel   40 das Kohlenschürfgerät   41 der Grabenbunker   42 das Bandgerüst   43 die Bandrolle   44 das Band (hier: Muldenband)   45 die Umlenkrolle

III Откатка, транспорт бурого угля
35 саморазгружающийся вагон   36 транспортёрная лента (в мокрый цех)   37 поворотная станция   38 питающий кабель   39 кабельный барабан   40 углечерпалка   41 подземный бункер в канаве   42 рама транспортёрной ленты   43 ленточный ролик   44 лента (здесь: лотковая лента)   45 поворотный барабан

Ergänzungen s. S. 479   Дополнения см. стр. 479

Braunkohlentagebau

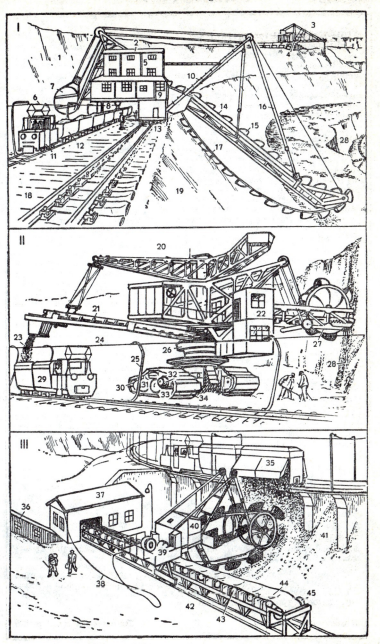

XII. 113   Электростанция

I Die Kohlenförderanlage: 1 der Förderturm   2 die Förderbrücke (mit Förderband)   3 der Elevator   4 die Kohlenhalde   5 die Kippergrube   6 der Kipper   7 das Wiegehäuschen   8 die Gleiswaage, Waggonwaage   9 der Greiferbagger

I Установка для подачи угля, податочное устройство: 1 подъёмная башня   2 галлерея транспортёра (с транспортной лентой)   3 элеватор   4 склад каменного угля   5 яма для опрокидывания угля из вагонов   6 опрокидыватель   7 весовая будка   8 вагонные весы   9 грейферный кран

II Das Kesselhaus: 10 der Kohlenbunker   11 die Dampfleitung   12 der Wasserstand   13 der Fallkanal   14 der Kessel (hier: Steilrohrkessel [Hochdruckkessel] mit Kohlenstaubfeuerung)   15 der Ventilator   16 die Luftleitung   17 die Wärmewarte   18 der Heizer, Kesselwärter   19 die Schlägermühle   20 der Aschekeller mit hydraulischer Entaschung

II Котельный цех, котельная: 10 бункер   11 паропровод   12 водомерный прибор, водомерная стенка   13 спускная труба   14 котёл (здесь: вертикальный водотрубный котёл [высокого давления] с пылеугольной топкой)   15 вентилятор   16 воздухопровод   17 пункт управления, диспетчерский пункт   18 кочегар   19 ударная мельница, угледробилка   20 золовой подвал с гидравлическим золоудалением

III Das Maschinenhaus: 21 die Freileitung (hier: Hochspannungsleitung)   22 die Schaltwarte mit den Instrumententafeln   23 das Schaltpult mit dem Signalfeld   24 der Schaltwärter   25 die Erregermaschine   26 der Drehstromgenerator, die Dynamomaschine   27 das Zwischenlager   28 die Kraftmaschine (hier: Dampfturbine [Gegendruckturbine])   29 das Zusatzventil   30 der Fundamentrahmen   31 die Steuerung   32 das Hauptabsperrventil   33 die Dampfzuleitung   34 der Maschinist

III Машинный цех, машинный зал: 21 воздушная линия (здесь: линия высокого напряжения)   22 распределительный (диспетчерский) пункт и приборный щит   23 пульт управления, коммутационный пульт с сигнальными знаками   24 оператор   25 возбудитель   26 генератор трёхфазного тока, электрогенератор   27 промежуточный подшипник   28 первичный двигатель (здесь: паровая турбина [с противодавлением])   29 вспомогательный клапан   30 фундаментная рама   31 управление   32 главный запорный вентиль   33 подводящий паропровод   34 машинист

IV Das Hochspannungsschalthaus: 35 die Sammelschiene   36 der Isolator   37 der Trennschalter   38 das Trennmesser   39 die Freileitung   40 die Schaltzelle mit Transformator, Umspanner im Innern   41 die Schaltzelle mit dem Hochspannungsschalter (Druckluft- od. Ölschalter) im Innern   42 die Schaltzelle mit dem Überspannungsschutz im Innern

IV Распределительный пункт высокого напряжения: 35 сборная шина   36 изолятор   37 разъединитель   38 ножевой выключатель   39 воздушная линия   40 трансформаторная ячейка (трансформатор с оборотной стороны щита)   41 трансформаторная ячейка с высоковольтным выключателем (пневматическим или масляным) с оборотной стороны щита   42 трансформаторная ячейка с защитным устройством от перенапряжений с оборотной стороны щита

V Das Niederspannungsschalthaus: 43 die Niederspannungssammelschiene   44 der Schalthebel   45 der automatische Schalterantrieb   46 das Relais   47 die Sicherungsanlage

V Распределительный пункт низкого напряжения: 43 сборная шина низкого напряжения   44 рубильник, рычаг переключения   45 автоматический привод выключателя   46 реле   47 предохранительное устройство

Ergänzungen s. S. 480   **Дополнения см. стр. 480**

Kraftwerk

XII. 113

Газовый завод

I Das Ofenhaus
1 der Kohlenturm 2 der Beschickungswagen für Generator und Kammerofen 3 das Steigerohr 4 die Teervorlage 5 der eingebaute Generator 6 der Kammerofen (hier: Vertikalkammerofen, zum Entgasen der Steinkohle unter Luftabschluß) 7 die Rohgasleitung 8 die Löschwagenlok 9 der Kokslöschwagen 10 die Dampfleitung zum Erzeugen von Wassergas im Kammerofen 11 der Koks Gaskoks (die entgaste Steinkohle) 12 der Kokslöschturm 13 der Drehkran 14 der Kokskübel 15 der Mischkoksbunker 16 das Koksschüttelsieb 17 die Kippvorrichtung 18 die Koksgrube 19 der Koksbunker

I Газогенераторный цех
1 угольная башня 2 загрузочный короб, бункер 3 наклонная подающая труба, наклонная отводная труба 4 барильет, газосборник 5 газогенератор 6 камерная печь (здесь: вертикальная камерная печь для сухой перегонки каменного угля без доступа воздуха) 7 трубопровод неочищенного газа 8 локомотив 9 вагон для тушения кокса 10 паропровод для получения газа в камерной печи 11 кокс, газовый кокс 12 башня для тушения кокса 13 поворотный кран 14 ковш для кокса 15 коксовый смесительный бункер 16 сотрясательный грохот 17 опрокидыватель 18 коксовая яма 19 коксовый бункер

II Das Apparatehaus
20 der Vorkühler 22 der Gassauger mit 21 Elektromotor und 23 Dampfturbine 24 der Umlaufregler 25 der Teerscheider 26 der Nachkühler 27 der Ammoniakwäscher

II Аппаратный цех
20 охладитель, двигатель предварительного охлаждения 22 эксгаустер с 21 электродвигателем и 23 паровой турбиной 24 регулятор числа оборотов 25 смолоотделитель 26 конечный охладитель, холодильник, двигатель окончательного (конечного) охлаждения 27 скруббер для аммиака

III Das Reinigerhaus
28 der Laufkran 29 die Kranbahn 30 der Hängekübel 31 der Reinigungskasten zum Entschwefeln 32 der Deckel 33 der Benzolwäscher

III Цех газоочистки
28 мостовой кран 29 крановый путь 30 подвесной ковш 31 устройство для очистки от серы 32 крышка 33 промыватель бензола

IV Das verwendungsfähige Gas
34 der Gasmesser 35 der Gasbehälter 36 der Druckregler 37 die Aufschrift: Rauchen verboten

IV Потребительский газ
34 газовый счётчик 35 газгольдер, газохранилище 36 регулятор давления 37 надпись: Курить воспрещается

Ergänzungen s. S. 481   Дополнения см. стр. 481

Gaswerk

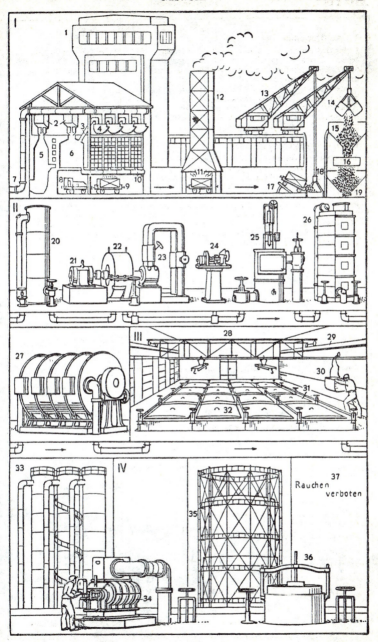

XII. 115 Доменная печь I

I Die Hochofenanlage	I Доменная установка
1 der Röstofen	1 печь для обжига
2 der Kühlturm	2 градирня
3 der Schrägaufzug	3 наклонный подъёмник
4 der Senkkübel mit dem Einsatz	4 опускной ковш с насадкой
5 die Gichtbühne	5 загрузочная платформа
6 die Gichtgasleitung	6 газопровод для колошникового газа
7 der Gichtgasreiniger	7 очиститель колошникового газа, скруббер
8 der Winderhitzer, Cowper	8 воздухонагреватель
9 der Schornstein, Schlot, die Esse	9 дымовая труба, дымоход
10 der Kippkübel	10 опрокидной ковш
11 das Windenhaus	11 помещение лебёдок
12 das Gerüst	12 площадки для обслуживания, рабочие площадки, помост
13 der Hochofen (hier: Schachtofen)	13 доменная печь, домна (здесь: шахтная печь)
14 der Wagenkipper, Waggonkipper	14 вагоноопрокидыватель
15 der Schrottplatz	15 склад железного лома
16 die Möllerung	16 составление колоши (шихты), шихтовка
17 die Bunker, Taschen für das Erz (Eisenerz), den Koks und die Zuschläge	17 бункеры, ямы для (железной) руды, кокса и добавок
18 die Windringleitung	18 кольцевой воздухопровод
19 die Schlackenrinne	19 шлаковый жёлоб
20 der Düsenstock	20 воздухопроводящий рукав, фурменный рукав
21 die Eisenrinne	21 жёлоб для чугуна
22 die Heißwindleitung	22 трубопровод для горячего дутья
23 das Roheisen	23 чугун
24 der Roheisentransportwagen (zur Masselgießmaschine oder ins Stahlwerk)	24 вагонетка для перевозки чугуна (к разливочной машине или на сталеплавильный завод)
II Der Hochofen im Schnitt	II Доменная печь в разрезе
25 die Schachtöffnung, Gicht	25 устье шахты, колошник
26 der Gichtverschluß	26 колошниковый затвор
27 das Hochofenmauerwerk	27 обмуровка доменной печи
28 der Schacht	28 шахта
29 der Kohlensack	29 распар
30 die Rast	30 заплечики
31 die Windform	31 фурма
32 das Gestell	32 горн
33 der Bodenstein	33 подовая плита, лещадь
34 das Fundament	34 фундамент

Ergänzungen s. S. 482   Дополнения см. стр. 482

Hochofen I

XII. 116 Доменная печь II

I Der Stich, Abstich, das Abstechen des Hochofens

1 die Gießhalle
2 die Windringleitung
3 der Düsenstock
4 die Düse
5 die Stichlochstopfmaschine
6 das Stichloch, Abstichloch, Eisenabstichloch
7 der Hochöfner (hier: Schmelzer)
8 die Probe
9 die Eisenrinne
10 die Gießgrube
11 die Gießpfanne
12 das Roheisen

II Die Masselgießmaschine

13. der Laufkran
14 das Armaturenhaus
15 die Bedienungsbühne
16 das Kokillenband
17 die Kokille
18 der Laufsteg
19 die Abfallvorrichtung
20 die Roheisenpfanne
21 der Schnabel
22 die Kippvorrichtung
23 der Tümpel
24 die Eisenrinne
25 die Kalkspritzanlage
26 das Roheisen (hier: die Massel)

Ergänzungen s. S. 482

I Выпуск, выпуск металла на доменной печи

1 литейный пролёт
2 кольцевой воздухопровод
3 воздухопроводящий рукав, фурменный рукав
4 сопло
5 машина для забивки выпускного отверстия
6 выпускное отверстие для чугуна, лётка
7 доменщик (здесь: плавильщик)
8 проба
9 жёлоб для чугуна
10 литейная яма
11 литейный ковш
12 чугун

II Разливочная машина для чугуна

13 мостовой кран
14 пункт управления
15 площадка для обслуживания
16 лента для изложниц
17 изложница, кокиль
18 обслуживающий мостик
19 устройство для удаления отходов
20 чугуноразливочный ковш
21 стрела подъёмного крана
22 опрокидывающееся приспособление
23 литниковая чаша
24 жёлоб для чугуна
25 распылительное устройство для извести
26 чугун (здесь: штык, чушка)

Дополнения см. стр. 482

Hochofen II

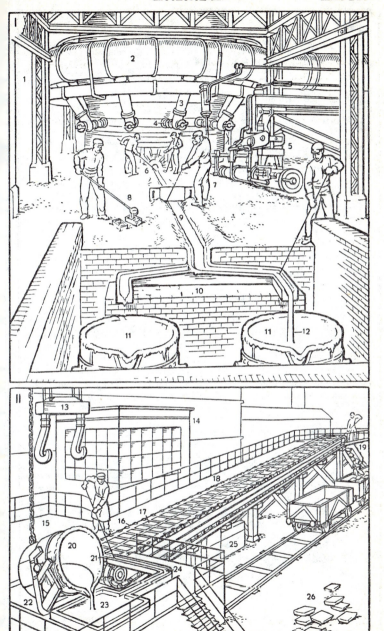

XII. 117   Чугунолитейная

I Der Schmelzbetrieb

1 der Gießereischachtofen, Kupolofen (hier: Heißwindofen), unterer Teil, ohne Gichtbühne 2 die Windzuleitung 3 der Blechmantel 4 der Windring 5 das Schauloch 6 die Abflußrinne 7 die Abstichrinne 8 der kippbare Vorherd 9 die Schlackenrinne 10 die Abstichstange 11 die Stopfenstange 12 das flüssige Eisen, der Grauguß 13 die fahrbare Trommelpfanne

I Выплавка чугуна

1 литейная шахтная печь, вагранка (здесь: печь для подогретого [горячего] воздуха), нижняя часть, без колошниковой площадки 2 подвод дутья 3 кожух из листового металла 4 кольцевая фурменная труба 5 смотровое отверстие 6 сливной жёлоб 7 выпускной жёлоб 8 передний горн 9 шлаковый жёлоб 10 выпускная штанга 11 штанга для затвора выпускного отверстия 12 жидкий чугун, серый чугун 13 передвижной барабанный ковш

II Die Formerei

14 der Aufstampfboden 15 das Modell 16 die Modellkernmarke 17 der Stampfer 18 der Kern 19 der Former 20 die Einußteile 21 der Formhohlraum 22 der Formstift 23 die Lanzette 24 der Führungslappen 25 der Oberkasten 26 das Kernlager 27 der Unterkasten 28 der Luftspieß 29 der Formsand 30 der Krammstock 31 die Gabelpfanne 32 der Steigertümpel 33 das Lasteisen 34 der Eingußtümpel 35 der Formkasten 36 die Handpfanne

II Формовочная мастерская, формовка

14 подмодельная плита 15 модель, форма 16 стержневой знак 17 трамбовка 18 стержень 19 формовщик 20 части литника 21 полость литейной формы 22 штифт для укрепления шишек 23 гладилка 24 направляющая закраина 25 верхняя опока 26 стержневой знак 27 нижняя опока 28 воздушный прут 29 формовочная земля 30 клюшка 31 литейный ковш, поддерживаемый захватами, для ручного опрокидывания 32 выпор 33 железный груз 34 темпель для литья 35 опока 36 ручной ковш

III Die Kernmacherei

37 die Kerntrockenkammer 38 der Kernmacher 39 der Kernsand (hier: Ölsand) 40 der Kernkasten 41 die Kernmacherbank 42 die Kernhälfte 43 das Lufteisen 44 das Kerneisen 45 der Preßluftschlauch 46 die Trockenplatte

III Заготовка литейных шишек

37 сушильная камера для стержней 38 заготовитель стержней, стержневщик 39 формовочный песок для стержней 40 стержневой ящик 41 станок для обточки шишек 42 половина шишки 43 воздушное железо, аэросидерит 44 каркасная сталь для стержней 45 шланг для сжатого воздуха 46 подставка для сушки

IV Die Putzerei

47 der Drehtisch mit Sandstrahlgebläse 48 der Putzer 49 die Ständerschleifmaschine 50 die Handschleifmaschine 51 der Putzmeißel

IV Очистная

47 карусельное устройство с пескоструйным аппаратом 48 обрубщик 49 колонковый шлифовальный станок 50 ручной шлифовальный станок 51 обрубочное зубило

Ergänzungen s. S. 484   Дополнения см. стр. 484

Eisengießerei

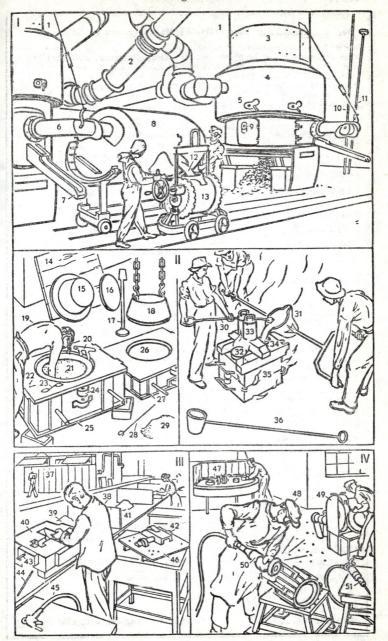

XII. 118   Сталеплавильный завод

I Der Siemens-Martin-Ofen (SM-Ofen) (Das Herdfrischverfahren)	**I Мартеновская печь, мартен** (мартеновский процесс)
1 die Ofenhalle	1 печной цех
2 der Ofen	2 печь
3 der Schrott	3 железный лом, скрап
4 die Schrottmulde	4 лоток для загрузки железного лома
5 der Chargierkran	5 загрузочный кран
6 der Kranführer	6 крановщик
7 der Schmelzer	7 плавильщик
II Der Elektrostahlofen (hier: Lichtbogenofen)	**II Электроплавильная печь для стали (здесь: электродуговая печь)**
8 die Kohlenelektrode	8 угольный электрод
9 die Steuerbühne	9 площадка управления
10 die Abstichrinne	10 выпускной жёлоб
11 der Deckel	11 крышка
12 die Stromzuführung	12 подвод тока
13 die Kippvorrichtung	13 опрокидывающееся приспособление
14 die Gießgrube	14 литейная яма
15 die Unterstation, das Schützenhaus	15 подстанция, помещение защитных реле
III Die Gießhalle (Rückseite von I, ein Stockwerk tiefer)	**III Литейный пролёт (оборотная сторона к I, этаж ниже)**
16 der Gießkran	16 кран для подъёма литейного ковша
17 die Kipprinne	17 опрокидной жёлоб
18 der Stahl, Siemens-Martin-Stahl	18 сталь, мартеновская сталь
19 die Rolle	19 каток
20 die Gießpfanne	20 чугуноразливочный ковш
21 der Schlackenausfluß	21 вытекание шлака, выход шлака
22 das Schlackenloch	22 шлаковая лётка
23 der Gießmeister	23 литейный мастер
24 der Gießer, Kokillengießer	24 литейщик, литейщик в изложницы
25 der Rost	25 колосник
26 der Block, Stahlblock	26 слиток, стальная болванка
27 die Gießgrube	27 литейная яма
28 der Trichter	28 воронка
29 die Kokille	29 изложница
Ergänzungen s. S. 485	**Дополнения см. стр. 485**

Stahlwerk

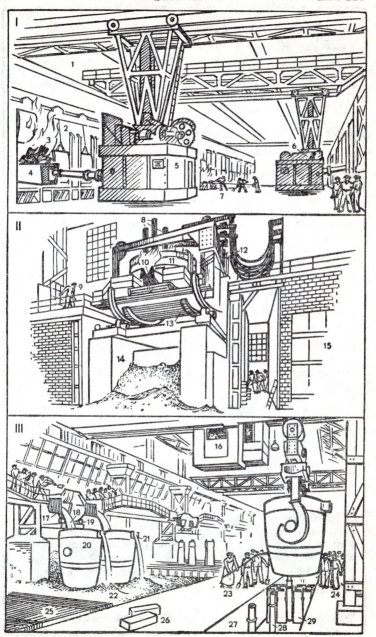

XII. 119 — Прокатный завод

I Das Duoumkehrwalzwerk (Blockwalzwerk)

1 die Losung: Walzstraße des Friedens   2 u. 6 die Walzenstraße, Walzstraße, Blockstraße   2 das Walzgerüst   3 der Tiefofenkran, Zangenkran   4 der Kippstuhl, Kipper   5 die Steuerbühne   6 der Rollgang, Zufuhrrollgang   7 der Ständer   8 die Druckspindel   9 der Knüppel   10 die Oberwalze   11 die Unterwalze   12 das Walzstück, Walzgut (hier: der Stahlblock)   13 das Lineal   14 die Antriebsspindel   15 das Getriebe

I Дуо-стан (обжимный прокатный завод)

1 лозунг: прокатный стан мира   2 и 6 линия валков, обжимный стан   2 вальцовая клеть   3 кран для подъёма из томильного колодца, кран с клещами для болванок   4 опрокидная станина, опрокидыватель   5 пост управления   6 рольганг, подводящий рольганг   7 станина   8 нажимный шпиндель   9 болванка   10 верхний вал   11 нижний вал   12 прокат, прокатное изделие (здесь: стальная болванка)   13 направляющий стержень   14 соединительный шпиндель   15 передача

II Das Profilwalzwerk (hier: Triowalzwerk)

16 das Walzstück (hier: der Bandstahl)   17 der Schlepper   18 die Warmschere   19 die Anstellung mit Druckschraube   20 die Profilwalze, Kaliberwalze   21 die Wippe   22 die Flachwalze   23 die Umführung   24 die Rolle   25 die Arbeitsstange   26 der Walzwerker, Walzer (hier: Profilwalzer)

II Прокатный завод для профильной стали (здесь: трио-стан)

16 прокат, прокатное изделие (здесь: обручная, шинная сталь)   17 шлеппер   18 ножницы для горячей резки   19 установка нажимным винтом   20 фасонный вал, прокатный вал   21 качающийся стол   22 валок слябинга   23 передаточный механизм с одного вала на другой   24 ролик, каток   25 пешня   26 вальцовщик (здесь: вальцовщик профильной стали)

III Walzprofile, Profilstähle

27 der Winkelstahl   28 der T-Stahl   29 u. 30 der Träger, Stahlträger   29 der Doppel-T-Stahl   30 der U-Stahl   31 der Rundstahl   32 der Quadratstahl   33 der Sechskantstahl   34 der Flachstahl   35 der Bandstahl   36 der Draht

III Прокатные профили, профильные стали

27 угловая сталь   28 тавровая сталь   29 и 30 балка, стальная балка   29 двутавровая сталь   30 корытная сталь, швеллер   31 круглая сталь, прутковая сталь   32 квадратная сталь   33 шестигранная сталь   34 полосовая сталь   35 обручная, шинная сталь   36 проволока

Ergänzungen s. S. 486   Дополнения см. стр. 486

Walzwerk

XII. 120 Крупная кузница

I Der Schmiedeofen (hier: **Industriegasofen**)
1 der Wandspruch: Wir schmieden den Stahl, wir schmieden den Frieden, wir schmieden die Zukunft   2 der Abzug   3 der Lufterhitzer   4 das Gegengewicht   5 die Frischluftleitung   6 der Ventilator   7 die Heißluftleitung   8 die Entnahmetür   9 der Schmied   10 die Rutsche   11 der Gasbrenner

I Кузнечный горн (здесь: промышленная газовая печь)
1 лозунг: Мы куём сталь, мы куём мир, мы куём будущее   2 дымоулавливающий колпак   3 калорифер, воздухонагреватель   4 контргруз, противовес   5 трубопровод свежего воздуха   6 вентилятор   7 трубопровод подогретого (горячего) воздуха   8 разгрузочная дверь   9 кузнец   10 спускной жёлоб   11 газовая топка

II Der Lufthammer
12 der Arbeitszylinder   13 der Druckzylinder   14 der Bär, Hammerbär   15 der Oberamboß   16 das Schmiedestück   17 der Unteramboß   18 die Zange   19 der Handhebel   20 der Antrieb

II Пневматический молот
12 рабочий цилиндр   13 компрессорный цилиндр, цилиндр сжатого воздуха   14 ударная баба   15 верхняя наковальня   16 поковка   17 нижняя наковальня   18 клещи   19 рукоятка   20 электродвигатель

III Der Gesenkdampfhammer
21 der Zylinder   22 die Bärstange   23 die Hammerführung   24 das Obergesenk   25 das Untergesenk   26 der Ständer   27 die Schabotte   28 die Schlagplatte

III Паровой штамповочный молот
21 цилиндр   22 ударная штанга бабы   23 направляющие молота   24 верхний штамп   25 нижний штамп   26 станина   27 шабот   28 подматричная плита

IV Die Friktionsspindelpresse (hier: **Schnelläuferpresse**)
29 das Antriebsrad, die Riemenscheibe   30 die Friktionsscheibe   31 das Reibrad   32 die Spindel   33 der Lagerbock   34 der Stößel   35 der Tisch

IV Фрикционный винтовой пресс (здесь: быстроходный пресс)
29 ремённый шкив   30 фрикционный шкив   31 фрикционное колесо   32 винтовой вал пресса   33 козлы для подшипников   34 толкатель   35 стол

V Die Exzenterpresse
36 das Übersetzungszahnrad   37 die Exzenterwelle   38 die Führungsleiste   39 der Schlitten   40 das Schwungrad   41 das Gegengewicht   42 der Fußhebel zum Bedienen

V Эксцентриковый пресс
36 редукционное колесо   37 эксцентриковый вал   38 направляющая планка   39 салазки   40 маховик   41 противовес, контргруз   42 пусковая педаль

Ergänzungen s. S. 487   Дополнения см. стр. 487

Großschmiede XII. 120

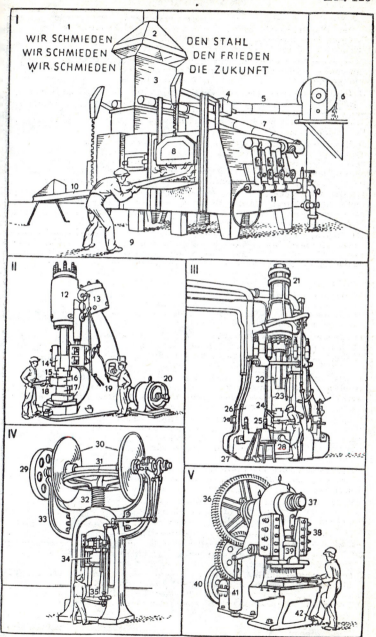

XII. 121 Слесарная мастерская

I Die Schlosserei (hier: **Lehrschlosserei**)

1 die Werkzeugausgabe   2 die technische Zeichnung (hier: der Riegel)   3 der Wandspruch: Wir lernen für den Frieden   4 die Metallsäge (hier: Bügelsäge)   5 die Werkbank   6 der Lehrmeister   7 der Schlosserlehrling   8 der Hammer, Handhammer   9 der Schlosseranzug   10 das Stirnband   11 der Körner   12 das Werkstück   13 der Schraubstock (hier: Parallelschraubstock)   14 der Schlüssel   15 das Schloß (hier: Kastenschloß, ↑ Taf. 45, II)   16 der Feilkloben   17 der Außentaster   18 die Schublehre, Schiebelehre   19 der Lehrausbilder   20 die Tafel für den Berufswettbewerb   21 das Schild: Lernaktiv 6   22 der Winkel   23 der Schleifbock

I Слесарная мастерская (здесь: учебная мастерская)

1 инструментальная раздаточная   2 технический чертёж (здесь: задвижка)   3 лозунг: Мы учимся ради мира   4 ножовка (здесь: лучковая пила)   5 слесарный верстак   6 мастер   7 ученик   8 ручник, молоток   9 спецодежда для слесаря   10 налобник   11 кернер   12 предмет, деталь, изделие   13 тиски (здесь: параллельные тиски)   14 ключ   15 замок (здесь: врезной замок, ↑ табл. 45, II)   16 ручные тиски   17 измерительный циркуль, кронциркуль   18 раздвижной калибр   19 учитель   20 доска профсоревнования   21 надпись: учебный коллектив 6   22 угольник   23 точило

II Die Schlosserwerkzeuge

24-28 die Feilen (Schruppfeilen, Bastardfeilen, Schlichtfeilen)   24 die Flachfeile   25 die Vierkantfeile   26 die Dreikantfeile   27 die Halbrundfeile   28 die Rundfeile   29-31 die Meißel   29 der Flachmeißel   30 der Kreuzmeißel   31 der Nutenmeißel   32 der Bohrer (hier: Spiralbohrer, Wendelbohrer)   33 die Reibahle   34 der Senker (hier: Spitzsenker)   35 die Brustleier   36 die Gewindeschneidkluppe (für Außengewinde)   37 der Gewindeschneidbohrer (für Innengewinde)   38 das verstellbare Windeisen   39 der Durchschlag, Dorn, Nageltreiber   40 die Bohrknarre   41 der Schaber (hier: Dreikantschaber)   42 der Schraubenzieher   43-48 die Zangen   43 die Rundzange   44 die Flachzange   45 die Kombinationszange   46 die Brennerzange   47 der Vorschneider   48 der Hebelvorschneider

I Слесарные инструменты

24-28 напильники (обдирочные, драчёвые, мелкие, тонкие напильники)   24 плоский напильник   25 четырёхгранный напильник   26 трёхгранный напильник   27 полукруглый напильник   28 круглый напильник   29-31 зубила, долота   29 плоское зубило, плоская стамеска   30 крейцмейсель   31 прорубной крейцмейсель   32 сверло (здесь: спиральное сверло)   33 развёртка   34 зенковка (здесь: коническая зенковка)   35 коловорот   36 клупп (для наружной резьбы)   37 метчик (для внутренней резьбы)   38 поставная винтовальная доска, вороток с переставными плашками-губками   39 пробойник   40 трещотка, коловорот с храповиком   41 скребок, шабер (здесь: трёхгранный шабер)   42 отвёртка   43-48 клещи, щипцы   43 круглогубцы   44 плоскогубцы   45 комбинационные клещи, пассатижи   46 клещи для газовых труб   47 кусачки   48 пружинные (растяжные) кусачки

Ergänzungen s. S. 487   Дополнения см. стр. 487

Schlosserei

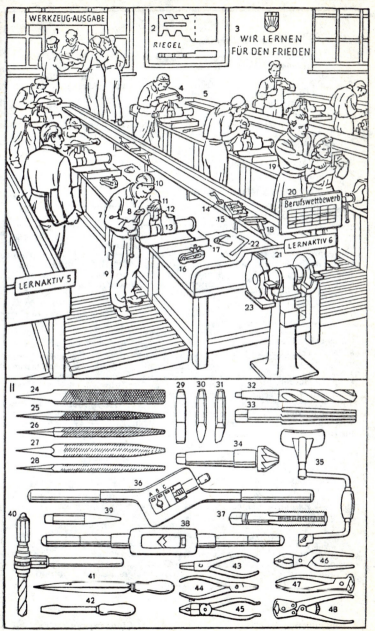

XII. 122   Кузница — сварочный цех

I Die Schmiede (hier: Lehrschmiede)

1 der Abzug   2 der Rauchfang   3 der Elektromotor   4 die Feuerschüssel
5 das Schmiedefeuer (hier: Wandfeuer)   6 das Gebläse   7 der Löschtrog
8 der Schürhaken   9 der Schlackenbrecher   10 der Schmiedehammer (hier: Schlichthammer)   11 der Vorschlaghammer, Zuschlaghammer   12 das Schmiedestück (hier: das od. die Pflugschar)   13 der Amboß   14 das Gesenkloch   15 das Vierkanthorn   16 der Stauchansatz   17 das Rundhorn
18 die Feuerzange   19 der Kreuzschlaghammer   20 der Setzhammer   21 das Untergesenk (der Amboßeinsatz)   22 der Schrotmeißel   23 die Lehre   24 der Handhammer   25 der Schmiedelehrling   26 die Lochplatte, Gesenkplatte
27 die Richtplatte

I Кузница (здесь: учебная кузница)

1 вытяжная труба   2 дымоулавливающий колпак   3 электродвигатель   4 топка   5 кузнечный горн   6 воздуходувка
7 охлаждающая ванна   8 кочерга   9 шлаколоматель   10 кузнечный молот (здесь: плоская обжимка)   11 кувалда   12 поковка (здесь: лемех)   13 наковальня   14 отверстие для штампа   15 четырёхгранный рог   16 подпорка   17 круглый рог   18 кузнечные клещи
19 молоток с крестообразным задком   20 осадочный молот
21 подбойник   22 кузнечное прорубное зубило   23 калибр
24 ручной молот   25 ученик-кузнец   26 фасонная наковальня
27 рихтовальная, правильная плита

II Die Schweißerei

28 das Autogenschweißen, autogene Schweißen (Gasschmelzschweißen)
29 das Manometer   30 das Druckminderventil   31 die Sauerstoffflasche
32 der Azetylenentwickler   33 die Wasservorlage   34 der Schweißerlehrling   35 die Schutzbrille   36 der Schweißdraht   37 der Schweißbrenner   38 das elektrische Schweißen, die Lichtbogenschweißung   39 das Schutzschild
40 die Elektrode   41 der Schlackenhammer   42 die Drahtbürste   43 der Elektrodenhalter   44 der Lederhandschuh   45 der Schweißtisch   46 der Lederschurz   47 der Lichtbogen   48 die Anschlußzwinge   49 der Schweißumformer

II Сварочный цех

28 автогенная сварка (газовая сварка)   29 манометр   30 редукционный клапан   31 баллон для кислорода, кислородный баллон
32 ацетиленовый генератор   33 газоочиститель   34 ученик-сварщица   35 защитные очки   36 проволока для сварочных работ
37 сварочная горелка   38 электросварка, дуговая сварка   39 предохранительный щит   40 электрод   41 шлакосниматель   42 проволочная щётка   43 электродержатель   44 рукавица   45 сварочный стол   46 кожаный передник   47 электрическая дуга   48 поддерживающая скоба, струбцина   49 сварочный трансформатор

Ergänzungen s. S. 487   Дополнения см. стр. 487

Schmiede — Schweißerei

XII. 123 Станки для обработки металлов

Die Ausbildung an Werkzeugmaschinen in einer Lehrwerkstatt
Обучение при станках в учебной мастерской

I Die Drehbank (hier: Leit- und Zugspindeldrehbank)
1 der Antrieb (hier: Flanschmotor) 2 der Spindelstock 3 die Einspannvorrichtung (hier: Sicherheitsmitnehmerscheibe) 4 der Drehstahl 5 der Werkzeugschlitten, Support 6 der Reitstock 7 der Dreher 8 das Drehbankbett 9 das Zahnradwechselgetriebe 10 das Vorschubgetriebe 11 die Leitspindel 12 die Zugspindel 13 die Schloßplatte 14 das Gestell

I Токарный станок (здесь: с ходовым винтом и ходовым валиком)
1 электродвигатель (здесь: фланцевый двигатель) 2 передняя бабка 3 зажимное приспособление (здесь: предохранительный поводковый патрон) 4 токарный резец 5 суппорт 6 задняя бабка 7 токарь 8 станина токарного станка 9 зубчатый реверсивный привод, реверсивная коробка 10 привод подачи 11 ходовой винт 12 ходовой валик 13 фартук суппорта 14 станина

II Die Fräsmaschine (hier: Waagerechtfräsmaschine)
15 der Gegenhalter 16 der Fräser (Werkzeug) 17 der Fräsdorn 18 der Fräser (Lehrling) 19 der Frästisch 20 der Querschieber 21 der Winkeltisch 22 die Tischspindel 23 der Maschinenständer

II Фрезерный станок (здесь: горизонтальный фрезерный станок)
15 хобот 16 фреза 17 фрезерная оправка 18 фрезеровщик 19 фрезеровочный стол 20 поперечный суппорт 21 консольный стол, кронштейн 22 винт подачи стола 23 станина

III Die Kurzhobelmaschine, Shapingmaschine
24 der Stößel 25 der Werkzeugschlitten 26 der Hobelstahl 27 der Fußmotor

III Поперечно-строгальный станок, шепинг
24 долбяк, ползун 25 суппорт 26 строгальный резец 27 электродвигатель

IV Die Bohrmaschine (hier: Säulenbohrmaschine)
28 der Wandspruch: der Jugend gehört unsere ganze Fürsorge 29 die Bohrspindel 30 die Säule 31 der Tisch 32 der Fuß

IV Сверлильный станок (здесь: колонковый сверлильный станок)
28 настенное изречение: Молодёжи принадлежит вся наша забота 29 сверлильный шпиндель 30 колонна 31 стол 32 фундаментная плита

V Die Meßwerkzeuge
33 die Meßuhr 34 die Tiefenlehre 35 die Schraublehre, das Mikrometer 36 der Grenzlehrdorn 37 die Schmiege (zum Vergleichen und Übertragen von Winkeln) 38 der Winkelmesser (hier: Universalwinkelmesser) 39 das Parallelendmaß 40 der Anschlagwinkel 41 die Grenzrachenlehre 42 die Fühlerlehre, der Spion 43 der Stahlmaßstab

V Измерительные инструменты
33 индикатор 34 глубиномер 35 микрометр 36 предельная калиберная пробка 37 малка (инструмент для измерения и откладывания углов) 38 угломер (здесь: универсальный угломер) 39 плоскопараллельная концевая мера 40 угольник с пятой, упорный угольник 41 предельная скоба 42 щуп, толщиномер 43 стальная мерительная линейка

Ergänzungen s. S. 487   Дополнения см. стр. 487

Werkzeugmaschinen für Metallbearbeitung XII. 123

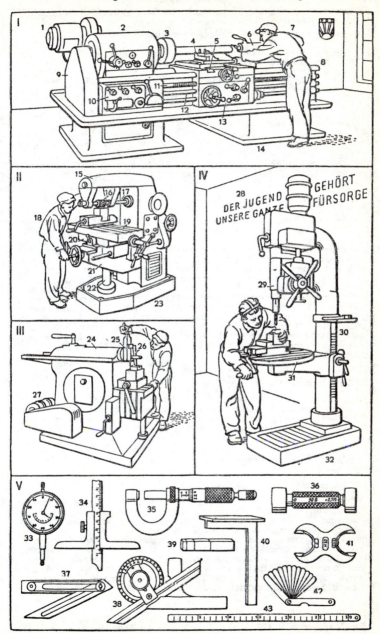

XII. 124   Детали машин

(Walzprofile ↑ Taf. 119, III)   (прокатные профили ↑ табл. 119, III)

I Zum Verbinden von Teilen

1 das Niet, die Niete (hier: das Halbrundniet)   2 der Setzkopf   3 der Schaft
4 der Schließkopf   5, 13, 17, 19, 22, 23, 25, 27, 29, 30 Schrauben   5 die Sechskantschraube   6 der Splint   7 die Mutter   8 die Unterlegscheibe   9 das Gewinde   10 der Schaft   11 die Schlüsselweite   12 der Kopf   13 die Sechskantschraube mit Bund   14 die Lochmutter   15 der Federring   16 der Bund   17 die Stiftschraube   18 die Kronenmutter   19 die Senkschraube   20 die Gegenmutter, Kontermutter   21 die Nase   22 der Gewindestift   23 die Hammerkopfschraube   24 die Flügelmutter   25 die Zylinderkopfschraube   26 der Kegelstift   27 die Vierkantschraube   28 der Kerbstift   29 die Flügelschraube   30 die Steinschraube   31 der Bolzen   6, 15, 18, 20, 26, 28 Schraubensicherungen   5, 13, 19, 23, 25, 27, 29, 30 Kopfschrauben

I Для соединения частей

1 заклёпка (здесь: заклёпка с полукруглой головкой)   2 закладная головка   3 стержень   4 замыкающая головка заклёпки, обсадная головка заклёпки   5, 13, 17, 19, 22, 23, 25, 27, 29, 30 винты   5 винт с шестигранной головкой   6 шплинт   7 гайка   8 прокладочное кольцо, шайба   9 резьба, винтовая нарезка   10 стержень   11 размер под ключ   12 головка   13 шестигранный винт с буртиком   14 гайка с отверстиями   15 пружинное кольцо   16 борт, буртик   17 шпилька   18 корончатая гайка   19 винт с потайной головкой   20 контргайка   21 носик, выступ   22 шпилька   23 винт с тавровой головкой   24 гайка-барашек, крыльчатая гайка   25 винт с цилиндрической головкой   26 конический штифт   27 винт с квадратной головкой   28 штифт с насечкой   29 барашковый винт   30 анкерный, фундаментный болт   31 болт   6, 15, 18, 20, 26, 28 предохранители от отвинчивания, гаечные замки   5, 13, 19, 23, 25, 27, 29, 30 винты с головкой

II Zur drehenden Bewegung

32 die Welle   33 der Sitz   34 der Keil (hier: Nutenkeil, Einlegekeil)   35 die Keilnute   36 der Nasenkeil   37 das Kugellager   38 der Käfig   39 die Stahlkugel   40 der Außenring   41 der Innenring   42 das Rollenlager   43 das Nadellager   44 das Gleitlager (hier: Stehlager im Schnitt)   45 der Lagerbock   46 die Lagerschale   47 der Nippel, Schmiernippel   48 das Zahnrad (hier: Stirnrad)   49 der Zahn   50 der Zahnkranz   51 die Nabe   52 die Bohrung   53 das Kegelrad

II Для вращательного движения

32 вал   33 цапфы для установки в подшипники   34 шпонка (здесь: врезная шпонка)   35 шпоночная канавка, шпоночный паз   36 шпонка с головкой   37 шарикоподшипник   38 сепаратор   39 стальной шарик   40 наружное кольцо   41 внутреннее кольцо   42 роликовый подшипник   43 игольчатый подшипник   44 подшипник скольжения (здесь: стоячий подшипник в разрезе)   45 стойка под подшипник   46 вкладыш подшипника   47 ниппель, смазочный ниппель   48 зубчатое колесо (здесь: цилиндрическое зубчатое колесо)   49 зуб   50 зубчатый обод, венец   51 ступица   52 отверстие   53 коническое зубчатое колесо

Ergänzungen s. S. 489   Дополнения см. стр. 489

Maschinenelemente

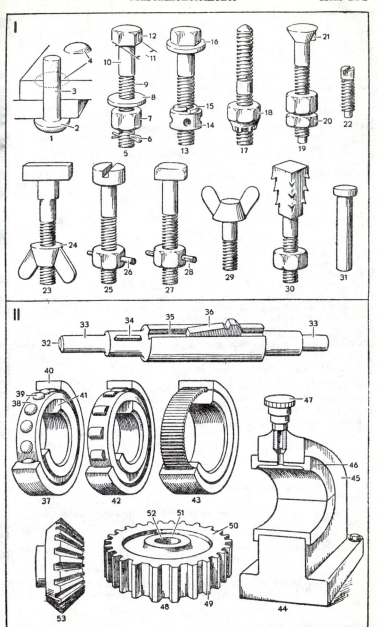

XII. 125   Физическое испытание материалов

I Der Härteprüfer
1 die Meßuhr   2 der Diamant   3 das Prüfstück   4 die Einspannvorrichtung   5 das Gewicht   6 der Lastauslöser

I Склероскоп
1 индикатор   2 алмаз   3 испытуемый предмет   4 зажимное приспособление   5 груз   6 выключатель нагрузки

II Die Vorrichtung für die Hinundherbiegeprobe
7 der Hebelarm   8 die Biegeprobe (hier: der eingespannte Draht)

II Приспособление для испытания на возвратный изгиб
7 плечо рычага   8 испытание на изгиб (здесь: зажатая проволока)

III Die Zerreißmaschine (hier: Zugdruckprüfmaschine) für den Zerreiß-, Biege-, Falt-, Druck- und Scherversuch   9 der Druckzylinder   10 die Öldruckleitung   11 das Teil für Druck- und Biegeversuche   12 die Auflage für die Druck- und Biegeprobe   13 die Einspannvorrichtung für den Zugversuch   14 der Zerreißstab   15 die Spindel zum Verstellen des Einspannkopfes   16 das Pumpen- und Steuerteil   17 das Kraftmeßwerk

III Разрывная машина (здесь: машина для испытания на растяжение и сжатие) для испытания на разрыв, изгиб, сгиб, сжатие и срез   9 напорный цилиндр   10 маслопровод под давлением   11 часть для испытания на сжатие и изгиб   12 опора для испытания на сжатие и изгиб   13 зажимное приспособление для испытания на растяжение   14 стержень для испытания на разрыв   15 шпиндель для раздвижения зажимной головки   16 насосная и управляющая части   17 динамометр, силомер

IV Das Pendelschlagwerk (für den Kerbschlagversuch)
18 die Skala, Meßskala   19 die Auslösung   20 der Hammer   21 die Bremse   22 die Probenauflage   23 die Kerbschlagprobe

IV Маятниковый копёр (для пробы ударом запилённого образца)
18 шкала   19 механизм разобщения   20 маятник   21 тормоз   22 опора   23 образец для попытания на удар

V Die technische Röntgenapparatur
24 die Röntgenröhre in der Schutzhaube, im Schutzmantel   25 das Stativ   26 das Hochspannungskabel   27 der Ölschlauch (von der Röhre zur Ölpumpe)   28 der Schalttisch, Schaltkasten   29 die Ölkühlpumpe   30 der Transformator (Kathode)   31 der Transformator (Anode)

V Техническая рентгеновская аппаратура
24 рентгеновская трубка в защитном колпаке   25 штатив   26 высоковольтный кабель, кабель высокого напряжения   27 масляный шланг (от трубки к масляному насосу)   28 распределительный щит   29 маслоохладительный насос   30 трансформатор (катод)   31 трансформатор (анод)

VI Die Röntgenapparatur in Arbeitsstellung (Durchstrahlung einer Kesselwand)

VI Рентгеновская аппаратура в работе (просвечивание стенки котла)

VII Die Röntgenröhre
32 die Kathode (minus, —)   33 der Glaskörper   34 die Heizspirale, Glühspirale   35 der Strahlenaustritt   36 die Anode (plus, +)

VII Рентгеновская трубка
32 катод (минус, —)   33 стеклянный корпус   34 нагревательная спираль   35 выходное отверстие для рентгеновских лучей   36 анод (плюс, +)

Ergänzungen s. S. 490   Дополнения см. стр. 490

Physikalische Werkstoffprüfung XII. 125

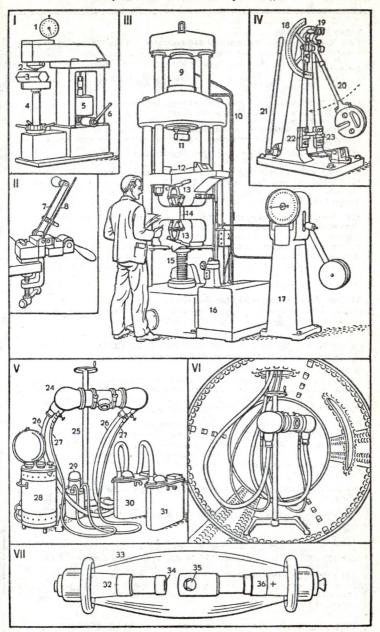

I Die Werftanlage

1 die Hellingskrananlage 2 die Seilkranbahn 3 die Lastkatze 4 der Werftschlepper 5 die Kiellegung 6 der Kiel 7 der Stapel, die Pallung (Unterlage) 8 der Längsschlipp, Schlipp, die Gleitbahn 9 das Spant 10 die Außenhaut 11 das Schott 12 der Laufkran 13 das Schiff vor dem Stapellauf 14 die Werftbahn 15 der Zugang zum Drehkran

I Верфь

1 крановая установка в эллинге 2 канатный крановый путь 3 кошка 4 буксир 5 закладка судна на стапеле 6 киль 7 стапель (дубовая подшивка) 8 продольная спусковая дорожка, слип, путь скольжения 9 шпангоут 10 наружная обшивка 11 переборка 12 подвижной кран 13 корабль перед спуском на воду 14 рельсовый путь на верфи 15 лестница на поворотный кран

II Der Stapellauf (hier: Querablauf)

16 die Werftarbeiter 17 die Helling (hier: Querhelling) 18 der Querschlipp, Schlipp, die Gleitbahn

II Спуск на воду (здесь: поперечный спуск судна)

16 рабочие на верфи 17 эллинг (здесь: эллинг для поперечного спуска) 18 поперечная спусковая дорожка, слип, путь скольжения

III Der Stapellauf (hier: Längsablauf)

19 das Montagegerüst 20 das aufschwimmende (ins Wasser gleitende) Schiff 21 die Dampfwolke

III Спуск на воду (здесь: продольный спуск судна)

19 сборочный цех 20 всплывающий при спуске корабль 21 облако пара

IV Das Dock (hier: Schwimmdock)

22 die Docksohle 23 die Dockseitenwand

IV Док (здесь: пловучий док)

22 дно дока 23 боковая стена дока

V Querschnitt des stählernen Schiffes

24 die Reling 25 das Schanzkleid 26 die Deckplatte 27 der Deckbalken 28 die Wasserlinie 29 die Außenhautplatte 30 das Querspant, die Schiffsrippe 31 die Raumstütze 32 der Seitenträger mit dem Seitenkielschwein 33 der Kiel 34 der Mittelträger mit dem Kielschwein 35 die Bodenwrange des Doppelbodens

V Поперечный разрез стального корабля

24 поручни 25 фальшборт 26 плита палубного настила 27 бимс 28 ватерлиния 29 плита наружной обшивки 30 поперечный шпангоут 31 пиллерс 32 боковой стрингер с кильсоном 33 киль 34 средний стрингер с кильсоном 35 флор двойного дна

Ergänzungen s. S. 491   Дополнения см. стр. 491

Schiffbau

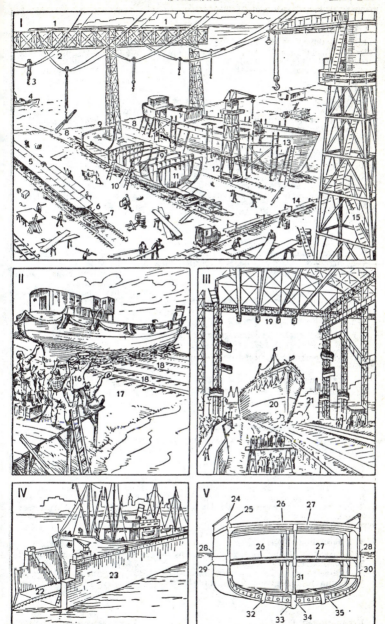

XII. 127 Кирпичный завод

I Die Lehmgrube
1 die Diesellok   2 die Lore (hier: der Muldenkipper)   3 der Lehm   4 der Bagger (hier: Eimerbagger)   5 das Sumpfhaus   6-8 der Aufzug   6 das Seil   7 die Seilrolle   8 die Winde   9 der Rundbeschicker

I Глиняный карьер
1 тепловоз   2 вагонетка (здесь: с опрокидным лоткообразным кузовом)   3 глина   4 экскаватор (здесь: многоковшовый)   5 глиномяльня   6-8 подъёмник   6 канат   7 канатный шкив   8 лебёдка   9 приёмная воронка

II Die Maschinenanlage
9 der Rundbeschicker   10 das Walzwerk   11 die Strangpresse, Ziegelpresse (hier: Naßpresse)   12 der Preßkopf   13 das Mundstück   14 die Wasserleitung   15 der Ziegelstrang, Strang   16 der automatische Abschneider   17 der Schneidbügel   18 der Stahldraht   19 der Ziegeleiarbeiter   20 die Leistungskurventafel   21 der Rohling, Formling   22 das Hub-und-Senk-Gerüst

II Машинное устройство
9 приёмная воронка   10 вальцы   11 ленточный пресс, кирпичеделательный пресс (здесь: мокрый пресс)   12 прессовая головка   13 мундштук   14 водопровод   15 валюшка   16 автоматическое резательное приспособление   17 скоба   18 стальная проволока   19 рабочий на кирпичном заводе   20 доска показателей производительности труда, кривая производительности труда   21 сырец   22 подъёмный и спускной стеллаж

III Die natürliche Trockenanlage (Lufttrocknung)

III Естественная сушильная установка (воздушная сушка)

IV Die künstliche Trockenanlage (Wärmetrocknung)
23 die Trockenkammer   24 die Heizröhre   25 der Absetzwagen   26 die Schiebebühne   27 der Absetzer

IV Искусственная сушильная установка (тепловая сушка)
23 сушильная камера   24 нагревательная труба   25 разгружаемая вагонетка   26 передвижная платформа   27 откатчик

V Der Ringofen
28 das Einsetzen   29 der Einsetzer   30 die Beschickungsanlage   31 die Haube   32 die Kammer, der Brennkanal   33 das Brennen   34 die Tür (beim Brennen zugemauert)   35 das Ausfahren, Aussetzen   36 der Aussetzer   37 der Ziegelkarren

V Кольцевая печь
28 загрузка   29 загрузчик   30 загрузочное устройство   31 колпак   32 обжигательная камера   33 обжиг   34 дверь (при обжиге замурованная)   35 вывозка, выставка   36 рабочий на выгрузке   37 тачка для перевозки кирпичей

Ergänzungen s. S. 492   Дополнения см. стр. 492

Ziegelei

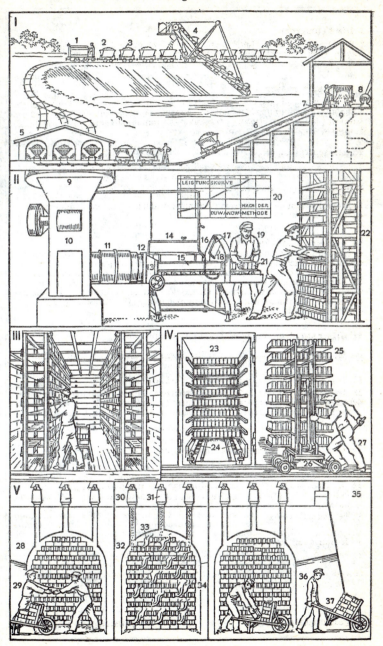

XII. 128   Каменщик

I Auf der Baustelle, auf dem Bau

1 der Neubau   2 das Schutzgerüst   3 der Aufzug (hier: die Hexe)   4 die Schnurmauer   5 der Schöpfer   6 der Maurerhammer   7 die Wasserwaage   8-10 das Gerüst (hier: Außengerüst)   8 die Gerüststange   9 die Schwertlatte   10 das Gerüstbrett, Laufbrett   11 das Richtscheit   12 das Senklot   13 der Schlußstein   14 das Widerlager   15 der Türbogen   16 die Mischmaschine   17 die Kalkbucht   18 der Zementsack   19 der Kalk   20 der Sand   21 das Sieb   22 die Schubkarre   23 die Baubude, Materialbude, Werkzeugbude   24 das Baubüro   25 der Sockel   26 die Schwelle   27 der Polier   28 der Architekt mit dem Bauplan   29 der Baumeister   30 der Auftraggeber   31 das Bauschild   32 der Bauzaun   33 die Planke

I На месте постройки

1 новостройка   2 защитная стенка   3 подъёмник   4 шнуровая стена   5 ковш, черпак   6 молоток   7 ватерпас   8-10 леса, помост (здесь: наружные леса)   8 стойка лесов, нога помоста   9 доска для крепления лесов   10 длинная подножка, доска помоста   11 правило, линейка   12 отвес, лот   13 замок   14 опора, контрфорс   15 дверная арка   16 мешалка   17 творило   18 мешок с цементом   19 известь   20 песок   21 сито, решето   22 тачка   23 будка со строительным материалом, с инструментами   24 строительная контора   25 цоколь   26 шпала   27 десятник   28 архитектор с планом постройки   29 инженер-строитель   30 заказчик   31 вывеска   32 ограждение   33 планка

II Die Herstellung von Mauerwerk

34 der Maurerbrigadier   35 die Schlauchwaage   36 die Lehre (hier: Tillesche Lehre, Ecklehre)   37 die Lochverzahnung   38 die Brandmauer   39 u. 40 die Zweiergruppe   39 der Maurer   40 die Hilfsarbeiterin   41 die Maurerkelle   42 die Mörtelschaufel   43 das Gerüst (hier: Innengerüst)   44 die Dreiergruppe   45 der Mörtelkasten mit dem Mörtel   46 die Abtreppung   47 die Sperrschicht, Sperrung   48 das Fundament   49 der Fundamentgraben   50 die Baugrube   51 die Läuferschicht   52 die Binderschicht

II Выполнение кирпичной кладки

34 бригадир-каменщик   35 ватерпас со шлангом   36 калибр (здесь: калибр по Тилле)   37 соединение стен зубцами   38 брандмауэр   39 и 40 бригада, состоящая из двух каменщиков   39 каменщик   40 подручная работница   41 кельма, лопатка   42 лопата для цементного раствора   43 помост на козлах, леса (здесь: внутренние)   44 бригада из трёх каменщиков   45 творило с цементным раствором   46 кладка стены уступами   47 изоляционный слой   48 фундамент   49 фундаментный ров   50 котлован   51 ложковый ряд   52 тычковый ряд

Ergänzungen s. S. 493   Дополнения см. стр. 493

Maurer

XII. 129 Плотник — кровельщик

I Auf dem Zimmerplatz
1 das Kantholz   2 die Motorsäge, Kettensäge   3, 4, 6-9, 23 die Balkenlage   3 der Balken   4 der Stichbalken   5 der Zimmerer, Zimmermann   6 der Binderbalken   7 der Zwischenbalken   8 der Wechsel   9 das Füllholz   10 die Schrotsäge, Bundsäge   11-16 das große Bundgeschirr   11 die Zimmermannsaxt   12 das Winkeleisen   13 die Stichaxt, Stoßaxt, Bundaxt   14 das Stemmeisen   15 der Holzhammer, das Klopfholz   16 der Spitzhammer, Latthammer   17 die Stellschmiege   18 der Stangenbohrer   19 die Kettenfräse   20 das Breitbeil   21 das Handbeil   22 der Schiftapparat   23 die Mauerlatte

I На месте производства плотничных работ
1 чистообразной лесоматериал   2 моторная цепная пила   3, 4, 6-9, 23 укладка балок   3 брус, балка   4 подмога   5 плотник   6 перекладина, архитрав   7 промежуточная балка   8 перевод, ригель   9 дополнительная часть крепления   10 поперечная пила с двумя рукоятками   11-16 главные инструменты плотника   11 плотничий топор   12 железный угольник   13 тесло   14 зубило   15 деревянный молоток   16 ваяльный молоток   17 малка   18 длинное перовое сверло   19 цепная пазорезка   20 плотничий топор   21 тесак, топор   22 аппарат для соединения балок гвоздями   23 мауерлят

II Die Holzverbindung
24 das Blatt   25 der Scherzapfen   26 der Schwalbenschwanz   27 das Hakenblatt   28 der Dübel, Döbel   29 der Falz   30 der Spund   31 die Gehrung   32 der Keil   33 der Kamm   34 die Nagelverbindung

II Усовое соединение, сплачивание
24 продольное сращивание   25 сквозной шип   26 крепление с врубкой ласточкиным хвостом   27 зубовое соединение   28 дюбель, шпонка, шип   29 фальц, паз   30 шпунт   31 соединение на ус   32 клин   33 соединение шипом в прируб   34 соединение гвоздями

III Das Dach und der Dachdecker
35 der Dachdecker (hier: Ziegeldecker)   36 der Faßhaken   37 u. 41 die Dachhaut   37 der Ziegel, Dachziegel   38 das Deckfäßchen   39 die Deckkelle   40 die Ziegelzange   41 die Dachlatte   42-48 die Dachkonstruktion   42 die Firstpfette   43, 46, 47 der Dachstuhl   43 der Stuhlrahm, die Mittelpfette   44 der Sparren, Dachsparren   45 die Zange   46 die Säule   47 die Strebe   48 die Fußpfette, Schwelle   49 der Giebelbalken

III Крыша и кровельщик
35 кровельщик (здесь: кровельщик, покрывающий крышу черепицами)   36 крюк   37 и 41 кровля   37 черепица   38 таз для цементного раствора   39 кельма, лопатка   40 щипцы   41 обрешетина   42-48 конструкция крыши   42 коньковая обрешетина   43, 46, 47 стропильная ферма   43 средний прогон   44 стропильная нога   45 ригель   46 столб, колонна   47 раскос   48 прогон   49 балка перекрытия у щипцовой стены

Ergänzungen s. S. 494   Дополнения см. стр. 494

Zimmerer — Dachdecker

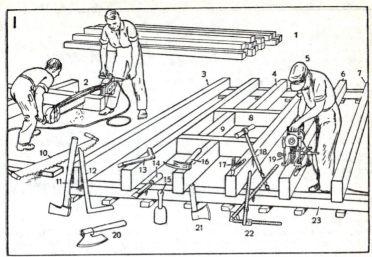

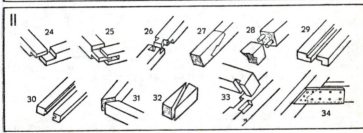

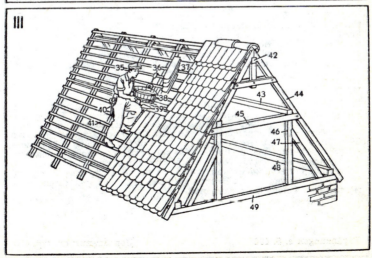

XII. 130   Маляр — обойщик — стекольщик

I Der Maler, Anstreicher, beim Streichen, Weißen
1 die Streichbürste   2 der Fenstersturz   3 die Leibung   4 das Lineal   5 die Bockleiter, Malerleiter   6-8 der Kanister für das Terpentin, den Firnis und den Fußbodenlack   9 die Schablone   10 der Strichzieher   11 der Flachpinsel, Plattpinsel   12 der Ringpinsel   13 der Farbtopf mit der Ölfarbe   14 der Eimer für die Leimfarbe   15 der Gipsbecher   16 der od. die Spachtel   17 der Walzapparat   18 die Spritzpistole   19 die Musterwalze

I Маляр при крашении, побелке
1 малярная щётка   2 оконная перемычка   3 стенки отверстия   4 линейка   5 стоячая двойная лестница, стремянка   6-8 бидоны для терпентина, олифы и полового лака   9 шаблон   10 кисть для черчения линий   11 плоская кисть   12 кольцевая кисть   13 банка с масляной краской   14 ведро для клеевой краски   15 чаша для гипса   16 цикля, шпатель   17 аппарат для накатки рисунка   18 ручной краскопульт   19 малярный валик с узорами

II Der Tapezierer
20 die Tapezierbürste, Anlegebürste   21 die Tapetenleiste   22 die Tapetenbahn   23 die Makulatur (hier: das Zeitungspapier)   24 die Scheuerleiste   25 der Tapeziertisch, die Tapeziertafel   26 die Streichbürste   27 der Holzeimer mit dem Kleister   28 die Tapezierschere   29 die Tapetenrolle

II Обойщик
20 обойная щётка   21 обойная рейка   22 полотнище обоев   23 макулатура (здесь: газетная бумага)   24 столярная панель, плинтус   25 обойный стол   26 щётка для оклейки   27 деревянное ведро с клейстером   28 обойные ножницы   29 рулон обоев

III Der Glaser
30 der Oberflügel (hier: Kippflügel)   31 der Kämpfer   32 das Fischband   33 der Kasten   34 der Blendrahmen   35 das Futter   36 die Wasserbank mit der Wasserrinne   37 die Fensterklammer   38 der Oberlichtsteller   39 das Fensterbrett   40 die Putzleiste   41 der ausgehängte Fensterflügel, Fensterrahmen   42 die Baskülestange   43 die Fensterscheibe, Glasscheibe   44 die Sprosse   45 die Olive (der Griff des Baskülverschlusses)   46 der Wetterschenkel   47 das Kitteisen   48 die Glaserecke   49 das Stifteisen, Hobeleisen   50 das Kittmesser   51 der Diamant, Glasschneider   52 das Stahlrädchen   53 der Werkzeugkasten   54 die Kiste mit dem Kitt

III Стекольщик
30 фрамуга (здесь: створная фрамуга)   31 импост, перекладина   32 врезная оконная петля   33 оконный наличник   34 оконная коробка из досок   35 оконная коробка   36 подоконная доска с жёлобом   37 оконная скоба   38 штырь для открывания фрамуги   39 подоконник   40 оконная рейка   41 вынутая створка   42 шпингалет   43 оконное стекло   44 горбылёк оконного переплёта   45 ручка шпингалета   46 отлив   47 шпатель для замазки   48 уголки для вставки стёкол   49 железка для штифтов   50 цикля   51 алмаз, стеклорез   52 стальное колёсико   53 ящик с инструментами   54 коробка с замазкой

Ergänzungen s. S. 496   Дополнения см. стр. 496

Maler — Tapezierer — Glaser   XII. 130

I Der Klempner

1 die Lötrinne 2 die Dachrinne 3 das Rundholz 4 der Aufruf zum wirtschaftlichen Aufbau 5 die Schlagschere 6 die Viellochstanze 7 die Lötschere 8 die Blechschere 9 die kombinierte Abkante-, Rund- und Wulstmaschine 10 der Lötapparat 11 die Rinneisenbiegevorrichtung 12 die Lochschere 13 der Parallelschraubstock 14 der Niethammer 15 der Bankhammer 16 der Schweifhammer 17 die Kreisschere 18 die Sickenmaschine 19 der Lötwasserbehälter 20 der Säurenapf 21 die Kolbenfeile 22 die Zinnraspel 23 der Salmiakstein 24 der Lötkolben 25 der Holzhammer 26 der Gummihammer 27 der Stock 28 der Klotz

I Жестянщик, монтёр

1 паяльный жёлоб 2 водосточный жёлоб 3 кругляк 4 призыв к строительству хозяйства 5 металлорежущие ножницы 6 дыропробойник 7 паяльные ножницы 8 ножницы для резки жести 9 комбинированный станок для стружки кромок листов, для выкругливания и утолщения 10 паяльный прибор 11 прибор для сгибания желобчатого железа 12 прорезные ножницы 13 параллельные тиски 14 клепальный молоток 15 ручной молоток 16 молоток для выгибания 17 круглые ножницы 18 зиг-машина 19 бачка для паяльной воды 20 чашка для кислоты 21 напильник 22 рашпиль для изделий из олова 23 нашатырный камень 24 паяльник 25 деревянный молоток 26 резиновый молоток 27 правильная наковальня 28 колода

II Der Installateur

29 das Abgasrohr 30 die Rückstausicherung 31 der Warmwasserautomat 32 der Pionier 33 der Würger 34 die Ratsche, der Gasgewindeschneider 35 die Druckpumpe 36 das Federmanometer 37 das Wassermanometer 38 der Gasradiator 39 das Zuflußrohr 40 die Gasleitung 41 die Verbindungsstücke, Fittings 42 die Rohrzange 43 der Innenfräser 44 der Außenfräser 45 der Gasrohrschneider 46 der Bleirohrschneider 47 der Rohrbiegeapparat 48 der Siphon, Düker, Ducker, Geruchverschluß (hier: Flaschenducker) 49 der Rohrhaken 50 das Abflußrohr 51 das Ventil mit Verschraubung 52 das Lötzinn 53 das Stearin 54 der Wischer 55 die Lötlampe 56 die Trichterzange 57 die Biegefeder

II монтажник, монтёр

29 труба для отходящих газов 30 прерыватель тяги 31 автоматический водонагреватель 32 прижим для труб, тренога 33 специальный захватный ключ 34 клупп 35 нагнетательный насос 36 пружинный манометр 37 газоманометр с водяным столбом 38 газовый радиатор 39 водопроводная труба 40 газопровод 41 фитинги 42 трубные клещи 43 зенкер, коловорот 44 наружная фреза 45 труборез 46 труборез для свинцовых труб 47 трубогибочный аппарат 48 сифон, дукер, водяной затвор (здесь: бутылочный дукер) 49 поддерживающий крюк 50 водоотводная труба 51 вентиль с нарезкой 52 олово для паяния 53 стеарин 54 тряпка 55 паяльная лампа 56 воронкообразные клещи 57 пружина

Ergänzungen s. S. 497   Дополнения см. стр. 497

Klempner — Installateur XII. 131

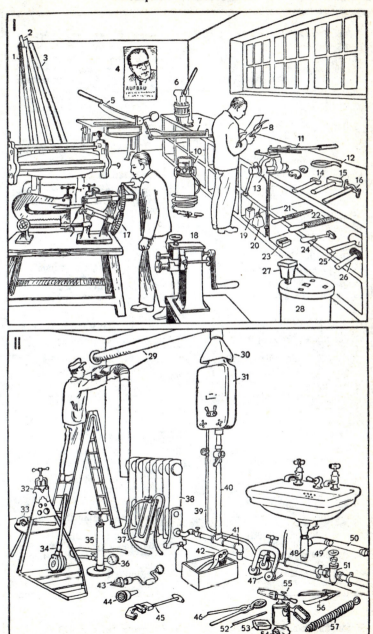

XII, 132 — Лесопильный завод

I Das Rundholzlager (hier: Trockenlager)	**I Склад круглого лесоматериала** (здесь: сухого лесоматериала)
1 der Laufkran	1 мостовой кран
2 die Laufkatze	2 крановая тележка
3 der Baumstamm, das Rundholz (hier: das Langholz)	3 ствол, круглый лесоматериал (здесь: длинномерный лесоматериал, длинное бревно)
4 die Polter	4 место для складывания брёвен
5 der Sägewerker	5 пильщик
6 die Kettenablängsäge	6 обрезная пила, цепная пила
7 das Lagerholz	7 лага, лежни
II Die Sägehalle	**II Лесопильный цех**
8 das Vollgatter, Vertikalgatter	8 многопильный станок, вертикальный лесопильный станок
9 der Rahmen	9 рама
10 das Handrad	10 маховичок
11 die Sägeblätter	11 полотнища пилы
12 das Gewicht	12 противовес, контргруз
13 der Gatterführer	13 рамщик
14 die Transportwalzen, Vorschubwalzen	14 валки подачи, питающие валки
15 der Stamm, Block	15 ствол, колода
16 der Spannwagen	16 рамная тележка
III Das Schnittholzlager	**III Склад пилёного лесоматериала**
17 der Stapel, Holzstapel	17 штабель лесоматериала
18 die Latte	18 планка, рейка
19 das Bauholz, die Kanthölzer, Balken	19 строевой лес, чистообрезной лесоматериал, балки
20 die Bohle	20 толстая доска, брус
21 das Brett	21 доска, тёс
22 das Schnittholz, die Schnittware	22 пилёный лесоматериал
23 die Lore	23 вагонетка
IV Die Furnierherstellung	**IV Производство фанеры**
24 der Wandspruch: Bessere Holzausnutzung = Erhöhte Planerfüllung	24 лозунг: Лучшее использование леса повышает выполнение плана
25 das Horizontalgatter	25 горизонтальный лесопильный станок
26 der Blockwagen	26 тележка для колод
27 der Feuerlöscher	27 огнетушитель
28 die Messermaschine	28 фанерострогальный станок
29 der Flaschenzug	29 полиспаст
30 der Schlitten mit dem Messer	30 суппорт с резцами
31 das Zahnradgetriebe	31 зубчатая передача, редуктор
32 die Schälmaschine	32 машина для снятия коры, лущильная машина
33 die Spannklaue	33 зажимной кулачок
34 die Rolle	34 ролик, валик
35 die Trockenkammer	35 сушильная камера, сушилка
Ergänzungen s. S. 498	**Дополнения** см. стр. 498

Sägewerk

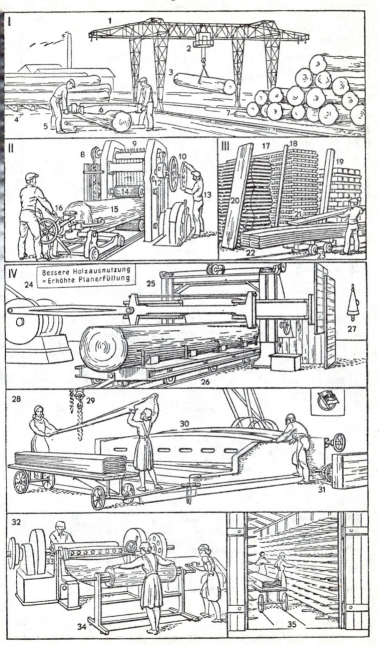

XII. 133 Мебельная фабрика

I Die Zuschneiderei
1 die Trockenkammer   2 das Thermometer   3 das Hygrometer, der Feuchtigkeitsmesser   (daneben: der Verbandskasten)   4 Mahnung zur Unfallverhütung   5 die Ablängkreissäge (hier: Pendelsäge)   6 das Pendel   7 die Sägescheibe   8 der Zuschneider   9 der Zuschneidetisch   10 die Bohle   11 die Besäum- und Zuschneidekreissäge   12 die Druckrolle   13 das Absaugrohr   14 das Handrad   15 die Rückschlagsicherung   16 der Elektromotor   17 die Riemenscheibe   18 die Transportwalze

I Обрезная
1 сушильная камера, сушилка   2 термометр   3 гигрометр (возле гигрометра аптечка)   4 напоминание о предотвращении несчастных случаев   5 торцовая круглая пила (здесь: маятниковая пила)   6 маятник   7 диск пилы   8 рабочий на пиле   9 стол для обрезки   10 брус   11 фуговальный станок   12 упорный ролик   13 отсасывающая труба   14 маховичок   15 предохранитель от возвратного удара   16 электрический двигатель, электродвигатель   17 ремённый шкив   18 валик-транспортёр

II Der Maschinensaal
19 die Bandsäge (dahinter an der Wand: der Verbandskasten)   20 die Schutzhaube   21 die Sägerolle   22 die Rollenführung   23 das Sägeband   24 die Leistungskurve   25 der Anschlag über den Wettbewerb   26 die Bandschleifmaschine   27 die Schleifscheibe   28 das Schleifband   29 die Schleifwalze   30 das Schleifkissen   31 die Maschinenführerin   32 die Abricht- und Dicktenhobelmaschine   33 die Messerwelle   34 das Lagergehäuse   35 der schwenkbare Abrichttisch   36 die Tischfräsmaschine   37 das Oberlager   38 die Frässpindel   39 die Fräslehre

II Машинный зал
19 ленточная пила (за пилой на стене аптечка)   20 защитный чехол   21 лесопильный ролик   22 управление ролика   23 пильная лента   24 кривая производительности труда   25 плакат соревнования   26 ленточный шлифовальный станок   27 шлифовальный диск   28 шлифовальная лента   29 шлифовальный вал   30 шлифовальная подушка   31 машинист (здесь: женщина)   32 рейсмусовый станок   33 рецовый вал   34 коробка подшипника   35 поворотная деталь для выправления досок   36 фрезерный станок со столом   37 верхний подшипник   38 фрезерный шпиндель   39 фрезерный калибр

III Die Verleimerei und die Furniererei
40 das Zeichen des Fünfjahrplans   41 die Leimauftragmaschine   42 die Leimwalze   43 das Abstreichblech   44 die Leimwanne   45 der Furnierbock   46 die Spindel   47 die Druckbeilage   48 die hydraulische Presse   49 das Steuerventil   50 das Gestell   51 die Hochdruckleitung   52 die Wärm- und Kühlplatte   53 der Verbindungsschlauch   54 das Sperrholz   55 der Preßkolben   56 der Preßzylinder

III Фанерный цех (склейка фанеры)
40 эмблема пятилетнего плана   41 станок для нанесения клея   42 вал для склейки   43 очистительная жесть   44 ванна, посуда для клея   45 козлы для фанеры   46 шпиндель   47 упорная прокладка   48 гидравлический пресс   49 управляющий клапан   50 станина   51 провод высокого давления   52 нагревательная и охлаждающая пластина   53 соединительный шланг   54 клеёная фанера   55 нажимной поршень   56 нажимной цилиндр

Ergänzungen s. S 499   Дополнения см. стр. 499

Möbelfabrik

XII. 133

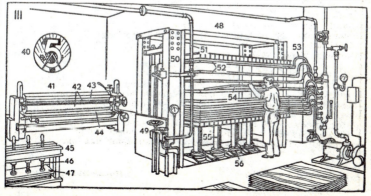

XII. 134 Столярная мастерская

I Die Tischlerwerkstatt (hier: Betriebstischlerei)
1 der Zeugrahmen, Werkzeugschrank 2 der Winkel 3 das Gehrungsmaß 4 die Rauhbank 5 der Schlichthobel 6 der Doppelhobel 7 der Schrupphobel 8 der Putzhobel 9 der Simshobel 10 die Stichsäge, Lochsäge 11 die Holzfeile 12 die Raspel 13 der Tischlerhammer 14 der Schraubenzieher 15 die Reißnadel 16 die Dreikantfeile, Sägefeile 17 das Streichmaß 18 der Abziehstein 19 die Kneifzange, Beißzange 20 der Spitzzirkel 21 das Werbeplakat für die Volkshochschule 22 die Faustsäge 23 die Hobelbank 24 die Schneidlade mit der Feinsäge 25 die Bohrwinde 26 der Bankhaken, das Bankeisen 27 der Hobelspan 28 der Tischler, Schreiner 29 die Beilade 30 der Stemmknüppel 31 die Bankplatte 32 die Vorderzange 33 die Hinterzange 34 der Zahnhobel 35 der Bock 36 der Schraubknecht 37 die Zwinge, Schraubzwinge 38 der Leimofen 39 der Leimwärmer 40 der Leimpinsel 41 der Leimtopf, Einsatz

I Столярная мастерская (здесь: заводская столярная мастерская)
1 шкаф для инструментов 2 измерительный угольник 3 мера для соединения на ус 4 фуганок 5 двойной фуганок 6 двойной рубанок, рубанок с двойными железками 7 шерхебель 8 чистильный рубанок 9 зензубель 10 узкая ножовка 11 напильник для дерева, терпуг 12 рашпиль, терпуг 13 столярный молоток 14 отвёртка 15 чертёжная игла, чертилка 16 трёхгранный напильник 17 раздвижной рейсмас 18 точильный камень 19 кусачки, клещи 20 остроконечный циркуль 21 плакат призывающий к посещению вечернего университета 22 ручная пила 23 столярный верстак 24 рама для резки под углом с фанерной пилой 25 коловорот, дрель 26 верстачные тиски 27 стружка 28 столяр 29 складочное углубление для инструментов 30 чеканочный молоток 31 доска 32 передний винт, струбцина 33 зажимной винт у поперечной стороны верстака 34 цинубель, зубчатый струг 35 козлы, бык 36 столярные тиски 37 захватка, струбцина 38 клееварка 39 котёл для разогревания клея 40 кисть для клея 41 клеянка, сосуд для варки клея

II Werkzeuge zum Stemmen
42 das Stemmeisen 43 der Lochbeitel 44 das Hohleisen

II Инструменты для чеканки, стамески
42 стамеска 43 долбёжное долото 44 полукруглое долото

III Der Bohrer
45 der Schneckenbohrer 46 der Zentrumbohrer 47 der Schlangenbohrer

III Сверло, бурав
45 улиткообразный бурав 46 центровое сверло 47 спиральный бурав

IV Die Gestellsäge
48 das Gestell 49 die Spannschnur 50 der Spannstock 51 das Sägeblatt

IV Рамная пила
48 рама 49 натяжной шнурок 50 натяжной стержень 51 полотно пилы

V Der Hobel
52 die Nase 53 das Spanloch 54 der Keil 55 das Hobeleisen 56 der Hobelkasten

V Струг, рубанок
52 ручка рубанка 53 отверстие в колодке струга 54 клин 55 железо для струга 56 колодка струга

Ergänzungen s. S. 500   Дополнения см. стр. 500

Tischlerei

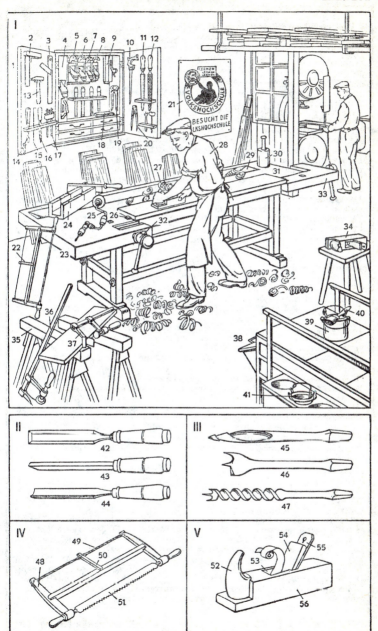

XII. 135   Хлопчатобумажная фабрика

I Auflösen und Mischen: 1 das Lattentuch, der Speisetisch mit Fasergut   2 der Ballenbrecher (hier: Kastenballenbrecher)   3 der Kastenspeiser   4 die Stachelwalze   5 der Voröffner   6 der Staubsaugventilator   7 die Rohrleitung, die pneumatische Fasergutförderung

I Разрыхление и перемешивание: 1 подводящая решётка, питательный столик с волокнистым веществом   2 кипоразбиватель (здесь: ящичный кипоразбиватель)   3 ящичный питатель   4 разрывательный игольчатый валик   5 предварительный разрыхлитель   6 пылеотсасывающий вентилятор   7 трубопровод, установка для пневматической подачи хлопка

II Die Mischkammer, der Baumwollstock (ein Lattenverschlag):   8 der Kondensor   9 die Verteilerin   10 das geöffnete Fasergut   11 die Auflegerin   12 der Kastenspeiser   13 der Öffner (ein Horizontalöffner)

II Смешивательная камера, сортировочный закром (решётчатый ящик):   8 конденсор   9 работница распределяющая хлопок   10 разрыхлённое волокнистое вещество   11 накладчица   12 ящичный питатель   13 разрыхлитель (горизонтальный разрыхлитель)

III Die Schlagmaschine: 14 der Doppelkastenspeiser   15 die Riffelwalze   16 die Schlägerabdeckung   17 die Siebtrommelabdeckung   18 die Wickelwatte   19 die Kalanderwalze   20 die Wickelwalze   21 der Wickel   22 die Batteurarbeiterin, der Batteur   23 das Schutzgitter

III Трепальная машина: 14 двойной ящичный питатель   15 рифлёный цилиндр   16 крышка трепала   17 крышка сетчатого барабана   18 холст, ватка   19 каландровый валик   20 холщовый валик, накатный валик   21 свернутый холст, рулон холста   22 трепальщица   23 предохранительная решётка

IV Die Krempel, Karde (hier: **Deckelkrempel**; ↑ Taf. 136, II):   24 der wandernde Deckel   25 die Putzbürste   26 der Abnehmer   27 der Hacker   28 das Krempelband, die Lunte   29 die Drehtopfeinrichtung   30 der Topf   31 die Kremplerin

IV Чесальная машина (здесь: **шляпочная чесальная машина**; ↑ табл. 136, II):   24 передвигающаяся шляпка   25 очистительная щётка   26 съёмный валик   27 съёмный гребень   28 чесальная лента   29 лентоукладчик   30 таз для ленты   31 чесальщица

V Die Strecke: 32 der Streckkopf   33 das Streckvlies   34 die Streckwerksabdeckung mit Putzvorrichtung   35 die Zuführwalzen

V Ленточная, вытяжной аппарат: 32 головка ленточной   33 вытяжная лента   34 крышка ленточной с очистительным аппаратом   35 подводящие валики

VI Die Vorspinnmaschine, der Flyer od. **Fleier** (hier: **Grobflyer**):   36 die Grobflyerspule   37 das Streckwerk

VI Ровничная машина (здесь: **толстая ровничная машина**):   36 катушка, шпуля   37 вытяжной аппарат

VII Der Mittelflyer: 38 die Flyerin od. Fleierin   39 die Mittelflyerspule   40 das Vorgarn   41 die Putzwalze   42 das Gatter

VII Перегонная ровничная машина: 38 работница на перегонной ровничной машине   39 катушка, шпуля   40 ровница   41 очистительный валик   42 рамка

VIII Die Mulemaschine, der Selfaktor: 43 der Mittelbock, Headstock   44 die Zuführungswalzen (Teil des Streckwerks)   45 der Wagen mit den Spindeln   46 der Aufwinder, Aufwindedraht   47 der Gegenwinder, Gegenwindedraht   48 der Garnkörper, Kötzer, Kops, die Bobine

VIII Прядильная машина периодического действия: 43 станина центральной части машины   44 подводящие валики (часть вытяжного аппарата)   45 каретка с шпинделями   46 надниточник, проволока надниточника   47 подниточник, направляющая подниточника   48 катушка, початок, коп, бобина

Ergänzungen s. S. 502   **Дополнения см. стр. 502**

Baumwollspinnerei

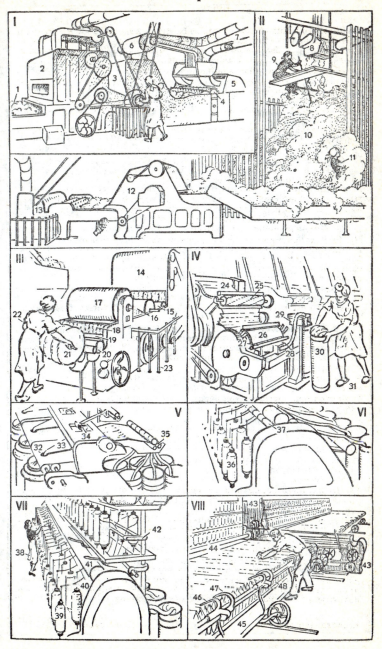

XII. 136 Гребнепрядильная фабрика

I Der Waschmaschinensatz, Leviathan, die Waschbatterie: 1 der Reißwolf, Wollöffner   2 der Einweichbottich   3 der Waschbottich   4 der Spülbottich   5 der Trockner (hier: Hordentrockner)

I Шерстомойная машина, левиафан: 1 щипальная машина   2 чан для мочки   3 чан для промывки   4 полоскательный чан   5 сушильная установка (здесь: сушильный стеллаж)

II Der Krempelsatz (hier: die Zweisatzkrempel, eine Walzenkrempel): 6 der Wickel   7 das Krempelvlies, der Flor   8 der Hacker   9 die Abnehmerwalze, der Peigneur   10 die Fliegenwalze, der Volant (unter Verdeck)   11 der Arbeiter   12 der Wender   13 die Trommel, der Tambour   14 der Vorreißer   15 der Kastenspeiser

II Комплект чесальных машин (здесь: машин с валиками): 6 свёрнутый холст, рулон холста   7 прочёс, тонкий холст, кардная ватка   8 съёмный гребень   9 пеньерный валик   10 чистильный валик (под крышкой)   11 рабочий валик   12 ворошилка   13 барабан, тамбур   14 приёмный валик   15 ящичный питатель

III Die Vorstrecke (hier: die Doppelnadelstabstrecke): 16 der Krempeltopf   17 das Krempelband   18 der Speisezylinder   19 der Nadelstab im oberen Hechelfeld   20 der Vorderzylinder   21 der Drehtrichter   22 das Streckenband   23 das Aufspulwerk mit Kreuzspule

III Подготовительная вытяжная машина (здесь: ленточная двухручейная гребенная машина): 16 таз для кардного угара, кардный таз   17 лента для кардного угара, кардная лента   18 питающий цилиндр   19 чесалка в верхнем поле прочёса   20 передний цилиндр   21 вращающаяся воронка   22 вытяжная лента   23 механизм для намотки на шпули с бобиной крестовой мотки

IV Der Kammstuhl: 24 u. 25 die Speisevorrichtung   24 die Einführplatte   25 die Nadelplatte   26 der Fixkamm, Flachkamm   27 der Rundkamm mit den Nadelsegmenten, Nadelbaretts   28 der Trichter   29 der Topf mit Kammzug   30 der herausgenommene Kämmling

IV Гребнечесальная машина: 24 и 25 питающее приспособление   24 вводная пластина   25 игольная пластина   26 плоский гребень   27 круглый гребень с игольчатыми сегментами   28 воронка   29 таз с лентой   30 вынутый гребенной очёс

V Die Mittelhechel (eine Stabstrecke): 31 der Aufsteckrahmen   32 das Hechelfeld   33 die Putzbürste   34 der Vorderzylinder   35-37 das Nitschelwerk   35 die Nitschelhose   36 die obere Nitschelwalze   37 die untere Nitschelwalze   38 der Spulwagen mit Kreuzspulen

V Средняя чесалка: 31 катушечная рамка   32 поле прочёса   33 щётка для чистки   34 передний цилиндр   35-37 система скатывающих валиков   35 скатывающая бесконечная лента   36 верхний скатывающий валик   37 нижний скатывающий валик   38 каретка с бобинами крестовой мотки

VI Die Feinhechel, der Finisseur (hier eine Nadelwalzenstrecke)· 39 der Eingangszylinder   40 die Nadelwalze   41 der obere Vorderzylinder   42 das Nitschelwerk   43 die Vorgarnspule

VI Мелкая чесалка (здесь: ленточная машина с круглым гребнем): 39 входной цилиндр   40 игольный валик   41 верхний передний цилиндр   42 система скатывающих валиков   43 катушка ровницы

VII Die Ringspinnmaschine, Ringdrossel: 44 der Aufsteckrahmen   45 das Streckwerk   46 die Fadenführerschiene   47 die Ringbank mit Ring und Ringläufern   48 die Spindelbank mit Spindeln   49 der Garnkops, die Bobine   50 die Ringspinnerin

VII Кольцепрядильная машина: 44 катушечная рамка   45 вытяжной аппарат   46 нитеводная рейка   47 кольцевая планка с кольцами и кольцевыми бегунами   48 веретённая планка с веретёнами   49 початок, бобина   50 прядильщица на кольцепрядильной машине

Ergänzungen s. S. 502   Дополнения см. стр. 502

Kammgarnspinnerei

XII. 136

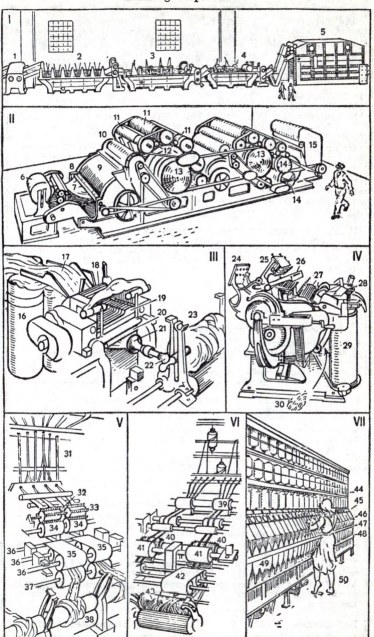

Ткацкая

Die Weberei (hier: Tuchweberei) — **Ткацкая фабрика** (здесь: суконная ткацкая фабрика)

I Die Spulmaschine (hier: Kreuzspulmaschine): 1 die Kreuzspule (hier: konisch) 2 die Fadenführerschiene 3 der Fadenführer 4 die Bremsvorrichtung mit Plüsch 5 die Reinigungsvorrichtung 6 der Selfaktorkops

I Мотальная машина (здесь: крестомотальная машина): 1 бобина (здесь: коническая) крестовой мотки 2 нитеводная рейка 3 нитевод 4 регулятор натяжения нитей с плюшом 5 приспособление для чистки 6 мюльный початок

II Die Schär- und Aufbäummaschine: 7 das Schärgatter, der Schärrahmen 8 der Schärbock mit Kreuzblatt 9 das verstellbare Schärblatt 10 die Tourenuhr 11 die Trommel 12 die Abbäumvorrichtung 13 der Kettbaum

II Сновальная и накатная машина, машина навивания: 7 сновальная рамка 8 сновальные козлы с крестовидным бёрдом 9 передвижное сновальное бёрдо 10 счётчик оборотов 11 барабан 12 приспособление для откатки 13 навой

III Die Schlichtmaschine, Leimmaschine: 14 die Leimpfanne 15 die Tauchwalze 16 die Druckwalze, Quetschwalze 17 die Führungswalze 18 die Trockenvorrichtung 19 die Abzugswalze 20 die Spannwalzen 21 die Aufbäumvorrichtung

III Шлихтовальная машина: 14 корыто со шлихтой 15 загрузочный валик 16 нажимной валик, отжимной валик 17 направляющий валик 18 сушильное приспособление 19 вытяжной валик 20 натяжные валики 21 накатное приспособление

IV Der Handwebstuhl (hier: Schaftwebstuhl): 22 der Brustbaum 23 der Warenbaum 24 die Trittvorrichtung 25 der Schützen vor dem Webfach 26 die Lade mit Blatt 27 der Schaft 28 der Kettfaden, die Kette 29 der Kettbaum

IV Ручной ткацкий станок (здесь: ремизоподъёмный ткацкий станок): 22 грудница 23 товарный валик 24 проступное приспособление 25 ткацкий челнок перед зевом 26 батан с бёрдом 27 ремизная планка 28 основная пряжа, основа

V Der mechanische Webstuhl (hier: Schaftwebstuhl): 30 die Schaftschemel (darunter: die Schaftmaschine) 31 die Schaftkarte, Lochkarte 32 die Schützenfangvorrichtung 33 das Geschirr 34 der Ladendeckel 35 die Lade mit Schützenkästen 36 das Gewebe 37 der Fangriemen 38 die Einrückstange

V Механический ткацкий станок (здесь: ремизоподъёмный ткацкий станок): 30 проступные рычаги (под этими: ремизоподъёмная каретка) 31 пробитая карта 32 предохранитель от вылета челнока 33 ремизный прибор 34 вершник батана 35 батан с челночными коробками 36 ткань 37 улавливающий ремень 38 пусковой рычаг

VI-VIII Die Appretur — **VI-VIII Аппретура**

VI Die Walke, Walkmaschine: 39 der Zylinder 40 die Leitwalze 41 das Teilbrett, die Brille 42 das Stück

VI Валяльная, суконовальная машина: 39 цилиндр 40 направляющий ролик 41 делительная доска 42 куфта

VII Die Schermaschine: 43 der Scherzylinder (das Obermesser) 44 das Untermesser 45 der Tisch mit Schutzgitter 46 der Flugfang 47 die Bürstenwalzen

VII Стригальная машина: 43 стригальный цилиндр (верхний нож) 44 нижний нож 45 стол с предохранительной решёткой 46 приспособление для ловли 47 щёточные валики

VIII Die Finishdekatiermaschine: 48 das Mitläufertuch 49 die Dekatierwalze 50 das Stück 51 die Einlaufvorrichtung, der Breithalter

VIII Декатировочная машина: 48 предохранительное сукно 49 цилиндр для декатировки 50 сукно 51 питающее приспособление, шпарутка

Ergänzungen s. S. 502 — Дополнения см. стр. 502

Weberei

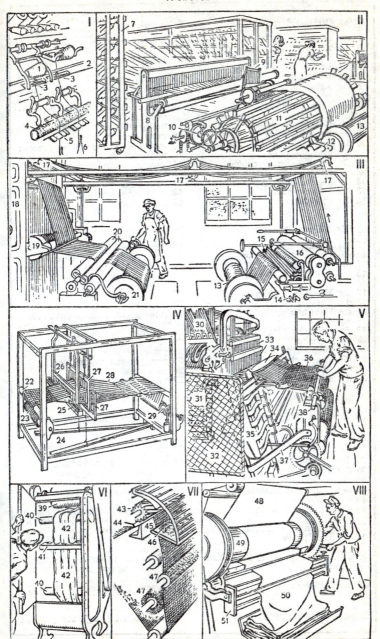

XII. 138 Швейная фабрика

I Die Zuschneiderei — **I Закройная**

1 die Zeichnerin — 1 чертёжница
2 der Zeichentisch — 2 чертёжный стол
3 die Zeichenlage — 3 выкройка
4 die Schablone — 4 шаблон
5 der Stoffballen — 5 рулон ткани
6 der Ablagerost — 6 решётка для складывания рулонов ткани
7 die Abrollvorrichtung — 7 приспособление для развёртывания
8 die Legerin — 8 работница на выкладке ткани
9 der Lagentisch — 9 стол для кройки
10 die Stoffzuschneidemaschine (hier: das Rundmesser) — 10 машина для кройки (здесь: круглый нож)
11 die Bandmesserzuschneidemaschine — 11 машина для кройки с ленточным ножом
12 die Zuschneiderin, Ausschneiderin — 12 закройщица
13 der Einrichtetisch — 13 стол для наладки
14 die Einrichterin — 14 наладчица

II Die Näherei (am Fließband) — **II Швейная** (на конвейере)

15 die Handnäherin — 15 швея, работающая вручную
16 die Unterschlagmaschine — 16 машина нижнего боя
17 die Spezialmaschinennäherin — 17 швея на специальной машине
18 die Schnellnähmaschine — 18 быстроходная швейная машина
19 die Maschinennäherin — 19 швея, швейница
20 die Rutsche — 20 жёлоб
21 die Vorrichterin, Einlegerin, Vorlegerin — 21 приладчица, подавальщица
22 die Pikiermaschine — 22 машина для намётки
23 die Büglerin — 23 гладильщица
24 das Bügeleisen — 24 утюг
25 die Bügeldecke — 25 гладильная подстилка
26 der Untersetzer — 26 подставка
27 der Anfeuchter — 27 тряпка для смачивания ткани

III Die Dampfbügelanlage — **III Паровая гладильная установка**

28 die Knopfannäherin — 28 работница на пришивке пуговиц
29 der Knopfkasten — 29 коробка для пуговиц
30 der Garnständer — 30 подставка для пряжи
31 die Rutsche — 31 жёлоб
32 der fahrbare Kleiderständer — 32 передвижная вешалка
33 die Büste — 33 манекен
34 die Gütekontrolleurin — 34 контролёр, проверяющий качество, контролёр качества
35 die Aufschrift: Versand — 35 надпись: экспедиция
36 die Ärmelpresse — 36 пресс для глаженья рукавов
37 der Bügler — 37 гладильщик
38 die Dampfbügelpresse (hier: Mantelpresse) — 38 паровой гладильный пресс (здесь: пресс для глаженья пальто)
39 die Sakkopresse — 39 пресс для глаженья пиджаков

Ergänzungen s. S. 505 — **Дополнения см. стр. 505**

Bekleidungswerk XII. 138

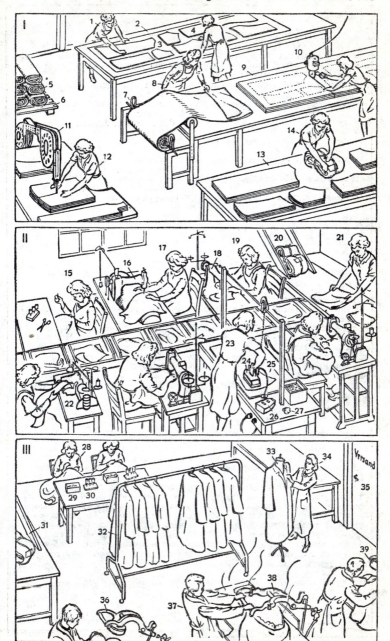

XII. 139 Пошивочная мастерская

I Die Schneiderwerkstatt

1 der Stoffballen   2 der Probierspiegel   3 die Puppe, Büste   4 das Modebild mit den Modezeichnungen   5 der Winkel   6 das Bügeleisen   7 die Zutaten (die Zwischenlage [Einlage], die Watte, die Knöpfe, die Schnallen)   8 der Futterstoff, das Futter   9 das Nadelkissen   10 die Kreide   11 das Bandmaß, Maßband, Metermaß   12 der Schneider   13 der Faden, Heftfaden   14 die Modenzeitung, Modenzeitschrift   15 der Nähring   16 die Handschere   17 das Nähseidenröllchen   18 das Lineal   19 der Schneidertisch   20 der Hocker   21 der Abfall, die Lumpen   22 das Rädchen, Kopierrad

I Пошивочная мастерская

1 тюк ткани   2 стенное зеркало   3 манекен   4 рисунки мод   5 угольник   6 утюг   7 приклады (прослойка [вкладка], вата, пуговицы, пряжки)   8 подкладочная материя   9 подушечка для булавок и иголок   10 стеатит, жировик, мел   11 рулетка   12 портной   13 живая нитка, намётка   14 журнал мод   15 напёрсток   16 ручные ножницы   17 катушечка для швейного шёлка   18 линейка   19 портняжный стол   20 табуретка   21 обрезки   22 копировальное колёсико

II Die Nähmaschine und das Zubehör

23 die Schnittmuster, Schnitte   24 das Preisverzeichnis   25 das Handrad   26 die Garnrolle   27 der Arm, Kopf   28 das Nähmaschinenlicht   29 der Fadenholer   30 die Fadenspannung   31 der Tisch   32 das Gestell, Trittgestell   33 der Riemen   34 das untere Schwungrad   35 die Kurbel   36 der Tritt   37 die Nadelstange   38 die Spulvorrichtung   39 die Maschinennadel   40 der Stoffdrücker   41 das Füßchen, der Steppfuß   42 die Sticheinstellung   43 die Stichplatte   44 der Pfriem mit der Pinzette   45 die Schublade   46 der Kniehebel   47 das Rundschiffchen   48 die Spule   49 die Nähnadel   50 das Öhr   51 die Stecknadel   52 der Kopf   53 die Durchziehnadel   54 die Knopflochschere   55 die Zuschneideschere   56 die Knopflochzange   57 das Knopflocheisen

II Швейная машина и принадлежности

23 выкройка   24 прейскурант   25 ручной маховичок   26 ниточная катушка   27 плечо, головка   28 лампа швейной машины   29 нитевод   30 приспособление для равномерного натяжения нитей   31 стол   32 педальная подставка   33 ремень   34 нижний маховик   35 ручка   36 педаль   37 поршневая штанга   38 приспособление для наматывания на шпульку   39 машинная игла   40 рычаг для прижима ткани   41 прижимная лапка   42 регулировочный рычаг   43 пластинка для стёжки   44 шило с пинцетом   45 выдвижной ящик   46 коленчатый рычаг   47 челнок   48 шпулька   49 швейная иголка   50 игольное ушко   51 булавка   52 булавочная головка   53 игла для вытяжки   54 ножницы для метания петель   55 ножницы для закройки   56 щипцы для метания петель   57 железо для метания петель

Ergänzungen s. S. 505   **Дополнения см. стр. 505**

Schneiderei

XII. 140 Кожевенный завод

Die Gerberei (hier: Lohgerberei)	Дубление (здесь: дубление рассолом)
1 das Weichen und Reinigen (Wässern) der Haut mit Wasser	1 отмачивание и чистка (промывание) кожи водой
2 die Frischwasserleitung	2 водопровод (подаёт свежую воду)
3 der Transportwagen	3 вагонетка
4 die Grube	4 яма
5 das Lockern (Äschern) der Haare im Äscher	5 золение волос в зольнике
6 die Äscherhaspel	6 гашпиль
7 die Äscherzange	7 щипцы для извлечения шкур из зольного чана
8 das Enthaaren	8 сгонка волос
9 die Enthaarmaschine	9 волососгонная машина
10 das Entfleischen	10 мездрение
11 der Gummihandschuh	11 резиновая перчатка
12 der Scherdegen	12 прибор для удаления волос на коже
13 der Scherbaum	13 полукруглая пластина
14 die Entfleischmaschine	14 мездрильная машина
15 das Gerben im Grubenhaus, die Grubengerbung	15 дубление в ямах
16 der Gerber	16 кожевник
17 die Blöße	17 кожа подготовленная для дубления, гольё
18 die Gerbbrühe (aus Lohe und Wasser)	18 дубильный сок (из рассола и воды)
19 die Gerbgrube	19 дубильная яма
20 die Faßgerbung	20 барабанное дубление
21 das Gerbfaß	21 дубильный барабан
22 das Abpressen	22 отжимание
23 die Abwelkpresse	23 отжимной пресс
24, 27, 28 das Zurichten, die Zurichtung	24, 27, 28 отделка
24 das Ausstoßen	24 выталкивание
25 die Tafelausstoßmaschine	25 выталкивающая машина
26 die Tafel	26 плита
27 das Trocknen	27 высушивание
28 das Walzen	28 прокатка
29 die Lederwalze (hier: Karrenwalze)	29 вальцовый каток

Ergänzungen s. S. 507   **Дополнения см. стр. 507**

Gerberei

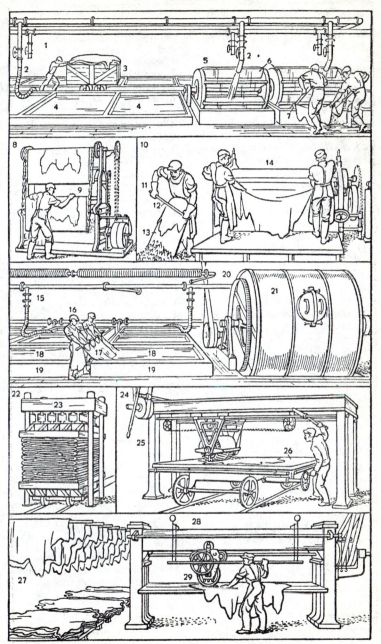

XII. 141 Обувная фабрика

I Die Zuschneiderei, Stanzerei	**I Закройный, штамповочный цех**
1 die Oberlederstanze	1 пресс верхнего кроя
2 der Auslösehebel	2 рукоятка
3 der Stanzer	3 штамповщик
4 der Schwenkarm	4 хобот
5 der Stanztisch	5 закройная доска
6 die Handzuschneiderei	6 цех ручного раскроя
7 der Zuschneider	7 закройщик
8 das Messer	8 нож
9 das Zuschneidebrett	9 закройная доска
10 das Modell	10 модель
11 der Vorstecher	11 шило
II Die Stepperei	**II Швейная группа или швейный участок**
12 die Stepperin	12 швейница, швея
13 die Flachnähmaschine (hier: Zweinadelmaschine)	13 швейная машина с плоской платформой (здесь: двухигольная швейная машина)
14 die Schaftsteppmaschine	14 швейная рукавная машина
III Die Sicherheitsschnellstanze für Sohlen und Brandsohlen	**III Безопасный пресс для вырубки деталей низа**
15 der Stanzer	15 штамповщик
16 das Messerregal mit den Stanzmessern	16 этажерка с резаками
17 der Fußauslösehebel	17 педаль
IV Die Zwickerei	**IV Затяжной участок**
18 die Losung: Höhere Leistung = besseres Leben	18 лозунг: Высокая производительность — лучшая жизнь
19 die Überholmaschine	19 обтяжная машина
20 die Zwickmaschine	20 затяжная машина
21 der Zwicker	21 затяжчик
22 die Anklopfmaschine	22 машина для околачивания обуви
V Die Bodenbefestigung	**V Подошвенный участок**
23 die Durchnähmaschine	23 прошивная машина
24 die Holznagelmaschine	24 деревянношпилечная машина
25 die pneumatische Klebepresse	25 пневматический пресс для приклеивания подошвы
Ergänzungen s. S. 508	Дополнения см. стр. 508

Schuhfabrik

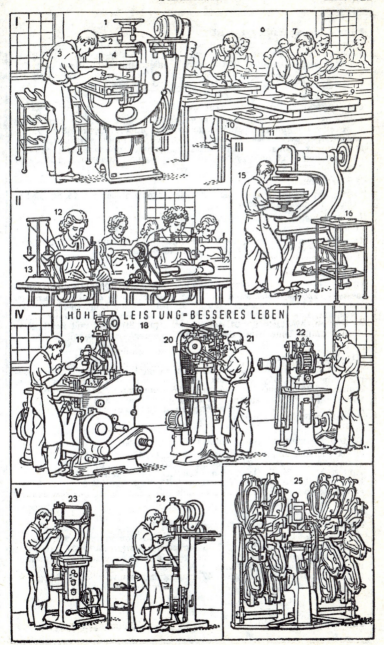

I Die Schuhreparaturwerkstatt

1 der Schuhmacher 2 das Leistenregal 3 der Leisten 4 der Schuhmacherhammer 5 die Weichwanne 6 der Ständer 7 der Spannriemen, Knieriemen 8 der Dreifuß 9 der Schuhmacherschemel 10 der Kasten für Täckse, Stifte, Holznägel, Eisennägel, Drahtnägel, Zwecken, Sohlenschoner 11 der Werktisch 12 der Leistenhaken 13 die Kneifzange

I Ремонтная сапожная мастерская

1 сапожник 2 полка для колодок 3 колодка 4 сапожный молоток 5 ванна для вымочки кожи 6 стойка 7 потяг 8 металлическая тренога 9 сапожная табуретка 10 ящик для штифтиков, деревянных гвоздиков, железных гвоздиков, проволочных гвоздиков, кнопок 11 рабочий стол 12 крюк для колодок 13 клещи

II Maschinen

14 die Reparatursteppmaschine 15 die Ausputzmaschine 16 die Lederwalze 17 die Klebepresse

II Машины

14 ремонтная машина для стегания 15 машина для обчёски 16 нажимной валик 17 пресс для склеивания

III Werkzeuge

18 der Nagelort 19 der Nähort 20 das Brenneisen 21 das Schuhmachermesser 22 das Randmesser 23 die Glättschiene 24 die Zwickzange, Falzzange 25 das Putzholz 26 die Raspel 27 die Lederschere 28 der Pechdraht, Einstechdraht 29 das Stoßeisen, die Stoßplatte 30 das Eisen, Stiefeleisen, Absatzeisen 31 das Maßband (mit Stichmaß und Zentimetermaß) 32 die Löffelraspel, der Speillöffel

III Инструменты

18 шило 19 гнутое шило 20 выжигающий штемпель 21 сапожный нож 22 обувной нож 23 гладилка 24 фальцевальные щипцы 25 ручка для чистки 26 рашпиль 27 ножницы для кожи 28 смолёная дратва 29 подошвенная железка 30 каблучное железо 31 рулетка (с шаблоном и сантиметровыми делениями) 32 ложкообразный рашпиль

IV Die Teile eines Schnürschuhes (Derby-Schnitt)

33 der Schnürsenkel, das Schuhband 34–40, 42, 43 der Schaft 34 die Zunge 35 das Futter 36 die Strippe, Schlaufe 37 der Haken, die Agraffe 38 der Hinterriemen 39 die Öse 40 das Quartier, der Hinterteil 41 die Vorderkappe, Steifkappe 42 das Vorderblatt 43 die Naht 44 die Hinterkappe 45 der Rahmen 46 die Sohle, Laufsohle (hier: Langsohle) 47 das Gelenkstück 48 der Absatz

IV Части ботинка на шнуровке (по Дерби)

33 шнурок для ботинок 34–40, 42, 43 голенище 34 язычок 35 основное полотно 36 штрипка, петля 37 крючок 38 задний ремень 39 блочка 40 задняя часть 41 жёсткий носок 42 союзка 43 шов 44 задник 45 рант 46 подошва (здесь: длинная подошва) 47 шарнирная часть 48 каблук

Ergänzungen s. S. 509   Дополнения см. стр. 509

Schuhmacher XII. 142

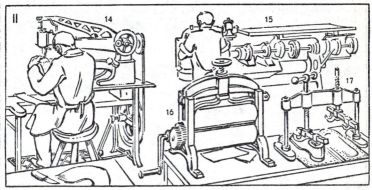
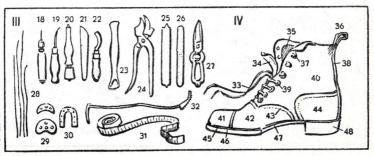

XII. 143 Кооперативная хлебопекарня

I Die Brotbäckerei (hier: der Teigraum)
1 der Wasserboiler   2 der Mehlschlot   3 die Waage   4 der Teigkessel   5 die Teigknetmaschine   6 die Schutzhaube   7 der Knetarm   8 der Teig   9 die Kippe zur Brotwirkmaschine

I Хлебопекарня (здесь: помещение для приготовления теста)
1 котёл   2 мучная труба   3 весы   4 дежа   5 тестомесилка   6 предохранительный колпак   7 месильный рычаг   8 тесто   9 опрокидыватель тестоделательной машины

II Die Ofenhalle
10 die Brotwirkmaschine   11 der Teigschlot   12 der Trichter   13 der Langroller   14 der fahrbare Schragen mit den Broten   15 der Bäcker   16 die ausziehbare Herdplatte   17 der Auszugofen

II Печной цех
10 тестоделательная машина для буханок   11 труба для теста   12 воронка   13 транспортёр для хлебов   14 передвижные козлы с хлебами   15 пекарь   16 выдвижная плита очага   17 выдвижная печь

III Die Weißbäckerei (für Brötchen und Weißbrot)
18 die Brötchenwirkmaschine   19 die Waage   20 der Garraum   21 der Wirktisch

III Выпечка белого хлеба и булок
18 тестоделательная машина для булок   19 весы   20 помещение брожения   21 тесторазделочный стол

IV Der automatische Ofen
22 der Antrieb   23 die Fahrbühne   24 das Transportband

IV Автоматическая печь
22 привод   23 передвижная платформа   24 ленточный транспортёр

V Die Backwaren
25 der Laib Brot, das Langbrot   26 das Weizenbrot, Weißbrot, Kastenbrot   27 das Roggenbrot, Schwarzbrot, Rundbrot   28 die Rinde, Kruste   29 die Krume   30 der Kanten   31 das Brötchen, die Semmel   32 die Zeilen- od. Reihensemmel   33 der Knüppel   34 das Zöpfchen   35 das Hörnchen   36 die Brezel   37 die Schnecke   38 das Milchbrötchen, Mundbrötchen   39 der Einback   40 der Zwieback

V Хлебо-булочные изделия
25 коврига, буханка хлеба   26 пшеничный хлеб, белый хлеб, хлеб в форме   27 ржаной хлеб, чёрный хлеб, круглая буханка   28 хлебная корка   29 хлебный мякиш   30 горбушка хлеба   31 булочка, булка   32 ряды булок   33 булочка-«дубинка»   34 плетёнка   35 рогулька   36 крендель   37 булочка-«улитка»   38 сдобная булочка, сдоба   39 батон   40 сухарь

Ergänzungen s. S. 510   Дополнения см. стр. 510

Konsumbäckerei XII. 143

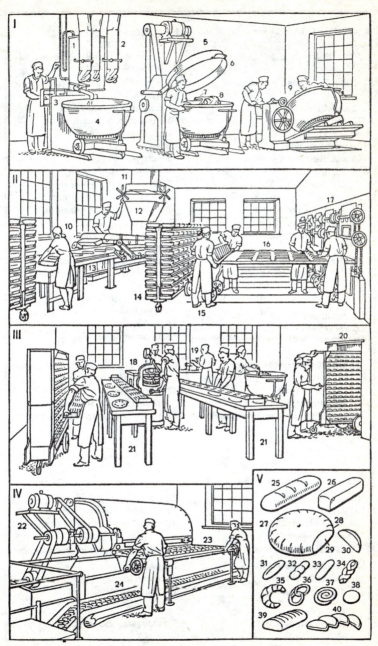

XII. 144 — Кооперативная мясная I

I-IV Das Schlachthaus	**I-IV Бойня**
I Die Rohwurstabteilung	**I Цех для приготовления неварёной колбасы**
1 der Fleischhaken, S-Haken	1 крюк (S-образный) для вешания мяса
2 das Fleischmesser	2 нож для резки мяса
3 der Zerlegetisch	3 стол для обвалки мяса
4 der Fleischer, Metzger, Schlächter	4 мясник, резак
5 das Beil	5 топор
6 die Gummischürze	6 резиновый фартук
7 der Hackklotz, Hackstock	7 колода для рубки мяса
8 der Stahl, Wetzstahl	8 сталь для точки ножей
9 der Schnellschneider	9 машина для резки мяса
10 der Gummistiefel	10 резиновый сапог
11 die Kalträucherei	11 печь для холодного копчения
12 der Wurstwagen	12 повозка для колбас
13 der Eisbrecher, Eisfräser	13 машина для раздробления льда
14 die Wurstfüllmaschine, Wurstspritze (hier: der Abteiler)	14 колбасный шприц (здесь: порционирующая машина)
15 die Wurstmasse	15 фарш
16 die fahrbare Transportwanne	16 передвижная ванна
II Die Kochwurstabteilung	**II Цех для изготовления варёной колбасы**
17 der Fleischwolf	17 мясорубка
18 der Kutter	18 резательная машина
19 die Mengmaschine, Mischmaschine	19 машина для смешивания фарша
20 der Speckschneider	20 машина для резки сала
21 der Fleischkasten	21 противень
III Der Wurstkesselraum	**III Цех для варки колбасы**
22 der Wurstkessel	22 котёл для колбас
23 der Wurstheber	23 разливательная ложка
24 die Kühlwanne	24 ванна для охлаждения
IV Die Heißräucherei	**IV Коптильня горячего копчения**
25 der Rauchspieß	25 вертел
26 die Räucherware	26 копчёности
27 die Gasheizung	27 газовое отопление
Ergänzungen s. S. 511	Дополнения см. стр. 511

Konsumfleischerei I XII. 144

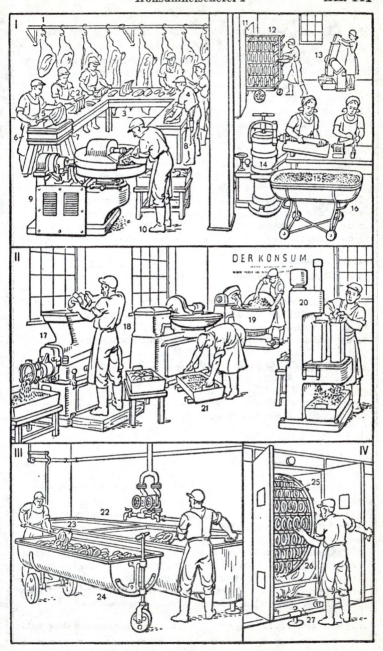

I Der Fleischerladen, Metzgerladen, die Fleischerei

1 die Wurst 2 der Ring Wurst 3 der Schinken 4 der Rollschinken 5 die Speckseite, der Speck 6 die Speckschwarte 7 das Frankfurter Würstchen 8 die Bockwurst 9 die Hammelkeule 10 die Schweinshälfte 11 das Rinderviertel 12 die Schnellwaage 13 der Würstchenkessel 14 die Aufschnittmaschine 15 der Ladenwolf 16 der Wurstzipfel, das Wurstende 17 der Fleischer, Metzger 18 die Wurststange 19 der Kühlschrank 20 die Schüssel mit Kaldaunen, Flecken, Kutteln

I Мясная

1 колбаса 2 круг колбасы 3 окорок, ветчина 4 рулет 5 шпик 6 шкурка окорока 7 франкфуртские сосиски 8 сарделька 9 бараний окорок 10 свиная полутуша 11 четверть туши быка 12 настольные циферблатные весы 13 котёл для сосисок 14 машинка для резки мясных продуктов 15 мясорубка 16 кончик колбасы 17 мясник 18 жердь 19 холодильный шкаф 20 миска с рубцами, кишками и требухой (субпродукты)

II Schlachtteile

21 das Rind 22 der Kamm 23 die hohe Rippe, Fehlrippe 24 der Schoß, das Roastbeef 25 die Lende, das Filet 26 die Hüfte, das Schwanzstück 27 der Bug, die Schulter 28 die Querrippe 29 der Bauch 30 die Blume 31 der Ziem 32 die Oberschale 33 die Brust 34 die Dünnung 35 das Bein, die Hesse 36 der Ochsenschwanz 24-27, 30-32 das Bratfleisch, Schmorfleisch 22, 23, 28, 29, 33-36 das Kochfleisch, Suppenfleisch 37 das Kalb 38 der Kalbskopf 39 der Kalbskamm, Hals 40 der Kalbsrücken mit Niere 41 die Kalbskeule 42 die Kalbsbrust 43 das Kalbsblatt, die Schulter 44 die Kalbshachse 45 der Kalbsfuß 46 das Schwein 47 der Schweinskopf mit Backe 48 der Schweinskamm, Hals 49 der Schweinsrücken 50 das Schweinsblatt, die Schulter 51 der Schweinebauch 52 die Schweinskeule, der Schlegel 53 das Eisbein, Dickbein 54 das Spitzbein

II Названия частей туш

21 крупный рогатый скот 22 шея 23 лопатка с подплечным краем, лопаточная часть 24 ростбиф 25 филе 26 огузок 27 рулька 28 край 29 грудинка 30 оковалок 31 костец, задне-тазовая часть 32 бедро, огузок 33 челышко-соколок 34 пашинка 35 голяшки 36 коровий хвост 24-27, 30-32 мясо для жаренья, тушения 22, 23, 28, 29, 33-36 мясо для варки 37 телёнок 38 телячья голова 39 шейная часть 40 почечная часть, пояснично-крестцовая часть с почкой 41 тазобедренная часть 42 грудинка 43 лопатка, лопаточная часть 44 голяшки 45 телячьи ножки 46 свинья 47 свиная голова 48 баки, защейная часть 49 корейка, спинная (поясничная) часть 50 перёд, лопаточно-шейная часть 51 грудинка, пашинка 52 окорок 53 подбедёрок, берцовая часть 54 копытце с венчиком

Ergänzungen s. S. 511   Дополнения см. стр. 511

Konsumfleischerei II

XII. 146 Морское рыболовство — китобойный промысел

I Der Trawler, das Hochseefisch-fang-Motorschiff	I Траулер, моторное судно для рыбной ловли
II Der Logger, Hochsee-, Fisch-, Heringslogger	II Логгер

III Die Schleppnetzfischerei
1. der Trawler
2. das Scherbrett
3. das Grundschleppnetz, Grundnetz, Schleppnetz, Trawl
4. der Stert

III Лов рыбы тралом
1. траулер
2. распорная траловая доска
3. донный невод, трал
4. коса у снасти

IV Die Treibnetzfischerei
5. der Logger
6. die Boje, der Schwimmer
7. das Treibnetz

IV Рыбная ловля дрифтерными сетями
5. логгер
6. буй
7. дрифтерная сеть

V Die Ringwadenfischerei
8. das Fischerboot
9. das ringförmig ausgelegte od. gestellte Netz, die Ringwade
10. die Boje, der Schwimmer
11. die Schließvorrichtung

V Рыбная ловля кошельковым неводом
8. рыбачья барка
9. выметанный кошельковый невод
10. буй
11. замыкательное приспособление

VI Die Langleinenfischerei
12. der Kutter, Fischkutter; mit Hilfsmotor: der Motorkutter
13. die Boje, der Schwimmer
14. die Langleine, Leine mit beköderten Schnüren

VI Морской ярусный лов
12. малый рыболовный траулер; со вспомогательным двигателем: моторный рыболовный траулер
13. буй
14. ярус с поводками и крючками, наживлёнными наживкой

VII Die Aalreusen, Reusen, Aalsäcke

VII Верши для ловли угрей

VIII Der Walfang
15. der Wal
16. die Harpune mit Widerhaken
17. die Fangleine, Leine
18. der Harpunier, Harpunierer an der Harpunenkanone auf dem Bug des Walfängers od. Waldampfers

VIII Китобойный промысел
15. кит
16. гарпун с боковыми зубцами
17. линь
18. гарпунёр у гарпунной пушки на китобойном судне

Ergänzungen s. S. 512

Дополнения см. стр. 512

Seefischerei — Walfang   XII. 146

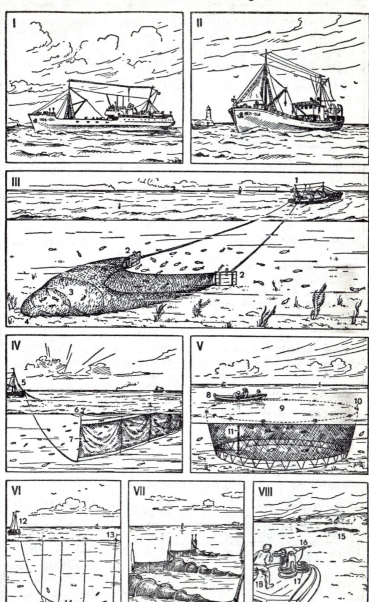

I Im Damensalon

1 das Haarwaschen 2 die Kabine (mit Vorhang) 3 die Trockenhaube 4 die Kosmetikerin bei der Handpflege (Maniküre) 5 die Kundin 6 die Toilette 7 das Kopfwaschbecken 8 die Seifenflasche 9 das Dauerwellen 10 der Dauerwellapparat 11 die Wasserwelle 12 die Friseuse 13 der Berufsmantel 14 der Frisierumhang 15 die Fixativflasche 16 die Dusche, Brause 17 die Mischbatterie 18 das Onduliereisen 19 der Fön 20 der Dauerwellwickel 21 das Wasserwellkämmchen 22 der Lockwellwickel 23 der Lockenwickel 24 die Lockwellbürste 25 der Frisierkamm 26 die Handmaschine 27 der Nackenpinsel 28 die Effilierschere 29 das Rasiermesser 30 der Streichriemen, Adam 31 der Handspiegel

I В дамской парикмахерской

1 мойка, мытьё волос 2 кабина (с занавесом) 3 сушильный аппарат с колпаком 4 маникюрша за работой 5 клиентка 6 туалетный столик 7 раковина для мытья головы 8 бутылка для жидкого мыла 9 шестимесячная завивка 10 аппарат для электрической завивки 11 холодная завивка 12 парикмахерша 13 спецодежда 14 накидка, пеньюар 15 флакон с фиксатуаром 16 ручной душ 17 водопроводная арматура 18 щипцы для завивки волос 19 фен (ручная электрическая сушилка для волос) 20 металлическая папильотка 21 гребёнка 22 специальные бегуди 23 бегуди 24 специальная щётка для локонов 25 расчёска 26 ручная машинка для стрижки волос 27 щётка для смахивания волос 28 специальные ножницы для стрижки волос 29 бритва 30 ремень для правки бритвы 31 ручное зеркало

II Im Herrensalon

32 das Rasieren 33 der Rasierpinsel 34 der Seifenschaum 35 das Einseifbecken 36 die elektrische Haarschneidemaschine 37 der Rasierstuhl 38 der Wendesitz 39 der Alaunstein 40 die feste Brillantine 41 die flüssige Brillantine 42 der Puderzerstäuber 43 das Haarschneiden 44 die Haarschneideschere 45 der Haarschneidekamm 46 der Friseurgehilfe 47 der Behälter für die Halskrausen 48 die Haarwasserflasche, Kopfwasserflasche 49 die Kopfbürste, Haarbürste 50 der Haarschneidemantel 51 der Heißwasserspender

II В мужской парикмахерской

32 бритьё 33 кисточка для бритья 34 мыльная пена 35 мыльница 36 электрическая машинка для стрижки волос 37 кресло 38 откидное сиденье 39 алунит, квасцовый камень 40 твёрдый брильянтин 41 жидкий брильянтин 42 пульверизатор пудры 43 стрижка волос 44 ножницы для стрижки волос 45 расчёска 46 помощник парикмахера 47 футляр для бумажных салфеток 48 бутылка для жидкости для волос 49 щётка для волос 50 накидка 51 водоподогреватель

Ergänzungen s. S. 513   Дополнения см. стр. 513

Friseur

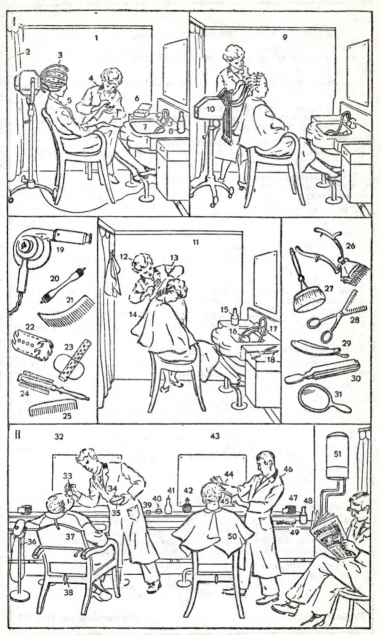

XII. 148 Бумажное производство

I Die Gewinnung von Zellstoff aus Holz
1 der Zellstoffkocher zur chemischen Aufschließung

I Производство целлюлозы из дерева
1 котёл для химической очистки целлюлозы

II Die Gewinnung von Holzschliff
2 der Schleifer zur mechanischen Auflösung (Abschleifung unter Druck) von Holz in seine Fasern

II Производство древесной массы
2 шлифовальное приспособление для механического размельчения (шлифовка под давлением) дерева на его волокна, дефибрёр

III Die Gewinnung von Lumpenhalbstoff
3 der Lumpenschneider, Hadernschneider zum Zerkleinern (Zerreißen) von Lumpen (Hadern)

III Производство полумассы из тряпья
3 машина для рубки тряпья, тряпкорезка для измельчения (разрывания) тряпья

IV Der Kugelkocher, Lumpen-, Hadernkocher
4 das Mannloch   5 das Triebrad (daran der Dampfeinlaß)   6 der Ablaßhahn

IV Котёл для варки тряпья
4 лаз, люк   5 движущееся колесо (с паровпускным клапаном)   6 спускной кран

V Der Kollergang, Mahlgang
7 die Läufersteine (darunter der Bodenstein und die Streicher [Schaber])
8 das Streichblech   9 die Schüssel, der Trog

V Дробильная машина, мельница
7 подвижные камни-бегуны (с нижняком и ударниками)   8 отвал
9 корыто

VI Der Holländer, Wasch- und Mahlholländer
10 die Mahlwalze

VI Ролл, ролл для промывания и измельчения
10 мельничный вал

VII Die Papiermaschine, Langsiebmaschine
11 das Rollzeug, der Rollapparat   12 die Glättwalze   13 die Trockenzylinder der Trockenpartie   14 die Naßpressen der Naßpartie

VII Бумагоделательная машина с плоской формальной сеткой
11 роликовый аппарат   12 лощильный вал   13 сушильные цилиндры сушильной части   14 мокрые прессы мокрой части

VIII Der Kalander
15 die Satinierwalzen

VIII Каландр
15 глазировальные валы

IX Die Handschöpfung
16 der Gautscher   17 der Schöpfer, Büttgeselle   18 die Form, Schöpfform für handgeschöpfte Büttenpapiere   19 die Bauscht, Pauscht (180 Bogen Papier, dazwischen Filze, fertig zum Pressen)   20 die Bütte, der Trog

IX Ручное черпание
16 накладчик   17 черпальщик   18 черпальная форма для бумаги ручной выделки   19 кипа бумаг между войлоками (180 листов бумаги, готовые к прессованию)   20 чан, корыто

Ergänzungen s. S. 515   Дополнения см. стр. 515

Papierherstellung

XII. 148

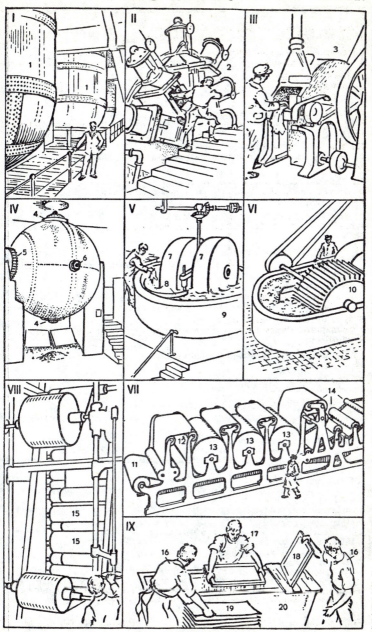

XII. 149   Наборная — литография — стереотипия

I-III Die Setzerei   **I-III Наборная**
I Der Handsatz
1 der Handsetzer, Setzer   2 der (früher übliche) Manuskripthalter, das Tenakel   3 der Setzkasten   4 der Winkelhaken   5 das Setzregal, Regal   6 die Letter, Type für den Handsatz
I Ручной набор
1 ручной наборщик   2 тенакль (употреблявшийся ранее)   3 наборная касса   4 верстатка   5 реал   6 литера для ручного набора
II Die Setzmaschine (hier: Setz- und Gießmaschine)
7 die Matrize für Komplettguß   8 das Magazin   9 der Auslauf für die Matrizen   10 der Gießapparat, die Gießmaschine   11 das Tastbrett, die Tastatur   12 der Behälter für Sonderbuchstaben (für Einhänger)
II Наборная машина (здесь: строкоотливная наборная машина, линотип)
7 матрица для комплектной отливки   8 магазин   9 матричный спуск   10 аппарат для отливки строк, отливной аппарат   11 клавиатура   12 ящик для подвесных матриц
III Das Handwerkszeug des Setzers
13 der Winkelhaken   14 der Frosch (die Einstellvorrichtung für die Zeilenlänge)   15 der Satz   16 die Pinzette   17 das Setzschiff   18 der Steg   19 der Satz   20 die Ahle
III Инструменты наборщика
13 верстатка   14 передвижная стенка (подвижной бортик для длины строки)   15 набор   16 пинцет   17 наборная доска   18 марзан   19 набор   20 шило
IV Die Lithographie, der Steindruck
21 der Lithograph, Steinzeichner   22 der Lithographiestein, Stein   23 die Graviernadel   24 die Lupe   25 der Pinsel (zum Entfernen der Steinstäubchen)   26 die Gravur
IV Литография
21 литограф, печатник с камня   22 литографский камень   23 пунсон   24 лупа   25 кисть (для удаления каменной пыли)   26 гравюра
V Die Stereotypie
27 die Trockenpresse   28 der Stereotypeur   29 die Schlagbürste   30 die Mater   31 die Schließform
V Стереотипия
27 сушильный пресс   28 стереотипёр   29 щётка для выколачивания матриц   30 стереотипная матрица   31 стереотипная форма
VI Die Rundgießmaschine
32 die Rundgießmaschine   33 die Kesselhaube   34 der Kessel   35 das Küken   36 der Gießkern   37 das Rundstereo   38 die Gießschale   39 der Transportkarren
VI Отливной аппарат для круглых стереотипов
32 отливной аппарат для круглых стереотипов   33 кожух котла   34 котёл   35 пробка   36 сердечник отливного аппарата   37 круглый стереотип   38 чаша для стереотипа   39 транспортная тележка
VII Die Galvanoplastik
40 die Stromzuleitung   41 der Badstromregler   42 der Galvanoplastiker   43 das Antriebsaggregat   44 die Matrize   45 die Kathodenstangen   46 die Anodenstange   47 das galvanische Bad
VII Гальванопластика
40 токоподвод   41 агрегат регулирующий ток в гальванической ванне   42 работник по гальванопластике   43 ведущий агрегат   44 матрица   45 катодные пруты   46 анодный прут   47 гальваническая ванна

Ergänzungen s. S. 517   Дополнения см. стр. 517

Setzerei — Lithographie — Stereotypie   XII. 149

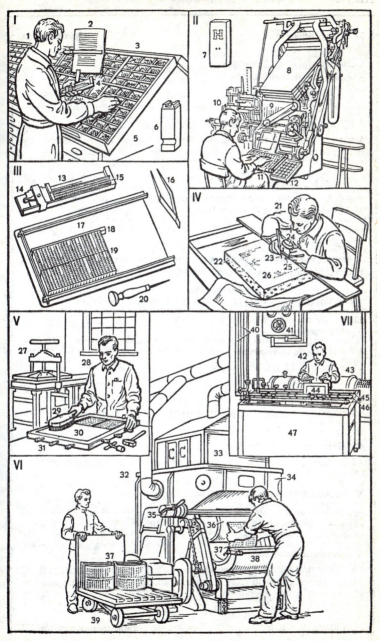

XII. 150 — **Типография**

I-III Der Buchdruck   I-III Книгопечатание

I Die Handpresse, Abziehpresse
1 der Tiegel, Drucktiegel 2 der Abzieher 3 die Auftragwalze zum Einfärben mit Druckerschwärze 4 der ausgebundene Satz 5 das Fundament

I Ручной пресс, тискальный станок
1 пиан, тигель 2 тискальщик 3 накатный валик для обкатывания печатной краской 4 перевязанная полоса 5 фундамент

II Die Schnellpresse
6 der Anlegetisch 7 der Druckzylinder, die Druckwalze 8 die Walzen des Farbwerks 9 die (geschlossene) Form, Druckform 10 der Drucker

II Плоскопечатная машина
6 накладной стол 7 печатный цилиндр, печатный вал 8 валики красочного аппарата 9 (сплошная) печатная форма 10 печатник

III Die Rotationsmaschine
11 die Walzen 12 die Papierrolle, Rolle

III Ротационная машина
11 валики 12 рулон бумаги

IV Die Tiefdruckmaschine
13 der Wandschmuck 14 die Papierrolle 15 der Auslegetisch

IV Машина для глубокой печати
13 стенное украшение 14 рулон бумаги 15 приёмный стол

V Die Offsetmaschine, Gummidruckmaschine
16 der Auslegetisch 17 der Gummizylinder mit Gummituch 18 der Druckzylinder 19 der Plattenzylinder 20 der Anlegetisch

V Офсетная машина
16 приёмный стол 17 резиновый цилиндр с резиновым полотнищем 18 печатный цилиндр 19 цинковый цилиндр 20 накладной стол

Ergänzungen s. S. 517   Дополнения см. стр. 517

Druckerei

XII. 150

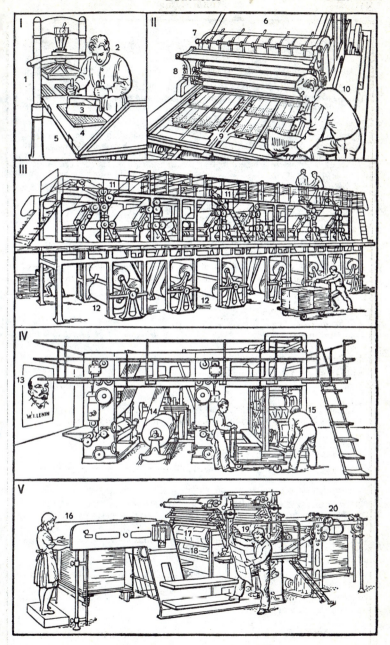

XII. 151 Переплётная мастерская

I Die Handbuchbinderei: 1 die Heftlade 2 der Zopf (Heftzwirn) 3 die Heftschnur 4 das Buchbindermesser, der Kneif 5 das Falzbein 6 die Beschneidemaschine 7 das Schneidemesser, Messer 8 der Buchblock 9 die Pappschere od. Pappenschere 10 das Einpressen in der Tischpresse 11 die Werbung für die Gesellschaft für deutsch-sowjetische Freundschaft 12 die Rückenleimung 13 der Leimkessel 14 die Rückenvergoldung 15 das Goldkissen (mit Blattgold, Goldaufträger und Goldmesser) 16 die Klotzpresse 17 der Schriftkasten 18 der Anwärmofen (mit Filete) 19 die Rolle 20 die Schutzwand (gegen Luftzug)

I Ручная переплётная мастерская: 1 уставка, швальный станок 2 нитка для шитва 3 шнурок для шитва 4 переплётный нож 5 гладилка, фальцбейн 6 резальная машина 7 нож, резак, резец 8 книжный блок 9 папкорезальная машина 10 прессовка на настольном прессе 11 агитационный плакат Общества германо-советской дружбы 12 заклейка корешка 13 котёл для клея 14 золочение корешка 15 подушка (с листовым золотом, накатным прибором и ножом) 16 колодка 17 шрифт-штампик 18 нагревательная печь (с филетой) 19 ролик 20 предохранительная стенка (против сквозняка)

II Handwerkszeug des Buchbinders: 21 das Falzbein 22 der Buchbinderhammer, Schlaghammer 23 das Buchbindermesser, der Kneif

II Инструменты переплётчика: 21 гладилка, фальцбейн 22 колотушка 23 переплётный нож

III Die Heftung: 24 die Drahtheftung 25 die Fadenheftung

III Шитво: 24 шитво проволокой 25 шитво нитками

IV Falzerinnen: 26 das Falzbein 27 zu falzende Bogen 28 gefalzte Bogen

IV Складчицы: 26 гладилка, фальцбейн 27 листы, подлежащие фальцовке 28 тетрадь

V Die Fadenheftmaschine: 29 die Zwirnsrolle 30 die Gazezuführung 31 der geheftete Bogen 32 der Bogenauflegetisch

V Ниткошвейная машина: 29 ниточная катушка 30 подача марли 31 сшитая тетрадь 32 стол для тетрадей

VI Die Beschneidemaschine: 33 das eine der beiden vorderen Beschneidemesser 34 das hintere Beschneidemesser 35 der zu beschneidende Buchblock 36 der Stapel zu beschneidender Bücher

VI Резальная машина: 33 один из двух передних резальных ножей 34 задний резальный нож 35 книжный блок подлежащий обрезке 36 стопа книг подлежащих обрезке

VII Die Buchdeckenmaschine: 37 der Zylinder und das Leimwerk 38 der Pappen- und Schrenzsauger 39 der Pappen- und Schrenztransport 40 der Deckenauswurf

VII Крышкоделательная машина: 37 цилиндр и клеильное приспособление 38 присоска для картонов 39 транспортировка картонов 40 выбрасывание крышек

VIII Die Einhängemaschine: 41 die Zange 42 der Einhängeflügel 43 der Drehzylinder

VIII Крытвенная машина: 41 щипцы 42 крыло для крытья 43 цилиндр поворота

Ergänzungen s. S. 519   Дополнения см. стр. 519

Buchbinderei

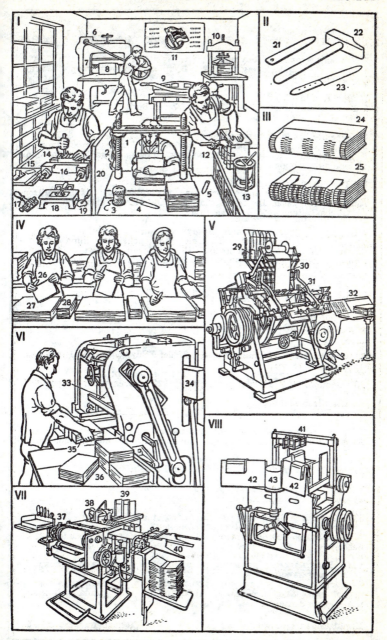

I Das Straßendorf
1 das Feld   2 die Dorfstraße   3 der Dreiseithof   4 der Garten, Obstgarten

I Деревня вдоль одной улицы
1 поле   2 деревенская улица   3 трёхсторонний двор   4 сад, фруктовый сад

II Das Runddorf
5 die Überlandleitung   6 der Friedhof   7 der Dorfplatz   8 die Dorfkirche
9 die Landstraße   10 die Hecke, Dorfhecke

II Деревня, расположенная по кругу
5 линия дальней передачи   6 кладбище   7 деревенская площадь
8 деревенская церковь   9 большая проезжая дорога, большак
10 живая изгородь

III Das Straßenangerdorf
11 der Ausbau   12 der Anger, Dorfanger   13 die Dorflinde   14 das Spritzenhaus   15 der Teich, Dorfteich   16 das Transformatorenhäuschen   17 die elektrische Leitung   18 der Vierseithof

III Деревня, расположенная вокруг выгона
11 выселок   12 деревенский выгон   13 деревенская липа   14 пожарная часть, пожарное депо   15 деревенский пруд   16 трансформаторная будка   17 линия электропередачи   18 четырёхсторонний двор

IV Der Weiler
19 der Hof, das Gehöft, Anwesen

IV Деревушка, хутор
19 двор, хутор, небольшое владение

V Das Haufendorf
20 der Kirchturm   21 das Gewann   22 der Feldweg, Wirtschaftsweg

V Деревня со скученно расположенными домами
20 колокольня   21 граница пашни   22 просёлочная дорога

VI Die Streusiedlung
23 der Fabrikschornstein   24 der Weg   25 das Haus, Wohngebäude

VI Посёлок с разбросанными домами
23 фабричная дымовая труба   24 дорога   25 дом, жилой дом

VII Das Reihendorf, Waldhufendorf
26 der Wald   27 die Waldhufe   28 der Feldrain

VII Деревня с лесными наделами
26 лес   27 лесной надел   28 межа

VIII Das durch die demokratische Bodenreform entstandene Bauerndorf
29 der durch die demokratische Bodenreform entstandene Kleinbauernhof (↑ Taf. 153, II)   30 die Straße   31 das Wohn- und Stallgebäude   32 die Scheune

VIII Крестьянская деревня, возникшая в результате демократической земельной реформы
29 двор мелкого крестьянина, возникший в результате демократической земельной реформы (↑ табл. 153, II)   30 улица   31 жилое помещение с хлевом   32 сарай

Ergänzungen s. S. 520   Дополнения см. стр. 520

Dorfformen

XIII. 152

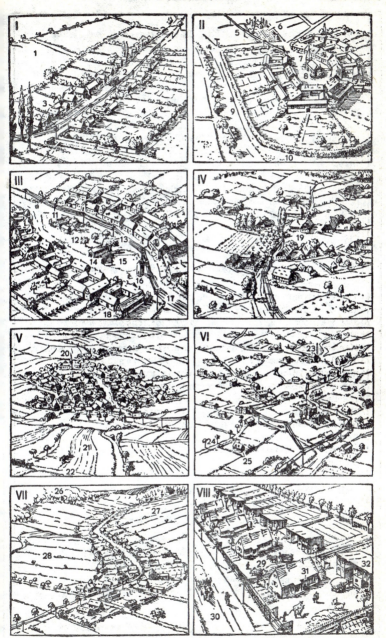

XIII. 153 Крестьянские дворы

I Der Bauernhof, die Wirtschaft, Bauernwirtschaft, das Gehöft

1 die Scheune, Scheuer 2 der Taubenschlag 3 die Taube, Haustaube 4 das Scheunentor, die Durchfahrt 5 die Banse 6 das Stroh 7 der Futterspeicher, Kornboden 8 die Tenne, der Estrich 9 der Holzstapel 10 der Hackklotz 11 die Leiter 12 der Silo, Futtersilo, Gärfutterbehälter 13 der Hühnerstall 14 die Hühnerleiter 15 das Pferd 16 der Brunnen 17 die Pumpe 18 das Brunnenbecken, die Tränke 19 der Weinstock 20 der Heuboden 21 der Maschinenschuppen 22 der Stall, die Stallung, das Stallgebäude († Taf. 154) 23 der luftbereifte Ackerwagen 24 der Wirtschaftsgehilfe, Landwirtschaftsgehilfe 25 der Miststapel, die Miststätte mit dem Stapelmist 26 die Jauchenpumpe 27 das Jauchenfaß 28 der Jauchenwagen 29 der Bauer, Landwirt 30 der Tränkeimer 31 der Abort 32 der Hofhund 33 die Hundehütte 34 der Hahn 35 der Truthahn, Puter 36 die Bäuerin, Bauersfrau 37 das Bauernhaus, Wohnhaus 38 die Wirtschaftsgehilfin, Landwirtschaftsgehilfin 39 die Gans 40 die Ente 41 das Huhn, die Henne (hier: Glucke) 42 das Kücken od. Küken 43 das Hoftor, die Einfahrt 44 das Seitentor

I Крестьянский двор, крестьянское хозяйство, крестьянская усадьба

1 сарай, амбар 2 голубятня 3 голубь 4 ворота сарая, проезд 5 закром (для снопов) 6 солома 7 кормохранилище, хлебный амбар 8 ток, гумно 9 штабель дров 10 колода, чурбан 11 приставная лестница, стремянка 12 силос, силосная башня 13 курятник 14 стремянка 15 лошадь 16 колодец 17 насос, помпа 18 водопой 19 виноградная лоза 20 сеновал 21 машинный сарай 22 хлев († табл. 154) 23 телега на пневматических колёсах 24 работник 25 навозная куча 26 насос, подающий навозную жижу 27 бочка для навозной жижи 28 повозка, телега для транспортировки навозной жижи 29 крестьянин, сельский хозяин 30 ведро 31 отхожее место, уборная 32 дворовая собака 33 конура 34 петух 35 индюк 36 крестьянка 37 крестьянский дом 38 работница 39 гусь 40 утка 41 курица (здесь: наседка) 42 цыплёнок 43 ворота, въезд 44 боковые ворота

II Durch die demokratische Bodenreform entstandener Kleinbauernhof

45 die Wohnung 46 der Stall, die Stallung 47 die Scheune 48 der Hofplatz 49 der Obstgarten 50 der Gemüsegarten 51 der Ententeich

II Двор мелкого крестьянина, возникший в результате демократической земельной реформы

45 жилище, квартира 46 хлев 47 сарай, амбар, зернохранилище 48 двор 49 фруктовый сад 50 огород 51 пруд для уток

Ergänzungen s. S. 520   Дополнения см. стр. 520

Bauernhöfe

XIII. 153

XIII. 154   Хлев — конюшня

I Der Pferdestall

1 das Stallfenster   **2** das Kumt   **3** die Box, Boxe   **4** die Stute   **5** der Futterschlot   **6** die Heuraufe, Futterraufe   **7** das Pferd (hier: der Hengst)   **8** die Krippe, Futterkrippe   **9** die Kette   **10** das Geschirr   **11** der Pferdestand   **12** der Stallbaum, Querbaum   **13** der Pferdemist   **14** das Fohlen, Füllen   **15** die Mistgabel, Mistforke   **16** die Kardätsche   **17** der Striegel   **18** der Hafer   **19** die Futterkiste   **20** die Streu, Strohschütte   **21** die Abflußrinne, Jauchenrinne   **22** die Mistkarre   **23** der Kutscher   **24** das Häckselsieb   **25** der Stallgang, die Stallgasse

I Конюшня

1 окно конюшни   **2** хомут   **3** стойло   **4** кобыла, кобылица   **5** кормовая труба   **6** ясли   **7** лошадь (здесь: жеребец)   **8** кормушка   **9** цепь   **10** сбруя, конская упряжь   **11** стойло, денник   **12** перекладина   **13** конский навоз   **14** жеребёнок   **15** навозные вилы   **16** скребница, щётка   **17** скребница   **18** овёс   **19** кормушка   **20** подстилка, солома   **21** сточный жёлоб для навозной жижи   **22** навозная тачка   **23** кучер   **24** сито   **25** проход в конюшне

II Der Kuhstall, Rinderstall

26 das Schwalbennest   **27** die Stallampe   **28** die Stallentlüftung   **29** das Kalb   **30** die Stalltafel   **31** der Jährling, das Jungvieh   **32** die Sterke, Färse   **33** die Halbtür, Niedertür   **34** der Kuhfladen, Kuhmist   **35** der Melkschemel   **36** die Melkerin   **37** die Milch   **38** der Melkeimer, Melkkübel   **39** das Milchsieb   **40** die Milchkanne   **41** der Bulle, Stier   **42** die Kuh, Milchkuh, das Rind   **43** das Freßgitter   **44** die Selbsttränke   **45** das Futter (hier: Grünfutter)   **46** der Futtertisch

II Коровник, хлев для крупного рогатого скота

26 ласточкино гнездо   **27** плафон   **28** вентилятор   **29** телёнок   **30** табличка   **31** годовалое животное, молодняк   **32** тёлка, молодая корова   **33** полудверь   **34** коровий навоз   **35** скамеечка для доения   **36** доильщица, доярка   **37** молоко   **38** подойник   **39** цедилка для молока   **40** молочная фляга   **41** бык, вол   **42** корова, дойная корова, крупный рогатый скот   **43** кормовая решётка   **44** автоматическая поилка, автопоилка   **45** корм (здесь: зелёный корм)   **46** кормовой проход

III Der Schweinestall

47 die Futterküche   **48** der Kartoffeldämpfer   **49** die Kartoffelquetsche   **50** die Bucht, der Koben   **51** das Schwein (hier: Mastschwein)   **52** das Läuferschwein   **53** der Trog, Futtertrog   **54** der Ferkeldurchlaß   **55** die Sau (hier: Muttersau)   **56** das Ferkel, Spanferkel   **57** der Schweinepilz   **58** die Eberhütte   **59** der Eber   **60** die Schweinehütte

III Свинарня

47 кормовая кухня   **48** картофельный запарник   **49** картофелемялка   **50** свиной хлев   **51** свинья (здесь: откормленная свинья)   **52** подсвинок   **53** кормушка   **54** проход для поросят   **55** свинья (здесь: свиноматка)   **56** поросёнок, молочный поросёнок   **57** грибообразная свинарня под открытым небом   **58** хлев для кабанов   **59** кабан   **60** свинарня под открытым небом

Ergänzungen s. S. 521   **Дополнения см. стр. 521**

Stall XIII. 154

XIII. 155   MTS – VdgB – VEAB

I Die Maschinen-und-Traktoren-Station (MTS)

1 das Kulturhaus   2 der Kulturleiter   3 der Maschinenschuppen   4 die Werkstatt   5 die Tanksäule   6 der Raupenschlepper, die Raupe, Ackerraupe   7 der Traktorenpflug, Schlepperpflug, Anhängepflug   8 der Traktor, Schlepper, Trecker, die Zugmaschine   9 das Führerhaus   10 der Werkstattschlosser   11 der Brigadier   12 der Traktorist, Schlepperführer   13 der Werkstattbrigadier   14 die Traktoristin

I Машинно-тракторная станция (МТС)

1 дом культуры   2 культорг   3 помещение для хранения сельскохозяйственных машин, машинный сарай   4 мастерская   5 раздаточная колонка   6 гусеничный трактор   7 тракторный плуг, прицепной плуг   8 трактор, тягач   9 кабина водителя   10 слесарь, работающий в мастерской   11 бригадир   12 тракторист, водитель трактора   13 бригадир мастерской   14 трактористка

II Die Vereinigung der gegenseitigen Bauernhilfe (Bäuerliche Handelsgenossenschaft) (VdgB[BHG])

15 die Kartoffelflockenfabrik   16 der Futtermittelspeicher   17 die Saatgutreinigungsanlage mit der Beizanlage   18 der Giftraum für die Pflanzenschutzmittel   19 der Düngerschuppen   20 das Anschlußgleis   21 die Bauernstube   22 die Deckstation   23 die Besamungsstation

II Объединение крестьянской взаимопомощи (Крестьянский торговый кооператив) (VdgB[BHG])

15 завод, изготовляющий картофельные хлопья   16 кормохранилище   17 установка для очищения посевного зерна с устройством для протравливания   18 хранилище химических средств для борьбы с вредителями   19 склад для удобрений   20 ветка   21 крестьянская комната   22 станция для случки животных, случной пункт   23 станция для искусственного осеменения

III Der volkseigene Erfassungs-und-Aufkauf-Betrieb für landwirtschaftliche Erzeugnisse (VEAB)

24 der Kornspeicher   25 der Getreidesilo   26 das Wiegehäuschen   27 die Fuhrwerkswaage, Zentesimalwaage   28 die Viehauftriebsstelle   29 die Viehwaage   30 der Viehwagen   31 der Erfasser   32 der Lastkraftwagen   33 die Rampe   34 der Speicherarbeiter   35 die Sackkarre   36 die Eiersammelstelle   37 der Bezirkseiersammler

III Народное предприятие по заготовке и закупке сельскохозяйственных продуктов (VEAB)

24 зернохранилище, склад зерна   25 элеватор   26 будка для весов   27 возовые весы, сотенные весы   28 сборный пункт для скота   29 шкальные весы   30 автомашина для перевозки скота   31 заготовитель   32 грузовой автомобиль, грузовик   33 платформа   34 работник на складе   35 тачка для перевозки мешков   36 пункт для сбора яиц   37 районный уполномоченный по сбору яиц

Ergänzungen s. S. 523   Дополнения см. стр. 523

MTS — VdgB — VEAB XIII. 155

XIII. 156   Полевые работы I

I Die Bodenbestellung, Feldbestellung, Bodenbearbeitung (Herbstfurche, Winterfurche)

1 der Acker, Ackerboden
2 das Feld, der Schlag
3 der Traktor, Schlepper, Trecker, die Zugmaschine
4 der Traktorenpflug, Schlepperpflug, Anhängepflug
5 der Bewässerungsgraben
6 der Landarbeiter

7 der Misthaken
8 der Mistwagen, Ackerwagen
9 das Gespann, Pferdegespann
10 die Deichsel
11 der Dünger (hier: Mist, Stallmist, Dung)
12 der Misthaufen
13 der Ochse, Zugochse
14 das Ortscheit
15 der Pflug (hier: Karrenpflug)

16 die Ackerwaage
17 die Furche, Ackerfurche
18 die Scholle
19 der Feldweg
20 die Ackerwalze (hier: Cambridgewalze, Sternringelwalze)
21 der Grubber, Kultivator
22 der Grenzstein
23 der Rain, Feldrain
24 die Egge (hier: S-Egge)

II Der Pflug (hier: Karrenpflug)

25 der Handgriff
26 der Sterz, die Sterze
27 der Grindel, Pflugbaum
28 die Selbstführung, Spannkette
29 das Landrad
30 das Joch, die Brücke
31 der Karren
32 der Zughaken
33 das Streichblech, Streichblatt
34 die Sohle
35 das od. die Schar, Pflugschar
36 das Sech (hier: Messersech)

37 der Vorschäler, Vorschneider
38 das Furchenrad

Ergänzungen s. S. 523

I Обработка земли, обработка почвы (зяблевая вспашка, зябь)

1 пашня, поле
2 поле
3 трактор, тягач, моторный передок
4 тракторный плуг, прицепной плуг
5 оросительная канава
6 сельскохозяйственный работник
7 навозный крюк
8 повозка для навоза
9 упряжка, пара лошадей
10 дышло
11 позём, удобрение (здесь: навоз)
12 навозная куча
13 вол, бык, рабочий вол
14 вага
15 плуг (здесь: передковый плуг)

16 валёк
17 борозда
18 глыба земли
19 просёлочная дорога
20 полевой каток (здесь: кембриджский каток)
21 груббер, культиватор
22 межевой камень
23 межа
24 борона (здесь: посевная лёгкая борона)

II Плуг (здесь: передковый плуг)

25 рукоятка, ручка
26 рукоятка плуга
27 грядиль плуга
28 натяжная цепочка
29 полевое колесо
30 ярмо
31 тачка
32 тяговый крюк
33 отвал плуга
34 подошва плуга
35 лемех
36 лемех (здесь: лемех в виде ножа)
37 предплужник
38 бороздное колесо

Дополнения см. стр. 523

Feldarbeiten I

Полевые работы II

I Die Saat, Aussaat

1. der Düngerstreuer
2. die Kleekarre
3. der Traktor, Schlepper, Trecker, die Zugmaschine
4. die Sämaschine (hier: Drillmaschine)
5. der Drillkasten, Säkasten
6. das Saatkorn, Saatgut, Saatgetreide
7. das Saatleitungsrohr
8. das Saatbeet, Saatfeld

II Die Ernte (hier: Getreideernte)

9. der Getreidewagen, Erntewagen (hier: Leiterwagen)
10. die Ährenleserin
11. der Mähbinder, Selbstbinder
12. die Puppe, Getreidepuppe, Hocke
13. der Pferderechen, Schlepprechen
14. das Stoppelfeld
15. das Getreidefeld, Kornfeld
16. der Schnitter, Mäher, Erntemann
17. die Sense
18. der Sensenkorb, das Erntegestell
19. der Schwaden, das Schwad
20. die Binderin, Garbenbinderin
21. das Strohseil
22. die Garbe, das Gebinde

III Das Dreschen (mit der MTS auf dem Dreschplatz)

23. die Dreschmaschine, der Dreschsatz, Dreschkasten
24. der Einleger
25. das Spreugebläse
26. die Strohfeime
27. die Strohpresse
28. der Strohballen, das Preßstroh
29. die Spreu, der Abfall
30. der Kornsack, Getreidesack
31. die Dezimalwaage
32. der Maschinist
33. der Brigadeleiter, Brigadier

Ergänzungen s. S. 524

I Сев

1. разбрасывающий удобрение
2. сеялка для клевера
3. трактор, тягач, моторный передок, трактор-тягач
4. сеялка (здесь: рядовая сеялка)
5. семенной ящик
6. посевной материал, семена
7. семяпровод
8. посевная грядка, посевное поле

II Жатва (здесь: уборка хлеба)

9. повозка (здесь: телега)
10. сборщица колосьев
11. сноповязалка
12. копна, копна хлеба
13. конные грабли
14. жнивьё, стерня
15. нива, пашня
16. жнец, косарь, косец
17. коса
18. собиратель
19. укос, ряд скошенного хлеба
20. сноповязальщица
21. перевясло
22. сноп

III Молотьба (с МТС на месте молотьбы)

23. молотилка
24. снопонакладчик
25. отсасывающий механизм
26. стог соломы
27. соломопресс
28. прессованная кипа соломы
29. мякина, полова, отбросы
30. мешок для зерна
31. десятичные весы
32. машинист
33. бригадир

Дополнения см. стр. 524

Feldarbeiten II

XIII. 158 Полевые работы III

I Die Hackfruchternte (Rüben- und Kartoffelernte)

1 die Zuckerfabrik   2 das Rübenfeld, der Rübenschlag   3 die Köpfschippe, Köpfschüppe   4 die Zuckerrüben   5 der Rübenheber, Rübenroder   6 der Blätterhaufen   7 das Kartoffelfeld   8 der Kartoffelwagen, die Kartoffelfuhre   9 der Kartoffelroder, die Kartoffelschleuder   10 der Kartoffelsack   11 die Miete, Kartoffelmiete, Kartoffelfeime   12 der Kartoffelkorb   13 die Kartoffeln   14 die Kartoffelgabel

I Уборка корнеплодов (уборка свёклы и картофеля)

1 сахарный завод   2 свекловичное поле   3 ботворез   4 сахарные свёклы, свекловицы   5 свеклоподъёмник, свеклокопатель   6 куча листьев   7 картофельное поле   8 повозка для картофеля   9 картофелекопатель   10 мешок для картофеля   11 полевое картофелехранилище, картофельный бурт   12 корзина для картофеля   13 картофель   14 вилы для картофеля

II Die Heuernte

15 die Heugabel, Forke   16 das Heu   17 der Heuwagen, die Heufuhre, das Fuder   18 die Heuhütte   19 der Rechen, Heurechen, die Harke   20 der Heuhaufen   21 der Heuwender (hier: Gabelwender)   22 der Traktor, Schlepper, Trecker, die Zugmaschine   23 der Grasmäher (am Traktor)   24 der Heuschwaden, das Heuschwad   25 die Sense   26 der Dengelhammer   27 der Wetzstein   28 der Dengelamboß

II Сенокос, сбор сена

15 вилы для сена   16 сено   17 воз сена   18 козлы для сена   19 сенные грабли   20 копна сена   21 сеноворошилка (здесь: вилкообразная сеноворошилка)   22 трактор, тягач, моторный передок   23 сенокосилка (у трактора)   24 укос   25 коса   26 молоток для отбивки кос   27 оселок, точильный камень   28 бабка для отбивки кос

III Die Wiese

29 die Weide, Viehweide, Koppel   30 das Jungvieh   31 die Tränke   32 der Weidezaun, Koppelzaun   33 die Hecke   34 die Hürde, Schafhürde   35 der Pferch   36 das Weidetor, Koppeltor   37 der Karren, Schäferkarren   38 der Entwässerungsgraben   39 die Herde (hier: Schafherde)   40 der Hirtenstab, Schäferstab   41 der Hirt (hier: Schäfer, Schafhirt)   42 die Hirtentasche   43 der Hammel (hier: Leithammel, das Leittier)   44 das Schaf   45 das Lamm   46 der Hund, Schäferhund   47 das Gras

III Луг

29 выгон, пастбище, огороженный выгон   30 молодняк крупного рогатого скота   31 водопой   32 пастбищный забор   33 живая изгородь   34 плетень   35 загон для скота   36 ворота в загон   37 пастушья тачка   38 дренажная, водоотводная канава   39 стадо (здесь: стадо овец)   40 пастушья палка   41 пастух (здесь: овчар)   42 пастушья сумка   43 баран (здесь: баран-вожак стада)   44 овца   45 ягнёнок   46 собака, овчарка   47 трава

Ergänzungen s. S. 525   Дополнения см. стр. 525

Feldarbeiten III

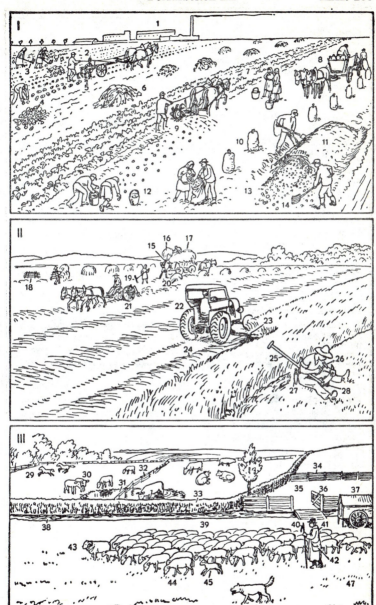

XIII. 159 Сельскохозяйственные машины

Landwirtschaftliche Maschinen und Geräte	Сельскохозяйственные машины и орудия
1 die Schleppe, Ackerschleppe, Ackerschleife, Ackerschlichte (hier: Gliederschleppe)	1 волокуша, полевая волокуша (здесь: звеньевая волокуша)
2 die Glattwalze	2 гладильный каток
3 die Netzegge, der Unkrautstriegel	3 сетеобразная борона, лёгкая цепная борона
4 der Vorratsroder (Schatzgräber)	4 картофелекопатель («шацгребер»)
5 der Krautschläger	5 ботворезальное приспособление
6 das Vielfachgerät	6 универсальное орудие для обработки почвы
7 der Grasmäher	7 косилка, сенокосилка
8 der Mähdrescher	8 комбайн
9 der Mähapparat	9 хедер, жатвенный аппарат
10 der Mähdrescherführer	10 комбайнер, водитель комбайна
11 der Motor	11 двигатель
12 der Trinkwassertank	12 резервуар для питьевой воды
13 der Körnertank mit der Aufschrift „C 4 [= Stalinez 4] Combine der Freundschaft"	13 бункер для зерна, надпись: С 4 [= Сталинец 4] комбайн дружбы
14 die Dreschmaschine	14 молотилка
15 der Strohwagen	15 соломокопнитель

Ergänzungen s. S. 526   Дополнения см. стр. 526

Landmaschinen

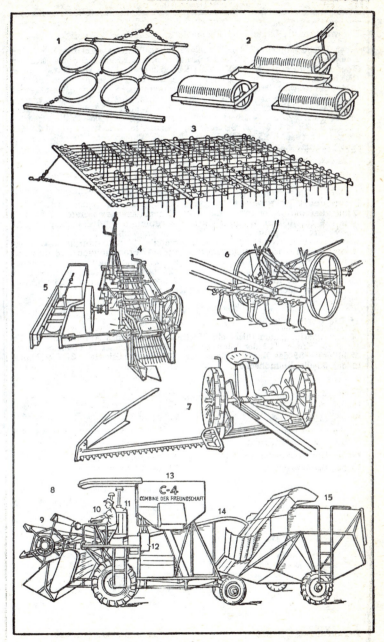

I Gewächshaus, Lagen und Freibeete

1 der Hochbehälter   2 die Heizanlage (hier: Warmwasserheizung)   3 der Kompost, Komposthaufen   4 der Erdhaufen, das Erdmagazin, das Erdlager   5 der Durchwurf, das Erdsieb   6 die Kübelpflanze   7 das Wohnhaus   8 der Geräteschuppen   9 das Topflager   10 das Wasserbassin, der Wasserkasten   11-17 das Gewächshaus   11 die Umfassungsmauer   12 die Glasstehwand   13 die Sprosse   14 die Firstlüftung   15 das Hängebrett   16 der Setzkasten, Pikierkasten   17 der Tisch, Pflanztisch, das Tablett   18 der Doppelkasten   19 der Steg   20 das Mistbeet, Frühbeet, die Lage   21 das Frühbeetfenster   22 das Luftholz   23 die Strohmatte, Deckmatte, Schattiermatte   24 der Regner, Sprenger   25 der Schlauch   26 das Blumenbeet   27 das Gemüsebeet   28 das Laufbrett   29 die Bodenfräse

I Теплица, парники и грядки в открытом грунте

1 напорный резервуар   2 котельная установка (здесь: водяное отопление)   3 компост, сборное удобрение из разных отбросов   4 куча земли   5 грохот для земли   6 растение в кадушке   7 жилой дом   8 сарай для орудий   9 запас горшков   10 бассейн, водоём   11-17 теплица, оранжерея   11 ограждающая кладка   12 стеклянная вертикальная стена   13 шпрос, брусок   14 вентиляция   15 подвесная доска   16 ящик для пикировки   17 стол, поднос   18 двойной ящик   19 перекладина   20 парник   21 накладная рама   22 деревяшка   23 соломенная рогожа   24 опрыскиватель, дождеватель   25 шланг   26 цветник, клумба   27 огородная грядка   28 мостик, подножная доска   29 почвенная фреза

II Die Obstbaumschule

30 der Obstjungbaum (hier: ein Hochstamm)   31 das Aufputzen   32 die formierte Krone   33 der Pflanzgraben   34 der eingesetzte Pflänzling (hier: Wildling)   35 das Baumschulquartier   36 die Pflanzkette   37 die Pflanzrille   38 die Einradhacke

II Древесный питомник, питомник фруктовых деревьев

30 молодое фруктовое дерево (здесь: высокоствольное дерево)   31 подрезка   32 формированная крона   33 посадочная канавка   34 саженец (здесь: дичок)   35 участок плантации   36 посадочная цепь   37 посадочная борозда   38 одноколёсная мотыга

III Weitere Maschinen und Geräte

39 die Packmaschine   40 der Bindedraht   41 die Sämaschine   42 die Entblätterungsmaschine   43 die Rückenspritze   44 die Pflanzhacke   45 der Baumschulspaten   46 die Zughacke, Pferdehacke

III Другие машины и орудия

39 упаковочная машина   40 проволока для вязки   41 сеялка   42 машина для обезлиствления   43 ранцевый опрыскиватель   44 посадочная мотыга   45 лопата   46 конная мотыга

Ergänzungen s. S. 527   Дополнения см. стр. 527

Gärtnerei I

XIII. 161 Садоводство II

I Die generative Vermehrung
1 der Same, Samen   2 die Aussaatschale   3 das Namensschild, Etikett
4 die Deckscheibe   5 das Pikieren, Verstopfen   6 das Pikierholz   7 der Pikierkasten   8 das Auspflanzen   9 der Wurzelballen   10 der Topfballen

I Генеративное размножение
1 семя   2 кювета для посева   3 ярлык, этикетка   4 защитное стекло   5 пикировка   6 пикировочный колышек   7 ящик для пикировки   8 высадка, рассадка, посадка   9 корень с комком земли   10 корень с комком земли, имеющим вид горшка

II Die vegetative Vermehrung
11 die Mutterpflanze   12 der Absenker   13 der Ableger   14 die angehäufelte Mutterpflanze (hier: nur noch der Wurzelstock)   15 das Mutterbeet   16 der Abriß (ein bewurzelter Zweig der Mutterpflanze)   17 der Ausläufer, Fechser (hier: oberirdisch)   18 die Klammer (die in die Erde drückt)   19-25 der Steckling: 19 der Krautsteckling, Triebsteckling   20 der Blattsteckling   21 der Augensteckling   22 das Auge   23 der Wurzelsteckling   24 der Kallus (mit Wurzelbildung)   25 der Holzsteckling, das Steckholz   26 die alte Zwiebel   27 die Brutzwiebel   28 die Teilung   29 die Teilpflanze   30 das Rhizom (hier: Kalmus)

II Вегетативное размножение
11 маточное растение   12 отводок   13 отсадок   14 окученное маточное растение (здесь: только корни)   15 гряда для маточных растений   16 укоренившаяся ветка маточного растения   17 отводок, побег (здесь: надземный)   18 зажим (с прижатой к земле веткой)   19-25 саженец: 19 травянистый саженец   20 листовой саженец   21 глазковый саженец   22 глазок   23 корневой саженец   24 каллус, нарост (с образованием корней)   25 безкорневой саженец   26 луковица-матка   27 луковица-побег   28 деление, раздел   29 черенок   30 корневище (здесь: аир)

III Das Veredeln
31-36 das Okulieren, Äugeln: 31 die Unterlage (entweder ein Sämling oder ein Wildling)   32 der T-Schnitt   33 das Okuliermesser   34 das Rindenschildchen   35 das eingesetzte Auge   36 der Verband aus Bast od. Wollfaden   37-44 das Kopulieren, Anschäften: 37 das einfache Kopulieren   38 das Edelreis, Pfropfreis, der Pfröpfling   39 die Unterlage (38 u. 39 gleichmäßig stark)   40 das Kopulieren mit Gegenzungen   41 das Geißfußpfropfen, Triangulieren   42 die stärkere Unterlage   43 das schwächere Edelreis   44 das Kopuliermesser   45 das Mark   46 das Holz   47 die grüne Schicht, das Kambium   48 die Rinde

III Прививка
31-36 окулирование, окулировка: 31 подвой (или сеянец или дичок)   32 Т-образный надрез в коре   33 окулировочный нож, прививочник   34 черенок   35 вставленный глазок   36 обвязка мочалом или шерстяной ниткой   37-44 копулировка: 37 простая копулировка   38 привой   39 подвой (38 и 39 оба одинаковой толщины)   40 копулировка с язычком   41 прививка в 3-гранный вырез   42 подвой (потолще)   43 привой (потоньше)   44 копулировочный нож   45 сердцевина   46 древесина   47 зелёный слой, камбий   48 кора

Ergänzungen s. S. 529   Дополнения см. стр. 529

Gärtnerei II

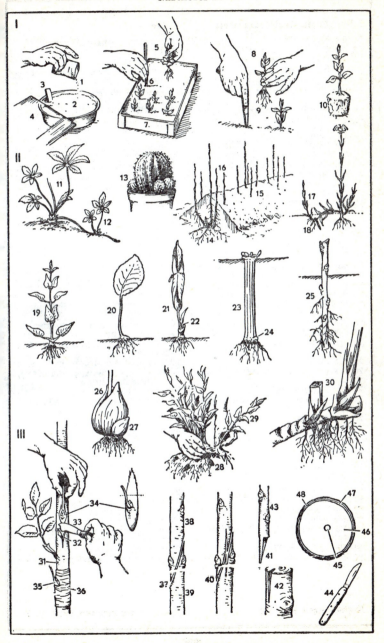

I Der Forst, Wald, das Holz.

1. der Hochwald
2. die Schneise, das Gestell
3. das Jagen
4. die Schonung
5. das Jungholz, Dickicht, die Dickung
6. Pflanzgarten, Forstgarten, das Vorschulbeet
7. der Kahlschlag, die Kahlfläche, Rodung, Lichtung
8. der Stubben, die Stubbe, der Stock Wurzelstock, Baumstumpf
9. das Unterholz, Gebüsch, Gestrüpp, der Niederwald
10. das Wildgatter, Gehege, Wildgehege
11. der Waldweg

II Das Holzfällen, Holzschlagen, der Holzeinschlag, Holzschlag

12. der Langholzwagen, das Holzfuhrwerk, die Holzfuhre
13. der Holzweg, Holzabfuhrweg
14. der Reisighaufen, das Reisig
15. das Raummeter Holz, der Holzstapel, Stapel
16. der Revierförster
17. der Ameisenhaufen
18. der Wendehaken
19. der Forstfacharbeiter
20. die (große) Trummsäge, Schrotsäge, Säge
21. der Numerierschlegel
22. der Baumstamm, Stamm, das Langholz
23. der Jahresring
24. die Fällaxt, Axt

III Werkzeuge zum Holzfällen

25. der Keil
26. der Sägeschnitt
27. die Kerbe, der Fallkerb
28. die Bügelsäge, Säge
29. das Schnitzmesser
30. die Trummsäge (für einen Mann), Säge
31. die Astheppe, Heppe
32. das Schäleisen

Ergänzungen s. S. 529

I Лес

1. высокоствольный лес
2. просека
3. квартал
4. молодняк, лесной заповедник
5. перелесок, чаща
6. лесной питомник
7. сплошная рубка
8. пень с корнями, ствол, корневище
9. подлесок, кустарник, заросли, низкоствольный лес
10. загон для дичи
11. лесная дорога

II Рубка леса, лесосека

12. повозка для долготья
13. лесовозная дорога
14. хворост
15. стер, штабель дров, штабель брёвен
16. лесничий лесного участка
17. муравейник
18. аншпуг, крюк для перекатки брёвен
19. рабочий на лесоразработках
20. (большая) поперечная пила, поперечка, пила
21. нумератор
22. ствол дерева, долготьё
23. годичное кольцо
24. лесорубный топор

III Инструменты для рубки леса

25. клин
26. распил
27. зарубка, насечка
28. лучковая пила
29. резак, резец
30. поперечная пила (для одного человека), пила
31. косарь
32. лущильный скобель

Дополнения см. стр. 529

Forstwirtschaft

XIII. 162

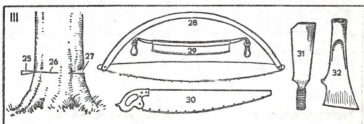

XIV. 163 Деньги — банк

Deutsche Geldzeichen (ausgegeben von der Deutschen Notenbank, Berlin)

Немецкие денежные знаки (выпущенные Немецким Эмиссионным Банком, Берлин)

I Münzen, Hartgeld
1 die Münze über 1 Pfennig, das Einpfennigstück, der Pfennig   2 die Münze über 5 Pfennig, das Fünfpfennigstück, der Fünfer   3 die Münze über 10 Pfennig, das Zehnpfennigstück, der Groschen   4 die Vorderseite   5 der Rand   6 die Umschrift   7 die Münze über 50 Pfennig, das Fünfzigpfennigstück, der Fünfziger

I Монеты, звонкая монета
1 монета достоинством в 1 пфенниг, пфенниг   2 монета достоинством в 5 пфеннигов, пятипфенниговая монета   3 монета достоинством в 10 пфеннигов, десятипфенниговая монета   4 лицевая сторона   5 ободок   6 надпись   7 монета достоинством в 50 пфеннигов, пятидесятипфенниговая монета

II Banknoten, Papiergeld, Geldscheine
8 die Banknote über 50 Deutsche Pfennig, die Fünfzigpfennignote, der Fünfzigpfennigschein   9 die Banknote über 1 Deutsche Mark, die Einmarknote, der Einmarkschein   10 die Banknote über 5 Deutsche Mark, die Fünfmarknote, der Fünfmarkschein   11 die Banknote über 10 Deutsche Mark, die Zehnmarknote, der Zehnmarkschein

II Банкноты, банковые билеты, бумажные деньги
8 банковый билет достоинством в 50 немецких пфеннигов   9 банковый билет достоинством в 1 немецкую марку   10 банковый билет достоинством в 5 немецких марок   11 банковый билет достоинством в 10 немецких марок

III Schalterhalle und Schalter einer Bank
12 der Geldzählerraum   13 die Geldpakete   14 die Zählerhaube   15 Nach dem Tresor (den Stahlkammern sowie den Schließfächern)   16 der Panzerschrank   17 der Schalter mit Banken-Inkasso   18 die Addiermaschine, Pult- od. Tischmaschine   19 der Schalter 8 (Abholer-Post)   20 der Postsortiertisch (mit Sortierfächern)   21 der Schalter 6 (Kasse, Einzahlung)   22 die Registrierkasse   23 der Bote   24 der Schalter 5 (Kasse, Auszahlung)   25 das Geldzählbrett   26 der Münzbeutel   27 die Geldrollen   28 die Paginiermaschine   29 der Tafeltresor   30 der Kassierer   31 der Geldzählertisch   32 das Geldpäckchen

III Операционный зал и окошки банка
12 помещение для счёта денег   13 пачка банковых билетов   14 защитная крыша   15 К сейфу (и к стальным камерам и ящикам)   16 стальной шкаф   17 окошко для инкассо   18 суммирующая машинка   19 окошко 8 (выдача почты заходящим за ней адресатам)   20 сортировочный стол (с ящиками)   21 окошко 6 (касса, взнос)   22 регистрирующая касса   23 рассыльный   24 окошко 5 (касса, выплата)   25 счётная дощечка   26 сумочка для монет   27 свёрток монет   28 нумератор   29 сейф   30 кассир   31 стол для счёта денег   32 пачка банкнотов

Ergänzungen s. S. 530   Дополнения см. стр. 530

Geld — Bank

XIV. 163

XIV. 164 — Бюро I

Das kaufmännische Büro, Kontor, die Kanzlei, das Geschäftszimmer	Коммерческое бюро, контора, канцелярия
1 das Porträt	1 портрет
2 der Karteischrank, die Schrankkartei, Kartothek	2 картотека, шкаф-картотека
3 das Regal, Gestell	3 полка
4 der Geldschrank, Tresor	4 сейф, несгораемый шкаф
5 die Kasse	5 касса
6 der Rollschrank	6 канцелярский шкаф
7 der Wandkalender	7 стенной календарь
8 die Unterschriftenmappe	8 папка для подписей
9 der Bürobote	9 мальчик-рассыльный
10 der Ordner, Briefordner	10 регистратор
11 der Locher	11 дырокол
12 der Stoß, Stoß Papier	12 кипа бумаг
13 u. 14 die Kartei	13 и 14 картотека
13 die Karteikarte	13 карточка из картотеки
14 der Karteikasten	14 ящик картотеки
15 der Schreibtisch	15 письменный стол
16 die Schreibtischplatte	16 доска письменного стола
17 die Aktenmappe, Mappe, Aktentasche	17 портфель
18 die Stenotypistin	18 машинистка-стенографистка
19 die Schreibmaschine († Taf. 165, I)	19 пишущая машинка († табл. 165, I)
20 die Rechenmaschine	20 счётная машинка
21 die Büroangestellte, Angestellte, Kontoristin	21 конторская служащая, служащая, конторщица
22 das Stempelkissen	22 штемпельная подушка
23 der Stempel	23 штемпель
24 der Stempelständer	24 подставка для штемпелей
25 die Briefwaage	25 весы для взвешивания писем
26 der Briefbeschwerer	26 пресс-папье
27 die Schreibtischlampe	27 лампа для письменного стола
28 das Schreibzeug	28 чернильный прибор
29 das Tintenfaß	29 чернильница
30 der Löscher	30 пресс-папье с промокательной бумагой
31 der Umlegkalender od. Umlegekalender	31 настольный календарь
32 der Notizblock, Schreibblock	32 блокнот
33 die Bleistiftschale, Federhalterschale	33 лоточек для карандашей и ручек
34 der Briefbogen	34 лист почтовой бумаги
35 der Briefumschlag	35 конверт
36 die Schreibunterlage	36 бювар
37 der Büroleiter, Abteilungsleiter	37 заведующий бюро, заведующий отделом
38 das Fach	38 ящик
39 der Fernsprecher († Taf. 165, II)	39 телефон, телефонный аппарат († табл. 165, II)
40 der Schnellhefter	40 скоросшиватель
41 die Ausziehplatte, Auszugplatte	41 выдвижная доска
42 der Zug	42 выдвижной ящик
43 die Kassette	43 кассета, денежная шкатулка
44 der Aktendeckel	44 папка для деловых бумаг
45 der Aktenständer	45 стол для деловых бумаг
46 die Papierschere	46 ножницы для резки бумаги
47 das Lineal	47 линейка
48 der Papierkorb	48 корзина для бумаг
Ergänzungen s. S. 532	Дополнения см. стр. 532

Büro I

I Die Schreibmaschine

1 der Zeilenschalter 2 der linke Walzendrehknopf 3 der Zeileneinsteller 4 der linke Wagenlöser 5 die Papieranlage 6 der Randsteller 7 der Papierableiter 8 die Randstellerskala 9 der rechte Wagenlöser 10 der Gesamtlöscher 11 die Schreibwalze 12 die Papierhalterrolle 13 die Führungsspitze 14 die Typenhebelführung 15 die Farbbandgabel 16 der Griff für den Papierhalter 17 der rechte Walzendrehknopf 18 die Sperrschrifttaste 19 der Setzer 20 die Dezimaltabulatortasten 21 der Einzellöscher 22 der Farbbandeinsteller 23 der Randlöser 24 der Umschaltfeststeller 25 der linke Umschalter 26 der rechte Umschalter

I Пишущая машинка

1 рычаг интервала 2 левая кнопка для вращения валика 3 рычаг установки интервала 4 левый выключатель каретки 5 щель для закладки бумаги 6 установка полей 7 планка на выходе листа 8 шкала для установки полей 9 правый выключатель каретки 10 общий выключатель табулятора 11 валик 12 ролик, придерживающий бумагу 13 указатель места удара литеры 14 направляющая рычагов с литерой 15 лентодержатель 16 ручка приспособления, придерживающего лист 17 правая кнопка для вращения валика 18 клавиша для печатания в разрядку 19 установка табулятора 20 клавиши десятичного табулятора 21 разовый выключатель табулятора 22 переключатель ленты 23 выключатель упора 24 стопорное приспособление перевода регистра 25 левая клавиша перевода регистра 26 правая клавиша перевода регистра

II Der Fernsprecher, das Telephon, der Fernsprechapparat, Apparat

27 die Leitung 28 die Anschlußdose 29 die Gabel 30 das Gehäuse 31 die Nummernscheibe 32 die Schnur 33 der Hörer 34 die Muschel

II Телефон, телефонный аппарат

27 провод 28 соединительная коробка 29 вилка 30 корпус 31 номеронабиратель, вертушка 32 шнур 33 телефонная трубка 34 раковина

III Das Schreibgerät

35 der Federhalter 36 die Feder, Schreibfeder, Stahlfeder 37 der Bleistift, Stift 38 die Mine 39 die Bleistifthülse 40 die Verlängerungshülse, der Verlängerer 41 der Füllfederhalter, Füllhalter, Füller 42 die Feder 43 die Verschlußkappe 44 der Klipp 45 der Drehbleistift 46 der Bleistiftspitzer 47 der Radiergummi 48 das Radiermesser, Federmesser

III Письменные принадлежности

35 ручка 36 перо, стальное перо 37 карандаш 38 графит 39 наконечник для карандаша 40 гильза для удлинения карандаша 41 вечное перо, авторучка 42 перо 43 наконечник 44 держатель для авторучки 45 винтовой автокарандаш 46 чинка 47 резинка 48 нож-скребок

IV Büroartikel

49 die Büroklammer 50 die Reißzwecke, Zwecke

IV Канцелярские принадлежности

49 скрепка 50 кнопка

Ergänzungen s. S. 532   Дополнения см. стр. 532

Büro II

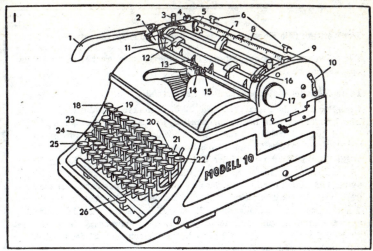

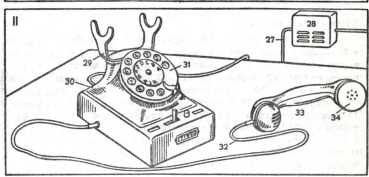

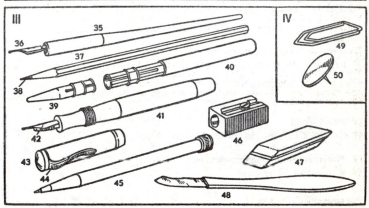

XIV. 166 Потребительская кооперация Государственная торговля

Der Konsum (die Konsumgenossenschaft); die HO (Handelsorganisation)

Потребительская кооперация; Государственная торговля (торговая организация)

I Die Konsumfiliale; ein Laden, ein Geschäft

1 das Regal   2 die Packung Kerzen   3 die Konserve im Industrieglas   4 das Flaschenbier   5 die Leiter, Ladenleiter   6 das Glas Marmelade   7 der Deckel, Schraubdeckel   8 die Kasse, Ladenkasse   9 die Preisliste   10 die Verkäuferin   11 die Tüte   12 die Schaufel, Warenschaufel   13 die Waage   14 die Kundin, Käuferin   15 der Verkaufsstellenleiter   16 der Kunde, Käufer   17 die Ladentür   18 die Schublade, Schieblade, das Schubfach, der Kasten   19 die Ladentafel, der Ladentisch, Verkaufstisch   20 der Sack   21 die Kiste   22 der Deckel, Kistendeckel   23 das Bandeisen   24 die Einkaufstasche, Einholetasche od. Einholtasche   25 das Einkaufsnetz   26 das Einschlagpapier, Einwickelpapier, Einpackpapier   27 die Tafelwaage   28 das Gewicht   29 die Schachtel Pralinen   30 der od. das Stielbonbon   31 der Glasbehälter mit Bonbons   32 die Rolle Drops

I Кооператив; магазин

1 полка   2 пачка свечей   3 консервы в стеклянной банке   4 пиво в бутылках   5 лестница   6 банка с мармеладом   7 навинчивающаяся крышка   8 касса   9 прейскурант   10 продавщица   11 пакетик, кулёк   12 товарный совок   13 циферблатные весы   14 покупательница   15 заведующий магазином   16 покупатель   17 дверь магазина   18 выдвижной ящик   19 прилавок   20 мешок   21 ящик   22 крышка   23 обручное железо, обруч   24 сумка для покупок   25 сетка для покупок   26 обёрточная бумага   27 настольные весы   28 гиря   29 шоколадный набор в коробке, пралине в коробке   30 леденец на палочке   31 стеклянная банка с конфетами   32 конфета «дропс»

II Das HO-Warenhaus

33 der Kunde, Käufer   34 die Warenausgabe, Ausgabe   35 die Kassiererin   36 die Kasse   37 die Kundin, Käuferin   38 die Verkäuferin   39 der Kassenzettel, Bon   40 der Stoffballen, Tuchballen, ein Ballen Stoff od. Tuch   41 die Rolltreppe   42 die Gliederpuppe, Schaufensterfigur   43 die Ankleidekabine   44 die Kleiderstange   45 der Abteilungsleiter

II Государственный универмаг

33 покупатель   34 отпуск товаров, выдача   35 кассирша   36 касса   37 покупательница   38 продавщица   39 чек   40 тюк ткани, рулон ткани или сукна   41 эскалатор   42 манекен   43 кабина для примерки   44 вешалка   45 заведующий отделом

Ergänzungen s. S. 533   Дополнения см. стр. 533

Konsum — HO

XIV. 166

XIV. 167   Кафе — отель

I Das Café, Kaffeehaus, die Konditorei | **I Кафе, кондитерская**

1 die Kaffeemaschine — 1 кофейная машина
2 der Konditor — 2 кондитер
3 die Torte — 3 торт
4 die Kasse, Registrierkasse, Kontrollkasse — 4 касса, регистрирующая касса, контрольная касса
5 die Verkäuferin — 5 продавщица
6 das Büfett — 6 буфет
7 die Pendeltür (darüber: das Zeichen des Fünfjahrplans) — 7 дверь, открывающаяся в обе стороны (над дверью: эмблема пятилетнего плана
8 der Kleiderständer, Garderobeständer — 8 гардероб, вешалка
9 der Kleiderhaken — 9 крючок
10 der Gast — 10 посетитель
11 die Kaffeetasse — 11 кофейная чашка
12 das Milchkännchen — 12 молочник
13 das Zuckerschälchen mit Würfelzucker — 13 тарелочка с пилёным сахаром
14 das Tablett — 14 поднос
15 das Kaffeekännchen — 15 кофейник
16 die Getränkekarte, Karte — 16 прейскурант напитков
17 das Stück Torte — 17 кусок торта
18 die Bedienung — 18 официантка
19 der Kaffeelöffel — 19 кофейная ложка

II Die Hotelhalle, Halle | **II Вестибюль, приёмный зал отеля**

20 der Fahrstuhl, Lift, Aufzug — 20 лифт
21 der Fahrstuhlführer — 21 лифтёр
22 der Hoteldiener — 22 служащий отеля
23 der Koffer — 23 чемодан
24 die Postablage — 24 место для складывания почты
25 das Fach — 25 полка, отделение
26 der Zimmerschlüssel — 26 ключ от комнаты
27 die Neonröhre — 27 неоновая лампа
28 der Empfang — 28 оформление приезжих
29 der Portier, Pförtner — 29 портье, швейцар
30 die Drehtür — 30 дверь-вертушка
31 der Klubsessel — 31 мягкое кресло
32 der Page — 32 мальчик-рассыльный
33 der Empfangschef — 33 метрдотель
34 der Gast — 34 приезжая

Ergänzungen s. S. 534   Дополнения см. стр. 534

Café — Hotel XIV. 167

XIV. 168 Ресторан

Die Gaststätte, Gastwirtschaft, das Gasthaus, Restaurant	Гостиница, ресторан
1 das Wandgemälde	1 стенная картина
2 der Gläserschrank	2 буфет
3 die Weinbrandflasche	3 бутылка
4 der Bierkrug	4 пивная кружка
5 das Büfett, die Theke, der Schenktisch	5 стойка
6 der Büfettier	6 буфетчик
7 der Bierdruckapparat	7 сифон для подачи пива
8 die Selterswasserflasche	8 бутылка для сельтерской воды
9 der Siphon	9 сифон
10 die Durchreiche	10 форточка
11 der Koch	11 повар
12 die Köchin	12 повар (здесь: женщина)
13 das Weinbrandglas	13 рюмка
14 das Bierglas	14 пивной стакан
15 der Schaum, die Blume	15 пена
16 der Bierdeckel, Bieruntersetzer	16 пивная подставка
17 der Salzstreuer	17 солонка
18 das Likörglas	18 рюмка для ликёра
19 der Geschäftsführer	19 заведующий
20 das Weinglas	20 стакан из-под вина
21 die Weinflasche	21 бутылка из-под вина
22 das kleine Glas Bier, der Schnitt	22 маленький стакан пива
23 der Kellnerlehrling	23 ученик-официант
24 der Kellner, Ober	24 официант
25 der Serviertisch	25 сервант
26 die Zigarettenverkäuferin	26 продавщица сигарет
27 der Tragladen	27 лоток
28 die Schachtel, Packung Zigaretten	28 пачка сигарет
29 der Kühler, Weinkühler, Sektkühler	29 охладитель, охладитель вина, охладитель шампанского
30 das Eis, Kunsteis	30 искусственный лёд
31 die Sektflasche	31 бутылка из-под шампанского
32 der Hals, Flaschenhals	32 горлышко бутылки
33 der Gast	33 посетитель
34 die Speisekarte, Karte	34 меню
35 der Aschenbecher, Ascher	35 пепельница
36 das Sektglas	36 бокал для шампанского
37 die Kellnerin	37 официантка

Ergänzungen s. S. 534   Дополнения см. стр. 534

Gaststätte XIV. 168

I Die Straße

1 die Bedürfnisanstalt
2 der Lichtmast, Kandelaber
3 die Verkehrsinsel
4 das Verkehrszeichen
5 die Normaluhr
6 die Sichtwerbung, das Werbeplakat: Helft alle mit am Neuaufbau Berlins!
7 das Haus, Mietshaus, Bauwerk, Gebäude, der Bau (hier: das Eckhaus)
8 die Unterführung
9 die Plakatsäule, Anschlagsäule, Litfaßsäule
10 die Fahrbahn, der Fahrdamm
11 der Feuermelder
12 die Telephonzelle, Fernsprechzelle
13 der Omnibus, Autobus, Bus
14 der Blinde
15 das Verkehrsschutzabzeichen, die Armbinde
16 der Blindenführhund, Führhund
17 die Fußgängerin, Passantin
18 der Stadtkoffer
19 die Anlage

II Die Straßenkreuzung, Kreuzung

20 die Straßenlaterne, Laterne
21 das Straßenschild
22 der Laternenpfahl
23 der Abfallbehälter
24 der Fußsteig, Fußweg, Gehweg
25 die Bordkante, Bordschwelle
26 die Taxe, das Taxi, die Kraftdroschke
27 der Volkspolizist (hier: Verkehrspolizist)
28 das Schaufenster
29 die Verkehrsampel
30 der Motorradfahrer
31 der Personenauto, der Personenkraftwagen, Wagen
32 die Absperrkette, das Gitter
33 der Radfahrer
34 der Markierungsstreifen für den Überweg
35 der Briefkasten
36 die Klappe
37 der Einwurf, Schlitz

Ergänzungen s. S. 536

I Улица

1 общественная уборная
2 уличный фонарь
3 островок спасания
4 дорожный знак
5 часы
6 агитплакат: Все на восстановление Берлина!
7 дом, «доходный» дом, здание, постройка (здесь: угловой дом)
8 путепровод под полотном железной дороги
9 столб для объявлений
10 мостовая
11 пожарная сигнализация
12 телефонная будка
13 автобус
14 слепой
15 инвалидная повязка (предупреждает водителей транспорта об осторожности)
16 собака-поводырь
17 прохожий, пешеход (здесь: женщина)
18 чемоданчик
19 газон

II Перекрёсток

20 уличный фонарь
21 вывеска с названием улицы
22 фонарный столб
23 урна для мусора
24 тротуар
25 бордюр, бордюрный камень
26 такси
27 народный полицейский (здесь: регулировщик)
28 витрина
29 светофор
30 мотоциклист
31 легковая автомашина
32 оградительная цепь
33 велосипедист
34 полоса для регулирования движения у перехода
35 почтовый ящик
36 крышка
37 щель

Дополнения см. стр. 536

Straße I   XIV. 169

XIV. 170 Улица II — уборка улиц

I Die Straße (Querschnitt)

1. das Schleusenloch, Gully, Senkloch, der Sinkkasten
2. der Schleusenrost
3. das Ableitungsrohr
4. der Hydrant
5. der Abstellhahn
6. das Wasserrohr
7. die Winde, Seilwinde
8. der Schleusenschacht, Schacht
9. der Eimer
10. der Schleusenräumer, Kanalarbeiter
11. die Schleuse, Kloake, der Abwasserkanal
12. der Schleusendeckel, Kanaldeckel
13. das Kabel
14. die Kabeltrommel
15. die Asphaltdecke, der Asphalt

16. der Stampfer
17. das Packlager
18. der Schotter
19. das Straßenpflaster, Pflaster

20. der Rinnstein, die Gosse
21. das Starkstromkabel

22. das Gasrohr
23. der Kabelschacht mit dem Telephonkabel
24. die Gaslaterne
25. der Laden (hier: die Feinbäckerei)

II Ascheabfuhr und Straßenreinigung

26. der Bürgersteig
27. der Müllwagen
28. die Einschüttvorrichtung
29. die Müllkarre
30. die Mülltonne
31. die Kipper

32. die Beleuchtungswärterin
33. der Spül- und Sprengwagen mit der Aufschrift: Haltet die Straßen rein!
34. der Sprenger

35. der Kehrer
36. der Schlauchführer

37. der Tankwagen
38. die Kehrmaschine
39. der Wasserbehälter
40. die Besenwalze
41. die Kehrerin

Ergänzungen s. S. 536

I Улица (профиль)

1. дождеприёмник, осадочный ящик, перепадный колодец
2. решётка дождеприёмника
3. водоотводная труба
4. гидрант, пожарный кран
5. запорный кран
6. водопроводная труба
7. ворот, канатный ворот
8. шахта дождеприёмника
9. ведро
10. чистильщик канализационных установок
11. водоотводный канал, водосток
12. крышка водостока
13. кабель
14. кабельный барабан
15. асфальтовая мостовая, асфальтовое покрытие, асфальт

16. трамбовка
17. пакеляж
18. щебень
19. уличная мостовая, мостовая из брусчатки

20. канава, сточная канава
21. силовой кабель, кабель высокого напряжения

22. газопроводная труба
23. кабельный колодец с телефонным кабелем
24. газовый фонарь
25. магазин (здесь: кондитерская)

II Вывоз мусора и очистка улиц

26. тротуар
27. мусоровоз
28. механизм для загрузки
29. тачка для мусоросборников
30. мусоросборник
31. опорожняющий мусоросборник

32. чистильщица фонарей
33. поливочно-моечная машина, надпись: Заботьтесь о чистоте улиц!
34. обслуживающий поливочно-моечную машину
35. метельщик
36. поливающий резиновым рукавом
37. автоцистерна
38. подметальная машина
39. резервуар для воды
40. цилиндрическая щётка
41. метельщица

Дополнения см. стр. 536

Straße II — Stadtreinigung XIV. 170

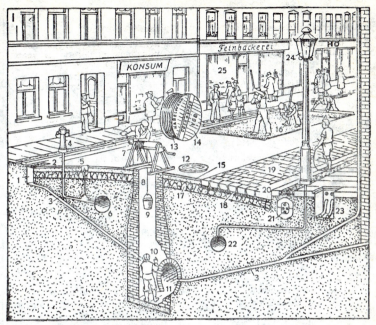

Die Straßenbahn, Elektrische	Трамвай
1 die Sichtwerbung: Kultur kann nur im Frieden gedeihen	1 агитплакат: Культура может развиваться только в условиях мира
2 die Straßenbahnhaltestelle, Haltestelle mit der Wartehalle, mit dem Wartehäuschen	2 трамвайная остановка с помещением для ожидания
3 der Mast, Leitungsmast	3 опора
4 der Querdraht	4 проволока
5 die Oberleitung	5 контактный провод
6 das Haltestellenschild	6 указатель остановки
7 der Motorwagen, Triebwagen	7 моторный вагон
8 der Bügel, Stromabnehmer	8 пантограф, токоприёмник
9 das Wagendach	9 крыша трамвая
10 das Nummernschild	10 номер
11 die vordere Plattform mit dem Fahrerstand	11 передняя площадка с местом для вагоновожатого
12 der Griff	12 ручка
13 das Trittbrett	13 подножка
14 das Richtungsschild	14 доска с указанием направления
15 der Scheinwerfer	15 фара
16 die Fangvorrichtung	16 предохранительная решётка
17 die Blinklichtanlage	17 указатель поворота с мигающим светом
18 das Fahrgestell	18 шасси
19 das Rad	19 колесо
20 die hintere Plattform	20 задняя площадка
21 die Lichtleitung	21 осветительная проводка
22 der Bremsschlauch	22 тормозной шланг
23 die Kupplung	23 сцепление
24 der Anhänger	24 прицепной вагон
25 der Mitteleinstieg	25 средний вход
26 die Schiebetür	26 раздвижная дверь
27 das Straßenbahngleis	27 трамвайная колея
28 die Straßenbahnschiene	28 трамвайный рельс
29 die Weiche	29 стрелка
30 der Fahrer	30 вагоновожатый
31 die Handbremse	31 ручной тормоз
32 der Bremshebel für die Druckluftbremse	32 тормозной рычаг для пневматического тормоза
33 die Fahrkurbel	33 кривошип
34 die Straßenbahnschaffnerin, Schaffnerin	34 кондуктор
35 die Tasche	35 сумка
36 der Kontrolleur	36 контролёр
37 der Fahrgast	37 пассажир
Ergänzungen s. S. 537	**Дополнения см. стр. 537**

Straßenbahn XIV. 171

XIV. 172 — Велосипед — мотоцикл

I Das Fahrrad, Rad	**I Велосипед**
1 der Sattel	1 седло
2 die Lenkstange	2 руль
3 der Griff	3 рукоятка
4 die Fahrradglocke, Fahrradklingel, Klingel	4 сигнальный звонок
5 die Handbremse, Vorderradbremse	5 ручной тормоз, тормоз переднего колеса
6 die Fahrradlampe, Lampe	6 велосипедная фара
7 das Hinterrad	7 заднее колесо
8 der Rückstrahler, das „Katzenauge"	8 велосипедный катафот
9 das Schutzblech	9 грязевой щиток
10 der Gepäckträger	10 багажник
11 die Hinterradgabel	11 вилка заднего колеса
12 die Kette	12 цепь
13 das Kettenrad	13 цепное колесо
14 das Pedal	14 педаль
15 die Tretkurbel	15 кривошип
16 die Satteltasche, Werkzeugtasche	16 седельная сумка
17 der Rahmen	17 рама
18 die Luftpumpe	18 воздушный насос
19 das Vorderrad	19 переднее колесо
20 die Bereifung (innen der Schlauch, außen der Mantel, die Decke)	20 велосипедная шина (внутри камера, снаружи покрышка)
21 das Ventil	21 вентиль
22 die Felge	22 обод
23 die Speiche	23 спица
24 die Nabe	24 ступица
25 die Vorderradgabel	25 вилка переднего колеса
26 der Dynamo	26 генератор
II Das Motorrad	**II Мотоцикл**
27 der Soziussitz	27 заднее сиденье
28 der Sattel	28 седло
29 der Tank	29 бак
30 der Scheinwerfer	30 фара
31 das Nummernschild	31 номерная доска
32 das Schlußlicht, Rücklicht	32 мотоциклетный катафот
33 der Auspufftopf, Schalldämpfer	33 глушитель
34 das Auspuffrohr	34 выхлопная труба
35 die Kardanwelle	35 карданный вал
36 der Werkzeugkasten	36 ящик с инструментами
37 die Batterie	37 аккумулятор
38 die Fußraste	38 педаль
39 die Hinterradbremse	39 тормоз заднего колеса
40 der Schalthebel	40 рычаг переключения
41 der Kickstarter	41 ножной стартер
42 der Vergaser	42 карбюратор
43 der Motor	43 двигатель
44 der Zylinderblock	44 блок цилиндров
45 die Zündkerze	45 запальная свеча
46 der Magnetapparat	46 магнитный индуктор
47 der Bowdenzug	47 трос Боудена
48 der Steuerungsdämpfer	48 амортизатор рулевого управления
49 die Vorderradbremse	49 тормоз переднего колеса

Ergänzungen s. S. 537   Дополнения см. стр. 537

Fahrrad — Motorrad

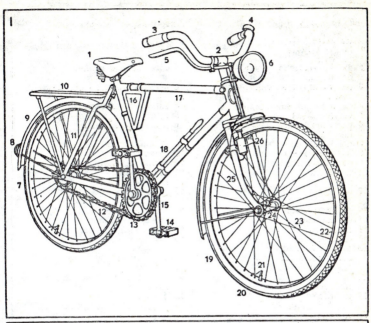

XIV. 173   Автомашина I

Das Automobil, der Kraftwagen, Wagen

I Der Aufbau, die Karosserie einer Kabriolettlimousine

1 die Stabantenne
2 der Sucher, Suchscheinwerfer
3 der Scheinwerfer mit Standlicht und Stadtlicht
4 die Motorhaube
5 der Kotflügel
6 das Scheibenrad
7 der Reifen
8 die Windschutzscheibe
9 der Scheibenwischer
10 der Rückspiegel
11 der Winker, Fahrtrichtungsanzeiger
12 die Wagentür
13 der Fahrersitz
14 der Vordersitz
15 das Rolldach, Faltdach
16 der Rücksitz
17 das Stopplicht
18 das Schlußlicht
19 der Kofferraum
20 das Reserverad, Ersatzrad
21 das Nummernschild mit dem Kennzeichen
22 die Stoßstange

II Das Fahrgestell, Chassis mit Motor und Getriebe

23 der Kühler
24 der Motor
25 der Zylinderblock
26 die Batterie
27 das Armaturenbrett
28 das Lenkrad
29 der Hupenknopf, die Hupe

30 der Tachometer, Geschwindigkeitsmesser
31 der Kilometerzähler
32 der Anlasserknopf, Anlasser
33 der Schalthebel
34 die Handbremse
35 der Kupplungshebel
36 die Fußbremse

37 der Gashebel
38 das Schaltgetriebe
39 der Rahmen
40 die Gelenkwelle, Kardanwelle
41 das Ausgleichsgetriebe, Differentialgetriebe
42 die Federung, Feder
43 der Brennstoffbehälter, Tank
44 der Auspufftopf, Schalldämpfer
45 der Auspuff

Ergänzungen s. S. 538

Автомашина, автомобиль

I Кузов кабриолета-лимузина

1 штыревая антенна
2 прожектор-искатель
3 фара ближнего освещения
4 капот двигателя
5 грязезащитное крыло
6 дисковое колесо
7 шина
8 ветрозащитное стекло
9 стеклоочиститель
10 зеркало заднего обзора
11 сигнальная стрела, стрела поворота
12 дверца автомобиля
13 место для водителя
14 переднее место
15 скатывающийся верх
16 сиденье для пассажиров
17 стопсигнал
18 катафот
19 багажник
20 запасное колесо
21 дощечка с регистрационным номером
22 буфер

II Шасси с двигателем и передачей

23 радиатор
24 двигатель
25 блок цилиндров
26 аккумулятор
27 приборная доска
28 рулевое управление
29 кнопка сигнального гудка, сигнальный гудок
30 тахометр, спидометр

31 счётчик пробега
32 стартер
33 рычаг переключения
34 ручной тормоз
35 педаль сцепления
36 ножной тормоз, педальный тормоз

37 ручной акселератор
38 коробка скоростей
39 рама
40 карданный вал
41 дифференциал

42 рессора
43 топливный бак, бензобак
44 глушитель
45 выхлоп, выпуск

Дополнения см. стр. 538

Auto I

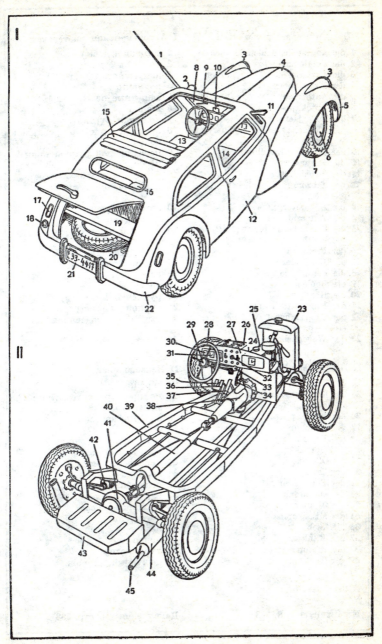

XIV. 174 Автомашина II

I Die Autoreparaturwerkstatt

1. die Ladestelle, Ladetafel
2. die Polklemme
3. die Batterie, der Akkumulator
4. der Kraftfahrer
5. die Autobrille
6. die Autokappe
7. die Lederjacke
8. die Flasche mit destilliertem Wasser
9. der fahrbare Handkran
10. die Faßpumpe
11. das Benzinfaß
12. der fahrbare Wagenheber, Rangierheber
13. die Reparaturgrube
14. der Autoschlosser
15. der Schraubenschlüssel (hier: Steckschlüssel)
16. der Franzose
17. der Engländer
18. die Fettspritze
19. die Bohle
20. die Handlampe
21. der Handluftdruckprüfer
22. der Montierhebel, das Montiereisen
23. der Wagenheber

II Die Tankstelle

24. die Box, Garage
25. der Kompressor und automatische Luftdruckprüfer
26. der Spritzapparat
27. die Hebebühne
28. die Tanksäule
29. das Spritzkännchen
30. die Ölkanne
31. der Trichter
32. der Feuerlöscher
33. der Ölschrank
34. die Ölpumpe
35. die Mischkanne
36. das Sieb
37. der Kanister
38. die Fettpresse
39. der Tankwart

Ergänzungen s. S. 538

I Авторемонтная мастерская

1. зарядная доска
2. полюсный зажим
3. аккумулятор
4. водитель
5. защитные очки
6. шапка
7. кожаная куртка
8. бутылка с дистиллированной водой
9. передвижной ручной кран
10. насос
11. бензиновый бак, бензобак
12. передвижной домкрат
13. авторемонтная яма
14. автослесарь
15. гаечный ключ (здесь: торцовый ключ)
16. французский ключ
17. английский ключ
18. насос для нагнетания тавота
19. доска
20. ручная лампа
21. ручной манометр
22. рычаг для надевания шин
23. винтовой домкрат

II Бензоколонка

24. гараж
25. компрессор и автоматический манометр
26. разбрызгиватель
27. эстакада
28. раздаточная колонка
29. капельная маслёнка
30. переносная маслёнка
31. воронка
32. огнетушитель
33. бак для масла
34. масляный насос
35. смеситель
36. сито
37. бидон
38. лубрикатор
39. дежурный, сторож

Дополнения см. стр. 538

Auto II

XIV. 175 — Шоссейная дорога

Die Landstraße, Chaussee	Большая проезжая дорога, шоссе
1 der Aussichtsturm	1 наблюдательная вышка
2 die Serpentine	2 извилистая дорога
3 die Kurve, Biegung, Kehre	3 поворот пути, кривая
4 die Hochspannungsleitung	4 высоковольтная линия
5 die Ruine, Burgruine	5 развалины, руины
6 das Transformatorenhäuschen	6 трансформаторная будка
7 der Tunnel	7 туннель
8 der Viadukt	8 виадук
9 u. 10 der Fernlastzug	9 и 10 автопоезд
9 der Lastkraftwagen	9 грузовик
10 der Anhänger	10 прицеп
11 der Durchlaß	11 труба
12 die Böschung	12 откос, обочина
13 der Straßenbaum, Chausseebaum	13 дерево
14-17 die Telegraphenleitung	14-17 телеграфная линия
14 der Telegraphendraht	14 телеграфная проволока
15 der Isolator	15 изолятор
16 die Telegraphenstange, der Telegraphenmast	16 телеграфный столб
17 die Strebe	17 укосина
18 der Wegweiser	18 дорожный указатель
19 der Arm	19 стрелка
20 das Bahnwärterhaus	20 дом путевого обходчика
21 der Bahnwärter, Streckenwärter	21 путевой обходчик
22-25 der Bahnübergang, Schienenübergang	22-25 переезд через железнодорожный путь
22 das Läutewerk	22 сигнальный колокол
23 die Bogenlampe	23 дуговая лампа
24 die Schranke	24 шлагбаум, переездной барьер
25 das Warnkreuz	25 предупредительный знак
26 der Bahndamm	26 полотно железной дороги
27 das Gleis, die Schienen	27 рельсовый путь
28 der Neigungszeiger	28 уклоноуказатель
29 die Krümmungstafel	29 таблица кривой
30 die Steigungstafel	30 таблица подъёма
31 das Bankett, der Randstreifen	31 банкет
32 der Prellstein	32 защитная тумба
33 der Wanderer, Tourist	33 турист
34 der Rucksack	34 рюкзак
35 der Sommerweg	35 обочина
36 die Radspur, das Wagengeleise	36 дорожная колея
37 der Straßengraben	37 дорожный ров, кювет
38 der Kilometerstein	38 километровый столб
39 der Traktor	39 трактор
40 der Schotterhaufen	40 куча щебня
41 die Straßendecke	41 дорожное покрытие
42 das Schlagloch	42 выбоина
43 das Fuhrwerk	43 повозка
44 der Kutscher, Fuhrmann	44 кучер, ломовой
45 das Warnzeichen	45 предупредительный знак

Ergänzungen s. S. 540   Дополнения см. стр. 540

Landstraße

Die Eisenbahn, Bahn	Железная дорога
(Vgl. Taf. 175, 177-179)	(ср. табл. 175, 177-179)
1-3 der Personenzug	1-3 пассажирский поезд
1 die Personenzuglokomotive, Lokomotive, Lok, Maschine (hier: Tenderlokomotive, Tenderlok)	1 паровоз пассажирских поездов, локомотив (здесь: танк-паровоз)
2 der Packwagen	2 багажный вагон
3 der Personenwagen	3 пассажирский вагон
4 das Trittbrett	4 подножка
5 das Richtungsschild	5 доска с указанием направления
6 der Doppelstockwagen	6 двухэтажный вагон
7 der Doppelstockwagen (Innenansicht)	7 двухэтажный вагон (внутренний вид)
8-10, 12, 13 der Güterzug	8-10, 12, 13 грузовой поезд
8 der offene Güterwagen, die Lore	8 грузовой вагон открытого типа, полувагон
9 der gedeckte Güterwagen	9 грузовой вагон крытого типа
10 der Rungenwagen	10 платформа со стойками
11 die Runge	11 стойка
12 der Kesselwagen, Tankwagen	12 вагон-цистерна
13 der Selbstentladewagen	13 саморазгружающийся вагон, самосвал
14, 21, 34, 35, 37, 39 der D-Zug, Schnellzug	14, 21, 34, 35, 37, 39 скорый поезд
14 das Abteil eines D-Zugwagens	14 купе в вагоне скорого поезда
15 die Heizung	15 отопление
16 die Abteiltür (hier: Schiebetür)	16 дверь купе (здесь: раздвижная дверь)
17 die Lüftung	17 вентиляция
18 die Notbremse	18 аварийный тормоз
19 das Gepäcknetz	19 багажная сетка
20 die Reisende	20 пассажирка
21 die Schnellzuglokomotive	21 паровоз скорых поездов
22 der Schornstein	22 дымовая труба
23 der Dampfdom	23 паровой колпак, сухопарник
24 der Lokomotivkessel, Kessel	24 паровозный котёл
25 das Führerhaus	25 кабина для машиниста
26-32 das Triebwerk	26-32 приводной механизм
26 das Laufrad	26 бегунковое колесо, бегунок
27 die Kolbenstange	27 поршневой шток
28 der Dampfzylinder	28 паровой цилиндр
29 die Kuppelachse	29 спаренная ось
30 die Treibachse	30 ведущая ось
31 die Treibstange	31 ведущий шатун
32 die Kuppelstange	32 сцепное дышло
33 der Bremsklotz	33 тормозная колодка
34 der Tender	34 тендер
35 der Speisewagen	35 вагон-ресторан
36 die Küche	36 кухня
37 der geschützte Übergang, die Harmonika	37 крытый переход, гармоника
38 der Bremsschlauch	38 тормозной рукав
39 der Schlafwagen	39 спальный вагон
40 das Schlafwagenabteil	40 купе в спальном вагоне
Ergänzungen s. S. 540	Дополнения см. стр. 540

Eisenbahn

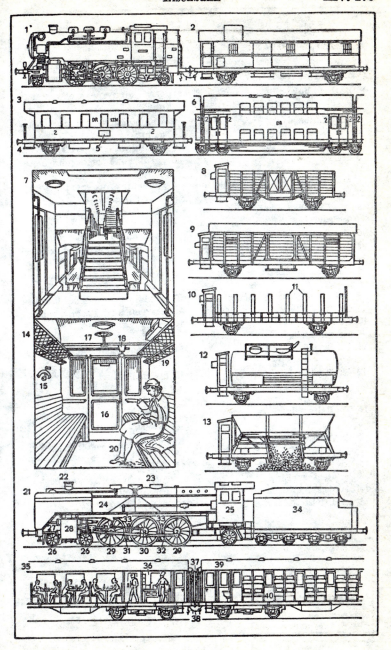

(Vgl. Taf. 175, 176, 178, 179)
I Die Bahnhofshalle

1 der Wartesaal
2 die Personenwaage
3 der Fahrplan
4 die Abfahrts- und Ankunftstafeln
5 die Gepäckannahme, Gepäckabfertigung
6 die Waage
7 der Automat für die Bahnsteigkarten
8 die Handgepäckaufbewahrung
9 die Bahnhofsbuchhandlung (mit der Aufschrift: Zeitungen, Bücher)
10 der Fahrkartenschalter, die Fahrkartenausgabe
11 die Gepäckablage
12 der Gepäckträger, Träger

II Die Bahnsteigsperre, Sperre

13 die Bahnsteigschaffnerin
14 der Reisende
15 der Koffer, Reisekoffer
16 der Gepäckanhänger
17 die Reisende
18 der Bahnsteigschaffner

Ergänzungen s. S. 541

(ср. табл. 175, 176, 178, 179)
I Вокзал (внутреннее помещение)

1 станционный зал, зал ожидания
2 автоматические весы
3 расписание движения поездов
4 графики отправления и прибытия поездов
5 приём багажа, отправка багажа
6 циферблатные товарные весы
7 автомат для перронных билетов
8 камера для хранения ручного багажа
9 станционный книжный киоск (с надписью: Газеты, книги)
10 билетная касса
11 стеллаж для мелкого багажа
12 носильщик

II Выход на платформу, перронное заграждение

13 контролёр (здесь: женщина)
14 пассажир
15 чемодан
16 багажный ярлык, бирка
17 пассажирка
18 контролёр

Дополнения см. стр. 541

Bahnhof I

XIV. 178 Вокзал II

(Vgl. Taf. 175–177, 179)   (ср. табл. 175–177, 179)

I Der Bahnsteig   **I Платформа, перрон**

1 das Bahnsteigdach — 1 навес над платформой
2 der Fahrtrichtungsanzeiger — 2 указатель направления движения
3 der Zeitungsverkäufer — 3 газетчик
4 die Fahrdienstleiterin — 4 дежурный по станции (здесь: женщина)
5 der Befehlsstab — 5 ручной сигнальный диск
6 der Eisenbahnwagen, Waggon — 6 железнодорожный вагон
7 das Schlußlicht — 7 сигнальный фонарь хвоста поезда
8 die Kupplung — 8 сцепка, сцепление
9 der Puffer — 9 буфер
10 das Rad — 10 колесо
11 die Achse — 11 ось
12 der Bahnsteig — 12 платформа, перрон
13–16 der Oberbau des Bahnkörpers — 13–16 верхнее строение железнодорожного пути
13 die Schiene, Eisenbahnschiene (zwei Schienen: das Gleis, Eisenbahngleis) — 13 рельс, железнодорожный рельс (пара рельсов: колея, путь)
14 der Stoß, Schienenstoß — 14 рельсовый стык
15 die Schwelle — 15 шпала
16 die Bettung, Gleisbettung — 16 балластный слой, балластировка

II Der Güterschuppen   **II Товарный сарай**

17 das Lademaß — 17 габаритный шаблон
18 das Ladegleis — 18 погрузочный путь
19 der Ladekran — 19 погрузочный кран
20 der Güterschuppen — 20 товарный сарай
21 die Schiebetür — 21 раздвижная дверь
22 die Laufschiene — 22 ходовой рельс
23 das Laufrad — 23 ходовое колесо
24 der Rollkutscher, Kutscher, Fuhrmann — 24 ломовой, извозчик
25 die Plattformkarre — 25 платформенная тележка
26 das Faß — 26 бочка
27 der Ballen — 27 тюк, кипа
28 der Stechkarre — 28 тачка для багажа
29 der Ladeschaffner — 29 багажный раздатчик
30 der Frachtbrief — 30 накладная
31 der Sack — 31 мешок
32 die Korbflasche — 32 оплетённая бутыль
33 der Güterboden — 33 складочная платформа
34 die Laderampe — 34 погрузочная платформа
35 die Rollkarre — 35 тележка на роликах
36 der Bahnbehälter — 36 контейнер
37 der Rollwagen (ein Lastwagen) — 37 грузовой полок
38 das Paket — 38 багажное место
39 die Ladestraße — 39 подъезд к погрузочной платформе
40 die Lattenkiste — 40 клетка (здесь: садок)
41 die Kiste — 41 ящик
42 der Elektrokarren — 42 электротележка, электрокар

Ergänzungen s. S. 541   Дополнения см. стр. 541

Bahnhof II   XIV 178

XIV. 179 — Вокзал III

(Vgl. Taf. 175-178) | (ср. табл. 175-178)

1-3 die Bekohlungsanlage	1-3 устройство для углеподачи
1 der Kohlenhochbehälter	1 бункерная эстакада для угля
2 der Kohlenbansen	2 угольный бункер
3 der fahrbare Kohlenkran	3 подвижной углепогрузочный кран
4 das Abstellgleis, Nebengleis	4 запасный путь
5 der Prellbock	5 упор рельсового пути
6 die Besandungsanlage	6 пескоподающая установка
7 der Lokomotivschuppen	7 паровозное депо
8 das Oberlicht	8 верхний свет
9 das Hauptsignal, Signal (ein Flügelsignal)	9 основной сигнал (семафор)
10 der Signalflügel	10 крыло семафора
11 der Signalmast	11 сигнальная мачта
12 das Vorsignal (ein Scheibensignal)	12 предупредительный сигнал (дисковый сигнал)
13 die fernbediente Weiche	13 стрелка централизованного дистанционного управления
14 der Schlackenbansen	14 шлаковый бункер
15 die Ausschlackgrube	15 кочегарная канава
16 die Drehscheibe	16 поворотный круг
17 die Rangierlokomotive	17 маневровый паровоз
18 das Stellwerk	18 централизационный пост
19 der Sonnenschutz	19 козырёк для защиты от солнечного света
20 das Gleissperrsignal	20 указатель путевого заграждения
21 das Gleis mit doppelter Kreuzungsweiche	21 путь с двойным перекрёстным стрелочным переводом
22 das Weichensignal	22 стрелочный указатель
23 die Abzweigung	23 ответвление
24 die Handweiche	24 стрелка ручного обслуживания
25 der Weichenwärter	25 стрелочник
26 der Wasserkran	26 гидравлическая колонка

Ergänzungen s. S. 541 | Дополнения см. стр. 541

Bahnhof III

XIV. 180 — Почтамт

I Die Schalterhalle, der Schalterraum im Postamt	**I Операционный зал на почтамте**
1 die Fernsprechzelle, Telephonzelle, der öffentliche Fernsprecher	1 телефонная будка, телефон общего пользования
2 das Schließfach	2 сейф, абонементный почтовый ящик
3 der Luftpostbriefkasten	3 ящик для авиапочты
4 das Plakat	4 плакат
5 der Schalter für den Zeitungs- und Zeitschriftenvertrieb	5 окошко для продажи газет и журналов
6 der Einzahlungsschalter	6 касса
7 der Schalter für postlagernde Sendungen	7 окошко для приёма посылок до востребования
8 das Abzeichen der Gesellschaft für Deutsch-Sowjetische Freundschaft	8 значок Общества германо-советской дружбы
9 der Schalter für den Verkauf von Postwertzeichen, Briefmarken	9 окошко для продажи почтовых марок
10 der Paketschalter, die Paketannahme	10 окошко для приёма посылок
11 die Paketwaage	11 циферблатные товарные весы
12 der Postangestellte, Postler	12 почтовый служащий
13 das Paket, Postpaket	13 посылка, почтовая посылка
14 die Verschnürung, der Bindfaden	14 шнуровка, бечёвка, шпагат
15 die Paketkarte	15 почтовая квитанция
16 der Kleistertopf	16 банка с клеем
17 der Pinsel	17 кисть
18 das Päckchen	18 посылка
19 die Briefwaage	19 весы для взвешивания писем
20 die Gebührentafel	20 таблица почтовых тарифов
21 der Papierkorb	21 корзина для бумаги
22 das Schreibpult	22 письменный пульт
23 der Briefeinwurf, Einwurf	23 щель для писем
II Der Münzfernsprecher	**II Телефон-автомат**
24 der Hörer	24 трубка
25 der Geldeinwurf	25 монетная щель
26 die Nummernscheibe	26 номеронабиратель, вертушка
27 der Zahlknopf	27 кнопка для уплаты
28 die Geldrückgabe	28 камера возврата
29 die Gebrauchsanweisung	29 способ употребления
III Die Postkarte	**III Открытка**
30 der Absender	30 отправитель
31 der eingedruckte Wertstempel	31 печатный оттиск
32 die Anschrift, Adresse	32 адрес
IV Der Brief	**IV Письмо**
33 der Absender	33 отправитель
34 der Poststempel, Aufgabestempel, Briefstempel, Stempel	34 почтовый штемпель, штемпель места отправления
35 die Briefmarke	35 почтовая марка
36 die Anschrift, Adresse	36 адрес
Ergänzungen s. S. 543	Дополнения см. стр. 543

Post XIV. 180

XIV. 181   Аэропорт

Der Flughafen, Flugplatz, das Flugfeld	Аэропорт, аэродром, лётное поле
1 der Drehscheinwerfer	1 вращающийся аэромаяк
2 die Flugzeughalle, der Hangar	2 ангар
3 das Schiebetor	3 раздвижные ворота
4 die Platzfeuerwehr	4 местная пожарная команда
5 der Tankwagen, Tankkraftwagen, das Tankauto	5 цистерна, автоцистерна
6 das Flughafengebäude	6 аэровокзал
7 der Windsack	7 флюгер-вымпел
8 der Windmesser, das Schalenkreuzanemometer	8 ветромер, чашечный анемометр
9 der Peilrahmen	9 пеленгаторная рамка
10 die Windfahne, Wetterfahne	10 флюгер
11 die Sirene	11 сирена, гудок, ревун
12 der Lautsprecher	12 громкоговоритель, репродуктор
13 das Rollfeld	13 лётное поле
14-25 das Flugzeug (hier: Verkehrsflugzeug)	14-25 самолёт (здесь: пассажирский самолёт)
14-17 das Leitwerk	14-17 оперение, элероны
14 das Seitensteuer	14 руль поворота
15 die Stabilisierungsfläche, Leitfläche	15 стабилизирующая поверхность, стабилизатор
16 das Höhensteuer	16 руль высоты
17 die Verwindung	17 элероны
18 die Tragfläche	18 крыло
19-21 der Rumpf	19-21 фюзеляж, корпус
19 der Frachtraum	19 грузовое помещение, багажное отделение
20 die Kabine für die Fluggäste	20 пассажирская кабина
21 der Raum für den Flugzeugführer	21 кабина для лётчика, кабина для пилота
22 die Antenne	22 антенна
23 der Motor	23 двигатель
24 der Propeller, die Luftschraube	24 пропеллер, воздушный винт
25 das Fahrgestell	25 шасси
26 die fahrbare Treppe	26 передвижная лестница
27 der Fluggast, Passagier	27 пассажир
28 der Flugzeugführer, Pilot, Flieger	28 лётчик, пилот
29 der Tankkarren	29 бензозаправщик
30 die Startbahn, Rollbahn	30 взлётно-посадочная полоса
Ergänzungen s. S. 544	Дополнения см. стр. 544

Flughafen

XIV. 182 — Водные пути и мосты

1 die Hängebrücke	1 висячий мост
2 das Tragkabel	2 несущий трос
3 der Turm	3 пилон
4 das Brückengeländer	4 перила моста
5 das Wehr	5 плотина
6 die Insel	6 остров
7 das Steilufer	7 крутой берег
8 die Anlandung	8 нанос
9 die Sandbank	9 песчаная отмель
10 die Zugbrücke	10 подъёмный мост
11 u. 12 die Schleuse	11 и 12 шлюз
11 die Schleusenkammer	11 шлюзная камера
12 das Schleusentor	12 шлюзные ворота
13 der Kanal	13 канал
14-16 der Schleppzug	14-16 речной караван
14 der Schleppdampfer, Schlepper	14 буксир
15 das Schlepptau	15 буксирный канат
16 der Schleppkahn, Frachtkahn, Lastkahn	16 грузовая баржа
17 die Eisenbahnbrücke	17 железнодорожный мост
18 das Altwasser	18 старица
19 die Buhne	19 траверс
20 die Kilometertafel	20 километровая таблица
21 der Pfahl	21 свая
22 der Fluß	22 река
23 der Entwässerungsgraben, Graben	23 водоотводная канава
24 u. 25 der Deich	24 и 25 дамба, плотина
24 die Deichkrone	24 гребень дамбы
25 die Böschung	25 откос, обочина
26 das Deichsiel, die Deichschleuse	26 шлюз
27-30 die Bogenbrücke	27-30 арочный мост
27 das Widerlager	27 устой
28 der Brückenbogen	28 свод моста
29 der Brückenpfeiler, Pfeiler	29 бык
30 der Eisbrecher	30 ледорез
31 der Flußdampfer, Personendampfer, Passagierdampfer	31 речной пароход, пассажирский пароход
32 das Ufer	32 берег
33 der Angler	33 удильщик, рыболов
34 die Angelrute	34 удилище
35 die Angelschnur	35 леса

Ergänzungen s. S. 545   Дополнения см. стр. 545

Wasserstraßen und Brücken XIV. 182

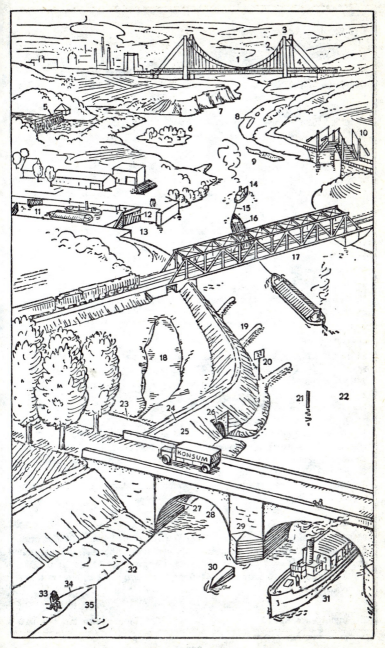

XIV. 183 — Парусное судно

Das Segelschiff, der Segler — Парусное судно

I Segel und Mast

1 der Mast   2 die Gaffel (Segelstange)   3 die Piek, das Nockhorn   4 das Oberliek   5 die Klau   6 das Achterliek   7 das Vorliek   8 das Legel   9 das Gaffelsegel, Besansegel, der Besan   10 der Hals   11 das Unterliek   12 der Großbaum   13 das Schothorn   14 das Rahsegel, Quersegel   15 das Eselshaupt   16 die Saling   17 die Bramstenge   18 die Marsstenge   19 die Pardune, Stengepardune   20 die Unterwanten

I Парус и мачта

1 мачта   2 гафель   3 нок-бензельный угол   4 верхняя шкаторина   5 ус гафеля   6 задняя шкаторина   7 передняя шкаторина   8 сегарсы   9 бизань   10 нижний галсовый угол   11 нижний ликтрос   12 гик   13 шкотовый угол   14 прямой парус   15 эзельгофт   16 салинг   17 брам-стеньга   18 марсельная стеньга   19 брам-фордун   20 стень-ванты

II Der Takelriß

21 der Topp   22 die Rah od. Rahe   23 der Vormast, Fockmast   24 der Großmast   25 der Kreuzmast, Besanmast   26 die Besangaffel   27 der Besanbaum   28 die Wanten   29 das Bugspriet   30 der Klüverbaum

II Такелаж

21 топ   22 рей, рея   23 фок-мачта   24 грот-мачта   25 бизань-мачта   26 бизань-гафель   27 гик   28 ванты   29 бушприт   30 утлегарь

III Der Segelriß

31-38 die Rahsegel, Quersegel (↑ auch Nr. 14)   31 das Reuel- od. Royalsegel   32 das Oberbramsegel   33 das Unterbramsegel   34 das Obermarssegel   35 das Untermarssegel   36 das Focksegel, die Fock   37 das Großsegel, die Großfock   38 das Bagiensegel, die Kreuzfock   39-43 die Schratsegel, Längssegel   39 der Außenklüver, Jager   40 das Klüversegel, der Klüver   41 das Stengestagsegel   42 das Bramstagsegel   43 das Fockstagsegel

III Парусность

31-38 прямые паруса (↑ тоже № 14)   31 бом-брамсель   32 верхний брамсель   33 нижний брамсель   34 верхний марсель   35 нижний марсель   36 фок   37 грот-фок   38 бизань   39-43 косые паруса   39 бом-кливер   40 кливер   41 брам-стаксель   42 стень-стаксель   43 грота-стаксель

Ergänzungen s. S. 546   Дополнения см. стр. 546

Segelschiff XIV. 183

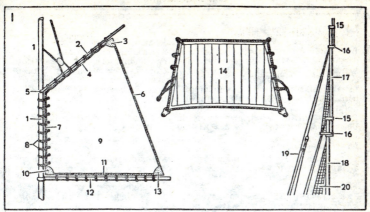

I Die Ansicht des Dampfers

1 der Fockmast, Vordermast 2 der Ladebaum 3 die Antenne 4 der Bug 5 die Back 6 die Ladeluke 7 die Ankerklüse mit dem Anker 8 auf dem Vorschiff, vorschiffs gehen 9 die Kommandobrücke, Brücke 10 der Ventilator, Lüfter 11 die Bordwand 12 das A-Deck, Bootsdeck, Sonnendeck 13 das Rettungsboot 14 der Bootskran, Davit 15 der Schornstein 16 mittschiffs gehen 17 das Bullauge 18 die Wasserlinie 19 nach Backbord, backbords 20 nach Steuerbord, steuerbords 21 die Reling 22 das Sportdeck 23 die Funkrah 24 der Großmast, Achtermast 25 auf dem Achterdeck, Hinterschiff, achtern stehen 26 das Heck, der Stern 27 die Flagge am Flaggstock 28 das Kielwasser

I Вид парохода

1 фок-мачта 2 грузовая стрела 3 антенна 4 форштевень 5 бак 6 грузовой люк 7 клюз с якорем 8 в носовой части корабля 9 капитанский мостик, капитанская рубка 10 вентилятор 11 борт 12 шлюпочная палуба 13 спасательная лодка 14 шлюпбалка, гак 15 дымовая труба 16 в средней части корабля 17 иллюминатор 18 ватерлиния 19 в левую сторону 20 в правую сторону 21 поручни 22 палуба для спортивных игр 23 антенный рей 24 грот-мачта 25 в кормовой части 26 корма 27 флаг на флагштоке 28 кильватер

II Der Dampfer im Längsschnitt

29 das Krähennest, der Auslug, Ausguck 30 der Scheinwerfer 31 das Steuerhaus, Ruderhaus 32 das Logis, der Mannschaftsraum 33 der Laderaum 34 der Maschinenraum 35 die Kabine (für Fahrgäste, Passagiere) 36 der Proviantraum 37 der Kiel 38 der Tank (Behälter für Treibstoff, Frisch- und Kühlwasser) 39 der Wellentunnel

II Продольный разрез парохода

29 наблюдательный пост на мачте, «вороньё гнездо» 30 прожектор 31 ходовая рубка 32 кубрик 33 грузовой трюм 34 машинное отделение 35 кабина, каюта (для пассажиров) 36 продовольственный склад 37 киль 38 (для жидкого топлива, свежей воды, охлаждающей воды) 39 коридор гребного вала

III Der Dampfer im Querschnitt

40 das B-Deck (hier: Promenadendeck) 41 das C-Deck (hier: Brückendeck) 42 das D-Deck (hier: Hauptdeck) 43 das E-Deck (hier: Zwischendeck) 44 das F-Deck (hier: Unterdeck) 45 der Separator 46 der Frischwasserkühler 47 der Anlaßluftbehälter 48 die Schiffsmotoren, die Antriebsmaschinen 49 die Bodenwrangen des Doppelbodens

III Поперечный разрез парохода

40 прогулочная палуба 41 палуба мостиковая, бриджде́к 42 верхняя палуба 43 средняя, жилая палуба 44 нижняя палуба 45 сепаратор 46 холодильник свежей воды 47 резервуар с сжатым воздухом 48 двигатели 49 флоры двойного дна

IV Schraube und Ruder

50 die Schraubenwelle 51 der Flügel der Schiffsschraube, Schraube 52 das Blatt des Ruders, Steuers

IV Гребной винт и руль

50 гребной вал 51 лопасть винта 52 перо руля

Ergänzungen s. S. 547 Дополнения см. стр. 547

Überseedampfer   XIV. 184

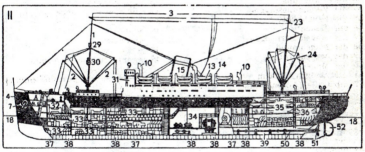
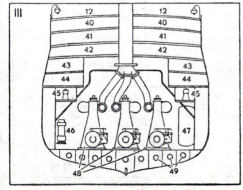
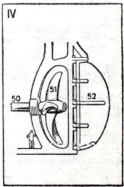

XIV. 185 Гавань

I Die Hafenanlage

1 das Meer 2 die Reede 3 die Mole 4 der Molenkopf mit dem Hafenfeuer 5 die Einfahrt 6 der Leuchtturm 7 die Werft († Taf. 126) 8 der Ölhafen mit den Öltanks 9 der Tanker 10 die Ansteuerungstonne 11 die Spitztonne 12 die Lotsenstation 13 die Fischerboote 14 der Fährdampfer 15 das Schwimmdock 16 der Bockkran 17 der Signalmast 18 die Signalstation 19 der Schlepper 20 der Schleppkahn 21 das Segelschiff († Taf. 183) 22 die Anlegebrücke, Landungsbrücke 23 die Barkasse 24 die Ladestraße (darauf ein Ladegleis der Hafenbahn mit Drehscheibe) 25 der Turmdrehkran, Hammerdrehkran 26 der Leichter 27 der Speicher, das Lagerhaus, Magazin 28 die Festmachetonne od. -boje, auch: Ankerboje 29 das Hafenbecken 30 die Dalbe, der Dückdalben, die Dückdalbe 31 das Fahrgastschiff 32 der Kai, der od. die Pier 33 der Kran, Portaldrehkran 34 die Spundwand der Kai- od. Ufermauer 35 der Reibepfahl 36 der Poller 37 der Lagerschuppen 38 das Frachtschiff

I Портовые сооружения

1 море 2 рейд 3 мол 4 головная часть мола с портовым сигнальным огнём 5 вход 6 маяк 7 верфь († табл. 126) 8 нефтяной порт с цистернами нефти 9 танкер, наливное судно 10 входной буй 11 остроконечный буй 12 лоцманский пункт 13 рыбачьи суда, лодки 14 пароход 15 пловучий док 16 козловый кран 17 сигнальная мачта 18 сигнальная станция 19 буксир 20 баржа 21 парусное судно († табл. 183) 22 пристань, дебаркадер 23 баркас 24 погрузочная дорога (с рельсовым путём и поворотным кругом) 25 башенный поворотный кран 26 лихтер 27 склад, складское здание 28 якорная бочка 29 портовый бассейн 30 свайный куст 31 пассажирское судно 32 набережная, пирс 33 портальный поворотный кран 34 шпунтовая стена 35 деревянный кранец 36 кнехт 37 кладовая 38 грузовое судно

II Der Bagger, Saugbagger (ein Schwimmbagger)

39 der Baggerprahm 40 die Sauganlage zur Schlammentfernung (der Austritt)

II Землесос (пловучий земснаряд)

39 понтон, корпус землесоса 40 грунтопровод-рефулёр (выход)

III Der Taucher

41 der gewöhnliche Taucherhelm 42 die Augengläser 43 der Luftschlauch 44 der Luftzylinder 45 der Gummianzug 46 der Tiefseetauchanzug 47 der Greifer

III Водолаз

41 шлем водолаза 42 иллюминатор 43 дыхательная трубка 44 цилиндр с воздухом 45 резиновая одежда 46 панцирный водолазный аппарат, скафандр 47 самохват

Ergänzungen s. S. 549   Дополнении см. стр. 549

Hafen XIV. 185

XIV. 186   Морские предупредительные сигналы

| Seezeichen und Rettungswesen zur See | Морские предупредительные сигналы и служба спасания на водах |

I Der Leuchtturm
1 das Leuchtfeuer, Blinkfeuer
2 die Laterne (enthält die Optik od. das Linsensystem)

I Маяк
1 маячный огонь
2 фонарь (с оптической системой)

II Das Feuerschiff
3 die Antenne
4 die Laterne
5 das Leuchtfeuer

II Плавучий маяк
3 антенна
4 сигнальный фонарь
5 маячный огонь

III Die Seezeichen (im engeren Sinne), die Betonnung

6 u. 7 die Spierentonne, Spierenboje
8 u. 9 die Spitztonne, Spitzboje
10 die Heultonne, Heulboje
11 die Heulvorrichtung
12 die Leuchttonne, Leuchtboje
13 die Laterne
14 die Glockentonne, Glockenboje
15 die Glocke
16 die Kugeltonne, Kugelboje
17 u. 18 die Bake
19, 20, 21 das Stangenzeichen
22 die Pricke

III Морские предупредительные сигналы (в более узком смысле), морские буи

6 и 7 пловучая веха, пловучий буй
8 и 9 остроконечный буй, бакан
10 буй-ревун
11 сирена
12 освещаемый буй
13 фонарь
14 буй с колоколом
15 колокол
16 сферический буй
17 и 18 бакан
19, 20, 21 шестовой сигнал
22 веха

IV Der Signalmast für Sturmwarnung, das Sturmsignal

23 die Signalflaggen, Flaggen
24 die Signalkegel

IV Сигнальная мачта для предупреждения о шторме, штормовой сигнал

23 сигнальные флаги
24 сигнальные конусы

V Die Rettung aus Seenot
25 die Schiffbrüchigen
26 das Wrack, das gestrandete Schiff
27 das Rettungsboot, Riemen- od. Ruderrettungsboot
28 die Rettungsmannschaft

V Спасание на водах
25 потерпевшие кораблекрушение
26 судно, сидящее на мели, судно потерпевшее крушение
27 спасательная шлюпка с вёслами
28 спасательная команда

VI Die Hosenboje

VI Спасательные штаны

VII Das Motorrettungsboot

VII Моторная спасательная лодка

Ergänzungen s. S. 550

Дополнения см. стр. 550

Seezeichen

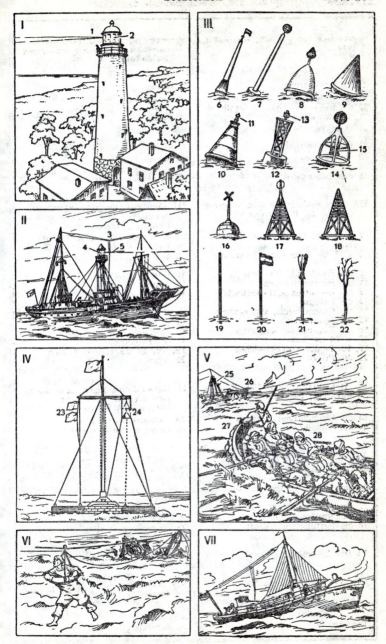

XV. 187 — Свойства

I Eigenschaften der Form und Gestalt
1 eckig, kantig 2 rund, kreisrund 3 eiförmig, oval 4 gewölbt 5 konkav
6 konvex 7 spitz, spitzig 8 stumpf

I Форма и очертание
1 угловатый 2 круглый 3 яйцевидный, овальный 4 сводчатый
5 вогнутый 6 выпуклый 7 острый 8 тупой

II Verschiedene Arten von Rändern
9 abgekantet 10 abgerundet 11 gezahnt 12 geschweift, gebogen 13 gezackt, gekerbt 14 schartig 15 scharf 16 stumpf

II Разные виды краев
9 окантованный 10 круглый 11 зубчатый 12 изогнутый
13 зазубренный, зубчатый 14 зазубренный 15 острый 16 тупой

III Eigenschaften der Ausdehnung
17 groß, zugleich: hoch 18 klein, zugleich: niedrig 19 lang 20 kurz
21 breit 22 schmal 23 dick 24 dünn 25 weit 26 eng 27 tief 28 flach
29 fein 30 schlank 31 plump

III Размер и вид
17 большой, одновременно: высокий 18 маленький, одновременно: низкий 19 длинный 20 короткий 21 широкий (формат)
22 узкий 23 толстый 24 тонкий 25 большой (диаметр) 26 малый (диаметр) 27 глубокий 28 плоский, мелкий 29 тонкий
30 стройный, худощавый 31 неуклюжий

IV Eigenschaften der Fläche und der Oberfläche († auch Taf. 188, II)
32 bedeckt, zugedeckt 33 kahl 34 flach, platt, eben 35 uneben 36 holperig 37 steil 38 faltig 39 glatt 40 rauh 41 kraus, gekräuselt 42 getäfelt 43 narbig, genarbt 44 gerieft 45 geriffelt 46 gerippt 47 wellig, gewellt 48 erhaben 49 vertieft

IV Свойства поверхности († тоже табл. 188, II)
32 покрытый 33 голый 34 равнинный, ровный, плоский 35 неровный 36 ухабистый, тряский 37 крутой 38 складчатый
39 гладкий, скользкий 40 шероховатый 41 кудрявый 42 паркетный 43 рубчатый 44 рифлёный 45 рифлёный 46 ребристый, желобчатый 47 волнистый 48 возвышенный, выпуклый
49 углублённый

Eigenschaften

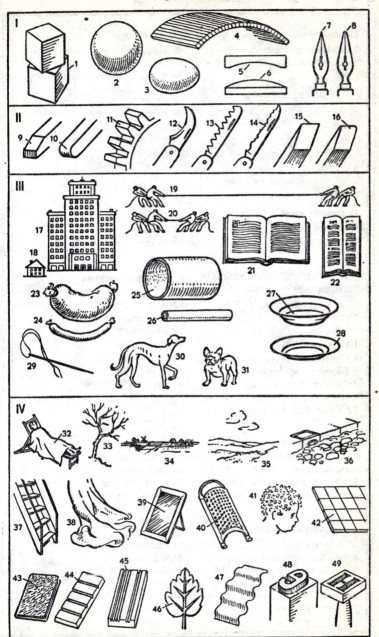

XV. 188 Состояния — образцы

I Zustände

1. auf, offen, geöffnet
2. zu, geschlossen
3. fest
4. lose, locker
5. schlaff
6. straff
7. hart
8. weich
9. naß
10. trocken
11. flüssig
12. gefroren
13. ganz, heil
14. entzwei, kaputt
15. voll, gefüllt
16. leer

II Das Muster, die Musterung, die Zeichnung

17. das Fischgrätenmuster
18. blumig, geblümt
19. geflammt
20. fleckig, gefleckt
21. gemasert
22. gepunktet, punktiert
23. gesprenkelt
24. gespritzt
25. streifig, gestreift
26. gestrichelt
27. getupft
28. kariert, gewürfelt
29. liniert od. liniiert
30. marmoriert
31. das Pfeffer-und-Salz-Muster
32. schottisch
33. schraffiert
34. das Zickzackmuster

I Состояния

1. открыто
2. закрыто
3. крепко, прочно связано
4. слабо, свободно связано
5. слабо, вяло
6. туго
7. жёстко
8. мягко
9. мокро
10. сухо
11. жидко
12. замёрзло
13. цело
14. разбито
15. полно
16. пусто

II Образец, рисунок

17. в ёлочку
18. цветастый
19. муаровый
20. крапчатый
21. в прожилках
22. в крапинку
23. мелкокрапчатый
24. в мелкую крапинку
25. в полоску
26. пунктиром
27. в самую мелкую крапинку
28. в клетку
29. в сплошную полоску
30. под мрамор
31. цвета «перца с солью» (из сочетания чёрного цвета с белым)
32. шотландский
33. в косую полоску, штрихованный
34. зигзагом

Zustände — Muster

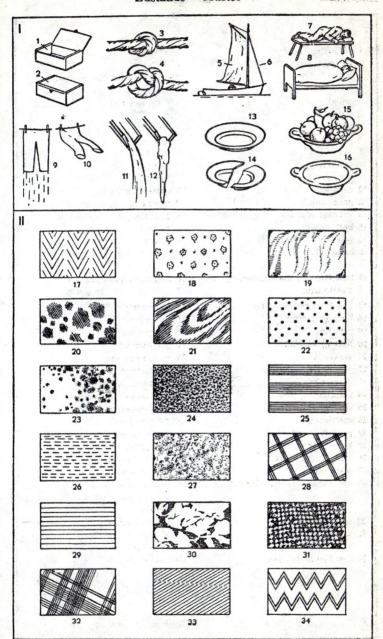

Цвета

1 weiß (die Lilie)
2 grau (das Weidenkätzchen)
3 schwarz (die schwarze Johannisbeere)
4 gelb (der Hahnenfuß)
5 orange (die Ringelblume, Calendula)
6 rot (die Vogelbeere)
7 violett (die Akelei)
8 blau (der Enzian)
9 grün (der Sauerklee)
10 rosa (die Mandelblüte)
11 braun (der Goldlack)

1 белый (лилия)
2 серый (ивовая серёжка)
3 чёрный (чёрная смородина)
4 жёлтый (лютик)
5 оранжевый (ноготки, календула)
6 красный (рябина)
7 фиолетовый (водосбор)
8 синий (горечавка)
9 зелёный (кислица)
10 розовый (миндальный цвет)
11 коричневый (желтофиоль)

Ergänzungen s. S. 550   Дополнения см. стр. 550

ERGÄNZUNGEN
ДОПОЛНЕНИЯ

Zu Tafel 1

I Arten der Landschaft, der Gegend

1 die Naturlandschaft
2 die Kulturlandschaft

II Die Erdoberfläche

3 das Festland, der Kontinent
4 der Erdteil
5 das Binnenland
6 das Hochland
7 das Tiefland
8 die Landenge
9 die Landzunge, Nehrung
10 das Vorgebirge, Kap
11 die Halbinsel
12 der Talkessel, die Mulde
13 die Ebene, das Plateau

14 das Gelände
15 eben
16 wellig
17 hügelig
18 steil
19 ansteigen
20 abfallen
21 die Bodenerhebung, Erhebung
22 die Anhöhe, Höhe
23 der Hügel
24 der Scheitel
25 der Rücken, Kamm
26 der Grat, First
27 die Zacke, Zinne
28 der Kegelberg
29 der Tafelberg
30 der Einschnitt, die Scharte
31 der Abgrund
32 der Cañon
33 der Absturz
34 das Gefälle
35 die Steigung
36 der Fels od. Felsen
37 die Mure
38 der Bergsturz, Bergrutsch
39 die Lawine
40 die Steppe
41 die Tundra
42 die Taiga
43 die Wüste
44 die Oase

III Die Gewässer

45 die Quelle
46 der artesische Brunnen

К таблице 1

I Местность, ландшафт

1 естественный ландшафт
2 культурный ландшафт

II Поверхность земли

3 материк, суша
4 часть света
5 глубина материка
6 плоскогорье
7 низменность
8 перешеек
9 мыс, коса
10 предгорье, мыс
11 полуостров
12 котловина
13 равнина, плато

14 местность
15 ровный
16 волнистый
17 холмистый
18 крутой
19 подниматься
20 отваливаться
21 возвышение
22 возвышенность
23 холм
24 вершина
25 хребет
26 горный хребет
27 зубец
28 коническая гора
29 столовая гора
30 выемка
31 пропасть
32 каньон
33 обрыв, обвал
34 покатость
35 подъём
36 скала
37 селевой поток
38 оползень
39 лавина
40 степь
41 тундра
42 тайга
43 пустыня
44 оазис

III Воды

45 источник, ключ
46 артезианский колодец

47 der Bach	47 ручей
48 der Fluß	48 река
49 der Kanal	49 канал
50 der Geiser	50 гейзер
51 der Kratersee	51 кратер, заполненный водой
52 der Teich, Weiher	52 пруд
53 der See	53 озеро
54 die Wasserscheide	54 водораздел
55 das Weltmeer	55 океан
56 der Ozean	56 океан
57 die Tiefsee	57 открытое глубокое море
58 das Binnenmeer	58 внутреннее море
59 der Golf	59 залив
60 die Meeresbucht, Bucht, Bai	60 бухта, губа
61 der Meerbusen, Busen	61 морской залив, залив
62 der Fjord	62 фьорд
63 das Wattenmeer, Watt	63 ватты
64 das Haff	64 гаф
65 die Lagune	65 лагуна
66 die Meerenge	66 пролив
67 die Koralleninsel, das Atoll	67 коралловый остров, атолл
68 das Riff	68 риф
69 die Schäre	69 шхеры
70 das Schelf	70 шельф
71 die Inselgruppe	71 группа островов
72 die Gezeiten	72 прилив и отлив
73 die Ebbe	73 отлив
74 die Flut	74 прилив
75 das Hochwasser	75 половодье, паводок
76 das Niedrigwasser	76 низкая вода
77 der Deich	77 плотина
78 der Polder	78 польдер
79 die Sturmflut	79 штормовой, бурный прилив
80 die Springflut	80 сильный морской прилив
81 die Überschwemmung	81 наводнение

IV Die Entstehung der Landschaft

IV Происхождение ландшафта

82 die Eiszeit	82 ледниковый период
83 die Grundmoräne	83 донная морена
84 die Endmoräne	84 конечная морена
85 die Flußterrasse	85 речная терраса
86 der Schotter	86 щебень
87 das Geröll	87 галька
88 das Massiv	88 массив
89 die Schicht	89 слой
90 das Streichen	90 простирание
91 das Fallen	91 падение
92 die Ablagerung, das Sediment	92 отложение
93 anschwemmen	93 наносить течением
94 die Aufschüttung	94 насыпь
95 versanden	95 мелеть
96 Verlandung	96 образование отмелей
97 die Abtragung, Denudation	97 сглаживание, денудация
98 die Auswaschung, Erosion	98 размывание, эрозия
99 die Verwitterung	99 выветривание
100 einebnen	100 выравнивать
101 die Verwerfung	101 сброс
102 das Schollengebirge	102 возвышенности образовавшиеся благодаря дислокации пластов
103 das Faltengebirge	103 складчатые горы

V Gesteine und Bodenarten	V Камни и виды почвы
104 der Stein	104 камень
105 der Gneis	105 гнейс
106 der Glimmerschiefer	106 слюдяной сланец
107-110 das Eruptivgestein	107-110 изверженная порода, эруптивная порода
107 der Granit	107 гранит
108 der Syenit	108 сиенит
109 der Quarzporphyr	109 кварцевый порфир
110 der Basalt	110 базальт
111 das Kontaktgestein	111 контактная порода
112 der Marmor	112 мрамор
113-115 das Sedimentgestein	113-115 осадочная порода
113 der Kalkstein	113 известняк
114 die Kreide	114 мел
115 der Sandstein	115 песчаник
116 der Sand	116 песок
117 der Ton	117 глина
118 der Gips	118 гипс
119 der Kiesel	119 кремень
120 der Grus	120 каменная мелочь

Zu Tafel 2	К таблице 2
1 die Astronomie, Himmelskunde, Sternkunde	1 астрономия
2 das Weltall, die Welt	2 вселенная, мир, космос
3 der Stern	3 звезда
4 der Trabant	4 спутник, сателлит
5 der Hof, die Aureole	5 гало, ореол
6 die Erdkugel	6 земной шар
7 die Erdachse	7 земная ось
8 der Äquator, Gleicher	8 экватор
9 die heiße Zone, die Tropen	9 жаркий (тропический) пояс, тропики
10 der Wendekreis	10 тропик
11 die Subtropen	11 субтропики
12 die gemäßigte Zone	12 умеренный пояс
13 der Polarkreis	13 полярная зона
14 die Atmosphäre, Lufthülle	14 атмосфера, газообразная оболочка земли
15 die Stratosphäre	15 стратосфера
16 der Zenit	16 зенит
17 die Sonnenfinsternis	17 солнечное затмение
18 die Mondfinsternis	18 лунное затмение
19 der Komet	19 комета
20 der Kern, Kopf	20 ядро
21 der Schweif	21 хвост
22 der Sternhaufen	22 звёздное скопление
23 der Nebel, Nebelfleck	23 туманность
24 das od. der Meteor	24 метеор
25 die Sternschnuppe	25 падающая звезда
26 das Nordlicht	26 северное сияние
27 der Tierkreis, Zodiakus	27 зодиак
28 der Wassermann	28 Водолей
29 die Fische	29 Рыбы

30 der Widder	30 Овен
31 der Stier	31 Телец
32 die Zwillinge	32 Близнецы
33 der Krebs	33 Рак
34 der Löwe	34 Лев
35 die Jungfrau	35 Дева
36 die Waage	36 Весы
37 der Skorpion	37 Скорпион
38 der Schütze	38 Стрелец
39 der Steinbock	39 Козерог
40 die Geographie, Erdkunde	40 география
41 die Topographie	41 топография
42 die Kartographie	42 картография
43 die Geländeskizze, das Kroki	43 схематический набросок местности, кроки
44 das Panorama	44 панорама
45 die Vermessung	45 топографическая съёмка
46 die Feldmessung	46 межевание
47 der Geometer	47 геометр
48 die Meßlatte	48 измерительная рейка
49 der Theodolit	49 теодолит
50 der trigonometrische Punkt	50 тригонометрическая точка
51 Normalnull (N. N.)	51 нормальный нуль
52 das Erdbeben	52 землетрясение
53 der Seismograph	53 сейсмограф

Zu Tafel 3 — К таблице 3

1 die Meteorologie, Wetterkunde	1 метеорология
2 die Wettervorhersage	2 прогноз погоды
3 die Wetterwarte, Wetterstation	3 метеорологическая обсерватория
4 das Klima	4 климат
5 die Temperatur	5 температура
6 der Umschlag, Wetterwechsel	6 изменение погоды
7 beständig	7 без перемен, постоянная погода
8 der Sonnenschein	8 солнечный свет, солнечное сияние
9 die Wärme	9 теплота
10 die Hitze	10 жара
11 die Kälte	11 холод
12 der Frost	12 мороз
13 der Nachtfrost	13 ночной мороз
14 der Rauhreif	14 изморозь, иней
15 der Bodennebel	15 туман на почве
16 der Hochnebel	16 туман в воздухе
17 der Tau	17 роса
18 das Regenwetter, der Regenguß, Regenschauer	18 дождливая погода, ливень
19 der Gefrierpunkt	19 точка замерзания
20 der Hagel, die Schloße, Graupel	20 град, градина
21 die Schneeflocke, Flocke	21 снежинка
22 das Schneegestöber	22 вьюга, метель
23 die Schneeschmelze, das Tauen	23 таяние снега
24 das Glatteis	24 гололедица
25 der Blitz, Blitzstrahl	25 молния
26 der Blitzschlag	26 удар молнии
27 das Wetterleuchten	27 зарница
28 der Donner	28 гром
29 der Donnerschlag	29 удар грома
30 der Regenbogen	30 радуга

31 die Wetterhütte (↑ Taf. 79)	31 метеорологическая будка, метеобудка (↑ табл. 79)
32 das Thermometer	32 термометр
33 der Thermograph, Wärmeschreiber	33 термограф
34 das Psychrometer, der Verdunstungsmesser	34 психрометр
35 der Hygrograph, Luftfeuchtigkeitsschreiber	35 гигрограф
36 der Pluviograph, Regenschreiber	36 плювиограф
37 der Anemograph, Windschreiber	37 анемограф
38 der Heliograph, Sonnenschreiber	38 гелиограф
39 der Registrierdrache	39 заградительный змей
40 der Registrierballon	40 заградительный аэростат
41 die Radiosonde	41 радиозонд
42 die Windrose mit den Hauptwindrichtungen Nord (N), Ost (E), Süd (S), West (W)	42 роза ветров с главными направлениями ветра Север (С), Восток (В), Юг (Ю), Запад (З)

Zu Tafeln 5 u. 6 // К таблицам 5 и 6

I Allgemeines // I Общее

1 abmessen	1 отмеривать, размерять
2 der Beweis	2 доказательство, довод
3 die Dimension	3 размер
4 die Euklidische Geometrie	4 Эвклидова геометрия
5 das Gebilde	5 фигура, изображение
6 gegeben	6 дано
7 geometrisch	7 геометрический
8 die Konstruktion	8 конструкция, построение
9 der Lehrsatz	9 теорема
10 übereinstimmen	10 совпадать

II Linie // II Линия

11 die Wellenlinie	11 волнистая линия
12 die Schlangenlinie	12 извилистая линия
13 die Zickzacklinie, gebrochene Linie	13 зигзагообразная, ломаная линия
14 die Schneckenlinie	14 улитка
15 die punktierte Linie	15 пунктирная линия
16 die gestrichelte Linie	16 пунктирная линия
17 eindimensional	17 одномерный
18 die Asymptote, Näherungslinie	18 асимптота
19 geradlinig	19 прямолинейный
20 der Goldene Schnitt	20 золотое сечение
21 der Schnittpunkt	21 точка пересечения
22 die Streckenteilung	22 деление
23 ziehen (Linie)	23 провести (линию)

III Winkel // III Угол

24 die ebene Trigonometrie	24 планиметрия
25 die sphärische Trigonometrie	25 стереометрия
26 die Winkelfunktion	26 функция угла
27 der Sinus	27 синус
28 der Kosinus	28 косинус

29 der Tangens
30 der Kotangens

31 der Ergänzungswinkel, Komplementärwinkel
32 der Gegenwinkel
33 der Wechselwinkel
34 der Nebenwinkel, Supplementwinkel

35 der Grad, Altgrad (°)
36 der Neugrad (ᵍ)

IV Ebene Fläche

37 zweidimensional
38 die Ebene
39 die Projektion
40 der Flächeninhalt
41 flächengleich
42 kongruent, deckungsgleich
43 dreieckig
44 der Ankreis
45 der pythagoreische Lehrsatz
46 der Mittelpunktswinkel
47 der Kreisring
48 die Quadratur des Kreises
49 das Trapezoid
50 das Rhomboid
51 das Polygon, Vieleck
52 elliptisch

V Körper

53 dreidimensional
54 die Breite
55 die Länge
56 die Höhe

57 die Größe
58 die Oberfläche
59 kubisch
60 viereckig
61 das Polyeder, der Vielflächner

Zu Tafel 7

I Die Grundzahlen, Kardinalzahlen

(1 null)
2 eins (ein, eine, ein)
3 zwei
4 drei
5 vier
6 fünf
7 sechs
8 sieben
9 acht
10 neun
11 zehn

12 elf
13 zwölf
14 dreizehn

29 тангенс
30 котангенс

31 дополнительный угол

32 противолежащий угол
33 переменный угол
34 прилежащий угол

35 градус, старый градус (°)
36 десятичный градус (ᵍ)

IV Плоскость

37 двухмерный
38 плоскость
39 проекция
40 плоскость
41 равный, равновеликий
42 конгруэнтный
43 треугольный
44 касательный круг
45 Пифагора теорема
46 центральный угол
47 кольцо
48 квадратура круга
49 трапецоид
50 ромбоид
51 полигон, многоугольник
52 эллиптический

V Тело

53 трёхмерный
54 ширина
55 длина
56 высота

57 величина
58 поверхность
59 кубический
60 четырёхугольный
61 полиэдр, многогранник

К таблице 7

I Количественные числительные

(1 нуль, ноль)
2 один (один, одна, одно)
3 два, две
4 три
5 четыре
6 пять
7 шесть
8 семь
9 восемь
10 девять
11 десять

12 одиннадцать
13 двенадцать
14 тринадцать

15 vierzehn	15 четырнадцать
16 fünfzehn	16 пятнадцать
17 sechzehn	17 шестнадцать
18 siebzehn	18 семнадцать
19 achtzehn	19 восемнадцать
20 neunzehn	20 девятнадцать
21 zwanzig	21 двадцать
22 einundzwanzig usw.	22 двадцать один и т. д.
23 dreißig	23 тридцать
24 vierzig	24 сорок
25 fünfzig	25 пятьдесят
26 sechzig	26 шестьдесят
27 siebzig	27 семьдесят
28 achtzig	28 восемьдесят
29 neunzig	29 девяносто
30 hundert	30 сто
31 hunderteins usw.	31 сто один и т. д.
32 zweihundert usw.	32 двести и т. д.
33 tausend	33 тысяча
34 zehntausend usw.	34 десять тысяч и т. д.
35 hunderttausend usw.	35 сто тысяч и т. д.
36 eine Million	36 миллион
37 eine Milliarde	37 миллиард

II Die Ordnungszahlen **II Порядковые числительные**

38 erste — 38 первый, первая, первое, первые
39 zweite — 39 второй, вторая, второе, вторые
40 dritte — 40 третий, третья, третье, третьи
41 vierte — 41 четвёртый, -ая, -ое, -ые
42 fünfte — 42 пятый
43 sechste — 43 шестой
44 siebente od. siebte — 44 седьмой
45 achte — 45 восьмой
46 neunte — 46 девятый
47 zehnte usw. — 47 десятый и т. д.
48 zwanzigste usw. — 48 двадцатый и т. д.

III Die Bruchzahlen **III Дробные числа**

49 halb (die Hälfte) — 49 одна вторая
50 drittel — 50 одна треть
51 viertel usw. — 51 одна четверть и т. д.
52 zwanzigstel usw. — 52 одна двадцатая и т. д.
53 anderthalb — 53 одна целая и одна вторая
54 dreiviertel usw. — 54 три четвертых и т. д.

IV Begriffe zur Algebra, Arithmetik usw. **IV Алгебраические и арифметические понятия и т. д.**

55 ableiten — 55 выводить
56 abrunden — 56 округлять
57 addieren — 57 складывать
58 die allgemeine Zahl — 58 общее число
59 das Axiom — 59 аксиома
60 berechnen — 60 вычислять
61 die bestimmte Zahl — 61 определённое число
62 betragen — 62 составлять
63 das Binom — 63 бином
64 die Bruchrechnung — 64 действия с (простыми) дробями
65 die Buchstabenrechnung — 65 алгебра

66	das dekadische Zahlensystem	66	десятичная система чисел
67	die Determinante	67	детерминант
68	die Dezimalrechnung	68	действия с десятичными дробями
69	das Differential	69	дифференциал
70	der Differentialquotient, die Ableitung	70	производная
71	die Differentialrechnung	71	дифференциальное исчисление
72	das Differentialzeichen	72	дифференциальный знак
73	dividieren	73	делить
74	dreistellig	74	трёхзначный
75	das Einmaleins	75	таблица умножения
76	ausrechnen	76	вычислять
77	einstellig	77	однозначный
78	ergeben	78	давать в итоге, составлять
79	erweitern	79	превращать
80	die Formel	80	формула
81	die Funktion	81	функция
82	die gemischte Zahl	82	смешанное число
83	gleichnamig	83	одноимённый
84	die Gleichung ersten Grades	84	уравнение первой степени
85	das Glied	85	член
86	das Integralzeichen	86	интегральный знак
87	der Kehrwert, reziproke Wert	87	обратная величина
88	die Klammer	88	скобка
89	der Koeffizient	89	коэффициент
90	die Konstante	90	постоянная величина
91	kürzen	91	сокращать
92	die Logarithmentafel	92	логарифмическая таблица
93	die Lösung	93	решение
94	machen, ergeben	94	составлять
95	das Mittel, der Mittelwert	95	среднее арифметическое
96	multiplizieren	96	умножать
97	die negative Zahl	97	отрицательное число
98	Operationszeichen	98	операционный знак
99	die Periode	99	период
100	die positive Zahl	100	положительное число
101	die Proportion	101	пропорция
102	proportional	102	пропорциональный
103	die Prozentrechnung	103	процентное вычисление
104	die Quersumme	104	сумма чисел
105	die Rechnung	105	вычисление
106	die Rechnungsart	106	способ вычисления
107	die Reihe	107	ряд
108	die relative Zahl	108	относительное число
109	die Tabelle	109	таблица
110	die Veränderliche	110	переменное
111	das Verhältnis	111	пропорция, соотношение
112	verrechnen, sich	112	обсчитаться
113	das Vorzeichen	113	знак
114	zählen	114	считать
115	die Zahlenfolge	115	последовательность чисел
116	die Zinsrechnung	116	правило процентов
117	zweistellig	117	двухзначный
118-121	das Erheben in die Potenz, das Potenzieren	118-121	возвышение в степень
118	die Basis, Grundzahl	118	основание, простое число
119	der Exponent, die Hochzahl	119	показатель
120	die Potenz	120	степень
121	der Potenzwert	121	значение степени
122-127	das Wurzelziehen, Radizieren	122-127	извлечение корня
122	die Wurzel	122	корень
123	die Quadratwurzel	123	квадратный корень

124 die Kubikwurzel
125 der Radikand, die Grundzahl

126 der Wurzelexponent
127 das Wurzelzeichen

128-131 die Dreisatzrechnung, Regeldetri, Schlußrechnung
128 der Ansatz
129 die Unbekannte
130 die Gleichung
131 das Gleichheitszeichen

V Mathematische Zeichen

132 plus, und $+$
133 minus, weniger $-$
134 mal $\cdot$ oder $\times$
135 geteilt durch $:$
136 ist gleich $=$
137 kleiner als $<$
138 größer als $>$
139 unendlich ∞
140 Summa Σ
141 Integral $\int$

VI Die Logarithmentafel

142 das Logarithmensystem
143 der Logarithmus
144 logarithmieren
145 das Logarithmenzeichen
146 der Numerus, Logarithmand
147 die Kennziffer, Charakteristik
148 die Mantisse
149 die Basis, Grundzahl
150 interpolieren

VII Der Rechenschieber

151 ablesen
152 die Ablesegenauigkeit
153 die logarithmische Einteilung
154 schätzen
155 überschlagen

Zu Tafel 8

I Allgemeines

1 die Dimension
2 die Maßeinheit
3 der Maßstab
4 abmessen
5 ausmessen
6 vermessen
7 das Meßwerkzeug

II Längenmaße

8 die Länge
9 die Entfernung
10 der Meter (m)

124 кубический корень
125 радиканд, натуральное число
126 показатель корня
127 знак корня, радикал

128-131 тройное правило

128 подход к решению задачи
129 неизвестное
130 уравнение
131 знак равенства

V Математические знаки

132 плюс $+$
133 минус $-$
134 умножать $\cdot$ или $\times$
135 делённый на $:$
136 равняется $=$
137 меньше чем $<$
138 больше чем $>$
139 бесконечный ∞
140 сумма Σ
141 интеграл $\int$

VI Логарифмическая таблица

142 логарифмическая система
143 логарифм
144 логарифмировать
145 знак логарифма
146 число логарифма
147 характеристика логарифма
148 мантисса
149 базис логарифма
150 интерполировать

VII Счётная линейка

151 сделать отсчёт по шкале
152 точность отсчёта
153 логарифмическое деление
154 оценивать
155 сделать приблизительный расчёт

К таблице 8

I Общее

1 размер
2 единица измерения
3 масштаб
4 отмеривать, размерять
5 вымерять
6 измерять, межевать
7 измерительный инструмент

II Меры длины

8 длина
9 расстояние
10 метр (м)

11 der Kilometer (km)
12 die Meile
13 die Seemeile (sm)
14 der Zoll (Zeichen: ″)

III Flächenmaße

15 die Fläche
16 der Quadratdezimeter (qdm od. dm²)
17 der Quadratmeter (qm od. m²)
18 der Quadratkilometer (qkm od. km²)
19 das od. der Ar (a)
20 das od. der Hektar (ha)
21 der Morgen

IV Raummaße

22 der Raum
23 der Rauminhalt, das Volumen (V)
24 der Kubikdezimeter (cdm od. dm³)
25 der Kubikmeter (cbm od. m³)

V Hohlmaße

26 das Flüssigkeitsmaß
27 das od. der Hektoliter (hl)
28 der Scheffel

VI Zählmaße

29 die Stiege od. Steige (20 Stück)
30 das Schock (60 Stück)
31 das Gros (144 Stück)
32 das Ries (1000 Bogen)

VII Gewichte und Waagen

33 das Gewicht
34 der Doppelzentner (dz)
35 die Tonne (t)
36 das Quentchen
37 das Lot
38 wiegen
39 die Küchenwaage
40 die Säuglingswaage
41-44 Neigungswaagen
41 die Personenwaage
42 die Gepäckwaage
43 die Paketwaage

44 die Briefwaage

45-47 Brückenwaagen
45 Dezimalwaage
46 die Fuhrwerkswaage, Zentesimalwaage
47 die Viehwaage
48 die Tafelwaage
49 die Federwaage
50 die Schaltwaage
51 die hydraulische Waage
52 die automatische Waage

11 километр (км)
12 миля
13 морская миля
14 дюйм (знак: ″)

III Квадратные меры

15 площадь
16 квадратный дециметр (дм²)
17 квадратный метр (м²)
18 квадратный километр (км²)
19 ар (а)
20 гектар (га)
21 морген

IV Кубические меры

22 пространство
23 объём, кубатура
24 кубический дециметр (дм³)
25 кубический метр (м³)

V Меры ёмкости

26 меры жидкости
27 гектолитр (гл)
28 шефель

VI Счётные единицы

29 штиге (20 штук)
30 шок (60 штук)
31 гросс (144 штуки)
32 стопа (1000 листов бумаги)

VII Веса и весы

33 вес
34 центнер (ц)
35 тонна (т)
36 квент, четверть лота
37 лот
38 взвешивать
39 кухонные весы
40 медицинские весы для детей
41-44 маятниковые весы
41 весы для взвешивания людей
42 багажные весы
43 весы для посылок, почтовые весы
44 весы для взвешивания писем

45-47 мостовые весы
45 десятичные весы
46 возовые весы, сотенные весы для повозок
47 весы для взвешивания скота
48 настольные весы
49 пружинные весы
50 переключаемые весы
51 гидравлические весы
52 автоматические весы

Zu Tafel 9

I Die Uhr

1 die Großuhr
2 die Turmuhr
3 die Standuhr, Hausuhr
4 die Remontoiruhr
5 die Kuckucksuhr
6 die Küchenuhr
7 die Reiseuhr
8 die Stutzuhr
9 der Regulator
10 die Präzisionsuhr
11 die Kontrolluhr, Stechuhr
12 der Taschenwecker
13 die Herrenuhr
14 die Damenuhr
15 der Chronograph
16 die Pendüle
17 die elektrische Uhr
18 die Stoppuhr

29 aufziehen
20 gehen
11 nachgehen
22 vorgehen
23 ticken
24 schlagen
25 stehen
26 stehenbleiben
27 der Stein
28 stellen
29 der Uhrmacher
30 reparieren
31 die Sekunde
32 die Minute
33 die Stunde
34 stündlich

II Der Tag und die Tageszeit

35 vorgestern
36 gestern
37 gestrig
38 heute
39 heutig
40 morgen
41 morgig
42 übermorgen
43 der Morgen
44 morgens
45 der Vormittag
46 vormittags
47 der Mittag
48 mittags
49 der Nachmittag
50 nachmittags
51 der Abend
52 der Vorabend
53 abends
54 die Nacht
55 nachts
56 die Mitternacht
57 mitternachts

К таблице 9

I Часы

1 большие часы
2 башенные часы
3 стоячие часы
4 часы, заводящиеся без ключа
5 часы с кукушкой
6 кухонные часы
7 дорожные часы
8 настольные (каминные) часы
9 маятниковые часы
10 хронометр
11 контрольные часы
12 карманный будильник
13 мужские часы
14 дамские часы
15 хронограф
16 настольные маятниковые часы
17 электрические часы
18 секундомер

19 заводить
20 идти
21 отставать
22 спешить
23 тикать
24 бить
25 стоять
26 останавливаться
27 камень
28 ставить
29 часовщик
30 починять, исправлять
31 секунда
32 минута
33 час
34 ежечасно

II День и время дня

35 позавчера, третьего дня
36 вчера
37 вчерашний
38 сегодня
39 сегодняшний
40 завтра
41 завтрашний
42 послезавтра
43 утро
44 утром
45 предобеденное время
46 перед обедом, до полудня
47 полдень
48 в полдень, в обеденный час
49 послеобеденное время
50 после обеда, пополудни
51 вечер
52 канун
53 вечером
54 ночь
55 ночью
56 полночь
57 в полночь, в полуночную пору

58 tags
59 täglich
60 tagelang
61 tagen
62 dämmern
63 die Dämmerung
64 grauen
65 das Zwielicht
66 die Dekade

III Die Woche und die Wochentage

67 der Sonntag
68 sonntags
69 der Montag
70 montags
71 der Dienstag
72 dienstags
73 der Mittwoch
74 mittwochs
75 der Donnerstag
76 donnerstags
77 der Freitag
78 freitags
79 der Sonnabend, Samstag
80 sonnabends, samstags

81 der Werktag

82 werktags
83 der Feiertag

84 Ostern
85 Pfingsten
86 Weihnachten

87 wöchentlich
88 wochenlang

IV Der Monat

89 der Januar
90 der Februar
91 der März
92 der April
93 der Mai
94 der Juni
95 der Juli
96 der August
97 der September
98 der Oktober
99 der November
100 der Dezember

101 monatlich
102 monatelang

V Das Jahr und die Jahreszeiten

103 der Frühling, das Frühjahr
104 der Sommer
105 der Herbst
106 der Winter

---

58 днём
59 ежедневно
60 целыми днями
61 светать
62 смеркаться
63 сумерки
64 светать
65 полумрак, полусвет
66 декада

III Неделя и дни недели

67 воскресенье
68 по воскресеньям
69 понедельник
70 по понедельникам
71 вторник
72 по вторникам
73 среда
74 по средам
75 четверг
76 по четвергам
77 пятница
78 по пятницам
79 суббота
80 по субботам

81 рабочий день, будничный день, будни
82 по будням
83 праздник

84 пасха
85 троицын день, троица
86 рождество

87 еженедельный
88 по целым неделям

IV Месяц

89 январь
90 февраль
91 март
92 апрель
93 май
94 июнь
95 июль
96 август
97 сентябрь
98 октябрь
99 ноябрь
100 декабрь

101 ежемесячный
102 по целым месяцам

V Год и времена года

103 весна
104 лето
105 осень
106 зима

107 jährlich	107 ежегодный
108 jahrelang	108 годами, в течение нескольких лет, долгие годы
109 langjährig	109 долголетний, многолетний
110 das Quartal	110 квартал
111 das Vierteljahr	111 четверть года, квартал
112 das Schaltjahr	112 високосный год
113 der Jahrestag	113 годовщина
114 das Jahrzehnt	114 десятилетие
115 das Jahrhundert	115 столетие, век

Zu Tafel 11 — К таблице 11

1 die Ölfrucht — масличный плод
2 die Kokospalme — кокосовая пальма
3 das Kokosfett — кокосовое масло
4 der Rübsen — сурепка
5 das Rüböl — сурепное масло
6 die Sonnenblume — подсолнечник
7 der Ölkürbis — масличная тыква
8 das Pflanzenfett — растительный жир
9 die Brennessel — крапива
10 die Wegwarte, Zichorie — цикорий
11 das Zuckerrohr — сахарный тростник
12 der Bambus — бамбук

Zu Tafel 12 — К таблице 12

1-10 Gemüsearten — 1-10 виды овощей
1 das Wurzelgemüse — корнеплоды
2 das Stengelgemüse — стебельные овощи
3 das Blattgemüse — лиственные овощи
4 das Fruchtgemüse — плодовые овощи
5 die Artischocke — артишок
6 der Flaschenkürbis — бутылочная тыква
7 die Feuerbohne — красный боб
8 der Kohl — капуста
9 die Salatpflanze — салат
10 die Buschtomate — кустистый томат, помидор

11-21 Gewürze — 11-21 пряности
11 der Anis — анис
12 der Beifuß — (белая) полынь
13 der Estragon — эстрагон
14 der Kerbel — кервель
15 der Kümmel — тмин
16 der Lauch — лук-порей
17 der Knoblauch — чеснок
18 das od. der Liebstöckel — любисток, зоря
19 das Lorbeerblatt — лавровый лист
20 der Thymian — тимьян, чебрец
21 der Wacholder — можжевельник

Zu Tafeln 13 u. 14 — К таблицам 13 и 14

1 die Blaubeere, Heidelbeere — голубика, черника
2 die Preiselbeere — брусника
3 die Zwetsche — слива

4 die Obstsorte — сорт фруктов
5 das Tafelobst — десертные фрукты

6 das Winterobst	6 зимние фрукты
7 das Zwergobst	7 малорослые фрукты
8 das Fallobst	8 паданец, падалица
9 das Trockenobst	9 сушёные фрукты
10 das Gefrierobst	10 замороженные фрукты
11 die Edelkastanie	11 благородный каштан
12 die Marone	12 каштан
13 die Rosine	13 изюминка
14 die Korinthe	14 коринка, мелкая изюминка
15 die Sultanine	15 изюминка
16 die Kokosnuß	16 кокосовый орех
17 die Palme	17 пальма
18 die Dattelpalme	18 финиковая пальма
19 die Kokospalme	19 кокосовая пальма

Zu Tafel 15 s. S. 33   **К таблице 15 см. стр. 33**

Zu Tafeln 16 u. 17   **К таблицам 16 и 17**

1 der Baum	1 дерево
2 der Stamm	2 ствол
3 die Rinde, Borke	3 кора
4 das Mark	4 сердцевина
5 das Harz	5 смола, древесный клей
6 der Ast	6 сук
7 der Zweig	7 ветвь
8 das Laub	8 листва, зелень
9 die Krone	9 крона (дерева)
10 der Wipfel	10 верхушка, макушка
11 die Zitterpappel, Espe	11 осина
12 die Platane	12 чинар, платан
13 die Robinie (fälschlich: Akazie)	13 лжеакация, белая акация
14 die Trauerweide	14 плакучая ива
15 der Lebensbaum	15 туя
16 der Strauch	16 куст
17 das Gebüsch	17 кустарник
18 die Berberitze, der Sauerdorn	18 барбарис
19 der Holunder, schwarze Flieder (aus den Blüten: der Fliedertee)	19 бузина, чёрная бузина (из цветов: бузинный чай)
20 der Zierstrauch	20 декоративный куст
21 der Schneeball	21 калина
22 der Flieder	22 сирень
23 der Goldregen	23 золотой дождь, ракитник
24 der Jasmin	24 жасмин
25 die Forsythia od. Forsythie	25 форзиция
26 der Rhododendron	26 рододендрон
27 die Magnolie	27 магнолия
28 der Heckenstrauch	28 терновый кустарник
29 die Heckenrose	29 шиповник, дикая роза
30 die Hagebutte (die Scheinfrucht der Heckenrose)	30 плод шиповника (мнимый плод)
31 der Liguster	31 бирючина
32 der Schlehenbusch, Schwarzdorn	32 тёрн, терновник
33 die Schlehe	33 терновая ягода
34 der Dorn	34 тёрн, шип
35 die Schneebeere	35 снежная ягода
36 die Mistel (ein Schmarotzer)	36 омела (паразит)

Zu Tafeln 18-21 s. S. 39, 41, 43, 45

К таблицам 18-21 см. стр. 39, 41, 43, 45

Zu Tafel 22

1 das Insekt, Kerbtier
2 die Grille
3 das Heimchen
4 der Seidenspinner
5 die Seidenraupe
6 der Kokon
7 der Käfer
8 die Hornisse

9 der Schädling, Schmarotzer, Parasit
10 die Schädlingsbekämpfung
11 das Ungeziefer
12 die Bremse
13 die Schmeißfliege
14 die Made
15 der Tausendfuß
16 die Kellerassel, Assel
17 die Küchenschabe, Schabe
18 der Mehlwurm
19 die Kleiderlaus, Laus
20 der Kohlweißling
21 der Apfelblütenstecher
22 der Drahtwurm
23 der Erdfloh
24 die Blattlaus
25 die Reblaus

26 der Hummer
27 die Krabbe
28 der Wasserfloh
29 geflügelt
30 summen
31 brummen
32 zirpen
33 stechen
34 saugen
35 kneifen
36 das Bienenvolk
37 schlüpfen, auskriechen
38 der Bienenschwarm
39 das Wachs
40 der Honig
41 schleudern

Zu Tafel 23

1 der Barsch
2 der Dorsch
3 die Flunder
4 die Forelle
5 der Goldfisch
6 der Hecht
7 der Kabeljau
8 der Lachs
9 die Makrele
10 der Schellfisch
11 die Schleie
12 die Scholle
13 das Seepferdchen

К таблице 22

1 насекомое
2 кузнечик
3 сверчок
4 шелкопряд
5 шелковичный червь
6 кокон
7 жук
8 шершень

9 паразит, вредитель
10 борьба с вредителями
11 вредные насекомые
12 слепень, овод
13 мясная муха
14 личинка, червячок
15 многоножка, сколопендра
16 мокрица
17 таракан
18 мучной червь
19 платяная вошь
20 капустница
21 яблочный почкоед
22 проволочник
23 земляная блоха
24 тля
25 филлоксера

26 омар
27 краб, креветка
28 водяная блоха
29 крылатый
30 жужжать
31 ворчать
32 чирикать, стрекотать
33 жалить
34 сосать
35 щипать
36 сообщество пчёл
37 выползать
38 пчелиный рой
39 воск
40 мёд
41 центрифугировать

К таблице 23

1 окунь
2 треска, навага
3 камбала
4 форель
5 золотая рыбка
6 щука
7 треска
8 сёмга, лосось
9 макрель, скумбрия
10 пикша
11 линь
12 камбала
13 морской конёк

14 die Sprotte	14 шпрота
15 der Stichling	15 колюшка
16 der Stör	16 осётр
17 der Wels	17 сом
18 der Zander	18 судак
19 der Flußfisch	19 речная рыба
20 der Süßwasserfisch	20 пресноводная рыба
21 der Seefisch	21 морская рыба
22 die Kieme	22 жабра
23 die Gräte	23 рыбья кость
24 die Milch	24 молоки
25 der Rogen	25 икра
26 die Amphibie	26 амфибия
27 der Winterschlaf	27 зимняя спячка
28 der Molch	28 тритон
29 der Laubfrosch	29 древесница, древесная лягушка
30 quaken	30 квакать
31 das Chamäleon	31 хамелеон
32 die Blindschleiche	32 медяница
33 die Riesenschlange	33 боа, удав
34 die Giftschlange	34 ядовитая змея
35 die Brillenschlange, Kobra	35 очковая змея, кобра
36 die Klapperschlange	36 гремучая змея
37 kriechen	37 ползать
38 zischen	38 шипеть

Zu Tafeln 24—29 s. S. 53 u. 55

К таблицам 24—29 см. стр. 53 и 55

Zu Tafeln 30 u. 31

К таблицам 30 и 31

1 Hirsch	1 олень
2 röhren	2 реветь
3 der Zehnender	3 олень с десятью отростками
4 Hase	4 заяц
5 Männchen machen	5 садиться на задние лапы
6 hoppeln	6 прыгать, подпрыгивать
7 Haken schlagen	7 петлять
8 Keiler	8 кабан
9 aufwühlen	9 взрывать (землю)
10 Fuchs	10 лиса
11 der Fuchsbau	11 лисья нора
12 schnüren	12 ставить ноги одну за другой, оставлять прямой след
13 Auerhahn	13 глухарь
14 balzen	14 токовать
15 die Balz	15 ток
16 das Haarwild	16 пушная дичь
17 äsen	17 пастись, кормиться
18 die Brunft	18 течка
19 die Fährte	19 след
20 die Spur	20 след
21 die Losung	21 помёт
22 das Rudel	22 стая, стадо
23 der Wechsel	23 чередование
24 wittern	24 чуять
25 das Federwild, Flugwild	25 пернатая дичь
26 die Wildente	26 дикая утка

27	jagen	27	охотиться на кого-л., за кем-л.
28	die Jagd	28	охота
29	der Anstand	29	стойка
30	der Hochsitz, die Kanzel	30	охотничья вышка
31	der Jagdhund	31	охотничья собака
32	das Fangeisen	32	капкан
33	die Treibjagd	33	облава
34	das Jagdgewehr	34	охотничье ружьё
35	die Kugel	35	пуля
36	der Schrot	36	дробь
37	schweißen	37	истекать кровью
38	erlegen	38	убивать
39	das Wildbret	39	дичь
40	verenden	40	дохнуть

Zu Tafel 32 | К таблице 32

1	das Astrachanschaf; Pelz: der Astrachan	1	астраханская овца; мех: смушка
2	die Bärenrobbe; Pelz: der Seal	2	тюлень; мех: котик
3	das Fettschwanzschaf; Pelz: der Krimmer	3	курдючная овца; мех: каракуль
4	das Fohlen	4	жеребёнок
5	der Fuchs	5	лисица, лиса
6	der Hamster	6	хомяк
7	der Iltis	7	хорь, хорёк
8	das Kaninchen; Pelz: das od. der Kanin	8	кролик; мех: кроличий мех
9	das Karakulschaf; Pelz: der Persianer	9	среднеазиатская овца (ягнёнок); мех: каракуль
10	das Lincolnschaf; Pelz: das Angora	10	ангора; мех: ангора
11	der Maulwurf	11	крот
12	der Nerz	12	норка
13	der Seeotter; Pelz: der Otter	13	морская выдра; мех: выдра
14	der Silberfuchs	14	серебристая, чернобурая лиса
15	das Skunk, Stinktier; Pelz: der Skunks	15	скунс; мех: скунс
16	der Steinmarder	16	каменная куница
17	der Zobel	17	соболь
18	die Pelztierfarm	18	ферма пушных зверей
19	die Zucht	19	разведение
20	das Gehege, Gatter	20	огороженное место, загон
21	das Fell	21	шкура
22	das Sommerfell	22	летняя шерсть
23	das Winterfell	23	подшёрсток
24	behaart	24	покрытый волосами, волосатый
25	zurichten	25	выделывать
26	veredeln	26	отделывать
27	färben	27	красить
28	die Rauchwaren	28	пушные товары, пушнина
29	der Kürschner	29	скорняк

Zu Tafeln 33 u. 34 | К таблицам 33 и 34

1	Rind	1	бык, корова
2	brüllen	2	реветь
3	Schwein	3	свинья

4	grunzen	4	хрюкать
5	quieken	5	визжать
6	Esel	6	осёл
7	schreien	7	кричать
8	Schaf	8	овца
9	blöken	9	блеять
10	scheren	10	стричь
11	Ziege	11	коза
12	meckern	12	блеять
13	Truthahn	13	индюк
14	ein Rad schlagen	14	распускать хвост
15	Ente	15	утка
16	tauchen	16	нырять
17	Taube	17	голубь
18	gurren	18	ворковать
19	Kaninchen	19	кролик
20	schnuppern	20	нюхать
21	Katze	21	кошка
22	miauen	22	мяукать
23	schnurren	23	мурлыкать
24	Pferd	24	лошадь
25	das Roß	25	конь
26	der Gaul	26	лошадь
27	die Mähre	27	кляча
28	der Rappe	28	вороной конь
29	der Schimmel	29	белая (сивая) лошадь
30	das Vollblut	30	чистокровная лошадь
31	das Warmblut	31	легковая лошадь
32	das Kaltblut	32	тяжеловоз
33	das Pony	33	пони
34	wiehern	34	ржать
35	ausschlagen	35	лягаться
36	galoppieren	36	галопировать
37	traben	37	бежать рысью
38	im Schritt gehen	38	шагать
39	scheuen	39	пугаться
40	Gans	40	гусь
41	schnattern	41	крякать
42	Hund	42	собака
43	die Hunderasse	43	порода собак
44	der Bernhardiner	44	сенбернар
45	der Boxer	45	боксёр
46	die Bulldogge	46	бульдог
47	der Dackel, Dachshund	47	такса
48	die Dogge, Deutsche Dogge	48	дог, немецкий дог
49	der Foxterrier, Fox	49	фокстерьер
50	der Pudel	50	пудель
51	der Schäferhund	51	овчарка
52	der Scotchterrier	52	шотландский терьер
53	der Spitz	53	шпиц
54	der Vorstehhund	54	лягавая собака
55	der Windhund	55	борзая
56	beißen	56	кусать
57	bellen	57	лаять
58	heulen	58	выть

59 kläffen
60 knurren
61 schnüffeln
62 winseln

63 Hahn
64 krähen

65 Henne
66 gackern
67 scharren

68 Kücken od. Küken
69 picken

70 der Maulesel
71 das Maultier
72 das Lasttier

73 der Pfau
74 die Brieftaube

75 decken
76 tragen

77 werfen
78 der Wurf

Zu Tafel 35

I Allgemeines

1 der Körper, Leib
2 körperlich
3 das Geschlecht
4 männlich
5 der Mann
6 weiblich
7 das Weib, die Frau
8 das Kind

9 das Organ
10 das Sinnesorgan
11 die Funktion
12 der Körperbau
13 der Körperteil
14 die Gestalt
15 die Statur
16 die Figur
17 die Haltung
18 die Körpergröße
19 das Körpergewicht

II Der Kopf

20 der Schopf
21 das Angesicht
22 die Gesichtszüge
23 die Miene
24 aussehen
25 das Aussehen
26 das Grübchen
27 nicken
28 der Adamsapfel

59 тявкать
60 ворчать
61 нюхать
62 визжать

63 петух
64 петь

65 курица
66 кудахтать
67 рыться

68 цыплёнок
69 клевать

70 лошак
71 мул
72 вьючное животное

73 павлин
74 почтовый голубь

75 случать
76 находиться в состоянии беременности

77 родить
78 помёт

К таблице 35

I Общее

1 тело, туловище
2 телесный
3 род
4 мужской
5 мужчина
6 женский
7 женщина
8 дитя, ребёнок

9 орган
10 орган чувств
11 функция
12 телосложение
13 часть тела
14 фигура, рост
15 стан
16 фигура
17 манера держаться
18 рост
19 вес тела

II Голова

20 макушка
21 лицо
22 черты лица
23 мина, выражение лица
24 иметь вид
25 вид
26 ямочка
27 кивать
28 адамово яблоко, кадык

III Das Auge

29 der Gesichtssinn
30 sehen
31 schauen
32 der Blick
33 blicken
34 erblicken
35 gucken
36 glotzen
37 spähen

38 betrachten
39 blinzeln
40 zwinkern
41 schielen
42 das Lid
43 die Träne
44 kurzsichtig
45 weitsichtig
46 blind

IV Das Ohr

47 der Gehörsinn
48 hören
49 schwerhörig
50 taub
51 taubstumm
52 horchen
53 lauschen

V Die Nase

54 der Nasenflügel
55 das Nasenloch
56 der Nasenrücken
57 die Nasenspitze
58 die Nasenwurzel
59 der Geruchssinn
60 riechen
61 schnuppern
62 niesen

VI Der Mund

63 beißen
64 kauen
65 zahnen
66 das Gebiß
67 das Milchgebiß
68 der Weisheitszahn
69 die Zahnlücke
70 zahnlos
71 der Speichel
72 speien, spucken
73 schlürfen
74 schlucken
75 verschlucken, sich
76 würgen (mühsam schlucken)
77 die Zungenspitze
78 der Geschmackssinn
79 schmecken
80 lecken
81 lutschen
82 schmatzen
83 die Stimmbänder

III Глаз

29 зрение, чувство зрения
30 видеть
31 смотреть
32 взгляд
33 глядеть
34 увидеть
35 смотреть
36 таращить, выпучить глаза
37 подсматривать, шпионить, следить

38 рассматривать
39 мигать
40 моргать
41 косить глазами
42 веко
43 слеза
44 близорукий
45 дальнозоркий
46 слепой

IV Ухо

47 слух, чувство слуха
48 слушать, слышать
49 тугой на ухо
50 глухой
51 глухонемой
52 прислушиваться
53 подслушивать

V Нос

54 крыло носа
55 ноздря
56 спинка носа
57 кончик носа
58 переносица
59 обоняние, чувство обоняния
60 обонять
61 нюхать
62 чихать

VI Рот

63 кусать
64 жевать
65 прорезываться (о зубах)
66 зубы
67 молочные зубы
68 зуб мудрости
69 пустое место в ряду зубов
70 беззубый
71 слюна
72 плевать
73 хлебать
74 глотать
75 захлебнуться
76 давиться
77 кончик языка
78 вкус, чувство вкуса
79 иметь вкус
80 лизать
81 сосать
82 чавкать
83 голосовые связки

VII Die Gliedmaßen

84 die Linke
85 die Rechte
86 der Linkshänder
87 die Faust
88 der Tastsinn, das Gefühl
89 tasten
90 fühlen
91 zittern
92 der Schenkel
93 O-beinig
94 X-beinig
95 die Fessel
96 die Fußspitze
97 die Zehenspitze
98 hinken
99 lahm

VIII Der Rumpf

100 der Höcker, Buckel
101 der Schoß

IX Die Haut

102 die Falte
103 runzelig
104 die Hornhaut
105 die Schwiele
106 das Hühnerauge
107 die Schuppe
108 der Schweiß
109 die Schweißdrüse
110 die Pore, Schweißpore
111 das Haar
112 die Talgdrüse
113 das Pigment
114 die Sommersprosse
115 das Muttermal
116 die Gänsehaut
117 jucken
118 kitzelig
119 kribbeln

Zu Tafel 38

I Allgemeines

1 das Ferment
2 das Gekröse
3 das Netz
4 der Organismus
5 die Schleimhaut
6 der Stoffwechsel
7 der Ventrikel
8 die Zelle

II Das Knochengerüst

9 das Stützgewebe
10 das Bindegewebe
11 der Knochen
12 das Mark, Knochenmark
13 der Kiefer, die Kinnlade

VII Члены, конечности

84 левая рука
85 правая рука
86 левша
87 кулак
88 чувство осязания, чувство
89 осязать
90 чувствовать
91 дрожать
92 бедро
93 кривоногий
94 раскоряченный
95 лодыжка
96 кончик ноги
97 цыпочка
98 хромать, прихрамывать
99 хромой, парализованный

VIII Туловище

100 горб
101 таз (костный пояс)

IX Кожа

102 морщина
103 морщинистый
104 мозоль, затвердевшая кожа
105 мозоль (на руке)
106 мозоль (на ноге)
107 перхоть
108 пот
109 потовая железа
110 пора, потовая пора
111 волос
112 сальная железа
113 пигмент
114 веснушка
115 родимое пятно, родинка
116 гусиная кожа
117 чесаться
118 боящийся щекотки
119 зудеть

К таблице 38

I Общее

1 фермент
2 брыжейка
3 сальник
4 организм
5 слизистая оболочка
6 обмен веществ
7 желудочек
8 клетка

II Скелет

9 опорная ткань
10 соединительная ткань
11 кость
12 костный мозг
13 челюсть

14 die Fontanelle	14 родничок
15 der Knöchel	15 лодыжка
16 das Mäuschen	16 локтевой нерв
17 das Gelenk	17 сустав
18 der Knorpel, das Knorpelgewebe	18 хрящ, хрящевая ткань
19 das Band	19 связка

III-VI Die inneren Organe

III-VI Внутренние органы

III Die Lunge

III Лёгкое

20 die Atmungsorgane	20 органы дыхания
21 die Atmung	21 дыхание
22 atmen	22 дышать
23 einatmen	23 вдыхать
24 ausatmen	24 выдыхать
25 die Bronchien	25 бронхи
26 das Brustfell	26 грудная плевра
27 das Lungenbläschen	27 лёгочный пузырёк
28 ersticken	28 задыхаться
29 hauchen	29 тихо дышать
30 keuchen	30 задыхаться, тяжело дышать
31 röcheln	31 хрипеть
32 schnaufen	32 сопеть, тяжело дышать

IV Der Magen, Darm

IV Желудок, кишка

33 die Verdauung	33 пищеварение
34 die Verdauungsorgane	34 пищеварительные органы
35 die Bauchhöhle	35 брюшная полость
36 das Bauchfell	36 брюшина
37 der Magen-Darm-Kanal	37 кишечник
38 der Magenmund	38 устье желудка
39 der Magenpförtner	39 нижнее устье желудка
40 der Magensaft	40 желудочный сок
41 der Zwölffingerdarm	41 двенадцатиперстная кишка
42 die Galle (Absonderung)	42 жёлчь
43 der Krummdarm	43 подвздошная кишка
44 die Zotte	44 ворсинка
45 der Leerdarm	45 тощая кишка
46 der Grimmdarm	46 ободочная кишка
47 der Stuhlgang	47 стул
48 der Hunger	48 голод
49 hungrig	49 голодный
50 verhungern	50 умирать с голоду
51 satt	51 сытый
52 der Durst	52 жажда
53 durstig	53 страдающий от жажды
54 verdursten	54 умирать от жажды
55 schlingen	55 жадно глотать
56 aufstoßen	56 отрыгивать
57 rülpsen	57 отрыгивать

V Die Drüsen

V Железы

58 das Sekret	58 секрет
59 die Sekretion	59 секреция, выделение
60 das Hormon	60 гормон
61 die Tränendrüse	61 слёзная железа
62 die Speicheldrüse	62 слюнная железа
63 die Ohrspeicheldrüse	63 околоушная железа
64 die Thymusdrüse	64 зобная железа
65 die Zirbeldrüse	65 шишковидная железа

VI Die Harn- und Geschlechtsorgane, Genitalien

66 der Harn, Urin
67 die Harnröhre
68 der Eierstock
69 die Gebärmutter
70 die Scheide
71 die Menstruation, Regel
72 die Hoden
73 der Samen

VI Мочевые и половые органы

66 моча
67 мочеиспускательный канал
68 яичник
69 матка
70 влагалище
71 менструация, месячные крови
72 семенное яичко
73 сперма

Zu Tafel 39

I Die Muskeln

1 muskulös
2 das Muskelgewebe
3 die Muskelfaser
4 der Beuger
5 der Strecker
6 der Anzieher
7 der Abzieher
8 der Roller
9 der Schließmuskel
10 die Sehne
11 der Muskelkater

II Das Blut

12 der Blutstropfen
13 die Blutflüssigkeit
14 gerinnen
15 das Blutkörperchen
16 der Blutfarbstoff
17 das Blutgefäß
18 die Blutgruppe
19 die Blutbahn
20 die Ader
21 das Gefäß
22 das Haargefäß, Kapillargefäß
23 der Körperkreislauf
24 der Lungenkreislauf
25 der Blutdruck
26 der Puls
27 die Pfortader
28 verfärben, sich
29 erbleichen
30 blaß
31 erröten
32 rotbackig od. rotbäckig
33 die Lymphe
34 das Lymphgefäß

III Die Nerven

35 das Nervengewebe
36 die Nervenzelle
37 die Nervenfaser
38 das periphere Nervensystem
39 der Bewegungsnerv
40 motorisch
41 der Empfindungsnerv

К таблице 39

I Мышцы

1 мускулистый
2 мышечная ткань
3 мышечное волокно
4 сгибатель
5 разгибатель
6 приводящая мышца
7 отводящая мышца
8 круговая мышца
9 сфинктер
10 жила, сухожилие
11 мышечная боль

II Кровь

12 капля крови
13 кровяная плазма
14 запекаться
15 кровяной шарик
16 гемоглобин
17 кровеносный сосуд
18 группа крови
19 кровеносный путь
20 вена, кровеносный сосуд
21 сосуд
22 капилляр
23 большой круг кровообращения
24 малый круг кровообращения
25 кровяное давление
26 пульс
27 воротная вена
28 измениться в лице
29 бледнеть
30 бледный
31 краснеть
32 краснощёкий
33 лимфа
34 лимфатический сосуд

III Нервы

35 нервная ткань
36 нервная клетка
37 нервное волокно
38 периферическая нервная система
39 двигательный нерв
40 моторный
41 чувствительный нерв

42 sensibel
43 der Gesichtsnerv
44 der Riechnerv
45 das vegetative Nervensystem

46 der Sympathikus
47 der Reflex
48 die Reaktion

42 чувствительный
43 зрительный нерв
44 обонятельный нерв
45 вегетативная нервная система
46 симпатический нерв
47 рефлекс
48 реакция

Zu Tafel 40

1 der Hausvertrauensmann
2 die Hausgemeinschaft
3 die Hausversammlung
4 der Hausverwalter (Grundstücksverwalter)

5 der Hauswirt
6 die Miete
7 der Mieter
8 der Nachbar
9 die Untermiete

10 der Umzug
11 der Vermieter

12 der Anbau (Haus)
13 die Aschengrube
14 die Balkontür
15 der Blitzableiter
16 das Dachgeschoß (↑ Taf. 46)
17 die Etage, das Stockwerk
18 der Fensterladen
19 der Flügel (Gebäudeteil)
20 das Hochparterre
21 die Kammer
22 das Kellergeschoß
23 die Mansardenwohnung
24 die Nische
25 das Schieferdach
26 das Schindeldach
27 das Strohdach
28 das Ziegeldach

29 das Blockhaus
30 der Bungalow
31 das Einfamilienhaus
32 das Einzelhaus
33 das Fertighaus
34 das Grundstück
35 das Hinterhaus
36 die Hütte
37 das Mietshaus
38 die Siedlung
39 das Vorderhaus
40 das Wohnhaus
41 der Wolkenkratzer

42 abschließen (mit Schlüssel)
43 anlehnen (Tür, Fenster)
44 aufschließen
45 ausziehen
46 bewohnen
47 einziehen

К таблице 40

1 уполномоченный по дому
2 домашнее общество
3 собрание жильцов дома
4 управляющий домом (управляющий земельным участком)
5 владелец дома, домовладелец
6 квартплата
7 жилец, съёмщик
8 сосед
9 съёмка комнаты у жильца

10 переезд
11 сдающий квартиру (комнату) внаём

12 пристройка
13 зольная яма
14 балконная дверь
15 громоотвод
16 чердачный этаж (↑ табл. 46)
17 этаж
18 ставня
19 флигель здания
20 бель-этаж
21 кладовая
22 подвальный этаж
23 мансардная квартира
24 ниша
25 шиферная кровля
26 гонтовая крыша
27 соломенная крыша
28 черепичная крыша

29 блокгауз
30 бунгало
31 дом на одну семью
32 особняк, коттедж
33 готовый дом
34 земельный участок
35 флигель во дворе
36 изба
37 «доходный» дом
38 посёлок
39 главное здание
40 жилой дом
41 небоскрёб

42 запирать (на ключ)
43 притворить (дверь, окно)
44 отпирать, открывать
45 съезжать с квартиры
46 обитать, жить
47 переезжать на новую квартиру

48	instand halten	48	содержать в исправности
49	klingeln	49	звонить
50	kündigen	50	отказать
51	mieten	51	снимать, брать внаём
52	umziehen	52	переезжать
53	vermieten	53	сдать внаём
54	zuriegeln	54	запирать на засов

Zu Tafel 41   **К таблице 41**

1 die Wohnung (↑ Taf. 41-45)
    1 жилище, квартира (↑ табл. 41-45)

2 das Heim — 2 домашний очаг
3 die Diele — 3 вестибюль, передняя
4 das Speisezimmer, Eßzimmer — 4 столовая
5 das Herrenzimmer — 5 рабочий кабинет
6 aufräumen — 6 убирать
7 ausräumen — 7 очищать
8 lüften — 8 проветривать

9 die Einrichtung — 9 обстановка
10 die Ausstattung — 10 убранство
11 das Ecksofa — 11 угловой диван
12 der Glasschrank, die Vitrine — 12 стеклянный шкафчик, «горка»
13 der Kindertisch, das Kindertischchen — 13 детский столик
14 der Kinderstuhl — 14 детский стул
15 der Lehnstuhl — 15 кресло
16 die Armlehne — 16 ручка кресла, локотник
17 das Kopfpolster — 17 головная подушка
18 die Rückenlehne — 18 спинка стула
19 das Rückenpolster — 19 спинная подушка
20 der Rohrsessel — 20 плетённое кресло
21 der Rohrstuhl — 21 стул с плетённым сиденьем
22 der Schreibschrank — 22 комбинированный шкаф
23 das Dielenmöbel — 23 мебель для передней
24 die Kleinmöbel — 24 мебель малого размера
25 die Blumenkrippe — 25 жардиньерка
26 der Blumenständer — 26 стойка для цветов
27 der Radiotisch — 27 столик для радиоприёмника
28 der Rauchtisch — 28 курительный столик
29 der Teewagen — 29 тележка-поднос
30 die Polstermöbel — 30 мягкая мебель
31 die Stilmöbel — 31 стильная мебель
32 das Einbaumöbel — 32 встроенная мебель
33 die Ausziehplatte — 33 раздвижная доска
34 die Schublade — 34 выдвижной ящик
35 die Kristallschale — 35 хрустальная ваза
36 die Mokkatasse — 36 чашка для кофе «мокко»

37 der Kalender — 37 календарь
38 abreißen — 38 отрывать

39 das Fensterthermometer — 39 оконный термометр, градусник
40 das Zimmerthermometer — 40 комнатный термометр
41 die Quecksilbersäule — 41 ртутный столб
42 die Skala, Gradeinteilung — 42 шкала, деление на градусы
43 der Grad — 43 градус
44 Celsius — 44 Цельсий
45 Reaumur — 45 Реомюр
46 das od. der Vogelbauer, Bauer, der Vogelkäfig, Käfig — 46 клетка для птиц

47 die Doppeltür — 47 двойная дверь

48	die Flügeltür	48	двустворчатая дверь
49	der Türflügel	49	створка двери
50	die Schiebetür	50	раздвижная дверь
51	die Beleuchtung	51	освещение
52	die Gaslampe	52	газовая лампа
53	die Hängelampe	53	висячая лампа
54	die Tischlampe	54	настольная лампа
55	die Petroleumlampe	55	керосиновая лампа
56	der Docht	56	фитиль
57	die Kerze	57	свеча
58	der Leuchter	58	подсвечник
59	der Lampenschirm	59	абажур
60	die Glühbirne, Birne	60	электрическая лампочка
61	das Rauchservice	61	курительные принадлежности
62	der Zigarettenbehälter, Zigarettenbecher	62	(настольный) портсигар
63	der Zigarettentöter	63	тушитель сигарет
64	die Zigarrenspitze	64	мундштук для сигар
65	der Zigarrenabschneider	65	прибор для обрезания сигар
66	der Streichholzständer	66	подставка для спичечной коробки
67	die Tabakspfeife, Pfeife	67	трубка
68	der Aschenbecher, Ascher	68	пепельница
69	rauchen	69	курить
70	anbrennen	70	закурить
71	ausdrücken	71	гасить, тушить сигарету

Zu Tafel 42 — К таблице 42

1	der Ankleidespiegel	1	гардеробное зеркало
2	die Chaiselongue	2	кушетка
3	das Ruhebett	3	тахта
4	das Gitterbett	4	кровать с решёткой
5	das Metallbett	5	металлическая кровать
6	das Wandschränkchen	6	стенной шкафчик
7	die Waschkommode, der Waschtisch	7	туалетный стол, умывальник
8	die Herrenkommode	8	комод для мужского белья
9	die Truhe, Lade	9	сундук, ларчик
10	die Matratze	10	матрац
11	die Rahmenmatratze, Federmatratze	11	рамочный матрац, пружинный матрац
12	die Sprungfeder	12	пружина
13	der Bezug, Überzug	13	чехол
14	die Polsterung	14	набивка
15	die Roßhaarauflage	15	волосяной матрац
16	die Wollfüllung	16	шерстяная набивка
17	der Aufleger	17	покрывало на матрац
18	das Unterbett	18	матрац, перина
19	das Federbett	19	перина
20	die Bettfedern	20	перо (для перин)
21	das Mundglas	21	стакан для полоскания рта
22	die Wasserflasche	22	графин для воды
23	der Wasserkrug	23	кувшин для воды
24	das Nachtgeschirr	24	ночной горшок
25	die Schlafdecke, Wolldecke	25	одеяло, шерстяное одеяло
26	der Vorhang	26	занавеска
27	das Rollo	27	штора
28	das Schnapprollo	28	автоматическая штора
29	die Bettwäsche, das Bettzeug	29	постельное бельё

30	die Leibwäsche	30	нижнее бельё
31	die Tischwäsche	31	скатерти, салфетки
32	der Schlaf	32	сон
33	der Schlummer	33	дремота
34	der Traum	34	сон, сновидение
35	der Halbschlaf	35	полусон
36	die Bettruhe	36	ночной покой
37	entkleiden, sich	37	раздеваться
38	zu Bett gehen	38	ложиться спать
39	niederlegen sich	39	прилечь
40	einschlafen	40	заснуть
41	schlafen	41	спать
42	einschlummern	42	задремать
43	verschlafen (mit Schlaf ver bringen)	43	проспать
44	verschlafen (durch Schlaf versäumen)	44	проспать
45	schnarchen	45	храпеть
46	träumen	46	видеть во сне
47	gähnen	47	зевать
48	aufwecken tr	48	разбудить кого-л.
49	aufwachen intr	49	просыпаться
50	erwachen	50	пробуждаться
51	wachen	51	бодрствовать
52	wachrütteln	52	расталкивать
53	aufstehen	53	вставать
54	anziehen, sich	54	одеваться
55	zuziehen (den Vorhang)	55	задёрнуть (занавеску)
56	aufziehen (den Vorhang)	56	отдёрнуть (занавеску)
57	herablassen (das Rollo)	57	спускать (штору)
58	einschalten (das Licht)	58	зажигать, включать (свет)
59	ausschalten, ausdrehen (das Licht)	59	выключать (свет)
60	auslöschen	60	гасить
61	abziehen (das Bett)	61	снимать бельё (с постели)
62	beziehen (das Bett)	62	постилать (постель)

Zu Tafel 43

К таблице 43

1	das Küchenmöbel, die Küchenmöbel	1	кухонная мебель
2	der Eisschrank	2	шкаф-ледник
3	der Besenschrank	3	шкаф для мётел
4	die Treppenleiter	4	лестница-стремянка
5	der Abstellraum	5	чулан
6	die Speisekammer	6	кладовая
7	das Küchengeschirr, Kochgeschirr, Geschirr	7	кухонная посуда
8	das Gefäß	8	сосуд, посудина
9	der Becher	9	кубок
10	die Blechbüchse	10	жестянка
11	der Henkeltopf	11	горшок с ручкой
12	der Kelch	12	бокал, чаша
13	der Krug	13	ковш, кувшин
14	die Kanne	14	бидон
15	der Milchtopf	15	молочник
16	der Napf	16	миска
17	die Pfanne	17	сковорода
18	die Teekanne	18	чайник
19	der Topf	19	горшок
20	die Thermosflasche	20	термос
21	das Küchengerät	21	кухонный прибор
22	der Anzünder	22	зажигалка

23	der Brothobel	23	хлеборезка
24	die Eieruhr, Sanduhr	24	песочные часы
25	der Fleischklopfer	25	колотушка для мяса
26	die Fruchtpresse	26	фруктовый пресс
27	die Geflügelschere	27	щипцы для разделки домашней птицы
28	der Schaumschläger	28	венчик для взбивания крема, взбивалка
29	der Schleifstein	29	точильный камень, оселок
30	das Schlüsselbrett	30	доска для ключей
31	der Stürzenhalter	31	держатель для крышек
32	der Trichter	32	воронка
33	die Zitronenpresse	33	лимонный пресс
34	das Hackbrett	34	доска для рубки мяса
35	das Abstellbrett	35	запасная полка
36	das Servierbrett, Tablett	36	поднос
37	der Kork od. Korken	37	пробка
38	der Korkenzieher	38	пробочник
39	der Pfropfen	39	пробка
40	der Topflappen	40	тряпка для горшков
41	die Fliegenklatsche	41	мухоловка
42	der Handtuchhalter	42	вешалка для полотенец
43	der Gaskocher	43	газовая плита
44	der Grudeherd	44	коксовая плита
45	der Spirituskocher	45	спиртовка, примус
46	der Tauchsieder	46	электрический кипятильник

Zu Tafel 44

К таблице 44

1	der Gasbadeofen	1	газовая ванная печь
2	die Körperpflege	2	уход за телом
3	die Feinseife	3	туалетное мыло
4	die Seifenschale	4	мыльница
5	der Bimsstein	5	пемза
6	der Badeschwamm	6	губка
7	die Hautkrem	7	крем для кожи
8	die Fettkrem	8	жирный крем
9	das Zahnpulver	9	зубной порошок
10	das Mundwasser	10	полоскание для рта
11	die Maniküre	11	маникюр
12	die Nagelbürste	12	щётка для ногтей
13	die Nagelfeile	13	пилочка для ногтей
14	die Nagelschere	14	ножницы для ногтей
15	die Hautschere	15	ножницы для кожи
16	der Hautschieber	16	маникюрная палочка
17	der Rasierspiegel	17	зеркало для бритья
18	die Rasierkrem	18	крем для бритья
19	baden	19	купаться
20	waschen, sich	20	умываться
21	frottieren	21	растирать
22	kämmen, sich	22	причёсываться
23	maniküren	23	делать маникюр
24	brausen, sich	24	принимать душ

Zu Tafel 45

К таблице 45

1	die Wendeltreppe	1	винтовая лестница
2	die Holztreppe	2	деревянная лестница

3 das Treppenfenster

4 der Drücker (Klinke)
5 der Schlüsselbund

6 die Wandleuchte

7 abstreichen (Füße)
8 abziehen (Schlüssel)
9 aufhängen (Mantel)
10 hinaufgehen
11 hinuntergehen
12 steigen (Treppe)

Zu Tafel 46

1 das Gebälk
2 der Kohlenkeller
3 der Vorratskeller

4 der Brennstoff, das Heizmaterial, die Feuerung
5 das Heizmittel
6 der Anthrazit
7 das Brennholz
8 der Holzklotz
9 das Holzscheit, Scheit
10 die Braunkohle
11 das Eierbrikett
12 die Grude
13 der Koks
14 die Steinkohle
15 der Kohleneimer

16 aufräumen
17 aufschichten, schichten
18 ausschütten (Sack)
19 hacken
20 sägen
21 spalten

Zu Tafel 47

1 der Vorgarten
2 der Hausgarten
3 der Kleingarten
4 der Kleingärtner, Schrebergärtner
5 der Blumengarten (↑ Taf. 20)
6 der Gemüsegarten (↑ Taf. 12)
7 der Obstgarten (↑ Taf. 13 u. 14)
8 die Gartenmauer
9 die Einzäunung
10 der Drahtzaun

11 die Gartenpflanze
12 die Kulturpflanze
13 die Nutzpflanze (↑ Taf. 10-12)

14 die Zierpflanze

15 der Geräteschuppen
16 die Anstelleiter

---

3 лестничное окно

4 дверная ручка
5 связка ключей

6 стенная лампа

7 вытирать (ноги)
8 вынимать (ключ)
9 повесить (пальто)
10 подниматься
11 спускаться
12 подниматься (по лестнице)

К таблице 46

1 балки
2 угольный погреб, подвал
3 погреб для припасов

4 топливо

5 топливо
6 антрацит
7 дрова
8 чурбан
9 полено
10 бурый уголь
11 яйцевидный брикет
12 буроугольный кокс
13 кокс
14 каменный уголь
15 ведро для угля

16 убирать
17 складывать
18 высыпать (мешок)
19 колоть, рубить
20 пилить
21 колоть, раскалывать

К таблице 47

1 палисадник
2 сад при доме
3 небольшой сад
4 садовник
5 цветник (↑ табл. 20)
6 огород (↑ табл. 12)
7 фруктовый сад (↑ табл. 13 и 14)
8 стена сада
9 ограда
10 проволочный забор

11 садовое растение
12 культурное растение
13 полезное растение (↑ табл. 10-12)

14 декоративное растение

15 сарай для инструментов
16 приставная лестница, стремянка

17	das Kleingerät	17	малые инструменты
18	die Blumenspritze	18	шприц для цветов
19	der Handrechen	19	грабли
20	die Handschaufel	20	лопата
21	die Gartenarbeit	21	садовая работа
22	ableeren	22	опустошать
23	abkratzen	23	выскабливать, соскабливать
24	auslichten	24	прореживать, расчищать
25	begießen	25	поливать
26	beschneiden	26	обрезать
27	brechen (pflücken)	27	срывать (собирать)
28	ernten	28	собирать урожай
29	fließen	29	лить
30	hacken	30	обрабатывать мотыгой
31	harken	31	сгребать граблями
32	häufeln	32	окучивать
33	jäten	33	полоть
34	pflanzen	34	сажать
35	pflücken	35	собирать
36	säen	36	сеять
37	umgraben	37	перекапывать, перерывать

Zu Tafeln 48-52 / К таблицам 48-52

I Allgemeines / I Общее

1	die Mode	1	мода
2	die Modenzeitung	2	журнал мод
3	die Modenschau	3	демонстрация моделей одежды
4	das Mannequin	4	манекен

II Berufe / II Профессии

5	die Putzmacherin	5	шляпница
6	die Modistin	6	модистка
7	der Hutmacher	7	шляпник
8	der Schirm- und Stockmacher	8	изготовитель тросточек и зонтиков

III Die Kleidung / III Одежда, платье

9	die Strickkleidung	9	трикотаж, вязанье, вязанка
10	das Frauenkleid	10	женское платье
11	das Gesellschaftskleid	11	вечернее платье
12	das Tanzkleid	12	платье для танцев
13	das Tageskleid	13	дневное платье
14	das Hauskleid	14	домашнее платье
15	das Umstandskleid, Erweiterungskleid	15	платье для беременных
16	das Kasackkleid	16	платье-казакин
17	das Komplet	17	ансамбль
18	der Straßenanzug	18	дневной мужской костюм
19	das Kleidungsstück	19	принадлежность одежды
20	das Bolerojäckchen	20	болеро, кофточка
21	der Hosenrock	21	дамские рабочие брюки
22	die Joppe	22	куртка, тужурка
23	die Lederjacke	23	кожаная куртка
24	die Breeches	24	бриджи
25	der Cut, Cutaway	25	визитка
26	der Gehrock	26	сюртук
27	der Überzieher	27	пальто
28	der Paletot	28	пальто

29 der Sommermantel	29 летнее пальто
30 der Lodenmantel	30 непромокаемое пальто
31 der Pelzmantel	31 шуба, меховое пальто
32 der Ohrenschützer	32 наушники
33 der Pulswärmer, das Müffchen	33 напульсник
34 das Cachenez	34 кашне

IV Kleiderstoffe

IV Материя на платье

35 der Batist	35 батист
36 der Baumwollstoff	36 хлопчатобумажная ткань
37 der Crêpe de Chine	37 крепдешин
38 der Flausch	38 байка
39 die Georgette	39 жоржет
40 die Kunstseide	40 искусственный шёлк
41 das Leinen	41 холст, полотно
42 der Samt	42 бархат
43 die Seide	43 шёлк
44 der Taft	44 тафта
45 der Wollstoff	45 шерстяная материя

V Eigenschaften der Kleidung

V Свойства одежды

46 kleidsam	46 идёт к лицу
47 apart	47 изысканный
48 elegant	48 элегантный, изящный
49 geschmackvoll	49 со вкусом
50 geschmacklos	50 безвкусный
51 modern	51 модный
52 altmodisch	52 старомодный
53 sportlich	53 спортивный
54 schlicht	54 простой, скромный
55 festlich	55 праздничный, торжественный
56 dekolletiert	56 декольтированный
57 abgerissen	57 оборванный
58 zerrissen	58 изорванный, разорванный

VI Die Kopfbedeckung

VI Головной убор

59 das Barett	59 берет
60 die Haube	60 чепец, чепчик
61 der Hut	61 шляпа
62 der Filzhut	62 фетровая шляпа
63 der Strohhut	63 соломенная шляпа
64 die Kappe	64 берет, шапка, колпак, картуз
65 die Mütze	65 шапка, фуражка
66 der Zylinder	66 цилиндр

VII Das Schuhwerk

VII Обувь

67 der Kinderschuh	67 детская туфля
68 der Damenschuh	68 дамская туфля
69 die Opanke	69 сандалия, сандалета
70 der Spangenschuh	70 туфля с пряжкой
71 der Herrenschuh	71 мужская туфля
72 der Straßenschuh	72 будничная туфля
73 der Gummischuh, die Galosche	73 галоша
74 der Sportschuh	74 спортивная туфля
75 der Schuhspanner	75 колодка
76 die Einlegesohle	76 вкладная стелька
77 der Stiefelknecht	77 приспособление для снимания сапог
78 der Schuhlöffel	78 обувной рожок

VIII Zubehör, Schmuck u. ä.

79 der Stock, Spazierstock
80 die Uhrkette
81 der Klipp
82 die Armspange
83 der Ohrring
84 das Kollier
85 der Ring
86 der Trauring
87 der Siegelring
88 der Brillantring
89 das Geschmeide

IX Tätigkeiten

90 den Kragen abknöpfen
91 den Hut abnehmen, absetzen
92 abnutzen, abnützen
93 ankleiden, sich
94 aufknöpfen
95 die Ärmel aufkrempeln
96 den Hut aufsetzen
97 den Schirm aufspannen
98 ausbürsten
99 auskleiden, sich
100 knöpfen
101 tragen (an- od. aufhaben)
102 umhängen
103 umkleiden, sich
104 zuknöpfen

Zu Tafel 53

I Das Beschäftigungsspiel im Zimmer

1 das Kinderzimmer, Spielzimmer
2 die Spielecke

3 klappern, rasseln
4 malen, ausmalen

5 das Schwimmtier

6 das Stofftier

7 das Holztier

8 die Anziehpuppe (aus Papier)

9 die Biegepuppe
10 die Gliederpuppe
11 die Schlafpuppe

12 schlafen legen
13 die Sprechpuppe
14 die Negerpuppe
15 die Käthe-Kruse-Puppe
16 die Tanzpuppe
17 der Puppenwagen

VIII Принадлежности, драгоценности и т. п.

79 тросточка
80 часовая цепочка
81 зажимка
82 браслет
83 серьга
84 ожерелье
85 перстень
86 обручальное кольцо
87 перстень с печатью
88 перстень с бриллиантом
89 драгоценности

IX Действия

90 отстёгивать воротник
91 снимать шляпу
92 изнашивать
93 одеваться
94 расстёгивать
95 засучивать рукава
96 надевать шляпу
97 раскрывать зонт
98 чистить щёткой
99 раздеваться
100 застёгивать
101 носить
102 накинуть
103 переодеваться
104 застёгивать

К таблице 53

I Комнатные игры

1 детская, игральная комната
2 угол для игры

3 шуметь, звякать
4 рисовать

5 плавающая игрушка-животное

6 матерчатая игрушка-животное

7 деревянная игрушка-животное

8 бумажная кукла для одевания

9 гибкая кукла
10 кукла-марионетка
11 кукла с закрывающимися глазами

12 класть спать
13 говорящая кукла
14 «негр», «негритянка» (куклы)
15 кукла «Кете-Крузе»
16 танцующая кукла
17 тележка для куклы

18 wiegen	18 баюкать
19 das Puppenhaus	19 кукольный домик
20 die Puppenkleider	20 кукольная одежда
21 der Puppenherd	21 игрушечная плита
22 die Puppenküche	22 игрушечная кухня
23 die Puppenmutter	23 мать кукол
24 das Puppenkind	24 пупс, маленькая кукла
25 die Puppenklinik	25 игрушечная больница
26 der Puppendoktor	26 кукольный врач
27 die Holzeisenbahn	27 игрушечный деревянный поезд
28 die Uhrwerkeisenbahn	28 заводная железная дорога
29 die elektrische Eisenbahn	29 электрический игрушечный поезд
30 der Bilderbaukasten	30 кубики для складывания картинок
31 der Steinbaukasten	31 строительный ящик с каменными кубиками
32 der Metallbaukasten	32 строительный ящик с металлическими частями
33 bauen	33 строить
34 auftürmen	34 нагромождать
35 zusammensetzen	35 составлять

II Das Beschäftigungsspiel im Freien	**II Игры на дворе**
36 Reifen schlagen, treiben	36 гонять обруч
37 lenken	37 направлять
38 kreiseln	38 заводить
39 Ball spielen	39 играть в мяч
40 Dreirad fahren	40 кататься на трёхколёсном велосипеде
41 holländern	41 кататься на педальной тележке
42 rollern	42 кататься на самокате
43 Stelzen laufen	43 ходить на ходулях
44 Rollschuh laufen, fahren	44 кататься на роликах
45 das Murmelspiel	45 игра в камешки
46 rennen	46 бежать
47 umhertollen	47 резвиться
48 der Wildfang	48 сорванец

Zu Tafel 54 | К таблице 54

I Allgemeines	**I Общее**
1 die Ernährung	1 питание
2 die Nahrung	2 питание, пища
3 die Diät	3 диета
4 die Kost	4 кушанье, пища
5 die Rohkost	5 сырая пища
6 der Rohköstler	6 питающийся сырой пищей
7 der Vegetarier	7 вегетарианец
8 die Kalorie	8 калория
9 der Nährwert	9 питательность
10 das Vitamin	10 витамин
11 das Gericht, die Mahlzeit	11 блюдо, кушанье
12 das Mahl	12 еда
13 die Tafel (gedeckter Tisch)	13 обеденный стол (накрытый стол)
14 der Bissen	14 кусок (во рту)
15 die Prise (z. B. Salz)	15 щепоть (напр. соли)

16 der Schluck	16 глоток
17 der Feinschmecker	17 гурман
18 der Speisezettel, Küchenzettel	18 меню

II Nährstoffe

II Питательные вещества

19 das Eiweiß	19 белок, альбумин
20 das Fett	20 жир
21 die Kohlehydrate od. Kohlenhydrate	21 углеводы
22 die Stärke	22 крахмал
23 der Zucker	23 сахар
24 die Mineralsalze	24 минеральные соли
25 die Phosphorsalze	25 фосфорные соли
26 die Eisensalze	26 железные соли

III Nahrungsmittel und Speisen

III Пищевые продукты и кушанья

27 die Fleischbrühe	27 бульон
28 die Suppe	28 суп
29 der Brei	29 каша
30 das Mus	30 мусс, пюре
31 das Fleischgericht	31 мясное блюдо
32 der Fleischsalat	32 мясной салат
33 die Frikadelle	33 фрикаделька
34 der Hammelbraten	34 жареная баранина
35 der Kalbsbraten	35 жареная телятина
36 der Kloß	36 клёцка
37 der Knödel	37 клёцка
38 die Leber	38 печень, печёнка
39 das Rauchfleisch	39 копчёное мясо
40 der Rinderbraten, Rindsbraten	40 жаркое из говядины
41 der Schweinebraten	41 жареная свинина
42 der Wiegebraten	42 биток, клопс
43 das Geflügel († Taf. 153)	43 домашняя птица († табл. 153)
44 der Eintopf	44 обед из одного блюда
45 die Kartoffelspeise	45 картофельное блюдо
46 das Kartoffelmus, Püree	46 картофельное пюре
47 der Kartoffelpfannkuchen	47 блинчик из картофеля
48 der Kartoffelsalat	48 картофельный салат
49 die Pellkartoffeln	49 картофель в мундире
50 das Sauerkraut	50 кислая капуста
51 der Nachtisch	51 десерт
52 die Süßspeise	52 сладкое
53 die Mehlspeise	53 мучное кушанье
54 das Apfelmus	54 яблочный мусс
55 der Flammeri	55 холодный пудинг
56 das Gebäck	56 печенье
57 die Kaltschale	57 холодный суп, ботвинья
58 der Pudding	58 пудинг
59 die Milchspeise	59 молочное блюдо
60 der Grießbrei	60 манная каша
61 die Eierspeise	61 яичница
62 der Auflauf	62 воздушный пирог, суфле
63 der Eierkuchen	63 омлет
64 die Diätkost	64 диетическая пища
65 die Haferflocken	65 овсяная крупа, геркулес
66 der Beiguß, die Soße	66 подливка, соус
67 das Gelee	67 желе
68 das Pflaumenmus	68 повидло из слив
69 die Wurst († Taf. 144 u. 145)	69 колбаса († табл. 144 и 145)
70 die Gewürzgurke	70 маринованный огурец
71 die Zutaten	71 приправы

72	das Schmalz	72	топлёное сало, смалец
73	der Speck	73	сало
74	das Speiseöl, Öl	74	растительное масло
75	der klare Zucker	75	рафинад
76	der Würfelzucker	76	пилёный сахар
77	der Zuckerhonig, Kunsthonig	77	патока

78-83	Getränke	78-83	напитки
78	der Kaffee	78	кофе
79	die Buttermilch	79	пахтанье
80	die Magermilch	80	снятое молоко
81	die Vollmilch	81	цельное молоко
82	der Obstsaft	82	фруктовый сок
83	das Malzbier	83	солодовое пиво

IV Gewürze / IV Приправы

84	der Essig	84	уксус
85	der Ingwer	85	имбирь
86	die Kaper	86	каперс
87	die Muskatnuß	87	мускатный орех
88	die Nelke	88	гвоздика
89	der Paprika	89	красный перец, паприка
90	der Pfeffer	90	перец
91	das Salz	91	соль
92	der Senf	92	горчица
93	die Vanille	93	ваниль
94	der Zimt	94	корица

V Geschirr / V Посуда

95	das Kaffeeservice	95	кофейный сервиз
96	das Speiseservice	96	столовый сервиз
97	der Abendbrotteller	97	тарелка для ужина
98	der Dessertteller	98	десертная тарелка
99	das Fischbesteck	99	прибор для рыбы
100	das Obstmesser	100	нож для фруктов
101	die Kuchengabel	101	вилка для пирожного

Zu Tafel 55 / К таблице 55

1	Feuer machen	1	разжигать, разводить огонь
2	anzünden	2	зажигать
3	heizen	3	топить
4	der Aschenrost	4	колосниковая решётка
5	der Brikettkasten	5	ящик для брикетов
6	der Feuerhaken	6	кочерга
7	die Kohlenschaufel	7	угольная лопатка
8	die Ausstechform (zum Backen)	8	форма для вырезки
9	die Backpfanne	9	противень
10	die Kasserolle	10	кастрюля
11	das Kuchenblech	11	железный лист для выпечки пирожных
12	der Quirl	12	мутовка
13	ausstechen	13	вырезать
14	abkochen	14	отваривать
15	abschmecken	15	пробовать (на вкус)
16	abwiegen	16	отвесить
17	anbrennen intr. (Braten)	17	пригорать (жаркое)
18	anrichten	18	приготовлять
19	anrühren	19	подмешивать
20	anschneiden	20	надрезать
21	ansetzen	21	поставить на плиту

22	aufkochen	22	вскипятить
23	aufsetzen (Wasser)	23	поставить на плиту (воду)
24	auspressen (Zitrone)	24	выжимать (лимон)
25	ausspülen	25	выполаскивать, промывать
26	bereiten (Essen)	26	приготовлять, готовить (еду)
27	braten	27	жарить
28	brodeln	28	клокотать
29	dämpfen	29	тушить
30	dünsten	30	тушить
31	einsalzen	31	засаливать
32	einwecken	32	консервировать
33	entfetten	33	обезжиривать
34	erhitzen	34	нагревать
35	abkühlen	35	охлаждать
36	hinzugießen, nachgießen	36	подливать
37	kochen	37	варить
38	kosten (prüfen)	38	пробовать
39	pfeffern	39	перчить
40	quirlen	40	взбивать
41	raspeln	41	шинковать
42	reiben	42	тереть
43	salzen	43	солить
44	säubern	44	чистить
45	schaben (Möhren usw.)	45	скоблить (морковь и т. д.)
46	schälen	46	снимать кожицу
47	sieden	47	кипятить
48	schmoren	48	тушить
49	schneiden	49	резать
50	spicken	50	шпиговать
51	süßen	51	подслащивать
52	überlaufen (Milch)	52	убежать, уйти (молоко)
53	umrühren, rühren	53	мешать
54	versalzen	54	пересолить
55	wärmen	55	подогревать
56	wiegen, zerkleinern	56	сечь, измельчить
57	würzen	57	приправлять
58	polieren	58	полировать
59	putzen (Fenster)	59	чистить (окно)
60	saugen	60	сосать
61	Staub wischen, abstauben	61	вытирать пыль
62	der Staublappen	62	пыльная тряпка
63	der Staubpinsel	63	пыльная кисть
64	ausfegen, fegen	64	выметать
65	abkehren	65	обметать
66	scheuern	66	мыть шваброй
67	wischen	67	тереть, вытирать
68	bohnern	68	натирать воском
69	das Bohnertuch	69	полотёрная тряпка
70	der Scheuersand	70	мелкий песок
71	abwaschen	71	смывать
72	spülen	72	полоскать
73	aufwaschen	73	вымывать
74	der Aufwasch	74	мытьё посуды
75	die Aufwaschschüssel	75	миска для мытья посуды
76	abtrocknen	76	вытирать
77	die Teppichbürste	77	щётка для чистки ковра
78	ausklopfen	78	выколачивать
79	das Marktnetz	79	сетка для покупок
80	einkaufen	80	покупать
81	die Schuhbürste	81	сапожная щётка
82	die Auftragbürste	82	сапожная щёточка для накладывания крема
83	die Schuhkrem	83	сапожный крем
84	abbürsten	84	счищать (пыль)
85	wichsen	85	чистить обувь

Zu Tafel 56

I Handarbeiten

1 ausbessern
2 flicken
3 nähen
4 säumen
5 stopfen
6 die Kunststopferei
7 der Flicken, Fleck
8 das Nähgarn
9 der Nähkorb

10 der Nähtisch, das Nähtischchen
11 das Nähzeug
12 die Laufmasche

13 die Handarbeit
14 die Nadelarbeit
15 das Filet (Netzarbeit)
16 die Filetnadel
17 die Netzarbeit
18 der Hohlsaum
19 der Stich
20 der Langettenstich
21 der Stielstich
22 sticken
23 die Stickerei
24 das Stickgarn
25 die Stickschere
26 die Sticknadel
27 stricken
28 häkeln
29 klöppeln
30 das Klöppelkissen
31 der Klöppel
32 steppen
33 knüpfen

II Das Waschen

34 die Wäscherin

35 die Kernseife
36 die Schmierseife
37 das Seifenpulver
38 die Seifenlauge
39 die od. das Soda

40 anseifen
41 einweichen
42 spülen
43 wringen, auswringen
44 bleichen
45 die Rasenbleiche
46 trocknen tr.
47 trocknen intr.
48 der Wäschepfahl

49 einsprengen
50 stärken
51 plätten, bügeln

К таблице 56

I Рукоделие

1 чинить
2 штопать
3 шить
4 подрубать, делать кайму
5 штопать
6 искусственное штопанье
7 тряпка
8 швейные нитки
9 корзина с принадлежностями для шитья
10 столик для шитья
11 швейный прибор
12 спустившаяся петля

13 ручная работа, рукоделие
14 рукоделие
15 филе
16 филейная игла
17 филейная работа
18 мережка
19 стежок
20 стежок лангеткой
21 машинный стежок
22 вышивать
23 вышивка
24 нитки для вышивания
25 ножницы для вышивания
26 вышивальная игла
27 вязать
28 вязать крючком
29 плести кружева
30 коклюшечная подушечка
31 коклюшка
32 строчить, стегать
33 вязать

II Стирка

34 прачка

35 ядровое мыло
36 зелёное мыло
37 мыльный порошок
38 мыльный щёлок
39 сода

40 натирать мылом
41 размачивать
42 полоскать
43 выжимать
44 белить
45 беление на лужайке
46 сушить
47 высыхать
48 столб для прикрепления верёвки
49 опрыскивать
50 крахмалить
51 гладить

Zu Tafel 57

1 hüten (das Bett)
2 betten
3 umbetten

4 das Polster
5 aufdecken
6 das Durchliegen, Wundliegen
7 messen
8 die Temperaturerhöhung
9 fiebern
10 phantasieren
11 den Puls fühlen
12 Krankenwache
13 pflegen
14 die Arznei
15 eingeben (die Arznei)
16 einnehmen (die Arznei)
17 einträufeln
18 der Tropfenzähler, die Pipette
19 die Pille
20 das Pulver
21 die Dosis
22 eine Messerspitze voll

23 die Salbe
24 der Aufguß
25 die Abkochung
26 gurgeln
27 einreiben
28 abreiben
29 das Pudern
30 die Pinselung
31 der Umschlag
32 wechseln
33 handwarm
34 feuchtwarm
35 der Breiumschlag
36 der feuchte Wickel, Prießnitzumschlag
37 der Halswickel
38 der Brustwickel
39 der Leibwickel
40 der Wadenwickel
41 die Packung
42 die Schwitzpackung
43 das Schwitzen
44 umwickeln
45 die Kompresse
46 der Einlauf, Darmeinlauf, das Klistier
47 die Spülung
48 die Dusche
49 das Vollbad
50 das Sitzbad
51 das Fußbad

Zu Tafel 58

I Die Kur

1 die Bäderkur
2 das Mineralbad

К таблице 57

1 лежать в постели (о больном)
2 укладывать
3 переложить (больного) на другую постель
4 подушка
5 раскрывать
6 пролежень
7 измерять
8 повышение температуры
9 температурить
10 фантазировать, бредить
11 щупать пульс
12 дежурство
13 ухаживать
14 лекарство
15 давать (лекарство)
16 принимать (лекарство)
17 закапывать
18 капельница, пипетка
19 пилюля
20 порошок
21 доза
22 небольшое количество на кончике ножа

23 мазь
24 настой, настойка
25 отвар
26 полоскать (горло)
27 натирать, втирать
28 обтирать
29 припудривание
30 смазывание кисточкой
31 компресс
32 менять
33 тёпленький
34 влажно-тёплый
35 припарка из каши
36 влажный компресс

37 компресс на шею
38 компресс на грудь
39 компресс на живот
40 компресс на икры
41 обёртывание, укутывание
42 обёртывание для потения
43 потение
44 обёртывать
45 компресс
46 клистир, клизма

47 полоскание, промывание
48 душ
49 общая ванна (для всего тела)
50 сидячая ванна
51 ножная ванна

К таблице 58

I Лечение

1 ванные процедуры
2 минеральная ванна

3 die Trinkkur

4 die Vollmassage
5 die Teilmassage
6 die Nachruhe
7 die Bettruhe

II Das Moorbad

8 das Moorrührwerk

9 der Moorarbeiter

10 das Moorthermometer

11 die Badeuhr

III Die Saline

12 die Sole, Solquelle
13 die Warminhalierhalle

14 die pneumatische Kammer
15 die Inhalation
16 der Salzbetrieb
17 das Siedehaus
18 die Siedesole
19 die Siedepfanne
20 die Trockenpfanne

IV Die Ferienbetreuung

21 der Feriendienst

22 die Urlaubsreise
23 der Feriensonderzug

24 die Verpflegung
25 die Unterkunft

Zu Tafel 59

1 baden
2 das Bad
3 die Erholung
4 faulenzen
5 das Fischerdorf
6 die Muschel
7 der Sand
8 die See
9 der Tang
10 die Brandung
11 der Brecher
12 die Dünung
13 das Watt
14 der Schlick
15 die Flut
16 die Ebbe
17 die Küste
18 der Deich
19 der Wellengang
20 der Horizont
21 das Niedrigwasser
22 das Hochwasser

3 лечение минеральными водами
4 полный массаж
5 частичный массаж
6 отдых после массажа
7 постельный режим

II Грязевая ванна

8 мешалка для медицинской грязи
9 рабочий по приготовлению медицинской грязи
10 термометр для медицинской грязи
11 ванные часы

III Солеварня

12 солёный источник
13 помещение для тёплой ингаляции
14 пневматическая камера
15 ингаляция
16 соляное производство
17 солеварня
18 рассол
19 солеваренная сковорода
20 высушивающая сковорода

IV Забота об отпускниках

21 отдел отпусков Объединения свободных немецких профсоюзов
22 поездка в отпуск
23 специальный поезд для отпускников
24 продовольствие
25 место остановки

К таблице 59

1 купаться
2 купание
3 отдых
4 лентяйничать
5 рыбацкая деревня
6 раковина
7 песок
8 море
9 водоросли
10 прибой
11 бурун
12 мёртвая зыбь
13 ватты
14 вязкий ил
15 прилив
16 отлив
17 побережье
18 плотина
19 волнение
20 горизонт
21 низкий уровень воды
22 половодье

23 die Schaumkrone
24 das Wellental
25 der Wellenberg

Zu Tafel 60

I Allgemeines

1 verunglücken
2 die Unfallstelle
3 Rotes Kreuz
4 die Hilfeleistung
5 die Bewußtlosigkeit
6 die Ohnmacht
7 in Ohnmacht fallen

8 ohnmächtig
9 die Rückenlage

10 wiederbeleben
11 lebensgefährlich
12 tödlich

II Der Unfall

13 der Schlag
14 der Stoß
15 der Stich
16 der Hieb
17 der Schnitt
18 die Schnittwunde
19 der Fall
20 die Gehirnerschütterung
21 der Schädelbruch
22 die Quetschung
23 die Quetschwunde
24 die Prellung
25 die Schürfwunde
26 die Zerrung
27 die Beule
28 die Schwellung
29 verstauchen, sich
30 verrenken, sich (ein Glied)
31 ausrenken
32 auskugeln
33 einrenken
34 der Knochenbruch, Bruch
35 brechen (einen Knochen)
36 ruhigstellen

37 schienen

38 die Armschiene
39 einrichten (einen Knochenbruch)

40 verletzen, sich

41 die Blutung
42 der Blutverlust
43 auswaschen
44 bluten
45 verbluten
46 stillen (eine Blutung)

23 пенный гребень
24 впадина волн
25 морской вал

К таблице 60

I Общее

1 потерпеть аварию
2 место аварии
3 Общество Красного креста
4 помощь
5 бессознательное состояние
6 обморок
7 лишиться чувств, падать в обморок
8 в обмороке
9 положение на спине

10 приводить в чувство
11 опасный для жизни
12 смертельный

II Авария, несчастный случай

13 удар
14 толчок, удар
15 укол, прокол
16 удар
17 порез
18 резаная рана
19 падение
20 сотрясение мозга
21 пролом черепа
22 ушиб, контузия
23 рана от ушиба
24 контузия
25 ссадина
26 растяжение
27 шишка, желвак
28 опухоль
29 вывихнуть
30 вывихнуть (член)
31 вывихнуть
32 вывихнуть
33 вправлять (сустав)
34 перелом кости, перелом
35 переломить (кость)
36 привести в спокойное положение
37 класть в лубок, накладывать шину
38 шина для руки
39 вправлять (кость при переломе)
40 получить ранение, повреждение, пораниться
41 кровотечение
42 потеря крови
43 промывать
44 кровоточить
45 истекать кровью
46 останавливать (кровотечение)

47 das Nasenbluten	47 кровотечение из носа
48 verbinden	48 перевязывать
49 der Verband	49 бинт, перевязка
50 der Verbandstoff	50 перевязочный материал
51 die Binde	51 повязка, бандаж
52 das Läppchen	52 лоскуток
53 der Notverband	53 временная повязка
54 der Schnellverband	54 быстрое наложение повязки
55 das Verbandpäckchen	55 перевязочный пакет
56 der Druckverband	56 давящая повязка
57 der Bindenverband	57 повязка-бандаж
58 die Bandage	58 бандаж, бинт, перевязка
59 bandagieren	59 бинтовать, наложить бандаж
60 abbinden, abschnüren	60 перевязывать, перетягивать
61 das Pflaster	61 пластырь
62 auflegen (ein Pflaster)	62 накладывать (пластырь)
63 das Heftpflaster	63 липкий пластырь
64 der Hitzschlag	64 тепловой удар
65 der Sonnenstich	65 солнечный удар
66 der Herzschlag	66 паралич сердца
67 die Verbrennung	67 ожог, сгорание
68 die Brandwunde	68 рана от ожога
69 die Blase	69 пузырь, волдырь
70 die Brandbinde	70 бинт для перевязки ожога
71 die Verbrühung	71 ожог от кипятка, ошпарка
72 die Erfrierung	72 замерзание
73 die Frostbeule	73 обмороженное место
74 der Blitzschlag	74 удар молнии
75 die Vergiftung	75 отравление
76 die Gasvergiftung	76 отравление газом
77 das Gegenmittel	77 противодействующее средство
78 ertrinken	78 утонуть
79 der Ertrunkene	79 утопленник
80 ersticken	80 задыхаться
81 die Verschüttung	81 завал
82 verschüttet werden	82 быть засыпанным

Zu Tafeln 61 u. 62

К таблицам 61 и 62

I Die Heilkunde

I Медицина, терапия

1 die innere Medizin	1 внутренняя медицина
2 die Chirurgie	2 хирургия
3 die Frauenheilkunde	3 гинекология
4 die Geburtshilfe	4 акушерство
5 die Kinderheilkunde	5 педиатрия
6 die Orthopädie	6 ортопедия
7 die Psychiatrie	7 психиатрия

II Die ärztliche Untersuchung

II Врачебный осмотр

8 einen Arzt zuziehen	8 приглашать врача
9 konsultieren	9 советоваться с врачом
10 die Praxis	10 практика
11 das Wartezimmer	11 комната ожидания, приёмная
12 das Sprechzimmer	12 врачебный кабинет, приёмная
13 untersuchen	13 исследовать
14 die Diagnose	14 диагноз
15 die Prognose	15 прогноз
16 das Symptom	16 симптом

17 die Reihenuntersuchung	17 серийное исследование
18 die Röntgenuntersuchung	18 исследование рентгеновыми лучами
19 die Röntgenaufnahme	19 рентгеновский снимок
20 durchleuchten	20 просвечивать
21 röntgen	21 просвечивать
22 das Elektrokardiogramm (EKG)	22 электрокардиограмма
23 die Blutsenkung	23 проба опадания крови
24 die Blutprobe	24 проба крови
25 das Rezept	25 рецепт
26 verschreiben	26 предписывать рецепт
27 verordnen	27 прописывать
28 der Berechtigungsschein (Krankenschein)	28 больничный лист, бюллетень
29 der Überweisungsschein	29 препроводительный лист

III Die Krankheit

III Болезнь

30 gesund	30 здоровый
31 befinden, sich	31 чувствовать себя
32 vorbeugen	32 предотвращать
33 die Krankheitsvorbeugung, Prophylaxe	33 профилактика
34 unwohl	34 нездоровый
35 krank	35 больной
36 erkranken, krank werden	36 заболеть
37 bettlägerig	37 постельный больной
38 kränklich	38 болезненный
39 kränkeln	39 прихварывать, хворать
40 schmerzen	40 болеть
41 das Leiden	41 болезнь
42 die Krankheitsursache	42 причина болезни
43 der Krankheitsverlauf	43 течение болезни
44 akut	44 острый
45 chronisch	45 хронический
46 das Fieber	46 (повышенная) температура
47 die Besserung	47 выздоровление
48 genesen	48 выздоравливать
49 der Genesende, Rekonvaleszent	49 поправляющийся
50 heilen	50 лечить
51 der Rückfall	51 возврат, рецидив
52 die Kinderkrankheit	52 детская болезнь
53 die Frauenkrankheit	53 женская болезнь
54 die Berufskrankheit, Gewerbekrankheit	54 профессиональная болезнь
55 die Hautkrankheit	55 кожная болезнь
56 die Infektionskrankheit, ansteckende, übertragbare Krankheit	56 инфекционная, контагиозная, заразная болезнь
57 die Seuche, Epidemie	57 зараза, эпидемия
58 infizieren	58 заражать
59 erkälten, sich	59 простудиться
60 die Heiserkeit	60 хрипота
61 der Katarrh	61 катар
62 die Halsentzündung, Angina	62 ангина
63 die Mandelentzündung	63 воспаление миндалин
64 der Schnupfen	64 насморк
65 der Husten	65 кашель
66 die Bronchitis	66 бронхит
67 der Rheumatismus, das Rheuma	67 ревматизм
68 die Leibschmerzen, das Bauchweh	68 боли в животе
69 die Blähung	69 вздутие, метеоризм
70 übel	70 дурно
71 übergeben, sich; brechen od. erbrechen	71 рвать

72	der Durchfall	72	понос
73	die Verstopfung	73	запор
74	eitern	74	гноиться
75	das Geschwür	75	язва
76	der Abszeß	76	абсцесс
77	der Grind	77	экзема
78	die Narbe	78	рубец
79	der Mitesser	79	угорь
80	der Ausschlag	80	сыпь
81	die Warze	81	бородавка
82	das Kopfweh, die Kopfschmerzen	82	головная боль
83	die Nervosität	83	нервозность
84	die Hysterie	84	истерия
85	der Anfall	85	пароксизм, приступ
86	der Krampf	86	судорога
87	der Schock	87	шок
88	die Lähmung	88	паралич
89	die (der od. das) Ischias	89	ишиас

IV Die Behandlung — IV Лечение

90	die Therapie	90	терапия
91	behandeln	91	лечить
92	ambulant	92	амбулаторный
93	klinisch	93	клинический
94	die Arznei, Medizin, das Mittel, Heilmittel, Arzneimittel, Medikament	94	лекарственное средство, лекарство
95	operieren	95	оперировать
96	operativ	96	оперативный
97	die Betäubung, Narkose	97	усыпление, наркоз
98	die örtliche Betäubung	98	местный наркоз
99	der Rausch	99	возбуждение, стадия возбуждения
100	das Narkosemittel	100	наркотическое средство
101	der Äther	101	эфир
102	das Chloroform	102	хлороформ
103	das Besteck	103	набор инструментов
104	die Einspritzung, Injektion	104	впрыскивание, инъекция
105	der Blutspender	105	донор
106	die Bluttransfusion	106	переливание крови
107	der Verbandstoff	107	перевязочный материал
108	der Mull	108	марля
109	die Mullbinde	109	марлевый бинт
110	tamponieren	110	тампонировать
111	der Tupfer	111	тампон
112	der Zellstoff	112	клетчатка, лигнин
113	die Watte	113	вата
114	die Kompresse	114	компресс
115	bestrahlen	115	облучать
116	massieren	116	массировать
117	der Masseur	117	массажист
118	das medizinische Bad	118	медицинская ванна
119	das Dampfbad	119	паровая ванна
120	das Lichtbad	120	световая ванна
121	punktieren	121	пунктировать
122	sondieren	122	зондировать
123	impfen	123	прививать
124	die Schutzimpfung	124	профилактическая прививка
125	der Impfstoff	125	вакцина

V Das Krankenhaus

126 die Klinik
127 die medizinische Klinik
128 die chirurgische Klinik
129 die Frauenklinik
130 die Hautklinik
131 die Kinderpoliklinik
132 das Kinderkrankenhaus
133 Anatomie
134 sezieren
135 überführen (ins Krankenhaus)
136 einliefern (ins Krankenhaus)
137 die Aufnahme
138 aufnehmen
139 die Abteilung
140 die Station
141 der Tagesraum

142 das Einzelzimmer
143 die innere Abteilung

144 die chirurgische Abteilung
145 die Infektionsabteilung
146 isolieren
147 die Männerstation
148 die Frauenstation
149 die Kinderstation
150 die Säuglingsstation

151 das Badehaus
152 die Apotheke
153 das Laboratorium
154 das Leichenhaus
155 die Wirtschaftsräume
156 die Milchküche
157 die Diätküche
158 die Ambulanz
159 der Chefarzt
160 der Oberarzt
161 die Ärztin
162 der Assistenzarzt
163 der Pflichtassistent, Volontärarzt
164 der Famulus, Praktikant
165 das Pflegepersonal
166 die Oberin
167 die Oberschwester
168 die Stationsschwester
169 der Krankenpfleger
170 der Krankenträger
171 die Laborantin

Zu Tafel 63

1 die Behandlung
2 die Vorbehandlung
3 die Nachbehandlung
4 die Wurzelbehandlung
5 ausbohren
6 die Einlage
7 füllen, plombieren
8 die Füllung, Plombe
9 die Vereisung
10 das Ziehen

V Больница

126 клиника
127 медицинская клиника
128 хирургическая клиника
129 гинекологическая клиника
130 дерматологическая клиника
131 детская поликлиника
132 детская больница
133 анатомия
134 вскрывать
135 переводить (в больницу)
136 помещать (в больницу)
137 приём
138 принимать
139 отделение
140 отделение
141 общее помещение для больных
142 однокоечная палата
143 отделение для внутренних болезней
144 хирургическое отделение
145 инфекционное отделение
146 изолировать
147 отделение для мужчин
148 отделение для женщин
149 отделение для детей
150 отделение для грудных детей
151 баня
152 аптека
153 лаборатория
154 морг
155 хозяйственные помещения
156 молочная кухня
157 диетическая кухня
158 амбулатория
159 главный врач
160 старший врач
161 женщина-врач
162 подручный врач, ассистент
163 врач волонтёр
164 практикант
165 санитарный персонал
166 главная медсестра
167 старшая медсестра
168 медсестра отделения
169 санитар
170 санитар-носильщик
171 лаборантка

К таблице 63

1 лечение
2 предварительное лечение
3 последующее лечение
4 лечение корня
5 высверливать
6 тампон
7 пломбировать
8 пломба
9 замораживание
10 удаление зуба

11 der Zahntechniker	11 зубной техник
12 der Zahnersatz	12 протез
13 die Brücke	13 мост, мостик
14 die Krone	14 коронка
15 der Stiftzahn	15 вставной зуб
16 der Wurzelstift	16 штифт
17 der Porzellanzahn	17 фарфоровый зуб
18 der Kunstharzzahn	18 зуб из пластмассы
19 die Platte, Basis	19 пластинка, база
20 die Zahnklammer	20 зубной зажим
21 der Sauger	21 присос
22 die Zahnpflege	22 уход за зубами
23 der Zahnschmerz, die Zahnschmerzen	23 зубная боль
24 die Zahnkrankheit	24 зубная болезнь
25 die Zahnfäule, Karies	25 кариоз, гниение зубов
26 die Wurzelhautentzündung	26 воспаление надкостницы
27 die Zahnfleischentzündung	27 воспаление дёсен
28 die Zahnbetterkrankung, Paradentose	28 пародонтоз

Zu Tafel 64

Die Rente, Sozialrente

К таблице 64

Пенсия

1 der Rentenantrag	1 заявление на получение пенсии
2 die Altersrente	2 пенсия по старости
3 die Invalidenrente	3 пенсия по инвалидности
4 die Hinterbliebenenrente	4 пенсия, назначаемая близким родственникам умершего
5 die Witwenrente	5 пенсия вдовам
6 die Waisenrente	6 пенсия сиротам
7 die Unfallrente	7 пенсия на случай увечья
8 das Pflegegeld	8 деньги на попечительство

Zu Tafeln 65 u. 66

I Allgemeines

К таблицам 65 и 66

I Общее

1 der Abgang	1 отход
2 abwärts	2 вниз
3 der Aufgang	3 подъём
4 aufwärts	4 вверх
5 die Flankenreihe	5 шеренга
6 der Griff	6 хват
7 der Griffwechsel	7 перемена захвата
8 greifen	8 хватать
9 hinten	9 позади, сзади
10 die Körperschule	10 телесные упражнения
11 das Kunstturnen	11 спортивная гимнастика
12 die Kürübung	12 произвольное упражнение
13 die Massengymnastik	13 массовая гимнастика
14 die Ordnungsübung	14 строевое упражнение
15 die Pflichtübung	15 обязательное упражнение
16 rücklings	16 положение гимнаста спиной к снаряду
17 das Schauturnen	17 показательное гимнастическое выступление
18 seitlings	18 положение сбоку от снаряда

19	die Stirnreihe	19	передовая шеренга
20	turnen	20	заниматься гимнастикой
21	üben	21	упражняться
22	vorn	22	впереди
23	wegtreten	23	разойтись
24	das Wetturnen	24	гимнастическое состязание

II Übungen und Tätigkeiten

II Виды упражнений и их выполнение

25	der Abschwung	25	прыжок с чего-л.
26	absitzen	26	соскакивать со снаряда
27	der Aufschwung	27	подъём
28	aufsitzen	28	садиться на что-л.
29	aufstemmen	29	опираться
30	der Außenquersitz	30	сед поперёк снаружи жердей
31	der Beugehang	31	вис на согнутых руках
32	der Beugestütz	32	упор на согнутых руках
33	das Bockspringen	33	прыжок через козла
34	die Bodenübung	34	упражнение на земле
35	die Drehung	35	вращение
36	der Felgaufschwung	36	подъём
37	die Felge	37	оборот
38	der Felgumschwung	38	оборот
39	die Flanke	39	прыжок или соскок боком
40	die Grätsche	40	перемах ноги врозь
41	der Grätschsitz	41	положение ноги врозь
42	der Hang	42	вис
43	der Hangstand	43	вис стоя
44	die Hechtrolle	44	прыжок с разбега (кувырок)
45	der Hintersprung	45	прыжок через снаряд в длину
46	die Hocke	46	перемах согнув ноги с приседанием
47	die Kehre	47	соскок с поворотом
48	die Kippe	48	подъём вперёд с упором
49	die Kipplage	49	упор или вис согнувшись
50	der Klimmzug	50	подтягивание на руках
51	der Knieaufschwung	51	переворот в упор с завесом
52	der Kniestand	52	стойка на коленях
53	der Knieumschwung	53	вращение обоими коленями
54	die Kopfstandkippe	54	подъём в упор из стойки на голове
55	die Kreiskehre	55	поворот
56	der Kreuzhang	56	вис на скрещённых руках
57	der Längssprung	57	прыжок в длину
58	der Liegehang	58	вис лёжа
59	der Mühlumschwung	59	оборот сидя на перекладине верхом
60	die Nackenkippe	60	вскок махом из положения лёжа
61	der Nesthang	61	вис завесом
62	der Oberarmhang	62	вис с упором на всю длину рук
63	die Oberarmkippe	63	подъём разгибом из упора на руках
64	der Oberarmstand	64	стойка на руках
65	der Probesprung	65	пробный прыжок
66	der Quersitz	66	сед поперёк снаряда
67	der Reitsitz	67	сед верхом на одной жерди
68	die Riesenfelge	68	большой оборот
69	die Rolle	69	кувырок
70	der Salto, die Luftrolle	70	поворот
71	die Schere	71	«ножницы»
72	der Schulterstand	72	стойка на плечах
73	der Schwebestütz	73	угол в упоре

74 die Schwungstemme
75 der Seitliegestütz
76 der Seitsitz
77 die Sitzwelle, der Sitzumschwung
78 die Spannbeuge
79 der Sprung
80 der Stand
81 der Streckhang
82 der Sturzhang

83 der Stütz
84 der Überschlag

85 der Umschwung
86 der Unterarmstand
87 der Unterarmstütz
88 der Unterschwung
89 die Welle, der Umschwung
90 die Wende

91 die Wippe

92 der Zehenstand
93 die Zugstemme

74 подъём махом
75 продольный упор лёжа
76 сед боком
77 оборот сидя
78 напряжение туловища
79 прыжок
80 стойка
81 вис на прямых руках
82 вис в горизонтальном положении, ноги подтянуты к подбородку
83 упор
84 переворот толчком рук прогнувшись
85 оборот на снаряде
86 стойка на предплечьях
87 упор на предплечьях
88 мах дугой
89 оборот на перекладине
90 поворот, соскок или прыжок прогнувшись
91 попеременное сгибание и разгибание
92 стойка на носках
93 медленный выжим туловища вверх

Zu Tafel 67

I Allgemeines

1 der Breitensport
2 der Leistungssport
3 trainieren
4 das Training
5 ausscheiden
6 siegen
7 der Rekord, die Höchstleistung
8 die Wertung
9 das Ergebnis
10 die Siegerehrung
11 der Meister
12 der Spitzensportler
13 der Rekordhalter
14 die Nachwuchskraft, der Nachwuchs
15 die Sportdelegation
16 das Bandmaß
17 die Distanz
18 das Finale, der Endkampf
19 die Gerade
20 die Höhe
21 die Kurve
22 die Weite

II Der Lauf

23 der Anlauf
24 der Endlauf
25 die Endrunde

К таблице 67

I Общее

1 массовое спортивное движение
2 состязательный спорт
3 тренировать
4 тренировка
5 выбывать
6 побеждать, победить
7 рекорд
8 оценка
9 результат
10 оказание почестей победителям
11 чемпион, мастер
12 спортсмен первого разряда
13 рекордсмен
14 смена, подрастающее поколение
15 спортивная делегация
16 рулетка
17 дистанция
18 финал, финиш
19 (финишная) прямая
20 высота
21 кривая, вираж
22 широта

II Бег

23 разбег
24 финиш
25 последний круг

26 der Endspurt	26 спурт на финише
27 der Entscheidungslauf	27 решающий бег
28 der Fehlstart	28 неправильный старт, фальстарт
29 der Geländelauf	29 кросс
30 der Hindernislauf	30 бег с препятствиями
31 der Kurzstreckenläufer, Kurzstreckler	31 бегун на короткие дистанции, спринтер
32 der Langstreckenläufer, Langstreckler	32 бегун на длинные дистанции, стайер
33 der Marathonläufer	33 марафонец
34 der Mittelstreckenläufer, Mittelstreckler	34 бегун на средние дистанции
35 das Paarlaufen	35 парный бег
36 die Pendelstaffel	36 маятниковая эстафета
37 die Olympische Staffel	37 Олимпийская эстафета
38 die Runde	38 круг на стадионе
39 der Schlußmann	39 замыкающий, бегущий последним
40 die Schwedenstaffel	40 шведская эстафета
41 der Sprinter	41 спринтер
42 der Spurt	42 спурт (в беге)
43 der Stafettenlauf	43 эстафетный бег
44 das Startloch	44 ямка на старте
45 der Startmann	45 бегущий на первом этапе эстафеты
46 überrunden	46 обогнать на круг
47 der Vorlauf	47 предварительный бег, забег
48 der Waldlauf	48 бег по лесу, кросс
49 der Wechsel	49 передача эстафеты
50 der Zwischenlauf	50 полуфинал
51 der Zwischenspurt	51 рывок на дистанции, спурт

III Sprung

III Прыжок

52 der Springer	52 прыгун
53 der Absprung	53 соскакивание, отрыв от трамплина, толчок
54 der Dreisprung	54 тройной прыжок
55 der Kehrsprung	55 прыжок с поворотом
56 der Rollsprung	56 прыжок с перекатом
57 der Schersprung	57 прыжок в высоту способом «ножницы»

IV Wurf und Stoß

IV Метание и толкание

58 der Wurfsektor	58 сектор метания
59 der Kreuzschritt	59 скрестной шаг
60 der Ansprung	60 скачкообразный разбег
61 die Drehung	61 вращение
62 die Streckung	62 удлинение, вытягивание

V Weitere Leichtathletikarten

V Прочие виды лёгкой атлетики

63 der Dreikampf	63 троеборье
64 der Fünfkampf	64 пятиборье, пентатлон
65 das Gehen, der Gehsport	65 спортивная ходьба, соревнование по ходьбе
66 der Marschsport	66 походный спорт, маршировка
67 der Mehrkampf	67 многоборье
68 der Zehnkampf	68 десятиборье

Zu Tafel 68

I Allgemeines

1 der Amateurboxer
2 bandagieren
3 der Berufsboxer
4 der Boxkampf
5 das Boxübungsgerät

6 disqualifizieren
7 die Distanz
8 die Gewichtsklasse
9 das Fliegengewicht
10 das Bantamgewicht
11 das Federgewicht
12 das Leichtgewicht
13 das Halbweltergewicht
14 das Weltergewicht
15 das Halbmittelgewicht
16 das Mittelgewicht
17 das Halbschwergewicht
18 das Schwergewicht
19 das Kampfgewicht

20 die Gürtellinie
21 das Judo
22 der Mannschaftskampf
23 der Punktsieger
24 der Rasenkraftsport

25 das Hammerwerfen
26 das Gewichtwerfen
27 das Steinstoßen
28 das Seilspringen
29 der Schwerathlet
30 der Sparring
31 der Tiefschutz
32 das Turnier
33 der Zahnschutz
34 sportlich, fair
35 unsportlich, unfair

36 der Regelverstoß

II Das Boxen (Kampfverlauf und Schläge)

37 der Abbruch
38 die Abwehr
39 der Angreifer
40 der Angriff
41 angeschlagen, groggy
42 die Aufgabe
43 ausknocken, niederschlagen
44 auspunkten
45 auszählen
46 boxen
47 der Clinch, die Umklammerung
48 decken
49 die Dublette, der Doppelschlag
50 der entscheidende Niederschlag, K. o.
51 die Finte, Täuschung
52 der Kämpfer
53 die Kampfrunde

К таблице 68

I Общее

1 боксёр-любитель
2 наложить бандаж
3 боксёр-профессионал
4 бокс
5 снаряд для боксёрских упражнений

6 дисквалифицировать
7 дистанция
8 весовая категория
9 наилегчайший вес
10 легчайший вес
11 полулёгкий вес
12 лёгкий вес
13 первый средний вес
14 полусредний вес
15 второй средний вес
16 средний вес
17 полутяжёлый вес
18 тяжёлый вес
19 вес для состязания

20 линия пояса
21 дзюдо
22 командное соревнование
23 победитель по очкам
24 силовые игры на площадке, на открытом воздухе

25 метание молота
26 метание гирь
27 толкание камня
28 скачка через верёвку
29 тяжёлоатлет
30 спарринг
31 защита тела ниже пояса
32 турнир
33 защита зубов
34 спортивный
35 поведение недостойное спортсмена, неспортивный

36 нарушение правил

II Бокс (ход боя и удары)

37 прекращение
38 отражение
39 атакующий
40 атака
41 подбитый, крогги
42 сдача, прекращение
43 нокаутировать
44 выиграть по очкам
45 отсчитывать
46 боксировать
47 клинч, обхват
48 защищать
49 дублет, двойной удар
50 решающий удар, нокаут
51 финт, ложный выпад
52 борец, противник
53 раунд

54	die Kampfstellung	54	боевая позиция
55	kampfunfähig	55	небоеспособный
56	der Kinnhaken	56	удар в подбородок
57	der Knockout (K. o.)	57	нокаут
58	kontern	58	парируя удар
59	der Körperschlag	59	удар в туловище
60	der Nahkampf	60	ближний бой
61	der Niederschlag	61	поражение, нокдаун
62	der Nierenschlag	62	удар в почку
63	die Runde	63	раунд
64	der Schwinger	64	боковой удар, свинг
65	der Sieger	65	победитель
66	der Treffer	66	удачный удар
67	die Unterbrechung	67	перерыв
68	der Unterlegene	68	побеждённый
69	die Verteidigung	69	защита

III Das Ringen

III Борьба

70	der klassische Ringkampf	70	классическая борьба
71	der Standgriff	71	хватка стоя
72	die Schleuder	72	бросок
73	der Armdrehgriff	73	винт руки
74	der Armfallgriff	74	бросок через спину с захватом руки
75	der Kopfschwung	75	бросок через голову
76	der Schulterschwung	76	бросок через плечо
77	der Hüftschwung	77	бросок через бедро
78	die Souplesse	78	бросок через двойной мост, «суплес»
79	der Bodengriff	79	хватка в партере
80	der Nackenhebel	80	нельсон
81	der Seitenaufreißer	81	бросок в сторону
82	der Aufreißer	82	разрыв
83	der Doppelnelson	83	двойной нельсон
84	der Halbnelson	84	полу-нельсон
85	das Freistilringen	85	вольная борьба
86	der Haken	86	удар в подбородок

IV Das Gewichtheben

IV Поднимание тяжестей

87	reißen	87	поднимать рывком
88	drücken	88	выжимать
89	stoßen	89	толкать
90	der Heberboden	90	подкладка
91	umsetzen	91	перемещать
92	der olympische Dreikampf	92	олимпийское троеборье
93	der Vierkampf	93	четырёхборье
94	der Fünfkampf	94	пятиборье, пентатлон

Zu Tafeln 69 u. 70

К таблицам 69 и 70

I Allgemeines

I Общее

1	abgeben (Ball)	1	отдавать (мяч)
2	abpfeifen	2	прекращать игру
3	anpfeifen	3	начинать игру
4	die Aufstellung	4	расстановка игроков
5	decken	5	держать противника
6	durchbrechen	6	прорваться
7	fangen (Ball)	7	ловить (мяч)

8	flanken	8	передавать в центр
9	die Halbzeit	9	половина игры, тайм
10	das Kombinationsspiel, Zusammenspiel	10	комбинационная игра, слаженная игра
11	rempeln	11	толкать правильно
12	der Riegel, die Mauer (vor dem Tor)	12	стенка (перед воротами)
13	das Rückspiel	13	передача мяча назад
14	der Schlag	14	удар
15	der Seitenwechsel	15	смена ворот
16	der Stürmer	16	нападающий
17	täuschen	17	делать обманные движения
18	der Wurf	18	бросок
19	zuspielen	19	передавать, пасовать
20	unentschieden	20	ничья, ничейный
21	der Ersatzmann, der Ersatz	21	запасной игрок
22	die Mannschaft	22	команда
23	die Sportdelegation	23	спортивная делегация
24	der Trainer	24	тренер
25	der Schiedsrichter	25	судья
26	das Wettspiel	26	соревнование, состязание
27	das Punktspiel	27	игра по очкам
28	das Pokalspiel	28	игра на кубок

II Fußball

II Футбол

29	die Fußballmannschaft	29	футбольная команда
30	der Abstoß	30	удар от ворот
31	der Anstoß	31	первый удар по мячу
32	dribbeln	32	вести мяч
33	köpfen	33	играть головой

III Handball

III Гандбол

34	der Abwurf	34	бросок мяча от ворот
35	der Anwurf	35	бросок мяча с середины
36	der Eckwurf	36	бросок мяча с угла
37	der Freiwurf	37	свободный бросок
38	das Hallenhandballspiel	38	игра в гандбол в спортивном зале
39	der Kernwurf	39	основной бросок
40	der Rückhandwurf	40	бросок мяча из-за спины
41	der Schockwurf	41	бросок снизу
42	der Springwurf	42	бросок в прыжке
43	der Strafwurf	43	штрафной угловой бросок
44	die Strafecke	44	штрафной угол

IV Hockey

IV Хоккей (на траве)

45	der Abschlag	45	начало
46	der Strafabschlag	46	штрафное отражение
47	der Freischlag	47	свободный удар
48	der Rückhandschlag	48	удар слева
49	die Vorhand	49	справа
50	die Rückhand	50	слева
51	schlenzen	51	подбрасывать
52	einrollen	52	вкатывать
53	sperren	53	преграждать
54	haken	54	подрезать, подсекать
55	die Viertellinie	55	четверть линия

V Volleyball

V Волейбол

56	der Anschreiber	56	ведущий счёт
57	die Aufgabe	57	подача
58	aufgeben	58	подавать
59	aufnehmen	59	принимать

60 die Auszeit	60 время нахождения мяча за площадкой
61 blocken, blockieren	61 блокировать
62 der Handkantenschlag	62 удар ребром ладони
63 der Platzwechsel	63 перемена мест
64 pritschen	64 пасовать (слегка касаясь мяча пальцами или ладонями)
65 schmettern	65 гасить (мяч)

VI Faustball / VI Итальянская лапта

66 die Angabe — 66 начало
67 der Hammerschlag — 67 удар кулаком
68 der Schwungschlag — 68 удар с размаху

VII Tennis / VII Теннис

69 der Aufschlag — 69 подача
70 der Einstand — 70 ровный счёт, «ровно»
71 der Rückschlag — 71 обратный удар
72 der Satz — 72 партия
73 der Vorhandschlag — 73 удар справа
74 der Tennisschuh — 74 теннисная туфля

VIII Weitere Ballspiele / VIII Прочие игры в мяч

75 das Rugby — 75 регби
76 der Schleuderball — 76 мяч с петлёй

Zu Tafeln 71 u. 72 / К таблицам 71 и 72

I Schi und Rodel / I Лыжный спорт и катание на спортивных санях

1 der Absprung — 1 отрыв (от трамплина)
2 die alpine Kombination — 2 альпийская комбинация
3 der Anlauf — 3 разбег, разгон
4 die Aufschraubbindung — 4 привинчивающееся крепление

5 der Aufsprung — 5 приземление
6 die Diagonalzugbindung — 6 диагональное крепление
7 das Einerrodeln — 7 катание на санях по одному
8 der Firnschnee — 8 фирновый снег, наст
9 der Harsch — 9 наст
10 der Hörnerschlitten — 10 сани с полозьями в виде рогов

11 die Huitfeldbindung — 11 крепление способом Уйтфельда

12 der Langlauf — 12 бег на дистанцию
13 die Langriemenbindung — 13 крепление длинным ремнём
14 die Loipe (die Langlaufstrecke) — 14 дистанция лыжных гонок
15 der Neuschnee — 15 свежий снег
16 die nordische Kombination — 16 скандинавская комбинация
17 der Pappschnee — 17 липкий снег
18 die Piste (Strecke) — 18 дистанция
19 das Profil (Schi) — 19 профиль (лыж)
20 der Pulverschnee — 20 пороша, порошка
21 die Riemenbindung — 21 крепление ремнями
22 der Ristriemen — 22 подъёмный ремень
23 der Schianzug — 23 лыжный костюм
24 der Schimarathonlauf — 24 марафонский бег на лыжах
25 das Schiwachs — 25 лыжная мазь
26 Schlitten fahren — 26 кататься на санях
27 die Schußfahrt — 27 стремительный спуск

28 die Sprungweite	28 длина прыжка
29 die Stemmlochbindung	29 крепление ремнём, пропущенным через отверстие в лыжах
30 das Stirnband	30 налобник
31 der Stockteller	31 палка
32 der Toboggan	32 тобогган
33 die Viererkombination	33 комбинация по четыре
34 der Zweierbob	34 парные сани (в бобслее)

II Das Schlittschuhlaufen, Eislaufen, der Eislauf — **II Конькобежный спорт**

35 das Einzellaufen	35 одиночный бег
36 die Eisfläche	36 поверхность льда
37 der Eiskunstlauf	37 фигурное катание
38 der Eisläufer	38 конькобежец
39 der Eisschnellauf	39 скоростной бег на коньках
40 der Eistanz	40 танец на льду
41 das Gruppenlaufen	41 групповое катание
42 der Kantenwechsel	42 перемена рёбер
43 das Kürlaufen	43 произвольное катание

III Eishockey — **III Хоккей на льду**

44 die Spielerbank	44 скамейка для игроков
45 die Strafbank	45 скамейка для удалённых игроков

Zu Tafel 73 — К таблице 73

1 der Absatz	1 уступ
2 der Abstieg	2 спуск
3 der Absturz	3 падение
4 der Alleingänger, Alleingeher, Einzelgänger	4 одиночка
5 anseilen	5 привязать верёвкой
6 der Anstieg	6 подъём
7 der Aufstieg	7 подъём, восхождение
8 der Ausstieg	8 спуск
9 das Band, Felsband	9 балкон
10 die Bergfahrt	10 путешествие в горы
11 der Bergführer	11 проводник
12 die Besteigung, Ersteigung	12 восхождение
13 der Einstieg	13 исходное место восхождения
14 der Eishang	14 ледяной склон, скат
15 die Erstbesteigung	15 первое восхождение
16 die Felsplatte	16 скальная плита
17 der Firn	17 фирн
18 das Geröll	18 осыпь
19 der Gipfel	19 вершина
20 der Gletscher	20 ледник, глетчер
21 der Grat	21 гребень
22 der Griff	22 выступ, уступ
23 der Hang	23 склон, скат
24 der Kletterer	24 взбирающийся, скалолаз
25 die Kluft	25 ущелье
26 die Lawine	26 лавина
27 die Markierung	27 маркировка
28 die Moräne	28 морена
29 die Mulde	29 лощина, углубление
30 der Pendelquergang	30 переход с одной скалы на другую
31 queren	31 спускаться поперечно

32	die Reepschnur	32	двойной канат
33	die Rinne	33	жёлоб, канавка
34	der Riß	34	трещина, щель
35	die Schichtung	35	наслоение, расслоение
36	der Schrofen od. Schroffen	36	утёс
37	der Seilabstand	37	отрезок каната, отделяющий одного туриста от другого
38	der Seilknoten	38	канатный узел
39	die Seilschaft	39	группа альпинистов, связанная канатом
40	die Seilschlinge	40	канатная петля
41	der Sérac	41	серак
42	die Sicherung	42	страховка
43	die Spalte	43	щель, трещина
44	der Steinschlag	44	каменный дождь
45	die Terrasse	45	терраса
46	der Tobel	46	ущелье
47	der Überhang	47	выступ скалы
48	verschüttet	48	засыпанный
49	versteigen, sich	49	сбиться при подъёме с пути
50	der Vorsprung	50	выступ скалы

Zu Tafel 74 / К таблице 74

1	der Abfaller	1	падение в воду
2	der Absprung	2	соскакивание, отскок
3	der Anlauf	3	разбег
4	der Anschlag	4	вхождение в воду
5	die Beinarbeit	5	работа ног
6	das Brausebad	6	купание под душем
7	das Eintauchen	7	ныряние, погружение в воду
8	das Figurenlegen	8	фигурное плавание
9	das Freischwimmen	9	свободное плавание
10	das Hallenschwimmbad, Hallenbad	10	зимний бассейн
11	die Haltung	11	выправка
12	kopfüber	12	через голову
13	kraulen	13	плавать стилем кроль
14	das Kunstschwimmen	14	плавание разными стилями
15	das Kunstspringen	15	фигурные прыжки в воду
16	der Kürsprung	16	произвольный прыжок
17	der Pflichtsprung	17	обязательный прыжок
18	das Rettungsschwimmen	18	плавание при спасании утопающих
19	der Rückwärtssprung	19	прыжок спиной
20	der Schwimmer	20	пловец
21	der Schwimmeister	21	мастер по плаванию
22	das Seite- od. Seitenschwimmen	22	плавание на боку
23	das Sprungbrett	23	трамплин
24	der Sprungrichter	24	судья по прыжкам в воду
25	der Staffelwettkampf	25	(водная) эстафета
26	das Tauchen	26	ныряние
27	das Turmspringen	27	прыжки с вышки
28	der Überschlag	28	поворот
29	der Vorwärtssprung	29	прыжок вперёд
30	das Wasserballspiel	30	водное поло

Zu Tafeln 75 u. 76 / К таблицам 75 и 76

I Allgemeines / I Общее

1	abstoßen	1	отчаливать
2	abtreiben	2	относить, дрейфовать

3	anlegen	3	приставать к берегу, причаливать
4	aussteigen	4	высаживаться
5	der Bootshaken	5	багор
6	die Bootslänge	6	длина лодки
7	einsteigen	7	входить, садиться в лодку
8	in Führung gehen	8	лидировать
9	das Hauptrennen	9	основные гонки
10	kentern	10	опрокидываться килем вверх
11	die Klasse	11	категория, тип, класс
12	die Kurzstreckenregatta	12	гонки, регата на короткие дистанции
13	landen	13	высаживаться на берег
14	die Langstreckenregatta	14	гонки, регата на длинные дистанции
15	das Leichtgewichtsrennen	15	гонки для лодок лёгкого типа
16	die Regatta	16	гонки, регата
17	die Regattastrecke, Rennstrecke	17	дистанция гонки
18	das Vorrennen	18	предварительный заезд
19	das Wasserwandern	19	туристическая вылазка на лодках (на плотах и т. п.)
20	die Wendeboje	20	буй на повороте
21	wenden	21	поворачивать

II Rudern — II Гребля

22	der Achter	22	восьмёрка
23	der Anriß	23	рывок со старта
24	der Armzug	24	работа руками
25	die Auslage	25	продвижение вперёд на слайде
26	das Dauerrudern	26	продолжительная гребля
27	der Durchzug	27	протягивание
28	der Einer, der od. das Skiff	28	гоночная одиночка, скиф
29	der Einsatz	29	одновременное начало гребли
30	der Endzug, Schlußzug	30	последний момент проводки вёсел
31	das Hauptspant	31	главный шпангоут
32	der Junior	32	младший
33	der Meßbrief	33	мерительное свидетельство
34	die Rückenlage	34	крайнее заднее положение при проводке вёсел
35	das Ruder (seemännisch: der Riemen)	35	весло
36	das Ruderboot	36	гребная шлюпка
37	der Ruderwart	37	рулевой
38	der Schulterzug	38	проводка вёсел до плечей
39	das Stilrudern	39	стильная гребля
40	der Zug	40	проводка
41	das Wettkampfrudern	41	состязание по гребле
42	der Zweier	42	двойка

III Segeln — III Плавание под парусами

43	das stehende Gut	43	стоячий такелаж
44	das laufende Gut	44	бегущий такелаж
45	kreuzen	45	лавировать
46	halsen	46	делать поворот фордевинд
47	der Kurs	47	курс
48	reffen	48	брать риф
49	die Rennjolle	49	гоночный швертбот
50	Segel setzen	50	ставить парус
51	die Segelfläche	51	парусность
52	die Segelregatta	52	парусное соревнование
53	über Stag gehen	53	делать поворот оверштаг
54	die Takelung	54	такелаж, оснастка

55 die Wanderjolle
56 am Wind segeln
57 vor dem Winde segeln

IV Kanufahren

58 der Abbau
59 das Abpaddeln
60 das Anpaddeln

61 der Aufbau
62 der Kajakslalom
63 das Kanusegeln
64 der Kanusport
65 der Paddelsport
66 der Paddler
67 das Segelkanu
68 das Spant
69 der Spitzenbeutel

70 der Stander
71 der Traggurt

72 das Wanderboot

V Wasser und Wind

73 die Bö
74 die Brise
75 das Fahrwasser
76 der Gegenwind
77 das Kielwasser
78 der Rückenwind
79 der Schwall
80 der Seitenwind
81 die Stromschnelle
82 die Strömung
83 der Strudel
84 der Wildfluß

Zu Tafel 77

I Das Kinderheim

1 das Vollheim
2 das Säuglingsheim, die Krippe
3 die Betriebskindertagesstätte
4 der Kinderhort, Hort
5 der Aufenthaltsraum
6 das Eßzimmer
7 der Schlafsaal
8 der Gymnastiksaal
9 die Krabbelstube

10 das Schularbeitszimmer

11 der Waschraum
12 der Garderoberaum

II Die Erzieherin

13 die Leiterin
14 die Praktikantin
15 die Schülerin

55 швертбот
56 идти острым курсом
57 идти полным ветром

IV Катание в каноэ (на байдарке)

58 разборка лодки
59 конец байдарочного сезона
60 открытие байдарочного сезона

61 сборка
62 водный слалом
63 плавание в каноэ на парусах
64 каноэ (как вид спорта)
65 байдарочный спорт
66 плывущий на байдарке
67 каноэ с парусами
68 шпангоут
69 воздушный ящик на носу или на корме лодки
70 брейд-вымпел, флюгер
71 ремень для перетаскивания лодки
72 лодка для туристических вылазок

V Вода и ветер

73 шквал, порыв ветра
74 бриз
75 фарватер
76 встречный ветер
77 кильватер
78 попутный ветер
79 поток
80 боковой ветер
81 быстрое течение, порог
82 течение
83 водоворот
84 горный поток

К таблице 77

I Детский дом

1 детский дом, пансионат
2 детские ясли
3 детский сад на предприятии
4 детский приют
5 общая комната
6 столовая
7 спальный зал
8 гимнастический зал
9 комната для ползунков, детский манеж
10 комната для приготовления школьных заданий
11 умывальная
12 раздевальня

II Воспитательница

13 заведующая
14 практикантка
15 ученица

16 die Vorschülerin	16 дошкольница
17 das Kindergärtnerinnenseminar	17 семинар для воспитательниц в детских садах

III Die Erziehung

18 die vorschulische Erziehung
19 die Sauberkeit
20 der Ordnungssinn

21 die Sinnesübung
22 die Sprachentwicklung
23 die Ausdrucksfähigkeit

IV Das Spiel im Zimmer

24 die Gruppe
25 das Gemeinschaftsspiel
26 die Geschicklichkeit
27 das Plastilin, die Plastilina
28 modellieren
29 kneten
30 ausschneiden
31 falten
32 kleben

V Das Spiel im Freien

33 der Tummelplatz
34-36 die Kindergymnastik
34 Purzelbaum schlagen
35 Schubkarren fahren
36 die Waage
37 das Bewegungsspiel
38 das Fangspiel
39 das Laufspiel
40 Blindekuh spielen
41 Seil springen
42 das Versteckspiel
43 das Singspiel
44 das Ringelspiel, Reigenspiel, der Ringelreihen
45 das Planschbecken
46 planschen
47 graben
48 schaufeln
49 klettern
50 schaukeln
51 schwingen, sich
52 wippen
53 rutschen
54 beaufsichtigen

III Воспитание

18 дошкольное воспитание
19 чистота
20 аккуратность, любовь к порядку
21 воспитание чувств
22 развитие языка
23 культура речи

IV Игры в комнате

24 группа
25 общая игра
26 ловкость
27 пластилин
28 лепить
29 месить, мять
30 вырезать
31 складывать
32 клеить

V Игры на воздухе

33 место гулянья
34-36 детская гимнастика
34 кувыркаться
35 возить тачку
36 горизонтальное равновесие
37 подвижная игра
38 горелки
39 беганье
40 играть в жмурки
41 прыгать со скакалкой
42 игра в прятки
43 игра с пением
44 игра в хоровод

45 бассейн для детей
46 плескаться в воде
47 копать
48 играть лопаткой
49 лазить
50 качать
51 качаться
52 раскачивать
53 скользить
54 наблюдать, присматривать

Zu Tafel 78

I Die demokratische Einheitsschule

1 die Grundschule
2 die Landschule
3 die Zentralschule
4 die Zehnklassenschule
5 die Berufsschule
6 die Fachschule

К таблице 78

I Демократическая единая школа

1 начальная школа
2 сельская школа
3 центральная школа
4 десятилетняя школа
5 профессиональная школа
6 специальная школа, техникум

7 die Oberschule	7 средняя школа
8 das Internat	8 интернат
9 die Hochschule	9 высшее учебное заведение (вуз)

II Die Lehrerschaft — II Учительский персонал

10 der Ehrentitel „Verdienter Lehrer des Volkes"	10 почётное звание «Заслуженный народный учитель»
11 der Kreisschulrat	11 заведующий отделом народного образования (ОНО)
12 der Schulleiter	12 директор школы
13 der Fachlehrer	13 преподаватель отдельного предмета
14 der Heimerzieher	14 воспитатель

III Der Schulbesucher — III Учащийся

15 das Schulkind	15 школьник
16 der Mitschüler	16 соученик
17 der Schulabgänger	17 выпускник
18 der Abiturient	18 выпускник средней школы

IV Die Schulpflicht — IV Обязательное обучение

19 die Aufnahme	19 приём
20 das Schuljahr	20 учебный год
21 die Ferien	21 каникулы
22 die Schulentlassung	22 выпуск учеников

V Der Lehrplan — V Учебный план

23 die Unterstufe	23 младшие классы
24 die Mittelstufe	24 средние классы
25 die Oberstufe	25 старшие классы
26 der Stundenplan	26 план уроков

VI Das Unterrichtsfach — VI Учебный предмет

27 Körpererziehung	27 физкультура
28 Staatswissenschaften	28 политические науки
29 Geschichte	29 история
30-32 der Deutschunterricht	30-32 обучение немецкому языку
30 Rechtschreiben	30 правописание, орфография
31 Grammatik	31 грамматика
32 Literaturgeschichte	32 история литературы
33-36 der neusprachliche Unterricht	33-36 обучение новым языкам
33 Russisch	33 русский язык
34 Polnisch	34 польский язык
35 Tschechisch	35 чешский язык
36 Englisch	36 английский язык
37 u. 38 der altsprachliche Unterricht	37 и 38 обучение древним языкам
37 Latein, Lateinisch	37 латинский язык
38 Griechisch	38 греческий язык
39-42 der Mathematikunterricht	39-42 обучение математике
39 Arithmetik	39 арифметика
40 Algebra	40 алгебра
41 Geometrie	41 геометрия
42 Trigonometrie	42 тригонометрия
43 Erdkunde, Geographie	43 география
44 Biologie	44 биология
45 Chemie	45 химия
46 Physik	46 физика
47 Kunsterziehung	47 рисование
48 Musik	48 музыка

49 Nadelarbeitsunterricht
50 Kurzschrift

VII Der Unterricht

51 die Unterrichtsstunde, Stunde
52 vorbereiten
53 der Lehrervortrag
54 das Unterrichtsgespräch
55 fragen
56 antworten
57 berichten
58 die Wiederholung
59 die Übung
60 die Nacherzählung
61 die Lektüre
62 übersetzen
63 die Klassenarbeit
64 der Aufsatz
65 das Diktat, die Nachschrift
66 der Fehler
67 anstreichen
68 verbessern, berichtigen, korrigieren
69 die Aufgabe
70 mündlich
71 schriftlich
72 aufgeben
73 auswendig lernen
74 die Schulfunksendung
75 der Lehrausflug, die Exkursion
76 die Schulwanderung, der Ausflug
77 die Pause

VIII Das Lehrmittel

78 das Modell
79 das Präparat
80 das Lehrbild
81 das Lichtbild
82 das Übungsbuch
83 der Sandkasten

IX Die Leistung

84 die Zwischenprüfung
85 die Abschlußprüfung
86 die Reifeprüfung
87 die Beurteilung
88 die Zensur
89 das Zeugnis
90 sitzenbleiben
91 versetzt werden
92 die Belobigung

X Soziale Maßnahmen im Schulwesen

93 die Schulgeldfreiheit

49 рукоделие
50 стенография

VII Обучение

51 урок
52 приготовлять
53 объяснение учителем нового урока
54 урок вопросов и ответов
55 спрашивать
56 отвечать
57 рассказывать
58 повторение
59 упражнение
60 пересказ
61 чтение
62 переводить
63 классная работа
64 сочинение
65 диктант, диктовка
66 ошибка
67 подчёркивать, отмечать
68 исправлять
69 задание
70 устный
71 письменный
72 задавать
73 заучивать наизусть
74 радиопередача для школьников
75 учебная экскурсия
76 школьная прогулка
77 перерыв

VIII Учебное пособие

78 модель
79 препарат
80 наглядное пособие
81 фотография, снимок
82 книга для упражнений
83 ящик с песком

IX Успеваемость

84 промежуточный экзамен
85 выпускной экзамен
86 экзамен на аттестат зрелости
87 оценка
88 отметка
89 школьное свидетельство
90 остаться на второй год
91 быть переведённым в следующий класс
92 похвала

X Социальные меры в школе

93 освобождение от платы за обучение

94	die Erziehungsbeihilfe	94	помощь при воспитании
95	die Lernmittelfreiheit	95	бесплатное пользование школьными пособиями
96	die Schulspeisung	96	школьное общественное питание
97	das Ferienlager	97	летний лагерь
98	die schulärztliche Untersuchung	98	школьный медицинский осмотр
99	die Schulimpfung	99	прививка в школе
100	die Schulzahnklinik	100	школьная зубоврачебная клиника

XI Schule und Öffentlichkeit / XI Школа и общественность

101	der polytechnische Unterricht	101	политехническое обучение
102	die Elternversammlung	102	родительское собрание
103	der Elternbeirat	103	родительский комитет
104	das Elternseminar	104	семинар для родителей
105	der „Tag der offenen Tür"	105	«День открытых дверей»
106	der Klassenelternabend	106	родительское собрание класса
107	das Recht auf Bildung	107	право на образование

Zu Tafel 79 / К таблице 79

I Allgemeines / I Общее

1	der Lehrgarten	1	учебный сад
2	der Beispielgarten	2	показательный сад
3	der Versuchsgarten	3	подопытный сад
4	die Beispielpflanzung	4	показательная плантация
5	die Lichtreaktion	5	световая реакция
6	der Temperatureinfluß	6	влияние температуры
7	die Schädlingskunde	7	наука о вредителях
8	die Schädlingsbekämpfung	8	борьба с вредителями
9	die Unkrautbekämpfung	9	борьба с сорняками
10	der Pflanzenschutz	10	защита растений
11	das Pflanzenschutzmittel	11	ядохимикаты для защиты растений
12	der Sonnenschutz	12	защита от солнца
13	der Vogelschutz	13	защита от птиц

II Die Bodenkunde (↑ Taf. 156, E und Taf. 160, E IV u. V) / II Почвоведение (↑ табл. 156, д и табл. 160, д IV и V)

14	der Boden (↑ Taf. 160, E IV)	14	почва (↑ табл. 160, д IV)
15	die Bodenkultur	15	земледельческая культура
16	die Bodenprobe	16	проба почвы
17	die Bodenanalyse	17	анализ почвы
18	die Bodenreaktion	18	реакция почвы
19	die Bodenbeschaffenheit	19	качество почвы
20	das Bodenthermometer	20	почвенный термометр
21	das Erdthermometer	21	термометр для измерения температуры почвы
22	die Bodenbearbeitung (↑ Taf. 160, E VI)	22	обработка почвы (↑ табл. 160, д VI)
23	die Bodenverbesserung	23	улучшение почвы

III Die Wetterkunde / III Метеорология

24	das Klima	24	климат
25	das Kleinklima	25	местный климат
26	die Windstärke	26	сила ветра
27	die Windrichtung	27	направление ветра

28 die Niederschlagsmenge
29 das Selbstschreibebarometer
30 das Wetterbuch

IV Die Jarowisation

31 das Saatgut
32 die Keimprobe
33 die Keimfähigkeit
34 die Keimdauer
35 schwellen
36 keimen
37 der Keimling
38 der Vorkeim, das Prothallium
39 bestocken

V Die Demonstrationsfläche

40 das Versuchsfeld
41 die Sechsfelderwirtschaft
42 die Fruchtfolge
43 die Vorfrucht
44 die Hauptfrucht
45 die Nachfrucht
46 die Zwischenfrucht
47 die Hackfrucht

48 die Sommerung
49 die Sommerölfrüchte
50 das Sommergetreide
51 die Hülsenfrüchte, Leguminosen

52 die Winterung
53 die Winterölfrüchte
54 das Wintergetreide

VI Die Übungsfläche

55 die Saatzucht
56 der Samen
57 der Samenbau
58 die Aussaat
59 der Sämling
60 die Variabilität, Veränderlichkeit

61 die Pflanzenzüchtung
62 die Anzucht
63 die Zuchttechnik
64 die Zuchtwahl
65 die Wildpflanze, der Wildling
66 widerstandsfähig
67 anspruchslos
68 die Kulturpflanze
69 empfindlich
70 hochwertig
71 anpassungsfähig
72 akklimatisieren
73 die Pflanzenkreuzung, Kreuzung
74 die Hybridisation, Bastardisierung
75 einkreuzen
76 koppeln
77 die Auslese
78 die Entwicklung

28 количество атмосферных осадков
29 самопишущий барометр, барограф
30 метеорологическая книжка

IV Яровизация

31 посевной материал
32 проверка на всхожесть
33 всхожесть
34 период прорастания
35 разбухать
36 прорастать
37 зародыш
38 проталлий
39 засаживать кустами

V Показательный участок

40 опытное поле
41 шестипольная система
42 плодосмен
43 предшественник
44 главная культура
45 последующая культура
46 промежуточная культура
47 корнеплод, пропашное растение
48 яровая культура, ярь
49 яровые масличные
50 яровые хлеба
51 стручковые растения, бобовые
52 озимая культура, озимь
53 озимые масличные
54 озимые хлеба

VI Подопытный участок

55 семеноводство
56 семя
57 семеноводство
58 посев, сев
59 сеянец
60 изменчивость, переменчивость
61 растениеводство
62 выращивание
63 техника разведения
64 племенной отбор
65 дичок, подвой
66 выносливый, устойчивый
67 невзыскательный
68 культурное растение
69 чувствительный
70 высококачественный
71 приспособляемый
72 акклиматизировать
73 скрещивание
74 гибридизация

75 скрещивать
76 связывать, соединять
77 отбор, селекция
78 развитие

79	die Umweltbedingung	79	условие среды
80	das Tiefpflanzverfahren	80	метод глубокой посадки
81	die Pflanzweite	81	расстояние посадки
82	der Nährstoff	82	питательное вещество
83	die Mischkultur	83	смешанная культура
84	die Monokultur	84	монокультура

VII Die Sonderfläche — VII Специальный участок

85	die Pflanzenfamilie	85	семейство растений
86	die Kleearten	86	виды клевера
87	die Gräser	87	злаковые, травы
88	die Gewürzkräuter	88	пряные растения
89	die Arzneipflanzen, Heilkräuter	89	лекарственные растения
90	die Beerenobstzucht	90	разведение ягод
91	die Obstbaumzucht	91	плодоводство
92	beschneiden, verschneiden	92	подрезывать, обрезывать
93	die Sorte	93	сорт
94	sortenecht	94	чистосортный
95	der Zierstrauch	95	декоративный куст
96	die Aquarienkunde	96	аквариоведение
97	die Terrarienkunde	97	террариоведение
98	die Bienenzucht († Taf. 22)	98	пчеловодство († табл. 22)
99	die Seidenraupenzucht	99	разведение шелковичных червей
100	der Seidenbau	100	шелководство
101	die Maulbeerhecke	101	изгородь из тутовых деревьев

Zu Tafel 80 — К таблице 80

I Die Universitätsbehörden und die Universitätsverwaltung — I Университетские учреждения и университетская администрация

1	das Rektorat	1	ректорат
2	das Prorektorat	2	проректорат
3	der Senat	3	учёный совет
4	das Dekanat	4	деканат
5	die mathematisch-naturwissenschaftliche Fakultät	5	математическо-естественнонаучный факультет
6	die Juristenfakultät	6	юридический факультет
7	die philosophische Fakultät	7	философский факультет
8	die pädagogische Fakultät	8	педагогический факультет
9	die wirtschaftswissenschaftliche Fakultät	9	научно-экономический факультет
10	die theologische Fakultät	10	теологический факультет
11	die medizinische Fakultät	11	медицинский факультет
12	die veterinärmedizinische Fakultät	12	ветеринарно-медицинский факультет
13	die landwirtschaftlich-gärtnerische Fakultät	13	сельскохозяйственно-садоводческий факультет
14	die Arbeiter-und-Bauernfakultät (ABF)	14	рабочий факультет, рабфак
15	der Internationale Studentenbund (ISB)	15	Международный Союз Студентов (МСС)
16	die Mensa	16	студенческая столовая
17	das Studentenheim, Internat	17	общежитие, интернат
18	die Studiengebühr	18	взнос за учёбу
19	der Gebührenerlaß	19	освобождение от взноса
20	das Stipendium	20	стипендия
21	immatrikulieren	21	зачислять, вносить в списки
22	exmatrikulieren	22	вычеркнуть из списков

23 das Studienbuch	23 зачётная книжка
24 das Personal- und Vorlesungsverzeichnis	24 расписание лекций

II Die Lehrenden und die Lernenden

II Преподающие и учащиеся

25-33 der Lehrkörper	25-33 преподавательский состав
25 der Rektor, die Magnifizenz	25 ректор университета
26 der Prorektor	26 проректор, помощник ректора
27 der Dekan	27 декан
28 der Prodekan	28 заместитель декана
29 der Direktor, Institutsleiter	29 директор
30 der Hochschullehrer, Dozent	30 преподаватель вуза, доцент
31 der Professor mit Lehrstuhl	31 профессор, заведующий кафедрой
32 der Professor mit Lehrauftrag	32 внештатный профессор (работающий по договору)
33 der Gastprofessor, Gastdozent	33 приглашённый на время профессор, доцент
34 lesen, Vorlesung halten	34 читать лекцию
35 die Antrittsvorlesung	35 вступительная лекция
36 der Lektor	36 лектор
37 der Konsulent	37 консультант
38 der Aspirant	38 аспирант
39 die wissenschaftliche Aspirantur	39 научная аспирантура
40 habilitieren, sich	40 получить доцентуру
41 emeritieren	41 увольнять на пенсию
42-44 die Studentenschaft	42-44 студенчество
42 der Arbeiterstudent	42 рабфаковец
43 der Fernstudent	43 заочник
44 der Gasthörer	44 вольнослушатель

III Die Forschung

III Исследование

45 die Wissenschaft	45 наука
46 der Wissenschaftler	46 учёный
47 der Forscher, Gelehrte	47 исследователь
48 der Forschungsauftrag	48 научное задание
49 die Akademie der Wissenschaften	49 Академия наук
50 das Akademiemitglied	50 академик, член академии
51 das korrespondierende Akademiemitglied	51 член-корреспондент академии

IV Die Lehre

IV Учение

52 das Studium	52 учёба, изучение
53 studieren	53 изучать
54 das kollektive Studium	54 коллективная учёба
55 die Weiterbildung	55 повышение квалификации
56 die Technische Hochschule (TH)	56 высшее техническое учебное заведение (втуз)
57 die Fachhochschule	57 специальное высшее учебное заведение
58 das Fachstudium	58 учёба по специальности
59 fachwissenschaftlich	59 специально-научный
60 die Fachrichtung	60 специальность
61 das Fernstudium	61 заочное обучение
62 das Semester	62 семестр
63 der Lehrstoff, das Pensum	63 учебный материал
64 der Studienplan	64 учебный план
65 die Pflichtvorlesung, obligatorische Vorlesung	65 обязательная лекция

66 die Sondervorlesung, fakultative Vorlesung	66 факультативная лекция
67 das Seminar	67 семинар
68 hören	68 слушать
69 nachschreiben	69 записывать
70 die Übung	70 упражнение, семинарское занятие
71 die Diskussion	71 дискуссия
72 das Praktikum	72 практика
73 der Kurs	73 курсовая работа
74 das Selbststudium	74 самообразование, самостоятельная работа
75 die Exkursion	75 экскурсия
76 die Konsultation	76 консультация
77 das Institut	77 институт
78 der Arbeitsraum	78 рабочий кабинет
79 das Laboratorium, Labor	79 лаборатория
80 die Versuchsstation	80 опытная станция
81 das Versuchsgut	81 опытное хозяйство
82 die Klinik	82 клиника

V Die Prüfung — **V Экзамен**

83 die Prüfungsordnung	83 порядок проведения экзаменов
84 die Prüfungskommission	84 экзаменационная комиссия
85 der Vorsitzende der Prüfungskommission	85 председатель экзаменационной комиссии
86 der Beisitzer	86 член экзаменационной комиссии
87 die ärztliche Vorprüfung, das Physikum	87 предварительный медицинский экзамен
88 der Kandidat	88 кандидат
89 die Klausurarbeit, Klausur	89 экзаменационная работа (под наблюдением)
90 die Staatsprüfung	90 государственный экзамен
91 die Diplomprüfung	91 дипломный экзамен
92 das Diplom	92 диплом
93 der Doktorand	93 докторант
94 die Dissertation	94 диссертация
95 die Doktorprüfung, das Rigorosum	95 экзамен на степень доктора
96 die Promotion	96 присуждение высшей учёной степени

Zu Tafeln 82 u. 83 — К таблицам 82 и 83

I Die Volkskunst — **I Народное искусство**

1 der Volkskünstler	1 деятель искусства, народный артист
2 die Laienkunst	2 любительское искусство, самодеятельность
3 die Laienkunstgruppe, Kulturgruppe, Volkskunstgruppe	3 группа художественной самодеятельности
4 das Kulturensemble, Ensemble	4 ансамбль
5 der Tanz	5 танец
6 die Volkstracht, Tracht	6 национальный костюм
7 der Solotanz	7 сольный танец
8 der Paartanz	8 парный танец
9 der Gruppentanz	9 групповой танец
10 der Massentanz	10 массовый танец
11 der Reigen	11 хоровод
12 der Ländler	12 «лендлер» (медленный вальс)
13 der Schottische	13 шотландский танец

14 der Nationaltanz	14 национальный танец
15 der Chorowod	15 хоровод
16 der Kasatschok	16 казачок
17 die Quadrille	17 кадриль
18 der Krakowiak	18 краковяк
19 die Masurka	19 мазурка
20 die Warschawianka	20 варшавянка
21 der Tschardasch	21 чардаш
22 der Männerchor	22 мужской хор
23 der Frauenchor	23 женский хор
24 der gemischte Chor	24 смешанный хор
25 der Jugendchor	25 юношеский хор
26 der Knabenchor	26 хор мальчиков
27 der Mädchenchor	27 хор девушек
28 der Kinderchor	28 детский хор
29 der Chorgesang	29 хоровое пение
30 der Massengesang	30 массовое пение
31 das Volkslied	31 народная песня
32 die Weise	32 напев
33 die Stimmgabel	33 камертон
34 die Musik	34 музыка
35 die Volksmusik	35 народная музыка
36 der Musikant	36 музыкант
37 das Musikstück, Stück	37 музыкальная пьеса
38 der Spielkreis, die Instrumentalgruppe	38 инструментальный кружок
39 die Fanfarengruppe	39 группа фанфаристов
40 das Laienspiel	40 любительская игра
41 der Sketsch	41 скетч
42 das politische Kabarett	42 политическое кабаре
43 das Puppenspiel	43 кукольная игра
44 das Puppentheater	44 кукольный театр
45 die Handpuppe	45 ручная кукла
46 der Kasper, der od. das Kasperle, der Hanswurst	46 Петрушка, шут
47 die Marionette	47 марионетка
II Das Musikinstrument, Instrument	II Музыкальный инструмент
48 die Mandola	48 мандола
49 die Balalaika	49 балалайка
50 die Darmsaite	50 жильная струна
51 die Stahlsaite	51 стальная струна
52 die Baßsaite	52 басовая струна
53 das Blasinstrument	53 духовой инструмент
54 das Alphorn	54 альпгорн
55 der Dudelsack	55 волынка
56 die Okarina	56 окарина
57 die Querpfeife	57 поперечная флейта
58 die Schalmei	58 свирель, дудка
59 das Bandoneon od. Bandonion	59 баян
60 die Ziehharmonika, Handharmonika, Harmonika, das Schifferklavier	60 аккордеон, гармоника
61 die Zimbel, das Zymbal	61 цимбалы
III Die Notenschrift	III Нотное письмо
62 der Ganzton	62 целый тон
63 der Halbton	63 полутон
64 die Tonleiter	64 гамма

65	diatonisch	65	диатонический
66	chromatisch	66	хроматический
67	das Intervall	67	интервал
68	die Prime	68	прима
69	die Sekunde	69	секунда
70	die Terz	70	терция
71	die Quarte	71	кварта
72	die Quinte	72	квинта
73	die Sexte	73	セ ксста
74	die Septime	74	септима
75	die Oktave	75	октава
76	die None	76	нона
77	die Dezime	77	децима
78	die Tonart	78	строй
79	das C-Dur	79	до мажор
80	das c-Moll	80	до минор
81	das Vorzeichen	81	обозначение
82	das Versetzungszeichen	82	знак альтерации
83	das Kreuz, Erhöhungszeichen	83	диез, знак повышения
84	das Doppelkreuz	84	дубль-диез
85	das B, Erniedrigungszeichen	85	бемоль, знак понижения
86	das Doppel-B	86	дубль-бемоль
87	das Auflösungszeichen	87	отказ, бекар
88	der Akkord	88	аккорд
89	der Dreiklang	89	трезвучие
90	der Rhythmus	90	ритм
91	das Metronom	91	метроном
92	die Tempobezeichnung	92	обозначение темпа
93	der Takt	93	такт
94	der Taktstrich	94	тактовая черта
95	der Auftakt	95	затакт
96	die Triole	96	триоль
97	die Sextole	97	секстоль
98	die Synkope	98	синкопа
99	der Phrasierungsbogen	99	знак динамического оттенка, фразировка
100	der Haltebogen	100	лига
101	die Fermate	101	фермата
102	das Wiederholungszeichen	102	знак повторения
103	die Verzierung	103	мелизм, украшение
104	der Vorschlag	104	форшлаг
105	der Triller	105	трель
106	der Doppelschlag	106	группетто

Zu Tafeln 84 u. 85

К таблицам 84 и 85

I Verschiedene andere Orchesterinstrumente

I Прочие оркестровые инструменты

1	das Englischhorn	1	английский рожок, альтовый гобой
2	die Baßklarinette	2	басовый кларнет
3	das Kontrafagott	3	контрфагот
4	die Celesta (ein Tasteninstrument)	4	челеста (клавишный инструмент)
5	das Glockenspiel	5	металлофон
6	das Xylophon	6	ксилофон
7	der Klöppel	7	молоточек
8	die Kastagnetten	8	кастаньеты
9	das Tamburin	9	тамбурин

II Tasteninstrumente

10 das Klavier, Piano
11 der Flügel
12 die Klaviatur
13 die Taste
14 das Pedal
15 das Cembalo
16 das Harmonium
17 die Orgel
18 das Manual
19 das Register
20 die Orgelpfeife

III Das Konzert

21 der Konzertsaal
22 stimmen
23 die Zeichengebung
24 die Auffassung
25 die Dynamik
26 das Zusammenspiel
27 geigen
28 streichen

29 absetzen
30 blasen

31 schmettern
32 der Klang
33 das Solo
34 der Lauf

35 der Virtuose
36 der Vortrag, die Ausführung
37 die Begleitung

38 die Zugabe

IV Die Komposition

39 der Komponist
40 vertonen, in Musik setzen
41 die Harmonie
42 die Dissonanz
43 die Melodie

44 der Kontrapunkt
45 die Fuge
46 die Variation
47 die Suite
48 die Serenade
49 die Sonate
50 die Sinfonie od. Symphonie
51 das Motiv
52 das Thema
53 der Satz
54 das Finale
55 das Rondo
56 das Violinkonzert
57 das Klavierkonzert
58 die Instrumentation, Instrumentierung
59 transponieren

60 die Kammermusik

II Клавишные инструменты

10 фортепиано, пианино
11 рояль
12 клавиатура
13 клавиша
14 педаль
15 чембало
16 фисгармония
17 орган
18 мануал
19 регистр
20 органная труба

III Концерт

21 концертный зал
22 настраивать
23 команда, знак
24 понимание
25 динамика
26 ансамбль
27 играть на скрипке
28 играть на смычковом инструменте
29 прерывать
30 играть на духовом инструменте
31 греметь
32 звук
33 соло
34 пассаж, рулада

35 виртуоз
36 исполнение
37 аккомпанемент, сопровождение
38 выступление на бис

IV Композиция

39 композитор
40 положить на музыку
41 гармония
42 диссонанс
43 мелодия

44 контрапункт
45 фуга
46 вариация
47 сюита
48 серенада
49 соната
50 симфония
51 мотив
52 тема
53 часть
54 финал
55 рондо
56 концерт для скрипки
57 концерт для фортепиано
58 инструментовка

59 транспонировать

60 камерная музыка

61 das Duo
62 das Trio
63 das Quartett
64 das Quintett

65 die Kirchenmusik
66 der Choral
67 die Motette
68 die Kantate
69 das Oratorium

V Die Tanzkunst

70 der Kunsttanz

71 der Ausdruckstanz
72 der Bewegungschor
73 die Pantomime
74 der Spitzentanz
75 die Ballettmeisterin
76 die Choreographie

Zu Tafel 86

1 das Opernhaus
2 das Schauspielhaus
3 der Intendant
4 der Dramaturg

5 aufführen, geben, spielen
6 der Spielplan
7 die Uraufführung

8 die Oper
9 die Ouvertüre, das Vorspiel
10 die Operette

11 der Dramatiker
12 das Drama, Theaterstück, Stück
13 der Akt
14 die Szene, der Auftritt

15 die Tragödie, das Trauerspiel
16 das Schauspiel
17 das Lustspiel
18 die Komödie
19 der Einakter
20 die Inszenierung
21 die Neueinstudierung
22 die Regie, Spielleitung
23 das Bühnenbild, die Szene

24 der Gesang
25 die Partie
26 der Sopran
27 der Mezzosopran
28 der Alt
29 der Tenor
30 der Bariton
31 der Baß
32 die Arie
33 das Duett
34 das Terzett
35 das Quartett

61 дуэт
62 трио
63 квартет
64 квинтет

65 церковная музыка
66 хорал
67 мотет
68 кантата
69 оратория

V Танцевальное искусство

70 художественный танец

71 характерный танец
72 мимический хор
73 пантомима
74 танец на пуантах
75 балетмейстер
76 хореография

К таблице 86

1 оперный театр
2 театр
3 управляющий
4 заведующий литературной частью театра

5 ставить, исполнять
6 репертуар
7 премьера

8 опера
9 увертюра
10 оперетта

11 драматург
12 драма, пьеса
13 акт
14 сцена, явление

15 трагедия
16 спектакль, драма
17 комедия
18 комедия
19 одноактная пьеса
20 инсценировка, мизансцена
21 разучивание новой пьесы
22 режиссура
23 декорация на сцене

24 пение
25 голос, партия
26 сопрано
27 меццо-сопрано
28 альт
29 тенор
30 баритон
31 бас
32 ария
33 дуэт
34 терцет, трио
35 квартет

36 der Chorist, Chorsänger

37 die Schauspielkunst
38 der Schauspieler
39 die Schauspielschule

40 engagieren
41 das Ensemble
42 die Rolle
43 das Stichwort
44 das Spiel, die Darstellung
45 der Dialog
46 der Monolog
47 die Gage
48 das Gastspiel

49 der Maskenbildner, Friseur
50 die Schminke
51 der Puder
52 die Haartracht, Frisur
53 die Perücke
54 die Garderobiere
55 die Gewandmeisterin
56 der Requisiteur

57 die Drehbühne
58 die Beleuchterbrücke
59 der Projektionsapparat
60 die Loge
61 die Galerie
62 der Beifall
63 klatschen

Zu Tafel 87

I Filmschaffende

1 die Produktionsleitung
2 der Produktionsstab
3 der Aufnahmeleiter
4 der Hauptdarsteller
5 die Filmrolle

II Arten des Films

6 der Tonfilm
7 der Spielfilm
8 der Dokumentarfilm
9 die Wochenschau
10 der Kurzfilm
11 der populärwissenschaftliche Film
12 der Zeichenfilm
13 der Trickfilm
14 der Lehrfilm
15 der Werbefilm
16 der Märchenfilm
17 der Breitwandfilm
18 der Farbfilm
19 der plastische Film, dreidimensionale Film

III Die Filmtechnik

20 drehen, aufnehmen

21 die Bauten

---

36 хорист

37 драматическое искусство
38 актёр
39 школа театрального искусства

40 ангажировать
41 ансамбль
42 роль
43 реплика
44 игра
45 диалог
46 монолог
47 оклад
48 гастроль

49 гримёр, парикмахер
50 грим
51 пудра
52 причёска
53 парик
54 гардеробщица
55 костюмёрша
56 реквизитор

57 вращающаяся сцена
58 площадка осветителя
59 проектор
60 ложа
61 верхний ярус, галёрка
62 аплодисменты
63 аплодировать

К таблице 87

I Работники кино

1 администрация
2 производственный штаб
3 руководитель киносъёмки
4 ведущий актёр
5 киноактёрская роль

II Виды фильмов

6 звуковой фильм
7 художественный фильм
8 документальный фильм
9 кинохроника
10 короткометражный фильм
11 популярно-научный фильм
12 мультипликационный фильм
13 трюковый фильм
14 учебный фильм
15 рекламный фильм
16 фильм-сказка
17 широкоэкранный фильм
18 цветной фильм
19 стереофильм

III Кинотехника

20 ставить фильм, производить киносъёмки
21 бутафория

22 die Massenaufnahme	22 массовая съёмка
23 die Innenaufnahme	23 павильонная съёмка
24 die Trickaufnahme	24 трюковая съёмка
25 die Großaufnahme	25 съёмка крупным планом
26 einleuchten, ausleuchten	26 направлять прожектора в одну точку
27 die Überblendung	27 наплыв
28 abblenden	28 диафрагмировать
29 die Zeitlupe	29 цейтлупа, лупа времени
30 der Zeitraffer	30 замедленная киносъёмка
31 die Tonaufnahme	31 звукозапись
32 der Tonmeister	32 звукооператор
33 das Magnetophonaufnahmegerät	33 звукозаписывающий аппарат, магнитофон
34 das Magnetophonband	34 магнитофонная плёнка
35 der Filmstreifen, Bildstreifen, Streifen, das Filmband	35 киноплёнка, плёнка
36 der Schnitt	36 монтаж
37 die Cutterin	37 работница по резанию
38 die Synchronisation	38 синхронизация

IV Das Kino — **IV Кино**

39 das Zeitkino	39 кинотеатр непрерывного фильма
40 das Freilichtkino	40 кино под открытым небом
41 das Wanderkino	41 кинопередвижка
42 die Vorführung	42 сеанс
43 der Bildwerfer	43 кинопроектор
44 die Kopie	44 копия
45 die Filmspule, Spule	45 бобина для плёнки
46 umspulen	46 перематывать
47 die Bildschärfe	47 резкость изображения
48 das Lichtbild	48 диафильм
49 das Diaskop	49 диаскоп
50 der Schaltraum	50 распределительное помещение
51 die Hauptbeleuchtung	51 главное освещение
52 die Notbeleuchtung	52 запасное освещение

Zu Tafel 88 — **К таблице 88**

1 der Rundfunksender, Sender, die Rundfunkstation, Station	1 радиостанция
2 das Funkhaus mit dem Studio	2 здание радиостанции со студией радиопередачи
3 die Sendung	3 трансляция, радиопередача
4 die Sendefolge, das Rundfunkprogramm	4 радиопрограмма
5 der Funk	5 радиовещание
6 der Landfunk	6 радиопередача для крестьян, радиопередача для работников сельского хозяйства
7 der Sportfunk	7 спортивная радиопередача
8 der Jugendfunk	8 радиопередача для молодёжи
9 der Schulfunk	9 радиопередача для школьников
10 der Kinderfunk	10 радиопередача для детей
11 die Reportage	11 репортаж
12 der Kommentar	12 комментарий
13 das Hörspiel	13 радиопьеса
14 das Interview	14 интервью

15	die Zeitungsschau	15	обзор печати
16	die Nachrichten	16	новости дня
17	der Wetterbericht	17	метеорологическая сводка, сводка погоды
18	der Übertragungswagen	18	автомашина с радиоустановкой
19	das Pausenzeichen	19	позывные
20	der Rundfunkhörer, Hörer	20	радиослушатель
21	die Akustik	21	акустика
22	die Lautstärke	22	громкость звука, сила звука
23	die Einblendung	23	включение в радиопередачу
24	die Klangfarbe	24	тембр
25	die Sendeantenne	25	антенна передатчика
26	der Richtstrahler	26	радиопередача узким пучком волн
27	der Gleichstromempfänger	27	приёмник постоянного тока
28	der Wechselstromempfänger	28	приёмник переменного тока
29	der Allstromempfänger	29	радиоприёмник с универсальным питанием
30	der Batterieempfänger	30	батарейный приёмник
31	der Kofferempfänger, das Koffergerät	31	радиопередвижка
32	der Autoempfänger	32	автосупер
33	die Hochantenne	33	наружная антенна
34	die Erdung, der Erdanschluß	34	заземление
35	der Rundfunkmechaniker	35	радиотехник
36	das Schaltbild, Schaltschema, die Schaltung	36	схема принципиальная
37	einschalten, anstellen	37	включать
38	ausschalten, abstellen	38	выключать
39	der Geradeausempfänger	39	приёмник прямого усиления
40	der Super, Superhet	40	супергетеродин
41	die Anodenbatterie	41	анодная батарея
42	die Heizbatterie, der Akkumulator, Akku	42	батарея накала
43	der Wellenbereich	43	диапазон волн
44	die Langwelle	44	длинная волна
45	die Mittelwelle	45	средняя волна
46	die Kurzwelle	46	короткая волна
47	die Ultrakurzwelle	47	ультракороткая волна
48	der Drahtfunk	48	передача токами высокой частоты по проводам
49	das Fernsehen	49	телевидение
50	trennen	50	селектировать
51	die Rückkopplung	51	обратная связь
52	der Schwundausgleich, die Schwundregelung	52	автоматическая регулировка усиления
53	die Trennschärfe	53	избирательность, селективность
54	die Bandbreitenregelung	54	регулировка ширины полосы пропускания
55	der Lautstärkeregler	55	регулятор громкости
56	die Tonblende	56	регулятор тембра
57	der Verstärker	57	усилитель
58	der Störschutz	58	звукофильтр
59	der Musikschrank	59	радиола
60	das Koffergrammophon	60	портативный патефон
61	der Plattenspieler	61	электропроигрыватель
62	die Schallplatte	62	патефонная пластинка
63	die Langspielplatte	63	долгоиграющая пластинка

64 die Nadel	64 патефонная игла
65 der Tonarm	65 звукосниматель, адаптер
66 die Membrane	66 мембрана

Zu Tafeln 89 u. 90

К таблицам 89 и 90

I Die Schrift

I Шрифт

1 die Handschrift — 1 почерк
2 die Deutlichkeit — 2 чёткость
3 die Lesbarkeit — 3 разборчивость
4 das Gekritzel — 4 каракули
5 der Schnörkel — 5 росчерк
6 verschreiben, sich — 6 ошибиться при писании
7 der Schreibfehler — 7 орфографическая ошибка, описка

8 verbessern — 8 исправлять
9 einklammern — 9 заключать в скобки
10 die Rechtschreibung, Orthographie — 10 правописание, орфография
11 abteilen — 11 переносить
12 das Wort — 12 слово
13 die Silbe — 13 слог
14 die Silbentrennung — 14 перенос слогов
15 die Stenographie — 15 стенография
16 das Sigel — 16 знак сокращения
17 die Blindenschrift — 17 печать для слепых

II Das Buch

II Книга

18 der Verleger — 18 издатель
19 der Verlag — 19 издательство
20 herausbringen — 20 выпускать
21 das Urheberrecht — 21 авторское право
22 erscheinen — 22 выходить в свет
23 die Auflage — 23 издание, тираж
24 der Nachdruck — 24 перепечатка, новое издание
25 die Neuauflage — 25 переиздание
26 vergriffen — 26 (книга) распродана
27 die Verlagsbuchhandlung — 27 книгоиздательство
28 das Sortiment, der Sortimentsbuchhandel — 28 сортиментная книжная торговля
29 der Buchhändler — 29 книготорговец, книгопродавец
30 der Leihbuchhandel — 30 книжная торговля и выдача книг на дом
31 das Nachschlagewerk — 31 справочник
32 die Enzyklopädie — 32 энциклопедия
33 das Lexikon — 33 лексикон, энциклопедический словарь
34 das Handbuch — 34 руководство
35 das Wörterbuch — 35 словарь
36 das Fachbuch — 36 специальная книга
37 die Monographie — 37 монография
38 die schöne Literatur, Belletristik — 38 художественная литература, беллетристика

39 der Klassiker — 39 классик
40 die Ausgabe — 40 издание
41 das Jugendbuch — 41 юношеская книга
42 das Lehrbuch — 42 учебник
43 das Schulbuch — 43 учебник
44 das Kinderbuch — 44 детская книга
45 das Märchenbuch — 45 книга сказок

46	das Bilderbuch	46	детская книга с картинами
47	die Übersetzung	47	перевод
48	der Atlas	48	атлас

49	das Exemplar	49	экземпляр
50	gebunden	50	переплётный
51	geheftet	51	сшитый, сброшюрованный
52	broschiert	52	в картонном переплёте
53	die Broschüre	53	брошюра
54	kartoniert	54	в картонном переплёте
55	der Schutzumschlag	55	суперобложка
56	die Taschenausgabe	56	карманное издание

57	der Buchtitel, Titel	57	титул книги, заглавие
58	der Untertitel	58	подзаголовок
59	das Titelblatt	59	заглавный титульный лист
60	der Schmutztitel	60	шмуцтитул
61	die Widmung	61	посвящение
62	das Geleitwort	62	предисловие
63	das Vorwort	63	предисловие
64	das Inhaltsverzeichnis	64	оглавление, содержание
65	das Register	65	список, указатель
66	die Einleitung	66	введение
67	die Überschrift	67	заглавие
68	das Kapitel	68	глава
69	der Text	69	текст
70	der Abschnitt	70	раздел
71	der Absatz	71	абзац
72	die Abbildung	72	иллюстрация
73	die Buchkunst	73	типографское искусство
74	die Illustration	74	иллюстрация
75	das Klischee	75	клише
76	das Exlibris	76	экслибрис
77	der Schriftsteller	77	писатель
78	der Verfasser, Autor	78	автор, составитель
79	der Entwurf	79	набросок, эскиз
80	die Urschrift	80	оригинал, подлинник
81	das Manuskript	81	рукопись
82	veröffentlichen	82	опубликовать
83	die Biographie, Lebensbeschreibung	83	биография, жизнеописание
84	die Memoiren, Lebenserinnerungen	84	мемуары

85	die Dichtung	85	поэтическое творчество
86	die Dichtkunst, Poesie	86	стихосложение, поэзия
87	das Gedicht, Poem	87	стихотворение, поэма
88	die Lyrik	88	лирика
89	das Epos	89	эпос
90	die Strophe	90	строфа
91	der Vers	91	стих
92	der Reim	92	рифма
93	der Stabreim	93	аллитерация
94	das Drama	94	драма
95	die Prosa	95	проза
96	der Roman	96	роман
97	die Erzählung	97	рассказ, повесть
98	die Novelle	98	новелла
99	die Fabel	99	басня
100	die Satire	100	сатира
101	der Spruch	101	изречение

III Die Zeitung — III Газета

102	die Presse	102	пресса, печать
103	die Publizistik	103	публицистика
104	die Zeitschrift	104	журнал

105	die Wochenzeitschrift	105	еженедельник
106	die Monatszeitschrift	106	ежемесячник
107	die Tageszeitung	107	ежедневная газета
108	das Organ	108	орган
109	der Journalist	109	журналист
110	der Herausgeber	110	издатель
111	redigieren	111	редактировать
112	der Chefredakteur	112	главный редактор
113	die Redaktion	113	редакция
114	der Volkskorrespondent (Vk)	114	народный корреспондент
115	der Reporter	115	репортёр, корреспондент
116	der Berichterstatter	116	корреспондент
117	der Pressephotograph	117	фотокорреспондент, фоторепортёр
118	das Nachrichtenbüro	118	информационное бюро
119	abdrucken	119	отпечатать
120	die Abhandlung	120	трактат
121	der Aufsatz	121	статья
122	der Feuilleton	122	фельетон
123	die Geschichte	123	рассказ
124	die Kurzgeschichte	124	короткий рассказ
125	die Skizze	125	очерк
126	die Kritik	126	критика
127	die Karikatur	127	карикатура
128	das Rätsel	128	загадка
129	der Anzeigenteil	129	отдел объявлений
130	das Stellenangebot	130	объявление об открытии вакансии
131	das Stellengesuch	131	заявление о предоставлении должности
132	die Heiratsanzeige	132	объявление о вступлении в брак
133	die Todesanzeige	133	сообщение о смерти
134	die Zeitungsträgerin	134	разносчица газет
135	beziehen, abonnieren	135	подписываться
136	der Zeitungsausschnitt, Ausschnitt	136	вырезка из газеты

IV Der Schriftsatz (↑ Taf. 149 u. 150)

IV Набор (↑ табл. 149 и 150)

137	die Schriftart	137	вид шрифта
138	der typographische Punkt	138	типографский пункт
139	der Schriftgrad	139	градус шрифта
140	die Nonpareille	140	нонпарель
141	die Kolonel	141	колонель
142	die Petit	142	петит
143	die Korpus	143	корпус
144	die Cicero	144	цицеро
145	gewöhnlich	145	нормальный
146	halbfett	146	полужирный
147	fett	147	жирный
148	gesperrt	148	вразрядку
149	kursiv	149	курсив
150	die Akkolade, Klammer	150	фигурная скобка, парантез
151	das Alinea (der Absatz)	151	абзац, красная строка

Zu Tafel 91

I Die Volksbibliothek

К таблице 91

I Народная библиотека

1	die Bücherei	1	библиотека
2	die Stadtbibliothek	2	городская библиотека
3	die Dorfbibliothek	3	сельская библиотека

4	die Betriebsbibliothek	4	заводская библиотека
5	die Jugendbibliothek	5	библиотека для юношества
6	die Musikbibliothek	6	библиотека музыкальных произведений
7	die Freihandbibliothek	7	библиотека с открытым доступом, открытая библиотека
8	der Bibliothekar	8	библиотекарь
9	die Bibliothekarfachschule	9	профессиональное училище для библиотекарей
10	die Bibliographie	10	библиография
11	der Bucheinkauf	11	покупка книг
12	der Büchereieinband	12	библиотечный переплёт
13	der Zugang	13	поступление книг
14	die Titelaufnahme	14	описание заглавий
15	die Katalogisierung	15	каталогизация
16	die Buchkarte	16	карточка книжного каталога
17	der Zettelkatalog	17	карточный каталог
18	der alphabetische Katalog	18	алфавитный каталог
19	der Sachkatalog	19	предметный, систематический каталог
20	der Leserkatalog	20	читательский каталог
21	das Bücherverzeichnis	21	список книг
22	die Signatur	22	сигнатура
23	der Standort	23	место книги на полке
24	tektieren	24	переклеивать
25	sekretieren	25	помещать в особом, секретном отделе
26	ausscheiden	26	исключать из списка
27	der Abgang	27	выбытие книг
28	die Ausleihzeit	28	время выдачи
29	der Leihverkehr	29	выдача книг
30	die Leseordnung	30	правила пользования книгами, читательский устав
31	die Vorbestellung	31	предварительный заказ
32	die Ausleihfrist	32	срок возвращения
33	die Verlängerung	33	отсрочка
34	der Lesesaal	34	читальный зал
35	die Buchbesprechung	35	отзыв о книге, рецензия
36	die Buchausstellung	36	книжная выставка

II Das Museum — **II Музей**

37	das geschichtliche Museum	37	исторический музей
38	das völkerkundliche Museum	38	этнографический музей
39	das naturkundliche Museum	39	музей естествознания
40	das technische Museum	40	технический музей
41	das Hygienemuseum	41	музей гигиены
42	das Museum der bildenden Künste, Kunstmuseum	42	музей изобразительных искусств
43	die Galerie, Bildergalerie, Gemäldegalerie	43	картинная галерея
44	die Skulpturensammlung	44	коллекция скульптур
45	das Kunstgewerbemuseum	45	музей прикладного искусства
46	das Heimatmuseum	46	музей краеведения
47	die Münzsammlung, das Münzkabinett	47	коллекция монет, нумизматический кабинет
48	der Museumsleiter	48	заведующий музеем
49	der Kustos, wissenschaftliche Abteilungsleiter	49	хранитель, научный начальник отдела
50	der Konservator	50	хранитель
51	der Restaurator	51	реставратор
52	der Präparator	52	препаратор
53	die Schausammlung	53	коллекция экспонатов на витринах
54	die Studiensammlung	54	коллекция этюдов
55	die Aufstellung	55	установка

56 die Kunstausstellung	56 художественная выставка
57 die Wanderausstellung	57 выставка-передвижка
58 die Sonderschau	58 специальная выставка
59 das Diorama	59 диорама
60 das Fundstück, der Ausgrabungsfund	60 находка при раскопке
61 die Besichtigung	61 осмотр
62 der Rundgang	62 обход
63 die Führung	63 экскурсия
64 die Koje, Kabine	64 стенд, кабина
65 der Glasstulp	65 стеклянная крышка
66 das Glaspult	66 стеклянная витрина
67 der Ausstellungssaal	67 зал выставки

Zu Tafel 92 — К таблице 92

1 der Kulturpalast	1 Дворец культуры
2 das Kulturhaus	2 Дом культуры
3 der Klubdirektor, Klubleiter	3 директор клуба
4 der Wirtschaftsleiter	4 заведующий хозяйственной частью
5 der Klubraum	5 помещение клуба
6 das Sitzungszimmer	6 комната заседаний
7 der Vortragssaal	7 лекционный зал, лекторий
8 der Seminarraum, das Unterrichtszimmer	8 комната для семинаров, учебная комната
9 der Senderaum	9 радиоузел
10 das Photolaboratorium († Taf. 95)	10 фотолаборатория († табл. 95)
11 die Leihbücherei († Taf. 91)	11 библиотека с выдачей книг на дом († табл. 91)
12 das Bastelzimmer	12 комната для любителей ремесла
13 das Modellflugzeug	13 модель самолёта
14 die Modelleisenbahn	14 модель железнодорожного поезда
15 die Laienbühne	15 самодеятельный театр
16 das Atelier	16 ателье
17 das Spielzimmer († Taf. 93)	17 комната для игр († табл. 93)
18 das Schachzimmer († Taf. 93)	18 шахматная комната († табл. 93)
19 das Gesellschaftszimmer	19 общая комната
20 das Kinderzimmer	20 детская комната
21 der Speisesaal	21 столовая
22 der Garderoberaum	22 гардероб
23 der Dachgarten	23 сад на крыше
24 der Sonnenschirm	24 зонтик (от солнца)
25 die Erholung	25 отдых
26 die Bildung	26 образование
27 die Übungsstunde	27 учебное занятие
28 der Arbeitsplan	28 план работы
29 der Lehrzirkel, Zirkel	29 учебный кружок, кружок
30 der Zirkelleiter	30 руководитель кружка
31 der Tischtenniszirkel	31 кружок по настольному теннису
32 der Schachzirkel	32 шахматный кружок
33 der Photozirkel	33 кружок фотолюбителей, фотокружок
34 die Bastelgruppe	34 кружок любителей ремесла
35 der Nähzirkel	35 кружок шитья
36 der Laienspielzirkel	36 кружок самодеятельности

37 der Volkstanzzirkel	37 кружок народного танца
38 die Volksmusikgruppe	38 оркестр народных инструментов
39 das Streichquartett	39 квартет струнных инструментов
40 die Gesangsgruppe	40 группа пения
41 das Malerkollektiv	41 коллектив художников

Zu Tafel 93 / К таблице 93

I Allgemeines / I Общее

1 das Gesellschaftsspiel	1 игра для развлечения
2 das Glücksspiel, Hasardspiel	2 азартная игра
3 der Gewinn	3 выигрыш
4 kiebitzen	4 подсматривать
5 die Partie	5 партия
6 der Preis	6 приз
7 der Spieler	7 игрок
8 die Spielmarke	8 фишка
9 die Spielregel	9 правила игры
10 der Spielverderber	10 мешающий игре
11 verlieren	11 проигрывать

II Spiele / II Игры

12 das Bridge	12 бридж
13 die Patience	13 пасьянс
14 das Geduldsspiel	14 головоломка
15 das Quartett	15 квартет
16 das Rommé	16 ромме
17 das Tarock	17 тарок
18 das Whist	18 вист
19 das Lotto	19 лото
20 der Nummernstein	20 кость с номером
21 das Pfänderspiel	21 игра в фанты
22 das Pfand	22 фант
23 das Roulett	23 рулетка
24 der Bankhalter	24 банкомёт
25 die Lotterie	25 лотерея
26 die Ziehung	26 розыгрыш

Schach / Шахматы

27 die Aufstellung	27 расстановка (фигур)
28 decken	28 защищать
29 das Endspiel	29 эндшпиль
30 die Eröffnung	30 начало, дебют
31 das Gambit	31 гамбит
32 das geschlossene Spiel	32 закрытая партия
33 das offene Spiel	33 открытая партия
34 matt	34 мат
35 patt	35 пат
36 remis	36 ничья, ничейный
37 die Rochade	37 рокировка
38 Schach bieten	38 дать, объявить шах
39 springen	39 ходить (конём)
40 tauschen	40 меняться
41 unentschieden	41 ничья, ничейный
42 ziehen	42 ходить, делать ход

Kartenspiel / Игра в карты

43 austellen	43 раздавать
44 das Cœur	44 черви
45 drücken	45 сбрасывать
46 das Eckstein	46 бубновый туз

47	das Grün	47	чёрная масть (пики, трефы)
48	das Herz	48	черви
49	der Joker	49	джокер
50	das Karo	50	бубны
51	mauern	51	подводить игрой
52	mischen	52	тасовать
53	passen	53	пасовать
54	das Pik	54	пики
55	das Rot	55	красная масть (черви, бубны)
56	das Schellen	56	бубны
57	das Schippen	57	пиковый туз, туз
58	der Skat, das Skatspiel	58	скат, игра в скат
59	skaten	59	играть в скат
60	stechen	60	бить
61	der Stich	61	взятка
62	das Treff	62	трефы
63	der Trumpf	63	козырь
64	ziehen (eine Karte)	64	вынимать (карту)

Zu Tafeln 94 u. 95

I Die Aufnahme

1 photographieren, knipsen, aufnehmen, eine Aufnahme machen
2 belichten, exponieren
3 unterbelichten
4 überbelichten
5 die Belichtungstabelle
6 die Belichtungszeit
7 die Momentaufnahme
8 die Zeitaufnahme
9 die Mikroaufnahme
10 die Makroaufnahme
11 die Farbenphotographie
12 die Atelieraufnahme
13 die Amateuraufnahme
14 die Pressephotographie

II Das Aufnahmegerät und das Aufnahmematerial

15 der Photographenapparat, Photoapparat, Apparat, die Kamera
16 die Atelierkamera
17 der Reproduktionsapparat
18 die Rollfilmkamera
19 die Stereoskopkamera, Stereokamera
20 das Photomaton
21 die Linse
22 das Anastigmat
23 das Weitwinkelobjektiv
24 die Vorsatzlinse
25 die Brennweite
26 die Lichtstärke
27 die Bildschärfe

К таблицам 94 и 95

I Фотографирование

1 фотографировать, снимать
2 экспонировать, давать выдержку
3 недодержать
4 передержать
5 таблица экспозиции
6 время экспозиции
7 моментальный снимок
8 снимок с выдержкой
9 микрофотографический снимок
10 макрофотографический снимок
11 цветная фотография
12 снимок, сделанный в ателье
13 любительский снимок
14 фотография для печати

II Фотоаппарат и фотопринадлежности

15 фотографическая камера, фотокамера
16 камера для съёмок в ателье, павильонная фотокамера
17 репродукционный аппарат
18 камера для роликовой плёнки
19 стереоскопическая камера
20 фотоматон
21 линза
22 анастигмат
23 широкоугольный объектив
24 насадочная линза
25 фокусное расстояние
26 светосила
27 резкость изображения

28 die Tiefenschärfe	28 глубина резкости
29 die Scharfeinstellung	29 точная установка на фокус объектива
30 der Bildsucher, das Diopter	30 видоискатель, диоптр
31 der Spiegelsucher, Brillantsucher	31 видоискатель
32 der Newtonsucher	32 Ньютоновский искатель
33 der Rahmensucher	33 рамный искатель
34 die Augenmuschel	34 раковина
35 die Plattenkassette	35 кассета для пластинок
36 der Planfilm	36 плоский фильм
37 der Farbfilm	37 цветной фильм
38 die Bogenlampe	38 дуговая лампа
39 die Jupiterlampe	39 лампа юпитер
40 die Nitraphotlampe	40 нитрафотная лампа
41 die Heimlampe	41 лампа для любительских снимков
42 der Vakublitz	42 электровспышка
43 der Elektronenblitz	43 электронная молния, фотовспышка

III Das Photolabor, Photolaboratorium

III Фотолаборатория

44 der Photolaborant	44 фотограф-лаборант
45 das Negativ	45 негатив
46 der Entwickler, die Entwicklerlösung	46 проявитель, проявляющее вещество
47 der Standentwickler	47 медленно работающий проявитель
48 das Fixiersalz	48 фиксажная соль
49 wässern	49 промывать
50 der Wässerungskasten	50 ванна для промывки
51 tonen	51 вирировать
52 abschwächen	52 ослаблять
53 desensibilisieren	53 десенсибилизировать
54 bleichen	54 отбеливать
55 trocknen	55 сушить
56 die Trockentrommel	56 сушильный барабан
57 der Streckhalter	57 держатель
58 die Stoßnadel	58 ударная игла
59 die Kopie, der Abzug	59 копия
60 der Kopierapparat	60 копировальный аппарат
61 das Positiv, Photo, Lichtbild, die Aufnahme, Photographie	61 позитив, фото, снимок
62 das Diapositiv, Dia, Glasbild	62 диапозитив
63 die Photomontage	63 фотомонтаж
64 die Vergrößerung	64 увеличение
65 das photographische Papier	65 фотобумага
66 das Kopierpapier	66 копировальная бумага
67 das Entwicklungspapier	67 бумага для проявления
68 das Bromsilberpapier	68 бромосеребряная бумага
69 das Gaslichtpapier	69 бумага для печати при газовом свете
70 empfindlich	70 чувствительный
71 panchromatisch	71 панхроматический
72 orthochromatisch	72 ортохроматический
73 lichthoffrei	73 противоореольный
74 die Retusche	74 ретушь
75 die Dunkelkammerlampe	75 красная лампа

Zu Tafel 96

I Allgemeines

1 der Ball
2 das Tanzvergnügen
3 der Ballsaal
4 der Tanzsaal
5 die Tanzdiele
6 das Tanzkaffee
7 der Schlager

8 tanzen

II Tanzschule

9 der Tanzkreis
10 der Tanzlehrer
11 der Tanzschritt
12 die Tanzfigur, Figur
13 das Tanzturnier

III Tänze

14 die Polonäse
15 die Polka
16 die Kreuzpolka
17 der Wiener Walzer
18 der langsame Walzer
19 der Tango
20 der Slowfox, langsame Foxtrott

21 der Paso doble
22 die Rumba
23 zum Tanz auffordern

Zu Tafel 98

1 das Feuerwerk
2 das Feuerrad
3 der Frosch
4 die Knallerbse
5 der Knallbonbon
6 das Konfetti
7 der Lampion
8 die Rakete

Zu Tafel 99

I Allgemeines

1 die Deutsche Demokratische Republik (DDR)
2 die deutsche Staatsangehörigkeit

3 die demokratische Ordnung
4 die Verfassung
5 die Grundrechte
6 das Gesetz
7 die Verordnung
8 das Recht auf Arbeit
9 die Wirtschaftsordnung

К таблице 96

I Общее

1 бал
2 танцевальный вечер
3 бальный зал
4 танцевальный зал, танцзал
5 танцплощадка
6 кабаре
7 модная песенка, модный танец, «боевик»
8 танцевать

II Школа танцев

9 танцевальный кружок
10 учитель танцев
11 па
12 фигура танца
13 конкурс на лучший танец

III Танцы

14 полонез
15 полька
16 фигурная полька
17 венский вальс
18 медленный вальс
19 танго
20 слоу-фокс, медленный фокстрот
21 пазо добле
22 румба
23 приглашать на танец

К таблице 98

1 фейерверк
2 «огненное колесо»
3 ракета «лягушка»
4 хлопушка (ракета)
5 хлопушка
6 конфетти
7 лампион
8 ракета

К таблице 99

I Общее

1 Германская Демократическая Республика (ГДР)
2 германское гражданство, подданство

3 демократический строй
4 конституция
5 основные права
6 закон
7 постановление
8 право на труд
9 экономический строй

10 die volkseigene Wirtschaft
11 die Planwirtschaft
12 der Fünfjahrplan
13 der Volkswirtschaftsplan
14 der Wirtschaftsplan des Bezirkes, Kreises, der Stadt, Gemeinde (Dorfwirtschaftsplan)

15 die Planauflage, Produktionsauflage, das Soll
16 die Planübererfüllung
17 die Investitionen, Anlagemittel
18 der Betriebskollektivvertrag

19 der sozialistische Wettbewerb

20 der Erfahrungsaustausch
21 der Verbesserungsvorschlag

22 die Motorisierung
23 die Mechanisierung
24 die Automatisierung
25 der Arbeitsschutz
26 die Industrialisierung
27 der Haushaltplan
28 die Kreissatzung
29 die Ortssatzung

II Die Volksvertretung

30 der Bezirkstag
31 der Kreistag
32 die Stadtverordnetenversammlung
33 die Bezirksverordnetenversammlung
34 die Gemeindevertretung
35 die Gemeindeversammlung
36 der od. die Abgeordnete des Bezirkstages, Kreistages
37 der od. die Stadtverordnete
38 der od. die Bezirksverordnete
39 der Gemeindevertreter
40 der Vorsitzende des Bezirkstages, Kreistages
41 der Stadtverordnetenvorsteher

42 die Immunität

43 die Fraktion
44 der Fraktionsvorsitzende
45 der Ausschuß
46 die Kommission
47 die Sitzungsperiode, Wahlperiode

48 die Sitzung
49 einberufen
50 eröffnen
51 die Regierungserklärung

52 die Vorlage
53 einbringen
54 der Antrag
55 beantragen
56 die Aussprache, Debatte

57 die Lesung

10 народное хозяйство
11 плановое хозяйство
12 пятилетка
13 народно-хозяйственный план
14 хозяйственный план района, округа, города, общины (деревенский хозяйственный план)

15 плановое задание, производственное задание
16 перевыполнение плана
17 вложения инвестирования
18 заводский коллективный договор

19 социалистическое соревнование

20 обмен опытом
21 рационализаторское предложение

22 моторизация
23 механизация
24 автоматизация
25 храна труда
26 индустриализация
27 бюджетный план
28 окружной устав
29 местный устав

II Народное представительство

30 совет района
31 совет округа
32 заседание городского совета
33 заседание районного совета
34 совет общины
35 собрание общины
36 депутат районного совета, окружного совета
37 депутат городского совета
38 депутат районного совета
39 член совета общины
40 председатель районного совета, окружного совета
41 председатель городского совета

42 неприкосновенность, иммунитет

43 фракция
44 председатель фракции
45 комитет
46 комиссия
47 период сессии, избирательный период

48 заседание
49 созывать
50 открывать
51 правительственная декларация

52 предложение проекта
53 вносить (предложение)
54 предложение
55 предлагать
56 обмен мнениями, дискуссия, дебаты

57 чтение

58 die Abstimmung	58 голосование
59 die Akklamation	59 аккламация
60 die Mehrheit	60 большинство
61 die Zweidrittelmehrheit	61 большинство в две трети
62 die Dreiviertelmehrheit	62 большинство в три четверти
63 einstimmig	63 единогласный
64 der Beschluß	64 решение
65 beschließen	65 решать

III Regierung und Verwaltung

III Правительство и администрация

66 volksnah	66 близкий народу
67 dezentralisieren	67 децентрализовать
68 demokratisieren	68 демократизировать
69 die Volkskontrolle	69 народный контроль
70 die ehrenamtliche Mitarbeit	70 почётное сотрудничество
71 der Bezirk	71 район
72 der Landkreis, Kreis	72 сельский округ, округ
73 der Stadtkreis die kreisfreie Stadt	73 городской округ, город не имеющий округа
74 die Stadt, Stadtgemeinde	74 город, городская община
75 der Stadtbezirk	75 городской район
76 die Gemeinde, Landgemeinde	76 община, сельская община
77 der Ministerrat	77 совет министров
78 das Ministerium	78 министерство
79 das Staatssekretariat [mit eigenem Geschäftsbereich]	79 статс-секретариат [с собственным кругом деятельности]
80 der Rat des Bezirkes, Kreises, der Stadt, des Stadtbezirks, der Gemeinde	80 районный совет, райсовет, окружной совет, городской совет, совет городского участка, совет общины
81 die Staatliche Plankommission	81 государственная плановая комиссия
82 die Zentrale Kommission für Staatliche Kontrolle	82 центральная комиссия государственного контроля
83 der Präsident der Deutschen Demokratischen Republik	83 президент Германской Демократической Республики
84 der Oberbürgermeister	84 обербургомистр
85 der Bürgermeister	85 бургомистр
86 die Abteilung	86 отдел, отделение
87 das Dezernat	87 отрасль деятельности, децернат
88 das Sachgebiet	88 специальное отделение
89 der Abteilungsleiter	89 заведующий отделом, начальник отдела
90 der Dezernent	90 децернент
91 der Sachbearbeiter Referent	91 референт
92 die Durchführungsverordnung	92 постановление об исполнении
93 die Ausführungsverordnung	93 постановление о проведении
94 die Durchführungsbestimmung	94 инструкция об исполнении
95 die Ausführungsbestimmung	95 инструкция о проведении
96 die Anordnung	96 распоряжение
97 die Anweisung	97 указание
98 der Erlaß	98 указ
99 die Verfügung	99 постановление

100 die Veröffentlichung, Publikation
101 das Gesetzblatt
102 das Ministerialblatt
103 die amtliche Bekanntmachung
104 die Produktionsbesprechung
105 die Norm (durchschnittliche Arbeitsleistung)
106 die technisch begründete Arbeitsnorm (TAN), Leistungsnorm
107 planen
108 die Planerfüllung
109 die Produktionssteigerung
110 der Kollektivvertrag
111 die Hebung des Lebensstandards
112 die Steigerung der Arbeitsproduktivität
113 der Verbesserungsvorschlag
114 qualifizieren

100 опубликование
101 бюллетень законов
102 бюллетень министерства
103 официальное сообщение
104 производственное совещание
105 норма выработки (средняя производительность труда)
106 техническая рабочая норма, производственная норма
107 планировать
108 выполнение плана
109 рост производства
110 коллективный договор
111 повышение жизненного уровня
112 повышение производительности труда
113 рационализаторское предложение
114 квалифицировать

Zu Tafel 100

I Die Wahlgrundlagen

1 das Wahlgesetz
2 die Volkswahl
3 das Wahlrecht
4 allgemein
5 gleich
6 geheim
7 direkt
8 die Wahlpflicht
9 wahlberechtigt
10 der od. die Wahlberechtigte
11 die Abstimmung
12 das Stimmrecht
13 der od. die Stimmberechtigte
14 die Volksbefragung
15 der Volksentscheid
16 das Volksbegehren

II Die Wahlvorbereitungen

17 die Wahlparole
18 propagieren
19 die Wahlpropaganda, Propaganda
20 der Wahlleiter
21 die Wahlkampagne
22 der Kandidat
23 aufstellen
24 wiederwählen
25 wählbar
26 der Wählerauftrag

III Die Wahlhandlung

27 die Wahlvorschrift
28 jemanden verpflichten
29 verpflichten, sich

К таблице 100

I Основа выборов

1 избирательный закон
2 народные выборы
3 избирательное право
4 всеобщее
5 равный
6 тайный
7 прямой
8 долг участия в выборах
9 имеющий право избирать
10 имеющий(ая) право избирать
11 голосование
12 право голоса
13 имеющий(ая) право голоса
14 всенародный опрос
15 всенародное решение
16 народное требование

II Подготовка к выборам

17 избирательный лозунг
18 пропагандировать
19 предвыборная пропаганда
20 ответственный за проведение выборов
21 предвыборная кампания
22 кандидат
23 выдвигать
24 переизбирать
25 избираемый
26 наказ

III Ход выборов

27 избирательный устав
28 обязывать
29 обязываться

30 die Verpflichtung — 30 обязанность
31 das Siegel — 31 печать
32 versiegeln — 32 запечатывать
33 aushändigen — 33 выдавать на руки
34 wählen — 34 избирать
35 seine Stimme abgeben — 35 голосовать
36 zusammenfalten — 36 складывать
37 eintragen — 37 вносить (в список)
38 einwerfen — 38 бросать (в урну)
39 der Schiebedeckel — 39 отодвижная крышка
40 die Auszählung — 40 подсчёт (голосов)
41 öffentlich — 41 публичный
42 die Wahlstimme, Stimme — 42 голос
43 gültig — 43 действительный
44 ungültig — 44 недействительный
45 die Stimmenthaltung — 45 воздержание от голосования
46 die Strichliste — 46 контрольный список
47 die Gegenliste — 47 проверочный список
48 die Wahlbeteiligung — 48 участие в выборах
49 das Wahlergebnis — 49 результат выборов
50 die Stimmenmehrheit — 50 большинство голосов

IV Allgemeines — IV Общее

51 die Rechtswissenschaft, Jura — 51 юриспруденция, право
52 juristisch — 52 юридический
53 die Rechtsprechung — 53 судоговорение
54 rechtlich — 54 правовой
55 rechtswidrig — 55 противозаконный

56 das Ministerium der Justiz — 56 министерство юстиции

V Das Recht — V Право

57 das öffentliche Recht — 57 публичное право
58 das Privatrecht — 58 частное право
59 das Staatsrecht — 59 государственное право
60 das Völkerrecht — 60 международное право
61 das Verwaltungsrecht — 61 административное право
62 das Wirtschaftsrecht — 62 хозяйственное право
63 das Zivilrecht — 63 гражданское право
64 das Strafrecht — 64 уголовное право
65 das Handelsrecht — 65 торговое право
66 das Arbeitsrecht — 66 трудовое право
67 das Kirchenrecht — 67 церковное право

VI Das Gesetz — VI Закон

68 die fortschrittliche Gesetzgebung — 68 прогрессивное законодательство

69 das Bürgerliche Gesetzbuch (BGB) — 69 гражданский кодекс (ГК)
70 die Zivilprozeßordnung (ZPO) — 70 устав гражданского судопроизводства (УГС)

71 das Strafgesetzbuch (StGB) — 71 уголовный кодекс (УК)
72 die Strafprozeßordnung (StPO) — 72 устав уголовного судопроизводства (УУС)

73 das Handelsgesetzbuch (HGB) — 73 торговое уложение (ТУ)
74 das Gesetzblatt — 74 вестник законов
75 der Paragraph — 75 параграф

76 gesetzlich — 76 законный
77 ungesetzlich, gesetzwidrig — 77 незаконный, противозаконный

VII An der Rechtspflege Beteiligte

78 der Jurist
79 der Richter
80 der Volksrichter
81 der od. die Geschworene
82 der Schöffe
83 der Anklagevertreter
84 der Staatsanwalt
85 der Verteidiger
86 der Rechtsanwalt, Anwalt
87 der Rechtsbeistand
88 der Notar
89 der Gerichtsvollzieher

90 der Friedensrichter
91 der Lokalrichter

VIII Das Gericht

92 das Oberste Gericht der Deutschen Demokratischen Republik

93 das Bezirksgericht
94 das Kreisgericht

95 das Schwurgericht
96 das Schöffengericht
97 das Arbeitsgericht
98 das Jugendgericht

99 das Berufungsgericht

100 der Gerichtssaal, Verhandlungssaal
101 die Gerichtsakten, Akten

IX Der Prozeß

102 einen Prozeß anstrengen
103 prozessieren
104 der Kläger
105 die zivilrechtliche Klage
106 die strafrechtliche Anklage
107 Klage, Anklage erheben
108 der od. die Beklagte
109 der od. die Angeklagte

110 der od. die Prozeßbevollmächtigte

111 die Ladung
112 laden
113 der Termin
114 der Lokaltermin
115 die Verhandlung
116 öffentlich
117 unter Ausschluß der Öffentlichkeit
118 die Vernehmung
119 der Zeuge
120 aussagen
121 vereidigt werden

VII Участвующие в судопроизводстве

78 юрист
79 судья
80 народный судья
81 присяжный или присяжная
82 судебный заседатель
83 представитель обвинения
84 прокурор
85 защитник
86 адвокат
87 частный поверенный
88 нотариус
89 судебный исполнитель

90 мировой судья
91 местный судья

VIII Суд

92 Верховный суд Германской Демократической Республики

93 районный суд
94 окружной суд

95 суд присяжных
96 суд судебных заседателей
97 трудовой суд
98 суд по делам несовершеннолетних

99 кассационный суд

100 судебный зал, зал заседания
101 судебные дела, дела

IX Процесс

102 возбуждать дело, процесс
103 вести процесс
104 истец
105 гражданский иск
106 уголовное обвинение
107 подавать жалобу
108 ответчик или ответчица
109 подсудимый или подсудимая

110 уполномоченный или уполномоченная по ведению процесса

111 судебная повестка
112 вызывать в суд
113 заседание суда
114 выездная сессия суда
115 слушание дела
116 публично
117 при закрытых дверях

118 допрос
119 свидетель
120 давать показания
121 быть приведённым к присяге

122	schwören	122	присягать
123	die Aussage verweigern	123	отказываться от показания
124	die Beweisführung	124	аргументация
125	der Beweis	125	доказательство
126	das Beweisstück, Korpus delikti	126	улика, вещественное доказательство
127	das Plädoyer	127	речь защитника перед судом
128	der Strafantrag	128	предложение о мере наказания
129	das Urteil fällen	129	выносить решение, приговор
130	die Urteilsverkündung	130	объявление решения, приговора
131	der Freispruch	131	оправдание, оправдательный приговор
132	verurteilen	132	осуждать
133	das Strafmaß	133	мера наказания
134	die mildernden Umstände	134	смягчающие вину обстоятельства
135	vorbestraft	135	имевший ранее судимость
136	Freiheitsstrafe	136	лишение свободы, арест
137	das Gefängnis	137	тюрьма
138	das Zuchthaus	138	каторжная тюрьма
139	die Todesstrafe	139	смертная казнь
140	der Verlust der bürgerlichen Ehrenrechte	140	лишение гражданских прав
141	Berufung einlegen	141	подавать апелляцию
142	rechtskräftig	142	вступивший в законную силу
143	die Bewährungsfrist	143	срок условного осуждения
144	begnadigt	144	оправданный
145	amnestieren	145	амнистировать
146	die Amnestie, der Straferlaß	146	амнистия, освобождение от наказания
147	die Verjährung	147	давность

Zu Tafeln 101 u. 102   К таблицам 101 и 102

I Allgemeines   **I Общее**

1	die Bezirksbehörde Deutsche Volkspolizei (BDVP)	1	районное управление немецкой народной полиции
2	das Volkspolizeikreisamt	2	окружное управление народной полиции
3	der Volkspolizist	3	народный полицейский
4	der Dienstgrad	4	чин, звание
5	das Dienstgradabzeichen	5	знак различия
6	die nationalen Streitkräfte	6	национальные вооружённые силы
7	die Grenzpolizei	7	пограничная полиция

II Die Verkehrspolizei
(↑ Tafel 169 u. 170 E, 175 E)

II Полиция, регулирующая уличное движение
(↑ табл. 169 и 170 д, 175 д)

8	die Verkehrsregelung	8	регулирование уличного движения
9	der Parkplatz	9	стоянка автомашин
10	das Warnzeichen	10	предупредительный знак
11	das Verbotszeichen	11	воспрещающий знак
12	die Vorfahrt	12	очерёдность проезда

13	überholen	13	перегонять
14	die Verkehrskontrolle	14	контроль за движением
15	die Fahrerlaubnis	15	удостоверение шофёра
16	der Kraftfahrzeugzulassungsschein	16	удостоверение о разрешении проезда автомобилей
17	die Geschwindigkeitskontrolle	17	проверка скорости
18	anhalten, stoppen	18	останавливать, стопорить
19	die Verkehrsübertretung	19	нарушение правил движения
20	der Strafbescheid	20	привлечение к ответственности, взимание штрафа
21	überfahren	21	переезжать
22	der Zusammenstoß	22	столкновение
23	die Aufnahme des Tatbestandes	23	составление протокола на месте происшествия
24	der Abschleppdienst	24	буксирная команда
25	der Sachschaden	25	материальный ущерб
26	der Personenschaden	26	человеческие жертвы
27	die Fahrspur	27	след колёс (автомашины)
28	die Fahrerflucht	28	бегство шофёра
29	die Blutalkoholuntersuchung	29	исследование крови на содержание алкоголя

III Der Betriebsschutz

III Заводская охрана

30	die Betriebssicherheit	30	безопасность работы
31	wachsam	31	бдительный
32	die Anmeldung	32	заявка
33	einen Passierschein ausstellen	33	выписать пропуск
34	der Standposten	34	часовой
35	der Streifenposten	35	патрульный
36	der Kontrollgang	36	проверка, обход с целью проверки
37	der Wachhabende	37	разводящий
38	der Revierleiter	38	начальник участка

IV Das Paß- und Meldewesen

IV Паспортное дело и прописка

39	die Meldeordnung	39	порядок прописки
40	die Anmeldung	40	заявление в полицию о приезде
41	die Abmeldung	41	заявление в полицию об отъезде
42	der Vorname	42	имя
43	der Name, Zuname, Familienname	43	фамилия
44	der Mädchenname	44	девичья фамилия
45	der Geburtstag	45	день рождения
46	der Geburtsort	46	место рождения
47	die Adresse, Anschrift	47	адрес
48	der Beruf	48	профессия, род занятий
49	die Nationalität	49	национальность
50	die Staatszugehörigkeit	50	гражданство
51	die Personenbeschreibung	51	описание личности
52	der Familienangehörige	52	член семьи
53	die Polizeistunde	53	час закрытия (ресторанов и т. д.)

V Die Schutzpolizei

V Охранная полиция

54	das Volkspolizeirevier	54	участок народной полиции
55	die Sektion	55	подучасток
56	das Schnellkommando	56	выездная команда

57 die Hundestaffel	57 отряд проводников полицейских собак
58 der Diensthundeführer	58 проводник полицейских собак
59 der Diensthund	59 полицейская собака
60 die Polizeistrafe († Nr. 20)	60 полицейский штраф († № 20)

VI Die Kriminalpolizei / VI Уголовная полиция

61 ausweisen, sich legitimieren, sich — 61 удостоверять свою личность
62 der Dienstausweis — 62 служебное удостоверение
63 die Dienstmarke — 63 служебный жетон

VII Die Feuerwehr / VII Пожарная команда

64 der Brandschutz — 64 защита от пожара
65 die Brandschutzordnung — 65 противопожарный устав
66 der Feuermelder — 66 пожарная сигнализация
67 der Feueralarm — 67 пожарная тревога
68 brennen — 68 гореть
69 der Brand — 69 пожар
70 die Brandstelle — 70 место пожара
71 die Feuerleiter, Notleiter — 71 пожарная лестница
72 der Brandstifter — 72 поджигатель
73 löschen — 73 тушить, гасить
74 die Löschgruppe — 74 пожарная группа
75 der Melder — 75 посыльный
76 der Maschinist — 76 машинист
77 der Wassertrupp — 77 рабочие на водоподаче
78 der Schlauchtrupp — 78 бригада с рукавами
79 der Saugschlauch — 79 всасывающий рукав
80 der Druckschlauch — 80 напорный рукав
81 ausrollen (Rollschlauch) — 81 раскатывать (рукав)
82 abrollen (Haspel) — 82 разматывать (мотовило)
83 zusammenkuppeln — 83 соединять
84 die Anstelleiter — 84 приставная лестница
85 die Steckleiter — 85 автоматическая лестница

Zu Tafel 103 / К таблице 103

I Allgemeines / I Общее

1 das Parteistatut, die Satzung — 1 устав партии
2 das Parteiprogramm — 2 программа партии

II Die Parteimitgliedschaft / II Членство в партии

3 der Aufnahmeantrag, die Beitrittserklärung — 3 заявление о приёме
4 der Lebenslauf — 4 автобиография
5 der Bürge — 5 поручитель
6 der Kandidat — 6 кандидат
7 das Parteimitglied — 7 член партии
8 das Parteidokument, der Mitgliedsausweis — 8 партийный документ, партийный билет, партбилет, партийное удостоверение
9 der Parteibeitrag, Mitgliedsbeitrag — 9 партийний взнос, членский взнос
10 die Beitragsmarke — 10 марка уплаты членских взносов
11 die Parteistrafe — 11 партвзыскание

III Die Parteiorganisation

12 die Grundorganisation, Grundeinheit
13 die Betriebsgruppe
14 die Hochschulgruppe
15 die Wohngruppe
16 die Stadtgruppe, Stadtkreisgruppe
17 die Ortsgruppe

18 die Kreisorganisation, der Kreisverband
19 die Bezirksorganisation, der Bezirksverband
20 die Parteileitung

21 die Bezirksleitung, der Bezirksvorstand
22 das Zentralkomitee (ZK) der SED, der Zentralvorstand der LDPD, Parteivorstand der NDPD, DBD, Hauptvorstand der CDU(D)

23 das Politbüro der SED
24 das Sekretariat
25 die Mitgliederversammlung
26 die Delegiertenkonferenz
27 die Plenarsitzung des Zentralkomitees der SED
28 der Parteifunktionär
29 die Parteivorsitzenden
30 die Partei neuen Typs (SED)
31 Kritik und Selbstkritik
32 die innerparteiliche Demokratie
33 der demokratische Zentralismus
34 der Parteiauftrag
35 die Parteipolitik
36 die Blockpolitik

37 die überparteiliche Zusammenarbeit
38 der antifaschistisch-demokratische Block, die Blockparteien
39 der Nationalrat

40 die internationale Widerstandsbewegung gegen den Faschismus
41 die Aktionseinheit der Arbeiterklasse
42 die internationale Solidarität der Werktätigen
43 die Weltgewerkschaftsbewegung

IV Die Parteiarbeit

44 das Parteiaktiv
45 die Parteipropaganda
46 die Agitation, Werbung
47 die Kader
48 der Instrukteur
49 die Parteiwahl
50 die Schulungsarbeit

III Парторганизация

12 первичная партийная организация
13 производственная партийная группа
14 партийная организация вуза
15 партгруппа квартала
16 городская партийная организация
17 местная партийная организация

18 окружная партийная организация
19 районная партийная организация
20 руководство партии

21 районный комитет партии
22 центральный комитет = (ЦК) СЕПГ, центральное правление ЛДПГ, партийное правление НДПГ, ДКПГ, главное правление ХДС(Г)

23 политбюро СЕПГ
24 секретариат
25 партийное собрание
26 конференция делегатов
27 заседание Пленума ЦК СЕПГ
28 партийный работник
29 председатели партий
30 партия нового типа (СЕПГ)
31 критика и самокритика
32 внутрипартийная демократия
33 демократический централизм
34 партийное поручение
35 политика партии
36 политика (антифашистско-демократического) блока

37 внепартийное сотрудничество

38 антифашистско-демократический блок, блок партий
39 Национальный совет

40 международное движение против фашизма
41 единство действий рабочего класса
42 международная солидарность трудящихся
43 всемирное профсоюзное движение

IV Партийная работа

44 партийный актив
45 партийная пропаганда
46 агитация
47 кадры
48 инструктор
49 партийные выборы
50 партийная учёба

51 die Parteischule
52 die Parteihochschule der SED
53 die Abenduniversität der SED
54 die Kreisabendschule der SED
55 das Parteikabinett
56 die Konsultation
57 der Konsulent
58 der Lehrgang
59 der Lektor
60 der Parteischüler, Lehrgangsteilnehmer
61 das Parteilehrjahr
62 der Zirkellehrer, Zirkelleiter
63 der Parteilose
64 die Parteipresse
65 der Parteiverlag

51 партийная школа
52 высшая партийная школа СЕПГ
53 вечерний университет СЕПГ
54 окружной вечерний университет СЕПГ
55 партийный кабинет
56 консультация
57 консультант
58 курсы
59 лектор
60 слушатель партийной школы, курсант
61 партийный учебный год
62 руководитель кружка
63 беспартийный
64 партийная печать
65 партийное издательство

Zu Tafel 105

I Die Weltjugendorganisation

1 der Weltbund der Demokratischen Jugend (WBDJ)
2 der Exekutivrat
3 der Weltjugendrat
4 die Weltfestspiele der Jugend und Studenten
5 das Weltjugendlied

II Die Organisation der FDJ

6 der Jugendfreund
7 die Jugendfreundin
8 die Gruppe
9 der Gruppenleiter
10 der Gruppenabend
11 die Grundeinheit
12 der Stadtbezirk
13 die Delegiertenkonferenz des Stadtbezirkes
14 der Kreisverband
15 die Kreisleitung
16 die Kreisdelegiertenkonferenz
17 der Bezirksverband
18 die Bezirksleitung
19 die Bezirksdelegiertenkonferenz
20 der Zentralrat
21 der Vorsitzende der FDJ
22 das Parlament der Jugend
23 der Verband der FDJ

К таблице 105

I Организация Всемирной молодёжи

1 Всемирная федерация демократической молодёжи (ВФДМ)
2 Исполнительный совет
3 Всемирный совет молодёжи
4 Всемирный фестиваль молодёжи и студентов
5 гимн Всемирной демократической молодёжи

II Организация Союза свободной немецкой молодёжи

6 член СНМ (юноша)
7 член СНМ (девушка)
8 группа
9 руководитель группы
10 вечернее собрание группы
11 первичная организация
12 городской район
13 конференция делегатов городского района
14 окружная организация
15 окружной комитет
16 конференция делегатов округа
17 районная организация
18 районный комитет
19 конференция делегатов района
20 Центральный совет
21 председатель Союза свободной немецкой молодёжи
22 слёт молодёжи
23 Союз свободной немецкой молодёжи

III Die Aufgaben der FDJ

24 das Gesetz zur Förderung der Jugend, Jugendgesetz
25 die Verfassung der FDJ
26 die Grundrechte der jungen Generation
27 das Mitbestimmungsrecht der Jugend
28 das Abzeichen für gutes Wissen
29 die Thälmann-Medaille für Friedenskämpfer
30 die Jugendbrigade
31 das Produktionsaktiv
32 der Jungaktivist
33 das Friedensaufgebot
34 der Freundschaftsvertrag
35 das Selbststudium
36 das FDJ-Schuljahr
37 die Jugendherberge
38 das Jugendheim

Zu Tafel 106

I Allgemeines

1 die Kampfbereitschaft
2 die Verteidigungsbereitschaft
3 die Gesellschaft für Sport und Technik (GST)
4 das Sportleistungsabzeichen „Bereit zur Arbeit und zur Verteidigung des Friedens"
5 der Verdiente Meister des Sports

II Der Schießsport

6 der Schießplatz
7 der Schießstand
8 die Schießscheibe
9 das Kleinkalibergewehr, Gewehr
10 der Verschluß

11 die Schießkelle, Dreieckzielkelle
12 zielen
13 verkanten
14 laden
15 der Anschlag

16 liegend aufgelegt
17 liegend freihändig

18 stehend freihändig

19 das Schießabzeichen
20 der Scharfschütze

III Der Motorsport

21 die Fahrschule
22 das Kunstfahren
23 die Geschicklichkeitsfahrt

III Задания Союза свободной немецкой молодёжи

24 закон о продвижении молодёжи, закон о правах молодёжи
25 конституция СНМ
26 основные права юного поколения
27 право молодёжи на совместные действия
28 значок за хорошие знания
29 медаль Тельмана для борцов за мир
30 молодёжная бригада
31 производственный актив
32 молодой активист
33 вахта мира
34 договор о дружбе
35 самообразование
36 учебный год СНМ
37 дом молодёжи
38 клуб молодёжи

К таблице 106

I Общее

1 боевая готовность
2 готовность к обороне
3 Спортивно-техническое общество
4 спортивный значок «Готов к труду и к защите мира»

5 заслуженный мастер спорта

II Стрелковый спорт, спортивная стрельба

6 полигон, стрельбище
7 тир
8 мишень
9 малокалиберная винтовка
10 запирающий механизм, замок, затвор

11 диско-указка
12 прицеливаться
13 перекосить
14 заряжать
15 прикладка, изготовка к выстрелу

16 прикладка с упора лёжа
17 прикладка с руки (без упора) лёжа

18 прикладка с руки (без упора) стоя

19 стрелковый значок
20 отличный стрелок, снайпер

III Мотоспорт

21 автошкола
22 фигурная езда
23 езда для испытания ловкости

24 die Geländefahrt	24 езда в условиях бездорожья, мотокросс
25 die Hindernisfahrt	25 езда с препятствиями

IV Der Segelflugsport
IV Спортивная планёрная авиация, планеризм

26 das Flugmodell	26 летающая модель, авиамодель
27 der (unverkleidete) Schulgleiter	27 учебный планёр (без обливцовки)
28 das Übungssegelflugzeug	28 учебный планёр, тренировочный планёр
29 der Einsitzer	29 одноместный планёр
30 der Doppelsitzer, Zweisitzer	30 двухместный планёр
31 der Fluglehrgang	31 авиакурс
32 die Segelflugschule	32 планёрная школа
33 der Fluglehrer	33 авиаинструктор
34 der Flugschüler, junge Pilot	34 ученик-лётчик, юный пилот
35 der Gleitflieger	35 планерист
36 der Segelflieger	36 планерист
37 das Segelfliegerabzeichen	37 значок за достижения в планеризме
38 anschnallen	38 пристёгивать, привязывать (ремнём)
39 der Gummiseilstart, Hangstart	39 резиноканатный старт, старт с откоса
40 katapultieren	40 вытолкнуть планёр
41 ausklinken	41 расцеплять
42 der Windenschleppstart	42 взлёт с лебёдкой
43 der Flugzeugschleppstart	43 буксирный старт самолёта
44 der Rutscher	44 скольжение
45 der Höhenflug	45 полёт в высоту
46 der Kunstflug	46 фигурный полёт, высший пилотаж
47 die Landung	47 посадка, приземление
48 die Kartenkunde	48 картография
49 die Luftnavigation	49 аэронавигация
50 die Wetterkunde	50 метеорология
51 die Instrumentenkunde	51 наука об инструментах
52 die Flugwerkkunde	52 лётная техника
53 die Flugzeugkunde	53 сведения о типах самолётов
54 das Fallschirmspringen	54 парашютизм

V Der Wasserfahrtsport
V Водный спорт

55 der Schiffsmodellbau	55 судовое моделестроение
56 die Nautik	56 навигация
57 loggen	57 бросать лаг, измерять лагом
58 signalisieren	58 сигнализировать
59 die Signalflagge	59 сигнальный флажок
60 der Signalmast	60 сигнальная мачта
61 morsen	61 передавать по Морзе
62 die Seestraßenordnung	62 правила плавания на морских коммуникациях
63 der Kutter	63 катер
64 knoten	64 вязать узлы
65 spleißen	65 сплетать, сращивать
66 loten	66 измерять глубину лотом
67 auftakeln	67 оснащивать судно
68 abtakeln	68 разоружать судно
69 die Takelage	69 такелаж
70 das Tauwerk	70 оснастка, такелаж
71 das Segelschulschiff	71 парусное учебное судно

VI Das Nachrichtenwesen

72 die Fernmeldetechnik

73-75 die Nachrichtenübermittlung
73 durch Draht
74 das Telephon
75 der Fernschreiber

76-78 die drahtlose Nachrichtenübermittlung
76 der Funk

77 der Morsefunk
78 der Sprechfunk
79 u. 80 die Nachrichtenübermittlung durch Tiere
79 die Brieftaube

80 der Hund

VII Die Touristik

81 der Nachtmarsch
82 der Gepäckmarsch
83 der Kompaß
84 das Kartenlesen
85 der Planzeiger

86 das Entfernungsschätzen

87 das Touristenabzeichen

Zu Tafel 107

I Allgemeines

1 der Pioniergruß
2 das Abzeichen „Für gute Arbeit in der Schule"
3 die Pionierkleidung
4 die Pionierzeitung
5 der Pionierfunk
6 der Pionierpalast
7 das Haus der Jungen Pioniere

II Die Pionierorganisation

8 der Zirkel
9 die Gruppe
10 der Gruppenleiter
11 das Pionieraktiv
12 der Sportleiter

13 der Fanfarenzug
14 die Wanderfahne für ausgezeichnete Leistungen

III Das Pionierlager

15 der Pionierpark
16 die Pionierrepublik
17 das Sommerlager
18 der Lagerleiter
19 die Lagerwache

VI Служба связи, связь

72 техника связи на большом расстоянии

73-75 передача сведений, связь
73 по телеграфу
74 телефон
75 буквопечатающий аппарат, телетайп

76-78 беспроволочная передача сведений
76 радиотелеграфия, радиотелеграфирование

77 радиотелеграфия
78 радиотелефония
79 и 80 передача сведений животными
79 почтовый голубь, голубь связи

80 собака

VII Туризм

81 ночной переход, ночной марш
82 марш с поклажей
83 компас
84 чтение карт
85 координатная мерка, координатомер

86 глазомерное определение расстояний

87 значок туриста

К таблице 107

I Общее

1 пионерский салют
2 значок «За хорошую работу в школе»
3 пионерская одежда
4 пионерская газета
5 радиопередача для пионеров
6 Дворец пионеров
7 Дом юных пионеров

II Пионерская организация

8 кружок
9 группа
10 вожатый группы
11 пионерский актив
12 физкультурный руководитель

13 взвод фанфаристов
14 переходящее знамя за отличную работу

III Пионерский лагерь

15 пионерский парк
16 пионерская республика
17 летний лагерь
18 заведующий лагерем
19 охрана лагеря

20	die Lagerzeitung	20	лагерная газета
21	die Lagerbühne	21	лагерная сцена
22	zelten	22	жить в палатке
23	das Zelt aufschlagen	23	разбивать палатку
24	das Wohnzelt	24	жилая палатка
25	das Sanitätszelt	25	санитарная палатка
26	der Tagesplan	26	режим дня
27	das Wecken	27	побудка
28	der Frühsport	28	утренние занятия спортом
29	die Morgengymnastik	29	утренняя зарядка
30	das Waschen	30	умывание
31	der Morgenappell, Appell	31	утренняя линейка
32	die Fahnenhissung	32	поднимание флага
33	die Expedition, Exkursion	33	экспедиция, экскурсия
34	der Abendappell	34	вечерняя линейка
35	das Einholen der Fahne	35	спуск флага
36	die Sternwanderung	36	звёздный поход, прогулки врассыпную

Zu Tafel 108   К таблице 108

1	die Massenversammlung	1	массовое собрание
2	die Kurzversammlung	2	кратковременное собрание
3	die Feierstunde	3	торжественное собрание
4	die kulturelle Umrahmung	4	культурно-массовое обеспечение собрания
5	der Versammlungsraum, Saal, Kulturraum	5	помещение для собрания, зал, помещение для культурно-массовых мероприятий
6	der Betriebsleiter	6	заведующий производством
7	der Frauenausschuß	7	женский комитет
8	einberufen	8	созывать
9	eröffnen	9	открывать
10	die Tagesordnung	10	порядок дня, повестка дня
11	das Referat	11	доклад
12	das Thema	12	тема
13	der Rechenschaftsbericht	13	отчётный доклад, отчёт
14	die Ansprache	14	речь
15	das Protokoll	15	протокол
16	die Zustimmung	16	согласие
17	der Beifall	17	аплодисменты
18	klatschen	18	аплодировать
19	der Einwand	19	возражение
20	der Protest	20	протест
21	die Aussprache	21	обмен мнениями
22	der Antrag	22	предложение
23	die Beratung	23	совещание
24	die Diskussion	24	прения, дискуссия
25	der Diskussionsbeitrag	25	выступление на дискуссии
26	die Wortmeldung	26	просьба о предоставлении слова
27	das Wort erteilen	27	предоставить слово
28	die Abstimmung	28	голосование
29	das Handzeichen	29	поднятие руки
30	die Stimmenmehrheit	30	большинство голосов
31	den Antrag annehmen	31	принять предложение
32	ablehnen	32	отклонять
33	die Entscheidung, Resolution	33	резолюция
34	beschließen	34	постановлять
35	beschlußfähig	35	правомочный
36	das Schlußwort	36	заключительная речь, заключительное слово
37	die Auszeichnung	37	награда
38	die Prämie	38	премия

39 die innergewerkschaftliche Demokratie
40 die Aktivistenbewegung
41 die Wettbewerbsbewegung
42 der Betriebkollektivvertrag
43 die kulturelle Massenarbeit in den Betrieben

39 внутрипрофсоюзная демократия
40 движение активистов
41 развитие соревнования
42 коллективный договор
43 массовая культурная работа на предприятиях

Zu Tafel 109

I Die Demonstration

1 demonstrieren
2 der Demonstrationszug
3 der Aufmarsch
4 der Fackelzug
5 die Sportparade
6 die Sturmfahne
7 der Fanfarenzug
8 die Musikgruppe

9 die Organisation
10 das Organisationskomitee
11 der Teilnehmer
12 stellen, sich
13 Aufstellung nehmen
14 der Marschblock
15 die Marschsäule
16 der Vorbeimarsch
17 Spalier stehen, bilden
18 der Festwagen

19 die Aufschrift

II Die Kundgebung

20 der Ehrenpräsident
21 das Ehrenpräsidium
22 das Präsidium
23 der Ehrengast
24 der Delegierte
25 die Delegation
26 die Ansprache
27 die Begeisterung
28 die Nationalhymne

III Die Aufklärungsarbeit

29 der Agitator
30 die Agitationsgruppe
31 aufklären
32 die Aussprache
33 die Hausversammlung
34 diskutieren
35 argumentieren

36 überzeugen
37 erläutern
38 korrespondieren

39 Sichtwerbung

IV Friedenskampf

40 der Frieden
41 erhalten

К таблице 109

I Демонстрация

1 демонстрировать
2 шествие демонстрантов
3 выступление
4 факельное шествие
5 физкультурный парад
6 боевое знамя
7 взвод фанфаристов
8 группа музыкантов

9 организация
10 организационный комитет
11 участник
12 собираться
13 формироваться
14 маршевый блок
15 походная колонна
16 прохождение
17 образовать шпалеры
18 автомашина с макетами, транспарантами и т. д.

19 надпись

II Манифестация

20 почётный председатель
21 почётный президиум
22 президиум
23 почётный посетитель
24 делегат
25 делегация
26 выступление, речь
27 воодушевление
28 национальный гимн

III Агитационная работа

29 агитатор
30 агитгруппа
31 агитировать
32 обмен мнениями
33 домашнее собрание
34 обсуждать
35 аргументировать, проводить доказательства

36 убеждать
37 объяснять
38 вести переписку, переписываться

39 лозунги, плакаты и т. д.

IV Борьба за мир

40 мир
41 сохранять

42 festigen	42 укреплять
43 sichern	43 упрочивать
44 schützen	44 защищать, охранять
45 verteidigen	45 защищать
46 friedlich	46 мирный
47 friedliebend	47 миролюбивый
48 der Friedenskämpfer	48 борец за мир
49 das Friedenskomitee	49 комитет сторонников мира
50 die Friedenspolitik	50 политика мира
51 die Freiheit	51 свобода
52 die Unabhängigkeit	52 независимость
53 die Friedensbewegung	53 движение за мир
54 der Friedensvertrag	54 мирный договор
55 der Weltfriedensrat	55 Всемирный совет мира

Zu Tafel 110 u. 111 — К таблицам 110 и 111

I Allgemeines — I Общее

1 der Bergbau	1 горное дело
2 der Steinkohlenbergbau	2 каменноугольное дело
3 das Steinkohlenrevier	3 каменноугольный район
4 das Bergwerk, die Grube, Zeche	4 шахта, цех
5 der Tiefbau	5 подземная выработка
6 unter Tage	6 в шахте
7 über Tage	7 на поверхности
8 einfahren	8 спускаться в шахту
9 ausfahren	9 подниматься из шахты
10 Glück auf!	10 в добрый час!

II Die Lagerstätte — II Месторождение

11 das Vorkommen	11 залежи
12 die Bodenschätze	12 полезные ископаемые
13 das Deckgebirge, Dachgebirge	13 покрывающая порода
14 die Schicht, Gesteinsschicht	14 пласт, напластование каменной породы
15 das Streichen	15 простирание

III Die Kohle — III Уголь

16 die Gaskohle	16 газовый уголь
17 die Flammkohle	17 пламенный уголь
18 die Fettkohle	18 жирный уголь
19 die Magerkohle	19 тощий уголь
20 der Anthrazit	20 антрацит

IV Das Aufsuchen — IV Геолого-разведка

21 schürfen	21 шурфовать, разведывать
22 muten	22 производить разведочные работы
23 erschließen	23 вскрывать
24 bohren	24 бурить

V Der Grubenbau — V Подземная выработка

25 die Ausrichtung	25 подготовка месторождения
26 der Stollen	26 штольня
27 die Schachtanlage	27 шахтное сооружение
28 das Trum, Schachttrum	28 отделение шахты
29 die Leiter, Fahrt	29 шахтоподъёмник
30 der Schachtsicherheitspfeiler	30 целик

31	das Aufhauen	31	сбойка
32	das Abhauen	32	наклонная выработка
33	das Gesenk od. Gesenke	33	гезенк
34	der Streckenausbau	34	крепление штрека
35	die Grundstrecke	35	основной штрек
36	die Fußstrecke	36	задняя часть штрека
37	die Kopfstrecke	37	передняя часть штрека
38	die Versuchsstrecke	38	разведочный штрек
39	das Grubenfeld	39	шахтное поле
40	das Blindort	40	бутовый штрек
41	der Bremsberg, Haspelberg	41	бремсберг
42	der Abbau	42	разработка
43	der Raubbau	43	хищническая эксплуатация
44	der Oberwerksbau	44	разработка сверху
45	der Unterwerksbau	45	разработка снизу
46	der Bruchbau	46	разработка с обрушением кровли
47	der Rückbau	47	обратная выемка
48	der Pfeilerbau	48	столбовая система разработки
49	versetzen	49	закладывать, обрушать
50	die Berge (taubes Gestein)	50	пустая порода
51	das Versatzverfahren	51	закладывание выработки пустой породой

VI Der Grubenausbau (Unterstützung der Grubenräume)

VI Шахтное крепление (крепление подземной выработки)

52	der Holzausbau	52	деревянное крепление
53	die Schalholzzimmerung	53	крепление с подводами
54	der Stahlausbau	54	стальное крепление
55	der Polygonausbau (Vieleckausbau)	55	полигональное крепление
56	der Mollausbau (nach der Firma)	56	эластичное крепление
57	der Gußringausbau, Tübbing	57	крепление чугунными кольцами, тюбинг
58	die Geviertzimmerung	58	крепление венцами

VII Die Gewinnung

VII Выемка, добыча

59	der Verhieb	59	выработка
60	verhauen	60	добывать
61	hauen	61	забивать
62	die Keilhaue	62	кайло
63	schrämen	63	зарубать, рубить
64	der Schram (Schlitz, Einschnitt)	64	вруб, зарубка (паз, разрез)
65	die Kohlenkombine	65	угольный комбайн
66	die Lademaschine	66	загрузочная машина
67	sprengen	67	взрывать
68	der Pickhammer	68	отбойный молот
69	der Sprengschuß	69	запал
70	das Bohrloch	70	скважина
71	die Sprengladung	71	подрывной заряд
72	der Sprengstoff	72	взрывчатое вещество
73	der Bohrhammer	73	бурильный молот
74	die Bohrmaschine	74	бурильный станок

VIII Die Förderung, Grubenförderung

VIII Откатка, шахтная откатка

75	fördern	75	эксплуатировать, откатывать
76	der Förderplan	76	план по эксплуатации
77	zutage fördern	77	выдавать на-гора
78	der Förderkorb	78	подъёмная клеть
79	die Personenförderung, Seilfahrt	79	подъём и спуск людей
80	die Lokomotivförderung	80	мотовозная откатка
81	die Gestellförderung	81	клетевой подъём

IX Die Bewetterung

82 die Wetter (Luft)
83 die guten Wetter
84 die Frischwetter
85 die bösen Wetter

86 die matten Wetter
87 die giftigen Wetter
88 die schlagenden Wetter, Schlagwetter
89 der Luftschacht
90 die Abwetter
91 die Schwaden (Sprenggase)
92 der Wetterstrom
93 der Wetterdamm

94 die Wetterführung
95 der Luttenventilator

X Die Grubenbeleuchtung

96 das Geleucht
97 die Sicherheitslampe, Wetterlampe, Benzinlampe
98 die Mannschaftslampe
99 die Steigerlampe

XI Die Wasserhaltung

100 die Preßluftpumpe
101 das Standwasser
102 die Sumpfstrecke

XII Unglücksfälle

103 der Flözbrand
104 das Brandfeld
105 der Grubenbrand
106 der Branddamm

107 das Grubengas, Methan
108 die Kohlenstaubexplosion
109 die Schlagwetterexplosion
110 der Wassereinbruch
111 die Abdämmung
112 die Rettungsmannschaft
113 der Rettungsdienst

XIII Die Aufbereitung

114 die Rohkohle
115 die Stückkohle
116 die Feinkohle
117 die Nußkohle
118 die Staubkohle
119 die Naßaufbereitung
120 waschen
121 das Leseband
122 separieren
123 die Trockenaufbereitung
124 die Setzmaschine
125 klassieren

IX Вентиляция

82 шахтный воздух
83 хороший шахтный воздух
84 свежий воздух в шахте
85 испорченный шахтный воздух
86 удушливый шахтный воздух
87 ядовитый шахтный воздух
88 гремучий газ

89 вентиляционная шахта
90 уходящий воздух
91 удушливый газ
92 тяга (поток) воздуха
93 перемычка для шахтного воздуха
94 вентиляционная система
95 вентилятор вентиляционной сети

X Шахтное освещение

96 светильник
97 взрывобезопасная лампа, бензиновая лампа
98 бригадная лампа
99 лампа штейгера

XI Водоотлив

100 пневматический насос
101 стоячая вода
102 болотный штрек

XII Несчастные случаи

103 пожар пласта
104 поле пожара в шахте
105 пожар в шахте
106 противопожарная перемычка
107 болотный газ, метан
108 взрыв угольной пыли
109 взрыв гремучего газа
110 прорыв воды
111 заграждение плотиной
112 спасательная бригада
113 служба скорой помощи

XIII Обогащение

114 рядовой уголь
115 кусковой уголь
116 угольная мелочь
117 ореховый уголь
118 пылевидный уголь, штыб
119 мокрое обогащение
120 промывать
121 породоотборочная лента
122 разделять, сепарировать
123 сухое обогащение
124 отсадочная машина
125 классифицировать

XIV Berufe

126 der Meisterhauer
127 der Bergarbeiter
128 der Gesteinshauer
129 der Gewinnungshauer
130 der Reparaturhauer
131 der Schießhauer
132 der Steiger
133 der Obersteiger
134 der Abteilungssteiger (Reviersteiger)
135 der Wettersteiger
136 der Maschinensteiger
137 der Lampenmeister
138 der Markscheider
139 der Wettermann
140 der Kauenwärter

141 der Pumpenwärter

142 der Knappe, Bergknappe
143 der Berginspektor
144 der Bergingenieur
145 der Sicherheitsingenieur

XV Die Ausbildung

146 die Bergbauingenieurschule
147 die Bergakademie
148 der Lehrhauer
149 der Berglehrling

Zu Tafel 112

1 der Braunkohlenbergbau

2 das Braunkohlenrevier
3 die Braunkohlengrube
4 das Braunkohlenlager

5 der Abraumbetrieb
6 die Abraumförderbrücke
7 die Gleisrückmaschine
8 aufschließen
9 entwässern
10 verkippen
11 das Hauptflöz
12 das Oberflöz
13 das Unterflöz
14 die Heizkohle
15 die Schwelkohle

16 zerkleinern
17 sieben, absieben, separieren

18 die Grobkohle
19 die Stückkohle
20 die Knorpelkohle
21 die Nußkohle
22 die Gruskohle

23 die Weiterverarbeitung, Verwendung

XIV Профессии

126 мастер-забойщик
127 шахтёр, горняк
128 проходчик
129 забойщик по эксплуатации
130 крепильщик по ремонту
131 запальщик
132 штейгер
133 старший штейгер
134 штейгер по отделу (участку)
135 техник по вентиляции
136 старший горный механик
137 заведующий лампами
138 маркшейдер
139 дежурный по вентиляции
140 дежурный по душекомбинату

141 дежурный машинист водоотлива

142 горняк
143 горный инспектор
144 горный инженер
145 инженер по технике безопасности

XV Обучение

146 школа горных инженеров
147 Горная Академия
148 забойщик-инструктор
149 ученик по горному делу, ученик-горняк

К таблице 112

1 буроугольная горная промышленность
2 буроугольный район
3 буроугольная шахта
4 буроугольная залежь

5 вскрышные работы
6 отвальный мост
7 рихтовочная машина
8 вскрывать
9 осушать
10 опрокидывать
11 главный пласт
12 верхний пласт
13 нижний пласт
14 топливный уголь
15 коксующийся уголь

16 размельчать
17 просеивать, отсеивать, разделять

18 крупнокусковой уголь
19 кусковой уголь
20 хрящевой уголь
21 ореховый уголь
22 угольная мелочь

23 дальнейшая разработка, употребление

24 verschwelen (entgasen) — 24 перегонять (дегазировать)
25 der Schwelofen — 25 печь для полукоксования
26 das Leichtöl — 26 лёгкое масло
27 das Rohöl — 27 неочищенная нефть
28 die Paraffinmasse — 28 парафиновая масса
29 das Schweröl — 29 тяжёлое масло
30 das Schmieröl — 30 смазочное масло
31 das Pech — 31 смола, пек
32 vergasen — 32 газифицировать
33 hydrieren — 33 гидрировать
34 brikettieren — 34 брикетировать
35 die Brikettfabrik — 35 брикетная фабрика
36 das Braunkohlenbrikett — 36 буроугольный брикет
37 die Brikettpresse — 37 брикетный пресс
38 die Naßpresse — 38 мокрый пресс

Zu Tafel 113 / К таблице 113

I Allgemeines / I Общее

1 die Elektrizität — 1 электричество
2 die Elektrotechnik — 2 электротехника
3 die Energie — 3 энергия
4 die Energieversorgung — 4 энергоснабжение
5 das Licht — 5 свет
6 beleuchten — 6 освещать
7 der Strom — 7 ток
8 der Starkstrom — 8 сильный ток
9 der Schwachstrom — 9 слабый ток
10 der Gleichstrom — 10 постоянный ток
11 der Wechselstrom, Drehstrom — 11 переменный, трёхфазный ток
12 die Stromstärke — 12 сила тока
13 das Ampere — 13 ампер
14 die Spannung — 14 напряжение
15 die Hochspannung — 15 высокое напряжение
16 die Niederspannung — 16 низкое напряжение
17 das Volt — 17 вольт
18 der Widerstand — 18 реостат, сопротивление
19 das Ohm — 19 ом
20 die Leistung — 20 мощность
21 das Watt, Voltampere — 21 ватт, вольтампер
22 das Kilowatt — 22 киловатт
23 die Frequenz, Periode — 23 частота, период
24 der Kurzschluß — 24 короткое замыкание
25 die Erdung — 25 заземление
26 die Ladung — 26 заряд
27 die Verbindung — 27 соединение, связь
28 der Anschluß — 28 присоединение, включение
29 der Kontakt — 29 контакт
30 der Pol — 30 полюс

II Kraftwerke / II Электростанции

31 das Wasserkraftwerk — 31 гидроэлектростанция
32 das Wärmekraftwerk — 32 теплоэлектростанция
33 das Großkraftwerk — 33 мощная электростанция
34 das Spitzenkraftwerk — 34 электростанция для покрытия пика нагрузки
35 das Überlandkraftwerk, die Überlandzentrale — 35 районная электростанция

III Die Stromerzeugung / III Производство тока

36 die Turbine — 36 турбина
37 der Generator — 37 генератор
38 der Ständer, Stator — 38 статор
39 der Läufer, Rotor, Anker — 39 ротор, якорь

IV Die Schaltung

40 einschalten
41 ausschalten
42 die Abschaltung
43 die Freiluftschaltanlage
44 das Isolatorengerüst, Abspanngerüst
45 der Hauptschalter, Lastschalter
46 der Zeitschalter

V Die Umspannung, Transformation

47 das Umspannwerk
48 das Transformatorenhäuschen

VI Die Umformung

49 der Umformer
50 der Gleichrichter

VII Die Stromfortleitung

51 der Leiter
52 die Leitung
53 die Fernleitung
54 der Leitungsmast
55 die Isolation
56 die Phase

VIII Die Lastverteilung, Energieverteilung

57 das Netz, Verteilungsnetz
58 das Bezirksnetz
59 das Ortsnetz
60 das Verbundnetz
61 der Stromverbrauch
62 die Stromspitze, Belastungsspitze
63 das Stromtal
64 die Spitzenzeit
65 der Nachtstrom, die Nachtlast

Zu Tafel 114

1 die trockene Destillation
2 das Steinkohlenlager
3 die Kohlenförderanlage
4 der Brecher
5 die Hammermühle
6 das Pendelbecherwerk
7 der Horizontalkammerofen (Koksofen)
8 der Schrägkammerofen (Gaswerkofen)
9 das Generatorgas, Schwachgas

IV Распределение

40 включать
41 выключать
42 отключение
43 открытая распределительная станция
44 изоляторный столб
45 главный выключатель
46 выключатель с часовым механизмом

V Трансформация

47 трансформаторная подстанция
48 трансформаторная будка

VI Преобразование

49 преобразователь
50 выпрямитель

VII Подведение тока

51 проводник
52 проводка
53 линия дальней передачи
54 опора
55 изоляция
56 фаза

VIII Распределение энергии

57 сеть, распределительная электросеть
58 районная сеть
59 местная сеть, городская сеть
60 комбинированная сеть
61 расход тока
62 пиковая нагрузка
63 минимальная нагрузка
64 длительность пиковой нагрузки
65 нагрузка в ночное время

К таблице 114

1 сухая перегонка
2 склад для каменного угля
3 транспортное оборудование для доставки угля
4 дробилка
5 молотковая мельница
6 маятниковый элеватор с ковшами
7 горизонтальная камерная печь (коксовая печь)
8 наклонная камерная печь
9 генераторный газ, газ малой калорийности

10 der Steinkohlenteer	10 каменноугольная смола
11 der Schwefelwasserstoff	11 сероводород
12 das Schwefeleisen	12 сернистое железо
13 das Ammoniakwasser, Gaswasser	13 аммиачная вода
14 das Ammonsulfat (das schwefelsaure Ammoniak)	14 сернокислый аммоний
15 die Reinigermasse	15 очистная масса
16 die Lautamasse, Luxmasse	16 очистная масса «Лаута»
17 das Raseneisenerz	17 болотная железная руда
18 der Schwefel	18 сера
19 das Zyan	19 циан
20 das Benzol	20 бензол
21 das Waschöl	21 масло для промывания газа
22 das Naphthalinöl	22 нафталиновое масло
23 das Gas	23 газ
24 das Rohgas	24 сырой газ
25 das Heizgas	25 газ
26 das Leuchtgas	26 светильный газ
27 das Wassergas, Blaugas	27 водяной газ
28 das Hochdruckgas	28 газ высокого давления
29 der Trockengasbehälter	29 газгольдер
30 der Scheibengasbehälter	30 сухой поршневой газгольдер

Zu Tafel 115 u. 116 — К таблицам 115 и 116

I Allgemeines — I Общее

1 der Erzbergbau — 1 разработка, добыча руды
2 das Hüttenwesen — 2 металлургическое дело
3 die Hüttenindustrie — 3 металлургическая промышленность, металлургия
4 das Hüttenkombinat — 4 металлургический комбинат
5 die Metallurgie — 5 металлургия
6 die Roheisenerzeugung — 6 производство чугуна
7 das Gießereiroheisen — 7 литейный чугун
8 das Stahleisen — 8 передельный чугун
9 das Thomasroheisen — 9 томасовский чугун
10 das Bessemerroheisen — 10 бессемеровский чугун
11 das Spiegeleisen — 11 зеркальный чугун, шпигель
12 das Ferromangan — 12 ферромарганец
13 das Hüttenwerk, Eisenhüttenwerk — 13 металлургический завод
14 die Grundstoffindustrie — 14 основная промышленность
15 die Schwerindustrie — 15 тяжёлая промышленность

II Das Erz, Eisenerz — II Руда, железная руда, железняк

16 der Rohstoff — 16 сырьё
17 das Metallerz — 17 металлическая руда
18 das Magneteisenerz — 18 магнитный железняк, магнетит
19 das Roteisenerz — 19 красный железняк, гематит
20 das Brauneisenerz — 20 бурая железная руда
21 das Spateisenerz — 21 шпатовый железняк, сидерит
22 das Raseneisenerz — 22 болотная железная руда
23 das Doggererz — 23 бурый железняк
24 das Mangan — 24 марганец
25 die Kieselsäure — 25 кремнёвая кислота
26 die Tonerde — 26 глинозём
27 der Kalk — 27 известь
28 der Sauerstoff — 28 кислород
29 der Kohlenstoff — 29 углерод

30	der Phosphor	30	фосфор
31	der Schwefel	31	сера
32	das Silizium	32	кремний
33	das saure Erz	33	кислая руда
34	das basische Erz	34	основная руда
35	das reine Eisen	35	чистое железо
36	das technisch verwendbare Eisen	36	технически применимое железо

III Die Erzvorbereitung und die Erzaufbereitung

III Подготовка и обогащение руды

37	absieben	37	отсеивать
38	mischen	38	смешивать
39	sintern	39	спекаться, шлаковаться
40	agglomerieren	40	агломерировать
41	die Sinteranlage	41	устройство для агломерации
42	abrösten	42	обжигать

IV Die Eisenerzverhüttung

IV Металлургическая переработка железных руд

43	verhütten	43	перерабатывать руду, выплавлять
44	anblasen	44	задуть печь
45	dämpfen (zeitweise außer Betrieb setzen)	45	остановить печь, закрыть печь
46	stillsetzen, ausblasen	46	остановить
47	der Panzermantelofen	47	доменная печь с бронированным кожухом
48	der Elektrohochofen	48	электрическая доменная печь
49	der Niederschachtofen	49	низкая шахтная печь
50	die Begichtung	50	засыпка
51	der Steinkohlenkoks	51	каменноугольный кокс
52	der Braunkohlenkoks	52	буроугольный кокс
53	möllern	53	составлять шихту
54	der Kalkstein	54	известняк, известковый камень
55	die Durchsatzzeit	55	время пропуска
56	das Gichtgas	56	колошниковый газ
57	die Vorwärmzone	57	подогревательный пояс
58	die Verbrennungszone	58	окислительный пояс
59	die Reduktionszone	59	восстановительный пояс
60	die Schmelzzone	60	пояс плавления
61	der Rohgang (Verstopfung)	61	холодный (стылый) ход
62	schmelzen	62	плавить
63	die Kühlanlage	63	холодильное устройство
64	die Wasserkühlung	64	водяное охлаждение
65	die Abwärme	65	отходящее тепло
66	die Gaswaschanlage	66	газоочистительное устройство
67	der Gichtstaub	67	колошниковая пыль
68	einblasen	68	вдувать
69	die Gebläsemaschine	69	воздуходувка
70	der Turbokompressor	70	турбокомпрессор
71	das Gebläsehaus	71	помещение для воздуходувок
72	auf Gas gehen	72	поддуваться газом
73	auf Wind gehen	73	поддуваться воздухом
74	der Heißwind	74	горячее дутье
75	aufheizen	75	растапливать
76	der Winddruck	76	давление дутья
77	die Windtemperatur	77	температура дутья
78	abstechen	78	выпускать
79	ausbringen	79	выпускать
80	erblasen	80	продувать
81	das Nebenprodukt	81	побочный продукт

82 die Schlacke
83 das Schlackenabstichloch
84 der Schlackenwagen
85 die Hochofensau (Ansatz im Hochofen)
86 das weiße Roheisen
87 der Roheisenmischer

82 шлак
83 шлаковыпускное очко, шлаковая лётка
84 шлаковая тележка
85 «козёл» в домеиной печи
86 белый чугун
87 миксер для чугуна

Zu Tafel 117

I Allgemeines

1 der Grauguß
2 der Hartguß
3 der Stahlguß
4 der Chrom-Nickel-Stahlguß
5 der Manganstahlguß
6 der Temperguß
7 das Tempern
8 der Schwermetallguß
9 das Gußmessing
10 die Gußbronze
11 der Rotguß
12 legieren
13 die Legierung
14 das Kupfer
15 das Zink
16 das Zinn
17 das Blei
18 der Leichtmetallguß
19 der Aluminiumguß
20 der Elektronguß
21 der Kokillenguß
22 der Schleuderguß
23 der Druckguß
24 der Maschinenguß
25 der Kunstguß
26 der Trommelofen
27 der Tiegelofen
28 der Flammofen
29 der Herdofen
30 der Wannenofen
31 der Holzmodellbau
32 der Metallmodellbau
33 die Sandaufbereitung
34 der Kollergang

II Die Form

35 die Modellform
36 die Schablonenform
37 die Kastenform
38 die Grubenform
39 die Herdform
40 die Lehmform
41 die Naßgußform

К таблице 117

I Общее

1 серый чугун
2 отбелённый чугун
3 стальное литьё
4 литьё из хромникелевой стали
5 литьё из марганцевой стали
6 ковкий чугун
7 отжиг
8 литьё из тяжёлого металла
9 литая латунь
10 литая бронза
11 красное литьё
12 оплавлять, легировать
13 сплав
14 медь
15 цинк
16 олово
17 свинец
18 литьё из лёгкого металла
19 алюминиевое литьё
20 электронное литьё
21 кокильное литьё
22 центробежное литьё
23 литьё под давлением
24 машинное литьё
25 художественное литьё
26 барабанная печь
27 тигельная печь
28 пламенная печь
29 горн, подовая плавильная печь
30 ванная печь
31 изготовление деревянных моделей
32 изготовление металлических моделей
33 подготовка формовочного песка
34 бегуны

II Форма, модель

35 форма модели
36 шаблонная форма
37 опоковая форма, форма в опоках
38 форма в ямах
39 почвенная форма, песочная форма
40 форма в глине
41 сырая литейная форма

42 die Trockengußform

43 die Handformerei
44 die Maschinenformerei
45 die Formmaschine
46 die Modellplatte
47 die Gipsformerei
48 formen
49 stampfen
50 schablonieren

III Das Gießen

51 der Guß
52 der Abguß
53 die Gießpfanne
54 die Kipppfanne
55 die Stopfenpfanne

Zu Tafel 118

1 der Industriebetrieb, das Werk, die Fabrik
2 der volkseigene Betrieb
3 der Werkleiter
4 der technische Leiter

5 der Stahlwerker
6 der Kernschrott
7 die Charge
8 das Generatorgas
9 der Unterofen
10 der Gaskanal
11 die Gaskammer

12 der Oberofen
13 der Ofenkopf

14 frischen
15 raffinieren, veredeln
16 das Schnellschmelzen
17 das saure Verfahren, Bessemerverfahren
18 der Bessemerstahl
19 das basische Verfahren, Thomasverfahren, Windfrischen, Windfrischverfahren
20 aufdrehen (Birne aufrichten)
21 vorfrischen
22 blasen
23 der Thomasstahl
24 abschlacken
25 die Schlackenmühle
26 das Thomasmehl
27 der Tiegelofen
28 der Tiegelstahl

29 der Stahl (ohne Nachbehandlung schmiedbares Eisen)

30 der Rohstahl
31 der Elektrostahl
32 der Gußstahl
33 der Baustahl

42 сухая литейная форма, отливка всухую
43 цех ручной формовки
44 цех машинной формовки
45 формовочный станок
46 модельная доска
47 гипсовая формовка
48 формовать
49 утрамбовывать
50 формовать по шаблону

III Литьё

51 литьё
52 отливка
53 литейный ковш
54 опрокидной ковш
55 разливочный ковш со стопором

К таблице 118

1 завод, фабрика
2 народное предприятие
3 директор завода
4 технический руководитель, технорук
5 сталевар
6 высококачественный скрап
7 шихта, загрузка
8 генераторный газ
9 рабочее пространство печи
10 газовый канал, газопровод
11 газовая (регенеративная) камера
12 верхняя часть печи
13 головка печи

14 фришевать
15 рафинировать
16 скоростное плавление
17 бессемеровский процесс

18 бессемеровская сталь
19 томасовский процесс, продувка в конверторе

20 поднять реторту
21 отбеливать
22 дуть
23 томасовская сталь
24 удалять шлак
25 шлаковая мельница
26 томасовская мука
27 тигельная печь
28 тигельная сталь

29 сталь (ковкое железо, не подвергающееся последующей обработке)

30 сырцовая сталь
31 электросталь
32 литая сталь
33 строительная сталь

34 der Werkzeugstahl	34 инструментальная сталь
35 der Federstahl	35 пружинная, рессорная сталь
36 der Ventilstahl	36 клапанная сталь
37 der Vergütungsstahl	37 сталь для улучшения, закаливаемая сталь
38 der Einsatzstahl	38 сталь для цементации
39 der legierte Stahl	39 легированная сталь
40 der Spezialstahl, Sonderstahl	40 специальная сталь
41 der Edelstahl	41 высококачественная сталь
42 der nichtrostende Stahl	42 нержавеющая сталь

Zu Tafel 119 / К таблице 119

I Walzwerke / I Прокатные цехи

1 das Warmwalzwerk	1 стан для горячей прокатки
2 das Kaltwalzwerk	2 стан для холодной прокатки
3 das Buntmetallwalzwerk	3 стан для прокатки цветных металлов
4 das Blechwalzwerk	4 стан для прокатки листа
5 das Rohrwalzwerk	5 трубопрокатный стан
6 das Pilgerschrittwalzwerk	6 пильгерстан
7 das Schrägwalzwerk	7 стан косой вальцовки
8 das Radreifenwalzwerk	8 колёсопрокатный стан
9 das Breitbandwalzwerk	9 прокатный завод для широкошинной стали
10 das Stabwalzwerk	10 заготовочный стан для сортового железа
11 das Drahtwalzwerk	11 проволочнопрокатный стан

II Das Walzen / II Прокатка

12 der Tiefofen	12 нагревательный колодец
13 der Stoßofen	13 саморазгружающаяся печь
14 der Durchgang, Stich	14 выпускание
15 der Abstrichmeißel	15 снимающее зубило
16 walzen	16 прокатывать, вальцевать
17 das Walzplattieren	17 покрывание тонким слоем металла
18 das Kaliber	18 ручей, калибр
19 die Kalibrierung	19 калибровка
20 die Führung	20 управление, проводка
21 die Umführung	21 обвод (катанки)
22 die Warmsäge	22 пила для горячей резки
23 die Richtmaschine	23 правильный станок
24 die Walzendrehere	24 вальцетокарный цех

III Walzwerkerzeugnisse / III Изделия прокатного завода

25 das Halbfabrikat	25 полупродукт
26 die Bramme	26 сляб
27 das Breitband	27 широкая лента
28 die Platine	28 плоская болванка
29 das Vorprofil	29 предварительный профиль
30 das Fertigfabrikat	30 готовое изделие
31 der Profilstahl	31 профильная сталь
32 der Z-Stahl	32 Z-образная сталь
33 der Belagstahl	33 сталь для обкладки, настила
34 der Dreikantstahl	34 трёхгранная сталь
35 das Blech	35 листовой металл, жесть
36 das Rohr	36 труба
37 der Radreifen	37 колёсная шина

Zu Tafel 120

1 der Preßdruck
2 das Gesenkschmieden
3 die Warmbehandlung
4 das Gesenkwarmpreßverfahren
5 die Schmiedemaschine
6 die Stauchmaschine
7 die Vertikalschmiedepresse

8 die Revolverpresse

Zu Tafeln 121-123

I Berufe

1 der Handwerker
2 die Berufsschule

3 der Schlosser
4 der Bauschlosser
5 der Stahlbauschlosser
6 der Maschinenschlosser
7 der Werkzeugschlosser
8 der Betriebsschlosser
9 der Motorenschlosser

10 der Kraftfahrzeugschlosser, Autoschlosser
11 der Kunstschlosser
12 der Mechaniker
13 der Feinmechaniker
14 der Schmied
15 der Kesselschmied
16 der Kunstschmied
17 der Goldschmied
18 der Silberschmied

19 der Kupferschmied
20 der Hufschmied

21 der Nagelschmied
22 der Messerschmied

II Die Schweißtechnik

23 der Schweißer
24 das Brennschneiden
25-27 das Schmelzschweißen
25 das Gasschmelzschweißen
26 das Lichtbogenschweißen
27 das Thermitschmelzschweißen
28-34 das Preßschweißen
28 das Feuerschweißen, Hammerschweißen
29 das elektrische Widerstandsschweißen
30 das Stumpfschweißen
31 das Abbrennschweißen
32 das Punktschweißen
33 das Nahtschweißen
34 das Thermitpreßschweißen

К таблице 120

1 прессование
2 обработка молотом
3 горячая обработка
4 процесс горячей штамповки
5 кузнечная машина
6 осадочная машина
7 вертикальный ковочный пресс
8 револьверный пресс

К таблицам 121-123

I Профессии

1 ремесленник
2 профессиональная школа

3 слесарь
4 строительный слесарь
5 сталестроительный слесарь
6 слесарь по ремонту машин
7 инструментальщик
8 заводский слесарь
9 слесарь по ремонту двигателей
10 автомобильный слесарь, автослесарь
11 слесарь-художник
12 механик
13 механик по точным работам
14 кузнец
15 котельщик
16 кузнец-художник
17 золотых дел мастер
18 кузнец по изготовлению предметов из серебра
19 медник
20 кузнец, подковывающий лошадей
21 гвоздарь
22 ножовщик

II Сварочная техника

23 сварщик
24 автогенная резка
25-27 сварка плавлением
25 газовая сварка
26 дуговая сварка
27 термитная сварка плавлением
28-34 сварка под давлением
28 кузнечная сварка

29 контактная электросварка

30 стыковая сварка
31 искровая сварка
32 точечная сварка
33 шовная сварка
34 термитная сварка под давлением

III Allgemeines zu Werkzeugmaschinen

35 die Zerspanung
36 die Schnellzerspanung
37 der Span
38 der Schnitt
39 die Schnittiefe
40 die Schnittgeschwindigkeit
41 die Umdrehungszahl, Drehzahl
42 der Vorschub
43-46 der Schneidstahl
43 der Kohlenstoffstahl
44 der Schnellschnittstahl
45 das Hartmetall
46 der Diamant

IV Das Drehen

47 zentrieren
48 drehen
49 die Dreherei
50 das Breitschlichten
51 das Kegeldrehen
52 das Formdrehen
53 das Rändeln
54 das Kordeln
55 das Feinstdrehen
56 das Schnelldrehen
57 die Vielstahldrehbank
58 die Hinterdrehbank
59 die Revolverdrehbank
60 die Sternrevolverdrehbank
61 die Automatendrehbank, der Automat
62 die Kopfdrehbank, Plandrehbank
63 die Karusselldrehbank

V Das Fräsen

64 fräsen
65 die Fräserei
66 das Schnellfräsen
67 das Gegenlauffräsen
68 das Gleichlauffräsen
69 der Walzenfräser
70 der Walzenstirnfräser
71 der Scheibenfräser
72 der Winkelfräser
73 die Senkrechtfräsmaschine
74 die Universalfräsmaschine
75 die Kopierfräsmaschine
76 die Zahnradfräsmaschine

VI Das Hobeln

77 hobeln
78 die Stoßmaschine
79 die Räummaschine
80 das Schnellhobeln

III Общие понятия относящиеся к станкам

35 резание
36 быстрое резание
37 стружка
38 резание, разрез, сечение
39 глубина резания
40 скорость резания
41 число оборотов
42 подача
43-46 резец
43 углеродистая сталь
44 быстрорежущая сталь
45 твёрдый сплав
46 алмаз

IV Точение

47 центрировать
48 точить
49 токарный цех
50 шлихтование
51 коническая обточка
52 фасонная обточка
53 накатка
54 производить накатку
55 точное точение
56 скоростное точение
57 многорезцовый станок
58 затыловочный станок
59 револьверный станок
60 револьверный станок с вертикальной осью револьверной головки
61 автомат
62 лобовой токарный станок
63 карусельный станок

V Фрезерование

64 фрезеровать
65 фрезерный цех
66 скоростное фрезерование
67 фрезерование против подачи
68 фрезерование по подаче
69 цилиндрическая фреза
70 цилиндрическая торцовая фреза
71 дисковая фреза
72 угловая фреза
73 вертикально-фрезерный станок
74 универсально-фрезерный станок
75 копировально-фрезерный станок
76 зубофрезерный станок

VI Строгание

77 строгать
78 долбёжный станок
79 протяжной станок
80 скоростное строгание

VII Das Bohren

81 bohren
82 das Feinstbohren
83 das Schnellbohren
84 der Spitzbohrer
85 der Spiralbohrer, Wendelbohrer
86 der Zentrierbohrer
87 die Bohrstange
88 der Kanonenbohrer
89 die Handbohrmaschine
90 die Tischbohrmaschine

91 die Ständerbohrmaschine

92 der Gewindebohrer

VIII Das Schleifen

93 schleifen
94 das Rundschleifen, Außenschleifen
95 das Innenschleifen
96 das Flächenschleifen, Planschleifen
97 die Schleifmaschine
98 die Rundschleifmaschine

99 die Flächenschleifmaschine

100 die Honmaschine
101 die Läppmaschine
102 die Schleifscheibe

IX Das Sägen

103 sägen
104 die Kreissäge

105 die Kaltsäge, Bogensäge

106 die Warmsäge

107 die Schnelltrennsäge
108 das Sägeblatt
109 schränken

Zu Tafel 124

1 das Linksgewinde
2 das Rechtsgewinde
3 das Befestigungsgewinde
4 das Spitzgewinde

5 das Withworthgewinde
6 das metrische Gewinde
7 das Gasrohrgewinde
8 das Bewegungsgewinde

9 das Flachgewinde
10 das Trapezgewinde
11 das Sägegewinde

12 das Rundgewinde
13 das Ritzel
14 die Schnecke

VII Сверление

81 сверлить
82 точное сверление
83 скоростное сверление
84 перовое сверло, пёрка
85 спиральное сверло
86 центровое сверло
87 расточная штанга
88 пушечное сверло
89 ручной сверлильный станок
90 настольный сверлильный станок
91 сверлильный станок на стойке
92 метчик

VIII Шлифование

93 шлифовать
94 круглое шлифование
95 внутреннее шлифование
96 плоское шлифование

97 шлифовальный станок
98 круглошлифовальный станок
99 плоскошлифовальный станок
100 хонинговальный станок
101 притирочный станок
102 шлифовальный круг

IX Распиловка

103 пилить
104 дисковая пила, круглая пила
105 пила для холодной распиловки, лучковая пила
106 пила для горячей распиловки
107 быстрорежущая пила
108 полотнище пилы
109 разводить

К таблице 124

1 левая резьба
2 правая резьба
3 крепёжная резьба
4 остроугольная резьба, треугольная резьба
5 резьба Витворта
6 метрическая резьба
7 резьба газовой трубы
8 резьба передающая движение или усилие
9 прямоугольная резьба
10 трапецеидальная резьба
11 пилообразная, упорная резьба
12 круглая резьба
13 шестерня
14 червяк

15 das Schneckenrad	15 червячное колесо
16 das Schraubenrad	16 винтовое колесо
17 das Reibrad	17 фрикционное колесо
18 das Kettenrad	18 цепное колесо
19 die Riemenscheibe	19 ремённый шкив
20 das Seil	20 канат
21 die Kette	21 цепь
22 der Konus	22 конус
23 konisch	23 конический
24 der Nocken	24 кулак
25 die Kupplung	25 муфта, сцепление
26 die Scheibenkupplung	26 дисковая муфта
27 die Klauenkupplung	27 кулачковая муфта, зубчатая муфта
28 die Reibungskupplung	28 фрикционная муфта
29 die Lamellenkupplung	29 пластинчатая муфта

Zu Tafel 125   **К таблице 125**

1 der Bruch	1 излом, разрыв
2 der Dauerbruch	2 ломка, повторяющаяся в одном и том же месте, излом
3 der Gewaltbruch	3 ломка от внезапно приложенного усилия
4 die Dehnung	4 удлинение
5 die Bruchdehnung	5 относительное удлинение при разрыве
6 die Einschnürung	6 сужение
7 der Faserlauf	7 ход волокна
8 die Festigkeit	8 прочность
9 die Biegefestigkeit	9 прочность на изгиб, сопротивление изгибу
10 die Dauerstandfestigkeit	10 предел усталости при статической нагрузке
11 die Druckfestigkeit	11 предел прочности на сжатие
12 die Kerbschlagbiegefestigkeit	12 предел прочности на изгиб надрубленного образца
13 die Scherfestigkeit	13 временное сопротивление срезу
14 die Schlagbiegefestigkeit	14 сопротивление на изгиб от удара
15 die Schlagzugfestigkeit	15 сопротивление на растяжение от удара
16 die Verdrehfestigkeit	16 сопротивление на кручение
17 die Verschleißfestigkeit	17 сопротивление на износ
18 die Zugfestigkeit	18 сопротивление на растяжение
19 die Elastizitätsgrenze	19 предел упругости
20 die Quetschgrenze	20 предел текучести
21 die Streckgrenze	21 предел текучести, пластичности
22 die Härte	22 твёрдость
23 die Ritzhärte	23 твёрдость царапанья
24 der Kerb	24 надрез, запил, прорез
25 die Kerbfähigkeit	25 способность запила
26 die Kristallstruktur	26 кристаллическая структура
27 die Legierung	27 сплав
28 die elektrische Leitfähigkeit	28 электрическая проводимость
29 die Aufdornprobe	29 испытание на раздачу
30 die Aufweitprobe	30 испытание на осадку
31 die Faltprobe	31 испытание на изгиб
32 die Funkenprobe	32 испытание на искру
33 die Klangprobe	33 испытание на звук

34 die Lochprobe	34 испытание на пробивание дыры
35 die Ölkochprobe	35 испытание варкой в масле
36 die Prüfung	36 испытание
37 die Magnetprüfung	37 испытание на магнетизм
38 der Röntgenfilm	38 рентгеновская плёнка
39 die Röntgenfilmkassette	39 кассета для рентгеновской плёнки
40 der Röntgenstrahlenschutz	40 защита против рентгеновских лучей

Zu Tafel 126 — К таблице 126

1 die Werft	1 верфь
2 die Vorbauwerft	2 часть верфи, где изготовляются отдельные элементы судна
3 der Schiffstyp	3 тип судна
4 der Serienbau	4 серийное производство
5 der Einzelbau	5 одиночное строительство
6 der Sektionsbau	6 секционное строительство
7 auf Kiel legen	7 закладка судна на стапеле
8 die Taktstraße	8 поточная линия
9 der Zusammenbau	9 монтаж, сборка
10 der Schutzanstrich	10 защитная окраска
11 die Markierung für den Tiefgang	11 линия погружения
12 der Schiffsbaumeister	12 кораблестроитель
13 der Konstrukteur	13 конструктор
14 der Ingenieur	14 инженер
15 der Techniker	15 техник
16 der Spezialist	16 специалист
17 die Werkhalle	17 эллинг
18 die Schiffsbauhalle	18 корабельный эллинг
19 die Montagehalle	19 сборочный цех
20 die Anzeichnerei, der Schnürboden	20 разметочное отделение, разбивочный плаз
21 die Maschinenbearbeitung	21 машинная обработка
22 die Blechverformung	22 деформация листов жести
23 die Rohrlegerei	23 мастерская для укладки труб
24 die Taklerei	24 такелажная мастерская
25 das Nieten, die Nietung	25 клепание, клёпка
26 der Preßlufthammer	26 пневматический молоток
27 der Preßluftmeißel	27 пневматическое зубило
28 das Verstemmen	28 чеканка
29 das Schweißen, die Schweißung	29 сварка
30 die Vollschweißung	30 полная сварка
31 das Heftschweißen	31 сварка с прихватками
32 die Ausrüstung	32 снаряжение судна
33 die Aufbauten	33 надстройки
34 einbauen	34 устанавливать
35 die Schiffstaufe	35 спуск судна
36 die Probefahrt, Jungfernfahrt	36 ходовое испытание, пробное плавание
37 die Aufschleppe (zum Anlandziehen des Schiffes)	37 слип (для вытаскивания судна на берег)
38 das Trockendock	38 сухой док
39 der Dockarbeiter, Docker	39 рабочий на доке, докер

Zu Tafel 127

1 baggern
2 aufbereiten
3 stapeln
4 trocknen
5 sumpfen

6 schlämmen
7 homogenisieren (fette und magere Tonteilchen vermischen)

8 magern
9 das Magerungsmittel
10 die Schamotte
11 das Ziegelmehl
12 der Kollergang
13 mauken (lagern)

14 formen (der Handstrich)
15 die Formgebung
16 das Schnelltrocknen
17 schwinden

18 der Kanalofen
19 der Tunnelofen
20 der Brennwagen
21 beschicken
22 schmauchen (vorwärmen)
23 brennen
24 der Brand, Abbrand
25 das Schnellbrennen
26 der Brenner
27 der Schwachbrand
28 der Mittelbrand
29 der Hartbrand
30 glasieren

31 dämpfen (grau, blau, silbern machen)
32 teeren
33 feuerfest

34 der Mauerziegel, Backstein, Mauerstein, Ziegel
35 der Vollziegel
36 der Hartbrandziegel
37 der Klinker
38 der Eisenklinker
39 der Schamottestein
40 der Formstein
41 der poröse Ziegel
42 der Hohlziegel, Lochziegel
43 der Dachziegel
44 der Biberschwanz, Flachziegel
45 der Bogenziegel
46 der Hohlziegel (Grat- od. Forstziegel)

47 die Hohlpfanne (holländische Pfanne)
48 der Krempziegel

49 der Mönch und die Nonne
50 der Falzziegel

К таблице 127

1 производить работы землечерпалкой
2 приготовлять
3 складывать в штабели
4 сушить
5 осушать болото, откачивать воду
6 промывать
7 гомогенизировать (смешивать жирные части глины с тощими)
8 обезжиривать
9 обезжиривающее средство
10 шамот
11 кирпичная мука
12 бегуны
13 складывать, укладывать

14 формовать (ручная формовка)
15 формовка
16 быстрая сушка
17 усыхать

18 канальная печь
19 туннельная печь
20 тележка для насадки
21 загружать
22 выпаривать
23 обжигать
24 обжиг
25 быстрое обжигание
26 обжигала, обжигальщик
27 слабый обжиг
28 средний обжиг
29 высокий обжиг
30 глазировать, покрывать глазурью
31 глазировать паром (делать серым, синим, серебристым)
32 смолить
33 огнеупорный

34 красный кирпич, обожжённый кирпич, кирпич
35 сплошной кирпич
36 железняк
37 клинкер
38 железный клинкер
39 шамотный камень
40 фасонный камень
41 пористый кирпич
42 пустотелый кирпич
43 кровельная черепица
44 плоская черепица
45 фасонный кирпич
46 пустотелый кирпич (желобчатая или коньковая черепица)

47 голландская черепица

48 марсельская шпунтовая черепица
49 желобчатая черепица
50 шпунтовая черепица

Zu Tafel 128

I Allgemeines

1 die Bauwirtschaft
2 die Bauindustrie

3 das Baugewerbe
4 das Bauhandwerk
5 der Baustil
6 die Architektur
7 das Projektierungsbüro
8 das Bauwerk
9 der Städtebau
10 der Wohnungsbau, Hausbau

11 der Wohnblock
12 das Hochhaus
13 der Hochbau
14 der Tiefbau

15 bauen
16 erbauen
17 der Bauarbeiter
18 die Maurerbrigade
19 der Maurerlehrling
20 der Neuerer
21 der Aktivist
22 der Brigadier
23 der Lohn
24 der Leistungslohn
25 der Zeitlohn
26 der Lohnsteuer
27 der Reallohn
28 das Gehalt
29 die Lehrbaustelle
30 der Lehrpolier

31 der Mauerverband
32 der Schornsteinmaurer, Schornsteinbauer
33 der Steinmetz
34 der Isolierer
35 der Facharbeiter, gelernte Arbeiter, Spezialarbeiter
36 der Meister
37 der Gehilfe
38 der Lehrling
39 der Hilfsarbeiter

40 der ungelernte Arbeiter

41 der Schichtarbeiter, Schichter
42 der Leistungslöhner
43 der Zeitlöhner
44 die technische Intelligenz
45 die Belegschaft
46 der Bautechniker
47 der Bauingenieur
48 der Diplomingenieur
49 das Richtfest

II Die Baustoffe, das Baumaterial

50 der Holzbau
51 der Lehmbau

К таблице 128

I Общее

1 строительное хозяйство
2 строительная промышленность

3 строительный промысел
4 строительное ремесло
5 архитектурный стиль
6 архитектура
7 проектная контора
8 архитектурное сооружение
9 градостроительство
10 жилищное строительство, постройка домов

11 группа зданий, квартал
12 высотный дом
13 надземное строительство
14 подземное строительство

15 строить
16 возводить здание
17 строительный рабочий
18 бригада каменщиков
19 ученик-каменщик
20 новатор
21 активист
22 бригадир
23 заработная плата, зарплата
24 сдельная оплата труда
25 повременная оплата труда
26 налог на заработную плату
27 реальная заработная плата
28 оклад
29 опытное строительство
30 десятник, обучающий учеников

31 перевязка каменной кладки
32 каменщик, кладущий дымоходы
33 каменотёс
34 изолировщик
35 квалифицированный рабочий

36 мастер
37 помощник
38 ученик
39 подсобный рабочий, разнорабочий

40 неквалифицированный рабочий

41 сменщик
42 сдельщик
43 повременщик
44 техническая интеллигенция
45 коллектив рабочих
46 строительный техник
47 строительный инженер
48 дипломированный инженер
49 праздник строителей по случаю окончания строительства дома

II Строительные материалы

50 деревянная постройка
51 глиняная постройка

52 der Steinbau	52 каменная постройка
53 der Ziegelstein	53 кирпич
54 der Läufer (Längsstein)	54 ложок
55 der Binder (Querstein)	55 тычок
56 der Naturstein	56 природный камень
57 der Quader	57 тесовый камень
58 der Betonbau	58 бетонная постройка
59 der Stahlbeton	59 сталебетон
60 der Stahlträger	60 стальная балка
61 die Verschalung	61 обшивка досками, опалубка
62 der Stahlbau	62 стальная конструкция
63 der Fachwerkbau	63 каркасное сооружение
64 der Rohbau	64 неоштукатуренное здание
65 das Bindemittel	65 связывающее вещество
66 die Mischmaschine	66 мешалка
67 das Förderband	67 конвейер
68 der Schnellbauaufzug	68 быстроходный строительный подъёмник
69 abbinden	69 схватывать
70 erhärten	70 затвердеть

III Das Putzen

III Штукатурка

71 der Putz, Bewurf	71 штукатурка
72 der Außenputz	72 наружная штукатурка
73 der Innenputz	73 внутренняя штукатурка
74 der Oberputz	74 накрывка
75 der Unterputz	75 грунт
76 der Edelputz	76 готовая окрашенная сухая штукатурка
77 verputzen	77 затирать
78 der Putzer	78 штукатур
79 der Annetzer	79 кисть каменщика
80 die Putzkelle	80 штукатурная лопатка
81 die Kartatsche	81 длинная рейка, правило
82 das Reibebrett	82 тёрка
83 das Aufziehbrett	83 сокол
84 der Putzhaken	84 крючок
85 der Mörtelkasten	85 творило
86 der Putzmörtel	86 штукатурный раствор
87 antragen	87 набрасывать, накладывать
88 filzen	88 затирать войлочной тёркой
89 abreiben	89 стирать
90 glätten	90 выглаживать
91 die Glättkelle	91 кельма, гладилка
92 fugen	92 фуговать
93 die Fugkelle	93 расшивка
94 die Erdarbeiten	94 земляные работы
95 pflastern	95 мостить
96 das Ziegelpflaster	96 клинкерная мостовая
97 der Pflasterer	97 мостовщик
98 der Fliesenleger	98 кладчик керамических плиток
99 der Steinholzleger	99 кладчик ксилолита

Zu Tafel 129

К таблице 129

I Der Zimmerer

I Плотник

1 das Bauholz	1 строевой лес
2 abbinden	2 связывать
3 stemmen	3 выдалбливать, чеканить
4 bohren	4 сверлить
5 sägen, schneiden	5 пилить, резать
6 nageln	6 вбивать гвозди

7	der Nagel, Drahtstift	7	гвоздь, штифтик
8	blatten	8	соединять замками
9	schlitzen	9	прорезать щель
10	der Zapfen	10	шип
11	der Schlitz	11	щель
12	die Schere	12	пространство между камнями
13	der Holznagel	13	деревянный нагель
14	verdübeln, verdobeln	14	забивать дюбели
15	falzen	15	фальцевать
16	spunten, nuten	16	шпунтовать, делать пазы
17	verkeilen	17	заклинивать
18	verkämmen	18	соединять в гребень
19	schiften	19	соединять балки гвоздями
20	die Schiftung	20	соединение балок гвоздями
21	die Lasche	21	накладка
22	die Knagge	22	короткая деревянная консоль
23	der Versatz	23	закладка
24	der Längsbalken	24	продольное бревно
25	der Querbalken	25	перекладина
26	der Balkenkopf	26	головная часть балки, лежащая на опоре
27	das Hirnholz	27	древесина с торцовой поверхностью, торцовое бревно
28	fluchten, einfluchten	28	устанавливать по прямой линии
29	der Balkenanker	29	анкерная связь балок
30	die Krampe	30	скоба-пробой
31	verschalen	31	обшивать, опалубить
32	latten, einlatten	32	опалубить

II Der Dachdecker — II Кровельщик

33	decken	33	покрывать
34	das Strohdach	34	соломенная крыша
35	das Schilfdach, Reetdach	35	крыша из камыша
36	das Pappdach	36	толевая крыша
37	die Schalung	37	дощатая обшивка
38	die Dachpappe	38	кровельный толь
39	der Pappennagel	39	кровельный гвоздь
40	die Klebemasse	40	клеющее вещество
41	die Anstrichmasse	41	вещество для окраски
42	der Steinkohlenteer	42	каменноугольная смола
43	der Braunkohlenteer	43	буроугольная смола
44	das Bitumen	44	битум
45	der Teerofen	45	смолокуренная печь
46	der Teerkessel	46	смолокуренный котёл
47	der Teereimer	47	ведро для дёгтя
48	der Teerschöpfer	48	черпак для дёгтя
49	die Teerbürste	49	щётка для дёгтя
50	das Schindeldach	50	гонтовая крыша
51	die Schindel	51	гонт, дранка
52	das Ziegeldach	52	черепичная крыша
53	das Handbrett	53	ручная доска
54	die Verstreichkelle	54	гладилка
55	das Lattbeil	55	топор
56	der Lattknecht	56	соединительное приспособление
57	der Ziegelhammer	57	молоток для кирпичей
58	das Schieferdach	58	шиферная кровля
59	der Schiefernagel	59	гвоздь для шифера
60	gattieren (sortieren)	60	шихтовать

61 der Schieferhammer
62 die Haubank
63 das Haueisen
64 die Schieferschere
65 der Dachbock

66 das Metalldach
67 das Wellblech

Zu Tafel 130

I Berufe

1 der Dekorationsmaler
2 der Schriftmaler
3 der Lackierer
4 der Dekorateur
5 der Polsterer
6 der Rahmenglaser

II Der Maler

7 abwaschen
8 abstoßen
9 vergipsen
10 streichen, einstreichen
11 spritzen
12 absetzen
13 schnüren
14 bemalen
15 schablonieren
16 walzen
17 abbeizen
18 grundieren
19 spachteln
20 schleifen
21 vorstreichen
22 lackieren
23 lasieren

24 die Leimfarbe
25 die Kalkfarbe
26 die Ölfarbe
27 der Lack
28 die Lackfarbe
29 die Grundfarbe
30 die Rostschutzfarbe

III Der Tapezierer

31 abweichen
32 vorleimen
33 zuschneiden
34 beschneiden
35 tapezieren, anlegen
36 kleben
37 bespannen

IV Der Glaser

38 das Fensterglas
39 kitten, einkitten
40 einziehen

---

61 молоток для шифера
62 врубовая скамейка
63 врубовой молот
64 ножницы для шифера
65 коньковый брус

66 металлическая крыша
67 волнистое железо

К таблице 130

I Профессии

1 художник-декоратор
2 маляр, специалист по шрифтам
3 лакировщик
4 декоратор
5 обойщик
6 стекольщик

II Маляр

7 промывать
8 перетирать
9 заливать гипсом
10 красить, мазать
11 опрыскивать
12 останавливать
13 отбивать линию шнуром
14 раскрашивать
15 работать по шаблону
16 прокатывать
17 вытравливать
18 грунтовать
19 шпаклевать
20 притирать
21 предварительно красить
22 лакировать
23 лессировать

24 клеевая краска
25 известковая краска
26 масляная краска
27 лак
28 лаковая краска
29 грунтовая краска
30 краска для предохранения от ржавчины

III Обойщик

31 отмачивать
32 подготовительно склепвать
33 кроить
34 обрезать
35 оклеивать обоями
36 клеить
37 обтягивать

IV Стекольщик

38 оконное стекло
39 замазывать замазкой
40 вставлять

Zu Tafel 131

I Der Klempner

1 das Zinkblech
2 das Stahlblech
3 das Messingblech
4 das Kupferblech
5 das Bleiblech
6 das Leichtmetallblech

7 der Schweifstock
8 der Sickenstock

9 der Sickenhammer
10 der Kornsickenhammer
11 der Tellerhammer
12 der Treibhammer
13 der Schlichthammer
14 der Kugelhammer
15 der Ziselierhammer

16 die Durchgangsschere
17 die Nashornschere

18 die Figurenschere

19 der Löffelschaber
20 der Zinkreißer

21 das Schaleisen
22 die Deckzange
23 der Nietanzieher

24 der Kopfmacher

25 der Kolbenhalter
26 das Rinneisen
27 die Rinneisenschnur

28 das Bandeisen
29 die Windfeder

30 der Hauerboden

31 der Vorsprung

II Der Installateur

32 die Installation
33 der Gasinstallateur

34 der Wasserinstallateur
35 der Gasmonteur
36 der Rohrnetzmonteur

37 der Heizungsmonteur

38 die Feldschmiede
39 der Füllsand
40 das Kolophonium

41 das Bleirohr
42 das Stahlrohr

К таблице 131

I Жестянщик

1 листовой цинк
2 листовая сталь
3 листовая латунь
4 листовая медь
5 листовой свинец
6 листовой лёгкий металл

7 фигурный шток
8 загибной шток

9 зигмолоток
10 зерновой зигмолоток
11 тарельчатый молоток
12 колотушка
13 плоская обжимка
14 шаровой молоток
15 молоток для чеканки

16 проходные ножницы
17 ножницы для вырезывания отверстий
18 фигурные ножницы

19 желоночный шабер
20 инструмент для резания листовой цинковой жести
21 железо опалубки
22 заклёпочная обжимка
23 инструмент для подтягивания заклёпок
24 головная зенковка для заклёпок
25 держатель поршня
26 желобчатое железо
27 шнур для желобчатого железа
28 полосовое железо
29 доска, защищающая нижний ряд черепицы от срывания ветром
30 выпуклая жестяная шайба для прикрытия винтов
31 выступ

II Монтажник

32 монтаж, установка
33 монтажник-газопроводчик

34 монтажник-водопроводчик
35 газотехник
36 монтажник-трубопроводчик

37 монтажник отопительной сети

38 походная кузница
39 песок для заполнения
40 канифоль

41 свинцовая труба
42 стальная труба

43 das Gußrohr	43 чугунная труба
44 die Rohrschelle	44 хомут для подвески трубы
45 der Kettenrohrschneider	45 цепной трубopeз
46 der Schlauchhahn	46 кран для шлангов
47 der Dreiwegehahn	47 трёхходовой кран
48 der Absperrschieber	48 задвижка
49 der Flansch	49 фланец
50 der Druckregler	50 регулятор давления
51 der Durchlauferhitzer	51 проточный нагреватель
52 der Hahnstock	52 шток крана
53 das Küken	53 поворотная часть бочечного крана
54 der Kegel	54 конус
55 die Dichtung	55 прокладка
56 der Hanf	56 конопля
57 der Dichtungskitt	57 замазка для уплотнения
58 die Gummischeibe	58 резиновая шайба
59 der Konus	59 конус
60 die Drosselklappe	60 дроссельный клапан
61 der Schwimmer	61 поплавок
62 die Kelchzange	62 чашевидные клещи
63 die Eckschwedenzange	63 клещи для труб (для вращения или удерживания труб)
64 die Blitzzange	64 регулируемые клещи для труб
65 die Glocke	65 колокол
66 der Glockenring	66 колоколообразное кольцо
67 die Reinigungsfeder	67 очистительная пружина
68 der Gummistampfer	68 резиновая трамбовка
69 das Strickeisen	69 изогнутая чеканка для уплотнения или придерживания смоляной пеньковой пряди в трубах с раструбным стыком
70 der Verstemmer	70 чеканка
71 der Hanfstrick	71 пеньковый канат
72 der Teerstrick	72 смоляной канат
73 der Graustrick	73 серый канат
74 der Weißstrick	74 белый канат
75 die Vergußmasse	75 заливочная масса

Zu Tafel 132   К таблице 132

I Die Sägewerksindustrie   I Лесопильная промышленность

1 lagern	1 складывать
2 längen, ablängen	2 отпиливать, распиливать поперёк
3 der Stamm, Block	3 ствол
4 der Mittelblock	4 средняя часть ствола
5 der Zopf	5 верхний отруб
6 der Einschnitt	6 надрез
7 einspannen	7 зажимать
8 schneiden, sägen	8 пилить
9 das Nutzholz	9 деловая древесина, лесоматериалы
10 der Verschnitt	10 обрезки, отходы
11 die Schwarte	11 горбыль

12 die Sägespäne, das Sägemehl

13-17 das Brett
13 die Rinde, Borke
14 der Jahresring
15 der Markstrahl
16 der Splint, das Seitenholz
17 der Kern, das Mittelholz

II Die Furnierindustrie

18 die Furnierherstellung
19 dämpfen
20 messern
21 schälen
22 die Furnierschneidemaschine
23 das Messerfurnier
24 das Schälfurnier
25 das Sperrfurnier
26 das Deckfurnier

Zu Tafel 133

I Allgemeines

1 das Holz
2 die Holzindustrie, holzverarbeitende Industrie
3 die Sperrholzindustrie
4 der Holzingenieur
5 die Möbelindustrie

II Die Herstellung

6 die Holztrocknung
7 darren (trocknen)
8 das Darrgerät

9 die Kreissäge
10 die Hobelkreissäge
11 der Längsschnitt
12 der Querschnitt
13 der Feinschnitt
14 der Hobelschnitt
15 die Kehlmaschine
16 die Kettenfräse
17 die Zinkenfräse
18 die Tellerschleifmaschine

19 die Walzenschleifmaschine

20 die Schärfmaschine
21 der Werkzeugschleifer

22 der Maschineneinrichter
23 der Verleimer
24 das Sperrholz, die Sperrplatte
25 die Furnierplatte
26 die Tischlerplatte
27 die Stabplatte
28 die Blockverleimung
29 die Stäbchenplatte

30 die Spanplatte

12 опилки, стружки

13-17 доска
13 кора
14 годичное кольцо
15 сердцевинный луч
16 заболонь
17 ядро

II Фанерная промышленность

18 изготовление фанеры
19 парить
20 сплачивать в ножовку
21 лущить
22 фанерострогальный станок
23 строганная фанера
24 лущёная фанера
25 клеёная фанера
26 рубашка

К таблице 133

I Общее

1 лес, лесоматериал, дерево
2 лесообрабатывающая промышленность
3 фанерная промышленность
4 инженер по деревообработке
5 мебельная промышленность

II Производство

6 сушка дерева
7 высушивать
8 прибор для сушки

9 круглая пила
10 строгальная круглая пила
11 продольный распил
12 поперечный распил
13 чистовой проход
14 строгальный распил
15 калёвочный станок
16 цепной фрезерный станок
17 шипорезный станок
18 шлифовальный станок с диском
19 шлифовальный станок с валиком
20 точильный станок
21 рабочий по правке инструментов
22 наладчик
23 клейщик
24 клеёная фанера
25 фанера
26 столярная плита
27 плита с сердцевиной из палок
28 заклеивание сердцевины
29 плита с сердцевиной из палочек

30 фанера

31 die Streifenplatte	31 плита из склеенных деревянных полос
32 das Lagerholz (nicht gepreßt)	32 склеенная фанера (не прессованная)
33 das Schichtholz (gepreßt)	33 склеенная фанера (прессованная)
34 das Blindholz	34 слой поделочной древесины под фанерой
35 die Holzfaserplatte	35 плита из древесинных волокон
36 die Hartplatte	36 плита из искусственного вещества
37 die Fugenleimmaschine	37 машина для проклеивания фанеры
38 der Furnierer	38 фанерщик
39 die Furnierschicht	39 слой фанеры, шпон
40 der Bankraum	40 помещение для станков
41 der Zusammenbau	41 сборка, монтаж
42 die Beizerei	42 помещение для травления
43 die Poliererei	43 помещение для полировки
44 die Poliermaschine	44 полировальный станок
45 die Spritzerei	45 помещение для вспрыскивания
46 die Spritzkabine	46 кабина для вспрыскивания
47 die Spritzpistole	47 вспрыскиватель
48 die Fertigmacherei	48 помещение для сборки

Zu Tafel 134 / К таблице 134

I Berufe / I Профессии

1 der Möbeltischler	1 мебельщик
2 der Bautischler	2 мастер по столярно-строительным работам
3 der Kunsttischler	3 краснодеревец
4 der Modelltischler	4 модельщик
5 der Beizer	5 протравщик
6 der Polierer	6 полировщик

II Tätigkeiten (mit den dazugehörigen Werkzeugen und Mitteln) / II Процессы и инструменты

7 ausmessen (der Maßstab)	7 измерять (масштаб)
8 aufreißen (das Winkelmaß, der Bleistift)	8 чертить (угломер, карандаш)
9 anreißen (die Reißnadel)	9 размечать (чертилка)
10 schneiden, sägen (die Säge)	10 пилить (пила)
11 zuschneiden (die Pendelsäge)	11 обрезать (маятниковая пила)
12 besäumen (die Kreissäge)	12 резать (круглая пила)
13 hobeln (der Hobel)	13 строгать (рубанок)
14 abrichten (die Abrichtmaschine)	14 пригонять (пригоночный станок)
15 fugen (die Rauhbank)	15 фуговать (фуганок)
16 putzen (der Putzhobel)	16 чистить (чистильный рубанок)
17 abzahnen (der Zahnhobel)	17 строгать желоба (зензубель)
18 verleimen	18 проклеивать
19 furnieren	19 покрывать фанерой
20 ausstemmen (das Stemmeisen, die Kettenfräse)	20 выдалбливать (зубило, цепной фрезерный станок)
21 zinken	21 соединять сковородником (зубцами)

22 bohren (der Bohrer)	22 сверлить (сверло)
23 profilieren (der Profilhobel, die Fräsmaschine)	23 профилировать (профильный струг, фрезерный станок)
24 kröpfen (die Kröpflade)	24 изгибать, загибать под углом (пила для загиба)
25 schärfen (der Schleifstein, die Sägefeile)	25 точить (шлифовальный круг, трёхгранный напильник)
26 feilen (die Feile)	26 обтачивать (напильник)
27 raspeln (die Raspel)	27 обрабатывать рашпилем (рашпиль)
28 schränken (die Schränkzange)	28 разводить (разводные клещи)
29 schrauben (der Schraubenzieher, die Holzschraube)	29 привинчивать (отвёртка, шуруп)
30 abziehen (die Ziehklinge)	30 обрабатывать дерево циклей (цикля)
31 schleifen (das Sand-, Glaspapier)	31 шлифовать (песочная, стеклянная бумага)
32 wässern	32 мочить
33 beizen (die Beize)	33 травить (протрава)
34 ölen (der Firnis, das Terpentin)	34 смазывать (олифа, терпентин)
35 wachsen (die Wachssalbe)	35 покрывать воском (восковая мазь)
36 mattieren (die Mattine)	36 наносить матировку
37 polieren (die Politur)	37 полировать (политура)
38 zusammenbauen	38 собирать, соединять в одно целое

III Die Holzarten	**III Древесные породы**
39-44 u. 45-57 das Laubholz	39-44 и 45-57 древесина лиственного дерева
39-44 das Weichholz	39-44 мягкая древесина
39 die Linde	39 липа
40 die Weide	40 ива
41 die Pappel	41 тополь
42 die Erle	42 ольха
43 die Roßkastanie	43 конский каштан
44 die Birke	44 берёза
45-57 das Hartholz	45-57 твёрдая древесина
45 die Edelkastanie	45 благородный каштан
46 die Platane	46 чинар, платан
47 die Ulme, Rüster	47 ильм, вяз
48 der Birnbaum	48 груша
49 der Kirschbaum	49 вишня
50 der Nußbaum	50 орешник
51 der Ahorn	51 клён
52 die Esche	52 ясень
53 die Eiche	53 дуб
54 die Rotbuche	54 красный бук
55 die Weißbuche	55 белый бук
56 die Akazie	56 акация
57 die Steineiche	57 зимний дуб
58-63 das Nadelholz	58-63 хвойное дерево
58-62 das Weichholz	58-62 мягкая древесина
58 die Weimuts- od. Weymouthskiefer	58 веймутова сосна
59 die Tanne	59 пихта
60 die Fichte	60 ель
61 die Kiefer	61 сосна
62 die Lärche	62 лиственница
63 die Eibe (ein Hartholz)	63 тис (твёрдая древесина)
64-74 das Spezial- und Edelholz	64-74 специальные и благородные древесные породы

64 das Mahagoni
65 der Palisander
66 das Ebenholz
67 der Hickory
68 der afrikanische Birnbaum
69 das Pockholz
70 das Rosenholz
71 das Sandelholz
72 das Satinholz
73 das Zedernholz
74 das Zypressenholz

Zu Tafeln 135-137

Die Textilindustrie

I Der Textilrohstoff

1 die Leichtindustrie
2-10 der pflanzliche Faserstoff

2 die Baumwolle
3 der Kapok
4-9 die Bastfaser

4 der Flachs, Lein
5 der Hanf
6 die Jute
7 die Ramiefaser
8 die Yuccafaser
9 die Brennesselfaser
10 die Kokosfaser (eine Fruchtfaser)

11 u. 12 sonstige pflanzliche Textilrohstoffe
11 das Stroh
12 das Holz

13-20 der tierische Faserstoff

13 die Wolle, Schafwolle
14-16 das Haar
14 das Ziegenhaar
15 das Roßhaar
16 das Kamelhaar
17 die Naturseide
18 die Maulbeerseide

19 der Kokon
20 die Kokonfaser

21-23 der mineralische Faserstoff

21 der Asbest
22 der Metallfaden
23 die Glasfaser

24-30 die Kunstfaser
24 die Kunstseide
25 die Stapelfaser
26 die Viskose
27 die Azetatfaser
28 die Kupferfaser
29 die synthetische Faser

64 красное дерево
65 палисандр
66 чёрное, эбеновое дерево
67 гикори
68 африканская груша
69 пок
70 розовая древесина
71 сандаловое дерево
72 сатиновая древесина
73 кедровая древесина
74 кипарисовая древесина

К таблицам 135-137

Текстильная промышленность

I Волокнистое сырьё

1 лёгкая промышленность
2-10 растительное волокнистое вещество

2 хлопок, хлопчатая бумага
3 капок
4-9 волокно лыка, лубляное волокно

4 лён
5 конопля, пенька
6 джут
7 волокно «рами»
8 волокно растения «юкка»
9 крапивное волокно
10 кокосовое волокно (плодовое волокно)

11 и 12 прочее растительное волокнистое сырьё
11 солома
12 дерево

13-20 волокнистое вещество животного происхождения

13 шерсть, овечья шерсть
14-16 волос
14 козий волос
15 конский волос
16 верблюжий волос
17 натуральный шёлк
18 тутовый шёлк

19 кокон
20 волокно кокона

21-23 минеральное волокнистое вещество
21 асбест
22 металлическая нить
23 стеклянное волокно

24-30 искусственное волокно
24 искусственный шёлк
25 штапельное волокно
26 вискоза
27 ацетатное волокно
28 медное волокно
29 синтетическое волокно

30 die Zellwolle
31 der Abfallstoff

II Die Verarbeitung der Textilrohstoffe

32 das Spinnen
33 der Faden
34 das Gespinst
35 das Garn
36 das Grobgarn
37 das Feingarn
38 das Haargarn
39 das Papiergarn

40 das Gewebe
41 das Stricken und Wirken
42 das Gewirk
43 das Gestrick

44 das Ausrüsten

III Die Spinnerei

45 die Jutespinnerei
46 die Hanfspinnerei
47 die Ramiespinnerei
48 die Vigognespinnerei
49 die Wollspinnerei
50 die Streichgarnspinnerei
51 die Spinnmaschine
52 die Handspindel
53 das Spinnrad
54 die Mehrspindelbedienung

IV Die Wollsorte

55 die Schurwolle
56 die Gerberwolle
57 die Hautwolle
58 die Streichwolle
59 die Kammwolle

V Die Verarbeitung

60 auflockern
61 waschen
62 färben
63 trocknen
64 mischen
65 fetten, schmälzen
66 wolfen
67 krempeln
68 kämmen
69 spinnen

VI Das Spulen, Treiben des Kettgarns

70 die Parallelwicklung
71 die Kreuzwicklung

30 штапельное волокно
31 отбросы

II Выработка волокнистого сырья

32 прядение
33 нить
34 пряжа
35 пряжа
36 грубая пряжа
37 тонкая пряжа
38 пряжа из волоса
39 пряжа из бумаги

40 ткань
41 вязание
42 трикотажное изделие
43 вязальное изделие

44 отделка, аппретирование

III Прядильня

45 прядение джута
46 прядение пеньки
47 прядение волокна «рами»
48 прядение вигони, полушерсти
49 прядение шерсти
50 аппаратное шерстопрядение
51 прядильная машина
52 ручное веретено
53 прялка
54 обслуживание многих веретён

IV Сорт шерсти

55 стриженая шерсть
56 заводская шерсть
57 шерсть со шкурой
58 кардная шерсть
59 камвольная шерсть

V Переработка

60 разрыхлять
61 промывать
62 красить
63 сушить
64 смешивать
65 замасливать
66 обрабатывать волокно на волчке
67 чесать
68 чесать на гребнях
69 прясть

VI Наматывание основной пряжи

70 параллельная намотка
71 крестовая намотка

72 der Fachapparat
73 die Fadenspannung

VII Das Schären

74 der Handschärrahmen
75 der Schärrapport
76 das Schärband
77 das Spulengatter
78 einlesen (das Fadenkreuz)

VIII Das Schlichten, Leimen

79 der Kleister
80 der Knochenleim
81 die Schlichtmasse
82 die Schlichtvorrichtung
83 die Aufbäummaschine

IX Die Bindungslehre

84-86 die Grundbindung
84 die Leinwandbindung
85 die Köperbindung

86 die Atlasbindung
87 die Bindungspatrone
88 der Blatteinzug
89 der Geschirreinzug

90 der Bindungsrapport

X Das Weben

91 der Jacquardwebstuhl

92 der Schaft
93 die Schaftdrähte
94 das Hochfach
95 das Tieffach
96 das Offenfach
97 das Geschlossenfach
98 der Breithalter
99 der Picker
100 die Schützenlaufbahn
101 der Schußrapport
102 der Schußfadenbruch, Schußbruch
103 die Schußgabel
104 die Schußdichte
105 die Rohware, Stuhlware

XI Die Veredlungsarbeiten

106 das Ausrüsten, die Appretur
107 bleichen
108 färben
109 drucken
110 merzerisieren
111 noppen
112 sengen
113 scheren
114 bürsten
115 rauhen
116 spannen

---

72 самоклад
73 равномерное натяжение нитей

VII Снование

74 ручная сновальная рама
75 сновальный раппорт
76 сновальная лента
77 катушечная рамка
78 набирать (крест нитей)

VIII Шлихтование, проклеивание

79 клейстер
80 костяной клей
81 шлихта
82 шлихтовальное устройство
83 накатная машина, машина навивания

IX Учение о переплетении

84-86 основное переплетение
84 полотняное переплетение
85 саржевое, диагональное переплетение
86 атласное переплетение
87 патрон переплетения
88 пробирание бёрда
89 пробирание ремизного прибора
90 раппорт переплетения

X Ткапьё

91 жаккардовый ткацкий станок
92 ремизная планка
93 ремизные проволоки
94 верхний зев
95 нижний зев
96 открытый зев
97 закрытый зев
98 шпарутка
99 гонок
100 траектория челнока
101 уточный раппорт
102 обрыв уточной нити

103 уточная вилка
104 плотность утка
105 суровьё

XI Отделочные работы

106 отделка, аппретура
107 отбеливать
108 красить
109 набивать
110 мерсеризировать
111 удалять шипы из ткани
112 палить
113 стричь
114 чистить щёткой
115 ворсовать
116 натягивать

117 stärken
118 füllen
119 gummieren
120 karbonisieren
121 walken
122 pressen
123 dekatieren
124 imprägnieren
125 mangeln
126 kalandern

Zu Tafel 138

I Allgemeines

1 die Konfektion
2 die Herrenkonfektion

3 die Damenkonfektion
4 die Kinderkonfektion

5 die Textilien
6 die Bekleidung

II Die Herstellung

7 das Muster
8 die Musterung
9 zeichnen
10 pausen
11 die Vertikalmessermaschine, das Stoßmesser
12 herausschneiden
13 einrichten
14 das Abplättmuster
15 die Einzelfertigung
16 die Gruppenfertigung
17 das Schiebeband
18 vorrichten (in das Band einlegen)

19 pikieren
20 unterschlagen
21 die Ärmeleinnähmaschine

22 die Knopflochnähmaschine
23 die Riegelnähmaschine
24 die Knopfannähmaschine
25 verstürzen
26 die Staffiermaschine
27 die Blindstichmaschine
28 dressieren
29 formbügeln
30 ausbügeln

Zu Tafel 139

I Allgemeines

1 der Herrenschneider
2 der Damenschneider
3 die Schneiderin
4 der Zuschneider
5 die Handnäherin

117 крахмалить
118 наполнять
119 прорезинивать
120 карбонизировать
121 валять
122 прессовать
123 декатировать
124 пропитывать
125 катать
126 каландровать, гладить

К таблице 138

I Общее

1 готовое платье
2 готовое мужское платье

3 готовое женское платье
4 готовое детское платье

5 ткани, текстильные изделия
6 одежда

II Изготовление

7 узор, образец
8 рисунки
9 чертить
10 калькировать
11 вертикальный ножевой станок
12 вырезать
13 заправлять, устраивать
14 образец для отглаживания
15 штучное производство
16 изготовление группами
17 раздвижная лента
18 приладить (положить в ленту)

19 намётывать
20 загибать
21 машина для пришивки рукавов
22 петельная машина
23 закрепочная машина
24 пуговичная машина
25 чисто заделать шов
26 штафировочная машина
27 машина для слепого стежка
28 отделывать
29 гладить в фасон
30 выглаживать

К таблице 139

I Общее

1 мужской портной
2 дамский портной
3 портниха
4 закройщик
5 швея, работающая вручную

6 der Stoff, Kleiderstoff	6 ткань, материя
7 die Maßkleidung	7 одежда на заказ
8 der Maßanzug	8 костюм на заказ

II Tätigkeiten. Sticharten u. ä.   II Процессы, виды стежков и т. п.

9 anmessen, Maß nehmen	9 снять мерку
10 rädeln, kopieren	10 резать, копировать
11 zuschneiden	11 кроить
12 anfertigen	12 изготовить
13 einfädeln	13 вдеть нитку
14 einschlagen (Stiche einziehen, der Einschlagstich)	14 загибать (загибать стежки, стежок для утка ткани)
15 heften, reihen (der Heftstich, Vorderstich)	15 метать (смёточный стежок)
16 pikieren (der Pikierstich)	16 намётывать (стежок намётыванием)
17 nähen	17 шить
18 steppen (der Steppstich)	18 стегать (стежок)
19 abnähen (der Abnäher)	19 вытачивать (вытачка)
20 annähen	20 пришивать
21 anschlagen (der Anschlagstich)	21 приметать (стежок приметанием)
22 aufnähen	22 нашивать
23 ausnähen	23 вышивать
24 durchnähen	24 прошивать
25 umnähen	25 перешивать
26 vernähen	26 использовать при шитье
27 zunähen	27 зашивать
28 zusammennähen	28 сшивать
29 einreihen (der Umkantstich)	29 собирать (обмёткой)
30 umstechen	30 обмётывать
31 anheften	31 примётывать
32 säumen (der Saum)	32 обшивать (кант, кайма)
33 ankreuzen (der Kreuzstich)	33 строчить крестиком (стежок крестиком)
34 anprobieren	34 примерять
35 abstecken	35 отмечать
36 anzeichnen	36 намечать
37 sitzen (der Sitz)	37 сидеть (в обтяжку)
38 passen	38 сидеть
39 spannen (eng sein)	39 жать (быть тесным)
40 umstecken	40 перекалывать
41 ändern	41 переделывать
42 trennen (das Trennmesser)	42 распарывать (нож для распарывания)
43 abtrennen	43 отпарывать
44 auftrennen	44 пороть
45 füttern, abfüttern	45 подбивать
46 staffieren (der Staffierstich)	46 отделывать (стежок штафирки)
47 besetzen (der Besatz)	47 обшивать (обшивка)
48 paspelieren (der Paspel)	48 обшить кантиком (кантик)
49 ansetzen	49 наставлять
50 einsetzen	50 вставлять
51 stoßen (der Stoßstich)	51 долбить (стежок долблением)
52 randrieren (der Randrierstich)	52 снабжать кромкой (стежок кромкой)
53 ausbessern	53 починять
54 wenden	54 лицевать
55 bügeln, abbügeln, plätten	5 гладить, утюжить
56 der Bügeltisch	56 стол для глаженья
57 das Bügelbrett, Plättbrett	57 гладильная доска
58 der Kragenklotz	58 доска для глаженья воротников

59 das Kantenholz	59 доска для глаженья каймы
60 das Ärmelholz	60 доска для глаженья рукавов
61 das Biesenholz	61 доска для глаженья выпушек
62 die Preßplanke	62 доска для прессовки
63 das Bügelkissen	63 гладильная подушка
64 das Handkissen	64 ручная подушка
65 die Bügelbürste	65 гладильная щётка
66 der Bügellappen	66 гладильная тряпка
67 der Annetzer, der Anfeuchter	67 опрыскиватель

III Material / III Материал

68 das Heftgarn	68 живые нитки
69 das Nähgarn	69 швейные нитки
70 die Nähseide, Steppseide, Maschinenseide	70 швейный шёлк, шёлк для стёжки, шёлк для машинного шитья
71 die Handnähseide	71 шёлк для ручного шитья
72 die Gimpe	72 вкладной шнур
73 der Zwirn	73 кручёная пряжа
74 das Eckenband, Eggenband	74 лента для обшивки
75 die Stoßborte	75 борт
76 der Aufhänger	76 вешалка

IV Die Naht / IV Шов

77 die Heftnaht	77 смёточный шов
78 die Stoßnaht	78 сшивка
79 die einfache Naht	79 простой шов
80 die Doppelnaht	80 двойной шов
81 die Kappnaht	81 забокованный шов
82 die eingefaßte Naht	82 обшитый шов
83 die Hohlnaht	83 полый шов
84 die Doppelsteppnaht, französische Naht	84 двойная строчка, французская строчка

Zu Tafel 140 / К таблице 140

I Allgemeines / I Общее

1 die Lederindustrie	1 кожевенная промышленность
2 die Lederherstellung	2 кожевенное производство
3 der Rotgerber, Lohgerber	3 сыпарь, кожевник-краснодубильщик
4 der Chromgerber	4 хромировщик
5 der Weißgerber	5 сыромятник, квасцовщик

II Die Haut und ihre Behandlung / II Кожа и её обработка

6 die Oberhaut	6 эпидермис
7 die Lederhaut	7 кориум, дерма
8 die Unterhaut	8 бахтарма
9 konservieren	9 консервировать
10 vorrichten	10 подготовлять
11 weichen	11 отмачивать
12 reinigen	12 очищать
13 wässern	13 обводнять
14 äschern	14 золить
15 enthaaren	15 обезволосить
16 entfleischen	16 мездрить
17 ausstreichen, glätten	17 гладить
18 entkälken, entkalken	18 удалять известь
19 beizen	19 травить
20 spalten	20 двоить
21 gerben	21 дубить

III Die Lederarten

22 das Rindbox
23 das Roßbox, Roßleder
24 das Boxkalf, Kalbsleder
25 das Chevreau, Ziegenleder
26 das Chagrin (Ziegenleder mit eingepreßten Narben)
27 das Chevrette, Schafleder
28 das Schweinsleder
29 das Kaninleder
30 das Wildleder
31 das Reptilleder
32 das Krokodilleder
33 das Schlangenleder, die Schlangenhaut

34 das lohgare Leder

35 das chromgare Leder, Chromleder
36 der Waterproof
37 das Glacéleder
38 das Nappaleder
39 das Spaltleder
40 der Saffian
41 das od. der Juchten
42 das Lackleder
43 das Kunstleder

Zu Tafel 141

I Allgemeines

1 die Schuhindustrie
2 die Schuhproduktion
3 der Lederschuh

II Die Herstellung

4 modellieren
5 stanzen
6 zuschneiden
7 die Schärfmaschine
8 die Umbuggmaschine
9 die Loch- und Ösenmaschine

10 rangieren (zurichten)
11 überholen
12 zwicken
13 anklopfen
14 ausballen

15 die Einstechmaschine
16 die Doppelmaschine
17 einstechen, kleben (der Californiaschuh, Elastic-Schuh)
18 die Absatzaufnagelmaschine

19 die Frontbeschneidemaschine
20 die Ausputzerei
21 die Glättmaschine
22 die Schnittfräse
23 die Absatzfräse
24 die Bimsmaschine

III Виды кожи

22 яловая кожа, воловья кожа
23 конская кожа
24 опоек
25 шевро, козлиная кожа
26 шагрень (козлиная кожа с запрессованным лицом)
27 шеврет, овечья кожа
28 свиная кожа
29 кроличья кожа
30 замша
31 кожа пресмыкающихся
32 крокодиловая кожа
33 змеиная кожа

34 мостовьё, неотделанная краснодублёная кожа
35 кожа дублёная хромовыми солями
36 ватерпруф
37 лайка
38 кожа «Наппа»
39 спилок
40 сафьян
41 юфть
42 лаковая кожа
43 искусственная кожа

К таблице 141

I Общее

1 обувная промышленность
2 обувное производство
3 кожаный ботинок

II Производство

4 моделировать
5 вырубать
6 кроить
7 машина для спускания кожи
8 загибочная машина
9 машина для вставки блочек

10 сортировать, отделывать
11 обтягивать
12 затягивать
13 околачивать
14 выглаживать

15 рантовая машина
16 машина для сдвойки
17 вшивать (башмак «калифорния», эластичный башмак)
18 машина для прибивки каблука
19 обрезная машина
20 чистка
21 гладильная машина
22 фреза
23 фреза для обработки каблуков
24 машина для шлифования пемзой

25 die Bodenpoliermaschine	25 полировочная машина для подошв
26 die Fertigmacherei	26 приготовление
27 ausleisten	27 снять с колодки
28 ausraspeln	28 обрабатывать рашпилем
29 appretieren	29 аппретировать, отделывать

Zu Tafel 142 / К таблице 142

I Das Leder (↑ Taf. 140) / **I Кожа** (↑ табл. 140)

II Der Schuh / **II Башмак**

1 die Ledersohle	1 кожаная подошва
2 die Gummisohle	2 резиновая подошва
3 die Nagelsohle	3 подошва с гвоздями
4 die Filzsohle	4 войлочная подошва
5 die Strohsohle	5 соломенная подошва
6 die Bastsohle	6 лубяная подошва
7 die Brandsohle	7 стелька
8 die Staublasche	8 язычок
9 die Strippe, Schlaufe	9 петля
10 der Rahmen (beim genähten Schuh)	10 рант (у сшитого ботинка)
11 der Rand (beim genagelten Schuh)	11 рант (у ботинка на гвоздях)
12 die Stoßkappe	12 носок
13 der Lederabsatz	13 кожаный каблук
14 der Gummiabsatz	14 резиновый каблук
15 die Doppelnaht, Rahmennaht	15 двойной шов
16 der Riß	16 дыра
17 die Schuhgröße	17 сапожная мерка
18 die Schuhlänge	18 длина ботинка
19 die Schuhweite	19 размер ботинка

III Tätigkeiten und Werkzeuge / **III Процессы и инструменты**

20 einbinden	20 вшивать
21 besohlen	21 ставить подмётки, подбивать
22 eindampfen	22 выпаривать
23 ausglasen	23 стеклить
24 klopfen	24 колотить
25 walzen	25 прокатывать
26 beschneiden	26 обрезать
27 nähen	27 шить
28 annähen	28 пришивать
29 nageln	29 вбивать гвозди
30 aufnageln	30 прибивать
31 aufrauhen	31 ворсовать
32 abbrennen	32 обгорать
33 das Schnitteisen	33 железо для резания
34 der Absatzbolzen	34 каблучный штифт
35 der Kantensetzer	35 прибор для фрезеровки уреза
36 die Polierstange	36 полировочный инструмент
37 das Gelenkeisen	37 шарнирное железо
38 der Keder	38 кранец
39 beschlagen	39 обивать
40 aushacken	40 вырубать
41 das Hackmesser	41 нож для срывания подошвы
42 egalisieren	42 выравнивать
43 die Stiftfeile	43 сапожный напильник
44 anklopfen	44 колотить
45 beglasen	45 стеклить
46 stiften	46 вбивать гвозди

47 steppen	47 стегать
48 bestechen	48 делать шов с прокладкой
49 der Riester	49 заплата

IV Der Maßschuhmacher — **IV Сапожник изготовляющий обувь по мерке**

50 das Maßschuhwerk — 50 обувь по мерке
51 das orthopädische Schuhwerk — 51 ортопедическая обувь
52 die Einlage, Maßeinlage — 52 вставка

Zu Tafel 143 — К таблице 143

I Die Mühle, Getreidemühle — **I Мельница**

1 der Müller — 1 мельник

2-5 die Reinigung — 2-5 очистка
2 der Aspirateur — 2 аспиратор
3 der Trieur — 3 триер
4 die Schälmaschine — 4 шелушильный станок
5 die Bürstenmaschine — 5 щёточная машина

6-10 die Zerkleinerung — 6-10 размельчение
6 der Mahlstuhl (Walzenstuhl) — 6 мельничный станок
7 der Mahlgang (Mühlstein) — 7 жёрнов
8 der Plansichter (Sieb- und Sortiermaschine) — 8 плоский планзихтер
9 die Mischmaschine — 9 мешалка
10 der Mehlschlot — 10 мучная труба

II Backöfen — **II Хлебные печи**

11 der Dampfbackofen — 11 паровая хлебная печь
12 der Gasbackofen — 12 газовая хлебная печь
13 der Elektroofen — 13 электропечь
14 der Stahlbauofen — 14 стальная печь

III Brotherstellung — **III Изготовление хлеба**

15 das Weizenmehl — 15 пшеничная мука
16 das Auszugsmehl — 16 крупчатка
17 das Roggenmehl — 17 ржаная мука
18 ausmahlen — 18 вымолоть
19 der Kleber — 19 клейковина
20 die Hefe — 20 дрожжи
21 das Backpulver — 21 хлебопекарный порошок
22 der Sauerteig — 22 закваска
23 säuern — 23 подкислять
24 die Gare (Gärung) — 24 брожение
25 kneten — 25 месить
26 einschießen — 26 подавать хлеб в печь
27 der Brotschieber — 27 хлебоподаватель
28 backen — 28 печь
29 die Streiche — 29 очистительная щётка
30 der Wrasenapparat (zum Glänzendmachen) — 30 прибор для глянцевания

IV Brotsorten — **IV Сорта хлебов**

31 das Vollkornbrot — 31 ржаной хлеб
32 das Mischbrot — 32 смешанный хлеб
33 das Landbrot — 33 крестьянский хлеб
34 das Spezialbrot — 34 специальный хлеб

35 das Schrotbrot
36 das Dauerbrot
37 der Pumpernickel
38 das Knäckebrot

Zu Tafeln 144 u. 145

I Die Schlachtgeräte

1 der Bolzenschußapparat
2 die Schlachtmaske
3 die Betäubungszange
4 die Schlachtkeule

5-8 das Schlachtzeug
5 das Hackmesser
6 das Koppel (mit der Scheide od. dem Köcher)
7 das Gekrösemesser
8 die Glocke

9 der Schleifstein
10 die Streichschale

11 das Schlachtvieh
12 der Roßschlächter

II Das Fleisch

13-17 Fleischsorten
13 das Rindfleisch
14 das Kalbfleisch
15 das Schweinefleisch
16 das Hammelfleisch
17 das Ziegenfleisch
18-36 Fleischarten
18 das Pökelfleisch
19 der Rippe- od. Rippenspeer
20 das Rauchfleisch, Schwarzfleisch
21 der Schinkenspeck
22 das Gefrierfleisch
23 das Büchsenfleisch
24 das Schabefleisch
25 das Hackfleisch, Gehackte
26 der Hackepeter
27 die Roulade
28 das Rumpsteak
29 der Kalbsnierenbraten
30 die Kalbsbrustspitze
31 das Pfefferfleisch
32 das Bröschen
33 das Schnitzel
34 das Kotelett
35 die Karbonade
36 der od. das Gulasch

37 der Fleischsalat
38-42 das Fett
38 der Schmeer (Flomen)

39 der Speck
40 das Schmalz
41 der Talg

---

35 пеклеванный хлеб, хлеб из размола
36 галета
37 вестфальский пряник
38 городской сухарь

К таблицам 144 и 145

I Инструменты для убоя скота

1 прибор для оглушения
2 маска для убоя скота
3 клещи для оглушения
4 дубина для убоя

5-8 инструменты для убоя
5 сечка, тяпка
6 поясной ремень (с ножнами или колчаном)
7 нож для требухи
8 колокол

9 точильный камень
10 точильная чаша

11 убойный скот
12 резак, занимающийся убоем лошадей

II Мясо

13-17 сорта мяса
13 говядина
14 телятина
15 свинина
16 баранина
17 козье мясо
18-36 сорта мяса
18 солонина
19 грудинка
20 копчёное мясо
21 шпик окорока, сало окорока
22 мороженое мясо
23 мясные консервы
24 скоблёное мясо
25 фарш
26 рубленая свинина
27 рулет
28 ромштекс
29 телятина с почкой
30 телячья грудинка
31 перечное мясо
32 зобная железа телёнка
33 шницель
34 котлета
35 отбивная котлета, карбонад
36 гуляш

37 мясной салат
38-42 жир
38 свиное сало (брюшное, почечное)
39 сало, шпик
40 смалец, жир
41 сало

42 die Griebe, Griefe	42 шкварка
43 u. 44 die Knochen	43 и 44 кости
43 der Markknochen (Röhrenknochen)	43 мозговая кость (трубчатая кость)
44 der Grießknochen	44 суставчатая кость

III Die Wurstwaren / III Колбасные изделия

45-50 die Rohwurst	45-50 сырая колбаса
45 u. 46 die Dauerwurst (hart od. weich)	45 и 46 копчёная колбаса (колбаса твёрдого копчения или полукопчёная)
45 die Schlackwurst	45 колбаса твёрдого копчения
46 die Salami	46 салями
47 die Polnische (Schinkenwurst)	47 польская
48 die Knackwurst	48 тонкая копчёная колбаса
49 die Mettwurst	49 итальянская колбаса
50 die Teewurst	50 чайная колбаса
51-56 die Brühwurst	51-56 отварная колбаса
51 die Bockwurst	51 сарделька
52 das Wiener Würstchen	52 венская сосиска
53 das Frankfurter Würstchen	53 франкфуртская сосиска
54 die Knoblauchwurst	54 колбаса с чесноком
55 die Jagdwurst	55 охотничья колбаса
56 die Krakauer Wurst	56 краковская колбаса
57-61 die Kochwurst	57-61 варёная колбаса
57 die Blutwurst, Rotwurst	57 кровяная колбаса
58 die Zungenwurst	58 языковая колбаса
59 die Fleischwurst	59 колбаса (говяжья)
60 die Leberwurst	60 ливерная колбаса
61 die Sülzwurst, der Preßkopf, der Schwartenmagen	61 зельц, белый зельц
62 die Sülze	62 студень, холодец
63 der Wiegebraten	63 котлета
64 der Leberkäse	64 ливерный паштет
65 die Bratwurst, Rostbratwurst	65 жареная колбаса, сырая колбаса для жарки

Zu Tafel 146 / К таблице 146

1 die Fischerei	1 рыболовство
2 die Hochseefischerei	2 рыболовство в открытом море
3 die Kutterfischerei	3 рыболовство на катерах
4 der Fischer	4 рыбак
5 der Fischdampfer	5 рыболовное судно
6 der Seiner	6 сейнер
7 fischen	7 ловить рыбу
8 das Netz, Fisch-, Fangnetz	8 рыболовная сеть
9 das Zugnetz, Zuggarn, Garn	9 донная сеть
10 das Wurfnetz	10 намёт
11 das Stellnetz	11 установочная сеть
12 der Hamen	12 рыболовный сачок
13 der Kescher	13 сачок
14 der Fang, Fischfang	14 рыболовство
15 die Fanggründe	15 рыболовные грунты
16 die Fangzeit	16 время ловли
17 der Fischhandel	17 рыбная торговля
18 der Fischmarkt	18 рыбный базар
19 das Kühlhaus	19 холодильник

20 der Kühlwagen
21 das Kühlschiff
22 der Fischkasten
23 die fischverarbeitende Industrie

24 die Fischräucherei
25 die Salzerei
26 die Fischkonserve
27 die Marinade
28 die Räucherware
29 die Anchovis
30 der Brathering
31 der Bückling
32 der grüne Hering
33 die Kieler Sprotte
34 die Ölsardine
35 der Räucheraal
36 der Rollmops
37 der Salzhering
38 die Sardelle
39 der Stockfisch

20 вагон-ледник, вагон-холодильник
21 рефрижераторное судно, пароход-холодильник
22 рыбный садок
23 рыбообрабатывающая промышленность
24 коптильня рыбы
25 соление рыбы
26 рыбные консервы
27 маринад
28 копчёности
29 анчоус
30 жареная селёдка
31 копчёная селёдка
32 зелёная селёдка
33 килька
34 сардинка в масле
35 копчёный угорь
36 маринованная селёдка
37 солёная селёдка
38 тюлька
39 треска

Zu Tafel 147

I Allgemeines

1 das Friseurgeschäft, der Friseursalon
2 die Haarpflege
3 die Schönheitspflege, Kosmetik
4 die Hautpflege
5 die Gesichtsmassage
6 die Handpflege, Maniküre
7 die Fußpflege, Pediküre
8 die Haarfarbe
9 bleichen, blondieren
10 färben
11 das Haarfärbemittel

II Die Haareigenschaften u. ä.

12 glatt
13 wellig
14 kraus
15 lockig
16 dicht
17 dünn, schütter
18 trocken
19 fettig
20 borstig
21 struppig
22 die Kopfschuppen
23 der Haarausfall
24 kahl
25 der Kahlkopf
26 die Glatze

III Haarbehandlung

27 schneiden
28 effilieren
29 rasieren

К таблице 147

I Общее

1 парикмахерская
2 уход за волосами
3 косметика
4 уход за кожей
5 массаж лица
6 уход за руками, маникюр
7 уход за ногами, педикюр
8 цвет волос
9 обесцвечивать
10 окрашивать
11 средство для окраски волос

II Свойства волос и т. п.

12 гладкий
13 волнистый
14 кудрявый
15 курчавый
16 густой
17 редкий
18 сухой
19 жирный
20 щетинистый
21 растрёпанный
22 перхоть
23 выпадение волос
24 лысый
25 лысая голова
26 плешь, лысина

III Уход за волосами

27 стричь
28 вырезывать
29 брить

30 anfeuchten	30 смачивать
31 waschen	31 мыть
32 einseifen	32 намыливать
33 schampunieren	33 мыть голову шампунем
34 trocken	34 сушить
35 einreiben	35 втирать
36 einfetten	36 смазывать маслом
37 kämmen	37 причёсывать
38 bürsten	38 расчёсывать щёткой
39 wellen	39 делать волнистыми
40 brennen, ondulieren	40 завивать
41 drehen (Locken)	41 завивать (локоны)
42-44 die Dauerwelle	42-44 шестимесячная завивка
42 die Heißwelle	42 горячая завивка, электрическая завивка
43 die lauwarme Welle	43 тёплая завивка
44 die Kaltwelle	44 химическая завивка
45 die Krause	45 завивка
46 die Wasserwelle	46 холодная завивка
47 die Lockwelle	47 завивка локонами
48 die Fönwelle	48 завивка феном

IV Frisur, Haartracht, Haarschnitt — IV Причёска, стрижка

49 die Strähne	49 прядь волос
50 der Scheitel	50 пробор
51 die Locke	51 локон
52 frisieren	52 причёсывать, завивать
53 der Stehhaarschnitt, die Bürste, der Igelkopf	53 стрижка «бобриком», «ёжиком» (мужская)
54 der Zopf	54 коса
55 flechten	55 плести
56 der Knoten	56 узел
57 aufstecken	57 подкалывать
58 der Haarkranz	58 волосяной венец
59 der Pagenkopf	59 стрижка «под пажа» (дамская)
60 der Bubikopf	60 стрижка «под мальчика» (дамская)
61 der Herrenschnitt	61 стрижка «под мужчины» (дамская)
62 der Pony	62 пони
63 die Hochfrisur	63 высокая причёска
64 der Mittelscheitel	64 прямой пробор
65 der Seitenscheitel	65 косой пробор
66 die Perücke	66 парик

V Bart und Barttracht — V Борода и её формы

67 der Schnurrbart	67 усы
68 der Vollbart	68 борода
69 der Spitzbart	69 бородка клинышком
70 die Fliege	70 мушка
71 der Kinnbart	71 эспаньолка
72 der Backenbart	72 бакенбарды
73 die Koteletten	73 бакены

VI Haarpflegemittel und Kosmetika — VI Средства для ухода за волосами и косметика

74 das Shampoon	74 шампунь
75 das Haarglanzöl	75 глянцевое масло для волос
76 das Haaröl	76 масло для волос
77 der Haarlack	77 лак для волос
78 der Puder	78 пудра
79 die Schminke	79 грим, косметика
80 die Augenbrauenfarbe	80 краска для бровей

81 die Tageskrem, Mattkrem
82 die Nachtkrem (fetthaltig)
83 der Nagellack
84 die Wimperntusche

VII Zubehör

85 der Kamm
86 der Zinken od. die Zinke
87 die Bürste
88 die Haarspange
89 die Haarnadel
90 die Lockennadel
91 die Haarklemme
92 das Haarnetz
93 der Schleier
94 die Frisierhaube
95 der Stielkamm
96 der Zierkamm
97 die Pinzette

Zu Tafel 148

I Allgemeines

1 die Papierfabrik, Papiermühle
2 die Papierfabrikation, Papierbereitung
3 die Papierindustrie
4 die Papierwarenfabrik

II Die Herstellung

5 bleichen
6 das Halbzeug, der Halbstoff
7 füllen
8 der Füllstoff
9 der Papierleim, Harzleim
10 das Ganzzeug
11 der Halbzeugholländer
12 der Bleichholländer
13 der Ganzzeugholländer
14 die Zylindersiebmaschine, Rundsiebmaschine
15 die Verteilungsbütte
16 der Sandfänger
17 das Langsieb
18 die Vordruckwalze
19 gautschen
20 die Siebpartie
21 glätten, satinieren
22 kreppen
23 gaufrieren
24 die Rollenschneidemaschine
25 der Querschneider
26 der Umroller
27 die Papierbahn
28 die Rolle, Papierrolle

III Die Papiersorten

29 das Handpapier
30 das Maschinenpapier
31 das Druckpapier
32 das Rotationspapier

81 дневной крем, матовый крем
82 ночной (жирный) крем
83 лак для ногтей
84 тушь для ресниц

VII Принадлежности

85 расчёска
86 зубец
87 щётка
88 заколка для волос
89 шпилька
90 шпилька для локонов
91 приколка
92 сетка для волос
93 вуаль
94 чепец
95 расчёска с ручкой
96 гребёнка с украшением
97 пинцет

К таблице 148

I Общее

1 бумажный завод
2 бумажное производство

3 бумажная промышленность
4 завод бумажных изделий

II Изготовление

5 белить
6 полумасса
7 вводить в массу веществ
8 наполняющее вещество
9 смоляной клей
10 готовая бумажная масса
11 полумассный ролл
12 чан для беления
13 массный ролл
14 барабанная просевальная машина
15 распределительный чан
16 песочница
17 плоская формовальная сетка
18 равнитель
19 отжимать
20 секция с сетками
21 выравнивать, сатинировать
22 крепировать
23 гофрировать
24 ротационная саморезка
25 гильотинная саморезка
26 перемоточная машина
27 бумажная лента
28 рулон, рулон бумаги

III Сорта бумаги

29 бумага ручной выделки
30 машинная бумага
31 печатная бумага
32 ротационная бумага

33 das Kunstdruckpapier	33 художественная бумага
34 das Wertzeichenpapier	34 документная бумага
35 das Dünndruckpapier	35 тонкая печатная бумага
36 das Offsetpapier	36 офсетная бумага
37 das Tiefdruckpapier	37 бумага для глубокой печати
38 das Schreibpapier	38 писчая бумага
39 das Briefpapier	39 почтовая бумага
40 das Schreibmaschinenpapier	40 бумага для пишущей машинки
41 das Durchschlagpapier	41 бумага для копий
42 das Zeichenpapier	42 рисовальная бумага
43 das Saugpapier	43 впитывающая бумага
44 das Löschpapier	44 промокательная бумага, бюварная бумага
45 das Filterpapier, Filtrierpapier	45 фильтровальная бумага
46 das Toilettenpapier	46 туалетная бумага
47 das Hüllpapier	47 обёрточная бумага
48 das Packpapier	48 упаковочная бумага
49 das Umschlagpapier	49 обложечная бумага
50 das Pergamentpapier	50 пергаментная бумага
51 das Ölpapier	51 промасленная бумага
52 das Seidenpapier	52 шёлковая бумага
53 das Zigarettenpapier	53 папиросная бумага
54 das Papiermaché	54 папье-маше
55 der Karton	55 картон
56 die Pappe	56 папка
57 die Wellpappe	57 волнистая папка
58 das Velinpapier	58 веленевая бумага
59 das Buntpapier	59 цветная бумага
60 das Goldpapier	60 позолоченная бумага
61 das Kreppapier	61 крепированная бумага
62 das Metallpapier	62 металлическая бумага
63 das Silberpapier	63 посеребрённая бумага
64 das Pauspapier	64 калька
65 das Kohlepapier, Durchschreibpapier	65 копировальная бумага
66 das photographische Papier	66 фотографическая бумага
67 das Vorsatzpapier	67 форзацная бумага
68 das Sandpapier	68 песочная бумага
IV Eigenschaften, Merkmale u. ä.	IV Виды и свойства бумаги
69 holzhaltig	69 содержащий древесную массу
70 holzfrei	70 без содержания древесной массы
71 ungeleimt	71 неклеёный
72 geleimt	72 клеёный
73 saugfähig	73 впитывающий
74 tintenfest	74 непромокаемый
75 fein	75 тонкий
76 mittelfein	76 средней тонкости
77 glatt	77 гладкий
78 maschinenglatt	78 несатинированный
79 satiniert	79 сатинированный
80 gehämmert	80 обработанный молотом
81 gerippt	81 рифлёный
82 das Wasserzeichen	82 водяной знак
83 die Papierprüfung	83 испытание
V Das Papierformat	V Размеры бумаги, формат
84 das DIN-Format	84 DIN-формат (стандартные нормы)
85 der Vierfachbogen	85 четверной лист

86 der Doppelbogen	86 двойной лист
87 der Bogen	87 лист
88 der Halbbogen	88 полулист
89 der Viertelbogen	89 четверть листа
90 der Achtelbogen (Blatt)	90 восьмушка листа

Zu Tafeln 149 u. 150 / К таблицам 149 и 150

I Allgemeines / I Общее

1 die Polygraphie — 1 полиграфия
2 polygraphisch — 2 полиграфический
3 die Buchdruck- od. Buchdruckerkunst, Schwarze Kunst, Typographie — 3 типографское искусство, печатное дело
4 das Buchgewerbe — 4 полиграфическая промышленность
5 der Buchhandel — 5 книжная торговля
6 die Buchdruckerei — 6 типография
7 die Blindenschrift, der Blindendruck — 7 печать для слепых

II Berufe / II Профессии

8 der Schriftsetzer — 8 наборщик
9 der Maschinensetzer — 9 наборщик-линотипист
10 der Metteur — 10 метранпаж, верстальщик
11 der Abzieher — 11 тискальщик
12 der Korrektor — 12 корректор
13 der Revisor — 13 ревизор
14 der Faktor — 14 управляющий типографией
15 die Anlegerin — 15 накладчица

III Der Satz, Schriftsatz / III Набор, комплект

16 der Werksatz — 16 книжный набор
17 der Zeitungssatz — 17 газетный набор
18 der Anzeigensatz — 18 набор объявлений
19 der Akzidenzsatz — 19 акцидентный набор
20 der Tabellensatz — 20 табличный набор
21 der wissenschaftliche Satz — 21 научный набор
22 der Formelsatz — 22 набор формул
23 der Fremdsprachensatz — 23 набор на иностранном языке
24 der Notensatz — 24 набор нот
25 das Satzbild — 25 форма набора
26 der Einzug — 26 отступ
27 die Blockade — 27 блокировка, блокирование
28 die Sperrung — 28 разрядка
29 der Durchschuß — 29 шпон
30 der Satzspiegel — 30 площадь набора
31 die Satzprobe — 31 пробный набор
32 die Schrift — 32 шрифт
33 setzen, absetzen — 33 набирать
34 tasten — 34 печатать на клавиатуре
35 die Monotype — 35 монотип
36 die Linotype — 36 линотип
37 der Typograph — 37 типограф

38 die Zeile — 38 строка
39 die Spalte — 39 полоса, колонка
40 der Abzug, Fahnenabzug — 40 оттиск, корректурный оттиск
41 korrigieren — 41 править
42 die Hauskorrektur — 42 первая типографская правка
43 das Korrekturzeichen — 43 корректурный знак

44	der Umbruch	44	вёрстка
45	der Bogenabzug	45	оттиск листа
46	die Autorkorrektur	46	авторская правка
47	die Streichung	47	вычёркивание
48	der Zusatz	48	добавление
49	der Druckfehler	49	опечатка
50	druckfertig	50	готовый к печати
51	die Druckerlaubnis, das Imprimatur	51	подписание к печати
52	der Stehsatz	52	шпек
53	ablegen	53	разбирать
54	der Ablegesatz	54	разбор

IV Der Druck / IV Печатание

55	das Druckverfahren	55	способ печати
56	der Hochdruck, Buchdruck	56	высокая печать, типографская печать
57	der Bildstock, Druckstock, das Klischee	57	клише
58	der Holzschnitt	58	гравюра на дереве, ксилография, ксилографическое клише
59	die Strichätzung	59	штриховое клише, штриховое травление
60	die Autotypie	60	автотипия
61	der Raster	61	растр, сетка
62	der Farb- od. Farbendruck	62	цветная печать
63	der Mehrfarbendruck	63	многокрасочная печать
64	der Prägedruck	64	рельефная печать
65	die Chemigraphie	65	химиграфия
66	die Stereotypie	66	стереотипия
67	das Stereo	67	стереотип
68	die Galvanoplastik	68	гальванопластика
69	das Galvano	69	гальвано
70	der Tiefdruck	70	глубокая печать
71	der Stich	71	гравюра
72	der Kupferstich	72	гравюра на меди
73	der Stahlstich	73	гравюра на стали
74	die Radierung	74	офорт
75	die Heliogravüre	75	гелиогравюра
76	der Flachdruck	76	плоская печать, печатание с плоскости
77	der Zinkdruck	77	печать с цинковых пластин, цинкография
78	der Umdruck	78	переводной оттиск, перевод
79	der Offsetdruck	79	офсетная печать, офсет
80	der Lichtdruck	80	фототипия
81	die Buchdruckpresse, Druckpresse	81	типографическая машина
82	die Tiegeldruckpresse	82	американка
83	die Schnellpresse	83	быстроходная скоропечатная машина
84	der Schließrahmen	84	рама для заключки
85	das Schließzeug	85	заключка, приделанная к раме
86	die Zurichtung	86	приправка
87	der Aufzug	87	покрышка печатного барабана
88	die Druckform	88	печатная форма
89	die Druckfarbe	89	печатная краска
90	der Druckbogen	90	печатный лист
91	der Andruck, Probedruck	91	пробный оттиск

92 der Standbogen	92 чистый лист
93 das Standmachen	93 совпадение печатающей поверхности
94 die Revision, Maschinenrevision	94 корректура, сводка
95 der Schöndruck	95 лицевой отпечаток, печатание набело, художественное издание
96 der Widerdruck	96 оборотная печать, печать на оборотной стороне
97 die Auflage	97 тираж
98 der Aushängebogen	98 пробный лист
99 die Makulatur	99 макулатура
100 der Nachdruck, Neudruck	100 перепечатка

V Das Buchformat, Format

V Книжный формат, формат книги

101 das Folio (2°, 4 Seiten)
102 das Quart (4°, 8 Seiten)

103 das Oktav (8°, 16 Seiten)

101 фолио (формат во 2-ю долю)
102 формат в 4-ю долю, формат в четвёрку
103 формат в 8-ю долю

Zu Tafel 151

К таблице 151

I Allgemeines

I Общее

1 die Großbuchbinderei
2 die Buchbinderwerkstatt
3 der Buchbindermeister

1 крупная переплётная
2 переплётная мастерская
3 мастер-переплётчик

II Die Buchbindereimaschine

II Переплётная машина

4 die Falzmaschine
5 die Bogenzusammentragmaschine
6 die Schneidemaschine, der Planschneider
7 die Heftmaschine
8 die Presse
9 die Abpreßmaschine

4 фальцевальная машина
5 машина для подборки
6 резальная машина, машина для резания под углом
7 сшивальная машина
8 пресс
9 машина для обжимания фальца

III Der Einband, Bucheinband

III Переплёт книги, книжный переплёт

10 der Pappband
11 der Halbleinenband

12 der Leinenband, Ganzleinenband
13 der Halblederband, Halbfranzband
14 der Lederband, Franzband
15 der Halbpergamentband
16 der Pergamentband
17 die Broschur, Broschüre
18 der Verlegereinband, Partieeinband
19 der Handeinband
20 die Decke, Buchdecke
21 der Rücken, Buchrücken
22 der Schrenz (die Rückeneinlage)
23 der Bund
24 der echte Bund
25 der Schnitt
26 der Goldschnitt
27 das Kapital, Kapitalband
28 der od. das Vorsatz

10 картонный переплёт
11 полухолщовый переплёт, полуколенкоровый переплёт
12 холщовый переплёт
13 полукожаный переплёт
14 кожаный переплёт
15 полупергаментный переплёт
16 пергаментный переплёт
17 брошюра
18 издательский переплёт

19 ручной переплёт
20 крышка
21 корешок
22 шренц
23 бинт
24 настоящий бинт
25 обрез
26 золотой обрез
27 каптал, каптальная лента
28 форзацный лист, форзац

Zu Tafel 152

I Die Anlage, der Grundriß

1 der Rundweiler
2 der Rundling
3 das Platzdorf (meist: ein Angerdorf)
4 das Rundangerdorf
5 das Zellendorf, die Zelle
6 das Kettendorf
7 das Marschhufendorf
8 das Rundreihendorf

II Die Struktur des Ortes, der Ortschaft

9 das Bauerndorf
10 das Weinbauerndorf
11 das Moorbauerndorf
12 das Fischerdorf
13 das Weberdorf
14 die Bergmannssiedlung
15 die Arbeitersiedlung
16 die Industriesiedlung
17 die Stadtrandsiedlung
18 der Marktflecken
19 abgelegen
20 das Volksgut
21 das Versuchsgut

III Die Siedlungsgeschichte

22 ansiedeln, sich
23 die Besiedlung
24 die gewachsene Siedlung
25 gründen
26 die Rodesiedlung
27 die Tochtersiedlung
28 die Kleinsiedlung
29 die Zwergsiedlung
30 die verlassene od. aufgelassene Siedlung, die untergegangene Siedlung, die Wüstung

IV Die Siedlungsforschung

31 die Flurform
32 der Ortsname
33 der Flurname
34 die Hausform
35 die Ortslage

Zu Tafel 153

1 der Kleinbauer
2 der Mittelbauer
3 der Landarbeiter

К таблице 152

I Расположение, план

1 деревушка, расположенная по кругу
2 деревня, расположенная по кругу
3 деревня с площадью (обыкновенно вокруг выгона)
4 деревня, расположенная по кругу вокруг выгона
5 деревня рядовой застройки
6 деревня, расположенная в виде цепи
7 деревня с болотистыми наделами земли
8 деревня с лесными наделами, расположенная по кругу

II Структура местности, местечка

9 крестьянская деревня
10 винодельческая деревня
11 крестьянская деревня на болотистой почве
12 рыбацкая деревня
13 ткацкая деревня
14 посёлок горняков
15 рабочий посёлок
16 промышленный посёлок
17 пригородный посёлок
18 местечко
19 отдалённый
20 народное имение
21 опытное хозяйство

III История поселения

22 поселяться
23 поселение
24 разросшийся посёлок
25 основывать
26 посёлок на раскорчёванных землях
27 выселок
28 небольшой посёлок
29 карликовый посёлок
30 покинутый, заброшенный посёлок, пустошь

IV Исследование поселения

31 форма поля
32 название местности
33 название поля
34 вид дома
35 местоположение

К таблице 153

1 мелкий крестьянин
2 крестьянин-середняк
3 сельскохозяйственный работник

4 der Meisterbauer
5 die Betriebsgröße
6 der Musterbetrieb
7 der Geräteschuppen

8 die Häckselmaschine
9 die Jauche
10 der Kartoffelkeller
11 der Obstkeller

12 die Geflügelzucht
13 die Hühnerrasse
14 das Legehuhn
15 das Fleischhuhn
16 der Winterleger
17 der Hühnerhof
18 der Einschlupf
19 das Fallnest
20 die Sitzstange
21 brüten
22 das Brutei
23 die Brut

24 schlüpfen
25 auskriechen

26 das Storchennest

Zu Tafel 154

I Allgemeines

1 die Viehzucht
2 der Viehbestand, Viehstand
3 die Viehhaltung
4 die Viehpflege
5 das Zuchtvieh
6 das Nutzvieh
7 das Mastvieh, Schlachtvieh

8 das Zugvieh
9 der Offenstall
10 füttern
11 fressen
12 tränken
13 saufen
14 das Leistungsfutter
15 die Futtergrundlage, Futterbasis
16 das Kraftfutter, Kraftfuttermittel
17 die Futterpflanze
18 die Kleie
19 die Rübennaßschnitzel
20 die Trockenschnitzel
21 das Sauerfutter

22 die Sauerschnitzel
23 das Gärfutter, die Silage, Ensilage
24 das Eiweißfuttermittel
25 das Fischmehl
26 das Blutmehl
27 die Trockenhefe
28 der Ölkuchen, das od. der Ölkuchenschrot

4 мастер земледелия
5 величина хозяйства
6 образцовое хозяйство
7 сарай для хранения сельскохозяйственных орудий

8 соломорезка
9 навозная жижа
10 погреб для картофеля
11 погреб для фруктов

12 птицеводство
13 порода кур
14 несушка
15 мясная курица
16 курица, несущая зимой
17 птичий двор
18 птичья лазейка
19 гнездо с клапаном
20 насест
21 высиживать, сидеть на яйцах
22 яйцо для высиживания
23 высиживание, выводок (птенцов)

24 выскальзывать
25 вылупляться

26 аистовое гнездо

К таблице 154

I Общее

1 скотоводство
2 поголовье скота
3 содержание скота
4 уход за скотом
5 племенной скот
6 полезный скот
7 откормочный скот, убойный скот
8 рабочий скот
9 пастбищное содержание скота
10 кормить
11 жрать
12 поить
13 пить
14 корм высокого качества
15 кормовая база
16 концентрированный корм
17 кормовое растение
18 отруби
19 свежий жом
20 сухой жом
21 силосованный корм, квашенный корм
22 кислый жом
23 силос
24 белковое кормовое средство
25 рыбная мука
26 кровяная мука
27 сушёные дрожжи
28 жмыхи, шрот

29 das od. der Schrot, Getreideschrot	29 мука грубого помола
30 das Rauhfutter	30 грубый корм
31 der Häcksel	31 сечка, рубленная смесь сена и соломы
32 die Tierkrankheit	32 болезнь животных
33 die Viehseuche	33 эпизоотия
34 die Maul- und Klauenseuche	34 ящур
35 die Trommelsucht, Blähsucht	35 тимпания
36 der Milzbrand	36 сибирская язва
37 der Rotlauf	37 рожа
38 die Schweinepest	38 чума у свиней
39 der Tierarzt, Veterinär	39 ветеринарный врач, ветеринар

II Pferd († Taf. 34, I u. 33 u. 34 E.)

II Лошадь († табл. 34, I и 33 и 34 д.)

40 das Sielengeschirr	40 шлейковая упряжь
41 der Zaum, das Zaumzeug	41 узда, оголовье
42 zäumen	42 взнуздывать
43 die Trense	43 трензель
44 die Kandare	44 мундштук
45 der Zügel	45 повод, узда
46 der Sattel	46 седло
47 der Steigbügel	47 стремя
48 reiten	48 ездить верхом
49 fohlen	49 жеребиться

III Rind

III Крупный рогатый скот

50 das Milchvieh	50 молочный скот
51 blöken	51 мычать
52 kalben, abkalben	52 телиться
53 trocken stehen	53 не доиться, не давать молока
54 melken	54 доить
55 der Melker	55 доильщик
56 der Milchertrag	56 удой
57 die Milchzentrifuge	57 молочный сепаратор
58 die Molkerei	58 молочная, молочное хозяйство
59 die Vollmilch	59 цельное молоко
60 der Rahm	60 сливки
61 die Magermilch, Schleudermilch, entrahmte Milch	61 снятое молоко, обезжиренное молоко, обрат
62 die Molke, der Molken	62 сыворотка
63 die Buttermilch	63 пахтанье
64 buttern	64 пахтать, сбивать масло

IV Schwein

IV Свинья

65 die Schweinezucht	65 свиноводство
66 die Zuchtsau	66 свиноматка
67 die Mast, Schweinemast, Mästung	67 откармливание, откорм свиней
68 mästen	68 откармливать
69 der Auslauf	69 огороженный выгон
70 wühlen	70 рыть
71 suhlen	71 валяться в грязи
72 grunzen	72 хрюкать
73 ferkeln	73 пороситься
74 werfen	74 метать

Zu Tafel 155

I MTS

1 der Agronom
2 der Maschinenpark
3 die Leitwerkstatt
4 der Einsatzplan, Arbeitskräfteplan, Arbeitsplan
5 der Maschinenpflegeplan
6 der Reparaturplan
7 die Mehrschichtenarbeit
8 die Traktorenbrigade
9 die Gerätekopplung

II VEAB

10 der Erzeuger
11 die Erfassung
12 die Erfassungsstelle
13 die Annahmestelle
14 der Getreide- und Ölfruchttrockner

15 der Aspirateur, die Getreidereinigungsmaschine
16 das Getreidethermometer

17 der Sackaufzug
18 der Elevator
19 der Erzeugerpreis

20 die Ablieferung
21 die Ablieferungspflicht
22 das Ablieferungssoll
23 die Übersollmenge
24 aufkaufen
25 der Aufkaufpreis

26 die Eierprüflampe
27 die Eiersortiermaschine
28 die Eierwaage

Zu Tafel 156

I Allgemeines

1 die landwirtschaftliche Produktionsgenossenschaft
2 der Ackerbau
3 der Anbauplan
4 die Ertragssteigerung

5 der Feldbau
6 der Gartenbau
7 der Obstbau
8 der Gemüsebau

9 anbauen

10 die Nutzfläche, Anbaufläche

11 die Bodennutzung
12 die Ackerfläche
13 die Beregnungsanlage

К таблице 155

I МТС

1 агроном
2 машинный парк
3 межрайонная мастерская
4 рабочий план, план по распределению рабочей силы
5 план ухода за машинами
6 ремонтный план
7 многосменная работа
8 тракторная бригада
9 сцепление сельскохозяйственных орудий

II VEAB

10 производитель
11 заготовка
12 заготовительный пункт
13 приёмочный пункт
14 сушилка для зерна и масличных растений
15 аспиратор, зерноочистительная машина
16 термометр для измерения температуры зерна
17 подъёмник для мешков
18 элеватор
19 цена производителя, себестоимость
20 сдача, поставка
21 обязанность сдачи
22 обязательная поставка
23 сверхплановое количество
24 закупать
25 закупочная цена

26 лампа для проверки яиц
27 машина для сортировки яиц
28 весы для взвешивания яиц

К таблице 156

I Общее

1 сельскохозяйственный производственный кооператив
2 земледелие, полеводство
3 посевной план
4 повышение урожая

5 полеводство
6 садоводство
7 плодоводство
8 овощеводство, огородничество
9 возделывать

10 полезная площадь, посевная площадь
11 землепользование
12 пахотная площадь
13 оросительное устройство

II Der Boden

14 das Brachland, Ödland
15 das Neuland
16 die Bodenart
17 der Mineralboden
18 der Moorboden
19 der Sandboden
20 der Tonboden
21 der Lehmboden

III Die Bodenbearbeitung

22 roden

23 bearbeiten
24 bestellen
25 die Herbstbestellung
26 die Frühjahrsbestellung
27 der Zwischenfruchtanbau

28 ackern, pflügen

29 die Schälfurche
30 schälen
31 die Saatfurche
32 Furchen ziehen
33 grundieren, den Untergrund lockern
34 eggen
35 walzen
36 kultivieren

IV Die Düngung

37 düngen
38 der Misteinleger (Teil des Pfluges)

39 jauchen
40 die Mistkompostierung, Mistvererdung
41 die Volldüngung
42 die Grunddüngung
43 die Kopfdüngung
44 die Reihendüngung
45 die Lochdüngung
46 die Gründüngung

47 der Naturdünger, organischer Dünger
48 das Handelsdüngemittel, der Mineraldünger
49 die Phosphorsäure
50 der Stickstoff
51 das Kali
52 der Düngekalk
53 granulieren
54 das Rieselfeld

Zu Tafel 157

I Saat

1 säen
2 die Wintersaat
3 die Sommersaat

II Почва

14 поле под паром, пустошь
15 целина
16 род почвы
17 минеральная почва
18 болотистая почва, торфяник
19 песчаная почва
20 глинистая почва
21 суглинистая почва, суглинок

III Обработка земли

22 корчевать, расчищать под пашню
23 обрабатывать
24 возделывать
25 озимый посев
26 весенний посев
27 возделывание промежуточных культур
28 пахать, вспахать, обрабатывать
29 лущение
30 лущить
31 семенная борозда
32 бороздить
33 взрыхлять почву

34 боронить, бороновать
35 укатывать
36 культивировать

IV Удобрение

37 удобрять
38 приспособление для запашки навоза (часть плуга)
39 вносить навозную жижу
40 компостирование навоза

41 основное удобрение
42 почвенное удобрение
43 поверхностное удобрение
44 рядовое удобрение (в рядки)
45 рядовое удобрение (в лунки)
46 зелёное удобрение, сидерация
47 натуральное удобрение, органическое удобрение
48 искусственное удобрение, минеральное удобрение
49 фосфорная кислота
50 азот
51 калий
52 известь для удобрения
53 гранулировать
54 поле орошения

К таблице 157

I Посев

1 сеять
2 озимый посев
3 яровой посев

4 die Untersaat
5 die Folgesaat
6 die Drillsaat
7 die Dibbelsaat
8 das Kreuzdrillverfahren
9 das Tiefdrillverfahren
10 die Sämereien
11 beizen
12 auswintern
13 frostfest
14 frostempfindlich
15 keimen
16 die Samenpflanze, der Samenträger
17 der Steckling
18 die Ölsaat
19 der Ölfruchtanbau
20 die Saatgutaufbereitung

II Ernte

21 ernten
22 der Ertrag, Ernteertrag
23 ertragreich
24 die Mißernte
25 die Sommerfrucht
26 der Silomais
27 die Winterfrucht
28 das Bindegarn
29 das Getreide
30 der Roggen, das Korn
31 der Weizen
32 der Hafer
33 die Gerste
34 die Mandel
35 die Stiege
36 einfahren, einbringen
37 die Ähre
38 der Halm
39 die Rispe
40 das Erntefest
41 der Erntekranz

III Das Dreschen, der Drusch

42 dreschen
43 der Dreschflegel

Zu Tafel 158

I Die Hackfrucht

1 die Saatkartoffel
2 die Frühkartoffel
3 die Spätkartoffel
4 Kartoffeln legen, auslegen
5 die Kartoffelhacke
6 igeln
7 selektieren, auslesen
8 Kartoffeln ausmachen, graben
9 auspflügen, ausfahren
10 Kartoffeln lesen

4 подсев
5 последующий посев
6 рядовой посев
7 гнездовой посев
8 посев крестообразным методом
9 рядовой посев в глубину
10 семена
11 протравливать
12 вымерзать, вымораживать
13 морозоустойчивый
14 чувствительный к морозу
15 прорастать
16 семенное растение

17 саженец
18 масличное семя
19 возделывание масличных культур
20 заготовка семян

II Урожай, уборка урожая

21 собирать урожай
22 собранный урожай, урожайность
23 урожайный
24 неурожай
25 яровая культура
26 кукуруза на силос
27 озимая культура
28 сноповязальный шпагат
29 зерновой хлеб, хлеба
30 рожь
31 пшеница
32 овёс
33 ячмень
34 15 снопов
35 20 снопов
36 убирать урожай
37 колос
38 стебель, соломинка
39 метёлка
40 праздник урожая
41 венок из колосьев

III Молотьба

42 молотить
43 цеп

К таблице 158

I Корнеплод

1 семенной картофель
2 ранний картофель
3 поздний картофель
4 сажать картофель
5 картофельная мотыга
6 окучивать
7 выбирать, подбирать
8 копать картофель
9 выпахивать
10 собирать картофель

11 die Kartoffelmiete
12 einmieten
13 die Futterrübe, Runkel
14 verhacken
15 die Hackmaschine
16 das Kreuzhackverfahren

17 blatten (entblättern)
18 köpfen
19 der Köpfschlitten
20 die Rübengabel, der Rübenspaten

II Die Heuernte
21 mähen
22 rechen, harken
23 aufladen
24 abstaken
25 dengeln
26 der Heuschober
27 die Gerüsttrocknung
28 die Heuhinze
29 der Kleereiter od. Kleereuter
30 das Kleeheu
31 die Sichel

III Die Wiese

32 das Grünland, Dauergrünland
33 die Wiesenwirtschaft
34 die Koppelwirtschaft, Weidewirtschaft
35 die Pferdekoppel

36 die Fohlenweide

37 die Jungviehweide

38 grasen, weiden
39 die Schafzucht
40 die Schäferei
41 die Weidemast
42 pferchen
43 lammen
44 scheren
45 die Schur, Schafschur
46 die Vollschur
47 die Halbschur
48 die Wolle, Schafwolle
49 der Kuhhirt
50 die Kuhherde
51 hüten

Zu Tafel 159

1 die Balkenschleppe
2 die Kettenschleppe

3 die Ringelwalze
4 die Croskillwalze
5 die Sternwalze
6 die Moorwalze

11 картофельный бурт, картофелехранилище
12 складывать в бурты
13 кормовая свёкла
14 мотыжить, пропахивать
15 культиватор, пропашник
16 мотыжение крестообразным методом

17 удалять ботву
18 отрубать верхушку
19 ботворез
20 вилы для свёклы

II Сенокос, сбор сена
21 косить
22 сгребать, грести граблями
23 нагружать
24 сгружать
25 отбивать косу
26 копна сена
27 сушка на козлах
28 козлы для сушки сена
29 козлы для сушки клевера
30 клеверное сено
31 серп

III Луг

32 пастбище, выгон
33 луговое хозяйство
34 выгонное хозяйство

35 огороженный выгон для лошадей

36 пастбище, выгон для жеребят

37 пастбище, выгон для молодняка рогатого скота

38 пастись
39 овцеводство
40 овчарня
41 пастбищный откорм
42 загонять в загон
43 ягниться
44 стричь, подстригать
45 стрижка, стрижка овец
46 полная стрижка
47 полустрижка
48 шерсть, овечья шерсть
49 пастух
50 стадо коров
51 пасти

К таблице 159

1 брусочная волокуша
2 цепная волокуша

3 кольчатый каток
4 каток «Кроскиль»
5 звездообразный каток
6 каток для болотистой местности

7	die Notzonegge, Walzenkrümelegge, Stachelwalze	7 игольчатый каток
8	die Wiesenegge	8 луговая борона
9	die Saategge, Feinegge	9 посевная борона
10	die Gelenkegge	10 оборотная борона
11	die Scheibenegge, Telleregge	11 дисковая борона
12	die Doppelscheibenegge	12 двойная дисковая борона
13	der Untergrundpacker	13 подпочвенный плуг
14	der Krümmer	14 культиватор
15	die Hackmaschine	15 культиватор, пропашник
16	das Pflanzlochgerät	16 лункокопатель
17	der Markierer	17 маркёр
18	die Kartoffelpflanzlochmaschine, Kartoffellochmaschine	18 машина для открывания борозды
19	die Kartoffellegemaschine	19 картофелесажалка
20	die Kartoffelwaschmaschine	20 картофелемойка
21	der Kartoffelsortierer, die Kartoffelsichtmaschine	21 картофелесортировка
22	der Heulader	22 сенонагрузчик
23	der Heuraffer	23 сенные грабли
24	der Schwadenwender	24 сеноворошитель
25	der Rübenschneider	25 свеклорезка, корнерезка
26	der Düngerstreuer	26 навозоразбрасыватель
27	der Jauchedrill	27 жижераспылитель
28	die Jaucheschleuder, der Jaucheturbo	28 машина для разброски навозной жижи
29	der Wendepflug, Kipppflug	29 оборотный балансирный плуг
30	der Kehrpflug, Wechselpflug, Brabanter Pflug	30 оборотный плуг
31	der Schwingpflug	31 навесной плуг
32	der Stelzpflug	32 плуг с одноколёсным передком
33	der Rahmenpflug	33 рамный плуг
34	der Zweischarpflug	34 двухлемешный плуг
35	der Dreischarpflug, Schälpflug	35 трёхлемешный плуг
36	der Häufelpflug	36 окучник
37	der Untergrundlockerer	37 подпочвенный плуг, рыхлитель, почвоуглубитель
38	der Motorpflug	38 моторный плуг

Zu Tafel 160 — К таблице 160

I Allgemeines — I Общее

1	der Gartenbau	1 садоводство
2	die Gartenkunst	2 садоводство
3	die Gartengestaltung	3 проектирование, устройство сада
4	die Gartenbauausstellung	4 выставка садоводства
5	der Gärtner	5 садовник, огородник
6	der Gartenarchitekt	6 архитектор по садоводству
7	die gärtnerische Produktionsgenossenschaft	7 садоводческий производственный кооператив
8	das Warmhaus, Treibhaus	8 теплица, оранжерея
9	das Kalthaus, Erdhaus	9 теплица-землянка
10	das Glasdach	10 стеклянная крыша
11	die Lüftungsklappe	11 вентиляционный клапан

12 die Frühbeetanlage	12 парниковое устройство
13 das Freiland	13 открытый грунт
14 die Kulturfläche	14 культурный участок
15 die Kultur, Anpflanzung	15 культура, насаждение
16 das Gewächs	16 растение
17 die Anzucht	17 разведение растений
18 die Zierpflanze	18 декоративное растение
19 die Topfpflanze	19 горшечное растение

II Die Baumschule — II Древесный питомник

20 die Baumform	20 габитус дерева
21 die Koniferenschule	21 питомник хвойных деревьев
22 die Rosenschule	22 питомник роз
23 die Jungpflanzenanzucht	23 разведение молодых растений
24 die Forstpflanzenanzucht	24 разведение лесных растений
25 der Baumschnitt	25 подрезка деревьев
26 der Fruchtholzschnitt	26 подрезка фруктовых деревьев
27 das Roden	27 корчёвка

III Maschinen und Werkzeuge († Taf. 47, IV) — III Машины и орудия († табл. 47 IV)

28 die Gartenwalze	28 садовый каток
29 die Schubkarre	29 тачка
30 die Schlaghacke	30 мотыга
31 der Karst	31 мотыга, кирка
32 die Rasenschere	32 дернорез
33 die Rosenschere	33 ножницы для резки роз

IV Der Boden — IV Почва

34 die Kulturerde	34 возделанная земля
35 die Erdmischung	35 смешанная земля
36 der Sand	36 песок
37 der Ton	37 глина
38 der Lehm	38 тощая глина, суглинок
39 der Humus, die Humuserde	39 гумус, перегной
40 die Bodenbeschaffenheit	40 строение почвы, свойства почвы, характер почвы
41 die Lauberde	41 лиственная земля
42 die Misterde	42 дерновая земля
43 die Komposterde	43 компостная земля
44 die Moorerde	44 болотная земля
45 die Heideerde	45 вересковая земля

V Bodenarten — V Свойства почвы

46 leicht	46 лёгкий
47 schwer	47 тяжёлый
48 fruchtbar	48 плодородный
49 unfruchtbar	49 неплодородный
50 sandig	50 песчаный
51 tonig	51 глинистый
52 lehmig	52 суглинистый
53 bindig	53 вязкий, плотный
54 hart	54 твёрдый
55 trocken	55 сухой
56 feucht	56 влажный
57 verschlämmt	57 илистый
58 locker	58 рыхлый
59 krümelig	59 комовой
60 verkrustet	60 покрытый коркой

61 anmoorig	61 болотный
62 sauer	62 кислый
63 basisch	63 основной
64 stagnierend	64 застойный

VI Die Bodenbearbeitung / VI Обработка почвы

65 die Wasserverhältnisse	65 наличие воды
66 der Grundwasserspiegel	66 уровень грунтовых вод
67 die Bodenentwässerung, Dränage	67 осушение почвы, дренаж
68 die Bodenbewässerung	68 орошение почвы
69 der Stallmist	69 навоз
70 die Rotte	70 разложение навоза
71 die Gründüngung	71 зелёное удобрение, сидерация
72 der Mineraldünger	72 минеральное удобрение
73 das Düngesalz	73 удобрительная соль
74 der Kopfdünger	74 поверхностное удобрение
75 graben	75 копать, рыть
76 fräsen	76 фрезеровать
77 hacken	77 работать киркой
78 lockern	78 разрыхлять
79 lüften	79 проветривать
80 dränieren	80 дренировать, осушать
81 kalken	81 удобрять известью

Zu Tafel 161 / К таблице 161

1 der Wildling	1 дичок
2 pfropfen	2 прививать
3 die Keilpfropfung	3 клиновидная прививка, колировка
4 die Spaltpfropfung	4 колировка в щель
5 die Rindenpfropfung	5 колировка в кору
6 okulieren	6 окулировать
7 kopulieren	7 копулировать
8 ablaktieren	8 аблактировать
9 lösen, die Rinde	9 снимать, отделять (кору)
10 einsetzen (das Auge)	10 очковать
11 verbinden	11 обвязывать
12 das Abwerfen	12 опадание
13 die Verwachsung	13 срастание
14 das Nachveredeln	14 дополнительная прививка
15 die Okuliermade	15 личинка, окулировочный червячок

Zu Tafel 162 / К таблице 162

1 das Forstrevier, Revier	1 лесничество
2 das Gehölz	2 лесок, роща
3 das Buschwerk	3 заросль, частый кустарник
4 der Urwald	4 первобытный лес
5 der Nadelwald	5 хвойный лес, бор
6 der Laubwald	6 лиственный лес
7 der Mischwald	7 смешанный лес
8 die Baumgrenze	8 граница древесной растительности
9 der Waldbestand	9 лес (состав леса)
10 das Oberholz	10 вершняк
11 roden	11 корчевать
12 fällen, einschlagen	12 рубить
13 die Motorsäge	13 моторная пила
14 entästen	14 подрезать сучья

15 schälen	15 производить окорку, лущить
16 das Derbholz	16 крупный лесоматериал
17 das Nutzholz	17 поделочный лес, деловая древесина
18 aufforsten	18 разводить лес
19 der Köhler, Kohlenbrenner	19 угольщик
20 der Meiler, Kohlenmeiler	20 костёр для углежжения
21 die Riese, Wegriese, der Riesweg, die Baumrutsche, Rutsche	21 лесоскат, лесоспуск
22 die Flößerei	22 лесосплав
23 der Feuerschutzstreifen	23 противопожарная лесная полоса
24 der Feuerschutzgraben	24 противопожарный ров
25 der Waldbrand	25 лесной пожар
26 die Forstschädlinge	26 лесные вредители
27 der Maikäfer	27 майский жук
28 der Prozessionsspinner	28 походный шелкопряд
29 die Nonne	29 монахиня
30 der Borkenkäfer	30 короед
31 der Kiefernschwärmer	31 сосновый бражник
32 der Kiefernspanner	32 сосновая пяденица
33 die Gallwespe	33 орехотворка
34 der Rüsselkäfer	34 долгоносик
35 der Eichenwickler	35 дубовая листовёртка
36 der Hallimasch	36 опёнок
37 der Oberförster	37 главный лесничий
38 der Forstmeister	38 старший лесничий
39 der Haumeister	39 бригадир
40 der Forstmann	40 лесовод
41 die Forstschule	41 лесное училище
42 die Forstakademie	42 лесная академия

Zu Tafel 163

(Vgl. Taf. 164)

I Die Bank

К таблице 163

(ср. табл. 164)

I Банк

1 die Deutsche Notenbank	1 Немецкий эмиссионный банк
2 prägen	2 чеканить
3 die Währung	3 валюта
4 die Devisen	4 иностранная валюта, девизы
5 die Valuta	5 валюта
6 das Bankinkasso	6 инкассо через банк
7 das Rechnungseinzugsverfahren (RE-Verfahren)	7 способ взыскания счётов
8 sparen	8 беречь, экономить, копить
9 der Sparer	9 копящий деньги, вкладчик
10 die Sparkasse	10 сберегательная касса
11 das Sparkassenbuch	11 сберегательная книжка
12 verzinsen, sich	12 приносить проценты
13 der Zins, die Zinsen	13 процент, проценты
14 der Zinsfuß	14 процентная ставка
15 die Stahlkammer, der Tresor	15 сейф
16 das Bündel	16 пачка
17 das Bargeld	17 наличные
18 wechseln	18 разменивать

19	das Kleingeld	19	мелочь, разменная монета
20	die Zahlung	20	платёж
21	einzahlen	21	платить, вносить
22	auszahlen	22	выплачивать
23	aufzählen	23	перечислять
24	erhalten	24	получать
25	die Quittung	25	квитанция, расписка

II Der bargeldlose Zahlungsverkehr
II Безналичный денежный оборот

26	überweisen	26	переводить
27	das Konto	27	счёт
28	das Postscheckkonto	28	текущий счёт в почтовом отделении
29	das Girokonto	29	жиросчёт, текущий счёт
30	belasten	30	дебетовать
31	die Gutschrift	31	кредитование
32	der Scheck	32	чек
33	der Wechsel	33	вексель
34	zahlbar, fällig	34	подлежащий уплате

III Die Buchführung
III Ведение бухгалтерских книг

35	buchen	35	записывать, проводить по книгам
36	der Buchhalter	36	бухгалтер
37	die Buchhaltung	37	бухгалтерия
38	der Kassenbestand	38	кассовая наличность
39	das Haben	39	кредит, приход
40	das Soll	40	дебет, расход
41	das Kontokorrent	41	контокоррент, текущий счёт
42	der Saldo	42	сальдо
43	der Betrag	43	сумма

IV Das Rechnungswesen
IV Счетоводство

44	die Kalkulation	44	калькуляция
45	das Vermögen	45	имущество
46	der Kredit	46	кредит
47	der Gläubiger	47	кредитор
48	die Schuld	48	долг
49	der Schuldner	49	дебитор, должник
50	die Kosten	50	издержки, расходы
51	die Selbstkosten	51	себестоимость
52	die Spesen	52	издержки, накладные расходы
53	die Provision	53	комиссионные деньги
54	das Skonto	54	скидка
55	die Außenstände	55	счета дебиторов
56	die Bilanz	56	баланс
57	die Inventur	57	инвентаризация
58	abrechnen	58	отчитываться
59	der Abschluß	59	заключение, завершение
60	die Aktiva, Aktiven	60	актив
61	die Passiva, Passiven	61	пассив
62	die Betriebsabrechnung	62	производственный отчёт
63	die Abschreibung	63	амортизация, погашение
64	der Verlust	64	потеря, убыток
65	das Defizit	65	дефицит
66	erzielen	66	достигнуть
67	der Überschuß	67	прибыль, избыток, остаток
68	abwerfen	68	приносить доход
69	der Gewinn	69	прибыль, доход
70	der Reingewinn	70	чистая прибыль

Zu Tafeln 164 u. 165 | К таблицам 164 и 165

(Vgl. Taf. 163 u. 166) | (ср. табл. 163 и 166)

	Deutsch	Русский
1	das Inventar	инвентарь
2	die Büromaschine	конторская машинка
3	die Addiermaschine	счётная машинка
4	die Adressiermaschine	адресная машинка
5	die Bleistiftspitzmaschine	машинка для точки карандашей
6	die Buchungsmaschine	бухгалтерская машинка
7	die Heftmaschine	проволочно-сшивальная машинка
8	der Vervielfältigungsapparat	множительный аппарат, ротатор
9	der Brieföffner	нож для вскрытия писем
10	siegeln	запечатывать
11	der Siegellack	сургуч
12	das Petschaft	печать
13	die Tinte	чернила
14	der Büroleim	конторский клей
15	das Adreßbuch	адресная книга
16	die Firma, das Geschäft	фирма, торговый дом
17	betreiben	заниматься, производить
18	die Branche, der Geschäftszweig	отрасль, специальность
19	der Betriebsleiter	руководитель, начальник
20	der Prokurist	прокурист
21	der Vertreter	представитель
22	das Geschäft, der Geschäftsabschluß	заключение коммерческого договора
23	die Ware	товар
24	der Warenbegleitschein	накладная
25	das Angebot, die Offerte	предложение
26	der Auftrag	заказ
27	die Bestellung	заказ
28	brutto	брутто
29	netto	нетто
30	berechnen	вычислять, исчислять
31	anrechnen	засчитывать, ставить в счёт
32	verrechnen	производить расчёт
33	reklamieren	рекламировать
34	abwickeln	оканчивать
35	die Aufgabe, Auflösung	ликвидация
36	liquidieren	ликвидировать
37	der Konkurs	конкурс
38	maschineschreiben, tippen, schreiben	печатать на машинке
39	die Taste	клавиша
40	die Type	буква
41	das Farbband	лента для пишущей машинки
42	das Schreiben	письмо
43	der Bogen	лист бумаги
44	das Original	подлинник
45	das Kohlepapier	копировальная бумага
46	der Durchschlag, die Durchschrift, Kopie	копия
47	das Durchschlagpapier	тонкая бумага
48	der Fensterumschlag	конверт с окошком
49	die Gummierung	гуммирование
50	das Formular, der Vordruck	формуляр
51	der Briefkopf	заголовок письма
52	der Rand, Heftrand	поля для сшивания
53	diktieren	диктовать

54 das Diktatzeichen	54 знак отправителя
55 stenographieren	55 стенографировать
56 notieren	56 записывать, отмечать
57 das Datum	57 дата, число
58 die Anrede	58 обращение
59 die Aufstellung, Tabelle	59 сводка, таблица, перечень
60 unterzeichnen	60 подписывать
61 radieren	61 стирать
62 abhaken	62 отмечать
63 das Duplikat	63 дубликат
64 die Abschrift	64 копия
65 lochen	65 пробивать
66 die Lochung	66 прокол
67 abheften	67 откладывать, подшивать
68 die Ablage	68 хранение
69 die Registratur	69 регистратура
70 der Farbstift	70 цветной карандаш
71 der Kopierstift	71 копировальный, химический карандаш
72 der Kugelschreiber	72 шариковая авторучка

Zu Tafel 166

К таблице 166

(Vgl. Taf. 143-145)

(ср. табл. 143-145)

1 die Kundschaft	1 покупатели, клиентура
2 die Genossenschaft	2 кооператив
3 einholen, besorgen	3 покупать, доставать
4 die Selbstbedienung	4 самообслуживание
5 kaufen	5 покупать
6 kosten	6 стоить
7 teuer	7 дорогой
8 der Preis	8 цена
9 die Preissenkung	9 снижение цен
10 billig	10 дешёвый
11 der Einkauf	11 закупка
12 das Kaufhaus	12 универмаг
13 das Hauptgeschäft	13 центральный магазин
14 das Zweiggeschäft, die Filiale	14 филиал
15 das Spätgeschäft	15 дежурный магазин
16 die Abteilung	16 отдел, отделение
17 der Erfrischungsraum	17 буфет, закусочная
18 der Artikel	18 предмет
19 die Auslage	19 выставка
20 die Attrappe, Schaupackung	20 бутафория
21 der Posten	21 партия (товара)
22 das Sortiment	22 выбор, ассортимент
23 die Lebensmittel, Nahrungsmittel	23 пищевые продукты, продовольствие
24 das Mehl	24 мука
25 der Grieß	25 манная крупа
26 die Grütze	26 каша
27 die Graupen	27 крупа
28 die Teigwaren	28 макаронные изделия
29 die Nudeln	29 лапша, вермишель
30 der Zucker	30 сахар
31 der Würfelzucker	31 пилёный сахар
32 der Kandiszucker	32 леденец
33 der Sirup	33 сироп
34 die Konfitüre	34 варенье

35 die Milch	35 молоко
36 die Butter	36 масло
37 der Käse	37 сыр
38 der Quark	38 творог
39 der Schmelzkäse	39 плавленный сыр
40 der Weichkäse	40 мягкий сыр, сливочный сыр
41 der Hartkäse	41 твёрдый сыр
42 die Margarine	42 маргарин
43 die Süßwaren, Süßigkeiten, das Konfekt	43 сладости, конфеты
44 der Fondant	44 помадка
45 die Füllung (in der Praline)	45 начинка (в пралине)
46 die Karamelle	46 карамель
47 der od. das Malzbonbon	47 солодовый леденец
48 das Marzipan	48 марципан
49 der od. das Sahnebonbon	49 сливочная конфета, тянучка
50 die Schokolade	50 шоколад
51 der Keks	51 печенье
52 der Lebkuchen	52 пряник
53 der Pfefferkuchen	53 пряник
54 der Branntwein	54 водка (немецкая)
55 der Rum	55 ром
56 der Wodka	56 водка (русская)
57 der Likör	57 ликёр
58 der Kaffee	58 кофе
59 der Bohnenkaffee	59 кофе в зёрнах
60 der Malzkaffee	60 солодовое кофе
61 der Kakao	61 какао
62 der Tee	62 чай
63 der Tabak	63 табак
64 der Feinschnitt	64 мелкий табак (для сигарет)
65 der Krüllschnitt	65 табак с вьющимися волокнами (трубочный)
66 der Grobschnitt	66 грубо нарезанный табак (махорочный)
67 die Tabakspfeife, Pfeife	67 трубка для курения
68 der Schnupftabak	68 нюхательный табак
69 die Prise	69 понюшка
70 der Kautabak	70 жевательный табак
(† Ergänzungen zu Tafel 167 u. 168, Nr. 65-76)	(† дополнения к табл. 167 и 168 № 65-76)

Zu Tafeln 167 u. 168 — К таблицам 167 и 168

I Café und Gaststätte — I Кафе и ресторан

1 einkehren	1 заходить
2 bedienen	2 обслуживать
3 bestellen	3 заказывать
4 bringen, servieren	4 подавать
5 einschenken	5 наливать
6 nippen	6 пригубить
7 das Gebäck, Backwerk	7 пирожное, печенье
8 die Gebäckzange	8 щипцы для пирожного
9 der Baiser	9 безе
10 die Makrone	10 миндальное пирожное
11 der Mohrenkopf	11 шоколадная бомба с кремом
12 der Pfannkuchen	12 пончик
13 das Plätzchen	13 маленькое плоское печенье
14 die Sahnenrolle	14 трубочка со сливками
15 der Windbeutel	15 венское печенье, пышка

16	der Gasthof	16	гостиница
17	das Lokal	17	ресторан, кафе, закусочная
18	das Wirtshaus	18	гостиница с трактиром
19	die Schenke	19	пивная
20	das Gartenlokal, die Gartenwirtschaft	20	ресторан в саду
21	die Gaststube	21	гостиная
22	der Wirt, Gastwirt	22	хозяин гостиницы
23	das Getränk	23	напиток
24	alkoholisch	24	алкогольный
25	die Bowle	25	крюшон, жжёнка
26	der Grog	26	грог
27	die Spirituosen	27	спиртные напитки
28	der Schnaps	28	водка
29	der Schoppen (Wein)	29	кружка (вина)
30	anstechen (Bier)	30	вскрывать (бочку с пивом)
31	der Kork	31	пробка
32	das Bierseidel, Seidel	32	пивная кружка
33	die Limonade	33	лимонад
34	das Mineralwasser	34	минеральная вода
35	die Speise	35	пища
36	der Imbiß	36	закуска
37	die Mahlzeit	37	еда, обед, ужин
38	die Portion	38	порция
39	das Gedeck	39	столовый прибор
40	das Gericht	40	блюдо, кушанье
41	der Appetit	41	аппетит
42	das Beefsteak	42	бифштекс
43	das belegte Brötchen	43	бутерброд
44	die Bratkartoffeln	44	жареный картофель
45	das Ei	45	яйцо
46	der Eierlöffel	46	ложка для яйца
47	das Rührei	47	яичница
48	das Spiegelei	48	глазунья
49	das Eis, Speiseeis	49	мороженое
50	die Waffel	50	вафля
51	die Fleischbrühe, **Brühe**	51	бульон
52	das Frikassee	52	фрикассе
53	der Gänsebraten	53	жареный гусь
54	der Gurkensalat	54	салат из огурцов
55	der Kaviar	55	икра
56	der Klops	56	биток
57	das Kompott	57	компот
58	die Marinade	58	маринад
59	die Mayonnaise	59	майонез
50	die Pastete	60	паштет
61	das Ragout	61	рагу
62	die Soße, **Tunke**	62	соус, подливка
63	die Suppe	63	суп
64	der Senf, Mostrich	64	горчица
65	rauchen	65	курить
66	der Raucher	66	курящий, курильщик
67	die Banderole	67	бандероль
68	die Zigarre	68	сигара
69	die Zigarrenschere	69	ножницы для обрезания сигар
70	der Zigarrenstummel	70	окурок сигары
71	der od. das Zigarillo	71	маленькая сигара, сигарилло, сигарета
72	die Zigarette	72	сигарета, папироса
73	die Kippe	73	окурок
74	das Streichholz	74	спичка
75	die Streichholzschachtel	75	коробка спичек
76	die Reibfläche	76	плоскость трения

II Hotel

77 die Unterkunft
78 übernachten
79 ankommen
80 der Nachtportier, Nachtpförtner
81 die Anmeldung
82 das Zimmer
83 die Klingel
84 das Zimmermädchen

Zu Tafeln 169 u. 170

1 die Stadt
2 die Hauptstadt
3 die Großstadt
4 die Kleinstadt
5 die Altstadt
6 die Innenstadt, innere Stadt, das Zentrum
7 die Neustadt
8 der Stadtteil
9 der Vorort
10 der Stadtplan, Plan

11 die Hauptstraße
12 die Geschäftsstraße
13 die Wohnstraße
14 die Querstraße
15 die Nebenstraße, Seitenstraße
16 die Stoppstraße
17 die Einbahnstraße
18 die Schnellstraße

19 die Fernverkehrssammelstraße
20 die Gasse
21 der Platz
22 der Markt, Marktplatz
23 das Denkmal
24 das Rathaus

25 der Häuserblock
26 die Arkade
27 die Kolonnade
28 die Passage, der Durchgang
29 das Geschäftshaus
30 die Markthalle
31 der Kiosk

32 der Verkehr
33 die S-Bahn, Stadtbahn
34 die U-Bahn, Untergrundbahn
35 die Überführung
36 der Übergang
37 die Ausfahrt
38 das Fahrzeug
39 ausweichen

40 der Parkplatz

41 die Trinkwasserversorgung
42 der Wasserturm
43 die Kanalisation
44 der Straßenbauer

II Отель, гостиница

77 остановка в гостинице
78 переночевать
79 прибывать
80 ночной швейцар
81 прописка на жительство
82 комната
83 звонок
84 горничная

К таблицам 169 и 170

1 город
2 столица
3 большой город
4 провинциальный городок
5 старая часть города
6 центр города

7 новая часть города
8 часть города
9 предместье
10 план города

11 главная улица
12 торговая улица
13 жилая улица
14 поперечная улица
15 боковая улица
16 непроезжая улица
17 однопутная улица
18 улица для быстрого движения

19 транзитная магистраль
20 небольшая улица, переулок
21 площадь
22 рыночная площадь
23 памятник
24 ратуша

25 квартал
26 аркада
27 колоннада
28 проход
29 торговый дом
30 крытый рынок
31 киоск

32 движение, сообщение
33 городская железная дорога
34 метро, метрополитен
35 путепровод
36 переход
37 выезд
38 транспортное средство
39 дать дорогу, сворачивать с дороги
40 стоянка автомашин

41 снабжение питьевой водой
42 водонапорная башня
43 канализация
44 дорожник, мостовщик

45 pflastern	45 мостить
46 das Holzpflaster	46 торцовая мостовая
47 das Kopfsteinpflaster	47 булыжная мостовая
48 das Kleinpflaster	48 мозаичная мостовая
49 die Blinklichtanlage	49 мигающее устройство

Zu Tafel 171 — К таблице 171

1 der Straßenbahnhof — 1 трамвайное депо
2 die Straßenbahnlinie, Linie — 2 трамвайная линия
3 der Sonderwagen — 3 особый вагон
4 anhängen — 4 прицеплять
5 die Klingel — 5 звонок
6 die Endstation — 6 конечная станция
7 abhängen — 7 отцеплять
8 befördern — 8 перевозить

9 einsteigen — 9 садиться
10 aufspringen — 10 вскакивать
11 besetzt — 11 занято
12 der Mittelgang — 12 средний проход
13 der Seitengang — 13 боковой проход
14 der Sitzplatz — 14 место для сидения
15 der Fahrschein — 15 билет
16 die Lochzange — 16 компостер
17 das Fahrgeld — 17 плата за проезд
18 die Dauerkarte — 18 абонемент
19 die Monatskarte — 19 месячный билет
20 die Wochenkarte — 20 недельный билет
21 umsteigen — 21 пересаживаться
22 aussteigen — 22 высаживаться, выходить
23 abspringen — 23 соскакивать

24 der Oberleitungsomnibus, Obus — 24 троллейбус

Zu Tafel 172 — К таблице 172

(Vgl. Taf. 173 u. 174) — (ср. табл. 173 и 174)

I Das Fahrrad — **I Велосипед**

1 der Kettenschutz — 1 коробка для цепи
2 das Tandem — 2 тандем
3 der Antrieb — 3 привод, передача
4 der Ballonreifen — 4 баллонная шина
5 der Freilauf — 5 свободный ход
6 die Rücktrittbremse — 6 ножной тормоз
7 der Bremshebel — 7 тормозной рычаг
8 die Felgenbremse — 8 тормоз действующий на обод
9 ölen — 9 смазывать
10 das Ölkännchen — 10 маслёнка
11 der Fahrradständer — 11 стоянка для велосипедов
12 anschließen — 12 прикрепить

13 radfahren, radeln — 13 ездить на велосипеде
14 der Radfahrer — 14 велосипедист
15 der Radfahrweg, Radweg — 15 велосипедная дорожка
16 bremsen — 16 тормозить
17 die Panne — 17 авария
18 die „Acht" — 18 «восьмёрка»
19 die Reparatur — 19 ремонт
20 der Fahrradmechaniker — 20 веломеханик
21 vulkanisieren — 21 вулканизировать
22 aufpumpen — 22 накачивать

II Das Motorrad

23 das Kleinkraftrad
24 der Viertaktmotor
25 der Zweitaktmotor
26 der Bedienungshebel

27 der Lufthebel
28 der Zündhebel
29 das Drehgas

30 das Zündkabel
31 der Kolben
32 der Kolbenbolzen
33 der Pleuel
34 die Kurbelwelle
35 die Schwungmasse
36 das Ventil
37 die Ventilstange, Stößelstange
38 die Nockenwelle
39 das Wechselgetriebe

40 die Fußschaltung
41 die Handschaltung
42 die Kupplung
43 die Getriebekette
44 die Hinterradkette
45 der Kardanantrieb
46 das Kardangelenk
47 die Innenbackenbremse

48 die Beiwagenmaschine

49 der Beiwagen

50 die Positionslampe
51 die Motorsportgemeinschaft

52 das Moped
53 der Motorroller

Zu Tafeln 173 u. 174

(Vgl. Taf. 172)

1 der Personenkraftwagen, das Personenauto
2 das Kabriolett
3 die Limousine
4 das Verdeck
5 der Zweisitzer
6 der Vierzylinder

7 der Autobus, Omnibus, Bus
8 das Dreirad
9 der Lastkraftwagen, das Lastauto, der Lastwagen
10 das Führerhaus
11 die Plane
12 der Lastzug
13 der Verbrennungsmotor

14 der Kraftstoff
15 das Benzin
16 der Ottomotor

II Мотоцикл

23 малолитражный мотоцикл
24 четырёхтактный двигатель
25 двухтактный двигатель
26 пусковой регулирующий рычаг

27 рычаг подачи воздуха
28 рычаг зажигания
29 привод двигателя вращением ручки

30 запальный провод
31 поршень
32 поршневой палец
33 шатун
34 коленчатый вал
35 вращающаяся масса
36 клапан, вентиль
37 тяга клапана
38 кулачковый вал
39 передача с переменными скоростями

40 ножное переключение
41 ручное переключение
42 сцепление, сцепка
43 цепь редуктора
44 цепь заднего колеса
45 карданная передача
46 кардан
47 тормоз с внутренними колодками

48 мотоцикл с коляской

49 коляска (мотоцикла)

50 габаритная фара
51 общество любителей моторного спорта
52 моторный велосипед
53 мотороллер

К таблицам 173 и 174

(ср. табл. 172)

1 легковой автомобиль

2 кабриолет
3 лимузин
4 верх
5 двухместный автомобиль
6 четырёхцилиндровый двигатель

7 автобус
8 трёхколёсный автомобиль
9 грузовик, грузовой автомобиль
10 кабина водителя
11 брезент
12 автосостав
13 двигатель внутреннего сгорания
14 горючее
15 бензин
16 двигатель Отто

17	das Dieselöl, der Dieselkraftstoff	17	дизельное горючее
18	der Dieselmotor	18	дизель, двигатель Дизеля
19	das Holzgas	19	древесный газ
20	der Holzgasgenerator	20	древесногазовый генератор
21	der Heckmotor	21	кормовой двигатель
22	die Ansaugleitung	22	всасывающий трубопровод
23	der Vergaser	23	карбюратор
24	der Schwimmer	24	поплавок
25	der Luftfilter	25	воздушный фильтр
26	die Düse	26	сопло
27	das Einlaßventil	27	впускной клапан
28	der Zylinder	28	цилиндр
29	der Hub	29	ход
30	die Pleuelstange	30	шатун
31	das Lager	31	подшипник
32	der Stößel	32	толкатель
33	das Auslaßventil	33	выпускной клапан
34	die Auspuffleitung	34	выхлопной трубопровод
35	die Ölwanne	35	масляная ванна
36	der Öleinfüllstutzen	36	наполнительный патрубок для масла
37	das Schwungrad	37	маховик
38	die Schaltung	38	переключение
39	der Gang	39	ход
40	die Vierradbremse	40	четырёхколёсный тормоз
41	der Stoßdämpfer	41	амортизатор
42	die Batteriezündung	42	батарейное зажигание
43	die Schwefelsäure	43	серная кислота
44	die Bleiplatte	44	свинцовая пластинка
45	die Zündspule	45	запальная катушка
46	der Unterbrecher	46	прерыватель
47	der Verteiler	47	распределитель зажигания
48	das Zündkabel	48	запальный провод
49	die Zündkerze	49	запальная свеча
50	der Magnet	50	магнит
51	die Lichtmaschine	51	генератор
52	der Keilriemen	52	клиновидный ремень
53	der Ventilator	53	вентилятор
54	die Kühlwasserpumpe	54	водяной насос
55	die Andrehkurbel	55	пусковая ручка
56	das Abschleppseil	56	буксирный канат
57	die Luftpumpe	57	воздушный насос
58	die Schneekette	58	цепь против скольжения на снегу
59	der Nippel	59	нипшель
60	der Fahrer, Chauffeur	60	шофёр
61	der Kraftfahrzeugzulassungsschein	61	удостоверение о разрешении проезда автомобилей
62	die Fahrerlaubnis	62	водительские права
63	das Fahrtenbuch	63	ездовая книга
64	der Beifahrer	64	провожатый
65	der Insasse	65	пассажир
66	abschleppen	66	буксировать
67	schmieren	67	смазывать
68	anhängen	68	прицеплять
69	anlassen	69	пускать в ход
70	anwerfen	70	пускать двигатель
71	anfahren	71	трогать с места
72	steuern	72	управлять, править
73	schalten	73	включать
74	umschalten	74	переключать
75	schleudern	75	заносить
76	hupen	76	гудеть, сигналить

77	überholen	77	обгонять
78	einbiegen	78	сворачивать
79	anhalten, halten, stoppen	79	останавливать(ся)
80	parken	80	останавливаться для стоянки, стоять

Zu Tafel 175 / К таблице 175

1	die Autobahn	1	автострада
2	die Anschlußstelle	2	стык дорог
3	die Fernverkehrsstraße	3	магистраль
4	die Autostraße	4	автомобильная дорога
5	die Zufahrtsstraße	5	подъездная дорога
6	abgehen	6	отводить
7	die Umgehungsstraße	7	объезжая дорога
8	die Allee	8	аллея
9	der Fahrweg	9	проезжая дорога
10	ausgefahren	10	разъезженный
11	sandig	11	песчаный
12	staubig	12	пыльный
13	schlängeln, sich	13	виться
14	dahinziehen, sich	14	тянуться
15	die Steigung	15	подъём
16	ansteigen	16	подниматься
17	bergauf	17	в гору
18	bergab	18	под гору
19	die Überführung	19	путепровод
20	beschrankt (Bahnübergang)	20	с шлагбаумом
21	unbeschrankt	21	без шлагбаума
22	die S-Kurve	22	S-поворот
23	die Querrinne	23	поперечный жёлоб
24	die Kreuzung	24	перекрёсток
25	gesperrt	25	проезд воспрещён
26	die Umleitung	26	объезд
27	die Ortstafel	27	табличка с названием места

Zu Tafel 176 / К таблице 176

(Vgl. Taf. 175, 177—179) (ср. табл. 175, 177—179)

1	das Verkehrsmittel	1	средство сообщения
2	der Verkehrsweg	2	путь сообщения
3	der Verkehrsknotenpunkt	3	транспортный узел
4	der Personenverkehr	4	пассажирское движение
5	der Schnellverkehr	5	скоростное движение
6	der Güterverkehr	6	товарное движение
7	der Güterfernverkehr	7	товарное движение на дальние расстояния
8	der Transitverkehr	8	транзитное движение
9	beladen	9	нагружать, грузить
10	die Beladung	10	нагрузка, погрузка
11	versenden	11	отправлять
12	der Versand	12	отправка
13	befördern	13	перевозить, доставлять
14	der Transport, die Beförderung	14	транспортировка, перевозка
15	der Transportraum	15	погрузочная ёмкость
16	entladen	16	разгружать, выгружать
17	die Entladung	17	разгрузка, выгрузка
18	die Deutsche Reichsbahn	18	Германская государственная железная дорога
19	der Eisenbahnzug, Zug	19	поезд, состав
20	der Fernschnellzug	20	скорый поезд дальнего следования

21	der Triebwagen	21	дизель-поезд
22	elektrifizieren	22	электрифицировать
23	die Oberleitung	23	воздушная контактная сеть
24	die Station	24	станция
25	entgleisen	25	сходить с рельсов

26	der Fernreisewagen	26	вагон дальнего следования
27	der Klubwagen	27	вагон-клуб
28	der Kinowagen	28	вагон-кино
29	die Platznummer	29	номер места
30	Raucher	30	для курящих
31	Nichtraucher	31	для некурящих
32	belegen (Platz)	32	занимать (место)
33	der Fensterplatz, Eckplatz	33	место у окна, угловое место
34	der Klapptisch	34	откидной столик
35	der Polstersitz	35	мягкое сиденье
36	hinauslehnen, sich	36	высовываться
37	der Gang, Seitengang	37	коридор
38	der Abort	38	уборная
39	besetzt	39	занято
40	frei	40	свободно

41	die elektrische Lokomotive	41	электровоз
42	die Dampflokomotive	42	паровоз
43	die Kohlenstaublokomotive	43	паровоз на пылеугольном топливе

44	der Dampf	44	пар
45	der Abdampf	45	мятый (отработанный) пар
46	ablassen (Dampf und Wasser)	46	спускать (пар и воду)
47	die Dampfpfeife, das Sicherheitsventil	47	паровой гудок, предохранительный клапан

48	das Bahnbetriebswerk	48	железнодорожное депо
49	das Reichsbahnausbesserungswerk	49	паровозоремонтный завод государственной железной дороги

50	der Eisenbahner	50	железнодорожник
51	der Zugführer	51	начальник поезда
52	der Schaffner	52	проводник, кондуктор
53	der Lokomotivführer	53	машинист
54	der Heizer	54	истопник, кочегар
55	der Bremser	55	тормозной кондуктор

56	die Bergbahn	56	горная железная дорога
57	die Drahtseilbahn	57	канатная дорога
58	die Talstation	58	нижняя станция
59	die Bergstation	59	верхняя станция

Zu Tafeln 177-179

К таблицам 177-179

(Vgl. Taf. 175 u. 176)

(ср. табл. 175 и 176)

1	der Hauptbahnhof	1	главный вокзал
2	das Empfangsgebäude	2	здание станции
3	der Schaltervorraum	3	кассы
4	der Bahnhofsvorsteher	4	начальник станции
5	der Vorortverkehr	5	пригородное сообщение

6	die Auskunft	6	справочное бюро
7	das Reisebüro	7	бюро путешествий
8	der Taschenfahrplan	8	карманное расписание поездов
9	das Kursbuch	9	железнодорожный справочник

10	die Eisenbahnverbindung	10	железнодорожное сообщение
11	der Anschluß	11	согласование (расписаний поездов)
12	die Fahrtunterbrechung	12	остановка в пути
13	das Reiseziel, Ziel	13	цель поездки
14	die Durchreise	14	проезд
15	der od. die Reisende	15	пассажир, пассажирка
16	erster Klasse	16	первого класса
17	zweiter Klasse	17	второго класса
18	lösen (Fahrkarte)	18	брать, покупать (проездной билет)
19	die Fahrkarte	19	проездной билет
20	die Rückfahrkarte	20	обратный билет
21	die Hin- und Rückfahrt	21	поездка туда и обратно
22	der Eilzugzuschlag	22	доплата за проезд в ускоренном поезде
23	der Schnellzugzuschlag	23	доплата за проезд в скором поезде
24	die Zuschlagkarte	24	доплатной билет
25	die Platzkarte	25	плацкарта
26	der Schlafwagenplatz, die Bettkarte	26	место в спальном вагоне, плацкарта
27	das Gepäck, Reisegepäck	27	багаж
28	der Schrankkoffer	28	чемодан-шкаф
29	das Handgepäck	29	ручной багаж
30	die Annahme	30	приём багажа
31	aufgeben	31	сдавать
32	der Gepäckempfangsschein	32	багажная квитанция
33	versichern	33	страховать
34	die Grenzstation	34	пограничная станция
35	der Zoll	35	пошлина
36	die Zollrevision	36	таможенный досмотр
37	zollpflichtig	37	подлежащий обложению пошлиной
38	verzollen	38	платить пошлину
39	die Ausgabe	39	выдача багажа
40	der Dienstmann	40	носильщик
41	eintreffen	41	прибывать
42	ankommen	42	приезжать
43	pünktlich	43	точно
44	die Verspätung	44	опоздание
45	abholen	45	встречать
46	der Querbahnsteig	46	поперечный перрон
47	der Aufenthalt	47	остановка
48	das Expreßgut	48	груз пассажирской скорости
49	der Güterbahnhof	49	товарная станция
50	verladen	50	погружать, грузить
51	das Stückgut, die Kollos, Kolli	51	багажное место, штучный груз
52	das Sperrgut	52	громоздкий груз
53	die Fracht	53	груз
54	entladen, ausladen	54	разгружать, выгружать
55	der Spediteur	55	экспедитор
56	das Eilgut	56	груз большой скорости
57	der Durchgangsbahnhof	57	промежуточная станция
58	der Kopfbahnhof	58	конечная станция
59	der Verschiebebahnhof	59	сортировочная станция
60	rangieren	60	маневрировать
61	die Signalpfeife	61	сигнальный свисток
62	der Übergang	62	переход
63	das Anschlußgleis	63	примыкающий путь
64	die Blockstelle	64	блок-пост
65	die Signalbrücke	65	сигнальный мост

66 eingleisig
67 zweigleisig
68 die Strecke, der Schienenstrang
69 die Hauptbahn
70 die Nebenbahn
71 die Kleinbahn

72 die Spur, Spurweite
73 der Bahnarbeiter

66 одноколейный
67 двухколейный
68 рельсовый путь
69 главная линия
70 боковая линия
71 узкоколейная железная дорога
72 колея, ширина колеи
73 железнодорожный рабочий

Zu Tafel 180

1 die Deutsche Post
2 das Posthorn
3 die Postgebühr
4 das Porto
5 freimachen, frankieren

6 der Ortsverkehr
7 der Fernverkehr
8 das Inland
9 das Ausland
10 die Luftpost
11 der Eilbrief
12 der Eilbote
13 expreß
14 einschreiben

15 der Einschreibebrief, eingeschriebene Brief
16 die Nachnahme
17 der Wertbrief
18 das Wertpaket
19 die Drucksache
20 die Postwurfsendung

21 die Postanweisung
22 die Zahlkarte
23 der Postscheck
24 das Postscheckkonto

25 der Empfänger, Adressat
26 die Sonderbriefmarke
27 die Wertangabe
28 die Zähnung
29 stempeln
30 der Briefkasten, Kasten
31 einwerfen
32 die Leerungszeit
33 der Geldbriefträger

34 der Telegraph
35 das Telegramm, die Depesche
36 das Telegrammformular

37 das Fernsprechverzeichnis
38 das Telephongespräch, Gespräch
39 das Ortsgespräch
40 das Ferngespräch
41 das Amt, Fernmeldeamt
42 der Selbstanschluß

43 wählen

К таблице 180

1 германская почта
2 почтовый рожок
3 почтовый сбор
4 почтовые расходы, порто
5 франкировать, оплата почтовым сбором
6 местное сообщение
7 дальнее сообщение
8 родные пределы
9 иностранные государства
10 воздушная почта
11 спешное письмо
12 курьер
13 спешно
14 отправлять заказным письмом
15 заказное письмо

16 наложенный платёж
17 ценное письмо
18 ценный пакет
19 бандероль
20 рекламный почтовый вкладыш
21 почтовый перевод
22 почтовый перевод
23 почтовый чек
24 текущий счёт в почтовом отделении
25 получатель, адресат
26 специальная почтовая марка
27 объявление цены
28 перфорация
29 ставить штамп
30 почтовый ящик
31 бросать в ящик
32 время выемки писем
33 почтальон, разносящий денежные письма

34 телеграф
35 телеграмма
36 телеграфный бланк

37 телефонная книга
38 телефонный разговор
39 местный разговор
40 междугородный разговор
41 телефонная станция
42 автоматическая телефонная связь
43 набирать номер

Zu Tafel 181

1 das Motorflugzeug
2 der Hubschrauber
3 der Tiefdecker
4 der Hochdecker
5 der Eindecker
6 der Doppeldecker
7 einmotorig
8 mehrmotorig
9 das Landflugzeug
10 das Seeflugzeug
11 das Flugboot
12 das Verkehrsflugzeug
13 das Frachtflugzeug

14 das Strahltriebwerk

15 der Düsenantrieb

16 das Düsenflugzeug
17 der Drehzahlmesser
18 der Kraftstoffmesser
19 der Öldruckmesser
20 die Navigation
21 orten
22 funken

23 das Funkgerät
24 der Kopfhörer
25 peilen
26 das Peilgerät
27 das Radargerät
28 der Fahrtmesser
29 der Höhenmesser
30 der Feuerlöscher
31 die Borduhr
32 der Anschnallgurt
33 der Fallschirm
34 abspringen
35 die Schwimmweste
36 das Schlauchboot

37 die Flugzeugbesatzung
38 der Bordfunker
39 der Bordmechaniker
40 der Beobachter

41 der Peiler
42 der Orter
43 die Stewardeß

44 die Luftfahrt, das Flugwesen
45 der Luftverkehr
46 der Flug
47 der Start
48 der Startplatz
49 der Kurs
50 die Sicht
51 der Flugweg, die Route
52 die Flugstunde
53 die Flugstrecke
54 die Flughöhe
55 anfliegen
56 blindfliegen
57 der Blindflug

К таблице 181

1 моторный самолёт
2 вертолёт
3 низкоплан
4 высокоплан
5 моноплан
6 биплан
7 одномоторный
8 многомоторный
9 обычный самолёт
10 гидросамолёт
11 летающая лодка
12 пассажирский самолёт
13 грузовой самолёт

14 турбо-компрессорный реактивный двигатель

15 реактивный двигатель

16 реактивный самолёт
17 счётчик оборотов
18 измеритель уровня топлива
19 масляный манометр
20 аэронавигация
21 аэронавигировать
22 радировать, сообщать по радио

23 радиоаппаратура
24 наушник
25 пеленговать
26 пеленгатор
27 радар, радарная установка
28 указатель скорости
29 высотомер, альтиметр
30 огнетушитель
31 бортовые часы
32 привязной ремень
33 парашют
34 прыгать (с парашютом)
35 спасательный жилет
36 резиновая надувная лодка

37 экипаж самолёта
38 бортрадист
39 бортмеханик
40 наблюдатель, лётчик-наблюдатель

41 пеленгующий
42 аэронавигатор
43 стюардесса

44 авиация, лётное дело
45 воздушное сообщение
46 полёт
47 старт
48 взлётная площадка
49 курс
50 видимость
51 воздушная трасса
52 час полёта
53 дальность полёта
54 высота полёта
55 подлетать (к аэродрому)
56 летать по приборам
57 слепой полёт

58	der Nonstopflug	58	беспосадочный полёт
59	der Langstreckenflug	59	дальний полёт, дальний перелёт
60	der Hinflug	60	полёт в одном направлении («туда»)
61	der Rückflug	61	полёт в обратном направлении («обратно»)
62	der Nachtflug	62	ночной полёт
63	die Platzbefeuerung	63	посадочные огни
64	landen	64	приземляться
65	wassern	65	делать посадку на воду
66	der Landeplatz	66	аэродром, посадочная площадка
67	die Notlandung	67	вынужденная посадка
68	der Segelflug († Taf. 106)	68	планирование, парящий полёт († табл. 106)
69	der Gleitflug	69	парящий полёт
70	das Luftschiff	70	дирижабль
71	die Gondel	71	гондола
72	der Ankermast	72	причальная мачта
73	der Ballon	73	воздушный баллон, сферический аэростат
74	der Registrierballon	74	баллон-зонд
75	die Radiosonde	75	радиозонд

Zu Tafel 182   К таблице 182

1	der Strom	1	река
2	schiffbar	2	судоходный
3	fließen	3	течь
4	das Flußbett, Bett	4	русло реки
5	strom ab, stromabwärts	5	вниз по течению
6	stromauf, stromaufwärts	6	вверх по течению
7	der Oberlauf	7	верхнее течение
8	der Mittellauf	8	среднее течение
9	der Unterlauf	9	нижнее течение
10	der Arm, Flußarm	10	рукав реки
11	der Nebenfluß	11	приток
12	das Röhricht	12	заросли тростника
13	das Schilf	13	камыш, тростник
14	die Binse	14	тростник
15	die Au od. Aue	15	долина
16	die Schwemme	16	место для купания лошадей
17	die Furt	17	брод
18	die Strömung	18	течение
19	der Strudel	19	водоворот
20	der Eisgang	20	ледоход
21	das Hochwasser	21	паводок, половодье
22	die Überschwemmung	22	наводнение
23	die Flußmündung, Mündung	23	устье
24	das Delta	24	дельта
25	die Steinbrücke	25	каменный мост
26	die Eisenbetonbrücke	26	железобетонный мост
27	die Eisenbrücke, die Stahlbrücke	27	железный мост, стальной мост
28	die Auslegerbrücke	28	консольный мост
29	die Drehbrücke	29	поворотный мост
30	die Klappbrücke	30	раскрывающийся подъёмный мост
31	die Schiffsbrücke, Pontonbrücke	31	наплавной мост, понтонный мост
32	das Schiffshebewerk	32	судоподъёмник
33	der Durchstich	33	прокоп

34 die Faschine	34 фашина
35 die Talsperre	35 водохранилищная плотина
36 der Stausee	36 водохранилище
37 die Sperrmauer	37 плотина
38 treideln	38 тянуть бечевой, бурлачить
39 der Treidelpfad, Leinpfad	39 бечевая дорога, бечевник
40 der Binnenhafen	40 внутренняя гавань
41 flößen	41 сплавлять, гнать плоты
42 das Floß	42 плот
43 der Flößer	43 сплавщик
44 die Holzflößerei	44 лесосплав
45 die Fähre	45 паром
46 der Fährmann	46 паромщик
47 das Fährboot	47 перевозное судно
48 die Seilfähre	48 канатный паром
49 übersetzen	49 перевозить, переправлять
50 angeln	50 удить
51 der Angelhaken	51 рыболовный крючок
52 der Schwimmer	52 поплавок
53 der Köder	53 приманка, наживка

Zu Tafel 183

К таблице 183

1 die Takelung, Takelage	1 такелаж
2 das Segeltuch	2 парусина
3 die Talje, der Flaschenzug	3 тали, полиспаст
4 der Block	4 блок
5 das Stag	5 штаг
6 die Trosse, das Kabel	6 трос, перлинь
7 das Tau	7 канат
8 die Brasse	8 брас
9 brassen	9 брасопить рей, брасовать
10 die Schot, Segelleine	10 шкот
11 belegen, festmachen	11 закрепить снасть, перлинь
12 der Schifferknoten	12 морской узел
13 aufschießen (das Tau legen)	13 свернуть канат в бухту
14 der Kahn	14 лодка, чёлн
15 die Schaluppe	15 шлюпка
16 u. 17 Einmaster	16 и 17 одномачтовые суда
16 der Kutter	16 катер
17 die Jacht	17 яхта
18 u. 19 Anderthalbmaster	18 и 19 полуторамачтовые суда
18 der Logger	18 логгер
19 die Galjot	19 галиот
20 der Zweimaster	20 двухмачтовое судно
21 die Brigg	21 бриг
22 u. 23 mehrmastig	22 и 23 многомачтовый
22 die Bark	22 барка
23 der Schoner	23 шхуна
24 das Vollschiff	24 корабль с полным парусным оснащением
25 das Schulschiff	25 учебное судно
26 der Klipper, Schnellsegler	26 клипер, быстроходное судно
27 der Lastkahn, Prahm	27 баржа
28 das Küstenfahrzeug	28 каботажное с
29 die Fregatte	29 фрегат
30 die Korvette	30 корвет
31 die Kogge	31 ког
32 die Karavelle	32 каравелла
33 die Galeere	33 галера
34 die Dschunke	34 джонка

35 der Einbaum
36 kalfatern

Zu Tafel 184

(Vgl. Taf. 126)

1 das Motorschiff
2 das Dampfschiff
3 der Schnelldampfer
4 der Küstendampfer
5 der Flußdampfer

6 das Handelsschiff
7 der Frachtdampfer, Frachter
8 der Passagierdampfer, Personendampfer

9-22 Spezialschiffe
9 das Tankschiff, der Tanker
10 das Erzschiff
11 der Fischdampfer
12 das Kühlschiff

13 der Schleppdampfer, Schlepper
14 die Fähre, das Fährschiff, Trajekt
15 der Kabelleger
16 der Eisbrecher
17 das Lotsenversetzboot
18 der Lotsendampfer
19 das Feuerschiff
20 das Lazarettschiff
21 das Bergungsfahrzeug
22 das Flugzeugmutterschiff mit dem Katapult

23-30 Kriegsschiffe
23 das Schlachtschiff
24 der Flugzeugträger
25 das Linienschiff
26 der Kreuzer
27 das Torpedoboot
28 der Zerstörer
29 das Kanonenboot
30 das Unterseeboot

31 der Schraubendampfer
32 der Raddampfer mit den Schaufelrädern
33 der Kettenschlepper

34 die Wasserverdrängung
35 die Tonnage
36 die Bruttoregistertonne, Tonne
37 der Tiefgang
38 der Freibord
39 der (Vor- und Hinter-)stev
40 die ...nlage
41 die Ruc...rmaschine, automatische Steuerung
42 das Steuerrad
43 steuern

35 чёлн, пирога
36 конопатить

К таблице 184

(ср. табл. 126)

1 моторное судно
2 пароход
3 быстроходный пароход
4 каботажный пароход
5 речной пароход

6 торговое судно
7 грузовое судно
8 пассажирский пароход

9-22 специальные суда
9 нефтеналивное судно, танкер
10 рудовоз
11 рыболовное судно
12 пароход-холодильник, рефрижераторное судно

13 буксирный пароход
14 перевозное судно
15 кабельное судно
16 ледокол
17 лоцманская лодка
18 лоцманское судно
19 плов́учий маяк
20 госпитальное судно
21 спасательное судно
22 авианосец с катапультой

23-30 военные корабли
23 линейный корабль
24 авианосец
25 линейный корабль
26 крейсер
27 миноносец
28 истребитель
29 канонерка
30 подводная лодка

31 винтовой пароход
32 колёсный пароход с лопастными колёсами
33 туерное судно

34 водоизмещение
35 тоннаж
36 регистровая тонна брутто
37 осадка судна
38 надводный борт
39 штевень (фор- и ахтерштевень)
40 рулевой механизм
41 рулевая машина, автоматическое рулевое управление
42 штурвал
43 управлять

44 Luv und Lee	44 наветренная и подветренная стороны
45 das Sprachrohr	45 рупор
46 navigieren	46 управлять
47 die Seekarte	47 морская карта
48 die Seemeile	48 морская миля
49 der Sextant	49 секстант
50 der Kreiselkompaß	50 гироскопический компас, гирокомпас
51 das Lot	51 лот
52 das Echolot	52 эхолот
53 die Unterwasserschallanlage	53 подводная акустическая установка
54 das Log	54 лаг
55 loggen	55 измерять лагом
56 das Logbuch	56 вахтенный журнал
57 die Funkanlage	57 радиоустановка
58 der Schiffstelegraph	58 судовой телеграф
59 die Maschinenanlage	59 машинная установка
60 die Antriebsmaschinen	60 двигатели
61 der Dieselmotor	61 дизель
62 der Elektromotor	62 электродвигатель
63 die Dampfturbine	63 паровая турбина
64 die Hilfsmaschine	64 вспомогательная машина
65 die Ölfeuerung	65 нефтяная топка
66 die Kohlenfeuerung	66 угольная топка
67 der Kesselraum	67 котельное помещение, кочегарка
68 der Bunker	68 угольная яма, бункер
69 bunkern (Kohle laden)	69 грузить уголь
70 die Pumpenanlage	70 трюмная система
71 lenzen (Wasser auspumpen)	71 выкачивать воду
72 der Schiffsrumpf	72 каркас корабля
73 die Kajüte	73 каюта
74 die Koje	74 койка
75 die Kombüse	75 камбуз
76 die Messe	76 кают-компания
77 das Kabelgatt (Raum für Taue)	77 тросовое отделение
78 die Hütte	78 кормовая надстройка
79 das Schiffslicht, Positionslicht, die Laterne	79 ходовые огни
80 die Topplaterne	80 топовый фонарь
81 die Backbordlaterne	81 фонарь левого борта
82 die Steuerbordlaterne	82 фонарь правого борта
83 das Hecklicht	83 гакабортный фонарь
84 die Ladeeinrichtung	84 погрузочное устройство
85 die Ladung löschen	85 выгружать
86 die Ladewinde	86 грузовая лебёдка
87 das Spill, die **Ankerwinde**	87 шпиль, кабестан
88 die Ankerkette	88 якорная цепь
89 losmachen	89 отдать швартовы
90 den Anker hieven, **lichten**	90 сниматься с якоря, выбирать якорь
91 in See gehen	91 уходить в море
92 den Hafen anlaufen	92 заходить в гавань
93 anlegen	93 причаливать
94 der Fender	94 кранец
95 festmachen	95 швартовать
96 das Fallreep	96 забортный трап
97 die Seefähigkeit, Seetüchtigkeit	97 мореходность

98 stampfen	98 испытывать килевую качку
99 schlingern	99 испытывать боковую качку
100 das Leck	100 течь, пробоина в подводной части
101 stranden	101 сесть на мель, быть выброшенным на берег
102 SOS-Ruf	102 сигнал бедствия
103 kentern	103 килевать

Zu Tafel 185   К таблице 185

1 der Seehafen	1 морской порт
2 der Binnenhafen	2 внутренняя гавань
3 der Pegel, Flutmesser,	3 футшток
4 der Ponton, das Brückenschiff	4 понтон, плашкоут
5 das Trockendock	5 сухой док
6 der Schwimmkran	6 пловучий кран
7 der Verladekran	7 погрузочный кран
8 das Kohlenbunkergerät	8 бункерный прибор
9 der Getreideheber	9 зерноподъёмник
10 der Silo	10 элеватор
11 der Hochseebagger	11 морская землечерпалка
12 der Reeder	12 судовладелец
13 der Lotse	13 лоцман
14 die Besatzung	14 экипаж
15 der Kapitän	15 капитан
16 der Steuermann	16 штурман
17 der Schiffer	17 шкипер
18 der Bordfunker	18 судовой радист
19 der Schiffsarzt	19 судовой врач
20 der Zahlmeister	20 казначей
21 der Schiffskoch	21 кок
22 der Steward	22 стюард, судовой официант
23 der Bootsmann	23 боцман
24 der Maschinist	24 машинист
25 der Schiffsheizer	25 судовой кочегар
26 der Trimmer	26 помощник кочегара
27 der Matrose	27 матрос
28 der Leichtmatrose	28 матрос, находящийся в обучении
29 der Schiffsjunge	29 юнга
30 der Seemann	30 моряк
31 der Hafenmeister	31 начальник (смотритель) порта
32 der Hafenarbeiter	32 портовый рабочий
33 die Taucherei	33 водолазное дело
34 die Marine	34 морской флот
35 die Flotte	35 флот
36 die Handelsflotte	36 торговый флот
37 die Flottille	37 флотилия
38 die Schiffahrt	38 судоходство
39 die Seeschiffahrt	39 морское судоходство
40 die Binnenschiffahrt	40 речное судоходство
41 die Schiffahrtslinie, Route	41 навигационная линия, маршрут
42 die Schiffspapiere	42 судовые документы
43 das Seefahrtsbuch	43 судовые документы
44 die Heuer	44 зарплата, оклад
45 anheuern	45 нанимать (команду)
46 anmustern	46 нанимать (моряков)
47 abmustern	47 отпускать, увольнять
48 die Seefahrtsschule	48 мореходное училище

Zu Tafel 186

1 das Schiffahrtszeichen
2 die Kennung (Kennzeichnung der Leuchtfeuer)
3 die Küstenbefeuerung
4 der Leuchtturmwärter
5 das Feuerbuch (Leuchtfeuerverzeichnis)

6 das Blitzfeuer
7 das Blinkfeuer, Blickfeuer
8 das Festfeuer
9 das Wechselfeuer
10 das Mischfeuer
11 das Küstenfeuer
12 das Hafenfeuer, Mohlenfeuer
13 die Landmarke

14 die Tonne
15 die Bakentonne

16 signalisieren
17 der Signalwimpel
18 der Signalstander
19 die Signalrahe
20 der Signalball
21 die Winkerflagge
22 der Semaphor (mechanische Winker)
23 das Nachtsignal
24 das Scheinwerfersignal
25 blinken
26 das Lichtmorsezeichen
27 das Morsezeichen
28 das Morsealphabet
29 die Dampfpfeife
30 das Nebelsignal
31 das Nebelhorn
32 die Schiffsglocke
33 das Unterwasserschallsignal
34 der Seefunk
35 das Funkfeuer
36 die Funkpeilung
37 das Notsignal

38 der Rettungsring
39 der Rettungsgürtel
40 die Schwimmweste
41 das Rettungsfloß
42 die Nachtrettungsboje

43 die Rettungsstation, Seenotstation
44 die Rettungsbake

Zu Tafel 189

(Muster ↑ Taf. 188)

I Allgemeines

1 die Anilinfarbe
2 die Aquarellfarbe
3 aufhellen
4 bunt
5 dunkeln

К таблице 186

1 навигационный знак
2 опознавание сигнальных огней
3 установка береговых огней
4 сторож на маяке
5 указатель сигнальных огней

6 вспышки
7 затмевающий огонь
8 постоянный огонь
9 переменный огонь
10 смешанный огонь
11 береговые огни
12 портовый огонь
13 береговой навигационный знак

14 бочка
15 бакан

16 сигнализировать
17 сигнальный вымпел
18 брейд-вымпел
19 сигнальный рей
20 сигнальный шар
21 семафорный флажок
22 семафор (механический семафор)
23 ночной сигнал
24 прожекторный сигнал
25 передавать световые сигналы
26 световой знак по Морзе
27 знак по Морзе
28 код (азбука) Морзе
29 паровой свисток
30 сигнал при тумане
31 туманный горн
32 судовой колокол, рында
33 подводно-звуковой сигнал
34 морская радиостанция
35 радиомаяк
36 радиопеленгация
37 сигнал бедствия

38 спасательный круг
39 спасательный пояс
40 спасательный жилет
41 спасательный плот
42 спасательный буй с освещением
43 спасательная станция

44 спасательный буй

К таблице 189

(образцы ↑ табл. 188)

I Общее

1 анилиновая краска
2 акварельная краска
3 осветлять
4 пёстрый
5 темнеть

6 einfarbig	6 одноцветный
7 farbecht	7 нелиняющий
8 färben	8 красить
9 farbenblind	9 неразличающий цвета
10 die Farbenbrechung	10 рефракция цвета
11 die Farbenindustrie	11 красочная промышленность
12 die Farbenlehre	12 учение о цветах
13 farbenprächtig	13 красочный, колоритный
14 die Färberei	14 красильня
15 die Farbgebung	15 колорит
16 farbig	16 цветной
17 farblos	17 бесцветный
18 die Farbmischung	18 смесь красок
19 das Farbmuster	19 образец краски
20 der Farbstoff	20 красящее вещество, краситель, пигмент
21 der Farbton	21 оттенок цвета
22 die Färbung	22 окраска
23 gescheckt, scheckig	23 пегий, пёстрый
24 die Grundfarbe	24 основная краска
25 kolorieren	25 красить
26 das Kolorit	26 колорит
27 die Komplementärfarbe	27 дополнительный цвет
28 malen	28 писать красками
29 mehrfarbig	29 многоцветный
30 mischen	30 смешивать
31 die Mischfarbe	31 составная краска
32 die Ölfarbe	32 масляная краска
33 die Pastellfarbe	33 пастельная краска
34 der Regenbogen	34 радуга
35 regenbogenfarbig	35 радужный цвет
36 die Schattierung	36 оттенок
37 schillern	37 отливать, переливаться
38 der Schimmer	38 проблеск
39 die Spektralfarbe	39 спектральный цвет
40 das Spektrum	40 спектр
41 tönen	41 оттенить
42 verschießen	42 выцветать
43 die Wasserfarbe	43 водяная краска

II Farbbezeichnungen — II Названия цветов

44 kremfarben	44 кремового цвета
45 gelblich	45 желтоватый
46 chamois	46 шамуа, жёлто-коричневатого цвета
47 bronzen	47 бронзовый
48 goldgelb	48 золотистый
49 beige	49 бежевый
50 bräunlich	50 коричневатый
51 goldbraun	51 жёлто-красного цвета
52 rostbraun	52 ржавобурый
53 lachsfarben	53 желтовато-розовый, цвета сомон
54 orange	54 оранжевый
55 fleischfarben	55 телесного цвета
56 rosig	56 розовый
57 rötlich	57 красноватый
58 karmesinrot, karminrot	58 карминный
59 purpurrot	59 пурпуровый
60 rosarot	60 розовый
61 rosenrot	61 розовый, красноватый
62 kirschrot	62 вишнёвого цвета
63 blutrot	63 алый
64 krebsrot	64 красный как рак

65	feuerrot	65	огненно-красный
66	violett	66	фиолетовый
67	lila	67	лиловый
68	fliederfarben	68	сиреневый
69	indigo	69	индиго
70	bläulich	70	синеватый
71	kornblumenblau	71	васильковый
72	blitzblau	72	синий
73	stahlblau	73	стального цвета
74	himmelblau	74	голубой
75	grünlich	75	зеленоватый
76	olivgrün	76	оливковый
77	grasgrün	77	зелёный, как трава
78	resedafarben	78	цвета резеды
79	gräulich	79	сероватый
80	aschgrau	80	серо-пепельный
81	silbergrau	81	серебристо-серый
82	schwärzlich	82	черноватый
83	kohlschwarz	83	чёрный, как уголь
84	weißlich	84	беловатый
85	schneeweiß	85	белоснежный

Register

In das folgende Register wurden sämtliche Wörter aus den Bildtafeln und den Ergänzungen in abecelicher Reihenfolge aufgenommen.

Die fetten Zahlen sind die Tafelnummern. Die mageren arabischen Zahlen bezeichnen den Text zu den Bildtafeln, die römischen die Unterabschnitte. „E" bedeutet „Ergänzungen zu Tafel ...". Auf die Tafelüberschriften wird durch die Abkürzung „Ü" verwiesen. Der Zusatz „Z" bedeutet, daß das betreffende Wort als Oberbegriff auf der ersten Zeile der jeweiligen Tafel zu suchen ist.

Die Tilde (~) steht als Ersatz für das erste Wort einer Gruppe.

Aal **23** 1
Aalreuse **146** VII
Aalsack **146** VII
Aas **20** 19
Abbau E **75** u. **76** 58; **110** 29, 32; E **110** u. **111** 42
Abbauhammer **111** 8
Abbäumvorrichtung **137** 12
Abbaustrecke **111** IV
abbeizen E **130** 17
Abbildung E **89** u. **90** 72
abbinden E **60** 60; E **128** 69; E **129** 2
Abbinden **60** III
abblenden E **87** 28
Abbrand E **127** 24
abbrennen E **142** 32
Abbrennschweißen E **121-123** 31
Abbruch E **68** 37
abbügeln E **139** 55
abbürsten E **55** 84
Abdämmung E **110** u. **111** 111
Abdampf E **176** 45
abdrucken E **89** u. **90** 119
Abend **2** 27; E **9** 51
Abendappell E **107** 34
Abendbrot **54** IV
Abendbrotteller E **54** 97
Abendkleid **48** 51
abends E **9** 53
Abendtäschchen **48** 53
Abenduniversität E **103** 53
Abfahrt **71** I, 3
Abfahrtslauf **71** 3
Abfahrtsschi **71** 27
Abfahrtstafel **177** 4
Abfall **139** 21; **157** 29
Abfallbehälter **169** 23
Abfalleimer **61** 20
abfallen E **1** 20
Abfaller E **74** 1
Abfallstoff E **135-137** 31
Abfallvorrichtung **116** 19
Abfluß **44** 11; **95** 8

Abflußrinne **117** 6; **154** 21
Abflußrohr **43** 17; **44** 36; **131** 50
abfüttern E **139** 45
Abgang E **65** u. **66** 1; E **91** 27
Abgasrohr **131** 29
abgeben E **69** u. **70** 1
Abgeben **69** 45
abgehen E **175** 6
abgekantet **187** 9
abgelegen E **152** 19
Abgeordneter **99** 27
~ des Bezirkstages E **99** 36
~ des Kreistages E **99** 36
abgerissen E **48-52** 57
abgerundet **187** 10
Abgrund E **1** 31
Abguß E **117** 52
abhaken E **164** u. **165** 62
Abhandlung E **89** u. **90** 120
Abhang **1** 9
abhängen E **171** 7
Abhauen E **110** u. **111** 32
abheften E **164** u. **165** 67
abholen E **177-179** 45
Abholer-Post **163** 19
Abhörschrank **88** 3
Abiturient E **78** 18
abkalben E **154** 52
Abkantemaschine **131** 9
abkehren E **55** 65
abknöpfen E **48-52** 90
abkochen E **55** 14
Abkochung E **57** 25
abkratzen E **47** 23
abkühlen E **55** 35
Ablage E **164** u. **165** 68
Ablagerost **138** 6
Ablagerung **1** 16; E **1** 92
ablaktieren E **161** 8
ablängen E **132** 2
Ablängkreissäge **133** 5
ablassen E **176** 46
Ablaßhahn **148** 6
Ablauf **56** 26

Ablaufbahn **71** 20
ableeren E **47** 22
ablegen E **149** u. **150** 53
Ableger **161** 13
Ablegesatz E **149** u. **150** 54
ablehnen E **108** 32
ableiten E **7** 55
Ableitung E **7** 70
Ableitungsrohr **170** 3
Ablesefaden **81** 11
Ablesegenauigkeit E **7** 152
ablesen E **7** 151
Ablieferung E **155** 20
Ablieferungspflicht E **155** 21
Ablieferungssoll E **152** 22
Abmeldung E **101** u. **102** 41
abmessen E **5** u. **6** 1; E **8** 4
abmustern E **185** 47
abnähen E **139** 19
Abnäher **48** 4; E **139** 19
abnehmen E **48-52** 91
Abnehmer **135** 26
Abnehmerwalze **136** 9
abnutzen E **48-52** 92
abnützen E **48-52** 92
abonnieren E **89** u. **90** 135
Abort **44** 40; **153** 31; E **176** 38
Abortbürste **44** 41
Abpaddeln E **75** u. **76** 59
abpfeifen E **69** u. **70** 2
Abplättmuster E **138** 14
Abpressen **140** 22
Abpreßmaschine E **151** 9
Abraum **112** 19
Abraumbagger **112** 2
Abraumbetrieb E **112** 5
Abraumförderbrücke E **112** 6
Abraumhalde **112** 1
Abraumlokomotive **112** 11
Abraumstrosse **112** 18

Abräumung 112 I
Abraumzug 112 11, 12
abrechnen E 163 58
abreiben E 57 28; E 128 89
abreißen E 41 38
Abreißkalender 99 17
abrichten E 134 14
Abrichthobelmaschine 133 32
Abrichtmaschine E 134 14
Abrichttisch 133 35
Abricht- und Dickten-hobelmaschine 133 32
Abriß 161 16
abrollen E 101 u. 102 82
Abrollvorrichtung 138 7
abrösten E 115 u. 116 42
abrunden E 7 56
Absatz E 73 1; E 89 u. 90 71; 142 48
Absatzaufnagelmaschine E 141 18
Absatzbolzen E 142 34
Absatzeisen 142 30
Absatzfräse E 141 23
Absaugrohr 133 13
Abschaltung E 113 42
Abschirmbecher 88 23
abschlacken E 118 24
Abschlag E 69 u. 70 45
Abschleifung 148 2
Abschleppdienst E 101 u. 102 24
abschleppen E 173 u. 174 66
Abschleppseil E 173 u. 174 56
abschließen E 40 42
Abschluß E 163 59
Abschlußprüfung E 78 85
abschmecken E 55 15
Abschneider 127 16
Abschnitt E 89 u. 90 70
abschnüren E 60 60
Abschnüren 60 III
Abschreibung E 163 63
Abschrift E 164 u. 165 64
abschwächen E 94 u. 95 52
Abschwung E 65 u. 66 25
Abseilen 73 V
Abseits 69 34
Absender 180 30, 33
Absenker 161 12
Absetzapparat 112 3;
absetzen E 48-52 91; E 84 u. 85 29; E 130 12
Absetzer 127 27
Absetzwagen 127 25
absieben E 112 17; E 115 u. 116 37

absitzen E 65 u. 66 26
Abspanngerüst E 113 44
Absperrhahn 43 39
Absperrkette 169 32
Absperrposten 101 17
Absperrschieber E 131 48
abspringen E 171 23; E 181 34
Absprung E 67 53; E 71 u. 72 1; E 74 2
Absprungtisch 71 22
abstaken E 158 24
Abstand 5 5
abstauben E 55 61
Abstauben 55 V
abstechen E 115 u. 116 78
Abstechen 116 I
abstecken E 139 35
Abstellbrett E 43 35
abstellen E 88 38
Abstellgleis 179 4
Abstellhahn 44 32; 170 5
Abstellraum E 43 5
Abstich 116 I
Abstichloch 116 6
Abstichrinne 117 7; 118 10
Abstichstange 117 10
Abstieg E 73 2
Abstimmanzeigeröhre 88 15
Abstimmung E 99 58; E 100 11; E 108 28
Abstoß E 69 u. 70 30
abstoßen E 75 u. 76 1; E 130 8
Abstreichblech 133 43
abstreichen E 45 7
Abstreicher 45 14
Abstrichmeißel E 119 15
Absturz E 1 33; E 73 3
Absud E 15 4
Abszeß E 61 u. 62 76
Abszisse 6 21
Abszissenachse 6 18
abtakeln E 106 68
Abteil 176 14
abteilen E 89 u. 90 11
Abteiler 144 14
Abteiltür 176 16
Abteilung E 61 u. 62 139; E 99 86; E 166 16
~, chirurgische E 61 u. 62 144
~, innere E 61 u. 62 143
Abteilungsleiter E 99 89; E 91 49; 164 37; 166 45
Abteilungssteiger E 110 u. 111 134
Abteufen 110 39
Abtragung 1 20; E 1 97
abtreiben E 75 u. 76 2
abtrennen E 139 43

Abtreppung 128 46
Abtreter 45 14
Abtritt 44 40
abtrocknen E 55 76
Abtrocknen 55 IX
Abwärme E 115 u. 116 65
abwärts 4 6; E 65 u. 66 2
abwaschen E 55 71; E 130 7
Abwaschen 55 IX
Abwaschtisch 43 10
Abwasserkanal 170 11
Abwehr E 68 38
abweichen E 130 31
Abwelkpresse 140 23
abwerfen E 163 68
Abwerfen 70 32; E 161 12
Abwetter E 110 u. 111 90
abwickeln E 164 u. 165 34
abwiegen E 55 16
Abwurf E 69 u. 70 34
Abwurfband 112 21
abzahnen E 134 17
Abzeichen 103 II; 180 8
~ „Für gute Arbeit in der Schule" E 107 2
~ für gutes Wissen E 105 28
abziehen E 42 61; E 45 8; E 134 30
Abziehen 7 28
Abzieher E 39 7; E 149 u. 150 11; 150 2
Abziehpresse 150 I
Abziehstein 134 18
Abzug E 94 u. 95 59; 120 2; 122 1; E 149 u. 150 40
Abzugswalze 137 19
Abzweigdose 42 6
Abzweigung 179 23
Achillessehne 39 22
Achse 6 11; 178 11
Achsel 35 26
Achselhöhle 35 3
Achsenkreuz 6 17, 18
acht E 7 9
Acht 93 25, 38; E 172 18
achte E 7 45
Achtelbogen E 148 90
Achtelnote 83 41
Achtelpause 83 46
Achter E 75 u. 76 22
Achterbahn 98 1
Achterdeck 184 25
Achterliek 183 6
Achtermast 184 24
Achtersteven 76 40
achtzehn E 7 19
achtzig E 7 28
Acker 156 1

Ackerbau E 156 2
Ackerboden 156 1
Ackerfläche E 156 12
Ackerfurche 156 17
ackern E 156 27
Ackerraupe 155 6
Ackerschleife 159 1
Ackerschleppe 159 1
Ackerschlichte 159 1
Ackerwaage 156 16
Ackerwagen 153 23; 156 8
Ackerwalze 156 20
Ackerwinde 19 5; E 19 6
Adam 147 30
Adamsapfel E 35 28
addieren E 7 57
Addieren 7 22
Addiermaschine 163 18; E 164 u. 165 3
Addition 7 22
A-Deck 184 12
Ader E 39 20
Adler 24 3
Adressat E 180 25
Adreßbuch E 164 u. 165 15
Adresse E 101 u. 102 47; 180 32, 36
Adressiermaschine E 164 u. 165 4
Affe 29 Ü, 21; 97 22
After 35 33; 38 49
Afterflosse 23 12
Agave E 21 20
agglomerieren E 115 u. 116 40
Agitation E 103 46
Agitationsgruppe E 109 30
Agitator E 109 29
Agraffe 48 49; 142 37
Agronom E 155 1
Ahle 149 20
Ahorn E 134 51
Ährchen 10 6
Ähre 10 2, 6; E 157 37
Ährenleserin 157 10
Akademie der Wissenschaften E 80 49
Akademiemitglied E 80 50
~, korrespondierendes E 80 51
Akazie E 16 u. 17 13; E 134 56
Akelei 189 7
Akklamation E 99 59
akklimatisieren E 79 72
Akkolade E 89 u. 90 150
Akkordeon 83 27; 96 26; 105 11
Akku E 88 42
Akkumulator B 88 42; 174 3
Akkord E 82 u. 83 88

Akrobat 97 3
Akt E 86 13
Akte 99 18
Akten E 100 101
Aktendeckel 164 44
Aktenmappe 80 15; 164 17
Aktenständer 164 45
Aktenstück 100 17
Aktentasche 80 15; 164 17
Aktionseinheit E 103 41
Aktiva E 163 60
Aktiven E 163 60
Aktivist 109 24; E 128 21
Aktivistenbewegung E 108 40
Akustik E 88 21
akut E 61 u. 62 44
Akut 89 18
Akzent 89 18-20
Akzidenzsatz E 149 u. 150 19
Alaunstein 147 39
Alaunstift 44 24
Albatros E 24-27 26
Algebra E 78 40
Alinea E 89 u. 90 151
alkoholisch E 167 u. 168 24
Allee E 175 8
Alleingänger E 73 4
Alleingeher E 73 4
allgemein E 100 4
Allstromempfänger E 88 29
Almenrausch E 19 30
Aloe E 21 8
Alpenpflanze E 19 V
Alpenrose E 19 30
Alpenveilchen 21 4
Alphorn E 82 u. 83 54
Alpinist 73 1
Alpinistik 73 Z
Alpinum 79 22
Alt E 86 28
Alter Mann 110 23
Altersrente E 64 2
Altersversorgung 64 Ü
Altgrad E 5 u. 6 35
Althee E 15 18
altmodisch E 48-52 52
Altstadt E 169 u. 170 5
Altwasser 182 18
Aluminiumguß E 117 19
Amaryllis 21 9
Amateuraufnahme E 94 u. 95 13
Amateurboxer E 68 1
Amboß 36 18; 122 13
Amboßeinsatz 122 21
ambulant E 61 u. 62 92
Ambulanz E 61 u. 62 158
Ameise 22 16

Ameisenhaufen 162 17
Ammoniakwäscher 114 27
Ammoniakwasser E 114 13
Ammonsulfat E 114 14
Amnestie E 100 146
amnestieren E 100 145
Ampel 42 13
Ampelpflanze E 21 III
Ampere E 113 13
Amphibie E 23 26
Ampulle 63 40
Amsel E 24-27 8
Amt E 180 41
an 4 56, 57
Ananas 14 20
Anastigmat E 94 u. 95 22
Anatomie E 61 u. 62 133
Anbau E 40 12
anbauen E 156 9
Anbaufläche E 156 10
Anbauplan E 156 3
anblasen E 115 u. 116 44
anbrennen E 41 70; E 55 17
Anchovis E 146 29
ändern E 139 41
anderthalb E 7 53
Anderthalbmaster E 183 18 u. 19
Andrehkurbel E 173 u. 174 55
Andruck E 149 u. 150 91
Anemograph E 3 37
Anemone E 19 19
Aneroid 3 VI
Aneroidbarometer 3 VI; 79 5
Aneroiddose 3 3, 6
anfahren E 173 u. 174 71
Anfall E 61 u. 62 85
Anfangsbuchstabe 90 15
anfertigen E 139 12
anfeuchten E 147 30
Anfeuchter 138 27; E 139 67
anfliegen E 181 55
Anführungsstrich 89 31
Anführungszeichen 89 31
Angabe E 69 u. 70 66
Angabelinie 70 36
Angebot E 164 u. 165 25
Angehörige 78 22, 46
Angehöriger 78 45
Angeklagte E 100 109
Angeklagter 100 12
Angel 45 31
Angelhaken E 182 51
angeln E 182 50
Angelrute 182 34
Angelschnur 182 35
Anger 152 12

Angerdorf E 152 3
angeschlagen E 68 41
Angesicht E 35 21
Angestellte 99 25; **164** 21
Angina E 61 u. 62 62
Angler 182 33
Angora E 32 10
Angreifer E 68 39
Angriff E 68 40
Angriffslinie 70 16
anhalten E 101 u. 102 18; E 173 u. 174 79
anhängen E 171 4; E 173 u. 174 68
Anhängepflug **155** 7; **156** 4
Anhänger 52 26; **171** 24; **175** 10
anheften E 139 31
anheuern E 185 45
Anhöhe E 1 22; 2 43
Anilinfarbe E 189 1
Anis E 12 11
Ankathete 5 35
Anker E 113 39; **184** 7
~ hieven E 184 90
~ lichten E 184 90
Ankerboje **185** 28
Ankerkette E 184 88
Ankerklüse 184 7
Ankermast E 181 72
Ankerwinde E 184 87
Anklage E 100 107
~, strafrechtliche E 100 106
Anklagebank 100 11
Anklagevertreter E 100 83
Ankleidekabine 166 43
ankleiden, sich E 48-52 93
Ankleidespiegel E 42 1; 92 21
anklopfen E 141 13; E 142 44
Anklopfmaschine 141 22
ankommen E 167 u. 168 79; E 177-179 42
Ankreis E 5 u. 6 44
ankreuzen E 139 33
Ankunftstafel 177 4
Anlage E 152 1; **169** 19
Anlagemittel E 99 17
Anlandung 182 8
anlassen E 173 u. 174 69
Anlasser 63 20; **173** 32
Anlasserknopf 173 32
Anlaßluftbehälter 184 47
Anlauf E 71 u. 72 3; E 74 3
Anlaufbahn 71 20
Anlaufturm 71 19
Anlegebrücke **185** 22
Anlegebürste **130** 20

anlegen E 75 u. 76 3; E 130 35; E 184 93
Anlegen 60 II
Anlegeplatz 76 5
Anlegerin E 149 u. **150** 15
Anlegetisch **150** 6, 20
anlehnen E 40 43
Anmeldung E 101 u. 102 32, 40; E 167 u. 168 81
Anmerkung 90 13
anmessen E 139 9
anmoorig E 160 61
anmustern E 185 46
annähen E 139 20; E 142 28
Annahme E 177-179 30
Annahmestelle E 155 13
Annetzer E 128 79; E 139 67
Annonce 90 25
Anode **125** 31, 36
Anodenbatterie E 88 41
Anodenstange 149 46
Anorak 48 39; **71** 44
Anordnung E 99 96
Anpaddeln E 75 u. 76 60
anpassungsfähig E 79 71
anpfeifen E 69 u. 70 3
Anpflanzung E 160 15
anprobieren E 139 34
anrechnen E 164 u. 165 31
Anrede E 164 u. **165** 58
anreißen E 134 9
Anrichte 41 7
anrichten E 55 18
Anriß E 75 u. 76 23
anrühren E 55 19
Anrührplatte 63 17
Ansatz E 7 128
Ansatzstück 55 28
Ansaugleitung E 173 u. 174 22
Anschäften 161 37-44
Anschlag E 74 4; E 106 15; **133** 25
anschlagen E 139 21
Anschlagsäule 169 9
Anschlagstich E 139 21
Anschlagwinkel **123** 40
anschließen E 172 12
Anschluß E 113 28; E 177-179 11
Anschlußbuchse 88 34
Anschlußdose 165 28
Anschlußgleis **155** 20; E 177-179 63
Anschlußstelle E 175 2
Anschlußtafel 80 32
Anschlußzwinge **122** 48
anschnallen E 106 38
Anschnallgurt E 181 32
Anschnallmast 112 25
anschneiden E 55 20
Anschreiber E 69 u. 70 56

Anschreibtafel 92 12
Anschrift E 101 u. **102** 47; **180** 32, 36
anschwemmen E 1 93
anseifen E 56 40
anseilen E 73 5
ansetzen E 55 21; E **139** 49
Ansicht 35 I, II; **184** I
ansiedeln, sich E 152 22
Ansprache E 108 14; E 109 26
anspruchslos E 79 67
Ansprung E 67 60
Anstand E 30 u. 31 29
anstechen E 167 u. 168 30
ansteigen E 1 19; E **175** 16
Anstelleiter E 47 16; E 101 u. **102** 84
anstellen E 88 37
Anstellschrank 41 35
Anstellung 119 19
Ansteuerungstonne **185** 10
Anstieg E 73 6
Anstoß E 69 u. 70 31
Anstoßkreis 69 28
anstreichen E 78 67
Anstreicher **130** I
Anstrichmasse E 129 41
Antenne 40 4; **181** 22; **184** 3; **186** 3
Antennenleitung 88 30
Anthrazit E 46 6; E 110 u. 111 20
Antifaschistischer demokratischer Bund Lausitzer Sorben 104 8
Antilope E 28 6
Antiqua 89 8
Antizyklone 3 V
Antrag E 99 54; E **108** 22
~ annehmen E 108 31
antragen E 128 87
Antrieb **120** 20; **123** 1; **143** 22; E 172 3
Antriebsaggregat 149 43
Antriebsmaschine 184 48; E 184 60
Antriebsrad 120 29
Antriebsspindel 119 14
Antrittsvorlesung E 80 35
antworten E 78 56
Anwalt E 100 86
Anwärmofen 151 18
Anweisung E 99 97
anwerfen E 173 u. 174 70
Anwesen 152 19
Anwesenheitsliste 80 6; 81 9
Anwurf E 69 u. 70 35
anzeichnen E 139 36

Anzeichnerei E 126 20
Anzeige 90 25
Anzeigensatz E 149 u. 150 18
Anzeigenteil E 89 u. 90 129
anziehen, sich E 42 54
Anzieher E 39 6
Anziehpuppe E 53 8
Anzucht E 79 62; E 160 17
Anzug 49 13
anzünden E 55 2
Anzünder E 43 22
Aorta 39 23, 24
apart E 48-52 47
Apfel 13 16
Apfelbaum 13 VII
Apfelblütenstecher E 22 21
Apfelmus E 54 54
Apfelsine 14 24
Apostroph 89 30
Apotheke E 61 u. 62 152
Apparat E 94 u. 95 15; 165 II
Apparatehaus 114 II
Appell E 107 31
Appetit E 167 u. 168 41
appretieren E 141 29
Appretur E 135-137 106; 137 VI-VIII
Aprikose 14 10
Aprikosenbaum 14 IV
April E 9 92
Aquarellfarbe E 189 2
Aquarienkunde E 79 96
Aquarium 79 20; 105 23
Äquator 2 1, 37; E 2 8
Ar E 8 19
Arbeit 55 Ü; 56 Ü
Arbeiter 99 29; E 128 35, 136 11
~, ungelernter E 128 40
Arbeiterin 99 26
Arbeitersiedlung E 152 15
Arbeiter-und-Bauern-Fakultät (ABF) E 80 14
Arbeitsanzug 49 31
Arbeitsbiene 22 42
Arbeitseinsatz 105 I
Arbeitsgericht E 100 97
Arbeitskittel 49 34
Arbeitskräfteplan E 155 4
Arbeitsplan E 92 28; E 155 4
Arbeitsproduktivität E 99 112
Arbeitsraum E 80 78
Arbeitsrecht E 100 66
Arbeitsschutz E 99 25
Arbeitsstange 119 25
Arbeitsstellung 125 VI

Arbeitsstudent E 80 42
Arbeitstisch 92 24
Arbeitszimmer 41 Ü, II; 78 II
Arbeitszylinder 120 12
Architekt 128 28
Architektur E 128 6
argumentieren E 109 35
Arie E 86 32
Arithmetik E 78 39
Arkade E 169 u. 170 26
Arm 35 3-9; 139 27; 175 19; E 182 10
Armaturenbrett 173 27
Armaturenhaus 116 14
Armband 9 37; 48 50
Armbandruhr 9 35; 51 35
Armbeugen 66 9
Armbinde 109 30; 169 15
Armdrehgriff E 68 73
Ärmelaufschlag 49 46
Ärmeleinnähmaschine E 138 21
Ärmelhalter 50 28
Ärmelholz E 139 60
Ärmelplättbrett 56 42
Ärmelpresse 138 36
Ärmelspange 49 44
Armfallgriff E 68 74
Armlehne E 41 16
Armreif 48 9
Armschiene E 60 38
Armsessel 45 40
Armspange E 48-52 82
Armzug E 75 u. 76 24
Arnika 15 16
Aronstab 15 1
Arretierung 43 47
Arterie 39 III
Artikel 90 22; E 166 18
Artischocke E 12 5
Arznei E 57 14; E 61 u. 62 94
Arzneiflasche 57 11; 61 5
Arzneimittel E 61 u. 62 94
Arzneimittelflasche 61 5
Arzneipflanze E 15 1; E 79 89
Arzneischränkchen 57 3
Arzt 61 8; 68 17
Ärztin E 61 u. 62 161
Arztkittel 61 15
As 93 19, 32
Asbest E 135-137 21
Asche 43 36
Ascheabfuhr 170 II
Aschekasten 43 35; 55 3
Aschekeller 113 20
Aschenbahn 67 2
Aschenbecher E 41 68; 168 35
Aschengrube E 40 13
Aschenkasten 43 35; 55 3

Aschenrost E 55 4
Aschentür 44 46
Ascher E 41 68; 168 35
Äscher 140 5
Äscherhaspel 140 6
äschern E 140 14
Äschern 140 5
Äscherzange 140 7
äsen E 30 u. 31 17
Asphalt 170 15
Asphaltdecke 170 15
Aspirant E 80 38
Aspirantur, wissenschaftliche E 80 39
Aspirateur E 143 2; E 155 15
Assel E 22 16
Assistent 62 10, 12; 80 20
Assistentin 61 23
Assistenzarzt E 61 u. 62 162
Ast E 16 u. 17 6
Aster E 20 11
Astheppe 162 31
Astrachan E 32 1
Astrachanschaf E 32 1
Astronom 2 13
Astronomie E 2 1
Asymptote E 5 u. 6 18
Atelier E 92 16
Atelieraufnahme E 94 u. 95 12
Atelierkamera E 94 u. 95 16
Ateliersekretärin 87 10
Atemschutzgerät 102 25
Atemschutzmaske 102 21
Äther E 61 u. 62 101
Atlas 78 20, I; E 89 u. 90 48
Atlasbindung E 135-137 86
atmen E 38 22
Atmosphäre E 2 14
Atmung E 38 21; 60 16 u. 19
~, künstliche 60 16 u. 19
Atmungsorgane E 38 20
Atoll E 1 67
Attrappe E 166 20
Au E 182 15
Aubrietie 20 8
Aue 1 22; E 182 15
Auerbachsprung 74 27
Auerhahn E 30 u. 31 13; 31 14
auf 4 3, 4; 188 1
~ und ab 4 61
~ und nieder 4 61
Aufbau E 75 u. 76 61; 131 4; 173 I
Aufbäummaschine E 135-137 83; 137 II
Aufbäumvorrichtung 137 21

Aufbauten E 126 33
aufbereiten E 127 2
Aufbereitung E 110 u. 111 XIII
Aufbereitungsanlage 110 1
aufdecken E 57 5
Aufdornprobe E 125 29
aufdrehen E 118 20
Aufenthalt E 177-179 47
Aufenthaltsraum E 77 5
Auffangen 69 41
Auffassung E 84 u. 85 24
aufforsten E 162 18
aufführen E 86 5
Aufführung 86 II
Aufgabe E 68 42; E 69 u. 70 57; E 78 69; E 164 u. 165 35
Aufgaberaum 70 21
Aufgabestempel 180 34
Aufgang 45 18; E 65 u. 66 3
aufgeben E 69 u. 70 58; E 78 72; E 177-179 31
Aufgebender 70 21
Aufguß E 15 3; E 57 24
aufhängen E 45 9
Aufhänger 51 54; E 139 76
Aufhängevorrichtung 78 2
Aufhauen E 110 u. 111 31
aufheizen E 115 u. 116 75
aufhellen E 189 3
aufkaufen E 155 24
Aufkaufpreis E 155 25
aufklären E 109 31
Aufklärungsarbeit E 109 III
aufknöpfen E 48-52 94
aufkochen E 55 22
aufkrempeln E 48-52 95
aufladen E 158 23
Auflage E 89 u. 90 23; 125 12; E 149 u. 150 97
Auflauf E 54 62
Auflegematratze 42 44
Auflegen E 60 62
Aufleger E 42 17
Auflegerin 135 11
auflockern E 135-137 60
Auflösen 135 I
Auflösung 148 2; E 164 u. 165 35
Auflösungszeichen E 82 u. 83 87
Aufmarsch E 109 3
aufnageln E 142 30
aufnähen E 139 22
Aufnahme E 61 u. 62 137; E 78 19; E 94 u. 95 I, 61

Aufnahme machen E 94 u. 95 1
~ des Tatbestandes E 101 u. 102 23
Aufnahmeantrag E 103 3
Aufnahmegerät 94 I; E 94 u. 95 II
Aufnahmekassette 62 44
Aufnahmeleiter E 87 3
Aufnahmematerial E 94 u. 95 II
Aufnahmemikrophon 88 6
Aufnahmeraum 88 I
aufnehmen E 61 u. 62 138; E 69 u. 70 59; E 87 20; E 94 u. 95 1
aufpumpen E 172 22
Aufputzen 160 31
aufrauhen E 142 31
aufräumen E 40 6; E 46 16
aufreißen E 134 8
Aufreißer E 68 82
Aufruf 131 4
Aufsatz E 78 64; E 89 u. 90 121
aufschichten E 46 17
aufschießen E 183 13
Aufschlag 49 4; E 69 u. 70 69
Aufschlagfeld 70 48
Aufschlaglinie 70 49
Aufschleppe E 126 37
aufschließen E 40 44; E 112 8
Aufschließung 148 1
Aufschnitt 54 51
Aufschnittmaschine 145 14
Aufschraubbindung E 71 u. 72 4
Aufschrift E 109 19; 109 24; E 114 37; 138 35; 159 13; 170 33; 177 9
Aufschüttung 1 21; E 1 94
Aufschwung E 65 u. 66 27
aufsetzen E 48-52 96; E 55 23
aufsitzen E 65 u. 66 28
aufspannen E 48-52 97
aufspringen E 171 10
Aufsprung E 71 u. 72 5
Aufsprungbahn 71 24
Aufspulwerk 136 23
Aufstampfboden 117 14
aufstecken E 147 57
Aufsteckrahmen 136 31, 44
aufstehen E 42 53
aufstellen E 100 23
Aufstellung E 69 u. 70 4; E 91 55; E 93 27; E 164 u. 165 59

Aufstellung nehmen E 109 13
aufstemmen E 65 u. 66 29
Aufstieg 71 I, 8; E 73 7
aufstoßen E 38 56
Aufsuchen E 110 u. 111 IV
auftakeln E 106 67
Auftakt E 82 u. 83 95
Auftrag E 164 u. 165 26
Auftragbürste E 55 82
Auftraggeber 128 30
Auftragwalze 150 3
auftrennen E 139 44
Auftritt E 86 14
auftürmen E 53 34
aufwachen E 42 49
aufwärts 4 2; E 65 u. 66 4
Aufwärtshaken 68 23
Aufwasch E 55. 74
aufwaschen E 55 73
Aufwaschen 55 IX
Aufwaschschüssel E 55 75
Aufwaschtisch 43 10; 55 39
aufwecken E 42 48
Aufweitprobe E 125 30
Aufwickelspule 94 51
Aufwindedraht 135 46
Aufwinder 135 46
aufwühlen E 30 u. 31 9
aufzählen E 163 23
Aufziehbrett E 128 83
aufziehen E 9 19; E 42 56
Aufzug 127 6-8; 128 3; E 149 u. 150; 167 20
Aufzugkrone 9 3
Aufzugloch 9 33
Aufzugring 65 4
Augapfel 37 6
Auge 30 6, 19, 32; E 35 III; 35 46; 37 I, II; 88 15; 93 14; 161 22, 35
Äugeln 161 31-36
Augenbraue 35 45
Augenbrauenfarbe E 147 80
Augenglas 185 42
Augenmuschel E 94 u. 95 34
Augenmuskel 37 14
Augenspiegel 63 36
Augensteckling 161 21
Augenzeuge 101 18
August E 9 96
Aureole E 2 5
Aurikel E 20 21
aus 4 21
Aus 69 33
ausatmen E 38 24
Ausball 69 33

ausballen E 141 14
Ausbau 111 32; 152 11
ausbessern E 56 I; E 139 53
Ausbildung E 110 u. 111 XV; 123 Z
ausblasen E 115 u. 116 46
ausbohren E 63 5
ausbringen E 115 u. 116 79
ausbügeln E 138 30
ausbürsten E 48-52 98
Ausdehnung 187 III
ausdrehen E 42 59
ausdrücken E 41 71
Ausdrucksfähigkeit E 77 23
Ausdruckstanz E 84 u. 85 71
ausfahren E 110 u. 111 9; E 158 9
Ausfahren 127 35
Ausfahrgarnitur 52 11 13
Ausfahrt E 169 u. 170 37
Ausfall 66 18
ausfegen E 55 64
Ausflug E 78 76
Ausflußrohr 44 11
Ausführung E 84 u. 85 36
Ausführungsbestimmung E 99 95
Ausführungsverordnung E 99 93
Ausgabe E 89 u. 90 40; 166 34; E 177-179 39
Ausgang 86 13
ausgefahren E 175 10
ausglasen E 142 23
Ausgleichgetriebe 173 41
Ausgrabungsfund E 91 60
Ausguck 184 29
Ausguß 43 16
aushacken E 142 40
aushändigen E 100 33
Aushängebogen E 149 u. 150 98
Ausheber 68 30, 35
auskleiden, sich E 48-52 99
ausklinken E 106 41
ausklopfen E 55 78
Ausklopfen 55 X
Ausklopfer 55 42
ausknocken E 68 43
auskriechen E 22 37; E 153 25
auskugeln E 60 32
Auskunft E 177-179 6
ausladen E 177-179 54
Auslage 66 19; E 75 u. 76 25; E 166 19

Ausland E 180 9
Auslaßventil E 173 u. 174 33
Auslauf 71 25; 149 9; E 154 69
Auslaufbahn 71 25
Ausläufer 13 9; 161 17
Ausleger 75 10; 111 17; 112 14-17
Auslegerbrücke E 182 28
Auslegetisch 150 15, 16
Ausleihe 91 I
Ausleihfrist E 91 32
Ausleihzeit E 91 28
ausleisten E 141 27
Auslese E 79 77
auslesen E 158 7
ausleuchten E 87 26
auslichten E 47 24
auslöschen E 42 60
Auslösehebel 141 2
Auslöser 94 15, 46
Auslösung 125 19
Auslug 184 29
ausmahlen E 143 18
ausmalen E 53 4
ausmessen E 8 5; E 134 7
Ausmessen 101 5
ausnähen E 139 23
Auspflanzen 161 8
auspflügen E 158 9
auspressen E 55 24
Auspuff 173 45
Auspuffleitung E 173 u. 174 34
Auspuffrohr 172 34
Auspufftopf 172 33; 173 44
auspunkten E 68 44
Ausputzerei E 141 20
Ausputzmaschine 142 15
ausraspeln E 141 28
ausräumen E 40 7
ausrechnen E 7 76
ausrenken E 60 31
Ausrichtung E 110 u. 111 25
ausrollen E 101 u. 102 81
Ausrufezeichen 89 26
Ausrüsten E 135-137 44, 106
Ausrüstung 73 VI; E 126 32
Aussaat E 79 58; 157 I
Aussaatschale 161 2
Aussage E 100 123
aussagen E 100 120
ausschalten E 42 59; E 88 38; E 113 41
Ausschank 98 30
ausscheiden E 67 5; E 91 26
Ausschlackgrube 179 15
Ausschlag E 61 u. 62 80
ausschlagen E 33 u. 34 35

Ausschluß E 100 117
ausschneiden E 77 30
Ausschneiderin 138 12
Ausschnitt 48 48; E 89 u. 90 136
Ausschuß E 99 45
ausschütten E 46 18
aussehen E 35 24
Aussehen E 35 25
außen 4 63
Außenbahn 67 3
Außenbordmotor 75 2
Außenbordmotorboot 75 1
Außenfräser 131 44
Außengerüst 128 8-10
Außengewinde 121 36
Außenhaut 76 43; 126 10
Außenhautplatte 126 29
Außenhebel 75 25
Außenkiel 75 19
Außenklüver 183 39
Außenputz E 128 72
Außenquersitz E 65 u. 66 30
Außenring 124 40
Außenschleifen E 121-123 94
Außenstände E 163 55
Außenstürmer 69 20, 24
Außentaster 81 18; 121 17
Außenwand 75 III
Außenwinkel 5 28
äußere 4 63
außerhalb 4 31
Aussetzen 127 35
Aussetzer 127 36
Aussichtsturm 175 1
Aussprache E 99 56; E 108 21; E 109 32
ausspülen E 55 25
Ausstattung E 40 10
ausstechen E 55 13
Ausstechform E 55 8
aussteigen E 75 u. 76 4; E 171 22
Ausstellung 91 II
Ausstellungsführer 91 18
Ausstellungsgegenstand 91 14
Ausstellungssaal E 91 67
Ausstellungsstück 91 14
ausstemmen E 134 20
Ausstieg E 73 8
Ausstoßen 140 24
ausstreichen E 140 17
austeilen E 93 43
Austritt 185 40
auswaschen E 60 43
Auswaschung E 1 20; E 1 98
ausweichen E 169 u. 170 39
ausweisen, sich E 101 u. 102 61

auswendig lernen E 78 73
auswintern E 157 12
auszahlen E 163 22
auszählen E 68 45
Auszahlung 163 24
Auszählung E 100 40
Auszeichnung E 108 37
Auszeit E 69 u. 70 60
ausziehen E 40 45
Ausziehplatte E 41 33; 164 41
Ausziehtisch 41 19
Auszug 94 24
Auszugofen 143 17
Auszugplatte 164 41
Auszugsmehl E 143 16
Auto 101 9, 10; 173 Ü; 174 Ü
Autobahn E 175 1
Autobrille 174 5
Autobus 169 13; E 173 u. 174 7
Autoempfänger E 88 32
Autogenschweißen 122 28
Autogramm 89 17
Autograph 89 17
Autokappe 174 6
Autoklav 62 3
Automat E 121-123 61; 177 7
Automatendrehbank E 121-123 61
Automatisierung E 99 24
Automobil 173 Z
Autor E 89 u. 90 78
Autoreparaturwerkstatt 174 I
Autorkorrektur E 149 u. 150 46
Autoschlosser E 121-123 10; 174 14
Autoskooter 98 8
Autostraße E 175 4
Autotypie E 149 u. 150 60
Axiom E 7 59
Axt 46 40; 162 24
Azalee 21 5
Azetatfaser E 135-137 27
Azetylenentwickler 122 32

Baby 52 1
Babyschuh 51 1
Bach E 1 47
Bache 30 28
Bachstelze 25 5
Back 184 5
Backbord 75 18; 184 19
Backbordlaterne E 184 81
Backe 35 48; 71 38; 145 47

backen E 143 28
Backen 55 II
Backenbart E 147 72
Backenzahn 36 31
Bäcker 143 15
Backofen E 143 II
Backpfanne E 55 9
Backpulver E 143 21
Backröhre 43 44; 55 14
Backstein E 127 34
Backware 143 V
Backwerk E 167 u. 168 7
Backzahn 36 31; 37 IV
Bad 44 Ü. I; E 59 2; 74 I; 149 47
~, medizinisches E 61 u. 62 118
Badeanstalt 74 I
Badeanzug 74 16
Badegast 59 16
Badegehilfin 58 20
Badehaus E 61 u. 62 151
Badehose 74 18
Badekabine 74 8
Badekappe 74 15
Bademantel 74 13
Bademantel 44 21
Bademeister 74 10
Bademütze 74 15
baden E 44 19; E 59 1
Badeofen 44 3
Bäderkur E 58 1
Badeschuh 74 17
Badeschwamm E 44 6
Badestrand 59 9
Badethermometer 44 10
Badetuch 44 20; 74 14
Badeuhr E 58 11
Badewanne 44 15
Badewärter 74 10
Badewasser 44 17
Badezelle 74 8
Badezimmer 44 I
Badstromregler 149 41
Bagger 112 2; 127 4; 185 II
Baggerantriebshaus 112 22
Baggerhaus 112 5
baggern E 127 1
Baggerprahm 185 39
Bagiensegel 183 38
Bahn 176 Z
Bahnarbeiter E 177-179 73
Bahnbehälter 178 36
Bahnbetriebswerk E 176 48
Bahndamm 175 26
Bahnhof 2 57; 177 Ü; 178 Ü; 179 Ü
Bahnhofsbuchhandlung 177 9
Bahnhofshalle 177 I
Bahnhofsvorsteher E 177-179 4

Bahnkörper 178 13-16
Bahnsteig 178 I. 12
Bahnsteigdach 178 1
Bahnsteigkarte 177 7
Bahnsteigschaffner 177 18
Bahnsteigschaffnerin 177 13
Bahnsteigsperre 177 II
Bahnübergang 175 22-25
Bahnwärter 175 21
Bahnwärterhaus 175 20
Bahre 60 24
Bai E 1 60
Baiser E 167 u. 168 9
Bake 186 17, 18
Bakentonne E 186 15
Balalaika E 82 u. 83 49
Balancierstange 97 4
Baldrian E 15 16
Balg 83 29
Balgen 94 10
Balken 36 5; 129 3; 132 19
Balkenanker E 129 29
Balkengerüst 77 18
Balkenkopf E 129 26
Balkenlage 129 3 u. 4. 6-9, 23
Balkenschleppe E 159 1
Balkenwaage 8 28
Balkon 40 15; 87 24
Balkonkasten 40 17
Balkonpflanze 21 1-3
Balkontür E 40 14; 43 24
Ball 4 56; 53 24; 92 5, 15; E 96 1
~ spielen E 53 39
Ballen 35 39; 166 40; 178 27
Ballenbrecher 135 2
Ballett 85 Ü, II
Ballettänzer 85 24
Ballettänzerin 85 23
Balletteuse 85 23
Ballettgruppe 85 II
Ballettmeisterin E 84 u. 85 75
Ballettsolist 85 24
Ballettsolistin 85 23
Balljunge 70 50
Ballnetz 53 25
Ballon E 181 73
Ballonreifen E 172 4
Ballonspritze 57 6
Ballsaal E 96 3
Ballschuh 51 4
Ballspiel 69 Ü; E 69 u. 70 VIII; 70 Ü
Balz E 30 u. 31 15
balzen E 30 u. 31 14
Bambus E 11 12
Banane 14 25
Bananenstecker 88 32
Band E 38 19; E 73 9; 90 I, III; 112 44

Bandage E 60 58; 68 20
bandagieren E 60 59; E 68 2
Bandbreitenregelung E 88 54
Bande 72 25; 92 17; 97 20
Bandeisen 166 23; E 131 28
Banderole E 167 u. 168 67
Bandgerüst 112 42
Bandmaß 8 4; E 67 16; 101 5; 139 11
Bandmesserzuschneidemaschine 138 11
Bandoneon E 82 u. 83 59
Bandonion E 82 u. 83 59
Bandrolle 112 43
Bandsäge 133 19
Bandschleifmaschine 133 26
Bandstahl 119 16, 35
Bandwinkelstation 112 37
Bank 58 33; 64 12; 80 40; 163 Ü, III; E 163 I
Bankeisen 134 26
Banken-Inkasso 163 17
Bankett 175 31
Bankhaken 134 26
Bankhalter E 93 24
Bankhammer 131 15
Bankinkasso E 163 6
Banknote 163 II, 8, 9, 10, 11
Bankplatte 134 31
Bankraum E 133 40
Bankreihe 97 10
Banner 109 3
Banse 153 5
Bantamgewicht E 68 10
Bär 2 7, 8; 29 20; 120 14
Bärenklau E 19 1
Bärenrobbe E 32 2
Bärentraube E 15 17
Barett E 48-52 59
Bargeld E 163 17
Bariton E 86 30
Bark E 183 22
Barkasse 185 23
Bärlapp E 19 20
Barograph 3 VII
Barometer 3 VI; 41 4; 79 5
Barren 65 14
Barriere 69 1
Barsch E 23 1
Bärstange 120 22
Bart 81 7; E 147 V
Bartfaden 23 6
Bartflechte 17 9
Barttracht E 147 V

Basalt E 1 110
Basis 5 26; E 7 118; E 7 149; E 63 19
basisch E 160 63
Baskenmütze 48 31; 49 41
Basketball 70 24
Basketballspiel 70 IV
Baskülestange 130 42
Basküleverschluß 130 45
Baß E 86 31
Bassin 74 11, 12
Baßklarinette E 84 u. 85 2
Baßschlüssel 83 37
Baßseite E 82 u. 83 52
Baßtuba 84 15
Bast 161 36
Bastardfeile 121 24-28
Bastardisierung E 79 74
Bastelgruppe E 92 34
Bastelzimmer E 92 12
Bastfaser E 135-137 4-9
Bastsohle E 142 6
Batist E 48-52 35
Batterie 44 14; 172 37; 173 26; 174 3
Batterieempfänger E 88 30
Batteriezündung E 173 u. 174 42
Batteur 135 22
Batteurarbeiterin 135 22
Bau 128 I; 169 7
Bauarbeiter E 128 17
Baubude 128 23
Baubüro 128 24
Bauch 34 12; 35 12; 145 29
Bauchfell E 38 36
Bauchflosse 23 11
Bauchgurt 106 7
Bauchhöhle E 38 35
Bauchmuskel 39 10
Bauchspeicheldrüse 38 46
Bauchweh E 61 u. 62 68
bauen E 53 33; E 128 15
Bauer E 41 46; 93 4; 153 29
Bäuerin 153 36
Bäuerliche Handelsgenossenschaft (BHG) 104 9; 155 II
Bauerndorf 152 VIII; E 152 9
Bauernhaus 40 IV; 153 37
Bauernhof 153 Ü, I
Bauernstube 155 21
Bauernwirtschaft 153 I
Bauerstrau 153 36
Baugewerbe E 128 3
Baugrube 128 50
Bauhandwerk E 128 4
Bauholz E 129 1; 132 19

Bauindustrie E 128 2
Bauingenieur E 128 47
Baukasten 53 9
Bauklotz 53 10
Baukommode 77 16
Baum 4 7, 8, 11; E 16 u. 17 1
Baumaterial E 128 II
Baumeister 128 29
Baumform E 160 20
Baumgrenze E 162 8
Baumkratzer 47 44
Baummarder 32 4
Baumrutsche E 162 21
Baumsäge 47 43
Baumscheibe 47 10
Baumschere 47 35
Baumschnitt E 160 25
Baumschule E 160 II
Baumschulquartier 160 35
Baumschulspaten 160 45
Baumstamm 132 3; 162 22
Baumstumpf 162 8
Baumwolle 11 11; E 135-137 2
Baumwollspinnerei 135 Ü
Baumwollstock 135 II
Baumwollstoff E 48-52 36
Bauplan 91 11; 128 28
Bauschild 128 31
Bauschlosser E 121-123 4
Bauscht 148 19
Baustahl E 118 33
Baustelle 128 I
Baustil E 128 5
Baustoff E 128 II
Bautechniker E 128 46
Bauten E 87 21
Bautischler E 134 2
Bautrohe 77 16
Bauwerk E 128 8; 169 7
Bauwirtschaft E 128 1
Bauzaun 128 32
B-Deck 184 40
beantragen E 99 55
bearbeiten E 156 23
beaufsichtigen E 77 54
Becher 16 3; E 43 9
Becherabsetzer 112 3
Becken 38 17-22; 44 10; 84 34
bedeckt 187 32
bedienen E 167 u. 168 2
Bedienen 120 42
Bedienung 167 18
Bedienungsbühne 116 15
Bedienungshebel E 172 26
Bedürfnisanstalt 169 1
Beefsteak E 167 u. 168 42

Beere 15 7
Beerenhochstamm 47 21
Beerenobst 13 I-VI
Beerenobstzucht E 79 90
Beerenstrauch 47 22
Befehlsstab 178 5
Befestigungsgewinde E 124 3
Befiederung 3 V
befinden, sich E 61 u. 62 31
befördern E 171 8; E 176 13
Beförderung E 176 14
Befreiungsgriff 60 14
Begeisterung E 109 27
Begichtung E 115 u. 116 50
begießen E 47 25
beglasen E 142 45
Begleiterwagen 101 21
Begleitkommando 101 22
Begleitung E 84 u. 85 37
begnadigt E 100 144
Begriff E 7 IV
behaart E 32 24
Behälter 43 7; 147 47; 149 12; 184 38
behandeln E 61 u. 62 91
Behandlung E 61 u. 62 IV; E 63 1
Behandlungsraum 61 I
Beheizung 95 32
bei 4 54
Beifahrer E 173 u. 174 64
Beifall E 86 62; E 108 17
Beifuß E 12 12
Beiguß E 54 66
Beil 144 5
Beilade 134 29
Bein 35 17-22; 60 V; 145 35
Beinarbeit E 74 5
Beinschiene 72 28
Beisitzer 100 4
Beispielgarten E 79 2
Beispielpflanzung E 79 4
beißen E 33 u. 34 56; E 35 63
Beißkorb 34 35
Beißzange 134 19
Beistand 100 19
Beitragsmarke E 103 10
Beitrittserklärung E 103 3
Beiwagen E 172 49
Beiwagenmaschine E 172 48
Beizanlage 155 17
Beize E 134 33
beizen 134 33; E 140 19; E 157 11
Beizer E 134 5
Beizerei E 133 42

Bekanntmachung E 99 103
Beklagte E 100 108
Bekleidung E 138 6
Bekleidungswerk 138 Ü
Bekohlungsanlage 179 1-3
Beladeband 112 21
beladen E 176 9
Beladung E 176 10
Belag 54 54
Belagstahl E 119 33
belasten E 163 30
Belastungsspitze E 113 62
Belederung 75 28
belegen E 176 32; E 183 11
Belegschaft 108 12; E 128 45
beleuchten E 113 6
Beleuchter 87 2
Beleuchterbrücke E 86 58
Beleuchtung E 41 51
Beleuchtungswärterin 170 32
belichten E 94 u. 95 2
Belichtungsmesser 94 31
Belichtungstabelle E 94 u. 95 5
Belichtungsuhr 95 26, 35
Belichtungszeit E 94 u. 95 6
bellen E 33 u. 34 57
Belletristik E 89 u. 90 38
Belobigung E 78 92
bemalen E 130 14
Benagelung 73 17
Benzin E 173 u. 174 15
Benzinfaß 174 11
Benzinlampe E 110 u. 111 97
Benzol E 114 20
Benzolwäscher 114 33
Beobachter E 181 40
Berater 80 8
Beratung E 108 23
Beratungszimmer 100 14
Berberitze E 15 u. 17 18
berechnen E 7 60; E 164 u. 165 30
Berechtigungsschein E 61 u. 62 28; 63 3
Beregnungsanlage E 156 13
Bereifung 172 20
bereiten E 55 26
Berg 1 II, 10, 11; 2 43
bergab E 175 18
Bergakademie E 110 u. 111 147
Bergarbeiter E 110 u. 111 127
bergauf E 175 17
Bergbahn E 176 56

Bergbau E 110 u. 111 1
Bergbauingenieurschule E 110 u. 111 146
Berge E 110 u. 111 50
Bergemittel 110 43
Bergeversatz 110 24
Bergfahrt E 73 10
Bergführer E 73 11
Bergingenieur E 110 u. 111 144
Berginspektor E 110 u. 111 143
Bergkette 1 11
Bergknappe E 110 u. 111 142
Bergkuppe 1 6
Bergland 1 II
Berglehrling E 110 u. 111 149
Bergmann 111 I, 5
Bergmannssiedlung E 152 14
Bergrutsch E 1 38
Bergschuh 73 16, 18
Bergspitze 1 1
Bergstation E 176 59
Bergsteigen 73 Z
Bergsteiger 73 1, VI
Bergstraße 1 12
Bergsturz E 1 38
Berg-und-Tal-Bahn 98 4
Bergungsfahrzeug E 184 21
Bergwand 73 2
Bergwerk 2 49; E 110 u. 111 4
berichten E 78 57
Berichterstatter E 89 u. 90 116; 109 25
berichtigen E 78 68
Berliner Ofen 41 17
Bernhardiner E 33 u. 34 44
Beruf E 101 u. 102 48
Berufsboxer E 68 3
Berufskittel 48 26
Berufskleidung 49 28-34
Berufskrankheit E 61 u. 62 54
Berufsmantel 48 26; 49 32; 147 13
Berufsschule E 78 5; E 121-123 2
Berufswettbewerb 121 20
Berufung E 100 141
Berufungsgericht E 100 99
Berührende 5 42
Berührungspunkt 5 41
Besamungsstation 155 23
Besan 183 9
Besanbaum 183 27
Besandungsanlage 179 6
Besangaffel 183 26
Besanmast 183 25
Besansegel 183 9

Besatz 48 29; E 139 47
Besatzung E 185 14
besäumen E 134 12
Besäumkreissäge 133 11
Besäum- u. Zuschneide-
kreissäge 133 11
Beschäftigungsspiel E 53
1, II
beschicken E 127 21
Beschickungsanlage 127
30
Beschickungswagen 114
2
beschlagen E 142 39
beschließen E 99 65;
E 108 34
Beschluß E 99 64
beschlußfähig E 108 35
Beschneidemaschine 95
31; 151 6, VI
Beschneidemesser 151
33, 34
beschneiden E 47 26;
E 79 92; E 130 34;
E 142 26
beschrankt E 175 20
Besen 55 29
Besenschrank E 43 3
Besenstiel 55 30
Besenwalze 170 40
besetzen E 139 47
besetzt E 171 11; E 176 39
Besichtigung E 91 61
Besiedlung E 152 23
Besitzer E 80 86
besohlen E 142 21
besorgen E 166 3
bespannen E 130 37
Bespannung 75 21; 76
26, 27
Bessemerroheisen E 115
u. 116 10
Bessemerstahl E 118 18
Bessemerverfahren E 118
17
Besserung E 61 u. 62 47
beständig E 3 7
bestechen E 142 48
Besteck 54 II; E 61 u.
62 103
Besteigung E 73 12
bestellen E 156 24; E 167
u. 168 3
Bestellung 156 I; E 164
u. 165 27
bestocken E 79 39
bestrahlen E 61 u. 62 115
Bestrahlungslampe 61
24, 25, 28
Bestrahlungsraum 61 II
Besucher 91 15; 102 6
Besucherin 91 16
Betäubung E 61 u. 62 97
~, örtliche E 61 u. 62 98
Betäubungszange E 144
u. 145 3

Betonbau E 128 58
Betonnung 186 III
betrachten E 35 38
Betrag E 163 43
betragen E 7 62
betreiben E 164 u. 165
17
Betrieb 99 III
~, volkseigener E 118 2
Betriebsabrechnung
E 163 62
Betriebsangehöriger 102
4
Betriebsarzt 61 8
Betriebsausweis 102 3
Betriebsbibliothek E 91
4
Betriebsgewerkschafts-
leitung (BGL) 108 4-6
Betriebsgröße E 153 5
Betriebsgruppe E 103 13
Betriebskindertages-
stätte E 77 3
Betriebskollektivvertrag
E 99 18; E 108 42
Betriebslehrgang 81 I
Betriebsleiter E 108 6;
E 164 u. 165 19
Betriebspoliklinik 61 I
Betriebsschlosser
E 121-123 8
Betriebsschutz (BS) E 101
u. 102 III; 102 I, 5
Betriebsschutzangehöri-
ger 102 2
Betriebsschutzwache 102
1
Betriebssicherheit E 101
u. 102 30
Betriebstischlerei 134 I
Betriebsversammlung
108 Z
Bett 1 15; 42 20, 33;
E 182 4
Bettbezug 42 23
Bettcouch 41 30
Bettdecke 42 20
betten E 57 2
Bettfedern E 42 20
Bettkarte E 177-179 26
bettlägerig E 61 u. 62
37
Bettruhe E 42 36; E 58
7
Bettuch 42 30
Bettumrandung 42 34
·Bettung 178 16
Bettvorlage 42 48
Bettwanze 22 15
Bettwäsche E 42 29
Bettzeug E 42 29
Bettzipfel 42 24
Beugehang 65 u. 66 31
Beugen 66 9-11, 14
Beuger E 39 4
Beugestütz E 65 u. 66 32

Beule E 60 27
Beurteilung E 78 87
Beute 22 27, IV
Beutel 28 4
Bewährungsfrist E 100
143
Bewässerungsgraben 156
5
Bewegung 4 II; 124 II
Bewegungschor E 84 u.
85 72
Bewegungsgewinde
E 124 8
Bewegungsnerv E 39 39
Bewegungsspiel E 77 37
Beweis E 5 u. 6 2; E 100
125
Beweisführung E 100
124
Beweisstück E 100 126
Bewetterung E 110 u.
111 IX
bewohnen E 40 46
Bewohner 45 7
Bewohnerin 45 7
Bewölkung 3 V
Bewölkungsgrad 3 V
Bewurf E 128 71
Bewußtlosigkeit E 60 5
beziehen E 42 62; E 89
u. 90 135
Bezirk E 99 71
Bezirksbehörde E 101 u.
102 1
Bezirksdelegiertenkon-
ferenz E 105 19
Bezirkseiersammler 155
37
Bezirksgericht E 100 93
Bezirksleitung E 103 21;
E 105 17
Bezirksnetz E 113 58
Bezirksorganisation
E 103 19
Bezirksstadt 2 48
Bezirkstag E 99 30
Bezirksverband E 103
19; E 105 17
Bezirksverordnetenver-
sammlung E 99 33
Bezirksverordneter E 99
38
Bezirksvorstand E 103
21
Bezug E 42 13
BGL-Mitglied 108 6
BHG 155 II
Biber 32 7
Biberschwanz E 127 44
Bibliographie E 91 10
Bibliothek 92 I
Bibliothekar E 91 8
Bibliothekarfachschule
E 91 9
Bibliothekarin 91 4; 92
3

Bibliothekstechnikerin 91 7
Bidet 44 22
Biegefeder 131 57
Biegefestigkeit E 125 9
Biegeprobe 125 8, 12
Biegepuppe E 53 9
Biegeversuch 125 11, III
Biegung 175 3
Biene 22 VII
Bienenhaus 22 II
Bienenkasten 22 27, IV
Bienenkorb 22 25
Bienenpfeife 22 29
Bienenschleier 22 30
Bienenschwarm E 22 38
Bienenstand 22 II; 79 14
Bienenstock 22 25, 27
Bienenvolk E 22 36
Bienenzucht E 79 98
Bienenzüchter 22 28
Bier 168 22
Bierausgeber 98 29
Bierdeckel 168 16
Bierdruckapparat 168 7
Bierfaß 98 31
Bierglas 168 14
Bierkrug 168 4
Bierseidel E 167 u. 168 32
Bieruntersetzer 168 16
Bierzapfer 98 29
Bierzelt 98 30
Biese 48 14
Biesenholz E 139 61
Bilanz E 163 56
Bild 41 33; 95 21
Bilderbaukasten E 53 30
Bilderbuch E 89 u. 90 46
Bildergalerie E 91 43
Bilderschrift 89 1
Bildkamera 87 15
Bildschärfe E 87 47; E 94 u. 95 27
Bildstock E 149 u. 150 57
Bildstreifen E 87 35
Bildsucher E 94 u. 95 30
Bildung E 92 26
Bildwand 87 23
Bildwerfer 80 34; E 87 43
Billardkugel 92 15
Billardspieler 92 14
Billardstock 92 19
Billardtisch 92 16
Billardzimmer 92 III
billig E 166 10
Bilsenkraut E 15 11
Bimsmaschine E 141 24
Bimsstein E 44 5
Binde 60 18; E 60 51
Bindedraht 160 40
Bindegarn E 157 28
Bindegewebe 37 21; E 38 10

Bindemittel E 128 65
Bindenverband E 60 57
Binder 50 26; E 128 55
Binderbalken 129 6
Binderin 157 20
Binderschicht 128 52
Bindfaden 180 14
bindig E 160 53
Bindung 71 35
Bindungslehre E 135-137 IX
Bindungspatrone E 135-137 87
Bindungsrapport E 135-137 90
Binnenhafen E 182 40; E 185 2
Binnenland E 1 5
Binnenmeer E 1 58
Binnenschiffahrt E 185 40
Binom E 7 63
Binse E 19 33; E 182 14
Biographie E 89 u. 90 83
Biologie E 78 44
Birke 16 5; E 134 44
Birkenpilz 18 6
Birkhahn 31 11
Birnbaum 13 VIII; E 134 48
~, afrikanischer E 134 68
Birne 13 25; E 41 60; 68 25
Birnenquitte 13 36
Bisam 32 10
Bisamratte 32 10
Bissen E 54 14
Bitumen E 129 44
Bizeps 39 8
Blähsucht E 154 35
Blähung E 61 u. 62 69
Blase E 60 69
blasen E 84 u. 85 30; E 118 22
Bläser 85 12-19
Blasinstrument E 82 u. 83 53
blaß E 39 30
Blatt 13 10; 14 11; 15 10, 14; 16 8, 14, 24, 27, 37, 40; 30 8; 75 31; 129 24; 137 26; 184 52
Blatteinzug E 135-137 88
blatten E 129 8; E 158 17
Blätterhaufen 158 6
Blattgemüse E 12 3
Blattgold 151 15
Blattlaus E 22 24
Blattpflanzen E 21 II
Blattpolster 47 32
Blattsteckling 161 20
blau 189 8

Blaubeere E 13 u. 14 1
Blaufuchs 32 1
Blaugas E 114 27
Blauhemd 105 3
Blaukissen 20 8
Blaulicht 101 14
Blaumeise 25 1
Blech E 119 35
Blechblasinstrument 84 9, 13-15
Blechbüchse E 43 10
Blechinstrument 84 9, 13-15
Blechmantel 117 3
Blechschere 131 8
Blechverformung E 126 22
Blechwalzwerk E 119 4
Blei E 117 17
Bleiblech E 131 5
bleichen E 56 44; E 94 u. 95 54; E 135-137 107; E 147 9; E 148 5
Bleichholländer E 148 12
Bleiplatte E 173 u. 174 44
Bleirohr E 131 41
Bleirohrschneider 131 46
Bleistift E 134 8; 165 37
Bleistifthülse 165 39
Bleistiftschale 164 33
Bleistiftspitzer 165 46
Bleistiftspitzmaschine E 164 u. 165 5
Blende 48 52; 94 33
Blendeneinstellung 94 18
Blendrahmen 130 34
Blick E 35 32
blicken E 35 33
Blickfeuer E 186 7
blind E 35 46
Blinddarm 38 41
Blindekuh E 77 40
Blindendruck E 149 u. 150 7
Blindenführhund 169 16
Blindenschrift E 89 u. 90 17; E 149 u. 150 7
Blinder 169 14
blindfliegen E 181 56
Blindflug E 181 57
Blindholz E 133 34
Blindort E 110 u. 111 40
Blindschacht 110 26, 39
Blindschleiche E 23 32
Blindstichmaschine E 138 27
blinken E 186 25
Blinkfeuer 186 1; E 186 7
Blinklichtanlage E 169 u. 170 49; 171 17
blinzeln E 35 39
Blitz E 3 25
Blitzableiter E 40 15
Blitzfeuer E 186 6
Blitzlicht 94 38

Blitzschlag E 3 26; E 60 74
Blitzstrahl E 3 25
Blitzzange E 131 64
Block E 103 38; 118 26; 132 15; 132 3; E 183 4
Blockade E 149 u. 150 27
blocken E 69 u. 70 61
Blockflöte 83 25
Blockhaus E 40 29
blockieren E 69 u. 70 61
Blockparteien E 103 38
Blockpolitik E 103 36
Blockstelle E 177-179 64
Blockstraße 119 2 u. 6
Blockverleimung E 133 *28
Blockwagen 132 26
Blockwalzwerk 119 I
blöken E 33 u. 34 9; E 154 51
blondieren E 147 9
Blöße 140 17
Blume 30 24; 145 30; 168 15
Blumenbank 41 10
Blumenbeet 47 12; 160 26
Blumengarten E 47 5
Blumenkasten 40 17
Blumenkohl 12 10
Blumenkrippe E 41 25
Blumenschmuck 108 3
Blumenspritze E 47 18
Blumenständer E 41 26
Blumenstrauß 77 1
Blumentopf 64 15
blumig 188 18
Blut 39 Ü; E 39 II; 60 5
Blutader 39 III
Blutalkoholuntersuchung E 101 u. 102 29
Blutbahn E 39 19
Blutdruck E 39 25
Blüte 11 12; 12 18; 13 17; 14 1, 13, 14; 15 6, 9
bluten E 60 44
Blütenblatt 13 18
Blütenhülle 15 2
Blütenkätzchen 14 14
Blütenkerze 16 29
Blütenknospe 13 11
Blütenkolben 15 3
Blütenpflanze E 21 I
Blütenpolster 47 31
Blütenscheide 15 2
Blütenstand 13 3
Blütenstaub 22 37
Blütenstaude E 20 IV
~, winterharte E 20 IV
Blütenzweig 14 7
Blutfarbstoff E 39 16
Blutflüssigkeit E 39 13
Blutgefäß 37 21; E 39 17

Blutgruppe E 39 18
Bluthänfling E 24-27 9
Blutkörperchen E 39 15
Blutkreislauf 39 III
Blutmehl E 154 26
Blutprobe E 61 u. 62 24
Blutsenkung E 61 u. 62 23
Blutspender E 61 u. 62 105
Blutstropfen E 39 12
Bluttransfusion E 61 u. 62 106
Blutung E 60 41
Blutverlust E 60 42
Blutwurst E 144 u. 145 57
Bö E 75 u. 76 73
Bob 72 46
Bobbahn 72 45
Bobfahrer 72 50
Bobine 135 48; 136 49
Bobsleigh 72 46
Bock 30 25; 33 9; 56 32; 65 12; 92 7; 134 35
Bockkran 185 16
Bockleiter 130 5
Bockspringen E 65 u. 66 33
Bockwurst E 144 u. 145 51; 145 8
Boden 46 1 u. 13; E 79 14; E 156 II
Bodenanalyse E 79 17
Bodenart E 1 V; E 156 16; E 160 V
Bodenbearbeitung E 79 22; 156 I; E 156 III; E 160 VI
Bodenbefestigung 141 V
Bodenbelag 59 II
Bodenbeschaffenheit E 79 19; E 160 40
Bodenbestellung 156 I
Bodenbewässerung E 160 68
Bodenentwässerung E 160 67
Bodenerhebung E 1 21
Bodenfenster 46 8
Bodenfräse 160 29
Bodengriff E 68 79
Bodenkammer 46 12
Bodenkampf 68 34, 35
Bodenkultur E 79 15
Bodenkunde E 79 II
Bodennebel E 3 15
Bodennutzung E 156 11
Bodenpoliermaschine E 141 25
Bodenprobe E 79 16
Bodenreaktion E 79 18
Bodenreform 152 VIII, 29; 153 II
Bodenschätze E 110 u. 111 12

Bodenstein 115 33; 148 7
Bodenthermometer E 79 20
Bodenturnen 66 I
Bodenübung E 65 u. 66 34
Bodenverbesserung E 79 23
Bodenwrange 126 35; 184 49
Bogen 84 20; 148 19; E 148 87; 151 27, 28, 31; E 164 u. 165 43
Bogenabzug E 149 u. 150 45
Bogenachter 72 4
Bogenauflegetisch 151 32
Bogenbrücke 182 27-30
Bogengang 36 20
Bogenlampe 80 30; E 94 u. 95 38; 175 23
Bogensäge 46 41; E 121-123 105
Bogenziegel E 127 45
Bogenziffer 90 16
Bogenzusammentragmaschine E 151 5
Bohle 132 20; 133 10; 174 19
Bohne 12 17, 20, 21
Bohnenkaffee E 164 59
Bohnenkraut 12 34
Bohner 55 33
Bohnerbesen 55 33
Bohnerbürste 55 33
bohnern E 55 68
Bohnern 55 VII
Bohnerwachs 55 34
bohren E 110 u. 111 24; E 121-123 81; E 129 4; E 134 22
Bohren E 121-123 VII
Bohrer 63 18; 74 31; 121 32; 134 III; E 134 22
Bohrhammer E 110 u. 111 73
Bohrknarre 121 40
Bohrloch E 110 u. 111 70
Bohrmaschine 63 9, 20; E 110 u. 111 74; 123 IV
Bohrspindel 123 29
Bohrstange E 121-123 87
Bohrung 124 52
Bohrwinde 134 25
Boiler 43 1
Boje 146 6, 10, 13
Bolerojäckchen E 48-52 20
Bolzen 124 31
Bolzenschußapparat E 144 u. 145 1

Bommel 52 12
Bon 166 39
Bonbon 166 31
Bootes 2 6
Bootsanlegeplatz 58 39
Bootsdeck 184 12
Bootsflagge 106 26
Bootshaken E 75 u. 76 5
Bootshaus 76 2
Bootshaut 76 26
Bootskran 184 14
Bootslänge E 75 u. 76 6
Bootsleine 76 28
Bootsmann E 185 23
Bootsname 106 21
Bootsrennen 75 I
Bootsrucksack 76 15
Bootssteg 76 5
Bootswagen 76 16
Bordfunker E 181 38; E 185 18
Bordkante 169 25
Bordmechaniker E 181 39
Bordschwelle 169 25
Borduhr E 181 31
Bordwand 184 11
Boretsch 12 36
Borke E 16 u. 17 3; E 132 13
Borkenkäfer E 162 30
borstig E 147 20
Böschung 175 12; 182 25
Botanisiertrommel 105 19
Bote 163 23
Bottich 56 34
Bowdenzug 172 47
Bowle E 167 u. 168 25
Box 154 3; 174 24
Boxe 154 3
boxen E 68 46
Boxen 68 I; E 68 II
Boxer E 33 u. 34 45; 68 4
Boxhandschuh 68 19
Boxkalf E 140 24
Boxkampf E 68 4
Boxring 68 7
Boxsport 68 I
Boxübungsgerät E 68 5
Brabanter Pflug E 159 30
Brachland E 156 14
Bramme E 119 26
Bramstagsegel 183 42
Bramstengе 183 17
Branche E 164 u. 165 18
Brand E 101 u. 102 69; E 127 24
Brandbinde E 60 70
Branddamm E 110 u. 111 106
Brandfeld E 110 u. 111 104
Brandmauer 128 38

Brandmeister 102 42
Brandschutz E 101 u. 102 64
Brandschutzordnung E 101 u. 102 65
Brandsohle 141 III; E 142 7
Brandstelle E 101 u. 102 70
Brandstifter E 101 u. 102 72
Brandung E 59 10
Brandungsboot 106 20
Brandwunde E 60 68
Branntwein E 166 54
Brasse E 183 8
brassen E 183 9
braten E 55 27
Braten 54 30; 55 II
Bratenplatte 54 28
Bratfleisch 145 24-27, 30-32
Brathering E 146 30
Bratkartoffeln E 167 u. 168 44
Bratpfannne 55 11
Bratröhre 43 44
Bratrost 98 26
Bratsche 84 28
Bratschist 85 8
Bratwurst 98 25; E 144 u. 145 65
Bratwurststand 98 24
Braue 35 45
braun 189 11
Braunbär 29 20
Brauneisenerz E 115 u. 116 20
Braunkohle E 46 10; 112 II, III
Braunkohlenbergbau E 112 1
Braunkohlenbrikett E 112 36
Braunkohlenflöz 112 28
Braunkohlengrube E 112 3
Braunkohlenkoks E 115 u. 116 52
Braunkohlenlager E 112 4
Braunkohlenrevier E 112 2
Braunkohlentagebau 112 Ü
Braunkohlenteer E 129 43
Brause 44 6; 47 39; 147 16
Brausebad E 74 6
brausen, sich E 44 24
brechen E 47 27; E 60 35; E 61 u. 62 71
Brecher E 59 11; E 114 4
Breeches E 48-52 24
Brei E 54 29

breit 187 21
Breitband E 119 27
Breitbandwalzwerk E 119 9
Breitbeil 129 20
Breite E 5 u. 6 54
Breitenkreis 2 35
Breitensport E 67 1
Breithalter E 135-137 98; 137 51
Breitschlichten E 121-123 50
Breitwandfilm E 87 17
Breiumschlag E 57 35
Bremsberg E 110 u. 111 41
Bremse E 22 12; 125 21
bremsen E 172 16
Bremser 72 50; E 176 55
Bremshebel 171 32; E 172 7
Bremsklotz 176 33
Bremsschlauch 171 22; 176 38
Bremsspur 101 5
Bremsvorrichtung 137 4
Brenneisen 142 20; 147 18
brennen E 101 u. 102 68; E 127 23; E 147 40
Brennen 127 33, 34
Brennende Liebe 21 2
Brenner E 127 26
Brennerzange 121 46
Brennessel E 119; E 197
Brennesselfaser E 135-137 9
Brennholz E 46 7
Brennkanal 127 32
Brennpunkt 6 13
Brennschneiden E 121-123 24
Brennstelle 43 41
Brennstoff E 46 4
Brennstoffbehälter 173 43
Brennwagen E 127 20
Brennweite E 94 u. 95 25
Brett 60 7, 21; 93 2; 132 21; E 132 13-17
Brettspiel 93 Ü
Brezel 143 36
Bridge E 93 12
Brief 180 IV
~, eingeschriebener E 180 15
Briefbeschwerer 164 26
Briefbogen 164 34
Briefeinwurf 45 6; 180 23
Briefkasten 169 35; E 180 30
Briefkopf E 164 u. 165 51
Briefmarke 180 9, 35
Brieföffner E 164 u. 165 9

Briefordner **164** 10
Briefpapier E **148** 39
Briefstempel **180** 34
Brieftasche **45** 9; **51** 26
Brieftaube E **33** u. **34** 74; E **106** 79
Briefträger **45** 10
Briefumschlag **164** 35
Briefwaage E **8** 44; **164** 25; **180** 19
Brigadeleiter **157** 33
Brigadier E **128** 22; **155** 11; **157** 33
Brigg E **183** 21
Brikett **46** 32; **55** 4
Brikettfabrik E **112** 35
brikettieren E **112** 34
Brikettkasten E **55** 5
Brikettpresse E **112** 37
Brikettzange **55** 4
Brillantine **147** 40, 41
Brillantring E **48**-**52** 88
Brillantsucher E **94** u. **95** 31
Brille **51** 36-38; **137** 41
Brillenfutteral **51** 40
Brillenglas **51** 38
Brillenschlange E **23** 35
bringen E **167** u. **168** 4
Brise **3** V; E **75** u. **76** 74
brodeln E **55** 28
Brombeere **13** 13
Brombeerstrauch **13** V
Bromsilberpapier E **94** u. **95** 68
Bronchien E **38** 25
Bronchitis E **61** u. **62** 66
Brosche **48** 34
Bröschen E **144** u. **145** 32
broschiert E **89** u. **90** 52
Broschur E **151** 17
Broschüre E **89** u. **90** 53; E **151** 17
Brot **143** 14, 25
Brotbäckerei **143** I
Brotbeutel **105** 13
Brötchen **54** 6; **143** III, 31
~, belegtes E **167** u. **168** 43
Brötchenwirkmaschine **143** 18
Brotherstellung E **143** III
Brothobel E **43** 23
Brotkapsel **43** 13
Brotkorb **54** 5
Brotschieber E **143** 27
Brotschneidemaschine **43** 11
Brotschnitte **54** 48
Brotsorten E **143** IV
Brotteller **54** 47
Brotwirkmaschine **143** 9, 10

Bruch **7** 11, 15, 16; **49** 11; E **60** 34; E **125** 1
Bruchband **57** 34
Bruchbau E **110** u. **111** 46
Bruchdehnung E **125** 5
Bruchrechnung E **7** 64
Bruchstrich **7** 13
Bruchzahl **7** 11; E **7** III
Brücke **2** 56; **4** 13; **41** 18; **51** 36; E **63** 13; **66** 25; **68** 34; **101** 26; **156** 30; **182** Ü; **184** 9
Brückenbogen **4** 14; **182** 28
Brückendeck **184** 41
Brückengeländer **182** 4
Brückenpfeiler **182** 29
Brückenschiff E **185** 4
Brückenwaagen E **8** 45-47
Brühe E **167** u. **168** 51
Brühwurst E **144** u. **145** 51-56
brüllen E **33** u. **34** 2
brummen E **22** 31
Brummkreisel **53** 26
Brunft E **30** u. **31** 18
Brunnen **153** 16
~, artesischer E **1** 46
Brunnenbecken **153** 18
Brunnenhäuschen **58** 18
Brust **34** 10; **35** 10; **145** 33
Brustbaum **137** 22
Brustbein **38** 11
Brustfell E **38** 26
Brustflosse **23** 10
Brustleier **121** 35
Brustmuskel **39** 9
Brustnerv **39** 39
Brustschwimmen **74** 20
Brusttasche **49** 14
Brüstung **40** 18
Brustwarze **35** 11
Brustwickel E **57** 38
Brut E **153** 23
Brutei E **153** 22
brüten E **153** 21
Brutraum **22** 39
brutto E **164** u. **165** 28
Bruttoregistertonne E **184** 36
Brutzwiebel **161** 27
Bube **93** 23, 36
Bubikopf E **147** 60
Buch E **89** u. **90** II; **90** Ü, I, III; **151** 36; **177** 9
Buchausstellung E **91** 36
Buchbesprechung E **91** 53
Buchbinder **151** II
Buchbinderei **151** Ü
Buchbindereimaschine E **151** II
Buchbinderhammer **151** 22

Buchbindermeister E **151** 3
Buchbindermesser **151** 4, 23
Buchbinderwerkstatt E **151** 2
Buchblock **90** 19; **151** 8, 35
Buchdecke E **151** 20
Buchdeckel **90** 1
Buchdeckenmaschine **151** VII
Buchdruck E **149** u. **150** 56; **150** I-III
Buchdruckerei E **149** u. **150** 6
Buchdruckerkunst E **149** u. **150** 3
Buchdruckkunst E **149** u. **150** 3
Buchdruckpresse E **149** u. **150** 81
Buche **16** 19
Buchecke **90** 2
Buchecker **16** 22
Bucheinband E **151** III
Bucheinkauf E **91** 11
buchen E **163** 35
Buchenblatt **16** 20
Bücherei E **91** 1
Büchereieinband E **91** 12
Bücherregal **41** 28; **91** 1; **92** 2
Bücherschrank **41** 26
Bücherstütze **41** 37
Bücherverzeichnis E **91** 21
Buchfink **26** 3
Buchformat E **149** u. **150** V
Buchführung E **163** III
Buchgewerbe E **149** u. **150** 4
Buchhalter E **163**, 36
Buchhaltung E **163** 37
Buchhandel E **149** u. **150** 5
Buchhändler E **89** u. **90** 29
Buchkarte E **91** 16
Buchkartenapparat **91** 3
Buchkunst E **89** u. **90** 73
Buchnische **41** 36
Buchrücken **90** 3; E **151** 21
Büchse **43** 3; **55** 34
Buchseite **90** 9
Büchsenfleisch E **144** u. **145** 23
Buchstabe **89** 10, 11
Buchstabenrechnung E **7** 65
Bucht E **1** 60; **154** 50
Buchtitel E **89** u. **90** 57
Buchungsmaschine E **164** u. **165** 6

Buchweizen 10 17
Buckel E 35 100
Bückling E 146 31
Bude 98 18
Büfett 41 13; 167 6; 168 5
Büfettier 168 6
Büffel 28 16
Bug 76 42; 145 27; 146 18; 184 4
Bügel 9 2; 43 21; 49 5; 51 37; 171 8
Bügelbrett 56 44; E 139 57
Bügelbürste E 139 65
Bügeldecke 138 25
Bügeleisen 56 43, 45; 138 24; 139 6
Bügelfalte 49 11
Bügelkissen E 139 63
Bügelkopf 9 4
Bügellappen E 139 66
bügeln E 56 51; E 139 55
Bügeln 56 IX
Bügelsäge 46 41; 121 4; 162 28
Bügeltisch E 139 56
Bügler 138 37
Büglerin 138 23
Bugmann 75 4
Bugspriet 183 29
Buhne 59 7; 182 19
Bühne 86 35; 87 21; 103 5
Bühnenarbeiter 86 31
Bühnenbeleuchtung 86 22
Bühnenbild E 86 23
Bühnenboden 86 35
Bühnengasse 86 23
Bühnenleuchte 86 22
Bühnenportal 86 21
Bühnenraum 86 21
Bullauge 184 17
Bulldogge E 33 u. 34 46
Bulle 33 1; 154 41
Bummel 52 12
Bund 46 38; 49 9; 83 9, 19; 124 13, 16; E 151 23, 24
Bundaxt 129 13
Bündchen 50 41
Bündel E 163 16
Bündel-Brikett 46 47
Bundgeschirr 129 11-16
Bundsäge 129 10
Bundschuh 52 37
Bundsteg 90 7
Bundverlängerung 49 8
Bungalow E 40 30
Bunker 115 17; E 184 68
bunkern E 184 69
Bunsenbrenner 78 41
bunt E 189 4
Buntmetallwalzwerk E 119 3

Buntpapier 77 9; E 148 59
Buntspecht 26 4
Buntstift 53 4
Bürge E 103 5
Bürgerliches Gesetzbuch E 100 69
Bürgermeister E 99 85
Bürgermeisterin 99 20
Bürgersteig 170 26
Burgruine 175 5
Büro 164 Ü, Z; 165 Ü
Büroangestellte 164 21
Büroartikel 165 IV
Bürobote 164 9
Büroklammer 165 49
Büroleim E 164 u. 165 14
Büroleiter 164 37
Büromaschine E 164 u. 165 2
Bürste 44 27; E 147 53, 87
bürsten E 135-137 114; E 147 38
Bürstenmaschine E 143 5
Bürstenwalze 137 47
Bürzel 34 24
Bus 169 13; E 173 u. 174 7
Busch 4 47
Buschbaum 47 8
Buschtomate E 12 10
Buschwerk E 162 3
Buschwindröschen E 19 19
Busen E 1 61
Bussard E 24-27 3
Büste 108 8; 138 33; 139 3
Büstenhalter 50 11
Bütte 148 20
Büttenpapier 148 18
Butter 54 40; E 166 36
Butterblume E 19 2
Butterbrot 54 53
Butterdose 54 8
Buttermesser 54 7
Buttermilch E 54 79; E 154 63
buttern E 154 64
Butterpilz 18 10
Büttgeselle 148 17

Cachenez E 48-52 34
Café 167 Ü, I; E 167 u. 168 I
Calendula 189 5
Californiaschuh E 141 17
Cambridge-Walze 156 20
Cañon E 1 32
Cape 52 36
C-Deck 184 41
C-Dur E 82 u. 83 79
Celesta E 84 u. 85 4

Cellist 85 9
Cello 84 29
Celsius E 41 44
Celsiusgrad 3 V
Cembalo E 84 u. 85 15
Chagrin E 140 26
Chaiselongue E 42 2
Chamäleon E 23 31
Champignon 18 3
Charakteristik E 7 147
Charge E 118 7
Chargierkran 118 5
Chassis 88 31; 173 II
Chauffeur E 173 u. 174 60
Chaussee 2 52; 175 Z
Chausseebaum 175 13
Chefarzt E 61 u. 62 159
Chefredakteur E 89 u. 90 112
Chemie E 78 45
Chemigraphie E 149 u. 150 65
Chemikalie 95 30
Chemikalienflasche 95 19
Chemikalienschrank 78 29
Chevreau E 140 25
Chevrette E 140 27
Chinarindenbaum E 15 36
Chinchilla 32 5
Chirurg 62 11
Chirurgie E 61 u. 62 2
Chloroform E 61 u. 62 102
Chor 82 II
~, gemischter E 82 u. 83 24
Choral E 84 u. 85 66
Choreographie E 84 u. 85 76
Chorgesang E 82 u. 83 29
Chorist E 86 36
Chorkonzert 82 II
Chorleiter 82 7
Chorowod E 82 u. 83 15
Chorsänger 82 8; E 86 36
Chorsängerin 82 10
Christlich-Demokratische Union Deutschlands (CDU[D]) 103 12, III
Christusdorn E 21 2
chromatisch E 82 u. 83 66
Chromgerber E 140 4
Chromleder E 140 35
Chrom-Nickel-Stahlguß E 117 4
chronisch E 61 u. 62 45
Chronograph E 9 15
Chrysantheme E 20 25
Chrysanthemum E 20 25

568

Cicero E 89 u. 90 144
Clinch E 68 47
Clown 97 16
c-Moll E 82 u. 83 80
Cockpit 76 35
Cœur E 93 44
Combine 159 13
Couch 41 30
Cowper 115 8
Crêpe de Chine E 48-52 37
Croskillwalze E 159 4
Cut E 48-52 25
Cutaway E 48-52 25
Cutterin E 87 37

Dach 40 6; 129 III
Dachbock E 129 65
Dachboden 46 1
Dachdecker 129 Ü, III, 35; E 129 II
Dachfenster 46 2
Dachfirst 40 1
Dachgarten 40 41; E 92 23
Dachgebirge E 110 u. 111 13
Dachgeschoß E 40 16; 46 Ü, I
Dachgesims 40 10
Dachhaut 129 37, 41
Dachkammer 46 12
Dachkonstruktion 129 42-48
Dachlatte 129 41
Dachluke 46 2
Dachpappe E 129 38
Dachrinne 40 11; 131 2
Dachs 32 12
Dachshund E 33 u. 34 47
Dachsparren 129 44
Dachstuhl 129 43, 46, 47
Dachziegel 40 8; E 127 43; 129 37
Dackel E 33 u. 34 47
dahinziehen, sich E 175 14
Dahlie 20 2
Dalbe 185 30
Dame 93 8, II, 22; 96 27
Damebrett 93 II
Damenhandtasche 51 12
Damenhut 48 33
Damenkonfektion E 138 3
Damensalon 147 I
Damenschirm 51 22
Damenschneider E 139 2
Damenschuh E 48-52 68
Damenuhr E 9 14
Damespiel 93 II
Damestein 93 11
Damhirsch 31 1
Damkitz 31 1
dämmern E 9 62

Dämmerung E 9 63
Dampf E 176 44
Dampfbackofen E 143 11
Dampfbad E 61 u. 62 119
Dampfbügelanlage 138 III
Dampfbügelpresse 138 38
Dampfdom 176 23
Dampfeinlaß 148 5
dämpfen E 55 29; E 115 u. 116 45; E 127 31; E 132 19
Dampfer 184 I, II, III
Dämpfer 84 23
Dampfleitung 113 11; 114 10
Dampflokomotive E 176 42
Dampfpfeife E 176 47; E 186 29
Dampfschiff E 184 2
Dampfturbine 113 28; 114 23; E 184 63
Dampfwolke 126 21
Dampfzuleitung 113 33
Dampfzylinder 176 28
Damtier 31 1
Damwild 31 1
Darm E 38 IV
Darmbein 38 19
Darmsaite E 82 u. 83 50
darren E 133 7
Darrgerät E 133 8
Darsteller 86 37; 87 5
Darstellerin 86 39; 87 4
Darstellung E 86 44; 91 13
Dattel 14 23
Dattelpalme E 13 u. 14 18
Datum E 164 u. 165 57
Daube 46 34
Dauerbrot E 143 36
Dauerbruch E 125 2
Dauergrünland E 158 32
Dauerkarte E 171 18
Dauerrudern E 75 u. 76 26
Dauerstandfestigkeit E 125 10
Dauerwellapparat 147 10
Dauerwelle E 147 42-44
Dauerwellen 147 9
Dauerwellwickel 147 20
Dauerwurst E 144 u. 145 45-46
Daumen 37 33
Daus 93 32
Davit 184 14
D-Deck 184 42
Debatte E 99 56
Deck 184 12, 40, 41, 42, 43, 44
Deckbalken 126 27
Deckbett 42 20

Deckblättchen 9 18
Decke 62 37; 83 3; 84 18; E 151 20; 172 20
Deckel 9 23; 43 51; 114 32; 118 11; 135 24; 166 7, 22
Deckelkrempel 135 IV
decken E 33 u. 34 75; E 68 48; E 69 u. 70 5; E 93 28; E 129 33
Deckenauswurf 151 40
Deckfäßchen 129 38
Deckfurnier E 132 26
Deckgebirge E 110 u. 111 13; 112 I
Deckkelle 129 39
Deckmatte 160 23
Deckplatte 126 26
Deckscheibe 161 4
Deckstation 155 22
Deckung 69 47
deckungsgleich E 5 u. 6 42
Deckzange E 131 22
Defizit E 163 65
Dehnung E 125 4
Deich E 1 77; E 59 18; 182 24 u. 25
Deichkrone 182 24
Deichschleuse 182 26
Deichsel 46 25; 156 10
Deichsiel 182 26
Dekade E 9 66
Dekan E 80 27
Dekanat E 80 4
dekatieren E 135-137 123
Dekatierwalze 137 49
dekolletiert E 48-52 56
Dekorateur E 130 4
Dekoration 86 24-26; 87 3
Dekorationsmaler E 130 1
Delegation E 109 25
Delegierte 103 9; E 109 24
Delegiertenkonferenz E 103 26; E 105 13
Delegierter 68 16; 103 10
Delle 51 30
Delphin E 28 3
Delphinsprung 74 28
Delta E 182 24
Deltamuskel 39 16
Demokratie, innerparteiliche E 103 32
~, innergewerkschaftliche E 108 39
Demokratische Bauernpartei Deutschlands (DBD) 103 15
Demokratischer Frauenbund Deutschlands (DFD) 104 6
demokratisieren E 99 68
Demonstration 109 Ü, I; E 109 I

Demonstrationsfläche 79 11; E 79 V
Demonstrationszug E 109 2
demonstrieren E 109 1
Dengelamboß 158 28
Dengelhammer 158 26
dengeln E 158 25
Denkmal E 169 u. 170 23
Dentin 37 20
Denudation E 1 97
Depesche E 180 35
Depression 3 V
Derbholz E 162 16
Derby-Schnitt 142 IV
desensibilisieren E 94 u. 95 53
Dessertteller E 54 98
Destillation E 114 1
Determinante E 7 67
Deutlichkeit E 89 u. 90 2
Deutsche Demokratische Republik 99 6, 103 II; E 99 1
Deutsche Mark 163 9, 10, 11
Deutsche Notenbank 163 Z; E 163 1
Deutsche Post E 180 1
Deutsche Reichsbahn E 176 18
Deutscher Personalausweis 64 3; 102 13
Deutsche Volkspolizei 101 Ü; 102 Ü
Deutschunterricht E 78 30-32
Devisen E 163 4
Dezember E 9 100
dezentralisieren E 99 67
Dezernat E 99 87
Dezernent E 99 90
Dezimalbruch 7 17
Dezimalrechnung E 7 68
Dezimalstelle 7 19-21
Dezimaltabulatorkasten 165 20
Dezimalwaage 8 33; E 8 45; 157 31
Dezime E 82 u. 83 77
Dezimeter 8 1
DFD 61 31
Dia E 94 u. 95 62
Diagnose E 61 u. 62 14
Diagonale 6 5
Diagonalzugbindung E 71 u. 72 6
Dialog E 86 45
Diamant E 121-123 46; 125 2; 130 51
Diapositiv E 94 u. 95 62
Diaskop E 87 49
Diät 53 3
Diätkost E 54 64
Diätküche E 61 u. 62 157

diatonisch E 82 u. 83 65
Dibbelsaat E 157 7
dicht E 147 16
Dichtkunst E 89 u. 90 86
Dichtung E 89 u. 90 85; E 131 55
Dichtungskitt E 131 57
dick 187 23
Dickbein 145 53
Dickdarm 38 39
Dickhäuter 28 Ü, 5 u. 9
Dickicht 162 5
Dicktenhobelmaschine 133 32
Dickung 162 5
Diele E 40 3; 45 38
Dielenmöbel E 41 23
Dienstag E 9 71
dienstags E 9 72
Dienstausweis E 101 u. 102 62
Dienstgrad E 101 u. 102 4
Dienstgradabzeichen E 101 u. 102 5
Diensthund E 101 u. 102 59
Diensthundeführer E 101 u. 102 58
Dienstmann E 177-179 40
Dienstmarke E 101 u. 102 63
Dieselkraftstoff E 173 u. 174 17
Diesellok 127 1
Dieselmotor E 173 u. 174 18; E 184 61
Dieselöl E 173 u. 174 17
diesseits 4 49
Differential E 7 69
Differentialgetriebe 173 41
Differentialquotient E 7 70
Differentialrechnung E 7 71
Differentialzeichen E 7 72
Differenz 7 32
Diktat E 78 65
Diktatzeichen E 164 u. 165 54
diktieren E 164 u. 165 53
Dill 12 37
Dimension E 5 u. 6 3; E 8 1
DIN-Format E 148 84
Diopter E 94 u. 95 30
Diorama E 91 59
Diplom E 80 92
Diplomatisches Korps 99 5
Diplomingenieur E 128 48

Diplomprüfung E 80 91
direkt E 100 7
Direktor 58 14; E 80 29
Dirigent 82 16; 85 4; 86 17
Dirndelkleid 48 19
Dirndelschürze 48 18
Diskus 67 48
Diskussion E 80 71; 99 III; E 108 24
Diskussionsbeitrag E 108 25
Diskussionsredner 103 7; 108 11
Diskuswerfen 67 47
Diskuswerfer 67 49
diskutieren E 109 34
disqualifizieren E 68 6
Dissertation E 80 94
Dissonanz E 84 u. 85 42
Distanz E 67 17; E 68 7
Distel E 19 8
Dividend 7 39
dividieren E 7 73
Dividieren 7 38
Division 7 38
Divisionszeichen 7 40
Divisor 7 41
Döbel 129 28
Docht E 41 56
Dock 126 IV
Dockarbeiter E 126 39
Docke 56 8, 48
Docker E 126 39
Dockseitenwand 126 23
Docksohle 126 22
Dogge E 33 u. 34 48
Doggererz E 115 u. 116 23
Doktorand E 80 93
Doktorprüfung E 80 95
Dokumentarfilm E 87 8
Dollbord 75 12
Dolle 75 9
Dollring 75 27
Domino 93 V
Dominospiel 93 V
Dominostein 93 17
Domowina 104 8
Dompfaff 26 5
Dompteur 97 24
Donner 3 28
Donnerschlag E 3 29
Donnerstag E 9 75
donnerstags E 9 76
Doppel-B E 82 u. 83 86
Doppelboden 126 35; 184 49
Doppelbogen E 148 86
Doppeldecker E 181 6
Doppeldreier 72 7
Doppelendball 68 28
Doppelfenster 42 5
Doppelhaus 40 II
Doppelhobel 134 6
Doppelkasten 160 18

Doppelkastenspeiser **135** 14
Doppelkreuz E 82 u. **83** 84
Doppelmaschine E 141 16
Doppelnadelstabstrecke **136** III
Doppelnaht · E **139** 80; E **142** 15
Doppelnelson E 68 83
Doppelpaddel 76 12
Doppelpunkt 89 24
Doppelscheibenegge E **159** 12
Doppelschlag E 68 49; E 82 u. **83** 106
Doppelschrämmaschine **111** 16
Doppelsitzer E.**106** 30
Doppelspiel 70 43
Doppelsteppnaht E **139** 84
Doppelstockwagen **176** 6, 7
Doppel-T-Stahl **119** 29
Doppeltür E **41** 47
Doppelzentner E **8** 34
Doppelzweier **75** III
Dorf **2** 46
Dorfanger **152** 12
Dorfbibliothek E **91** 3
Dorfform **152** Ü
Dorfhecke **152** 10
Dorfkirche **152** 8
Dorflinde **152** 13
Dorfplatz **152** 7
Dorfstraße **152** 2
Dorfteich **152** 15
Dorn E **16** u. **17** 34; **50** 32; **121** 39
Dornwand **58** 30
Dorsch E **23** 2
Dosenlibelle **94** 5
Dosis E **57** 21
Dotter **34** 42
Dozent **80** 18; E **80** 30; **81** 4; **103** 19
Draht **119** 36; **125** 8
Drahtauslöser **94** 8
Drahtbesen **47** 51
Drahtbürste **47** 41; **122** 42
Drahtfunk E **88** 48
Drahtgeflecht **47** 7
Drahtheftung **151** 24
Drahtnagel **142** 10
Drahtseilbahn E **176** 57
Drahtstift E **129** 7
Drahtwalzwerk E **119** 11
Drahtwurm E **22** 22
Drahtzaun E **47**· 10
Drama E **86** 12; E **89** u **90** 94;
Dramatiker E **86** 11
Dramaturg E **86** 4
Dränage E **160** 67

dränieren E **160** 80
draußen **4** 18
Drehbank **123** I
Drehbankbett **123** 8
Drehbleistift **51** 51; **165** 45
Drehbrücke E **182** 29
Drehbuch **87** 11
Drehbühne E **86** 57
Drehdolle **75** 9
drehen E **87** 20; E **121**-**123** 48; E **147** 41
Drehen E **121**-**123** IV
Dreher **123** 7
Dreherei E **121**-**123** 49
Drehgas E **172** 29
Drehgestell **112** 26
Drehknopf **88** 18
Drehkondensator **88** 21
Drehkran **114** 13; **126** 15
Drehleiter **102** 36
Drehscheibe **179** 16; **185** 24
Drehscheinwerfer **181** 1
Drehstahl **123** 4
Drehstrom E **113** 11
Drehstromgenerator **113** 26
Drehtisch **117** 47
Drehtopfeinrichtung **135** 29
Drehtrichter **136** 21
Drehtür **167** 30
Drehung E **65** u. **66** 35; E **67** 61
Drehwerk **112** 26
Drehzahl E **121**-**123** 41
Drehzahlmesser E **181** 17
Drehzylinder **151** 43
drei E **7** 4
dreidimensional E **5** u. **6** 53
Dreieck **5** 21, 31, 32, 33, 38, 39
dreieckig E **5** u. **6** 43
Dreieckstuch **60** 6
Dreieckzielkelle E **106** 11
Dreier **72** 6
Dreiergruppe **128** 44
Dreifuß **142** 8
Dreikampf E **67** 63
~, olympischer E **68** 92
Dreikantfeile **121** 26; **134** 16
Dreikantschaber **121** 41
Dreikantstahl E **119** 34
Dreiklang E **82** u. **83** 89
Dreimeterbrett **74** 4
Dreirad **53** 30; E **173** u. **174** 8
Dreisatzrechnung E **7** 128-131
Dreischarpflug E **159** 35
Dreiseithof **152** 3
Dreisprung E **67** 54
dreißig E **7** 23

dreistellig E **7** 74
dreiviertel E **7** 54
Dreiviertelmehrheit E **99** 62
Dreiwegehahn E **131** 47
dreizehn E **7** 14
dreschen E **157** 42
Dreschen **157** III
Dreschflegel E **157** 43
Dreschkasten **157** 23
Dreschmaschine **157** 23; **159** 14
Dreschplatz **157** III
Dreschsatz **157** 23
dressieren E **138** 28
dribbeln E **69** u. **70** 32
Dribbeln **69** 43
Drillkasten **157** 5
Drillmaschine **157** 4
Drillsaat E **157** 6
drinnen **4** 17
dritte E **7** 40
drittel E **7** 50
Drohn **22** 44
Drohnenzelle **22** 36
Dromedar E **28** 5
Drops **166** 32
Drossel **24** 10
Drosselklappe **44** 45; E **131** 60
Druck **148** 2; E **149** u. **150** IV
Druckbeilage **133** 47
Druckbogen E **149** u. **150** 90
drucken E **135**-**137** 109
drücken E **68** 88; E **93** 45
Drücken **68** 41
Drucker **150** 10
Drücker E **45** 4
Druckerei **150** Ü
Druckerlaubnis E **149** u. **150** 51
Druckerschwärze **150** 3
Druckfarbe E **149** u. **150** 89
Druckfehler E **149** u. **150** 49
druckfertig E **149** u. **150** 50
Druckfestigkeit E **125** 11
Druckform E **149** u. **150** 88; **150** 9
Druckguß E **117** 23
Druckknopf **51** 48
Druckluftbremse **171** 32
Druckluftschalter **113** 41
Druckminderventil **122** 30
Druckpapier E **148** 31
Druckpresse E **149** u. **150** 81
Druckprobe **125** 12
Druckpumpe **131** 35
Druckregler **114** 36; E **131** 50

Druckrolle 133 12
Drucksache E 180 19
Druckschlauch E 101 u. 102 80
Druckschraube 119 19
Druckschrift 89 8, 9
Druckspindel 119 8
Druckstock E 149 u. 150 57
Drucktiegel 150 1
Druckverband E 60 56
Druckverfahren E 149 u. 150 55
Druckversuch 125 11, III
Druckwalze 137 16; 150 7
Druckzylinder 120 13; 125 9; 150 7, 18
Drusch E 157 III
Drüse E 38 V
Dschunke E 183 34
Dübel 129 28
Dublette E 68 49
Dückdalbe 185 30
Dückdalben 185 30
Ducker 131 48
Dudelsack E 82 u. 83 55
Duett E 86 33
Düker 131 48
Dülfersitz 73 V
Düne 59 23
Dünenweg 59 22
Dung 156 11
Düngekalk E 156 52
düngen E 156 37
Dünger 156 11
~, organischer E 156 47
Düngerschuppen 155 19
Düngerstreuer 157 1; E 159 26
Düngesalz E 160 73
Düngung E 156 IV
Dunkelkammer 95 I, II
Dunkelkammerlampe E 94 u. 95 75
dunkeln E 189 5
Dunkelraum 62 41
dünn E 147 17; 187 24
Dünndarm 38 40
Dünndruckpapier E 148 35
Dünnung 145 34
Dunst 3 V
dünsten E 55 30
Dünung E 59 12
Duo E 84 u. 85 61
Duoumkehrwalzwerk 119 I
Duplikat E 164 u. 165 53
durch 4 67
durchbrechen E 69 u. 70 6
Durchbruch 69 44
Durchfahrt 40 38; 153 4
Durchfall E 61 u. 62 72
Durchführungsbestimmung E 99 94

Durchführungsverordnung E 99 92
Durchgang E 119 14; E 169 u. 170 28
Durchgangsbahnhof E 177-179 57
Durchgangsschere E 131 16
Durchlaß 175 11
Durchlauferhitzer E 131 51
durchleuchten E 61 u. 62 20
Durchliegen E 57 6
Durchmesser 5 46
durchnähen E 139 24
Durchnähmaschine 141 23
Durchreiche 168 10
Durchreise E 177-179 14
Durchsatzzeit E 115 u. 116 55
Durchschlag 43 8; 121 39; E 164 u. 165 46
Durchschlagpapier E 148 41; E 164 u. 165 47
Durchschreibpapier E 148 65
Durchschrift E 164 u. 165 46
Durchschuß 90 31; E 149 u. 150 29
Durchstich E 182 33
Durchstrahlung 125 VI
Durchwurf 160 5
Durchziehnadel 139 53
Durchzug E 75 u. 76 27
Durst E 38 52
durstig E 38 53
Dusche E 57 48; 74 6; 147 16
Duschraum 74 6
Düse 116 4; E 173 u. 174 26
Düsenantrieb E 181 15
Düsenflugzeug E 181 16
Düsenstock 115 20; 116 3
Dutzend 8 26
Dynamik E 84 u. 85 25
Dynamo 172 26
Dynamomaschine 113 26
D-Zug 176 14, 21, 34, 35, 37, 39
D-Zug-Wagen 176 14

Ebbe E 1 73; E 59 16
eben E 1 15; 187 34
Ebene E 1 13; E 5 u. 6 38
Ebenholz E 134 66
Eber 30 28; 33 5; 154 59
Eberesche 16 39
Eberhütte 154 58
Echolot E 184 52

Eckball 69 35
Ecke 6 24; 68 11; 69 2, 35; 90 2
Eckenband E 139 74
Eckfahne 69 3
Eckhaus 169 7
eckig 187 1
Eckplatz E 176 33
Eckpolster 68 11
Eckschwedenzange E 131 63
Ecksofa E 40 11
Eckstein E 93 46
Eckstoß 69 35
Eckwurf E 69 u. 70 36
Eckzahn 36 32
E-Deck 184 43
Edelhirsch 30 1, 3-16
Edelholz E 134 64-74
Edelkastanie E 13 u. 14 11; E 134 45
Edelmarder 32 4
Edelputz E 128 76
Edelreis 161 38, 43
Edelstahl E 118 41
Edeltanne 17 1
Edelweiß E 19 31; E 20 28
Edelwicke E 20 13
Edelwild 30 1 u. 17 39
Efeu E 20 32
effilieren E 147 28
Effilierschere 147 28
egalisieren E 142 42
Egge 156 24
eggen E 156 34
Eggenband E 139 74
Ehrengast E 109 23
Ehrenkleid 111 I
Ehrenpräsident E 109 20
Ehrenpräsidium E 109 21
Ehrentitel E 78 10
Ehrentribüne 67 1
Ei 22 19, 35; 24 12; 34 VII; E 167 u. 168 45
Eibe 17 20; E 134 63
Eibisch E 15 18
Eiche 16 1; E 134 53
Eichel 16 4; 93 32-39
Eichelhäher E 24-27 16
Eichenwickler E 162 35
Eichhörnchen 32 3
Eidechse 23 20
Eidotter 34 42
Eierbrikett E 46 11
Eierkuchen E 54 63
Eierlöffel E 167 u. 168 46
Eierprüflampe E 155 26
Eiersammelstelle 155 36
Eiersortiermaschine E 155 27
Eierspeise E 54 61
Eierstock E 38 68
Eieruhr E 43 24

Eierwaage E 155 28
eiförmig 187 3
Eigelb 34 42
Eigenschaft E 48-52 V; 187 Ü, I, III, IV
Eilbote E 180 12
Eilbrief E 180 11
Eilgut E 177-179 56
Eilzugzuschlag E 177-179 22
Eimer 43 20; 57 28; 77 29; 112 15; 130 14; 170 9
Eimerbagger 127 4
Eimerkette 112 17
Eimerkettenbagger 112 2
Eimerleiter 112 14
Eimerleitermast 112 10
ein E 7 2
Einakter E 86 19
einatmen E 38 23
Einback 143 39
Einbahnstraße E 169 u. 170 17
Einband 90 1-4; E 151 III
Einbanddecke 90 1-4
einbauen E 126 34
Einbaum E 183 35
Einbaumöbel E 41 32
Einbaumotorboot 75 3
einberufen E 99 49; E 108 8
einbiegen E 173 u. 174 78
einbinden E 142 20
einblasen E 115 u. 116 68
Einblendung E 88 23
einbringen E 99 53; E 157 36
eindampfen E 142 22
Eindecker E 181 5
eindimensional E 5 u. 6 17
eine E 7 2
einebnen E 1 100
Einer 7 7; 76 3; E 75 u. 76 28
Einerkanadier 76 6
Einerrodeln E 71 u. 72 7
einfädeln E 139 13
einfahren E 110 u. 111 8; E 157 36
Einfahrt 153 43; 185 5
Einfamilienhaus E 40 31
Einfärben 150 3
einfarbig E 189 6
Einfassung 92 17
einfetten E 147 36
einfluchten E 129 28
Einführplatte 136 24
Eingang 86 9
Eingangszylinder 136 30
eingeben E 57 15
Eingebrochener 60 VIII

Eingeweide 38 II, III
eingleisig E 177-179 66
Eingußteil 117 20
Eingußtümpel 117 34
Einhängeflügel 151 42
Einhängemaschine 151 VIII
Einhänger 149 12
Einheit 63 6
Einheitsschule, demokratische E 78 I
einholen E 166 3
Einholen der Fahne E 107 35
Einholetasche 166 24
Einholtasche 166 24
Einkauf E 166 11
einkaufen E 55 80
Einkaufen 55 XI
Einkaufsnetz 55 43; 166 25
Einkaufstasche 55 43; 166 24
einkehren E 167 u. 168 1
einkitten E 130 39
einklammern E 89 u. 90 9
Einkochtopf 55 21
einkreuzen E 79 75
Einlage 52 5; E 63 6; 139 7; E 142 52
Einlaßventil E 173 u. 174 27
einlatten E 129 32
Einlauf E 57 46
Einlaufvorrichtung 137 51
Einlegekeil 124 34
Einleger 157 24
Einlegerin 138 21
Einlegesohle E 48-52 76
Einleitung E 89 u. 90 66
einlesen E 135-137 78
einleuchten E 87 26
einliefern E 61 u. 62 136
Einmachglas 46 29
Einmaleins E 7 75
Einmarknote 163 9
Einmarkschein 163 9
Einmaster E 183 16 u. 17
Einmeterbrett 74 5
einmieten E 158 12
einmotorig E 181 7
einnehmen E 57 16
Einpackpapier 166 26
Einpfennigstück 163 1
Einpressen 151 10
Einradhacke 160 38
einreiben E 57 27; E 147 35
einreihen E 139 29
einrenken E 60 33
einrichten E 40 9; E 60 30; E 138 13
Einrichterin 138 14
Einrichtetisch 138 13

einrollen E 69 u. 70 52
Einrückstange 137 38
eins E 7 1
einsalzen E 55 31
Einsattelung 1 7
Einsatz 50 13; E 75 u. 76 29; 115 4; 134 41
Einsatzplan E 155 4
Einsatzstahl E 118 38
Einsatzzirkel 6 42
einschalten E 42 58; E 88 37; E 113 40
einschenken E 167 u. 168 5
einschießen E 143 26
einschlafen E 42 40
einschlagen E 139 14; E 162 12
Einschlagpapier 166 26
Einschlagstich E 139 14
Einschlagtuch 57 24
einschlummern E 42 42
Einschlupf E 153 18
Einschnitt E 1 30; E 132 6
Einschnürung E 125 6
Einschreibebrief E 180 15
einschreiben E 180 14
Einschüttvorrichtung 170 28
Einseifbecken 147 35
einseifen E 147 32
einsetzen E 139 50; E 161 10
Einsetzen 127 28
Einsetzer 127 29
Einsitzer E 106 29
einspannen E 132 7
Einspannkopf 125 15
Einspannvorrichtung 123 3; 125 4, 13
einsprengen E 56 49
Einsprenger 56 39
Einspritzung E 61 u. 62 104
Einstand E 69 u. 70 70
Einstechdraht 142 28
einstechen E 141 17
Einstechmaschine E 141 15
einsteigen E 75 u. 76 7; E 171 9
einstellig E 7 77
Einstellupe 94 54
Einstellvorrichtung 149 14
Einstichkasten 67 39
Einstieg E 73 13
einstimmig E 99 63
einstreichen E 130 10
Eintauchen E 74 7
Einteilung, logarithmische E 7 153
Eintopf E 54 44
eintragen E 100 37

einträufeln E 57 17
eintreffen E 177-179 41
Eintrittskarte 86 7; 87 27
einundzwanzig E 7 22
Einwand E 108 19
Einweckapparat 55 21 u. 22
einwecken E 55 32
Einwecken 55 III
Einweckglas 55 23
Einwecktopf 55 21
Einweichbottich 136 2
einweichen E 56 41
einwerfen E 100 38; E 180 31
Einwickelpapier 166 26
Einwurf 69 36; 169 37; 180 23
einzahlen E 163 21
Einzahlung 163 21
Einzahlungsschalter 180 6
Einzäunung E 47 9
Einzelbau E 126 5
Einzelfertigung E 138 15
Einzelgänger E 73 4
Einzelhaus 40 I; E 40 32
Einzellaufen E 71 u. 72 35
Einzellöscher 165 21
Einzelspiel 70 42
Einzelteil 83 12, 14
Einzelzimmer E 61 u. 62 142
einziehen E 40 47; E 130 40
Einzug 90 27; E 149 u. 150 26
Eis 60 VIII, 23; E 167 u. 168 49; 168 30
Eisbahn 72 1
Eisbär E 29 15; 97 25
Eisbein 145 53
Eisbeutel 57 12
Eisbrecher 144 13; 182 30; E 184 16
Eischale 34 40
Eisen 111 2; E 115 u. 116 35, 36; 117 12; 142 30
Eisenabstichloch 116 6
Eisenbahn 2 57; 53 19; 176 Ü, Z
~, elektrische E 53 29
Eisenbahnbrücke 182 17
Eisenbahner E 176 50
Eisenbahngleis 178 13
Eisenbahnschiene 178 13
Eisenbahnverbindung E 177-179 10
Eisenbahnwagen 178 6
Eisenbahnzug E 176 19
Eisenbetonbrücke E 182 26
Eisenbrücke E 182 27

Eisenerz 115 17; E 115 u. 116 II
Eisenerzverhüttung E 115 u. 116 IV
Eisengießerei 117 Ü
Eisenhut E 15 15
Eisenhüttenwerk E 115 u. 116 13
Eisenklinker E 127 38
Eisennagel 142 10
Eisenrinne 115 21; 116 9, 24
Eisensalz E 54 26
Eisfläche E 71 u. 72 36
Eisfräser 144 13
Eisgang E 182 20
Eisgehen 73 II
Eisgrat 73 11
Eishaken 73 25
Eishang E 73 14
Eishockey E 71 u. 72 III; 72 II
Eishockeyschläger 72 29
Eishockeyschlittschuh 72 24
Eishockeyspiel 72 II
Eishockeyspieler 72 26
Eishockeystock 72 29
Eiskunstlauf E 71 u. 72 37
Eislauf E 71 u. 72 II
Eislaufen E 71 u. 72 II
Eisläufer E 71 u. 72 38
Eispickel 73 21
Eisschnellauf E 71 u. 72 39
Eisschrank E 43 2
Eissegeln 72 IV
Eissport 72 Z
Eisstand 59 11
Eistanz E 71 u. 72 40
Eistechnik 73 II
Eisverkäuferin 98 11
Eisvogel E 24-27 19
Eiswand 73 10
Eiszapfen 72 34
Eiszeit E 1 82
eitern E 61 u. 62 74
Eiweiß 34 41; E 54 19
Eiweißfuttermittel E 154 24
Ekliptik 2 2
Elastic-Schuh E 141 17
Elastizitätsgrenze E 125 19
Elch 31 4
Elchhirsch 31 4
Elchhirschkalb 31 4
Elchtier 31 4
Elchwild 31 4
Elchwildkalb 31 4
Elefant 28 5
elegant E 48-52 48
elektrifizieren E 176 22
Elektrische 171 Z
Elektrizität E 113 1

Elektrode 122 40
Elektrodenhalter 122 43
Elektroeidechse 170 37
Elektrohochofen E 115 u. 116 48
Elektrokardiogramm E 61 u. 62 22
Elektrokarren 178 42
Elektrolytkondensator 88 26
Elektromotor 114 21; 122 3; 133 16; E 184 62
Elektronenblitz E 94 u. 95 43
Elektronguß E 117 20
Elektroofen E 143 13
Elektroskop 80 27
Elektrostahl E 118 31
Elektrostahlofen 118 II
Elektrotechnik E 113 2
Element 45 42
Elen 31 4
Elentier 31 4
Elevator 113 3; E 155 18
elf E 7 12
Elfmeter 69 38
Elfmeterpunkt 69 12
Ellbogen 35 5
Elle 8 11, 13; 38 16
Ellgriff 65 38
Ellipse 6 10
elliptisch E 5 u. 6 52
Elster E 24-27 15
Elternbeirat E 78 103
Elternseminar E 78 104
Elternversammlung E 78 102
Emblem 104 2, 5, 10; 105 6; 107 23
emeritieren E 80 41
Empfang 167 28
Empfänger E 180 25
Empfangschef 167 33
Empfangsgebäude E 177-179 2
empfindlich E 79 69; E 94 u. 95 70
Empfindungsnerv E 39 41
Ende 30 4
Endglied 37 40
Endkampf E 67 18
Endlauf E 67 24
Endmoräne E 1 84
Endpunkt 5 13
Endrunde E 67 25
Endspiel E 93 29
Endspurt E 67 26
Endstation E 171 6
Endzug E 75 u. 76 30
Energie E 113 3
Energieversorgung E 113 4
Energieverteilung E 113 VIII

eng 187 26
engagieren E 86 40
Engerling 22 8
Engländer 174 17
Englisch E 78 36
Englischhorn E 84 u. 85 1
Ensemble E 82 u. 83 4; E 86 41
Ensilage E 154 23
Entaschung 113 20
entästen E 162 14
Entblätterungsmaschine 160 42
Ente 33 13; E 33 u. 34 15; 153 40
Ententeich 153 51
Enterich 13 13
Entfernen 60 15; 149 25
entfernt 4 15
entfernteste 4 11
Entfernung E 8 9
Entfernungseinstellung 94 21, 50
Entfernungsmesser 94 29
Entfernungsschätzen E 106 86
Entfernungsskala 94 19
entfetten E 55 33
entfleischen E 140 16
Entfleischen 140 10
Entfleischmaschine 140 14
Entgasen 114 6
entgleisen E 176 25
enthaaren E 140 15
Enthaaren 140 8
Enthaarmaschine 140 9
entkalken E 140 18
entkälken E 140 18
entkleiden, sich E 42 37
entladen E 176 16; E 177-179 54
Entladung E 176 17
entlang 4 46
Entleerungshahn 46 18
Entnahmetür 120 8
Entscheidung E 108 33
Entscheidungslauf E 67 27
Entschwefeln 114 31
Entstehung E 1 IV
entwässern E 112 9
Entwässerungsgraben 1 42; 158 38; 182 23
Entwickeln 95 12, 13
Entwickler E 94 u. 95 46
Entwicklerlösung E 94 u. 95 46
Entwicklung E 79 78
Entwicklungsdose 95 18
Entwicklungspapier E 94 u. 95 67; 95 25
Entwicklungstrog 95 4
Entwurf E 89 u. 90 79
entzwei 188 14

Enzian E 20 27; 189 8
Enzyklopädie E 89 u. 90 32
Epidemie E 61 u. 62 57
Epidiaskop 80 34
Epos E 89 u. 90 89
Eranthis E 20 1
erbauen E 128 16
erblasen E 115 u. 116 80
erbleichen E 39 29
erblicken E 35 34
erbrechen E 61 u. 62 71
Erbse 10 22, 25
Erdachse E 2 7
Erdanschluß E 88 34
Erdarbeiten E 128 94
Erdbeben E 2 52
Erdbeere 13 6
Erdbeerpflanze 13 III
Erde 2 Ü, Z, 17, VI
Erdfloh E 22 23
Erdgeschoß 40 25
Erdhaufen 160 4
Erdhaus E 160 9
Erdkugel E 2 6
Erdkunde E 2 40; E 78 43
Erdlager 160 4
Erdleitung 88 33
Erdmagazin 160 4
Erdmischung E 160 35
Erdnuß 11 7
Erdoberfläche E 1 II
Erdsieb 160 5
Erdteil E 1 4; 2 38
Erdthermometer E 79 21
Erdung E 88 34; E 113 25
Erfahrungsaustausch E 99 20
Erfasser 155 31
Erfassung E 155 11
Erfassungsstelle E 155 12
Erfassungs- und Aufkauf-Betrieb für landwirtschaftliche Erzeugnisse (VEAB) 155 III
Erfrierung E 60 72
Erfrischungsraum E 166 17
Ergänzungswinkel E 5 u. 6 31
ergeben E 7 78, 94
Ergebnis 7 27, 32, 37, 42; E 67 9
erhaben 187 48
erhalten E 109 41; E 163 24
erhärten E 128 70
Erhebung E 1 21
erhitzen E 55 34
Erhöhungszeichen E 82 u. 83 83
Erholung E 59 3; E 92 25
Erholungsuchende 58 36

Erika E 21 17
erkälten, sich E 61 u. 62 59
Erker 40 24
Erklärung 2 VIII; 91 12
erkranken E 61 u. 62 36
Erlaß E 99 98
erläutern E 109 37
Erle 16 32; E 134 42
erlegen E 30 u. 31 38
Ernährung E 54 1
Erniedrigungszeichen E 82 u. 83 85
Ernte 157 II
Ernteertrag E 157 22
Erntefest E 157 40
Erntegestell 157 18
Erntekranz E 157 41
Erntemann 157 16
ernten E 47 28; E 157 21
Erntewagen 157 9
eröffnen E 99 50; E 108 9
Eröffnung E 93 30
Erosion 1 20; E 1 98
Erpel 33 13
Erregermaschine 113 25
erröten E 39 31
Ersatz E 69 u. 70 21
Ersatzmann E 69 u. 70 21
Ersatzrad 173 20
erscheinen E 89 u. 90 22
Erstbesteigung E 73 15
erste 4 7; E 7 38
Erste Hilfe 60 Ü
Ersteigung E 73 12
ersticken E 38 28; E 60 80
Ertrag E 157 22
ertragreich E 157 23
Ertragssteigerung E 156 4
ertrinken E 60 78
Ertrinkender 60 11
Ertrunkene E 60 79
Eruptivgestein E 1 107-110
erwachen E 42 50
erweitern E 7 79
Erweiterungskleid E 48-52 15
Erz 115 17; E 115 u. 116 II
~, basisches E 115 u. 116 34
~, saures E 115 u. 116 33
Erzählung E 89 u. 90 97
Erzaufbereitung E 115 u. 116 III
Erzbergbau E 115 u. 116 1
Erzeugen 114 10
Erzeuger E 155 10
Erzeugerpreis E 155 19

Erzieherin E 77 II
Erziehung E 77 III
~, vorschulische E 77 18
Erziehungsbeihilfe E 78 94
erzielen E 163 66
Erzschiff E 184 10
Erzvorbereitung E 115 u. 116 III
Esche 16 36; E 134 52
Esel 33 7; E 33 u. 34 6
Eselin 33 7
Eselsfohlen 33 7
Eselsfüllen 33 7
Eselshaupt 183 15
Esparsette 10 33
Espe E 16 u. 17 11
Eßbesteck 54 II
Esse 40 2; 43 26; 115 9
Essenausgabe 64 16
Essenkehrer 46 4
Essig E 54 84
Eßlöffel 54 15
Eßteller 54 36
Eßzimmer E 40 4; 41 I; E 77 6
Estragon E 12 13
Estrich 153 8
Etage E 40 17
Etagenheizung 44 III
Etikett 161 3
Etui 81 7
Eule 24 Ü, 7 u. 8
Eustachische Röhre 36 23
Euter 33 3
Exekutivrat E 105 2
Exemplar E 89 u. 90 49
Exkursion E 78 75; E 80 75; E 107 33
Exlibris E 89 u. 90 76
exmatrikulieren E 80 22
Expedition E 107 33
Experimentiertisch 78 44
Exponat 91 14
Exponent E 7 119
exponieren E 94 u. 95 2
expreß E 180 13
Expreßgut E 177-179 48
Extrakt E 15 7
Exzenterpresse 120 V
Exzenterwelle 120 37

Fabel E 89 u. 90 99
Fabrik E 118 1
Fabrikschornstein 152 23
Fach 42 12; 164 38; 167 25
Fachapparat E 135-137 72
Facharbeiter E 128 35
Fachbuch E 89 u. 90 36
Fachhochschule E 80 57
Fachlehrer E 78 13

Fachrichtung E 80 60
Fachschule E 78 6
Fachstudium E 80 58
Fachwerk 40 40
Fachwerkbau E 128 63
fachwissenschaftlich E 80 59
Fackelzug E 109 4
Faden 56 3; E 135-137 33; 139 13
Fadenführer 137 3
Fadenführerschiene 136 46; 137 2
Fadenheftmaschine 151 V
Fadenheftung 151 25
Fadenholer 139 29
Fadenkreuz 94 28
Fadenspannung E 135-137 73; 139 30
Fagott 84 8
Fagottist 85 14
Fähe 30 31
Fähnchen 71 11; 83 33; 109 13
Fahne 98 2; 103 4; 109 3
Fahnenabzug E 149 u. 150 40
Fahnenhissung E 107 32
Fahnenmast 109 15
Fahnenstange 109 4
Fahnenträger 109 5
Fahrbahn 169 10
Fährboot E 182 47
Fahrbühne 143 23
Fahrdamm 169 10
Fährdampfer 185 14
Fahrdienstleiterin 178 4
Fähre E 182 45; E 184 14
Fahrer 106 18; 171 30; E 173 u. 174 60
Fahrerflucht E 101 u. 102 28
Fahrerlaubnis E 101 u. 102 15; E 173 u. 174 62
Fahrersitz 173 13
Fahrerstand 171 11
Fahrgast 171 37; 184 35
Fahrgastschiff 185 31
Fahrgeld E 171 17
Fahrgestell 112 13; 171 18; 173 II; 181 25
Fahrkarte E 177-179 19
Fahrkartenausgabe 177 10
Fahrkartenschalter 177 10
Fahrkurbel 171 33
Fahrleitung 112 24
Fährmann E 182 46
Fahrplan 177 3
Fahrrad 172 Ü, I; E 172 I

Fahrradglocke 172 4
Fahrradklingel 172 4
Fahrradlampe 172 6
Fahrradmechaniker E 172 20
Fahrradständer E 172 11
Fahrschein E 171 15
Fährschiff E 184 14
Fahrschule E 106 21
Fahrspur E 101 u. 102 27
Fahrstuhl 57 29; 167 20
Fahrstuhlführer 167 21
Fahrt E 110 u. 111 29
Führte E 30 u. 31 19
Fahrtenbuch E 173 u. 174 63
Fahrtmesser E 181 28
Fahrtrichtungsanzeiger 173 11; 178 2
Fahrtunterbrechung E 177-179 12
Fahrwasser E 75 u. 76 75
Fahrweg 2 53; E 175 9
Fahrwerk 112 13
Fahrzeug E 169 u. 170 38
Fahrzeugpapiere 101 8
fair E 68 34
Faktor 7 34, 36; E 149 u. 150 14
Fakultät E 80 5, 7-13
Falbel 52 30
Falke 24 1 u. 2
Fall E 60 19
Fällaxt 162 24
Falle 45 22
Fallen E 1 91
fällen E 162 12
fällig E 163 34
Fallkanal 113 13
Fallkerb 162 27
Fallnest E 153 19
Fallobst E 13 u. 14 8
Fallreep E 184 96
Fallrohr 40 9
Fallschirm E 181 33
Fallschirmspringen E 106 54
Falltür 46 6
Faltboot 76 17
Faltdach 173 15
Falte E 35 102
falten E 77 31
Faltengebirge E 1 103
faltig 187 38
Faltprobe E 125 31
Faltversuch 125 III
Falz 90 7; 129 29
Falzbein 151 5, 21, 26
falzen E 129 15
Falzerin 151 IV
Falzmaschine E 151 4
Falzzange 142 24
Falzziegel 127 50
Familienangehörige E 101 u. 102 52

Familienname E 101 u. 102 43
Famulus E 61 u. 62 164
Fanfare 107 11; 109 8
Fanfarenbläser 107 12; 109 9
Fanfarengruppe E 82 u. 83 39
Fanfarenzug E 107 13; E 109 7
Fang 24 5; 30 34; E 146 14
Fangeisen E 30 u. 31 32
fangen E 69 u. 70 7
Fänger 70 32
Fanggründe E 146 15
Fangleine 102 19; 146 17
Fangnetz E 146 8
Fangriemen 137 37
Fangspiel E 77 38
Fangvorrichtung 171 16
Fangzeit E 146 16
Farbband E 164 u. 165 41
Farbbandeinsteller 165 22
Farbbandgabel 165 15
Farbbezeichnungen E 189 II, 44-85
Farbdruck E 149 u. 150 62
Farbe 189 Ü
farbecht E 189 7
färben E 32 27; E 135-137 62, 108; E 147 10; E 189 8
farbenblind E 189 9
Farbenbrechung E 189 10
Farbendruck E 149 u. 150 62
Farbenindustrie E 189 11
Farbenlehre E 189 12
Farbenphotographie E 94 u. 95 11
farbenprächtig E 189 13
Färberei E 189 14
Farbfilm E 87 18; E 94 u. 95 37
Farbgebung E 189 15
farbig E 189 16
farblos E 189 17
Farbmischung E 189 18
Farbmuster E 189 19
Farbstift E 164 u. 165 70
Farbstoff E 189 20
Farbton E 189 21
Farbtopf 130 13
Färbung E 189 22
Farbwerk 150 8
Färse 154 32
Faschine E 182 34
Faser 148 2
~, synthetische E 135-137 29

Fasergut 135 1, 10
Fasergutförderung 135 7
Faserlauf E 125 7
Faserpflanze 11 9-11, 15
Faserstoff, mineralischer E 135-137 21-23
~, pflanzlicher E 135-137 2-10
~, tierischer E 135-137 13-20
Faß 178 26.
Faßgerbung 140 20
Faßhaken 129 36
Fasson 49 4
Faßpumpe 174 10
faulenzen E 58 4
Faultier E 28 1
Faust E 35 87
Faustball E 69 u. 70 VI; 70 34
Faustballspiel 70 VI
Fausten 69 40
Fausthandschuh 72 44
Faustkampf 68 I
Fäustling 72 44
Faustsäge 134 22
F-Deck 184 44
FDGB 58 IV
FDJ 78 45, 46; 105 Ü; 106 Ü
FDJ-Emblem 107 3
FDJ-Fahne 105 9
FDJler 105 7 u. 8
FDJlerin 98 27
FDJ-Schuljahr E 105 36
Februar E 9 90
Fechser 13 9; 161 17
Feder 33 12; 165 36, 42; 173 42
Federbart 31 18
Federbett E 42 19
Federbrett 65 16
Federgewicht E 68 11
Federhalter 165 35
Federhalterschale 164 33
Federmanometer 131 36
Federmatratze E 42 11
Federmesser 165 48
Federring 124 15
Federstahl E 118 35
Federung 173 42
Federvieh 33 11, 13, 14
Federwaage E 8 49
Federwild E 30 u. 31 25
Federwölkchen 3 I
Federwolke 3 I
fegen E 55 64
Fegen 55 VI
Feh 32 3
Fehler E 78 66
Fehlrippe 145 23
Fehlstart E 67 28
Feierabendheim 64 II
Feierstunde E 108 3
Feiertag E 9 83
Feige 14 21

Feile 121 24-28; E 134 26
feilen E 134 26
Feilkloben 121 16
fein E 148 75; 187 29
Feinbäckerei 170 25
Feinegge E 159 9
Feingarn E 135-137 37
Feinhechel 136 VI
Feinkohle E 110 u. 111 116
Feinmechaniker E 121-123 13
Feinsäge 134 24
Feinschmecker E 54 17
Feinschnitt E 133 13; E 166 64
Feinseife E 44 3
Feinstbohren E 121-123 82
Feinstdrehen E 121-123 55
Feld 79 IV; 93 3; 152 1; 156 2
Feldarbeit 156 Ü; 157 Ü; 158 Ü
Feldbau E 156 5
Feldbestellung 156 I
Feld-Egerling E 18 7
Feldflasche 105 14
Feldfrucht 10 Z
Feldhase 30 18
Feldmessung E 2 46
Feldrain 152 28; 156 23
Feldschmiede E 131 38
Feldstecher 73 27
Feldweg 2 54; 152 22; 156 19
Felgaufschwung E 65 u. 66 36
Felge E 65 u. 66 37; 172 22
Felgenbremse E 172 8
Felgumschwung E 65 u. 66 38
Fell E 32 21
Fels E 1 36
Felsband E 73 9
Felsen E 1 36; 4 5
Felsklettern 73 I
Felsphlox E 20 31
Felsplatte E 73 16
Felswand 73 2
Felszacken 73 8
Fenchel E 15 19
Fender E 184 94
Fenster 40 12
Fensterbrett 130 39
Fensterflügel 130 41
Fensterglas E 130 38
Fenstergriff 42 9
Fensterklammer 130 37
Fensterklotz 42 10
Fensterladen E 40 18
Fensterlieder 55 24
Fensterplatz E 176 33

Fensterputzen 55 IV
Fensterrahmen 130 41
Fensterscheibe 130 43
Fenstersturz 130 2
Fensterthermometer E 41 39
Fensterumschlag E 164 u. 165 48
Fensterwirbel 42 9
Ferien E 78 21
Ferienbetreuung E 58 IV
Feriendienst E 58 21
Ferienheim 58 Ü, IV, 34
Ferienlager E 78 97
Feriensonderzug E 58 23
Ferkel 33 5; 154 56
Ferkeldurchlaß 154 54
ferkeln E 154 73
Fermate E 82 u. 83 101
Ferment E 38 1
fern 4 15
Fernaufnahme 94 30
Ferngespräch E 180 40
Fernglas 73 27
Fernlastzug 175 9 u. 10
Fernleitung E 113 53
Fernmeldeamt E 180 41
Fernmeldetechnik E 106 72
Fernreisewagen E 176 26
Fernrohr 2 12
Fernschnellzug E 176 20
Fernschreiber E 106 75
Fernsehen E 88 49
Fernsprechapparat 165 II
Fernsprecher 164 39; 165 II; 180 1
Fernsprechverzeichnis E 180 37
Fernsprechzelle 169 12; 180 1
Fernstudent E 80 43
Fernstudium E 80 61
Fernverkehr E 180 7
Fernverkehrssammelstraße E 169 u. 170 19
Fernverkehrsstraße E 175 3
Ferromangan E 115 u. 116 12
Ferse 35 37
Fersenbein 38 29
Fertigfabrikat E 119 30
Fertighaus E 40 33
Fertigmachen zum Start 106 II
Fertigmacherei E 133 48; E 141 26
Fessel 34 19; E 35 95
fest 188 3
Festfeuer E 186 8
Festhalten 60 18
festigen E 109 42
Festigkeit E 125 8
Festland E 1 3

festlich E 48-52 55
Festmacheboje 185 28
festmachen E 183 11; E 184 95
Festmachetonne 185 28
Festmeter 8 19
Feststellvorrichtung 81 20
Festwagen E 109 18
fett E 89 u. 90 147
Fett E 54 20; E 144 u. 145 38-42
Fettdruck 90 29
fetten E 135-137 65
Fetthenne E 20 29
fettig E 147 19
Fettkohle E 110 u. 111 18
Fettkrem E 44 8
Fettpresse 174 38
Fettschwanzschaf E 32 3
Fettspritze 174 18
feucht E 160 56
Feuchtigkeitsmesser 79 6; 133 3
feuchtwarm E 57 34
Feueralarm E 101 u. 102 67
Feuerbohne E 12 7
Feuerbuch E 186 5
feuerfest E 127 33
Feuerfresser 97 19
Feuerhaken E 55 6
Feuerleiter E 101 u. 102 71
Feuerloch 55 2
Feuerlöscher 132 27; 174 32; E 181 30
Feuerlöschpolizist 86 28
Feuermachen 55 I; E 55 1
Feuermelder E 101 u. 102 66; 169 11
Feuerrad E 98 2
Feuersalamander 23 15
Feuerschiff E 184 19; 186 II
Feuerschüssel 122 4
Feuerschutzgraben E 162 24
Feuerschutzstreifen E 162 23
Feuerschweißen E 121-123 28
Feuerung E 46 4
Feuerwache 102 28
Feuerwehr E 101 u. 102 VII; 102 IV
Feuerwehraxt 102 20
Feuerwehrbeil 102 23
Feuerwehrhelm 102 17
Feuerwehrmann 102 III
Feuerwehrschlauch 102 35
Feuerwerk E 98 1
Feuerzange 122 18

Feuerzeug 51 50
Feuilleton E 89 u. 90 122
Fichte 17 6; E 134 60
Fichtenzapfen 17 8
Fieber 61 u. 62 46
Fieberkurve 62 27
fiebern E 57 9
Fieberthermometer 57 33
Fiechtlhaken 73 5
Figur 6 1; E 35 16; 72 4-14; 93 4-9; E 96 12
Figurenlegen E 74 8
Figurenschere E 131 18
Filet E 56 15; 145 25
Filete 151 18
Filetnadel E 56 16
Filiale E 166 14
Film 87 Ü
~, dreidimensionaler E 87 19
~, plastischer E 87 19
~, populärwissenschaftlicher E 87 11
Filmatelier 87 I
Filmaufnahme 87 I
Filmband E 87 35
Filmpack 95 15
Filmrolle E 87 5
Filmschaffende E 87 I
Filmschauspieler 87 5
Filmschauspielerin 87 4
Filmspule E 87 45; 94 41
Filmstreifen E 87 35
Filmtechnik E 87 III
Filmtheater 87 II
Filterpapier E 148 45
Filtrierpapier E 148 45
Filz 148 19
filzen E 128 88
Filzhut E 48-52 62
Filzpantoffel 50 16
Filzschuh 51 11
Filzsohle E 142 4
Finale E 67 18; E 84 u. 85 54
Finger 35 9; 37 27, 38-42
Fingerbreite 8 8
Fingerhut 15 12; 56 5
Fingerkuppe 37 41
Fingernagel 37 31
Fingerspitze 8 24; 37 42
Finishdekatiermaschine 137 VIII
Finisseur 136 VI
Fink 26 3
Finte E 68 51
Firma E 164 u. 165 16
Firmament 2 I
Firn E 73 17
Firnis 130 3 8; E 134 34
Firnschnee E 71 u. 72 8
First E 1 26; 40 1
Firste 111 4
Firstlüftung 160 14
Firstpfette 129 42
Fisch 23 Ü, 1, 2, 4, 5

Fischband **130** 32
Fischbesteck E **54** 99
Fischdampfer E **146** 5;
  E **184** 11
Fische E **2** 29
fischen E **146** 7
Fischer E **146** 4
Fischerboot **146** 8; **185** 13
Fischerdorf E **59** 5; E **152** 12
Fischerei E **146** 1
Fischfang E **146** 14
Fischgrätenmuster **188** 17
Fischhandel E **146** 17
Fischkasten E **146** 22
Fischkonserve E **146** 26
Fischkutter **146** 12
Fischlogger E **146** 18
Fischmarkt E **146** 18
Fischmehl E **154** 25
Fischnetz E **146** 8
Fischotter **32** 9
Fischräucherei E **146** 24
Fischreiher **27** 2
Fittich **31** 16
Fitting **131** 41
Fixagetrog **95** 5
Fixativflasche **147** 15
Fixieren **95** 14, 34
Fixiersalz E **94** u. **95** 48
Fixiertrog **95** 5
Fixkamm **136** 26
Fixstern **2** 6-10
Fjord E **1** 62
flach **187** 28, 34
Flachdach **40** 42
Flachdruck E **149** u. **150** 76
Fläche E **8** 15; E **5** u. **6** IV; **187** IV
flächengleich E **5** u. **6** 41
Flächeninhalt E **5** u. **6** 40
Flächenmaß **8** II; E **8** III
Flächenmesser **6** 46
Flächenschleifen E **121**-**123** 96
Flächenschleifmaschine E **121**-**123** 99
Flachfeile **121** 24
Flachgewinde E **124** 9
Flachkamm **136** 26
Flachküste **1** 32
Flachlauf **71** I
Flachmeißel **121** 29
Flachnähmaschine **141** 13
Flachrinsel **130** 11
Flachs **11** 9; E **135**-**137** 4
Flachstahl **119** 34
Flachufer **1** 22
Flachwalze **119** 22
Flachzange **121** 44

Flachziegel E **127** 44
Flagge **184** 27; **186** 23
Flaggstock **184** 27
Flamingo E **24**-**27** 23
Flammerie E **54** 55
Flammkohle E **110** u. **111** 17
Flammofen E **117** 28
Flanke **30** 9; **34** 13; E **65** u. **66** 39; **69** 49
flanken E **69** u. **70** 8
Flankenreihe E **65** u. **66** 5
Flansch E **131** 49
Flanschmotor **123** 1
Flasche **174** 8
Flaschenbier **166** 4
Flaschenbofist E **18** 19
Flaschenducker **131** 48
Flaschenhals **168** 32
Flaschenkürbis E **12** 6
Flaschenzug **132** 29; E **182** 3
Flausch E **48**-**52** 38
Flechte **17** 9
flechten E **147** 55
Fleck **37** 12; E **56** 7; **145** 20
fleckig **188** 20
Fledermaus **29** 5
Fleier **135** VI
Fleierin **135** 38
Fleisch E **144** u. **145** II
Fleischarten E **144** u. **145** 18-36
Fleischbrühe E **54** 27; E **167** u. **168** 51
Fleischer **144** 4; **145** 17
Fleischerei **145** I
Fleischerladen **145** I
Fleischgabel **54** 29
Fleischgericht E **54** 31
Fleischhaken **144** 1
Fleischhuhn E **153** 15
Fleischkasten **144** 21
Fleischklopfer E **43** 25
Fleischmesser **144** 2
Fleischsalat E **54** 32; E **144** u. **145** 37
Fleischsorten E **144** u. **145** 13-17
Fleischwolf **43** 49; **144** 17
Fleischwurst E **144** u. **145** 59
Fleißiges Lieschen E **21** 3
flicken E **56** 2
Flicken E **56** 7
Flieder E **16** u. **17** 19, 22
Fliege **22** 11; E **147** 70
Fliegengewicht E **68** 9
Fliegenklatsche E **43** 41
Fliegenpilz **18** 16
Fliegenwalze **136** 10
Flieger **181** 28
Fliegerhaube **106** 1

Fliesenleger E **128** 98
Fließband **138** II
fließen E **182** 3
Fließpapier **105** 27
F-Loch **84** 19
Flocke E **3** 21
Flomen E **144** u. **145** 38
Flor **136** 7
Floß E **182** 42
flößen E **182** 41
Flößer E **182** 43
Flößerei E **162** 22
Flöte **84** 2
Flötist **85** 12
Flotte E **185** 35
Flottille E **185** 37
Flöz **110** 22; **111** 10; **112** 28
Flözbrand E **110** u. **111** 103
fluchten E **129** 28
Flug E **181** 46
Flugboot E **181** 11
Flügel **34** 23; E **40** 19; E **84** u. **85** 11; **96** 11; **184** 51
Flügelfrucht **16** 26
Flügelmutter **124** 24
Flügelschraube **124** 29
Flügelsignal **179** 9
Flügeltür E **41** 48
Flugfang **137** 46
Flugfeld **181** Z
Fluggast **181** 20, 27
Flughafen **181** Ü, Z
Flughafengebäude **181** 6
Flughaut **29** 6
Flughöhe E **181** 54
Fluglehrer E **106** 33
Fluglehrgang E **106** 31
Flugloch **22** 26
Flugmodell E **106** 26
Flugplatz **181** Z
Flugschüler **106** 4; E **106** 34
Flugstrecke E **181** 53
Flugstunde E **181** 52
Flugweg E **181** 51
Flugwerkkunde E **106** 52
Flugwesen E **181** 44
Flugwild E **30** u. **31** 25
Flugzeug **181** 14-25
Flugzeugbesatzung E **181** 37
Flugzeugführer **181** 21, 28
Flugzeughalle **181** 2
Flugzeugkunde E **106** 53
Flugzeugmutterschiff E **184** 22
Flugzeugschleppstart E **106** 43
Flugzeugträger E **184** 24
Flunder E **23** 3
Flur **45** III

Flurform E 152 31
Flurgarderobe 45 26
Flurlampe 45 33
Flurname E 152 33
Flurschränkchen 45 37
Fluß 1 25; E 1 48; 4 50; 182 22
Flußaal 23 1
Flußarm E 182 10
Flußaue 1 22
Flußbett 1 15; E 182 4
Flußdampfer 182 31; E 184 5
Flußtisch E 23 19
flüssig 188 II
Flüssigkeitsmaß E 8 26
Flußinsel 1 23
Flußkrebs 22 22
Flußmündung E 182 23
Flußpferd E 28 4
Flußterrasse E 1 85
Flut E 1 74; E 59 15
Flutmesser E 185 3
Flyer 135 VI
Flyerin 135 38
Fock 76 39; 183 36
Fockmast 183 23; 184 1
Focksegel 183 36
Fockstagsegel 183 43
fohlen E 154 49
Fohlen E 32 4; 34 I; 154 14
Fohlenweide E 158 36
Föhre 17 10
Folgesaat E 157 5
Folio E 149 u. 150 101
Fön 147 19
Fondant E 166 44
Fontanelle E 38 14
Fönwelle E 147 48
Förderband 110 28; 111 28; 112 36; 113 2; E 128 67
Förderbrücke 113 2
Fördergestell 110 31
Förderhaspel 110 25
Förderkorb E 110 u. 111 78
Fördermaschine 110 11
fördern E 110 u. 111 75
Förderplan E 110 u. 111 76
Förderschacht 110 14
Förderseil 110 7
Förderturm 110 2; 113 1
Förderung E 110 u. 111 VIII; 112 III
Förderwagen 111 31
Förderzug 111 30 u. 31
Forelle E 23 4
Forke 158 15
Form E 117 II; 148 18; 150 9; 187 I
Format E 149 u. 150 V
formbügeln E 138 29

Formdrehen E 121-123 52
Formel E 7 80; 80 22
Formelsatz E 149 u. 150 22
formen E 117 48; E 127 14
Former 117 19
Formerei 117 II
Formgebung E 127 15
Formhohlraum 117 21
Formkasten 117 35
Formling 127 21
Formmaschine E 117 45
Formsand 117 29
Formstein E 127 40
Formstift 117 22
Formular E 164 u. 165 50
Forscher E 80 47
Forschung E 80 III
Forschungsauftrag E 80 48
Forst 162 I
Forstakademie E 162 42
Forstfacharbeiter 162 19
Forstgarten 162 6
Forstmann E 162 40
Forstmeister E 162 38
Forstpflanzenanzucht E 160 24
Forstrevier E 162 1
Forstschädlinge E 162 26
Forstschule E 162 41
Forstwirtschaft 162 Ü
Forsythia E 16 u. 17 25
Forsythie E 16 u. 17 25
Fox E 33 u. 34 49
Foxterrier E 33 u. 34 49
Foxtrott 96 4
~, langsamer E 96 20
Foyer 86 I
Fracht E 177-179 53
Frachtbrief 178 30
Frachtdampfer E 184 7
Frachter E 184 7
Frachtflugzeug E 181 13
Frachtkahn 182 16
Frachtraum 181 19
Frachtschiff 185 38
Frack 49 37
fragen E 78 55
Fragezeichen 89 25
Fraktion E 99 43
Fraktionsvorsitzender E 99 44
Fraktur 89 9
Frankfurter Würstchen E 144 u. 145 53; 145 7
frankieren E 180 5
Franzband E 151 14
Franzose 174 16
Fräsdorn 123 17
fräsen E 121-123 64; E 160 76

Fräsen E 121-123 V
Fräser 123 16, 18
Fräserei E 121-123 65
Fräslehre 133 39
Fräsmaschine 123 II; E 134 23
Fraßgang 13 31
Frässpindel 133 38
Frästisch 123 19
Frau E 35 7; 50 I
Frauenausschuß E 108 7
Frauenchor E 82 u. 83 23
Frauenheilkunde E 61 u. 62 3
Frauenkleid E 48-52 10
Frauenkleidung 48 Ü
Frauenklinik E 61 u. 62 129
Frauenkrankheit E 61 u. 62 53
Frauenstation E 61 u. 62 148
Fregatte E 183 29
frei E 176 40
Freibeet 160 I
Freibord E 184 38
Freie Deutsche Jugend (FDJ) 104 4; 105 Ü; 106 Ü
Freier · Deutscher Gewerkschaftsbund (FDGB) 104 3
Freihandbibliothek E 91 7
Freiheit E 109 51
Freiheitsstrafe E 100 136
Freiland E 160 13
Freilandaquarium 79 20
Freilandterrarium 79 19
Freilauf E 172 5
Freileitung 113 21, 39
Freilichtbühne 58 12; 82 6
Freilichtkino E 87 40
Freiluftkur 62 36
Freiluftschaltanlage E 113 43
Freiluftunterrichtshalle 79 15
freimachen E 180 5
Freimarke 180 35
Freischlag E 69 u. 70 47
Freischwimmen E 74 9
Freispruch E 100 131
Freistilringen E 68 85
Freistilschwimmen 74 23
Freistoß 69 37
Freitag E 9 77
freitags E 9 78
Freiwurf E 69 u. 70 37
Freiwurfkreis 70 4
Fremdsprachensatz E 149 u. 150 23
Frequenz E 113 23
Fresco 108 10

fressen E 154 11
Freßgitter 154 43
Freundschaftsfahne 107 1
Freundschaftsvertrag E 105 34
Frieden E 109 40
Friedensaufgebot E 105 33
Friedensbewegung E 109 53
Friedenskampf E 109 IV
Friedenskämpfer E 109 48
Friedenskomitee E 109 49
Friedenspolitik E 109 50
Friedensrichter E 100 90
Friedenstaube 77 2; 82 6
Friedensvertrag E 109 54
Friedhof 152 6
friedlich E 109 46
friedliebend E 109 47
Frikadelle E 54 33
Frikassee E 167 u. 168 52
Friktionsscheibe 120 30
Friktionsspindelpresse 120 IV
frischen E 118 14
Frischling 30 28
Frischluftleitung 120 5
Frischwasser 184 38
Frischwasserkühler 184 46
Frischwasserleitung 140 2
Frischwetter E 110 u. 111 84
Friseur E 86 49; 147 Ü
Friseurgehilfe 147 46
Friseurgeschäft E 147 1
Friseursalon E 147 1
Friseuse 147 12
frisieren E 147 52
Frisierhaube E 147 94
Frisierkamm 147 25
Frisierkommode 42 16
Frisiertoilette 42 16
Frisierumhang 147 14
Frisur E 86 52; E 147 IV
Frontbeschneidemaschine E 141 19
Frosch E 98 3; 149 14
Frost E 3 12
Frostbeule E 60 73
frostempfindlich E 157 14
frostfest E 157 13
frottieren E 44 21
Frottiertuch 44 20
Frucht 12 20; 15 7; 16 30, 31, 38; 19 8
fruchtbar E 160 48
Fruchtblütenkätzchen 16 10, 34

Fruchtblütenstand 14 13
Fruchtdolde 16 41
Fruchtfleisch 13 29
Fruchtfolge E 79 42
Fruchtgemüse E 12 4
Fruchtholzschnitt E 160 26
Fruchthülle 14 16
Fruchtkapsel 16 21
Fruchtknoten 13 23
Fruchtpresse E 43 26
Fruchtstand 11 4; 13 4; 15 4
Fruchtwechselversuch 79 11
Fruchtzapfen 16 6, 33; 17 16
Frühbeet 160 20
Frühbeetanlage E 160 12
Frühbeetfenster 160 21
Frühjahr E 9 103; 79 8 u. 9
Frühjahrsbestellung E 156 26
Frühkartoffel E 158 2
Frühling E 9 103
Frühsport E 107 28
Frühstück 54 I
Frühstückstasche 78 55
F-Schlüssel 83 37
Fuchs 30 31; E 30 u. 31 10; E 32 5
Fuchsbau E 30 u. 31 11
Fuchsie 21 3
Füchsin 30 31
Fuder 158 17
Fuge E 84 u. 85 45
fugen E 128 92; E 134 15
Fugenkelle E 128 93
Fugenleimmaschine E 133 37
fühlen E 35 90
Fühler 22 23
Fühlerlehre 123 42
Führerhaus 112 9; 155 9; E 173 u. 174 10; 176 25
Führerstand 112 9
Führhund 169 16
Fuhrmann 175 44; 178 24
Führung E 91 63; E 119 20
Führungslappen 117 24
Führungsleiste 120 38
Führungsrille 71 31
Führungsspitze 165 13
Führungswalze 137 17
Führungszeugnis 102 16
Fuhrwerk 175 43
Fuhrwerkswaage E 8 46; 155 27
füllen E 63 7; E 135-137 118; E 148 7
Füllen 34 I; 154 14

Füller 51 53; 165 41
Füllfederhalter 51 53; 165 41
Füllhalter 51 53; 165 41
Füllholz 129 9
Füllort 110 37; 111 33
Füllsand E 131 39
Füllstelle 110 36
Füllstoff E 148 8
Fülltür 44 44
Füll- und Ablaßhahn 44 47
Füllung E 63 8; E 166 45
Fundament 115 34; 128 48; 150 5
Fundamentgraben 128 49
Fundamentrahmen 113 30
Fundstück E 91 60
fünf E 7 6
Fünfer 163 2
Fünfjahrplan E 99 12; 133 40; 167 7
Fünfkampf E 67 64; E 68 94
Fünfmarknote 163 10
Fünfmarkschein 163 10
Fünfpfennigstück 163 2
fünfte E 7 42
fünfzehn E 7 16
fünfzig E 7 25
Fünfziger 163 7
Fünfzigpfennignote 163 8
Fünfzigpfennigschein 163 8
Fünfzigpfennigstück 163 7
Funk E 88 5; E 106 76
Funkanlage E 184 57
funken E 181 22
Funkenprobe E 125 32
Funkfeuer E 186 35
Funkgerät E 181 23
Funkhaus E 88 2
Funkpeilung E 186 36
Funkrah 184 23
Funktion E 7 81; E 35 11
Furche 156 17; E 156 32
Furchenrad 156 38
Furnierbock 133 45
furnieren E 134 19
Furnierer E 133 38
Furniererei 133 III
Furnierherstellung 132 IV; E 132 18
Furnierindustrie E 132 II
Furnierplatte E 133 25
Furnierschicht E 133 39
Furnierschneidemaschine E 132 22
Fürsorgerin 61 32
Furt E 182 17

Fuß 1 10; 8 14; 24 5; 31 17; 35 21; 78 36; 123 32
Fußauslösehebel 141 17
Fußbad E 57 51
Fußball 69 29; E 69 u. 70 II
Fußballen 35 39
Fußballmannschaft E 69 u. 70 29
Fußballschuh 69 32
Fußballspiel 69 Z
Fußboden 45 38
Fußbodenlack 130 6-8
Fußbremse 173 36
Füßchen 139 41
Fußgängerin 169 17
Fußhebel 63 21; 120 42
Fußmatte 44 21
Fußmotor 123 27
Fußnote 90 13
Fußpfette 129 48
Fußpflege E 147 7
Fußplatte 71 39
Fußraste 172 38
Fußrolle 57 18
Fußschaltung E 172 40
Fußsohle 35 38
Fußspitze E 35 96
Fußsprung 74 24
Fußsteig 169 24
Fußstrecke E 110 u. 111 36
Fußteil 42 41
Fußunterlage 56 33
Fußweg 2 55; 169 24
Fußwurzelband 39 14
Futter 18 2; 49 52; 130 35; 139 8; 142 35; 154 45
Futterbasis E 154 15
Futtergrundlage E 154 15
Futterkiste 154 19
Futterkrippe 154 8
Futterküche 154 47
Futtermittelspeicher 155 16
füttern E 139 45; E 154 10
Futterpflanze 10 Ü; E 154 17
Futterraufe 154 6
Futterrübe 10 21; E 158 13
Futterschlot 154 5
Futtersilo 153 12
Futterspeicher 153 7
Futterstoff 139 8
Futtertisch 154 46
Futtertrog 154 53

Gabel 54 16; 165 29
Gabelpfanne 117 31
Gabelwender 158 21
gackern E 33 u. 34 66
Gaffel 183 2
Gaffelsegel 183 9
Gage E 86 47
gähnen E 42 47
Galeere E 183 33
Galerie E 86 61; E 91 43
Galiot E 183 19
Galle E 38 42
Gallenblase 38 38
Gallenröhrling E 18 20
Gallwespe E 162 33
galoppieren E 33 u. 34 36
Galosche E 48-52 73
Galvano E 149 u. 150 69
Galvanometer 80 26
Galvanoplastik 149 VII; E 149 u. 150 68
Galvanoplastiker 149 42
Galvanoskop 80 26
Gamasche 49 49
Gambit E 93 31
Gams 31 8
Gamsbart 31 10
Gamsbock 31 8
Gamsgeiß 31 8
Gamskitz 31 8
Gamswild 31 8
Gang E 173 u. 174 39; E 176 37
Gans E 33 u. 34 40; 34 II; 153 39
Gänseblümchen E 19 3
Gänsebraten E 167 u. 168 53
Gänsefüßchen 89 31
Gänsehaut E 35 116
Gänserich 34 II
ganz 188 13
Ganzleinenband E 151 12
Ganzton E 82 u. 83 62
Ganzzeug E 148 10
Ganzzeugholländer E 148 13
Garage 40 20; 174 24
Garbe 157 22
Garbenbinderin 157 20
Garderobe 86 4
Garderobefrau 86 1
Garderobenfrau 86 1
Garderoberaum E 77 12; E 92 22
Garderobeständer 80 16; 167 8
Garderobiere E 86 54
Gardine 42 4
Gardinenleiste 42 1
Gare E 143 24
Gärfutter E 154 23
Gärfutterbehälter 153 12
Garn E 135-137 35; E 146 9
Garnitur 50 5 u. 6
Garnkops 136 49
Garnkörper 135 48
Garnrolle 56 2; 139 26
Garnständer 138 30
Garraum 143 20
Garten 47 Ü, I; 152 4
Gartenarbeit E 47 21
Gartenarchitekt E 160 6
Gartenbau E 156 6; E 160 1
Gartenbauausstellung E 160 4
Gartenblume 20 Ü
Gartengerät 47 IV
Gartengestaltung E 160 3
Gartenkunst E 160 2
Gartenlokal E 167 u. 168 20
Gartenmauer E 47 8
Gartenmesser 47 37
Gartenpflanze E 47 11
Gartenrotschwänzchen 25 4
Gartensalat 12 2
Gartensalbei E 15 29
Gartentür 47 27
Gartenwalze E 160 28
Gartenwirtschaft E 167 u. 168 20
Gärtner E 160 5
Gärtnerei 160 Ü; 161 Ü
Gärung E 143 24
Gas 114 IV; E 114 23
Gasbackofen E 143 12
Gasbadeofen E 44 1
Gasbehälter 114 35
Gasbrenner 43 41; 120 11
Gasgewindeschneider 131 34
Gashahn 43 42
Gashebel 173 37
Gasheizung 144 27
Gasherd 43 II; 55 10
Gasinstallateur E 131 33
Gaskammer E 118 11
Gaskanal E 118 10
Gaskocher E 43 43
Gaskohle E 110 u. 111 16
Gaskoks 114 11
Gaslampe E 41 52
Gaslaterne 170 24
Gasleitung 131 40
Gaslichtpapier E 94 u. 95 69
Gasmesser 114 34
Gasmonteur E 131 35
Gasradiator 131 38
Gasrohr 43 43; 170 22
Gasrohrgewinde E 124 7
Gasrohrschneider 131 45
Gassauger 114 22
Gasschlauch 78 40
Gasschmelzschweißen E 121-123 25; 122 28
Gasse 86 23; E 169 u. 170 20

Gast 103 1; 167 10, 34; 168 33
Gastdozent E 80 33
Gästehaus 58 2
Gasthaus 168 Z
Gasthof E 167 u. 168 16
Gasthörer E 80 44
Gastprofessor E 80 33
Gastspiel E 86 48
Gaststätte E 167 u. 168 I; 168 I
Gaststube E 167 u. 168 21
Gastwirt E 167 u. 168 22
Gastwirtschaft 168 Z
Gasuhr 45 34
Gasvergiftung E 60 76
Gaswaschanlage E 115 u. 116 66
Gaswasser E 114 13
Gaswerk 114 Ü
Gatter E 32 20; 135 42
Gatterführer 132 13
gattieren E 129 60
gaufrieren E 148 23
Gaukler 97 19
Gaul E 33 u. 34 26
Gaumenmandel 36 27
Gaußbock 80 31
gautschen E 148 19
Gautscher 148 16
Gazefenster 57 1
Gazelle 28 14
Gazezuführung 151 30
Geäse 30 7
Gebäck E 54 56; E 167 u. 168 7
Gebäckzange E 167 u. 168 7
Gebälk E 46 1
Gebärmutter E 38 69
Gebäude 169 7
Gebäudeteil E 40 19
geben E 86 5
Geber 93 30
Gebilde E 5 u. 6 5
Gebinde 157 22
Gebiß E 35 66
Gebläse 122 6
Gebläsehaus E 115 u. 116 71
Gebläsemaschine E 115 u. 116 69
geblümt 188 18
gebogen 187 12
Gebotszeichen 101 16
Gebrauchsanweisung 180 29
Gebührenerlaß E 80 19
Gebührentafel 180 20
gebunden E 89 u. 90 50
Geburtshilfe E 61 u. 62 4
Geburtsort E 101 u. 102 46
Geburtstag E 101 u. 102 45

Gebüsch 162 9; E 16 u. 17 17
Gedankenstrich 89 27
Gedeck E 167 u. 168 39
Gedicht E 89 u. 90 87
Geduldsspiel E 93 14
Geest 1 IX. 39
Gefälle E 1 34
Gefängnis E 100 137
Gefäß E 39 21; E 43 8
geflammt 188 19
gefleckt 188 20
Geflügel 33 11, 13, 14; E 54 43
Geflügelschere E 43 27
geflügelt E 22 29
Geflügelzucht E 153 12
Gefrierfleisch E 144 u. 145 22
Gefrierobst E 13 u. 14 10
Gefrierpunkt E 3 19
gefroren 188 12
Gefühl E 35 88
gefüllt 188 15
gegeben E 5 u. 6 6
gegen 4 56
Gegendreier 72 9
Gegendruckturbine 113 28
Gegengewicht 112 7; 120 4, 41
Gegenhalter 123 15
Gegenkathete 5 36
Gegenlauffräsen E 121-123 67
Gegenliste E 100 47
Gegenmittel E 60 77
Gegenmutter 124 20
gegenüber 4 49
Gegenwende 72 11
Gegenwind E 75 u. 76 76
Gegenwindedraht 135 47
Gegenwinder 135 47
Gegenwinkel E 5 u. 6 32
Gegenzunge 161 40
Gehacktes E 144 u. 145 25
Gehalt E 128 28
gehämmert E 148 80
Gehäuse 9 13; 13 27; 81 7; 94 9; 165 30
geheftet E 89 u. 90 51
Gehege E 32 20; 162 10
geheim E 100 6
gehen E 9 20
Gehen E 67 65
Gehilfe E 128 37
Gehirn 36 2, 5, 7; 39 36
Gehirnerschütterung E 60 20
Gehöft 152 19; 153 I
Gehölz E 162 2
Gehör 30 33
Gehörgang 36 14

Gehörknöchelchen 36 16
Gehörn 30 26
Gehörnerv 36 22
Gehörsinn E 35 47
Gehpelz 49 51
Gehrock E 48-52 26
Gehrung 45 2; 129 31
Gehrungsmaß 134 3
Gehsport E 67 65
Gehweg 169 24
Gehwerk 9 14
Geier E 24-27 1
Geige 84 16
geigen E 84 u. 85 27
Geigenbogen 84 20
Geiger 85 6, 7
Geiser E 1 50
Geißfußpfropfen 161 41
gekerbt 187 13
gekräuselt 187 41
Gekritzel E 89 u. 90 4
Gekröse E 38 2
Gekrösemesser E 144 u. 145 7
Gelände E 1 14
Geländefahrt E 106 24
Geländelauf E 67 29
Geländer 45 16
Geländeskizze E 2 43
Geländesprung 71 12
gelb 189 4
Gelbe Bachstelze 25 5
Gelbfilter 97 34
Gelblicher Knollenblätterpilz E 18 26
Gelblicht 95 24
Gelbscheibe 94 34
Geld 163 Ü
Geldbriefträger E 180 33
Geldeinwurf 180 25
Geldpäckchen 163 32
Geldpaket 163 13
Geldrolle 163 27
Geldrückgabe 180 28
Geldschein 163 II
Geldschrank 164 4
Geldtäschchen 51 25
Geldzählbrett 163 25
Geldzählerraum 163 12
Geldzählertisch 163 31
Geldzeichen 163 Z
Gelee E 54 67
Gelege 24 12
Gelehrter E 80 47
geleimt E 148 72
Geleitwort E 89 u. 90 62
Gelenk E 38 17
Gelenkegge E 159 10
Gelenkeisen E 142 37
Gelenkstück 142 47
Gelenkwelle 173 40
Geleucht E 110 u. 111 96
Gemälde 41 3
Gemäldegalerie E 91 43
gemasert 188 21
Gemeinde E 99 76

Gemeindeversammlung E 99 35
Gemeindevertreter E 99 39
Gemeindevertretung E 99 34
Gemeinschaftsspiel E 77 25
Gemsbart 31 10
Gemsbock 31 8
Gemse 31 8
Gemüse 12 1-17, 22-27
Gemüsearten E 12 1-10
Gemüsebau E 156 8
Gemüsebeet 47 17; 160 27
Gemüsegarten E 47 6; 153 50
Gemüsepflanze 12 Ü, 1-17, 22-27
Gemüseschüssel 54 27
genarbt 187 43
Generator E 113 37; 114 2, 5
Generatorgas E 114 9; E 118 8
genesen E 61 u. 62 48
Genesender E 61 u. 62 49; 62 31
Genick 35 25
Genitalien 35 16; E 38 VI
Genosse 103 10
Genossenschaft E 166 2
Genossin 103 9
geöffnet 188 1
Geographie E 2 40; E 78 43
Geometer E 2 47
Geometrie 5 Ü; 6 Ü; E 78 41
~, euklidische E 5 u. 6 4
geometrisch E 5 u. 6 7
Georgette E 48-52 39
Georgine 20 3
Gepäck E 117-179 27
Gepäckabfertigung 177 5
Gepäckablage 177 11
Gepäckanhänger 177 16
Gepäckannahme 177 5
Gepäckempfangsschein E 177-179 32
Gepäckmarsch E 106 82
Gepäcknetz 176 19
Gepäckträger 172 10; 177 12
Gepäckwaage E 8 42
gepunktet 188 22
Gerade 5 8; E 67 19; 68 21
geradeaus 4 60
Geradeausempfänger E 88 39
geradlinig E 5 u. 6 19
Geranie 21 2
Gerät 65 I; 79 II; 159 Z; 160 III

Gerätekopplung E 155 9
Geräteschuppen E 47 15; E 153 7; 160 8
Geräteturnen 65 Ü
Gerbbrühe 140 18
gerben E 140 21
Gerben 140 15
Gerber 140 16
Gerberei 140 Ü, Z
Gerberwolle E 135-137 56
Gerbfaß 140 21
Gerbgrube 140 19
Geretteter 60 VII
Gericht E 54 11; 100 13, 15, 16, 18; E 100 VIII; E 167 u. 168 40
Gerichtsakten E 100 101
Gerichtssaal E 100 100
Gerichtsverhandlung 100 II
Gerichtsvollzieher E 100 89
gerieft 187 44
geriffelt 187 45
gerinnen E 39 14
Gerippe 38 I
gerippt E 148 81; 187 46
Geröll E 1 87; E 73 18
Gerste 10 11; E 157 33
Geruchssinn E 35 59
Geruchverschluß 43 18, 19; 131 48
Gerüst 115 12; 128 8-10, 43
Gerüstbrett 128 10
Gerüststange 128 8
Gerüsttrocknung E 158 27
Gesamtlöscher 165 10
Gesang E 86 24
Gesangsgruppe E 92 40
Gesäß 35 31
Gesäßfalte 35 32
Gesäßmuskel 39 20
Geschäft E 164 u. 165 16, 22; 166 I
Geschäftsabschluß E 164 u. 165 22
Geschäftsführer 168 19
Geschäftshaus E 169 u. 170 29
Geschäftsstraße E 169 u. 170 12
Geschäftszimmer 164 Z
Geschäftszweig E 164 u. 165 18
gescheckt E 189 23
Geschichte E 78 29; E 89 u. 90 123
Geschicklichkeit E 77 26
Geschicklichkeitsfahrt E 106 23
Geschirr E 43 7; E 54 V; 137 33; 154 10

Geschirreinzug E 135-137 89
Geschirrschrank 41 13
Geschirrtuch 55 40
Geschlecht E 35 3
Geschlechtsteil 35 16
geschlossen 188 2
Geschlossenfach E 135-137 97
geschmacklos E 48-52 50
Geschmackssinn E 35 78
geschmackvoll E 48-52 49
Geschmeide E 48-52 89
geschweift 187 12
Geschwindigkeitskontrolle E 101 u. 102 17
Geschwindigkeitsmesser 173 30
Geschworene E 100 81
Geschwür E 61 u. 62 75
Gesellschaft für Deutsch-Sowjetische Freundschaft 104 2; 151 11; 180 8
~ für Sport und Technik E 106 3
Gesellschaftsanzug 49 35 u. 37
Gesellschaftskleid E 48-52 11
Gesellschaftskleidung 49 35 u. 37
Gesellschaftsspiel E 93 1
Gesellschaftstanz 96 Ü
Gesellschaftszimmer E 92 19
Gesenk E 110 u. 111 33
Gesenkdampfhammer 120 III
Gesenke E 110 u. 111 33
Gesenkloch 122 14
Gesenkplatte 122 26
Gesenkschmieden E 120 2
Gesenkwarmpreßverfahren E 120 4
Gesetz E 99 6; E 100 VI
~ zur Förderung der Jugend E 103 24
Gesetzblatt E 99 101; E 100 74
Gesetzgebung E 100 68
gesetzlich E 100 76
gesetzwidrig E 100 77
Gesicht 35 45-51
Gesichtsmaske 62 14
Gesichtsmassage E 147 5
Gesichtsmuskel 39 1
Gesichtsnerv E 39 43
Gesichtssinn E 35 29
Gesichtszüge E 35 22
Gesims 40 10
Gespann 156 9
gesperrt E 89 u. 90 148; E 175 25

584

Gespinst E 135-137 34
Gespräch E 180 38
gesprenkelt 188 23
gespritzt 188 24
Gestalt E 35 14; 187 I
Gesteine E 1 V
Gesteinshauer E 110 u. 111 128
Gesteinsschicht E 110 u. 111 14
Gestell 46 28; 115 32; 123 14; 133 50; 134 48; 139 32; 162 2; 164 3
Gestellförderung E 110 u. 111 81
Gestellsäge 134 IV
gestern E 9 36
Gestirn 2 6-10
gestreift 188 25
gestrichelt 188 26
Gestrick E 135-137 43
gestrig E 9 37
Gestrüpp 162 9
gesund E 61 u. 62 30
Gesundheitshelfer 109 31
Gesundheitshelferin 109 26
getäfelt 187 42
Getränk E 54 78-83; E 167 u. 168 23
Getränkekarte 167 16
Getreide 10 1, 9-14, 17; E 157 29
Getreideernte 157 II
Getreidefeld 157 15
Getreideheber E 185 9
Getreidemühle E 143 I
Getreidepuppe 157 12
Getreidereinigungsmaschine E 155 15
Getreidesack 157 30
Getreideschrot E 154 29
Getreidesilo 155 25
Getreidethermometer E 155 16
Getreide- und Ölfruchttrockner E 155 14
Getreidewagen 157 9
Getriebe 119 15; 173 II
Getriebekette E 172 43
getupft 188 27
Geviertzimmerung E 110 u. 111 58
Gewächs E 160 16
Gewächshaus 160 I, 11-17
Gewaltbruch E 125 3
Gewandmeisterin E 86 55
Gewann 152 21
Gewässer E 1 III
Gewebe E 135-137 40; 137 36
Gewehr E 106 9
Geweih 30 2; 31 2, 5
gewellt 187 47

Gewerbekrankheit E 61 u. 62 54
Gewicht 8 Ü, VI, 34; E 8 VII, 33; 9 28; 125 5; 132 12; 166 28
Gewichtheben 68 III; E 68 IV
Gewichtheber 68 39
Gewichtsklasse E 68 8
Gewichtsschnur 9 27
Gewichtwerfen E 68 26
Gewinde 124 9
~, metrisches E 124 6
Gewindebohrer E 121-123 92
Gewindeschneidbohrer 121 37
Gewindeschneidkluppe 121 36
Gewindestift 124 22
Gewinn E 93 3; E 163 69
Gewinnen 111 7
Gewinnung E 110 u. 111 VII; 112 II; 148 I, II, III
Gewinnungshauer E 110 u. 111 129
Gewirk E 135-137 42
Gewitter 3 V
gewöhnlich E 89 u. 90 145
gewölbt 187 4
gewürfelt 188 28
Gewürz E 12 11-21; E 54 IV
Gewürzgurke E 54 70
Gewürzkraut 12 28-31; E 79 88
gezackt 187 13
gezahnt 187 11
Gezeiten E 1 72
Gicht 115 25
Gichtbühne 115 5; 117 1
Gichtgas E 115 u. 116 56
Gichtgasleitung 115 6
Gichtgasreiniger 115 7
Gichtstaub E 115 u. 116 67
Gichtverschluß 115 26
Giebel 40 5
Giebelbalken 129 49
Gießapparat 149 10
gießen E 47 29
Gießen E 117 III
Gießer 118 24
Gießereiroheisen E 115 u. 116 7
Gießereischachtofen 117 1
Gießgrube 116 10; 118 14, 27
Gießhalle 116 1; 118 III
Gießkanne 47 38
Gießkern 149 36
Gießkran 118 16
Gießmaschine 149 II, 10

Gießmeister 118 23
Gießpfanne 116 11; E 117 53; 118 20
Gießrand 21 10
Gießschale 149 38
Giftpflanze 15 1, 5, 8, 12, 13; E 15 II
Giftpilz 18 16, 18, 19
Giftraum 155 18
Giftschlange E 23 34
Giftzahn 23 22
Gig 75 II
Gigboot 75 II
Gimpe E 139 72
Gimpel 26 5
Ginster E 19 25
Gipfel 1 1; E 73 19
Gips E 1 118
Gipsbecher 130 15
Gipsformerei E 117 47
Gipsverband 62 32
Giraffe 28 10
Girlande 109 22
Girokonto E 163 29
Gitarre 82 9, 20; 83 12; 105 10
Gitarrespieler 96 20
Gitarrespielerin 82 19
Gitter 40 30; 169 32
Gitterbett E 42 4
Gitterleiter 65 3
Glacéleder E 140 37
Gladiatorenstiefel 68 32
Glas 9 36; 51 38; 166 6; 168 22
Glasbehälter 166 31
Glasbild E 94 u. 95 63
Glasdach E 160 10
Glaser 130 Ü, III; E 130 IV
Glaserecke 130 48
Gläserhalter 55 22
Gläserschrank 168 2
Gläserstand 58 21
Glasfaser E 135-137 23
glasieren E 127 30
Glaskörper 37 10; 125 33
Glaspapier E 134 31
Glasplatte 44 5
Glaspult E 91 66
Glasröhre E 88 24
Glasscheibe 88 4; 130 43
Glasschiebetür 41 27
Glasschneider 130 51
Glasschrank E 40 12
Glasschutzscheibe 91 17
Glaspatel 63 35
Glasstehwand 160 12
Glastulp E 91 65
glatt E 147 12; E 148 77; 187 39
Glatteis E 3 24
glätten E 128 90; E 140 17; E 148 21
Glättkelle E 128 91
Glättmaschine E 141 21

Glättschiene 142 23
Glattwalze 159 2
Glättwalze 148 12
Glatze E 147 26
Gläubiger E 163 47
gleich E 100 5
Gleicher E 2 8
Gleichheitszeichen 7 26; E 7 131
Gleichlauffräsen E 121-123 68
gleichnamig E 7 83
Gleichrichter E 113 50
Gleichstrom E 113 10
Gleichstromempfänger E 88 27
Gleichung E 7 84, 130
Gleis 175 27; 178 13; 179 21
Gleisbettung 178 16
Gleisrückmaschine E 112 7
Gleissperrsignal 179 20
Gleiswaage 113 8
Gleitbahn 126 8, 18
Gleitflieger E 106 35
Gleitflug E 181 69
Gleitlager 124 44
Gleitring 73 22
Gleitschiene 75 14
Gletscher 1 I; E 73 20
Gletscherbach 1 3
Gletscherspalte 1 5
Gletschertor 1 4
Glied E 7 85; 9 10
Gliederpuppe E 53 10; 166 42
Gliederschleppe 159 1
Gliedertier 22 Ü, I
Gliedmaßen E 35 VII
Glimmerschiefer E 1 106
Globus 78 13
Glocke E 131 65; E 144 u. 145 8; 186 15
Glockenblume 1910; E 20 15
Glockenboje 186 14
Glockenring E 131 66
Glockenspiel E 84 u. 85 5
Glockentonne 186 14
glotzen E 35 36
Gloxinie 21 6
Glück auf! E 110 u. 111 10
Glucke 153 41
Glücksbude 98 20
Glücksrad 98 20
Glücksspiel E 93 2
Glühbirne E 41 60
Glühspirale 125 34
Glyzinie E 20 33
Gneis E 1 105
Goldaufträger 151 15
Goldfisch E 23 5
Goldhähnchen 26 6
Goldkissen 151 15

Goldlack E 20 17; 189 11
Goldmesser 151 15
Goldpapier E 148 60
Goldregen E 16 u. 17 23
Goldschmied E 121-123 17
Goldschnitt E 151 26
Golf E 1 59
Golfhose 49 18
Gondel E 181 71
Gong 68 12
Gorilla E 29 19
Gosse 56 26; 170 20
graben E 77 47; E 160 75
Graben 182 23
Grabenbunker 112 41
Grabgabel 47 46
Grad E 5 u. 6 35; E 41 43
Gradeinteilung E 41 42
Gradierhaus 58 28
Gradiermantel 58 32
Gradierwerk 58 28
Gradnetz 2 VI
Gramm 8 32
Grammatik E 78 31
Granit E 1 107
Granne 10 8
granulieren E 156 53
Gras 158 47
grasen E 158 38
Gräser E 79 87
Grasmäher 158 23; 159 7
Grat E 1 26; E 73 21
Gräte E 23 23
Grätenschritt 71 7
Grätsche E 65 u. 66 40
Grätschfahrt 71 4
Grätschsitz E 65 u. 66 41
Grätschstellung 66 2
grau 189 2
grauen E 9 64
Graugruß 117 12; E 117 1
Graupel E 3 20
Graupen E 166 27
Graustrick E 131 73
Graviernadel 149 23
Gravis 89 19
Gravur 149 26
greifen E 65 u. 66 8
Greifer 185 47
Greiferbagger 113 9
Greifzirkel 81 18
Grenzlehrdorn 123 36
Grenzpolizei E 101 u. 102 7
Grenzrachenlehre 123 41
Grenzstation E 177-179 34
Grenzstein 156 22
Griebe E 144 u. 145 42
Griebs 13 27
Griechisch E 78 38
Griefe E 144 u. 145 42

Grieß E 166 25
Grießbrei E 54 60
Grießknochen E 144 u. 145 44
Griff 54 22; E 65 u. 66 6; E 73 22; 75 26; 130 45; 165 16; 171 12; 172 3
Griffart 65 II
Griffbrett 83 8, 18; 84 2
Griffel 13 22; 78 54
Griffloch 83 26; 84 4
Griffwechsel E 65 u. 66 7
Grille E 22 2
Grimmdarm E 38 46
Grind E 61 u. 62 77
Grindel 156 27
Grobflyer 135 VI
Grobflyerspule 135 36
Grobgarn E 135-137 36
Grobkohle E 112 18
Grobschnitt E 166 66
Grog E 167 u. 168 26
groggy E 68 41
Gros E 8 31
Groschen 163 3
groß 187 17
Großaufnahme E 87 25
Großbaum 183 12
Großbuchbinderei E 151 1
Großbuchstabe 89 10
Große Flöte 84 2
Größe E 5 u. 6 57
Großer Bär 2 7
Großer Wagen 2 7
Großes Wiesel 32 2
Großfock 183 37
Großhirn 36 2
Großkraftwerk E 113 33
Großmast 183 24; 184 24
Großraumkohlenwagen 112 29
Großschmiede 120 Ü
Großsegel 76 38; 183 37
Großstadt 2 48; E 169 u. 170 3
Großuhr E 9 1
Grubber 47 48; 156 21
Grübchen E 35 26
Grube E 110 u. 111 4, 140 4
Grubenausbau E 110 u. 111 VI
Grubenbau E 110 u. 111 V
Grubenbeleuchtung E 110 u. 111 X
Grubenbrand E 110 u. 111 105
Grubenfeld E 110 u. 111 39
Grubenförderung E 110 u. 111 VIII
Grubenform E 117 38

Grubengas E 110 u. 111 107
Grubengerbung 140 15
Grubenhaus 140 15
Grubenlampe 111 9
Grubenlokomotive 111 30
Grubenschuh 111 12
Grubenwasser 110 45
Grude E 46 12
Grudeherd E 43 44
Grün E 93 47; 189 9
Grund 1 14
Grundbindung E 135-137 84-86
Grunddüngung E 156 42
Grundeinheit E 103 12; E 105 11
gründen E 152 25
Grundfarbe E 130 29; E 189 24
Grundfläche 6 31
Grundgebirge 1 17
Grundglied 37 38
grundieren E 130 18; E 156 33
Grundlinie 5 26; 70 18; 70 52
Grundmoräne E 1 83
Grundnetz 146 3
Grundorganisation E 103 12
Grundplatte 88 31
Grundrechnungsart 7 II
Grundrechte E 99 5; E 105 26
Grundriß E 152 I
Grundschleppnetz 146 3
Grundschule E 78 1
Grundspieler 70 17
Grundstellung 66 1
Grundstoffindustrie E 115 u. 116 14
Grundstrecke E 110 u. 111 35
Grundstück E 40 34
Grundstücksverwalter E 40 4
Gründüngung E 156 46; E 160 71
Grundwasserspiegel E 160 66
Grundzahl E 7 I, 118, 125, 149
Grünfutter 154 45
Grünkohl 12 6
Grünland E 158 32
Grünlicht 95 1
Grünling 18 13
Grünschuppiger Täubling E 18 10
grunzen E 33 u. 34 4; E 154 72
Gruppe E 77 24; E 105 8; E 107 9
Gruppenabend E 105 10

Gruppenfertigung E 138 16
Gruppenlaufen E 71 u. 72 41
Gruppenleiter E 105 9; E 107 10
Gruppentanz E 82 u. 83 9
Grus E 1 120
Gruskohle E 112 22
Grütze E 166 26
G-Schlüssel 83 34
gucken E 35 35
Guckloch 45 11
Gulasch E 144 u. 145 36
Gully 170 1
gültig E 100 43
Gummiabsatz E 142 14
Gummianzug 185 45
Gummibaum 21 8
Gummidruckmaschine 150 V
gummieren E 135-137 119
Gummierung E 164 u. 165 49
Gummigurtband 111 28
Gummihammer 131 26
Gummihandschuh 62 15; 140 11
Gummihaut 76 26
Gummihöschen 52 6
Gummipolierer 63 33
Gummiring 66 38
Gummischeibe E 131 58
Gummischuh E 48-52 73; 62 21
Gummischürze 144 6
Gummiseil 106 15
Gummiseilstart E 106 39
Gummisohle E 142 2
Gummistampfer E 131 68
Gummistiefel 144 10
Gummituch 150 17
Gummiunterlage 52 20
Gummiwalze 56 28
Gummiwärmflasche 57 26
Gummizug 52 34
Gummizylinder 150 17
Gurgel 35 2
gurgeln E 57 26
Gurke 12 25
Gurkensalat E 167 u. 168 54
gurren E 33 u. 34 18
Gürtel 50 29-32
Gürtelbluse 52 38
Gürtellinie E 68 20
Gürteltier 28 2
Guß E 117 51
Gußbronze E 117 10
Gußmessing E 117 9
Gußringausbau E 110 u. 111 57
Gußrohr E 131 43

Gußstahl E 118 32
Gut E 75 u. 76 43, 44
Gütekontrolleurin 138 34
Güterbahnhof E 177-179 49
Güterboden 178 33
Güterfernverkehr E 176 7
Güterschuppen 178 II, 20
Güterverkehr E 176 6
Güterwagen 176 8, 9
Güterzug 101 20; 176 8-10 12, 13
Gutschrift E 163 31
Guttaperchabaum 11 17
Gymnastik 66 Ü, I
Gymnastiksaal E 77 8

Haar 35 40; E 35 111; E 135-137 14-16; 140 5
Haarausfall E 147 23
Haarbehandlung E 147 III
Haarbürste 44 27; 147 49
Haareigenschaften E 147 II
Haarfarbe E 147 8
Haarfärbemittel E 147 11
Haargarn E 135-137 38
Haargefäß E 39 22
Haarglanzöl E 147 75
Haarklemme E 147 91
Haarkranz E 147 58
Haarlack E 147 77
Haarnadel E 147 89
Haarnetz E 147 92
Haaröl E 147 76
Haarpflege E 147 2
Haarpflegemittel E 147 VI
Haarschleife 52 27
Haarschneidekamm 147 45
Haarschneidemantel 147 50
Haarschneidemaschine 147 36
Haarschneiden 147 43
Haarschneideschere 147 44
Haarschnitt E 147 IV
Haarspange E 147 88
Haartracht E 86 52; E 147 IV
Haarwaschen 147 1
Haarwasserflasche 147 48
Haarwild E 30 u. 31 16
Haben E 163 39
Habicht E 24-27 4
Habichtspilz 18 7
habilitieren E 80 40

Hackbrett E 43 34
Hacke 35 37; 47 52; 105 2
hacken E 46 19; E 47 30; E 160 77
Hacken 35 37
Hackepeter E 144 u. 145 26
Hacker 135 27; 136 8
Hackfleisch E 144 u. 145 25
Hackfrucht 10 18, 21; E 79 47; E 158 I
Hackfruchternte 158 I
Hackklotz 46 36; 144 7; 153 10
Hackmaschine E 158 15; E 159 15
Hackmesser E 142 41; E 144 u. 145 5
Häcksel E 154 31
Häckselmaschine E 153 8
Häckselsieb 154 24
Hackstock 46 36; 144 7
Hadern 148 3
Hadernkocher 148 IV
Hadernschneider 148 3
Hafen 185 Ü
Hafenanlage 185 I
Hafenarbeiter E 185 32
Hafenbahn 185 24
Hafenbecken 185 29
Hafenfeuer 185 4; E 186 12
Hafenmeister E 185 31
Hafer 10 12; 154 18; E 157 32
Haferflocken E 54 65
Haff E 1 64
Hagebutte E 16 u. 17 30
Hagel E 3 20
Hahn E 33 u. 34 63; 34 IV; 43 6; 153 34
Hahnenfuß E 19 2; 189 4
Hahnenkamm E 18 1; 34 36
Hahnstock E 131 52
Hai 23 2
Haifisch 23 2
Hainbuche 16 17
Häkchen 51 55
Häkeln 56 III; E 56 28
Häkelnadel 56 10
haken E 69 u. 70 54
Haken E 30 u. 31 7; 68 22; E 68 86; 102 30; 142 37
Hakenblatt 129 27
Hakengurt 102 22
Hakenleiter 102 29
Hakenschnabel 24 4
halb E 7 49
Halbbogen E 148 88
Halbfabrikat E 119 25
halbfett E 89 u. 90 146
Halbfranzband E 151 13

Halbinsel E 1 11
Halbkreis 5 37
Halblederband E 151 13
Halbleinenband E 151 11
Halblinker 69 23
Halbmesser 5 43
Halbmittelgewicht E 68 15
Halbnelson E 68 84
Halbpergamentband E 151 15
Halbrechter 69 21
Halbrundfeile 121 27
Halbrundniet 124 1
Halbschlaf E 42 35
Halbschuh 52 46
Halbschur E 158 47
Halbschwergewicht E 68 17
Halbstamm 47 9
Halbstaude E 20 III
Halbstoff E 148 6
Halbton E 82 u. 83 63
Halbtür 154 33
Halbweltergewicht E 68 13
Halbzeit E 69 u. 70 9
Halbzeug E 148 6
Halbzeugholländer E 148 11
Halde 110 5; 112 1
Hälfte E 7 49
Halle 167 II
Hallenbad E 74 10
Hallenhandballspiel E 69 u. 70 38
Hallenschwimmbad E 74 10
Hallig 1 VII
Hallimasch E 18 2; E 162 36
Halm 10 3; E 157 38
Halma 93 IV
Halmaspiel 93 IV
Hals 35 1; 37 16; 65 27; 75 30; 83 7, 32; 84 24; 145 39, 48; 168 32; 183 10
Halsband 34 33
halsen E 75 u. 76 46
Halsentzündung E 61 u. 62 62
Halskette 52 28
Halskrause 147 47
Halsmuskel 39 3
Halsnerv 39 38
Halstuch 52 43; 107 22
Halswickel E 57 37
Halswirbel 38 8
Haltebogen E 82 u. 83 100
Haltegurt 52 16
halten E 173 u. 174 79
Halteseil 172 16
Haltestelle 171 2
Haltestellenschild 171 6

Haltung E 35 17; 72 3; E 74 11
Hamen E 146 12
Hammel 33 ö; 158 43
Hammelbraten E 54 34
Hammelfleisch E 144 u. 145 16
Hammelkeule 145 9
Hammer 36 17; 67 52; 121 8; 125 20
Hammerbär 120 14
Hammerdrehkran 185 25
Hammerführung 120 23
Hammerkopfschraube 124 23
Hammermühle E 114 5
Hammerschlag E 69 u. 70 67
Hammerschweißen E 121-123 28
Hammerwerfen 67 50; E 68 25
Hammerwerfer 67 53
Hammerwurfgitter 67 51
Hampelmann 53 7
Hamster 29 2; E 32 6
Hand 35 8; 37 V, VI
Handarbeit 56 I-VI; E 56 I, 13
Handball E 69 u. 70 III; 70 1
Handballen 37 35
Handballspiel 70 I
Handbeil 129 21
Handbesen 55 31
Handbeuger 39 7
Handbohrmaschine E 121-123 89
Handbrause 44 6
Handbreite 8 9
Handbremse 171 31; 172 5; 173 34
Handbrett E 129 53
Handbuch E 89 u. 90 34
Handbuchbinderei 151 I
Handbücherei 80 1
Handeinband E 151 19
Handelsdüngemittel E 156 48
Handelsflotte E 185 36
Handelsgesetzbuch E 100 73
Handelsorganisation (HO) 166 Z
Handelsrecht E 100 65
Handelsschiff E 184 6
Handfeger 55 31
Handfläche 37 VI
Handformerei E 117 43
Handgelenk 37 24
Handgepäck E 177-179 29
Handgepäckaufbewahrung 177 8
Handgerät 66 II
Handgriff 156 25

588

Handhammer 121 8; 122 24
Handharmonika E 82 u. 83 60
Handhebel 120 19
Handkantenschlag E 69 u. 70 62
Handkissen E 139 64
Handkran 174 9
Handlampe 174 20
Handlinie 37 37
Handluftdruckprüfer 174 21
Handmaschine 147 26
Handnäherin 138 15; E 139 5
Handnähseide E 139 71
Handpapier E 148 29
Handpfanne 117 36
Handpflege 147 4; E 147 6
Handpresse 150 I
Handpuppe E 82 u. 83 45
Handrad 132 10; 133 14; 139 25
Handrechen E 47 19
Handrücken 37 26
Handsatz 149 I, 6
Handschaltung E 172 41
Handschärrahmen E 135-137 74
Handschaufel E 47 20
Handschere 139 16
Handschlaufe 73 22
Handschleifmaschine 117 50
Handschöpfung 148 IX
Handschrift E 89 u. 90 1
Handschuh 51 33; 72 27
Handsetzer 149 1
Handspiegel 147 31
Handspindel E 135-137 52
Handstand 66 29
Handstart 106 I
Handstrecker 39 6
Handstück 63 18
Handtasche 51 12
Handteller 37 36
Handtuch 44 8; 57 5; 61 2
Handtuchhalter E 43 42; 44 9
Handvoll 8 25
Handwagen 46 24
handwarm E 57 33
Handwebstuhl 137 IV
Handweiche 179 24
Handwerker E 121-123 1
Handwerkszeug 149 III; 151 II
Handwurzel 35 7; 37 24
Handwurzelband 39 5
Handzeichen E 108 29
Handzuschneiderei 141 6

Hanf 11 10; E 131 56; E 135-137 5
Hanfspinnerei E 135-137 46
Hanfstrick E 131 71
Hang 1 9; E 65 u. 66 42; E 73 23
Hangar 181 2
Hängebank 110 9
Hängebrett 160 15
Hängebrücke 182 1
Hängekleid 52 25
Hängekübel 114 30
Hängelampe E 41 53
Hangende 110 42
Hänger 52 25
Hängerform 52 35
Hängespargel E 21 24
Hangstand E 65 u. 66 43
Hangstart E 106 39
Hanswurst E 82 u. 83 46
Hantel 66 33; 68 36
Hantelscheibe 68 38
Harfe 84 32
Harfenistin 85 11
Harke 47 34; 158 19
harken E 47 31; E 158 22
Harmonie E 84 u. 85 41
Harmonika E 82 u. 83 60; 176 37
Harmonikaspieler 82 1
Harmonium E 84 u. 85 16
Harn E 38 66
Harnblase 38 42
Harnleiter 38 47
Harnröhre E 38 67
Harn- und Geschlechtsorgane E 38 VI
Harpune 146 16
Harpunenkanone 146 18
Harpunier 146 18
Harpunierer 146 18
Harsch E 71 u. 72 9
hart E 160 54; 188 7
Hartbrand E 127 29
Hartbrandziegel E 127 36
Härte E 125 22
Härteprüfer 125 I
Hartgeld 163 I
Hartguß E 117 2
Hartholz E 134 45-57
Hartkäse E 166 41
Hartmetall E 121-123 45
Hartplatte E 133 36
Harz E 16 u. 17 5
Harzleim E 148 9
Hasardspiel E 93 2
Hase E 30 u. 31 4
Haselhuhn 31 13
Haselnuß 14 15
Haselstrauch 14 VI
Häsin 33 15
Haspe 46 26
Haspel 110 25

Haspelberg E 110 u. 111 41
Haspen 46 26
Haubank E 129 62
Haube E 48-52 60; 127 31
Haubenlerche E 24-27 20
hauchen E 38 29
Haueisen E 129 63
hauen E 110 u. 111 61
Hauer 30 29
Häuer 111 5
Häuerabzeichen 111 3
Hauerboden E 131 30
häufeln E 47 32
Häufelpflug E 159 36
Haufendorf 152 V
Haufenwolke 3 II
Häufler 47 50
Haumeister E 162 39
Hauptabsperrhahn 46 21
Hauptabsperrventil 113 32
Hauptachse 6 11
Hauptbahn E 177-179 69
Hauptbahnhof E 177-179 1
Hauptbeleuchtung E 87 51
Hauptdarsteller E 87 4
Hauptdeck 184 42
Hauptfeuerwache 102 28
Hauptflöz E 112 11
Hauptfluß 1 25
Hauptförderschacht 110 14
Hauptfördersohle 110 38
Hauptförderstrecke 111 V
Hauptfrucht E 79 44
Hauptgeschäft E 166 13
Haupthahn 46 19
Hauptrennen E 75 u. 76 9
Hauptschalter E 113 45
Hauptschlagader 39 23
Hauptsignal 179 9
Hauptspant E 75 u. 76 31
Hauptstadt E 169 u. 170 2
Hauptstraße 101 3, 16; E 169 u. 170 11
Hauptvorstand E 103 22
Haus 4 1; 40 Ü; 152 25; 169 7
~ der Jungen Pioniere E 107 7
Hausanzug 48 8
Hausapotheke 57 3
Hausbau E 128 10
Häuserblock E 169 u. 170 25
Hausflur 45 I
Hausform E 152 34

Hausfrau 42 20
Hausgarten E 47 2
Hausgemeinschaft E 40 2
Haushaltplan E 99 27
Hausjacke 49 1
Hauskleid E 48-52 14
Hauskorrektur E 149 u. 150 42
Hausnummer 40 22
Hausschuh 49 2; 50 21
Hausspinne 22 20
Haustaube 33 14; 153 3
Haustier 33 Ü; 34 Ü
Haustür 40 36
Haustyp 40 Z
Hausuhr E 9 3
Hausversammlung E 40 3; E 109 33
Hausvertrauensmann E 40 1
Hausverwalter E 40 4
Hauswirt E 40 5
Hauszelt 76 8
Haut E 35 IX; 140 1; E 140 II
Hautklinik E 61 u. 62 130
Hautkrankheit E 61 u. 62 55
Hautkrem E 44 7
Hautpflege E 147 4
Hautschere E 44 15
Hautschieber E 44 16
Hautwolle E 135-137 57
Headstock 135 43
Hebamme 61 35
Hebebühne 174 27
Hebelarm 125 7
Hebelvorschneider 121 48
Heben 66 6-8
Heberboden E 68 90
Hechelfeld 136 19, 32
Hecht E 23 6
Hechtrolle E 65 u. 66 44
Heck 76 40; 184 26
Hecke 4 40; 47 24; 152 10; 158 33
Heckenrose E 16 u. 17 29
Heckenschere 47 40
Heckenstrauch E 16 u. 17 28
Hecklicht E 184 83
Heckmotor E 173 u. 174 21
Hefe E 143 20
Heft 54 22; 78 19
Heftel 51 55
heften E 139 15
Heftfaden 139 13
Heftgarn E 139 68
Heftlade 151 1
Heftmaschine E 151 7; E 164 u. 165 7
Heftnaht E 139 77
Heftpflaster E 60 63

Heftrand E 164 u. 165 52
Heftschnur 151 3
Heftschweißen E 126 31
Heftstich E 139 15
Heftung 151 III
Heftzwirn 151 2
Heide 1 V
Heideerde E 160 45
Heidekraut E 19 26
Heideland 1 26
Heidelbeere E 13 u. 14 1
Heidepflanze E 19 IV
heil 188 13
heilen E 61 u. 62 50
Heilkräuter E 79 89
Heilkunde E 61 u. 62 I
Heilpflanze 15 Ü; E 15 III
Heilquelle 58 19
Heim E 40 2
Heimatmuseum E 91 46
Heimbewohner 64 11
Heimbewohnerin 64 13
Heimbewohnerzimmer 64 III
Heimchen E 22 3
Heimerzieher E 78 14
Heimgebäude 64 8
Heimlampe E 94 u. 95 41
Heimleiterin 64 10
Heiratsanzeige E 89 u. 90 132
Heiserkeit E 61 u. 62 60
Heißluftleitung 120 7
Heißräucherei 144 IV
Heißwasserspeicher 43 1
Heißwasserspender 61 1; 147 51
Heißwelle E 147 42
Heißwind E 115 u. 116 74
Heißwindleitung 115 22
Heißwindofen 117 1
Heizanlage 160 2
Heizbatterie E 88 42
heizen E 55 3
Heizen 55 I
Heizer 113 18; E 176 54
Heizgas E 114 25
Heizkissen 57 4
Heizkohle E 112 14
Heizkörper 42 18
Heizmaterial E 46 4
Heizmittel E 46 5
Heizröhre 127 24
Heizspirale 125 34
Heizung 176 15
Heizungsmonteur E 131 37
Hektar E 8 20
Hektoliter E 8 27
Helfer 60 1; 68 6
Helferin, zahnärztliche 63 2

Heliograph E 3 38
Heliogravüre E 149 u. 150 75
Helling 126 17
Hellingskrananlage 126 1
Helm 102 17
Hemdbluse 48 11
Hemdchen 52 2
Hemdenknopf 51 46
Hemdhose 50 12
Hemdsärmel 52 39
Hengst 34 I; 154 7
Henkel 43 54; 55 44
Henkeltopf E 43 11
Henne E 33 u. 34 65; 34 V; 153 41
Heppe 162 31
herablassen E 42 57
herausbringen E 89 u. 90 20
Herausgeber E 89 u. 90 110
herausschneiden E 138 12
Herbarium 105 25
Herbst E 9 105
Herbstbestellung E 156 25
Herbstfurche 156 I
Herbstzeitlose 15 8
Herd 55 1
Herde 158 39
Herdform E 117 39
Herdfrischverfahren 118 I
Herdofen E 117 29
Herdplatte 43 28; 143 16
Herdring 43 29
Herdstange 43 33
Hering 23 4; 76 9; 107 15
~, grüner E 146 32
Heringslogger 146 II
Hermelin 32 2
Herr 96 28
Herrenhalbschuh 51 8
Herrenhut 51 27-32
Herrenkommode E 42 8
Herrenkonfektion E 138 2
Herrensalon 147 II
Herrenschirm 51 24
Herrenschneider E 139 1
Herrenschnitt E 147 61
Herrenschuh E 48-52 71
Herrenuhr E 9 13
Herrenzimmer E 40 5
Herstellung 128 II
Herz 38 34; 39 IV; E 93 48
Herzkammer 39 31, 35
Herzklappe 39 29
Herzschlag E 60 66
Herzspitze 39 33
Herzwand 39 32

Hesse 145 35
Heu 158 16
Heuboden 153 20
Heuer E 185 44
Heuernte 158 II
Heufuhre 158 17
Heugabel 158 15
Heuhaufen 158 20
Heuheinze E 158 28
Heuhütte 158 18
Heulader E 159 22
Heulboje 186 10
heulen E 33 u. 34 58
Heultonne 186 10
Heulvorrichtung 186 11
Heuraffer E 159 23
Heuraufe 154 6
Heurechen 158 19
Heuschober E 158 26
Heuschrecke 22 2
Heuschwad 158 24
Heuschwaden 158 24
heute E 9 38
heutig E 9 39
Heuwagen 158 17
Heuwender 158 21
Hexe 128 3
Hexenpilz E 18 23
Hickory E 134 67
Hieb E 60 16
Hieroglyphe 89 1
Hilfeleistung E 60 4
Hilfsarbeiter E 128 39
Hilfsarbeiterin 128 40
Hilfslinie 83 36
Hilfsmaschine E 184 64
Hilfsmotor 146 12
Hilfsspant 76 20
Himbeere 13 6
Himbeerstrauch 13 IV
Himmel 2 Ü, Z, I
Himmelsschlüssel E 19 4
Himmelskunde E 2 1
hinab 4 6
hinauf 4 2
hinaufgehen E 45 10
hinauslehnen, sich E 176 36
Hindernisfahrt E 106 25
Hindernislauf E 67 30
Hinflug E 181 60
hinken E 35 98
hinten 4 58; E 65 u. 66 9
hinter 4 48, 58
Hinterbein 34 17
Hinterbliebenenrente E 64 4
Hinterdrehbank E 121-123 58
hintere 4 58
hintereinander 4 58, 59, 60
Hinterhand 93 30
Hinterhaus E 40 35
Hinterkappe 142 44

Hinterkopf 35 24
Hinterlauf 30 15, 23; 34 30
Hinterrad 172 7
Hinterradbremse 172 39
Hinterradgabel 172 11
Hinterradkette E 172 44
Hinterriemen 142 38
Hinterschiff 184 25
Hinterspieler 70 40
Hintersprung E 65 u. 66 45
Hintersteven E 184 39
Hinterteil 142 40
Hinterzange 134 33
hin und her 4 38
Hinundherbiegeprobe 125 II
Hin- und Rückfahrt E 177-179 21
hinuntergehen E 43 11
Hinweiszeichen 101 3
hinzugießen E 55 36
Hippe 47 37
Hirn 36 2, 5, 7
Hirnanhang 36 6
Hirnholz E 129 27
Hirsch 30 1; E 30 u. 31 1
Hirschkalb 30 1
Hirschkuh 30 17
Hirt 158 41
Hirtenstab 158 40
Hirtentasche 158 42
Hitze E 3 10
Hitzschlag E 60 64
HO (Handelsorganisation) 166 Ü, II; 98 24
Hobel 134 V; E 134 13
Hobelbank 134 23
Hobeleisen 130 V; 134 55
Hobelkasten 134 56
Hobelkreissäge E 133 10
hobeln E 121-123 77; E 134 13
Hobeln E 121-123 VI
Hobelschnitt E 133 14
Hobelspan 134 27
Hobelstahl 123 26
hoch 187 17
Hoch 3 V
Hochantenne E 88 33
Hochbau E 128 13
Hochbehälter 160 1
Hochblatt 16 15
Hochdecker E 181 4
Hochdruck E 149 u. 150 56
Hochdruckgas E 114 28
Hochdruckgebiet 3 V
Hochdruckkessel 113 14
Hochdruckleitung 133 51
Hochebene 1 18
Hochfach E 135-137 94

Hochfrisur E 147 63
Hochgebirge 1 I
Hochglanzpresse 95 32
Hochhalte 66 8
Hochhaus 40 V; E 128 12
Hochland E 1 6
Hochnebel E 3 16
Hochofen 115 Ü, 13, II; 116 Ü, I
Hochofenanlage 115 I
Hochofenmauerwerk 115 27
Hochofensau E 115 u. 116 85
Hochöfner 116 7
Hochparterre E 40 20
Hochschule E 78 9
Hochschulgruppe E 103 14
Hochschullehrer E 80 30
Hochseebagger E 185 11
Hochseefischerei E 146 2
Hochseefischfang-Motorschiff 146 I
Hochseelogger 146 II
Hochsitz E 30 u. 31 30
Hochspannung E 113 15
Hochspannungskabel 125 26
Hochspannungsleitung 113 21; 175 4
Hochspannungsschalter 113 41
Hochspannungsschalthaus 113 IV
Hochspringer 67 33
Hochsprung 67 32
Hochstamm 47 6; 160 30
Höchstleistung E 67 7
Hochwald 162 1
Hochwasser E 1 75; E 59 22; E 182 21
hochwertig E 79 70
Hochzahl E 7 119
Hocke E 65 u. 66 46; 157 12
Hocker 42 17; 45 41; 139 20
Höcker 28 12; E 35 100
Hockey E 69 u. 70 IV; 70 II
Hockeyball 70 9
Hockeyhandschuh 70 5
Hockeyschuh 70 10
Hockeyspiel 70 II
Hockstand 66 16
Hoden E 38 72
Hof E 2 5; 40 26; 93 16; 152 19
Hofhund 153 32
Hofplatz 153 48
Hoftor 153 43
Höhe E 1 22; 5 25; E 5 u. 6 56; E 67 20
Höheneinstellung 94 4

Höhenflug E 106 45
Höhenleitwerk 106 12
Höhenmesser E 181 29
Höhenpunkt 2 44
Höhenruder 106 9
Höhensonne 61 25
Höhensteuer 181 16
Höhle 1 XI
Hohleisen 134 44
Hohlmaß 8 IV; E 8 V
Hohlnadel 63 39
Hohlnaht E 139 83
Hohlpfanne E 127 47
Hohlsaum 51 20; E 56 18
Hohlschliff 72 17
Hohlvene 39 27
Hohlziegel E 127 42, 46
Holländer 148 VI
holländern E 53 41
Holm 46 39; 65 19
holperig 187 36
Holunder E 16 u. 17 19
Holz 46 38; 55 6; E 133 1; E 135-137 12; 148 I, 2; 161 46; 162 I, 15
Holzabfuhrweg 162 13
Holzarten E 134 III
Holzausbau E 110 u. 111 52
Holzbau E 128 50
Holzblasinstrument 84 1, 2, 6-8
Holzbock 56 32
Holzeimer 130 27
Holzeinschlag 162 II
Holzeisenbahn E 53 27
Holzfällen 162 II, III
Holzfaserplatte E 133 35
Holzfeile 134 11
Holzflößerei E 182 44
holzfrei E 148 70
Holzfuhre 162 12
Holzfuhrwerk 162 12
Holzgas E 173 u. 174 19
Holzgasgenerator E 173 u. 174 20
Holzgerüst 76 19, 20
holzhaltig E 148 69
Holzhammer 129 15; 131 25
Holzindustrie E 133 2
Holzingenieur E 133 4
Holzkloben 46 37
Holzklotz E 46 8
Holzmodellbau E 117 31
Holznagel E 129 13; 142 10
Holznagelmaschine 141 24
Holzpflaster E 169 u. 170 46
Holzplatz 110 13
Holzscheit E 46 9
Holzschlag 162 II
Holzschlagen 162 II

Holzschliff 148 II
Holzschnitt E 149 u. 150 58
Holzschraube E 134 29
Holzstapel 132 17; 153 9; 162 15
Holzsteckling 161 25
Holzstempel 111 22
Holzstethoskop 63 34
Holztier E 53 7
Holztreppe E 45 2
Holztrocknung E 133 6
Holzverbindung 129 II
Holzweg 162 13
homogenisieren E 127 7
Honig E 22 40
Honigraum 22 38
Honigschleuder 22 VI
Honigzelle 22 31
Honmaschine E 121-123 100
Hopfen 11 19
hoppeln E 30 u. 31 6
horchen E 35 52
Hordentrockner 136 5
hören E 35 48; E 80 68
Hörer 80 35, 37; 81 2; E 88 20; 165 33; 180 24
Hörerin 80 36; 81 3
Horizont E 59 20
Horizontale 5 2
Horizoutalgatter 132 25
Horizontalkammerofen E 144 7
Horizontalöffner 135 13
Hormon E 38 60
Horn 83 2; 84 9
Hörnchen 143 35
Hörnerschlitten E 71 u. 72 10
Hornhaut E 35 104; 37 7
Hornisse E 22 8
Hornist 85 16
Hörrohr 63 34
Hörsaal 80 II
Hörspiel E 88 13
Hort E 77 4
Hortensie E 21 18
Hose 49 7; 50 3; 52 41
Hosenboje 186 VI
Hosenbügel 51 44
Hosenknopf 51 45
Hosenrock E 48-52 21
Hosenschlitz 49 10
Hosenträger 51 41; 52 40
Hotel E 77 Ü; E 167 u. 168 II
Hoteldiener 167 22
Hotelhalle 167 II
Hub E 173 u. 174 29
Hubschrauber E 181 2
Hub-und-Senk-Gerüst 127 22

Huf 34 20
Hufeisen 34 21
Huflattich E 15 20; E 19 14
Hufschmied E 121-123 20
Hüftbein 38 19-22
Hüfte 34 14; 35 14; 145 26
Huftier 28 Ü, 10 u. 11, 13-16
Hüftmuskel 39 19
Hüftnerv 39 40
Hüftschwung E 68 77
Hügel E 1 23
hügelig E 1 17
Huhn 153 41
Hühnerauge E 35 106
Hühnerhof E 153 17
Hühnerleiter 153 14
Hühnerrasse E 153 13
Hühnerstall 153 13
Huitfeldbindung E 71 u. 72 11
Hülle 51 24; 81 7
Hüllpapier E 148 47
Hülse 10 24
Hülsenfrucht 10 22, 26, 27; E 79 51
Hülsenreck 65 24
Hummel 22 14
Hummer E 22 26
Humus E 160 39
Humuserde E 160 39
Hund E 33 u. 34 42; 34 III; E 106 80; 111 31; 158 46
Hundehütte 153 33
Hundeleine 34 32
Hunderasse E 33 u. 34 43
hundert E 7 30
hunderteins E 7 31
Hunderter 7 9
Hundertstel 7 20
hunderttausend E 7 35
Hundestaffel E 101 u. 102 57
Hündin 34 III
Hunger E 38 48
hungrig E 38 49
Hupe 173 29
hupen E 173 u. 174 76
Hupenknopf 173 29
Hürde 67 25; 158 34
Hürdenlauf 67 22
Hürdenläufer 67 23
Husten E 61 u. 62 65
Hut 18 11; 48 33; E 48-52 61; 49 39; 51 27-32
Hutband 51 28
hüten E 57 1; E 158 51
Hutkrempe 51 27
Hutmacher E 48-52 7
Hutrand 51 29

Hütte E 40 36; E 184 78
Hüttenindustrie E 115 u. 116 3
Hüttenkombinat E 115 u. 116 4
Hüttenwerk E 115 u. 116 73
Hüttenwesen E 115 u. 116 2
Hyäne 29 18
Hyazinthe E 20 6; E 21 4
Hybridisation E 79 74
Hydrant 102 34; 170 4
hydrieren E 112 33
Hygienemuseum E 91 41
Hygrograph E 3 35
Hygrometer 79 6; 133 3
Hyperbel 6 15
Hypotenuse 5 34
Hysterie E 61 u. 62 84

Igel 29 8
Igelkopf E 147 53
igeln E 158 6
Illustration E 89 u. 90 74
Iltis E 32 7
Imbiß E 167 u. 168 36
Imker 22 28
immatrikulieren E 80 21
Immunität E 99 42
impfen E 61 u. 62 123
Impflanzette 63 51
Impfstoff E 61 u. 62 125
imprägnieren E 135-137 124
Imprimatur E 149 u. 150 51
in 4 51, 52
Industrialisierung E 99 26
Industrie, fischverarbeitende E 146 23
~, holzverarbeitende E 133 2
Industriebetrieb E 118 1
Industriegasofen 120 I
Industrieglas 166 3
Industriesiedlung E 152 16
Industriewerk 41 33
Infektionsabteilung E 61 u. 62 145
Infektionskrankheit E 61 u. 62 56
infizieren E 61 u. 62 58
Influenzmaschine 80 29
Informationsmaterial 99 28
Ingenieur 99 30; E 126 14
Ingwer E 54 85
Inhalation E 58 15
Inhalationsgerät 57 31

Inhaltsverzeichnis E 89 u. 90 64
Initiale 90 15
Injektion E 61 u. 62 104
Injektionsspritze 63 38
Inkreis 5 30
Inland E 180 8
Inlett 42 22
innen 4 64
Innenansicht 176 7
Innenaufnahme 87 I; E 87 23
Innenbackenbremse E 172 47
Innenbahn 67 4
Innenfräser 131 43
Innengerüst 128 43
Innengewinde 121 37
Innenhebel 75 24
Innenputz E 128 73
Innenring 124 41
Innenschleifen E 121-123 95
Innenstadt E 169 u. 170 6
Innenstürmer 69 21, 23
Innentaster 81 17
Innenwinkel 5 27
innere 4 64
innerhalb 4 39
Insasse E 173 u. 174 65
Inschrift 104 2, 5, 10
Insekt E 22 1
Insektenfresser 29 7 u. 8
Insel 1 23; 182 6
Inselgruppe E 1 71
Inserat 90 25
Inspizient 86 29
Installateur 131 Ü, II; E 131 II
Installation E 131 32
instand halten E 40 48
Institut E 80 77
Institutsleiter E 80 29
Instrukteur E 103 48
Instrument 62 I; 63 II, III; E 82 u. 83 II
~, ärztliches 63 III
~, zahnärztliches 63 III
Instrumentalgruppe E 82 u. 83 38
Instrumentation E 84 u. 85 58
Instrumentenkocher 61 11
Instrumentenkunde E 106 51
Instrumentenplatte 63 14
Instrumentenschrank 61 3; 63 1
Instrumententafel 113 22
Instrumententisch 61 18; 62 23
Instrumentierung E 84 u. 85 58
Inszenierung E 86 20

Integral E 7 141
Integralzeichen E 7 86
Intelligenz, technische E 128 44
Intendant E 86 3
Interessengemeinschaft 105 III
Interessengemeinschaftsleiter 105 20
Internat E 78 8; E 80 17
Internationale Demokratische Frauenföderation (IDFF) 104 14
Internationaler Studentenbund (ISB) E 80 15; 104 13
interpolieren E 7 150
Interpunktionszeichen 89 21-31
Intervall E 82 u. 83 67
Interview E 88 14
Invalidenrente E 64 3
Inventar E 164 u. 165 1
Inventur E 163 57
Investition E 99 17
I-Punkt 89 13
Iris 20 7; 37 4, 8
Irisblende 94 33
Irrigator 57 8
Ischias E 61 u. 62 89
Ischiasnerv 39 40
Isobaren 3 V
Isolation E 113 55
Isolator 113 36; 175 15
Isolatorengerüst E 113 44
isolieren E 61 u. 62 146
Isolierer E 128 34

Jacht E 183 17
Jäckchen 52 13
Jacke 50 2; 51 54
Jackett 49 3
Jackettanzug 49 13
Jacquardwebstuhl E 135-137 91
Jagd E 30 u. 31 28
Jagdfasan 30 27
Jagdgewehr E 30 u. 31 34
Jagdhund E 13 u. 14 31
Jagdwurst E 144 u. 145 55
jagen E 30 u. 31 27
Jagen 162 3
Jäger 183 39
Jahr E 9 V
jahrelang E 9 108
Jahresring E 132 14; 162 23
Jahrestag E 9 113
Jahreszeiten E 9 V
Jahrhundert E 9 115
jährlich E 9 107

Jährling 154 31
Jahrmarkt 98 Ü
Jahrzehnt E 9 114
Jalousie 40 14
Janker 49 22
Januar E 9 89
Jarowisation E 79 IV
Jarowisationsversuch 79 III
Jasmin E 16 u. 17 24
jäten E 47 33
Jauche E 153 9
Jauchedrill E 159 27
jauchen E 156 39
Jauchenfaß 153 27
Jauchenpumpe 153 26
Jauchenrinne 154 21
Jauchenwagen 153 28
Jaucheschleuder E 159 28
Jaucheturbo E 159 28
jenseits 4 30
Jersey 69 31
Joch 1 7; 156 30
Jochbein 38 4
Johannisbeere 13 5; 189 3
Johannisbeerstrauch 13 II
Joker E 93 49
Jolle 76 30
Jongleur 97 18
Joppe E 48-52 22
Journalist E 89 u. 90 109
Juchten E 140 41
jucken E 35 117
Judo E 68 21
Jugendbibliothek E 91 5
Jugendbrigade E 105 30
Jugendbuch E 89 u. 90 41
Jugendchor E 82 u. 83 25
Jugendfreund 105 7; E 105 6
Jugendfreundin 105 8; E 105 7
Jugendfunk E 88 8
Jugendgericht E 100 98
Jugendgesetz E 105 24
Jugendheim E 105 38
Jugendherberge E 105 37
Jugendleben 105 II
Jungaktivist E 105 32
Junge 4 49; 50 36, 40; 77 15
Junger Pionier 77 5; 78 22; 98 14; 107 21
Junges 27 6; 28 4
Jungfernfahrt E 126 36
Jungfrau E 2 35
Jungholz 162 5
Jungpflanzenanzucht E 160 23
Jungvieh 154 31; 158 30
Jungviehweide E 158 37

Juni E 9 94
Junior E 75 u. 76 32
Juli E 9 95
Jüpchen 52 21
Jupiter 2 20
Jupiterlampe E 94 u. 95 39
Jura E 100 51
Jurist E 100 78
Juristenfakultät E 80 6
juristisch E 100 52
Justizwachtmeister 100 10
Jute 11 15; E 135-137 6
Jutespinnerei E 135-137 45

Kabarett, politisches E 82 u. 83 42
Kabel 111 25; 170 13; E 183 6
Kabelgatt E 184 77
Kabeljau E 23 7
Kabelleger E 184 15
Kabelschacht 170 23
Kabeltrommel 112 39; 170 14
Kabine E 91 64; 92 20; 147 2; 181 20; 184 35
Kabriolett E 173 u. 174 2
Kabriolettlimousine 173 I
Kachelofen 41 17
Kadaver 29 19
Kader E 103 47
Käfer E 22 7
Kaffee E 54 78; E 166 58
Kaffeehaus 167 I
Kaffeekännchen 167 15
Kaffeekanne 4 34; 54 3
Kaffeelöffel 54 45; 167 19
Kaffeemaschine 167 1
Kaffeemühle 43 14
Kaffeeservice E 54 95
Kaffeetasse 167 11
Kaffeetopf 43 53
Kaffeewärmer 54 4
Käfig E 41 46; 124 38
kahl E 147 24; 187 33
Kahlfläche 162 7
Kahlkopf E 147 25
Kahlschlag 162 7
Kahn 58 41; E 183 14
Kai 185 32
Kaimauer 185 34
Kajak 76 3
Kajakslalom E 75 u. 76 62
Kajüte 76 41; E 184 73
Kakao E 166 61
Kaktus E 21 6

Kalander 148 VIII
kalandern E 135-137 126
Kalanderwalze 135 19
Kalb 33 1; 145 37; 154 29
kalben E 154 52
Kalbfleisch E 144 u. 145 14
Kalbleder E 140 24
Kalbsblatt 145 43
Kalbsbraten E 54 35
Kalbsbrust 145 42
Kalbsbrustspitze E 144 u. 145 30
Kalbsfuß 145 45
Kalbshachse 145 44
Kalbskamm 145 39
Kalbskeule 145 41
Kalbskopf 145 38
Kalbsnierenbraten E 144 u. 145 29
Kalbsrücken 145 40
Kaldaune 145 20
Kalender E 41 37
kalfatern E 183 36
Kali E 156 51
Kaliber E 119 18
Kaliberwalze 119 20
Kalibrierung E 119 19
Kalk E 115 u. 116 27; 128 19
Kalkbucht 128 17
kalken E 160 81
Kalkfarbe E 130 25
Kalkspritzanlage 116 25
Kalkstein E 1 113; E 115 u. 116 54
Kalkulation E 163 44
Kallus 161 24
Kalmus E 15 21; E 19 32; 161 30
Kalorie E 54 8
Kalotte 6 34
Kaltblut E 33 u. 34 32
Kälte E 3 11
Kalthaus E 160 9
Kalträucherei 144 11
Kaltsäge E 121-123 105
Kaltschale E 54 57
Kaltwalzwerk E 119 2
Kaltwelle E 147 44
Kambium 161 47
Kamel 28 11; E 28 5
Kamelhaar E 135-137 16
Kamelie E 21 5
Kamellie E 21 5
Kamera 94 3; E 94 u. 95 15
Kameraassistent 87 16
Kameraform 94 II
Kameramann 87 14
Kamerawagen 87 13
Kamille E 15 22
Kamin 40 2; 73 III
Kaminfeger 46 4

Kamm E 1 25; 34 36; 44 28; 51 18; 129 33; 145 22; E 147 85
kämmen E 135-137 68; E 147 37
~, sich E 44 22
Kammer E 40 21; 127 32
~, pneumatische E 58 14
Kammermusik E 84 u. 85 60
Kammerofen 114 2, 6, 10
Kammgarnspinnerei 136 Ü
Kammgriff 65 35
Kämmling 136 30
Kammstuhl 136 IV
Kammwolle E 135-137 59
Kammzug 136 29
Kampfbereitschaft E 106 1
Kämpfer E 68 52; 130 31
Kampfgewicht E 68 19
Kampfhandschuh 68 19
Kampfrichterturm 71 23
Kampfring 68 7
Kampfrunde E 68 53
Kampfstellung E 68 54
kampfunfähig E 68 55
Kampfverlauf E 68 II
Kanadier 76 1
Kanal E 1 49; 182 13
Kanalarbeiter 170 10
Kanaldeckel 170 12
Kanalisation E 169 u. 170 43
Kanalofen E 127 18
Kanarienvogel E 24-27 12
Kandaharbindung 71 35
Kandare E 154 44
Kandelaber 169 2
Kandidat E 80 88; E 100 22; E 103 6
Kandiszucker E 166 32
Känguruh 28 3
Kanin E 32 8
Kaninchen E 32 8; 33 15; E 33 u. 34 19
Kaninchenbock 33 15
Kaninleder E 140 29
Kanister 130 6-8; 174 37
Kanne E 43 14; 55 44
Kanonenbohrer E 121-123 88
Kanonenboot E 184 29
Kantate E 84 u. 85 68
Kante 6 27; 72 22
Kanten 143 30
Kantenholz E 139 59
Kantensetzer E 142 35
Kantenstein 47 19
Kantenwechsel E 71 u. 72 42

Kantholz 129 1; 132 19
kantig 187 1
Kanu 76 I
Kanufahren E 75 u. 76 IV
Kanüle 63 39
Kanusegeln E 75 u. 76 63
Kanusport E 75 u 76 64
Kanzel E 30 u. 31 30
Kanzlei 164 Z
Kap E 1 10
Kapaun 34 IV
Kapelle 97 6
Kapellmeister 86 17; 96 19
Kaper E 54 86
Kapillargefäß E 39 22
Kapital E 151 27
Kapitalband 90 4; E 151 27
Kapitän E 185 15
Kapitel E 89 u. 90 68
Kapok E 135-137 3
Kappe E 48-52 64; 62 13; 111 23
Kappnaht E 139 81
kaputt 188 14
Kapuze 49 29, 30; 52 36
Kapuzenmuskel 39 15
Kapuzinerkresse 21 1
Karabiner 73 6, 23; 101 24
Karabinerhaken 9 5
Karakulschaf E 32 9
Karamelle E 166 46
Karavelle E 183 32
Karbonade E 144 u. 145 35
karbonisieren E 135-137 120
Kardanantrieb E 172 45
Kardangelenk E 172 46
Kardanwelle 172 35; 173 40
Kardätsche 154 16
Karde 135 IV
Kardinalzahlen E 7 I
kariert 188 28
Karies E 63 25
Karikatur E 89 u. 90 127
Karnickel 33 15
Karo E 93 50
Karosserie 173 I
Karotte 12 23
Karpfen 23 5
Karren 156 31; 158 37
Karrenpflug 156 15, II
Karrenwalze 140 29
Karst E 160 31
Kartätsche E 128 81
Karte 2 VII; 78 6, 21; 86 7; 105 16; 167 16; 168 34
Kartei 164 13 u. 14
Karteikarte 61 32; 164 13

Karteikasten 164 14
Karteischrank 164 2
Kartenkunde E 106 48
Kartenlesen E 106 84
Kartenspiel 93 Ü, VIII
Kartenspieler 93 27, 28, 30
Kartoffel 10 18, 20; 158 13
Kartoffelbofist E 18 27
Kartoffeldämpfer 154 48
Kartoffelernte 158 I
Kartoffelfeime 158 11
Kartoffelfeld 158 7
Kartoffelflockenfabrik 155 15
Kartoffelfuhre 158 8
Kartoffelgabel 158 14
Kartoffelhacke E 158 5
Kartoffelhorde 46 45
Kartoffelkäfer 22 9, 10
Kartoffelkeller E 153 10
Kartoffelkorb 158 12
Kartoffelkraut 10 19
Kartoffellegemaschine E 159 19
Kartoffellochmaschine E 159 18
Kartoffelmiete 158 11; E 158 11
Kartoffelmus E 54 46
Kartoffeln auslegen E 158 4
~ ausmachen E 158 8
~ graben E 158 8
~ legen E 158 4
~ lesen E 158 10
Kartoffelpfannkuchen E 54 47
Kartoffelpflanze 10 18
Kartoffelpflanzlochmaschine E 159 18
Kartoffelpresse 43 48
Kartoffelquetsche 154 49
Kartoffelroder 158 9
Kartoffelsack 158 10
Kartoffelsalat E 54 48
Kartoffelschäler 55 20
Kartoffelschleuder 158 9
Kartoffelsichtmaschine E 159 19
Kartoffelsortierer E 159 21
Kartoffelspeise E 54 45
Kartoffelwagen 158 8
Kartoffelwaschmaschine E 159 20
Kartographie E 2 42
Karton E 148 55
kartoniert E 89 u. 90 54
Kartothek 164 2
Karussell 98 9
Karusselldrehbank E 121-123 63
Kasackkleid E 48-52 16
Kasatschok E 82 u. 83 16

Käse **54** 39; E **166** 37
Käseecke **54** 39
Käseglocke **54** 38
Käsemesser **54** 37
Kaskade **1** 45
Kasper E **82** u. **83** 46; **98** 16
Kasperle E **82** u. **83** 46; **98** 16
Kasperlepuppe **77** 4
Kasperletheater **77** 3; **98** 17
Kasse **98** 6; **163** 21, 24; **164** 5; **166** 8, 36; **167** 4
Kassenbestand E **163** 38
Kassenzettel **166** 39
Kasserolle E **55** 10
Kassette **94** 1; **164** 43
Kassettenschieber **94** 2
Kassierer **163** 30
Kassiererin **166** 35
Kassiopeia **2** 10
Kastagnetten E **84** u. **85** 8
Kastanie **16** 31
Kastanienpilz **18** 12
Kastellan **80** 17
Kasten **65** 21; **130** 33; **142** 10; **166** 18; E **180** 30
Kastenballenbrecher **135** 2
Kastenbrot **143** 26
Kastenform E **117** 37
Kastenkamera **94** 39
Kastenrudern **75** V
Kastenschloß **121** 15
Kastenspeiser **135** 3, 12; **136** 15
Katalog **91** 6
~, alphabetischer E **91** 18
Katalogisierung E **91** 15
katapultieren E **106** 40
Katarrh E **61** u. **62** 61
Kater **33** 16
Katheder **78** 12; **80** 24
Käthe-Kruse-Puppe E **53** 15
Kathete **5** 35, 36
Katheter **63** 50
Kathode **125** 30, 32
Kathodenstange **149** 45
Katze **33** 16; E **33** u. **34** 21
Katzenauge **172** 8
Katzenpfötchen E **19** 29
kauen E **35** 64
Kauenwärter E **110** u. **111** 140
kaufen E **166** 5
Käufer **166** 16, 33
Käuferin **166** 14, 37
Kaufhaus E **166** 12
Kaufladen **53** 15

Kaufmannsladen **53** 15
Kaumuskel **39** 2
Kautabak E **166** 70
Kauter **63** 11
Kautschukbaum **11** 16
Kauz **24** 8
Käuzchen **24** 8
Kaviar E **167** u. **168** 55
Keder E **142** 38
Kegel **6** 32; E **131** 54
Kegelberg E **1** 28
Kegeldrehen E **121-123** 51
Kegelrad **124** 53
Kegelschnitt **6** 10, 14, 15
Kegelstift **124** 26
Kehle **35** 2
Kehlkopf **36** 9
Kehlmaschine E **133** 15
Kehre E **65** u. **66** 47; **175** 3
Kehren **55** VI
Kehrer **170** 35
Kehrerin **170** 41
Kehrleine **46** 3
Kehrmaschine **170** 38
Kehrpflug E **159** 30
Kehrsprung E **67** 55
Kehrwert E **7** 87
Keil **124** 34; **129** 32; **134** 54; **162** 25
Keiler **30** 28; E **30** u. **31** 8
Keilhaue E **110** u. **111** 62
Keilhose **48** 23; **71** 48
Keilkissen **42** 45
Keilnute **124** 35
Keilpfropfung E **161** 3
Keilriemen E **173** u. **174** 52
Keimdauer E **79** 34
keimen E **79** 36; E **157** 15
Keimfähigkeit E **79** 33
Keimling E **79** 37
Keimprobe E **79** 32
Keks E **166** 51
Kelch **13** 8; E **43** 12
Kelchblatt **13** 19
Kelchzange E **131** 62
Keller **46** Ü, III
Kellerassel E **22** 16
Kellerfenster **40** 29
Kellergeschoß E **40** 22
Kellertreppe **46** 15
Kellertür **46** 16
Kellner **168** 24
Kellnerin **168** 37
Kellnerlehrling **168** 23
Kennplättchen **45** 44
Kennung E **186** 2
Kennzeichen **173** 21
Kennziffer E **7** 147
kentern E **75** u. **76** 10; E **184** 103
Kerb E **125** 24

Kerbe **162** 27
Kerbel E **12** 14
Kerbfähigkeit E **125** 25
Kerbschlagbiegefestigkeit E **125** 12
Kerbschlagprobe **125** 23
Kerbschlagversuch **125** IV
Kerbstift **124** 28
Kerbtier E **22** 1
Kern E **2** 20; **13** 28; **117** 18; E **132** 17
Kerneisen **117** 44
Kerngehäuse **13** 27
Kernhälfte **117** 42
Kernkasten **117** 40
Kernlager **117** 26
Kernmacher **117** 38
Kernmacherbank **117** 41
Kernmacherei **117** III
Kernobst **13** VII-IX
Kernsand **117** 39
Kernschrott E **118** 6
Kernseife E **56** 35
Kerntrockenkammer **117** 37
Kernwurf E **69** u. **70** 39
Kerze E **41** 57; **66** 27; **69** 46; **166** 2
Kescher E **146** 13
Kessel **113** 14; **149** 34; **176** 24
Kesselanzug **49** 30
Kesselhaube **149** 33
Kesselhaus **113** II
Kesselpauke **84** 38
Kesselraum E **184** 67
Kesselschmied E **121-123** 15
Kesselwagen **176** 12
Kesselwand **125** VI
Kesselwärter **113** 18
Kettbaum **137** 13, 29
Kette **1** 11; **44** 37; E **124** 21; **137** 28; **154** 9; **172** 12
Kettenablängsäge **132** 6
Kettendorf E **152** 6
Kettenfräse **129** 19; E **133** 16; E **134** 20
Kettenrad E **124** 18; **172** 13
Kettenrohrschneider E **131** 45
Kettensäge **129** 2
Kettenschleppe E **159** 2
Kettenschlepper E **184** 33
Kettenschutz E **172** 1
Kettfaden **137** 28
keuchen E **38** 30
Keule **30** 13; **66** 32
Kicker **70** 7
Kickstarter **172** 41
Kiebitz **27** 8; **93** 29
kiebitzen E **93** 4

Kiefer 17 10; E 38 13; E 134 61
Kiefernschwärmer E 162 31
Kiefernspanner E 162 32
Kiefernzapfen 17 11
Kiel 75 19; 76 45; 126 6, 33; 184 37
Kieler Sprotte E 146 33
Kiellegung 126 5
Kielschwein 126 34
Kielwasser E 75 u. 76 77; 184 28
Kieme E 23 22
Kiemendeckel 23 7
Kiemenspalte 23 3
Kienapfel 17 11
Kiesel E 1 119
Kieselsäure E 115 u. 116 25
Kiesweg 47 20
Kilo 8 30
Kilogramm 8 30
Kilometer E 8 11
Kilometerstein 175 38
Kilometertafel 182 20
Kilometerzähler 173 31
Kilowatt E 113 22
Kimonoärmel 48 1
Kind 4 65; E 35 8; 50 III; 77 14 u. 15, 39
Kinderarzt 61 40
Kinderbadewanne 44 13
Kinderbett 42 38; 52 18
Kinderbuch E 89 u. 90 44
Kinderchor E 82 u. 83 28
Kindereisenbahn 98 10
Kinderfunk E 88 10
Kindergärtnerin 77 7, 26
Kindergärtnerinnenseminar E 77 17
Kindergymnastik E 77 34-36
Kinderheilkunde E 61 u. 62 5
Kinderheim E 77 I
Kinderhort E 77 4
Kinderkleidung 52 Ü
Kinderkonfektion E 138 4
Kinderkrankenhaus E 61 u. 62 132
Kinderkrankheit E 61 u. 62 52
Kinderpoliklinik E 61 u. 62 131
Kinderschuh E 48-52 67
Kinderspielzeug 53 Ü
Kinderstation E 61 u. 62 149
Kinderstiefel 51 3
Kinderstuhl E 41 14; 77 13
Kindertagesstätte 77 Ü
Kindertisch E 41 13; 77 12

Kindertischchen E 41 13
Kinderwagen 52 14
Kinderwagenraum 61 33
Kinderzimmer E 53 2; E 92 20
Kinn 35 51
Kinnbart E 147 71
Kinnhaken E 68 56
Kinnlade E 38 13
Kino 87 Ü, II; E 87 IV
Kinobesucher 87 25
Kinowagen E 176 28
Kiosk E 169 u. 170 31
Kippe E 65 u. 66 48; 112 4; 143 9; E 167 u. 168 73
Kipper 113 6; 119 4; 170 31
Kippergrube 113 5
Kippflügel 130 30
Kippkübel 115 10
Kipplage E 65 u. 66 49
Kipplore 105 1
Kipppfanne E 117 54
Kipppflug E 159 29
Kipprinne 118 17
Kippscher Gasentwickler 78 34
Kippstuhl 119 4
Kippvorrichtung 114 17; 116 22; 118 13
Kirche 2 51
Kirchenmusik E 84 u. 85 65
Kirchenrecht E 100 67
Kirchturm 152 20
Kirschbaum 14 I; E 134 49
Kirsche 14 2
Kirschkern 14 3
Kissen 41 32
Kiste 130 54; 166 21; 178 41
Kistendeckel 166 22
Kitt 130 54
Kitteisen 130 47
Kittel 49 34
kitten E 130 39
Kittmesser 130 50
kitzelig E 35 118
kläffen E 33 u. 34 59
Klafter 8 12
Klage E 100 107
~, zivilrechtliche E 100 105
Kläger E 100 104
Klamm 1 44
Klammer E 7 88; 55 23; 56 36; 72 18; 89 28, 29; E 89 u. 90 150; 95 21; 161 18
Klammerschlittschuh 72 16
Klampfe 82 9, 20; 83 12; 105 10
Klampfenchor 82 II

Klampfenspielerin 82 19
Klang E 84 u. 85 32
Klangfarbe E 88 24
Klangprobe E 125 33
Klappbrücke E 182 30
Klappe 84 5; 169 36
Klapper 53 1
klappern E 53 3
Klapperschlange E 23 36
Klappfenster 44 34
Klappkamera 94 3
Klappsitz 60 25; 80 41; 87 29
Klapptisch E 176 34
Klarinette 84 7
Klarinettist 85 15
Klasse E 75 u. 76 11; E 177-179 16, 17
Klassenarbeit E 78 63
Klassenbuch 78 11
Klassenelternabend E 78 106
Klassenschrank 78 8
Klassenzimmer 78 I
klassieren E 110 u. 111 125
Klassiker E 89 u. 90 39
klatschen E 86 63; E 108 18
Klatschmohn 19 4; E 19 10
Klau 183 5
Klauenkupplung E 124 27
Klausur E 80 89
Klausurarbeit E 80 89
Klaviatur E 84 u. 85 12
Klavier E 84 u. 85 10; 96 11
Klavierkonzert E 84 u. 85 57
Klavierspieler 96 10
Klebemasse E 129 40
kleben E 77 32; E 130 36; E 141 17
Klebepresse 141 25; 142 17
Kleber E 143 19
Klee 10 28
Kleearten E 79 86
Kleeblatt 10 29
Kleeheu E 158 30
Kleekarre 157 2
Kleereiter E 158 29
Kleereuter E 158 29
Kleiber E 26 2
Kleid 52 31
Kleiderablage 45 26
Kleiderbügel 49 5; 51 43
Kleiderbürste 45 36
Kleiderhaken 45 27; 167 9
Kleiderlaus E 22 19
Kleidermotte 22 6
Kleiderschrank 42 11
Kleiderständer 80 16; 138 32; 167 8

Kleiderstange 166 44
Kleiderstoff E 48-52 IV;
  E 139 6
kleidsam E 48-52 46
Kleidung E 48-52 III;
  51 Ü
Kleidungsstück E 48-52
  19
Kleie E 154 18
klein 187 18
Kleinbahn E 177-179 71
Kleinbauer E 153 1
Kleinbauernhof 152 29;
  153 II
Kleinbildentwicklungs-
  gerät 95 18
Kleinbildfilm 95 18
Kleinbildkamera 94 47
Kleinbildvergrößerungs-
  gerät 95 26
Kleinbuchstabe 89 11
Kleiner Bär 2 8
Kleiner Wagen 2 8
Kleingarten E 47 3
Kleingärtner E 47 4
Kleingeld E 163 19
Kleingerät E 47 17
Kleinhirn 36 7
Kleinkalibergewehr
  E 106 9
Kleinkind 77 32
Kleinklima E 79 25
Kleinkraftrad E 172 23
Kleinmöbel E 41 24
Kleinpflaster E 169 u.
  170 48
Kleinsiedlung E 152 28
Kleinstadt E 169 u.
  170 4
Kleister 130 27;
  E 135-137 79
Kleistertopf 180 16
Klemme 51 49; 72 18
Klemmschlittschuh 72 16
Klempner 131 Ü, I;
  E 131 I
Klette E 19 11
Kletterer E 73 24
Kletterhammer 73 26
Kletterhose 73 4
Kletterjacke 73 3
klettern E 77 49
Klettern 73 III
Kletterrose 40 32
Kletterschuh 73 19
Kletterseil 73 7
Kletterstange 65 6
Klettertau 65 5
Klettertechnik 73 I
Klima E 3 4; E 79 24
Klimmzug E 65 u. 66 50
Klinge 54 20
Klingel 45 4; E 167 u.
  168 83· E 171 5,
  172 4
Klingelknopf 45 4

klingeln E 40 49
Klinik E 61 u. 62 126;
  E 80 82
~, chirurgische E 61 u.
  62 128
~, medizinische E 61 u.
  62 127
klinisch E 61 u. 62 93
Klinke 45 20
Klinker E 127 37
Klinkerbauweise 75 II
Klipp E 48-52 81, 165
  44
Klippe 1 30
Klipper E 183 26
Klischee E 89 u. 90 75;
  E 149 u. 150 57
Klistier E 57 46
Klistierspritze 57 6
Klivie 21 7
Kloake 170 11
Kloben 46 37
klopfen E 142 24
Klopfholz 129 15
Klöppel E 56 31, E 84
  u. 85 7
Klöppelkissen E 56 30
klöppeln E 56 29
Klops E 167 u. 168 56
Klosett 44 40
Klosettbrille 44 39
Klosettbürste 44 41
Kloß E 54 36
Klotz 131 28
Klotzpresse 151 16
Klubdirektor E 92 3
Klubhaus 92 Ü
Klubleiter E 92 3
Klubraum E 92 5
Klubsessel 167 31
Klubtisch 41 45
Klubwagen E 176 27
Kluft 1 44; E 73 25
Klüver 183 40
Klüverbaum 183 30
Klüversegel 183 40
Knabenchor E 82 u. 83
  26
Knäckebrot E 143 38
Knackwurst E 144 u.
  145 48
Knagge E 129 22
Knallbonbon E 98 5
Knallerbse E 98 4
Knappe E 110 u. 111
  142
Knäuel 56 16
Knebelpresse 60 3
Kneif 151 4, 23
kneifen E 22 35
Kneifzange 134 19; 142
  13
Knetarm 143 7
kneten E 77 29· E 143
  25
Knickerbocker 49 18

Knickkragen 83 14
Knie 35 18; 43 18
Knieaufschwung E 65 u.
  66 51
Kniebeuge 66 17
Kniegelenk 38 25
Kniehebel 139 46
Kniekehle 35 34
Knieriemen 142 7
Knierohr 43 18
Kniescheibe 38 24
Kniestand E 65 u 66 52
Kniestrumpf 50 45
Knieumschwung E 65 u.
  66 53
Kniff 51 31
knipsen E 94 u. 95 1
Knirps 51 22
Knoblauch E 12 17
Knoblauchwurst E 144
  u. 145 54
Knöchel 35 36; E 38 15
Knochen E 38 11; E 144
  u. 145 43 u. 44
Knochenbruch E 60 34
Knochengerüst 38 Ü I,
  E 38 II
Knochenleim E 135-137
  80
Knochenmark E 38 12
Knochenschere 63 43
Knockout E 68 57
Knödel E 54 37
Knolle 10 20
Knollenbegonie E 21 7
Knollenblätterpilz 18 19
Knollengewächs E 20 I
Knopf 83 30; 139 7
Knopfannäherin 138 28
Knopfannähmaschine
  E 138 24
knöpfen E 48-52 100
Knopfkasten 138 29
Knopflocheisen 139 57
Knopflochnähmaschine
  E 138 22
Knopflochschere 139 54
Knopflochzange 139 56
Knorpel E 38 18
Knorpelgewebe E 38 18
Knorpelkohle E 112 20
knoten E 106 64
Knoten 10 3 60 10
  E 147 56
Knöterich E 19 9
knüpfen E 56 33
Knüppel 119 9; 143 33
knurren E 33 u. 34 60
Koben 154 50
Kobra E 23 35
Koch 168 11
kochen E 55 37
Kochen E 55 II
Kochfleisch 145 22, 23,
  28, 29, 33-36
Kochgeschirr E 43 7

Köchin **168** 12
Kochplatte **43** 55
Kochwurst E **144** u. **145** 57-64
Kochwurstabteilung **144** II
Köder E **182** 53
Koeffizient E **7** 89
Koffer **167** 23; **177** 15
Kofferempfänger E **88** 31
Koffergerät E **88** 31
Koffergrammophon E **88** 60
Kofferraum **173** 19
Kogge E **183** 31
Kohl E **12** 8
Kohle **46** 46; E **110** u. **111** III; **111** 7, 11
Kohlehydrat E **54** 21
Kohlenbagger **112** 20
Kohlenbansen **179** 2
Kohlenbrenner E **162** 19
Kohlenbunker **113** 10
Kohlenbunkergerät E **185** 8
Kohleneimer E **46** 15
Kohlenelektrode **118** 8
Kohlenfeuerung E **184** 66
Kohlenförderanlage **113** I; E **114** 3
Kohlenhalde **113** 4
Kohlenhochbehälter **179** 1
Kohlenhydrat E **54** 21
Kohlenkasten **55** 5
Kohlenkeller E **46** 2
Kohlenkombine E **110** u. **111** 65
Kohlenkran **179** 3
Kohlenmeiler E **162** 20
Kohlensack **115** 29
Kohlenschaufel E **55** 7
Kohlenschürfgerät **112** 40
Kohlenstaubexplosion E **110** u. **111** 108
Kohlenstaubfeuerung **113** 14
Kohlenstaublokomotive E **176** 43
Kohlenstoff E **115** u. **116** 29
Kohlenstoffstahl E **121-123** 43
Kohlenstoß **111** 15
Kohlenturm **114** 1
Kohlepapier E **148** 65; E **164** u. **165** 45
Köhler E **162** 19
Kohlmeise **25** 2
Kohlrabi **12** 12
Kohlweißling E **22** 20
Koje E **91** 64; E **184** 74
Kokille **116** 17; **118** 29
Kokillenband **116** 16
Kokillengießer **118** 24

Kokillenguß E **117** 21
Kokon E **22** 6; E **135-137** 19
Kokonfaser E **135-137** 20
Kokosfaser E **135-137** 10
Koksfett E **11** 3
Kokosnuß E **13** u. **14** 16
Kokospalme E **11** 2; E **13** u. **14** 19
Koks E **46** 13; **114** 11; **115** 17
Koksbunker **114** 19
Koksgrube **114** 18
Kokskübel **114** 14
Kokslöschturm **114** 12
Kokslöschwagen **114** 9
Koksschüttelsieb **114** 16
Kolben **15** 3; **78** 42; E **172** 31
Kolbenbolzen E **172** 32
Kolbenfeile **131** 21
Kolbenhalter E **131** 25
Kolbenstange **176** 27
Kolibri E **24-27** 25
Kolkrabe E **24-27** 18
Kolleg **80** II
Kollegheft **80** 38
Kollegmappe **80** 39
Kollektivvertrag E **99** 110
Kollergang E **117** 34; E **127** 12; **148** V
Kolli E **177-179** 51
Kollier E **48-52** 84
Kollos E **177-179** 51
Kolon **89** 24
Kolonel E **89** u. **90** 141
Kolonnade **58** 17; E **169** u. **170** 27
Kolophonium E **131** 40
kolorieren E **189** 25
Kolorit E **189** 26
Kolumne **90** 24
Kombination **48** 7; **49** 28; **106** 6
~, alpine E **71** u. **72** 2
~, nordische E **71** u. **72** 16
Kombinationsmöbel **41** II
Kombinationsspiel E **69** u. **70** 10
Kombinationszange **121** 45
Kombüse E **184** 75
Komet E **2** 19
Komma **7** 18; **89** 22
Kommandobrücke **184** 9
Kommandoführer **101** 25
Kommandoturm **67** 5
Kommentar E **88** 12
Kommission E **99** 46
Kommode **42** 37
Komödie E **86** 18
Komparse **87** 6

Kompaß **105** 15; E **106** 83
Komplementärfarbe E **189** 27
Komplementärwinkel E **5** u. **6** 31
Komplet E **48-52** 17
Komplettguß **149** 7
Komponist E **84** u. **85** 39
Komposition E **84** u. **85** IV
Kompost **160** 3
Komposterde E **160** 43
Komposthaufen **47** 2; **160** 3
Kompott **54** 33; E **167** u. **168** 57
Kompottschüssel **54** 32
Kompresse E **57** 45; E **61** u. **62** 114
Kompressor **174** 25
Kondensator **88** 28
Kondensatormikrophon **88** 6
Kondensor **95** 23; **135** 8
Konditor **167** 2
Konditorei **167** I
Kondor E **24-27** 2
Konfekt E **166** 43
Konfektion E **138** 1
Konfetti E **98** 6
Konfitüre E **166** 34
kongruent E **5** u. **6** 42
Konifere **17** Z
Koniferengruppe **79** 10
Koniferenschule E **160** 21
König **93** 9, 21, 34
Königin **93** 8
Königskerze **15** 15
konisch E **124** 23
konkav **187** 5
Konkurs E **164** u. **165** 37
Konservator E **91** 50, **98** 22
Konserve **166** 3
konservieren E **140** 9
Konstante E **7** 90
Konstrukteur E **126** 13
Konstruktion E **5** u. **6** 8
Konsulent E **80** 37, E **103** 57
Konsultation E **80** 76, E **103** 56
konsultieren E **61** u. **62** 9
Konsum **166** Ü, Z
Konsumbäckerei **143** Ü
Konsumfiliale **166** I
Konsumfleischerei **144** Ü; **145** Ü
Konsumgenossenschaft **166** Z
Kontakt E **119** 29
Kontaktgestein E **1** 111

599

Kontermutter 124 20
kontern E 68 58
Kontinent E 1 3, 2 38
Konto E 163 27
Kontokorrent E 163 41
Kontor 164 Z
Kontoristin 164 21
Kontrabaß 84 31, 96 13
Kontrabassist 85 10
Kontrabaßspieler 96 12
Kontrafagott E 84 u. 85 3
Kontrapunkt E 84 u. 85 44
Kontrollboot 101 1
Kontrolleur 171 36
Kontrollgang E 101 u. 102 36
Kontrollkasse 167 4
Kontrolluhr E 9 11, 61 22 95 3
Konus E 124 22 E 131 59
konvex 187 6
Konzert 82 III, E 84 u. 85 III, 85 Ü, I
Konzertbesucher 82 5, 85 1
Konzertmeister 85 5
Konzertorchester 85 I
Konzertpodium 85 2
Konzertsaal E 84 u. 85 21
Konzertsängerin 85 3
Koordinate 6 21 u. 22
Koordinatensystem 6 16
Köperbindung E 135-137 85
Kopf E 2 20; 35 III, E 35 II; 36 I; 83 31; 90 20· 124 12; 139 27 52
Kopfbahnhof E 177-179 58
Kopfball 69 39
Kopfbedeckung E 48-52 VI
Kopfbürste 147 49
Kopfdrehbank E 121-123 62
Kopfdünger E 160 74
Kopfdüngung E 158 43
köpfen E 69 u. 70 33; E 158 18
Köpfen 69 39
Kopfhaar 35 40
Kopfhörer E 181 24
Kopfkissen 42 26
Kopfkissenbezug 42 25
Kopflampe 111 14
Kopflaus 22 18
Kopfmacher E 131 24
Kopfpolster E 41 17
Kopfsalat 12 2
Köpfschippe 158 3
Köpfschlitten E 158 19

Kopfschmerzen E 61 u. 62 82
Kopfschraube 124 5 13, 19, 23, 25, 27 29 30
Kopfschuppe E 147 22
Köpfschüppe 158 3
Kopfschwung E 68 75
Kopfsprung 74 25, 26
Kopfstand 66 28
Kopfstandkippe E 65 u. 66 54
Kopfsteinpflaster E 169 u. 170 47
Kopfstoß 69 39
Kopfstrecke E 110 u. 111 37
Kopfstütze 63 22
Kopfteil 41 31 42 47
Kopftuch 48 16
kopfüber E 74 12
Kopfwaschbecken 147 7
Kopfwasserflasche 147 48
Kopfweh E 61 u 62 82
Kopfweide 16 7
Kopfwender 39 4
Kopie E 87 44 E 94 u. 95 59, E 164 u. 165 46
Kopierapparat E 94 u. 95 60
kopieren E 139 10
Kopierfräsmaschine E 121-123 75
Kopiergerät 95 35
Kopierpapier E 94 u. 95 66
Kopierrad 139 22
Kopierstift E 164 u. 165 71
Koppel E 144 u. 145 6· 158 29
koppeln E 79 76
Koppeltor 158 36
Koppelwirtschaft E 158 34
Koppelzaun 158 32
Kops 135 48
kopulieren E 161 7
Kopulieren 161 37-44, 37, 40
Kopuliermesser 161 44
Koralleninsel E 1 67
Korallenpilz E 18 18
Korb 70 23
Korbflasche 178 32
Kordeln E 121-123 54
Kordonbaum 47 25
Korinthe E 13 u. 14 14
Kork E 43 37; E 167 u. 168 31
Korken E 43 37
Korkenzieher E 43 38
Korkleine 74 39
Korn 10 1, 4; E 157 30
Kornblume 19 1; E 19 12

Kornblumen-Röhrling E 18 14
Kornboden 153 7
Körner 121 11
körnertank 159 13
Kornfeld 157 15
Kornrade 19 3, E 19 13
Kornsack 157 30
Kornsickenhammer E 131 10
Kornspeicher 155 24
Körper E 5 u. 6 V E 35 1. 81 10
Körperbau E 35 12
Körpererziehung E 78 27
Körpergewicht E 35 19
Körpergröße E 35 18
Körperkreislauf E 39 23
körperlich E 35 2
Körperpflege E 44 2
Körperschlag E 68 59
Körperschlagader 39 24
Körperschule E 65 u 66 10
Körperteil 30 26, E 35 13, 36 Ü 37 Ü
Korpus E 89 u. 90 143
Korrektor E 149 u. 150 12
Korrekturzeichen E 149 u. 150 43
korrespondieren E 109 38
Korridor 45 Ü III
Korridortür 45 8
korrigieren E 78 68; E 149 u. 150 41
Korselett 50 7
Korvette E 183 30
Kosinus E 5 u. 6 28
Kosmetik E 147 3
Kosmetika E 147 VI
Kosmetikerin 147 4
Kost E 54 4
kosten E 55 38; E 166 6
Kosten E 163 50
Kostüm 86 40
Kostümjacke 48 35
Kostümrock 48 36
Kotangens E 5 u. 6 30
Kotelett E 144 u. 145 34
Koteletten E 147 73
Kotflügel 173 5
Kötzer 135 48
Krabbe E 22 27
Krabbelstube E 77 9
Kraftdroschke 169 26
Kraftfahrer 101 7; 174 4
Kraftfahrzeugschlosser E 121-123 10
Kraftfahrzeug-zulassungsschein E 101 u. 102 16 E 173 u 174 61
Kraftfutter E 154 16
Kraftfuttermittel E 154 16

Kraftmaschine 113 28
Kraftmeßwerk 125 17
Kraftstoff E 173 u. 174 14
Kraftstoffmesser E 181 18
Kraftwagen 101 9; 173 Z
Kraftwerk 110 4; 113 Ü; E 113 II
Kragen 50 24
Kragenklotz E 139 58
Kragenknopf 50 35
Krähe 27 13
krähen E 33 u. 34 64
Krähennest 184 29
Krakauer Wurst E 144 u. 145 56
Krakowiak E 82 u. 83 18
Kralle 34 39
Krammstock 117 30
Krampe 46 22; E 129 30
Krampf E 61 u. 62 86
Kran 185 33
Kranbahn 114 29
Kranführer 118 6
Kranich 27 3
krank E 61 u. 62 35
Kranke 62 8
kränkeln E 61 u. 62 39
Krankenbahre 62 26
Krankenbett 57 19; 62 33
Krankenhaus E 61 u. 62 V; 62 Ü
Krankenpflege 57 Ü
Krankenpflegegerät 57 II
Krankenpfleger E 61 u. 62 169
Krankensaal 62 II
Krankenschwester 62 19
Krankentafel 62 27
Krankentrage 101 12
Krankenträger E 61 u. 62 170
Krankenwache E 57 12
Krankenwagen 60 IX; 101 6
Krankenzimmer 57 I
Kranker 57 10; 61 9; 62 36
Krankheit E 61 u. 62 III
~, ansteckende E 61 u. 62 56
~, übertragbare E 61 u. 62 56
Krankheitsursache 61 u. 62 42
Krankheitsverlauf E 61 u. 62 43
Krankheitsvorbeugung E 61 u. 62 33
kräuklich E 61 u. 62 38
Kranz 14 21
Krater 1 37
Kratersee E 1 51
Kratzbeere 13 13

Kratzeisen 40 28
kraulen E 74 13
Kraulen 74 23
Kraulschwimmen 74 23
kraus E 147 14; 187 41
Krause E 147 45
Krause Glucke E 18 15
Krautschläger 159 5
Krautsteckling 161 19
Krawatte 50 26
Kraweelbauweise 75 III
Krebs 2 3; E 2 33; 22 22
Kredenz 41 7
Kredit E 163 46
Kreide E 1 114; 78 5; 139 10
Kreis 3 V; 4 63, 64; 5 40, 52, 53, 54; E 99 72
Kreisabendschule der SED E 103 54
Kreisabschnitt 5 50
Kreisausschnitt 5 44
Kreisbogen 5 47
Kreisdelegiertenkonferenz E 105 16
Kreisel 53 28
Kreiselkompaß E 184 50
kreiseln E 53 38
Kreiselpeitsche 53 27
Kreiselpumpe 110 41
Kreisgericht E 100 94
Kreiskehre E 65 u. 66 55
Kreislaufsystem 39 III
Kreisleitung E 105 15
Kreisorganisation E 103 18
Kreisring E 5 u. 6 47
kreisrund 187 2
Kreissäge E 121-123 104; E 133 9; E 134 12
Kreissatzung E 99 28
Kreisschere 131 17
Kreisschulrat E 78 11
Kreissektor 5 44
Kreisspiel 77 39
Kreisstadt 2 47
Kreistag E 99 31
Kreisumfang 5 51
Kreisverband E 103 18; E 105 14
Kreiszylinder 6 29
Krempe 51 27
Krempel 135 IV
Krempelband 135 28; 136 17
krempeln E 135-137 67
Krempelsatz 136 II
Krempeltopf 136 16
Krempelvlies 136 7
Krempelrin 135 31
Krempling E 18 11
Krompziegel E 127 48
Kreppapier E 148 61
kreppen E 148 22
Kresse 21 1

Kreuz 34 9; 35 30; 65 30; E 82 u. 83 83; 93 19-26
Kreuzbein 38 17
Kreuzblatt 137 8
Kreuzdrillverfahren E 157 8
kreuzen E 75 u. 76 45
Kreuzer E 184 26
Kreuzfock 183 38
Kreuzhackverfahren E 158 16
Kreuzhang E 65 u. 66 56
Kreuzmast 183 25
Kreuzmeißel 121 30
Kreuzotter 23 21
Kreuzpolka E 96 16
Kreuzschlaghammer 122 19
Kreuzschritt E 67 59
Kreuzspule 136 23, 38; 137 1
Kreuzspulmaschine 137 I
Kreuzstich 56 19; E 139 33
Kreuzstickerei 56 19
Kreuzung E 79 73; 169 II; E 175 24
Kreuzungsweiche 179 21
Kreuzwicklung E 135-137 71
kribbeln E 35 119
Krickel 31 9
kriechen E 23 37
Kriechtier 23 Ü, 17, 18, 20, 21, 23
Kriegsschiff E 184 23-30
Kriminalpolizei E 101 u. 102 VI
Krimmer E 32 3
Krippe E 77 2; 154 8
Kristallschale E 41 35
Kristallstruktur E 125 26
Kristiania 71 17
Kritik E 89 u. 90 126; E 103 31
Kroki E 2 43
Krokodil 23 17
Krokodilleder E 140 32
Krokus E 20 3
Krone 9 3; E 16 u. 17 9; 37 15; E 63 14; 160 32
Kronenmutter 124 18
kröpfen E 134 24
Kröpflade E 134 24
Kröte 23 16
Krucke 31 9
Krug E 43 13; 55 44
Krüllschnitt E 166 65
Krume 143 29
krümelig E 160 59
Krummdarm E 38 43
Krümmer E 159 14
Krümmungstafel 175 29
Kruppe 34 9
Kruste 143 28

Kübelpflanze 160 6
Kubikdezimeter E 8 24
Kubikmeter E 8 25
Kubikwurzel E 7 124
Kubikzentimeter 8 17
kubisch E 5 u. 6 59
Kubus 53 2
Küche 43 Ü, I; 176 36
Küchenbank 43 15
Kuchenblech E 55 11
Kuchenbrett 55 8
Kuchengabel E 54 101
Küchengerät 43 III-V; E 43 21
Küchengeschirr E 43 7
Küchenherd 43 34
Küchenkraut 12 Z, 28-37
Küchenkräuterecke 79 17
Küchenmöbel E 43 1
Küchenschabe E 22 17
Küchenschrank 43 12
Küchenstuhl 43 23
Küchentisch 43 10
Küchenuhr 9 25; 43 2; E 9 6
Küchenwaage E 8 39; 43 45
Küchenzettel E 54 18
Kücken E 33 u. 34 68; 34 VI; 153 42
Kuckuck 27 9
Kuckucksuhr E 9 5
Kufe 72 17, 41
Kugel 6 33; E 30 u. 31 35; 66 40; 67 44
Kugelabschnitt 6 35
Kugelausschnitt 6 36
Kugelboje 186 16
Kugelgelenk 94 25
Kugelhammer E 131 14
Kugelkappe 6 34
Kugelkocher 148 IV
Kugellager 124 37
Kugellampe 44 1
Kugelschreiber E 164 u. 165 72
Kugelstoßen 67 43
Kugelstoßer 67 45
Kugeltonne 186 16
Kuh 33 1; 154 42
Kuhfladen 154 34
Kuhherde E 158 50
Kuhhirt E 158 49
Kühlanlage E 115 u. 116 63
Kühler 168 29; 173 23
Kühlhaus E 146 19
Kühlplatte 133 52
Kühlschiff E 146 21; E 184 12
Kühlschrank 145 19
Kühlturm 115 2
Kühlwagen E 146 20
Kühlwanne 144 24
Kühlwasser 184 38

Kühlwasserpumpe E 173 u. 174 54
Kuhmist 154 34
Kuhpilz E 18 3
Kuhstall 154 II
Küken E 33 u. 34 68; 34 VI; E 131 53; 149 35; 153 42
Kulisse 86 24
Kultivator 47 49; 156 21
kultivieren E 156 36
Kultur E 160 15
Kulturbund zur demokratischen Erneuerung Deutschlands (KB) 104 7
Kulturensemble E 82 u. 83 4
Kulturerde E 160 34
Kulturfläche E 160 14
Kulturgruppe E 82 u. 83 3
Kulturhaus E 92 2; 155 1
Kulturlandschaft E 1 2
Kulturleiter 155 2
Kulturpalast E 92 1
Kulturpflanze E 47 12; E 79 68
Kulturraum E 108 5
Kulturreferent 58 16
Kulturveranstaltung 82 Ü
Kümmel E 12 15
Kumpel 111 5
Kumt 154 2
Kumuluswolke 3 II
Kunde 166 16, 33
Kundgebung E 109 II
kündigen E 40 50
Kundin 147 5; 166 14, 37
Kundschaft E 166 1
Kunstausstellung E 91 56
Kunstdruckpapier E 148 33
Kunsteis 168 30
Kunsterziehung E 78 47
Kunstfahren E 106 22
Kunstfaser E 135-137 24-30
Kunstflug E 106 46
Kunstgewerbemuseum E 91 45
Kunstguß E 117 25
Kunstharzzahn E 63 18
Kunsthonig E 54 77
Kunstlaufschlittschuh 72 20
Kunstleder E 140 43
Kunstmuseum E 91 42
Kunstreiter 97 11
Kunstschlosser E 121-123 11
Kunstschmied E 121-123 16

Kunstschwimmen E 74 14
Kunstseide E 48-52 40; E 135-137 24
Kunstspringen E 74 15
Kunststopferei E 56 6
Kunsttanz E 84 u. 85 70
Kunsttischler E 134 3
Kunstturnen E 65 u. 66 11
Kunstwabe 22 V
Kupfer E 117 14
Kupferblech E 131 4
Kupferfaser E 135-137 28
Kupferschmied E 121-123 19
Kupferstich E 149 u. 150 72
Kupolofen 117 1
Kuppe 1 6
Kuppel 2 11
Kuppelachse 176 29
Kuppelstange 176 32
Kupplung E 124 25; 171 23; E 172 42; 178 8
Kupplungshebel 173 35
Kur E 58 I
Kurbad 58 Ü, I
Kurbel 43 50; 139 35
Kurbelwelle E 172 34
Kürbis 12 26
Kurgast 58 13
Kurhaus 58 3; 59 3
Kurhotel 59 3
Kurkapelle 59 12
Kürlaufen E 71 u. 72 43
Kurmittelhaus 58 5
Kurorchester 58 11
Kurort 58 I
Kurpark 58 6
Kurs E 75 u. 76 47; E 80 73; E 181 49
Kursbuch E 177-179 9
Kürschner E 32 29
kursiv E 89 u. 90 149
Kursivdruck 90 30
Kürsprung E 74 16
Kürübung E 65 u. 66 12
Kurve 5 9; 6 20; E 67 21; 175 3
Kurvenlineal 6 45
kurz 187 20
kürzen E 7 91
Kurzfilm E 87 10
Kurzgeschichte E 89 u. 90 124
Kurzhobelmaschine 123 III
Kurzschluß E 113 24
Kurzschrift E 78 50; 89 15
kurzsichtig E 35 44
Kurzstreckenläufer E 67 31
Kurzstreckenregatta E 75 u. 76 12

602

Kurzstreckler E 67 31
Kurzversammlung E 108 2
Kurzwelle E 88 46
Kurzwellengerät 61 29
Küste 1 VI; E 59 17
Küstenbefeuerung E 186 3
Küstendampfer E 184 4
Küstenfahrzeug E 183 28
Küstenfeuer E 186 11
Kustos E 91 49
Kutscher 154 23; 175 44; 178 24
Kuttel 145 20
Kutter E 106 63; 144 18; 146 12; E 183 16
Kutterfischerei E 146 3

Labor E 80 79
Laborant 80 21
Laborantin E 61 u. 62 171
Laboratorium E 61 u. 62 153; E 80 79
Labyrinth 36 20, 21
Lachs E 23 8
Lack E 130 27
Lackfarbe E 130 28
lackieren E 130 22
Lackierer E 130 3
Lackleder E 140 42
Lackschuh 49 36
Lade E 42 9; 137 26, 35
Ladebaum 184 2
Ladeeinrichtung E 184 84
Ladegleis 178 18; 185 24
Ladekran 178 19
Ladeluke 184 6
Lademaschine E 110 u. 111 66
Lademaß 178 17
laden E 100 112; E 106 14
Laden 111 11; 166 I; 170 25
Ladendeckel 137 34
Ladenkasse 166 8
Ladenleiter 166 5
Ladentafel 166 19
Ladentisch 166 19
Ladentür 166 17
Ladenwolf 145 15
Laderampe 178 34
Laderaum 184 33
Ladeschaffner 178 29
Ladestelle 174 1
Ladestraße 178 39; 185 24
Ladetafel 174 1
Ladewinde E 184 86
Ladung E 100 111; E 113 26
Lage 4 Ü, I, III; 160 I, 20

Lagentisch 138 9
Lager E 173 u. 174 31
Lagerbock 120 33; 124 45
Lagerbühne E 107 21
Lagereingang 107 6
Lagerfeuer 107 20
Lagergehäuse 133 34
Lagerhaus 185 27
Lagerholz 132 7; E 133 32
Lagerleiter E 107 18
lagern E 132 1
Lagerschale 124 46
Lagerschuppen 185 37
Lagerstätte E 110 u. 111 II
Lagerwache E 107 19
Lagerzeitung E 107 20
Lagune E 1 65
lahm E 35 99
Lähmung E 61 u. 62 88
Laib 143 25
Laienbühne E 92 15
Laienkunst E 82 u. 83 2
Laienkunstgruppe E 82 u. 83 3
Laienspiel E 82 u. 83 40
Laienspielzirkel E 92 36
Laientanzgruppe 82 I
Laken 42 30
Lama E 28 7
Lamelle 18 4
Lamellenkupplung E 124 29
Lamm 33 8; 158 45
lammen E 158 43
Lampe 172 6
Lampenmeister E 110 u. 111 137
Lampenschirm E 41 59
Lampion E 98 7
Landarbeiter E 153 3; 156 6
Landbrot E 143 33
landen E 75 u. 76 13; E 181 64
Landenge E 1 8
Landeplatz E 181 66
Landflugzeug E 181 9
Landfunk E 88 6
Landgemeinde 2 46; E 99 76
Landkarte 2 VII, VIII; 78 21
Landkreis E 99 72
Ländler E 82 u. 83 12
Landmarke E 186 13
Landmaschine 159 Ü
Landrad 156 29
Landschaft 1 Ü
Landschaftsbild 41 29
Landschule E 78 2
Landstraße 2 52; 152 9; 175 Ü, Z
Landung E 106 47

Landungsbrücke 59 6; 185 22
Landungssteg 59 6
Landwirt 153 29
landwirtschaftlich-gärtnerische Fakultät E 80 13
Landwirtschaftsgehilfe 153 24
Landwirtschaftsgehilfin 153 38
Landzunge E 1 9
lang 187 19
Langbank 65 23
Langbrot 143 25
Länge E 5 u. 6 55; E 8 8
längen E 132 2
Längenkreis 2 36
Längenmaß 8 I; E 8 II
Langettenstich E 56 20
Langholz 132 3; 162 22
Langholzwagen 162 12
langjährig E 9 109
Langlauf E 71 u. 72 12
Langläufer 71 2
Langlaufschi 71 28
Langleine 146 14
Langleinenfischerei 146 VI
Langriemenbindung E 71 u. 72 13
Langroller 143 13
längs 4 46
Längsablauf 126 III
Längsbalken E 129 24
Langschäfter 51 5
Längsdurchschnitt 34 VII
Langsieb E 148 17
Langsiebmaschine 148 VII
Langsohle 142 46
Langspielplatte E 88 63
Längsschal 42 3
Längsschlipp 126 8
Längsschnitt 37 II; E 133 11; 184 II
Längssegel 183 39-43
Längssprung E 65 u. 66 57
Langstreckenflug E 181 59
Langstreckenläufer E 67 32
Langstreckenregatta E 75 u. 76 14
Langstreckler E 67 32
Langwelle E 88 44
Lanzette 117 23
Läppchen E 60 52
Lappen 78 52
Läppmaschine E 121-123 101
Lärche 17 13; E 134 62
Larve 22 4, 8, 10, 33; 97 17

Lasche E 129 21
lasieren E 130 23
Lastauslöser 125 6
Lastauto E 173 u. 174 9
Lasteisen 117 33
Lastkahn 182 16; E 183 27
Lastkatze 126 3
Lastkraftwagen 155 32; E 173 u. 174 9; 175 9
Lastschalter E 113 45
Lasttier E 33 u. 34 72
Lastverteilung E 113 VIII
Lastwagen 77 17; E 173 u. 174 9; 178 37
Lastzug E 173 u. 174 12
Latein E 78 37
Lateinisch E 78 37
Laterne 169 20; E 184 79; 186 2, 4, 13
Laternenpfahl 169 22
Latsche 17 12
Latschenkiefer 17 12
Lattbeil E 129 55
Latte 46 10; 60 8; 132 18
latten E 129 3
Lattenkiste 178 40
Lattenknecht E 129 56
Lattentuch 135 1
Lattentür 46 14
Lattenverschlag 46 11; 135 II
Lattenzaun 47 1
Latthammer 129 16
Lätzchen 52 10
Laub E 16 u. 17 8
Laubbaum 16 Ü, Z
Laube 47 3
Lauberde E 160 41
Laubfrosch 23 14; E 23 29
Laubholz 16 Z; E 134 39-44 u. 45-57
Laubwald 2 39; E 162 6
Lauch E 12 16
Lauf 67 II; E 67 II; E 84 u. 85 34
Laufboden 94 20
Laufbrett 40 3; 128 10; 160 28
Laufen 67 II
Läufer 45 39; 67 11; 69 17, 19; 70 33; 81 13; 93 5; E 113 39; E 128 54
Läuferschicht 128 51
Läuferschwein 154 52
Läuferstein 148 7
Lauffläche 71 30
Laufgitter 52 23
Laufkatze 132 2
Laufkran 114 28; 116 13; 126 12; 132 1
Laufmal 70 31
Laufmasche E 56 12

Laufrad 176 26; 178 23
Laufrost 56 33
Laufschiene 178 22
Laufsohle 142 46
Laufspiel E 77 39
Laufställchen 52 23
Laufsteg 116 18
Laus 22 18; E 22 19
lauschen E 35 53
Lauscher 30 5
Lautamasse E 114 16
Laute 83 13
Läutewerk 175 22
Lautsprecher 87 23; 88 17; 109 23; 181 12
Lautstärke E 88 22
Lautstärkeregler E 88 55
Lava 1 38
Lavendel E 15 23
Lawine E 1 39; E 73 26
Lazarettschiff E 184 20
Lebensbaum E 16 u. 17 15
Lebensbeschreibung E 89 u. 90 83
Lebenserinnerungen E 89 u. 90 84
lebensgefährlich E 60 11
Lebenslauf E 103 4
Lebensmittel E 166 23
Leber 38 36; E 54 38
Leberblümchen E 19 21
Leberkäse E 144 u. 145 64
Leberwurst E 144 u. 145 60
Lebkuchen E 166 52
Lebkuchenherz 98 19
Leck E 184 100
lecken E 35 80
Leder E 142 I
~, chromgares E 140 35
~, lohgares E 140 34
Lederabsatz E 142 13
Lederarten E 140 III
Lederband E 151 14
Lederhandschuh 122 44
Lederhaut E 140 7
Lederherstellung E 140 2
Lederindustrie E 140 1
Lederjacke E 48-52 23; 174 7
Lederkappe 111 6
Lederschere 142 27
Lederschuh E 141 3
Lederschurz 122 46
Ledersohle E 142 1
Lederwalze 140 29; 142 16
Lee E 184 44
leer 188 16
Leerdarm E 38 45
Leerungszeit E 180 32
Lefzen 34 27
Legehuhn E 153 14
Legel 183 8

Legende 2 VIII
Legerin 138 8
Legföhre 17 12
legieren E 117 12
Legierung E 117 13; E 125 27
legitimieren, sich E 101 u. 102 61
Leguminosen E 79 51
Lehm 127 3; E 160 38
Lehmbau E 128 51
Lehmboden E 156 21
Lehmform E 117 40
Lehmgrube 127 I
lehmig E 160 52
Lehnstuhl E 41 15
Lehrausbilder 121 19
Lehrausflug E 78 75
Lehrbaustelle E 128 29
Lehrbild E 78 80; 80 19
Lehrbuch 78 24; 80 12; E 89 u. 90 42
Lehre E 80 IV; 122 23; 128 36
Lehrende E 80 II
Lehrer 78 43
Lehrerin 78 10
Lehrerschaft E 78 II
Lehrervortrag E 78 53
Lehrfilm E 87 14
Lehrgang 103 21, 22; E 103 58
Lehrgangsteilnehmer E 103 60
Lehrgarten E 79 1
Lehrhauer E 110 u. 111 148
Lehrkörper E 80 25-33
Lehrling 123 18; E 128 38
Lehrmeister 121 6
Lehrmittel E 78 VIII
Lehrmodell 81 1
Lehrplan E 78 V
Lehrpolier E 128 30
Lehrsatz E 5 u. 6 9
~, pythagoreischer E 5 u. 6 45
Lehrschlosserei 121 I
Lehrschmiede 122 I
Lehrstoff E 80 63
Lehrwerkstatt 123 Z
Lehrzirkel E 92 29
Leib 35 12; E 35 1
Leibchen 52 32
Leibchenrock 52 44
Leibschmerzen E 61 u. 62 68
Leibung 130 3
Leibwäsche E 42 30
Leibwickel E 57 39
Leichenhaus E 61 u. 62 154
leicht E 160 46
Leichtathletik 67 Ü
Leichtathletikart E 67 V

Leichter 185 26
Leichtgewicht E 68 12
Leichtgewichtsrennen
  E 75 u. 76 15
Leichtindustrie
  E 135-137 1
Leichtkranker 62 29
Leichtmatrose E 185 28
Leichtmetallblech E 131 6
Leichtmetallguß E 117 18
Leichtöl E 112 26
Leiden E 61 u. 62 41
Leihbücherei E 92 11
Leihbuchhandel E 89 u. 90 30
Leihverkehr E 91 29
Leim 77 10
Leimauftragmaschine 133 41
Leimen E 135-137 VIII
Leimfarbe 130 14; E 130 24
Leimkessel 151 13
Leimmaschine 137 III
Leimofen 134 38
Leimpfanne 137 14
Leimpinsel 134 40
Leimtopf 134 41
Leimwalze 133 42
Leimwanne 133 44
Leimwärmer 134 39
Leimwerk 151 37
Lein 11 9; E 135-137 4
Leine 70 35; 95 21; 146 14, 17
Leinen E 48-52 41
Leinenband E 151 12
Leinenbeutel 102 19
Leinkraut 19 9
Leinpfad E 182 39
Leinwandbindung
  E 135-137 84
Leiste 35 15
Leisten 142 3
Leistenbeuge 35 15
Leistengegend 35 15
Leistenhaken 142 12
Leistenregal 142 2
Leistung E 78 IX; E 113 20
Leistungsfutter E 154 14
Leistungskurve 133 24
Leistungskurventafel 127 20
Leistungslohn E 128 24
Leistungslöhner E 128 42
Leistungsnorm E 99 106
Leistungssport E 67 2
Leitartikel 90 22
Leiter 60 20; 65 8; E 110 u. 111 29; E 113 51; E 118 4; 153 11; 166 5
Leiterin E 77 13
Leiterwagen 157 9

Leitfähigkeit E 125 28
Leitfläche 181 15
Leithammel 158 43
Leitspindel 123 11
Leittier 158 43
Leit- und Zugspindeldrehbank 123 I
Leitung E 113 52; 152 17; 165 27
Leitungsmast E 113 54; 171 3
Leitwalze 137 40
Leitwerk 181 14-17
Leitwerkstatt E 155 3
Lektor E 80 36; E 103 59
Lektüre E 78 61
Lende 34 8; 35 29; 145 25
Lendenwirbel 38 14
lenken E 53 37
Lenkrad 72 47; 173 28
Lenkstange 172 2
lenzen E 184 71
Leopard E 29 13
Lerche 24 15
Lernaktiv 121 21
Lernende E 80 II
Lernmittelfreiheit E 78 95
Lesbarkeit E 89 u. 90 3
Leseband E 110 u. 111 121
Leseecke 108 18
Leseheft 91 8
lesen E 80 34
Leseordnung E 91 30
Lesepult 80 24
Leser 91 5
Leseraum 92 I
Leserin 91 9
Leserkatalog E 91 20
Lesesaal E 91 34
Lesezeichen 90 17
Lesung E 99 57
Letter 149 6
letzte 4 11
Leuchtboje 186 12
Leuchter 41 6; E 41 58
Leuchtfeuer 186 1, 5
Leuchtgas E 114 26
Leuchttonne 186 12
Leuchtturm 59 2· 185 6; 186 I
Leuchtturmwärter E 186 4
Leviathan 136 I
Levkoje E 20 10
Lexikon E 89 u. 90 33
Libelle 22 1
Liberal-Demokratische Partei Deutschlands (LDPD) 103 13
Licht 30 6; E 113 5
Lichtbad E 61 u. 62 120
Lichtbild E 78 81; E 87 48; E 94 u. 95 61
Lichtbildkunst 94 Z

Lichtbogen 122 47
Lichtbogenofen 118 II
Lichtbogenschweißen
  E 121-123 26
Lichtbogenschweißung 122 38
Lichtdruck E 149 u. 150 80
lichthoffrei E 94 u. 95 73
Lichtkasten 61 28
Lichtleitung 171 21
Lichtmaschine E 173 u. 174 51
Lichtmast 169 2
Lichtmorsezeichen E 186 26
Lichtreaktion E 79 5
Lichtschacht 94 54
Lichtschalter 45 3
Lichtsignalanlage 88 7
Lichtspielhaus 87 II
Lichtspieltheater 87 II
Lichtstärke E 94 u. 95 26
Lichtung 162 7
Lid E 35 42
Liebstöckel E 12 18
Liegehang E 65 u. 66 58
Liegekur 62 36
liegend aufgelegt E 106 16
~ freihändig E 106 17
Liegendes 110 44
Liegestuhl 47 5; 58 38; 62 34
Liegestütz 66 22
Liegeveranda 62 III
Liegewiese 58 37
Lift 167 20
Liguster E 16 u. 17 31
Likör E 166 57
Likörglas 168 18
Lilie E 20 7; 189 1
Limonade E 167 u. 168 33
Limousine E 173 u. 174 3
Lincolnschaf E 32 10
Linde 16 13; E 134 39
Lindenblüte 16 16
Lineal 6 48; 78 18; 119 13; 130 4; 139 18, 164 47
Linie 3 V; 5 2, 4, 6, 7, 8, 9; E 5 u. 6 II; 83 35; E 171 2
~, gebrochene E 5 u. 6 13
~, gestrichelte E 5 u. 6 16
~, punktierte E 5 u. 6 15
Linienrichter 69 14; 70 12
Linienschiff E 184 25
liniert 188 29
liniiert 188 29
linke 4 25

605

Linke E 35 84
links 4 32
Linksaußen 69 24
Linksdrehen 66 12
Linksgewinde E 124 1
Linkshänder E 35 86
linksherum 4 63
Linotype E 149 u. 150 36
Linse 10 26; 37 9; E 94 u. 95 21
Linsensystem 186 2
Lippe 35 50
Lippenstift 51 13
liquidieren E 164 u. 165 36
Liter 8 20
Literatur E 89 u. 90 38
Literaturgeschichte E 78 32
Litfaßsäule 169 9
Lithograph 149 21
Lithographie 149 Ü, IV
Lithographiestein 149 22
Lobelie E 21 9
Loch 60 22; 77 28
Lochbeitel 134 43
Lochdüngung E 156 45
lochen E 164 u. 165 65
Locher 164 11
Lochkarte 137 31
Lochmutter 124 14
Lochplatte 122 26
Lochprobe E 125 34
Lochsäge 134 10
Lochschere 131 12
Lochstickerei 56 21
Loch- und Ösenmaschine E 141 9
Lochung E 164 u. 165 66
Lochverzahnung 128 37
Lochzange E 171 16
Lochziegel E 127 42
Lochzirkel 81 17
Locke E 147 51
Lockennadel E 147 90
Lockenwickel 147 23
locker E 160 58; 188 4
lockern E 160 78
Lockern 140 5
lockig E 147 15
Lockwellbürste 147 24
Lockwelle E 147 47
Lockwellwickel 147 22
Lodenmantel E 48-52 30
Löffel 30 20; 54 15
Löffelraspel 142 32
Löffelschaber E 131 19
Log E 184 54
Logarithmand E 7 146
Logarithmensystem E 7 142
Logarithmentafel E 7 VI, 92; 81 6
Logarithmenzeichen E 7 145

logarithmieren E 7 144
Logarithmus E 7 143
Logbuch E 184 56
Loge E 86 60; 97 14; 99 5
Logenschließer 86 8
loggen E 106 57; E 184 55
Logger 146 II, 5; E 183 18
Loggia 40 37
Logis 184 32
Lohe 140 18
Lohegrube 65 10
Lohgerber E 140 3
Lohgerberei 140 Z
Lohn E 128 23
Lohnsteuer E 128 26
Loipe E 71 u. 72 14
Lok 176 1
Lokal E 167 u. 168 17
Lokalrichter E 100 91
Lokaltermin E 100 114
Lokomotive 176 1
~, elektrische E 176 41
Lokomotivförderung E 110 u. 111 80
Lokomotivführer E 176 53
Lokomotivkessel 176 24
Lokomotivschuppen 179 7
Lorbeerblatt E 12 19
Lore 105 1; 127 2; 132 23; 176 8
Löschblatt 105 27
löschen E 101 u. 102 73; E 184 85
Löscher 164 30
Löschfahrzeug 102 33
Löschgruppe E 101 u. 102 74
Löschpapier 105 27; E 148 44
Löschtrog 122 7
Löschwagenlok 114 8
lose 188 4
lösen E 161 9; E 177-179 18
losmachen E 184 89
Losung E 30 u. 31 21; 80 2; 97 5; 102 9; 109 14; 119 1; 141 18
Lösung E 7 93
Lot 5 3; E 8 37; E 184 51
Lötapparat 131 10
loten E 106 66
Lötkolben 131 24
Lötlampe 131 55
Lötrinne 131 1
Lötschere 131 7
Lotse E 185 13
Lotsendampfer E 184 18
Lotsenstation 185 12
Lotsenversetzboot E 184 17

Lotterie E 93 25
Lotto E 93 19
Lötwasserbehälter 131 19
Lötzinn 131 52
Löwe E 2 34; 29 14
Löwenmaul 20 4
Löwenzahn 19 2; E 19 15
Löwin 29 16
Luchs 32 13
Luftabschluß 114 6
Luftballon 98 15
Luftbläser 63 10
Luftdruck 3 V
Luftdruckmesser 3 VI; 79 5
Luftdruckprüfer 174 25
Luftdruckschreiber 3 VII
Lufteisen 117 43
lüften E 41 8; E 160 79
Lüfter 184 10
Lufterhitzer 120 3
Luftfahrt E 181 44
Luftfeuchtigkeitsschreiber E 3 35
Luftfilter E 173 u. 174 25
Lufthammer 120 II
Lufthebel E 172 27
Luftholz 160 22
Lufthülle E 2 14
Luftkasten 75 20
Luftleitung 113 16
Luftnavigation E 106 49
Luftpost E 180 10
Luftpostbriefkasten 180 3
Luftpumpe 172 18; E 173 u. 174 25
Luftring 57 32
Luftröhre 36 10
Luftrolle E 65 u. 66 70
Luftschacht E 110 u. 111 89
Luftschaukel 98 7
Luftschiff E 181 70
Luftschlauch 185 43
Luftschraube 181 24
Luftspieß 117 28
Lufttrocknung 127 III
Lüftung 176 17
Lüftungsklappe E 160 11
Luftverkehr E 181 45
Luftzug 151 20
Luftzylinder 185 44
Lumberjack 49 42
Lumpen 139 21; 148 3
Lumpenhalbstoff 148 III
Lumpenkocher 148 IV
Lumpenschneider 148 3
Lunge 38 32, 33; E 38 III
Lungenbläschen E 38 27
Lungenkraut E 19 22
Lungenkreislauf E 39 24
Lungenschlagader 39 25
Lungenspitze 38 31

Lungenvene 39 26
Lunte 30 35; 135 28
Lupe 63 36; 78 39; 105 24; 149 24
Lupine 10 31
Lurch 23 Ü, 14-16
Lustspiel E 86 17
lutschen E 35 81
Luttenventilator E 110 u. 111 95
Luv E 184 44
Luxmasse E 114 16
Luzerne 10 30
Lymphe E 39 33
Lymphgefäß E 39 34
Lyrik E 89 u. 90 88

machen E 7 94
Mädchen 50 39, 43; 77 14; 98 23
Mädchenchor E 82 u. 83 27
Mädchenname E 101 u. 102 44
Made 13 30; E 22 14
Magazin 149 8; 185 27
Magen 38 37; E 38 IV
Magen-Darm-Kanal E 38 37
Magenmund E 38 38
Magenpförtner E 38 39
Magensaft E 38 40
Magerkohle E 110 u. 111 19
Magermilch E 54 80; E 154 61
magern E 127 8
Magerungsmittel E 127 9
Magnet E 173 u. 174 50
Magnetapparat 172 46
Magneteisenerz E 115 u. 116 18
Magnetophonaufnahmegerät E 87 33
Magnetophonband E 87 34
Magnetophontruhe 88 14
Magnetprüfung E 125 37
Magnifizenz E 80 25
Magnolie E 16 u. 17 27
Mahagoni E 134 64
Mähapparat 159 9
Mähbinder 157 11
Mähdrescher 159 8
Mähdrescherführer 159 10
mähen E 158 21
Mäher 157 16
Mahl E 54 12
Mahlgang E 143 7; 148 V
Mahlholländer 148 VI
Mahlstuhl E 143 6
Mahlwalze 148 10
Mahlzahn 36 31

Mahlzeit 54 Ü; E 54 11; E 167 u. 168 37
Mähne 29 15; 34 5
Mahnung 133 4
Mähre E 33 u. 34 27
Mai E 9 93
Maiglöckchen E 20 19
Maikäfer 22 7, 8; E 162 27
Mais 10 14
Maiskolben 10 15
Maiskorn 10 16
Maiwuchs 17 7, 14
Majoran 12 35
Majuskel 89 10
Makrele E 23 9
Makroaufnahme E 94 u. 95 10
Makrone E 167 u. 168 10
Makulatur 130 23; E 149 u. 150 99
Malbuch 53 3
malen E 53 4; E 189 28
Maler 130 Ü, I; E 130 II
Malerkollektiv E 92 41
Malerleiter 130 5
Malnehmen 7 33
Malve E 15 24
Malzbier E 54 83
Malzbonbon E 166 47
Malzeichen 7 35
Malzkaffee E 166 60
Manchonfilzsohle 73 19
Mandarine 14 19
Mandel 8 27; 14 26; 36 27; E 157 34
Mandelblüte 189 10
Mandelentzündung E 61 u. 62 63
Mandola E 82 u. 83 48
Mandoline 82 13; 83 1, 12, 14; 105 12
Mandolinenspieler 82 12
Mandrill E 29 17
Manege 97 15
Mangan E 115 u. 116 24
Manganstahlguß E 117 5
Mangel 56 46
mangeln E 135-137 125
Mangeln 56 X
Mangold 12 5
Maniküre E 44 11; 147 4; E 147 6
maniküren E 44 23
Mann E 35 5
Männchen 24 1
~ machen E 30 u. 31 5
Mannequin E 48-52 4
Männerchor E 82 u. 83 22
Männerkleidung 49 Ü
Männerstation E 61 u. 62 147
männlich E 35 4
Mannloch 148 4

Mannschaft E 69 u. 70 22
Mannschaftskampf E 68 22
Mannschaftslampe E 110 u. 111 98
Mannschaftsraum 184 32
Manometer 122 29
Mansarde 40 7
Mansardendach 40 6
Mansardenwohnung E 40 23
Manschette 50 25
Manschettenknopf 50 33
Mantel 6 30; 48 44; 52 35; 172 20
Mantelpresse 138 38
Mantisse E 7 148
Manual E 84 u. 85 18
Manuskript 88 11; E 89 u. 90 18
Manuskripthalter 149 2
Mappe 164 17
Marathonläufer E 67 33
Märchenbuch E 89 u. 90 45
Märchenfilm E 87 16
Margarine E 166 42
Marinade E 146 27; E 167 u. 168 58
Marine E 185 34
Marionette E 82 u. 83 47
Mark E 16 u. 17 4; E 38 12; 161 45; 163 9, 10, 11
Marke 70 3
Markierer E 159 17
Markierung E 73 27; E 126 11
Markierungsstreifen 169 34
Markise 40 16
Markknochen E 144 u. 145 43
Markscheider E 110 u. 111 138
Markstrahl E 132 15
Markt E 169 u. 170 22
Marktflecken E 152 18
Markthalle E 169 u. 170 30
Marktnetz E 55 79
Marktplatz E 169 u. 170 22
Marmelade 166 6
Marmeladenschale 54 10
Marmor E 1 112
marmoriert 188 30
Marone E 13 u. 14 12
Maronenpilz 18 12
Mars 2 18
Marsch 1 IX, 41
Marschblock E 109 14
Marschhufendorf E 152 7
Marschkolonne 109 2
Marschsäule E 109 15

Marschsport E 67 66
Marsstenge 183 18
Martinshorn 101 15
März E 9 91
Marzipan E 166 48
Masche 56 13
Maschine 142 II; 159 Z; 160 III; 176 1
Maschinenanlage 127 II; E 184 59
Maschinenbearbeitung E 126 21
Maschineneinrichter E 133 22
Maschinenelement 124 Ü
Maschinenformerei E 117 44
Maschinenführerin 133 31
maschinenglatt E 148 78
Maschinenguß E 117 24
Maschinenhaus 113 III
Maschinennadel 139 39
Maschinennäherin 138 19
Maschinenpapier E 148 30
Maschinenpark E 155 2
Maschinenpflegeplan E 155 5
Maschinenraum 184 34
Maschinenrevision E 149 u. 150 94
Maschinensaal 133 II
Maschinenschlosser E 121-123 6
Maschinenschuppen 153 21; 155 3
Maschinenseide E 139 70
Maschinensetzer E 149 u. 150 9
Maschinenständer 123 23
Maschinensteiger E 110 u. 111 136
Maschinen-und-Traktoren-Station(MTS)155 I
maschineschreiben E 164 u. 165 38
Maschinist E 101 u. 102 76; 113 34; 157 32; E 185 24
Maske 97 17
Maskenbildner E 86 49; 87 8
Maß 8 Ü, 21; E 139 9
Maßanzug E 139 8
Maßband 139 11; 142 31
Maßeinheit E 8 2
Maßeinlage E 142 52
Massel 116 26
Masselgießmaschine 115 24; 116 II
Massenarbeit, kulturelle E 108 43
Massenaufnahme E 87 22
Massengesang E 82 u. 83 30

Massengymnastik E 65 u. 66 13
Massenorganisation 104 Ü
Massentanz E 82 u. 83 10
Massenversammlung E 108 1
Masseur E 61 u. 62 117
massieren E 61 u. 62 116
Massiv E 1 88
Maßkleidung E 139 7
Maßliebchen E 19 3
Maßnahme E 78 X
Maßschuhmacher E 142 IV
Maßschuhwerk E 142 50
Maßstab 2 VII; E 8 3; E 134 7
Mast 76 32; E 154 67; 171 3; 183 I, 1
Mastdarm 38 48
mästen E 154 68
Mastschwein 154 51
Mästung E 154 67
Mastvieh E 154 7
Masurka E 82 u. 83 19
Mater 149 30
Materialbude 128 23
Mathematikunterricht E 78 39-42
mathematisch-naturwissenschaftliche Fakultät E 80 5
Matratze E 42 10
Matratzenschoner 42 43
Matrize 149 7, 9, 44
Matrose E 185 27
matt E 93 34
Matte 65 33
mattieren E 134 36
Mattine E 134 36
Mattkrem E 147 81
Mattscheibe 94 32
Mauer 4 44; E 69 u. 70 12
Mauerhaken 73 5
Mauerlatte 129 23
Mauerloch 4 66
mauern E 93 51
Mauerpfeffer E 20 26
Mauerstein E 127 34
Mauerung 111 32
Mauerverband E 128 31
Mauerwerk 128 II
Mauerziegel E 127 34
mauken E 127 13
Maul 30 7, 34; 34 3
Maulbeerhecke E 79 101
Maulbeerseide E 135-137 18
Maulesel E 33 u. 34 70
Maulkorb 34 35
Maultier E 33 u. 34 71
Maul- und Klauenseuche E 154 34
Maulwurf 29 7; E 32 11

Maurer 128 Ü, 39
Maurerbrigade E 128 18
Maurerbrigadier 128 34
Maurerhammer 128 6
Maurerkelle 128 41
Maurerlehrling E 128 19
Maus 29 4; 37 35
Mäuschen E 38 16
Mäusebussard E 24-27 3
Mayonnaise E 167 u. 168 59
Mechaniker E 121-123 12
Mechanisierung E 99 23
meckern E 33 u. 34 12
Medaillon 52 26
Medikament E 61 u. 62 94
Medikamentenschrank 61 4
Medizin E 61 u. 62 94
~, innere E 61 u. 62 1
Medizinball 66 37
medizinische Fakultät E 80 11
Meer 1 31, 34; 185 1
Meerbusen E 1 61
Meerenge E 1 66
Meeresbucht E 1 60
Meerrettich 12 33
Meerzwiebel E 21 10
Mehl E 166 24
Mehlschlot 143 2; E 143 10
Mehlspeise E 54 53
Mehlwurm E 22 18
Mehrfarbendruck E 149 u. 150 63
mehrfarbig E 189 29
Mehrheit E 99 60
Mehrkampf E 67 67
mehrmastig E 183 22 u. 23
mehrmotorig E 181 8
Mehrschichtenarbeit E 155 7
Mehrspindelbedienung E 135-137 54
Meile E 8 12
Meiler E 162 20
Meise 25 1 u. 2
Meißel 121 29-31
Meißelkette 111 18
Meister E 67 11; E 128 36
Meisterbauer E 153 4
Meisterhauer E 110 u. 111 126
Melde E 19 16
Meldekartei 102 10
Meldekarteikarte 102 12
Meldeordnung E 101 u. 102 39
Melder E 101 u. 102 75
Meldestelle 102 II
Meldestellenleiterin 102 11

Meldewesen E 101 u. 102 IV
Melisse E 15 26
Melkeimer 154 38
melken E 154 54
Melker E 154 55
Melkerin 154 36
Melkkübel 154 38
Melkschemel 154 35
Melodie E 84 u. 85 43
Melone 14 17
Membrane E 88 66
Memoiren E 89 u. 90 84
Mengmaschine 144 19
Mensa E 80 16
Mensch 35 Ü
Menschenaffe 29 22
Menschenfloh 22 17
Menstruation E 38 71
Mensur 95 20
Meridian 2 36
Merkheft 78 19; 81 8
Merkur 2 15
merzerisieren E 135-137 110
Meßbrief E 75 u. 76 33
Messe E 184 76
messen E 57 7
Messer 54 17; 132 30; 141 8; 151 7
Messerfurnier E 132 23
Messermaschine 132 28
messern E 132 20
Messerregal 141 16
Messerrücken 54 18
Messerschmied E 121-123 22
Messersech 156 36
Messerspitze E 57 22
Messerwelle 133 33
Meßglas 57 7; 95 20
Messingblech E 131 3
Meßlatte E 2 48
Meßskala 125 18
Meßuhr 123 33; 125 1
Meßwerkzeug 6 III; E 8 7; 81 III; 123 V
Metallbaukasten E 53 32
Metallbearbeitung 123 Ü
Metallbett E 42 5
Metalldach E 129 66
Metallerz E 115 u. 116 17
Metallfaden E 135-137 22
Metallmodellbau E 117 32
Metallpapier E 148 62
Metallsäge 121 4
Metallurgie E 115 u. 116 5
Metallwärmflasche 57 30
Metoor E 2 24
Meteorologie E 3 1
Meter E 8 10
Metermaß 139 11
Meterzähler 94 45

Methan E 110 u. 111 107
Metronom E 82 u. 83 91
Metteur E 149 u. 150 10
Mettwurst E 144 u. 145 49
Metzger 144 4; 145 17
Metzgerladen 145 I
Mezzosopran E 86 27
miauen E 33 u. 34 22
Miene E 35 23
Miete E 40 6; 158 11
mieten E 40 51
Mieter E 40 7
Mietshaus E 40 37; 169 7
Mikroaufnahme E 94 u. 95 9
Mikrometer 8 7; 123 35
Mikrophon 87 19; 109 20
Mikrophongalgen 87 18
Mikrophonkabel 87 17
Mikroskop 78 35; 105 21
Milch E 23 24; 154 37; E 166 35
~, entrahmte E 154 61
Milchbrötchen 143 38
Milchertrag E 154 56
Milchflasche 52 8
Milchgebiß E 35 67
Milchkännchen 4 33; 54 1; 167 12
Milchkanne 154 40
Milchküche E 61 u. 62 156
Milchkuh 154 42
Milchsieb 154 39
Milchspeise E 54 59
Milchstraße 2 5
Milchtopf E 43 15
Milchvieh E 154 50
Milchzentrifuge E 154 57
Milliarde E 7 37
Millibar 3 V
Millimeter 8 3
Million E 7 36
Milz 38 43
Milzbrand E 154 36
Mine 165 38
Mineralbad E 58 2
Mineralboden E 156 17
Mineraldünger E 156 48; E 160 72
Mineralsalz E 54 24
Mineralwasser E 167 u. 168 34
Minimum-Maximum-Thermometer 79 7
Minister 99 9
Ministerialblatt E 99 102
Ministerium E 99 78
~ der Justiz E 100 56
Ministerpräsident 99 12
Ministerrat E 99 77
Minuend 7 29
minus E 7 133
Minuskel 89 11

Minuszeichen 7 30
Minute E 9 32
Minutenrad 9 20
Minutenzeiger 9 9
Mischbatterie 147 17
Mischbrot E 143 32
mischen E 93 52; E 115 u. 116 38; E 135-137 64; E 189 30
Mischen 135 I
Mischfarbe E 189 31
Mischfeuer E 186 10
Mischkammer 135 II
Mischkanne 174 35
Mischkoksbunker 114 15
Mischkultur E 79 83
Mischmaschine 128 16; E 128 66; E 143 9; 144 19
Mischwald 2 41; E 162 7
Mißernte E 157 24
Mist 156 11
Mistbeet 160 20
Misteinleger E 156 38
Mistel E 16 u. 17 36
Misterde E 160 42
Mistforke 154 15
Mistgabel 154 15
Misthaken 156 7
Misthaufen 156 12
Mistkarre 154 22
Mistkompostierung E 156 40
Miststapel 153 25
Miststätte 153 25
Mistveredung E 156 40
Mistwagen 156 8
Mitarbeit, ehrenamtliche E 99 70
Mitbestimmungsrecht der Jugend E 105 27
Mitesser E 61 u. 62 79
Mitglied 61 31; 105 7 u. 8
Mitgliederversammlung E 103 25
Mitgliedsausweis E 103 8
Mitgliedsbeitrag E 103 9
Mitläufertuch 137 48
Mitschüler E 78 16
Mitschurinschulgarten 79 Ü, IV
Mittag 2 26; E 9 47
Mittagessen 54 III
mittags E 9 48
Mittel E 7 95; E 61 u. 62 94
Mittelbauer E 153 2
Mittelblock E 132 4
Mittelbock 135 43
Mittelbraun E 127 28
Mitteleinstieg 171 25
mittelfein E 148 76
Mittelfinger 37 29
Mittelflyer 135 VII
Mittelflyerspule 135 39

Mittelgang E 171 12
Mittelgebirge 1 II, III
Mittelgewicht E 168 16
Mittelglied 37 39
Mittelhand 37 25; 93 28
Mittelhechel 136 V
Mittelholz E 132 17
Mittelkreis 69 28
Mittellauf E 182 8
Mittelläufer 69 18
Mittellinie 5 24; 69 26; 70 14, 47
Mittelohr 36 16
Mittelpfette 129 43
Mittelpunkt 5 45
Mittelpunktswinkel E 5 u. 6 46
Mittelscheitel E 147 64
Mittelschule E 78 4
Mittelspieler 70 33
mittelste 4 59
Mittelstreckenläufer E 67 34
Mittelstreckler E 67 34
Mittelstufe E 78 24
Mittelstürmer 69 22
Mittelträger 126 34
Mittelwelle E 88 45
Mittelwert E 7 95
Mittelzeichen 70 51
Mitternacht E 9 56
mitternachts E 9 57
mittlere 4 59
Mittwoch E 9 73
mittwochs E 9 74
Möbelfabrik 133 Ü
Möbelindustrie E 133 5
Möbeltischler E 134 1
Mode E 48-52 1
Modebild 139 4
Modell E 78 78; 91 14; 117 15; 141 10
Modelleisenbahn E 92 14
Modellflugzeug E 92 13
Modellform E 117 35
modellieren E 77 28; E 141 4
Modellkernmarke 117 16
Modellplatte E 117 46
Modelltischler E 134 4
Modenschau E 48-52 3
Modenzeitschrift 139 14
Modenzeitung E 48-52 2 139 14
modern E 48-52 51
Modezeichnung 139 4
Modistin E 48-52 6
Möhre 12 22
Mohrenkopf E 167 u. 168 11
Mohrrübe 12 22
Mokkatasse E 41 36
Molch E 23 28
Mole 185 3
Molenfeuer E 186 12
Molenkopf 185 4

Molke E 154 62
Molken E 154 62
Molkerei E 154 58
Mollausbau E 110 u. 111 56
möllern E 115 u. 116 53
Möllerung 115 16
Momentaufnahme E 94 u. 95 7
Monat E 9 IV
monatelang E 9 102
monatlich E 9 101
Monatskarte E 171 19
Monatszeitschrift E 89 u. 90 106
Mönch E 127 49
Mönchsgrasmücke 25 6
Mond 2 29, 33; 37 32; 72 12
Mondfinsternis E 2 18
Mondhaube 173 4
Mondphase 2 V
Mondwechsel 2 V
Monogramm 89 16
Monogrammstickerei 56 20
Monographie E 89 u. 90 37
Monokultur E 79 84
Monolog E 86 46
Monotype E 149 u. 150 35
Montag E 9 69
Montagegerüst 126 19
Montagehalle E 126 19
montags E 9 70
Montbretie 20 1
Montiereisen 174 22
Montierhebel 174 22
Moor 1 27; 58 25
Moorarbeiter E 58 9
Moorbad 58 8, II; E 58 II
Moorbauerndorf E 152 11
Moorboden E 156 18
Moorerde E 160 44
Moorrührwerk E 58 8
Moortasche 58 1
Moorthermometer E 58 10
Moorwalze E 159 6
Moorzuleitung 58 23
Moosbeere E 19 27
Mop 55 25
Moped E 172 52
Moräne 1 2; E 73 28
morgen E 9 40
Morgen 2 25; E 8 21; E 9 43
Morgenappell E 107 31
Morgengymnastik E 107 29
Morgenrock 48 2
morgens E 9 44
Morgenschuh 50 4
morgig E 9 41

Morsealphabet E 186 28
Morsefunk E 106 77
morsen E 106 61
Mörser 63 16
Morsezeichen E 186 27
Mörtel 128 45
Mörtelkasten 128 45; E 128 85
Mörtelschaufel 128 42
Mostrich E 167 u. 168 64
Motette E 84 u. 85 67
Motiv E 84 u. 85 51
Motor 112 22; 159 11; 172 43; 173 II, 24; 181 23
Motorboot 59 5; 75 1
Motorenschlosser E 121-123 9
Motorflugzeug E 181 1
Motorhaube 173 4
motorisch E 39 40
Motorisierung E 99 22
Motorkutter 146 12
Motorpflug E 159 38
Motorrad 101 10; 106 17; 172 Ü, II; E 172 II
Motorradfahrer 101 11; 169 30
Motorrennboot 75 3
Motorrettungsboot 186 VII
Motorroller E 172 53
Motorsäge 129 2; E 162 13
Motorschiff E 184 1
Motorsport 106 IV; E 106 III
Motorsportgemeinschaft E 172 51
Motorwagen 171 7
Motte 22 6
Möwe 27 10; 59 1
MTS 155 Ü, I; E 155 I; 157 III
Mücke 22 12
Müffchen E 48-52 33
Mufftasche 48 42
Mühle 93 VI; E 143 I
Mühlespiel 93 VI
Mühlstein E 143 7
Mühlumschwung E 65 u. 66 59
Mulde E 1 12; E 73 29
Muldenband 112 44
Muldenkipper 127 2
Mulemaschine 135 VIII
Mull E 61 u. 62 108
Mullbinde E 61 u. 62 109
Mülleimer 43 38
Müller E 143 1
Müllkarre 170 29
Müllschaufel 55 32
Mülltonne 40 27; 170 30
Müllwagen 170 27
Multiplikand 7 34

Multiplikation 7 33
Multiplikator 7 36
multiplizieren E 7 96
Multiplizieren 7 33
Mund 35 49; E 35 VI
Mundbrötchen 143 38
Mundglas E 42 21
Mundharmonika 83 24
Mundhöhle 36 III
mündlich E 78 70
Mundspiegel 63 26
Mundspülglas 63 23
Mundstück 84 3, 12; 127 13
Mundtuch 54 35
Mündung E 182 23
Mundwasser E 44 10
Mundwinkel 36 29
Münzbeutel 163 26
Münze 163 I, 1, 2, 3, 7
Münzfernsprecher 180 II
Münzkabinett E 91 47
Münzsammlung E 91 47
Mure E 1 37
Murmel 53 29
Murmelspiel E 53 45
Mus E 54 30
Muschel E 59 6; 165 34
Museum 91 Ü, II; E 91 II
~ der bildenden Künste E 91 42
~, geschichtliches E 91 37
~, naturkundliches E 91 39
~, technisches E 91 40
~, völkerkundliches E 91 38
Museumsführer 91 18
Museumsleiter E 91 48
Musik E 78 48; E 82 u. 83 34; E 84 u. 85 40
Musikant E 82 u. 83 36
Musikbibliothek E 91 6
Musiker 85 5-21
Musikgruppe 82 III; E 109 8
Musikhalle 59 12
Musikinstrument E 82 u. 83 II
Musikpavillon 59 12
Musikpodium 97 13
Musikschrank E 88 59
Musikstück E 82 u. 83 37
Muskatnuß E 54 87
Muskel 39 Ü; E 39 I
Muskelfaser E 39 3
Muskelgewebe E 39 2
Muskelkater E 39 11
Muskulatur 39 I, II
muskulös E 39 1
Muster E 138 7; 188 Ü, II
Musterbetrieb E 153 6
Musterung E 138 8; 188 II

Musterwalze 130 19
muten E 110 u. 111 22
Mutter 4 41; 52 7; 61 37; 124 7
Mutterbeet 161 15
Mütterberatungsstelle 61 III
Mutterkorn 10 5
Muttermal E 35 115
Mutterpflanze 161 11, 14, 16
Muttersau 154 55
Mützchen 52 11
Mütze E 48-52 65; 49 27
Myrte E 21 11

Nabe 124 51; 172 24
Nabel 35 13
nach 4 2, 24, 59
Nachbar E 40 8
Nachbehandlung E 63 3
Nachdruck E 89 u. 90 24; E 149 u. 150 100
Nacherzählung E 78 60
Nachfrucht E 79 45
nachgehen E 9 21
nachgießen E 55 36
Nachkühler 114 26
Nachmittag E 9 49
nachmittags E 9 50
Nachmittagskleid 48 13
Nachnahme E 180 16
Nachrichten E 88 16
Nachrichtenbüro E 89 u. 90 118
Nachrichtenübermittlung E 106 73-75, 76-78, 79 u. 80
Nachrichtenwesen E 106 VI
Nachruhe E 58 6
Nachschlagewerk E 89 u. 90 31
nachschreiben E 80 69
Nachschrift E 78 65; 80 38
nächste 4 7, 8
Nacht E 9 54
Nachtflug E 181 62
Nachtfrost E 3 13
Nachtgeschirr E 42 24
Nachthemd 50 1, 36, 39
Nachtigall 24 13
Nachtisch E 54 51
Nachtkrem E 147 82
Nachtlast E 113 65
Nachtmarsch E 106 81
Nachtpförtner E 167 u. 168 80
Nachtportier E 167 u. 168 80
Nachtrettungsboje E 186 42
Nachtriegel 45 24

nachts E 9 55
Nachtschatten E 15 12
Nachtschränkchen 57 22
Nachtsignal E 186 23
Nachtstrom E 113 65
Nachttisch 42 31; 57 22
Nachttischchen 57 22
Nachttischlampe 42 21
Nachveredeln E 161 14
Nachwuchs E 67 14
Nachwuchskraft E 67 14
Nacken 35 25
Nackenhebel E 68 80
Nackenkippe E 65 u. 66 60
Nackenpinsel 147 27
Nackenrolle 61 17
Nackenschutz 102 18
Nadel 17 3, 15; 63 41; E 88 64
Nadelarbeit E 56 14
Nadelarbeitsunterricht E 78 49
Nadelbarett 136 27
Nadelbaum 17 Ü, Z
Nadelholz 17 Z; E 134 58-63
Nadelkissen 139 9
Nadelplatte 136 25
Nadelsegment 136 27
Nadelstab 136 19
Nadelstange 139 37
Nadelwald 2 40; E 162 5
Nadelwalze 136 40
Nadelwalzenstrecke 136 VI
Nagel E 129 7
Nagelbürste E 44 12
Nagelfeile E 44 13
Nagellack E 147 83
nageln E 129 6; E 142 29
Nagelort 142 18
Nagelschere E 44 14
Nagelschmied E 121-123 21
Nagelsohle E 142 3
Nageltreiber 121 39
Nagelverbindung 129 34
Nagetier 29 Ü, 1-4
nah 4 60
nähen E 56 3; E 139 17; E 142 27
Nähen 56 I
Näherei 138 II
Näherungslinie E 5 u. 6 18
Nähgarn E 56 8; E 139 69
Nahkampf E 68 60
Nähkorb E 56 9
Nähmaschine 41 9; 92 23; 139 II
Nähmaschinenlicht 139 28
Nähnadel 56 4; 139 49

Nähort **142** 19
Nähring **139** 15
Nährstoff E **54** II; E **79** 82
Nahrung E **54** 2
Nahrungsmittel E **54** III; E **166** 23
Nährwert E **54** 9
Nähseide E **139** 70
Nähseidenröllchen **139** 17
Naht **49** 48; E **139** IV; **142** 43
~, einfache E **139** 79
~, eingefaßte E **139** 82
~, französische E **139** 84
Nähtisch E **56** 10
Nähtischchen E **56** 10
Nahtschweißen E **121**-**123** 33
Nahttisch **62** 18
Nähwagen **41** 8; **56** 6
Nähzeug E **56** 11
Nähzimmer **92** IV
Nähzirkel E **92** 35
Name E **101** u. **102** 43
Namensschild **45** 5; **161** 3
Namenszug **89** 16, 17
Napf E **43** 16
Naphthalinöl E **114** 22
Nappaleder E **40** 38
Narbe **13** 21; E **61** u. **62** 78
narbig **187** 43
Narkose E **61** u. **62** 97
Narkosemaske **62** 7
Narkosemittel E **61** u. **62** 100
Narkotisch **62** 5
Narkotiseur **62** 6
Narzisse E **20** 5
Nase **34** 1; **35** 47; E **35** V; **124** 21: **134** 52
Nasenbein **38** 5
Nasenbluten E **60** 47
Nasenflügel E **35** 54
Nasenhöhle **36** 4
Nasenkeil **124** 36
Nasenloch E **35** 55
Nasenrücken E **35** 56
Nasenspitze E **35** 57
Nasenwurzel E **35** 58
Nashorn **28** 9
Nashornschere E **131** 17
naß **188** 9
Naßaufbereitung E **110** u. **111** 119
Naßdienst **112** 36
Naßgußform E **117** 41
Naßpartie **148** 14
Naßpresse E **112** 38; **127** 11
Naßpressen **148** 14
National-Demokratische Partei Deutschlands (NDPD) **103** 14

Nationale Front (NF) des demokratischen Deutschland **104** 1
Nationalhymne E **109** 28
Nationalität E **101** u. **102** 49
Nationalrat E **103** 39
Nationaltanz E **82** u. **83** 14
Natter **23** 23
Naturdünger E **156** 47
Naturlandschaft E **1** 1
Naturmaß **8** 8-15, 24, 25
Naturseide E **135**-**137** 17
Naturstein E **128** 56
Nautik E **106** 56
Navigation E **181** 20
navigieren E **184** 46
Nebel E **2** 23; **3** V
Nebelfleck E **2** 23
Nebelhorn E **186** 31
Nebelsignal E **186** 30
neben **4** 33, 54
Nebenachse **6** 12
Nebenbahn E **177**-**179** 70
Nebenblatt **13** 35
nebeneinander **4** 26, 28
Nebenfluß **1** 24; E **182** 11
Nebengleis **179** 4
Nebenprodukt E **115** u. **116** 81
Nebenstraße E **169** u. **170** 15
Nebenwinkel E **5** u. **6** 34
Negativ E **94** u. **95** 45; **95** 11
Negativgröße **95** 23
Negativprozeß **95** I
Negerpuppe E **53** 14
Nehrung E **1** 9
Neigungsanzeiger **175** 28
Neigungswaage E **8** 41-44
Nelke E **20** 8; E **54** 88
Nelken-Schwindling E **18** 9
Nenner **7** 14
Neonröhre **167** 27
Neptun **2** 23
Nerv **37** 21; **39** Ü; E **39** III
Nervenfaser E **39** 37
Nervengewebe E **39** 35
Nervensystem **39** V, **36** u. 37; E **39** 38, 45
Nervenzelle E **39** 36
Nervosität E **61** u. **62** 83
Nerz E **32** 12
Nest **24** 11; **27** 5
Nesthang E **65** u. **66** 61
netto E **164** u. **165** 29
Netz **22** 21; E **38** 3; **69** 6; **70** 11, 44; **92** 8; **97** 7; E **113** 57; **146** 9; E **146** 8

Netzarbeit E **56** 17
Netzegge **159** 3
Netzhaut **37** 11
Netzschnur **88** 35
Netzspieler **70** 15
Netztransformator **88** 25
Neuauflage E **89** u. **90** 25
Neubau **128** 1
Neudruck E **149** u. **150** 100
Neueinstudierung E **86** 21
Neuerer E **128** 20
Neugrad E **5** u. **6** 36
Neuland E **156** 15
Neumond **2** 28
neun E **7** 10
Neun **93** 24, 37
neunte E **7** 46
neunzehn E **7** 20
neunzig E **7** 29
Neuschnee E **71** u. **72** 15
Neustadt E **169** u. **170** 7
Newtonsucher E **94** u. **95** 32
Nichtraucher E **176** 31
Nichtschwimmer **74** 12
nicken E **35** 27
niederlegen, sich E **42** 39
Niederschachtofen E **115** u. **116** 49
Niederschlag **3** V; E **68** 61
~, entscheidender E **68** 50
niederschlagen E **68** 43
Niederschlagsmenge E **79** 28
Niederspannung E **113** 16
Niederspannungssammelschiene **113** 43
Niederspannungsschalthaus **113** V
Niedertür **154** 33
Niederwald **162** 9
niedrig **187** 18
Niedrigwasser E **1** 76; E **59** 21
Niere **38** 44, 45; **145** 40
Nierenschlag E **68** 62
niesen E **35** 62
Niet **124** 1
Nietanzieher E **131** 23
Niete **124** 1
Nieten E **126** 25
Niethammer **131** 14
Nietung E **126** 25
Nippel **124** 47; E **173** u. **174** 59
nippen E **167** u. **168** 6
Nische E **40** 24
Nisse **22** 19
Nitraphotlampe E **94** u. **95** 40
Nitschelhose **136** 35

Nitschelwalze 136 36, 37
Nitschelwerk 136 35-37, 42
Nocken E 124 24
Nockenwelle E 172 38
Nockhorn 183 3
None E 82 u. 83 76
Nonius 8 6
Nonne E 127 49; E 162 29
Nonpareille E 89 u. 90 140
Nonstopflug E 181 58
noppen E 135-137 111
Nordlicht E 2 26
Nordpol 2 4, 34
Norm 90 16; E 99 105
Normalnull E 2 51
Normalschrift 89 12
Normaluhr 169 5
Notar E 100 88
Notausgang 87 30
Notbeleuchtung 87 31; E 87 52
Notbremse 176 18
Note 82 15; 83 Ü, II, 31-33, 38, 39
Notenblatt 82 15
Notenpult 82 14
Notensatz E 149 u. 150 24
Notenschlüssel 83 34 u. 37
Notenschrift E 82 u. 83 III
Notenständer 82 14
Notenwert 83 38-42
notieren E 164 u. 165 56
Notizblock 164 32
Notizbuch 51 23
Notlandung E 181 67
Notleiter E 101 u. 102 71
Notsignal E 186 37
Notverband E 60 53
Notzonegge E 159 7
Novelle E 89 u. 90 98
November E 9 99
Nudelholz 55 9
Nudellager 124 43
Nudel E 166 29
Nullenzirkel 81 15
Nullpunkt 6 19
Numerierschlegel 162 21
Numerus E 7 146
Nummer 75 4, 5, 6, 7
Nummernklappe 87 9
Nummernscheibe 165 31; 180 26
Nummernschild 171 10; 172 31; 173 21
Nummernstein E 93 20
Nuppel 52 9
Nuß 14 12
Nußbaum 14 V; E 134 50
Nußkohle E 110 u. 111 117; E 112 21

Nüster 34 2
nuten E 129 16
Nutenkeil 124 34
Nutenmeißel 121 31
Nutria 32 11
Nutzfläche E 156 10
Nutzholz E 132 9; E 162 17
Nutzpflanze 10 Ü; 11 Ü; 12 Ü; E 47 13
Nutzvieh E 154 6

Oase E 1 44
O-beinig E 35 93
oben 4 4
Ober 93 35; 168 24
Oberamboß 120 15
Oberarm 35 4
Oberarmbein 38 13
Oberarmhang E 65 u. 66 62
Oberarmkippe E 65 u. 66 63
Oberarmstand E 65 u. 66 64
Oberarzt E 61 u. 62 160
Oberbau 178 13-16
Oberbramsegel 183 32
Oberbürgermeister E 99 84
obere 4 3
Oberfläche E 5 u. 6 58; 187 IV
Oberflöz E 112 12
Oberflügel 130 30
Oberförster E 162 37
Obergeschoß 40 19
Obergesenk 120 24
oberhalb 4 3
Oberhaut E 140 6
Oberhemd 50 23, 44
Oberholz E 162 10
Oberin E 61 u. 62 166
Oberkasten 117 25
Oberkiefer 38 6
Oberkieferbein 38 6
Oberkörper 61 26
Oberlager 133 37
Oberlauf E 182 7
Oberlederstanze 141 1
Oberleitung 171 5; E 176 23
Oberleitungsomnibus E 171 24
Oberlicht 179 8
Oberlichtsteller 130 38
Oberlid 37 1
Oberliek 183 4
Oberlippe 36 24
Obermarssegel 183 34
Obermesser 137 43
Oberofen E 118 12
Oberputz E 128 74
Oberschale 145 32
Oberschenkel 35 17

Oberschenkelbein 38 23
Oberschenkelknochen 38 23
Oberschenkelmuskel 39 11
Oberschule E 78 7
Oberschwester E 61 u. 62 167
Obersteiger E 110 u. 111 133
Oberstes Gericht der Deutschen Demokratischen Republik E 100 92
Oberstufe E 78 25
Obertasse 54 12
Oberwalze 119 10
Oberwerksbau E 110 u. 111 44
Objektiv 94 12, 44, 48
Objekttisch 78 37
Oboe 84 6
Oboer 85 13
Oboist 85 13
Observatorium 2 II
Obst 13 Ü; 14 Ü; 54 43
Obstbau E 156 7
Obstbaumschule 160 II
Obstbaumzucht E 79 91
Obstgarten E 47 7; 152 4; 153 49
Obsthorde 46 27
Obstjungbaum 160 30
Obstkeller E 153 11
Obstmesser E 54 100
Obstpflücker 47 42
Obstsaft E 54 82
Obstschale 54 43
Obstsorte E 13 u. 14 4
Obus E 171 24
Ochse 33 1; 156 13
Ochsenschwanz 145 36
Ödland E 156 14
Ofen 41 17; 118 2; 143 IV
Ofenblech 43 37
Ofenhalle 118 1; 143 II
Ofenhaus 114 I
Ofenkopf E 118 13
Ofenloch 43 32
Ofenring 43 29
Ofenrohr 43 27
Ofenröhre 43 30
Ofenrost 43 31
offen 188 1
Offenfach E 135-137 96
Offenstall E 154 9
öffentlich E 100 41, 116
Öffentlichkeit E 100 117
Offerte E 164 u. 165 25
Öffner 135 13
Offsetdruck E 149 u. 150 79
Offsetmaschine 150 V
Offsetpapier E 148 36
Ohm E 113 19

Ohnmacht E 60 6, 7
ohnmächtig E 60 8
Ohr 30 5, 20, 33; 35 44;
E 35 IV; 36 II
Öhr 139 50
Ohrenschützer E 48-52
32
Ohrenspiegel 61 13
Ohrentrichter 61 14
Ohrläppchen 36 13
Ohrmuschel 36 12
Ohrring E 48-52 83
Ohrspeicheldrüse E 38 63
Ohrtrompete 36 23
Okarina E 82 u. 83 56
Oktav E 149 u. 150 103
Oktave E 82 u. 83 75
Oktober E 9 98
okulieren E 161 6
Okulieren 161 31-36
Okuliermade E 161 15
Okuliermesser 161 33
Öl E 15 8; E 54 74
Ölbaum 11 1
Öldruckleitung 125 10
Öldruckmesser E 181 19
Oleander E 21 19
Öleinfüllstutzen E 173 u.
174 36
ölen E 134 34; E 172 9
Ölfarbe 130 13; E 130
26; E 189 32
Ölfeuerung E 184 65
Ölfrucht E 11 1
Ölfruchtbau E 157 19
Ölfüllung 113 30
Ölhafen 185 8
Olive 11 2; 42 9; 130 45
Olivenbaum 11 1
Ölkännchen E 172 10
Ölkanne 174 30
Ölkochprobe E 125 35
Ölkuchen E 154 28
Ölkuchenschrot E 154 28
Ölkühlpumpe 125 29
Ölkürbis E 11 7
Ölpalme 11 3
Ölpapier E 148 51
Ölpflanze 11 1, 3, 6-8
Ölpumpe 125 27; 174 34
Ölsaat E 157 18
Ölsand 117 39
Ölsardine E 146 34
Ölschalter 113 41
Ölschlauch 125 27
Ölschrank 174 33
Ölsockel 44 2
Öltank 185 8
Ölwanne E 173 u. 174 35
Omnibus 169 13; E 173
u. 174 7
Onduliereisen 147 18
ondulieren E 147 40
Opanke E 48-52 69
Oper E 86 8
Operateur 62 11; 87 14

Operationshaube 62 13
Operationskittel 49 33
Operationslampe 62 4
Operationsleuchte 63 7
Operationsmantel 62 22
Operationssaal 62 I
Operationsschürze 62 20
Operationsschwester 62
16
Operationsstuhl 63 19
Operationstisch 62 24
Operationszeichen E 7 98
operativ E 61 u. 62 96
Operette E 86 10
operieren E 61 u. 62 95
Opernaufführung 86 II
Opernglas 86 2
Opernhaus E 86 1
Opernsänger 86 37
Opernsängerin 86 39
Opiumpflanze 15 18
Opossum 32 6
Optik 186 2
orange 189 5
Orange 14 24
Orang-Utan 29 22
Oratorium E 84 u. 85 69
Orchester 85 I
Orchesterinstrument 84
Ü; E 84 u. 85 I
Orchesterkonzert 85 I
Orchestermitglied 85 5-21
Orchesterraum 86 16
Orchestrion 98 5
Ordinate 6 22
Ordinatenachse 6 17
Ordner 109 6; 164 10
Ordnung, demokratische
E 99 3
Ordnungssinn E 77 20
Ordnungsübung E 65 u.
66 14
Ordnungszahlen E 7 II
Organ E 35 9; 38 Ü, II,
III; E 38 III-VI; E 89
u. 90 108
Organisation E 109 9
~ der FDJ E 105 II
~ der Jungen Pioniere
(JP) 104 5
Organisationskomitee
E 109 10
Organismus E 38 4
Orgel E 84 u. 85 17
Orgelpfeife E 84 u. 85 20
Original E 164 u. 165 44
Orion 2 9
Ort 110 27; 111 II
orten E 181 21
Orter E 181 42
orthochromatisch E 94
u. 95 72
Orthographie E 89 u. 90
10
Orthopädie E 61 u. 62 6
Ortscheit 156 14

Ortsgespräch E 180 39
Ortsgruppe E 103 17
Ortslage E 152 35
Ortsname E 152 32
Ortsnetz E 113 59
Ortssatzung E 99 29
Ortssignatur 2 45; 3 V
Ortstafel E 175 27
Ortsverkehr E 180 6
Öse 51 56; 142 39
Ost 3 V
Ostern E 9 84
Otter 23 21; 32 9; E 32
13
Ottomotor E 173 u. 174
16
Ouvertüre E 86 9
oval 187 3
Overall 48 7; 49 28, 30
Ozean E 1 56

Paar 82 2
Paarlauf 72 15
Paarlaufen E 67 35; 72
15
Paartanz E 82 u. 83 8
Päckchen 180 18
Packlager 170 17
Packmaschine 160 39
Packpapier E 148 48
Packung E 57 41; 166
2; 168 28
Packwagen 176 2
pädagogische Fakultät
E 80 8
Paddel 76 7
Paddelboot 4 26, 27, 28
Paddeln 76 Z, I
Paddelsport E 75 u. 76
65
Paddler E 75 u. 76 66
Page 167 32
Pagenkopf E 147 59
Paginiermaschine 163 28
Paket 178 38; 180 13
Paketannahme 180 10
Paketkarte 180 15
Paketschalter 180 10
Paketwaage E 8 43; 180
11
Paletot E 48-52 28
Palisander E 134 65
Pallung 126 7
Palme E 13 u. 14 17
Palmkern 11 5
Palmweide 16 9
panchromatisch E 94 u.
95 71
Panne E 172 17
Panorama E 2 44
Panther E 29 12
Pantherpilz E 18 25
Pantoffel 50 16
Pantomime E 84 u. 85
73

Panzer **23** 19
Panzerförderer **111** 19
Panzermantelofen E **115** u. **116** 47
Panzerschrank **163** 16
Papagei **27** 12
Papier **148** 19; **164** 12
~, photographisches E **94** u. **95** 65; E **148** 66
Papierableiter **165** 7
Papieranlage **165** 5
Papierbahn E **148** 27
Papierbereitung E **148** 2
Papierbogen **77** 9
Papierfabrik E **148** 1
Papierfabrikation E **148** 2
Papierformat E **148** V
Papiergarn E **135**-**137** 39
Papiergeld **163** II
Papierhalter **165** 16
Papierhalterrolle **165** 12
Papierherstellung **148** Ü
Papierindustrie E **148** 3
Papierkasten **78** 17
Papierkorb **78** 17; **164** 48; **180** 21
Papierleim E **148** 9
Papiermaché E **148** 54
Papiermaschine **148** VII
Papiermühle E **148** 1
Papierprüfung E **148** 83
Papierrolle E **148** 28; **150** 12, 14
Papierschere **164** 46
Papiersorten E **148** III
Papierwalze **3** 4
Papierwarenfabrik E **148** 4
Pappband E **151** 10
Pappdach E **129** 36
Pappe E **148** 56
Pappel **16** 12; E **134** 41
Pappennagel E **129** 39
Pappensauger **151** 38
Pappenschere **151** 9
Pappentransport **151** 39
Pappschere **151** 9
Pappschnee E **71** u. **72** 17
Paprika E **54** 89
Parabel **6** 14
Paradentose E **63** 28
Paraffinmasse E **112** 28
Paragraph E **100** 75
Paragraphenzeichen **89** 32
Parallele **5** 4
Parallelendmaß **123** 39
Parallelogramm **6** 4
Parallelschraubstock **121** 13; **131** 13
Parallelschwung **71** 14
Parallelwicklung E **135**-**137** 70

Paranuß **14** 18
Parasit E **22** 9
Parasolpilz **18** 14
Pardune **183** 19
Parenthese **89** 28
Parfümfläschchen **51** 14
Parfümzerstäuber **42** 15
Park **64** 9
parken E **173** u. **174** 80
Parkett **86** 14; **96** 30
Parkettfußboden **96** 30
Parkplatz E **101** u. **102** 9; E **169** u. **170** 40
Parlament der Jugend E **105** 22
Partei **103** II
~ neuen Typs E **103** 30
Parteiabzeichen **103** 8
Parteiaktiv E **103** 44
Parteiarbeit E **103** IV
Parteiauftrag E **103** 34
Parteibeitrag E **103** 9
Parteidokument E **103** 8
Parteifunktionär E **103** 28
Parteihochschule E **103** 52
Parteikabinett E **103** 55
Parteileben **103** Ü
Parteilehrjahr E **103** 61
Parteileitung E **103** 20
Parteilose E **103** 63
Parteimitglied E **103** 7
Parteimitgliedschaft E **103** II
Parteiorganisation E **103** III
Parteipolitik E **103** 35
Parteipresse E **103** 64
Parteiprogramm E **103** 2
Parteipropaganda E **103** 45
Parteischule E **103** 51
Parteischüler E **103** 60
Parteischullehrgang **103** III
Parteischulung **103** III
Parteistatut E **103** 1
Parteistrafe E **103** 11
Parteitag **103** I
Parteiverlag E **103** 65
Parteivorsitzende E **103** 29
Parteivorstand E **103** 22
Parteiwahl E **103** 49
Partie E **86** 25; E **93** 5
Partieeinband E **151** 18
Partitur **82** 17
Partner **96** 28
Partnerin **96** 27
Pasch **93** 15, 18
Paso doble E **96** 21
Paspel E **139** 48
paspelieren E **180** 48
Passage E **169** u. **170** 28
Passagier **181** 27; **184** 35

Passagierdampfer **182** 31; E **184** 8
Passantin **169** 17
passen E **93** 53; E **139** 38
Passierschein **102** 7
~ ausstellen E **101** u. **102** 33
Passionsblume E **21** 12
Passiva E **163** 61
Passiven E **163** 61
Paßstraße **1** 12
Paßwesen E **101** u. **102** IV
Pastellfarbe E **189** 33
Pastete E **167** u. **168** 60
Patentmatratze **42** 42
Patience E **93** 13
Patient **57** 10; **61** 9
Patientin **62** 8
Patrone **45** 43
patt E **93** 35
Patte **49** 54; **50** 37
Pauke **84** 38
Paukenhöhle **36** 16
Paukenschlegel **84** 39
Pauker **85** 20
Pausche **65** 28
Pauscht **148** 19
Pause E **78** 77; **83** 43, 44
pausen E **138** 10
Pausenzeichen **83** 43-47; E **88** 19
Pauspapier E **148** 64
Pavian E **29** 16
Pech E **112** 31
Pechdraht **142** 28
Pedal **84** 33; E **84** u. **85** 14; **172** 14
Pediküre E **147** 7
Pegel E **185** 3
Peigneur **136** 9
peilen E **181** 25
Peiler E **181** 41
Peilgerät E **181** 26
Peilrahmen **181** 9
Peitsche **53** 27
Pelargonie **21** 2
Pelikan E **24**-**27** 24
Pellkartoffeln E **54** 49
Pelz **32** 1, 3, 5, 6, 8, 9, 10, 11
Pelzbesatz **48** 45
Pelzfutter **49** 52
Pelzkappe **48** 40
Pelzmantel E **48**-**52** 31
Pelzmütze **49** 50
Pelztier **32** Ü
Pelztierfarm E **32** 18
Pelzumhang **48** 41
Pendel **9** 26; **133** 6
Pendelbecherwerk E **114** 6
Pendelquergang E **73** 30
Pendelsäge **103** 5; E **134** 11

Pendelschlagwerk **125** IV
Pendelstaffel E **67** 36
Pendeltür **167** 7
Penduhr **9** 25
Pendüle E **9** 16
Pensum E **80** 63
Pergamentband E **151**16
Pergamentpapier E **148** 50
Periode E **7** 99; E **113** 23
Peripherie **5** 51
Persianer E **32** 9
Personalausweis **64** 3; **102** 13
Personal- und Vorlesungsverzeichnis E **80** 24
Personenauto **169** 31; E **173** u. **174** 1
Personenbeschreibung E **101** u. **102** 51
Personendampfer **182** 31; E **184** 8
Personenförderung E **110** u. **111** 79
Personenkraftwagen (PKW) **101** 9; **169** 31; E **173** u. **174** 1
Personenschaden E **101** u. **102** 26
Personenverkehr E **176** 4
Personenwaage E **8** 41; **177** 2
Personenwagen **176** 3
Personenzug **176** 1-3
Personenzuglokomotive **176** 1
Perücke E **86** 53; E **147** 66
Petersilie **12** 32
Petit E **89** u. **90** 142
Petroleumlampe E **41** 55
Petschaft E **164** u. **165** 12
Petunie E **21** 13
Pfahl **182** 21
Pfand E **93**
Pfänderspiel I **93** 21
Pfanne E **43** 17
Pfannkuchen E **167** u. **168** 12
Pfau E **33** u. **34** 73
Pfeffer E **54** 90
Pfefferfleisch E **144** u. **145** 31
Pfefferkraut **12** 34
Pfefferkuchen E **166** 53
Pfefferminze E **15** 25
pfeffern E **55** 39
Pfeffer-und-Salz-Muster **188** 31
Pfeife **12** 16; E **41** 67· E **166** 67
Pfeiler **4** 45; **182** 29
Pfeilerbau E **110** u. **111** 48

Pfeilkraut E **19** 35
Pfennig **163** 1, 2, 3, 7, 8
Pferch **158** 35
pferchen E **158** 42
Pferd E **33** u. **34** 24; **34** I; **65** 26; **93** 6; **153** 15; **154** 7; E **154** II
Pferdebohne **10** 27
Pferdegespann **156** 9
Pferdehacke **160** 46
Pferdekoppel E **158** 35
Pferdemist **154** 13
Pferderechen **157** 13
Pferdestall **154** I
Pferdestand **154** 11
Pferdewagen **53** 8
Pfifferling E **18** 6
Pfingsten E **9** 85
Pfingstrose E **20** 20
Pfirsich **14** 8
Pfirsichbaum **14** III
Pflanze **10** 22
pflanzen E **47** 34
Pflanzenfamilie E **79** 85
Pflanzenfett E **11** 8
Pflanzenkreuzung E **79** 73
Pflanzenpresse **105** 22
Pflanzenschutz E **79** 10
Pflanzenschutzmittel E **79** 11; **155** 18
Pflanzenzüchtung E **79** 61
Pflanzer **47** 36
Pflanzgarten **162** 6
Pflanzgraben **160** 33
Pflanzhacke **160** 44
Pflanzholz **47** 36
Pflanzkette **160** 36
Pflänzling **160** 34
Pflanzlochgerät E **159** 16
Pflanzrille **160** 37
Pflanztisch **160** 36
Pflanzweite E **79** 81
Pflaster E **60** 61; **170** 19
Pflasterer E **128** 97
pflastern E **128** 95; E **169** u. **170** 45
Pflaume **14** 5
Pflaumenbaum **14** II
Pflaumenkern **14** 6
Pflaumenmus E **54** 68
Pflegegeld E **64** 8
pflegen E **57** 13
Pflegepersonal E **61** u. **62** 165
Pflegerin **57** 17; **64** 14
Pflichtassistent E **61** u. **62** 163
Pflichtlaufen **72** 3
Pflichtsprung E **74** 17
Pflichtübung E **65** u. **66** 15
Pflichtvorlesung E **80** 65
pflücken E **47** 35

Pflug **156** 15, II E **159** 30
Pflugbaum **156** 27
pflügen E **156** 28
Pflugschar **122** 12; **156** 35
Pfortader E **39** 27
Pförtner **102** 8; **167** 29
Pfote **30** 22; **34** 29
Pfriem **139** 44
pfropfen E **161** 2
Pfropfen E **43** 39
Pfröpfling **161** 38
Pfropfreis **161** 38
Pfropfversuche **79** 16
Pfund **8** 31
phantasieren E **57** 10
Phase E **113** 56
philosophische Fakultät E **80** 7
Phlox E **20** 23
Phosphor E **115** u. **116** 30
Phosphorsalz E **54** 25
Phosphorsäure E **156** 49
Photo **41** 38· E **94** u. **95** 61
Photoapparat E **94** u. **95** 15
Photograph **95** 12, 27
Photographenapparat E **94** u. **95** 15
Photographie **41** 38; **94** Ü, Z; E **94** u. **95** 61; **95** Ü
photographieren E **94** u. **95** 1
Photolabor E **94** u. **95** III
Photolaborant E **94** u. **95** 44
Photolaboratorium E **92** 10; E **94** u. **95** III
Photomaton E **94** u. **95** 20
Photomontage E **94** u. **95** 63
Photozirkel E **92** 33
Phrasierungsbogen E **82** u. **83** 99
Physik E **78** 46
physikalische Werkstoffprüfung **125** Ü
Physikum E **80** 87
Piano E **84** u. **85** 10
picken E **33** u. **34** 69
Picker E **135**-**137** 99
Pickhammer E **110** u. **111** 68
Piek **183** 3
Pier **185** 32
Pigment E **35** 113
Pik E **93** 54
pikieren E **138** 19; E **139** 16
Pikieren **161** 5

Pikierholz 161 6
Pikierkasten 160 16; 161 7
Pikiermaschine 138 22
Pikierstich E 139 16
Pilgerschrittwalzwerk E 119 6
Pille E 57 19
Pillenschachtel 57 15
Pilot E 106 34; 181 28
Pilz 10 5; 18 Ü, 1, 3, 6, 7, 10, 12, 13, 14, 15; E 18 I, II, III
Pinguin E 24-27 27
Pinie 17 22
Piniennadel 17 23
Pinienzapfen 17 24
Pinsel 77 11; 149 25; 180 17
Pinselung E 57 30
Pinzette 63 27; 105 28; 139 44; E 147 97; 149 16
Pionier 77 5; 78 22; 98 14; 107 21; 131 32
Pionieraktiv E 107 11
Pionierfunk E 107 5
Pioniergruß E 107 1
Pionierhalstuch 52 43
Pionierkleidung E 107 3
Pionierlager E 107 III
Pionierleiter 107 19
Pionierorganisation E 107 II
Pionierpalast E 107 6
Pionierpark E 107 15
Pionierrepublik E 107 16
Pionierzeitung E 107 4
Pipette E 57 18; 63 45
Pirol 25 3
Pirouette 72 14
Piste E 71 u. 72 18; 97 20
Pistole 101 23
Pistolentasche 101 23
Plädoyer E 100 127
Plakat 180 4
Plakatsäule 169 9
Plan E 169 u. 170 10
Planauflage E 99 15
Plandrehbank E 121-123 62
Plane 52 15; 68 10; E 173 u. 174 11
planen E 99 107
Planerfüllung E 99 108
Planet 2 15-24
Planetensystem 2 III
Planetoiden 2 19
Planfilm E 94 u. 95 36
Planimeter 6 46
Planimetrie 5 Z; 6 I
Planke 75 II; 76 41; 128 33
Planschbecken E 77 45
planschen E 77 46

Planschleifen E 121-123 96
Planschneider E 151 6
Plansichter E 143 8
Planübererfüllung E 99 16
Planwirtschaft E 99 11
Planzeiger E 106 85
Plastilin E 77 27
Plastilina E 77 27
Platane E 16 u. 17 12; E 134 46
Plateau E 1 13; 1 18
Platine 9 19; E 119 28
platt 187 34
Plättbrett 56 44; E 139 57
Platte 54 28; E 63 19; 71 39; 95 11
Plätte 56 45
Plätteisen 56 45
plätten E 56 51; E 139 55
Plätten 56 IX
Plattenkassette E 94 u. 95 35
Plattenkondensator 80 28
Plattenspieler E 88 61
Plattenweg 47 13
Plattenzylinder 150 19
Plattform 74 2, 3; 171 11, 20
Plattformball 68 25
Plattformkarre 178 25
Plattpinsel 130 11
Plattstich 56 18
Plattstickerei 56 18
Platz 86 15; E 169 u. 170 21
Platzanweiserin 87 23
Platzbefeuerung E 181 63
Plätzchen E 167 u. 168 13
Platzdorf E 152 3
Platzfeuerwehr 181 4
Platzkarte E 177-179 25
Platznummer E 176 29
Platzwechsel E 69 u. 70 63
Plenarsitzung E 103 27
Pleuel E 172 33
Pleuelstange E 173 u. 174 30
Plicht 76 35
Plisseerock 48 5
Plombe E 63 8; 101 22
plombieren E 63 7
Plumeau 42 27
plump 187 31
plus E 7 132
Plüsch 137 4
Pluszeichen 7 24
Pluto 2 24
Pluviograph E 3 36
Pockholz E 134 69

Podium 78 16; 82 21; 85 2; 108 7
Poem E 89 u. 90 87
Poesie E 89 u. 90 86
Pohlbank 80 33
Pokalspiel E 69 u. 70 28
Pökelfleisch E 144 u. 145 18
Pol 2 34; E 113 30
Polarfuchs 32 1
Polarkreis E 2 13
Polarstern 2 4
Polder E 1 78
Polier 128 27
polieren E 55 53; E 134 37
Polierer E 134 6
Poliererei E 133 43
Poliermaschine E 133 44
Polierstange E 142 36
Poliklinik 61 Ü
Politbüro E 103 23
Politur E 134 37
polizeiliches Führungszeugnis 102 16
Polizeistrafe E 101 u. 102 60
Polizeistunde E 101 u. 102 53
Polka E 96 15
Polklemme 174 2
Pollen 22 37
Poller 185 36
Polnisch E 78 34
Polnische E 144 u. 145 47
Polohemd 49 20
Polonäse E 96 14
Polster E 57 4; 61 17
Polsterer E 130 5
Polstermöbel E 41 30
Polstersitz E 176 35
Polsterstaude E 20 V
Polsterstuhl 41 21
Polsterung E 42 14
Polter 132 4
Polyeder E 5 u. 6 61
Polygon E 5 u. 6 51
Polygonausbau E 110 u. 111 55
Polygraphie E 149 u. 150 1
polygraphisch E 149 u. 150 2
Pompondahlie 20 3
Ponton E 185 4
Pontonbrücke E 182 31
Pony E 33 u. 34 33; E 147 62
Pore E 35 110
Porree 12 28
Portaldrehkran 185 33
Portemonnaie 51 25
Portier 167 29
Portion E 167 u. 168 38
Portionierer 98 12

Porto E 180 4
Porträt 99 19; 164 1
Porzellanzahn E 63 17
Posaune 84 14; 96 18
Posaunist 85 17; 96 17
Positionslampe E 172 50
Positionslicht E 184 79
Positiv E 94 u. 95 61
Positivprozeß 95 II
Post 180 Ü
Postablage 167 24
Postamt 180 I
Postangestellter 180 12
Postanweisung E 180 21
Posten E 166 21
Postgebühr E 180 3
Posthorn E 180 2
Postkarte 180 III
Postler 180 12
Postpaket 180 13
Postscheck E 180 23
Postscheckkonto E 163 28; E 180 24
Postsortiertisch 163 20
Poststempel 180 34
Postwertzeichen 180 9
Postwurfsendung E 180 20
Potenz E 7 120
Potenzieren E 7 118-121
Potenzwert E 7 121
Prägedruck E 149 u. 150 64
prägen E 163 2
Prahm E 183 27
Praktikabel 87 7
Praktikant E 61 u. 62 164
Praktikantin E 77 14
Praktikum E 80 72
Praline 166 29
Prämie E 108 38
Präparat E 78 79
Präparator E 91 52
Präsenzbibliothek 80 1
Präsenzkasten 91 3
Präsident 99 7, E 99 83; 109 18
Präsidium 99 7 u. 8; 103 6; E 109 22
Praxis E 61 u. 62 10
Präzisionsuhr E 9 10
Preis E 93 6; E 166 8
Preiselbeere 13 1 u. 14 2
Preisliste 166 9
Preissenkung E 166 9
Preisverzeichnis 139 24
Prellbock 179 5
Prellstein 175 32
Prellung E 60 24
Preßdruck E 120 1
Presse E 89 u. 90 102; 133 48; E 151 8
Presseberichterstatter 100 24
pressen E 135-137 122

Pressen 148 19
Pressephotograph E 89 u. 90 117; 109 25
Pressephotographie E 94 u. 95 14
Pressevertreter 99 3; 103 2
Preßkolben 133 55
Preßkopf 127 12; E 144 u. 145 61
Preßlufthammer 111 8; E 126 26
Preßluftleitung 111 27
Preßluftmeißel E 126 27
Preßluftpumpe E 110 u. 111 100
Preßluftschlauch 117 45
Preßplanke E 139 62
Preßschweißen E 121-123 28-34
Preßstein 46 43
Preßstroh 157 28
Preßzylinder 133 56
Pricke 186 22
Priel 1 35
Prießnitzumschlag E 57 36
Prime E 82 u. 83 68
Primel E 19 4; E 21 14
Primzahl 7 5
Prise 8 24; E 54 15; E 166 69
Prisma 6 26
pritschen E 69 u. 70 64
Privatrecht E 100 58
Probe 116 8
Probedruck E 149 u. 150 91
Probefahrt E 126 36
Probenauflage 125 22
Probesprung E 65 u. 66 65
Probierspiegel 139 2
Prodekan E 80 28
Produkt 7 37
Produktionsaktiv E 105 31
Produktionsauflage E 99 15
Produktionsbesprechung E 99 104
Produktionsgenossenschaft, gärtnerische E 160 7
~, landwirtschaftliche E 156 1
Produktionsleitung E 87 1
Produktionsstab E 87 2
Produktionssteigerung E 99 109
Professor 80 18
~ mit Lehrauftrag E 80 32
~ mit Lehrstuhl E 80 31
Profil E 71 u. 72 19

Profilhobel E 134 23
profilieren E 134 23
Profilstahl 119 III; E 119 31
Profilwalze 119 20
Profilwalzer 119 26
Profilwalzwerk 119 II
Prognose E 61 u. 62 15
Programm 86 3
Projektierungsbüro E 128 7
Projektion E 5 u. 6 39
Projektionsapparat E 86 59
Projektionsleinwand 78 31
Projektionswand 80 23
Prokurist E 164 u. 165 20
Promenade 58 9
Promenadendeck 184 40
Promotion E 80 96
Propaganda E 100 19
propagieren E 100 18
Propeller 181 24
Prophylaxe E 61 u. 62 33
Proportion E 7 101
proportional E 7 102
Prorektor E 80 26
Prorektorat E 80 2
Prosa E 89 u. 90 95
Protest E 108 20
Prothallium E 79 38
Prothese 57 36
Protokoll 80 4; E 108 15
Protokollant 80 5
Protokollantin 99 23; 100 13
Protokollführer 68 15; 80 5
Protokollführerin 99 23; 100 13
Proviantraum 184 36
Provision E 163 53
Prozentrechnung E 7 103
Prozeß E 100 IX
~ anstrengen E 100 102
Prozeßbevollmächtigte E 100 110
prozessieren E 100 103
Prozessionsspinner E 162 28
Prüfstück 125 3
Prüfung E 80 V; 101 22; E 125 36
Prüfungskommission E 80 84
Prüfungsordnung E 80 83
Prüfwerkzeug 81 III
Psychiatrie E 61 u. 62 7
Psychrometer E 3 34
Publikation E 99 100
Publikum 82 5; 85 1; 86 11; 100 26 u. 27
Publizistik E 89 u. 90 103

Puck 72 31
Pudding E 54 58
Pudel E 33 u. 34 50
Puder E 86 51; E 147 78
Puderdose 51 16
Pudern E 57 29
Puderquaste 51 15
Puderzerstäuber 147 42
Puffärmel 50 38
Puffer 178 9
Pullover 48 22
Pulpa 37 21
Pulpahöhle 37 22
Puls E 39 26
~ fühlen E 57 11
Pulsader 37 34
Pulsuhr 9 34
Pulswärmer E 48-52 33
Pult 78 12
Pultmaschine 163 18
Pulver E 15 9; E 57 20
Pulverschnee E 71 u. 72 20
Pumpe 110 41; 153 17
Pumpenanlage E 184 70
Pumpenteil 125 16
Pumpenwärter E 110 u. 111 141
Pumpernickel 54 41; E 143 37
Pumphebel 63 21
Pumps 48 37
Punkt 5 1; 89 21
~, trigonometrischer E 2 50
~, typographischer E 89 u. 90 138
Punktball 68 26
punktieren E 61 u. 62 121
punktiert 188 22
pünktlich E 177-179 43
Punktrichter 68 3
Punktschweißen E 121-123 32
Punktsieger E 68 23
Punktspiel E 69 u. 70 27
Pupille 37 5
Puppe 22 5, 32; 53 18; 139 3; 157 12
Puppenbett 53 16
Puppenbühne 98 17
Puppendoktor E 53 26
Puppengeschirr 53 17
Puppenhaus E 53 19
Puppenherd E 53 21
Puppenkind E 53 24
Puppenkleider E 53 20
Puppenklinik E 53 25
Puppenküche E 53 22
Puppenmöbel 53 13
Puppenmutter E 53 23
Puppenspiel E 82 u. 80 43
Puppenstube 53 12
Puppentheater 77 3; E 82 u. 83 44

Puppenwagen E 53 17
Püree E 54 46
Purzelbaum schlagen E 77 34
Pute 33 11
Puter 33 11; 153 35
Putz E 128 71
Putzbürste 135 25; 136 33
putzen E 55 59; E 134 16
Putzen E 128 III
Putzer 117 48; E 128 78
Putzerei 117 IV
Putzhaken E 128 84
Putzhobel 134 8; E 134 16
Putzholz 142 25
Putzkelle E 128 80
Putzleder 55 24
Putzleiste 130 40
Putzmacherin E 48-52 5
Putzmeißel 117 51
Putzmörtel E 128 86
Putzvorrichtung 135 34
Putzwalze 135 41
Pyjama 50 2 u. 3, 15
Pyramide 6 28
Pyramidenlampe 95 2, 22
Pyramidenpappel 16 12

Quader 6 25; E 128 57
Quadrat 6 8
Quadratdezimeter E 8 16
Quadratkilometer E 8 18
Quadratmeter E 8 17
Quadratstahl 119 32
Quadratur des Kreises E 5 u. 6 48
Quadratwurzel E 7 123
Quadratzentimeter 8 16
Quadrille E 82 u. 83 17
Quadrizeps 39 11
quaken E 23 30
qualifizieren E 99 114
Quark E 166 38
Quart E 149 u. 150 102
Quartal E 9 110
Quarte E 82 u. 83 71
Quartett E 84 u. 85 63; E 86 35; E 93 15
Quartier 142 40
Quarzlampe 61 25
Quarzporphyr E 1 109
Quecke E 19 17
Quecksilbersäule E 41 41
Quelle E 1 45
Quentchen E 8 36
Querablauf 126 II
Querbahnsteig E 177-179 46
Querbalken E 129 25
Querbaum 154 12
Querdraht 171 4
queren E 73 31

Querhelling 126 17
Querpfeife E 82 u. 83 57
Querrinne E 175 23
Querrippe 145 28
Querruder 106 8
Querschal 42 2
Querschieber 123 20
Querschlag 111 V
Querschlipp 126 18
Querschneider E 148 25
Querschnitt 126 7; E 133 12; 170 I; 184 III
Querschwung 71 17
Quersegel 183 14, 31-38
Quersitz E 65 u. 66 66
Querspant 76 19; 126 30
Quersprung 71 13
Querstraße E 169 u. 170 14
Quersumme E 7 104
Quetschfalte 48 15
Quetschgrenze E 125 20
Quetschung E 60 22
Quetschwalze 137 16
Quetschwunde E 60 23
Queue 92 19
Queueständer 92 13
quieken E 33 u. 34 5
Quinte E 82 u. 83 72
Quintett E 84 u. 85 64
Quirl E 55 12
quirlen E 55 40
Quitte 13 36
Quittenbaum 13 IX
Quittung E 163 25
Quotient 7 42

Rabe E 24-27 18
Rachen 36 28
Rachenhöhle 36 28
Rad 66 30; 77 38; 171 19; 172 I; 178 10
~ schlagen E 33 u. 34 14
Radargerät E 181 27
Rädchen 139 22
Raddampfer E 184 32
radeln E 172 13
rädeln E 139 10
radfahren E 172 13
Radfahrer 4 58, 59, 60; 169 33; E 172 14
Radfahrweg E 172 15
radieren E 164 u. 165 61
Radiergummi 165 47
Radiermesser 165 48
Radierung E 149 u. 150 74
Radieschen 12 14
Radikand E 7 125
Radio 88 II
Radioapparat 41 34
Radiosonde E 8 41; E 181 75
Radiotisch E 41 27

Radius 5 43
Radizieren E 7 122-127
Radreifen E 119 37
Radreifenwalzwerk E 119 8
Radspur 175 36
Radweg E 172 15
raffinieren E 118 15
Raglan 49 40
Ragout E 167 u. 168 61
Rah 183 22
Rahe 183 22
Rahm E 154 60
Rahmen 22 40; 132 9; 142 45; E 142 10; 172 17; 173 39
Rahmenglaser E 130 6
Rahmenmatratze E 42 11
Rahmennaht E 142 15
Rahmenpflug E 159 33
Rahmensucher E 94 u. 95 33
Rahsegel 183 14, 31-38
Rain 156 23
Rainfarn E 15 27
Rakete E 98 8
Ramiefaser E 135-137 7
Ramiespinnerei E 135-137 47
Rammler 33 15
Rampe 86 32; 155 33
Rand 90 8; E 142 11; 163 5; E 164 u. 165 52; 187 II
Rändeln E 121-123 53
Randlöser 165 23
Randmesser 142 22
randrieren E 139 52
Randrierstich E 139 52
Randsteller 165 6
Randstellerskala 165 8
Randstreifen 175 31
Rang 86 12; 87 24
rangieren E 141 10; E 177-179 60
Rangierheber 174 12
Rangierlokomotive 179 17
Ranke 10 23
Ranzen 78 47
Rappe E 33 u. 34 28
Raps 11 6
Rapünzchen 12 3
Rasenkraftsport E 68 24
Rasenbleiche E 56 45
Raseneisenerz E 114 17; E 115 u. 116 22
Rasenschere E 160 32
Rasierapparat 44 25
rasieren E 147 29
Rasieren 147 32
Rasierklinge 44 29
Rasierkrem E 44 18
Rasiermesser 147 29
Rasierpinsel 44 26; 147 33

Rasierseife 44 23
Rasierspiegel E 44 17
Rasierstuhl 147 37
Raspel 55 18; 134 12; E 134 27; 142 26
raspeln E 55 41; E 134 27
Rassel 53 1
rasseln E 53 3
Rast 115 30
Raster E 149 u. 150 61
Rat des Bezirkes E 99 80
~ der Gemeinde E 99 80
~ des Kreises E 99 80
~ der Stadt E 99 80
~ des Stadtbezirks E 99 80
Rathaus E 169 u. 170 24
Ratsche 131 34
Rätsel E 89 u. 90 128
Ratsuchende 99 21
Ratsuchender 99 22
Ratte 29 3
Raubbau E 110 u. 111 43
Raubtier 29 Ü, 13, 14, 16-18, 20
Raubtiergitter 97 23
rauchen E 41 69; E 167 u. 168 65
Raucher E 167 u. 168 66; E 176 30
Räucheraal E 146 35
Räucherware 144 26; E 146 28
Rauchfang 122 2
Rauchfleisch E 54 39; E 144 u. 145 20
Rauchmaske 102 21
Rauchpilz 1 36
Rauchservice E 41 61
Rauchspieß 144 25
Rauchtisch E 41 28
Rauchwaren E 32 28
rauh 187 40
Rauhbank 134 4 E 134 15
rauhen E 135-137 115
Rauhfutter E 154 30
Rauhreif E 3 14
Raum E 8 22; 46 11, 181 21
Raumbeleuchtung 41 1
Rauminhalt E 8 23
Räummaschine E 121-123 79
Raummaß 8 III; E 8 IV
Raummeter 8 18; 162 15
Raumstütze 126 31
Raupe 22 4; 112 30; 155 6
Raupenbagger 112 20
Raupenfahrmotor 112 32
Raupenplatte 112 34
Raupenschlepper 155 6

Rausch E 61 u. 62 99
Raute 6 6
Reagenzglas 78 38
Reagenzglasständer 61 6
Reaktion E 39 48
Reallohn E 128 27
Reaumur E 41 45
Rebe 13 VI
Rebhuhn 31 19
Reblaus E 22 25
rechen E 158 22
Rechen 47 34; 158 19
Rechenmaschine 164 20
Rechenschaftsbericht E 108 13
Rechenschieber E 7 VII; 81 1, 5, II
Rechenstab 81 5, II
Rechnen 7 Ü
Rechnung E 7 105
Rechnungsart E 7 106
Rechnungseinzugsverfahren E 163 7
Rechnungswesen E 163 IV
Recht E 100 V
~ auf Arbeit E 99 8
~ auf Bildung E 78 107
~, öffentliches E 100 57
rechte 4 29
Rechte E 35 85
Rechteck 6 7
rechtlich E 100 54
rechts 4 35
Rechtsanwalt E 100 86
Rechtsaußen 69 20
Rechtsbeistand E 100 87
Rechtschreiben E 78 30
Rechtschreibung E 89 u. 90 10
Rechtsdrehen 66 12
Rechtsgewinde E 124 2
rechtsherum 4 64
rechtskräftig E 100 142
Rechtspflege 100 Ü
Rechtsprechung E 100 53
Rechtsstudent 100 24
rechtswidrig E 100 55
Rechtswissenschaft E 100 51
Reck 65 24
Reckstange 65 25
Redaktion E 89 u. 90 113
redigieren E 89 u. 90 111
Redner 108 1, 109 19
Rednerpult 103 20· 108 2; 109 21
Reduktionszirkel 81 19
Reduktionszone E 115 u. 116 59
Reede 185 2
Reeder E 185 12
Reepschnur E 73 32
Reetdach E 129 35

Referat E 108 11
Referatmanuskript 80 9
Referent 80 10, E 99 91; 103 7, 108 1
reffen E 75 u. 76 48
Reflektor 95 2
Reflex E 39 47
Reflexhammer 63 37
Reformunterbett 42 40
Reformwaage 43 45
Refraktor 2 12
Regal 149 5; 164 3; 166 1
Regatta E 75 u. 76 16
Regattastrecke E 75 u. 76 17
Regel E 38 71
Regeldetri E 7 128-131
Regelverstoß E 68 36
Regen 3 V
Regenbogen E 3 30; E 189 34
regenbogenfarbig E 189 35
Regenbogenhaut 37 4, 8
Regenguß E 3 18
Regenmantel 48 32
Regenmesser 79 4, 13
Regenschauer E 3 18
Regenschirm 51 24
Regenschreiber E 3 36
Regenwetter E 3 18
Regie E 86 22
Regiekabine 99 1
Regieraum 88 I
Regierung 99 Ü, 9, 10, 12; E 99 III
Regierungserklärung E 99 51
Regietisch 88 13
Regisseur 87 12; 88 10
Register E 84 u. 85 19; E 89 u. 90 65
Registratur E 164 u. 165 69
Registrierballon E 3 40; E 181 74
Registrierdrache E 3 39
Registrierkasse 163 22; 167 4
Regner 160 24
Regulator E 9 9
Regulierzeiger 9 16
Reh 30 25
Rehbock 30 25
Rehkitz 30 25
Rehsprung 72 13
Rehwild 30 25
Reibahle 121 33
Reibebrett E 128 82
Reibeisen 55 19
reiben E 55 42
Reiben 55 III
Reibepfahl 185 35
Reibfläche E 167 u. 168 76

Reibrad 120 31; E 124 17
Reibungskupplung E 124 28
Reichsbahnausbesserungswerk E 176 49
Reifen 46 35, 53 22; 66 36, 173 7
~ schlagen E 53 36
~ treiben E 53 36
Reifeprüfung E 78 86
Reigen E 82 u. 83 11
Reigenspiel E 77 44
Reihe 4 7-10; E 7 107
reihen E 139 15
Reihendorf 152 VII
Reihendüngung E 156 44
Reihenhaus 40 III
Reihensemmel 143 32
Reihenuntersuchung E 61 u. 62 17
Reim E 89 u. 90 92
Reingewinn E 163 70
reinigen E 140 12
Reinigen 140 1
Reinigerhaus 114 III
Reinigermasse E 114 15
Reinigung E 143 2-5
Reinigungsbad 58 26
Reinigungsfeder E 131 67
Reinigungskasten 114 31
Reinigungsschraube 43 19
Reinigungsvorrichtung 137 5
Reis 10 13
Reisebüro E 177-179 7
Reisegepäck E 177-179 27
Reisekoffer 177 15
Reisende 176 20; 177 17
Reisender 177 14; E 177-179 15
Reiseuhr E 9 7
Reiseziel E 177-179 13
Reisig 162 14
Reisigbesen 46 7
Reisighaufen 162 14
Reißbrett 6 37
reißen E 68 87
Reißen 68 40
Reißfeder 6 44
Reißnadel 134 15; E 134 9
Reißschiene 6 38
Reißverschluß 49 26
Reißwolf 136 1
Reißzeug 6 41
Reißzwecke 6 39; 165 50
reiten E 154 48
Reitsitz E 65 u. 66 67
Reitstock 123 6
Reizker 18 15
reklamieren E 164 u. 165 33
Rekonvaleszent E 61 u. 62 49; 62 31

Rekord E 67 7
Rekordhalter E 67 13
Rekordspritze 63 38
Rektor E 80 25
Rektorat E 80 1
Relais 113 46
Reling 126 24, 184 21
remis E 93 36
Remontoiruhr E 9 4
rempeln E 69 u. 70 11
Ren 28 15
Rennboot 75 III
rennen E 53 46
Rennjolle E 75 u. 76 49
Rennrodel 72 40
Rennschlittschuh 72 23
Rennschuh 67 14
Rennstrecke E 75 u. 76 17
Rente E 64 Z
Rentenantrag E 64 1
Rentenausweiskarte 64 6
Rentenauszahlerin 64 2
Rentenauszahlkasse 64 1
Rentenauszahlstelle 64 I
Rentenauszahlung 64 I
Rentenempfänger 64 5
Rentenempfängerin 64 4
Rentengeld 64 7
Rentier 28 15
Reparatur E 172 19
Reparaturgrube 174 13
Reparaturhauer E 110 u. 111 130
Reparaturplan E 155 6
Reparatursteppmaschine 142 14
reparieren E 9 30
Reportage E 88 11
Reporter E 89 u. 90 115; 109 25
Reproduktionsapparat E 94 u. 95 17
Reptil 23 17, 18, 20, 21, 23
Reptilleder E 140 31
Requisit 86 38
Requisiteur E 86 56
Reseda E 20 12
Reserverad 173 20
Resolution E 108 33
Restaurant 168 Z
Restaurator E 91 51
Resultat 7 27, 32, 37, 42
Retter 60 12
Rettich 12 13
Rettung 60 11, VIII; 186 V
Rettungsbake E 186 44
Rettungsboot 184 13, 186 27
Rettungsdienst E 110 u. 111 113
Rettungsfloß E 186 41
Rettungsgürtel E 184 39

Rettungsmannschaft E 110 u. 111 112; 186 28
Rettungsring 59 14; E 186 38
Rettungsschwimmen 60 VI; E 74 18
Rettungsstation 59 13; E 186 43
Rettungswagen 101 6
Rettungswesen 186 Z
Retusche E 94 u. 95 74
Reuelsegel 183 31
Reuse 146 VII
Revers 49 4
Revier E 162 1
Revierförster 162 16
Revierleiter E 101 u. 102 38
Revision E 149 u. 150 94
Revisor E 149 u. 150 13
Revolverdrehbank E 121-123 59
Revolverpresse E 120 8
Rezept E 61 u. 62 25
Rhabarber 12 1
Rhabarberstaude 47 23
Rheinländer 96 1
Rhesusaffe 29 21
Rheuma E 61 u. 62 67
Rheumatismus E 61 u. 62 67
Rhinozeros 28 9
Rhizinuspflanze E 15 18
Rhizom 161 30
Rhododendron E 16 u. 17 26
Rhomboid E 5 u. 6 50
Rhombus 6 6
Rhythmus E 82 u. 83 90
Richter 100 16; E 100 79
Richtfest E 128 49
Richtmaschine E 119 23
Richtplatte 122 27
Richtscheit 128 11
Richtstrahler E 88 26
Richtung 3 V; 4 Ü, II, III
Richtungsschild 171 14; 176 5
Ricke 30 25
riechen E 35 60
Riechnerv E 39 44
Riege 65 32
Riegel 45 23; E 69 u. 70 12; 121 2
Riegelnähmaschine E 138 23
Riemen 50 29; 75 IV, 22, 23; 106 22; 139 33
Riemenbindung E 71 u. 72 21
Riemenboot 75 II
Riemenrettungsboot 186 27

Riemenscheibe 120 29; E 124 19; 133 17
Ries E 8 32
Riese E 162 21
Rieselfeld E 156 54
Riesenfelge E 65 u. 66 68
Riesenrad 98 3
Riesenschlange E 23 33
Riester E 142 49
Riesweg E 162 21
Riff E 1 68
Riffelwalze 135 15
Rigorosum E 80 95
Rind 33 1; E 33 u. 34 1; 145 21; 154 42; E 154 III .
Rindbox E 140 22
Rinde E 16 u. 17 3; E 132 13; 143 28; 161 48
Rindenpfropfung E 16 15
Rindenschildchen 161 34
Rinderbraten E 54 40
Rinderstall 154 II
Rinderviertel 145 11
Rindfleisch E 144 u. 145 13
Rindleder E 140 22
Rindsbraten E 54 40
Rindvieh 33 1
Ring 18 5; E 48-52 85; 66 38; 68 7; 136 47; 145 2
Ringbank 136 47
Ringdrossel 136 VII
Ringe 65 7
Ringelblume E 20 9; 189 5
Ringelnatter 23 23
Ringelreihen E 77 44
Ringelspiel E 77 44
Ringelwalze E 159 3
Ringen 68 II; E 68 70
Ringer 68 33
Ringfinger 37 28
Ringhaken 73 24
Ringkampfsport 68 II
Ringläufer 136 47
Ringofen 127 V
Ringpinsel 130 12
Ringrichter 68 2
Ringspinnerin 136 50
Ringspinnmaschine 136 VII
Ringwade 146 9
Ringwadenfischerei 146 V
Rinne E 73 33
Rinneisen E 131 26
Rinneisenbiegevorrichtung 131 11
Rinneisenschnur E 131 27
Rinnstein 170 20
Rippe 38 12; 42 19; 145 23

Rippenspeer E 144 u. 145 19
Rippenverfahren 60 19
Rippespeer E 144 u. 145 19
Rispe E 157 39
Riß E 73 34; E 142 16
Rist 85 20
Ristgriff 65 34
Ristriemen E 71 u. 72 22
Rittersporn E 20 24
Ritzel E 124 13
Ritzhärte E 125 23
Rizinuspflanze E 15 28
Roastbeef 145 24
Robbe 29 11 u. 12
Robinie E 16 u. 17 13
Rochade E 93 37
röcheln E 38 31
Rock 49 3
Rodel E 71 u. 72 I
Rodeln 72 Z, III
Rodelschlitten 72 38
roden E 156 22; E 162 11
Roden E 160 27
Rodesiedlung E 152 26
Rodler 72 39
Rodung 162 7
Rogen E 23 25
Roggen 10 1; E 157 30
Roggenbrot 143 27
Roggenmehl E 143 17
Rohbau E 128 64
Rohbraunkohle 112 23
Roheisen 115 23; E 115 u. 116 86; 116 12, 26
Roheisenerzeugung E 115 u. 116 6
Roheisenmischer E 115 u. 116 87
Roheisenpfanne 116 20
Roheisentransportwagen 115 24
Rohgang E 115 u. 116 61
Rohgas E 114 24
Rohgasleitung 114 7
Rohkohle E 110 u. 111 114
Rohkost E 54 5
Rohköstler E 54 6
Rohling 127 21
Rohöl E 112 27
Rohr E 119 36
Rohrbiegeapparat 131 47
Röhrchen 57 16
Röhre 18 2; 88 22, 24; 125 27
röhren E 30 u. 31 2
Röhrenknochen E 144 u. 145 43
Röhrensockel 88 16
Rohrhahn 131 49
Röhricht E 182 12
Rohrlegerei E 126 23
Rohrleitung 135 7

Rohrnetzmonteur E 131 36
Rohrschelle E 131 44
Rohrsessel E 41 20
Rohrstuhl E 41 21
Rohrwalzwerk E 119 5
Rohrzange 131 42
Rohstahl'E 118 30
Rohstoff E 115 u. 116 16
Rohware E 135-137 105
Rohwurst E 144 u. 145 45-50
Rohwurstabteilung 144 I
Rolladen 40 23
Rollapparat 148 11
Rollbahn 181 30
Rollbett 62 33
Rolldach 173 15
Rolle 56 46; 60 17; E 65 u. 66 69; 66 26; 76 4; E 86 42; 118 19; 119 24; 132 34; E 148 28; 150 12; 151 19; 166 32
Rollenführung 133 22
Rollenlager 124 42
Rollenquetscher 95 33
Rollenschneidemaschine E 148 24
Roller E 39 8; 53 21
rollern E 53 42
Rollfeld 181 13
Rollfilm 94 41; 95 10
Rollfilmkamera E 94 u. 95 18
Rollgang 119 6
Rollkarre 178 35
Rollkutscher 178 24
Rollmops E 146 36
Rollo E 42 27
Rollschinken 145 4
Rollschlauch 102 24
Rollschrank 164 6
Rollschuh 53 32
~ fahren E 53 44
~ laufen E 53 44
Rollsitz 75 13
Rollsöckchen 52 42
Rollsprung E 67 56
Rollstuhl 57 29
Rolltreppe 166 41
Rollwagen 178 37
Rollzeug 148 11
Roman E 89 u. 90 96
Rommé E 93 16
Rondo E 84 u. 85 55
röntgen E 61 u. 62 21
Röntgenapparatur 125 V, VI
Röntgenassistentin 62 39
Röntgenaufnahme E 61 u. 62 19
Röntgenfilm E 125 33
Röntgenfilmkassette E 125 39

Röntgenologe 62 46
Röntgenraum 62 IV
Röntgenröhre 62 42; 125 24, VII
Röntgenschirm 62 45
Röntgenstrahlenschutz E 125 40
Röntgenuntersuchung E 61 u. 62 18
rosa 189 10
Rosenbogen 47 26
Rosenhochstamm 47 11
Rosenholz E 134 70
Rosenkohl 12 11
Rosenschere E 160 33
Rosenschule E 160 22
Rosine E 13 u. 14 13
Rosmarin E 20 22
Roß E 33 u. 34 25
Roßbox E 140 23
Rössel 93 6
Roßhaar E 135-137 15
Roßhaarauflage E 42 15
Roßkastanie 16 28; E 134 43
Roßleder E 140 23
Roßschlächter E 144 u. 145 12
Rost 43 31; 58 24; 118 25
Rostbratwurst E 144 u. 145 65
Rostbratwurststand 98 24
Röstofen 115 1
Rostschutzfarbe E 130 30
rot 189 6
Rot E 93 55
Rotationsmaschine 150 III
Rotationspapier E 148 32
rotbackig E 39 32
rotbäckig E 39 32
Rotbuche 16 19; E 134 54
rote Beete 12 24
Roteisenerz E 115 u. 116 19
Rotes Kreuz E 60 3
Rotfuchs 30 31
Rotgerber E 140 3
Rotguß E 117 11
Rothirsch 30 1
Rotkappe E 18 12
Rotkehlchen E 24-27 10
Rotklee 10 28
Rotkohl 12 8
Rotkraut 12 8
Rotlauf E 154 37
Rotlicht 95 22, 24
Rotor E 113 39
Rottanne 17 6
Rotte E 160 70
Rotwild 30 1 u. 17

Rotwurst E 144 u. 145 57
Roulade E 144 u. 145 27
Roulett E 93 23
Route E 181 51; E 185 41
Royalsegel 183 31
Rübe 10 21; 12 24
Rübenernte 158 I
Rübenfeld 158 2
Rübengabel E 158 20
Rübenheber 158 5
Rübennaßschnitzel E 154 19
Rübenroder 158 5
Rübenschlag 158 2
Rübenschneider E 159 25
Rübenspaten E 158 20
Rüböl E 11 5
Rübsen E 11 4
Rückansicht 88 II
Rückbau E 110 u. 111 47
Rücken E 1 25; 34 7, 35 28; 90 3; E 151 21
Rückenflosse 23 9
Rückenkissen 76 21
Rückenlage E 60 9; E 75 u. 76 34
Rückenlehne E 41 18; 62 35; 76 22
Rückenleimung 151 12
Rückenmark 36 8; 39 37
Rückenmuskel 39 17
Rückenpolster E 41 19
Rückenschild 90 18
Rückenschwimmen 74 22
Rückenspritze 160 43
Rückenstrecker 39 18
Rückenvergoldung 151 14
Rückenwind E 75 u. 76 78
Rückerzeiger 9 16
Rückfahrkarte E 177-179 20
Rückfall E 61 u. 62 51
Rückflug E 181 61
rücklings E 65 u. 66 16
Rucksack 73 28; 105 18; 175 34
Rückschlag E 69 u. 70 71
Rückschlagsicherung 133 15
Rückseite 37 V; 118 III
Rücksitz 173 16
Rückspiegel 173 10
Rückspiel E 69 u 70 13

Rückspreizen 66 4
Rückstausicherung 131 30
Rückstrahler 172 8
Rücktrittbremse E 172 6
Rückwand 22 41
rückwärts 4 22
Rückwärtssprung E 74 19
Rückwickelspule 94 49
Rüde 34 III
Rudel E 30 u. 31 22
Ruder E 75 u. 76 35; 76 34; 106 22, 24 u. 25; 184 IV, 52
Ruderboot 58 41; E 75 u. 76 36
Ruderhals 106 25
Ruderhaus 184 31
Ruderkasten 75 33
Rudermannschaft 75 4-8
Rudermaschine E 184 41
Rudern 75 Ü; E 75 u. 76 II
Ruderpinne 76 33; 106 24
Ruderrettungsboot 186 27
Rudertrainer 75 32
Ruderwart E 75 u. 76 37
Ruderwettkampf 75 I
Rugby E 69 u. 70 75
Ruhebett E 42 3
ruhigstellen E 60 36
Rührei E 167 u. 168 47
rühren E 55 53
Rührstengel 58 22
Ruine 175 5
rülpsen E 38 57
Rum E 166 55
Rumba E 96 22
Rumpf 35 10, 12, 14, 15; E 35 VIII; 106 14; 181 19-21
Rumpfbeugen 66 10, 11, 14
Rumpfkreisen 66 13
Rumpfsenken 66 15
Rumpsteak E 144 u. 145 28
rund 187 2
Rundangerdorf E 152 4
Rundbeschicker 127 9
Rundbrot 143 27
Runddorf 152 II
Runde E 67 38; E 68 63
Rundfeile 121 28
Rundfenster 46 8
Rundfunk 88 Ü
Rundfunkapparat 88 II
Rundfunkempfänger 88 II
Rundfunkgerät 88 II
Rundfunkhörer E 88 20
Rundfunkmechaniker E 88 35

Rundfunkprogramm E 88 4
Rundfunkröhre 88 22, 24
Rundfunksender 88 I; E 88 I
Rundfunkstation E 88 1
Rundfunkübertragung 99 1
Rundgang E 91 62
Rundgewinde E 124 12
Rundgießmaschine 149 VI, 32
Rundholz 131 3; 132 3
Rundholzlager 132 I
Rundhorizont 86 27
Rundhorn 122 17
Rundkamm 136 27
Rundling E 152 2
Rundmaschine 131 9
Rundmesser 138 10
Rundreihendorf E 152 8
Rundschiffchen 139 47
Rundschleifen E 121-123 94
Rundschleifmaschine E 121-123 98
Rundsiebmaschine E 148 14
Rundstahl 119 31
Rundstereo 149 37
Rundweiler E 153 1
Rundzange 121 43
Rune 89 4
Runge 176 11
Rungenwagen 176 10
Runkel E 158 13
Runkelrübe 10 21
runzelig E 35 103
Rüsche 48 17
Rüssel 28 6; 29 10; 33 6
Rüsselkäfer E 162 34
Russenstiefel 51 9
Russisch E 78 33
Rüster 16 23; E 134 47
Rute 30 35; 34 31
Rutschbahn 74 9; 77 25
Rutsche 111 26; 120 10; 138 20 31; E 162 21
rutschen E 77 53
Rutscher E 106 44

Saal E 108 5
Saaleingang 87 20
Saalplatz 86 14
Saat 157 I; E 157 I
Saatbeet 157 8
Saategge E 159 9
Saatfeld 157 8
Saatfurche E 156 31
Saatgetreide 157 6
Saatgut E 79 31; 157 6
Saatgutaufbereitung E 157 20
Saatgutreinigungsanlage 155 17

Saatkartoffel E 158 1
Saatkorn 157 6
Saatleitungsrohr 157 7
Saatzucht E 79 55
Sabberlätzchen 52 10
Sachbearbeiter E 99 91
Sachgebiet E 99 88
Sachkatalog E 91 19
Sachschaden E 101 u. 102 25
Sachverständiger 100 22
Sack 166 20; 178 31
Sackaufzug E 155 17
Sackkarre 155 35
säen E 47 36; E 157 1
Saffian E 140 40
Säge 46 30; 72 21; E 134 10; 162 20, 28, 30
Sägeband 133 23
Sägeblatt 46 31; E 121-123 108; 132 11; 134 51
Sägebock 46 42
Sägefeile 134 16; E 134 25
Sägegewinde E 124 11
Sägehalle 132 II
Sägemehl E 132 12
sägen E 46 20; E 121-123 103; E 129 5; E 132 8; E 134 10
Sägen E 121-123 IX
Sägerolle 133 21
Sägescheibe 133 7
Sägeschnitt 162 26
Sägespäne E 132 12
Sägewerk 132 Ü
Sägewerker 132 5
Sägewerksindustrie E 132 I
Sahnebonbon E 166 49
Sahnenrolle E 167 u. 168 14
Saite 83 6, 20; 84 22
Saiteninstrument 84 16, 28, 29, 31, 32
Säkasten 157 5
Sakkopresse 138 39
Salami E 144 u. 145 46
Salat 12 2
Salatpflanze E 12 9
Salbe E 15 10; E 57 23
Salbei E 15 29
Salbenbüchse 57 14
Saldo E 163 42
Saline E 58 III
Saling 183 16
Salmiakstein 131 23
Salto E 65 u. 66 70; 74 29
Salweide 16 9
Salz E 54 91
Salzbetrieb E 58 16
salzen E 55 43
Salzerei E 146 25
Salzhering E 146 37

Salzstreuer 54 46; 168 17
Sämaschine 157 4; 160 41
Same 10 25; 12 21; 13 7; 14 4; 16 31· 17 21; 161 1
Samen E 38 73; E 79 56; 161 1
Samenanlage 13 24
Samenbau E 79 57
Samenkapsel 11 13; 15 11, 19
Samenkorn 10 4, 5
Samenpflanze E 157 16
Samenträger E 157 16
Samenwolle 11 14
Sämereien E 157 10
Sämling E 79 59; 161 31
Sammelname 30 25, 28; 31 1, 4, 8; 33 1
Sammelschiene 113 35
Sammelstelle 110 45
Samowar 54 42
Samstag E 9 79
samstags E 9 80
Samt E 48-52 42
Samtblume 20 5
Sand E 1 116; E 59 7; 128 20; E 160 36
Sandale 51 2
Sandalette 48 21
Sandaufbereitung E 117 33
Sandbank 59 4; 182 9
Sandboden E 156 19
Sandelholz E 134 71
Sandfänger E 148 16
Sandform 77 34
Sandhaufen 77 27
sandig E 160 50; E 175 11
Sandkasten 77 36; E 78 83
Sandpapier E 134 31; E 148 68
Sandsack 68 27
Sandsieb 77 35
Sandstein E 1 115
Sandstrahlgebläse 117 47
Sanduhr 9 34; E 43 24
Sänger 82 8; 86 37
Sängerin 82 10; 85 3; 86 39
Sanitätsauto 60 IX
Sanitätstasche 105 17
Sanitätszelt E 107 25
Sardelle E 146 38
Satanspilz 18 18
Satinholz E 134 72
satinieren E 148 21
satiniert E 148 79
Satinierwalze 148 15
Satire E 89 u. 90 100
satt E 38 51
Sattel 1 7; 65 29; E 154 46; 172 1, 28

Satteldach 40 39
Satteltasche 172 16
Saturn 2 21
Saturnring 2 21
Satz 43 9; E 69 u. 70 72; E 84 u. 85 53; 149 15, 19; E 149 u. 150 21; 150 4
Satzbild E 149 u. 150 25
Satzprobe E 149 u. 150 31
Satzspiegel 90 10; E 149 u. 150 30
Satzung E 103 1
Satzzeichen 89 21-31
Sau 33 5; 154 55
Sauberkeit E 77 19
säubern E 55 44
Saubohne 10 27
Sauciere 54 26
sauer E 160 62
Sauerdorn E 16 u. 17 18
Sauerfutter E 154 21
Sauerklee 189 9
Sauerkraut E 54 50
säuern E 143 23
Sauerschnitzel E 154 22
Sauerstoff E 115 u. 116 28
Sauerstoffflasche 122 31
Sauerstoffschutzgerät 102 25
Sauerteig E 143 22
saufen E 154 13
Sauganlage 185 40
Saugbagger 185 II
saugen E 22 34; E 55 60
Sauger 52 9; E 63 21
saugfähig E 148 73
Saugkanal 110 16
Saugkorb 110 46
Säugling 52 1; 61 43
Säuglingsheim E 77 2
Säuglingsschuh 51 1
Säuglingsschwester 61 42
Säuglingsstation E 61 u. 62 150
Säuglingswaage E 8 40; 61 36
Saugpapier E 148 43
Saugschlauch E 101 u. 102 79
Säule 123 30; 129 46
Säulenbohrmaschine 123 IV
Säulengang 58 17
Saum 48 27; E 139 32
säumen E 56 4; E 139 32
Säurenapf 131 20
Saxophon 96 22
Saxophonist 96 23, 24
S-Bahn E 169 u. 170 33
Schabe E 22 17
Schabefleisch E 144 u. 145 24
schaben E 55 45

Schaber 121 41; 148 7
Schablone 130 9; 138 4
Schablonenform E 117 36
schablonieren E 117 50; E 130 15
Schabotte 120 27
Schach 93 I
~ bieten E 93 38
Schachbrett 93 2
Schachfigur 93 4-9
Schachspiel 93 I
Schachspieler 93 1
Schachstein 93 4-9
Schacht 110 14; 115 28; 170 8
Schachtanlage E 110 u. 111 27
Schachtel 166 29; 168 28
Schachtelhalm E 19 18
Schachtgebäude 110 8
Schachtmauerung 110 15
Schachtofen 115 13
Schachtöffnung 115 25
Schachtsicherheitspfeiler E 110 u. 111 30
Schachtsumpf 110 45
Schachtturm E 110 u. 111 28
Schachtverschluß 110 19
Schachzimmer E 92 18
Schachzirkel E 92 32
Schädel 36 I; 38 1-7
Schädelbruch E 60 21
Schädeldach 36 1
Schädling E 22 9
Schädlingsbekämpfung E 22 10; E 79 8
Schädlingskunde E 79 7
Schaf 33 8; E 33 u. 34 8; 158 44
Schafbock 33 8
Schäfer 158 41
Schäferei E 158 40
Schäferhund E 33 u. 34 51; 158 46
Schäferkarren 158 37
Schäferstab 158 40
Schaffner E 176 52
Schaffnerin 171 34
Schafgarbe E 15 30
Schafherde 158 39
Schafhirt 158 41
Schafhürde 158 34
Schafleder E 140 27
Schafschur E 158 45
Schaft 75 29; 124 3, 10; E 135-137 92; 137 27; 142 34-40, 42, 43
Schaftdrähte E 135-137 93
Schaftkarte 137 31
Schaftmaschine 137 30
Schaftschemel 137 30
Schaftsteppmaschine 141 14
Schaftwebstuhl 137 IV, V

Schafwolle E 135-137 13;
E 158 48
Schafzucht E 158 39
Schal 49 45
Schale 13 33; 30 16, 30;
34 40; 95 13, 14, 34
Schaleisen E 131 21
Schäleisen 162 32
schälen E 55 46; E 132
21; E 156 30; E 162
15
Schälen 55 III
Schalenkreuzanemometer 181 8
Schalenständer 62 25
Schälfurche E 156 29
Schälfurnier E 132 24
Schalholzzimmerung
E 110 u. 111 53
Schalldämpfer 172 33;
173 44
Schallkörper 83 2; 84 17
Schalloch 83 5, 21; 84 19
Schallplatte E 88 62
Schallplattenspiel 88 9
Schalttrichter 84 10
Schälmaschine 132 32;
E 143 4
Schalmei E 82 u. 83 58
Schälpflug E 159 35
Schaltbild E 88 36
schalten E 173 u. 174 73
Schalter 163 III, 17, 19,
21, 24; 180 5, 7, 9
Schalterantrieb 113 45
Schalterhalle 163 III;
180 I
Schalterraum 180 I
Schaltervorraum
E 177-179 3
Schaltgerät 112 22
Schaltgetriebe 173 38
Schalthebel 113 44; 172
40; 173 33
Schaltjahr E 9 112
Schaltkasten 125 28
Schaltpult 113 23
Schaltraum 62 38; E 87
50
Schaltschema E 88 36
Schalttafel 78 28; 80 32
Schalttisch 62 40; 125 23
Schaltung E 88 36; E 113
IV; E 173 u. 174 38
Schaltwaage E 8 50
Schaltwarte 113 22
Schaltwärter 113 24
Schaltzelle 113 40, 41, 42
Schalung E 129 37
Schaluppe E 138 15
Schambein 38 20
Schambeinfuge 38 21
Schamotte E 127 10
Schamottestein E 127 39
schampunieren E 147 33
Schanzentisch 71 22

Schanzkleid 126 25
Schar 156 35
Schärband E 135-137 76
Schärblatt 137 9
Schärbock 137 8
Schäre E 1 69
Schären E 135-137 VII
scharf 187 15
Scharfeinstellung E 94 u.
95 29
schärfen E 134 25
Schärfmaschine E 133 20;
E 141 7
Scharfschütze E 106 20
Schärgatter 137 7
Schärmaschine 137 II
Scharnier 9 12
Schärrahmen 137 7
Schärrapport E 135-137
75
scharren E 33 u. 34 67
Scharte E 1 30
schartig 187 14
Schär- und Aufbäummaschine 137 II
Schattenstab 9 31
Schattiermatte 160 23
Schattierung E 189 36
schätzen E 7 154
Schatzgräber 159 4
schauen E 35 31
Schauerwolke 3 III
Schaufel 31 3, 6; 46 44;
47 45; 72 30; 77 30;
105 4; 166 12
schaufeln E 77 48
Schaufelrad 112 27
Schaufelradbagger 112 20
Schaufenster 169 28
Schaufensterfigur 166 42
Schaukasten 91 17; 108
17
Schaukel 4 53; 77 18 u.
19
Schaukelbrett 77 19
schaukeln E 77 50
Schaukelpferd 53 14
Schaukelreck 97 8
Schauloch 117 5
Schaum 168 15
Schaumkrone E 59 23
Schaumschläger E 43 27
Schaupackung E 166 20
Schausammlung E 91 53
Schauspiel E 86 16
Schauspieler E 86 38
Schauspielhaus E 86 2
Schauspielkunst E 86 37
Schauspielschule E 86 39
Schauturnen E 65 u. 66
17
Scheck E 163 32
scheckig E 189 23
Scheffel E 8 28
Scheibe 54 30, 52; 68
38; 72 31

Scheibenegge E 159 11
Scheibenfräser E 121-123
71
Scheibengardine 44 35
Scheibengasbehälter
E 114 30
Scheibenhantel 68 36
Scheibenkupplung E 124
26
Scheibenrad 173 6
Scheibensignal 179 12
Scheibenstange 68 37
Scheibenwischer 173 9
Scheide E 38 70
Scheidenpilz E 18 16
Scheidewand 39 34
Scheinwerfer 86 18; 87
1; 97 2; 171 15; 172
30; 173 3; 184 30
Scheinwerfersignal E 186
24
Scheit E 46 9
Scheitel E 1 24; 35 41;
E 147 50
Scheitelbein 38 2
Scheitelpunkt 5 16
Scheitelwinkel 5 15
Schelf E 1 70
Schellen E 93 56
Schellfisch E 23 10
Schellkraut E 15 13
Schemel 43 22
Schenke E 167 u. 168 19
Schenkel 5 14; E 35 92
Schenkelnerv 39 41
Schenktisch 168 5
Scherbaum 140 13
Scherbrett 146 2
Scherdegen 140 12
Schere 22 24; 56 1; E 65
u. 66 71; 77 8; E 129
12
scheren E 33 u. 34 10;
E 135-137 113; E 158
44
Scherfestigkeit E 125 13
Schermaschine 137 VII
Schersprung E 67 57
Scherversuch 125 III
Scherzapfen 129 25
Scherzylinder 137 43
scheuen E 33 u. 34 39
Scheuer 153 1
Scheuerbürste 55 37
Scheuereimer 55 35
Scheuerlappen 55 36
Scheuerleiste 130 24
scheuern E 55 66
Scheuern 55 VIII
Scheuersand E 55 70
Scheuertuch 55 36
Scheune 152 32; 153 1,
47
Scheunentor 153 4
Schi E 71 u. 72 I
Schianzug E 71 u. 72 23

Schiausrüstung 71 IV
Schicht E 1 89; E 110 u. 111 14; 161 47
Schichtarbeiter E 128 41
schichten E 46 17
Schichter E 128 41
Schichtholz E 133 33
Schichtung E 73 35
Schichtwolke 3 IV
Schiebeband E 138 17
Schiebebühne 127 26
Schiebedeckel E 100 39
Schiebefenster 40 33
Schiebeleiter 102 39
Schieber 57 27; 81 12
Schiebetor 181 3
Schiebetür E 41 50; 171 26; 176 16; 178 21
Schiebewandtafel 78 30
Schieblade 166 18
Schieblehre 121 18
Schiedsrichter 69 27; E 69 u. 70 25; 70 13; 92 11
Schieferdach E 40 25; E 129 58
Schieferhammer E 129 61
Schieferkasten 78 53
Schiefernagel E 129 59
Schieferschere E 129 64
Schieferstift 78 54
Schiefertafel 78 50
schielen E 35 41
Schienbein 38 26
Schienbeinmuskel 39 13
Schiene 60 7; 70 8; 94 23; 175 27; 178 13
schienen E 60 37
Schienen 60 V
Schienenstoß 178 14
Schienenübergang 175 22-25
Schierling E 15 14
Schießabzeichen E 106 19
Schießhauer E 110 u. 111 131
Schießkelle E 106 11
Schießscheibe E 106 8
Schießsport E 106 II
Schießstand E 106 7
Schifell 71 33
Schiff 126 13, 20, V; 186 26
Schiffahrt E 185 38
Schiffahrtslinie E 185 41
Schiffahrtszeichen E 186 1
schiffbar E 182 2
Schiffbau 126 Ü
Schiffbrüchige 186 25
Schiffchen 56 17
Schiffchenarbeit 56 V
Schiffer 101 2; E 185 17
Schifferklavier E 82 u. 83 60

Schifferknoten E 183 12
Schiffsarzt E 185 19
Schiffsbauhalle E 126 18
Schiffsbaumeister E 126 12
Schiffsbrücke E 182 31
Schiffsglocke E 186 32
Schiffshebewerk E 182 32
Schiffsheizer E 185 25
Schiffsjunge E 185 29
Schiffskoch E 185 21
Schiffslicht E 184 79
Schiffsmodellbau E 106 55
Schiffsmotor 184 48
Schiffspapiere E 185 42
Schiffsrippe 126 30
Schiffsrumpf E 184 72
Schiffsschaukel 98 7
Schiffsschraube 184 51
Schiffstaufe E 126 35
Schiffstelegraph E 184 58
Schiffstyp E 126 3
Schiftapparat 129 22
schiften E 129 19
Schiftung E 129 20
Schihandschuh 71 45
Schihütte 71 Z
Schilauf 71 Z
Schilaufen 71 Z
Schiläufer 71 2
Schild 31 20; 90 18; 121 21
Schildblume E 21 23
Schilddrüse 38 30
Schildkröte 15 18
Schilf E 19 34; E 182 13
Schilfdach E 129 35
schillern E 189 37
Schimarathonlauf E 71 u. 72 24
Schimmel E 33 u. 34 29
Schimmer E 189 38
Schimpanse E 29 18
Schindel 129 51
Schindeldach E 40 26; E 129 50
Schinken 145 3
Schinkenspeck E 144 u. 145 21
Schinkenwurst E 144 u. 145 47
Schippe 55 32; 77 3
Schippen E 93 57
Schirmmacher E 48-52 8
Schirmmütze 49 27
Schirmpilz 18 14
Schirmständer 45 35
Schispitze 71 32
Schispringen 71 III
Schispringer 71 21
Schistiefel 71 42, 49
Schistock 71 47
Schiwachs E 71 u. 72 25
Schlächter 144 4
Schlachtgeräte E 144 u. 145 I

Schlachthaus 144 Z, I-IV
Schlachtkeule E 144 u. 145 4
Schlachtmaske E 144 u. 145 2
Schlachtschiff E 184 23
Schlachtteil 145 II
Schlachtvieh E 144 u. 145 11; E 154 7
Schlachtzeug E 144 u. 145 5-8
Schlacke E 115 u. 116 82
Schlackenabstichloch E 115 u. 116 83
Schlackenausfluß 118 21
Schlackenbansen 179 14
Schlackenbrecher 122 9
Schlackenhammer 122 41
Schlackenloch 118 22
Schlackenmühle E 118 25
Schlackenrinne 115 19; 117 9
Schlackenwagen E 115 u. 116 84
Schlackwurst E 144 u. 145 45
Schlaf E 42 32
Schlafanzug 50 2 u. 3, 15
Schlafdecke E 42 25
Schläfe 35 42
schlafen E 42 41
Schläfenbein 38 3
schlaff 188 5
Schlafmohn 15 18
Schlafpuppe E 53 11
Schlafsaal E 77 7
Schlafwagen 176 39
Schlafwagenabteil 176 40
Schlafwagenplatz E 177-179 29
Schlafzimmer 42 Ü
Schlafzimmerbild 42 14
Schlag E 60 13; E 68 II, E 69 u. 70 14; 156 2
Schlagader 39 III
Schlagball 70 29
Schlagballspiel 70 V
Schlagbiegefestigkeit E 125 14
Schlagbürste 149 29
Schlägel 111 1
schlagen E 9 24
Schlager E 96 7
Schläger 70 6, 28; 92 9
Schlägerabdeckung 135 16
Schlägermühle 113 19
Schlaggitarre 96 21
Schlaghacke E 160 30
Schlaghammer 151 22
Schlagholz 70 27
Schlaginstrument 84 34-36, 38, 40, 41
Schlagloch 175 42
Schlagmal 70 26

Schlagmann 75 7
Schlagmaschine 135 III
Schlagplatte 120 28
Schlagring 83 23
Schlagschere 131 5
Schlagwetter E 110 u. 111 88
Schlagwetterexplosion E 110 u. 111 109
Schlagzeile 90 21
Schlagzeug 96 8
Schlagzeuger 85 21; 96 9
Schlagzugfestigkeit E 125 15
schlämmen E 127 6
Schlammentfernung 185 40
Schlange 23 21 u. 23
schlängeln, sich E 175 13
Schlangenbogen 72 5
Schlangenbohrer 134 47
Schlangenhaut E 140 33
Schlangenleder E 140 33
Schlangenlinie E 5 u. 6 12
schlank 187 30
Schlauch 55 28; 102 35; 160 25; 172 20
Schlauchboot E 181 36
Schlauchführer 170 36
Schlauchhahn E 131 46
Schlauchhaspel 102 38, 41
Schlauchstethoskop 61 41
Schlauchtrommel 47 18
Schlauchtrupp E 101 u. 102 78
Schlauchwaage 128 35
Schlauchwagen 102 32
Schlaufe 50 30; 73 26; 142 36; E 142 9
Schlegel 84 39; 145 52
Schlehe E 16 u. 17 33
Schlehenbusch E 16 u. 17 32
Schleie E 23 11
Schleier 18 17; 48 12; E 147 93
Schleiereule 24 7
Schleifband 133 28
Schleifbock 121 23
Schleife 50 27; 51 7
schleifen E 121-123 93; E 130 20; E 134 31
Schleifen E 121-123 VIII
Schleifer 148 2
Schleifkissen 133 30
Schleifleitung 112 6
Schleifmaschine E 121-123 97
Schleifscheibe E 121-123 102; 133 27
Schleifstein E 43 29; 63 32; E 134 25; E 144 u. 145 9

Schleifwalze 133 29
Schleimhaut E 38 5
schlenzen E 69 u. 70 51
Schleppdampfer 182 14; E 184 13
Schleppe 159 1
Schlepper 119 17; 155 8; 156 3; 157 3; 158 22; 182 14; E 184 13; 185 19
Schlepperführer 155 12
Schlepperpflug 155 7; 156 4
Schleppkahn 182 16; 185 20
Schleppnetz 146 3
Schleppnetzfischerei 146 III
Schlepprechen 157 13
Schleppseil 106 15
Schlepptau 182 15
Schleppzug 182 14-16
Schleuder E 68 72
Schleuderball E 69 u. 70 76
Schleuderguß E 117 22
Schleudermilch E 154 61
schleudern E 22 41; E 173 u. 174 75
Schleuse 170 11; 182 11 u. 12
Schleusendeckel 170 12
Schleusenkammer 182 11
Schleusenloch 170 1
Schleusenräumer 17 10
Schleusenrost 170 2
Schleusenschacht 170 8
Schleusentor 182 12
schlicht E 48-52 54
Schlichten E 135-137 VIII
Schlichtfeile 121 24-28
Schlichthammer 122 10; E 131 13
Schlichthobel 134 5
Schlichtmaschine 137 III
Schlichtmasse E 135-137 81
Schlichtvorrichtung E 135-137 82
Schlick E 59 14
schließen E 110 u. 111 23
Schließer 86 8
Schließfach 180 2; 163 15
Schließform 149 31
Schließkopf 124 4
Schließmuskel E 39 9
Schließrahmen E 149 u. 150 84
Schließvorrichtung 146 11
Schließzeug E 149 u. 150 85
Schlinge 72 8
schlingen E 38 55

schlingern E 184 99
Schlingpflanze E 20 VI
Schlingrose E 20 34
Schlipp 126 8, 18
Schlips 50 26
Schlipsnadel 50 34
Schlitten 72 38; 94 22; 120 39; 132 30
Schlittenbahn 72 37
Schlittschuhlaufen E 71 u. 72 II; 72 I
Schlittschuhläufer 72 2
Schlittschuhschritt 71 6
Schlitz 45 6; 49 10; E 129 11; 169 37
schlitzen E 129 9
Schlitzverschluß 94 36
Schloß 121 15
Schloße E 3 20
Schlosser E 121-123 3
Schlosseranzug 49 31; 121 9
Schlosserei 121 Ü, I
Schlosserlehrling 121 7
Schlosserwerkzeug 121 II
Schloßkasten 45 19
Schloßplatte 123 13
Schlot 115 9
Schlucht 1 X
Schluck E 54 16
schlucken E 35 74, 76
Schlummer E 42 33
Schlund 36 28
schlüpfen E 22 37; E 153 24
Schlüpfer 50 6
schlürfen E 35 73
Schlüssel 43 40; 72 19; 121 14
Schlüsselbein 38 9
Schlüsselblume E 19 4
Schlüsselbrett E 43 30
Schlüsselbund E 45 5
Schlüsselloch 45 21
Schlüsselring 51 34
Schlüsselweite 124 11
Schlußlicht 172 32; 173 18; 178 7
Schlußmann E 67 39
Schlußrechnung E 7 128-131
Schlußstein 128 13
Schlußwort E 108 36
Schlußzug E 75 u. 76 30
schmal 187 22
Schmalfilmkamera 94 42
Schmalz E 54 72; E 144 u. 145 40
schmälzen E 135-137 65
Schmarotzer E 22 9
schmatzen E 35 82
schmauchen E 127 22
schmecken E 35 79
Schmeer E 144 u. 145 38
Schmeißfliege E 22 13

Schmelz **37** 19
Schmelzbetrieb **117** I
schmelzen E **115** u. **116** 62;
Schmelzer **116** 7; **118** 7
Schmelzkäse E **166** 39
Schmelzschweißen E **121-123** 25-27
Schmelzzone E **115** u. **116** 60
Schmerling E **18** 13
schmerzen E **61** u. **62** 40
Schmetterling **22** 3
Schmetterlingsblüte **12** 18
Schmetterlingsschwimmen **74** 21
schmettern E **69** u. **70** 65; E **84** u. **85** 31
Schmied **120** 9; E **121-123** 14
Schmiede **122** Ü, I
Schmiedefeuer **122** 5
Schmiedehammer **122** 10
Schmiedelehrling **122** 25
Schmiedemaschine E **120** 5
Schmiedeofen **120** I
Schmiedestück **120** 16; **122** 12
Schmiege **8** 5; **123** 37
schmieren E **173** u. **174** 67
Schmiernippel **124** 47
Schmieröl E **112** 30
Schmierseife E **56** 36
Schminke E **86** 50; E **147** 79
schmoren E **55** 48
Schmorfleisch **145** 24-27, 30-32
Schmuck E **48-52** VIII
Schmuckplatz **107** 18
Schmutztitel E **89** u. **90** 60
Schnabel **31** 22; **34** 22; **116** 21
Schnabeltasse **57** 9
Schnabeltier **28** 1
Schnalle **50** 31; **51** 10; **139** 7
Schnappring **73** 6
Schnapprollo E **42** 28
Schnaps E **167** u. **168** 28
schnarchen E **42** 45
schnattern E **33** u. **34** 41
schnaufen E **38** 32
Schnauze **34** 26; **43** 52
Schnecke **36** 21; **84** 27; E **124** 14; **143** 37
Schneckenbohrer **134** 45
Schneckenlinie E **5** u. **6** 14
Schneckenrad E **124** 15
Schnee **3** V
Schneeball E **16** u. **17** 21

Schneebeere E **16** u. **17** 35
Schneebrille **71** 46; **73** 20
Schneedecke **72** 36
Schneeflocke E **3** 21
Schneegestöber E **3** 22
Schneeglöckchen E **20** 2
Schneekette E **173** u. **174** 58
Schneemann **72** 35
Schneepflug **71** 4
Schneeschmelze E **3** 23
Schneewehe **72** 33
Schneezaun **72** 32
Schneidbügel **127** 17
Schneide **54** 19
Schneidemaschine E **151** 6
Schneidemesser **151** 7
schneiden E **55** 49; E **129** 5; E **132** 8; E **134** 10; E **147** 27
Schneidende **5** 49
Schneider **139** 12
Schneiderei **139** Ü
Schneiderin E **139** 3
Schneidermuskel **39** 12
Schneidertisch **139** 19
Schneiderwerkstatt **139** I
Schneidezahn **36** 25; **37** III
Schneidlade **134** 24
Schneidstahl E **121-123** 43-46
Schneise **162** 2
Schnelläufer E **149** u. **150** 83
Schnellbauaufzug E **128** • 68
Schnellbohren E **121-123** 83
Schnellbrennen E **127** 25
Schnelldampfer E **184** 3
Schnelldrehen E **121-123** 56
Schnellfräsen E **121-123** 66
Schnellhefter **164** 40
Schnellhobeln E **121-123** 80
Schnellkommando E **101** u. **102** 56
Schnellnähmaschine **138** 18
Schnellpresse **150** II
Schnellschmelzen E **118** 16
Schnellschneider **144** 9
Schnellschnittstahl E **121-123** 44
Schnellsegler E **183** 26
Schnellstraße E **169** u. **170** 18
Schnelltrennsäge E **121-123** 107
Schnelltrocknen **127** 16

Schnellverband E **60** 54
Schnellverkehr E **176** 5
Schnellwaage **145** 12
Schnellzerspanung E **121-123** 36
Schnellzug **176** 14, 21, 34, 35, 37, 39
Schnellzuglokomotive **176** 21
Schnellzugzuschlag E **177-179** 23
Schnepfe **31** 21
Schnitt E **5** u. **6** 20; E **60** 17; **90** 6; E **87** 36; **115** II; E **121-123** 38; **124** 44; **139** 23; E **151** 25; **168** 22
Schnitteisen E **142** 33
Schnitter **157** 16
Schnittfräse E **141** 22
Schnittgeschwindigkeit E **121-123** 40
Schnittholz **132** 22
Schnittholzlager **132** III
Schnittiefe E **121-123** 39
Schnittlauch **12** 29
Schnittmuster **139** 23
Schnittpunkt **5** 1; E **5** u. **6** 21
Schnittware **132** 22
Schnittwunde E **60** 18
Schnitzel E **144** u. **145** 33
Schnitzmesser **162** 29
Schnörkel E **89** u. **90** 5
schnüffeln E **33** u. **34** 61
Schnuller **52** 9
Schnupfen E **61** u. **62** 64
Schnupftabak E **166** 68
schnuppern E **33** u. **34** 20; E **35** 61
Schnur **146** 14; **165** 32
Schnürband **51** 7; **142** 33
Schnurbaum **47** 25
Schnürboden E **126** 20
schnüren E **30** u. **31** 12; E **130** 13
Schnurmaurer **128** 4
Schnurrbart E **147** 67
schnurren E **3** u. **34** 23
Schnürschuh **51** 6; **142** IV
Schnürsenkel **51** 7; **142** 33
Schnürstiefel **51** 6
Schnürung **71** 49
Schock E **8** 30; E **61** u. **62** 87
Schockwurf E **69** u. **70** 41
Schöffe **100** 15; E **100** 82
Schöffengericht E **100** 96
Schokolade E **166** 50
Scholle E **23** 12; **156** 18
Schollengebirge E **1** 102

Schöndruck E 149 u. 150 95
Schoner E 183 23
Schönheitspflege E 147 3
Schonung 162 4
Schopf 34 4; E 35 20
Schöpfer 128 5; 148 17
Schöpfform 148 18
Schöpfkelle 54 24
Schoppen 8 22; E 167 u. 168 29
Schöps 33 8
Schornstein 40 2; 115 9; 176 22; 184 15
Schornsteinbauer E 128 32
Schornsteinfeger 46 4
Schornsteinmaurer E 128 32
Schoß E 35 101; 145 24
Schößling 12 16; 13 9
Schot E 183 10
Schothorn 183 13
Schott 126 11
Schotter E 1 86, 170 18
Schotterhaufen 175 40
schottisch 188 32
Schottische E 82 u 83 13
schraffiert 188 33
Schrägaufzug 115 3
Schragen 143 14
Schrägkammerofen E 114 8
Schrägraum 70 30
Schrägwalzwerk E 119 7
Schram E 110 u. 111 64
schrämen E 110 u. 111 63
Schrämkette 111 18
Schrämmaschine 111 16
Schrank 41 25; 42 11, 36; 78 8; 92 10; 95 30
Schränkchen 95 25
Schranke 175 24
schränken E 121-123 109; E 134 28
Schrankkartei 164 2
Schrankkoffer E 177-179 28
Schränkzange E 134 28
Schratsegel 183 39-43
Schraubdeckel 166 7
Schraube 74 30; 124 5, 13, 17, 19, 22, 23, 25, 27, 29, 30; 184 IV, 51
schrauben E 134 29
Schraubendampfer E 184 31
Schraubenrad E 124 16
Schraubenschlüssel 174 15
Schraubensicherung 124 6, 15, 18, 20, 26, 28
Schraubenwelle 184 50
Schraubenzieher 121 42; 134 14; E 134 29

Schraubknecht 134 36
Schraublehre 8 7, 123 35
Schraubstock 121 13
Schraubzwinge 134 37
Schrebergarten 47 I
Schrebergärtner E 47 4
Schreibblock 164 32
schreiben E 164 u. 165 38
Schreiben E 164 u. 165 42
Schreibfeder E 89 u. 90 7; 165 36
Schreibgerät 165 III
Schreibheft 78 19; 81 8
Schreibmappe 41 43
Schreibmaschine 164 19; 165 I
Schreibmaschinenpapier E 148 40
Schreibma chinenschrift 89 14
Schreibpapier E 148 38
Schreibpult 180 22
Schreibschrank E 41 22
Schreibschrift 89 12
Schreibtisch 41 41, 164 15
Schreibtischlampe 41 40, 164 27
Schreibtischplatte 164 16
Schreibtischsessel 41 44
Schreibunterlage 41 42; 164 36
Schreibwalze 165 11
Schreibzeug 164 28
schreien E 33 u. 34 7
Schreiner 134 28
Schrenz E 151 22
Schrenzsauger 151 38
Schrenztransport 151 39
Schrift 89 Ü, 2, 3, 5, 6, 7; E 89 u. 90 I; E 149 u. 150 32
Schriftart E 89 u. 90 137
Schriftführer 100 6; 108 5
Schriftführerin 100 13
Schriftgrad E 89 u. 90 139
Schriftkasten 151 17
schriftlich E 78 71
Schriftmaler E 130 2
Schriftsatz E 89 u. 90 IV; 90 V; E 149 u. 150 III
Schriftsetzer E 149 u. 150 8
Schriftsteller E 89 u. 90 77
Schritt 8 15; E 33 u. 34 38
Schrofen E 73 36
Schroffen E 73 36
Schrot E 30 u. 31 36; E 154 29

Schrotbrot E 143 35
Schrotmeißel 122 22
Schrotsäge 129 10; 162 20
Schrott 118 3
Schrottmulde 118 4
Schrottplatz 115 15
Schrubber 55 38
Schruppfeile 121 24-28
Schrupphobel 134 7
Schubfach 166 18
Schubkarre 77 37, 128 22; E 160 29
Schubkarren 66 24; 77 37; E 77 35
Schublade E 41 34, 139 45, 166 18
Schublehre 121 18
Schuh 51 1-6, 8, 9, 11, E 142 II
Schuhband 142 33
Schuhbürste E 55 81
Schuhfabrik 141 Ü
Schuhgestell 44 38
Schuhgröße E 142 17
Schuhindustrie E 141 1
Schuhkrem E 55 83
Schuhlänge E 142 18
Schuhlöffel E 48-52 78
Schuhmacher 142 Ü, 1
Schuhmacherhammer 142 4
Schuhmachermesser 142 21
Schuhmacherschemel 142 9
Schuhproduktion E 141 2
Schuhreparaturwerkstatt 142 I
Schuhspanner E 48-52 75
Schuhweite E 142 19
Schuhwerk E 48-52 VII
~, orthopädisches E 142 51
Schulabgänger E 78 17
Schulanfänger 78 III
Schularbeitszimmer E 77 10
Schulbesucher E 78 III
Schulbuch E 89 u. 90 43
Schuld E 163 48
Schuldner E 163 49
Schule 78 Ü
Schulentlassung E 78 22
Schüler 78 45
Schülerin E 77 15; 78 22, 46
Schulfunk E 88 9
Schulfunksendung E 78 74
Schulgeldfreiheit E 78 93
Schulgleiter E 106 27
Schulimpfung E 78 99
Schuljahr E 78 20
Schulkind E 78 15

Schulleiter E 78 12
Schulpflicht E 78 IV
Schulranzen 78 47
Schulschiff E 183 25
Schulspeisung E 78 96
Schultasche 78 49
Schulter 34 11; 35 26; 145 27, 43, 50
Schulterblatt 35 27; 38 10
Schulterblattmuskel 39 15
Schultergurt 106 5
Schulterschwung E 68 76
Schulterstand E 65 u. 66 72
Schulterzug E 75 u. 76 38
Schulungsarbeit E 103 50
Schulwanderung E 78 76
Schulzahnklinik E 78 100
Schulzimmer 78 I
Schupp 32 8
Schuppe 17 5; 18 9; 23 8; E 35 107
Schuppenfell 32 8
Schur E 158 45
schürfen E 110 u. 111 21
Schürfwunde E 60 25
Schürhaken 122 8
Schurwolle E 135-137 55
Schürze 52 24
Schuß 69 50
Schußbruch E 135-137 102
Schußdichte E 135-137 104
Schüssel 43 9; 54 27, 31; 145 20; 148 9
Schußfadenbruch E 135-137 102
Schußfahrt E 71 u. 72 27
Schußgabel E 135-137 103
Schußrapport E 135-137 101
Schüttelrutsche 111 26
schütter E 147 17
Schuttkegel 1 21
Schütttrumpf 112 8
Schutzanstrich E 126 10
Schutzblech 172 9
Schutzbrille 61 27; 122 35
Schütze E 2 38
schützen E 109 44
Schützen 137 25
Schützenfangvorrichtung 137 42
Schützenhaus 118 15
Schützenkasten 137 35
Schützenlaufbahn E 135-137 100
Schutzgerüst 128 2
Schutzgitter 135 23; 137 45
Schutzhaube 125 24; 133 20; 143 6

Schutzhelm 102 17
Schutzhütte 73 9
Schutzimpfung E 61 u. 62 124
Schutzmantel 125 24
Schutzpolizei E 101 u. 102 V
Schutzschild 122 39
Schutzschürze 62 47
Schutzumschlag E 89 u. 90 55
Schutzwand 151 20
Schwachbrand E 127 27
Schwachgas E 114 9
Schwachstrom E 113 9
Schwad 157 19
Schwaden E 110 u. 111 91; 157 19
Schwadenwender E 159 24
Schwalbe 27 4
Schwalbennest 154 26
Schwalbenschwanz 22 3; 129 26
Schwall E 75 u. 76 79
Schwamm 78 51
Schwammkasten 78 14
Schwan 27 11
Schwanz 24 6; 30 12, 24, 35; 31 12, 15; 34 15, 31, 37; 83 33
Schwanzflosse 23 13
Schwanzstück 145 26
Schwarte E 132 11
Schwartenmagen E 144 u. 145 61
schwarz 189 3
Schwarzbrot 143 27
Schwarzdorn E 16 u. 17 32; 58 30
Schwarze Kunst E 149 u. 150 3
Schwarzfleisch E 144 u. 145 20
Schwarzwild 30 28
Schwebebalken 65 17
Schwebestütz E 65 u. 66 73; 66 23
Schwebetisch 68 14
Schwedenbank 65 23
Schwedenstaffel E 67 40
Schwefel E 114 18; E 115 u. 116 31
Schwefeleisen E 114 12
Schwefelkopf E 18 22
Schwefelsäure E 173 u. 174 43
Schwefelwasserstoff E 114 11
Schweif E 2 21; 34 15
Schweifhammer 131 16
Schweifstock E 131 7
Schwein 30 28; 33 5; E 33 u. 34 3; 145 46; 154 51; E 154 IV
Schweinebauch 145 51

Schweinebraten E 54 41
Schweinefleisch E 144 u. 145 15
Schweinehütte 154 60
Schweinemast E 154 67
Schweinepest E 154 38
Schweinepilz 154 57
Schweinestall 154 III
Schweinezucht E 154 65
Schweinsblatt 145 50
Schweinshälfte 145 10
Schweinskamm 145 48
Schweinskeule 145 52
Schweinskopf 145 47
Schweinsleder E 140 28
Schweinsrücken 145 49
Schweiß E 35 108
Schweißbrenner 122 37
Schweißdraht 122 36
Schweißdrüse E 35 109
schweißen E 30 u. 31 37
Schweißen 122 28, 38; E 126 29
Schweißer E 121-123 23
Schweißerei 122 Ü, II
Schweißerlehrling 122 34
Schweißleder 51 32
Schweißpore E 35 110
Schweißtechnik E 121-123 II
Schweißtisch 122 45
Schweißumformer 122 49
Schweißung E 126 29
Schwelkohle E 112 15
Schwelle 45 13; 128 26; 129 48; 178 15
schwellen E 79 35
Schwellung E 60 28
Schwelofen E 112 25
Schwemme E 182 16
Schwenkarm 141 4
schwer E 160 47
Schwerathlet E 68 29
Schwerathletik 68 Ü
Schwergewicht E 68 18
schwerhörig E 35 49
Schwerindustrie E 115 u. 116 15
Schwerkranker 62 28
Schwermetallguß E 117 8
Schweröl E 112 29
Schwert 76 36
Schwertlatte 128 9
Schwertlilie 20 7
Schwester 62 6, 30
Schwiele E 35 105
Schwimmart 74 II
Schwimmbad 74 I
Schwimmbagger 185 II
Schwimmbahn 74 38
Schwimmbecken 74 11, 12
Schwimmdock 126 IV; 185 15
Schwimmeister E 74 21
Schwimmen 74 Ü, Z

Schwimmer 74 11 E 74 20; E 131 61; 146 6, 10, 13; E 173 u. 174 24; E 182 52
Schwimmhaut 34 25
Schwimmkran E 185 6
Schwimmlehrer 74 19
Schwimmsport 74 Z
Schwimmstange 74 7
Schwimmtier E 53 5
Schwimmweste E 181 35; E 186 40
Schwimmwettkampf 74 IV
schwinden E 127 17
Schwingbock 65 20
Schwinge 31 16
schwingen, sich E 77 51
Schwinger E 68 64
Schwingkeule 66 32
Schwingpflug E 159 31
Schwitzen E 57 43
Schwitzpackung E 57 42
schwören E 100 122
Schwundausgleich E 88 52
Schwundregelung E 88 52
Schwung 71 II
Schwungmasse E 172 35
Schwungrad 120 40; 139 34 E 173 u. 174 37
Schwungschlag E 69 u. 70 68
Schwungstemme E 65 u. 66 74
Schwurgericht E 100 95
Scotchterrier E 33 u. 34 52
Seal E 32 2
Sech 156 36
sechs E 7 7
Sechseck 6 9
Sechsfelderwirtschaft E 79 41
Sechskantschraube 124 5, 13
Sechskantstahl 119 33
sechste E 7 43
sechzehn E 7 17
Sechzehntelnote 83 42
Sechzehntelpause 83 47
sechzig E 7 26
Sediment E 1 92
Sedimentgestein E 1 113-115
Sedum E 20 29
See 1 31, 34; E 1 53; E 59 8; 186 Z
Seebad 59 Ü
Seebrücke 59 6
See-Elefant E 29 11
Seefähigkeit E 184 97
Seefahrtsbuch E 185 43
Seefahrtsschule E 185 48
Seefisch E 23 21

Seefischerei 146 Ü
Seeflugzeug E 181 10
Seefunk E 186 34
Seehafen E 185 1
Seehund 29 12
Seekarte E 184 47
Seelöwe E 29 10
Seemann E 185 30
Seemeile E 8 13. E 184 48
Seenot 186 V
Seenotstation E 186 43
Seeotter E 32 13
Seepferdchen E 23 31
Seepolizei 101 I
Seerose E 19 36
Seeschiffahrt E 185 39
Seestraßenordnung E 106 62
Seetüchtigkeit E 184 97
Seezeichen 186 Ü, Z, III
Segel 76 31, 183 I
Segelboot 76 30
Segelfahrzeug 76 37
Segelfläche E 75 u. 76 51
Segelflieger E 106 36
Segelfliegerabzeichen E 106 37
Segelflug E 181 68
Segelflugmodell 106 I
Segelflugschule E 106 32
Segelflugsport 106 Z (I-III), E 106 IV
Segelflugzeug 106 III, 11-14
Segeljacht 76 37
Segelkanu E 75 u. 76 67
Segelleine E 183 10
Segeln E 75 u. 76 III; 76 Z, II
Segelregatta E 75 u. 76 52
Segelriß 183 III
Segelschiff 53 23; 183 Ü, Z; 185 21
Segelschulschiff E 106 71
Segelstange 183 2
Segeltuch E 183 2
S-Egge 156 24
Segler 183 Z
Segment 5 50
sehen E 35 30
Seher 30 19, 32
Sehloch 37 5
Sehne 5 48, E 39 10
Sehnerv 37 13
Seide E 48-52 43
Seidel 8 23; E 167 u. 168 32
Seidenpapier E 148 52
Seidenraupe E 22 5
Seidenraupenzucht E 79 99
Seidenspinner E 22 4
Seife 44 18
Seifenflasche 147 8

Seifenlauge E 56 38
Seifenpulver E 56 37
Seifenschale E 44 4
Seifenschaum 147 34
Seil 68 9; 73 7 E 124 20; 127 6
Seilabstand E 73 37
Seilfähre E 182 48
Seilfahrt E 110 u 111 79
Seilknoten E 73 38
Seilkranbahn 126 2
Seilquergang 73 IV
Seilrolle 127 7
Seilschaft E 73 39
Seilscheibe 110 3
Seilschlinge E 73 40
Seilspringen E 68 28
Seiltänzer 97 3
Seilwinde 170
Seiner E 146 6
Seismograph E 2 53
Seite 5 23 90 9
Seitenaufreißer E 68 81
Seiteneinstellung 94 17
Seitengang E 171 13 E 176 37
Seitenhalbierende 5 24
Seitenholz E 132 16
Seitenkielschwein 126 32
Seitenleitwerk 106 13
Seitenlinie 69 25, 70 20, 42, 43
Seitenscheitel E 147 65
Seitenschwimmen E 74 22
Seitensteuer 181 14
Seitenstraße E 169 u. 170 15
Seitenteil 42 46
Seitentor 153 44
Seitenträger 126 32
Seitenwechsel E 69 u. 70 15
Seitenwind E 75 u. 76 80
Seitenzahl 90 14
Seiteschwimmen E 74 22
Seithalte 66 7
Seitliegestütz E 65 u. 66 75
seitlings E 65 u. 66 18
Seitsitz E 65 u. 66 76
Seitspreizen 66 5
seitwärts 4 47
Sekante 5 49
Sekret E 38 58
Sekretariat E 103 24
sekretieren E 91 25
Sekretion E 38 59
Sektflasche 168 31
Sektglas 168 36
Sektion E 101 u. 102 55
Sektionsbau E 126 6
Sektkühler 168 29
Sektor 5 44
Sekundant 68 5
Sekunde E 9 31, E 82 u. 83 69

Sekundenzeiger 9 11
Selbstanschluß E 180 42
Selbstauslöser 94 37
Selbstbedienung E 166 4
Selbstbinder 50 26; 157 11
Selbstentladewagen 112 12, 35; 176 13
Selbstfahrer 53 31
Selbstführung 156 28
Selbstkosten E 163 51
Selbstkritik E 103 31
Selbstschreibebarometer E 79 29
Selbststudium E 80 74; E 105 35
Selbsttränke 154 44
selektieren E 158 7
Selfaktor 135 VIII
Selfaktorkops 137 6
Sellerie 12 31
Selterwasserflasche 168 8
Semaphor E 186 22
Semester E 80 62
Semikolon 89 23
Seminar E 80 67
Seminargruppe 80 I
Seminargruppenleiter 80 11
Seminargruppenraum 80 I
Seminargruppensekretär 80 7
Seminarraum 80 I; E 92 8
Semmel 54 6; 143 31
Senat E 80 3
Sendeantenne E 88 25
Sendefolge E 88 4
Sender E 88 1
Senderaum 88 I; E 92 9
Sendung E 88 3; 180 7
Senf E 54 92; E 167 u. 168 64
sengen E 135-137 112
Senker 121 34
Senkkübel 115 4
Senkloch 170 1
Senklot 128 12
Senkrechte 5 7
Senkrechtfräsmaschine E 121-123 73
Senkschraube 124 19
Sennesblätterstrauch E 15 31
Sense 157 17; 158 25
Sensenkorb 157 18
sensibel E 39 42
Separator 184 45
separieren E 110 u. 111 122; E 112 17
Seppelhose 52 41
September E 9 07
Septime E 82 u. 83 74
Sérac E 73 41
Seradelle 10 34

Serenade E 84 u. 85 48
Serienbau E 126 4
Serpentine 175 2
Servierbrett E 43 36
servieren E 167 u. 168 4
Serviertisch 168 25
Servierwagen 41 24
Serviette 54 35
Serviettenring 54 34
Sessel 41 11
setzen E 149 u. 150 33
Setzer 149 1, III; 165 19
Setzerei 149 Ü, I-III
Setzhammer 122 20
Setzholz 47 36
Setzkasten 149 3; 160 16
Setzkopf 124 2
Setzmaschine E 110 u. 111 124; 149 II
Setzregal 149 5
Setzschiff 149 17
Setz- und Gießmaschine 149 II
Seuche E 61 u. 62 57
Sextant E 184 49
Sexte E 82 u. 83 73
Sextole E 82 u. 83 97
sezieren E 61 u. 62 134
S-Haken 144 1
Shampoon E 147 74
Shapingmaschine 123 III
Shorts 49 21
Sichel E 158 31
Sicherheitsingenieur E 110 u. 111 145
Sicherheitslampe E 110 u. 111 97
Sicherheitsmitnehmerscheibe 123 3
Sicherheitsnadel 51 47
Sicherheitsschloß 45 12
Sicherheitsschnellstanze 141 III
Sicherheitsventil E 176 47
sichern E 109 43
Sicherung 45 IV, 43; E 73 42; 88 27
Sicherungsanlage 113 47
Sicht E 181 50
Sichtwerbung E 109 39; 169 6; 171 1
Sickenhammer E 131 9
Sickenmaschine 131 18
Sickenstock E 131 8
Sieb 128 21; 174 36
sieben E 7 8; E 112 17
Sieben 93 26, 39
siebente E 7 44
Siebpartie E 148 20
siebte E 7 44
Siebtrommelabdeckung 135 17
Sieb- und Sortiermaschine E 143 8
siebzehn E 7 18

siebzig E 7 27
Siedehaus E 58 17
sieden E 54 47
Siedepfanne E 58 19
Siedesole E 58 18
Siedlung E 40 38
~, aufgelassene E 152 30
~, gewachsene E 152 24
~, untergegangene E 152 30
~, verlassene E 152 30
Siedlungsforschung E 152 IV
Siedlungsgeschichte E 152 III
Siegel E 100 31
Siegellack E 164 u. 165 11
siegeln E 164 u. 165 10
Siegelring E 48-52 87
siegen E 67 6
Sieger E 68 65
Siegerehrung E 67 10
Sielengeschirr E 154 40
Siemens-Martin-Ofen (SM-Ofen) 118 I
Siemens-Martin-Stahl 118 18
Sigel E 89 u. 90 16
Signal 179 9, 12
Signalball E 186 20
Signalbrücke E 177-179 65
Signalfähnchen 107 2
Signalfeld 113 23
Signalflagge E 106 59; 186 23
Signalflügel 179 10
signalisieren E 106 58; E 186 16
Signalkegel 186 24
Signalmast E 106 60; 107 5; 179 11; 185 17; 186 IV
Signalpfeife E 177-179 61
Signalrahe E 186 19
Signalstander E 186 18
Signalstation 185 18
Signaltafel 86 30
Signalwimpel E 186 17
Signatur 2 VIII; E 91 22
Signet 90 II
Silage E 154 23
Silbe E 89 u. 90 13
Silbentrennung E 89 u. 90 14
Silberfuchs E 32 14
Silberpapier E 148 63
Silberschmied E 121-123 18
Silizium E 115 u. 116 32
Silo 153 12; E 185 10
Silomais E 157 26
Sims 40 10
Simshobel 134 9

Sinfonie E 84 u. 85 50
Sinfoniekonzert 85 I
Singdrossel 24 10
Singspiel E 77 43
Singvogel 24 Ü, 9, 10, 13-15; 25 Ü; 26 Ü
Sinkkasten 170 1
Sinnesorgan E 35 10
Sinnesübung E 77 21
Sinteranlage E 115 u. 116 41
sintern E 115 u. 116 39
Sinus E 5 u. 6 27
Siphon 131 48; 168 9
Sirene 181 11
Sirup E 166 33
Sitz 44 39; 72 43; 76 21; 77 21; 86 15; 87 29; 99 11; 106 10; 124 33; E 139 37
Sitzbad E 57 50
Sitzbein 38 22
sitzen E 139 37
sitzenbleiben E 78 90
Sitzplatz 86 15; E 171 14
Sitzpolster 41 22
Sitzreihe 86 14; 97 10
Sitzstange E 153 20
Sitzumschwung E 65 u. 66 77
Sitzung 99 I; E 99 48
Sitzungsperiode E 99 47
Sitzungszimmer E 92 6
Sitzwanne 44 22
Sitzwelle E 65 u. 66 77
Skala 9 17; E 41 42; 81 14; 88 19; 125 18
Skalenantrieb 88 20
Skalpell 63 46
Skat 93 31; E 93 58
skaten E 93 59
Skatspiel E 93 58
Skatspieler 93 27, 28, 30
Skeleton 72 51
Skelett 38 I
Sketsch E 82 u. 83 41
Skiff E 75 u. 76 28
Skizze E 89 u. 90 125
Skonto E 163 54
Skorpion E 2 37
Skull 75 IV, 22, 23
Skullboot 75 III
Skulpturensammlung E 91 44
Skunk E 32 15
Skunks E 32 15
S-Kurve E 175 22
Slalom 71 9
Slalomschi 71 27
Slowfox E 96 20
SM-Ofen 118 I
Smoking 49 35
Söckchen 48 20
Socke 50 20
Sockel 40 31; 108 9; 128 25

Sockenhalter 50 19
Soda E 56 39
Soffitte 86 25
Sohlbank 40 13
Sohle 35 38; 111 13; 141 III; 142 46; 156 34
Sohlenschoner 142 10
Sohlenschutz 71 43
Sojabohne 11 8
Solbad 58 III
Sole E 58 12
Solidarität E 103 42
Solistin 85 3
Soll E 99 15; E 163 40
Solluxlampe 61 24
Solo E 84 u. 85 33
Solotanz E 82 u. 83 7
Solotänzer 85 24
Solotänzerin 85 23
Solquelle E 58 12
Sommer E 9 104
Sommerblume E 20 II
Sommerfell E 32 22
Sommerfrucht E 157 25
Sommergetreide E 79 50
Sommerlager E 107 17
Sommermantel E 48-52 29
Sommerölfrucht E 79 49
Sommersaat E 157 3
Sommersprosse E 35 114
Sommertrüffel E 18 8
Sommerung E 79 48
Sommerweg 175 35
Sonate E 84 u. 85 49
Sonde 63 28, 47
Sonderbriefmarke E 180 26
Sonderbuchstabe 149 12
Sonderfläche 79 17-22; E 79 VII
Sonderschau E 91 58
Sonderstahl E 118 40
Sondervorlesung E 80 66
Sonderwagen E 171 3
sondieren E 61 u. 62 122
Sonnabend E 9 79
sonnabends E 9 80
Sonne 2 14; 46 5
Sonnenaufgang 2 25
Sonnenbahn 2 2
Sonnenblume E 11 6
Sonnenbrille 59 21
Sonnendach 40 16
Sonnendeck 184 12
Sonnenfinsternis E 2 17
Sonnenschein E 3 8
Sonnenschirm 58 7; E 92 24
Sonnenschreiber E 3 38
Sonnenschutz E 79 12; 179 19
Sonnenstich E 60 65
Sonnenuhr 9 30
Sonnenuntergang 2 27

Sonntag E 9 67
sonntags E 9 68
Sopran E 86 26
Sorte E 79 93
sortenecht E 79 94
Sortierfach 163 20
Sortiment E 89 u. 90 28; E 166 22
Sortimentsbuchhandel E 89 u. 90 28
SOS-Ruf E 184 102
Soße E 54 66; E 167 u. 168 62
Soßenschüssel 54 26
Souffleurkasten 86 33
Souffleuse 86 34
Souplesse E 68 78
Sozialistische Einheitspartei Deutschlands 103 I, 11
Sozialrente E 64 Z
Sozialversicherung 64 I
Soziussitz 172 27
Spachtel 130 16
spachteln E 130 19
Spagat 66 31
spähen E 35 37
Spalier 47 4
Spalte 1 5, 29; E 73 43; 90 24; E 149 u. 150 39
spalten E 46 21; E 140 20
Spaltleder E 140 39
Spaltpfropfung E 161 4
Span E 121-123 37
Spanferkel 154 56
Spangenschuh E 48-52 70
Spanloch 134 53
Spann 35 20
Spannbeuge E 65 u. 66 78
Spanne 8 10
spannen E 135-137 116; E 139 39
Spannkette 156 28
Spannklaue 132 33
Spannreck 65 9
Spannriemen 142 7
Spannsäge 46 30
Spannschnur 134 49
Spannstock 134 50
Spannung E 113 14
Spannwagen 132 16
Spannwalze 137 20
Spannzeug 71 34
Spanplatte E 133 30
Spant E 75 u. 76 68; 126 9
sparen E 163 8
Sparer E 163 9
Spargel 12 15
Spargelkraut 12 15
Sparkasse E 163 10
Sparkassenbuch E 163 11
Sparren 129 44

Sparring E 68 30
Spateisenerz E 115 u. 116 21
Spaten 47 33
Spätgeschäft E 166 15
Spatium 90 32
Spätkartoffel E 158 3
Spatz 27 14
Spazierstock E 48-52 79
Specht 26 4
Spechtmeise 26 2
Speck E 54 73; E 144 u. 145 39; 145 5
Speckschneider 144 20
Speckschwarte 145 6
Speckseite 145 5
Spediteur E 177-179 55
Speer 67 41
Speerwerfen 67 40
Speerwerfer 67 42
Speiche 38 15; 172 23
Speichel E 35 71
Speicheldrüse E 38 62
Speichelsauger 63 25
Speicher 185 27
Speicherarbeiter 155 34
Speichgriff 65 37
speien E 35 72
Speifontäne 63 24
Speiglas 57 21
Speilöffel 142 32
Speise E 54 III; E 167 u. 168 35
Speisekammer E 43 6
Speisekarte 168 34
Speisemorchel E 18 5
Speiseöl E 54 74
Speisepilz 18 1, 3, 6, 7, 10, 12, 13, 14, 15
Speiseraum 64 IV
Speiseröhre 36 11
Speisesaal 64 IV; E 92 21
Speiseservice E 54 96
Speisetisch 135 1
Speisevorrichtung 136 24, 25
Speisewagen 176 35
Speisezettel E 54 18; 64 18
Speisezimmer E 41 4
Speisezylinder 136 18
Speiteufel E 18 24
Spektralfarbe E 189 39
Spektrum E 189 40
Spelt 10 10
Spelz 10 10
Spelze 10 7
Spenzer 48 3
Sperber E 24-27 5
Sperling 27 14
Sperre 177 II
sperren E 69 u. 70 53
Sperrfurnier E 132 25
Sperrgut E 177-179 52
Sperrholz 133 54; E 133 24

Sperrholzindustrie E 133 3
Sperrkette 101 19
Sperrmauer E 182 37
Sperrplatte E 133 24
Sperrschicht 128 47
Sperrschrifttaste 165 18
Sperrung 90 28; 128 47; E 149 u. 150 28
Spesen E 163 52
Spezialarbeiter E 128 35
Spezialbrot E 143 34
Spezialholz E 134 64-74
Spezialist E 126 16
Spezialmaschinennäherin 138 17
Spezialschiff E 184 9-22
Spezialstahl E 118 40
spicken E 55 50
Spiegel 30 11; 42 7; 44 4; 49 38; 92 21
Spiegelei E 167 u. 168 48
Spiegeleisen E 115 u. 116 11
Spiegelkarpfen 23 5
Spiegelreflexkamera 94 52 u. 53
Spiegelschuppe 23 8
Spiegelsucher E 94 u. 95 31
Spiel 31 12; E 77 IV, V; E 86 44; E 93 II, 32, 33
Spielanzug 52 17; 77 31
Spielball 92 5, 15
Spielblättchen 83 11
Spielbrett 70 22
Spieldose 53 20
Spielecke E 53 2
spielen E 86 5
Spieler 92 4, 14; E 93 7
Spielerbank E 71 u. 72 44
Spielfeld 69 30
Spielfilm E 87 7
Spielhahn 31 11
Spielkarte 93 19-26, 32-39
Spielkreis E 82 u. 83 38
Spielleitung E 86 22
Spielmarke E 93 8
Spielplan E 86 7
Spielplatz 4 55; 77 II
Spielregel E 89 9
Spielschrank 77 6; 92 10
Spielverderber E 93 10
Spielwart 86 29
Spielzeugschrank 77 6
Spielzimmer E 53 1; E 92 17
Spierenboje 186 6 u. 7
Spierentonne 186 6 u. 7
Spill E 184 87
Spinat 12 4
Spindel 120 32; 125 15; 133 46; 135 45; 136 48
Spindelbank 136 48

Spindelstock 123 2
Spinne 22 20
spinnen E 135-137 69
Spinnen E 135-137 32
Spinnengewebe 22 21
Spinnerei E 135-137 III
Spinngewebe 22 21
Spinnmaschine E 135-137 51
Spinnrad E 135-137 53
Spion 123 42
Spiralbohrer 121 32; E 121-123 85
Spiralfeder 9 21; 71 41
Spirituosen E 167 u. 168 27
Spiritusbrenner 63 13
Spirituskocher E 43 45
spitz 187 7
Spitz E 33 u. 34 53
Spitzahorn 16 25
Spitzbart E 147 69
Spitzbein 145 54
Spitzboden 46 1
Spitzbohrer E 121-123 84
Spitzboje 186 8 u. 9
Spitze 1 1; 5 22; 56 11
Spitzenbeutel E 75 u. 76 69
Spitzenkraftwerk E 113 34
Spitzensportler E 67 12
Spitzentanz E 84 u. 85 74
Spitzenzeit E 113 64
Spitzgewinde E 124 4
Spitzhammer 129 16
spitzig 187 7
Spitzmorchel E 18 4
Spitzsenker 121 34
Spitztonne 185 11; 186 8 u. 9
Spitzwegerich 15 17
Spitzzirkel 81 20; 134 20
spleißen E 106 65
Splint 124 6; E 132 16
Sporn 34 38
Sportanzug 49 15
Sportboot 75 Z
Sportdeck 184 22
Sportdelegation E 67 15; E 69 u. 70 23
Sportfunk E 88 7
Sporthemd 67 28
Sporthose 67 29
Sportlehrer 65 22
Sportleistungsabzeichen E 106 4
Sportleiter E 107 12
sportlich E 48-52 53; E 68 34
Sportmeldung 90 23
Sportmütze 19 16
Sportnachricht 90 23
Sportparade E 109 5

Sportpelz 49 53
Sportplatz 67 I
Sportschuh 48 43;
 E 48-52 74
Sportstrumpf 49 19
Sprachentwicklung E 77
 22
Sprachrohr E 184 45
Sprechchor 109 16
Sprecher 68 14; 88 8; 99
 12
Sprecherin 88 5
Sprechfunk E 106 78
Sprechpuppe E 53 13
Sprechstunde 99 II
Sprechstundenhilfe 63 2
Sprechzimmer E 61 u. 62
 12
Spreize 94 14
Spreizen 66 3-5
Spreizkamera 94 40
Spreizkamin 73 14
sprengen E 110 u. 111
 67
Sprenger 160 24; 170 34
Sprengladung E 110 u.
 111 71
Sprengschuß E 110 u.
 111 69
Sprengstoff E 110 u. 111
 72
Sprengwagen 170 33
Spreu 157 29
Spreugebläse 157 25
springen E 93 39
Springen 67 III; 74 III
Springer E 67 52; 93 6
Springflut E 1 80
Springform 55 15
Springkraut E 19 23
Springseil 77 22
Springwurf E 69 u. 70 42
Sprinter E 67 41
Spritzapparat 174 26
Spritzdecke 76 29
Spritze 63 38
spritzen E 130 11
Spritzenhaus 152 14
Spritzentisch 61 18
Spritzerei E 133 45
Spritzkabine E 133 46
Spritzkännchen 174 29
Spritzpistole 130 18;
 E 133 47
Sproß 12 16
Sprosse 30 4; 65 2; 77
 24; 130 44; 160 13
Sprossenwand 65 1; 77
 23
Sprotte E 23 14
Spruch E 89 u. 90 101
Spruchband 107 4
Sprudel 58 19
Sprung E 65 u. 66 79;
 E 67 III; 71 II; 72 13
Sprungbalken 67 30

Sprungbein 38 28
Sprungbrett 65 15; E 74
 23
Sprungfeder E 42 12
Sprunggelenk 34 18
Sprunggrube 67 31
Sprunglatte 67 34
Sprunglauf 71 III
Sprungrichter E 74 24
Sprungschanze 71 18
Sprungschi 71 29
Sprungseil 66 39; 68 29;
 77 22
Sprungständer 67 35
Sprungtisch 65 11
Sprungtuch 102 43
Sprungturm 74 1
Sprungweite E 71 u. 72
 28
spucken E 35 72
Spülbottich 136 4
Spule E 87 45; 139 48
Spulen E 135-137 VI
spülen E 55 72; E 56 42
Spulengatter E 135-137
 77
Spülkanne 57 8
Spülkasten 44 33
Spulmaschine 137 I
Spülung E 57 47
Spulvorrichtung 139 38
Spulwagen 136 38
Spülwagen 170 33
Spund 129 30
spunden E 129 16
Spundwand 185 34
Spur F 30 u. 31 20;
 E 177-179 72
Spurensicherung 101 4
Spurt E 67 42
Spurweite E 177-179 72
Staatliche Kontrolle E 99
 82
Staatliche Plankommission E 99 81
Staatsangehörigkeit E 99
 2
Staatsanwalt 100 18;
 E 100 84
Staatsprüfung E 80 90
Staatsrecht E 100 59
Staatssekretär 99 14
Staatssekretariat E 99 79
Staatswappen 99 6
Staatswissenschaften
 E 78 28
Staatszugehörigkeit
 E 101 u. 102 50
Stab 66 35; 67 20, 38;
 81 10
Stabantenne 173 1
Stäbchenplatte E 133 29
Stabhochspringer 67 37
Stabhochsprung 67 36
Stabilisierungsfläche 181
 15

Stabplatte E 133 27
Stabreim E 89 u. 90 93
Stabstrecke 136 V
Stabtasche 76 14
Stabwalzwerk E 119 10
Stachel 13 1; 18 8; 29
 9; 84 30
Stachelbeere 13 2
Stachelbeerstrauch 13 I
Stachelhülle 16 30
Stachelschwein 29 1
Stachelwalze 135 4; E 159
 7
Stadt E 99 73; 74; E 169
 u. 170 1, 6
Stadtbahn E 169 u. 170
 33
Stadtbezirk E 99 75;
 E 105 12
Stadtbibliothek E 81 2
Städtebau E 128 9
Stadtgemeinde E 99 74
Stadtgruppe E 103 16
Stadtkoffer 169 18
Stadtkreis E 99 73
Stadtkreisgruppe E 103
 16
Stadtlicht 173 3
Stadtplan E 169 u. 170
 10
Stadtrandsiedlung E 152
 17
Stadtreinigung 170 Ü
Stadttasche 48 46
Stadtteil E 169 u. 170 8
Stadtverordnetenversammlung E 99 32
Stadtverordnetenvorsteher E 99 41
Stadtverordneter E 99 37
Stafettenlauf E 67 43
Staffel E 67 37
Staffellauf 67 19
Staffelwettkampf E 74 25
staffieren E 139 46
Staffiermaschine E 138
 26
Staffierstich E 139 46
Stag E 183 5
stagnierend E 160 64
Stahl 118 18; E 118 29;
 144 8
~, legierter E 118 39
~, nichtrostender E 118
 42
Stahlausbau E 110 u.
 111 54
Stahlbau E 128 62
Stahlbauofen E 143 14
Stahlbauschlosser
 E 121-123 5
Stahlbeton E 128 59
Stahlblech E 131 2
Stahlblock 118 26; 119
 12
Stahlbrücke E 182 27

Stahldraht 127 18
Stahleisen E 115 u. **116** 8
Stahlfeder 165 36
Stahlguß E 117 3
Stahlkammer 163 15; E **163** 15
Stahlkante 71 27
Stahlkugel 124 39
Stahlmaßstab 123 43
Stahlmatratze 42 42
Stahlrädchen 130 52
Stahlrohr E **131** 42
Stahlröhre 88 22
Stahlseite E 82 u. 83 51
Stahlstempel 111 20
Stahlstich E 149 u. **150** 73
Stahlträger 119 29 u. 30 E **128** 60
Stahlwerk 115 24; 118 Ü
Stahlwerker E **118** 5
Staket 47 1
Stalagmit 1 49
Stalaktit 1 47
Stall 153 22, 46; **154** Ü
Stallampe 154 27
Stallbaum **154** 12
Stallentlüftung 154 28
Stallfenster **154** 1
Stallgang 154 25
Stallgasse 154 25
Stallgebäude 152 31; 153 22
Stallmist 156 11; E **160** 69
Stalltafel 154 30
Stallung 153 22, 46
Stamm 16 18; E **16** u. **17** 2; **132** 15; E **132** 3; **162** 22
stampfen E 117 49; E 184 98
Stampfer **117** 17; **170** 16
Stand E 65 u. **66** 80
Standarte 30 35; **94** 16
Standbogen E 149 u. **150** 92
Standentwickler E 94 u. **95** 47
Stander E 75 u. **76** 70
Ständer 31 17; **70** 25; E **113** 38; 119 7; **120** 26; **142** 6
Ständerbohrmaschine E **121-123** 91
Ständerschleifmaschine **117** 49
Standgriff E **68** 71
Standkampf 68 30 u. 31
Standlicht **173** 3
Standmachen E 149 u. **150** 9
Standort E **91** 23
Standposten E **101** u. **102** 34

Standuhr E 9 3
Standvogel E **24-27** 15
Standwaage 66 20
Standwasser E **110** u. **111** 101
Stange 12 16; **30** 3
Stangenbohrer **129** 18
Stangenzeichen **186** 19, 20, 21
stanzen E **141** 5
Stanzer **141** 3, 15
Stanzerei **141** I
Stanzmesser **141** 16
Stanztisch **141** 5
Stapel **126** 7; **132** 17; **151** 36, **162** 15
Stapelfaser E **135-137** 25
Stapellauf **126** 13, II, III
Stapelmist **153** 25
stapeln E **127** 3
Star 24 9
Stärke E **54** 22
stärken E **56** 50; E **135-137** 117
Starkstrom E **113** 8
Starkstromkabel **170** 21
Start 67 6; **106** II, III; E **181** 47
Startbahn **181** 30
Startblock **67** 12; **74** 35
Starter **67** 10; **74** 33
Startlinie **67** 13
Startloch E **67** 44
Startmann E **67** 45
Startmannschaft **106** 16
Startnummer **67** 24
Startpistole **67** 7
Startplatz **67** 6; E **181** 48
Startsockel **74** 35
Startsprung **74** 34
Station E 61 u. **62** 140; E **88** 1; E **176** 24
Stationskreis **3** V
Stationsschwester E **61** u. **62** 168
Statist **86** 41
Stativ **94** 26; **125** 25
Stativmutter **94** 13
Stator E **113** 38
Statur E **35** 15
Staubbeutel **13** 20
Staubblüte **14** 14
Staubblütenkätzchen **16** 11, 35
Staubfaden **13** 20
Staubgefäß **13** 20
staubig E **175** 12
Staubkohle E **110** u. **111** 118
Staublappen E **55** 62
Staublasche E **142** 8
Staubpinsel E **55** 63
Staubsauger **55** 27
Staubsaugventilator **135** 6

Staubtuch **55** 26
Staubwischen **55** V
Stauchansatz **122** 16
Stauchmaschine E **120** 6
Staude **12** 2; **47** 28
Staudengruppe **79** 18
Staudensalat **12** 2
Stausee E **182** 36
Stearin **131** 53
Stechapfel **15** 13
stechen E 22 33; E **93** 60
Stecher **31** 22
Stechginster E **19** 25
Stechkarre **178** 28
Stechmücke **22** 12
Stechpaddel **76** 7
Stechuhr E **9** 11
Stechzirkel **6** 43
Steckdose **42** 8
Steckholz **161** 25
Steckleiter E **101** u. **102** 85
Steckling E **157** 17; **161** 19-25
Stecknadel **139** 51
Steckschlüssel **174** 15
Steg **1** 46; **41** 23; **83** 4, 22, **84** 21; **149** 18, **160** 19
Stehaufchen **53** 11
Stehaufmännchen **53** 11
stehen E **9** 25
stehenbleiben E **9** 26
Stehhaarschnitt E **147** 53
Stehlager **124** 44
Stehlampe **41** 12, 33
Stehrahmen **41** 39
Stehsatz E **149** u. **150** 52
Steifkappe **142** 41
Steigbügel **36** 19; E **154** 47
Steige E **8** 29
Steigeisen **73** 18
steigen E **45** 12
Steiger E **110** u. **111** 132
Steigerlampe E **110** u. **111** 99
Steigerohr **114** 3
Steigertümpel **117** 32
Steigerturm **102** 27
Steigerung E **99** 112
Steigfell **71** 33
Steigrohr **44** 42
Steigung E **1** 35; E **175** 15
Steigungstafel **175** 30
steil E **1** 18; **187** 37
Steilhang **1** 19
Steilküste **1** 28
Steilrohrkessel **113** 14
Steilufer **182** 7
Stein E **1** 104; E **9** 27; **14** 9; **149** 22
Steinadler **24** 3
Steinbau E **128** 52
Steinbaukasten E **53** 31

Steinbock E 2 39
Steinbrech E 20 30
Steinbrücke E 182 25
Steindruck 149 IV
Steineiche E 134 57
Steingarten 47 III; 79 22
Steingartenstaude E 20 V
Steingutbecken 95 8, 29
Steinholzleger E 128 99
Steinkauz 24 8
Steinkohle E 46 14; **111** 34; 114 6, 11
Steinkohlenbergbau E 110-111 2
Steinkohlenbergwerk 110 Ü; 111 Ü
Steinkohlenflöz 111 10
Steinkohlenkoks E 115 u. 116 51
Steinkohlenlager E 114 2
Steinkohlenrevier E 110 u. 111 3
Steinkohlenteer E 114 10; E 129 42
Steinmarder E 32 16
Steinmetz E 128 33
Steinobst 14 I-IV
Steinpilz 18 1
Steinschlag E 73 44
Steinschraube 124 30
Steinstäubchen 149 25
Steinstoßen E 68 27
Steinzeichner 149 21
Steiß 34 24
Steißbein 38 18
Stelle 7 7-10
stellen E 9 28
~, sich E 109 12
Stellenangebot E 89 u. 90 130
Stellengesuch E 89 u. 90 131
Stellnetz E 146 11
Stellschmiege 129 17
Stellung 4 I
Stellvertretender Ministerpräsident 99 10
Stellwerk 179 18
Stelze 53 3
Stelzpflug E 159 32
Stemmbogen 71 16
Stemmbrett 75 15
Stemmeisen 129 14; **134** 42; E 134 20
stemmen E 129 3
Stemmen 134 II
Stemmkamin 73 15
Stemmknüppel 134 30
Stemmlochbindung E 71 u. 72 29
Stempel 13 21-23; **111** 20; 164 23; 180 34
Stempelkissen 164 22
stempeln E 180 29
Stempelständer 164 24

Stengel 12 19
Stengelgemüse E 12 2
Stengepardune 183 19
Stengestagsegel 183 41
Stenograph 99 13
Stenographie 89 15; E 89 u. 90 15
stenographieren E 164 u. 165 55
Stenotypistin 164 18
Steppdecke 42 29
Steppe E 1 40
steppen E 56 32; E **139** 18; E 142 47
Stepperei 141 II
Stepperin 141 12
Steppfuß **139** 41
Steppseide E **139** 70
Steppstich E **139** 18
Ster 8 18
Stereo E 149 u. 150 67
Stereokamera E 94 u. 95 19
Stereometrie 6 II
Stereoskopkamera E 94 u. 95 19
Stereotypeur 149 28
Stereotypie 149 Ü, V; E 149 u. 150 66
Sterilisationsapparat 62 3
Sterilisator 62 3
Sterilisierraum 62 1
Sterilisiertrommel 62 2
Sterke 154 32
Stern E 2 3; 184 26
Sternbild 2 6-10
Sternenhimmel 2 I
Sternhaufen E 2 22
Sternkunde E 2 1
Sternrevolverdrehbank E 121-123 60
Sternringelwalze 156 20
Sternschnuppe E 2 25
Sternwalze E 159 5
Sternwanderung E 107 36
Sternwarte 2 II
Stert 146 4
Sterz 156 26
Sterze 156 26
Stethoskop 61 41
Steuer 75 17; 76 24; 106 24 u. 25; 184 52
Steueranlage E 184 40
Steuerbord 75 11; 184 20
Steuerbordlaterne E 184 82
Steuerbühne 118 9; 119 5
Steuerhaus 184 31
Steuerknüppel 106 3
Steuerleine 76 23
Steuermann 72 48; 75 8, II; 106 23; E 185 16
Steuermarke 34 34
steuern E 173 u. 174 72; E 184 43

Steuerrad E 184 42
Steuerseil 106 8, 9
Steuersitz 75 16
Steuerteil 125 16
Steuerung 113 31; E 184 41
Steuerungsdämpfer 172 48
Steuerventil 133 49
Steven 76 25; E 184 39
Steward E 185 22
Stewardeß E 181 43
Stich E 56 19; E 60 15; E 93 61; 116 I; E 119 14; E 149 u. 150 71
Sticharten E **139** II
Stichaxt 129 13
Stichbalken 129 4
Sticheinstellung **139** 42
Stichling E 23 15
Stichloch 116 6
Stichlochstopfmaschine 116 5
Stichmaß 142 31
Stichplatte **139** 43
Stichsäge 134 10
Stichwort E 86 43
sticken E 56 22
Sticken 56 VI
Stickerei E 56 23
Stickgarn E 56 24
Sticknadel E 56 26
Stickschere E 56 25
Stickstoff E 156 50
Stiefel 51 5
Stiefeleisen 142 30
Stiefelknecht E 48-52 77
Stiefmütterchen 20 6
Stiege E 8 29; 46 9; E 157 35
Stieglitz 26 1
Stiel 13 26
Stielbonbon 166 30
Stielkamm E 147 95
Stielpfanne 55 12
Stielstich E 56 21
Stier E 2 31; 33 1; **154** 41
Stift 142 10; 165 37
Stifteisen 130 49
stiften E 142 46
Stiftfeile E 142 43
Stiftschraube 124 17
Stiftzahn E 63 15
Stilleben 41 3
stillen E 60 46
Stillprobe 61 37
Stillraum 61 34
stillsetzen E 115 u. **116** 46
Stillstuhl 61 38
Stilmöbel E 41 31
Stilrudern E 75 u. 76 39
Stimmbänder E 35 83
Stimmberechtigte E **100** 13

Stimme 82 15; E 100 42
stimmen E 84 u. 85 22
Stimmenmehrheit E 100 50; E 108 30
Stimmenthaltung E 100 45
Stimmgabel E 82 u. 83 33
Stimmrecht E 100 12
Stimmschein 100 3
Stimmstock 83 16
Stimmzettel 100 3
Stinkmorchel E 18 21
Stinktier E 32 15
Stipendium E 80 20
Stirn 35 43
Stirnband E 71 u. 72 30; 121 10
Stirnbein 38 1
Stirnhöhle 36 3
Stirnrad 124 48
Stirnreihe E 65 u. 66 19
Stock 40 19; E 48-52 79; 131 27; 162 8
Stockfisch E 146 39
Stockmacher E 48-52 8
Stockmalve E 15 32; 20 9
Stockrose E 15 32; 20 9
Stockteller E 71 u. 72 31
Stockwerk E 40 17
Stoff E 139 6; 166 40
Stoffballen 138 5; 139 1; 166 40
Stoffdrücker 139 40
Stofftier E 53 6
Stoffwechsel E 38 6
Stoffzuschneidemaschine 138 10
Stollen E 110 u. 111 26
stopfen E 56 5
Stopfen 56 II
Stopfenpfanne E 117 55
Stopfenstange 117 11
Stopfnadel 56 9
Stopfpilz 56 7
Stoppel 18 8
Stoppelfeld 157 14
stoppen E 101 u. 102 18; E 173 u. 174 79
Stoppen 69 42
Stopplicht 173 17
Stoppstraße E 169 u. 170 16
Stoppuhr E 9 18; 67 17
Stör E 23 16
Storch 27 1
Storchennest E 153 26
Storchschnabel 6 49; 19 7, 8
Store 42 4
Störschutz E 88 58
Stoß 24 6; 31 15; E 60 14; E 67 IV; 111 15; 164 12; 178 14
Stoßaxt 129 13

Stoßbalken 67 46
Stoßborte E 139 75
Stoßdämpfer E 173 u. 174 41
Stoßeisen 142 29
Stößel 120 34; 123 24; E 173 u. 174 32
Stößelstange E 172 37
stoßen E 68 89; E 139 51
Stoßen 67 IV; 68 42
Stoßkappe E 142 12
Stoßmaschine E 121-123 78
Stoßmesser E 138 11
Stoßnadel E 94 u. 95 58
Stoßnaht E 139 78
Stoßofen E 119 13
Stoßplatte 142 29
Stoßstange 173 22
Stoßstich E 139 51
Stoßzahn 28 7
Strafabschlag E 69 u. 70 46
Strafantrag E 100 128
Strafbank E 71 u. 72 45
Strafbescheid E 101 u. 102 20
Strafecke E 69 u. 70 44
Straferlaß E 100 146
straff 188 6
Strafgesetzbuch E 100 71
Strafmaß E 100 133
Strafprozeßordnung E 100 72
Strafraum 69 11
Strafrecht E 100 64
Strafstoß 69 38
Strafstoßmarke 69 12
Strafwurf E 69 u. 70 43
Strafwurfmarke 70 3
Strahl 5 11
Strahlenaustritt 125 35
Strahlrohr 102 26
Strahltriebwerk E 181 14
Strähne E 147 49
Strampelhöschen 52 22
Strampelsack 52 19
Strand 1 32; 59 9
Strandanzug 59 20
Strandburg 59 17
stranden E 184 101
Strandhafer 59 23
Strandhotel 59 3
Strandhut 59 19
Strandkorb 59 18
Strandpromenade 59 10
Strandschuh 59 24
Strandweg 59 10
Strandzelt 59 15
Strang 127 15
Strangpresse 127 11
Straps 50 8
Straße 1 8, 4 46; 152 30; 169 Ü, I; 170 Ü, I
Straßenangerdorf 152 III
Straßenanzug E 48-52 18

Straßenbahn 171 Ü, Z
Straßenbahngleis 171 27
Straßenbahnhaltestelle 171 2
Straßenbahnhof E 171 1
Straßenbahnlinie E 171 2
Straßenbahnschaffnerin 171 34
Straßenbahnschiene 171 28
Straßenbauer E 169 u. 170 44
Straßenbaum 175 13
Straßendecke 175 41
Straßendorf 152 I
Straßengraben 175 37
Straßenkreuzung 169 II
Straßenlaterne 169 20
Straßenpflaster 170 19
Straßenreinigung 170 II
Straßenschild 169 21
Straßenschuh E 48-52 72
Stratosphäre E 2 15
Stratuswolke 3 IV
Strauch E 16 u. 17 16
Strauß 27 15
Streb 111 III
Strebbau 110 29, 32
Strebe 72 42; 129 47 175 17
Strecke 5 12; 110 22 135 V; E 177-179 68
Streckenausbau E 110 u. 111 34
Streckenband 136 22
Streckenteilung E 5 u. 6 22
Streckenvortrieb 110 33
Streckenwärter 175 21
Strecker E 39 5
Streckgrenze E 125 21
Streckhalter E 94 u. 95 57
Streckhang E 65 u. 66 81
Streckkopf 135 32
Strecksitz 66 21
Streckung E 67 62
Streckverband 57 35
Streckvlies 135 33
Streckwerk 135 37, 44; 136 45
Streckwerksabdeckung 135 34
Streichblatt 156 33
Streichblech 148 8; 156 33
Streichbürste 130 1, 26
Streiche E 143 29
streichen E 84 u. 85 28 E 130 10
Streichen E 1 90; E 110 u. 111 15; 130 I
Streicher 85 5-10; 148 7
Streichgarnspinnerei E 135-137 50
Streichholz E 167 u. 168 74

Streichholzschachtel 55 7; E 167 u. 168 75
Streichholzständer E 41 66
Streichinstrument 84 16, 28, 29, 31
Streichmaß 134 17
Streichquartett E 92 39
Streichriemen 147 30
Streichschale E 144 u. 145 10
Streichung E 149 u. 150 47
Streichwolle E 135-137 58
Streifen E 87 35
Streifenplatte E 133 31
Streifenposten E 101 u. 102 35
streifig 188 25
Streitkräfte, nationale E 101 u. 102 6
Streu 154 20
Streusiedlung 152 VI
Strich 3 V
Strichätzung E 149 u. 150 59
Strichliste 81 9; E 100 46
Strichvogel E 24-27 14
Strichzieher 130 10
Strickeisen E 131 69
stricken E 56 27
Stricken 56 IV; E 135-137 41
Strickgarn 56 14
Strickjacke 48 38
Strickkleidung E 48-52 9
Strickkorb 56 15
Strickmütze 48 24
Stricknadel 56 12
Striegel 154 17
Strippe 51 42; E 142 9; 142 36
Stroh E 135-137 11; 153 6
Strohballen 157 28
Strohdach E 40 27; E 129 34
Strohfeime 157 26
Strohhut E 48-52 63
Strohmatte 160 23
Strohpresse 157 27
Strohschütte 154 20
Strohseil 157 21
Strohsohle E 142 5
Strohwagen 159 15
Strom E 113 7; E 182 1
stromab E 182 5
Stromabnehmer 171 8
stromabwärts E 182 5
stromauf E 182 6
stromaufwärts E 182 6
Stromerzeugung E 113 III

Stromfortleitung E 113 VII
Stromschnelle E 75 u. 76 81
Stromspitze E 113 62
Stromstärke E 113 12
Stromtal E 113 63
Strömung E 75 u. 76 82; E 182 18
Stromverbrauch E 113 61
Stromzähler 45 25
Stromzuführung 118 12
Stromzuführungskabel 112 38
Stromzuleitung 149 40
Strophe E 89 u. 90 90
Strosse 112 18
Strudel E 75 u. 76 83; E 182 19
Struktur E 152 II
Strumpf 50 9
Strumpfhalter 50 8
Strumpfhaltergürtel 50 10
struppig E 147 21
Stubbe 162 8
Stubben 162 8
Stubenfliege 22 11
Stück 30 17; E 82 u. 83 37; E 86 12; 137 42, 50; 167 17
Stückgut E 177-179 51
Stückkohle E 110 u. 111 115; E 112 19
Student 80 13, 37
Studentin 80 14
Studentenblume 20 5
Studentenheim E 80 17
Studentenschaft E 80 42-44
Studienbuch E 80 23
Studiengebühr E 80 18
Studienplan E 80 64
Studiensammlung E 91 54
studieren E 80 53
Studium E 80 52
~, kollektives E 80 54
Stufe 45 17; 73 13
Stufenbarren 65 18
Stuhl 41 21; 78 25
Stuhlgang E 38 47
Stuhlrahm 129 43
Stuhlware E 135-137 105
stumpf 187 8, 16
Stumpfschweißen E 121-123 30
Stunde E 9 33; E 78 51
Stundenplan E 78 26
Stundenzeiger 9 6
stündlich E 9 34
Sturm 3 V
Stürmer E 69 u. 70 16
Sturmfahne E 109 6
Sturmflut E 1 79

Sturmhut E 15 15
Sturmsignal 186 IV
Sturmwarnung 186 IV
Stürzenhalter E 43 31
Sturzhang E 65 u. 66 82
Sturzhelm 72 49; 106 2, 19
Stute 34 I; 154 4
Stütz E 65 u. 66 83
Stutzen 49 24
Stützgewebe E 38 9
Stützhantel 66 34
Stützstange 102 40
Stutzuhr E 9 8
Subtrahend 7 31
Subtrahieren 7 28
Subtraktion 7 28
Subtropen E 2 11
Sucher 94 6, 27; 173 2
Suchscheinwerfer 173 2
Südfrucht 14 VII
Südpol 2 34
suhlen E 154 71
Suite E 84 u. 85 47
Süllrand 76 18
Sultanine E 13 u. 14 15
Sülze E 144 u. 145 62
Sülzwurst E 144 u. 145 61
Summa E 7 140
Summand 7 23, 25
Summe 7 27
summen E 22 30
Sumpf 1 27
Sumpfbiber 32 11
sumpfen ‚E 127 5
Sumpfhaus 127 5
Sumpfpflanze E 19 VI
Sumpfstrecke E 110 u. 111 102
Super E 88 40
Superhet E 88 40
Suppe E 54 28; E 167 u. 168 63
Suppenfleisch 145 22, 23, 28, 29, 33-36
Suppenkelle 54 24
Suppenschüssel 54 23
Suppenteller 54 25
Supplementwinkel E 5 u. 6 34
Support 123 5
süßen E 55 51
Süßigkeiten E 166 43
Süßspeise E 54 52
Süßwaren E 166 43
Süßwasserfisch E 23 20
Syenit E 1 108
Sympathikus E 39 46
Symphonie E 84 u. 85 50
Symptom E 61 u. 62 16
Synchronisation E 87 38
Synkope E 82 u. 83 98
Szene E 86 14, 23

Tabak E 166 63
Tabakspfeife E 41 67; E 166 67
Tabelle E 7 109; E 164 u. 165 59
Tabellensatz E 149 u. 150 20
Tablett E 43 36; 160 17; 167 14
Tablette 57 16
Tachometer 173 30
Täcks 142 10
Tafel E 54 13; 78 4, 27, 50; 121 20; 140 26
Tafelberg E 1 29
Tafelobst E 13 u. 14 5
Tafelstoßmaschine 140 25
Tafeltresor 163 29
Tafelwaage E 8 48; 166 27
Taft E 48-52 44
Tag E 9 II
„Tag der offenen Tür" E 78 105
tagelang E 9 60
tagen E 9 61
Tageskleid E 48-52 13
Tageskrem E 147 81
Tagesordnung E 108 10
Tagesplan E 107 26
Tagesraum E 61 u. 62 141; 77 I
Tageszeit 2 IV; E 9 II
Tageszeitschrift E 89 u. 90 107
Tagetes 20 5
Taghemd 50 5, 43
täglich E 9 59
Tagraubvogel 24 Ü, 1-3
tags E 9 58
Taiga E 1 42
Takelage E 106 69; E 183 1
Takelriß 183 II
Takelung E 75 u. 76 54; E 183 1
Taklerei E 126 24
Takt E 82 u. 83 93
Taktstock 82 18
Taktstraße E 126 8
Taktstrich E 82 u. 83 94
Talbildung 1 III
Talboden 1 14
Talg E 144 u. 145 41
Talgdrüse E 35 112
Talje E 183 3
Talkessel E 1 12
Tallandschaft 1 IV
Talsenke 1 8
Talsohle 1 14
Talsperre E 182 35
Talstation E 176 58
Talstraße 1 8
Tambour 136 13
Tamburin 66 41; E 84 u. 85 9

tamponieren E 61 u. 62 110
Tamtam 84 40
Tandem E 172 2
Tang E 59 9
Tangens E 5 u. 6 29
Tangente 5 42
Tango 96 3; E 96 19
Tank 172 29; 173 43; 184 38
Tankauto 181 5
Tanker E 184 9; 185 9
Tankkarren 181 29
Tankkraftwagen 181 5
Tanklöschfahrzeug 102 31
Tanksäule 155 5; 174 28
Tankschiff E 184 9
Tankstelle 174 II
Tankwagen 170 37; 176 12; 181 5
Tankwart 174 39
Tanne 17 1; E 134 59
Tannennadel 17 3
Tannenzapfen 17 4
Tannenzweig 17 2
Tanz E 82 u. 83 5; 96 I; E 96 23, III
Tanzdiele E 96 5
tanzen E 96 8
Tänzer 82 3; 96 28
Tänzerin 82 4; 96 27
Tanzfigur E 96 12
Tanzfläche 96 30
Tanzgaststätte 96 II
Tanzgruppe 82 I
Tanzkaffee E 96 6
Tanzkapelle 96 9, 10, 12, 15-17, 19, 20, 23-25
Tanzkleid E 48-52 12; 96 6
Tanzkreis E 96 9
Tanzkunst E 84 u. 85 V
Tanzlehrer E 96 10
Tanzorchester 96 9, 10, 12, 15-17, 19, 20, 23-25
Tanzpaar 96 7
Tanzpuppe E 53 16
Tanzsaal E 96 4
Tanzschritt E 96 11
Tanzschuh 51 4; 96 29
Tanzschule E 96 II
Tanzturnier E 96 13
Tanzvergnügen E 96 2
Tapetenbahn 130 22
Tapetenleiste 130 21
Tapetenrolle 130 29
Tapezierbürste 130 20
tapezieren E 130 35
Tapezierer 130 Ü, II; E 130 III
Tapozierschere 130 28
Taperziertafel 130 25
Tapeziertisch 130 25
Tarock E 93 17

Tasche 49 55; 78 49, 115 17; 171 35
Taschenausgabe E 89 u. 90 56
Taschenfahrplan E 177-179 8
Taschenmesser 51 39; 105 26
Taschenschere 51 21
Taschenspiegel 51 17
Taschentuch 51 19; 60 9
Taschenuhr 9 1
Taschenwecker E 9 12
Tasse 54 12, 13
Tastatur 83 28; 149 11
Tastbrett 149 11
Taste E 84 u. 85 13 E 164 u. 165 39
tasten E 35 89; E 149 u. 150 34
Tasteninstrument E 84 u. 85 II
Tastsinn E 35 88
Tätigkeit 1 VIII; E 48-52 90; E 65 u. 66 II
Tau E 3 17; E 183 7
taub E 35 50
Taube 33 14; E 33 u. 34 17; 153 3
Taubenschlag 153 2
Tauber 33 14
Täuberich 33 14
Täubling E 18 10
taubstumm E 35 51
tauchen E 33 u. 34 16
Tauchen E 74 26
Taucher 185 III
Taucherei E 185 33
Taucherhelm 185 41
Tauchsieder E 43 46
Tauchwalze 137 15
Tauen E 3 23
tauschen E 93 40
täuschen E 69 u. 70 17
Täuschung E 68 51
tausend E 7 33
Tausender 7 10
Tausendfuß E 22 15
Tausendgüldenkraut E 15 33
Tausendschönchen E 20 14
Tausendstel 7 21
Tauwerk E 106 70
Taxe 169 26
Taxi 169 26
Taxus 17 20
Techniker E 126 15
technisch begründete Arbeitsnorm (TAN) E 99 106
Technische Hochschule E 80 56
Teddybär 53 5; 98 21
Tee E 15 5; E 166 62
Teekanne E 43 18

Teekessel 54 42
Teelöffel 54 45
Teerbürste E 129 49
Teereimer E 129 47
teeren E 127 32
Teerkessel E 129 46
Teerofen E 129 45
Teerscheider 114 25
Teerschöpfer E 129 48
Teerstrick E 131 72
Teervorlage 114 4
Teeschale 54 44
Teetasse 54 44
Teewagen E 41 29
Teewurst E 144 u. 145 50
Teich E 1 52; 58 40; 152 15
Teichanlage 79 20
Teichrose 47 29
Teig 143 8
Teigkessel 143 4
Teigknetmaschine 143 5
Teigraum 143 I
Teigschlot 143 11
Teigwaren E 166 28
Teilbrett 137 41
Teilen 7 38
Teilmassage E 58 5
Teilnehmer 81 2; 103 21 u. 22; E 109 11
Teilnehmerin 81 3
Teilpflanze 161 29
Teilung 161 28
Teilzirkel 81 16
tektieren E 91 24
Telefon E 106 74
Telefongespräch E 180 38
Telegramm E 180 35
Telegrammformular E 180 36
Telegraph E 180 34
Telegraphendraht 175 14
Telegraphenleitung 175 14-17
Telegraphenmast 175 16
Telegraphenstange 175 16
Telemark 71 15
Teleobjektiv 94 30
Telephon 165 II
Telephonkabel 170 23
Telephonzelle 169 12; 180 1
Teleskop 2 12
Teller 54 11, 25, 36
Telleregge E 159 11
Tellerhammer E 131 11
Tellerschleifmaschine E 133 18
Temperatur 3 V; E 3 5
Temperatureinfluß E 79 6
Temperaturerhöhung E 57 8
Temperguß E 117 6

Tempern E 117 7
Tempobezeichnung E 82 u. 83 92
Tenakel 149 2
Tender 176 34
Tenderlok 176 1
Tenderlokomotive 176 1
Tenne 153 8
Tennis E 69 u. 70 VII; 70 VII
Tennisball 70 45
Tennisplatz 70 41
Tennisschläger 70 46
Tennisschuh E 69 u. 70 74
Tennisspiel 70 VII
Tenor E 86 29
Tenorsaxophonist 96 25
Teppich 41 20
Teppichbürste E 55 77
Teppichklopfstange 55 41
Termin E 100 113
Terpentin 130 6-8; E 134 34
Terrarienkunde E 79 97
Terrarium 79 19
Terrasse 1 13; 58 10; E 73 45
Terrine 54 23
Terz E 82 u. 83 70
Terzett E 86 34
teuer E 166 7
Text E 89 u. 90 69
Textilien E 138 5
Textilindustrie E 135-137 Z
Textilrohstoff E 135-137 I, 11 u. 12
Thälmann-Medaille für Friedenskämpfer E 105 29
Thälmann-Pionier 77 5; 78 22; 98 14; 107 Ü, 21
Theater 86 Ü
Theaterbesucher 86 5, 11
Theaterbesucherin 86 6
Theaterdekoration 86 24-26
Theaterkarte 86 7
Theaterstück E 86 12
Theatervorstellung 86 II
Theke 91 2; 168 5
Thema E 84 u. 85 52; E 108 12
Theodolit E 2 49
theologische Fakultät E 80 10
Therapie E 61 u. 62 90
Thermitpreßschweißen E 121-123 34
Thermitschmelz-schweißen E 121-123 27
Thermograph E 3 33

Thermometer E 3 32; 41 5; 57 33; 78 33; 79 7; 133 2
Thermosbehälter 98 22
Thermosflasche E 43 20
Thomasmehl E 118 26
Thomasroheisen E 115 u. 116 9
Thomasstahl E 118 23
Thomasverfahren E 118 19
Thoraxverfahren 60 19
Thymian E 12 20
Thymusdrüse E 38 64
ticken E 9 23
tief 187 27
Tief 3 V
Tiefbagger 112 2
Tiefbau E 110 u. 111 5; E 128 14
Tiefdecker E 181 3
Tiefdrillverfahren E 157 9
Tiefdruck E 149 u. 150 70
Tiefdruckgebiet 3 V
Tiefdruckmaschine 150 IV
Tiefdruckpapier E 148 37
Tiefenlehre 123 34
Tiefenschärfe E 94 u. 95 28
Tiefenzug 71 40
Tieffach E 135-137 95
Tiefgang E 184 37
Tiefland E 1 7
Tiefofen E 119 12
Tiefofenkran 119 3
Tiefpflanzverfahren E 79 80
Tiefschlag 68 24
Tiefschutz E 68 31
Tiefsee E 1 57
Tiefseetauchanzug 185 46
Tiefstrahler 68 1
Tiegel 55 12; 150 1
Tiegeldruckpresse E 149 u. 150 82
Tiegelofen E 117 27; E 118 27
Tiegelstahl E 118 28
Tier 30 17
Tierarzt E 154 39
Tierbändiger 97 24
Tierkrankheit E 154 32
Tierkreis E 2 27
Tiger 29 13
Tillesche Lehre 128 36
Tinktur E 15 6
Tinte E 164 u. 165 13
Tintenfaß 78 23; 164 29
tintenfest E 148 74
tippen E 164 u. 165 38

Tisch 4 36; 62 43; 78 26; 100 24; 120 35; 123 31; 137 45; 139 31; 160 17
Tischbeleuchtung 41 2
Tischbesen 41 16
Tischbohrmaschine E 121-123 90
Tischfräsmaschine 133 36
Tischlampe E 41 54
Tischler 134 28
Tischlerei 134 Ü
Tischlerhammer 134 13
Tischlerplatte E 133 26
Tischlerwerkstatt 134 I
Tischmaschine 163 18
Tischpresse 151 10
Tischschaufel 41 15
Tischspindel 123 22
Tischtennisplatte 92 6
Tischtenniszimmer 92 II
Tischtenniszirkel E 92 31
Tischtuch 54 14
Tischuhr 9 32
Tischwäsche E 42 31
Titel E 89 u. 90 57
Titelaufnahme E 91 14
Titelblatt E 89 u. 90 59
Tobel E 73 46
Toboggan E 71 u. 72 32
Tochterknolle 15 9
Tochtersiedlung E 152 27
Todesanzeige E 89 u. 90 133
Todesstrafe E 100 139
tödlich E 60 12
Toilette 44 Ü, II; 147 6
Toilettenpapier E 148 46
Toilettentisch 42 16
Tollkirsche 15 5
Tomate 12 27
Ton E 1 117; E 160 37
Tonabnehmer 88 34
Tonarm E 88 65
Tonart E 82 u. 83 78
Tonaufnahme E 87 31
Tonblende E 88 56
Tonboden E 156 20
tonen E 94 u. 95 51
tönen E 189 41
Tonerde E 115 u. 116 26
Tonfilm E 87 6
tonig E 160 51
Toningenieur 88 12
Tonleiter E 82 u. 83 64
Tonmeister E 87 32
Tonnage E 184 35
Tonne E 8 35; E 184 36; E 186 14
Tonzeichen 89 18-20
Topf E 43 19; 55 13; 135 30; 136 29
Topfballen 161 10
Topflager 160 9
Topflappen E 43 40
Topfpflanze E 160 19

Topographie E 2 41
Topp 183 21
Topplaterne E 184 80
Tor 69 4, 50; 71 10
Torfhalde 58 4
Torfziegel 46 43
Torlatte 69 5
Torlauf 71 9
Torlinie 69 8
Tormann 69 10
Torpedoboot E 184 27
Torpfosten 69 7
Torraum 69 9
Torrichter 69 13
Torte 167 3, 17
Torwart 69 10
Totentrompete E 18 17
Tourenschi 71 26
Tourenuhr 137 10
Tourist 175 33
Touristenabzeichen E 106 87
Touristik E 106 VII
Trabant E 2 4
traben E 33 u. 34 37
Tracht E 82 u. 83 6
Trachtenhose 49 23
Trachtenjacke 49 22
Tradeskantie E 21 25
Tragbahre 60 24
tragen E 33 u. 34 76; E 48-52 101
Tragen 60 24
Träger 119 29 u. 30; 177 12
Trägerrock 48 10
Tragfläche 106 11; 181 18
Traggestell 73 28
Traggurt E 75 u. 76 71
Tragkabel 182 2
Tragladen 168 27
Tragödie E 86 15
Tragriemen 78 48
Tragscheibe 112 31
Trainer 67 8; E 69 u. 70 24
trainieren E 67 3
Training E 67 4
Trainingsanzug 52 33; 67 9
Trajekt E 184 14
Traktor 155 8; 156 3; 157 3; 158 22, 23; 175 39
Traktorenbrigade E 155 8
Traktorenpflug 155 7; 156 4
Traktorist 155 12
Traktoristin 155 14
Trampeltier 28 11
Träne E 35 43
Tränendrüse E 68 61
Tränke 153 18; 158 31
Tränkeimer 153 30

tränken E 154 12
Transformation E 113 V
Transformator 113 40; 125 30, 31
Transformatorenhäuschen E 113 48; 152 16; 175 6
Transitverkehr E 176 8
Transparent 109 1, 7, 27, 28, 29
transponieren E 84 u. 85 59
Transport E 176 14
Transportband 143 24
Transporteur 6 40
Transportkarren 149 39
Transportpolizei 101 III
Transportpolizist 101 22
Transportraum E 176 15
Transportschwimmen 60 13
Transportwagen 140 3
Transportwalze 132 14; 133 18
Transportwanne 144 16
Trapez 6 3; 97 8
Trapezgewinde E 124 10
Trapezkünstler 97 9
Trapezoid E 5 u. 6 49
Trappe E 24-27 21
Trauerspiel E 86 15
Trauerweide E 16 u. 17 14
Traufe 40 11
Traum E 42 34
träumen E 42 46
Trauring E 48-52 86
Trawl 146 3
Trawler 146 I, 1
Trecker 155 8; 156 3; 157 3; 158 22
Treff E 93 62
Treffer E 68 66
Treibachse 176 30
Treiben des Kettgarns E 135-137 VI
Treibglas E 21 31
Treibhammer E 131 12
Treibhaus E 160 8
Treibjagd E 30 u. 31 33
Treibnetz 146 7
Treibnetzfischerei 146 IV
Treibscheibe 112 33
Treibstange 176 31
Treibstoff 184 38
treideln E 182 38
Treidelpfad E 182 39
trennen E 88 50; E 139 42
Trennmesser 113 38; E 139 42
Trennschalter 113 37
Trennschärfe E 88 53
Trense E 154 43
Treppe 4 6; 45 18; 68 8; 181 26

Treppenabsatz 45 15
Treppenbeleuchtung 45 1
Treppenfenster E 45 3
Treppenhaus 45 Ü, 1
Treppenlampe 45 1
Treppenleiter E 43 4
Treppenschritt 71 5
Tresor E 163 15; 163 15; 164 4
Tretauto 53 31
Tretgestell 139 32
Tretkurbel 172 15
Triangel 84 35
Triangulieren 161 41
Tribüne 67 1; 99 4; 103 3; 109 17
Trichter E 43 32; 118 28; 136 28; 143 12; 174 31
Trichterzange 131 56
Trickaufnahme E 87 24
Trickfilm E 87 13
Trieb 12 16; 17 7, 14
Triebrad 148 5
Triebsteckling 161 19
Triebwagen E 176 21; 171 7
Triebwerk 176 26-32
Trieur E 143 3
Trigonometrie E 78 42
~, ebene E 5 u. 6 24
~, sphärische E 5 u. 6 25
Triller E 82 u. 83 105
Trimmer E 185 26
Trinkkur E 58 3
Trinkwassertank 159 12
Trinkwasserversorgung E 169 u. 170 41
Trio E 84 u. 85 62
Triole E 82 u. 83 96
Triowalzwerk 119 II
Tritt 78 15; 139 36
Trittbrett 171 13; 176 4
Trittplatte 47 16
Trittvorrichtung 137 24
trocken E 147 18; E 160 55; 188 10
Trockenanlage 127 III, IV
Trockenaufbereitung E 110 u. 111 123
Trockenboden 46 1 u. 13
Trockendock E 126 38; E 185 5
Trockengasbehälter E 114 29
Trockengestell 95 16
Trockengußform E 117 42
Trockenhaube 147 3
Trockenhefe E 154 27
Trockenkammer 127 23; 132 35; 133 1
Trockenklammer 95 10
Trockenlager 132 I

Trockenmauer 47 30
Trockenobst E 13 u. 14 9
Trockenpartie 148 13
Trockenpfanne E 58 20
Trockenplatte 117 46
Trockenpresse 149 27
Trockenschnitzel E 154 20
Trockenschrank 95 9
trockenstehen E 154 53
Trockentrommel E 94 u. 95 56
Trockenvorrichtung 137 18
Trockenzylinder 148 13
trocknen E 56 46, 47; E 94 u. 95 55; E 127 4; E 135-137 63; E 147 34
Trocknen 95 21; 140 27
Trockner 136 5
Trog 148 9, 20; 154 53
Trokar 63 44
Trommel 84 36, 41; 107 9; 109 10; 136 13; 137 11
Trommelfell 36 15
Trommelofen E 117 26
Trommelpfanne 117 13
Trommelschlegel 84 37
Trommelstock 84 37
Trommelsucht E 154 35
Trommler 107 10; 109 11
Trompete 84 13; 96 14
Trompeter 85 18; 96 15, 16
Tropen E 2 9
Tropfenzähler E 57 18
Tropfflasche 57 11; 95 17
Tropfring 76 13
Tropfröhrchen 63 45
Tropfsteinhöhle 1 XI
Tropfs;einsäule 1 48
Trosse E 183 6
Truhe E 42 9
Trum E 110 u. 111 28
Trummsäge 162 20, 30
Trumpf E 93 63
Truthahn 33 11; E 33 u. 34 13; 153 35
Truthenne 33 11
Tschardasch E 82 u. 83 21
Tschechisch E 78 35
T-Schnitt 161 32
T-Stahl 119 28
Tuba 84 15
Tubabläser 85 19
Tubaist 85 19
Tübbing E 110 u. 111 57
Tube 36 23
Tuch 62 9; 166 40
Tuchballen 166 40
Tuchverband 60 IV
Tuchweberei 137 Z

Tülle 43 52; 47 39
Tulpe E 20 4
Tummelplatz E 77 33
Tümpel 116 23
Tundra E 1 41
Tunke E 167 u. 168 62
Tunnel 175 7
Tunnelofen E 127 19
Tupfer E 61 u. 62 111
Tür 80 17; 100 14; 127 34
Türangel 45 31
Turas 112 33
Turban 48 6
Türband 46 17
Turbine E 113 36
Türbogen 128 15
Turbokompressor E 115 u. 116 70
Türflügel E 41 49
Türfüllung 45 30
Türklinke 45 20
Turm 93 7; 182 3
Turmdrehkran 185 25
Turmfalke 24 1 u. 2
Turmspringen E 74 27
Turmuhr E 9 2
Turnanzug 65 III
turnen E 65 u. 66 20
Turner 65 31
Turnerin 65 42
Turnhalle 65 I
Turnhemd 65 39
Turnhose 65 40
Turnier E 68 32
Turnschuh 65 41
Turnstab 66 35
Türschild 45 5
Türschließer 86 8
Türschloß 45 II
Türstock 111 22 u. 23
Türverkleidung 45 32
Tüte 166 11
Type 149 6; E 164 u. 165 40
Typenhebelführung 165 14
Typograph E 149 u. 150 37
Typographie E 149 u. 150 3

U-Bahn E 169 u. 170 34
übel E 61 u. 62 70
üben E 65 u. 66 21
über 4 12, 19
überbelichten E 94 u. 95 4
Überblendung E 87 27
übereinstimmen E 5 u. 6 10
überfahren E 101 u. 102 21
Überfallhose 49 26
Überflurhydrant 102 34

überführen E 61 u. 62 135
Überführung E 169 u. 170 35; E 175 19
Übergang E 169 u. 170 36; 176 37; E 177-179 62
Übergardine 42 2, 3
übergeben, sich E 61 u. 62 71
Überhang E 73 47
überholen E 101 u. 102 13; E 141 11; E 173 u. 174 77
Überholmaschine 141 19
Überhöschen 52 29
Überlandkraftwerk E 113 35
Überlandleitung 152 5
Überlandzentrale E 113 35
Überlauf 44 16
überlaufen E 55 52
übermorgen E 9 42
übernachten E 167 u. 168 78
überrunden E 67 46
Überschlag E 65 u. 66 84; E 74 28
überschlagen E 7 155
Überschlaglaken 42 28
Überschrift E 89 u. 90 67
Überschuh 48 47
Überschuß E 163 67
Überschwemmung E 1 81; E 182 22
Überseedampfer 184 Ü
übersetzen E 78 62; E 182 49
Übersetzung E 89 u. 90 47
Übersetzungszahnrad 120 36
Übersollmenge E 155 23
Überspannungsschutz 113 42
übertragen 123 37
Überträger 3 2, 5
Übertragungswagen E 88 18
Überweg 169 34
überweisen E 163 26
Überweisungsschein E 61 u. 62 29
Überwurf 68 31
überzeugen E 109 36
Überzieher E 48-52 27
Überzug E 42 13
Übung E 65 u. 66 II; E 78 59; E 80 70
Übungsbuch E 78 82
Übungsdienst 102 IV
Übungsfläche 79 16; E 79 VI
Übungssegelflugzeug E 106 28

Übungsleiterin 65 13
Übungsraum 80 I
Übungsstunde E 92 27
Ufer 4 25, 29; 182 32
Ufermauer 185 34
Uhr 9 Ü, 1; E 9 I, 17; 88 2
Uhrenarmband 9 37
Uhrkette 9 7; E 48-52 80
Uhrmacher E 9 29
Uhrtasche 49 17
Uhrwerk 3 4; 9 14; 94 43
Uhrwerkeisenbahn E 53 28
Uhu E 24-27 7
Ulme 16 23; E 134 47
Ulster 49 47
Ultrakurzwelle E 88 47
umbetten E 57 3
Umbruch E 149 u. 150 44
Umbuggmaschine E 141 8
Umdrehungszahl E 121-123 41
Umdruck E 149 u. 150 78
Umfahrung 110 18
Umfassungsmauer 160 11
Umformer E 113 49
Umformung E 113 VI
Umführung E 119 21; 119 23
Umgehungsstraße E 175 7
umgraben E 47 37
Umhang 52 36
umhängen E 48-52 102
umhertollen E 53 47
Umkantstich E 139 29
Umklammerung E 68 47
Umkleidekabine 92 20
umkleiden, sich E 48-52 103
Umkleidezelle 74 8
Umkreis 5 29
Umlaufregler 114 24
Umlegekalender 164 31
Umlegkalender 164 31
Umleitung E 175 26
Umlenkrolle 112 45
umnähen E 139 25
Umrahmung, kulturelle E 108 4
Umroller E 148 26
umrühren E 55 53
umschalten E 173 u. 174 74
Umschalter 165 25, 26
Umschaltfeststeller 165 24
Umschlag E 3 6; 49 12; E 57 31
Umschlagpapier E 148 49
Umschrift 163 6

Umschwung E 65 u. 66 85, 87
umsetzen E 68 91
Umspanner 113 40
Umspannung E 113 V
Umspannwerk E 113 47
umspulen E 87 46
Umstandskleid E 48-52 15
umstechen E 139 30
umstecken E 139 40
umsteigen E 171 21
Umtrieb 110 18
Umweltbedingung E 79 79
umwickeln E 57 44
umziehen E 40 52
Umzug E 40 10
Unabhängigkeit E 109 52
Unbekannte E 7 129
unbeschrankt E 175 21
uneben 187 35
unendlich E 7 139
unentschieden E 69 u. 70 20; E 93 41
unfair E 68 35
Unfall E 60 II; 101 II
Unfallrente E 64 7
Unfallsachbearbeiter 101 4
Unfallstelle E 60 2
Unfallverhütung 133 4
Unfallverletzter 101 11
Unfallzeuge 101 18
unfruchtbar E 160 49
ungeleimt E 148 71
ungesetzlich E 100 77
Ungeziefer E 22 11
Unglücksfall E 110 u. 111 XII
ungültig E 100 44
Unionsfreund 103 22
Unionsfreundin 103 21
Universalfräsmaschine E 121-123 74
Universalgerät 63 6
Universalwinkelmesser 123 38
Universität 80 Ü
Universitätsbehörde E 80 I
Universitätsverwaltung E 80 I
Unkraut E 19 II
Unkrautbekämpfung E 79 9
Unkrautstriegel 159 3
Unruh 9 22
Unruhbrücke 9 15
Unruhe 9 22
unsportlich E 68 35
unten 4 23
unter 4 15, 37
Unter 93 36
Unteramboß 120 17
Unterarm 35 6

Unterarmstand E 65 u. 66 86
Unterarmstütz E 65 u. 66 87
Unterarmverband 60 IV
unterbelichten E 94 u. 95 3
Unterbett E 42 18
Unterbramsegel 183 33
Unterbrecher E 173 u. 174 46
Unterbrechung E 68 67
Unterdeck 184 44
untere 4 23
Unterflöz E 112 13
Unterführung 169 8
Untergesenk 120 25; 122 21
Untergriff 68 30
Untergrund E 156 33
Untergrundbahn E 169 u. 170 34
Untergrundlockerer E 159 37
Untergrundpacker E 159 13
unterhalb 4 23
Unterhaut E 140 8
Unterhemd 50 17, 40
Unterholz 162 9
Unterhöschen 50 42
Unterhose 50 18, 22
Unterkasten 117 27
Unterkiefer 38 7
Unterkieferbein 38 7
Unterkleidung 50 Ü, I, II, III
Unterkunft E 58 25
Unterlage 57 20; 60 17; 126 7; 161 31, 39, 42
Unterlauf E 182 9
Unterlegene E 68 86
Unterlegscheibe 124 8
Unterlid 37 2
Unterliek 183 11
Unterlippe 28 8; 36 33
Untermarssegel 183 35
Untermesser 137 44
Untermiete E 40 9
Unterofen E 118 9
Unterputz E 128 75
Unterricht 78 I, II; E 78 VII
~, altsprachlicher E 78 37, 38
~, neusprachlicher E 78 33-36
~, polytechnischer E 78 101
Unterrichtsfach E 78 VI
Unterrichtsgespräch E 78 54
Unterrichtsstunde E 78 51
Unterrichtszimmer E 92 8

Unterrock 50 14
Untersaat E 157 4
Untersatz 54 9; 56 43
Unterschenkel 35 19
Unterschied 7 32
unterschlagen E 138 20
Unterschlagmaschine 138 16
Unterschrift 89 17
Unterschriftenmappe 164 8
Unterschwung E 65 u. 66 88
Unterseeboot E 184 30
Untersetzer 138 26
Unterstation 118 15
Unterstufe E 78 23
untersuchen E 61 u. 62 13
Untersuchung, ärztliche E 61 u. 62 II
~, schulärztliche E 78 98
Untersuchungsbett 61 16
Untersuchungsraum 61 39
Untersuchungsstuhl 61 21
Untersuchungstisch 61 44
Untertasse 54 13
Untertitel E 89 u. 90 58
Unterwalze 119 11
Unterwanten 183 20
Unterwasserschallanlage E 184 5
Unterwasserschallsignal E 186 33
Unterwerksbau E 110 u. 111 45
unterzeichnen E 164 u. 165 60
unwohl E 61 u. 62 34
Uranus 2 22
Uraufführung E 86 7
Urgestein 1 17
Urheberrecht E 89 u. 90 21
Urin E 38 66
Urinflasche 57 23
Urlaubsreise E 58 22
Urschrift E 89 u. 90 80
Urteil fällen E 100 129
Urteilsverkündung E 100 130
Urwald E 162 4
U-Stahl 119 30

Vakublitz E 94 u. 95 42
Valuta E 168 5
Vanille E 54 93
Variabilität E 79 60
Variation E 84 u. 85 46
Vase 54 2
Vater 4 43
VdgB 155 Ü, II
VEAB 155 Ü, III; E 155 II

Vegetarier E 54 7
Veilchen E 20 18
Vektor 5 10
Velinpapier E 148 58
Vene 39 III
Ventil 84 11; 131 51; 172 21; E 172 36
Ventilator 110 12; 113 15; 120 6; E 173 u. 174 53; 184 10
Ventilstahl E 118 36
Ventilstange E 172 37
Ventrikel E 38 7
Venus 2 16
Veranda 40 35
Veränderliche E 7 110
Veränderlichkeit E 79 60
Verarbeitung E 135-137 II, V
Verband 60 II; E 60 49; E 105 23; 161 36
Verbandkasten 68 18; 133 3, 19
Verbandpäckchen E 60 55
Verbandschere 63 48
Verbandstoff E 60 50; E 61 u. 62 107
Verbandtasche 60 2
Verbandwagen 61 19
verbessern E 78 68; E 89 u. 90 8
Verbesserungsvorschlag E 99 21, 113
verbinden E 60 48; E 161 11
Verbinden 124 I
Verbindung E 113 27
Verbindungsschlauch 133 53
Verbindungsstück 131 41
verbluten E 60 45
Verbotszeichen E 101 u. 102 11
Verbrennung E 60 67
Verbrennungsmotor E 173 u. 174 13
Verbrennungszone E 115 u. 116 58
Verbrühung E 60 71
Verbundnetz E 113 60
Verdauung E 38 33
Verdauungsorgane E 38 34
Verdeck 76 27; 136 10; E 173 u. 174 4
Verdienter Lehrer des Volkes E 78 10
Verdienter Meister des Sports E 106 5
verdobeln E 129 14
Verdrehfestigkeit E 125 16
verdübeln E 129 14
Verdunstungsmesser E 3 34

verdursten E 38 54
veredeln E 32 26; E 118 15
Veredeln 161 III
Veredlungsarbeit E 135-137 XI
vereidigt werden E 100 121
Vereinigung der gegenseitigen Bauernhilfe (VdgB) 104 9; 155 II
Vereisung E 63 9
verenden E 30 u. 31 40
Verfahren, basisches E 118 19
~, saures E 118 17
verfärben, sich E 39 28
Verfasser E 89 u. 90 78
Verfassung E 99 4; E 105 25
Verfügung E 99 99
vergasen E 112 32
Vergaser 172 42; E 173 u. 174 23
Vergiftung E 60 75
vergipsen E 130 9
Vergißmeinnicht E 19 5; E 20 16
Vergleichen 123 37
vergriffen E 89 u. 90 26
Vergrößerung E 94 u. 95 64
Vergrößerungsgerät 95 23, 27
Vergrößerungsglas 105 24
Vergußmasse E 131 75
Vergütungsstahl E 118 37
verhacken E 158 14
Verhältnis E 7 111
Verhandlung E 100 115
Verhandlungssaal E 100 100
verhauen E 110 u. 111 60
Verhieb E 110 u. 111 59
verhungern E 38 50
verhütten E 115 u. 116 43
Verjährung E 100 147
verkämmen E 129 18
verkanten E 106 13
Verkauf 180 9
Verkäuferin 166 10, 38; 167 5
Verkaufsbude 98 18
Verkaufsstand 98 18
Verkaufsstellenleiter 166 15
Verkaufstisch 166 19
Verkehr E 169 u. 170 32
Verkehrsampel 169 29
Verkehrsflugzeug E 181 12; 181 14-25
Verkehrsinsel 169 3

Verkehrsknotenpunkt E 176 3
Verkehrskontrolle E 101 u. 102 14
Verkehrsmittel E 176 1
Verkehrspolizei 101 II; E 101 u. 102 II
Verkehrspolizist 101 4; 169 27
Verkehrsregelung E 101 u. 102 8
Verkehrsschutzabzeichen 169 15
Verkehrsübertretung E 101 u. 102 19
Verkehrsunfall 101 II
Verkehrsunfallkommando 101 13
Verkehrsunfallwagen 101 13
Verkehrsweg E 176 2
Verkehrszeichen 101 3, 16; 169 4
verkeilen E 129 17
verkippen E 112 10
verkrustet E 160 60
Verladeeinrichtung 110 6
Verladekran E 185 .7
verladen E 177-179 50
Verlag E 89 u. 90 19
Verlagsbuchhandlung E 89 u. 90 27
Verlagszeichen 90 II
Verlandung E 1 96
Verlängerer 165 40
Verlängerung E 91 33
Verlängerungshülse 165 40
Verleger E 89 u. 90 18
Verlegereinband E 151 18
verleimen E 134 18
Verleimer E 133 23
Verleimerei 133 III
verletzen, sich E 60 40
Verletzter 60 I
Verletzung 60 4
verlieren E 93 11
Verlust E 163 64
~ der bürgerlichen Ehrenrechte E 100 140
Vermehrung 161 I, II
vermessen E 8 6
Vermessung E 2 45
vermieten E 40 53
Vermieter E 40 11
Vermögen E 163 45
vernähen E 139 26
Vernehmung E 100 118
veröffentlichen E 89 u. 90 82
Veröffentlichung E 99 100
verordnen E 61 u. 62 27
Verordnung E 99 7
Verpflegung E 58 24

verpflichten, sich E 100 29
Verpflichtung E 100 30
verputzen E 128 77
verrechnen E 164 u. 165 32
~, sich E 7 112
verrenken, sich E 60 30
Vers E 89 u. 90 91
Versal 89 10
versalzen E 55 54
Versammlung 108 Ü, 12
Versammlungsraum E 108 5
Versand 138 35; E 176 12
versanden E 1 95
Versatz 110 24; E 129 23
Versatzstück 86 26
Versatzverfahren E 110 u. 111 51
verschalen E 129 31
Verschalung E 128 61
Verschiebebahnhof E 177-179 59
verschießen E 189 42
verschlafen E 42 43
verschlämmt E 160 57
Verschleißfestigkeit E 125 17
verschlucken, sich E 35 75
Verschluß 94 11; E 106 10
Verschlußeinstellung 94 7
Verschlußkappe 165 43
verschneiden E 79 92
Verschnitt E 132 10
Verschnürung 180 14
Verschraubung 131 51
verschreiben E 61 u. 62 26
~, sich E 89 u. 90 6
verschüttet E 73 48
~ werden E 60 82
Verschüttung E 60 81
verschwelen E 112 24
versenden E 176 11
Versenkung 86 36
versetzen E 110 u. 111 49
Versetzungszeichen E 82 u. 83 82
versichern E 177-179 33
versiegeln E 100 32
Verspätung E 177-179 44
Verstärker E 88 57
verstauchen, sich E 60 29
Versteckspiel E 77 42
versteigen, sich E 73 49
Verstellen 125 15
Verstemmen E 126 28
Verstemmer E 131 70
Verstopfen 161 5
Verstopfung E 61 u. 62 73

Verstreichkelle E 129 54
verstürzen E 138 25
Versuchsfeld E 79 40
Versuchsgarten E 79 3
Versuchsgut E 80 81;
 E 152 21
Versuchsstation E 80 80
Versuchsstrecke E 110 u.
 111 38
verteidigen E 169 45
Verteidiger 69 15, 16;
 100 19; E 100 85
Verteidigung E 68 69
Verteidigungsbereit-
 schaft E 106 2
Verteiler E 173 u. 174 47
Verteilerin 135 9
Verteilungsbütte E 148
 15
Verteilungsnetz E 113 57
Verteilungsstück 102 37
vertieft 187 49
Vertikale 5 7
Vertikalgatter 132 8
Vertikalkammerofen
 114 6
Vertikalmessermaschine
 E 138 11
Vertikalschmiedepresse
 E 120 7
vertonen E 84 u. 85 40
Vertreter E 164 u. 165
 21
verunglücken E 60 1
Verunglückter 60 I
verurteilen E 100 132
Vervielfachen 7 33
Vervielfältigungsapparat
 E 164 u. 165 8
Verwachsung E 161 13
Verwaltung 99 Ü; E 99
 III
Verwaltungsangestellte
 99 23
Verwaltungsangestellter
 99 27
Verwaltungsleiter 58 15
Verwaltungsrecht E 100
 61
Verwendung E 112 23
Verwerfung E 1 101; 110
 34
Verwindung 181 17
Verwitterung E 1 99
Verzierung E 82 u. 83
 103
verzinsen, sich E 163 12
verzollen E 177-179 38
Verzug 111 24
Veterinär E 154 39
veterinärmedizinische
 Fakultät E 80 12
Viadukt 175 8
Vieh 33 1, 5, 8, 9
Viehauftriebsstelle 155
 28

Viehbestand E 154 2
Viehhaltung E 154 3
Viehpflege E 154 4
Viehseuche E 154 33
Viehstand E 154 2
Viehwaage E 8 47; 155
 29
Viehwagen 155 30
Viehweide 158 29
Viehzucht E 154 1
Vieleck E 5 u. 6 51; 6 9
Vielfachgerät 159 6
Vielflächner E 5 u. 6 61
Vielfraß E 29 14
Viellochstanze 131 6
Vielstahldrehbank
 E 121-123 57
vier E 7 5
Viereck 6 2-4, 6-8
viereckig E 5 u. 6 60
Vierer 75 II
Viererkombination E 71
 u. 72 33
Vierfachbogen E 148 85
Vierkampf E 68 93
Vierkantfeile 121 25
Vierkanthorn 122 15
Vierkantschraube 124 27
Vierradbremse E 173 u.
 174 40
Vierseithof 152 18
Viertaktmotor E 172 24
vierte E 7 41
viertel E 7 51
Viertel 2 30, 32
Viertelbogen E 148 89
Vierteljahr E 9 111
Viertellinie E 69 u. 70 55
Viertelnote 83 40
Viertelpause 83 45
vierzehn E 7 15
vierzig E 7 24
Vierzylinder E 173 u.
 174 6
Vigognespinnerei
 E 135-137 48
Viola 84 28
violett 189 7
Violinbogen 84 20
Violine 84 16
Violinkonzert E 84 u. 85
 56
Violinschlüssel 83 34
Violoncello 84 29
Virtuose E 84 u. 85 35
Viskose E 135-137 26
Vitamin E 54 10
Vitrine E 40 12
Vizepräsident 99 8
Vogel 27 Ü
Vogelbauer E 41 46
Vogelheerbaum 16 39
Vogelbeere 16 42; 189 6
Vogelkäfig E 41 46
Vogelschutz E 79 13
Volant 52 30; 136 10

Völkerrecht E 100 60
Volksbefragung E 100 14
Volksbegehren E 100 16
Volksbibliothek 91 Ü, I;
 E 91 I
Volkseigener Erfassungs-
 und Aufkauf-Betrieb
 für landwirtschaftliche
 Erzeugnisse 155 III
Volksentscheid E 100 15
Volksgut E 152 20
Volkshochschule 81 Ü;
 134 21
Volksinstrumenten-
 orchester 82 III
Volkskammer 99 I, 7 u. 8
Volkskammerabgeord-
 nete 99 15
Volkskammerabgeord-
 neter 99 16
Volkskontrolle E 99 69
Volkskorrespondent E 89
 u. 90 114
Volkskunst E 82 u. 83 I
Volkskunstgruppe E 82
 u. 83 3
Volkskünstler E 82 u.
 83 1
Volkslied E 82 u. 83 31
Volksmedizin E 15 2
Volksmusik E 82 u. 83 35
Volksmusikgruppe E 92
 38
Volksmusikinstrument
 83 Ü, I
volksnah E 99 66
Volkspolizei 101 Ü; 102
 Ü
Volkspolizeiangehörige
 102 5
Volkspolizeikreisamt
 E 101 u. 102 2
Volkspolizeirevier E 101
 u. 102 54
Volkspolizei-See 101 I
Volkspolizist 98 28;
 E 101 u. 102 3; 102 2;
 169 27
Volksrichter E 100 80
Volkssolidarität 104 10
Volkstanz 82 I
Volkstanzgruppe 82 I
Volkstanzzirkel E 92 37
Volkstracht E 82 u. 83 6
Volksvertretung 99 Ü;
 E 99 II
Volkswahl E 100 2
Volkswirtschaftsplan
 E 99 13
voll 188 15
Vollbad E 57 49
Vollbart E 147 68
Vollblut E 33 u. 34 30
Volldüngung E 156 41
Volleyball E 69 u. 70 V;
 70 19

Volleyballspiel 70 III
Vollgatter 132 8
Vollheim E 77 1
Vollkornbrot E 143 31
Vollmassage E 58 4
Vollmilch E 54 81; E 154 59
Vollmond 2 31
Vollschiff E 183 24
Vollschur E 158 46
Vollschweißung E 126 30
Vollziegel E 127 35
Volontärarzt E 61 u. 62 163
Volt E 113 17
Voltampere E 113 21
Volumen E 8 23
Vorabend E 9 52
Vorbau 4 20
Vorbauwerft E 126 2
Vorbehandlung E 63 2
Vorbeimarsch E 109 16
vorbereiten E 78 52
Vorbesteilung E 91 31
vorbestraft E 100 135
vorbeugen E 61 u. 62 32
Vorboden 46 13
Vorderbein 34 16
Vorderblatt 142 42
vordere 4 60
Vorderhaus E 40 39
Vorderkappe 142 41
Vorderlauf 30 14, 21; 34 28
Vordermast 184 1
Vorderrad 172 19
Vorderradbremse 172 5, 49
Vorderradgabel 172 25
Vorderseite 163 4
Vordersitz 173 14
Vorderspieler 70 37, 39
Vordersteven 76 25
Vorderstich E 139 15
Vorderstrammer 71 36
Vorderzange 134 32
Vordorzylinder 136 20, 34; 136 41
Vordruck E 164 u. 165 50
Vordruckwalze E 148 18
Vorfahrt E 101 u. 102 12
vorfrischen E 118 21
Vorfrucht E 79 43
Vorführung E 87 42
Vorgarn 135 40
Vorgarnspule 136 43
Vorgarten E 47 1
Vorgebirge E 1 10
vorgehen E 9 22
vorgestern E 9 35
Vorhalte 66 6
Vorhand E 69 u. 70 49; 93 27
Vorhandschlag E 69 u. 70 73

Vorhang E 42 26; 86 19, 20; 87 22; 147 2
Vorherd 117 8
Vorhof 39 28, 30
Vorkern E 79 38
Vorkeller 46 II
Vorkommen E 110 u. 111 11
Vorkühler 114 20
Vorlage 69 48; E 99 52
Vorlageschwung 71 14
Vorlauf E 67 47
Vorleger 58 27
Vorlegerin 138 21
Vorlegeschloß 46 23
vorleimen E 130 32
Vorlesung 80 II
~, fakultative E 80 66
~ halten E 80 34
~, obligatorische E 80 65
Vorlesungsmanuskript 80 25
Vorliek 183 7
Vormast 183 23
Vormittag E 9 45
vormittags E 9 46
vorn 4 60; E 65 u. 66 22
Vorname E 101 u. 102 42
Voröffner 135 5
Vorort E 169 u. 170 9
Vorortverkehr E 177-179 5
Vorprofil E 119 29
Vorprüfung, ärztliche E 80 87
Vorratskeller E 46 3
Vorratsroder 159 4
Vorreißer 136 14
Vorrennen E 75 u. 76 18
vorrichten E 138 18; E 140 10
Vorrichterin 138 21
Vorrichtung 110 35; 125 II
Vorsaal 45 III
Vorsatz 90 5; E 151 28
Vorsatzlinse E 94 u. 95 24
Vorsatzpapier 90 5; E 148 67
Vorschäler 156 37
Vorschiff 184 8
Vorschlag E 82 u. 83 104; 90 12
Vorschlaghammer 122 11
Vorschneider 121 47; 156 37
Vorschub E 121-123 42
Vorschubgetriebe 123 10
Vorschubwalze 132 14
Vorschulbeet 162 6
Vorschülerin E 77 16
Vorsegel 76 39
Vorsignal 179 12
Vorsitzender 100 8, 16; 108 4

Vorsitzender des Bezirkstages E 99 40
~ der FDJ E 105 21
~ des Kreistages E 99 40
~ der Prüfungskommission E 80 85
Vorspiel E 86 9
Vorspinnmaschine 135 VI
Vorspreizen 66 3
Vorsprung E 73 50; E 131 31
Vorstecher 141 11
Vorstehhund E 33 u. 34 54
Vorstellung 86 II
Vorsteven 76 42; E 184 39
Vorstrecke 136 III
vorstreichen E 130 21
Vortrag E 84 u. 85 36
Vortragender 80 10
Vortragssaal E 92 7
Vorwärmzone E 115 u. 116 57
vorwärts 4 24
Vorwärtssprung E 74 29
Vorwort E 89 u. 90 63
Vorzeichen E 7 113; E 82 u. 83 81
Vulkan 1 VIII
vulkanisieren E 172 21

Waage E 2 36; 8 VI; E 8 VII; 43 45; 61 10; E 77 36; 143 3, 19; 166 13; 177 6
~, automatische E 8 52
~, hydraulische E 8 51
Waagebalken 8 29
Waagerechte 5 2
Waagerechtfräsmaschine 123 II
Waagschale 43 46
Wabe 22 III
wachen E 42 51
Wachhabende E 101 u. 102 37
Wacholder E 12 21; 17 17
Wacholderbeere 17 19
Wacholderzweig 17 18
wachrütteln E 42 52
Wachs E 22 39
wachsam E 101 u. 102 31
Wachsblume E 21 15
wachsen E 134 35
Wachssalbe E 134 35
Wachstuchtier 53 6
Wächte 73 12
Wachtel 27 7
Wade 35 35
Wadenbein 38 27
Wadenmuskel 39 21
Wadenstrumpf 52 45

Wadenwickel E 57 40
Waffel E 167 u. 168 50
Waffelmuschel 98 13
Wagen 2 7, 8; 135 45; 169 31; 173 Z
Wagendach 171 9
Wagengeleise 175 36
Wagenheber 174 12, 23
Wagenkipper 115 14
Wagenlöser 165 4, 9
Wagentür 173 12
Waggon 178 6
Waggonkipper 115 14
Waggonwaage 113 8
Wahl 100 Ü
wählbar E 100 25
wahlberechtigt E 100 9
Wahlberechtigte E 100 10
Wahlbeteiligung E 100 48
wählen E 100 34; E 180 43
Wähler 100 2
Wählerauftrag E 100 26
Wahlergebnis E 100 49
Wahlgesetz E 100 1
Wahlgrundlage E 100 I
Wahlhandlung E 100 III
Wahlhelfer 100 1
Wahlkabine 100 9
Wahlkampagne E 100 21
Wahlliste 100 7
Wahlleiter E 100 20
Wahllokal 100 I
Wahlparole E 100 17
Wahlperiode E 99 47
Wahlpflicht E 100 8
Wahlpropaganda E 100 19
Wahlrecht E 100 3
Wahlspruch 103 12
Wahlstimme E 100 42
Wahlurne 100 5
Wahlvorbereitung E 100 II
Wahlvorschrift E 100 27
Wahlvorstand 100 4, 6, 8
Wahlzelle 100 9
Währung E 163
Waisenrente E 64 6
Wal E 28 2; 146 15
Wald 58 35; 152 26; 162 I
Waldampfer 146 18
Waldbestand E 162 9
Waldbrand E 162 25
Waldhufe 152 27
Waldhufendorf 152 VII
Waldlauf E 67 48
Waldmeister E 19 24
Waldpflanze E 19 III
Waldschnepfe 31 21
Waldweg 162 11
Walfang 146 Ü, VIII
Walfänger 146 18

Walke 137 VI
walken E 135-137 121
Walkmaschine 137 VI
Wallach 34 I
Walmdach 40 34
Walnuß 14 12
Walroß 29 11
Walzapparat 130 17
Walze 6 29; 56 28; 150 8, 11
walzen E 119 16; E 130 16; E 142 25; E 156 35
Walzen E 119 II; 140 28
Walzendreherei E 119 24
Walzendrehknopf 165 2, 17
Walzenfräser E 121-123 69
Walzenkrempel 136 II
Walzenkrümelegge E 159 7
Walzenschleifmaschine E 133 19
Walzenstirnfräser E 121-123 70
Walzenstraße 119 2 u. 6
Walzenstuhl E 143 7
Walzer 96 2; 119 26
~, langsamer E 96 18
~, Wiener E 96 17
Walzgerüst 119 2
Walzgut 119 12
Walzplattieren E 119 17
Walzprofil 119 III
Walzstraße 119 1, 2 u. 6
Walzstück 119 12, 16
Walzwerk 119 Ü; E 119 I; 127 10
Walzwerker 119 26
Walzwerkerzeugnis E 119 III
Wand 1 43; 73 2; 80 23; 133 19
Wandbild 41 29; 78 3
Wandbrett 43 4
Wandelgang 86 I
Wandelhalle 58 17; 86 I
Wandelsteg 58 31
Wandelstern 2 15-24
Wanderausstellung E 91 57
Wanderboot E 75 u. 76 72
Wanderer 175 33
Wanderfahne für ausgezeichnete Leistungen E 107 14
Wanderjolle E 75 u. 76 55
Wanderkarte 105 16
Wanderkino E 87 41
Wanderzweier 76 17
Wandfeuer 122 5
Wandgemälde 168 1
Wandkalender 164 7

Wandkarte 78 6
Wandlampe 95 1, 24; 96 5
Wandleuchte E 45 6; 96 5
Wandschmuck 78 32; 150 13
Wandschränkchen E 42 6
Wandspiegel 45 28
Wandspruch 78 1; 82 11; 85 22; 91 10; 103 16; 108 13; 120 1; 121 3; 123 28; 132 24
Wandtafel 78 4; 80 22; 103 17
Wandtafelskizze 103 18
Wandteller 41 14
Wanduhr 9 25
Wandverkleidung 88 1
Wandzeitung 78 9; 108 14
Wange 35 48
Wanne 44 15; 46 33
Wannenofen E 117 30
Wanten 183 28
Ware E 164 u. 165 23
Warenausgabe 166 34
Warenbaum 137 23
Warenbegleitschein E 164 u. 165 24
Warenhaus 166 II
Warenschaufel 166 12
Warf 1 33
Warft 1 33
Warmbehandlung E 120 3
Warmblut E 33 u. 34 31
Wärme E 3 9
Wärmekraftwerk E 113 32
wärmen E 55 55
Wärmeschreiber E 3 33
Wärmetrocknung 127 IV
Wärmewarte 113 17
Warmhaus E 160 8
Warminhalierhalle E 58 13
Wärmplatte 133 52
Warmsäge E 119 22; E 121-123 106
Warmschere 119 18
Wärm- und Kühlplatte 133 52
Warmwalzwerk E 119 1
Warmwasserautomat 131 31
Warmwasserheizung 44 III; 160 2
Warmwasserspender 63 8
Warnkreuz 175 25
Warnzeichen E 101 u. 102 10; 175 45
Warschawianka E 82 u. 83 20
Wartehalle 171 2
Wartehäuschen 171 2

Warteraum 61 30
Wartesaal 177 1
Wartezimmer E 61 u. 62 11
Warze 18 9; E 61 u. 62 81
Waschbär 32 8
Waschbatterie 136 I
Waschbecken 44 10; 61 7
Waschbottich 56 34; 136 3
Waschbrett 56 29
Wäsche 56 VII-X, 30, 38, 40; 110 1
Wäscheboden 46 1 u. 13
Wäschefach 42 12
Wäscheklammer 56 36
Wäschekorb 56 47
Wäschelegen 56 IX
Wäscheleine 56 35
waschen E 110 u. 111 120; E 135-137 61; E 147 31
~, sich E 44 20
Waschen E 56 II; E 107 30
Wäschepfahl E 56 48
Wäschepuff 42 35
Wäscherin E 56 34
Wäscherolle 56 46
Wäscherollen 56 X
Wäscheschrank 42 11
Wäschestampfer 56 25
Wäschestütze 56 37
Wäschetrocknen 56 VIII
Wäschewaschen 56 VII-X
Waschgeschirr 57 25
Waschhaus 56 VII
Waschholländer 148 VI
Waschkaue 110 10
Waschkessel 55 23
Waschkommode E 42 7
Waschküche 56 VII
Waschlappen 44 12
Waschmaschine 56 24
Waschmaschinensatz 136 I
Waschöl E 114 21
Waschraum 62 17; E 77 11; 110 10
Waschtisch E 42 7
Waschwanne 56 31
Wasser 60 15; E 75 u. 76 V; 140 1, 18; 174 8
Wasserballspiel E 74 30
Wasserbank 130 36
Wasserbassin 160 10
Wasserbecken 47 11
Wasserbehälter 170 39
Wasserboiler 143 1
Wasserbrause 95 29
Wassereimer 43 20
Wassereinbruch E 110 u. 111 110
Wasserfahrtsport 106 V; E 106 V

Wasserfall 1 45
Wasserfarbe E 189 43
Wasserfaß 47 15
Wasserflasche E 42 22
Wasserfloh E 22 28
Wassergas 114 10; E 114 27
Wasserglas 44 7; 57 13
Wasserhahn 43 6
Wasserhaltung 110 40; E 110 u. 111 XI
Wasserjungfer 22 1
Wasserinstallateur E 131 34
Wasserkasten 160 10
Wasserklosett 44 40
Wasserkraftwerk E 113 31
Wasserkran 179 26
Wasserkrug E 42 23
Wasserkühlung E 115 u. 116 64
Wasserleitung 43 6; 47 14; 127 14
Wasserlinie 126 28; 184 18
Wassermann E 2 28
Wassermanometer 131 37
Wassermaß 43 5
Wassermesser 46 20
wassern E 181 65
wässern E 94 u. 95 49; E 134 32; E 140 13
Wässern 140 1
Wasserpfanne 43 25
Wasserpflanze E 19 VI; 47 29; 79 21
Wasserrinne 130 36
Wasserrohr 170 6
Wasserrohrleitung 111 21
Wasserscheide E 1 54
Wasserschöpfer 56 22
Wasserseige 111 29
Wassersport 75 Ü; 76 Ü
Wasserspritze 63 12
Wasserstand 113 12
Wasserstandsmesser 44 43
Wasserstraße 182 Ü
Wassertrupp E 101 u. 102 77
Wasserturm E 169 u. 170 42
Wasseruhr 46 20
Wässerungskasten E 94 u. 95 50
Wässerungstrog 95 6
Wässerungswanne 95 7, 28
Wasserverdrängung E 184 34
Wasservorhältnisse E 160 65
Wasservorlage 122 33
Wasserwaage 128 7

Wasserwandern E 75 u. 76 19
Wasserwelle 147 11; E 147 46
Wasserwellkämmchen 147 21
Wasserzähler 46 20
Wasserzeichen E 148 82
Waterproof E 140 36
Watt E 1 63; E 59 13; E 113 21
Watte E 61 u. 62 113; 139 7
Wattebehälter 63 15
Wattenmeer E 1 63
Weben E 135-137 X
Weberdorf E 152 13
Weberei 137 Ü, Z
Webfach 137 25
Webstuhl 137 V
Wechsel E 30 u. 31 23; E 67 49; 129 8; E 163 33
Wechselfeuer E 186 9
Wechselgetriebe E 172 39
Wechselmarke 67 21
wechseln E 57 32; E 163 18
Wechselpflug E 159 30
Wechselstrom E 113 11
Wechselstromempfänger E 88 28
Wechselwinkel E 5 u. 6 33
Weckapparat 55 21 u. 22
Wecken E 107 27
Wecker 9 29; 42 32
Weckglas 46 29
Wedel 30 12
Weg 152 24
Wegekarte 105 16
Wegriese E 162 21
wegtreten E 65 u. 66 23
Wegwarte E 11 10
Wegweiser 175 18
Wegziehende 102 14
Wehr 182 5
Weib E 35 7
Weibchen 24 2
weiblich E 35 6
weich 188 8
Weiche 34 13; 171 29; 179 13
weichen E 140 11
Weichen 140 1
Weichensignal 179 22
Weichenwärter 179 25
Weichholz E 134 39-44, 58-62
Weichkäse E 166 40
Weichwanne 142 5
Weide 16 7; E 134 40; 158 29
Weidemast E 158 41
weiden E 158 38
Weidenkätzchen 16 10, 11; 189 2

Weidetor 158 36
Weidewirtschaft E 158 34
Weidezaun 158 32
Weih E 24-27 6
Weihe E 24-27 6
Weiher E 1 52
Weihnachten E 9 86
Weiler 152 IV
Weimutskiefer E 134 58
Weinbauerndorf E 152 10
Weinbeere 13 15
Weinbrandflasche 168 3
Weinbrandglas 168 13
Weinflasche 168 21
Weinglas 168 20
Weinkühler 168 29
Weinrebe 13 VI
Weinstock 13 VI; 153 19
Weintraube 13 14
Weise E 82 u. 83 32
Weisel 22 43
Weiselzelle 22 34
Weisheitszahn E 35 68
weiß 189 1
Weißbäckerei 143 III
Weißbrot 143 III, 26
Weißbuche 16 17; E 134 55
Weißen 130 I
Weißfuchs 32 1
Weißgerber E 140 5
Weißkohl 12 7
Weißkraut 12 7
Weißstrick E 131 74
Weißtanne 17 1
weit 187 25
Weite E 67 22
Weiterbildung E 80 55
Weiterverarbeitung E 112 23
weitsichtig E 35 45
Weitspringer 67 27
Weitsprung 67 26
weit weg 4 15
Weitwinkelobjektiv E 94 u. 95 23
Weizen 10 9; E 157 31
Weizenbrot 143 26
Weizenmehl E 143 15
Wellblech E 129 67
Welle 59 8; E 65 u. 66 89; 124 32
~, lauwarme E 147 43
wellen E 147 39
Wellenbereich E 88 43
Wellenberg E 59 25
Wellengang E 59 19
Wellenlinie E 5 u. 6 11
Wellental E 59 24
Wellentunnel 184 39
wellig E 1 16; E 147 13; 187 47
Wellpappe E 148 57
Welpe 34 III

Wels E 23 17
Welschkraut 12 9
Welt E 2 2
Weltall E 2 2
Weltbund der Demokratischen Jugend (WBDJ) 104 12; E 105 1
Weltergewicht E 68 14
Weltfestspiele der Jugend und Studenten E 105 4
Weltfriedensrat E 109 55
Weltgewerkschaftsbewegung E 103 43
Weltgewerkschaftsbund (WGB) 104 11
Weltjugendlied E 105 5
Weltjugendorganisation E 105 I
Weltjugendrat E 105 3
Weltmeer E 1 55
Wende E 65 u. 66 90; 72 10
Wendeboje E 75 u. 76 20
Wendehaken 162 18
Wendekreis 2 3; E 2 10
Wendelbohrer 121 32; E 121-123 85
Wendelrutsche 110 30
Wendeltreppe E 45 1
wenden E 75 u. 76 21; E 139 54
Wendepflug E 159 29
Wender 136 12
Wenderichter 74 32
Wendesitz 147 33
Wenzel 93 36
Werbefilm E 87 15
Werbeplakat 134 21; 169 6
Werbung E 103 46; 151 11
werfen E 33 u. 34 77; E 154 74
Werfen 67 IV
Werft E 126 1; 185 7
Werftanlage 126 I
Werftarbeiter 126 16
Werftbahn 126 14
Werftschlepper 126 4
Werk E 118 1
Werkbank 121 5
Werkhalle 99 31; E 126 17
Werkleiter E 118 3
Werksatz E 149 u. 150 16
Werkstatt 155 4
Werkstattbrigadier 155 13
Werkstattschlosser 155 10
Werkstoffprüfung, physikalische 125 Ü
Werkstück 121 12
Werktag E 9 81

werktags E 9 82
Werktisch 142 11
Werkzeug 123 16; 134 II; 142 III; 162 III
Werkzeugausgabe 121 1
Werkzeugbude 128 23
Werkzeugkasten 130 53; 172 36
Werkzeugmaschine 123 Ü, Z
Werkzeugschleifer E 133 21
Werkzeugschlitten 123 5, 25
Werkzeugschlosser E 121-123 7
Werkzeugschrank 134 1
Werkzeugstahl E 118 34
Werkzeugtasche 172 16
Wermut E 15 34
Wert E 7 87
Wertangabe E 180 27
Wertbrief E 180 17
Wertmarke 180 31
Wertpaket E 180 18
Wertung E 67 8
Wertzeichenpapier E 148 34
Wespe 22 13
Weste 48 28; 49 6
Wettbewerb 133 25
~, sozialistischer E 99 19
Wettbewerbsbewegung E 108 41
Wettbewerbstafel 99 24
Wetter 3 Ü; E 110 u. 111 82
~, böse E 110 u. 111 85
~, giftige E 110 u. 111 87
~, gute E 110 u. 111 83
~, matte E 110 u. 111 86
~, schlagende E 110 u. 111 88
Wetterbericht E 88 17
Wetterbuch E 79 30
Wetterdamm E 110 u. 111 93
Wetterfahne 79 2; 181 10
Wetterführung E 110 u. 111 94
Wetterhäuschen 79 3, II, 12
Wetterhütte E 3 31
Wetterkarte 3 V
Wetterkunde E 3 1; E 79 III; E 106 50
Wetterlampe E 110 u. 111 97
Wetterleuchten E 3 27
Wettermann E 110 u. 111 139
Wettermantel 49 40
Wetterschacht 110 17
Wetterschenkel 130 46

Wettersohle 110 20
Wetterstation E 3 3; 3 V; 79 I
Wettersteiger E 110 u. 111 135
Wetterstrom E 110 u. 111 92
Wettertür 110 21
Wettervorhersage E 3 2
Wetterwarte E 3 3
Wetterwechsel E 3 6
Wettkampfkleidung 65 43
Wettkampfrudern E 75 u. 76 41
Wettkampfturm 67 5
Wettschwimmen 74 IV
Wettspiel E 69 u. 70 26
Wetturnen E 65 u. 66 24
Wetzstahl 144 8
Wetzstein 158 27
Weymouthskiefer E 134 58
Whist E 93 18
wichsen E 55 85
Wicke 10 32
Wickel E 57 36; 135 21; 136 6
Wickelschürze 48 30
Wickeltuch 52 4
Wickelwalze 135 20
Wickelwatte 135 18
Widder E 2 30; 33 8
wider 4 56
Widerdruck E 149 u. 150 96
Widerhaken 56 10; 146 16
Widerlager 128 14; 182 27
Widerrist 34 6
Widerstand 88 29; E 113 18
Widerstandsbewegung E 103 40
widerstandsfähig E 79 66
Widerstandsschweißen E 121-123 29
Widmung E 89 u. 90 61
Wiedehopf E 24-27 22
wiederbeleben E 60 10
Wiederbelebung 60 VII
Wiederholung E 78 58
Wiederholungszeichen E 82 u. 83 102
wiederwählen E 100 24
Wiegebraten E 54 42, E 144 u. 145 63
Wiegebrett 55 17
Wiegehäuschen 113 7; 155 26
Wiegemesser 55 16
wiegen E 8 38; E 53 18; E 55 56
Wiegen 55 III
wiehern E 33 u. 34 34

Wiener Würstchen E 144 u. 145 52
Wiese 2 42; 158 III; E 158 III
Wiesel 32 2
Wiesenblume 19 Ü; E 19 I
Wiesenegge E 159 8
Wiesenknopf 19 6
Wiesenwirtschaft E 158 33
Wild 30 Ü; 31 Ü
Wildbret E 30 u. 31 39
Wildente E 30 u. 31 26
Wildfang E 53 48
Wildfluß E 75 u. 76 84
Wildgatter 162 10
Wildgehege 162 10
Wildkalb 30 17
Wildleder E 140 30
Wildling E 79 65; 160 34, E 161 1; 161 31
Wildpflanze E 79 65
Wildschwein 30 28
Wimpel 58 42; 107 7
Wimpelträger 107 8
Wimper 37 3
Wimperntusche E 147 84
Wind 3 V, E 75 u. 76 V
Windbeutel E 167 u. 168 15
Windbluse 49 25; 105 5
Winddruck E 115 u. 116 76
Winde 19 5; 112 22; 127 8; 170 7
Windeisen 121 38
Windel 52 3
Windenhaus 115 11
Windenschleppstart E 106 42
Winderhitzer 115 8
Windfahne 79 2; 181 10
Windfang 40 21
Windfangtür 40 21
Windfeder E 131 29
Windform 115 31
Windfrischen E 118 19
Windfrischverfahren E 118 19
Windhund E 33 u. 34 55
Windjacke 48 25
Windmesser 79 1; 181 8
Windmühle 1 40; 2 50
Windrichtung E 79 27
Windring 117 4
Windringleitung 115 18, 116 2
Windrose E 3 42
Windsack 181 7
Windschreiber E 3 37
Windschutzscheibe 173 8
Windstärke 3 V; E 79 26
Windstille 3 V
Windtemperatur E 115 u. 116 77

Windzuleitung 117 2
Winkel 5 17, 18, 19; E 5 u. 6 III; 6 47, 121 22; 123 37; 134 2; 139 5
Winkeleisen 129 12
Winkelfräser E 121-123 72
Winkelfunktion E 5 u. 6 26
Winkelhaken 149 4, 13
Winkelhalbierende 5 20
Winkelmaß E 134 8
Winkelmesser 6 40; 123 38
Winkelstahl 119 27
Winkeltisch 123 21
Winker 173 11
~, mechanischer E 186 22
Winkerflagge E 186 21
winseln E 33 u. 34 62
Winter E 9 106
Winterfell E 32 23
Winterfrucht E 157 27
Winterfurche 156 I
Wintergetreide 79 8 u. 9; E 79 54
Winterleger E 153 16
Winterling E 20 1
Wintermantel 49 47
Winterobst E 13 u. 14 6
Winterölfrüchte E 79 53
Winterpelz 32 2
Wintersaat E 157 2
Winterschlaf E 23 27
Wintersport 71 Ü; 72 Ü
Wintertraining 75 V
Winterung E 79 52
Wipfel E 16 u. 17 10
Wippe E 65 u. 66 91; 77 20; 119 21
wippen E 77 52
Wirbel 35 23; 38 14; 83 10, 17; 84 26
Wirbelkasten 83 14
Wirbelsäule 38 14
Wirken E 135-137 41
Wirktisch 143 21
Wirsing 12 9
Wirt E 167 u. 168 22
Wirtschaft 153 I
~, volkseigene E 99 10
Wirtschaftsgehilfe 153 24
Wirtschaftsgehilfin 153 38
Wirtschaftsleiter E 92 4
Wirtschaftsleiterin 64 17
Wirtschaftsordnung E 99 9
Wirtschaftspflegelehrling 64 19
Wirtschaftsplan E 99 14
Wirtschaftsräume E 61 u. 62 155
Wirtschaftsrecht E 100 62

Wirtschaftsweg 152 22
wirtschaftswissenschaft-
 liche Fakultät E 80 9
Wirtshaus E 167 u. 168
 18
wischen E 55 67
Wischen 55 VIII
Wischer 131 54
Wischtuch 55 40
Wisent E 28 8
Wissenschaft E 80 45
Wissenschaftler E 80 46
Wistarie E 20 33
Withworthgewinde
 E 124 5
wittern E 30 u. 31 24
Witwenrente E 64 5
Woche E 9 III
Wochenkarte E 171 20
wochenlang E 9 88
Wochenschau E 87 9
Wochentag E 9 III
wöchentlich E 9 87
Wochenzeitschrift E 89
 u. 90 105
Wodka E 166 56
Wohnblock E 128 11
Wohngebäude 152 25, 31
Wohngruppe E 103 15
Wohnhaus E 40 40; 153
 37; 160 7
Wohnstraße E 169 u.
 170 13
Wohnung E 41 1; 153
 45
Wohnungsbau E 128 10
Wohnungstür 45 8
Wohnzelt E 107 24
Wohnzimmer 41 Ü. I
Wolf 29 17; 43 49
wolfen E 135-137 66
Wolke 3 I-IV
Wolkenkratzer E 40 41
Wolldecke E 42 25; 62
 37
Wolle E 135-137 13;
 E 158 48
Wollfaden 161 36
Wollfüllung E 42 16
Wollgras E 19 28
Wollöffner 136 1
Wollsorte E 135-137 IV
Wollspinnerei E 135-137
 49
Wollstoff E 48-52 45
Wort E 89 u. 90 12
~ erteilen E 108 27
Wörterbuch E 89 u. 90
 35
Wortmeldung E 108 26
Wrack 186 26
Wrasenapparat E 143
 30
wringen E 56 43
Wringmaschine 56 27
wühlen E 154 70

Wühlmaus E 29 9
Wulstmaschine 131 9
Wunde 60 4
Wundklammer 63 42
Wundliegen E 57 6
Wurf E 33 u. 34 78; E 67
 IV; E 69 u. 70 18
Würfel 6 23; 53 2; 93
 13
Würfelbecher 93 12
Würfelspiel 93 III
Würfelzucker E 54 76;
 E 166 31; 167 13
Wurfkreis 70 2
Wurfnetz E 146 10
Wurfsektor E 67 58
würgen E 35 76
Würger 131 33
Wurmfarn E 15 35
Wurmfortsatz 38 41
Wurmloch 13 32
Wurst 54 52; E 54 69;
 145 1, 2
Würstchenkessel 145 13
Wurstende 145 16
Wurstfüllmaschine 144
 14
Wurstheber 144 23
Wurstkessel 144 22
Wurstkesselraum 144 III
Wurstmasse 144 15
Wurstspritze 144 14
Wurststange 145 18
Wurstwagen 144 12
Wurstwaren E 144 u.
 145 IV
Wurstzipfel 145 16
Wurte 1 33
Wurzel E 7 122; 16 2;
 37 18
Wurzelballen 161 9
Wurzelbehandlung E 63
 4
Wurzelbildung 161 24
Wurzelexponent E 7 126
Wurzelgemüse E 12 1
Wurzelhautentzündung
 E 63 26
Wurzelheber 63 30
Wurzelkanal 37 23
Wurzelsteckling 161 23
Wurzelstift E 63 16
Wurzelstock 161 14;
 162 8
Wurzelzeichen E 7 127
Wurzelziehen E 7 122-127
würzen E 55 57
Wüste E 1 43
Wüstung E 152 30

X-beinig E 35 94
Xylophon E 84 u. 85 6

Yuccafaser E 135-137 8

Zacke E 1 27
Zahl 3 V; 7 I, 6, 7-10
~, allgemeine E 7 58
~, bestimmte E 7 61
~, ganze 7 7-10
~, gemischte E 7 82
~, gerade 7 3
~, negative E 7 97
~, positive E 7 100
~, relative E 7 108
~, ungerade 7 4
zahlbar E 163 34
zählen E 7 114
Zahlenfolge E 7 115
Zahlensystem E 7 66
Zähler 7 12; 45 25; 92
 18
Zählerhaube 163 14
Zahlkarte E 180 22
Zahlknopf 180 27
Zählmaß 8 V; E 8 VI
Zahlmeister E 185 20
Zahlung E 163 20
Zahlungsverkehr, bar-
 geldloser E 163 II
Zahlzeichen 7 1
Zahn 124 49
Zahnarzt 63 Ü, I, 4
Zahnbehandlung 63 3
Zahnbein 37 20
Zahnbetterkrankung
 E 63 28
Zahnbohrer 63 31
Zahnbürste 44 30
Zahnfäule E 63 25
Zahnfleisch 37 17
Zahnfleischentzündung
 E 63 27
zahnen E 35 65
Zahnersatz E 63 12
Zahnhobel 134 34; E 134
 17
Zahnhöhle 37 22
Zahnklammer E 63 20
Zahnkranker 63 5
Zahnkrankheit E 63 24
Zahnkranz 124 50
zahnlos E 35 70
Zahnlücke E 35 69
Zahnpasta 44 31
Zahnpflege E 63 22
Zahnpulver E 44 9
Zahnrad 124 48
Zahnradfräsmaschine
 E 121-123 76
Zahnradgetriebe 132 31
Zahnradwechselgetriebe
 123 9
Zahnschmerz E 63 23
Zahnschutz E 68 33
Zahntechniker E 63 11
Zähnung E 180 28
Zahnzange 63 29
Zander E 23 18
Zange 120 18; 121 43-48;
 129 45; 151 41

Zangenkran 119 3
Zäpfchen 36 26
Zapfen 17 26 28 E 129 10
Zapfenlager 9 24
Zarge 41 46
Zaum E 154 41
zäumen E 154 42
Zaumzeug E 154 41
Zaunkönig 24 14
Zebra 28 13
Zeche E 110 u. 111 4
Zeder 17 27
Zedernholz E 134 73
Zedernzweig 17 28
Zehe 35 22
Zehenriemen 71 37
Zehenspitze E 35 97
Zehenstand E 65 u 66 92
zehn E 7 11
Zehn 93 20 33
Zehnender E 30 u 31 3
Zehner 7 8
Zehnerkanadier 76 1
Zehnkampf E 67 68
Zehnklassenschule E 78 4
Zehnmarknote 163 11
Zehnmarkschein 163 11
Zehnpfennigstück 163 3
zehntausend E 7 34
zehnte E 7 47
Zehntel 7 19
Zeichen 2 VIII, 3 V, E 7 V, 77 5, 133 40, 167 7
Zeichenbrett 6 37
Zeichenfilm E 87 12
Zeichengebung E 84 u 85 23
Zeichengerät 6 III
Zeichenlage 138 3
Zeichenpapier E 148 42
Zeichentisch 138 2
zeichnen E 138 9
Zeichnerin 138 1
Zeichnung 121 2; 188 II
Zeigefinger 37 30
Zeiger 3 1, 9 6, 9, 11
Zeigestock 78 7
Zeile 90 11; E 149 u. 150 38
Zeilenausgang 90 26
Zeileneinsteller 165 3
Zeilenlänge 149 14
Zeilenschalter 165 1
Zeilensemmel 143 32
Zeisig E 24-27 11
Zeit 9 Ü
Zeitaufnahme E 94 u. 95 8
Zeitkino E 87 39
Zeitlohn E 128 25
Zeitlöhner E 128 43
Zeitlupe E 87 29
Zeitnehmer 67 17, 68 13, 74 37

Zeitraffer E 87 30
Zeitschalter E 113 46
Zeitschrift E 89 u 90 104
Zeitschriftenregal 80 3, 92 1
Zeitschriftenvertrieb 180 5
Zeitung E 89 u. 90 III; 90 Ü, IV; 108 15; 177 9
Zeitungsanzeige 90 25
Zeitungsausschnitt E 89 u. 90 136
Zeitungshalter 108 16
Zeitungspapier 130 23
Zeitungssatz E 149 u 150 17
Zeitungsschau E 88 15
Zeitungsträgerin E 89 u. 90 134
Zeitungsverkäufer 178 3
Zeitungsvertrieb 180 5
Zelle 22 32, E 38 8, E 152 5
Zellendorf E 152 5
Zellstoff E 61 u 62 112, 148 I
Zellstoffkocher 148 1
Zellwolle E 135-137 30
Zelt 76 8, 107 13
~ aufschlagen E 107 23
Zeltbahn 107 17
zelten E 107 22
Zeltlager 107 Z
Zeltleine 107 14
Zeltmast 97 1
Zeltpflock 76 9
Zeltschnur 76 11
Zeltstock 76 10, 107 16
Zeltstütze 97 12
Zementsack 128 18
Zenit E 2 16
Zensur E 78 88
Zentesimalwaage E 8 46, 155 27
Zentimeter 8 2
Zentimetermaß 8 4, 142 31
Zentner 8 35
Zentrale Kommission E 99 82
Zentralismus, demokratischer E 103 33
Zentralkomitee der SED E 103 22
Zentralrat E 105 20
Zentralschule E 78 3
Zentralverschluß 94 35
Zentralvorstand der LDPD E 103 22
Zentrierbohrer E 121-123 86
zentrieren E 121-123 47
Zentrifuge 61 12
Zentrum 5 45; E 169 u. 170 6

Zentrumbohrer 134 46
zerkleinern E 55 56; E 112 16
Zerkleinern 148 3
Zerkleinerung E 143 6-10
Zerlegetisch 144 3
Zerreißen 148 3
Zerreißmaschine 125 III
Zerreißstab 125 14
Zerreißversuch 125 III
zerrissen E 48-52 58
Zerrung E 60 26
Zerspanung E 121-123 35
Zerstäuber 87 26
Zerstäuberhalle 58 29
Zerstörer E 184 28
Zettelkatalog E 91 17
Zeuge 100 23, E 100 119
Zeugenbank 100 25
Zeugentisch 100 21
Zeugin 100 20
Zeugnis E 78 89
Zeugrahmen 134 1
Zichorie E 11 10
Zicke 33 9
Zicklein 33 9
Zickzacklinie E 5 u 6 13
Zickzackmuster 188 34
Ziege 33 9; E 33 u 34 11
Ziegel E 127 34, 129 37 E 127 41
Ziegeldach E 40 28, E 129 52
Ziegeldecker 129 35
Ziegelei 127 Ü
Ziegeleiarbeiter 127 19
Ziegelhammer E 129 57
Ziegelkarren 127 37
Ziegelmehl E 127 11
Ziegelpflaster E 128 96
Ziegelpresse 127 11
Ziegelstange 129 40
Ziegelstein E 128 53
Ziegelstrang 127 15
Ziegenbart E 18 1, 33 10
Ziegenbock 33 9
Ziegenfleisch E 144 u. 145 17
Ziegenhaar E 135-137 14
Ziegenleder E 140 25
ziehen E 5 u. 6 23; E 93 42, 64
Ziehen E 63 10
Ziehharmonika E 82 u. 83 60
Ziehharmonikaspieler 82 1
Ziehklinge E 134 30
Ziehung E 93 26
Ziel 67 15; E 177-179 13
Zielband 67 16
zielen E 106 12
Ziellinie 67 18
Zielrichter 74 36
Ziem 145 31

Ziemer 30 10
Zierkamm E 147 96
Zierpflanze E 21 1; E 47 14; E 160 18
Zierstrauch E 16 u. 17 20; E 79 95
Ziffer 7 1, 2
Zifferblatt 9 8
Zigarette E 167 u. 168 72; 168 28
Zigarettenbecher E 41 62
Zigarettenbehälter E 41 62
Zigarettenetui 51 52
Zigarettenpapier E 148 53
Zigarettentöter E 41 63
Zigarettenverkäuferin 168 26
Zigarillo E 167 u. 168 71
Zigarre E 167 u. 168 68
Zigarrenabschneider E 41 65
Zigarrenschere E 167 u. 168 69
Zigarrenspitze E 41 64
Zigarrenstummel E 167 u. 168 70
Zimbel E 82 u. 83 61
Zimmer 83 I; E 167 u. 168 82
Zimmerer 129 Ü, 5; E 129 I
Zimmerlinde E 21 21
Zimmermädchen E 167 u. 168 84
Zimmermann 129 5
Zimmermannsaxt 129 11
Zimmernessel E 21 16
Zimmerpflanze 21 Ü
Zimmerplatz 129 I
Zimmerschlüssel 167 26
Zimmertanne E 21 22
Zimmerthermometer E 41 40; 57 2
Zimmertür 45 29
Zimt E 54 94
Zink E 117 15
Zinkdruck E 149 u. 150 77
Zinke 47 47; E 147 86
zinken E 134 21
Zinken E 147 86
Zinkfräse E 133 17
Zinkreißer E 131 20
Zinn E 117 16
Zinne E 1 27
Zinnrassel 131 22
Zins E 163 13
Zinsen E 163 13
Zinsfuß E 163 14
Zinsrechnung E 7 116
Zipfel 42 24
Zirbeldrüse E 38 65
Zirkel E 92 29; E 107 8
Zirkelkasten 6 41

Zirkellehrer E 103 62
Zirkelleiter E 92 30; E 103 62
Zirkelleiterin 92 22
Zirkumflex 89 20
Zirkus 87 Ü
Zirkuszelt 97 5
zirpen E 22 32
Zirruswolke 3 I
zischen E 23 38
Ziselierhammer E 131 15
Zither 83 15
Zitrone 14 22
Zitronenpresse E 43 33
zittern E 35 91
Zitterpappel E 16 u. 17 11
Zitze 33 4
Zivilprozeßordnung E 100 70
Zivilrecht E 100 63
Zobel E 32 17
Zodiakus E 2 27
Zoll E 8 14; E 177-179 35
zollpflichtig E 177-179 37
Zollrevision E 177-179 36
Zollstock 8 5
Zone, gemäßigte E 2 12
~, heiße E 2 9
Zopf E 132 5; E 147 54; 151 2
Zöpfchen 143 34
Zotte E 38 44
Z-Stahl E 119 32
zu 4 24; 188 2
Zubehör E 48-52 VIII; 51 Ü; 139 II
Zucht E 32 19
Zuchthaus E 100 138
Zuchtsau E 154 66
Zuchttechnik E 79 63
Zuchtvieh E 154 5
Zuchtwahl E 79 64
Zucker E 54 23, 75; E 166 30
Zuckerdose 54 50
Zuckerfabrik 158 1
Zuckerhonig E 54 77
Zuckerrohr E 11 11
Zuckerrübe 11 18; 158 4
Zuckerschälchen 167 13
Zuckerzange 54 49
Zufahrtsstraße E 175 5
Zuflußrohr 131 39
Zufuhrrollgang 119 6
Zuführungswalze 135 44
Zuführwalze 135 35
Zug E 75 u. 76 40; 164 42; E 176 19
Zugabe E 84 u. 85 38
Zugang E 91 13; 126 15
Zugbrücke 182 10
Zugdruckprüfmaschine 125 III

zugedeckt 187 32
Zügel E 154 45
Zugfestigkeit E 125 18
Zugführer E 176 51
Zuggarn E 146 9
Zughacke 160 46
Zughaken 156 32
Zugmaschine 155 8; 156 3; 157 3; 158 22
Zugnetz E 146 9
Zugochse 156 13
Zugschalter 42 39
Zugspindel 123 12
Zugspindeldrehbank 123 I
Zugstemme E 65 u. 66 93
Zugverband 57 35
Zugversuch 125 13
Zugvieh E 154 8
Zugvogel E 24-27 13
Zuhörer 82 5; 85 1; 99 2; 100 26
Zuhörerin 100 27
Zuhörerschaft 108 12
zuknöpfen E 48-52 104
Zuleitung 56 41
Zuleitungsschnur 56 41
zunähen E 139 27
Zuname E 101 u. 102 43
Zündhebel E 172 28
Zündkabel E 172 30; E 173 u. 174 48
Zündkerze 172 45; E 173 u. 174 49
Zündspule E 173 u. 174 45
zunehmender Mond 2 29
Zunge 36 30; 60 18; 81 12; 142 34
Zungenspitze E 35 77
Zungenwurst E 144 u. 145 58
Zupfgeige 83 12
Zupfinstrument 84 32
Zupforchester 82 III
zurichten E 32 25; E 141 10
Zurichten 140 24, 27, 28
Zurichtung 140 24, 27, 28; E 149 u. 150 86
zuriegeln E 40 54
Zusammenarbeit, überparteiliche E 103 37
Zusammenbau E 126 9; E 133 41
zusammenbauen E 134 38
zusammenfalten E 100 36
zusammenkuppeln E 101 u. 102 83
zusammennähen E 139 28
zusammensetzen E 53 35
Zusammenspiel E 69 u. 70 10; E 84 u. 85 26

Zusammenstoß E 101 u. 102 22
Zusammenzählen 7 22
Zusatz E 149 u. 150 48
Zusatzventil 113 29
Zuschauer 86 11; 93 29; 109 12
Zuschauerraum 86 9, 10
Zuschlag 115 17
Zuschlaghammer 122 11
Zuschlagkarte E 177-179 24
Zuschneidebrett 141 9
Zuschneidekreissäge 133 11
zuschneiden E 130 33; E 134 11; E 139 11; E 141 6
Zuschneider 133 8; E 139 4; 141 7
Zuschneiderei 133 I; 138 I; 141 I
Zuschneiderin 138 12
Zuschneideschere 139 55
Zuschneidetisch 133 9
zuspielen E 69 u. 70 19
Zuspielen 69 45
Zustand 188 Ü, I
Zustimmung E 108 16
zutage fördern E 110 u. 111 77
Zutaten E 54 71; 139 7
zuziehen E 42 55
Zuziehende 102 15
zwanzig E 7 21
zwanzigstel E 7 52
Zwecke 142 10; 165 50
zwei E 7 3
Zweiarmverfahren 60 16

zweidimensional E 5 u. 6 37
Zweidrittelmehrheit E 99 61
Zweier E 75 u. 76 42
Zweierbob E 71 u. 72 34
Zweiergruppe 128 39 u. 40
Zweig 13 34; 14 1; 16 9, 13, 32. 38; E 16 u. 17 7; 161 16
Zweiggeschäft E 166 14
zweigleisig E 177-179 67
zweihundert E 7 32
Zweimaster E 183 20
Zweinadelmaschine 141 13
Zweisatzkrempel 136 II
Zweischarpflug E 159 34
Zweisitzer E 106 30; E 173 u. 174 5
zweistellig E 7 117
Zweitaktmotor E 172 25
zweite E 7 39
zweiter Klasse E 177-179 17
Zwerchfell 38 35
Zwerg 97 21
Zwergobst E 13 u. 14 7
Zwergsiedlung E 152 29
Zwetsche E 13 u. 14 3
zwicken E 141 12
Zwicker 141 21
Zwickerei 141 IV
Zwickmaschine 141 20
Zwickzange 142 24
Zwieback 143 40
Zwiebel 12 30; 161 26
Zwiebelgewächs E 20 I
Zwiegriff 65 36

Zwielicht E 9 65
Zwillinge E 2 32
Zwinge 54 21; 134 37
zwinkern E 35 40
Zwirn E 139 73
Zwirnknopf 51 46
Zwirnrolle 56 2; 151 29
Zwirnsfaden 56 3
Zwischenbalken 129 7
Zwischendeck 184 43
Zwischenfrequenzband-filter 88 23
Zwischenfrucht E 79 46
Zwischenfruchtanbau E 156 27
Zwischenlage 139 7
Zwischenlager 113 27
Zwischenlauf E 67 50
Zwischenprüfung E 78 84
Zwischenraum 90 32
Zwischenspurt E 67 51
zwölf E 7 13
Zwölffingerdarm E 38 41
Zyan E 114 19
Zyklone 3 V
Zylinder E 48-52 66; 120 21; 137 39; 151 37; E 173 u. 174 28
Zylinderblock 172 44; 173 25
Zylinderkopfschraube 124 25
Zylindersiebmaschine E 148 14
Zymbal E 82 u. 83 61
Zypresse 17 25
Zypressenholz E 134 74
Zypressenzweig 17 26
Zystoskop 63 49

Указатель

В нижеследующий указатель включены все слова таблиц и дополнений; слова расположены в алфавитном порядке.

Цифры, напечатанные жирным шрифтом, указывают на номера таблиц. Арабские цифры, напечатанные нормальным шрифтом, обозначают текст к таблицам, римские — подотделы. Цифры с добавлением «д» относятся к дополнениям. Сокращение «з» указывает на заголовки таблиц. Сокращение «с» обозначает, что данное слово помещено на первой строке соответствующей таблицы.

Знак ~ ставится взамен целого предыдущего слова.

абажур д 41 59
абзац д 89 и 90 71, 151; 90 27
абзетцер 112 3
аблактировать д 161 8
абонемент д 171 18
абрикос 14 10
абсцесс д 61 и 62 76
абсцисса 6 21
авария д 60 II; 101 II, 4, 11, 18; д 172 17
авиаинструктор д 106 33
авиакурс д 106 31
авиамодель д 106 26
авианосец д 184 24
~ с катапультой д 184 22
авиация д 131 44
~, спортивная планёрная д 106 IV
автобиография д 100 4
автобус 169 13; д 173 и 174 7
автограф 89 17
автокарандаш 51 51
~, винтовой 165 45
автоклав 62 3
автомат д 121-123 61
~ для перронных билетов 177 7
автоматизация д 99 24
автомашина 101 9; д 109 18; 155 30; 173 з, с; 174 з
~, детская 53 31
~, легковая 169 31
~ с макетами, транспарантами и т. д. д 109 18
~ с радиоустановкой д 88 18
~ со специальной полицейской командой 101 13

автомобиль 173 с; д 173 и 174 5, 8
~, грузовой 155 32; д 173 и 174 9
~, легковой 101 9; д 173 и 174 1
~, санитарный 101 6
автонасос, пожарный 102 33
автопоезд 175 9 и 10
автопоилка 154 44
автор д 89 и 90 78
авторучка 51 53; 165 41
~, шариковая д 164 и 165 72
автоскутер 98 8
автослесарь д 121-123 10; 174 14
автосостав д 173 и 174 12
автоспуск 94 37
автострада д 175 1
автосупер д 88 32
автотипия 149 и 150 60
автоцистерна 170 37; 181 5
~, пожарная 102 31
автошкола д 106 21
агава д 21 20
агитатор д 109 ·29
агитация д 103 46
агитгруппа д 109 30
агитировать д 109 31
агитплакат 169 6; 171 1
агломерировать д 115 и 116 40
агрегат 149 41, 43
агроном д 155 1
адаптер д 88 65
адвокат д 100 86
администрация д 87 1; д 99 III
~, университетская д 80 I
адрес д 101 и 102 47; 180 32, 36

адресат д 180 25
азалия 21 5
азот д 156 50
аир д 15 21; д 19 32; 161 30
аист 27 1
айва 13 IX, 36
~, грушевая 13 36
академик д 80 50
академия, лесная д 162 42
Академия наук д 80 49
акант д 19 1
акация д 134 56
~, белая д 16 и 17 13
аквариоведение д 79 96
аквариум 79 20; 105 23
аккламация д 99 59
акклиматизировать д 79 72
аккомпанемент д 84 и 85 37
аккорд д 82 и 83 88
аккордеон д 82 и 83 60; 83 27; 96 26; 105 11
аккумулятор 172 37; 173 26; 174 3
аккуратность д 77 20
аконит д 15 15
акробат 97 3
~ на трапеции 97 9
акселератор, ручной 173 37
аксиома д 7 59
акт д 86 13; 100 17
актёр д 86 38
~, ведущий д 87 4
~, оперный 86 37
актив д 163 60
~, партийный д 103 44
~, пионерский д 107 11
~, производственный д 105 31

активист д 128 21
~, молодой д 105 32
актриса, оперная 86 38
акула 23 2
акустика д 88 21
акут 89 18
акушерка 61 35
акушерство д 61 и 62 4
алгебра д 7 65; д 78 40
алкогольный д 167 и 168 24
аллея д 175 8
аллитерация д 89 и 90 93
алмаз д 121-123 46; 125 2; 130 51
алоэ д 21 8
алтей д 15 18
алунит 147 39
альбатрос д 24-27 26
альбумин д 54 19
альпгорн д 82 и 83 54
альпинарий 47 III; 79 22
альпинизм 73 з, с
альпинист 73 1
альт 84 28; д 86 28
альтиметр д 181 29
альтист 85 8
амариллис 21 9
амбар 153 1, 47
~, хлебный 153 7
амбулатория д 61 и 62 158
амбулаторный д 61 и 62 92
американка д 149 и 150 82
аммоний, сернокислый д 114 14
амнистировать д 100 145
амнистия д 100 146
амортизатор д 173 и 174 41
~ рулевого управления 172 48
амортизация д 163 63
ампер д 113 13
ампула 63 40
амфибия 23 14-16; д 23 26
анализ почвы д 79 17
ананас 14 20
анастигмат д 94 и 95 22
анатомия д 61 и 62 133
ангажировать д 86 40
ангар 181 2
ангина д 61 и 62 62
ангора д 32 10
анемограф д 3 37

анемометр 79 1; 181 8
анемон д 19 19
анероид 3 VI
анис д 12 11
анод 125 31, 36
анорак 71 44
ансамбль д 48-52 17; д 82 и 83 4; д 84 и 85 26; д 86 41
~ гитаристов 82 II
~, концертный 82 II
~ хоровой декламации 109 16
антенна 40 4; 181 22; 184 3; 186 3
~, наружная д 88 33
~ передатчика д 88 25
~, штыревая 173 1
антиква 89 8
антилопа д 28 6
Антифашистский демократический союз лужицких сорбов 104 8
антрацит д 46 6; д 110 и 111 20
анчоус д 146 29
аншпуг 162 18
анютины глазки 20 6
аорта 39 23, 24
апельсин 14 24
аплодировать д 86 63; д 108 18
аплодисменты д 86 62; д 108 17
апостроф 89 30
аппарат, буквопечатающий д 106 75
~, водолазный 185 46
~, вытяжной 135 V, 37; 136 45
~, жатвенный 159 9
~, звукозаписывающий д 87 33
~, киносъёмочный 87 1
~, кислородный 102 25
~ для консервирования 55 21 и 22
~, копировальный д 94 и 95 60; 95 35
~, множительный д 164 и 165 8
~ для нагревания воды 61 1; 63 8
~ для накатки рисунка 130 17
~ для отливки строк 149 10
~, отливной 149 10, VI, 32
~, репродукционный д 94 и 95 17

аппарат, роликовый 148 11
~ для соединения балок гвоздями 129 22
~: сушильный а. с колпаком 147 3
~, телефонный 164 39; 165 II
~, универсальный 63 6
~, учебный 75 33
~: электрический а. для стерилизации 61 11
~ для электрической завивки 147 10
аппаратура, рентгеновская 125 V, VI
апперкот 68 23
аппетит д 167 и 168 41
аппликация 48 29
аппретирование д 135-137 44
аппретировать д 141 29
аппретура д 135-137 106; 137 VI-VIII
аптека д 61 и 62 152
аптечка 57 3; 133 3, 19
ар д 8 19
аргументация д 100 124
аргументировать д 109 35
арест д 100 136
арифметика 7 з; д 78 39
арифметическое, среднее д 7 95
ария д 86 32
арка 47 26
~, дверная 128 15
аркада д 169 и 170 26
арматура 44 14
~, водопроводная 147 17
арника 15 16
аронник 15 1
артерия 37 34
~, главная 39 23
~, лёгочная 39 25
артист, народный д 82 и 83 1
артишок д 12 5
арум 15 1
архитектор 128 28
~ по садоводству д 160 6
архитектура д 128 6
архитрав 129 6
арфа 84 32
арфистка 85 11
асбест д 135-137 21
асимптота д 5 и 6 18

аспирант д 80 38
аспирантура, научная д 80 39
аспиратор д 143 2; д 155 15
ассистент д 61 и 62 162; 62 10, 12; 80 20; 87 16
ассистентка 62 39
ассортимент д 166 22
астра д 20 11
астроном 2 13
астрономия д 2 1
асфальт 170 15
атака д 68 40
ателье д 92 16
атлас 78 20, 21; д 89 и 90 48
атлетика, лёгкая 67 з
~, тяжёлая 68 з
атмосфера д 2 14
атолл д 1 67
аутригер 75 10
аэровокзал 181 6
аэродром 181 с; д 181 66
аэромаяк, вращающийся 181 1
аэронавигатор д 181 42
аэронавигация д 106 49; д 181 20
аэронавигировать д 181 21
аэропорт 181 з, с
аэросидерит 117 43
аэростат, заградительный д 3 40
~, сферический д 181 73

баба, снежная 72 35
~, ударная 120 14
бабка 34 19
~, задняя 123 6
~ для отбивки кос 158 28
~, передняя 123 2
бабочка 50 27; 74 21
багаж д 177-179 27, 29
багажник 172 10; 173 19
багер, вскрышной 112 2
~, гусеничный 112 20
~, многоковшовый 112 2
~ нижнего копания 112 2
~, роторный 112 20
~, сбросный 112 3
~, угольный 112 20
багет для гардин 42 1
багор д 75 и 76 5

база д 63 19
~, кормовая д 154 15
базальт д 1 110
базар, рыбный д 146 18
базис логарифма д 7 149
байдарка, гоночная 76 3
~, разборная 76 17
байка д 48-52 38
бак 172 29; 184 5, 38
~, бензиновый 174 11
~ для масла 174 33
~, топливный 173 43
бакан 186 8 и 9, 17 и 18; д 186 15
бакенбарды д 147 72
бакены д 147 73
баки 145 48
баклага 105 14
бактрион 28 11
бал д 96 1
балалайка д 82 и 83 49
баланс 9 22; д 163 56
балансир 97 4
балерина 85 23
балет 85 з, II
балетмейстер д 84 и 85 75
балка 132 19
~ перекрытия у щипцовой стены 129 49
~, стальная 119 29 и 30; д 128 60
балки д 46 1
балкон 40 15; д 73 9
~, крытый 40 24
балластировка 178 16
баллон, воздушный д 181 73
~ для кислорода 122 31
~, кислородный 122 31
баллон-зонд д 181 74
бамбук д 11 12
банан 14 25
бандаж 68 20
~, грыжевый 57 34
бандероль д 167 и 168 67; 180 19
банк 163 з; д 163 I
банка 43 3, 7
~ с клеем 180 16
~ с мармеладом 166 6
~ с масляной краской 130 13
~ для паяльной воды 131 19
~, стеклянная 46 29; 55 23; 166 31
банкет 175 31
банкнот 163 II
банкомёт д 93 24

баночка для мази 57 14
бант для волос 52 27
баня д 61 и 62 151
бар врубовой машины 111 17
барабан 3 4; 107 9; 109 10; 136 13; 137 11
~, большой 84 41
~, дубильный 140 21
~, кабельный 170 14
~, маленький 84 36
~, поворотный 112 45
~, стерилизационный 62 2
~, сушильный д 94 и 95 56
~ для шланга 47 18; 102 38, 41
барабанщик 107 10; 109 11
баран 33 8; 158 43
~, холощёный 33 8
баранина д 144 и 145 16
~, жареная д 54 34
барашек 33 8
барбарис д 16 и 17 18
баржа д 183 27; 185 20
~, грузовая 182 16
барильет 114 4
баритон д 86 30
барка д 183 22
~, рыбачья 146 8
баркас 185 23
барограф 3 VII; д 79 29
барометр 3 VI; 41 4
~ -анероид 79 5
~, самопишущий д 79 29
барс д 29 12
барсук 32 12
бархат д 48-52 42
бархатец 20 5
барьер 67 25; 69 1
~, переездной 175 24
барьерист 67 23
бас д 86 31
басня д 89 и 90 99
бассейн 47 II; 160 10
~, зимний д 74 10
~ для детей д 77 45
~ для начинающих 74 12
~ для плавания 74 I
~ для плавающих 74 11
~, портовый 185 29
батан с бёрдом 137 26
~ с челночными коробками 137 35
батарея, анодная д 88 41

660

батарея накала д 88 42
~ парового отопления 42 18
батист д 48-52 35
батон 143 39
бахтарма д 140 8
бачок 95 6, 18
~, промывной 44 33
башмак д 142 2
~, рудничный 111 12
башня, водонапорная д 169 и 170 42
~, подъёмная 113 1
~, силосная 153 12
~ для тренировки 102 27
~ для тушения кокса 114 12
~, угольная 114 1
баюкать д 53 18
баян д 82 и 83 59
бдительный д 101 и 102 31
бег 67 II; д 67 II
~, барьерный 67 22
~ на дистанцию д 71 и 72 12
~ по лесу д 67 48
~, марафонский д 71 и 72 24
~, ноги врозь 71 4
~, одиночный д 71 и 72 35
~, парный д 67 35
~, предварительный д 67 47
~ с препятствиями 67 23; д 67 30
~, решающий д 67 27
~, скоростной д 71 и 72 39
~, эстафетный 67 19; д 67 43
беганье д 77 39
бегемот д 28 4
бегония д 21 3
~, клубневая д 21 7
бегство шофёра д 101 и 102 28
бегуди 147 23
~, специальные 147 22
бегун 67 11, 23; д 67 31, 32, 34; 81 13
бегунок 176 26
бегуны д 117 34; д 127 12
бегущий д 67 39, 45
бедро 34 14; 35 14, 17; д 35 92; 145 32
бежать д 53 46
~ рысью д 33 и 34 37
безвкусный д 48-52 50
безвременник, осенний 15 8

безе д 167 и 168 9
беззубый д 35 70
безопасность работы д 101 и 102 30
бекар д 82 и 83 87
бекас 31 21
белена д 15 11
беление на лужайке д 56 45
белить д 56 44; д 148 5
белка 32 3
белладонна 15 5
беллетристика д 89 и 90 38
белок 34 41; д 54 19
белокопытник д 15 20
бельё, нижнее д 42 30; 50 з, I, II, III
~, постельное д 42 29
бель-этаж д 40 20
бемоль д 82 и 83 85
бензин д 173 и 174 15
бензобак 173 43; 174 11
бензозаправщик 181 29
бензоколонка 174 II
бензол д 114 20
бёрдо, передвижное 137 9
берег 1 VI; 182 32
~, крутой 1 19, 28; 182 7
~, плоский 1 22, 32
берёза 16 5; д 134 44
берёзовик 18 6
берет 48 31; д 48-52 59, 64; 49 41
беречь д 163 8
беркут 24 3
беседка 47 3
беспартийный д 103 63
бесцветный д 189 17
бечёвка 180 14
бечевник д 182 39
библиография д 91 10
библиотека д 91 I, 1-7; 92 I
~ с выдачей книг д 92 11
~, народная 91 з, I
~, справочная 80 1
библиотекарь 91 4; д 91 8; 92 38
биде 44 22
бидон д 43 14; 55 44; 130 6-8; 174 37
бизань 183 9, 38
бизань-гафель 183 26
бизань-мачта 183 25
билет 87 27; д 171 15
~, банковый 163 II
~, доплатной д 177-179 24
~, месячный д 171 19

билет, недельный д 171 20
~, обратный д 177-179 20
~, партийный д 103 8
~, проездной д 177-179 19
~, театральный 86 7
бильярд 92 16
бильярдная 92 III
бимс 126 27
бинокль 73 27; 86 2
бином д 7 63
бинт д 151 23, 24
~, марлевый д 61 и 62 109
~ для перевязки ожога д 60 70
биография д 89 и 90 83
биология д 78 44
биплан д 181 6
бирка 177 16
бирючина д 16 и 17 31
биток д 54 42; д 167 и 168 56
битум д 129 44
бить д 9 24; д 93 60
бифштекс д 167 и 168 42
бицепс 39 8
бланк, телеграфный д 180 36
бледнеть д 39 29
бледный д 39 30
блеять д 33 и 34 9, 12
близкий к народу д 99 66
Близнецы д 2 32
близорукий д 35 44
блинчик из картофеля д 54 47
блок д 183 4
~, антифашистско-демократический д 103 38
~, книжный 90 19; 151 8, 35
~, маршевый д 109 14
~ партий д 103 38
~ цилиндров 172 44
блокгауз д 40 29
блокирование д 149 и 150 27
блокировать д 69 и 70 61
блокировка д 149 и 150 27
блокнот 164 32
блок-пост д 177-179 64
блоха 22 17
~, водяная д 22 28
~, земляная д 22 23
блочка 142 39
блуза 48 11; 105 5

блуза с поясом 52 38
~, рабочая 48 26
блюдо д 54 11; 54 31; д 167 и 168 40
~ для жаркого 54 28
~, картофельное д 54 45
~ для компота 54 32
~, молочное д 54 59
~, мясное д 54 31
~ для овощей 54 27
~ для фруктов 54 43
~ для хлеба 54 5
блюдце 54 13
боа д 23 33
боб 12 20, 21
~, конский 10 27
~, красный д 12 7
~, полевой 10 27
бобина 135 48; 136 49
~ крестовой мотки 137 1
~ для плёнки д 87 45
бобовые д 79 51
бобр 32 7
бобслеист 72 50
бобслей 72 46
бобы 12 17
бодрствовать д 42 51
боевик д 96 7
бой, ближний д 68 60
бойлер 43 1
бойня 144 I-IV
бок 30 9; 34 13
~: висячий б. месторождения 110 42
~: лежащий б. месторождения 110 44
бокал 8 22; д 43 12
~ для шампанского 168 36
бокс 68 I; д 68 4, II
боксёр д 33 и 34 45; 68 4
боксёр-любитель д 68 1
боксёр-профессионал д 68 3
боксировать д 68 46
болванка 119 9; д 119 28
~, стальная 118 26; 119 12
болезненный д 61 и 62 38
болезнь д 61 и 62 III, 41, 52-56
~, зубная д 63 24
~ животных д 154 32
болельщик 93 29
болеро д 48-52 20
болеть д 61 и 62 40
боли в животе д 61 и 62 68
болото 1 27

болотовик д 18 3
болт 124 31
~, анкерный 124 30
~, фундаментный 124 30
боль, головная д 61 и 62 82
~, зубная д 63 23
~, мышечная д 39 11
больная 62 8
больница 62 3; д 61 и 62 V, 132
~, игрушечная д 53 25
больной 57 10; 61 9; д 61 и 62 35; 62 28, 29, 36
большак 152 9
Большая Медведица 2 7
большинство д 99 60-62
~ голосов д 100 50; д 108 30
бомба: шоколадная б. с кремом д 167 и 168 11
бом-брамсель 183 31
бом-кливер 183 39
бор 2 40; 63 31; д 162 5
бор-машина 63 9
бордюр 169 25
борец 68 33; д 68 52
~ за мир д 109 48
борзая д 33 и 34 55
боров 33 5
боровик 18 1
борода 31 7; д 147 68
~, козлиная 33 10
~ и её формы д 147 V
бородавка 18 9; д 61 и 62 81
бородка клинышком д 147 69
борозда 156 17
~, посадочная 160 37
~, семенная д 156 31
~, ягодичная 35 32
бороздить д 156 32
борона 159 8-12
~, лёгкая цепная 159 3
~, посевная 156 24; д 159 9
~, сетеобразная 159 3
боронить д 156 34
бороновать д 156 34
борт 92 17; 124 16; д 139 75; 184 11
~, левый 75 18
~, надводный д 184 38
бортик 72 25

бортмеханик д 181 39
бортрадист д 181 38
борцовка 68 32
борьба 68 II; д 68 III
~, вольная д 68 85
~ с вредителями д 29 10; д 79 8
~, классическая д 68 70
~ за мир д 109 IV
~ в партере 68 34 и 35
~ с сорняками д 79 9
~ в стойке 68 30 и 31
ботанизирка 105 19
ботва, картофельная 10 19
ботвинья д 54 57
ботворез 158 3; д 158 19
ботик, войлочный 51 11
ботинок д 141 3
~, детский 51 3
~ для лазанья 73 19
~, лыжный 71 42, 49
~, туристский 73 16, 18
~, хоккейный 70 10
~ на шнуровке 51 6
боты 48 47
боцман д 185 23
бочка д 186 14; 178 26
~ для воды 47 15
~ для навозной жижи 153 27
~, пивная 98 31
~, якорная 185 28
бражник, сосновый д 162 31
брамсель, верхний 183 32
~, нижний 183 33
брам-стаксель 183 41
брам-стеньга 183 17
брам-фордун 183 19
брандмауер 128 38
брандмейстер 102 42
брандспойт 102 26
брас д 183 8
браслет 48 9, 50; д 48-52 82
браслетка 48 9
брасовать д 183 9
брасопить рей д 183 9
брать д 177-179 18
~ внаём д 40 51
~ риф д 75 и 76 48
бревно 132 3
~, продольное д 129 24
~, торцовое д 129 27
бредить д 57 10
брезент д 173 и 174 1
~, защитный 76 29 1

брейд-вымпел д 75 и 76 70; д 186 18
бремсберг д 110 и 111 41
бриг д 183 21
бригада 128 39 и 40, 44
~ каменщиков д 128 18
~, молодёжная д 105 30
~ с рукавами д 101 и 102 78
~, спасательная д 110 и 111 112
~, тракторная д 155 8
бригадир д 128 22; 155 11; 157 33; д 162 39
~ мастерской 155 13
бригадир-каменщик 128 34
бридж д 93 12
бридждек 184 41
бриджи д 48-52 24
бриз д 75 и 76 74
брикет д 46 11; 46 32
~, буроугольный д 112 36
~, мокрый 46 43
брикетировать д 112 34
брильянтин, жидкий 147 41
~, твёрдый 147 40
бритва 147 29
~, безопасная 44 25
брить д 147 29
бритьё 147 32
бровь 35 45
брод д 182 17
брожение д 143 24
броненосец 282
бронза, литая д 117 10
бронхи д 38 25
бронхит д 61 и 62 66
бросать д 100 38
~ лаг д 106 57
~ в ящик д 180 31
бросок (спорт) д 68 72, 74-78, 81; д 69 и 70 18, 34-37, 39-43
~ через себя 68 31
брошка 48 34
брошь 48 34
брошюра д 89 и 90 53; д 151 17
брус 129 3; 132 20; 133 10
~, коньковый д 129 65
~, подпорный 102 40
брусника д 13 и 14 2

брусок 160 13
~ для отталкивания 67 30
брусья, параллельные 65 14
~, равновысокие 65 18
брутто д 164 и 165 28
брыжейка д 38 2
брюки 49 7
~, дамские д 48-52 21
~ для лазанья 73 4
~, лыжные 48 23
~, полудлинные 73 4
~, спортивные 49 26
брюшина д 38 36
бубны д 93 50, 55, 56
будильник 9 29; 42 32
~, карманный д 9 12
будка для весов 155 26
~, весовая 113 7
~, метеорологическая д 3 31
~ со строительным материалом 128 23
~, суфлёрская 86 33
~, телефонная 169 12; 180 1
~, трансформаторная д 113 48; 152 16; 175 6
будни д 9 81
бузина, чёрная д 16 и 17 19
буй 146 6, 10, 13; д 75 и 76 20
~, входной 185 10
~ с колоколом 186 14
~, морской 186 III
~, освещаемый 186 12
~, остроконечный 185 11; 186 8 и 9
~, плавучий 186 6 и 7
~, спасательный д 186 44
~: спасательный б. с освещением д 186 42
~, сферический 186 16
буй-ревун 186 10
буйвол, индийский 28 16
бук д 134 54, 55
~, красный 16 19
буква, большая латинская 89 10
~, малая латинская 89 11
~, прописная 89 10
~, строчная 89 11
~, украшенная начальная 90 15
букет 77 1
буксир 126 4; 182 14; 185 19

буксировать д 173 и 174 66
булава для размахивания 66 32
булавка 50 34
~, английская 51 47
булка 143 31
булочка 54 6; 143 31
булочка-дубинка 143 33
~, сдобная 143 38
булочка-улитка 143 37
бульдог д 33 и 34 46
бульон д 54 27; д 167 и 168 51
бум 65 17
бумага д 94 и 95 67-69; д 148 29-53, 58-63, 65-68
~, деловая 99 18
~, копировальная д 94 и 95 66; д 164 и 165 65
~, обёрточная д 148 47; 166 26
~, промокательная 105 27; д 148 44
~, тонкая д 164 и 165 47
~, хлопчатая д 135-137 2
бумажник 51 26
буна 59 7
бунгало д 40 30
бункер 113 10; 114 2; 115 17; д 184 68
~ для зерна 159 13
~, коксовый 114 15, 19
~: подземный б. в канаве 112 41
~, угольный 179 2
~, шлаковый 179 14
бурав 134 III
~, спиральный 134 47
~, улиткообразный 134 45
бургомистр 99 20; д 99 85
бурить д 110 и 111 24
бурлачить д 182 38
бурт, картофельный 158 11; д 158 11
буртик 124 16
бурун д 59 11
бусы 52 28
бутафория д 87 21; д 166 20
бутерброд 54 53; д 167 и 168 43
бутсы 69 32
бутылка 95 19; 168 3, 8, 21
~ для жидкого мыла 147 8

бутылка для жидкости 147 48
~ для лекарства 57 11
~ для мочи 57 23
бутыль, оплетённая 178 32
буф рукава 50 38
буфер 173 22; 178 9
буфет 41 13; д 166 17; 167 6; 168 2
буфетчик 98 29; 168 6
буханка, круглая 143 27
~ хлеба 143 25
бухгалтер д 163 36
бухгалтерия д 163 37
бухта д 1 60
бушприт 183 29
бык 33 1; д 33 и 34 1; 134 35; 154 41; 156 13; 182 29
бювар 164 36
бюллетень д 61 и 62 28
~ законов д 99 101
~, избирательный 100 3
~ министерства д 99 102
бюро 164 з; 165 а
~, информационное д 89 и 90 118
~, коммерческое 164 с
~ прописки 102 II
~ путешествий д 177-179 1
~, справочное д 177-179 6
бюст 108 8
бюстгальтер 50 11

вага 156 14
вагон, багажный 176 2
~, большегрузный 112 29
~, грузовой 176 8, 9
~ дальнего следования д 176 26
~, двухэтажный 176 6, 7
~, железнодорожный 178 6
~, моторный 171 7
~, особый д 171 3
~, пассажирский 176 3
~, прицепной 171 24
~, саморазгружающийся 112 35; 176 13
~ скорого поезда 176 14
~ для сопровождения 101 21

вагон, спальный 176 39
~ для тушения кокса 114 9
вагонетка 127 2; 132 23; 140 3
~ с опрокидывающимся кузовом 105 1
~ для перевозки чугуна 115 24
~, разгружаемая 127 25
~, саморазгружающаяся 112 12
~, шахтная 111 31
вагон-кино д 176 28
вагон-клуб д 176 27
вагон-ледник д 146 20
вагон-ресторан 176 35
вагон-холодильник 146 20
вагон-цистерна 176 12
вагоновожатый 171 30
вагоноопрокидыватель 115 14
вагранка 117 1
ваза д 41 35; 54 2
вакцина д 61 и 62 125
вал 124 32
~, верхний 119 10
~, винтовой 120 32
~, глазировальный 148 15
~, гребной 184 50
~, карданный 172 35; 173 40
~, коленчатый д 172 34
~, кулачковый д 172 38
~, лощильный 148 12
~, мельничный 148 10
~, морской д 59 25
~, нижний 119 11
~, печатный 150 7
~, прокатный 119 20
~, резцовый 133 33
~ для склейки 133 42
~, фасонный 119 20
~, шлифовальный 133 29
~, эксцентриковый 120 37
валёк 156 16
валенок 51 9
валериана д 15 16
валет 93 23, 36
валик 132 34; 150 11; 136 36, 3 ; 165 11
~, вытяжной 137 19
~, загрузочный 137 15
~, игольный 136 40
~, каландровый 135 19
~ красочного аппарата 150 8

валик: малярный в. с узорами 130 19
~, нажимной 95 33; 137 16; 142 16
~, накатный 135 20; 150 3
~, направляющий 137 17
~, натяжной 137 20
~, отжимной 137 16
~, откидной 41 31
~, очистительный 135 41
~, пеньерный 136 9
~, питающий 132 14
~, подачи 132 14
~, подводящий 135 35
~, приёмный 136 14
~, рабочий 136 11
~, разрывательный игольчатый 135 4
~, резиновый 56 28
~, съёмный 135 26
~, товарный 137 23
~, ходовой 123 12
~, холщовый 135 20
~, чистильный 136 10
~, щёточный 137 47
валик-транспортёр 133 18
валок слябинга 119 22
валторна 84 9
валторнист 85 16
вальдшнеп 31 21
вальс 96 2
~, венский д 96 17
~, медленный д 82 3 83 12; д 96 18
вальцевать д 119 16
вальцовщик 119 26
вальцы 127 10
валюта д 163 3-5
валять д 135-137 121
валяться в грязи д 154 71
ваниль д 54 93
ванна 44 15
~ для вымочки кожи 142 5
~, гальваническая 149 47
~, грязевая 58 II; д 58 II
~, детская 44 13
~ для клея 133 44
~, масляная д 173 и 174 35
~, медицинская д 61 и 62 118
~, минеральная д 58 2
~, ножная д 57 51
~, общая д 57 49
~, охлаждающая 122 7
~ для охлаждения 144 24

ванна, очистительная 58 26
~, паровая д 61 и 62 119
~, передвижная 144 16
~ для промывки д 94 и 95 50; 95 7, 28
~, проявительная 95 4
~, световая 61 28; д 61 и 62 120
~, сидячая 44 22; д 57 50
~, солёная 58 III
~, фиксажная 95 5
ванная 44 з, I
ванты 183 28
ванька-встанька 53 11
варежка 72 44
варенье д 166 34
вариация д 84 и 85 46
варить д 55 37
варка 55 II
варшавянка д 82 и 83 20
василёк, голубой 19 1; д 19 12
вата д 61 и 62 113; 139 7
ватерклозет 44 40
ватерлиния 126 28; 184 18
ватерпас 128 7
~ со шлангом 128 35
ватка 135 18
~, кардная 136 7
ватт д 113 21
ватты д 1 63; 59 13
вафля 98 13; д 167 и 168 50
вахта мира д 105 33
вбивать гвозди д 129 6; д 142 29, 46
вбрасывание мяча 69 36
введение д 89 и 90 66
вверх д 65 и 66 4
~ по течению д 182 6
вводить в массу веществ д 148 7
вдеть нитку д 139 13
вдувать д 115 и 116 68
вдыхать д 38 23
вегетарианец д 54 7
ведение бухгалтерских книг д 163 III
~ мяча 69 43
ведро 43 20; 43 38; д 46 15; 55 35; 57 28; 77 29; д 129 47; 130 14; 153 30; 170 9
~, педальное 61 20
ведущий счёт д 69 и 70 56
век д 9 115

веко д 35 42; 37 1, 2
вексель д 163 33
вектор 5 10
величина д 5 и 6 57
~, обратная д 7 87
~, постоянная д 7 90
~ хозяйства д 153 5
веломеханик д 172 20
велосипед 172 з, I; д 172 I
~, детский трёхколёсный 53 30
~, моторный д 172 52
велосипедист 169 33; д 172 14
вельбот 106 20
вена д 39 20
~, верхняя полая 39 27
~, воротная д 39 27
~, лёгочная 39 26
Венера 2 16
венец 124 50
~, волосяной д 147 58
вензель 89 17
веник с грузом 46 5
венок из колосьев д 157 41
вентиль 172 21; д 172 36
~, запорный 113 32
~ с нарезкой 131 51
вентилятор 110 12; д 110 и 111 95; 113 15; 120 6; 154 28; д 173 и 174 53; 184 10
~, пылеотсасывающий 135 6
вентиляция д 110 и 111 IX; 160 14; 176 17
венчик д 43 28
веранда 40 35; 62 III
верблюд, двугорбый 28 11
~, одногорбый д 28 5
верёвка 46 3; 70 35
~, бельевая 56 35
~ для лазанья 73 7
~, палаточная 76 11; 107 14
~ от руля 76 23
вереск д 19 26; д 21 17
веретено 75 29; д 135-137 52
вермишель д 166 29
верньер 8 6
верстак, слесарный 121 5
~, столярный 134 23
верстальщик д 149 и 150 10
верстатка 149 4, 13
вёрстка д 149 и 150 44
вертел 144 25

вертолёт д 181 2
вертушка 165 31; 180 26
верфь 126 I; д 126 1; 185 7
верх д 173 и 174 4
~, скатывающийся 173 15
верхняк 111 23
верхушка д 16 и 17 10
~, лёгкого 38 31
верша для ловли угрей 146 VII
вершина 1 1, 6; д 1 24; 5 22; д 73 19
вершник батана 137 34
вершняк д 162 10
вес 8 з; д 8 VII, 33; (спорт) д 68 9-19
весёлка обыкновенная д 18 21
весло д 75 и 76 35; 106 22
~, двухстороннее 76 12
~, короткое 76 7
~, одностороннее 76 7
~, парное 75 IV, 22
~, распашное 75 IV, 23
веснушка д 35 114
вести мяч д 69 и 70 32
~ переписку д 109 38
~ процесс д 100 103
вестибюль д 41 3; 45 III; 167 I
вестник законов д 100 74
Весы 2 з ›
весы 8 VI; д 8 VII; 143 3, 19
~, автоматические д 8 52; 177 2
~, багажные д 8 42
~, вагонные 113 8
~ для взвешивания людей д 8 41
~ для взвешивания писем д 8 44; 164 25; 180 19
~ для взвешивания скота д 8 47
~ для взвешивания яиц д 155 28
~, возовые д 8 46; 155 27
~, гидравлические д 8 51
~, десятичные 8 33; д 8 45; 157 31
~ с коромыслом 8 28
~, кухонные д 8 39; 43 45
~, маятниковые д 8 41-44

весы, медицинские
 д 8 40; 61 10, 36
~, мостовые д 8 45-47
~, настольные д 8 48;
 166 27
~, настольные циферблатные 145 12
~, переключаемые д 8
 50
~ для посылок д 8 43
~, почтовые д 8 43
~, пружинные д 8 49
~, сотенные д 8 46;
 155 27
~, циферблатные 166
 13
~, циферблатные товарные 177 6; 180
 11
~, шкальные 155 29
ветвь 13 34; 14 1, 7;
 16 9, 13, 32, 38;
 д 16 и 17 7; 17 2, 18,
 26, 28; 30 4
ветер 3 V; д 75 и 76
 V, 76, 78, 80
ветеринар д 154 39
ветка 155 20
~, укоренившаяся
 161 16
веточка 13 26
ветреница д 19 21
~, дубовая д 19 19
ветромер 79 1; 181 8
ветчина 145 3
веха 186 22
~, плову́чая 186 6 и 7
вечер 2 27
~, танцевальный д 96
 2
вешалка д 43 42; 44
 9; 45 27; 51 54;
 д 139 76; 166 44;
 167 8
~ с зажимом 51 44
~, передвижная 138
 32
вещество, волокнистое 135 10; д 135-
 137 2-10, 13-20, 21-
 23
~, взрывчатое д 110
 и 111 72
~, клеющее д 129 40
~, красящее д 189 20
~, наполняющее
 д 148 8
~ для окраски д 129
 41
~, питательное д 54
 II; д 79 82
~, связывающее д 128
 65
вэабивать д 55 40
взбирающийся д 73 24
взвешивать д 8 38

взвод фанфаристов
 д 107 13; д 109 7
взгляд д 35 32
вздутие д 61 и 62 69
взимание штрафа
 д 101 и 102 20
взлёт с лебёдкой д 106
 42
ванос, партийный
 д 103 9
~ за учёбу д 80 18
~, членский д 103 9
взнуздывать д 154 42
варыв гремучего газа
 д 110 и 111 109
~ угольной пыли
 д 110 и 111 108
взрывать д 30 и 31 9;
 д 110 и 111 67
взрыхлять почву
 д 156 33
взятка д 93 61
виадук 175 8
вид д 35 25; 187 III
~ бумаги д 148 IV
~ дома д 152 34
~ клевера д 79 86
~ кожи д 140 III
~ краев 187 II
~ парохода 184 I
~ стежков д 139 II
~ хвата 65 II
~ шрифта д 89 и 90
 137
видеть д 35 30
~ во сне д 42 46
видимость д 181 50
видоискатель 94 6,
 27; д 94 и 95 30, 31
визжать д 33 и 34 5,
 62
визитка д 48-52 25
вика 10 32
вилка 54 16, 29; д 54
 101; 165 29
~ заднего колеса 172
 11
~ переднего колеса
 172 25
~, уточная д 135-137
 103
вилы д 158 20
~ для картофеля 158
 14
~ для копания 47 46
~, навозные 154 15
~ для сена 158 15
винт 74 30
~ барашковый 124 29
~, воздушный 181 24
~, гребной 184 IV
~, зажимной 134 33
~ с квадратной головкой 124 27
~ для очистки 43 19
~, передний 134 32

винт подачи стола **123**
 22
~ с потайной головкой **124** 19
~ руки д 68 73
~ с тавровой головкой **124** 24
~, ходовой **123** 11
~ с цилиндрической
 головкой **124** 25
~ с шестигранной
 головкой **124** 5
~: шестигранный в. с
 буртиком **124** 13
винтовка, малокалиберная д 106 9
виола 84 28
виолончелист 85 9
виолончель 84 29
вираж д 67 21
вирировать д 94 и 95
 51
виртуоз д 84 и 85 35
вис (спорт) д 65 и 66
 31, 42, 43, 49, 56,
 58, 61, 62, 81, 82
вискоза д 135-137 26
висок 35 42
вист д 93 18
витамин д 54 10
витрина 91 17; **108**
 17; **169** 28
~, стеклянная д 91 66
виться д 175 13
вице-президент 99 8
вишня 14 2; д 134 49
вкатывать д 69 и 70
 52
вкладка 139 7
вкладчик д 163 9
вкладыш подшипника
 124 46
~, рекламный почтовый д 180 20
включатель 63 20
включать д 42 58;
 д 88 37; д 113 40;
 д 173 и 174 73
включение д 113 28
~ в радиопередачу
 д 88 23
влагалище д 38 70
владение 152 19
влажно-тёплый д 57
 34
влажный д 160 56
влияние температуры
 д 79 6
вложение д 99 17
вниз д 65 и 66 2
~ по течению д 182 5
вносить д 99 53; д 100
 37; д 163 21
~ навозную жижу
 д 156 39
~ в списки д 80 21

внутренности 38 II, III
внутренность санитарной автомашины 60 IX
вогнутый 72 17
вода 43 20; д 75 и 76 V
~, аммиачная д 114 13
~ для купания 44 17
~, минеральная д 167 и 168 34
~, низкая д 1 76
~, стоячая д 110 и 111 101
водитель 174 4
~ комбайна 159 10
~ трактора 155 12
водка д 166 54, 56; д 167 и 168 28
водоворот д 75 и 76 83; д 182 19
водоём 160 10
водоизмещение д 184 34
водолаз 185 III
Водолей д 2 28
водомер 46 20
водонагреватель 43 1
~, автоматический 131 31
водоотлив 110 40; д 110 и 111 XI
водопад 1 45
водоподогреватель 147 51
водопой 153 18; 158 31
водопровод 43 6; 47 14; 127 1; 140 2
водораздел д 1 54
водоросли д 59 9
водосброс 44 16
водослив 44 16
водосток 44 11; 56 26; 170 11
водохранилище д 182 36
воды д 1 III
вожатый группы д 107 10
воз сена 158 17
возбудитель 113 25
возбудить дело д 100 102
возбуждение д 61 и 62 99
возводить здание д 128 16
возврат д 61 и 62 51
возвращение к жизни 60 VII
возвышение д 1 21
возвышенность 1 18; д 1 22, 102; 2 43

возделывание масличных культур д 157 19
~ промежуточных культур д 156 27
возделывать д 156 9, 24
воздержание от голосования д 100 45
воздух, шахтный д 110 и 111 82-87
воздуходувка 63 10; 122 6; д 115 и 116 69
воздухонагреватель 115 8; 120 3
воздухопровод 113 16
~, кольцевой 115 18; 116 2
возить тачку д 77 35
возражение д 108 19
вокзал 177 з, I; 178 з; 179 з
~, главный д 177-179 1
вол 33 1; 154 41; 156 13
~, рабочий 156 13
волдырь д 60 69
волейбол д 69 и 70 V
волк 29 17
волна 59 8
~, длинная д 88 44
~, короткая д 88 46
~, средняя д 88 45
~, ультракороткая д 88 47
волнение д 59 19
волнистый д 1 16; д 147 13
волокно д 135-137 4-9, 7-10, 20, 23, 24-30, 25, 27-30
~, мышечное д 39 3
~, нервное д 39 37
волокуша 159 1; д 159 1, 2
~, звеньевая 159 1
~, полевая 159 1
Волопас 2 6
волос 35 40; д 35 111; д 135-137 14-16
волосатый д 32 24
волчок 53 26
волынка д 82 и 83 55
вольнослушатель д 80 44
вольт д 113 17
вольт-ампер д 113 21
воодушевление д 109 27
ворковать д 33 и 34 18
воробей 27 14
ворон д 24-27 18
~, лесной д 24-27 18
ворона 27 13

воронка д 43 32; 118 28; 136 28; 143 12; 174 31
~, вращающаяся 136 21
~, приёмная 127 9
~, ссыпная 112 8
~, ушная 61 14
воронье гнездо 184 29
ворот, канатный 170 7
ворота 153 43; 158 36
~, боковые 153 44
~ в леднике 1 4
~, раздвижные 181 3
~ сарая 153 4
~ слалома 71 10
~, шлюзные 182 12
воротник 50 24
воротoк 121 38
ворошилка 136 12
ворсинка д 38 44
ворсовать д 135-137 115; д 142 31
ворчать д 22 31; д 33 и 34 60
воск д 22 39; 55 34
воспаление дёсен д 63 27
~ миндалин д 61 и 62 63
~ надкостницы д 63 26
воспитание д 77 III
~, дошкольное д 77 18
~ чувств д 77 21
воспитатель д 78 14
воспитательница д 77 II
~ в детском саду 77 7, 26
восхождение д 73 7, 12, 15
~ на гору 73 с
восьмёрка 72 4; д 75 и 76 22; 93 25, 38; д 172 18
~ с петлями 72 5
восьмушка листа д 148 90
вошь, головная 22 18
~, платяная д 22 19
вощанка д 21 15
вощина, искусственная 22 V
впадина волн д 59 24
~, подколенная 35 34
~, подмышечная 35 3
впереди д 65 и 66 22
впитывающий д 148 73
вправлять д 60 33, 39
впрыскивание д 61 и 62 104
вратарь 69 10

врач 61 8; д 61 и 62 159-163; 63 17
~, ветеринарный д 154 39
~, детский 61 40
~, зубной 63 3, 4
~, кукольный д 53 26
~, судовой д 185 19
вращение д 65 и 66 35; д 67 61
~ обоими коленями д 65 и 66 53
~ туловища 66 13
вредитель д 22 9
~, лесной д 162 26
время 9 з
~ выдачи д 91 28
~ выемки писем д 180 32
~ дня 2 IV; д 9 II
~ ловли д 146 16
~ нахождения мяча за площадкой д 69 и 70 60
~ пропуска д 115 и 116 55
~ экспозиции д 94 и 95 6
вруб д 110 и 111 64
вселенная д 2 2
Всемирная федерация демократической молодёжи 104 12; д 105 1
Всемирная федерация профсоюзов 104 11
Всемирный Совет Мира д 109 55
Всемирный совет молодёжи д 105 3
Всемирный фестиваль молодёжи и студентов д 105 4
всеобщее д 100 4
вскакивать д 171 10
вскипятить д 55 22
вскок махом д 65 и 66 60
вскрывать д 61 и 62 134; д 110 и 111 23; д 112 8; д 167 и 168 30
вскрыша 112 19
вспахать д 156 28
вспашка, зяблевая 156 I
вспрыскиватель д 133 47
вспышка магния 94 38
вспышки д 186 6
вставать д 42 53
вставка д 142 52
вставлять д 130 40; д 139 50

встречать д 177-179 45
вступивший в законную силу д 100 142
всхожесть д 79 33
втирать д 57 27; д 147 35
втуз д 80 56
втулка, соединительная 88 34
вуаль 48 12; д 147 93
вуз д 78 9
вулкан, действующий 1 VIII
вулканизировать д 172 21
вход 87 20; 184 5
~ в зрительный зал 86 9
~ в лагерь 107 6
~, средний 171 25
вхождене в воду д 74 4
вшивать д 141 17; д 142 20
въезд 153 43
выбивалка 55 42
выбирать д 158 7
~ якорь д 184 90
выбоина 175 42
выбор д 166 22
выборы 100 з
~, народные д 100 2
~, партийные д 103 49
выбрасывание крышек 151 40
выбывать д 67 5
выбытие книг д 91 27
вывеска 128 31
~ с названием улицы 169 21
выветривание д 1 99
вывихнуть д 60 29-32
выводок (птенцов) д 153 23
вывоз мусора 170 II
вывозка 127 35
выглаживать д 128 90; д 138 30; д 141 14
выгон 158 29; д 158 32, 35-37
~, деревенский 152 12
~, огороженный д 154 69; 158 29
выгружать д 176 16; д 177-179 54; д 184 85
выгрузка д 176 17
выдавать на-гора д 110 и 111 77
~ на руки д 100 33
выдалбливать д 129 3; д 134 20

выдача 166 34
~ багажа д 177-179 39
~ книг д 89 и 90 30; 91 1; д 91 29
выдвигать д 100 23
выделение д 38 59
выделывать д 32 25
выдра, морская д 32 13
~, речная 32 9
выдыхать д 38 24
выезд 169 и 170 37
выемка д 1 30; 110 и 111 VII
~, обратная д 110 и 111 47
выжим, медленный д 65 и 66 93
выжимать д 55 24; д 56 43; д 68 88
выздоравливать д 61 и 62 48
выздоравливающий 62 31
выздоровление д 61 и 62 47
вызывать в суд д 100 112
выиграть по очкам д 68 44
выигрыш д 93 3
выкачивать воду д 184 71
выключатель 45 3; д 113 45, 46
~, газовый 43 42
~ каретки 165 4, 9
~ нагрузки 125 6
~, ножевой 113 38
~ табулятора 165 10, 21
~ с тесьмой 42 39
~ упора 165 23
выключать д 42 59; д 88 38; д 113 41
выколачивание пыли 55 X
выколачивать д 55 78
выкройка 138 3; 139 23
выкрюк 72 11
вылазка, туристическая д 75 и 76 19
вылет 112 14-17
вылупляться д 153 25
вымерзать д 157 12
вымерять д 8 5
выметать д 55 64
вымолоть д 143 18
вымораживать д 157 12
вымпел 58 42
~, сигнальный д 186 17
вымывать д 55 73; д 60 43

вымя 33 3
вынимать д 45 8; д 93 64
выносить решение д 100 129
выноска, подстрочная 90 13
выносливый д 79 66
выпад 66 18
~, ложный д 68 51
выпадение волос д 147 23
выпаривать д 127 22; д 142 22
выпахивать д 158 9
выпечка хлеба и булок 143 III
выписать пропуск д 101 и 102 33
выплавка чугуна 117 I
выплавлять д 115 и 116 43
выплата пенсии 64 I
выплачивать д 163 22
выполаскивать д 55 25
выползать д 22 37
выполнение кирпичной кладки 128 II
~ плана д 99 108
выпор 117 32
выправка д 74 11
выпрямитель д 113 50
выпуск 173 45
~ металла из доменной печи 116 I
~ учеников д 78 22
выпускание д 119 14
выпускать д 89 и 90 20; д 115 и 116 78, 79
выпускник д 78 17
~ средней школы д 78 18
выпушка 48 14
выработка д 110 и 111 59
~ волокнистого сырья д 135-137 II
~, наклонная д 110 и 111 32
~, подготовительная 110 35
~, подземная д 110 и 111 5, V
выравнивать д 1 100; д 142 42; д 148 21
выращивание д 79 62
вырезать д 55 13; д 77 30; д 138 12
вырезка из газеты д 89 и 90 136
вырезывать д 147 23
вырубать д 141 5; д 142 40

высадка 161 8
высаживаться д 75 и 76 4, 13; д 171 22
высверливать д 63 5
выселок 152 11; д 152 27
высиживание д 153 23
высиживать д 153 21
выскабливать д 47 23
выскальзывать д 153 24
высовываться д 176 36
высококачественный д 79 70
высокоплан д 181 4
высота 5 25; д 5 и 6 56; д 67 20
~ полёта д 181 54
высотомер д 181 29
высотописец 3 VII
выставка 91 II; 127 35; д 166 19
~, книжная д 91 36
~ садоводства д 160 4
~, специальная д 91 58
~, художественная д 91 56
выставка-передвижка д 91 57
выступ 73 8; д 73 22; 124 21; д 131 31
~ скалы д 73 47, 50
выступление д 109 3, 26
~ на бис д 84 и 85 38
~ на дискуссии д 108 25
~, показательное д 65 и 66 17
высушивание 140 27
высушивать д 133 7
высыпать д 46 18
высыхать д 56 47
выталкивание 140 24
вытачивать д 139 19
вытачка 48 4; д 139 19
вытеснение шлака 118 21
вытирание посуды 55 IX
вытирать д 45 7; д 55 61, 67, 76
вытолкнуть планёр д 106 40
вытравливать д 130 17
выть д 33 и 34 58
вытягивание 66 3-5; д 67 62
вытяжка д 15 7
выхлоп 173 45
выход 86 13
~, запасной 87 30
~ шлака 118 21
выходить д 171 22
~ в свет д 89 и 90 22

выцветать д 189 42
вычёркивание д 149 и 150 47
вычеркнуть из списков д 80 22
вычисление д 7 105
~, процентное д 7 103
вычислять д 164 и 165 30
вычитаемое 7 31
вычитание 7 28
вышивание 56 VI
вышивать д 56 22; д 139 23
вышивка д 56 23
~ крестиком 56 19
~ монограмм 56 20
вышка 71 19; 74 1-3
~, наблюдательная 175 1
~, охотничья д 30 и 31 30
~, судейская 71 23
вьюга д 3 22
вьюнок, полевой 19 5; д 19 6
вяз 16 23; д 134 47
вязание 56 IV; д 135-137 41
~ крючком 56 III
вязанка 46 38; д 48-52 9
вязать д 56 33
~ крючком д 56 27, 28
~ узлы д 106 64
вязкий д 160 53

габитус дерева д 160 20
гавань 185 з
~, внутренняя д 182 40; д 185 2
гадюка, чёрная 23 21
газ д 114 9, 23-28; д 110 и 111 107
~, генераторный д 118 8
~, гремучий д 110 и 111 88
~, древесный д 173 и 174 19
~, колошниковый д 115 и 116 56
~, потребительский 114 IV
~, удушливый д 110 и 111 91
газгольдер д 114 29, 30; 114 35
газель 28 14
газета д 89 и 90 III; 90 3, IV; 108 15
~, ежедневная д 89 и 90 107
~, лагерная д 107 20

газета, пионерская д 107 4
~, стенная 108 14
газетчик 178 3
газифицировать д 112 32
газогенератор 114 5
газон 169 19
газоочиститель 122 33
газопровод д 118 10; 131 40
~ для колошникового газа 115 6
газосборник 114 4
газотехник д 131 35
газохранилище 114 35
гайка 124 7
~, корончатая 124 18
~, крыльчатая 124 24
~ с отверстиями 124 14
~ для штатива 94 13
гайка-барашек 124 24
гак 184 14
галера д 183 33
галерея, картинная д 91 43
~, крытая 58 17
~ транспортёра 113 2
галёрка д 86 61
галета д 143 36
галиот д 183 19
гало д 2 5
галопировать д 33 и 34 36
галоша д 48-52 73
галстук 50 26; 107 22
~, пионерский 52 43
гальвано д 149 и 150 69
гальванометр 80 26
гальванопластика 149 VII; д 149 и 150 68
гальваноскоп 80 26
галька д 1 87
гальма 93 IV
гамаша 49 49
гамбит д 93 31
гамма д 82 и 83 64
гандбол д 69 и 70 III; 70 1
гантель, гимнастическая 66 33, 34
гараж 40 20; 174 24
гардероб 42 11; 45 26; 80 16; 86 4; д 92 22; 167 8
гардеробщица 86 1; д 86 54
гардина 42 2 и 3, 4
гармоника д 82 и 83 60; 83 24; 176 37
гармонист 82 1
гармония д 84 и 85 41

гармошка, губная 83 24
гарнитур 50 5 и 6
~: детский г. для гулянья 52 11 и 13
гарпун 146 16
гарпунёр 146 18
гасить д 41 71; д 42 60; д 101 и 102 73
~ (мяч) д 69 и 70 65
гастроль д 86 48
гаф д 1 64
гафель 183 2
гашпиль 140 6
гвоздарь д 121-123 21
гвоздика д 20 8; д 54 88
гвоздь д 129 7
~, кровельный д 129 39
~ для шифера д 129 59
ГДР д 99 1
гевея 11 16
гезенк д 110 и 111 33
гейзер д 1 50
гектар д 8 20
гектолитр д 8 27
гелиогравюра д 149 и 150 75
гелиограф д 3 38
гематит д 115 и 116 19
гемоглобин д 39 16
генератор д 113 37; 172 26; д 173 и 174 51
~, ацетиленовый 122 32
~, древесногазовый д 173 и 174 20
~ трёхфазного тока 113 26
география д 2 40; д 78 43
геолого-разведка д 110 и 111 IV
геометр д 2 47
геометрический д 5 и 6 7
геометрия 5 з; 6 з; д 78 41
георгина 20 2, 3
герань 21 2
~, луговая 19 7
герб, государственный 99 6
гербарий 105 25
геркулес д 54 65
Германская государственная железная дорога д 176 18
Германская Демократическая Республика д 99 1

гест 1 IX, 39
гетра 49 49
гиацинт д 20 6; д 21 4
гибридизация д 79 74
гигрограф д 3 35
гигрометр 79 6; 133 3
гид 91 18
гидрант 102 34; 170 4
гидрировать д 112 33
гидрограф 46 20
гидросамолёт д 181 10
гидроэлектростанция д 113 31
гиена 29 18
гик 183 12, 27
гикори д 134 67
гильза для удлинения 165 40
гимн д 105 5; д 109 28
гимнаст 65 31; 66 24
гимнастика 66 з, I
~, детская д 77 34-36
~, массовая д 65 и 66 13
~, спортивная д 65 и 66 11
гимнастка 65 42
гинекология д 61 и 62 3
гипербола 6 15
гипотенуза 5 34
гиппопотам д 28 4
гипс д 1 118
гиревик 68 39
гирлянда 109 22
гирокомпас д 184 50
гиря 8 VI; 8 34; 9 28; 166 28
гитара 82 9, 20; 83 12; 105 10
~, щипковая 96 21
гитарист 96 20
гичка 75 II
глава д 89 и 90 68
гладилка 117 23; д 128 91; д 129 54; 142 23; 151 5, 21, 26
гладильщик 138 37
гладить д 56 51; д 135-137 126; д 139 55; д 140 17
~ в фасон д 138 29
гладкий д 147 12; 148 77
глаженье белья 56 IX
глаз 30 6, 19, 32; д 35 III; 35 46; 37 I
глазировать д 127 30, 31
глазок 45 11; 161 22
~, вставленный 161 35
глазунья д 167 и 168 48
глетчер 1 I; д 73 20
глина д 1 117; 127 3; д 160 37, 38

глинистый д **160** 51
глинозём д **115** и **116** 26
глициния д **20** 33
глобус **78** 13
глоксиния **21** 6
глотать д **35** 74
глоток д **54** 16
глубина материка д **15**
~ резания д **121**-**123** 39
глубиномер **123** 34
глухарь д **30** и **31** 13; **31** 14
глухой д **35** 50
глухонемой д **35** 51
глушитель **172** 33; **173** 44
глыба земли **156** 18
глядеть д **35** 33
гнать плоты д **182** 41
гнездо **24** 11; **27** 5
~, аистовое д **153** 26
~ с клапаном д **153** 19
~, ласточкино **154** 26
~ с яйцами **24** 12
гнейс д **1** 105
гнида **22** 19
гниение зубов д **63** 25
гноиться д **61** и **62** 74
гномон **9** 30
гобоист **85** 13
гобой **84** 6
~, альтовый д **84** и **85** 1
говядина д **144** и **145** 13
год д **9** V
~, високосный д **9** 112
~, партийный учебный д **103** 61
~, учебный д **78** 20
годовщина д **9** 113
голенище **142** 34-40, 42, 43
голень **35** 19
голова д **35** II; **35** III; **36** I
~, лысая д **147** 25
~, свиная **145** 47
~, телячья **145** 38
головка **83** 31; **124** 12; **139** 27
~, булавочная **139** 52
~ для дужки **9** 4
~, заводная **9** 3
~, закладная **124** 2
~, замыкающая **124** 4
~ с колками **83** 14
~ ленточной **135** 32
~, обсадная **124** 4
~ печи д **118** 13
~, поворотная **94** 25
~, прессовая **127** 12

головоломка д **93** 14
голод д **38** 48
голодный д **38** 49
гололедица д **3** 24
голос д **86** 25; д **100** 42
голосование д **99** 58; д **100** 11; д **108** 28
голосовать д **100** 35
голубика д **13** и **14** 1
голубь д **33** и **34** 17; **153** 3
~, домашний **33** 14
~ мира **77** 2
~, почтовый д **33** и **34** 74; д **106** 79
голубятня **153** 2
голье **140** 17
гольфы **49** 18
голяшки **145** 35, 44
гомогенизировать д **127** 7
гонг **68** 12; **84** 40
гондола д **181** 71
гонка д **75** и **76** 9, 12, 14-16
~ на лодках **75** I
~, лыжная **71** с
гонок д **135**-**137** 99
гонт д **129** 51
гонять обруч д **53** 36
гора **1** II, 11; **2** 43
~, коническая д **1** 28
~, столовая д **1** 29
горб **28** 12; д **35** 100
горбушка хлеба **143** 30
горбылёк оконного переплёта **130**·44
горбыль д **132** 11
горелка Бунзена **78** 41
~, газовая **43** 41
~, сварочная **122** 37
горелки д **77** 38
гореть д **101** и **102** 68
горец д **19** 9
горечавка, жёлтая д **20** 27
горизонт д **59** 20
~, вентиляционный **110** 20
~ выработки **110** 38
~, полукруглый **86** 27
горилла д **29** 19
горихвостка **25** 4
горка д **41** 12
~ для катания **77** 25
~ для спуска в воду **74** 9
горло **35** 2
горлышко бутылки **168** 32
горлянка д **19** 29
гормон д **38** 60
горн **115** 32
~, кузнечный **120** I; **122** 5

горн, туманный д **186** 31
~, передний **117** 8
Горная Академия д **110** и **111** 147
горничная д **167** и **168** 84
горнорабочий **111** 5
горностай **32** 2
горняк д **110** и **111** 127, 142
город д **99** 74; д **169** и **170** 1
~, большой **2** 48; д **169** и **170** 3
~ не имеющий округа д **99** 73
городок, провинциальный д **169** и **170** 4
горох **10** 22, 25
горошек, душистый д **20** 13
горсть **8** 25
гортань **36** 9
гортензия д **21** 18
горчица д **54** 92; д **167** и **168** 64
горшок д **43** 11, 19; **55** 13
~ для консервирования **55** 21
~, ночной д **42** 24
~, цветочный **64** 15
горы, американские **98** 4
~, русские **98** 1
~, складчатые д **1** 103
горючее д **173** и **174** 14, 17
гостиная д **167** и **168** 21
гостиница д **167** и **168** 16, II; **168** с
~, курортный **59** 3
~ с трактиром д **167** и **168** 18
гость **103** 1
Государственная торговля **166** з, с
Государственный универмаг **166** II
государство, иностранное д **180** 9
готовальня **6** 41
готовить д **55** 26
готовность, боевая д **106** 1
~ к обороне д **106** 2
готовый к печати д **149** и **150** 50
гофрировать д **148** 23
граб, безлиственный **16** 17
грабли д **47** 19; **47** 34
~, конные **157** 13

грабли, сенные 158 19; д 159 23
гравис 89 19
гравюра 149 26; д 149 и 150 58, 71-73
град д 3 20
градина д 3 20
градирня 58 28; 115 2
градостроительство д 128 9
градус, десятичный д 5 и 6 36
~, старый д 5 и 6 35
~ шрифта д 89 и 90 139
градусник д 41 39; 57 33
гражданство д 101 и 102 50
~, германское д 99 2
грамм 8 32
грамматика д 78 31
гранит д 1 107
граница древесной растительности д 162 8
~ пашни 152 21
гранулировать д 156 53
график на доске 103 18
~ отправления и прибытия поездов 177 4
~ соревнований 99 24
графин д 42 22
графит 165 38
гребёнка 44 28; 51 18; 147 21
~ с украшением д 147 96
гребец д 73 21
~ дамбы 182 24
~, круглый 136 27
~, ледяной 73 11
~, пенный д 59 23
~, петуший 34 36
~, плоский 136 26
~, съёмный 135 27; 136 8
гребля д 75 и 76·II, 26, 39
~ на байдарке 76 с
~ в каноэ 76 I
~ на спортивных лодках 75 с
~ в ящике 75 V
грелка, резиновая 57 26
~, металлическая 57 30
греметь д 84 и 85 31
грести граблями д 158 22
гречиха 10 17
гриб 18 а
~, белый 18 1

гриб, жёлчный д 18 20
~, несъедобный д 18 II
~, польский 18 12
~, сатанинский 18 18
~, съедобный 18 1, 3, 6, 7, 10, 12-15; д 18 I
~ для штопки 56 7
~, ядовитый 18 16, 18, 19; д 18 III
гриб-зонтик 18 14
грива 29 15; 34 5
~, спинная 31 10
грим д 86 50; д 147 79
гримёр д 86 49; 87 8
гриф 68 37; 83 8, 18; 84 25
грифель 78 54
грог д 167 и 168 26
гроза 3 V
гроздь винограда 13 14
гром д 3 28
громкоговоритель 109 23; 181 12
~, контрольный 88 3
~, перманентный динамический 88 17
громкость звука д 88 22
громоотвод д 40 15
гросс д 8 31
грот 76 38
грот-мачта 183 24; 184 24
грот-фок 183 37
грота-стаксель 183 43
груббер 47 48; 156 21
грудина 38 11
грудинка д 144 и 145 19; 145 29, 42, 51
~, телячья 144 и 145 30
грудница 137 22
грудь 34 10; 35 10
груз 125 5; д 177-179 51-53
~ большой скорости д 177-179 56
~, железный 117 33
~ пассажирской скорости д 177-179 48
грузить д 176 9; д 177-179 50
~ уголь д 184 69
грузовик 77 17; 155 32; д 173 и 174 9; 175 9
грунт д 128 75
~, открытый д 160 13
грунтовать д 130 18
грунтопровод-рефулёр 185 40
группа д 77 24; 79 10, 18; д 105 2; д 107 9
~ гимнастов 65 32

группа зданий д 128 11
~ музыкантов д 109 8
~ пения д 92 40
~, пожарная д 101 и 102 74
~, производственная партийная д 103 13
~, семинарская 80 I
~ фанфаристов д 82 и 83 39
~ художественной самодеятельности д 82 и 83 3
~, швейная 141 II
группетто д 82 и 83 106
груша 13 25, 32; д 134 48
~, африканская д 134 68
~, боксёрская 68 25
грызун 29 з, 1-4
гряда для маточных растений 161 15
грядиль плуга 156 27
грядка 47 12; 160 I
~ для овощей 47 17
~, огородная 160 27
~, посевная 157 8
грязелечебница 58 8
грязи, медицинские 58 25
губа д 1 60; 34 27; 35 50
~, верхняя 36 24
~, нижняя 28 8; 36 33
губка д 44 6; 78 51
гудеть д 173 и 174 76
гудок 181 1
~, паровой д 176 47
~, сигнальный 173 29
гузка 34 24
гуляш д 144 и 145 36
гуммирование д 164 и 165 49
гумпо 153 8
гумус д 160 39
гурман д 54 17
гусак 34 II
гусеница 22 4; 112 30
густой 147 16
гусь д 33 и 34 40; 34 II; 153 39
~, жареный д 167 и 168 53
гусятница 55 11

давать показания д 100 120
давиться д 35 76
давление, атмосферное 3 V
~ дутья д 115 и 116 76
~, кровяное д 39 25

давность д 100 147
дальнозоркий д 35 45
дальномер 94 29
дальность полёта д 181 53
дама 93 22, 35; 96 27
дамба 182 24 и 25
дано д 5 и 6 6
дата д 164 и 165 57
дать дорогу д 169 и 170 39
дверка, колосниковая 44 46
~, топочная 44 44
дверь 110 21; 127 34; 166 17
~, балконная д 40 14; 43 24
~, входная 40 36
~, двойная д 41 47
~, двустворчатая д 41 48
~, дощатая 46 14
~, квартирная 45 8
~ комнаты 45 29
~ крытого крыльца 40 21
~ купе 176 16
~ открывающаяся в обе стороны 167 7
~, подвальная 46 16
~, разгрузочная 120 8
~, раздвижная д 41 50; 171 26; 176 16; 178 21
~, садовая 47 27
~ стеклянная раздвижная 41 27
~ чердачного проёма 46 6
дверь-вертушка 167 30
двигатель 159 11; 172 43; 173 24; д 173 и 174 6, 13, 16, 18, 21; 181 23; 184 48; д 184 60
~, двухтактный д 172 25
~, гусеничный 112 32
~ окончательного охлаждения 114 26
~, первичный 113 28
~ предварительного охлаждения 114 20
~, реактивный д 181 15
~, турбо-компрессорный реактивный д 181 14
~, фланцевый 123 1
~, четырёхтактный д 172 24
~, электрический 133 16

движение 4 II; д 169 и 170 32; д 176 4-8
~ активистов д 108 40
~, вращательное 124 II
~, всемирное профсоюзное д 103 43
~: международное д. против фашизма д 103 40
~ за мир д 109 53
~ ногами 66 3-5
~, спортивное д 67 1
~, уличное 101 II
движок 81 12
~, регулирующий 9 16
двоеточие 89 24
двоить д 140 20
двойка д 75 и 76 42
~, академическая парная 75 III
~: разборная д. для туризма 76 17
двор 40 26; 93 16; 152 19; 153 48
~, крестьянский 153 3, I
~ мелкого крестьянина 152 29; 153 II
~, птичий д 153 17
~, световой 94 54
~, трёхсторонний 152 3
~, четырёхсторонний 152 18
~, шахтный 110 37; 111 33
Дворец культуры д 92 1
~ пионеров д 107 6
двуутробка 32 6
двухколейный д 177-179 67
двухмерный д 5 и 6 37
дебаркадер 185 22
дебаты д 99 56
дебет д 163 40
дебетовать д 163 30
дебитор д 163 49
дебют д 93 30
Дева д 2 35
девизы д 163 4
девочка 77 14; 93 23
девушка 105 8
девятка 93 24, 37
дегазировать д 112 24
дежа 143 4
дежурный д 110 и 111 139, 140; 174 39
~ по станции 178 4
дежурство д 57 12
действие д 48-52 IX
действительный д 100 43

действия с десятичными дробями д 7 68
дека 83 3; 84 18
декан д 80 27
деканат д 80 4
декатировать д 135-137 123
декларация, правительственная д 99 51
декольте 48 48
декольтированный д 48-52 56
декоратор д 130 4
декорация д 86 23; 87 3
~, передвижная 86 26
~, театральная 86 24-26
делать волнистыми д 147 39
~ обманное движение д 69 и 70 17
~ пазы д 129 16
~ поворот оверштаг д 75 и 76 53
~ поворот фордевинд д 75 и 76 46
~ шов с прокладкой д 142 48
делегат 68 16; 103 9 и 10; д 109 24
делегация д 109 25
~, спортивная д 67 15; д 69 и 70 23
деление д 5 и 6 22; 7 38; 161 28
~, логарифмическое д 7 153
делимое 7 39
делитель 7 41
дело, водолазное д 185 33
~, горное д 110 и 111 1
~, каменноугольное д 110 и 111 2
~, лётное д 181 44
~, металлургическое д 115 и 116 2
~, паспортное д 101 и 102 IV
~, печатное д 149 и 150 3
~, судебное 100 17; д 100 101
делопроизводитель 100 6; 108 5
дельта д 182 24
дельфин д 28 3
демократизировать д 99 68
Демократическая крестьянская партия Германии 103 15

Демократический женский союз Германии 104 6
демократия, внутрипартийная д 103 32
~, внутрипрофсоюзная д 108 39
демонстрация 109 з, I, II
~ моделей одежды д 48-52 3
демонстрировать д 109 1
денник 154 11
дентин 37 20
денудация д 1 97
день д 9 II
~ рождения д 101 и 102 45
День открытых дверей д 78 105
деньги 163 з
~, бумажные 163 II
~, комиссионные д 163 53
~ на попечительство д 64 8
депо, железнодорожное д 176 48
~, паровозное 179 7
~, пожарное 152 14
~, трамвайное д 171 1
депутат 99 15, 16, 27; д 99 36-38
деревня 2 46; д 59 5; 152 а, I, II, III, V, VII, VIII; д 152 2-13
дерево д 16 и 17 1; д 133 1; д 134 58-64, 66, 71; д 135-137 12; 175 13
~, абрикосовое 14 IV
~, вишнёвое 14 I
~, высокоствольное 47 6; 160 30
~, грушевое 13 VIII
~, гуттаперчевое 11 17
~, каучуковое 11 16
~, лиственное 16 з, с
~, низкоствольное 47 9
~, оливковое 11 1
~, ореховое 14 V
~, персиковое 14 III
~, сливовое 14 II
~, фруктовое 160 30
~, хвойное 17 в, с; 79 10
~, хинное д 15 36
деревушка д 152 1; 152 IV
деревяшка 160 22
держатель д 43 31; д 94 и 95 57; 165 44

держатель для газеты 108 16
~ поршня д 131 25
держать противника д 69 и 70 5
дерма д 140 7
дернорез д 160 32
десенсибилизировать 94 и 95 53
десерт д 54 51
десна 37 17
десятиборье д 67 68
десятилетие д 9 114
десятка 7 8; 93 20, 33
десятник 128 27; д 128 30
десятый 7 19
деталь 121 12
~ машины 124 з
~: поворотная д. для выправления досок 133 35
детёныш в сумке 28 4
детерминант д 7 67
дефибрёр 148 2
дефицит д 163 65
деформация листов жести д 126 22
децентрализовать д 99 67
децернат д 99 87
децернент д 99 90
децима д 82 и 83 77
дециметр 8 1
~, квадратный д 8 16
~, кубический д 8 24
дешёвый д 166 10
деятель искусства д 82 и 83 1
джемпер 48 22
джокер д 93 49
джонка д 183 34
джут 11 15; д 135-137 6
дзюдо д 68 21
диагноз д 61 и 62 14
диагональ 6 5
диалог д 86 45
диаметр 5 46
диапазон волн д 88 43
диапозитив д 94 и 95 62
диаскоп д 87 49
диатонический д 82 и 83 65
диафильм д 87 48
диафрагма 38 35; 94 33
~, ирисовая 94 33
диафрагмировать д 87 28
диван, спальный 41 30
~, угловой д 41 11
диез д 82 и 83 83
диета д 54 3
дизель д 173 и 174 18; д 184 61

дизель-поезд д 176 21
дикобраз 29 1
диктант д 78 65
диктовать д 164 и 165 53
диктовка д 78 65
диктор 68 14; 88 5, 8
динамик 88 17
динамика д 84 и 85 25
динамометр 125 17
диоптр д 94 и 95 30
диорама д 91 59
диплом д 80 92
директор 58 15; д 80 29
~ завода д 118 3
~ клуба д 92 3
~ школы д 78 12
дирижабль д 181 70
дирижёр 82 7, 16; 85 4; 86 17; 96 19
диск 68 38
~, опорный 112 31
~, пилы 133 7
~, ручной сигнальный 178 5
~, шлифовальный 133 27
дисквалифицировать д 68 6
дискобол 67 49
диско-указка д 106 11
дискуссия д 80 71; д 99 56; д 108 24
~ на предприятии 99 III
диссертация д 80 94; д 89 и 90 120
диссонанс д 84 и 85 42
дистанция д 67 17; д 68 7; д 71 и 72 14, 18
~ гонки д 75 и 76 15
~, ровная 71 I
дитя д 35 8
дифференциал д 7 69; 173 41
дичок д 79 65; 160 34; д 161 1
дичь 30 з; д 30 и 31 39; 31 з
~, благородная 30 1 и 17
~, красная 30 1 и 17
~, пернатая д 30 и 31 25
~, пушная д 30 и 31 16
~, чёрная 30 28
длина д 5 и 6 55; д 88
~ ботинка д 142 18
~ прыжка д 71 и 72 28
длительность нот 83 38-42
~ пиковой нагрузки д 113 64

дно дока **126** 22
~ долины **1** 14
до мажор д **82** и **83** 79
до минор д **82** и **83** 80
добавление д **149** и **150** 48
добывать д **110** и **111** 60
добыча д **110** и **111** VII
~ бурого угля **112** II
~ руды д **115** и **116** 1
~ угля **111** 7
довод д **5** и **6** 2
дог, немецкий д **33** и **34** 48
договор о дружбе д **105** 34
~, заводский коллективный д **99** 18
~, коллективный д **99** 110; д **108** 42
~, мирный д **109** 54
дождеватель **160** 24
дождевик **48** 32
дождемер **79** 4, 13
дождеприёмник **170** 1
дождь **3** V
~, золотой д **16** и **17** 23
~, каменный д **73** 44
доза д **57** 21
доильщик д **154** 55
доильщица **154** 36
доить д **154** 54
док, плову́чий **126** IV; **185** 15
~, сухой д **126** 38; д **185** 5
доказательство д **5** и **6** 2; д **100** 125
~, вещественное д **100** 126
докер д **126** 39
доклад д **108** 11
~, отчётный д **108** 13
докладчик **80** 10; **103** 7; **108** 1, 11
~ от правительства **99** 12
докторант д **80** 93
документ, партийный д **103** 8
~, судовой д **185** 42, 43
долбяк **123** 24
долг д **163** 48
~ участия в выборах **100** 8
долгоносик д **162** 34
долготьё **162** 22
должник д **163** 49
долина **1** 22; д **182** 15
долото **121** 29-31
~, долбёжное **134** 43
~, полукруглое **134** 44

дом **40** з; **152** 25
~, высотный **40** V; д **128** 12
~, готовый д **40** 33
~, двойной **40** II
~, детский д **77** I, 1
~, доходный д **40** 37; **169** 7
~, жилой д **40** 40; **58** 2; **160** 7
~, крестьянский **40** IV; **153** 37
Дом культуры **155** 1; д **92** 2
дом молодёжи д **105** 37
~ на одну семью д **40** 31
~ отдыха **58** з, 34
~: профсоюзный д. отдыха **58** IV
~ путевого обходчика **175** 20
~ рядовой застройки **40** III
~, торговый д **164** и **165** 16; д **169** и **170** 29
~, угловой **169** 7
~ юных пионеров д **107** 7
доменщик **116** 7
домик, кукольный д **53** 19
домкрат, винтовой **174** 23
~, передвижной **174** 12
домна **115** 13
домовладелец д **40** 5
донор д **61** и **62** 105
доплата за проезд в скором поезде д **177**-**179** 23
~ за проезд в ускоренном поезде д **177**-**179** 22
допрос д **100** 118
дорога **152** 24
~, автомобильная д **175** 4
~, бечевая д **182** 39
~, большая проезжая **152** 9
~, горная **1** 12
~, горная железная д **176** 56
~, городская железная д **169** и **170** 33
~, детская железная **98** 10
~ в долине **1** 8
~ через дюны **59** 22
~, железная **2** 57; **176** з, с
~, заводная железная д **53** 28

дорога, игрушечная железная **53** 19
~, извилистая **175** 2
~, канатная д **176** 57
~, лесная **162** 11
~, лесовозная **162** 13
~, объезжая д **175** 7
~, погрузочная **184** 24
~, подъездная д **175** 5
~, проезжая **2** 53; **175** с; д **175** 9
~, просёлочная **2** 54; **152** 22; **156** 19
~, узкоколейная железная д **177**-**179** 71
~, шоссейная **175** з
дорогой д **166** 7
дорожка **41** 18; **42** 34, 48; **45** 39
~, велосипедная д **172** 15
~, внутренняя **67** 4
~, водная **74** 38
~, гаревая **67** 2
~, гравийная **47** 20
~ мощёная плитами **47** 13
~, наружная **67** 3
~, поперечная спусковая **126** 18
~ для приземления **71** 24
~ для прогулок **58** 9
~, продольная спусковая **126** 8
дорожник д **169** и **170** 44
доска **60** 21; **78** 4; **132** 21; д **132** 13-17; **134** 31; **174** 19
~, аспидная **78** 50
~, выдвижная **164** 41
~, гладильная **56** 44; д **139** 57
~ для глаженья д **139** 58-61
~, грифельная **78** 50
~, делительная **137** 41
~, закройная **141** 5, 9
~, зарядная **174** 1
~, защищающая нижний ряд черепицы от срывания ветром д **131** 29
~ для игры **92** 6
~ качелей **77** 19
~, классная **103** 17
~ для ключей д **43** 30
~ для крепления лесов **128** 9
~, модельная д **117** 46
~, наборная **149** 17
~, номерная **172** 31
~, передвижная стенная **78** 30

доска, переставная винтовальная 121 38
~ письменного стола 164 16
~, подвесная 160 15
~, подножная 160 28
~ : подоконная д. с жёлобом 130 36
~ показателей 127 20
~ помоста 128 10
~ для прессовки д 139 62
~, приборная 173 27
~ профсоревнования 121 20
~, раздвижная д 41 33
~ для раскатывания теста 55 8
~, распорная траловая 146 2
~, распределительная 78 28; 80 32
~ для рубки мяса д 43 34
~, ручная д 129 53
~ для сечки 55 17
~, сигнальная 86 30
~, стенная 80 22
~, стиральная 56 29
~, счётная 92 12
~, толстая 132 20
~ с указанием направления 171 14; 176 5
~, чертёжная 6 37
~, шахматная 93 2
~ как шина 60 7
досмотр, таможенный д 177-179 36
доставать д 166 3
доставлять д 176 13
достигнуть д 163 66
дохнуть д 30 и 31 40
доход д 163 69
доцент 80 18; д 80 30, 33; 81 4; 103 19
дошкольница д 77 16
дощечка с регистрационным номером 173 21
~, счётная 163 25
доярка 154 36
драгоценность д 48-52 VIII, 89
драма д 86 12, 16; д 89 и 90 94
драматург д 86 11
дранка д 129 51
дратва, смолёная 142 28
древесина д 134 39-44, 45-57, 58-62, 70, 72-74; 161 46
~, деловая д 132 9; д 162 17
~ с торцовой поверхностью д 129 27

древесница д 23 29
древко знамени 109 4
дрейфовать д 75 и 76 2
дрель 134 25
дремота д 42 33
дренаж д 160 67
дренировать д 160 80
дриблинг 69 43
дробилка д 114 4
дробь д 30 и 31 36
~, десятичная 7 17
~, неправильная 7 16
~, правильная 7 15
~, простая 7 11
дрова д 46 7; 55 6
дрожать д 35 91
дрожжи д 143 20
~, сушённые д 154 27
дрозд, певчий 24 10
~, чёрный д 24-27 8
дрок д 19 25
дромадер д 28 5
дропс 166 32
дрофа д 24-27 21
Друзья новой школы д 78 101
дуб 16 1; д 134 53, 57
дубина для убоя д 144 и 145 4
дубить д 140 21
дубление, барабанное 140 20
~ рассолом 140 с
~ в ямах 140 15
дублет д 68 49; 93 15, 18
дубликат д 164 и 165 63
дубль-бемоль д 82 и 83 86
дубль-диез д 82 и 83 84
дуга круга 5 47
~, электрическая 122 47
дудка д 82 и 83 58
дужка 9 2
дуо-стан 119 I
дурман 15 13
дурно д 61 и 62 70
дуршлаг 43 8
дуть д 118 22
дутьё, горячее д 115 и 116 74
духовка 43 30, 44; 55 14
душ д 57 48
~, ручной 44 6; 147 20
дуэт д 84 и 85 61; д 86 33
дымка 3 V
дымоход 4 26; 115 9
дыня 14 17
дыра 77 28; д 142 16
дырокол 164 11

дыропробойник 131 6
дыхание д 38 21
~, искусственное 60 16 и 19
дышать д 38 22
дышло 46 25; 156 10
~, сцепное 176 32
дюбель 129 28
дюжина 8 26
дюйм д 8 14
дюна 59 23
дятел, большой пёстрый 26 4

Евстахиева труба 36 23
еда д 54 12; д 167 и 168 37
единица 7 7
~ измерения д 8 2; 8 8-15, 24 и 25
~, счётная 8 V; д 8 VI
единогласный д 99 63
единство действий рабочего класса д 103 41
ёж 29 8
ежевик пёстрый 18 7
ежевика 13 V, 13
ежемесячник д 89 и 90 106
еженедельник д 89 и 90 105
ежечасно д 9 34
езда для испытания ловкости д 106 23
~ с препятствиями д 106 25
~ в условиях бездорожья д 106 24
~, фигурная д 106 22
ездить на велосипеде д 172 13
~ верхом д 154 48
ель д 134 60
~, красная 17 6
ёмкость, погрузочная д 176 5
енот 32 8

жаба 23 16
жабра д 23 22
жаворонок 24 15
~, хохлатый д 24-27 20
жаюда д 38 52
жакет костюма 48 35
жалить д 22 33
жалюзи 40 14
жара д 3 10
жардиньерка д 41 25
жаренье 55 II
жарить д 55 27

жаркое 54 30
~ из говядины д 54 40
жаровня 98 26
жасмин д 16 и 17 24
жатва 157 II
жать д 139 39
жевать д 35 64
желвак д 60 27
желе д 54 67
железа д 38 V, 61-65
~: зобная ж. телёнка д 144 и 145 32
~, миндалевидная 36 27
~, панкреатическая 38 46
~, поджелудочная 38 46
~, потовая д 35 109
~, сальная д 35 112
~, щитовидная 38 30
железка, подошвенная 142 29
~ для штифтов 130 49
железнодорожник д 176 50
железняк д 115 и 116 II, 18, 19, 21, 23; д 127 36
железо д 115 и 116 35, 36
~, воздушное 117 43
~, волнистое д 129 67
~ для метания петель 139 57
~ для резания д 142 33
~, желобчатое д 131 26
~, каблучное 142 30
~, обручное 166 23
~ опалубки д 131 21
~, полосовое д 131 28
~, сернистое д 114 12
~ для струга 134 55
~, шарнирное д 142 37
жёлоб д 73 33; 138 20, 31
~, водосточный 40 11; 131 2
~, выпускной 117 7; 118 10
~, качающийся 111 26
~, ледяной 72 45
~, опрокидной 118 17
~, паяльный 131 1
~, поперечный д 175 23
~, сливной 117 6
~, спускной 120 10
~, сточный 154 21
~ для чугуна 115 21; 116 9, 24
~, шлаковый 115 19; 117 9

желобок 71 31
желток 34 42
желтофиоль д 20 17
желудок 28 37; д 38 IV
желудочек д 38 7
~ сердца 39 31, 35
жёлудь 13 4
жёлчь д 38 42
женский д 35 6
женщина д 35 7
жердь 65 19; 145 18
жеребёнок д 32 4; 34 I; 154 14
жеребец 34 I; 154 7
жеребиться 154 49
жёрнов д 143 7
жертва, человеческая д 101 и 102 26
жесть д 119 35
~, очистительная 133 43
жестянка 43 3; д 43 10
жестянщик 131 з, I; д 131 I
жетон 34 34
~, служебный д 101 и 102 63
жжёнка д 167 и 168 25
живность 33 11, 13 и 14
живокость д 20 24
живот 34 12; 35 12
животное, вьючное д 33 и 34 72
~, годовалое 154 31
~, домашнее 33 з; 34 з
~, копытное 28 з, 10, 11, 13-16
~, насекомоядное 29 7 и 8
~, суставчатое 22 з, I
~, толстокожее 28 з, 5 и 9
жижа, навозная д 153 9
жижераспылитель д 159 27
жизнеописание д 89 и 90 83
жизнь: весёлая ж. молодёжи 105 II
~, партийная 103 з
жила д 39 10
жилет 49 6
~, спасательный д 181 35; д 186 40
жилетка 48 28
жилец д 40 7; 45 7
жилица 45 7
жилище д 41 1; 153 45
жим двумя руками 68 41
жир д 54 20; д 144 и 145 38-42

жир, растительный д 11 8
жираф 28 10
жирный д 89 и 90 147; д 147 19
жировик 139 10
жиросчёт д 163 29
жить д 40 46
жмыхи д 154 28
жнец 157 16
жнивьё 157 14
жом д 154 19, 20, 22
жонглёр 97 18
жоржет д 48-52 39
жрать д 154 11
жужжать д 22 30
жук д 22 7
~, картофельный 22 9
~, майский 22 7; д 162 27
журавль 27 3
журнал д 89 и 90 104
~, вахтенный д 184 56
~, классный 78 11
~ мод д 48-52 2; 139 14
журналист д 89 и 90 109

забег 67 II; д 67 47
забивать д 110 и 111 61
~ дюбели д 129 14
забой 110 27; 111 II
~, сплошной 110 29, 32
~, угольный 111 15
забойщик д 110 и 111 129
забойщик-инструктор д 110 и 111 148
заболеть д 61 и 62 36
заболонь д 132 16
забор, пастбищный 158 32
~, проволочный д 47 10
~, снежный 72 32
завал д 60 81; 110 23
заведение, высшее учебное д 78 9; д 80 56, 57
заведующая д 77 13
~ общежитием 64 10
~ хозяйством 64 17
заведующий д 86 4; д 92 4; 168 19
~ бюро 164 37
~ лагерем д 107 18
~ лампами д 110 и 111 137
~ магазином 166 15
~ медицинской частью 58 14
~ музеем д 91 48

заведующий отделом д 99 89; 164 37; 166 45
~ отделом народного образования д 78 11
~ производством д 108 6
завершение д 163 59
завеса 18 17
завивать д 147 40, 41, 52
завивка 147 9, 11; д 147 42–48
завиток 84 27
завком 108 4–6
завод д 118 1
~, бумажный д 148 1
~ бумажных изделий д 148 4
~, газовый 114 з
~, изготовляющий картофельные хлопья 155 15
~, кирпичный 127 з
~, кожевенный 140 з
~, лесопильный 132 з
~, металлургический д 115 и 116 13
~, обжимной прокатный 119 I
~, паровозоремонтный д 176 49
~, прокатный 119 з; д 119 9
~, сахарный 158 1
~, сталеплавильный 118 з
заводить д 9 19; д 53 38
завтрак 54 I
завязь 13 23
загадка д 89 и 90 128
загибать д 138 20; д 139 14
заглавие д 89 и 90 57, 67
заголовок 90 20
~, лозунговый 90 21
~ письма д 164 и 165 51
загон д 32 20; 158 35
~ для дичи 162 10
загонять в загон д 158 42
заготовитель 155 31
~ стержней 117 38
заготовка д 155 11
~ литейных шишек 117 III
~ семян д 157 20
заграждение, перронное 177 II
~ плотиной .д 110 и 111 111
загребной 75 7
загружать д 127 21

загрузка д 118 7
~ угля 111 11
загрузчик 127 29
зад, олений 30 10
задавать д 78 72
задание д 78 69; д 105 III
~, научное д 80 48
~, плановое д 99 15
~, производственное д 99 15
задвижка 121 2; д 131 48
~, ночная 45 24
задёрнуть д 42 55
задник 142 44
задремать д 42 42
задуть печь д 115 и 116 44
задыхаться д 38 28, 30; д 60 80
заезд, предварительный д 75 и 76 18
зажигалка д 43 22; 51 50
зажигание, батарейное д 173 и 174 42
зажигать д 42 58; д 55 2
зажим 71 38; 72 18; 161 18
~, зубной д 63 20
~, полюсный 177 2
~ для ран 63 42
~ с роликовыми плёнками 95 10
зажимать д 132 7
зажимка д 48–52 81
заземление 88 33; д 88 34; д 113 25
заказ д 164 и 165 26, 27
~, предварительный д 91 31
заказчик 128 30
заказывать д 167 и 168 3
закапывать д 57 17
закваска д 143 22
закладка 90 17; д 129 23
~ судна на стапелях 126 5; д 126 7
закладывание выработки д 110 и 111 51
закладывать д 110 и 111 49
заклеивание сердцевины д 133 28
заклейка корешка 151 12
заклёпка 124 1
~ с полукруглой головкой 124 1
заклинивать д 129 17

заключение д 163 59
~ коммерческого договора 164 и 165 22
заключка д 149 и 150 85
заколка для волос д 147 88
закон д 99 6; д 100 VI
~, избирательный д 100 1
~ о правах молодёжи д 105 24
~ о продвижении молодёжи д 105 24
законный д 100 76
законодательство, прогрессивное д 100 68
закраина, направляющая 117 24
закрепить перлинь д 183 11
~ снасть д 183 11
закрепка 56 36
закройная 138 I
закройщик д 139 4; 141 7
закройщица 138 12
закром 153 5
~, сортировочный 135 II
закупать д 155 24
закупка д 166 11
закурить д 41 70
закуска 54 54; д 167 и 168 36
~, мясная сборная 54 51
закусочная д 166 17; д 167 и 168 17
зал д 108 5
~, бальный д 96 3
~ выставки д 91 67
~, гимнастический 65 I; д 77 8
~ заседания д 100 100
~, зрительный 86 10
~, концертный д 84 и 85 21
~, машинный 113 III; 133 II
~ ожидания 61 30; 177 1
~, операционный 62 I; 163 III; 180 I
~, открытый учебный 79 15
~, приёмный 167 II
~, распылительный 58 29
~, спальный д 77 7
~, станционный 177 1
~, судебный д 100 100
~, танцевальный д 96 4

зал, читальный д 91 34; 92 I
залежь д 110 и 111 11
~, буроугольная д 112 4
залив д 1 59
~, морской д 1 61
заливать гипсом д 130 9
замазка для уплотнения д 131 57
замазывать замазкой д 130 39
замасливать д 135-137 65
замерзание д 60 72
заместитель декана д 80 28
~ премьер-министра 99 10
замок д 106 10; 128 13
~, висячий 46 23
~, врезной 121 15
~, гаечный 124 6, 15, 18, 20, 26, 28
~, дверной 45 II
~, цилиндровый 45 12
замораживание д 63 9
замша д 140 30
замыкание, короткое д 113 24
замыкающий д 67 39
занавес 86 20; 87 22
~, железный 86 19
занавеска д 42 26
занимать место д 176 32
заниматься д 164 и 165 17
~ гимнастикой д 65 и 66 20
заносить д 173 и 174 75
занятие, семинарское д 80 70
~: утреннее з. спортом д 107 28
~, учебное д 92 27
занято д 171 11; д 176 39
заочник д 80 43
запал д 110 и 111 69
запальник д 110 и 111 131
запарник, картофельный 154 48
запекаться д 39 14
запечатывать д 100 32; д 164 и 165 10
запил д 125 24
запирать д 40 42, 54
записывать д 80 69; д 163 35; д 164 и 165 56
запись лекций 80 38

заплата д 142 49
заплечики 115 30
заповедник, лесной 162 4
запонка 50 33, 35
запор д 61 и 62 73
заправлять д 138 13
запуск модели планёра 106 I
~ планёра 106 III
запястье 35 7; 37 24
запятая 7 18; 89 22
заражать д 61 и 62 58
зараза д 61 и 62 57
зародыш д 79 37
заросли 162 9
~ тростника д 182 12
заросль д 162 3
зарплата д 185 44
зарубать д 110 и 111 63
зарубка д 110 и 111 64; 162 27
заряд д 113 26
~, подрывной д 110 и 111 71
зарядка, утренняя д 107 29
заряжать д 106 14
засаживать кустами д 79 39
засаливать д 55 31
заседание д 99 48
~ городского совета д 99 32
~ народной палаты 99 I
~ Пленума ЦК д 103 27.
~ районного совета д 99 33
~ суда д 100 113
заседатель 100 4
~, судебный 100 15; д 100 82
Заслуженный народный учитель д 78 10
заснуть д 42 40
засов 45 24
~, косой 45 22
застёгивать д 48-52 100, 104
застёжка 48 49; 49 44; 51 55
~ молния 49 43
застойный д 160 64
застраховать д 177-179 33
заступ 47 33
засучивать д 48-52 95
засчитывать д 164 и 165 11
засыпан д 73 48
засыпка д 115 и 116 50

затакт д 82 и 83 95
затвердеть д 128 70
затвор 94 11; д 106 10
~, водяной 43 18 и 19; 131 48
~, колошниковый 115 26
~, центральный 94 35
~, шторный 94 36
затирать д 128 77, 88
затмение, лунное д 2 18
~, солнечное д 2 17
затылок 35 24, 25
затягивать д 141 12
затяжка 111 24
затяжчик 141 21
заучивать наизусть д 78 73
заушник 51 37
захватка 134 37
захлебнуться д 35 75
заходить д 167 и 168 1
~ в гавань д 184 92
зачислять д 80 21
зашивать д 139 27
защёлка 45 22
защита д 68 69
~ зубов д 68 33
~ от пожара д 101 и 102 64
~ от птиц д 79 13
~ против рентгеновских лучей д 125 40
~ растений д 79 10
~ от солнца д 79 12
~ тела д 68 31
защитник 70 40; 100 19; д 100 85
~, левый 69 16
~, правый 69 15
защищать д 68 48; д 93 28; д 109, 44, 45
заявка д 101 и 102 32
заявление в полицию д 101 и 102 40, 41
~ на получение пенсии д 64 1
~ о предоставлении должности д 89 и 90 131
~ о приёме д 103 3
заяц д 30 и 31 4
звание д 101 и 102 4
звезда д 2 3
~, блуждающая 2 15-24
~, падающая д 2 25
звено 9 10
зверок из клеёнки 53 6
зверь, промысловый 30 з; 31 з
~, пушной 32 з
~, хищный 29 з, 13, 14, 16-18, 20

679

звонить д 40 49
звонок 45 4; д 167 и 168 83; д 171 5
~, сигнальный 172 4
звук д 84 и 85 32
звукозапись д 87 31
звукооператор д 87 32
звукосниматель д 88 65
звукофильтр д 88 58
звякать д 53 3
здание д 128 64; 169 7
~ для выдачи медицинских средств 58 5
~, главное д 40 39
~, надшахтное 110 8
~ общежития 64 8
~ станции д 177-179 2
здоровый д 61 и 62 30
зебра 28 13
зев 36 28; д 135-137 94-97
зевать д 42 47
зеленушка 18 13
зелень д 16 и 17 8
зельц д 144 и 145 61
земледелие д 156 2
землепользование д 156 1
землесос 185 II
землетрясение д 2 52
землечерпалка, морская д 185 11
Земля 2 17
земля 2 з; д 160 34, 35, 41-45
~ с градусной сетью 2 VI
~, формовочная 117 29
земноводные 23 з, 14-16
земляника 13 III
земснаряд, пловучий 185 11
зензубель 134 9
зенит д 2 16
зенкер 131 43
зенковка 121 34
~, головная д 131 24
~, коническая 121 34
зеркало 42 7; 44 4; д 44 17
~, гардеробное д 42 1; 92 21
~: главное з. с лупой 63 36
~ для рта 63 26
~ заднего обзора 173 10

зеркало, карманное 51 17
~, ручное 147 31
~, стенное 45 28; 139 2
~, ушное 61 13
зерно 10 4
~ кукурузы 10 16
зерноподъёмник д 185 9
зернохранилище 153 47; 155 24
зиг-машина 131 18
зигмолоток д 131 9, 10
зимородок д 24-27 19
злаковые д 79 87
змей, заградительный д 3 39
змея.23 21 и 23
~, гремучая д 23 36
~, очковая д 23 35
~, ядовитая д 23 34
знак д 84 и 85 23
~ альтерации д 82 и 83 82
~, береговой навигационный д 186 13
~, водяной д 148 82
~, вопросительный 89 25
~, восклицательный 89 26
~, воспрещающий д 101 и 102 11
~ высоты 2 44
~ вычитания 7 30
~ деления 7 40
~, денежный 163 с
~ динамического оттенка д 82 и 83 99
~, дифференциальный д 7 72
~ долготы 89 20
~, дорожный 101 3, 16; 169 4
~, интегральный д 7 86
~ корня д 7 127
~, корректурный д 149 и 150 43
~ логарифма д 7 145
~, математический д 7 V
~ по Морзе д 186 26, 27
~, навигационный д 186 1
~, операционный д 7 98
~ отправителя д 164 и 165 54
~ паузы 83 43-47
~ повторения д 82 и 83 102
~ повышения д 82 и 83 83

знак понижения д 82 и 83 85
~, предупредительный д 101 и 102 10; 175 25, 45
~ препинания 89 21-31
~ равенства 7 26; д 7 131
~ различия д 101 и 102 5
~, римский 7 1
~ сложения 7 24
~ сокращения д 89 и 90 16
~, стержневой 117 16, 26
~ ударения 89 18-20
~, указательный 101 3, 16
~ умножения 7 35
~, условный 2 VIII
~, фигурный 89 1
знаменатель 7 14
знаменосец 107 8; 109 5
знамя 98 2; 107 7; 109 3
~, боевое д 109 6
~, красное 103 4
~ Союза свободной немецкой молодёжи 105 9
~, переходящее д 107 14
~ пионерской дружины 107 1
значение степени д 7 121
значок Готов к труду и к защите мира д 106 4
~ за достижения в планеризме д 106 37
~ забойщика 111 3
~ Общества германо-советской дружбы 180 8
~, партийный 103 8, II
~ пионеров-тельманцев 77 5
~, стрелковый д 106 19
~ туриста д 106 87
~ за хорошие знания д 105 28
~ юных пионеров 77 5
зодиак д 2 27
зола 43 36
золение волос 140 5
золить д 140 14
золототысячник д 15 33
золочение корешка 151 14

вольник 43 35; 55 3
зона, безопасная 70 30
~, полярная д 2 13
зонд 63 28, 47
зондировать д 61 и 62 122
зонт защищающий от солнца 58 7
зонтик д 92 24
~ пёстрый 18 14
~ с плодами 16 41
~, складной 51 22
~ с футляром 51 24
заря д 12 18
зрачок 37 5
зрение д 35 29
зритель 109 12
~, театральный 86 5
зрительница, театральная 86 6
зуб д 35 66; 124 49
~, вставной д 63 15
~, глазной 36 32
~ из пластмассы д 63 18
~, коренной 36 31; 37 IV
~, молочный д 35 67
~ мудрости д 35 68
~, фарфоровый д 63 17
~, ядовитый 23 22
зуб-резец 36 25; 37 III
зубец д 1 27; 47 47; д 147 86
зубило 121 29-31; 129 14
~, кузнечное прорубное 122 22
~, обрубочное 117 51
~, плоское 121 29
~, пневматическое д 126 27
~, снимающее д 119 15
зубр д 28 8
зумпф, шахтный 110 45
зыбь, мёртвая д 59 12
зяблик 26 3
зябь 156 I

ива д 134 40
~, плакучая д 16 и 17 14
~, подрезанная 16 7
иволга 25 3
игла для вытяжки 139 53
~, машинная 139 39
~, патефонная д 88 64
~, полая 63 39

игла, ударная д 94 и 95 58
~, филейная д 56 16
~, хирургическая 63 41
~, чертёжная 134 15
~, штопальная 56 9
иголка, швейная 56 4
игра д 77 IV, 25, V, 42, 43, 44; д 86 44; д 93 II
~, азартная д 93 2
~ в баскетбол 70 IV
~ в волейбол 70 III
~ в гандбол д 69 и 70 38; 70 I
~ на дворе д 53 II
~ в камешки д 53 45
~, карточная 93 з
~ в карты 93 VII; д 93 с
~, комбинационная д 69 и 70 10
~, комнатная д 53 I
~ в кости 93 III
~ на кубок д 69 и 70 28
~, кукольная д 82 и 83 43
~, любительская д 82 и 83 40
~ в мяч 69 з; д 69 и 70 VIII; 70 з
~, настольная 93 з
~ по очкам д 69 и 70 27
~ для развлечения д 93 1
~, силовая д 68 24
~ в скат д 93 58
~, слаженная д 69 и 70 10
~ в фанты д 93 21
~, шахматная 93 I
~ в шашки 93 II
играть головой д 69 и 70 33
~ на духовом инструменте д 84 и 85 30
~ в жмурки д 77 40
~ лопаткой д 77 48
~ в мяч д 53 39
~ на скрипке д 84 и 85 27
~ на смычковом инструменте д 84 и 85 28
игрок 92 4; д 93 7
~, бегущий через поле 70 33
~ в бильярд 92 14
~, запасной д 69 и 70 21
~ в карты 93 27, 28, 30
~, основной 70 17

игрок, подающий мяч 70 21, 28
~, поймавший мяч 70 32
~ у сетки 70 15
игрушка, детская 53 з
игрушка-животное д 53 5, 6, 7
идти д 9 20
иероглиф 89 1
изба д 40 36
избираемый д 100 25
избиратель 100 2
избирательность д 88 53
избирать д 100 34
избыток д 163 67
известняк д 1 113; д 115 и 116 54
известь д 115 и 116 27; 128 19
~ для удобрения д 156 52
извлечение корня д 7 122-127
извозчик 178 24
изгиб, испытание на 125 II, 11, 12
изгибать д 134 24
изгородь, живая 47 24; 152 10; 158 33
~, терновая 58 30
~ из тутовых деревьев д 79 101
изготовитель тросточек и зонтиков д 48-52 8
изготовить д 139 12
изготовка к выстрелу д 106 15
изготовление д 138 II; д 148 II
~ группами д 138 16
~ моделей д 117 31, 32
~ фанеры д 132 18
~ хлеба д 143 III
издание д 89 и 90 23, 40
~, карманное д 89 и 90 56
~, новое д 89 и 90 24
~, художественное д 149 и 150 95
издатель д 89 и 90 18, 110
издательство д 89 и 90 19
~, партийное д 103 65
изделие 121 12
~, вязальное д 135-137 43
~, готовое д 119 30
~, колбасное д 144 и 145 III

изделие, макаронное д 166 28
~, прокатанное 119 12, 16
~ прокатного завода д 119 III
~, текстильное д 138 5
~, трикотажное д 135-137 42
~, хлебо-булочное 143 V
издержки д 163 50, 52
изложница 116 17; 118 29
излом д 125 1, 2
измельчать д 55 56
изменение погоды д 3 6
~ диафрагмы 94 18
изменчивость д 79 60
измеритель влажности 79 6
~ давления воздуха 3 VI; 79 5
~ уровня воды 44 43
~ уровня топлива д 181 18
измерять д 8 6; д 57 7; д 134 7
~ глубину лотом д 106 66
~ лагом д 106 57; д 184 55
изморозь д 3 14
изнашивать д 48-52 92
изображение д 5 и 6 5
~, графическое 91 13
изолировать д 61 и 62 146
изолировщик д 128 34
изолятор 113 36; 175 15
изоляция д 113 55
изорванный д 48-52 58
изречение д 89 и 90 101
изучать д 80 53
изучение д 80 52
изысканный д 48-52 47
изюминка д 13 и 14 13, 15
~, мелкая д 13 и 14 14
изящный д 48-52 48
икра д 23 25; 35 35; д 167 и 168 55
ил, вязкий д 59 14
илистый д 160 57
иллюзионист 97 19
иллюминатор 184 17; 185 42
иллюстрация д 89 и 90 72, 74

ильм 16 23; д 134 47
имбирь д 54 85
имевший ранее судимость д 100 135
имение, народное д 152 20
имеющий право голоса д 100 13
~ право избирать д 100 9, 10
иммунитет д 99 42
импост 130 31
имущество д 163 45
имя д 101 и 102 42
инвентаризация д 163 57
инвентарь д 164 и 165 I
ингаляция д 58 15
индикатор 123 33; 125 1
индуктор, магнитный 172 46
индустриализация д 99 26
индюк 33 11; д 33 и 34 13; 153 35
индюшка 33 11
иней д 3 14
инженер 99 30; д 110 и 111 144, 145; д 126 14; д 128 47, 48
инженер-строитель 128 29
инициал 90 15
инкассо через банк д 163 6
инсайд, левый 69 23
~, правый 69 21
инспектор 86 29
~, горный д 110 и 111 143
институт д 80 77
инструктор д 103 48
~ по плаванию 74 19
инструкция об исполнении д 99 94
~ о проведении д 99 95
инструмент д 134 II; 142 III; д 142 III
~, врачебный 62 I; 63 III
~, духовой 84 1, 2, 6-8, 9, 13-15; д 82 и 83 53
~, зубоврачебный 63 II
~, измерительный 6 III; д 8 7; 81 III; 123 V
~, клавишный д 84 и 85 II
~, малый д 47 17
~, музыкальный д 82 и 83 II

инструмент наборщика 149 III
~, народный музыкальный 83 з, I
~, оркестровый 84 з; д 84 и 85 I
~ переплётчика 151 II
~ для подтягивания д 131 23
~, полировочный д 142 36
~ для резания д 131 20
~ для рубки леса 162 III
~, садовый 47 IV
~, слесарный 121 II
~, смычковый 84 16, 28, 29, 31
~, струнный 84 16, 28, 29, 31, 32
~ для убоя д 144 и 145 I, 5-8
~, ударный 84 34-36, 38, 40, 41; 96 8
~ для чеканки 134 II
~, щипковый 83 12
инструментальщик д 121-123 7
инструментарий, чертёжный 6 III
инструментовка д 84 и 85 58
инсценировка д 86 20
интеграл д 7 141
интеллигенция, техническая д 128 44
интервал д 82 и 83 67
интервью д 88 14
интернат д 78 8; д 80 17
инъекция д 61 и 62 104
ирис 20 7
ирригатор 57 8
иск, гражданский д 100 105
искатель, Ньютоновский д 94 и 95 32
~, рамный д 94 и 95 33
исключать д 91 26
искусство, драматическое д 86 37
~, любительское д 82 и 83 2
~, народное д 82 и 83 I
~, танцевальное д 84 и 85 V
~, типографское д 89 и 90 73; д 149 и 150 3
исполнение д 84 и 85 36
исполнитель, оперный 86 37

исполнитель, судебный д 100 89
исполнительница, оперная 86 38
Исполнительный совет д 105 2
исполнять д 86 5
использовать при шитье д 139 26
исправлять д 9 30; д 78 68; д 89 и 90 8
испытание д 125 29; д 148 83
~ на изгиб 125 II, 8, III
~ на разрыв 125 III, 14
~ на сжатие 125 III, 11, 12
~ на срез 125 III
~: физическое и. материалов 125 з
~, ходовое д 126 36
испытывать боковую качку д 184 99
~ килевую качку д 184 98
исследование д 80 III
~ крови д 101 и 102 29
~ поселения д 152 IV
~ рентгеновыми лучами д 61 и 62 18
~, серийное д 61 и 62 17
исследователь д 80 47
исследовать д 61 и 62 13
истекать кровью д 30 и 31 37
истерия д 61 и 62 84
истец д 100 104
истопник д 176 54
история д 78 29
~ литературы д 78 32
~ поселения д 152 III
источник д 1 45
~, минеральный 58 19
~, солёный д 58 12
истребитель д 184 28
исчисление, дифференциальное д 7 71
исчислять д 164 и 165 30
ишиас д 61 и 62 89

кабан 30 28; д 30 и 31 8; 33 5; 154 59
кабаре д 96 6
~, политическое д 82 и 83 42
кабель 111 25; 170 13
, высоковольтный 125 26

кабель высокого напряжения 125 26; 170 21
~, микрофонный 87 17
~, питающий 112 38
~, силовой 170 21
кабестан д 184 87
кабина д 91 64; 147 2; 184 35
~ багера 112 5
~ водителя 155 9; д 173 и 174 10
~ для вспрыскивания д 133 46
~ для голосования 100 9
~ для лётчика 181 21
~ для машиниста 112 9; 176 25
~ для переодевания 74 8; 92 20
~ для пилота 181 21
~ для примерки 166 43
~ для радиопередачи 99 1
~, пассажирская 181 20
~ экскаватора 112 5
кабинет, врачебный д 61 и 62 12
~ для облучения 61 II
~ для осмотра 61 I, 39
~, нумизматический д 91 47
~, партийный д 103 55
~ с пультом управления 62 33
~, рабочий 41 з, II; д 41 5; д 80 78
~, рентгеновский 62 IV
каблук д 142 13, 14; 142 48
кабриолет д 173 и 174 2
кавалер 96 28
кавычки 89 31
кадриль д 82 и 83 17
кадры д 103 47
кадык д 35 28
казачок д 82 и 83 16
казначей д 185 20
казнь, смертная д 100 139
кайло д 110 и 111 62
кайма 48 27
какао д 166 61
кактус д 21 6
каландр 148 VIII
каландровать д 135-137 126

календарь д 41 37
~, настольный 164 31
~, отрывной 99 17
~, стенной 164 7
калибр д 119 18; 122 23; 128 36
~, винтовой 8 7
~, раздвижной 121 18
~, фрезерный 133 39
калибровка д 119 19
калий д 156 51
калина д 16 и 17 21
каллус 161 24
калорифер 120 3
калория д 54 8
калька д 148 64
калькуляция д 163 44
кальсоны, длинные 50 22
~, короткие 50 18
камбала д 23 3, 12
камбий 161 47
камбуз д 184 75
камелия д 21 5
каменотёс д 128 33
каменщик 128 з, 39
~ кладущий дымоходы д 128 32
камень д 1 V, 104; д 9 27; д 128 56, 57
~, бордюрный 169 25
~, бортовой 47 19
~, известковый д 115 и 116 54
~, квасцовый 44 24; 147 39
~, литографский 149 22
~, межевой 156 22
~, нашатырный 131 23
~, пустотелый д 127 46
~, точильный д 43 29; 63 32; 134 18; д 144 и 145 9; 158 27
~, фасонный д 127 40
~, шамотный д 127 39
камера 172 20
~ возврата 180 28
~, газовая (регенеративная) д 118 11
~, зеркальная 94 52 и 53
~, обжигательная 127 32
~, пневматическая д 58 14
~, подвальная 46 III
~ на распорках 94 40
~ для роликовой плёнки д 94 и 95 18
~, семенная 13 27
~, складная 94 3
~, смешивательная 135 II

камера, стереоскопическая д 94 и 95 19
~, стерилизационная 62 1
~, сушильная 117 37; 127 23; 132 35; 133 1
~ для съёмок в ателье д 94 и 95 16
~, узкоплёночная 94 42
~, фотографическая д 94 и 95 15
~ для хранения багажа 177 8
~, шлюзная 182 11
~, ящичная 94 39
камертон д 82 и 83 33
камешки 53 29
камнеломка д 20 30
камни-бегуны 148 7
кампания, предвыборная д 100 21
камыш д 19 34; д 182 13
канава д 73 33
~, водоотводная 111 29; 158 38; 182 23
~, дренажная 158 38
~, кочегарная 179 15
~, оросительная 156 5
~, осушительная 1 42
~, сточная 170 20
канавка, посадочная 160 33
~, шпоночная 124 35
канал д 1 49; 182 13
~, водоотводный 170 11
~, всасывающий 110 16
~, газовый д 118 10
~, корневой 37 23
~, мочеиспускательный 38 67
~, полукружный 36 20
~, приёмный 110 16
канализация д 169 и 170 43
канарейка д 24-27 12
канат 68 9; 70 35; д 124 20; 127 6; д 131 71-74; д 183 7
~, буксирный д 173 и 174 56; 182 15
~, вертикальный 65 5
~, двойной д 73 32
~ для лазанья 73 7
~, оттяжной 112 16
~, подъёмный 110 7
~, причальный 102 19
~, пробковый 74 39
~, резиновый 106 15
канатоходец 97 3
кандидат д 80 88; д 100 22; д 103 6

каникулы д 78 21
канифоль д 131 40
канонерка д 184 29
каноэ д 75 и 76 64, 67
каноэ-десятка 76 1
каноэ-одиночка 76 6
кант 48 14
~: деревянный к. вокруг сиденья 76 18
кантата д 84 и 85 68
канцелярия 164 с
каньон д 1 32
канюк д 24-27 3
капельдинер 86 8; 87 28
капельмейстер 86 17; 96 19
капельница 57 11; д 57 18; 63 45; 95 17
каперс д 54 86
капилляр д 39 22
капитан д 185 15
капкан д 30 и 31 32
каплун 34 IV
капок д 135-137 3
капот двигателя 173 4
каптал 90 4; д 151 27
капуста 12 6-11; д 12 8
~, кислая д 54 50
капустница д 22 20
капюшон 49 29
карабин 9 5; 73 6, 23; 101 24
караван, речной 182 14-16
каравелла д 183 32
каракули д 89 и 90 4
каракуль д 32 3, 9
карамель д 166 46
карандаш д 164 и 165 70, 71; 165 37
~, разноцветный 53 4
карбонад д 144 и 145 35
карбонизировать д 135-137 120
карбюратор 172 42; д 173 и 174 23
кардан д 172 46
карета скорой помощи 101 6
каретка с бобинами 136 38
~, ремизоподъёмная 137 30
~ с шпинделями 135 45
карикатура д 89 и 90 127
кариоз д 63 25
каркас корабля д 184 72
карлик 97 21
карман 49 55

карман, верхний 49 14
~ муфты 48 42
~, сценический 86 23
~ для часов 49 17
карниз 40 10; 73 12
карп, зеркальный 23 5
карта 78 2, 6, 21
~, географическая 2 VII; 78 21
~ дорог 105 16
~, маршрутная 105 16
~, морская д 184 47
~, немецкая игральная 93 32-39
~, пробитая 137 31
~, синоптическая 3 V
~, французская игральная 93 19-26
картина 41 3, 29, 33; 42 14; 78 3
~, стенная 168 1
картография д 2 42; д 106 48
картон д 148 55
картотека 164 2, 13 и 14
~, библиотечная 91 3
~ заявлений 102 10
~ наличия 91 3
картофелекопатель 158 9; 159 4
картофелемойка д 159 20
картофелемялка 154 49
картофелесажалка д 159 19
картофелесортировка д 159 21
картофелехранилище д 158 11
~, полевое 158 11
картофелина 10 20
картофель 10 18; 158 13; д 158 1-3
~, жареный д 167 и 168 44
~ в мундире д 54 49
карточка, больничная 63 3
~ из картотеки 61 32; 102 12; 164 13
~ книжного каталога д 91 16
картуз д 48-52 64; 49 27
карусель 98 9
карьер, буроугольный 112 з
~, глиняный 127 I
касательная 5 42
каска, пожарная защитная 102 17
каскад 1 45

касса 64 1; 98 6; 164 5; 166 8, 36; д 177-179 3; 180 6
~, билетная 177 10
~, контрольная 167 4
~, наборная 149 3
~, регистрирующая 163 22; 167 4
~, сберегательная д 163 10
кассета 94 1; д 94 и 95 35; 164 43
~ для наматывания 94 51
~ для обратной перемотки 94 49
~ для рентгеновской плёнки д 125 38
~ для снимков 62 44
Кассиопея 2 10
кассир 163 30
кастаньеты д 84 и 85 8
кастрюля д 55 10
каталог 91 6; д 91 17-20
каталогизация д 91 15
катание белья 56 X
~, групповое д 71 и 72 41
~ в каноэ д 75 и 76 IV
~ на коньках 72 I
~, парное 72 15
~, произвольное д 71 и 72 43
~ на санях д 71 и 72 I, 7; 72 с, III
~, фигурное д 71 и 72 37; 72 4-14
катар д 61 и 62 61
катать д 135-137 125
кататься д 53 40-42, 44
~ на санях д 71 и 72 26
катафот 173 18
~, велосипедный 172 8
~, мотоциклетный 172 32
категория д 75 и 76 11
~, весовая д 68 8
катер д 106 63; д 183 16
~, рыболовный 146 12
катет 5 35 и 36
~, прилежащий 5 35
~, противолежащий 5 36
катетер 63 50
катод 125 30, 32
каток 72 1; 118 19; 119 24; д 159 3-7
~ для белья 56 46
~, вальцовый 110 29
~, гладильный 159 2

каток, кембриджский 156 20
~, полевой 156 20
~, садовый д 160 28
катушечка для швейного шёлка 1:39 17
катушка 135 36, 39, 48
~, запальная д 173 и 174 45
~, ниточная 139 26; 151 29
~, пожарная 102 32
~ ровницы 136 43
каупер 115 8
кафе 167 3, I; д 167 и 168 1, 17
~ с танцплощадкой 96 II
кафедра 78 12; 80 24; 106 2; 108 2
качать д 77 50
качаться д 77 51
качели 77 18 и 19, 20
качество почвы д 79 19
каша д 54 29; д 166 26
~, манная д 54 60
кашель д 61 и 62 65
кашне д 48-52 34; 49 45
каштан д 13 и 14 12
~, благородный д 13 и 14 11; д 134 45
~, конский 16 28; д 134 43
каюта 76 41; 184 35; д 184 73
кают-компания д 184 76
квадрат 6 8
квадратура круга д 5 и 6 48
квакать д 23 30
квалифицировать д 99 114
кварта д 82 и 83 71
квартал д 128 11; 162 3; д 169 и 170 25
квартет д 86 35; д 84 и 85 63; д 93 15
~ струнных инструментов д 92 39
квартира д 41 1; 153 45
~, мансардная д 40 23
квартплата д 40 6
квасцовщик д 140 5
квент д 8 36
квинта д 82 и 83 72
квинтет д 84 и 85 64
квитанция д 163 25
~, багажная д 177-179 32
~, почтовая 180 15
кедр 17 27
кельма 128 41; д 128 91; 129 39

кенгуру 28 3
кервель д 12 14
кернер 121 11
кивать д 35 27
кий 92 19
килевать д 184 103
кило 8 30
киловатт д 113 22
килограмм 8 30
километр д 8 11
~, квадратный д 8 18
киль 76 45; 126 6; 184 37
~, внешний 75 19
кильватер д 75 и 76 77; 184 28
килька д 146 33
кино 87 3, II; д 87 IV
~ под открытым небом д 87 40
киноактёр 87 5
киноактриса 87 4
кинозритель 87 25
кинооператор 87 14
кинопередвижка д 87 41
киноплёнка д 87 35
кинопроектор д 87 43
кинорежиссёр 87 12
киносценарий 87 11
киносъёмка 87 I
~, замедленная д 87 30
кинотеатр 87 II
~ непрерывного фильма д 87 39
кинотехника д 87 III
кинохроника д 87 9
киоск 98 18; д 169 и 170 31
~, станционный книжный 177 9
кипа 178 27
~ бумаг 148 19; 164 12
~: прессованная к. соломы 157 28
кипарис 17 25
кипоразбиватель, ящичный 135 2
Киппа прибор 78 34
кипятильник, электрический д 43 46
кипятить д 55 47
кирка 105 2; 111 2; д 160 31
кирпич д 127 34, 35, 41, 42, 45; д 128 53
~ из торфа 46 43
кислород д 115 и 116 28
кислота, кремнёвая д 115 и 116 25
~, серная д 173 и 174 43
~, фосфорная д 156 49

кисточка 77 11
~ для бритья 44 26; 147 33
кисть д 55 63; 149 25; 180 17
~ каменщика д 128 79
~ для клея 134 40
~, кольцевая 130 12
~, плоская 130 11
~ руки 35 8
~ для черчения 130 10
кит д 28 2; 146 15
кишечник д 38 37
кишка 38 39-41, 48; д 38 IV, 41, 43, 45, 46
клавиатура 83 28; д 84 и 85 12; 149 11
клавиша д 84 и 85 13; д 164 и 165 39; 165 18, 20, 25, 26
кладбище 152 6
кладка, ограждающая 160 11
~ стены уступами 128 46
~, сухая 47 30
кладовая д 40 21; д 43 6; 185 37
кладчик д 128 98, 99
клапан 50 37; 84 5; д 172 36; д 173 и 174 27, 33
~, вентиляционный д 160 11
~, вспомогательный 113 29
~, дроссельный 44 45; д 131 60
~, предохранительный д 176 47
~, редукционный 122 30
~, управляющий 133 49
кларнет 84 7
~, басовый д 84 и 85 2
кларнетист 85 15
класс д 75 и 76 11
классик д 89 и 90 39
классифицировать д 110 и 111 125
класть спать д 53 12
клевать д 33 и 34 69
клевер 10 28
клееварка 134 38
клеёный д 148 72
клеить д 77 32; д 130 36
клей 77 10
~, конторский д 164 и 165 14
~, костяной д 135-137 80
~, древесный д 16 и 17 5

клей, смоляной д 148 9
клейковина д 143 19
клейстер д 135-137 79
клейщик д 133 23
клён д 134 51
~, остролистый 16 25
клепание д 126 25
клёпка 46 34; д 126 25
клетка д 38 8; 178 40
~, лестничная 45 з, I
~, нервная д 39 36
~ для птиц д 41 46
~ для хищных зверей 97 23
клетчатка д 61 и 62 112
клеть, вальцовая 119 2
~, подъёмная 110 31; д 110 и 111 78
клёцка д 54 36, 37
клешня 22 24
клещевина д 15 28
клещи 120 18; 121 43-48; д 131 62-64; 134 19; 142 13
~, воронкообразные 131 56
~ для газовых труб 121 46
~, комбинационные 121 45
~, кузнечные 122 18
~ для оглушения д 144 и 145 3
~, трубные 131 42
клеянка 134 41
кливер 183 40
кливия 21 7
клиентка 147 5
клиентура д 166 1
клизма 57 6; 57 46
климат д 3 4; д 79 24, 25
клин 129 32; 134 54; 162 25
клиника д 61 и 62 126-130; д 80 82
~, школьная зубоврачебная д 78 100
клинический д 61 и 62 93
клинкер д 127 37, 38
клинч д 68 47
клипер д 183 26
клистир д 57 46
клише д 89 и 90 75; д 149 и 150 57-59
клокотать д 55 28
клоп 22 15
клопс д 54 42
клоун 97 16
клуб 92 3
~ молодёжи д 105 38

клубень, молодой 15 9
клубника 13 III, 6
клубок 56 16
клумба 160 26; 107 18
клупп 121 36; 131 34
клык 28 7; 30 29; 36 32
клюв 31 22; 34 22
~, крючковатый 24 4
клюз с якорем 184 7
клюква д 19 27
ключ д 1 45; 43 40; 72 19; 121 14; 167 26
~, английский 174 17
~, гаечный 174 15
~, нотный 83 34 и 37
~, специальный захватный 131 33
~, торцовый 174 15
~, французский 174 16
ключица 38 9
клюшка 70 6; 72 29; 117 30
кляча д 33 и 34 27
кнехт 185 36
книга д 89 и 90 II; 90 з
~, адресная д 164 и 165 15
~, детская д 89 и 90 44, 46
~, ездовая д 173 и 174 63
~, закрытая 90 II
~ раскрытая 90 I
~ сказок д 89 и 90 45
~, специальная д 89 и 90 36
~, телефонная д 180 37
~ для упражнений д 78 82
~, юношеская д 89 и 90 41
книгоиздательство д 89 и 90 27
книгопечатание 150 I-III
книгопродавец д 89 и 90 29
книготорговец д 89 и 90 29
книжка, записная 51 23
~, зачётная д 80 23
~ с картинками 53 3
~, метеорологическая д 79 30
~, пенсионная 64 6
~, сберегательная д 163 11
~, читательская 91 8
кнопка 51 48; 83 30; 165 50
~ для вращения валика 165 2, 17

кнопка сигнального гудка 173 29
~ для уплаты 180 27
~, чертёжная 6 39
кнут 53 27
кобель 34 III
кобра д 23 35
кобура 101 23
кобыла 34 I; 65 26; 154 4
кобылица 154 4
кобылка 83 4, 22; 84 21
ковёр 41 20
коврига 143 25
коврик 42 34, 48; 58 27
ковш д 43 13; 112 15; д 117 53-55; 128 5
~, барабанный 117 13
~ для кокса 114 14
~, литейный 116 11; 117 31
~, опрокидной 115 10
~: опускной к. с насадкой 115 4
~, подвесной 114 30
~, ручной 117 36
~, чугуноразливочный 116 20; 118 20
ковшик для воды 56 22
ког д 183 31
коготь 24 5; 34 39
код Морзе д 186 28
кодекс, гражданский д 100 69
~, уголовный д 100 71
кожа д 35 IX; 140 17; д 140 22, 23, 25-29, 31-35, 38, 42, 43; д 142 I
~, гусиная д 35 116
~ и её обработка д 140 II
для чистки окон 55 24
кожевник 140 16
кожевник-краснодубильщик д 140 3
кожица 13 33
кожух из листового металла 117 3
~ котла 149 33
коза 33 9; д 33 и 34 11
козёл 33 9; д 115 и 116 85
~, гимнастический 65 12
~: гимнастический к. с ручками 65 20
Козерог д 2 39
козлёнок 33 9
козлы 56 32; 134 35
~, передвижные 143 14

козлы для пилки 46 42
~ для подшипников 120 33
~ для сена 158 18
~, сновальные 137 8
~ для сушки д 158 28, 29
~ для фанеры 133 45
козляк д 18 3
козуля 30 25
~, молодая 30 25
козырёк для защиты от солнечного света 179 19
козырь д 93 63
койка д 184 74
~, больничная 57 19; 62 33
кок д 185 21
кокиль 116 17
коклюшка д 56 31
кокон д 22 6; д 135-137 19
кокпит 76 35
кокс д 46 13; д 115 и 116 51, 52
~, буроугольный д 46 12
~, газовый 114 11
кол, сажальный 47 36
колба 78 42
колбаса д 54 69; д 144 и 145 45-50, 45 и 46, 45, 48-50, 51-56, 54-56, 57-61, 57-59, 60, 65; 145 1
колено 35 18
~ трубы 43 18
колёсико, копировальное 139 22
~, стальное 130 52
колесо 77 38; д 124 15-18; 171 19; 178 10
~, бегунковое 176 26
~, бороздное 156 38
~, движущееся 148 5
~, дисковое 173 6
~, заднее 172 7
~, запасное 173 20
~, зубчатое 124 48, 53
~, коническое зубчатое 124 53
~, минутное 9 20
~, переднее 172 19
~, полевое 156 29
~, приводное 112 33
~, редукционное 120 36
~, роторное 112 27
~ счастья 98 20
~, фрикционное 120 31
~, ходовое 178 23
~ цепное 172 13

колесо, цилиндрическое зубчатое 124 48
~, чёртово 98 3
колея д 177-179 72; 178 13
~, дорожная 175 36
~, трамвайная 171 27
колибри д 24-27 25
колировка д 161 3-5
количество атмосферных осадков д 79 28
~, сверхплановое д 155 23
коллектив рабочих 108 12; д 128 45
~ художников д 92 41
коллекция монет д 91 47
~ скульптур д 91 44
~ экспонатов д 91 53
~ этюдов д 91 54
коловорот 121 35, 40; 131 43; 134 25
колода 131 28; 132 15; 153 10
~ для рубки мяса 144 7
колодец 153 16
~, артезианский д 1 46
~, кабельный 170 23
~, нагревательный д 119 12
~, перепадный 170 1
колодка д 48-52 75; 151 16
~, стартовая 67 12; 74 33
~ струга 134 56
~, тормозная 176 33
колок 83 10, 16, 17; 84 26
колокол д 131 65; д 144 и 145 8; 186 15
~, сигнальный 175 22
~, судовой д 186 32
колокольня 152 20
колокольчик 19 10; д 20 15
колонель д 89 и 90 141
колонка 90 24
~, ванная 44 3
~, гидравлическая 179 26
~, раздаточная 155 5; 174 28
колонна 123 30; 129 46
~, походная 109 2; д 109 15
~, сталактитовая 1 48
колоннада 58 17; д 169 и 170 27
колонцифра 90 14
колорит д 189 15, 26

колоритный д 189 13
колос 10 2; д 157 37
колосник 118 25
колосок 10 6
колотить д 142 24, 44
колотушка д 43 25; 84 39; д 131 12; 151 22
колоть д 46 19, 21
колошник 115 25
колпак д 48-52 64; 127 31
~, дымоулавливающий 120 2; 122 2
~ для накрывания сыра 54 38
~, операционный 62 13
~, паровой 176 23
~, предохранительный 143 6
колышек, пикировочный 161 6
кольраби 12 12
кольца, гимнастические 65 4
кольцо д 5 и 6 47; 18 5; д 48-52 86; 76 13
~, внутреннее 124 41
~, годичное д 132 14; 162 23
~ для ключей 51 34
~, колоколообразное д 131 66
~, наружное 124 40
~, прокладочное 124 8
~, пружинное 124 15
~, резиновое 66 38
~ для салфетки 54 34
~, скользящее 73 22
~, соединительное 54 21
~ у уключины 75 27
колючка 18 8; 29 9
колюшка д 23 15
коляска д 172 49
~, детская 52 1
команда д 69 и 70 22; 75 4-8; д 84 и 85 23
~, буксирная д 101 и 102 24
~, выездная д 101 и 102 56
~, пожарная д 101 и 102 VII; 102 IV; 181 4
~, сопровождающая 101 22
~, спасательная 186 28
~, стартовая 106 16
~, футбольная д 69 и 70 29
комар, обыкновенный 22 12

комбайн 159 8
~, угольный д 110 и 111 65
комбайнер 159 10
комбинат, металлургический д 115 и 116 4
комбинация 50 14
~, альпийская д 71 и 72 2
~ по четыре д 71 и 72 33
~, скандинавская д 71 и 72 16
комбинезон 48 7; 49 28; 106 6
~ с капюшоном 49 30
комедия д 86 17, 18
комендант у двери 89 17
комета д 2 19
комингс 76 18
комиссия д 99 46
~, государственная плановая д 99 81
~, избирательная 100 4, 6, 8
~: центральная к. государственного контроля д 99 82
~, экзаменационная д 80 84
комитет д 99 45
~, женский д 108 7
~, заводской 108 4-6
~, окружной д 105 15
~, организационный д 109 10
~, районный д 105 18
~: районный к. партии д 103 21
~, родительский д 78 103
~ сторонников мира д 109 49
~, центральный д 103 22
комментарий д 88 12
комната 53 1; д 92 6, 8, 12, 17-20; д 167 и 168 82
~, ванная 44 I
~, детская д 53 1
~, жилая 41 з, I
~, игральная д 53 1
~ для игры в бильярд 92 IV
~ для игры в настольный теннис 92 II
~ для кормления грудных детей 61 34
~, крестьянская 155 21
~, общая д 77 5
~ в общежитии 64 III

комната для ожидания д 61 и 62 11
~ для ползунков д 77 9
~ для приготовления школьных заданий д 77 10
~, совещательная 100 14
~, тёмная 62 41
~ для шитья 92 IV
комнатка для куклы 53 12
комовой д 160 59
комод д 42 8; 42 37
~ с игрушками 77 16
компас 105 15; д 106 83
~, гироскопический д 184 50
комплект блюд 43 9
~ чесальных машин 136 II
композитор д 84 и 85 39
композиция д 84 и 85 IV
компост 160 3
компостер д 171 16
компостирование навоза д 156 40
компот 54 33; д 167 и 168 57
компресс д 57 31, 36-40, 45; д 61 и 62 114
компрессор 174 25
конвейер 111 26; д 129 67
конверт 164 35
~ с окошком д 164 и 165 48
конгруэнтный д 5 и 6 42
конденсатор 88 28
~, переменный 88 21
~, плоский 80 28
~, электролитический 88 26
конденсор 135 8
кондитер 167 2
кондитерская 167 I; 170 25
кондор д 24-27 2
кондуктор 171 34; д 176 52
~, тормозной д 176 55
конёк 40 1
~ крыши 40 1
~, морской д 23 13
конец байдарочного сезона д 75 и 76 59
~ строки 90 26
конечность д 35 VII
конкурс д 164 и 165 37
~ на лучший танец д 96 13

конопатить д 183 36
конопля 11 10; д 131 56; д 135-137 5
коноплянка д 24-27 9
консерва 166 3
~, мясная д 144 и 145 23
~, рыбная д 146 26
консервирование 55 III
консервировать д 55 32; д 140 9
консоль, короткая деревянная д 129 22
конспект 80 9, 25, 38
конституция д 99 4
конструктор д 126 13
конструкция д 5 и 6 8
~ крыши 129 42-48
~, стальная д 128 62
консультант д 80 37; д 103 57
~, научный 80 8
консультация д 80 76; д 103 56
контакт д 113 29
контейнер 178 36
континент 2 38
контокоррент д 163 41
контора 164 с
~, проектная д 128 7
~, строительная 128 24
конторщица 164 21
контрабас 84 31; 96 13
контрабасист 85 10; 96 12
контрапункт д 84 и 85 44
контргайка 124 20
контргруз 112 7; 120 4, 41; 132 12
контролёр 138 34; 171 36; 177 13, 18
~ качества 138 34
контроль за движением д 101 и 102 14
~, народный д 99 69
контрфагот д 84 и 85 3
контрфорс 128 14
контузия д 60 22, 24
конура 153 33
конус 6 32; д 124 22; д 131 54, 59
~, сигнальный 186 24
конференция делегатов д 103 26
~ делегатов городского района д 105 13
~ делегатов округа д 105 16
~ делегатов района д 105 19
конфета д 166 43
~, сливочная д 166 49

конфетти д 98 6
конфорка 43 29
концерт д 84 и 85 III; 85 з, I
~, симфонический 85 I
~ для скрипки д 84 и 85 56
~ для фортепиано д 84 и 85 57
концертмейстер 85 5
кончик 42 24
~ колбасы 145 16
~ ноги д 35 96
~ пальца 37 41, 42
~ пододеяльника 42 24
~ языка д 35 77
конь д 33 и 34 25; 93 6
~, вороной д 33 и 34 28
~, гимнастический 65 26
коньки, беговые 72 23
~ со скобой 72 16
~, фигурные 72 20
~, хоккейные 72 24
конькобежец д 71 и 72 38; 72 2
конюшня 154 з, I
кооператив 166 I; д 166 2
~, крестьянский торговый 155 II
~, садоводческий производственный д 160 7
~, сельскохозяйственный производственный д 156 1
кооперация, потребительская, 166 з, с
координатомер д 106 85
коп 135 48
копать д 77 47; д 160 75
~ картофель д 158 8
копёр, маятниковый 125 IV
~, надшахтный 110 2
копи, каменноугольные 110 з; 111 з
копировать д 139 10
копить д 163 8
копия д 87 44; д 94 и 95 59; д 164 и 165 46, 64
копна сена 158 20; д 158 26
~ хлеба 157 12
коптильня горячего копчения 144 IV
~ рыбы д 146 24
копулировать д 161 7

копулировка 161 37-44
~, простая 161 37
~ с язычком 161 40
копчёность 144 26; д 146 28
копчик 38 18
копыто 30 16, 30; 34 20
копытце 30 16, 30
~ с венчиком 145 54
кора д 16 и 17 3; д 132 13; 161 48
кораблекрушение 186 25
кораблестроитель д 126 12
кораблик 72 12
корабль 126 13, 20; д 184 23-30, 23, 25
~ с полным парусным оснащением д 183 24
корвет д 183 30
кордон, вертикальный 47 25
корейка 145 49
корень д 7 122; 16 2; 37 18; 161 9, 10
~, аирный д 15 21
~, квадратный д 7 123
~, кубический д 7 124
корешок д 151 21
~ книги 90 3
корзина 56 15, 47; 70 23
~ для бумаги 78 17; 164 48; 180 21
~ для картофеля 158 12
~ с принадлежностями для шитья д 56 9
коридор 45 з, III; д 176 37
~ гребного вала 184 39
коринка д 13 и 14 14
корица д 54 94
кориум д 140 7
корка, хлебная 143 28
корм д 154 14, 16, 21, 30; 154 45
корма 76 40; 184 26
кормить д 154 10
кормиться д 30 и 31 17
кормохранилище 153 7; 155 16
кормушка 154 8, 19, 53
корневище 161 30; 162 8
корнеплод 10 18 и 21; д 12 1; д 79 47; д 150 I
корнеподъёмник 63 30

корнер 69 35
корнерезка д 159 25
короб, загрузочный 114 2
коробка, анероидная 3 3, 6
~, дверная 111 22 и 23
~ с замазкой 130 54
~, оконная 130 34, 35
~, ответвительная 42 6
~ подшипника 133 34
~ для пуговиц 138 29
~, реверсивная 123 9
~ скоростей 173 38
~, соединительная 165 28
~ спичек д 167 и 168 75
~, спичечная 55 7
~ для хлеба 43 13
~ для цепи д 172 1
~, штепсельная 42 8
коробочка для пилюль 57 15
~, семенная 11 13; 15 11, 19; 16 21
~ с шипами 16 30
корова 33 1; д 33 и 34 1
~, дойная 154 42
~, молодая 154 32
коровник 154 II
коровяк 15 15
короед д 162 30
королёк 26 6
король 93 9, 21, 34
коромысло 8 29
коронка 37 15; д 63 14
корпус 9 13; д 89 и 90 143; 94 9; 165 30; 181 19-21
~, дипломатический 99 5
~ замка 45 19
~ линейки 81 10
~ резонатора 83 2; 84 17
~ санатория 58 3
~, стеклянный 125 33
корректор д 149 и 150 12
корректура д 149 и 150 94
корреспондент д 89 и 90 115, 116
~, народный д 89 и 90 114
корсет 50 7
корт 70 41
корчевать д 156 22; д 162 11
корчёвка д 160 27
коршун д 24-27 1, 6

корыто 148 9, 20
~ со шлихтой 137 14
коса д 1 9; д 147 54; 157 17; 158 25
~ у снасти 146 4
косарь 157 16; 162 31
косец 157 16
косилка 159 7
косинус д 5 и 6 28
косить д 35 41; д 158 21
косметика д 147 3, VI, 79
космос д 2 2
костёр 107 20
~ для углежжения д 162 20
косточка 14 9
~, вишнёвая 14 3
~, пальмовая 11 5
~, сливовая 14 6
~, слуховая 36 16
кострец 145 31
кость 38 1-7, 13, 15, 16, 19-23, 26-29; д 38 11; 93 13; д 144 и 145 43, 44
~ для игры в домино 93 17
~ с номером д 93 20
~, рыбья д 23 23
костюм 49 13; 86 40
~, гимнастический 65 III
~, домашний 48 8
~ на заказ д 139 8
~ для игры 52 17; 77 31
~, купальный 74 16
~, лыжный д 71 и 72 23
~, мужской д 48-52 18
~, национальный д 82 и 83 8
~ для пляжа 59 20
~: почётный к. горняка 111 I
~ для соревнования 65 43
~, спортивный 49 15; 65 43
~: спортивный к. для тренировки 52 33
~, танцевальный 96 6
~ для тренировки 67 9
костюмёрша д 86 55
кот 33 16
котангенс д 5 и 6 30
котёл 143 1; 149 34
~ для варки тряпья 148 IV
~, вертикальный 113 14
~, водотрубный 113 14

котёл для клея 151 13
~ для колбас 144 22
~, паровозный 176 24
~ для разогревания клея 134 39
~, смолокуренный д 129 46
~ для сосисок 145 13
~, стиральный 56 23
~ для химической очистки 148 1
котельная 113 II
котельщик д 121-123 15
котик д 32 2
котлета д 144 и 145 34, 63
~, отбивная д 144 и 145 35
котлован 128 50
котловина д 1 12
коттедж д 40 32
кофе д 54 78; д 166 58-60
кофейник 43 53; 54 3; 167 15
кофейница 43 14
кофта 52 9
~, вязаная 48 38
кофточка 52 13
кочегар 113 18; д 176 54
~, судовой д 185 25
кочегарка д 184 67
кочерга д 55 6; 122 8
кошачья лапка д 19 29
кошелёк 51 25
кошка 33 16; д 33 и 34 21; 126 3
коэффициент д 7 89
краб д 22 27
край 90 8; 145 28
~ манежа 97 20
~, степной 1 26
~ шляпы 51 29
краковяк д 82 и 83 18
кран 43 42
~, башенный поворотный 185 25
~, водопроводный 43 6
~, главный 46 19
~, главный запорный 46 21
~, грейферный 113 9
~, загрузочный 118 5
~, запорный 170 5
~, затворный 43 39; 44 32
~ с клещами 119 3
~, козловый 185 16
~, мостовой 114 28; 116 13; 132 1
~ для наполнения бачка 44 47

кран, передвижной ручной 174 9
~, плову́чий д 185 6
~, поворотный 114 13
~, погрузочный д 185 7; 178 19
~, подвижной 126 12
~, подвижной углепогрузочный 179 3
~ для подъёма 118 16; 119 3
~, пожарный 170 4
~, портальный поворотный 185 33
~, спускной 46 18; 148 6
~, трёхходовой д 131 47
~ для шлангов д 131 46
кранец д 142 38; д 184 94
~, деревянный 185 35
крановщик 118 6
крапива д 11 9; д 19 7; д 21 16
крапивник 24 14
красавка 15 5
красильня д 189 14
краситель д 189 20
красить д 32 27; д 130 10; д 135-137 62, 108; д 189 8, 25
~, предварительно д 130 21
краска д 130 24-26, 28-30; д 189 1, 2, 24, 31-33, 43
~ для бровей д 147 80
~, масляная 44 2
~, печатная д 149 и 150 89
краскопульт, ручной 130 18
краснеть д 39 31
краснодеревец д 134 3
краснощёкий д 39 32
красочный д 189 13
кратер 1 37
~, заполненный водой д 1 51
крахмал д 54 22
крахмалить д 56 50; д 135-137 117
креветка д 22 27
кредит д 163 39, 46
кредитование д 163 31
кредитор д 163 47
крейсер д 184 26
крейцмейсель 121 30
~, прорубной 121 31
крем д 44 7, 8, 18; д 147 81, 82
~, сапожный д 55 83
кремальера 94 20

кремень д 1 119
кремний д 115 и 116 32
крендель 143 36
крепдешин д 48-52 37
крепильщик по ремонту д 110 и 111 130
крепировать д 148 22
крепление 71 35; д 71 и 72 4, 11, 13, 21, 29; д 110 и 111 34, 52-58
~ с врубкой ласточкиным хвостом 129 26
~, диагональное 71 40; д 71 и 72 6
~, каменное 110 15
~, кандагарное 71 35
~, кирпичное 110 15; 111 32
~, шахтное 110 и 111 VI
кресло 41 11, 44; д 41 15; 45 40; 147 37
~, гинекологическое 61 21
~ на колёсах 57 29
~, мягкое 167 31
~, плетёное д 41 20
кресло-корзинка 59 18
крест нитей 94 28
крестец 35 30; 38 17
крестьянин 153 29
~, мелкий д 153 1
крестьянин-середняк д 153 2
крестьянка 153 36
крестьянский торговый кооператив 104 9
кривая 5 9; 6 20; д 67 21; 175 3
~ производительности труда 127 20; 133 24
кривоногий д 35 93
кривошип 171 33; 172 15
критика д 89 и 90 126; д 103 31
кричать д 33 и 34 7
кроватка, кукольная 53 16
кровать 42 33
~, детская 42 38; 52 18
~, металлическая д 42 5
~ с решёткой д 42 4
кровельщик 129 з, III, 35; д 129 II
кровля 111 4; 129 37 и 41
~, шиферная д 40 25; д 129 58

кровообращение 39 III
кровотечение д 60 41, 47
кровоточить д 60 44
кровохлёбка 19 6
кровь 39 з; д 39 II; 60 5
крогги д 68 41
кроить д 130 33; д 139 11; д 141 6
кроки д 2 43
крокодил 23 17
крокус д 20 3
кролик д 32 8; 33 15; д 33 и 34 19
крона д 16 и 17 9
~, формированная 160 32
кронциркуль 121 17
кронциркуль-заклёпочник 81 15
кронштейн 123 21
кросс д 67 48
крот 37; д 32 11
круг 5 40, 53
~, вписанный 5 30
~, касательный д 5 и 6 44
~ колбасы 145 2
~, концентрический 5 52
~, описанный 5 29
~, поворотный 179 16
~, подкладной 57 32
~, последний д 67 25
~, спасательный 59 14; д 186 38
~ на стадионе д 67 38
~, центральный 69 28
~, шлифовальный д 121-123 102
~, эксцентрический 5 54
круглогубцы 121 43
круглик 131 3
кружево 56 11
кружка 8 23; д 167 и 168 29
~, пивная д 167 и 168 32; 168 4
кружка-водомер 43 5
кружок д 92 29, 31-37; д 107 8
~ биологии 105 III
~, инструментальный д 82 и 83 38
~, танцевальный д 96 9
круп 34 9; 65 30
крупа д 166 27
~, манная д 166 25
~, овсяная д 54 65
крупчатка д 143 16
крутой д 1 18

крыжовник 13 I, 2
крылатка 16 26
крылатый д 22 29
крыло 31 16; 34 23; 106 11; 181 18
~, грязезащитное 173 5
~ для крытья 151 42
~ семафора 179 10
крыса 29 3
крыша д 129 34-36, 50, 52, 66; ·129 III
~, вальмовая 40 34
~, гонтовая д 40 26; д 129 50
~, двускатная 40 39
~, защитная 163 14
~, мансардная 40 6
~, плоская 40 42
~, соломенная д 40 27
~, стеклянная д 160 10
~ трамвая 171 9
~, черепичная д 40 28
крышка 9 23; 43 51; 87 9; 90 1; 114 32; 118 11; д 151 20; 166 22; 169 36
~ водостока 170 12
~, жаберная 23 7
~ ленточной 135 34
~, навинчивающаяся 166 7
~, отодвижная д 100 39
~ сетчатого барабана 135 17
~, стеклянная д 91 65
~ трепала 135 16
~, унитазная 44 39
~ черепа 36 1
крюк 72 10, 30; 102 30; 129 36
~ для вешания мяса 144 1
~ для колодок 142 12
~ с кольцом 73 24
~ для перекатки брёвен 162 18
~, ледяной 73 25
~, навозный 156 7
~, S-образный 144 1
~, поддерживающий 131 49
~, скальный 73 5
~, тяговый 156 32
крючок 51 55; д 128 84; 142 37; 167 9
~, вязальный 56 10
~, рыболовный д 182 51
крюшон д 167 и 168 25
крякать д 33 и 34 41
ксилография д 149 и 150 58

ксилофон д 84 и 85 6
куб 6 23
кубатура д 8 23
кубик 53 2
~ для складывания д 53 30
~, строительный 53 10
кубический д 5 и 6 59
кубок д 43 9; 93 12
кубометр 8 18
~, плотный 8 19
кубрик 184 32
кувалда 122 11
кувшин д 42 23; д 43 13
кувшинка д 19 36; 47 29
кувырок д 65 и 66 69; 66 26
кувыркаться д 77 34
кудахтать д 33 и 34 66
кудрявый д 147 14
кузнец 120 9; д 121-123 14, 18, 20
кузнец-художник д 121-123 16
кузнечик д 22 2
кузница 122 з, I
~, крупная 120 з
~, походная д 131 38
кузов кабриолета-лимузина 173 I
кукла д 53 8, 9, 11, 13, 15, 16; 53 18
~, маленькая д 53 24
~, ручная 77 4; д 82 и 83 45
кукла-марионетка д 53 10
куколка 22 5
куколь 19 3; д 19 13
кукуруза 10 14
~ на силос д 157 26
кукушка 27 9
кулак д 35 87; д 124 24
кулачок, зажимной 132 33
кул"к 166 11
кулиса 86 24
кулуары 86 I
культиватор 47 49; 156 21; д 158 15; д 159 14, 15
культивировать д 156 36
культорг 58 16; 155 2
культура д 79 15, 44-46, 48, 52, 83; д 160 15
~, кочанная 79 18
~, озимая д 157 27
~ речи д 77 23
~, яровая д 157 25

Культурбунд 104 7
Культурный союз демократического обновления Германии 104 7
куница, каменная д 32 16
~, лесная 32 4
купальня 74 I
купание д 59 2; 74 I
~ под душем д 74 6
купаться д 44 19; д 59 1
купе 176 14, 40
купол 2 11
курзал 59 3
курульщик д 167 и 168 66
курить д 41 69; д 167 и 168 65
курица д 33 и 34 65; 34 V; 153 41
~, мясная д 153 15
~, несущая зимой д 153 16
куропатка 31 19
курорт, приморский 59 з
курортник 59 16
курс д 75 и 76 47; д 103 58; д 181 49
~, заводский учебный 81 I
курсант д 103 60
курсив д 89 и 90 149
куртка д 48-52 22, 23
~, домашняя 49 1
~, кожаная 174 7; д 48-52 23
~ для лазанья 73 3
~ к национальному костюму 49 22
~, спортивная 48 25; 49 25
~: спортивная к. с капюшоном 48 39
курточка 52 21
курчавый д 147 15
курьер д 180 12
курятник 153 13
курящий д 167 и 168 66
кусать д 33 и 34 56; д 35 63
кусачки 121 47; 134 19
~, пружинные 121 48
~, растяжные 121 48
кусок д 54 14
куст д 16 и 17 16; д 20 V
~ александрийского листа д 15 31
~, декоративный д 16 и 17 20; д 79 95
~, зимостойкий цветочный д 20 IV

куст, свайный 185 30
кустарник д 16 и 17 17; 47 8; 162 9
~, терновый д 16 и 17 28
~, частый д 162 3
кустик 47 28
~ салата 12 2
куфта 137 42
кухня 43 з, I; 176 36
~, диетическая д 61 и 62 157
~, игрушечная д 53 22
~, кормовая 154 47
~, молочная д 61 и 62 156
куча земли 160 4
~ компоста 47 2
~ листьев 158 6
~, навозная 153 25; 156 12
~ песку 77 27
кучер 154 23; 175 44
кушанье 54 3; д 54 4, 11; д 167 и 168 40
~, мучное д 54 53
кушетка д 42 2; 62 34
~ для исследования больных 61 16
кювет 175 37
кювета для посева 161 2
кюветка для проявления 95 13
~ для фиксирования 95 14, 34

лабиринт 36 20 и 21
лаборант 80 21
лаборантка д 61 и 62 171
лаборатория д 61 и 62 153; д 80 79
лава 1 38; 111 III
лаванда д 15 23
лавина д 1 39; д 73 26
лавировать д 75 и 76 45
лавка 53 15
лаг д 184 54
лага 132 7
лагерь 107 с
~, летний д 78 97; д 107 17
~, пионерский д 107 III
лагуна д 1 65
лад 83 9, 19
ладонь 37 VI, 36
ладья 93 7
лаз 148 4
лазанье по камину 73 III
лазейка, птичья д 153 18

лазить д 77 49
лазоревка 25 1
лак д 130 27
~ для волос д 147 77
~ для ногтей д 147 83
лакировать д 130 22
лакировщик д 130 3
лама д 28 7
лампа д 94 и 95 38-41, 75
~, бригадная д 110 и 111 98
~, взрывобезопасная д 110 и 111 97
~, висячая д 41 53
~, газовая д 41 52
~, дуговая 80 30; д 94 и 95 38; 175 23
~, кварцевая 61 25
~, керосиновая д 41 55
~, лестничная 45 1
~, настольная д 41 54
~, неоновая 167 27
~, операционная 62 4; 63 7
~ оптического индикатора настройки 88 15
~, паяльная 131 55
~ для письменного стола 41 40; 164 27
~, подвесная 42 13
~ для проверки яиц д 155 26
~, ручная 174 20
~, стенная д 45 6; 96 5
~, стоячая 41 12, 33
~, шаровая 44 1
~, шахтная 111 9
~ швейной машины 139 28
~ штейгера д 110 и 111 99
лампион д 98 7
лампочка, ночная 42 21
~, электрическая д 41 60
ландшафт 1 з; д 1 I
~ долины д 1 IV
~, естественный д 1 1
~, культурный д 1 2
ландыш д 20 19
ланка 31 1
ланцет для прививки 63 51
лань 31 1
лапа 30 22; 34 29
лапка, кошачья д 19 29
~, прижимная 139 41
лапша 70 V, 27
~, итальянская 70 VI; д 69 и 70 VI

лапша д 166 29
~, грибная д 18 1
ларчик д 42 9
ласка, большая 32 2
ласточка 27 4
латук д 19 14
латунь, листовая д 131 3
~, литая д 117 9
лацкан 49 4, 38
лаять д 33 и 34 57
лебеда д 19 16
лебёдка 127 8
~, грузовая д 184 86
~, подъёмная 110 25
лебедь 27 11
Лев д 2 34
лев 29 14
~, морской д 29 10
левиафан 136 I
левкой д 20 10
левша д 35 86
легенда 2 VIII
легировать д 117 12
лёгкий д 160 46
лёгкое д 38 III
~, левое 38 33
~, правое 38 32
лёгочница д 19 22
лёд 60 23
~, искусственный 168 30
леденец д 166 32
~ на палочке 166 30
~, солодовый д 166 47
ледник д 73 20
~, горный 1 I
ледокол д 184 16
ледорез 182 30
ледоруб 73 21
ледоход д 182 20
лежак 62 34
лежать в постели д 57 1
лежень 132 7
лезвие 54 20
~ безопасной бритвы 44 29
лейка 47 39
~, садовая 47 38
лекало 6 45
лекарство д 57 14; д 61 и 62 94
лексикон д 89 и 90 33
лектор д 80 36; д 103 59
лекция д 80 35, 65, 66
~ в аудитории 80 II
лемех 122 12; 156 35, 36
лён 11 9; д 135-137 4
лендлер д 82 и 83 12
ленивец д 28 1
лента, бесконечная 136 35
~, вытяжная 135 33; 136 22

лента для изложниц 116 16
~, каптальная д 151 27
~, кардная 136 17
~ для кардного угара 136 17
~, кожаная 51 32
~, лотковая 112 44
~, для обшивки д 139 74
~, пильная 133 23
~ для пишущей машинки д 164 и 165 41
~, погрузочная 112 21
~, породоотборочная д 110 и 111 121
~, раздвижная д 138 17
~, резиновая 111 28
~, сбрасывающая 112 21
~, сновальная д 135-137 76
~, транспортёрная 110 28; 111 28; 112 36
~, финиша 67 16
~, чесальная 135 28
~, широкая д 119 27
~, шлифовальная 133 28
~ на шляпе 51 28
лентодержатель 165 29
лентоукладчик 135 29
ленточная 135 V
лентяйничать д 59 4
леопард д 29 13
лепесток 13 18
лепить д 77 28
лес 58 35; д 133 1; 152 26; 162 I; д 162 4-7, 9, 17
~, высокоствольный 162 1
~, лиственный 2 39
~, низкоствольный 162 9
~, смешанный 2 41
~, строевой д 129 1; 132 19
~, хвойный 2 40
леса 128 8-10; 182 35
~, внутренние 128 43
~, наружные 128 8-10
лесничество д 162 1
лесничий 162 16; д 162 37, 38
лесовод д 162 40
лесок д 162 2
лесоматериал д 133 1; д 132 9

лесоматериал, длинномерный 132 3
~, круглый 132 3
~, крупный д 162 16
~, пилёный 132 22
~, чистообрезной 129 1; 132 19
лесосека 162 II
лесоскат д 162 21
лесосплав д 162 22; д 182 44
лесоспуск д 162 21
лессировать д 130 23
лестница 46 9; 60 20; 68 8; 166 5
~, автоматическая д 101 и 102 85
~, автомеханическая 102 36
~, винтовая д 45 1
~, гимнастическая 65 8
~, деревянная д 45 2
~, передвижная 181 26
~ на поворотный кран 126 15
~, подвальная 46 15
~, пожарная д 101 и 102 71
~, приставная д 47 16; д 101 и 102 84; 153 11
~, раздвижная 102 39
~, стоячая двойная 130 5
~, штурмовая 102 29
лестница-стремянка д 43 4
летать по приборам д 181 56
лётка 116 6
~, шлаковая д 115 и 116 83; 118 22
леток 22 26
лётчик 181 28
лётчик-наблюдатель д 181 40
лечение д 58 I, 3; д 61 и 62 IV; д 63 1-4
лечить д 61 и 62 50, 91
лещадь 115 33
лещина 14 VI
лжеакация д 16 и 17 13
Либерально-демократическая партия Германии 103 13
ливень д 3 18
лига д 82 и 83 100
лидировать д 75 и 76 8
лизать д 35 80
ликвидация д 164 и 165 35

ликвидировать д 164 и 165 36
ликёр д 166 57
ликтрос, нижний 183 11
лилия д 20 7
~, белая д 19 36
лимон 14 22
лимонад д 167 и 168 33
лимузин д 173 и 174 3
лимфа д 39 33
лингнин д 61 и 62 112
линейка 6 48; 78 18; 128 11; 130 4; 139 18; 164 47
~, вечерняя д 107 34
~, мерительная 123 43
~, счётная д 7 VII; 81 1, 5, II
~, утренняя д 107 31
линза д 94 и 95 21
~, насадочная д 94 и 95 24
линия д 5 и 6 II, 11-13, 15, 16; 83 35
~, боковая 69 25; 70 20, 42, 43; д 177-179 70
~ броска 70 2
~ валков 119 2 и 6
~, визирная 81 11
~, воздушная 113 21, 39
~ ворот 69 8
~, вспомогательная 83 36
~, высоковольтная 175 4
~ высокого напряжения 113 21
~, главная д 177-179 69
~, горизонтальная 5 2
~ дальней передачи д 113 53; 152 5
~, задняя 70 52
~, кривая 5 9
~, лицевая 69 8
~, навигационная д 185 41
~, наклонная 5 6
~ нападения 70 16
~, основная 5 26; 70 18
~, параллельная 5 4
~ передачи 67 21
~ погружения д 126 11
~ подачи 70 36, 49
~, поточная д 126 8
~ пояса д 68 20
~, прямая 5 8
~ руки 37 37

линия свободного броска 70 4
~, средняя 69 26; 70 14, 47
~ старта 67 13
~, телеграфная 175 14-17
~, трамвайная д 171 2
~ финиша 67 18
~ электропередачи 152 17
линотип 149 II; д 149 и 150 36
линь д 23 11; 146 17
липа д 134 39
~, деревенская 152·13
~, комнатная д 21 21
лирика д 89 и 90 88
лиса д 30 и 31 10; д 32 5
~, красная 30 31
~, серебристая д 32 14
~, чернобурая д 32 14
лисица д 32 5
лисичка д 18 6
лист д 148 85-87; д 149 и 150 90, 92, 98
~, больничный д 61 и 62 28
~, буковый 16 20
~ бумаги д 164 и 165 43
~, верхушечный 16 15
~, выемчатый 15 14
~ для выпечки пирожных д 55 11
~: защитный л. перед плитой 43 37
~, зубчатый 16 24
~, лавровый д 12 19
~, нотный 82 15
~, основной 15 10
~, пальцевидный 16 27
~, перистый 14 11; 16 37, 40
~, пильчатый 16 14
~ почтовой бумаги 164 34
~, препроводительный д 61 и 62 29
~, пятидольный 16 27
~, титульный д 89 и 90 59
~, тройчатый 10 29; 13 10
~, узкий 16 8
~, форзацный д 151 28
~ цветной бумаги 77 9
листва д 16 и 17 8
лиственница 17 13; д 134 62
листовёртка, дубовая д 162 35

литавра 84 38
литаврщик 85 20
литейщик в изложницы 118 24
литера д 164 и 165 40
~ для ручного набора 149 6
литература, художественная д 89 и 90 38
литограф 149 21
литография 149 3, IV
литр д 8 20
лить д 47 29
литьё д 117 3-5, 8, 11, 18-25, III, 51
лифт 167 20
лифтёр 167 21
лифчик 52 32
лихтер 185 26
лицевать д 139 54
лицо д 35 21; 35 45-51
~: должностное л. управления 99 23, 27
личинка 22 4, 8, 10, 33; д 22 14; д 161 15
лишайник горных пород 17 9
лишение гражданских прав д 100 140
~ свободы д 100 136
лоб 35 43
лобелия д 21 9
лов, морской ярусный 146 VI
~ рыбы тралом 146 III
ловить д 69 и 70 7
~ мяч 69 41
~ рыбу д 146 7
ловкость д 77 26
ловля: рыбная л. дрифтерными сетями 146 IV
~: рыбная л. кошельковым неводом 146 V
логарифм д 7 143
логгер 146 II, 5; д 183 18
лоджия 40 37
лодка 58 41; д 183 14; 185 13
~, гоночная 75 3, III
~, летающая д 181 11
~, лоцманская д 184 17
~, моторная 59 5; 75 1, 3
~, парная 75 III
~, подводная д 184 30
~ с прикреплёнными планками 75 II
~, распашная 75 II

лодка, резиновая надувная д 181 36
~, спасательная 184 13; 186 VII
~ для туристических вылазок д 75 и 76 72
лодка-качели 98 7
лодыжка 35 36; д 35 95; д 38 15
ложа д 86 60; 97 14
~ дипломатического корпуса 99 5
ложе 1 15
ложиться спать д 42 38
ложка 54 15; д 167 и 168 46
~, кофейная 54 45; 167 19
~, порционная 98 12
~, разливательная 54 24
~, чайная 54 45
ложнодождевик д 18 27
ложок д 128 54
лоза, виноградная 13 VI; 153 19
лозунг 78 1; 80 2; 82 11; 85 22; 91 10; 97 5; 102 9; 103 16; 107 4; 108 13; 109 14; д 109 39; 119 1; 120 1; 121 3; 132 24; 141 18
~, избирательный д 100 17
локомотив 114 8; 176 1
локон д 147 51
локотник д 41 16
локоть 35 5
~, длинный 8 13
~, короткий 8 11
лом, железный 118 3
ломка д 125 2, 3
ломовой 175 44; 178 24
ломоть хлеба 54 48
ломтик колбасы 54 52
лопасть весла 75 31
~ винта 184 51
лопата 46 44; д 47 20; 47 45; 77 30; 105 4; 160 45
~ для цементного раствора 128 42
лопатка 30 8; 35 27; 38 10; 77 33; 128 41; 129 39; 145 43
~ для вынимания колбас 144 23
~ с подплечным краем 145 23
~, угольная д 55 7
~, штукатурная д 128 80

лопатка, столовая **41** 15
лосиха **31** 4
лосось д **23** 8
лось **31** 4
лот д **8** 37; **128** 12; д **184** 51
лотерея д **93** 25; **98** 20
лото д **93** 19
лоток **168** 27
~ для загрузки железного лома **118** 4
~ для продажи жареных сосисок **98** 24
лоточек для карандашей и ручек **164** 33
лоханка **46** 33
лохань **56** 31
лоцман д **185** 13
лошадь д **33** и **34** 24, 26, 29-31; **34** 1; **153** 15; **154** 7; д **154** II
лошадь-качалка **53** 14
лошак д **33** и **34** 70
лощина д **73** 29
лубрикатор **174** 38
луг 2 **42**; **158** III; д **158** III
лук **12** 30
~, зелёный **12** 29
лук-порей д **12** 16
луковица-матка **161** 26
луковица-побег **161** 27
луна, новая **2** 29
~, убывающая **2** 33
лунка **37** 32
лункокопатель д **159** 16
лупа **78** 39; **105** 24; **149** 24
~ времени д **87** 29
~ для установки **94** 54
лупин **10** 31
луч **5** 11
~, сердцевинный д **132** 15
лущить д **132** 21; д **156** 30; д **162** 15
лыжи для бега **71** 28
~, прыжковые **71** 29
~ для скоростного спуска **71** 27
~ для слалома **71** 27
~, туристские **71** 26
лыжник **71** 2
~ на дистанции **71** 2
лыжник-прыгун **71** 21
лыжня на спуске **71** 20
лысина д **147** 26
лысый д **147** 24
львиный зев **20** 4

львица **29** 16
льнянка **19** 9
любисток д **12** 18
люк **46** 2; **86** 36; **148** 4
~, грузовой **184** 6
люлька, всасывающая **110** 46
лютик д **19** 2
лютня **83** 13
люцерна **10** 30
лягаться д **33** и **34** 35
лягушка, древесная **23** 14; д **23** 29
ляды шахты **110** 19
ляжка **34** 8
~, оленья **30** 10

магазин **53** 15; **149** 8; **165** I; **170** 26
~, дежурный д **166** 15
~, центральный д **166** 13
магистраль д **169** и **170** 19; д **175** 3
магнетит д **115** и **116** 18
магнит д **173** и **174** 50
магнитофон д **87** 33
магнолия д **16** и **17** 27
мазать д **130** 10
мазурка д **82** и **83** 19
мазь д **15** 10; д **57** 23
~, лыжная д **71** и **72** 25
майка **65** 39
~, спортивная **67** 28
майонез д **167** и **168** 59
майоран **12** 35
мак, снотворный **15** 18
макрель д **23** 9
мак-самосейка **19** 4; д **19** 10
макулатура **130** 23; д **149** и **150** 99
макушка д **16** и **17** 10; д **35** 20; **35** 23
Малая Медведица **2** 8
малина **13** IV, 12
малиновка д **24-27** 10
малка **123** 37; **129** 17
мальва д **15** 24, 32; **20** 9
мальчик **77** 15
мальчик-рассыльный **164** 9; **167** 32
маляр **130** з, I; д **130** 2, II
мангольд **12** 5
мандарин **14** 19
мандола д **82** и **83** 48
мандолина **82** 13; **83** 1; **105** 12
~, альтовая д **82** и **83** 48
мандолинист **82** 12

мандрил д **29** 17
маневрировать д **177-179** 60
манеж **97** 15
манекен д **48-52** 4; **138** 33; **139** 3; **166** 42
манера держаться д **35** 17
манжета **50** 25; **75** 28
маникюр д **44** 11; д **147** 6
маникюрша **147** 4
манифестация **109** II; д **109** II
манометр **122** 29
~, автоматический **174** 25
~ с водяным столбом **131** 37
~, масляный д **181** 19
~, пружинный **151** 36
~, ручной **174** 21
мансарда **40** 7; **46** 12
мантисса д **7** 148
мануал д **84** и **85** 18
марафонец д **67** 33
марганец д **115** и **116** 24
маргарин д **166** 42
маргаритка д **19** 3
марзан **149** 18
маринад д **146** 27; д **167** и **168** 58
марионетка д **82** и **83** 47
марка, издательская **90** 17
~, почтовая **180** 35
~, специальная почтовая д **180** 26
~ уплаты членских взносов д **103** 10
маркёр д **159** 17
маркиза **40** 16
маркировка д **73** 27
маркшейдер д **110** и **111** 138
марля д **61** и **62** 108
Марс **2** 18
марсель, верхний **183** 34
~, нижний **183** 35
мартен **118** I
марципан д **166** 48
марш **1** IX, 41
~, лестничный **45** 18
~, ночной д **106** 81
~ с поклажей д **106** 82
маршировка д **67** 66
маршрут д **185** 41
марь д **19** 16
маска **97** 17
~ против дыма **102** 21
~ для лица **62** 14
~ для наркоза **62** 7

маска для убоя д 144 и 145 2
маслёнка 54 8; д 172 10
~, капельная 174 29
~, переносная 174 30
маслёнок 18 10; д 18 14
~ зернистый д 18 13
маслина 11 1, 2
масличный, озимый д 79 53
~, яровой д 79 49
масло д 15 8; 54 40; д 112 26, 29, 30; д 166 36
~ для волос д 147 75, 76
~, кокосовое д 11 3
~, нафталиновое д 114 22
~ для промывания газа д 114 21
~, растительное д 54 74
~, сурепное д 11 5
маслопровод под давлением 125 10
масляник 18 10
~, болотный д 18 16
масса, вращающаяся д 172 35
~, готовая бумажная д 148 10
~, заливочная д 131 75
~, очистная д 114 15, 16
~, парафиновая д 112 28
массаж д 58 4, 5
~ лица д 147 5
массажист д 61 и 62 117
массив д 1 88
массировать д 61 и 62 116
мастер д 67 11; 74 10; 121 6; д 128 36
~: заслуженный м. спорта д 106 5
~ земледелия д 153 4
~, золотых дел д 121-123 7
~, литейный 118 23
~ по плаванию д 74 21
~ по столярно-строительным работам д 134 2
мастер-забойщик д 110 и 111 126
мастер-переплётчик д 151 3
мастерская д 126 23, 24; 155 4

мастерская, авторемонтная 174 I
~, межрайонная д 155 3
~, переплётная 151 з, I; д 151 2
~, пошивочная 139 з, I
~, ремонтная сапожная д 142 I
~, слесарная 121 з, I
~, столярная 134 з, I
~, учебная 121 I
~, формовочная 117 II
масть, зелёная д 93 47
~, красная д 93 55
масштаб д 8 3
~, дюймовый 8 5
~, складной 8 5
мат 65 33; д 93 34
материал д 139 III
~, информационный 99 28
~, перевязочный д 61 и 62 107
~, посевной д 79 31; 157 6
~, строительный д 128 II
~, учебный д 80 63
материк д 1 3; 2 38
материя д 139 6
~ на платье д 48-52 IV
~, подкладочная 139 8
~, шерстяная д 48-52 45
матка 22 43; д 38 69
маточник 22 34
матрац д 42 10, 18
~, волосяной д 42 15
~, накладной 42 44
~, пружинный д 42 11
~, рамочный д 42 11
матрица 149 44
~ для комплектной отливки 149 7
~, стереотипная 149 30
матрос д 185 27, 28
мать 52 7
~ кукол д 53 23
мауэрлат 129 23
мах 71 II
~ дугой д 65 и 66 88
~, параллельный 71 14
махаон 22 3
маховик 120 40; д 173 и 174 37
~, нижний 139 34
маховичок 132 10; 133 14; 139 25

мачта 76 32; 183 I, 1
~, привязная 112 25
~, причальная д 181 72
~, сигнальная д 106 60); 107 5; 185 17; 186 IV; 179 11
машина д 138 21-24, 26, 27; д 141 7-9, 15, 16, 18, 19, 21, 24, 25; 142 II; 160 III; д 160 III
~, барабанная просевальная д 148 14
~, бумагоделательная 148 VII
~, быстроходная скоропечатная д 149 и 150 83
~, валяльная 137 VI
~, волосогонная 140 9
~, врубовая 111 16, 17, 18
~, вспомогательная д 184 64
~, выталкивающая 140 25
~, вытяжная 136 III
~ для глубокой печати 150 IV
~, гребнечесальная 136 IV
~, двухигольная швейная 141 13
~, двухручейная гребенная 136 III
~, декатировочная 137 VIII
~, деревянношпилечная 141 24
~, дробильная 148 V
~ для забивки выпускного отверстия 116 5
~, загрузочная д 110 и 111 66
~, затяжная 141 20
~, зерноочистительная д 155 15
~ для испытания на растяжение и сжатие 125 III
~, кольцепрядильная 136 VII
~, кофейная 167 1
~, крестомотальная 137 I
~ для кройки 138 10, 11
~, крытвенная 151 VIII
~, крышкоделательная 151 VII
~, кузнечная д 120 5
~: ленточная м. с круглым гребнем 136 VI

машина, лущильная 132 32
~, мездрильная 140 14
~, мотальная 137 I
~ навивания д 135-137 83; 137 II
~, накатная д 135-137 83; 137 II
~ для намётки 138 22
~ нижнего боя 138 16
~, ниткошвейная 151 V
~ для обезлиствения 160 42
~ для обжимания д 151 9
~, обтяжная 141 19
~ для обчёски 142 15
~ для околачивания обуви 141 22
~, осадочная д 120 6
~, отжимная 56 27
~ для открывания борозды д 159 18
~, отсадочная д 110 и 111 124
~, офсетная 150 V
~, папкорезательная 151 9
~, перегонная ровничная 135 VII
~, перемоточная д 148 26
~, переплётная д 151 II
~, плоскопечатная 150 II
~ для подборки д 151 5
~, подметальная 170 38
~, поливочно-моечная 170 33
~, порционирующая 144 14
~ для проклеивания д 133 37
~, прошивная 141 23
~, прядильная д 135-137 51
~: прядильная м. периодического действия 135 VIII
~ для разброски навозной жижи д 159 28
~ для раздробления льда 144 13
~, разливочная 116 II
~, разрывная 125 III
~, резальная 151 6, VI; д 151 6
~, резательная 144 18

машина для резки мяса 144 9
~ для резки сала 144 20
~, рихтовочная д 112 7
~, ровничная 135 VI
~, ротационная 150 III
~ для рубки тряпья 148 3
~, рулевая д 184 41
~, сельскохозяйственная 159 з, с
~ для смешивания фарша 144 19
~, сновальная 137 II
~ для снятия коры 132 32
~ для сортировки яиц д 155 27
~ для стегания 142 14
~, стиральная 56 24
~, стригальная 137 VII
~, строкоотливная наборная 149 II
~, сукновальная 137 VI
~, сшивальная д 151 7
~, тестоделательная 143 10, 18
~, типографическая д 149 и 150 81
~, толстая ровничная 135 VI
~, трепальная 135 III
~, упаковочная 160 39
~, фальцевальная д 151 4
~, чесальная 135 IV
~, чесальная шляпочная 135 IV
~, шахтная подъёмная д 110 и 111 29
~, швейная 41 9; 92 23; 138 18; 139 II
~: швейная м. с плоской платформой 141 13
~, швейная рукавная 141 14
~, шерстомойная 136 I
~, шлихтовальная 137 III
~, щёточная д 143 5
~, щипальная 136 1
машинист д 101 и 102 76; 113 34; 133 31; 157 32; д 176 53; д 185 24

машинист: дежурный м. водоотлива д 110 и 111 141
машинистка-стенографистка 164 18
машинка д 164 и 165 2-7
~, пишущая 164 19; 165 I
~ для резки мясных продуктов 145 14
~: ручная м. для стрижки волос 147 26
~, суммирующая 163 18
~, счётная 164 20
~: электрическая м. для стрижки волос 147 36
~, электрофорная 80 29
Машинно-тракторная станция 155 з, I
маюскул 89 10
маяк 59 2; 185 6; 186 I
~, пловучий д 184 19; 186 II
маятник 9 26; 125 20; 133 6
мебель, встроенная д 41 32
~ для куклы 53 13
~, кухонная д 43 1
~ малого размера д 41 24
~, мягкая д 41 30
~ для передней д 41 23
~, стильная д 41 31
мебельщик д 134 1
мёд д 22 40
медаль Тельмана для борцов за мир д 105 29
медальон 52 26
медведь, белый д 29 15; 97 25
~, бурый 29 20
медвежонок 53 5; 98 21
медиана 5 24
медицина д 61 и 62 I
~, внутренняя д 61 и 62 1
медицинбол 66 37
медовка д 15 26
медогонка 22 VI
медсестра 61 32, 42; д 61 и 62 166-168; 62 6, 19; 109 26
медтехник 61 23
медуница д 19 22
медь д 117 14
~, листовая д 131 4

медяница д 23 32
межа 152 28; 156 23
Международная демократическая федерация женщин 104 14
Международный Союз Студентов д 80 15; 104 13
межевание д 2 46
межевать д 8 6
мездрение 140 10
мездрить д 140 16
мел д 1 114; 78 5; 139 10
мелеть д 1 95
мелизм д 82 и 83 103
мелисса д 15 26
мелодия д 84 и 85 43
мелочь д 163 19
~, каменная д 1 120
~, угольная д 1 110 и 111 116; д 112 22
мельник д 143 1
мельница д 143 I; 148 V
~, ветряная 1 40; 2 50
~, кофейная 43 14
~, молотковая д 114 5
~, ударная 113 19
~, шлаковая д 118 25
мембрана д 88 66
мемуары д 89 и 90 84
мензурка 57 7; 95 20
менструация д 38 71
меню д 54 18; 64 18; 168 34
менять д 57 32
меняться д 93 40
мера 8 з, 21
~ длины 8 I; д 8 II
~ ёмкости 8 IV; д 8 V
~ жидкости д 8 26
~, квадратная 8 II; д 8 III
~, кубическая д 8 IV
~ наказания д 100 133
~ объёма 8 III
~ для соединения на ус 134 3
~, социальная д 78 X
мережка 51 20; д 56 18
меридиан 2 36
мерин 34 I
мерка, координатная д 106 85
~, сапожная д 142 17
Меркурий 2 15
мероприятие, культурное 82 з
мерсеризовать д 135-197 110
месить д 77 29; д 143 25

местечко д 152 18
местность д 1 I, 14
место 7 7-10
~ аварии д 60 2
~, багажное д 177-179 51; 178 38
~ для водителя 173 13
~ гулянья д 77 33
~, десятичное 7 19-21
~, загрузочное 110 36
~: исходное м. восхождения д 73 13
~ книги на полке д 91 23
~ для купания лошадей д 182 16
~, обмороженное д 60 73
~ у окна д 176 33
~, отхожее 153 31
~, переднее 173 14
~ подачи 70 21, 26
~ пожара д 101 и 102 70
~ премьер-министра 99 11
~ рождения д 101 и 102 46
~ для сбора грязей 58 1
~ для сидения д 171 14
~, сидячее 86 15
~ для складывания брёвен 132 4
~ в спальном вагоне д 177-179 17
~ для стаканов 58 21
~, угловое д 176 33
местонахождение 4 з, I
местоположение д 152 35
месторождение д 110 и 111 II
месяц д 9 IV
металл, листовой д 119 35
~, листовой лёгкий д 131 6
металлофон д 84 и 85 5
металлургия д 115 и 116 3
метан д 110 и 111 107
метание 67 IV; д 67 IV
~ гирь д 68 26
~ диска 67 47
~ копья 67 40
~ молота 67 50; д 68 25
метатель диска 67 49
~ копья 67 42
~ молота 67 53

метать д 139 15; д 154 74
метёлка д 157 39
метель д 3 22
метельщик 170 35
метельщица 170 41
метеобудка д 3 31; 79 3, II, 12
метеор д 2 24
метеоризм д 61 и 62 69
метеорология д 3 1; д 79 III; д 106 50
метеостанция 79 I
метка, средняя 70 51
метла 46 7; 55 29
~, проволочная 47 51
метод глубокой посадки д 79 80
метр д 8 10
~, квадратный д 8 17
~, кубический 8 18; д 8 25
метранпаж д 149 и 150 10
метрдотель 167 33
метро д 169 и 170 34
метроном д 82 и 83 91
метрополитен д 169 и 170 34
метчик 121 37; д 121-123 92
мех 83 29; 94 11
~, беличий 32 3
~, горностаевый 32 2
механизация д 99 23
механизм, вытяжной 94 24
~ для загрузки 170 28
~, запирающий д 106 10
~ крепления 71 36
~ для намотки 136 23
~, отсасывающий 157 25
~, передаточный 3 2, 5; 119 23
~, поворотный 112 26
~, приводной 176 26-32
~ разобщения 125 19
~, расцепной 94 46
~, рулевой д 184 40
~, ходовой 112 13
~, часовой 3 4; 9 14; 94 43
механик д 121-123 12, 13
~, старший горный д 110 и 111 136
меццо-сопрано д 86 27
мешалка 128 16; д 128 66; д 143 9
~ для медицинской грязи д 50 8
мешать д 55 53

мета́ющий игре́ д 93 10
мешо́к 166 20; 178 31
~ для зерна́ 157 30
~ для карто́феля 158 10
~ с песко́м 68 27
~ для сухаре́й 105 13
~ с цеме́нтом 128 18
мига́ть д 35 39
мизансце́на д 86 20
мизи́нец 37 27
микро́метр 8 7; 123 35
микроско́п 78 35; 105 21
микрофо́н 87 19; 109 20
~, конденса́торный 88 6
ми́ксер для чугуна́ д 115 и 116 87
миллиме́тр 8 3
ми́ля д 8 12
~, морска́я д 8 13; д 184 48
ми́на д 35 23
минда́ль 14 26
министе́рство д 99 78
~ юсти́ции д 100 56
мини́стр 99 9
миноно́сец д 184 27
ми́нус 7 30
мину́скул 89 11
мину́та д 9 32
мир д 2 2; д 109 40
ми́рный д 109 46
миролюби́вый д 109 47
мирт д 21 11
ми́ска д 43 16; 54 23; д 55 75
~ с рубца́ми 145 20
мише́нь д 106 8
младе́нец 52 1
мла́дший д 75 и 76 32
Мле́чный Путь 2 5
многобо́рье д 67 67
многома́чтовый д 183 22 и 23
многогра́нник д 5 и 6 61
многомото́рный д 181 8
многоно́жка д 22 15
многоуго́льник д 5 и 6 51; 6 9
многоцве́тный д 189 29
мно́жимое 7 34
мно́житель 7 36
мо́да д 48-52 4
моделестрое́ние, судово́е д 106 55
модели́ровать д 141 4
моде́ль д 78 78; 117 15; д 117 11; 141 10

моде́ль железнодоро́жного по́езда д 92 14
~, лета́ющая д 106 26
~ самолёта д 92 13
моде́льщик д 134 4
моди́стка д 48-52 6
мо́дный д 48-52 51
можжеве́лина 17 19
можжеве́льник д 12 21; 17 17
мозг 36 2, 5, 7; 39 36
~, большо́й головно́й 36 2
~, костный д 38 12
~, спинно́й 36 8; 39 37
мозжечо́к 36 7
мозо́ль д 35 104-106
мо́йка 147 1
мокри́ца д 22 16
мол 185 3
мо́лния д 3 25; д 94 и 95 43
молоди́ло д 20 29
молодня́к 154 31; 162 4
~ кру́пного рога́того скота́ 158 30
моло́ки д 23 24
молоко́ 154 37; д 166 35
~, обезжи́ренное д 154 61
~, снято́е д 54 80; д 154 61
~, це́льное д 54 81; д 154 59
мо́лот, бури́льный д 110 и 111 73
~, врубо́вый д 129 63
~ забо́йщика 111 1
~, кузне́чный 122 10
~, направля́ющий 120 23
~, оса́дочный 122 20
~, отбо́йный д 110 и 111 68; 111 8
~, парово́й штампо́вочный 120 III
~, пневмати́ческий 111 8; 120 II
~, ручно́й 122 24
молоти́лка 157 23; 159 14
молоти́ть д 157 42
молото́к 121 8; 128 6; д 129 57, 61; д 131 11, 14, 15
~, вая́льный 129 16
~ для выгиба́ния 131 16
~, деревя́нный 129 15; 131 25
~, клепа́льный 131 14
~ с крестообра́зным за́дком 122 19

молото́к для отби́вки кос 158 26
~, пневмати́ческий д 126 26
~, рези́новый 131 26
~, ручно́й 131 15
~, сапо́жный 142 4
~: ска́льный м. с темляко́м 73 26
~, столя́рный 134 13
~, чека́ночный 134 30
молото́чек 36 17; д 84 и 85 7
~, перкуссио́нный 63 37
молотьба́ 157 III; д 157 III
моло́чная д 154 58
моло́чник д 43 15; 54 1; 167 12
моль, платяна́я 22 6
мона́хиня д 162 29
моне́та, зво́нкая 163 1
~, разме́нная д 163 19
моногра́мма 89 16
моногра́фия д 89 и 90 37
монокульту́ра д 79 84
моноло́г д 86 46
монопла́н д 181 5
моноти́п д 149 и 150 35
монта́ж д 87 36; д 126 9; д 131 32; д 133 41
монта́жник 131 з, II; д 131 II
~ отопи́тельной се́ти д 131 37
монта́жник-водопрово́дчик д 131 34
монта́жник-газопрово́дчик д 131 33
монта́жник-трубопрово́дчик д 131 36
монтбре́ция 20 1
монтёр 131 з, I, II
морг д 61 и 62 154
морга́ть д 35 40
морге́н д 8 21
мо́рда 30 7, 34; 34 3, 26
мо́ре 1 31, 34; д 59 8; 185 1
~, вну́треннее д 1 58
~, откры́тое глубо́кое д 1 57
море́на 1 2; д 1 83, 84; д 73 28
мореходность д 184 97
морж 29 11
морко́вь 12 22, 23
моро́женое д 167 и 168 49
моро́женщица 98 11
моро́з д 3 12
~, ночно́й д 3 13

морозоустойчивый д 157 13
морщина д 35 102
морщинистый д 35 103
моряк 101 2; д 185 30
мост 2 56; д 63 13; 66 25; 68 34; 101 26; 132 з; д 182 25-31
~, арочный 182 27-30
~, висячий 182 1
~, железнодорожный 182 17
~, отвальный д 112 6
~, подъёмный 182 10
~, сигнальный д 177-179 65
мостик 1 46; 51 36; д 63 13; 160 28
~ для баланса 9 15
~, гимнастический 65 16
~, капитанский 184 9
~, обслуживающий 116 18
~ для прохода 58 31
мостить д 128 95; д 169 и 170 45
мостовая 169 10; д 169 и 170 46-48
~, асфальтовая 170 15
~ из брусчатки 170 19
~, клинкерная д 128 96
~, уличная 170 19
мостовик д 169 и 170 44
мостовьё д 140 34
мотет д 84 и 85 67
мотив д 84 и 85 51
мотка, крестовая д 135-137 71
~, параллельная д 135-137 70
моток ниток 56 8
мотокросс д 106 24
моторизация д 99 22
моторный д 39 40
мотороллер д 172 53
мотоспорт д 106 III; 106 IV
мотоцикл 101 10; 106 17; 172 з, II; д 172 II
~ с коляской д 172 48
~, малолитражный д 172 23
мотоциклист 101 11; 106 18; 169 30
мотыга 47 52; д 160 30, 31
~, картофельная д 158 5
~, конная 160 46
~, одноколёсная 160 38

мотыга, посадочная 160 44
мотыжение д 158 16
мотыжить д 158 14
моча д 38 66
мочеточник 38 47
мочить д 134 32
мощность д 113 20
мрамор д 1 112
МТС 155 з, I; д 155 I
мужской д 35 4
мужчина д 35 5
музей 91 з, II; д 91 II, 37-42, 45, 46
музыка д 78 48; д 82 и 83 34
~, камерная д 84 и 85 60
~, народная д 82 и 83 35
~, церковная д 84 и 85 65
музыкант д 82 и 83 36; 85 5-21
мука д 143 15, 17; д 166 24
~ грубого помола д 154 29
~, кирпичная д 127 11
~, кровяная д 154 26
~, рыбная д 154 25
~, томасовская д 118 26
мул д 33 и 34 71
мундштук 84 3, 12; 127 13; д 154 44
~ для сигар д 41 64
муравей 22 16
муравейник 162 17
мурлыкать д 33 и 34 23
мускулатура 39 I, II
мускулистый д 39 1
мусоровоз 170 27
мусоросборник 170 30
мусс д 54 30
~, яблочный д 54 54
мутовка д 55 12
муфта д 124 25-29
муха, комнатная 22 11
~, мясная д 22 13
мухоловка д 43 41
мухомор 18 16
~, жёлтый д 18 26
~, серый д 18 25
мушка д 147 70
мыло 44 18; д 56 35, 36
~ для бритья 44 23
~, туалетное д 44 3
мыльница д 44 4; 147 35
мыс д 1 9, 10
мыть д 55 66; д 147 31

мыть голову шампунем д 147 33
мытьё волос 147 1
~ пола 55 VIII
~ посуды д 55 74; 55 IX
мычать д 154 51
мышца 39 з, 1-4, 8-13, 15-17, 19-21; д 39 I, 6-8
~, глазная 37 14
мышь 29 4
~, летучая 29 5
мякина 10 7; 157 29
мякиш, хлебный 143 29
мякоть плода 13 29
~ руки 37 35
~ на ступне 35 39
мясная 145 I
~, кооперативная 144 з, 145 з
мясник 144 4; 145 17
мясо д 144 и 145 II, 17, 20, 22, 24, 31
~ для варки 145 22, 23, 28, 29, 33-36
~ для жаренья 145 24-27, 30-32
~, копчёное д 54 39; д 144 и 145 20
~ для тушения 145 24-27, 30-32
мясорубка 43 49; 144 17; 145 15
мята, перечная д 15 25
мять д 77 29
мяукать д 33 и 34 22
мяч 53 24; 70 24, 29; 92 5
~, волейбольный 70 19
~ вышел за боковую линию 69 33
~ вне игры 69 33
~ для игры 70 34
~, набивной 66 37; 68 28
~ с петлёй д 69 и 70 76
~, ручной 70 1
~, теннисный 70 45
~, футбольный 69 29
~, хоккейный 70 9
мюле 93 VI

набережная 185 32
набивать д 135-137 109
набивка д 42 14
~, шерстяная д 42 16
набирать д 135-137 78; д 149 и 150 33
~ номер д 180 43

наблюдатель д 181 40
наблюдать д 77 54
наблюдающий за игрой 86 29
набор д 89 и 90 IV; 90 V; 149 15, 19; д 149 и 150 III, 16-24, 31
~ из дерева 76 19 и 20
~ инструментов д 61 и 62 103
~, ручной 149 I
~, шоколадный 166 29
наборная 149 з, I-III
наборщик д 149 и 150 8
~, ручной 149 1
наборщик-линотипист д 149 и 150 9
набрасывать д 128 87
набросок д 89 и 90 79
~ местности д 2 43
навага 23 2
навес 52 15
навигация д 106 56
наводнение д 1 81; д 182 22
навоз 156 8, 11; д 160 68
~, конский 154 13
~, коровий 154 34
навозоразбрасыватель д 159 26
навой 137 13, 29
наволочка 42 25
нагель, деревянный д 129 21
награда д 108 37
нагреватель, проточный д 131 51
нагревать д 55 34
нагромождать д 53 34
нагрудник 52 10
нагружать д 158 23; д 176 9
нагрузка д 113 62, 63, 65; д 176 10
надевать д 48-52 96
надел, лесной 152 27
надзиратель, судебный 100 10
надниточник 135 46
надпись 109 24; д 109 19; 114 37; 121 21
надрез д 125 24; д 132 6
~ в коре 161 32
надрезать д 55 20
надстройка д 126 33
~, кормовая д 184 78
наездник, цирковой 97 11
наживка д 182 53
название лодки 106 21
~ местности д 152 32

название поля д 152 33
~ цветов д 189 II
~ частей туш 145 II
наказ д 100 26
накатка д 121-123 53
накачивать д 172 22
накидка 52 36; 147 14, 50
накинуть д 48-52 102
накладка д 129 21
накладная д 164 и 165 24; 178 30
накладчик 148 16
накладчица 135 11; д 149 и 150 15
накладывание повязки 60 II
~ шины 60 V
накладывать д 60 62; д 128 87
наклон туловища 66 10, 11, 14
наковальня 36 18; 122 13
~, верхняя 120 15
~, нижняя 120 17
~, правильная 131 27
~, фасонная 122 26
наконечник 165 39, 43
накрывка д 128 74
наладчик д 133 22
наладчица 138 14
наливать д 167 и 168 5
наличие воды д 160 65
наличник 45 32
~, оконный 130 33
наличность, кассовая д 163 38
наличные д 163 17
налобник д 71 и 72 30; 121 10
налог на заработную плату д 128 26
наложить бандаж д 68 2
наматывание основной пряжи д 135-137 VI
намёт д 146 10
намётка 139 13
намётывать д 138 19; д 139 16
намечать д 139 36
намордник 34 35
намыливать д 147 32
нанимать д 185 45, 46
нанос 182 8
наносить матировку д 134 36
~ течением д 1 93
нападающий 69 20, 21, 23, 24; д 69 и 70 16; 70 37-39
напев д 82 и 83 32
напёрсток 56 5; 139 15

наперстянка 15 12
напильник 121 24-28; 131 21
~ для дерева 134 11
~, сапожный д 142 43
~, трёхгранный 134 16
напиток д 54 78-83; д 167 и 168 23
~, спиртный д 167 и 168 27
напластование каменной породы д 110 и 111 14
наплыв д 87 27
наполнять д 135-137 118
напоминание 133 4
Наппа д 140 38
направление 4 з, II, III
~ ветра д 79 27
направлять д 53 37
напряжение д 113 14-16
~ туловища д 65 и 66 78
напульсник д 48-52 33
нарезка, винтовая 124 9
наркоз д 61 и 62 97
~, местный д 61 и 62 98
наркотизатор 62 6
Народная палата 99 I
Народная солидарность 104 10
Народное представительство 99 з
нарост 161 24
нарушение правил д 68 36
~ правил движения д 101 и 102 19
нарцисс д 20 5
насаждение д 160 15
наседка 153 41
насекомое д 22 1
~, вредное д 22 11
насест д 153 20
насечка 162 27
наслоение д 73 35
насморк д 61 и 62 64
насос 110 41; 153 17, 26; 174 10
~, воздушный 172 18; д 173 и 174 57
~, маслоохладительный 125 29
~, масляный 174 34
~ для нагнетания тавота 174 18
~, нагнетательный 131 35
~, пневматический д 110 и 111 100

наст д **71** и **72** 8, 9
наставлять д **139** 49
настил с брезентовой покрышкой **68** 10
настой д **15** 3; д **57** 24
настойка д **15** 3, 6; д **57** 24
настраивать д **84** и **85** 22
настурция **21** 1
насыпь **1** 21; д **1** 94
натирание воском **55** VII
натирать д **55** 68; д **56** 40; д **57** 27
натюрморт **41** 3
натягивать д **135-137** 116
натяжение нитей **135-137** 73
наука д **80** 45
~ о вредителях д **79** 7
~ об инструментах д **106** 51
~, политическая д **78** 28
наушники д **48-52** 32; д **181** 24
находка при раскопке д **91** 60
Национально-демократическая партия Германии **103** 14
национальность д **101** и **102** 49
национальные вооружённые силы д **101** и **102** 6
Национальный совет д **103** 39
Национальный фронт демократической Германии **104** 1
начало д **69** и **70** 45, 66; д **93** 30
начальник д **164** и **165** 19
~ бюро прописки **102** 11
~ команды **101** 25
~, научный д **91** 49
~ отдела д **99** 89
~ поезда д **176** 51
~ пожарной команды **102** 42
~ порта д **185** 31
~ станции д **177-179** 4
~ участка д **101** и **102** 38
начинка д **166** 45
нашивать д **139** 22
небо **2** з
~, звёздное **2** 1
небоеспособный д **68** 55

небоскрёб д **40** 41
невзыскательный д **79** 67
невод, донный **146** 3
~, кошельковый **146** 9
негатив д **94** и **95** 45; **95** 11
негр д **53** 14
негритянка д **53** 14
недействительный д **100** 44
неделя д **9** III
недодержать д **94** и **95** 3
недотрога д **19** 23
незабудка д **19** 5; д **20** 16
независимость д **109** 52
незаконный д **100** 77
нездоровый д **61** и **62** 34
неизвестное д **7** 129
неклеёный д **148** 71
нельсон д **68** 80
~, двойной д **68** 83
Немецкая народная полиция **101** з; **102** з
необходимое для первоклассника **78** III
неплодородный д **160** 49
неприкосновенность д **99** 42
непромокаемый д **148** 74
Нептун **2** 23
неразличающий цвета д **189** 9
нерв **39** з, 38-41; д **39** III, 39, 41, 43, 44, 46
~, зрительный **37** 13; д **39** 43
~, локтевой д **38** 16
~, слуховой **36** 22
нервозность д **61** и **62** 83
несатинированный д **148** 78
неспортивный д **68** 35
несушка д **153** 14
нетто д **164** и **165** 29
неурожай д **157** 24
нефть, неочищенная д **112** 27
нива **157** 15
низкоплан д **181** 3
низменность д **1** 7
ниппель д **173** и **174** 59
~, смазочный **124** 47
нитевод **137** 3; д **139** 29
нитка **56** 3, 14; д **56** 8, 24
~, живая **139** 13; д **139** 68

нитка, швейная д **139** 69
~ для шитва **151** 2
нить д **135-137** 33
~, металлическая д **135-137** 22
ничейный д **69** и **70** 20; д **93** 36, 41
ничья д **69** и **70** 20; д **93** 36, 41
ниша д **40** 24
~, книжная **41** 36
новатор д **128** 20
новелла д **89** и **90** 98
новолуние **2** 28
новости дня д **88** 16
новостройка **128** 1
нога **31** 17; **35** 17-22
~, задняя **30** 15, 23; **34** 17, 30
~, передняя **30** 14, 21; **34** 16, 28
~ помоста **128** 8
~, стропильная **129** 44
ноготки д **20** 9
ноготь **37** 31
нож **54** 17; д **54** 100; **141** 8; **151** 7
~, верхний **137** 43
~ для вскрытия писем д **164** и **165** 9
~, желобковый **55** 20
~, копулировочный **161** 44
~, круглый **138** 10
~ для масла **54** 7
~, нижний **137** 44
~, обувной **142** 22
~, окулировочный **161** 33
~, переплётный **151** 4, 23
~, резальный **151** 33, 34
~, садовый **47** 37
~, сапожный **142** 21
~ для срывания подошвы д **142** 41
~ для сыра **54** 37
~ для требухи д **144** и **145** 7
нож-скребок **165** 48
ножик, перочинный **51** 39; **105** 26
ножка, телячья **145** 45
ножницы д **44** 14, 15; **56** 1; д **65** и **66** 71; **77** 8; **164** 46
~ для вырезывания д **131** 17
~ для вышивания д **56** 25
~ для горячей резки **119** 18
~ для закройки **139** 55

ножницы, карманные 51 21
~ для кожи 142 27
~ для костей 63 43
~, круглые 131 17
~, металлорежущие 131 5
~ для метания петель 139 54
~, обойные 130 28
~ для обрезания сигар д 167 и 168 69
~, паяльные 131 7
~, перевязочные 63 48
~, прорезные 131 12
~, проходные д 131 16
~ для резки жести 131 8
~ для резки роз д 160 33
~, ручные 139 16
~, рычажные 95 31
~, садовые 47 35
~: специальные н. для стрижки волос 147 28
~ для стрижки волос 147 44
~, фигурные д 131 18
~ для шифера д 129 64
ножовка 121 4
~, садовая 47 43
~, узкая 134 10
ножовщик д 121-123 22
ноздря 34 2; д 35 55
нокаут д 68 50, 57
нокаутировать д 68 43
нокдаун д 68 61
номер 171 10
~ дома 40 22
~ места д 176 29
~, стартовый 67 24
номеронабиратель 165 31; 180 26
нона д 82 и 83 76
нониус 8 6
нонпарель д 89 и 90 140
нора, лисья д 30 и 31 11
норка д 32 12
норма выработки д 99 105
~, производственная д 99 106
~, техническая рабочая д 99 106
~ с числом листа 90 16
нормальный д 89 и 90 145
нос 34 1; 35 47; д 35 V
носик 124 21
носилки 60 24; 101 12

носилки, подвижные 62 26
носильщик 177 12; д 177-179 40
носить д 48-52 101
носок 50 20; 48 20; д 142 12
~, длинный 52 45
~, жёсткий 142 41
~, короткий 52 42
~, лыжный 71 32
носорог 28 9
нота 82 15; 83 з, II, 31-33, 38-42
нотариус д 100 88
нуль, нормальный д 2 51
нумератор 162 21; 163 28
нутрия 32 11
нутромер 81 17
ныряние д 74 7, 26
нырять д 33 и 34 16
нюхать д 33 и 34 20, 61; д 35 61
няня 64 14

оазис д 1 44
обвал д 1 33
обвинение, уголовное д 100 106
обвиняемый 100 12
обвод д 119 21
обводка 69 43
обводнять д 140 13
обвязка мочалом 161 36
обвязывать д 161 11
обгонять д 173 и 174 77
обгорать д 142 32
обед 54 III; д 167 и 168 37
обезволосить д 140 15
обезжиривать д 55 33; д 127 8
обезьяна 29 з, 21; 97 22
~, человекообразная 29 22
обезьяна-резус 29 21
обербургомистр д 99 84
обёртывание д 57 41, 42
обёртывать д 57 44
обеспечение, культурно-массовое д 108 4
~ старости 64 з
обесцвечивать д 147 9
обжиг д 127 24, 27-29; 127 33
обжигала д 127 26
обжигальщик д 127 26
обжигание, быстрое д 127 25

обжигать д 115 и 116 42; д 127 23
обжимка, заклёпочная д 131 22
~, плоская 122 10; д 131 13
обзор печати д 88 15
обивать д 142 39
обитать д 40 46
облава д 30 и 31 33
облако 3 I-V
~ пара 126 21
область, паховая 35 15
облачность 3 V
облучать д 61 и 62 115
обмен веществ д 38 6
~ мнениями д 99 56; д 108 21; д 109 32
~ опытом д 99 20
обметать д 55 65
обмётывать д 139 30
обморок д 60 6
обмуровка доменной печи 115 27
обогащение д 110 и 111 XIII, 119, 123
~ руды д 115 и 116 III
обод 41 46; 172 22
~, зубчатый 124 50
обозначение д 82 и 83 81
~ поселения 2 45
~ темпа д 82 и 83 92
обойщик 130 з, II; д 130 5, III
оболочка, радужная 37 4, 8
~, роговая 37 7
~, сетчатая 37 11
~, слизистая д 38 5
обоняние д 35 59
обонять д 35 60
оборванный д 48-52 57
оборка 52 30
оборот д 65 и 66 37, 38, 59, 68, 77, 85, 89
~, безналичный денежный д 163 II
оборудование, транспортное д 114 3
обочина 175 12, 35
обрабатывать д 134, 27, 30; д 135-137 66; д 156 23, 28
~ мотыгой д 47 30
~ рашпилем д 134 27; д 141 28
обработанный молотом д 148 80
обработка, горячая д 110 3
~ земли 156 I; д 156 III

обработка, машинная д 126 21
~ молотом д 120 2
~ почвы д 79 22; 156 I; д 160 VI
образец д 138 7; 188 з, II
~ краски д 189 19
~ для отглаживания д 138 14
~ для попытания на удар 125 23
образование д 92 26
~ отмелей д 1 96
образовать шпалеры д 109 17
обрат д 154 61
обращение д 164 и 165 58
обрез 90 6; д 151 25, 26
обрезать д 47 26; д 130 34; д 134 11; д 142 26
обрезки д 132 10; 139 21
обрезная 133 I
обрезывать д 79 92
обрешетина 129 41
~, коньковая 129 42
обриеция 20 8
обрубщик 117 48
обруч 46 35; 53 22; 66 36; 166 23
обрушать д 110 и 111 49
обрыв д 1 33
~ уточной нити д 135-137 102
обсерватория 2 II
~, метеорологическая д 3 3
обслуживание многих веретён д 135-137 54
обслуживать д 167 и 168 2
обслуживающий 170 34
обстановка д 41 9
обстоятельство смягчающее вину д 100 134
обсуждать д 109 34
обтачивать д 134 26
обтирать д 57 28
обточка, коническая д 121-123 51
~, фасонная д 121-123 52
обтягивать д 130 37; д 141 11
обувь д 48-52 VII; 51 1-6, 8, 9, 11
~ по мерке д 142 50
~, ортопедическая д 142 51

обувь для пляжа 59 24
~, резиновая 62 21
обучение д 78 VII; д 110 и 111 XV
~ древним языкам д 78 37 и 38
~, заочное д 80 61
~ математике д 78 39-42
~ немецкому языку д 78 30-32
~ новым языкам д 78 33-36
~, обязательное д 78 IV
обхват д 68 47
~ туловища 68 30
обход д 91 62
~ с целью проверки д 101 и 102 36
обходчик, путевой 175 21
обшивать д 129 31; д 139 32, 47
обшивка 48 52; 75 21; 76 26 и 27, 43
~, дверная 45 32
~ досками д 128 61
~, дощатая д 129 37
~, звукоизоляционная 88 1
~, наружная 126 10
обшить кантиком д 139 48
обшлаг 49 46
общежитие д 80 17
~ для пенсионеров 64 II
общественность д 78 XI
Общество германо-советской дружбы 104 2
общество, домашнее д 40 2
Общество Красного креста д 60 3
общество любителей моторного спорта д 172 51
~, спортивно-техническое д 106 3
община, городская д 99 74
~, сельская д 99 76
Объединение крестьянской взаимопомощи 104 9; 155 II
~ свободных немецких профсоюзов 104 3
объезд д 175 26
объектив 94 12, 44, 48
~, широкоугольный д 94 и 95 23
объём 5 51; д 8 23

объявление о вступлении в брак д 89 и 90 132
~, газетное 90 25
~ об открытии вакансии д 89 и 90 130
~ приговора д 100 130
~ решения д 100 130
~ цены д 180 27
объяснение учителем д 78 53
объяснять д 109 37
обязанность д 100 30
~ сдачи д 155 21
обязывать д 100 28
обязываться д 100 29
Овен д 2 30
овёс 10 12; 154 18; д 157 32
овод д 22 12
овощеводство д 156 8
овощи 12 1-17, 22-27; д 12 2-4
овца 33 8; д 33 и 34 8; 158 44
~, астраханская д 32 1
~, курдючная д 32 3
~, среднеазиатская д 32 9
овцеводство д 158 39
овчар 158 41
овчарка д 33 и 34 51; 158 46
овчарня д 158 40
оглавление д 89 и 90 64
огнеглотатель 97 19
огненное колесо д 98 2
огнетушитель 132 27; 174 32; д 181 30
огнеупорный д 127 33
оголовье д 154 41
огонь, береговой д 186 11
~, затмевающий д 186 7
~, маячный 186 1, 5
~, переменный д 186 9
~, портовый д 186 12
~, посадочный д 181 63
~, постоянный д 186 8
~, смешанный д 186 10
~, ходовой д 184 79
огород д 47 6; 153 50
огородник д 160 5
огородничество д 156 8
ограда д 47 9; 160 11
~ из деревянных реек 47 1

ограждение **128** 32
огузок **145** 26, 32
огурец **12** 25; д **54** 70
одеваться д **42** 54; д **48-52** 93
одежда д **48-52** III; д **138** 6
~, выходная **49** 35 и 37
~, детская **52** 3
~, женская **48** 3
~ на заказ д **139** 7
~, кукольная д **53** 20
~, мужская **49** 3
~, пионерская д **107** 3
~, резиновая **185** 45
одеяло, стёганое **42** 29
~, шерстяное д **42** 25; **62** 37
одиночка д **73** 4
~, гоночная д **75** и **76** 28; **76** 3
одноколейный д **177-179** 66
одномерный д **5** и **6** 7
одномоторный д **181** 7
одноцветный д **189** 6
одуванчик **19** 2; д **19** 15
ожерелье д **48-52** 84
ожог д **60** 67
~ от кипятка д **60** 71
озеро д **1** 53
озимь д **79** 52
оказание помощи д **60** 4
~ почестей победителям д **67** 10
оканчивать д **164** и **165** 34
окарина д **82** и **83** 56
океан д **1** 55, 56
оклад д **86** 47; д **128** 28; д **185** 44
оклеивать обоями д **130** 35
окно **40** 12
~ конюшни **154** 1
~, круглое **46** 8
~, лестничное д **45** 3
~, подвальное **40** 29
~, подъёмное **40** 33
~, слуховое **46** 2, 8
оковалок **145** 30
оковка гвоздями **73** 17
околачивать д **141** 13
околоцветник **15** 2
окорок **145** 3, 52
~, бараний **145** 9
окошко **180** 5, 7, 9, 10; **163** 17, 19, 21, 24
~ банка **163** III
окраска д **189** 22
~, защитная д **126** 10
окрашивать д **147** 10

округ, городской д **99** 73
~, сельский д **99** 72
окружность **5** 40
октава д **82** и **83** 75
окулирование **161** 31-36
окулировать д **161** 6
окулировка **161** 31-36
окунь д **23** 1
окурок д **167** и **168** 70, 73
окучивать д **47** 32; д **158** 6
окучник **47** 50; д **159** 36
олеандр д **21** 19
оленёнок **30** 1, 17; **31** 1
олень д **30** и **31** 1
~, благородный **30** 1
~ с десятью отростками д **30** и **31** 3
~, северный **28** 15
олово д **117** 16
~ для паяния **131** 52
ольха д **134** 42
ом д **113** 19
омар д **22** 26
омела д **16** и **17** 36
омлет д **54** 63
ондатра **32** 10
опалубить д **129** 31, 32
опалубка д **128** 61
опёнок д **162** 36
~, ложный серный д **18** 22
~ осенний д **18** 2
опера д **86** 8
оперативный д **61** и **62** 96
оператор **113** 24
операционная **62** I
оперение **181** 14-17
оперетта д **86** 10
оперировать д **61** и **62** 95
опечатка д **149** и **150** 49
опилки д **132** 12
опираться д **65** и **66** 29
описание заглавий д **91** 14
~ личности д **101** и **102** 51
описка д **89** и **90** 7
оплавлять д **117** 12
оплата почтовым сбором д **180** 5
~ труда д **128** 24, 25
опёк д **140** 24
опоздание д **177-179** 44
опознавание сигнальных огней д **186** 2
опока **117** 35

опока, верхняя **117** 25
~, нижняя **117** 27
оползень д **1** 38
опора д **113** 54; **125** 22; **128** 14; **171** 3
~ для испытания на сжатие и изгиб **125** 12
~ ковшовой рамы **112** 10
~, спинная **76** 22
опоссум **32** 6
оправдание д **100** 131
оправданный д **100** 144
оправка, фрезерная **123** 17
определение: глазомерное о.расстояний д **106** 86
опрокидыватель **113** 6; **114** 17; **119** 4
~ тестоделательной машины **143** 9
опрокидывать д **112** 10
опрокидываться д **75** и **76** 10
опрос, всенародный д **100** 14
опрыскиватель д **139** 67; **160** 24
~ для белья **56** 39
~, ранцевый **160** 43
опрыскивать д **56** 49; д **130** 11
опубликование д **99** 100
опубликовать д **89** и **90** 82
опускание слепой шахты **110** 39
~ туловища **66** 15
опустошать д **47** 22
опухоль д **60** 28
опушка из меха **48** 45
орангутанг **29** 22
оранжерея д **160** 8; **160** 11-17
оратор **108** 11; **109** 19
оратория д **84** и **85** 69
орган д **35** 9; д **84** и **85** 17; д **89** и **90** 108
~, внутренний **38** 3, II, III; д **38** III-VI
~ дыхания д **38** 20
~, мочевой д **38** VI
~, пищеварительный д **38** 34
~, половой **35** 16; д **38** VI
~ чувств д **35** 10
организатор, культурный **58** 63
организация д **109** 9

Организация Всемирной молодёжи д 105 I
организация, массовая 104 г
~, окружная д 105 14
~, партийная д 103 12, 14, 16-19
~, первичная д 105 11
~, пионерская д 107 II
~, районная д 105 17
~ Союза свободной немецкой молодёжи д 105 II
Организация юных пионеров имени Эрнста Тельмана 104 5
организм д 38 4
ордината 6 22
ореол д 2 5
орех, американский 14 18
~, грецкий 14 12
~, земляной 11 7
~, кокосовый д 13 и 14 16
~, лесной 14 15
~, мускатный д 54 87
орехотворка д 162 33
орешек, буковый 16 22
орешник 14 VI; д 134 50
оригинал д 89 и 90 80
Орион 2 9
оркестр 85 I; 86 16; 97 6
~ народных инструментов д 92 38
~ санатория 58 11
~, танцевальный 96 9, 10, 12, 15-17, 19, 20, 23-25
оркестрион 98 5
орошение почвы д 160 68
орт 110 27
ортопедия д 61 и 62 6
ортохроматический д 94 и 95 72
орудие д 160 III
~, сельскохозяйственное 159 с
~, универсальное 159 6
орфография д 78 30; д 89 и 90 10
оса 22 13
осадка судна д 184 37
осадки, атмосферные 3 V
осветитель 87 2
осветлять д 189 3
освещать д 113 6

освещение д 41 51
~, главное д 87 51
~, запасное 87 31; д 87 52
~ комнаты 41 1
~, лестничное 45 1
~ стола 41 2
~ сцены 86 22
~, шахтное д 110 и 111 X
освобождение от взноса д 80 19
~ от наказания д 100 146
~ от платы за обучение д 78 93
осёл 33 7; 33 и 34 6
оселок д 43 29; 158 27
осётр д 23 16
осина д 16 и 17 11
ослаблять д 94 и 95 52
ослёнок 33 7
ослица 33 7
осмотр д 91 61
~, врачебный д 61 и 62 II
~, школьный медицинский д 78 98
оснастка д 75 и 76 54; д 106 70
оснащать судно д 106 67
основа 137 28
~ выборов д 100 I
основание 6 31
основывать д 152 25
особняк 40 I; д 40 32
осот д 19 8
останавливать д 101 и 102 18; д 130 12; д 173 и 174 79
~ (кровотечение) д 60 46
останавливаться д 9 26; д 173 и 174 79
~ для стоянки д 173 и 174 80
остановить д 115 и 116 45, 46
~ мяч 69 42
остановка д 177-179 47
~ в гостинице д 167 и 168 77
~ в пути д 177-179 12
~, трамвайная 171 2
остаток д 163 67
остаться на второй год д 78 90
остов палатки 97 12
остриё 54 19
остров 182 6
~, коралловый д 1 67
~, речной 1 23
островок 1 VII

островок спасания 169 3
острый д 61 и 62 44
ость 10 8
осуждать д 100 132
осушать д 112 9; д 160 80
~ болото д 127 5
осушение почвы д 160 67
осыпь д 73 18
ось 178 11
~ абсцисс 6 18
~, большая 6 11
~, ведущая 176 30
~, земная д 2 7
~ координат 6 17, 18
~, малая 6 12
~ ординат 6 17
~, спаренная 176 29
осязать д 35 89
отбеливать д 94 и 95 54; д 118 21; д 135-137 107
отбивать косу д 158 25
~ линию шнуром д 130 13
отбить мяч кулаками 69 40
отбор д 79 77
~, племенной д 79 64
отбросы д 135-137 31; 157 29
отвал 110 5; 148 8
~, вскрышной 112 1
~ плуга 156 33
отваливаться д 1 20
отвар д 15 4; д 57 25
отваривать д 55 14
отведение ноги назад 66 4
~ ноги в сторону 66 2
отверстие 124 52
~, анальное 35 33; 38 49
~, выходное 125 35
~, заводное 9 33
~, звуковое 83 26; 84 4
~ в колодке 134 53
~, резонаторное 83 5, 21; 84 19
~, смотровое 117 5
~ для штампа 122 14
отвёртка 121 42; 134 14
отвес 128 12
отвесить д 55 16
ответвление 179 23
ответственный за проведение выборов д 100 20
ответчик д 100 108

ответчица д 100 108
отвечать д 78 56
отводить д 175 6
отводок 161 12, 17
отворот 49 4, 12, 38, 54
отдавать д 69 и 70 1
отдалённый д 152 19
отдать швартовы д 184 89
отдел д 99 86; д 166 16
~ объявлений д 89 и 90 129
отделение д 99 86; д 166 16; 167 25
~, багажное 181 19
~, инфекционное д 61 и 62 145
~, машинное 184 34
~, разметочное д 126 20
~, специальное д 99 88
~, тросовое д 184 77
~, хирургическое д 61 и 62 144
~ шахты д 110 и 111 28
отделка д 135-137 44, 106; 140 24, 27, 28
отделывать д 32 26; д 138 28; д 139 46; д 141 10, 29
отделять д 161 9
отдёрнуть д 42 56
отдых д 58 6; д 59 3; д 92 25
отель 167 3; д 167 и 168 II
отжиг д 117 7
отжимание 140 22
отжимать д 148 19
отзыв о книге д 91 35
отказ д 82 и 83 87
отказать д 40 50
отказываться от показания д 100 123
откармливание д 154 67
откармливать д 154 68
откатка д 110 и 111 VIII; 112 III
~, круговая 110 18
~, мотовозная д 110 и 111 80
~, шахтная д 110 и 111 VIII
откатывать д 110 и 111 75
откачивание 60 15
откачивать воду д 127 5
откладывать д 164 и 165 67
отклонять д 108 32
отключение д 113 42

откорм д 154 67
~, пастбищный д 158 41
откос 1 19; 175 12; 182 25
открывать д 40 44; д 99 50; д 108 9
открытие байдарочного сезона д 75 и 76 60
открытка 180 III
отлив д 1 72, 73; д 59 16; 130 46
отливать д 189 37
отливка д 117 52
~ всухую д 117 42
отложение 1 16; д 1 92
отмачивание кожи водой 140 1
отмачивать д 130 31; д 140 11
отмель, песчаная 59 4; 182 9
отмеривать д 5 и 6 1; д 8 4
отметка 70 3; д 78 88
~, одиннадцатиметровая 69 12
отмечать д 78 67; д 139 35; д 164 и 165 56, 62
относить д 75 и 76 2
отопление 176 15
~, водяное 44 III; 160 2
~, газовое 144 27
~, этажное 44 III
отпаривать д 139 43
отпечатать д 89 и 90 119
отпечаток, лицевой д 149 и 150 95
отпиливать поперёк д 132 2
отпирать д 40 44
отправитель 180 30, 33
отправка д 176 12
отправлять д 176 11
~ заказным письмом д 180 14
отпуск товаров 166 34
отпускать д 185 47
отравление д 60 75
~ газом д 60 76
отражение д 68 38
~, штрафное д 69 и 70 46
отрасль д 164 и 165 18
~ деятельности д 99 87
отрезок 5 12, 50
~ каната д 73 37
отросток 13 9

отруб, верхний д 132 5
отрубать верхушку д 158 18
отруби д 154 18
отрыв д 71 и 72 1
~ от трамплина д 67 53
отрывать д 41 38
отрыгивать д 38 56, 57
отряд проводников полицейских собак д 101 и 102 57
отсадок 161 13
отсеивать д 112 17; д 115 и 116 37
отскок д 74 2
отсрочка д 91 33
отставать д 9 21
отстёгивать д 48-52 90
отступ 90 12, 27; д 149 и 150 26
отсчитывать д 68 45
оттенить д 189 41
оттенок д 189 36
~ цвета д 189 21
оттиск д 149 и 150 45, 78, 91
~ печатный 180 31
отход д 65 и 66 1
отходы д 132 10
отцеплять д 171 7
отчаливать д 75 и 76 1
отчёт д 108 13
~, производственный д 163 62
отчитываться д 163 58
официант 168 24
~, судовой д 185 22
официантка 167 18; 168 37
оформление приезжих 167 23
офорт д 149 и 150 74
офсет д 149 и 150 79
охладитель 114 20
~ вина 168 29
~, конечный 114 26
~ шампанского 168 29
охлаждать д 55 35
охлаждение, водяное д 115 и 116 64
охота д 30 и 31 28
охотиться д 30 и 31 27
охрана, заводская д 101 и 102 III; 102 I
~ лагеря д 107 19
~, пожарная 102 28
~ труда д 99 25
охранник 102 2
охранять д 109 44
оценка д 67 8; д 78 87
очаг, домашний д 41 2

очерёдность проезда д 101 и 102 12
очерк д 89 и 90 125
очертание 187 I
очёс, гребенной 136 30
очечник 51 40
очиститель колошникового газа 115 7
~, резиновый 63 33
очистка д 143 2-5
~ улиц 170 II
очистная 117 IV
очиток д 20 26
очищать д 41 7; д 140 12
очки 51 36-38
~, защитные 61 27; 71 46; 73 20; 122 35; 174 5
~, солнечные 59 21
очко 93 14
~, шлаковыпускное д 115 и 116 83
очковать д 161 10
ошейник 34 33
ошибиться д 89 и 90 6
ошибка д 78 66
~, орфографическая д 89 и 90 7
ошпарка д 60 71

па д 96 11
павиан д 29 16
павильон, душевой 74 6
~ с минеральным источником 58 18
~, цирковой 97 5
павлин д 33 и 34 73
паводок д 1 75; д 182 21
падалица д 13 и 14 8
падаль 29 19
паданец д 13 и 14 8
падение д 1 91; д 60 19; д 73 3
~ в воду д 74 1
паз 129 29
~, шпоночный 124 35
пазо добле д 96 21
пазуха, лобная 36 3
~, носовая 36 4
пакеляж 170 17
пакет, ценный д 180 18
пакетик 166 11
палата, больничная 57 I; 62 II
~, однокоечная д 61 и 62 142
палатка 76 8; 98 18; 107 13
~, жилая д 107 24
~, лагерная 107 с

палатка на пляже 59 15
~ для продажи мороженого 59 11
~, санитарная д 107 25
палец 35 9; 37 38-42
~, безымянный 37 28
~, большой 37 33
~, поршневой д 172 32
~, средний 37 29
~, указательный 37 30
палисад 47 1
палисадник д 47 1
палисандр д 134 65
палить д 135-137 112
палка 55 30; д 71 и 72 31
~, гимнастическая 66 35
~, лыжная 71 47
~ для мешания грязей 58 22
~, пастушья 158 40
палочка 84 37
~, дирижёрская 82 18
~, маникюрная д 44 16
палуба 76 27
~, верхняя 184 42
~, жилая 184 43
~, мостиковая 184 41
~, нижняя 184 44
~, прогулочная 184 40
~ для спортивных игр 184 22
~, средняя 184 43
~, шлюпочная 184 12
пальма д 13 и 14 17
~, кокосовая д 11 2; д 13 и 14 19
~, масличная 11 3
~, финиковая д 13 и 14 18
пальто д 48-52 27-31; 48 44; 52 35
~, зимнее мужское 49 47
~, непромокаемое д 48-52 30; 49 40
памятник д 169 и 170 23
панель, столярная 130 24
панорама д 2 44
пансионат д 77 1
панталоны 59 3
пантера д 29 12
пантограф 6 49; 171 8
пантомима д 84 и 85 73
панхроматический д 94 и 95 71

панцирь 23 19
папаха 49 50
папильотка, металлическая 147 20
папироса д 167 и 168 72
папка д 148 56
~ для бумаг 41 43
~, волнистая д 148 57
~ для деловых бумаг 164 44
~ для подписей 164 8
паприка д 54 89
папье-маше д 148 54
пар д 176 44
~, мятый д 176 45
пара 82 2
~, танцующая 96 7
парабола 6 14
параграф 89 32; д 100 75
парад, физкультурный д 109 5
паразит д 22 9
паралич д 61 и 62 88
~ сердца д 60 66
параллелепипед, прямоугольный 6 25
параллелограмм 6 4
параллель 2 35; 5 4
парантез д 89 и 90 150
парапет 40 18
парашют д 181 33
парашютизм д 106 54
парик д 86 53; д 147 66
парикмахер д 86 49; 147 з
парикмахерская д 147 1
парикмахерша 147 12
парить д 132 19
парк 64 9
~, машинный д 155 2
~, пионерский д 107 15
~ санатория 58 6
паркет 96 30
парник 160 I, 20
паровоз д 176 42, 43
~, маневровый 179 17
~ пассажирских поездов 176 1
~ скорых поездов 176 21
пародонтоз д 63 28
пароксизм д 61 и 62 85
паром д 182 45
~, канатный д 182 48
паромщик д 182 46
паропровод 113 11
~, подводящий 113 33
~ для получения газа 114 10

пароход д 184 2-5, 8, 13, 31, 32; 185 14
~, океанский 184 з
~, пассажирский 182 31
~, речной 182 31
пароход-холодильник д 146 21; д 184 12
парта 78 26; 80 40
партбилет д 103 8
партвзыскание д 103 11
партгруппа квартала д 103 15
партитура 82 17
партия д 69 и 70 72; д 86 25; д 93 5
~, закрытая д 93 32
~ нового типа д 103 30
~, открытая д 93 33
~ (товара) д 166 21
партнёр 96 28
партнёрша 96 27
парторганизация д 103 III
парус 76 31; 183 I; 183 III
~, косой 183 39-43
~, прямой 183 14, 31-38
парусина д 183 2
парусность д 75 и 76 51; 183 III
пасека 22 II; 79 14
паслён д 15 12
пасовать д 69 и 70 19, 64; д 93 53
паспорт, технический 101 8
пассаж д 84 и 85 34
пассажир 171 37; д 173 и 174 65; 177 14; д 177-179 15; 181 27
пассажирка 176 20; 177 17; д 177-179 15
пассатижи 121 45
пассив д 163 61
пассифлора д 21 12
паста, зубная 44 31
пастбище 158 29; д 158 32, 36, 37
пасти д 158 51
пастись д 30 и 31 17; д 158 38
пастух 158 41; д 158 49
пасха д 9 84
пасьянс д 93 13
пат д 93 35
патефон, портативный д 88 60
патока д 54 77
патрон, поводковый 123 3

патрон переплетения д 135-137 87
патрубок: наполнительный п. для масла д 173 и 174 36
патрульный д 101 и 102 35
пауза, половинная 83 44
~, целая 83 43
~, четвертная 83 45
паук, домашний 22 20
паутина 22 21
пах 34 13; 35 15
пахать д 156 28
пахтанье д 54 79; д 154 63
пахтать д 154 64
пациент 57 10; 61 9; 63 5
пачка д 163 16
~ банкнотов 163 32
~ банковых билетов 163 13
~ сигарет 168 28
пашинка 145 34, 51
пашня 156 1; 157 15
паштет д 167 и 168 60
~, ливерный д 144 и 145 64
паяльник 131 24
паяц 53 7
певец, оперный 86 37
певица, концертная 85 3
~, оперная 86 39
пегий д 189 23
педаль 84 33; д 84 и 85 14; 139 36; 141 17; 172 14, 38
~, пусковая 120 42
~ сцепления 173 35
педиатрия д 61 и 62 5
педикюр д 147 7
пейзаж 41 29
пек д 112 31
пекарь 143 15
пеларгония 21 2
пеленгатор д 181 26
пеленговать д 181 25
пеленгующий д 181 41
пелёнка 52 3
пелерина, меховая 48 41
пеликан д 24-27 24
пемза д 44 5
пемс 48 37
пена 168 15
~, мыльная 147 34
пенал 78 53
пенальти 69 38
пение д 86 24
~, массовое д 82 и 83 30
~, хоровое д 82 и 83 29

пенсионер 64 5, 11
пенсионерка 64 4, 13
пенсия д 64 с, 2-7
пентатлон д 67 64; д 68 94
пень с корнями 162 8
пенька д 135-137 5
пеньюар 48 2; 147 14
пепельница д 41 68; 168 35
первоцвет д 19 4; д 21 14
перга 22 37
переборка 126 11
перевод д 89 и 90 47; 129 8; д 149 и 150 78
~, почтовый д 180 21, 22
переводить д 61 и 62 135; д 78 62; д 163 26
перевозить д 171 8; д 176 13; д 182 49
перевозка д 176 14
переворот боком 66 30
~ толчком рук д 65 и 66 84
~ в упор д 65 и 66 51
перевыполнение плана д 99 16
перевязка каменной кладки д 128 31
~ с постоянным натяжением 57 35
перевязывание шнуром 60 III
перевязывать д 60 60
перевясло 157 21
перегной д 160 39
перегонка, сухая д 114 1
перегонять д 101 и 102 13; д 112 24
перегородка 39 34
~, дощатая 46 11
перёд 145 50
передавать д 69 и 70 8, 19
~ по Морзе д 106 61
~ световые сигналы д 186 25
передача 69 45, 49; 119 15; д 172 3
~, беспроволочная д 106 76-78
~ грамзаписи 88 9
~, зубчатая 132 31
~, карданная д 172 45
~ мяча назад д 69 и 70 13
~ с переменными скоростями д 172 39
~ сведений д 106 73-75

передача сведений животными д 106 79 и 80
~ токами высокой частоты д 88 48
~ эстафеты д 67 49
переделывать д 139 41
передержать д 94 и 95 4
передник 52 24
~, кожаный 122 46
~ к немецкому национальному платью 48 18
передняя д 41 3; 45 III
передок, моторный 156 3; 157 3; 158 22
переезд д 40 10; 175 22-25
переезжать д 40 47, 52; д 101 и 102 21
переизбирать д 100 24
переиздание д 89 и 90 25
перекалывать д 139 40
перекапывать д 47 37
перекладина 65 9, 25; 129 6; д 129 25; 130 31; 154 12; 160 19
переклеивать д 91 24
переключатель ленты 165 22
переключать д 173 и 174 74
переключение д 173 и 174 38
~, ножное д 172 40
~, ручное д 172 41
перекосить д 106 13
перекрёсток 169 II; д 175 24
перелесок 162 5
перелёт, дальний д 181 59
переливание крови д 61 и 62 106
переливаться д 189 37
переложить (больного) д 57 3
перелом кости д 60 34
переломить (кость) д 60 35
перематывать д 87 46
перемах ноги врозь д 65 и 66 40
~ согнув ноги д 65 и 66 46
перемена захвата д 65 и 66 7
~ мест д 69 и 70 63
~ рёбер д 71 и 72 42
переменный д 7 110
переменчивость д 79 60

перемешивание 135 I
перемещать д 68 91
перемычка, оконная 130 2
~, противопожарная д 110 и 111 106
~ для шахтного воздуха 110 и 111 93
перенос раненого 60 I
~ слогов д 89 и 90 14
переносить д 89 и 90 11
переносица д 35 58
перепочевать д 167 и 168 78
переодеваться д 48-52 103
перепел 27 7
перепечатка д 89 и 90 24; д 149 и 150 100
переписываться д 109 38
переплёт 90 1-4; д 151 III, 10-16, 18, 19
~, библиотечный д 91 12
~, картонный д 89 и 90 54
переплетение, основное д 135-137 84-86
переплётная, крупная д 151 1
перепонка, барабанная 36 15
~, лётная 29 6
~, плавательная 34 25
переправлять д 182 49
перерабатывать руду д 115 и 116 43
переработка д 135-137 V
~: металлургическая п. железных руд д 115 и 116 IV
перерыв д 68 67; д 78 77
перерывать д 47 37
пересаживаться д 171 21
пересказ д 78 60
пересолить д 55 54
перетирать д 130 8
перетягивать д 60 60
переулок д 169 и 170 20
переход д 73 30; д 169 и 170 36; д 177-179 62
~, крытый 176 37
~, ночной д 106 81
перец д 54 89, 90
перечень д 164 и 165 3
перечислять д 163 23
перешеек д 1 8

перешивать д 139 25
перила 45 16
~ моста 182 4
перина д 42 18, 19; 42 27
~ на матрац 42 40
период д 1 82; д 7 99; д 113 23
~, избирательный д 99 47
~ прорастания д 79 34
~ сессии д 99 47
периферия 5 51
пёрка д 121-123 84
перлинь д 183 6
перо 33 12; 165 42
~, вечное 165 41
~, маховое 31 16
~ для перин д 42 20
~ руля 184 52
~, стальное 165 36
перпендикуляр 5 3, 7
перрон 178 I, 12
~, поперечный д 177-179 46
персик 14 8
персонал, санитарный д 61 и 62 165
~, учительский д 78 II
перстень д 48-52 85, 87, 88
перфорация д 180 28
перхоть д 35 107; д 147 22
перчатка 51 33; 72 27
~, боксёрская 68 19
~ для боя 68 19
~, лыжная 71 45
~, резиновая 62 15; 140 11
~, хоккейная 70 5
перчить д 55 39
перья на подбородке 31 18
песенка, модная д 96 7
песец, полярный 32 1
песня, народная д 82 и 83 31
песок д 1 116; д 55 70; д 59 7; 128 20; д 131 39; д 160 36
~ для стержней 117 39
~, формовочный 117 39
песочница д 148 16
пестик 13 21-23
пёстрый д 189 4, 23
песчаник д 1 115
петелька 51 42
петит д 89 и 90 142
петля 50 30; 51 56; 56 13; 72 8; д 142 9; 142 36

петля, врезная оконная 130 32
~, дверная 45 31; 46 26
~, канатная д 73 40
~, спустившаяся д 56 12
петлять д 30 и 31 7
Петрушка д 82 и 83 46; 98 16
петрушка 12 32; 77 3; 98 17
петуния д 21 13
петух д 33 и 34 63; 34 IV; 153 34
петь д 33 и 34 64
печатание д 149 и 150 IV, 76, 95
печатать на клавиатуре д 149 и 150 34
~ на машинке д 164 и 165 38
печатник 150 10
~ с камня 149 21
печать д 89 и 90 17, 102; д 100 31; д 149 и 150 7, 56, 62-64, 70, 76, 77, 79, 96; д 164 и 165 12
~, партийная д 103 64
печение 55 II
печёнка д 54 38
печень 38 36; д 54 38
печенье д 54 56; д 166 51; д 167 и 168 7, 13, 15
печь д 117 26-30; 118 2; д 143 28
~, автоматическая 143 IV
~, берлинская 41 17
~, выдвижная 143 17
~, газовая ванная д 44 1
~, горизонтальная камерная д 114 7
~, доменная 115 3, II, 13; д 115 и 116 47, 48; 116 з
~, изразцовая 41 17
~, камерная 114 6
~, канальная д 127 18
~, коксовая д 114 7
~, кольцевая 127 V
~, литейная шахтная 117 1
~, мартеновская 118 I
~, нагревательная 151 18
~, наклонная камерная д 114 8
~, низкая шахтная д 115 и 116 49
~ для обжига 115 1
~ для подогретого воздуха 117 1

печь для полукоксования д 112 25
~, промышленная газовая 120 I
~, саморазгружающаяся д 119 13
~, смолокуренная д 129 45
~, стальная д 143 14
~, тигельная д 118 27
~, туннельная д 127 19
~, хлебная д 143 11, 12
~ для холодного копчения 144 11
~, шахтная 115 13
~, электродуговая 118 II
~: электроплавильная п. для стали 118 II
пешеход 169 17
пешка 93 4
пешня 119 25
пещера, сталактитовая 1 XI
пиан 150 1
пианино д 84 и 85 10
пианист 96 10
пивная 98 30; д 167 и 168 19
пиво в бутылках 166 4
~, солодовое д 54 83
пигалица 27 8
пигмент д 35 113; д 189 20
пиджак, двубортный 49 3
~, спортивный 49 42
пижама 48 8; 50 2 и 3, 15
пижма д 15 27, 35
пики д 93 47, 54
пикировка 161 5
пикколо 84 1
пикша д 23 10
пила 72 21; д 121-123 104-107; д 133 9, 10
~ для горячей резки д 119 22
~, дуговая 46 41
~, ленточная 133 19
~, лучковая 46 30; 121 4; 162 28
~, маятниковая 133 5
~, моторная д 162 13
~, моторная цепная 129 2
~, обрезная 132 6
~, поперечная 129 10; 162 20, 30
~, рамная 134 IV
~, ручная 134 22
~, торцовая круглая 133 5

пила, цепная 132 6
пилить д 46 20; д 121-123 103; д 129 5; д 132 8; д 134 10
пиллерс 126 31
пилон 182 3
пилот 181 28
~, юный д 106 34
пилотаж, высший д 106 46
пилочка д 44 13
пильгерстан д 119 6
пильщик 132 5
пингвин д 24-27 27
пинг-понг 92 II
пинетки 51 1
пиния 17 22
пинцет 63 27; 105 28; д 147 97; 149 16
пион д 20 20
пионер, юный 98 14; 107 21
пионер-тельманец 98 14; 107 з, 21
пионерка 78 22
пионеровожатый 107 19
пипетка д 57 18; 63 45
пирамида 6 28
пирог, воздушный д 54 62
пирога д 183 35
пирожное д 167 и 168 7
~, миндальное д 167 и 168 10
пирс 185 32
пируэт 72 14
писатель д 89 и 90 77
писать красками д 189 28
пистолет, стартовый 67 7
пистон 84 11
письмо д 164 и 165 42; 180 IV
~, заказное д 180 15
~, нотное д 82 и 83 III
~, спешное д 180 11
~, ценное д 180 17
письмоносец 45 10
питание д 54 1, 2
~, школьное общественное д 78 96
питатель, ящичный 13 53, 12, 14; 136 15
питательность д 54 9
питомник д 160 II, 21, 22
~, древесный 160 II; д 160 II
~, лесной 162 6
~ фруктовых деревьев 160 II

пить д 154 13
Пифагора теорема д 5 и 6 45
пихта д 134 59
~, белая 17 1
~, гребенчатая 17 1
~, европейская 17 1
~, комнатная д 21 22
пища д 54 2, 4; д 167 и 168 35
~, диетическая д 54 64
~, сырая д 54 5
пищеварение д 38 33
пищевод 36 11
плавание 74 з, с; д 74 8, 9, 14, 18, 22
~ вольным стилем 74 23
~ в каноэ д 75 и 76 63
~ под парусами д 75 и 76 III; 76 с, II
~, пробное д 126 36
~ на спине 74 22
~ способом баттерфляй 74 21
~ способом брасс 74 20
~ способом кроль 74 23
~ с утопающим 60 13
плавать стилем кроль д 74 13
плавильщик 116 7; 118 7
плавить д 115 и 116 62
плавки 74 18
плавление, скоростное д 118 16
плавник, брюшной 23 11
~, грудной 23 10
~, подхвостовой 23 12
~, спинной 23 9
~, хвостовой 23 13
плаз, разбивочный д 126 20
плазма, кровяная д 39 13
плакат д 109 39; 134 21; 180 4
~ соревнования 133 25
план д 152 I
~, бюджетный д 99 27
~, города д 169 и 170 10
~, посевной д 156 3
~, работы д 92 28
~, рабочий д 155 4
~ по распределению рабочей силы д 155 4
~, ремонтный д 155 6
~ строительства 91 11

план уроков д 78 26
~ ухода за машинами д 155 5
~, учебный д 78 V; д 80 64
~, хозяйственный д 99 13, 14
~ по эксплуатации д 110 и 111 76
планёр 106 11-14
~, двухместный д 106 30
~, одноместный д 106 29
~, тренировочный д 106 28
~, учебный д 106 27, 28
планеризм 106 с; д 106 IV
планерист д 106 35, 36
планета 2 15-24
~, маленькая 2 19
планетоид 2 19
планзихтер д 143 8
планиметр 6 46
планиметрия 5 с; д 5 и 6 24; 6 I
планирование д 181 68
планировать д 99 107
планка 41 23; 46 10; 60 8; 67 34; 128 33; 132 18
~ с веретёнами 136 48
~ на выходе листа 165 7
~, кольцевая 136 47
~, направляющая 120 38
~, обшивная 76 44
~, ремизная д 135-137 92; 137 27
плантация, показательная д 79 4
пласт д 110 и 111 14; д 112 11-13
~, буроугольный 112 28
~ каменного угля 111 10
пластилин д 77 27
пластина, вводная 136 24
~, игольная 136 25
~, нагревательная 133 52
~, охлаждающая 133 52
~, полукруглая 140 13
пластинка 9 19; 18 4; д 63 19
~, долгоиграющая д 88 63

пластинка, металлическая 71 43
~, патефонная д 88 62
~, свинцовая д 173 и 174 44
~ для смешивания лекарственного состава 63 17
~ для стёжки 139 43
~, стеклянная 44 5
~, указательная 45 44
~, фотографическая 95 11
пластырь д 60 61
~, липкий д 60 63
плата, заработная д 128 23, 27
~ за проезд д 171 17
платан д 16 и 17 12; д 134 46
платёж д 163 20
~, наложенный д 180 16
платить д 163 21
~ пошлину д 177-179 38
плато д 1 13
платок, головной 48 16
~, носовой 51 19; 60 9
~, стерильный 62 9
~, треугольный 60 6
платформа 155 33; 178 I, 12
~, загрузочная 115 5
~, передвижная 127 26; 143 23
~, складочная 178 33
~ со стойками 176 10
платье д 48-52 III, 10-15; 52 25, 31
~, вечернее 48 51
~, готовое д 138 1-4
~, дневное 48 13
~, немецкое национальное 48 19
платье-казакин д 48-52 16
плаун д 19 20
плафон 154 27
плацкарта д 177-179 25, 26
плашкоут д 185 4
плащ 52 36
плевательница 57 21
плевать д 35 72
плевра, грудная д 38 26
плектр 83 11, 23
плёнка д 87 35
~, магнитофонная д 87 34
~, рентгеновская д 125 38
плескаться д 77 46
плести д 56 29; д 147 55

плетение, проволочное 47 7
плетёнка 143 34
плетень 158 34
плечики 49 5; 51 43
плечо 34 11; 35 4, 26; 139 27
~ рычага 125 7
плешь д 147 26
плинт, гимнастический 65 21
плинтус 130 24
плита 43 28; 55 1; д 133 26, 27, 29, 31, 35, 36; 140 26
~: выдвижная п. очага 143 16
~, газовая 43 II; д 43 43; 55 10
~, игрушечная д 53 21
~, коксовая д 43 44
~, кухонная 43 34
~ наружной обшивки 126 29
~ палубного настила 126 26
~, подматричная 120 28
~, подмодельная 117 14
~, подовая 115 33
~, правильная 122 27
~, рихтовальная 122 27
~, скальная д 73 16
~, фундаментная 123 32
~, электрическая 43 55
плитка 47 16; 71 39
пловец д 74 20
плод 15 7; 16 30 и 31
~ герани 19 8
~, косточковый 14 I-IV
~, масличный д 11 1
~, семечковый 13 VII-IX
~, стручковый 10 22, 26, 27
~ шиповника д 16 и 17 30
плодоводство д 79 91; д 156 7
плодоножка 13 26
плодородный д 160 48
плодосмен 79 11; д 79 42
плодосниматель 47 42
пломба д 63 8; 101 22
пломбировать д 63 7
плоскогорье д 1 6; 1 18
плоскогубцы 121 44
плоскость д 5 и 6 IV, 38, 40

плоскость трения д 167 и 168 76
плот д 182 42
~, спасательный д 186 41
плотина д 1 77; д 59 18; 182 5, 24 и 25; д 182 37
~, водохранилищная д 182 35
плотник 129 з, 5; д 129 I
плотность по утку д 135-137 104
плотный д 160 53
площадка, взлётная д 181 48
~, задняя 171 20
~ для игр 77 II
~, лестничная 45 15
~ для обслуживания 115 12; 116 15
~ осветителя д 86 58
~ для остановки 71 25
~ передняя 171 11
~, посадочная д 181 66
~, рабочая 115 12
~, танцевальная 96 30
~, теннисная 70 41
~ управления 118 9
~, чердачная 46 13
площадь д 8 15; д 169 и 170 21, 22
~ ворот 69 9
~, деревенская 152 7
~ набора 90 10; д 149 и 150 30
~, основная 6 31
~, пахотная д 156 12
~, полезная д 156 10
~, посевная д 156 10
~, штрафная 69 11
плуг д 159 13, 29-35, 37, 38
~, передковый 156 15, II
~, прицепной 155 7; 156 4
~, тракторный 155 7; 156 4
Плутон 2 24
плывущий на байдарке д 75 и 76 66
плювиограф д 3 36
плюмо 42 27
плюс 7 24
плюска 14 16; 16 3
плющ, вечнозелёный д 20 32
пляж 58 37; 59 9
плясун, игрушечный 53 7
~, канатный 97 3
побег 12 16; 17 7, 14

побег, надземный 161 17
победитель д 68 65
~ по очкам д 68 23
победить д 67 6
побеждать 67 6
побеждённый д 68 68
побережье д 59 17
побудка д 107 27
повар 168 11, 12
поведение недостойное спортсмена д 68 35
поверенный, частный д 100 87
поверхность д 5 и 6 58; 6 30
~ земли д 1 II
~ льда д 71 и 72 36
~, скользящая 71 30
~, стабилизирующая 181 15
повесить д 45 9
повестка дня д 108 10
~, судебная д 100 111
повесть д 89 и 90 97
повидло д 54 68
повод 34 32; д 154 45
повозка 153 28; 157 9; 158 8; 175 43
~ для колбас 144 12
~ для навоза 156 8
поворачивать д 75 и 76 21
поворот д 65 и 66 55, 70, 90; д 74 28; 74 29
~ с опорой на палку 71 17
~ пути 175 3
~ туловища 66 12
~ упором 71 16
повреждение 60 4
повременщик д 128 43
повторение д 78 58
повышение жизненного уровня д 99 111
~ квалификации д 80 55
~ производительности труда д 99 112
~ температуры д 57 8
~ урожая д 156 4
повязка 109 30
~, гипсовая 62 32
~, инвалидная 169 15
~ для придерживания языка 60 18
~ через плечо 60 IV
поганка, бледная 18 19
погашение д 163 63
погода 3 з
~, дождливая д 3 18

погода, постоянная д 3 7
поголовье скота д 154 2
погреб д 46 2, 3
~ для картофеля д 153 10
~ для фруктов д 153 11
погремушка 53 1
погружение в воду д 74 7
погрузка д 176 10
подавальщица 138 21
подавать д 69 и 70 58; д 167 и 168 4
~ апелляцию д 100 141
~ жалобу д 100 107
~ хлеб в печь д 143 26
подача д 69 и 70 57, 69; д 121-123 42
~ марли 151 30
~ мяча 69 48
подбедёрок 145 53
подберёзовик 18 6
подбивать д 139 45; д 142 21
подбирать д 158 7
подбитый д 68 41
подбойник 122 21
подбородок 35 51
подбрасывать д 69 и 70 51
подвал 46 з, II; д 46 2
~, золовой 113 20
подведение тока д 113 VII
подвод дутья 117 2
~ тока 118 12
подводить игрой д 93 51
подвой д 79 65; 161 31, 39, 42
подголовник 42 45; 61 17; 63 22
подготовка к выборам д 100 II
~ месторождения д 110 и 111 25
~ руды д 115 и 116 III
~ формовочного песка д 117 33
подготовлять д 140 10
подданство, германское д 99 2
поддуваться д 115 и 116 72, 73
поджигатель д 101 и 102 72
подзаголовок д 89 и 90 58
подкалывать д 147 57
подкислять д 143 23

подкладка 41 42; 60 17; д 68 90
~, меховая 49 52
подкова 34 21
подлежащий уплате д 163 34
~ обложению пошлиной д 177-179 37
подлесок 162 9
подлетать д 181 55
подливать д 55 36
подливка д 54 66; д 167 и 168 62
подлинник д 89 и 90 80; д 164 и 165 44
подметание 55 VI
подмешивать д 55 19
подмога 129 4
поднимание ноги вперёд 66 3
~ рук 66 6-8
~ тяжести 68 III; д 68 IV
~ флага д 107 32
поднимать рывком д 68 87
подниматься д 1 19; д 45 10, 12; д 110 и 111 9; д 175 16
подниточник 135 47
подножие горы 1 10
подножка 75 15; 171 13; 176 4
~, длинная 128 10
поднос д 43 36; 160 17; 167 14
поднятие руки д 108 29
поднять реторту д 118 20
подогревать д 55 55
пододеяльник 42 23
~ для стёганого одеяла 42 28
подойник 154 38
подоконник 40 13; 130 39
подорожник д 20 1
~, ланцетный 15 17
подосиновик д 18 12
подошва д 142 1-6
~, длинная 142 46
подписание к печати д 149 и 150 51
подписывать д 164 и 165 60
подписываться д 89 и 90 135
подпись, собственноручная 89 17
подпора из пустой породы 110 24
подпорка 56 37; 72 42; 122 16
подпрыгивать д 30 и 31 6

подрезать д 69 и 70 54
~ сучья д 162 14
подрезка 160 31
~ деревьев д 160 25, 26
подрезывать д 79 92
подрубать д 56 4
подсвечник 41 6; д 41 58
подсвинок 154 52
подсев д 157 4
подсекать д 69 и 70 54
подслащивать д 55 51
подслушивать д 36 53
подсматривать д 35 37; д 93 4
подснежник д 20 2
подсолнечник д 11 6
подставка 54 9; 55 22; 92 7; 138 26
~ для обуви 44 38
~, педальная 139 32
~, пивная 168 16
~ для пряжи 138 30
~ для спичечной коробки д 41 66
~, сушильная 95 16
~ для сушки 117 46
~ для утюга 56 43
~ для штемпелей 164 24
подстанция 118 15
~, трансформаторная д 113 47
подстилка 57 20; 60 17; 154 20
~, гладильная 138 25
~, надувная 57 32
~, резиновая 52 20
подстригать д 158 44
подсудимый 100 12; д 100 109
подсчёт д 100 40
подтягивание на руках д 65 и 66 50
подтяжки 51 41; 52 40
подучасток д 101 и 102 55
подушечка для булавок и иголок 139 9
~, коклюшечная д 56 30
подушка 41 32; 42 26; д 57 4; 151 15
~, гладильная д 139 63
~, головная д 41 17
~ из листьев 47 32
~, нагревательная 57 4
~, ручная д 139 64
~, спинная д 41 19
~ из цветков 47 31
~, шлифовальная 133 30
~, штемпельная 164 22

подход к решению задачи д 7 128
подчёркивать д 78 67
подшёрсток д 32 23
подшивать д 164 и 165 67
подшивка, дубовая 126 7
подшипник д 173 и 174 31
~, верхний 133 37
~, игольчатый 124 43
~, промежуточный 123 27
~, роликовый 124 42
~ скольжения 124 44
~, стоячий 124 44
подъезд к погрузочной платформе 178 39
подъём д 1 35; 35 20; д 65 и 66 3, 27, 36; 71 1, 8; д 73 6, 7; д 175 15
~ вперёд д 65 и 66 48
~, ёлочкой 71 7
~, клетевой д 110 и 111 81
~ лесенкой 71 5
~ людей д 110 и 111 79
~ махом д 65 и 66 74
~ разгибом д 65 и 66 63
~ в упор д 65 и 66 54
подъёмник 127 6-8; 128 3
~ для мешков д 155 17
~, наклонный 115 3
~, строительный д 128 68
поезд д 176 19
~, грузовой 176 8-10, 12, 13
~, игрушечный д 53 27, 29
~, пассажирский 176 1-3
~, скорый 176 14, 21, 34, 35, 37, 39
~: скорый п. дальнего следования д 176 20
~, товарный 101 20
поездка туда и обратно д 177-179 21
пожар д 101 и 102 69
~, лесной д 162 25
~ пласта д 110 и 111 103
~ в шахте д 110 и 111 105
пожарник 86 28; 102 III
позади д 65 и 66 9
позвонок, поясничный 38 14

позвонок, шейный 38 8
позём 156 11
позитив д 94 и 95 61
позиция, боевая д 68 54
позывные д 88 19
поилка 57 9
~, автоматическая 154 44
поить д 154 12
пок д 134 69
показатель д 7 119
~ корня д 7 126
покатость д 1 34
поковка 120 16; 122 12
покой, ночной д 42 36
поколение, подрастающее д 67 14
покров, снежный 72 36
покрывало д 42 17
~, тюфячное 42 43
покрывание тонким слоем металла д 119 17
покрывать д 129 33
~ воском д 134 35
~ глазурью д 127 30
покрытие, асфальтовое 170 15
~, дорожное 175 41
~, кожаное 75 28
~: кожаное п. для защиты затылка 102 18
покрышка 9 18; 172 20
~ печатного барабана д 149 и 150 87
покупатель д 166 1; 166 16, 33
покупательница 166 14, 37
покупать д 55 80; д 166 3, 5; д 177-179 18
покупка 55 XI
~ книг д 91 11
пол 45 38
полба 10 10
полдень 2 26
поле 99 3; 152 1; 156 1, 2
~, картофельное 158 7
~, лётное 181 с, 13
~, опытное д 79 40
~ орошения д 156 54
~ под паром д 156 14
~ подачи 70 48
~ пожара в шахте д 110 и 111 104
~, посевное 157 8
~ прочёса 136 32

поле, свекловичное 158 2
~, специальное 79 17-22
~, футбольное 69 30
~, шахтное д 110 и 111 39
полёвка д 29 9
полеводство д 156 2, 5
полезные ископаемые д 110 и 111 12
полено д 46 9; 46 37
полёт д 181 46
~ беспосадочный д 181 58
~ в высоту д 106 45
~, дальний д 181 59
~, ночной д 181 62
~ в обратном направлении д 181 61
~ в одном направлении д 181 60
~, парящий д 181 68, 69
~, слепой д 181 57
~, фигурный д 106 46
ползать д 23 37
ползун 123 24
поливать д 47 25
поливающий 170 36
полигон д 5 и 6 51; д 106 6
полиграфический д 149 и 150 2
полиграфия д 149 и 150 1
поликлиника 61 з
~, детская д 61 и 62 131
полировать д 55 58; д 134 37
полировщик д 134 6
полиспаст 132 29; д 183 5
политбюро д 103 23
политика блока д 103 36
~ мира д 109 50
~ партии д 103 35
полицейский, железнодорожный 101 22
~, народный 98 28; д 101 и 102 3; 102 2; 169 27
полицейский-регулировщик 101 4
полиция 101 II
~, железнодорожная 101 III
~, морская народная 101 I
~, немецкая народная 101 з; 102 з
~, охранная д 101 и 102 V
~, пограничная д 101 и 102 7

~, регулирующая уличное движение 101 II; д 101 и 102 II
~, уголовная д 101 и 102 VI
полиэдр д 5 и 6 61
полка д 43 35; 164 3; 166 1; 167 25
~ для белья 42 12
~ для журналов 80 3; 92 1
~ для книг 41 28; 91 1; 92 2
~ для колодок 142 2
~, стенная 43 4
~ для фруктов 46 27
полкило 8 31
полнолуние 2 31
поло, водное д 74 30
полова 157 29
половик 45 14, 39
половодье д 1 75; д 59 22; д 182 21
положение 4 I, III
~ гимнаста спиной к снаряду д 65 и 66 16
~, заднее д 75 и 76 34
~ вне игры 69 34
~ корпуса 72 3
~ на корточках 66 16
~ ноги врозь д 65 и 66 41; 66 2
~ рук вверх 66 8
~ рук в стороны 66 7
~ сбоку от снаряда д 65 и 66 18
~ сидя 66 21
~ в упоре 66 22
положить на музыку д 84 и 85 40
полоз 72 41
полок, грузовой 178 37
полонез д 96 14
полоса 90 24; д 149 и 150 39
~, взлётно-посадочная 181 30
~, перевязанная 150 4
~ у перехода 169 34
~, противопожарная лесная д 162 23
полоскание д 57 47
~ для рта д 44 10
полоскать д 55 57; д 56 42; д 57 26
полость, барабанная 36 16
~, брюшная д 38 35
~, зубная 37 22
~ литейной формы 117 21

полость рта 36 III
полотенце 44 8; 57 5; 61 2
~, купальное 74 14
~, мохнатое 44 20
полотнище обоев 130 22
~ палатки 107 17
~ пилы д 121-123 108; 132 11
полотно д 48-52 41
~ железной дороги 175 26
~, основное 142 35
~ пилы 46 31; 134 51
~, спасательное 102 43
полоть д 47 33
полуботинок 52 37, 46
~ для мужчин 51 8
полубуфет 41 7
полувагон 176 8
полудверь 154 33
полужирный д 89 и 90 146
полузанавеска 44 35
полузащитник 69 17-19
полукруг 5 37
полукустарник д 20 III
полулист д 148 88
полумасса д 148 6
полу-нельсон д 68 84
полуостров д 1 11
полупродукт д 119 25
полусон д 42 35
полустрижка д 158 47
полутон д 82 и 83 63
полутуша, свиная 145 10
полуфинал д 67 50
получатель д 180 25
получать д 163 24
получить доцентуру д 80 40
~ повреждение д 60 40
~ ранение д 60 40
полынь д 12 12; д 15 34
польдер д 1 78
полька д 96 15
~, рейнская 96 1
~, фигурная д 96 16
польская д 144 и 145 47
полюс 2 34; д 113 30
~, Северный 2 4, 34
~, Южный 2 34
поля для сшивания д 164 и 165 52
~ шляпы 51 27
помада, губная 51 13
помадка д 166 44
помёт д 30 и 31 21; д 33 и 34 78

помещать д 61 и 62 136
~ в особом отделе д 91 25
~ в секретном отделе д 91 25
помещение д 133 40, 42, 43, 45, 48
~ брожения 143 20
~ для воздуходувок д 115 и 116 71
~, грузовое 181 19
~ для детских колясок 61 33
~, жилое 152 31
~ заводской охраны 102 1
~ защитных реле 118 15
~ клуба д 92 5
~, котельное д 184 67
~ для культурно-массовых мероприятий д 108 5
~ лебёдок 115 11
~: общее п. для больных д 61 и 62 141
~ для привода экскаватора 112 22
~ для приготовления теста 143 I
~, распределительное д 87 50
~ для собрания л 108 5
~ для счёта денег 163 12
~, хозяйственное д 61 и 62 155
~ для хранения сельскохозяйственных машин 155 3
~, чердачное 46 12
помидор д 12 10; 12 27
помост 78 16; 82 21; 87 7; 108 7; 115 12; 128 8-10
~ на козлах 128 43
помощник 60 1; 68 6; д 128 37
~ зубного врача 63 2
~ кочегара д 185 26
~ парикмахера 147 46
~ по проведению выборов 100 1
помощь при воспитании д 78 94
~, первая 60 з
помпа 153 17
помпон 52 12
пони д 33 и 34 33; д 147 62
понимание д 84 и 85 24
понос д 61 и 62 72

понтон д 185 4; 185 39
пончик д 167 и 168 12
понюшка д 166 69
понятие, алгебраическое д 7 IV
~, арифметическое д 7 IV
поперечка 162 20
поперечник гардин 42 2
поплавок д 131 61; д 173 и 174 24; д 182 52
поползень 26 2
поправляющийся д 61 и 62 49
попугай 27 12
пора д 35 110
~, потовая д 35 110
поражение д 68 61
пораниться д 60 40
порез д 60 17
порей 12 28
порог 45 13; д 75 и 76 81
порода, древесная д 134 III, 64-74
~, изверженная д 1 107-110
~, контактная д 1 111
~ кур д 153 13
~, осадочная д 1 113-115
~, первичная 1 17
~, покрывающая д 110 и 111 13
~, пустая д 110 и 111 50
~ собак д 33 и 34 43
~, эруптивная д 1 107-110
поросёнок 33 5; 154 56
~, молочный 154 56
пороситься д 154 73
пороть д 139 44
пороша д 71 и 72 20
порошка д 71 и 72 20
порошок д 15 9; д 57 20
~, зубной д 44 9
~, мыльный д 56 37
~, хлебопекарный д 143 21
порт, морской д 185 1
~, нефтяной 185 8
портал сцены 86 21
портниха д 139 3
портной д 139 1, 2; 139 12
порто д 180 4
портрет 78 3; 99 19; 164 1
портсигар д 41 62; 51 52
портфель 80 15, 39; 164 17

портье 167 29
поручение, партийное д 103 34
поручитель д 103 5
поручни 126 24; 184 21
порфир, кварцевый д 1 109
порция д 167 и 168 38
поршень д 172 31
~, нажимной 133 55
порыв ветра д 75 и 76 73
порядок дня д 108 10
~ проведения экзаменов д 80 83
~ прописки д 101 и 102 39
посадка д 106 47; 161 8
~, вынужденная д 181 67
посвящение д 89 и 90 61
посев д 79 58; д 157 1, 2, 3, 5-9
~, весенний д 156 26
~, озимый д 156 25; д 157 2
поселение д 152 23
посёлок д 40 38; д 152 14-17, 24, 26, 28-30; 152 IV
поселяться д 152 22
посетитель 85 1; 91 15; 99 22; 102 6; 167 10; 168 33
~ концерта 82 5
~, почётный д 109 23
посетительница 91 16; 99 21
пособие, наглядное д 78 80; 80 19
~, учебное д 78 VIII
пост, заградительный 101 17
~ машиниста 112 9
~, наблюдательный 184 29
~ управления 119 5
~, централизационный 179 18
поставить д 55 21, 23
поставка д 155 20
~, обязательная д 155 22
постановка оперы 86 II
постановление д 99 7, 99
~ об исполнении д 99 92
~ о проведении д 99 93
постановлять д 108 34
постилать д 42 62

пострадавший при аварии 101 11
построение д 5 и 6 8
постройка д 128 10, 50-52, 58; 169 7
~, клинкерная 75 II
поступление книг д 91 13
посуда д 54 V
~ для ваты 63 15
~ для куклы 53 17
~, кухонная д 43 7
посудина д 43 8
посылка 180 18
~, почтовая 180 13
посыльный д 101 и 102 75
пот д 35 108
потение д 57 43
потерпеть аварию д 60 1
потеря д 163 64
~ крови д 60 42
поток д 75 и 76 79
~, горный д 75 и 76 84
~, селевой д 1 37
потолок 111 4
потяг 142 7
похвала д 78 92
поход, звёздный д 107 36
початок 15 3; 135 48; 136 49
~, мюльный 137 6
почва д 79 14; д 156 II, 17-21; д 160 IV
~, разрыхлённая 47 10
почвоведение д 79 II
почвоуглубитель д 159 37
почерк д 89 и 90 1
починять д 9 30; д 139 53
почка 38 44, 45
~, цветочная 13 11
почкоед, яблочный д 22 21
почта, воздушная д 180 10
~, германская д 180 1
почтальон 45 10; д 180 33
почтамт 180 з
пошлина д 177-179 35
поэзия д 89 и 90 86
поэма д 89 и 90 87
пояс 49 9; 50 29-32; д 115 и 116 57-60
~, жаркий д 2 9
~, обратный 68 35
~ для резинок 50 10
~, спасательный д 186 39
~, тропический д 2 9

пояс, умеренный д 2 12
пояснища 35 29
правило 128 11; д 128 81
~ игры д 93 9
~, основное 7 II
~ плавания на морских коммуникациях д 106 62
~ пользования книгами д 91 30
~ процентов д 7 116
~, тройное д 7 128-131
правительство 99 з, 9, 10, 12; д 99 III
править д 173 и 174 72
правка, авторская д 149 и 150 46
~, типографская д 149 и 150 42
правление, главное д 103 22
~, партийное д 103 22
~, центральное д 103 22
право д 100 51, V, 57-67
~, авторское д 89 и 90 21
~, водительское д 173 и 174 62
~ голоса д 100 12
~, избирательное д 100 3
~ молодёжи на совместные действия д 105 27
~ на образование д 78 107
~, основное д 99 5
~ на труд д 99 8
правовой д 100 54
правомочный д 108 35
правописание д 78 30; д 89 и 90 10
праздник строителей д 128 49
~ урожая д 157 40
праздничный д 48-52 55
практика д 61 и 62 10; д 80 72
практикант д 61 и 62 164; 64 19
практикантка д 77 14
пралине в коробке 166 29
прачечная 56 VII
прачка д 56 34
преграждать д 69 и 70 53
предгорье д 1 10
предел прочности д 125 11, 12
~, родной д 180 8

предел текучести д 125 20, 21
~ упругости д 125 19
~ усталости д 125 10
предисловие д 89 и 90 62, 63
предлагать д 99 55
предложение д 99 54; д 108 22; д 164 и 165 25
~ о мере наказания д 100 128
~ проекта д 99 52
~, рационализаторское д 99 21, 113
предместье д 169 и 170 9
предмет 121 12; д 166 18
~, испытуемый 125 3
~, учебный д 78 VI
преднос 66 23
предоставить слово д 108 27
предотвращать д 61 и 62 32
предохранитель 45 43; 88 27; 137 32
~ от возвратного удара 133 15
~ от отвинчивания 124 6, 15, 18, 20, 26, 28
~, электрический 45 IV
предплечье 35 6
предплужник 156 37
предприятие, народное д 118 2
~: народное п. по заготовке и закупке сельскохозяйственных продуктов 155 III
председатель 100 8, 16; 108 4; 109 18
~ городского совета д 99 41
~ окружного совета д 99 40
~ партии д 103 29
~ почётный д 109 20
~ районного совета д 99 40
~ Союза свободной немецкой молодёжи д 105 21
~ фракции д 99 44
~ экзаменационной комиссии д 80 85
предсердие 39 28, 30
представитель д 164 и 165 21
~ обвинения д 100 83
~ печати 99 3; 103 2

представительство, народное 99 з; д 99 II
представление, театральное 86 II
предшественник д 79 43
президент 99 7
~ Германской Демократической Республики д 99 83
президиум 99 7 и 8; 103 6; д 109 22
~, почётный д 109 21
прейскурант 139 24; 166 9; 167 16
прекращение д 68 37, 42
премия д 108 38
премьера д 86 7
премьер-министр 99 12
прения д 108 24
преобразование д 113 VI
преобразователь д 113 49
преодоление естественных трамплинов 71 12
препарат д 78 79
препаратор д 91 52
преподаватель вуза д 80 30
~ отдельного предмета д 78 13
~ физкультуры 65 22
преподавательница физкультуры 65 13
преподающий д 80 II
прерыватель д 173 и 174 46
~ тяги 131 30
пресмыкающиеся 23 з, 17, 18, 20, 21, 23
пресс д 112 37, 38; д 120 7, 8; д 151 8
~, безопасный 141 III
~, быстроходный 120 IV
~ верхнего кроя 141 1
~, гидравлический 133 48
~ для глаженья 138 36, 38, 39
~, картофельный 43 48
~, кирпичеделательный 127 11
~, ленточный 127 11
~, лимонный д 43 33
~, мокрый д 112 38; 127 11; 148 14
~, отжимной 140 23
~, пневматический 141 25

пресс для растений 105 22
~, ручной 150 I
~ для склеивания 142 17
~, сушильный 149 27
~, фрикционный винтовой 120 IV
~, фруктовый д 43 26
~, эксцентриковый 120 V
пресса д 89 и 90 102
прессование д 120 1
прессовать д 135-137 122
прессовка на настольном прессе 151 10
пресс-папье 164 26, 30
прибивать д 142 30
прибой д 59 10
прибор, бункерный д 185 8
~, водомерный 113 12
~ для всасывания слюны 63 25
~ для глянцевания д 143 30
~ для ингаляции 57 31
~, испытательный 81 III
~ для коротких волн 61 29
~, кухонный д 43 21; 43 III-V
~ в метеобудке 79 II
~ для обрезания сигар д 41 65
~ для оглушения животных д 144 и 145 1
~, паяльный 131 10
~, ремизный 137 33
~ для рыбы д 54 99
~ для сгибания желобчатого железа 131 11
~, столовый 54 II; д 167 и 168 39
~ для сушки д 133 8
~ для удаления волос 140 12
~, умывальный 57 25
~ для фрезеровки уреза д 142 35
~, чернильный 164 28
~, швейный д 56 11
прибывать д 167 и 168 79; д 177-179 41
прибыль д 163 67, 69
~, чистая д 163 70
прививать д 61 и 62 123; д 161 2
прививка 79 16; д 161 3, 14; 161 III, 41

прививка, профилактическая д 61 и 62 124
~ в школе д 78 99
привинчивать д 134 29
привлечение к ответственности д 101 и 102 20
привод 143 22; д 172 3
~, автоматический 113 45
~ двигателя вращением ручки д 172 29
~, зубчатый реверсивный 123 9
~ подачи 123 10
~ шкалы 88 20
приводить доказательства д 109 35
привой 161 38, 43
привойник 161 33
привязать д 73 5
привязывать д 106 38
приглашать д 61 и 62 8
приговор д 100 129
~, оправдательный д 100 131
пригонять д 134 14
пригорать д 55 17
приготовление д 141 26
приготовлять д 55 18, 26; д 78 52; д 127 2
пригубить д 167 и 168 6
придаток, мозговой 36 6
приезжать д 177-179 42
приезжающая 102 15
приезжая 167 34
приём д 61 и 62 137; д 78 19
~ багажа д 177-179 30
~, освободительный 60 14
~ посетителей 99 II
~ при спасании утопающих 60 VI
приёмная д 61 и 62 11
приёмник, батарейный д 88 30
~ переменного тока д 88 28
~ постоянного тока 88 27
~ прямого усиления д 88 39
прижигатель 63 11
прижим для труб 131 32
приз д 93 6
приземление д 71 и 72 5; д 106 47

приземляться д 181 64
призма 6 26
призыв 131 4
приклад 139 7
прикладка д 106 15
~ с руки стоя д 106 18
~ с руки лёжа д 106 17
~ с упора лёжа д 106 16
прикол, палаточный 76 9; 107 15
приколка 51 49; д 147 91
прикрепить д 172 12
прикрытие игрока 69 47
прилавок 166 19
приладить д 138 18
приладчица 138 21
прилечь д 42 39
прилив д 1 72, 74; д 59 15
~, бурный д 1 79
~, сильный морской д 1 80
~, штормовой д 1 79
прилистик 13 35
прима д 82 и 83 68
приманка д 182 53
примерять д 139 34
примётывать д 139 21, 31
примула д 19 4; д 20 21; д 21 14
примус д 43 45
принадлежность 139 II; д 147 VII
~, канцелярская 165 IV
~, курительная д 41 61
~ одежды д 48-52 19
~, письменная 165 III
~ туалета 51 з
принимать д 61 и 62 138; д 69 и 70 59
~ душ д 44 24
приносить проценты д 163 12
принять предложение д 108 31
припарка д 57 35
приправа д 54 71, IV
приправка д 149 и 150 86
приправлять д 55 57
припудривание д 57 29
прислушиваться д 35 52
присматривать д 77 54
присоединение д 113 28

присос д 21 63
присоска для картонов 151 38
приспособление, автоматическое резательное 127 16
~ для гибки труб 131 47
~, зажимное 123 3; 125 4
~: зажимное п. для испытания на растяжение 125 13
~, замыкательное 146 11
~ для запашки навоза д 156 38
~ для испытания на возвратный изгиб 125 II
~, клеильное 151 37
~, накатное 137 21
~ для наматывания 139 38
~ для натяжения нитей 139 30
~, опрокидывающееся 116 22; 118 13
~ для откатки 137 12
~, питающее 136 24 и 25; 137 51
~ для подвешивания карт 78 2
~, проступное 137 24
~ для развёртывания 138 7
~, соединительное д 129 56
~, стопорное 43 47; 165 24
~, стягивающее 71 34
~, сушильное 137 18
~ для чистки 137 5
~, шлифовальное 148 2
приспособляемый д 79 71
приставать д 75 и 76 3
пристань 59 6; 76 5; 185 22
пристёгивать д 106 38
пристройка д 40 12
приступ д 61 и 62 85
присуждение высшей учёной степени д 80 96
присутствующий 99 2; 108 12
присягать д 100 122
присяжная д 100 81
присяжный д 100 81
притворить д 40 43
притирать д 130 20
приток 1 24; д 182 11
прихварывать д 61 и 62 39

приход д 163 39
прихрамывать д 35 98
прицеливаться д 106 12
прицеп 175 10
прицеплять д 171 4; д 173 и 174 68
причал 76 5
~ для лодок 58 39
причаливать д 75 и 76 3; д 184 93
причёска д 86 52; д 147 IV, 65
причёсывать д 147 37, 52
причёсываться д 44 22
пришивать д 139 20; д 142 28
прищепок 56 36
приют, детский д 77 4
проба 116 8
~ крови д 61 и 62 24
~ опадания крови д 61 и 62 23
~ почвы д 79 16
пробивать д 164 и 165 65
пробирание д 135-137 88, 89
пробирка 78 38
пробка д 43 37, 39; 149 35; д 167 и 168 31
~, калиберная 123 36
проблеск д 189 38
пробовать д 55 15, 38
пробоина в подводной части д 184 100
пробойник 121 39
прибор д 147 50, 64, 65
пробочник д 43 38
пробуждаться д 42 50
проверка д 101 и 102 36
~ на всхожесть д 79 32
~ кормления 61 37
~ скорости д 101 и 102 17
провести д 5 и 6 23
проветривать д 41 8; д 160 79
провод 165 27
~ высокого давления 133 51
~, запальный д 172 30; д 173 и 174 48
~, контактный 112 6, 24; 171 5
~, пневматический 111 27
~, электрический 56 41
проводимость, электрическая д 125 28
проводить по книгам д 163 35

проводка д 75 и 76 38, 40; д 113 52; д 119 20
~, осветительная 171 21
проводник д 73 11; д 113 51; д 176 52
~ полицейских собак д 101 и 102 58
провожатый д 173 и 174 64
проволока 119 36; 171 4
~ для вязки 160 40
~, зажатая 125 8
~ надниточника 135 46
~, ремизная д 135-137 93
~ для сварочных работ 122 36
~, стальная 127 18
~, телеграфная 175 14
проволочник д 22 22
прогноз д 61 и 62 15
~ погоды д 3 2
прогон 129 48
~, средний 129 43
программа 86 3
~ партии д 103 2
прогулка 59 10
~ врассыпную д 107 36
~, школьная д 78 76
продавец 98 29
продавщица 166 10, 38; 167 5
~ сигарет 168 26
продвижение вперёд д 75 и 76 25
~ по камину 73 14, 15
продовольствие д 58 24; д 166 23
продувать д 115 и 116 80
продувка в конверторе д 118 19
продукт, побочный д 115 и 116 81
продукты, пищевые д 54 III; д 166 23
проезд 40 38; 153 4; д 177-179 14
~ воспрещён д 175 25
проект постройки 91 11
проектирование д 160 3
проектор д 86 59
проекция д 5 и 6 39
прожектор 86 18; 87 1; 97 2; 184 30
прожектор-искатель 173 2

проза д 89 и 90 95
прозодежда для слесаря 49 31
проигрывать д 93 11
произведение 7 37
производитель д 155 10
производить д 164 и 165 17
~ накатку д 121-123 54
~ окорку д 162 15
~ работы землечерпалкой д 127 1
~ разведочные работы д 110 и 111 22
производная д 7 70
производство д 133 II; д 141 II
~, бумажное 148 з; д 148 2
~ древесной массы 148 II
~, кожевенное д 140 2
~, обувное д 141 2
~, полумассы 148 III
~, серийное д 126 4
~ соляное д 58 16
~ тока д 113 III
~ фанеры 132 IV
~ целлюлозы 148 I
~ чугуна д 115 и 116 6
~, штучное д 138 15
прокат 119 12, 16
прокатка д 119 II; 140 28
прокатывать д 119 16; д 130 16
прокладка д 131 55; 52 5
~, упорная 133 47
проклеивание д 135-137 VIII
проклеивать д 134 18
прокол д 60 15; д 164 и 165 66; д 182 33
прокурист д 164 и 165 20
прокурор 100 18; д 100 84
пролежень д 57 6
пролеска д 21 10
пролёт, литейный 116 1; 118 III
пролив д 1 66
пролом черепа д 60 21
промежуток 90 32
промывание д 57 47
~ кожи 140 1
промыватель бензола 114 33
промывать д 55 25; д 60 43; д 94 и 95 49; д 110 и 111 120; д 127 6; д 130 7; д 135-137 61

промысел, китобойный 146 з, VIII
~, строительный д 128 3
промышленность, бумажная д 148 3
~, буроугольная горная д 112 1
~, кожевенная д 140 1
~, красочная д 189 11
~, лёгкая д 135-137 1
~, лесообрабатывающая д 133 2
~, лесопильная д 132 I
~, мебельная д 133 5
~, металлургическая д 115 и 116 3
~, обувная д 141 1
~, основная д 115 и 116 14
~, полиграфическая д 149 и 150 4
~, рыбообрабатывающая д 146 23
~, строительная д 128 2
~, текстильная д 135-137 с
~, тяжёлая д 115 и 116 15
~, фанерная д 132 II; д 133 3
пропаганда, партийная д 103 45
~, предвыборная д 100 19
пропагандировать д 100 18
пропасть д 1 31
пропахивать д 158 14
пропашник д 158 15; д 159 15
пропеллер 181 24
прописка д 101 и 102 IV
~ на жительство д 167 и 168 81
прописывать д 61 и 62 27
пропитывать д 135-137 124
пропорция д 7 101, 111
пропуск 102 7
~, заводский 102 3
прорастать д 79 36; д 157 15
прорваться д 69 и 70 6
прореживать д 47 24
прорез д 125 24
прорезать щель д 129 9
прорезинивать д 135-137 119

прорезываться д 35 65
проректор д 80 26
проректорат д 80 2
прорубь 60 22
прорыв 69 44
~ воды д 110 и 111 110
просвечивать д 61 и 62 20, 21
просвирник д 15 24
просвирник д 15 18
просеивать д 112 17
просека 162 2
прослойка 139 7
~ породы 110 43
проспать д 42 43, 44
простирание д 1 90; д 110 и 111 15
простой д 48-52 54
пространство д 8 22
~, выработанное 110 23
~ между камнями д 129 12
~: рабочее п. печи п 118 9
простудиться д 61 и 62 59
простынка, детская 52 4
простыня 42 30
просыпаться д 42 49
просьба о предоставлении слова д 108 26
проталлий д 79 38
протез 57 36; д 63 12
протест д 108 20
противень д 55 9; 144 21
противник д 68 52
противовес 112 7; 120 4, 41; 132 12
противогаз 102 21
противозаконный д 100 55, 77
противоореольный д 94 и 95 73
проток на отмели 1 35
протокол 80 4; д 108 15
протравливать д 157 11
протравщик д 134 5
протягивание д 75 и 76 27
профессия д 48-52 II; д 101 и 102 48; д 110 и 111 XIV; д 121-123 I; д 130 I; д 134 I; д 149 и 150 II
профессор 80 18; д 80 31-33
профилактика д 61 и 62 33
профилировать д 134 23

профиль д **71** и **72** 19
~, предварительный д **119** 29
~, прокатный **119** III
проход **1** 12; д **169** и **170** 28
~, боковой д **171** 13
~ в конюшне **154** 25
~, кормовой **154** 46
~ для поросят **154** 54
~, слуховой **36** 14
~, средний д **171** 12
~, чистовой д **133** 13
проходка штрека **110** 33
проходчик д **110** и **111** 128
прохождение д **109** 16
прохожий **169** 17
процедура, ванная д **58** 1
процент д **163** 13
процесс д **100** IX; д **134** II; д **142** III
~, бессемеровский д **118** 17
~ горячей штамповки д **120** 4
~, мартеновский **118** I
~, негативный **95** I
~, позитивный **95** II
~, томасовский д **118** 19
прочёс **136** 7
прочность д **125** 8, 9
прошивать д **139** 24
прошивка **50** 13
проявитель д **94** и **95** 46, 47
пруд д **1** 52; **58** 40
~, деревенский **152** 15
~ для уток **153** 51
пружина **9** 21; д **42** 12; **131** 57
~, очистительная д **131** 67
~, спиральная **71** 41
прут, анодный **149** 46
~, воздушный **117** 28
~, катодный **149** 45
прыгать д **30** и **31** 6; д **181** 34
~ со скакалкой д **77** 41
прыгун д **67** 52
~ в высоту **67** 33, 37
~ в длину **67** 27
прыжок д **65** и **66** 25, 33, 39, 44, 45, 57, 65, 79, 90; **67** III, 26, 32, 30; д **67** III, 54-57; **71** II, 13, 14, III; д **74** 15-17, 19, 27, 29; **74** III, 24-28, 31, 34

прыжок олень **72** 13
прядение д **135-137** 32, 45-49
прядильня д **135-137** III
придильщица **136** 50
прядь волос д **147** 49
пряжа д **135-137** 34-39
~, кручёная д **139** 73
~, основная **137** 28
пряжка **50** 31; **51** 10; **139** 7
прялка д **135-137** 53
прямая **5** 8; д **67** 19
~, вертикальная **5** 3, 7
прямой д **100** 7
прямолинейный д **5** и **6** 19
прямоугольник **6** 7
пряник **98** 19; д **166** 52, 53
~, вестфальский **54** 41; д **143** 37
пряность д **12** 11-21
прясть д **135-137** 69
психиатрия д **61** и **62** 7
психрометр д **3** 34
птенец **27** 6
птица, дневная хищная **24** з, 1-3
~, домашняя **33** 11, 13, 14; д **54** 43
~, осёдлая д **24-27** 15
~, певчая **24** з, 9, 10, 13-15; **25** з; **26** з
~, перелётная д **24-27** 13, 14
птицеводство д **153** 12
публика **82** 5; **85** 1; **86** 11; **100** 26, 27
публицистика д **89** и **90** 103
публичный д **100** 41, 116
пугаться д **33** и **34** 39
пуговица **139** 7
~ к брюкам **51** 45
~, рубашечная **51** 46
пудель д **33** и **34** 50
пудинг д **54** 58
~, холодный д **54** 55
пудра д **86** 51; д **147** 78
пудреница **51** 16
пузырёк, лёгочный д **38** 27
пузырь д **60** 69
~, жёлчный **38** 38
~ со льдом **57** 12
~, мочевой **38** 42
пульверизатор **87** 26
~ для духов **42** 15
~ пудры **147** 42
пульпа **37** 21

пульс д **39** 26
пульт, коммутационный **113** 23
~, письменный **180** 22
~ тонмейстера **88** 13
~ управления **62** 40; **113** 23
пуля д **30** и **31** 35
пункт, диспетчерский **113** 17, 22
~, заготовительный д **155** 12
~: командный п. соревнований **67** 5
~: консультационный п. для матерей **61** III
~, лоцманский **185** 12
~, приёмочный д **155** 13
~, распределительный **113** IV, V, 22
~ для сбора яиц **155** 36
~: сборный п. для скота **155** 28
~ скорой помощи **59** 13
~, случной **155** 22
~, типографский д **89** и **90** 138
~ управления **113** 17; **116** 14
пунктбол **68** 26
пунктировать д **61** и **62** 121
пунсон **149** 23
пупок **35** 13
пупс д **53** 24
пускать двигатель д **173** и **174** 70
~ в ход д **173** и **174** 69
пустельга **24** 1 и 2
пустошь д **156** 14
~, вересковая **1** V
пустыня д **1** 43
путепровод **169** 8; д **169** и **170** 35; д **175** 19
путешествие д **73** 10
путь **178** 13
~, водный **182** з
~, запасный **179** 4
~, канатный крановый **126** 2
~, крановый **114** 29
~, кровеносный д **39** 19
~, погрузочный **178** 18
~, примыкающий **177-179** 63
~, рельсовый **175** 27; д **177-179** 68
~: рельсовый п. на верфи **126** 14

путь, санный 72 37
~ скольжения 126 8, 18
~ сообщения д 176 2
~ с стрелочным переводом 179 21
пух, семенной 11 14
пуховка 51 15
пушица д 19 28
пушнина д 32 28
пчела 22 VII
~, рабочая 22 42
пчеловод 22 28
пчеловодство д 79 98
пшеница 10 9; д 157 31
пылесос 55 27
пыль, колошниковая д 115 и 116 67
пыльник 13 20
пыльца 22 37
пырей д 19 17
пышка д 167 и 168 15
пьеса д 86 12
~, музыкальная д 82 и 83 37
~, одноактная д 86 19
пюре д 54 30
~, картофельное д 54 46
пюпитр для нот 82 14
пяденица, сосновая д 162 32
пядь 8 10
пясть 37 25
пятиборье д 67 64; д 68 94
пятилетка д 99 12
пятка 35 37
пятно, белое 30 11
~, родимое д 35 115
~, слепое 37 12

работа, агитационная д 109 III
~, вскрышная д 112 5
~, домашняя 55 з; 56 з
~, земляная д 128 94
~, классная д 78 63
~, курсовая д 80 73
~, массовая культурная д 108 43
~, многосменная д 155 7
~ ног д 74 5
~, отделочная д 135-137 XI
~, партийная д 103 IV
~, полевая 156 з; 157 з; 158 з
~ руками д 75 и 76 24
~, ручная д 56 13

работа, садовая д 47 21
~, самостоятельная д 80 74
~, филейная д 56 17
~ челноком 56 V
~, экзаменационная д 80 89
работать киркой д 160 77
~ по шаблону д 130 15
работник 149 42; 153 24; 155 34
~ кино д 87 I
~, партийный д 103 28
~, сельскохозяйственный д 153 3; 156 6
работница 64 14; 99 26; 135 38; 138 8, 28; 153 38
~, подручная 128 40
рабочий 99 29; д 128 17, 35, 39, 40
~ на верфи 126 16
~ на выгрузке 127 36
~, железнодорожный д 177-179 73
~ завода 102 4
~ на кирпичном заводе 127 19
~ на пиле 133 8
~, портовый д 185 32
~ на сцене 86 31
рабфаковец д 80 42
равнина д 1 13
равнитель д 148 18
равновеликий д 5 и 6 41
равновесие, горизонтальное 66 20; д 77 36
равный д 5 и 6 41
рагу д 167 и 168 61
радар д 181 27
радиатор 42 18; 173 23
~, газовый 131 38
радикал д 7 127
радиканд д 7 125
радиоаппарат 88 II
радиоаппаратура д 181 23
радиовещание 88 з; д 88 5
радиозонд д 3 41; д 181 75
радиола д 88 59
радиолампа 88 22, 24
радиомаяк д 186 35
радиопеленгация д 186 36
радиопередача д 78 74; д 88 3, 6-10, 26; д 107 5

радиопередвижка д 88 31
радиоприёмник 41 34; 88 II
~ с универсальным питанием д 88 29
радиопрограмма д 88 4
радиопьеса д 88 13
радиослушатель д 88 20
радиостанция д 88 1; д 186 34
радиостудия 88 I
радиотелеграфирование д 106 76
радиотелеграфия д 106 76, 77
радиотелефония д 106 78
радиотехник д 88 35
радиоузел д 92 9
радиоустановка д 184 57
радировать д 181 22
радист, судовой д 185 18
радиус 5 43
радуга д 3 30; д 189 34
радужка 37 4, 8
разбег д 67 23, 60; д 71 и 72 3; д 74 3
разбивать палатку д 107 23
разбирательство, судебное 100 II
разбирать д 149 и 150 53
разбор д 149 и 150 54
разборка лодки д 75 и 76 58
разборчивость д 89 и 90 3
разбрасывающий удобрение 157 1
разбрызгиватель 174 26
разбудить д 42 48
разбухать д 79 35
развалины 175 5
разведение д 32 19
~ растений д 160 17, 23, 24
~ шелковичных червей д 79 99
~ ягод д 79 90
разведывать д 110 и 111 21
развёртка 121 33
развитие д 79 78
~ соревнования д 108 41
~ языка д 77 22
разводить д 55 1; д 121-123 109; д 134 28

разводить лес д 162 18
разводящий д 101 и 102 37
разгибание, попеременное д 65 и 66 91
разгибатель д 39 5
~ руки 39 6
~ туловища 39 18
разговор, междугородный д 180 40
~, местный д 180 39
~, телефонный д 180 38
разгон д 71 и 72 3
разгружать д 176 16; д 177-179 54
разгрузка д 176 17
раздавать д 93 43
раздаточная, инструментальная 121 1
раздатчик, багажный 178 29
раздевальня д 77 12
раздеваться д 42 37; д 48-52 99
раздел д 89 и 90 70; 161 28
разделять д 112 17; д 110 и 111 122
разжигать д 55 1
разложение навоза д 160 70
разматывать д 101 и 102 82
размачивать д 56 41
размельчать д 112 16
размельчение д 143 6-10
разменивать д 163 18
размер д 5 и 6 3; д 8 1; 187 III
~ ботинка д 142 19
~ бумаги д 148 V
~ под ключ 124 11
размерять д 5 и 6 1; д 8 4
размечать д 134 9
размножение, вегетативное 161 II
~, генеративное 161 I
размывание д 1 98
разница 7 32
разнорабочий д 128 39
разность 7 32
разносчица д 89 и 90 134
разойтись д 65 и 66 23
разорванный д 48-52 58
разоружать судно д 106 68
разработка д 110 и 111 42, 44-46
~, дальнейшая д 112 23

разработка по мощности пласта 110 32
~ по простиранию пласта 110 29
~ руды д 115 и 116 1
разрез д 121-123 38
~ брюк 49 10
~, поперечный 126 V
~: продольный р. глаза 37 II
разрыв д 68 82; д 125 1
разрыхление 135 I
разрыхлитель, горизонтальный 135 13
~, предварительный 135 5
разрыхлять д 135-137 60; д 160 78
разрядка 90 28; д 149 и 150 82
разучивание д 86 21
разъединитель 113 37
разъезженный д 175 10
район д 99 71
~, буроугольный д 112 2
~, городской д 99 75; д 105 12
~, каменноугольный д 110 и 111 3
райсовет д 99 80
Рак д 2 33
рак, речной 22 22
ракета д 98 3, 4, 8
ракетка 70 46; 92 9
ракитник д 16 и 17 23
раковина д 59 6; д 94 и 95 34
~, кухонная 43 16
~ для мытья головы 147 7
~, ушная 36 12
рама 22 40; 132 9; д 134 48; 172 17; 173 39
~, двойная оконная 42 5
~ для заключки д 149 и 150 84
~, ковшовая 112 14
~, накладная 160 21
~ для резки под углом 134 24
~, сновальная д 135-137 74
~ транспортёрной ленты 112 42
~, фундаментная 113 30
рамка 135 42
~, катушечная д 135-137 77; 136 31, 44
~, пеленгаторная 181 9
~, сновальная 137 7

рамка, стоячая 41 39
рампа 86 32
рамщик 132 13
рана 60 4; д 60 18, 23
ранение 60 4
ранец 78 47
рант 21 10; д 142 10, 11; 142 45
рапорт д 135-137 75, 90, 101
рапс 11 6
рапунцель 12 3
раскалывать д 46 21
раскатывать д 101 и 102 81
раскачивать д 77 52
раскоряченный д 35 94
раскос 129 47
раскрашивать д 130 14
раскрывать д 48-52 97; д 57 5
распар 115 29
распарывать д 139 42
распил д 133 11, 12, 14; 162 26
распиливать поперёк д 132 2
распиловка д 121-123 IX
расписание движения поездов 177 3
~: карманное р. поездов д 177-179 8
~ лекций д 80 24
расписка д 163 25
расположение д 152 I
распорка 94 14
распорядитель 109 6
распоряжение д 99 96
распределение д 113 IV
~ энергии д 113 VIII
распределитель 102 37
~ зажигания д 173 и 174 47
распылитель 87 26
рассадка 161 8
рассказ д 89 и 90 97, 123
~ короткий д 89 и 90 124
рассказывать д 78 57
расслоение д 73 35
рассматривать д 35 38
рассол д 58 18
расстановка д 93 27
~ игроков д 69 и 70 4
расстёгивать д 48-52 94
расстояние 5 5, 12; д 8 9
~ посадки д 79 81
~, фокусное д 94 и 95 25

рассыльный 163 23
расталкивать д 42 52
растапливать д 115 и 116 75
раствор, штукатурный д 128 86
растение д 47 11-14; д 79 47, 68; д 160 16, 18, 19
~, альпийское д 19 V
~ альпинария д 20 V
~, ампельное д 21 III
~, балконное 21 1-3
~, болотное д 19 VI
~, вересковое д 19 IV
~, водное д 19 VI; 47 29; 79 21
~, волокнистое 11 9-11, 15
~, вьющееся д 20 VI
~, декоративное д 21 1; д 47 11; д 160 18
~ в кадушке 160 6
~, картофельное 10 18
~, клубненосное д 20 I
~, комнатное 21 з
~, кормовое 10 с; д 154 17
~ лекарственное 15 з; д 15 I, III
~, лесное д 19 III
~, лиственное д 21 II
~, луковичное д 20 I
~, масличное 11 1, 3, 6-8
~, маточное 161 11, 14
~, огородное 12 с
~, опийное 15 18
~, полевое 10 с
~, полезное 10 з; 11 з; 12 з
~, пряное 12 с, 28-37; 79 17
~, семенное д 157 16
~, цветковое д 21 I
~, ядовитое 15 1, 5, 8, 12, 13; д 15 II
растениеводство д 79 61
растирание 55 III
растирать д 44 21
растопка 55 I
растр д 149 и 150 61
растрёпанный д 147 21
раструб 84 10
растяжение д 60 26
расход д 163 40
~ тока д 113 61
расходы д 163 50
~, накладные д 163 52
~, почтовые д 180 4
расцеплять д 106 41
расчёска 44 28; 51 18; 147 25, 45; д 147 85, 95

расчёсывать щёткой д 147 38
расчищать д 47 24
~ под пашню д 156 22
расшивка д 128 93
ратуша д 169 и 170 24
раунд д 68 53, 63
рафинад д 54 75
рашпиль 131 22; 134 12; 142 26
~, ложкообразный 142 32
рвать д 61 и 62 71
реакция д 39 48
~ почвы д 79 18
~, световая д 79 5
реал 149 5
ребёнок д 35 8; 77 32
~, грудной 52 1; 61 43
ребро 6 27; 38 12; 72 22
~ с вогнутым остриём 72 17
ревень 12 1; 47 23
реветь д 30 и 31 2; д 33 и 34 2
ревизор д 149 и 150 13
ревматизм д 61 и 62 67
ревун 181 11
регата д 75 и 76 12, 14
регби д 69 и 70 75
регистр д 84 и 85 19
регистратор 164 10
регистратура д 164 и 165 69
регистровая тонна брутто д 184 36
реглан 49 40
регулирование уличного движения д 101 и 102 8
регулировка усиления д 88 52
~ ширины полосы д 88 54
регулировщик 169 27
регулятор громкости д 88 55
~ давления 114 36; д 131 50
~ натяжения нитей с плюшом 137 4
~ тембра д 88 56
~ числа оборотов 114 24
редактировать д 89 и 90 111
редактор д 89 и 90 112
редакция д 89 и 90 113
редиска 12 14
редкий д 147 17
редуктор 132 31
редька 12 13
режим дня д 107 26

режим, постельный д 58 7
режиссёр 88 10
режиссура д 86 22
резак 144 4; д 144 и 145 12; 151 7; 162 29
резание д 121-123 35, 36, 38
резать д 55 49; д 129 5; д 134 12; д 139 10
резвиться д 53 47
резеда д 20 12
резервуар 184 47
~ для воды 170 39
~: металлический р. для воды 43 25
~, напорный 160 1
~ для питьевой воды 159 12
резец д 121-123 43-46; 151 7; 162 29
~, строгальный 123 26
~, токарный 123 4
резинка 52 34; 165 47
~ для носков 50 19
~ для рукавов 50 28
~ для чулок 50 8
резка, автогенная д 121-123 24
резкость изображения д 87 47; д 94 и 95 27
резолюция д 108 33
результат 7 27, 32, 37, 42; д 67 9
~ выборов д 100 49
резьба д 124 1-12; 124 9
рей 183 22
~, антенный 184 23
~, сигнальный д 186 19
рейд 185 2
рейка 67 34; 132 18
~, длинная д 128 81
~, измерительная д 2 48
~, нитеводная 136 46; 137 2
~, обойная 130 21
~, оконная 130 40
рейсмас, раздвижной 134 17
рейсфедер 6 44
рейшина 6 38
река д 1 48; д 182 1; 182 22
~, главная 1 25
реквизит 86 33
реквизитор д 86 56
рекламировать д 164 и 165 33
рекорд д 67 7

рекордсмен д **67** 13
рекордшприц **63** 38
ректор д **80** 25
ректорат д **80** 1
реле **113** 46
рельс, железнодорожный **178** 13
~, ходовой **178** 22
~, трамвайный **171** 28
ремень **50** 29; **71** 37; **139** 33
~, задний **142** 38
~, клиновидный д **173** и **174** 52
~ с крючками **102** 22
~, подвесной **78** 48
~, подъёмный д **71** и **72** 72
~, поясной **106** 7; д **144** и **145** 6
~ для правки бритвы **147** 30
~ для привязки **52** 16
~, привязной **106** 5, 7; д **181** 32
~, улавливающий **137** 37
ремесленник д **121**-**123** 1
ремесло, строительное д **128** 4
ремешок для ручных часов **9** 37
ремонт д **172** 19
Реомюр д **41** 45
реостат д **113** 18
репейник д **19** 11
репертуар д **86** 6
реплика д **86** 43
реполов д **24**-**27** 9
репортаж д **88** 11
репортёр д **89** и **90** 115
репродуктор **109** 23; **181** 12
рептилии **23** 17, 18, 20, 21, 23
ресница **37** 3
респиратор **102** 21
республика, пионерская д **107** 16
рессора **173** 42
реставратор д **91** 51
ресторан **96** II; д **167** и **168** I, 17; **168** з, с
~ в саду д **167** и **168** 20
ретина **37** 11
ретушь д **94** и **95** 74
референт д **99** 91
рефлекс д **39** 47
рефлектор света **68** 1
рефрактор **2** 12
рефракция цвета д **189** 10
рецензия д **91** 35
рецепт д **61** и **62** 25

рецидив д **61** и **62** 51
речь д **108** 14; д **109** 26
~, заключительная д **108** 36
~ защитника д **100** 127
решать д **99** 65
решение д **99** 64
~, всенародное д **100** 15
решётка **40** 30; **45** 14; **58** 24
~ дождеприёмника **170** 2
~, колосниковая **43** 31; д **55** 4
~, кормовая **154** 43
~ для ног **56** 33
~, подвесная **65** 3
~, подводящая **135** 1
~, предохранительная **135** 23; **171** 16
~ для складывания рулонов ткани **138** 6
решето **128** 21
~ для песка **77** 35
рея **183** 22
ржать д **33** и **34** 34
рибстул **65** 1
ригель **45** 23; **129** 8, 45
ринг **68** 7
рис **10** 13
рисование д **78** 47
рисовать д **53** 4
рисунок д **138** 8; **188** II
~ мод **139** 4
ритм д **82** и **83** 90
риф д **1** 68
рифлёный д **148** 81
рифма д **89** и **90** 92
ров, дорожный **175** 37
~, противопожарный д **162** 24
~, фундаментный **128** 49
ровница **135** 40
ровный д **1** 15
рог **33** 2
~, круглый **122** 17
~, лопатообразный **31** 3, 6
~, четырёхгранный **122** 15
рога **30** 2, 26; **31** 2, 5
рогатик жёлтый д **181** 1
роговица **37** 7
рогожа, соломенная **160** 23
рогулька **143** 35
род д **35** 3
~ занятий д **101** и **102** 48

род почвы д **156** 16
родинка д **35** 115
родить д **33** и **34** 77
родничок д **38** 14
рододендрон д **16** и **17** 26
рожа д **154** 37
рождество д **9** 86
рожки **31** 9
рожок, английский д **84** и **85** 1
~, детский **52** 8
~, обувной д **48**-**52** 78
~, полицейский **101** 15
~, почтовый д **180** 2
рожь **10** 1; д **157** 30
роза, альпийская д **19** 30
~ ветров д **3** 42
~, высокоствольная **47** 11
~, вьющаяся д **20** 34; **40** 32
~, дикая д **16** и **17** 29
~, ползучая **40** 32
розмарин д **20** 22
розыгрыш д **93** 26
рой, пчелиный д **22** 38
рокер **72** 10
рокировка д **93** 37
ролик **119** 24; **132** 34; **151** 19
~, ленточный **112** 43
~, направляющий **137** 40
~, лесопильный **133** 21
~ придерживающий бумагу **165** 12
~ для спускания лодки на воду **76** 4
~, упорный **133** 12
ролики **53** 32
ролл д **148** 11, 13
~ для промывания и измельчения **140** VI
роль д **86** 42
~, киноактёрская д **87** 5
рольганг, подводящий **119** 6
ром д **166** 55
роман д **89** и **90** 96
ромашка д **15** 22
ромб **6** 6
ромбоид д **5** и **6** 50
ромме д **93** 16
ромштекс д **144** и **145** 28
рондо д **84** и **85** 55
роса д **3** 17
росомаха д **29** 14
рост д **35** 14, 18
~ производства д **99** 109

ростбиф 145 24
росток 17 7, 14
росчерк д 89 и 90 5
рот 30 7; 35 49; д 35 VI
ротатор д 164 и 165 8
ротор д 113 39
роща д 162 2
рояль д 84 и 85 11; 96 11
рубанок 134 V
~, двойной 134 6
~ с двойными железками 134 6
~, чистильный 134 8; д 134 16
рубашка 50 5; д 132 26
~, нижняя 50 12, 40, 43
~, ночная 50 1
~, синяя 105 3
рубашечка 52 2
рубец д 61 и 62 78
рубильник 113 44
рубить д 46 19; д 110 и 111 63; д 162 12
рубка, капитанская 184 9
~ леса 162 II
~, сплошная 162 7
~, ходовая 184 31
руда д 114 17; д 115 и 116 II, 17, 20, 22, 33, 34
рудник 2 49
рудовоз д 184 10
ружьё, охотничье д 30 и 31 34
руины 175 5
рука 35 3-9; 37 V, VI
~, вторая 93 30
~, левая д 35 84
~, правая д 35 85
рукав, воздухопроводящий 115 20; 116 3
~, всасывающий д 101 и 102 79
~, газовый 78 40
~, кимоно 48 1
~, напорный д 101 и 102 80
~, пожарный 102 24
~ реки д 182 10
~ рубашки 52 39
~, тормозной 176 38
~, фурменный 115 20; 116 3
рукавица 72 44; 122 44
руководитель д 164 и 165 19
~ группы д 105 9
~ киносъёмки д 87 3
~ кружка д 92 30; д 103 62; 105 20

руководитель семинарской группы 80 11
~, технический д 118 4
~, физкультурный д 107 12
~ хора 82 7
руководительница кружка 92 22
руководство д 89 и 90 34
~ партии д 103 20
рукоделие 56 I-VI; д 56 I, 13, 14; д 78 49
рукопись 88 11; д 89 и 90 81
~ доклада 80 9
~ лекции 80 25
рукоятка 43 50; 120 19; 141 2; 156 25; 172 3
рукоять 75 26
рулада д 84 и 85 34
рулевой 72 48; 75 8; д 75 и 76 37; 106 23
рулет д 144 и 145 27; 145 4
рулетка 8 4; д 67 16; д 93 23; 101 5; 139 11; 142 31
рулон бумаги д 148 28; 150 12, 14
~ обоев 130 29
~ сукна 166 40
~ ткани 138 5; 166 40
~ для упора ног 57 18
~ холста 135 21; 136 6
руль 75 17; 76 24, 34; 106 24 и 25; 172 2; 184 IV
~ высоты 106 12; 181 16
~ поворота 106 13; 181 14
~ управления 72 47
рулька 145 27
румба д 96 22
румпель 76 33; 106 24
руны 89 4
рупор д 184 45
русак 30 18
русло реки 1 15; д 182 4
ручей д 1 47; д 119 18
~, ледниковый 1 3
ручка 43 21, 54; 65 28; 139 35; 156 25; 165 35; 171 12
~ для бора 63 18
~, дверная д 45 4; 45 20
~ кресла д 41 16

ручка настройки 88 18
~ приспособления 165 16
~, пусковая д 173 и 174 55
~ рубанка 134 52
~ для чистки 142 25
~ шпингалета 42 9; 130 45
ручник 121 8
рыба 23 з, 1, 2, 4, 5
~, морская д 23 21
~, пресноводная д 23 20
~, речная д 23 19
рыбак д 146 4
рыбка, золотая д 23 5
рыболов 182 33
рыболовство д 146 1-3, 14
~, морское 146 з
Рыбы д 2 29
рывок на дистанции д 67 51
~ одной рукой 68 40
~ со старта д 75 и 76 23
рыжик 18 15
рыло 33 6
рыльце 13 21
рында д 186 32
рынок, крытый д 169 и 170 30
рысь 32 13
рыть д 154 70; д 160 75
рыться д 33 и 34 67
рыхлитель д 159 37
рыхлый д 160 58
рычаг, внутренний 75 24
~ зажигания д 172 28
~ интервала 165 1
~, коленчатый 139 46
~, месильный 143 7
~ для надевания шин 174 22
~, наружный 75 25
~, ножной 63 21
~ переключения 113 44; 172 40; 173 33
~ подачи воздуха д 172 27
~ для прижима ткани 139 40
~, проступной 137 30
~, пусковой 137 38; д 172 26
~, регулировочный 139 42
~, тормозной 171 32; д 172 7
~ установки интервала 165 3
рюкзак 105 18; 175 34
~, лодочный 76 15

рюкзак с лямками 73 28
рюмка 168 13, 18
рюш 48 17
рябина 16 39, 42
рябинка д 15 30
рябчик 31 13
ряд булок 143 32
~ кресел партера 86 14
~, ложковый 128 51
~, тычковый 128 52

сад 47 з, I; д 47 2, 3, 7; д 79 1-3
~, детский 77 з; д 77 3
~ на крыше 40 41; д 92 23
~, фруктовый 152 4; 153 49
садиться д 65 и 66 28; д 171 9
садка 127 28
садовник д 47 4; д 160 5
садоводство д 156 6; 160 з; д 160 1, 2; 161 з
садок д 146 22; 178 40
сажать д 47 34
~ картофель д 158 4
саженец д 157 17; 160 34; 161 19-25
сажень 8 12
саксофон 96 22
саксофонист 96 23, 24
~, теноровый 96 25
салазки 120 39
саламандра, пятнистая 23 15
салами д 144 и 145 46
салат д 12 9
~, картофельный д 54 48
~, кочанный 12 2
~, мясной д 54 32; д 144 и 145 37
~, огородный 12 2
~ из огурцов д 167 и 168 54
салинг 183 16
сало д 54 72, 73; д 144 и 145 38, 39, 41
~ окорока д 144 и 145 21
салфетка д 42 31; 54 35
сальдо д 163 42
сальник д 38 3
салют, пионерский д 107 1
самец 24 1
самка 24 2
самовар 54 42

самодеятельность д 82 и 83 2
самокат 53 21
самокритика д 103 31
самолёт, грузовой д 181 13
~, моторный д 181 1
~, обычный д 181 9
~, пассажирский д 181 12; 181 14-25
~, реактивный д 181 16
самообразование д 80 74; д 105 35
самообслуживание д 166 4
саморезка, гильотинная д 148 25
~, ротационная д 148 24
самосвал 176 13
самосъёмка 94 37
самохват 185 47
санаторий 58 з, I
сандалета 48 21; д 48-52 69; 51 2
сандалия д 48-52 69
сани д 71 и 72 10, 34; 72 38
~, гоночные 72 40
~, спортивные 72 38, 51
санитар д 61 и 62 169; 109 31
санитарка 57 17
санитар-носильщик д 61 и 62 170
сантиметр 8 2, 4
~, квадратный 8 16
~, кубический 8 17
сапог, высокий 51 5
~, резиновый 144 10
сапожник 142 з, 1; д 142 IV
сарай д 47 15; 152 32; 153 1, 47; д 153 7
~, машинный 153 21; 155 3
~ для орудий 160 8
~, товарный 178 II, 20
саранча 22 2
сарафан 48 10
сарделька д 144 и 145 51; 145 8
~, жареная 98 25
сардинка д 146 34
сателлит д 2 4
сатинированный д 148 79
сатинировать д 148 21
сатира д 89 и 90 100
Сатурн 2 21
сафьян д 140 40
сахар д 54 23, 76; д 166 30, 31

сахарница 54 50
сачок д 146 12, 13
сбивать масло д 154 64
сбиться с пути д 73 49
сбойка д 110 и 111 31
сбор, почтовый д 180 3
~ сена 158 II
сборка д 75 и 76 61; д 126 9; д 133 41
сборщица колосьев 157 10
сбрасывать д 93 45
сброс д 1 101; 110 34
сброшюрованный д 89 и 90 51
сбруя 154 10
свалка 112 4
сварка д 121-123 25-28, 30-34; д 126 29-31
~, автогенная 122 28
~, газовая 122 28
~, дуговая 122 38
сварщик д 121-123 23
свая 182 21
сведение о типах самолётов д 106 53
свёкла, кормовая 10 21; д 158 13
~, сахарная 11 18; 158 4
~, столовая 12 24
свекловица 11 18; 158 4
свеклокопатель 158 5
свеклоподъёмник 158 5
свеклорезка д 159 25
сверление д 121-123 VII, 82, 83
сверлить д 121-123 81; д 129 4; д 134 22
сверло д 121-123 84-86, 88; 134 III
~, длинное перовое 129 18
~, спиральное 121 32
~, центровое 134 46
свернуть канат в бухту д 183 13
свёрток монет 163 27
сверчок д 22 3
свет д 113 5
~, верхний 179 8
~, солнечный д 3 8
светильник д 110 и 111 96
~, головной 111 14
светосила д 94 и 95 26
светофор 169 29
свеча д 41 57; 66 27; 69 46
~, запальная 172 45; д 173 и 174 49

свеча, цветочная 16 29
свидетель 100 23; д 100 119
~ аварии 101 18
свидетельница 100 20
свидетельство, мерительное д 75 и 76 33
~: полицейское с. о поведении 102 16
~, школьное д 78 89
свинарня 154 III
~ под открытым небом 154 57, 60
свинг д 68 64
свинец д 117 17
~, листовой д 131 5
свинина д 144 и 145 15
~, жареная д 54 41
~, рубленая 144 и 145 26
свиноводство д 154 65
свиноматка 154 55; д 154 66
свинуха д 18 11
свинья д 33 и 34 3; 33 5; 145 46; д 154 IV; 154 51, 55
~, дикая 30 28
~, откормленная 154 51
свирель д 82 и 83 58
свисток паровой д 186 29
~, сигнальный д 177-179 61
свитер 48 22
свобода д 109 51
свободно д 176 40
свод моста 182 28
сводка д 149 и 150 94; д 164 и 165 59
~, метеорологическая д 88 17
~ погоды д 88 17
свойство 187 з
~ бумаги д 148 IV
~ волос д 147 II
~ одежды д 48-52 V
~ поверхности 187 IV
~ почвы д 160 40, V
сворачивать д 173 и 174 78
~ с дороги д 169 и 170 39
связка д 38 19; 50 41
~ брикетов 46 47
~ запястья 39 5
~ ключей д 45 5
~ у предплюсны 39 14
связки, голосовые д 35 83
связывать д 79 76; д 129 2

связь д 106 VI, 73-75; д 113 27
~, автоматическая телефонная д 180 42
~: анкерная с. балки д 129 29
~ обратная д 88 51
сгибание коленей 66 17
~, попеременное д 65 и 66 91
~ рук 66 9
сгибатель д 39 4
~ руки 39 7
сглаживание д 1 97
сгонка волос 140 8
сгорание д 60 67
сгребать д 47 31; д 158 22
сгружать д 158 24
сдавать д 177-179 31
сдать внаём д 40 53
сдача д 68 42; д 155 20
сдающий квартиру д 40 11
сдельщик д 128 42
сдоба 143 38
сеанс д 87 42
себестоимость д 155 19; д 163 51
сев д 79 58
сегарсы 183 8
сегмент 5 50
~, сферический 6 34
~, шаровой 6 35
сед д 65 и 66 30, 66, 67, 76
седло 65 29; д 154 46; 172 1, 28
седловина горы 1 7
сейнер д 146 6
сейсмограф д 2 53
сейф д 163 15; 163 29; 180 2
секатор 47 35, 40
секрет д 38 58
секретариат д 103 24
секретарь 68 15; 80 5; 99 23; 100 6, 13
~ киностудии 87 10
секреция д 38 59
секста д 82 и 83 73
секстант д 184 49
секстоль д 82 и 83 97
сектор 5 44
~, шаровой 6 36
секунда д 9 31; д 82 и 83 69
секундант 68 5
секундомер д 9 18
секущая 5 49
секция батареи 42 19
~ с сетками д 148 20
селёдка 23 4; д 146 30-32, 36, 37

селезёнка 38 43
селезень 33 13
селективность д 88 53
селектировать д 88 50
селекция д 79 77
село 2 46
сельдерей 12 31
сельдь 23 4
семафор 179 9; д 186 22
сёмга д 23 8
семейство растений д 79 85
семена 157 6; д 157 10
семеноводство д 79 55, 57
семёрка 93 26, 39
семестр д 80 62
семечко 13 28
~, выродившееся 10 5
семинар д 80 67
~ для воспитательниц д 77 17
~ для родителей д 78 104
семя 14 4; 13 7; 14 4; д 79 56; 161 1
~, масличное д 157 18
~, ягодоподобное 17 21
семяпочка 13 24
семяпровод 157 7
сенбернар д 33 и 34 44
сено 158 16
~, клеверное д 158 30
сеновал 153 20
сеноворошилка 158 21
~, вилкообразная 158 21
сеноворошитель д 159 24
сенокос 158 II; д 158 II
сенокосилка 158 23; 159 7
сенонагрузчик д 159 22
сепаратор 124 38; 184 45
~, молочный д 154 57
сепарировать д 110 и 113 122
септима д 82 и 83 74
сера д 114 18; д 115 и 116 31
сераделла 10 34
серак д 73 41
сервант 41 7; 168 25
сервиз, кофейный д 54 95
~, столовый д 54 96
сердечник отливного аппарата 149 36
сердце 38 34; 39 IV
сердцевина д 16 и 17 4; 161 45

серёжка, вербная 16 10, 11
~, плодущая 16 6
~, цветочная 14 13
серенада д 84 и 85 48
серна, горная 31 8
сернёнок 31 8
сероводород д 114 11
серп д 158 31
серьга д 48-52 83
сессия: выездная с. суда д 100 114
сестра 62 30
~, больничная 62 19
~, операционная 62 16
сесть на мель д 184 101
сетка 69 6; 70 11, 44; 92 8; 97 7; 110 46; д 149 и 150 61
~, багажная 176 19
~ для волос д 147 92
~, лицевая 22 30
~ для мяча 53 25
~, оконная мелкоячеистая 57 1
~ для покупок 55 43; д 55 80 41; 166 25
~, предохранительная 67 51
~, стальная (матрацная) 42 42
~, формовальная д 148 17
сетчатка 37 11
сеть 97 7; д 113 57-60; д 146 8, 9, 11
~, воздушная контактная д 176 23
~, дрифтерная 146 7
сечение д 121-123 38
~, золотое д 5 и 6 20
~, коническое 6 10, 14, 15
сечка 55 III, 16; д 144 и 145 5; д 154 31
сечь д 55 56
сеялка 160 41
~ для клевера 157 2
~, рядовая 157 4
сеянец д 79 59
сеять д 47 36; д 157 1
сзади д 65 и 66 9
сигара д 167 и 168 68
~, маленькая д 167 и 168 71
сигарета д 167 и 168 71, 72
сигарилло д 167 и 168 71
сигнал бедствия д 184 102; д 186 37
~, дисковый 179 12
~, морской предупредительный 186 з, с, III
~, ночной д 186 23
~, основной 179 9
~, подводно-звуковой д 186 33
~, предупредительный 179 12
~, прожекторный д 186 24
~ при тумане д 186 30
~, шестовой 186 19, 20, 21
~, штормовой 186 IV
сигнализация, пожарная д 101 и 102 66; 169 11
сигнализировать д 106 58; д 186 16
сигналить д 173 и 174 76
сигнатура д 91 22
~ места 2 45
сиделка 57 17
сиденье 72 43; 75 16; 76 21; 77 21; 106 10
~, мягкое д 176 35
~, откидное 44 39; 60 25; 80 41; 147 38
~ для пассажиров 173 16
~, полумягкое 41 22
сидерация д 156 46; д 160 71
сидерит д 115 и 116 21
сидеть д 139 37, 38
~ на яйцах д 153 21
сиенит д 1 108
сила ветра д 79 26
~ звука д 88 22
~ тока д 113 12
силомер 125 17
силос 153 12; д 154 23
симптом д 61 и 62 16
симфония д 84 и 85 50
синица 25 1 и 2
~ большая 25 2
синкопа д 82 и 83 98
синус д 5 и 6 27
синхронизация д 87 38
сирена 181 11; 186 11
сирень д 16 и 17 22
сирин 24 8
сироп д 166 33
система, вентиляционная д 110 и 111 94
~ координат 6 16
~ кровообращения 39 III
~, логарифмическая д 7 142
~, нервная 39 V, 36 и 37; д 39 38, 45
система, планетная 2 III
~ скатывающих валиков 136 35-37, 42
~: столбовая с. разработки д 110 и 111 48
~, трюмная д 184 70
~, шестипольная д 79 41
ситник д 19 33
сито 128 21; 154 24; 174 36
сифон 168 7, 9
сияние, северное д 2 26
~, солнечное д 3 8
скакалка 66 39; 68 29; 77 22
скала д 1 36
~, отвесная 73 2
скалка 55 9; 56 48
скалолаз д 73 24
скалолазанье 73 I
скальпель 63 46
скамеечка 43 22; 154 35
скамейка 58 33
~ для игроков д 71 и 72 44, 45
~, врубовая д 129 62
~ для цветов 41 10
~, шведская 65 23
скамья 64 12
~ подсудимых 100 11
~ для свидетелей 100 25
скат 1 9; д 73 14, 23; 93 31
скатерть д 42 31; 54 14
скафандр 185 46
скачка через верёвку д 68 28
скважина д 110 и 111 70
~, замочная 45 21
скворец 24 9
скелет 38 з, I; д 38 II
скелетон 72 51
скетч д 82 и 83 41
скидка д 163 54
скиф 75 III; д 75 и 76 28
склад 185 27
~ железного лома 115 15
~ зерна 155 24
~ для каменного угля 113 4; д 114 2
~ круглого лесоматериала 132 I
~ леса 110 13
~ пилёного лесоматериала 132 III
~, продовольственный 184 36

склад для удобрений 155 19
складка 48 15
~ на брюках 49 11
складчица 151 IV
складывание белья 56 · IX
складывать д 46 17; д 77 31; д 100 36; д 127 3, 13; д 132 1
~ в бурты д 158 12
склеивать, подготовительно д 130 32
склейка фанеры 133 III
склероскоп 125 I
склон 1 9; д 73 14, 23
~, ледяной 73 10
склянка для лекарств 61 5
скоба 72 18; 127 17
~, оконная 42 10; 130 37
~, поддерживающая 122 48
~, предельная 123 41
~ с пробоем 46 22
скоба-пробой д 129 30
скобель, лущильный 162 32
скобка 72 9
~, квадратная 89 29
~, круглая 89 28
~, фигурная д 89 и 90 150
скоблить д 55 45
сковорода д 43 17
~, высушивающая д 58 20
~ с ручкой 55 12
~, солеваренная д 58 19
скольжение д 106 44
сколопендра д 22 15
скользить д 77 53
скопление, звёздное д 2 22
скорлупа 34 40
скорняк д 32 29
скорость резания д 121-123 40
скоросшиватель 164 40
Скорпион д 2 37
скот 33 1, 5, 8, 9; д 154 5-8
~, крупный рогатый 33 1; 145 21; д 154 III; 154 42
~, молочный д 154 50
~, убойный д 144 и 145 11; д 154 7
скотоводство д 154 1
скрап 118 3

скрап, высококачественный д 118 6
скребница 154 16, 17
скребок 40 28; 47 44; 121 41
скрепка 165 49
скрещивание д 79 73
скрещивать д 79 75
скрипач 85 6, 7
скрипка 84 16
скромный д 48-52 54
скруббер 115 7
~ для аммиака 114 27
скумбрия д 23 9
скунс д 32 15
славка-черноголовка 25 6
слагаемое 7 23, 25
сладкое д 54 52
сладости д 166 43
слайд 75 13
слалом, водный д 75 и 76 62
сланец д 1 106
след д 30 и 31 19, 20
~ колёс 101 и 102 27
~ торможения 101 5
следить д 35 37
слеза д 35 43
слепень д 22 12
слепой д 35 46; 169 14
слесарь д 121-123 3-6, 8-10; 155 10
слесарь-художник д 121-123 11
слёт молодёжи д 105 22
слива д 13 и 14 3; 14 5
сливки д 154 60
слип 126 8, 18; д 126 37
слиток 118 26
словарь д 89 и 90 35
~, энциклопедический д 89 и 90 33
слово д 89 и 90 12
~, заключительное д 108 36
слог д 89 и 90 13
сложение 7 22
слой д 1 89
~, балластный 178 16
~, зелёный 161 47
~, изоляционный 128 47
~ поделочной древесины д 133 34
~ фанеры д 133 39
слон 28 5; 93 5
~, морской д 29 11
слоу-фокс д 96 20
служащая 58 20
~, библиотечная 91 7
~, конторская 164 21

служащая, техническая 99 25
служащий отеля 167 22
~, почтовый 180 12
служба связи д 106 VI
~ скорой помощи д 110 и 111 113
~ спасания на водах 186 с
случай, несчастный д 60 II; д 110 и 111 XII
случать д 33 и 34 75
слушание дела д 100 115; 100 II
слушатель 80 35, 37; 81 2; 100 26, 27; 103 21 и 22
~ партийной школы д 103 60
слушательница 80 36 81 3; 100 27
слушать д 35 48; д 80 68
слюна д 35 71
сляб д 119 26
смазывание д 57 30
смазывать д 134 34; д 172 9; д 173 и 174 67
~ маслом д 147 36
смалец д 144 и 145 40
смачивать д 147 30
смена д 67 14
~ ворот д 69 и 70 15
сменщик д 128 41
смертельный д 60 12
смеситель 174 35
смесь красок д 189 18
смешивать д 115 и 116 38; д 135-137 64; д 189 30
смокинг 49 35
смола д 16 и 17 5; д 112 31
~, буроугольная д 129 43
~, каменноугольная д 114 10; д 129 42
смолить д 127 32
смолоотделитель 114 25
смородина 13 II, 5
сморчок д 18 4, 5, 9
смотреть д 35 31, 35
смушка д 32 1
смывать д 55 71
смычок, скрипичный 84 20
снабжать кромкой д 139 52
снабжение питьевой водой д 169 и 170 41
снайпер д 106 20

снаряд для боксёрских упражнений д 68 5
~, гимнастический 65 I
~, ручной 66 II
снаряжение альпиниста 73 VI
~, лыжное 71 IV
~ судна д 126 32
снег 3 V; д 71 и 72 8, 15, 17
снегирь 26 5
снежинка д 3 21
снижение антенны 88 30
~ цен д 166 9
снимать д 40 51; д 42 61; д 48-52 91; д 94 и 95 1; д 161 9
~ кожицу д 55 46
сниматься с якоря д 184 90
снимок д 78 81; д 94 и 95 7-10, 12, 13, 61
~, рентгеновский д 61 и 62 19
снование д 135-137 VII
сновидение д 42 34
сноп 157 22
сноповязалка 157 11
сноповязальщица 157 20
снопонакладчик 157 24
сноска 90 13
снять с колодки д 141 27
~ мерку д 139 9
собака д 33 и 34 42; 34 III; д 106 80; 158 46
~, дворовая 153 32
~, лягавая д 33 и 34 54
~, охотничья д 30 и 31 31
~, полицейская д 101 и 102 59
собака-поводырь 169 16
собиратель 157 18
собирать д 47 35; д 134 38; д 139 29
~ картофель д 158 10
~ урожай д 47 28
собираться д 109 12
соболь д 32 17
собрание 108 з, с, 12
~: вечернее с. группы д 105 10
~, домашнее д 109 33
~, жильцов дома д 40 3
~, кратковременное д 108 2

собрание, массовое д 108 1
~ общины д 99 35
~, партийное д 103 25
~, родительское д 78 102, 106
~, торжественное д 108 3
сова 24 3, 7 и 8
~, ночная 24 8
~, огнистая 24 7
совет городского участка д 99 80
~, городской д 99 80
~ министров д 99 77
~ общины д 99 34, 80
~ округа д 99 31
~, окружной д 99 80
~ района д 99 30
~, районный д 99 80
~, учёный д 80 3
советоваться с врачом д 61 и 62 9
совещание д 108 23
~, производственное д 99 104
совок для мусора 55 32
~, товарный 166 12
совпадать д 5 и 6 10
совпадение печатающей поверхности д 149 и 150 93
согласие д 108 16
согласование д 177-179 11
сода д 56 39
содержание д 89 и 90 64
~: пастбищное с. скота д 154 9
~ скота д 154 3
соединение д 113 27
~ балок гвоздями д 129 20
~ гвоздями 129 34
~, зубовое 129 27
~ стен зубцами 128 37
~ на ус 45 2; 129 31
~, усовое 129 II
~ шипом в прируб 129 33
соединять д 79 76; д 101 и 102 83; д 134 38
~ балки 129 19
~ в гребень д 129 18
~ замками д 129 8
~ сковородником д 134 21
созвездие 2 6-10
созывать д 99 49; д 108 8
сойка д 24-27 16

сок, дубильный 140 18
~, желудочный д 38 40
~, фруктовый д 54 82
сокол д 128 83
солеварня д 58 III, 17
соление рыбы д 146 25
солидарность: международная с. трудящихся д 103 42
солист 85 24
солистка 85 3, 23
солить д 55 43
соллюкс-лампа 61 24
солнце 2 14
~, горное 61 25
соло д 84 и 85 33
соловей 24 13
солома д 135-137 11; 153 6; 154 20
соломинка д 157 38
соломокопнитель 159 15
соломопресс 157 27
соморезка д 153 8
солонина д 144 и 145 18
солонка 54 46; 168 17
соль д 54 91
~, железная д 54 26
~, минеральная д 54 24
~, удобрительная д 160 73
~, фиксажная д 94 и 95 48
~, фосфорная д 54 25
солярий 61 II
сом д 23 17
сомножитель 7 34 и 36
сон д 42 32, 34
соната д 84 и 85 49
сообщать по радио д 181 22
сообщение д 169 и 170 32; д 180 6, 7
~, воздушное д 181 45
~, железнодорожное д 177-179 10
~, официальное д 99 103
~, пригородное д 177-179 5
~ о смерти д 89 и 90 133
~, спортивное 90 23
сообщество пчёл д 22 36
сооружение, архитектурное д 128 8
~, каркасное д 128 63
~: песочное с. на пляже 59 17
~, портовое 185 I
~, шахтное д 110 и 111 27

соотношение д 7 111
сопеть д 38 32
сопло 116 4; д 173 и 174 26
соплодие 11 4; 13 4; 15 4; 16 33
сопрано д 86 26
сопровождение д 84 и 85 37
сопротивление 88 29; д 113 18; д 125 9, 13-18
сорванец д 53 48
соревнование д 69 и 70 26
~, командное д 68 22
~, парусное д 75 и 76 52
~ по плаванию 74 IV
~, социалистическое д 99 19
сорока д 24-27 17
сорочка, верхняя 50 23, 44
~, нижняя 50 17
~, ночная 50 36, 39
сорт д 79 93
~ бумаги д 148 III
~ мяса д 144 и 145 13-17, 18-36
~ хлеба д 143 IV
~ шерсти д 135-137 IV
сортировать д 141 10
сосать д 22 34; д 35 81; д 55 60
сосед д 40 8
сосиска д 144 и 145 52, 53; 145 7
соска 52 9
соскабливать д 47 23
соскакивание д 67 53; д 74 2
соскакивать д 65 и 66 26; д 171 23
сосок боком д 65 и 66 39
~ с поворотом д 65 и 66 47
~ прогнувшись д 65 и 66 90
сосна 17 10; д 134 61
~, веймутова д 134 58
~, горная карликовая 17 12
~, итальянская 17 22
сосок 33 4
~, грудной 35 11
состав д 176 19
~, вскрышной 112 11 и 12
~, преподавательский д 80 25-33
~, товарный 101 20
~ шахтных вагонеток 111 30 и 31

составитель д 89 и 90 78
составление колоши 115 16
~ протокола д 101 и 102 23
составлять д 53 35
~ шихту д 115 и 116 53
состояние 188 з, I
~, бессознательное д 60 5
состязание д 69 и 70 26
~, гимнастическое д 65 и 66 24
~ по гребле 75 I; д 75 и 76 41
сосуд д 39 21; д 43 8
~ для варки 134 41
~, кровеносный 37 21; д 39 17, 20
~, лимфатический д 39 34
~ для промывания 57 8
сосулька, ледяная 72 34
сотня 7 9
сотрудник заводской охраны 102 2
~ народной полиции 102 5
сотрудница 64 2
сотрудничество, внепартийное д 103 37
~, почётное д 99 70
сотрясение мозга д 60 20
соты 22 III
сотый 7 20
соус д 54 66; д 167 и 168 62
соусница 54 26
соученик д 78 16
соффит 86 22, 25
сохранять д 109 41
соцветие 13 3; 14 14
Социалистическая единая партия Германии 103 11
сочинение д 78 64
Союз свободной немецкой молодёжи 104 4; 105 3; д 105 23; 106 3
союзка 142 42
соя 11 8
спайка лобковой кости 38 21
спальня 42 з
спаржа 12 15
~, висячая д 21 24
спарманния д 21 21
спарринг д 68 30
спасание на водах 186 V

спасание провалившегося под лёд 60 VIII
~ утопающего 60 11
спасающий 60 12
спать д 42 41
спекаться д 115 и 116 39
спектакль д 86 16
спектр д 189 40
спенсер 48 3
сперма д 38 73
специалист д 126 16
специально-научный д 80 59
специальность д 80 60; д 164 и 165 18
спецодежда 48 26; 49 28-34; 147 13
~ для слесаря 121 9
спешить д 9 22
спешно д 180 13
спидометр 173 30
спилок д 140 39
спина 34 7; 35 28
спинка: задняя с. кровати 42 41
~ ножа 54 18
~, передвижная 62 35
~: передняя с. кровати 42 47
~ стула д 41 18
спираль, нагревательная 125 34
спиртовка д 43 45; 63 13
список д 89 и 90 65
~ избирателей 100 7
~ книг д 91 21
~, контрольный д 100 46
~ присутствующих 80 6; 81 9
~, проверочный д 100 47
спица 172 23
~, вязальная 56 12
спичка д 167 и 168 74
сплав д 117 13; д 125 27
~, твёрдый 121-123 45
сплавлять д 182 41
сплавщик д 182 43
сплачивание 129 II
сплачивать в ножовку д 132 20
сплетать д 106 65
споролистик 17 5
спорт, байдарочный д 75 и 76 65
~, буерный 72 IV
~, водный 75 з; 76 з; 106 V; д 106 V
~, зимний 71 з; 72 з
~, конькобежный д 71 и 72 II; 72 с

спорт, лыжный **71** с; д **71** и **72** I
~, плавательный **74** с
~, походный д **67** 66
~, состязательный д **67** 2
~, стрелковый д **106** II
спротивный д **48-52** 53; д **68** 34
спортсмен **72** 39
~ первого разряда д **67** 12
спорынья **10** 5
способ взыскания счётов д **163** 7
~ вычисления д **7** 106
~ печати д **149** и **150** 55
~ плавания **74** II
~ разведения рук **60** 16
~ сдавливания рёбер **60** 19
~ употребления **180** 29
способность запила д **125** 25
справочник д **89** и **90** 31
~, железнодорожный д **177-179** 9
спрашивать д **78** 55
спринтер д **67** 31, 41
спурт д **67** 42, 51
~ на финише д **67** 26
спуск **71** I, 3; д **73** 2, 8; **90** 12
~ по верёвке **73** V
~, винтовой транспортёрный **110** 30
~ на воду **126** II, III
~ людей д **110** и **111** 79
~, матричный **149** 9
~ плугом **71** 4
~, поперечный **126** II
~, продольный **126** III
~, ручной **94** 15
~, скоростной **71** 3
~, стремительный д **71** и **72** IV
~ судна д **126** 35
~ флага д **107** 35
спускать д **42** 57; д **176** 46
спускаться д **45** 11; д **110** и **111** 8
~ поперечно д **73** 31
спутник д **2** 4
спячка, зимняя д **23** 27
срастание д **161** 13
сращивание, продольное **129** 24

сращивать д **106** 65
средней тонкости д **148** 76
средство, бельковое кормовое д **154** 24
~, лекарственное д **61** и **62** 94
~, наркотическое д **61** и **62** 100
~, народное (лекарственное) д **15** 2
~, обезжиривающее д **127** 9
~ для окраски волос д **147** 11
~, противодействующее д **60** 77
~ сообщения д **176** 1
~, транспортное д **169** и **170** 38
~ для ухода за волосами д **147** VI
срок возвращения д **91** 32
~ условного осуждения д **100** 143
срывать д **47** 27
ссадина д **60** 25
стабилизатор **181** 15
ставень **40** 23
ставить д **9** 28; д **86** 5; д **87** 20
~ парус д **75** и **76** 50
~ подмётки д **142** 21
~ штамп д **180** 29
ставка, процентная д **163** 14
ставня д **40** 18
стадион **67** I
стадо д **30** и **31** 22
~ коров д **158** 50
~ овец **158** 39
стайер д **67** 32
стакан из-под вина **168** 20
~ для воды **44** 7; **57** 13
~, маленький **168** 22
~, пивной **168** 14
~ для полоскания рта д **42** 21; **63** 23
стаксель **76** 39
сталагмит **1** 49
сталактит **1** 47
сталебетон д **128** 59
сталевар д **118** 5
сталь д **118** 18, 23, 28-30, 32-42; **119** 16, 27-35; д **119** 31-34
~, быстрорежущая д **121-123** 44
~: каркасная с. для стержней **117** 44
~, листовая д **131** 2
~, мартеновская **118** 18

сталь, профильная **119** III
~ для точки ножей **144** 8
~, углеродистая д **121-123** 43
стамеска **134** II, 42
~, плоская **121** 29
стан д **35** 15; д **119** 1-5, 7, 8, 10, 11
~, обжимный **119** 2 и 6
стандарт **94** 16
станина **119** 7; **120** 26; **123** 14, 23; **133** 50
~, опрокидная **119** 4
~ токарного станка **123** 8
~ центральной части машины **135** 43
станок д **121-123** 57-60, 62, 63, 73-76, 78, 79, 89-91, 97-101; д **123** I-IV; д **133** 15-20
~, бурильный д **110** и **111** 74
~, вертикальный лесопильный **132** 8
~, вертикальный ножевой д **138** 11
~, горизонтальный лесопильный **132** 25
~, жаккардовый ткацкий д **135-137** 91
~, комбинированный **131** 9
~, мельничный д **143** 6
~, механический ткацкий **137** V
~, многопильный **132** 8
~ для нанесения клея **133** 41
~ для обработки металлов **123** з
~ для обточки шишек **117** 41
~, полировальный д **133** 44
~, правильный д **119** 23
~, рейсмусовый **133** 32
~, ремизоподъёмный ткацкий **137** IV, V
~, тискальный **150** I
~, фанерострогальный д **132** 22; **132** 28
~, формовочный д **117** 45
~, фрезерный **123** II; **133** 36
~, фуговальный **133** 11

станок, швальный 151 1
~, шелушильный д 143 4
~, шлифовальный 117 49, 50; 133 26
станция д 176 24, 58, 59; д 177-179 49, 57-59
~ для искусственного осеменения 155 23
~, конечная д 171 6; д 177-179 58
~, лодочная 76 2
~, метеорологическая 79 I
~, опытная д 80 80
~, открытая распределительная д 113 43
~, поворотная 112 37
~, пограничная д 177-179 34
~, сигнальная 185 18
~ для случки животных 155 22
~, спасательная д 186 43
~, телефонная д 180 41
~, туристическая 73 9
стапель 126 7
старица 182 18
старомодный д 48-52 52
староста 80 7
старт 67 6; д 181 47
~, буксирный д 106 43
~ с откоса д 106 39
~, резиноканатный д 106 39
стартер 67 10; 74 33; 173 32
~, ножной 172 41
статист 86 41; 87 6
статор д 113 38
статс-секретариат д 99 79
статс-секретарь 99 14
статья д 89 и 90 121; 90 22
стая д 30 и 31 22
ствол д 16 и 17 2; 30 3; 132 3, 15; д 132 3; 162 8
~: главный подъёмный с. для въезда 110 14
~ дерева 162 22
~, искривлённый 16 18
~, подъёмный 110 14
створка д 41 49
~, вынутая 130 41
стеарин 131 53

стеатит 139 10
стебель д 157 38
~, вьющийся 12 19
~ с узлом 10 3
стегать д 56 32; д 139 18; д 142 47
стёжка 49 48
стежок д 56 19
~ гладью 56 18
~ крестиком 56 19
~ лангеткой д 56 20
~, машинный д 56 21
стеклить д 142 23, 45
стекло 9 36; 51 38
~, ветрозащитное 173 8
~, защитное 161 4
~, звуконепроницаемое 88 4
~, матовое 94 32
~, оконное д 130 38; 130 43
~, увеличительное 105 24
стеклоочиститель 173 9
стеклорез 130 51
стекольщик 130 з, III; д 130 6, IV
стеллаж 46 28
~ для мелкого багажа 177 11
~, подъёмный 127 22
~, спускной 127 22
~, сушильный 136 5
стелька д 142 7
~, вкладная д 48-52 76
стена 1 43; 73 2
~: боковая с. дока 126 23
~, вертикальная 160 12
~, задняя 22 41
~ сада д 47 8
~, шнуровая 128 4
~, шпунтовая 185 34
стенгазета 78 9
стенд д 91 64
стенка д 69 и 70 12
~, водомерная 113 12
~, защитная 128 2
~, передвижная 149 14
~, предохранительная 151 20
~, шведская 65 1; 77 23
стенки отверстия 130 3
стенограф 99 13
стенографировать д 164 и 165 55
стенографист 99 13
стенография д 78 50; 89 15; д 89 и 90 15

стень-вант 183 20
стеньга, марсельная 183 18
стень-стаксель 183 42
степень д 7 120
степь д 1 40
стер 8 18; 162 15
стереометрия д 5 и 6 25; 6 II
стереотип д 149 и 150 67
~, круглый 149 37
стереотипёр 149 28
стереотипия 149 з, V; д 149 и 150 66
стереофильм д 87 19
стержeнщик 117 38
стержень 117 18; 124 3, 10
~ дверной петли 46 17
~ для испытания на разрыв 125 14
~, направляющий 119 13
~, натяжной 134 50
~ солнечных часов 9 31
стерилизатор 62 3
стерня 157 14
стетоскоп 61 41
~, деревянный 63 34
стиль, архитектурный д 128 5
стипендия д 80 20
стирание пыли 55 V
стирать д 128 89; д 164 и 165 61
стирка д 56 II
~ белья 56 VII-X
стих д 89 и 90 91
стихосложение д 89 и 90 86
стихотворение д 89 и 90 87
стог соломы 157 26
стоить д 166 6
стойка д 30 и 31 29; д 65 и 66 52, 64, 72, 80, 86, 92; 66 27-29; 76 35; 70 25; 78 36; 142 6; 168 5
~ Гаусса 80 31
~, деревянная 111 22
~ для зонтиков 45 35
~ для кия 92 13
~, книжная 41 37
~ лесов 128 8
~, микрофонная 87 18
~, палаточная 76 10; 107 16
~ под подшипник 124 45
~ Поля 80 33
~ для чаш 62 25
стойки с перекладиной 65 24

стойло 154 3, 11
стол 120 35; 123 31; 139 31; 160 17
стол для глаженья д 139 56
~ для деловых бумаг 164 45
~, детский 77 12
~ для инструментов 62 23
~ для исследования больных 61 44
~, качающийся 119 21
~, клубный 41 45
~, консольный 123 21
~ для кройки 138 9
~: кухонный с. для судомойки 43 10
~, накладной 150 6, 20
~ для наладки 138 13
~ с наркотическими средствами 62 5
~ для обвалки 144 3
~, обеденный д 54 13
~, обойный 130 25
~ для обрезки 133 9
~, операционный 62 24
~, паспортный 102 II
~, письменный 41 41; 164 15
~, подвижной 62 43
~, портняжный 139 19
~ с предохранительной решёткой 137 45
~, приёмный 150 15, 16
~ для прыганья 65 11
~, рабочий 92 24; 142 11
~, раздвижной 41 19
~, сварочный 122 45
~ для свидетелей 100 21
~, сортировочный 163 20
~ с средствами для зашивания 62 18
~, судомойный 55 39
~ для счёта денег 163 31
~, тесторазделочный 143 21
~ для тетрадей 151 32
~ трамплина 71 22
~, туалетный д 42 7
~, фрезеровочный 123 19
~, чертёжный 138 2
~ со шприцами 61 18

стол, экспериментальный 78 44
столб д 56 48; 97 1; 129 46
~ дыма 1 36
~, изоляторный д 113 44
~, километровый 175 38
~ для объявлений 169 9
~ с перекладиной 55 41; 77 18
~, ртутный д 41 41
~, телеграфный 175 16
~, фонарный 169 22
столбик 13 22
столетие д 9 115
столик 56 6; д 56 10
~, детский д 41 13
~, курительный д 41 28
~, кухонный 43 15
~, откидной д 176 34
~, передвижной 61 19
~, питательный 135 1
~, подвижной 63 14
~, предметный 78 37
~ для радиоприёмника д 41 27
~, распределительный 62 40
~, сервировочный 41 24
~, туалетный 42 16; 147 6
столица д 169 и 170 2
столкновение д 101 и 102 22
столовая 41 I; д 41 4; 64 IV; д 77 6; д 92 21
~, студенческая д 80 16
столяр 134 28
стопа д 8 32; 35 21
~ книг 151 36
стопорить д 101 и 102 18
стопсигнал 173 17
сторож 102 8; 174 39
~ на маяке д 186 4
сторона 5 23
~, наветренная д 184 44
~: наружная с. руки 37 26
~, подветренная д 184 44
~ угла 5 14
стоянка автомашин д 101 и 102 9; д 169 и 170 40
~ для велосипедов д 172 11

стоять д 9 25; д 173 и 174 80
страница 90 9
стратосфера д 2 15
страус 27 15
страховка д 73 42
стрекоза 22 1
стрекотать д 22 32
стрела, грузовая 184 2
~ поворота 173 11
~ подъёмного крана 116 21
~, сигнальная 173 11
Стрелец д 2 38
стрелка 3 1; 9 6, 9, 11; 171 29; 175 19
~ ручного обслуживания 179 24
~ централизованного дистанционного управления 179 13
стрелок, отличный д 106 20
стрелолист д 19 35
стрелочник 179 25
стрельба, спортивная д 106 II
стрельбище д 106 6
стремя 36 19; д 154 47
стремянка д 47 16; 130 5; 153 11, 14
стрижка д 147 IV, 53, 59-61; д 158 45, 46
~ волос 147 43
стрингер 76 20
~, боковой 126 32
~, средний 126 34
стричь д 33 и 34 10; д 135-137 113; д 147 27; д 158 44
строгание д 121-123 VI, 80
строгать д 121-123 77; д 134 13, 17
строение, верхнее 178 13-16
~ почвы д 160 40
~, слитное 75 III
строительство д 128 10, 13, 14, 29
~, одиночное д 126 5
~, секционное д 126 6
строить д 53 33; д 128 15
строй д 82 и 83 78
~, демократический д 99 3
~, экономический д 99 9
строка 90 11; д 149 и 150 38
~, красная д 89 и 90 151; 90 27
строфа д 89 и 90 90
строчить д 56 32

строчить крестиком д 139 33
строчка 48 4
~, двойная д 139 84
струбцина 122 48; 134 32, 37
струг 134 V
~, зубчатый 134 34
стружка д 121-123 37; д 132 12; 134 27
структура, кристаллическая д 125 26
~ месечка д 152 II
~ местности д 152 II
струна д 82 и 83 50-52; 83 6, 20; 84 22
стручок 10 24
студент 80 13, 37
студентка 80 14
студенчество д 80 42-44
студень д 144 и 145 62
студия радиопередачи д 88 2
стул д 38 47; 78 25
~, детский д 41 14; 77 13
~, кухонный 43 23
~, операционный 63 19
~ с откидным сиденьем 87 29
~ с плетёным сиденьем д 41 21
~, полумягкий 41 21
~: специальный с: для кормящих 61 38
ступень 73 13
ступенька 45 17; 65 2; 77 24; 78 15
ступица 124 51; 172 24
ступка 63 16
ступня 35 38
стык дорог д 175 2
~, рельсовый 178 14
стюард д 185 22
стюардесса д 181 43
субпродукты 145 20
субтропики д 2 11
суглинистый д 160 52
суглинок д 156 21; д 160 38
сугроб, снежный 72 33
суд 100 13, 15, 16, 18; д 100 VIII, 92-99
судак д 23 18
судно д 184 1, 6, 7, 9, 11, 12, 14, 15, 18, 20, 21, 33; д 186 26
~, быстроходное д 183 26
~, грузовое д 184 7; 185 38
~, двухмачтовое д 183 20

судно, каботажное д 183 28
~, контрольное 101 1
~: моторное с. для рыбной ловли 146 I
~, наливное 185 9
~, одномачтовое д 183 16 и 17
~, парусное 53 23; д 106 71; 183 з, с; 185 21
~, пассажирское 185 31
~, перевозное д 182 47; д 184 14
~, перекрытое парусное 76 37
~, подкладное 57 27
~, полуторамачтовое д 183 18 и 19
~, рефрижераторное д 146 21; д 184 12
~, рыбачье 185 13
~, рыболовное д 146 5; д 184 11
~, специальное д 184 9-22
~, учебное д 183 25
судовладелец д 185 12
судоговорение д 100 53
судоподъёмник д 182 32
судопроизводство 100 з
судорога д 61 и 62 86
судостроение 126 з
судоходный д 182 2
судоходство д 185 38
~, морское д 185 39
~, речное д 185 40
судья 68 3; д 69 и 70 25; 92 11; д 100 79
~ у ворот 69 13
~, главный 69 27; 70 13
~ на дистанции 74 36
~ на линии 69 14; 70 12
~, местный д 100 91
~, мировой д 100 90
~, народный д 100 80
~ на повороте 74 32
~ по прыжкам в воду д 74 24
~ на ринге 68 2
~, старший 100 16
~ у финиша 74 36
сужение д 125 6
сук д 16 и 17 6
сука 34 III
сукно 137 50
~, предохранительное 137 48
сумка 55 43; 171 35

сумка, дамская 48 46; 51 12
~ для завтрака 78 55
~, пастушья 158 42
~, перевязочная 60 2
~ для покупок 166 24
~ для принадлежностей байдарки 76 14
~, санитарная 105 17
~, седельная 172 16
~, театральная 48 53
~, школьная 78 49
сумма 7 27; д 163 43
сумочка 163 26
сундук д 42 9
~ для белья 42 35
суп д 54 28; д 167 и 168 63
~, холодный д 54 57
супергетеродин д 88 40
суперобложка д 89 и 90 55
суплес д 68 78
супница 54 23
суппорт 123 5, 25
~, поперечный 123 20
~ с резцом 132 30
сургуч д 164 и 165 11
сурдина 84 23
сурепка д 11 4
суровьё д 135-137 105
сустав д 38 17
~, коленный 38 25
~, скакательный 34 18
суфле д 54 62
суфлёрша 86 34
сухарь 143 40
~, городской д 143 38
сухожилие д 39 10
~, ахиллово 39 22
сухой д 147 18; д 160 55
сухопарник 176 23
суша д 1 3
сушилка 132 35; 133 1
~ для зерна д 155 14
~: электрическая с. для волос 147 19
сушильня 46 1 и 13
сушить д 56 46; д 94 и 95 55; д 127 4; д 135-137 63; д 147 34
сушка белья 56 VIII
~, быстрая д 127 16
~, воздушная 127 III
~ дерева д 133 6
~ на козлах д 158 27
~, тепловая 127 IV
сфинктер д 39 9
схватывать д 128 69
схема, принципиальная д 88 36
сходить с рельсов д 176 25

сходни 40 3; 59 6
сцена д 86 14; 86 35; 87 21
~, вращающаяся д 86 57
~, лагерная д 107 21
~, открытая 58 12; 82 6
~, украшенная 103 5
сцепка д 172 42; 178 8
сцепление д 124 25; 171 23; д 172 42; 178 8
~ сельскохозяйственных орудий д 155 9
счёт д 163 27
~ дебитора д 163 55
~, ровный д 69 и 70 70
~, текущий д 163 28, 29, 41; д 180 24
счетоводство д 163 IV
счётчик 92 18
~, газовый 45 34; 114 34
~ метров 94 45
~ оборотов 137 10; д 181 17
~ пробега 173 31
~, электрический 45 25
счищать д 55 84
сшивать д 139 28
сшивка д 139 78
сшитый д 89 и 90 51
съезд, партийный 103 I
съезжать д 40 45
съёмка д 87 22-25
~ в киностудии 87 I
~ комнаты д 40 9
~, топографическая д 2 45
съёмщик д 40 7
сыпарь д 140 3
сыпь д 61 и 62 80
сыр 54 39; д 166 37, 39-41
сырец 18 13; 127 21
сыроежка зелёная д 18 10
~ красная д 18 24
сыромятник д 140 5
сырьё д 115 и 116 16
~, волокнистое д 135-137 I, 11 и 12
сытый д 38 51
сыч 24 8
сюита д 84 и 85 47
сюртук д 48-52 26

табак д 166 63-66, 68, 70

таблица д 164 и 165 59
~, километровая 182 20
~ кривой 175 29
~, логарифмическая д 7 92, VI; 81 6
~, научная 78 27
~ подъёма 175 30
~ почтовых тарифов 180 20
~ экспозиции д 94 и 95 5
табличка 154 30
~ на двери 45 5
~ у койки больного 62 27
~ с названием места д 175 27
табуретка 42 17; 43 22; 45 41; 139 20
~, сапожная 142 9
тагетес 20 5
таз д 35 101; 38 17-22
~ для кардного угара 136 16
~, кардный 136 16
~ с лентой 136 29
~ для ленты 135 30
~, умывальный 44 10; 61 7
~, фаянсовый 95 29
~ для цементного раствора 129 38
тайга д 1 42
тайм д 69 и 70 9
тайный д 100 6
такелаж д 75 и 76 43, 44, 54; д 106 69, 70; 183 II; д 183 1
такса д 33 и 34 47
такси 169 26
такт д 82 и 83 93
тали д 183 3
тамбур 136 13
тамбурин 66 41; д 84 и 85 9
тампон д 63 6
тампонировать д 61 и 62 110
тангенс 5 42; д 5 и 6 29
танго 96 3; д 96 19
танец д 82 и 83 5, 7-10, 13, 14; 96 з, I; д 96 III
~ на льду д 71 и 72 40
~, модный д 96 7
~, народный 82 I
~ на пуантах д 84 и 85 74
~, характерный д 84 и 85 71
~, художественный д 84 и 85 70
танкер д 184 9; 185 9

танк-паровоз 176 1
танцевать д 96 8
танцзал д 96 4
танцовщица 82 4
~, балетная 85 23
танцор 82 3
~, балетный 85 24
танцплощадка д 96 5
танцующий 96 27
танцующий 96 28
тапочки 65 41
~, купальные 74 17
таракан д 22 17
таращить д 35 36
тарелка, глубокая 54 25
~, десертная д 54 98
~, мелкая 54 36
~, стенная 41 14
~, суповая 54 25
~ для ужина д 54 97
~ для хлеба 54 47
тарелки 84 34
тарелочка, десертная 54 11
~ с пилёным сахаром 167 13
тарок д 93 17
тасовать д 93 52
тафта д 48-52 44
тахометр 173 30
тахта д 42 3
тачка 66 24; 77 37; 127 37; 128 22; 155 35; 156 31; д 160 29
~ для багажа 178 28
~, лодочная 76 16
~ для мусоросборника 170 29
~, навозная 154 22
~, пастушья 158 37
таяние снега д 3 23
твёрдость д 125 22, 23
твёрдый д 160 54
творило 128 17; д 128 85
~ с цементным раствором 128 45
творог д 166 38
творчество, поэтическое д 89 и 90 85
театр 86 з; д 86 2
~, кукольный 77 3; д 82 и 83 44; 98 17
~, оперный д 86 1
~, самодеятельный д 92 15
текст д 89 и 90 69
~, объяснительный 91 12
телевидение д 88 49
телега 153 23, 28; 157 9
телеграмма д 180 35
телеграф д 180 34
~, судовой д 184 58

тележка 41 8; 94 22
~ с киносъёмочным аппаратом 87 13
~ для колод 132 26
~ крановая 132 2
~ для куклы д 53 17
~ с лошадьми 53 8
~ для насадки д 127 20
~, платформенная 178 25
~, поворотная 112 26
~, рамная 132 16
~ на роликах 178 35
~, ручная 46 24
~, транспортная 149 39
~, шлаковая д 115 и 116 84
тележка-поднос д 41 29
телемарк 71 15
телёнок 33 1; 145 37; 154 29
телеобъектив 94 30
телескоп 2 12
телетайп д 106 75
телефон д 106 74; 164 39; 165 II
~ общего пользования 180 1
Телец д 2 31
телиться д 154 52
тёлка 154 32
тело д 5 и 6 V; д 35 1
~, мозолистое 36 5
~, стекловидное 37 10
~, человеческое 35 з
телосложение д 35 12
телятина д 144 и 145 14
~, жареная д 54 35
~ с почкой д 144 и 145 29
тема д 84 и 85 52; д 108 12
тембр д 88 24
темнеть д 189 5
темпель 117 34
температура 3 V; д 3 5; д 61 и 62 46
~ дутья д 115 и 116 77
температурить д 57 9
темя 35 41
тенакль 149 2
тендем д 172 2
тендер 176 34
теннис д 69 и 70 VII; 70 VII
тенниска 49 20
тенор д 86 29
теодолит д 2 49
теорема д 5 и 6 9
тёпленький д 57 33
теплица 160 I, 11-17; д 160 8

теплица-землянка д 160 9
тепло, отходящее д 115 и 116 65
тепловоз 127 1
теплота д 3 9
теплоэлектростанция д 113 32
терапия д 61 и 62 I, 90
тереть д 55 42, 67
тёрка 55 18, 19; д 128 82
термограф д 3 33
термометр д 3 32; 41 5; 57 33; 78 33; 133 2
~, водяной 44 19
~ для измерения температуры зерна д 155 16
~ для измерения температуры почвы д 79 21
~, комнатный д 41 40; 57 2
~ для медицинской грязи д 58 10
~, минимально-максимальный 79 7
~, оконный д 41 39
~, почвенный д 79 20
термос д 43 20; 98 22
тёрн д 16 и 17 32, 34
терновник д 16 и 17 32
терпуг 134 11, 12
террариоведение д 79 97
террариум 79 19
терраса 1 13; 58 10; д 73 45
~, речная д 1 85
террикон 110 5; 112 1
терцет д 86 34
терция д 82 и 83 70
терьер, шотландский д 33 и 34 52
тёс 132 21
тесак 129 21
тесло 129 13
тесто 143 8
тестомесилка 143 5
тетерев 31 11
тетрадь 78 19; 151 28
~ для записей 81 8
~, сшитая 151 31
течение д 75 и 76 82; д 182 18
~, быстрое д 75 и 76 81
~, верхнее д 182 7
~, нижнее д 182 9
~, среднее д 182 8
течка д 30 и 31 18
течь д 182 3; д 184 100
техник д 126 15

техник по вентиляции д 110 и 111 135
~, зубной д 63 11
~, строительный д 128 46
техника лазанья 73 I
~, лётная д 106 52
~ разведения д 79 63
~, сварочная д 121-123 II
~ связи на большом расстоянии д 106 72
~ хождения 73 II
техникум д 78 6
технорук д 118 4
тигель 150 1
тигр 29 13
тикать д 9 23
тимпания д 154 35
тимьян д 12 20
тинктура д 15 6
тип д 75 и 76 11
~ домов 40 с
~ судна д 126 3
типограф д 149 и 150 37
типография д 149 и 150 6; 150 з
тир д 106 7
тираж д 89 и 90 23; д 149 и 150 97
тире 89 27
тис 17 20; д 134 63
тискальщик д 149 и 150 11; 150 2
тиски, верстачные 134 26
~, параллельные 121 13; 131 13
~, ручные 121 16
~, столярные 134 36
титул д 89 и 90 57
~ на корешке 90 18
тихоход д 28 1
ткани д 138 5
ткань д 135-137 40; 137 36; д 139 6
~, мышечная д 39 2
~, нервная д 39 35
~, опорная д 38 9
~, соединительная 37 21; д 38 10
~, хлопчатобумажная д 48-52 36
~, хрящевая д 38 18
тканьё д 135-137 X
ткацкая 137 з
тля д 22 24
тмин д 12 15
тобогган д 71 и 72 32
товар д 164 и 165 23
~, пушной д 32 28
товарищ 103 9, 10
ток д 30 и 31 15; д 113 8-11; 153 8
токарь 123 7

токовать д **30** и **31** 14
токоподвод **149** 40
токоприёмник **171** 8
толкание **67** IV
~ ядра **67** 43
толкатель **120** 34; д **173** и **174** 32
~ ядра **67** 45
толкать д **68** 89
~ правильно д **69** и **70** 71
толокнянка д **15** 17
толчок д **60** 14; д **67** 53
~ двумя руками **68** 42
толщиномер **81** 18; **123** 42
толь, кровельный д **129** 38
том, закрытый **90** III
~, раскрытый **90** I
томат, кустистый д **12** 10
тон, целый д **82** и **83** 62
тонкий д **148** 75
тонмейстер **88** 12
тонна д **8** 35
тоннаж д **184** 35
топ **183** 21
топить д **55** 3
топка **43** 32; **55** I, 2; **122** 4; д **184** 65, 66
~, газовая **120** 11
~, пылеугольная **113** 14
топливо д **46** 4, 5
топография д 2 41
тополь д **134** 41
~, пирамидальный **16** 12
топор **46** 40; **129** 21; д **129** 55; **144** 5
~, лесорубный **162** 24
~, плотничий **129** 11, 20
~, пожарный **102** 20, 23
топорище **46** 39
торговля, государственная **166** з
~, книжная д **89** и **90** 28, 30; д **149** и **150** 5
~, рыбная д **146** 17
торжественный д **48-52** 55
тормоз **125** 21
~, аварийный **176** 18
~ с внутренними колодками д **172** 47
~ действующий па обод д **172** 8
~ заднего колеса **172** 39

тормоз, ножной д **172** 6; **173** 36
~, педальный **173** 36
~ переднего колеса **172** 49
~, ручной **171** 31; **172** 5; **173** 34
~, четырёхколёсный д **173** и **174** 40
тормозить д **172** 16
тормозящий **72** 50
торт **167** 3
торфяник д **156** 18
точение д **121-123** IV, 55, 56
точило **121** 23
точить д **121-123** 48; д **134** 25
точка **5** 1; **89** 21
~ замерзания д **2** 19
~ с запятой **89** 23
~ касания **5** 41
~ конечная **5** 13
~ нулевая **6** 19
~ пересечения **5** 1; д **5** и **6** 21
~, тригонометрическая д **2** 50
точно д **177-179** 43
точность отсчёта д **7** 152
трава д **79** 87; **158** 47
~, огуречная **12** 36
~, сорная д **19** II
траверс **182** 19
~ на верёвке **73** IV
травить д **134** 33; д **140** 19
травление, штриховое д **149** и **150** 59
трагедия д **86** 15
традесканция д **21** 25
траектория челнока д **135-137** 100
трак гусеницы **112** 34
трактат д **89** и **90** 120
трактор **155** 8; **156** 3; **157** 3; **158** 22; **175** 39
~, гусеничный **155** 6
тракторист **155** 12
трактористка **155** 14
трактор-тягач **157** 3
трал **146** 3
трамбовка **117** 17; **170** 16
~, резиновая д **131** 68
трамвай **171** з, с
трамплин **56** 15, 16; **74** 4, 5; д **74** 23
~ для прыжков **71** 18
трансляция д **88** 3
транспарант **109** 1, 7, 27-29
транспонировать д **84** и **85** 59

транспорт бурого угля **112** III
транспортёр, бронированный **111** 19
~, ленточный **143** 24
~ для хлебов **143** 13
транспортир **6** 40
транспортировка д **176** 14
~ картонов **151** 39
трансформатор **113** 40; **122** 49; **125** 30, 31
~, силовой **88** 25
трансформация д **113** V
трап, забортный д **184** 96
трапеция **6** 3; **97** 8
трапецоид д **5** и **6** 49
трасса, воздушная д **131** 51
траулер **146** I, 1
трахея **36** 10
требование, народное **100** 16
тревога, пожарная д **101** и **102** 67
трезвучие д **82** и **83** 89
трель д **82** и **83** 105
тренер **67** 8; д **69** и **70** 24
~ по гребле **75** 32
трензель д **154** 43
тренировать д **67** 3
тренировка д **67** 4
~, зимняя **75** V
тренога **131** 32
~, металлическая **142** 8
трепальщица **135** 22
треска д **23** 2, 7; д **146** 39
треугольник **5** 31-33, 38, 39; **84** 35
трефы **93** 19-26, 32-39; д **93** 47, 62
трёхмерный д **5** и **6** 53
трещина д **73** 34, 43
~ в леднике **1** 5
трещотка **53** 1; **121** 40
трибуна **67** 1; **99** 4; **103** 3; **109** 17
~, ораторская **103** 20; **108** 2; **109** 21
~, почётная **67** 1
~, судейская **67** 5
тригонометрия д **78** 42
триер д **143** 3
трико **50** 6
трикотаж д **48-52** 9
трио д **84** и **85** 62; д **86** 34

триоль д 82 и 83 96
трио-стан 119 II
тритон д 23 28
троакар 63 44
трогать с места д 173 и 174 71
троеборье д 67 63; д 68 92
троица д 9 85
тройка 72 6
~, двойная 72 7
троллейбус д 171 24
тромбон 84 14; 96 18
тромбонист 85 17; 96 17
тропик д 2 10
~ Рака 2 3
тропики д 2 9
тропинка, пешеходная 2 55
трос д 183 6
  Боудена 172 47
  , несущий 182 2
  для руля высоты 106 9
~ для руля повороты 106 8
тросик, спусковой 94 8
тростник д 19 34; д 182 13, 14
~, сахарный д 11 11
росточка д 48-52 79
тротуар 169 24; 170 26
труба 84 13; 96 14; 114 3; д 119 36; 175 11
~, водоотводная 131 50; 170 3
~, водопроводная 111 21; 131 39; 170 6
~, водосточная 40 9
~, вытяжная 122 1
~, выхлопная 172 34
~, газопроводная 43 43; 170 22
~, дымовая 40 2; 43 27; 115 9; 176 22; 184 15
~, зрительная 2 12
~, коленчатая 43 18
~, кольцевая фурменная 117 2
~, кормовая 154 5
~, мучная 143 2; д 143 10
~, нагревательная 127 24
~, напорная 44 42
~, органная д 84 и 85 20
~, отсасывающая 133 13
~ для отходящих газов 131 29

труба для подачи лечебных грязей 58 23
~, свинцовая д 131 41
~, спускная 113 13
~, стальная д 131 42
~, сточная 43 17; 44 11, 36
~ для теста 143 11
~, фабричная дымовая 152 23
~, чугунная д 131 43
трубач 96 15, 16
трубка д 41 67; д 166 67; 180 24
~, дыхательная 185 43
~ пчеловода 22 29
~, рентгеновская 62 42; 125 24, VII
~, телефонная 165 33
трубопровод 111 27; 135 7
~, всасывающий д 173 и 174 22
~, выхлопной д 173 и 174 34
~ для горячего дутья 115 22
~ неочищенного газа 114 7
~ подогретого (горячего) воздуха 120 7
~ свежего воздуха 120 5
трубо́рез 131 45, 46; д 131 45
трубочист 46 4
трубочка 18 2
~ со сливками д 167 и 168 14
~ с таблетками 57 16
труп 29 19
трусы 50 18, 42
~, спортивные 65 40; 67 29
трутень 22 44
трюм, грузовой 184 33
трюфель, летний чёрный д 18 8
тряпка д 43 40; 44 12; 55 26, 36, 40; д 55 62, 69; д 56 7; 78 52; 131 54; 138 27; д 139 66
тряпкорезка 148 3
трясогузка, жёлтая 25 5
туалет 44 II
туба 84 15
~, басовая 84 15
тубаист 85 19
тугой на ухо д 35 49

туз 93 19, 32
~, бубновый д 93 46
~, пиковый д 93 57
туловище д 35 I, VIII; 35 10, 12, 14, 15
туман 3 V; д 3 15, 16
туманность д 2 23
тумба, защитная 175 32
тумбочка 42 31; 57 22
тундра д 1 41
туннель 175 7
турбина д 113 36
~, паровая 113 28; 114 23; д 184 63
турбокомпрессор д 115 и 116 70
туризм д 106 VII
турист 175 33
турник 65 9
турникет 60 3
турнир д 68 32
туфля д 48-52 67, 68, 70-72, 74
~, вечерняя 51 4
~, войлочная 50 16
~, дамская 48 37; д 48-52 68
~, домашняя 49 2; 50 4, 16, 21
~, лаковая 49 36
~, спортивная 48 43; д 48-52 74
~, танцевальная 96 29
~, теннисная д 69 и 70 74
~ с шипами 67 14
тушитель сигарет д 41 20
тушить д 41 71; д 55 29, 30, 48; д 101 и 102 73
тушь для ресниц д 147 84
туя д 16 и 17 15
тыква 12 26
~, бутылочная д 12 6
~, масличная д 11 7
тын 47 1
тысяча 7 10
тысячный 7 21
тычок д 128 55
тюбинг д 110 и 111 57
тюк 178 27
~ ткани 139 1; 166 40
тюлень 29 11 и 12; д 32 2
тюлька д 146 38
тюльпан д 20 4
тюрбан 48 6
тюрьма д 100 137
~, каторжная д 100 138
тявкать д 33 и 34 59
тяга воздуха д 110 и 111 92

тяга клапана д 172 37
тягач 155 8; 156 3; 157 3; 158 22
тяжелоатлет д 68 29
тяжеловоз д 33 и 34 32
тяжёлый д 160 47
тянуть бечевой д 182 38
тянуться д 175 14
тянучка д 166 49
тяпка д 144 и 145 5

убеждать д 109 36
убивать д 30 и 31 38
убирать д 41 6; д 46 16
~ урожай д 157 36
убор, головной д 48-52 VI
уборка картофеля 158 I
~ корнеплодов 158 I
~ свёклы 158 I
~ улиц 170 з
~ урожая д 157 II
~ хлеба 157 II
уборная 43 з, II; 153 31; д 176 38
~, общественная 169 I
убранство д 41 10
убыток д 163 64
увеличение д 94 и 95 64
увеличитель 95 23, 26
увертюра д 86 9
увольнять д 185 47
~ на пенсию д 80 41
углеводы д 54 21
угледробилка 113 19
углеподготовка 110 1
углерод д 115 и 116 29
углечерпалка 112 40
угломер, универсальный 123 38
углубка слепой шахты 110 39
углубление 51 31; д 73 29
~, складочное 134 29
угол д 5 и 6 III; 6 24
~, вершинный 5 15
~, внешний 5 28
~, внутренний 5 27
~, дополнительный д 5 и 6 31
~, книжный 90 2
~, нижний галсовый 183 10
~, нок-бензельный 183 3
~, острый 5 18
~, переменный д 5 и 6 33

угол поля 69 2
~, прилежащий д 5 и 6 34
~, противолежащий д 5 и 6 32
~, прямой 5 17; 6 47
~ ринга 68 11
~ рта 36 29
~, тупой 5 19
~ в упоре д 65 и 66 73; 66 23
~, центральный д 5 и 6 46
~, читальный 108 18
~, шкотовый 183 13
~, штрафной д 69 и 70 44
уголки для вставки стёкол 130 48
уголь 46 46; д 110 и 111 III, 16-19, 114, 115, 117, 118; д 112 14, 15, 18-21
~, бурый д 46 10
~, каменный д 46 14; 111 34
~, рядовой бурый 112 23
угольник 121 22; 139 5
~, железный 129 12
~, измерительный 134 2
~ с пятой 123 40
~, упорный 123 40
угольщик д 162 19
угорь д 61 и 62 79
~, копчёный д 146 35
~, речной 23 1
удав д 23 33
удаление воды 60 15
~ вскрыши 112 I
~ зуба д 63 10
удалять ботву д 158 17
~ известь д 140 18
~ шипы д 135-137 111
~ шлак д 118 24
удар д 60 13, 14, 16; (спорт) д 68 49, 50, 56, 59, 62, 64, 66, 86; д 69 и 70 14, 30, 31, 47, 48, 62, 67, 68, 71, 73
~, боковой 68 22; д 68 64
~ по воротам 69 50
~ головой 69 39
~ грома д 3 29
~ молнии д 3 26; д 60 74
~ ниже пояса 68 24
~ одиннадцатиметровый 69 38
~, прямой 68 21

удар, свободный 69 37; д 69 и 70 47
~ снизу 68 23
~, солнечный д 60 65
~, тепловой д 60 64
~, угловой 69 35
ударник 85 21; 96 9
удилище 182 34
удильщик 182 33
удить д 182 50
удлинение д 67 62; д 125 4, 5
~ пояса 49 8
удобрение 156 1; д 156 IV, 41-48; д 160 71, 72, 74
~, сборное 160 3
удобрять д 156 37
~ известью д 160 81
удод д 24-27 22
удой д 154 56
удостоверение личности 64 3; 102 13
~, партийное д 103 8
~ о разрешении проезда автомобилей д 101 и 102 16; д 173 и 174 61
~, служебное д 101 и 102 62
~ шофёра д 101 и 102 15
удостоверять д 101 и 102 61
уезжающий 102 14
уж, кольчатый 23 23
ужин 54 IV; д 167 и 168 37
узда д 154 41, 45
узел 60 10; д 147 56
~, канатный д 73 38
~, морской д 183 12
~, транспортный д 176 3
узор д 138 7
указ д 99 98
указание д 99 97
указатель д 89 и 90 65; 165 13
~, дорожный 175 18
~ направления движения 178 2
~ остановки 171 6
~ поворота 171 17
~ путевого заграждения 179 20
~ сигнальных огней д 186 5
~ скорости д 181 28
~, стрелочный 179 22
указка 78 7
укатывать д 156 35
укладка балок 129 3 и 4, 6-9, 23
укладывать д 57 2; д 127 13

уклопоуказатель 175 28
уключина, вращающаяся 75 9
укол д 60 15
укос 157 19; 158 24
укосина 175 17
украшение д 82 и 83 103
~, стенное 78 32; 150 13
~, цветочное 108 3
укреплять д 109 42
укроп 12 37
укротитель 97 24
уксус д 54 84
улей 22 25, 27, IV
улика д 100 126
улитка д 5 и 6 14; 36 21
улица 152 30; 169 з, I; д 169 и 170 11-18, 20; 170 з, I; 152 2
уложение, торговое д 100 73
уменьшаемое 7 29
умножение 7 33
умывальная 62 17; д 77 11
умывальник д 42 7
умывальня 110 10
умывание д 107 30
умываться д 44 20
универмаг д 166 12
университет 80 з
~, вечерний 81 з; д 103 53, 54
унитаз 44 40
уплотнитель белья 56 25
уполномоченный по ведению процесса д 100 110
~ по дому д 40 1
~, районный 155 37
упор д 65 и 66 83
~ на предплечьях д 65 и 66 87
~: продольный у. лёжа д 65 и 66 75
~ рельсового пути 179 5
~ согнувшись д 65 и 66 49
~ на согнутых руках д 65 и 66 32
употребление д 112 23
управление 99 з; 113 31; д 119 20
~, автоматическое рулевое д 184 41
~ народной полиции д 101 и 102 1, 2
~ ролика 133 22
~, рулевое 173 28
управлять д 173 и 174 72; д 184 43, 46

управляющий д 86 3
~ домом д 40 4
~ типографией д 149 и 150 14
упражнение 65 з; д 78 59; д 80 70
~ на земле д 65 и 66 34
~, обязательное д 65 и 66 15
~, произвольное д 65 и 66 12
~, строевое д 65 и 66 14
~, телесное д 65 и 66 10
упражняться д 65 и 66 21
упрочивать д 109 43
упряжка 156 9
упряжь, конская 154 10
~, шлейковая д 154 40
уравнение д 7 130
~ первой степени д 7 84
Уран 2 22
урна, избирательная 100 5
~ для мусора 40 27; 169 23
уровень воды д 59 21
~ грунтовых вод д 160 66
~, сферический 94 5
урожай д 157 II
~, собранный д 157 22
урожайность д 157 22
урожайный д 157 23
урок 78 I, II; д 78 51
~ вопросов и ответов д 78 54
ус гафеля 183 5
усадьба, крестьянская 153 I
усик. 10 23; 23 6
усилитель д 88 57
условие среды д 79 79
успеваемость д 78 IX
устав гражданского судопроизводства д 100 70
~, избирательный д 100 27
~, местный д 99 29
~ окружной д 99 28
~ партии д 103 1
~ противопожарный д 101 и 102 65
~ уголовного судопроизводства д 100 72
~, читательский д 91 30
уставка 151 1

устанавливать д 126 34
~ по прямой линии д 129 28
установка д 91 55; д 131 32
~ береговых огней д 186 3
~, боковая 94 17
~ на высоту 94 4
~, доменная 115 I
~ затвора 94 7
~, котельная 160 2
~: крановая у. в эллинге 126 1
~, машинная д 184 59
~ нажимным винтом 119 19
~ для очищения посевного зерна 155 17
~, паровая гладильная 138 III
~, пескоподающая 179 6
~ для пневматической подачи хлопка 135 7
~, погрузочная 110 6
~ для подачи угля 113 I
~, подводная акустическая д 184 53
~ полей 165 6
~, радарная д 181 27
~ на расстояние 94 21, 50
~, светосигнальная 88 7
~, сушильная 127 III, IV; 136 5
~ табулятора 165 19
~, точная д 94 и 95 29
устный д 78 70
устой 182 27
устойчивый д 79 66
устраивать д 138 13
устройство для агломерации д 115 и 116 41
~, газоочистительное д 115 и 116 66
~, загрузочное 127 30
~, карусельное 117 47
~, машинное 127 II
~, мигающее д 169 и 170 49
~, оросительное д 156 13
~ для очистки от серы 114 31
~, парниковое д 160 12
~, погрузочное д 184 84
~, податочное 113 I

устройство, предохранительное 113 47
~, промывательное 110 1
~: распылительное у. для извести 116 25
~ сада д 160 3
~ для углеподачи 179 1-3
~ для удаления отходов 116 19
~, холодильное д 115 и 116 63
~, шлихтовальное д 135-137 82
уступ д 73 1, 22
~, вскрышной 112 18
устье д 182 23
~ шахты 110 9; 115 25
усы д 147 67
усыпление д 61 и 62 97
усыхать д 127 17
утёс 1 30; 73 2; д 73 36
утка 33 13; д 33 и 34 15; 153 40
~, дикая д 30 и 31 26
утконос 28 1
утлегарь 183 30
утонуть д 60 78
утопленник д 60 79
утрамбовывать д 117 49
утро 2 25
утюг 56 45; 138 24; 139 6
утюжить 56 40; д 139 55
ухаживать д 57 13
ухо 30 5, 20, 33; 35 44; 36 11
~, среднее 36 16
уход за больными 57 з
~ за волосами д 147 2, III
~ за зубами д 63 22
~ за кожей д 147 4
~ за ногами д 147 7
~ за руками д 147 6
~ за скотом д 154 4
~ за телом д 44 2
уходить в море д 184 91
участвующие в судопроизводстве д 100 VII
участие в выборах д 100 48
~ в работе 105 I
участник д 109 11
участок, затяжной 141 II
~, земельный д 40 34
~, избирательный 100 с

участок, культурный д 160 14
~ народной полиции д 101 и 102 54
~ плантации 160 35
~, подопытный 79 16; д 79 VI
~, подошвенный 141 V
~, показательный 79 11; д 79 V
~, специальный д 79 VII
~, швейный 141 II
~, школьный мичуринский 79 з, IV
учащаяся 81 3
учащийся д 78 III; д 80 II; 81 2
учёба д 80 52, 54, 58
~, партийная 103 III; д 103 50
учебник 78 24; 80 12; д 89 и 90 42, 43
учение д 80 IV
~ о переплетении д 135-137 IX
~ о цветах д 189 12
ученик 64 19; 78 45; 121 7; д 128 38
~ по горному делу д 110 и 111 149
ученик-горняк д 110 и 111 149
ученик-каменщик д 128 19
ученик-кузнец 122 25
ученик-лётчик 106 4; д 106 34
ученик-официант 168 23
ученик-сварщица 122 34
ученица д 77 15; 78 22, 46
учёный д 80 46
училище для библиотекарей д 91 9
~, лесное д 162 41
~, мореходное д 185 48
учитель 78 43; 121 19
~ танцев д 96 10
учительница 78 10
учреждение, университетское д 80 I
ушат 56 34
ушиб д 60 22
ушко 51 56
~, игольное 139 50
ущелье 1 X, 44; д 73 25, 46
ущерб, материальный д 101 и 102 25

фабрика д 118 1
~, брикетная д 112 35
~, гребнепрядильная 136 з
~, мебельная 133 з
~, обувная 141 з
~, суконная ткацкая 137 с
~, хлопчатобумажная 135 з
~, швейная 138 з
фагот 84 8
фаготист 85 14
фаза д 113 56
~, лунная 2 V
фазан 30 27
факультет д 80 5-14
фаланга 37 38-40
фальц 90 7; 129 29
фальцбейн 151 5, 21, 26
фальцевать д 129 15
фальшборт 75 12; 126 25
фамилия д 101 и 102 43, 44
фанера д 132 23-25; д 133 24, 25, 30, 32, 33; 133 54
фанерщик д 133 38
фант д 93 22
фантазировать д 57 10
фанфара 107 11; 109 8
фанфарист 107 12; 109 9
фара 171 15; 172 30
~ ближнего освещения 173 3
~, велосипедная 172 6
~, габаритная д 172 50
~, сигнальная 101 14
фарватер д 75 и 76 75
фартук, защитный 62 47
~, операционный 62 20
~, резиновый 144 6
~ суппорта 123 13
фарш д 144 и 145 25
фасоль 12 17
фахверк 40 40
фашина д 182 34
фейерверк д 98 1
фельетон д 89 и 90 122
фен 147 19
фенхель д 15 19
ферзь 93 8
ферма д 32 18
~, стропильная 129 43, 46, 47
фермата д 82 и 83 101
фермент д 38 1
ферромарганец д 115 и 116 12

фиалка д **20** 18
фига **14** 21
фигура д **5** и **6** 5; д **35** 14, 16; **72** 4-14
~, симметричная **6** 1
~, шахматная **93** 4-9
физика д **78** 46
физкультура д **78** 27
фикус **21** 8
филе д **56** 15; **145** 25
филёнка, дверная **45** 30
филиал д **166** 14
филин д **24-27** 7
филлоксера д **22** 25
фильм **87** з; д **87** 6-8, 10-15, 17, 18; д **94** и **95** 36, 37
фильмпак **95** 15
фильм-сказка д **87** 16
фильтр, воздушный д **173** и **174** 25
~, жёлтый **94** 34
~, полосовой **88** 23
финал д **67** 18; д **84** и **85** 54
финик **14** 23
финиш **67** 15; д **67** 18, 24
финт д **68** 51
фирма д **164** и **165** 16
фирн д **73** 17
фисгармония д **84** и **85** 16
фитиль д **41** 56
фитинг **131** 41
фишка д **93** 8
флаг **109** 3
~, лодочный **106** 26
~, сигнальный **186** 23
~, угловой **69** 3
~ на флагштоке **184** 27
флагшток **109** 15
флажок **71** 11; **109** 13
~, семафорный д **186** 21
~, сигнальный д **106** 59; **107** 2
флакон для духов **51** 14
~ с фиксатуаром **147** 15
фламинго д **24-27** 23
фланец д **131** 49
флейта **84** 1, 2
~, поперечная д **82** и **83** 57
~, продольная **83** 25
флейтист **85** 12
флигель во дворе д **40** 35
~ здания д **40** 19
флокс д **20** 23, 31
флор **126** 35; **184** 49
флот д **185** 35

флот, морской д **185** 34
~, торговый д **185** 36
флотилия д **185** 37
флюгер д **75** и **76** 70; **79** 2; **181** 10
флюгер-вымпел **181** 7
фляга **105** 14
~, молочная **154** 40
фойе **86** I
фок **76** 39; **183** 36
фок-мачта **183** 23; **184** 1
фокстерьер д **33** и **34** 49
фокстрот **96** 4
~, медленный д **96** 20
фокус **6** 13
фокусник **97** 19
фолио д **149** и **150** 101
фонарь **186** 2, 13
~, газовый **170** 24
~, гакабортный д **184** 83
~ левого борта д **184** 81
~, пирамидальный **95** 2, 22
~ правого борта д **184** 82
~, сигнальный **178** 7; **186** 4
~, стенной **95** 1, 24
~, топовый д **184** 80
~, уличный **169** 2, 20
фонендоскоп **61** 41
форель д **23** 4
форзац **90** 5; д **151** 28
форзиция д **16** и **17** 25
форма **117** 15; д **117** II, 35-42; **187** I
~ для выпечки торта **55** 15
~ для вырезки д **55** 8
~ набора д **149** и **150** 25
~ для песка **77** 34
~, печатная д **149** и **150** 88; **150** 9
~ поля д **152** 31
~, стереотипная **149** 31
~, черпальная **148** 18
формат д **148** V; д **149** и **150** V, 102, 103
формироваться д **109** 13
формовать д **117** 48; д **127** 14
~ по шаблону д **117** 50
формовка **117** II; д **127** 15
~, гипсовая д **117** 47
формовщик **117** 19
формула д **7** 80
формуляр д **164** и **165** 50

фортепиано д **84** и **85** 10; **96** 11
форточка **44** 34; **168** 10
форшлаг д **82** и **83** 104
форштевень **76** 42; **184** 4
фосфор д **115** и **116** 30
фото д **94** и **95** 61
фотоаппарат **94** I; д **94** и **95** II
~, малоформатный **94** 47
фотобумага д **94** и **95** 65
фотовспышка, электронная д **94** и **95** 43
фотограф **95** 12, 27
фотографирование д **94** и **95** I
фотографировать д **94** и **95** 1
фотография **41** 38; д **78** 81; **94** з; **95** з
~ для печати д **94** и **95** 14
~, цветная д **94** и **95** 11
фотограф-лаборант д **94** и **95** 44
фотокамера д **94** и **95** 15
~, павильонная д **94** и **95** 16
фотокорреспондент д **89** и **90** 117; **109** 25
фотолаборатория д **92** 10; д **94** и **95** III
фотоматон д **94** и **95** 20
фотомонтаж д **94** и **95** 63
фотоплёнка на катушке **94** 41
фотопринадлежность д **94** и **95** II
фоторепортёр д **89** и **90** 117; **109** 25
фототипия д **149** и **150** 80
фразировка д **82** и **83** 99
фрак **49** 37
фрактура **89** 9
фракция д **99** 43
фрамуга, створная **130** 30
франкировать д **180** 5
фрегат д **183** 29
фреза д **121-123** 69-72; **123** 16; д **141** 22, 23
~, наружная **131** 44
~, почвенная **160** 29
фрезерование д **121-123** V, 66-68

фрезеровать д 121-123 64; д 160 76
фрезеровщик 123 18
фреска 108 10
фрикаделька д 54 33
фрикассе д 167 и 168 52
фришевать д 118 14
фронтон 40 5
фрукт 13 з; 14 з
~, десертный д 13 и 14 5
~, замороженный д 13 и 14 10
~, зимний д 13 и 14 6
~, малорослый д 13 и 14 7
~, сушёный д 13 и 14 9
~, южный 14 VII
фуга д 84 и 85 45
фуганок 134 4
~, двойной 134 5
фуговать д 128 92; д 134 15
фуксия 21 3
фундамент 115 34; 128 48; 150 5
функция д 7 81; д 35 11
~ угла д 5 и 6 26
фунт 8 31
фуражка д 48-52 65
фурма 115 31
фут 8 14
футбол 69 с; д 69 и 70 II
футболка 69 31
футляр 81 7
~ для бумажных салфеток 147 47
~ для очков 51 40
футшток д 185 3
фьорд д 1 62
фюзеляж 106 14; 181 19-21

халат, врачебный 61 15
~, дамский 48 30
~, защитный 58 32
~, купальный 74 13
~, операционный 49 33; 62 22
~, рабочий 48 26; 49 32, 34
~, утренний 48 2
хамелеон д 23 31
характер почвы д 160 40
характеристика логарифма д 7 147
хват д 65 и 66 6
~ внутри 65 38
~, разный 65 36

хват сверху 65 34, 37
~ снизу 65 35
хватка в партере д 68 79
~ стоя д 68 71
хватать д 65 и 66 8
хворать д 61 и 62 39
хворост 162 14
хвост д 2 21; 24 6: 30 12, 24, 35; 31 12, 15; 34 15, 31, 37
~, коровий 145 36
хвостик 83 33
хвостики, лисячьи д 20 14
хвощ д 19 18
хвоя 17 15
~ итальянской сосны 17 23
~, пихтовая 17 3
хедер 159 9
хелоне д 21 23
химиграфия д 149 и 150 65
химия д 78 45
хирург 62 11
хирургия д 61 и 62 2
хлеб д 143 31-35
~, белый 143 26
~, зерновой д 157 29
~, пшеничный 143 26
~, ржаной 143 27; д 143 31
~ в форме 143 26
~, чёрный 143 27
хлеба 10 1, 9-14, 17; д 157 29
~, озимые 79 8 и 9; д 79 54
~, яровые д 79 50
хлебать д 35 73
хлебопекарня 143 I
~, кооперативная 143 з
хлебоподаватель д 143 27
хлеборезка 43 11; д 43 23
хлев 153 22, 46; 154 з
~ для кабанов 154 58
~ для крупного рогатого скота 154 II
~, свиной 154 50
хлопок 11 11; д 135-137 2
хлопушка д 98 4, 5
хлороформ д 61 и 62 102
хмель 11 19
хобот 28 6; 29 10; 123 15; 141 4
ход 93 27, 28; д 173 и 174 29, 39
~ волокна д 125 7
~ выборов д 100 III

ход с поочерёдной перестановкой лыж 71 6
~, свободный д 172 5
~, холодный д 115 и 116 61
~ червячка 13 31
ходики 9 25
ходить д 93 42
~ (конём) д 93 39
~ на ходулях д 53 43
ходули 53 33
ходьба, спортивная д 67 65
хождение по льду 73 II
хозяин гостиницы д 167 и 168 22
~, сельский 153 29
хозяйка 42 20
хозяйство, выгонное д 158 34
~, крестьянское 153 I
~, лесное 162 з
~, луговое д 158 33
~, молочное д 154 58
~, народное д 99 10
~, образцовое д 153 6
~, опытное д 80 81; д 152 21
~, плановое д 99 11
~, строительное д 128 1
хоккеист 72 26
хоккей на льду 72 II
~ на траве 69 и 70 IV; 70 II
~ с шайбой 72 II
холка 34 6
холм д 1 23
~, искусственный 1 33
холмистый д 1 17
холод д 3 11
холодец д 144 и 145 62
холодильник 114 26; д 146 19; 184 46
холст д 48-52 41; 135 18
~, обёрточный 57 24
~, свёрнутый 135 21; 136 6
~, тонкий 136 7
хомут 154 2
~ для подвески трубы д 131 44
хомяк 29 2; д 32 6
хор д 82 и 83 22-28
~, мимический д 84 и 85 72
хорал д 84 и 85 66
хорда 5 48
хорёк д 32 7
хореография д 84 и 85 76
хорист 82 8; д 84 36
хористка 82 10

хоровод 77 39; д 82 и 83 11, 15
хорь д 32 7
хранение д 164 и 165 68
хранилище химических средств 155 18
хранитель д 91 49, 50
храпеть д 42 45
хребет д 1 25
~, горный 1 11; д 1 26
хрен 12 33
хризантема д 20 25
хрипеть д 38 31
хрипота д 61 и 62 60
Христианско-демократический союз Германии 103 12
Христова иголка д 2 12
хроматический д 82 и 83 66
хромать д 35 98
хромировщик д 140 4
хромой д 35 99
хронический д 61 и 62 45
хронограф д 9 15
хронометр д 9 10
хронометражист 68 13; 74 37
хронометрист 67 17; 68 13; 74 37
хрусталик 37 9
хрюкать д 33 и 34 4; д 154 72
хрящ д 38 18
художник-декоратор д 130 1
хутор 152 IV, 19

цапля 27 2
цапфа для установки в подшипники 124 33
цвет 189 з
~ волос д 147 8
~, дополнительный д 189 27
~, радужный д 189 35
~, спектральный д 189 39
цветник д 47 5; 160 26
цветной д 189 16
цветок 11 12; 13 17; 15 6
~, женский 16, 10, 34
~, липовый 16 16
~, луговой 19 з; д 19 I
~, мотыльковый 12 18
~, мужской 16 11, 35
~, однолетний летний д 20 I
~, садовый 20 з
цедилка для молока 154 39

цейтлупа д 87 29
целик д 110 и 111 30
целина д 156 15
цель 67 15
~ поездки д 177-179 13
Цельсий д 41 44
цена д 166 8
~, закупочная д 155 25
~ производителя д 155 19
центнер д 8 34
центр 5 45
~ города д 169 и 170 6
~ нападения 69 22
~, окружной 2 47
~, районный 2 48
централизм, демократический д 103 33
Центральный совет д 105 20
центрировать д 121-123 47
центрифуга 61 12
центрифугировать д 22 41
цеп д 157 43
цепочка для гири 9 27
~, натяжная 156 28
~, часовая 9 7; д 48-52 80
цепь 44 37; д 124 21; 154 9; 172 12
~ заднего колеса д 172 44
~, ковшовая 112 17
~, оградительная 101 19; 169 32
~, посадочная 160 36
~ редуктора д 172 43
~, режущая 111 18
~ против скольжения д 173 и 174 58
~, якорная д 184 88
церковь 2 51
~, деревенская 152 8
цех 99 31; д 110 и 111 4
~, аппаратный 114 II
~, вальцетокарный д 119 24
~ для варки колбасы 144 III
~, газогенераторный 114 I
~ газоочистки 114 III
~, закройный 141 I
~ для изготовления варёной колбасы 144 II
~, котельный 113 II
~, лесопильный 132 II

цех машинной формовки д 117 44
~, машинный 113 III
~, мокрый 112 36
~, печной 118 1; 143 II
~ для приготовления неварёной колбасы 144 I
~, прокатный д 119 I
~, рудопромывочный 110 10
~ ручного раскроя 141 6
~ ручной формовки д 117 43
~, сборочный 126 19; д 126 19
~, сварочный 122 з, II
~, токарный д 121-123 49
~, фанерный 133 III
~, фрезерный д 121-123 65
~, штамповочный 141 I
циан д 114 19
цикламен 21 4
цикля 130 16, 50
цикорий д 11 10
цикута д 15 14
цилиндр д 48-52 66; 120 21; 137 39, 49; 151 37; д 173 и 174 28
~, верхний передний 136 41
~ с воздухом 185 44
~, входной 136 39
~, компрессорный 120 13
~, круглый 6 29
~, нажимной 133 56
~, напорный 125 9
~, паровой 176 28
~, передний 136 20, 34
~, печатный 150 7, 18
~, питающий 136 19
~ поворота 151 43
~, рабочий 120 12
~, резиновый 150 17
~, рифлёный 135 15
~ сжатого воздуха 120 13
~, стригальный 137 43
~, сушильный 148 13
~, цинковый 150 19
~, экранирующий 88 23
цимбалы д 82 и 83 61
цинк д 117 15
~, листовой д 131 1

цинкография д 149 и 150 77
циновка 44 21
цинубель 134 34
цирк 97 з
циркуль со вставной ножкой 6 42
~, делительный 81 16
~, измерительный 6 43; 81 20; 121 17
~, остроконечный 134 20
~, пропорциональный 81 19
циркумфлекс 89 20
цистерна 181 5
цистоскоп 63 49
цитра 83 15
циферблат 9 8
цифра, арабская 7 2
~, римская 7 1
цицеро д 89 и 90 144
цоколь 40 31; 108 9; 128 25
~ лампы 88 16
цыплёнок д 33 и 34 68; 34 VI; 153 42
цыпочка д 35 97

чабрец 12 34
чавкать д 35 82
чай д 15 5; д 166 62
чайка 27 16; 59 1
чайник д 43 18
чалка 76 28
чалма 48 6
чан 148 20
~ для беления д 148 12
~ для мочки 136 2
~, полоскательный 136 4
~ для промывки 136 3
~, распределительный д 148 15
чардаш д 82 и 83 21
час д 9 33
~ закрытия д 101 и 102 53
~ полёта д 181 52
часовой д 101 и 102 34
часовщик д 9 29
частное 7 42
частота д 113 23
часть д 84 и 85 53
~, берцовая 145 53
~, боковая 42 3, 46
~ ботинка 142 IV
~: верхняя ч. печи д 118 12
~: верхняя ч. туловища 61 26
~: головная ч. балки д 129 26
часть города д 169 и 170 8
~, задне-тазовая 145 31
~, задняя 30 13; 142 40
~: задняя ч. лодки 76 40
~, зашейная 145 48
~ для испытания на сжатие и изгиб 125 11
~ крепления 129 9
~, лопаточная 145 23, 43
~, лопаточно-шейная 145 50
~, насосная 125 16
~: новая ч. города д 169 и 170 7
~: носовая ч. лодки 76 25
~, пожарная 152 14
~, почечная 145 40
~, поясничная 145 49
~, поясничио-крестцовая 145 40
~ света д 1 4
~, спинная 145 49
~: старая ч. города д 169 и 170 5
~, тазобедренная 145 41
~ тела 36 з; 37 з
~, управляющая 125 16
~, шарнирная 142 47
~, шейная 145 39
~ штрека д 110 и 111 36, 37
часы 9 з, 1, 25, 30, 32, 34, 35; д 9 I, 1-9, 11, 13, 14, 16, 17; 43 2; д 43 24; 51 35; д 58 11; 61 22; 88 2; 95 3; 169 5; д 181 31
чаша д 43 12
~ для гипса 130 15
~, литниковая 116 23
~ для стереотипа 149 38
~, точильная д 144 и 145 10
чашелистик 13 19
чашечка 13 8
чашка 54 12
~ для кислоты 131 20
~, коленная 38 24
~ для кофе мокко д 41 36
~, кофейная 167 11
~, полоскательная 63 24
~, чайная 54 44
чаща 162 5
чебрец д 12 20
чек д 163 32; 166 39
~, почтовый д 180 23
чеканить д 129 3; д 163 2
чеканка д 126 28; д 131 70
~, изогнутая д 131 69
челеста д 84 и 85 4
чёлка 34 4
чёлн д 183 14, 35
челнок 56 17; 139 47
~, ткацкий 137 25
челышко-соколок 145 33
челюсть д 38 13
~, верхняя 38 6
~, нижняя 38 7
чембало д 84 и 85 15
чемодан 167 23; 177 15
чемоданчик 169 18
чемодан-шкаф д 177-179 23
чемпион д 67 11
чепец д 48-52 60; д 147 94
чепчик д 48-52 60
черви д 93 44, 48, 55
червоточина 13 32
червь, мучной д 22 18
~, шелковичный д 22 5
червяк д 124 14
червячок 13 30; д 22 14
~, окулировочный д 161 15
чердак, бельевой 46 1 и 13
~ над стропильной затяжкой 46 1
чередование д 30 и 31 23
черенок 54 22; 161 29, 34
череп 36 I; 38 1-7
черепаха 23 18
черепица 40 8; д 127 43, 44, 46-50
черника д 13 и 14 1
чернила д 164 и 165 13
чернильница 78 23; 164 29
черпак 128 5; д 129 48
черпальщик 148 17
черпание, ручное 148 IX
черта в дроби 7 13
~, тактовая д 82 и 83 94
чертёж, технический 121 2

чертёжница 138 1
чертилка 134 15
чертить д 134 8; д 138 9
чертополох д 19 8
чесалка в верхнем поле прочёса 136 19
~, мелкая 136 VI
~, средняя 136 V
чесальщица 135 31
чесать д 135-137 67, 68
чесаться д 35 117
чеснок д 12 17
четвёрка с рулевым 75 II
четверть листа д 148 89
~ туши быка 145 11
четверть линия д 69 и 70 55
чёткость д 89 и 90 2
четырёхборье д 68 93
четырёхугольник 6 2-4, 6-8
~, неравномерный 6 2
~, общий 6 2
четырёхугольный д 5 и 6 60
чехол д 42 13; 42 22
~ защитный 133 20
чечевица 10 26
чешуйка 18 9
чешуя, блестящая 23 8
чибис 27 8
чиж д 24-27 11
чин д 101 и 102 4
чинар д 16 и 17 12; д 134 46
чинить д 56 1
чинка 165 46
чирикать д 22 32
числитель 7 12
числительное, количественное д 7 I
~, порядковое д 7 II
число 7 I; д 164 и 165 57
~, дробное 7 11; д 7 III
~ логарифма д 7 146
~, неименованное 7 6
~, нечётное 7 4
~ оборотов д 121-123 41
~, простое 7 5
~, целое 7 7-10
~, чётное 7 3
~, четырёхзначное 7 6
чистильщик канализационных установок 170 10
чистильщица фонарей 170 32

чистить д 48-52 98; д 55 44, 59, 85; д 134 16; д 135-137 114
чистка 55 III; д 141 20
~ кожи 140 1
~ окон 55 IV
чистосортный д 79 94
чистота д 77 19
чистотел д 15 13
читальня 92 I
читатель 91 5
читательница 91 9
читать лекцию д 80 34
чихать д 35 62
член д 35 VII
~ завкома 108 6
~ оркестра 85 5-21
~ партии д 103 7
~ семьи д 101 и 102 52
~ совета общины д 99 39
~ экзаменационной комиссии д 80 86
член-корреспондент д 80 51
членство в партии д 103 II
чтение д 78 61; д 99 57
~ карт д 106 84
чувствительный д 39 42; д 79 69; д 94 и 95 70
~ к морозу д 157 14
чувство д 35 88
~ вкуса д 35 78
~ осязания д 35 88
чувствовать д 35 90
чугун д 115 и 116 7-11, 86; 116 26; д 117 1, 2, 6; 117 12
чугунолитейная 117 з
чулан д 43 5; 46 11
чулок 50 9, 45
~, короткий 49 24
~, спортивный 49 19
чума у свиней д 154 38
чурбан д 46 8; 46 36; 153 10
чушка 116 26
чуять д 30 и 31 24

шабер, желоночный д 131 19
~, трёхгранный 121 41
шаблон 130 9; 138 4
~, габаритный 178 17
шабот 120 27
шаг 8 15
~, скрестной д 67 59

шагать д 33 и 34 38
шагрень д 140 26
шайба 72 31; 124 8
~, выпуклая д 131 30
~, резиновая д 131 58
шалфей д 15 29
шамот д 127 10
шампиньон 18 3; д 18 7
шампунь д 147 74
шапка д 48-52 64, 65; 49 27; 90 20; 174 6
~, кожаная 111 6
~, меховая 48 40
~, спортивная 49 16
шапочка 52 11
~, вязаная 48 24
~, купальная 74 15
шар 6 33
~, бильярдный 92 15
~, воздушный 98 15
~, земной д 2 6
~, сигнальный д 186 20
шарик, кровяной д 39 15
~, стальной 124 39
шарикоподшипник 124 37
шарнир 9 12
шарф 49 45
шасси 88 31; 112 13; 171 18; 173 II; 181 25
шатун д 172 33; д 173 и 174 30
~, ведущий 176 31
шахматист 93 1
шахматы 93 I; д 93 с
шахта д 110 и 111 4; 115 28
~, буроугольная д 112 3
~, вентиляционная 110 17
~, вытяжная 110 17
~ дождеприёмника 170 8
~, слепая 110 26
шахтёр д 110 и 111 127
шацгребер 159 4
шашечница 93 2, 10
шашка 93 11
швабра 55 38
швартовать д 184 95
швейная на конвейере 138 II
швейница 138 19; 141 12
швейцар 167 29
~, ночной д 167 и 168 80
швеллер 119 30
шверт 76 36

швертбот д 75 и 76 49, 55; 76 30
швея 138 15, 17, 19; д 139 5; 141 12
шеврет д 140 27
шевро д 140 25
шезлонг 47 5; 58 38
шейка 37 16; 83 7, 32; 84 24
~ весла 75 30
~ руля 106 25
шёлк д 48-52 40, 43, д 135-137 17, 18, 24
~ для ручного шитья д 139 71
~, швейный д 139 70
шелководство д 79 100
шелкопряд д 22 4
~, походный д 162 28
шельф д 1 70
шепинг 123 III
шеренга д 65 и 66 5
~, передовая д 65 и 66 19
шерстопрядение, аппаратное д 135-137 50
шерсть д 135-137 13, 55-59; д 158 48
~, летняя д 32 22
~, овечья д 135-137 13; д 158 48
шерхебель 134 7
шершень д 22 8
шест 74 7
~ для лазанья 65 6
шествие демонстрантов д 109 2
~, факельное д 109 4
шестерня д 124 13
шестиугольник 6 9
шефель д 8 28
шея 35 1; 145 22
~ коня 65 27
шило 139 44; 141 11; 142 18; 149 20
~, гнутое 142 19
шимпанзе д 29 18
шина 75 14; 94 23; 173 7
~, баллонная д 172 4
~, велосипедная 172 20
~, колёсная д 119 37
~ для руки д 60 38
~, сборная 113 35, 43
шингард 70 8; 72 28
шинковать д 55 41
шиншилла 32 5
шип 13 1; д 16 и 17 34; 50 32; д 129 10; 129 28
~, сквозной 129 25
пипеть д 23 38
шиповник д 16 и 17 29

ширина д 5 и 6 54
~ колеи д 177-179 72
~ ладони 8 9
~ пальца 8 8
широкоизлучатель 68 1
широта д 67 22
шитво 151 III
~ нитками 151 25
~ проволокой 151 24
шить д 56 3; д 139 17; д 142 27
шитьё 56 I
~ гладью 56 18
~ с обшиванием отверстий 56 21
шихта д 118 7
шихтовать д 129 60
шихтовка 115 16
шишка д 60 27
~, еловая 17 8
~ итальянской сосны 17 24
~, пихтовая 17 4
~, плодовая 17 16
~, сосновая 17 11
шкала 9 17; д 41 42; 81 14; 88 19; 125 18
~ расстояний 94 19
~ для установки полей 165 8
шкаторина, верхняя 183 4
~, задняя 183 6
~, передняя 183 7
шкатулка 164 43
шкаф 42 36
~, закрытый 41 25
~ для игрушек 77 6
~ для инструментов 61 3; 63 1; 134 1
~, канцелярский 164 6
~, классный 78 8
~, книжный 41 26
~, комбинированный д 41 22
~, кухонный 43 12
~ для медикаментов 61 4
~, несгораемый 164 4
~ для мётел д 43 3
~ для одежды и белья 42 11
~ для посуды 41 13
~, приставной 41 35
~, стальной 163 16
~, сушильный 95 9
~ с химикалиями 78 29
~, холодильный 145 19
~ для хранения химикатов 95 30
шкаф-картотека 164 2
шкаф-ледник д 43 2

шкафчик д 42 6; 95 25
~, коридорный 45 37
~, стеклянный д 41 12
шквал д 75 и 76 73
шкварка д 144 и 145 42
шкиф, ведущий 112 33
~, канатный 110 3; 127 7
~, ремённый 120 29; д 124 19; 133 17
~, фрикционный 120 30
шкипер д 185 17
школа 78 3; д 78 I, 1-7, XI
~ горных инженеров д 110 и 111 146
~, партийная д 103 51, 52
~, планёрная д 106 32
~, профессиональная д 121-123 2
~ танцев д 96 II
~ театрального искусства д 86 39
школьник д 78 15; 78 45
школьница 78 46
шкот д 183 10
шкура д 32 21
~, тюленевая 71 33
шкурка окорока 145 6
шлагбаум 175 24
шлак д 115 и 116 82
шлаковаться д 115 и 116 39
шлаколоматель 122 9
шлакосниматель 122 41
шланг 160 25
~, масляный 125 27
~ с наконечником 55 28
~, пожарный 102 35
~ для сжатого воздуха 117 45
~, соединительный 133 53
~, тормозной 171 22
шлем 102 17
~ водолаза 185 41
~, защитный 72 49; 106 2, 19
~, лётный 106 1
шлеппер 119 17
шлифование д 121-123 VIII, 94-96
шлифовать д 121-123 93; д 134 31
шлифовка под давлением 148 2
шлихта д 135-137 81
шлихтование д 121-123 50; д 135-137 VIII

751

плюз 182 11 и 12, 26
~, вентиляционный 110 21
шлюпбалка 184 14
шлюпка д 75 и 76 36; д 183 15
~, спасательная 186 27
шляпа д 48-52 61-63
~, дамская 48 33
~, мужская 51 27-32
~, мягкая 49 39; 51 27-32
~ для пляжа 59 19
шляпка 18 11
~, передвигающаяся 135 24
шляпник д 48-52 7
шляпница д 48-52 5
шмель 22 14
шмуцтитул д 89 и 90 60
шницель д 144 и 145 33
шнур 76 11; д 131 27; 165 32
~, вкладной д 139 72
~, сетевой 88 35
шнуровка 180 14
шнурок 51 7
~, натяжной 134 49
~, резиновый 52 34
~ для шитва 151 3
шов д 139 IV, 77, 79, 80-83; 142 43
~, двойной д 142 15
~, сплошной 48 4
шок д 8 30; д 61 и 62 87
шоколад д 166 50
шоссе 2 52; 175 с
шофёр 101 7; д 173 и 174 40
шпагат 66 31; 180 14
~, сноповязальный д 157 28
шпаклевать д 130 19
шпала 128 26; 178 15
шпалеры 47 4
шпангоут д 75 и 76 31, 68; 126 9
~, поперечный 76 19; 126 30
шпарутка д 135-137 98; 137 51
шпатель 130 16
~ для замазки 130 47
~, стеклянный 63 35
шпация 90 32
шпигель д 115 и 116 11
шпиговать д 55 50
шпик д 144 и 145 39; 145 5
~ окорока д 144 и 145 21

шпиль 84 30; д 184 87
шпилька 124 17, 22; д 147 89, 90
шпинат 12 4
шпингалет 130 42
шпиндель 133 46
~, нажимный 119 8
~ для раздвижения зажимной головки 125 15
~, сверлильный 123 29
~, соединительный 119 14
~, фрезерный 133 38
шпионить д 35 37
шпиц д 33 и 34 53
шплинт 124 6
шпон 90 31; д 133 39; д 149 и 150 29
шпонка 124 34; 129 28
~, врезная 124 34
~ с головкой 124 36
шпора 34 38
шприц для воды 63 12
~, колбасный 144 14
~ для уколов 63 38
~ для цветов д 47 18
шпрос 160 13
шпрота д 23 14
шпулька 139 48
шпуля 135 36, 39
шпунт 129 30
шпунтовать д 129 16
шренц д 151 22
шрифт 89 з, 2, 3, 5-9, 12, 14; д 89 и 90 I; д 149 и 150 32
~, жирный 90 29
~, курсивный 90 30
шрифт-штампик 151 17
шрот д 154 28
штаб, производственный д 87 2
штабель брёвен 162 15
~ дров 153 9; 162 15
~ лесоматериала 132 17
~ торфа 58 4
штаг д 183 5
штамп, верхний 120 24
~, нижний 120 25
штамповщик 141 3, 15
штанга 68 36
~, боковая 69 7
~, верхняя 69 5
~, выпускная 117 10
~ для затвора выпускного отверстия 117 11
~ плиты 43 33
~, поршневая 139 37

штанга, расточная д 121-123 87
~: ударная ш. бабы 120 22
штангист 68 39
штанишки 50 42; 52 22
~, верхние 52 29
~, резиновые 52 6
штаны, короткие 49 21; 52 41
~, лыжные 71 48
~ к национальному костюму 49 23
~, спасательные 186 VI
штатив 94 26; 125 25
~ для пробирок 61 6
штевень 76 25; д 184 39
штейгер д 110 и 111 132-134
штемпель 164 23
~, выжигающий 142 20
~ места отправления 180 34
~, почтовый 180 34
штепсель, банановый 88 32
штиге д 8 29
штифт д 63 16
~, каблучный д 142 34
~, конический 124 26
~ с насечкой 124 28
~ для укрепления шишек 117 22
штифтик д 129 7
шток, загибной д 131 8
~ крана д 131 52
~, поршневой 176 27
~, фигурный д 131 7
шток-роза д 15 32; 20 9
штольня д 110 и 111 26
штопанье 56 II; д 56 6
штопать д 56 2, 5
штора 42 4; д 42 27
~, автоматическая д 42 28
штраф, полицейский д 101 и 102 60
штрек д 110 и 111 35, 38, 40, 102
~, выемочный 111 IV
~, главный откаточный 111 V
~ по пласту 110 22
штрипка 142 36
штукатур д 128 78
штукатурка д 128 III, 71-73, 76
штурвал д 184 42

штурман д 185 16
штыб д 110 и 111 118
штык 116 26
штырь 130 38
шуба д 48-52 31; 49 51
~, спортивная 49 53
шуметь д 53 3
шурфовать д 110 и 111 21
шут д 82 и 83 46
шхеры д 1 69
шхуна д 183 23

щебень д 1 86; 170 18
щегол 26 1
щека 35 48
щель 1 29; д 73 34, 43; д 129 11; 169 37
~ в жабрах 23 3
~ для закладки бумаги 165 5
~, монетная 180 25
~ для писем 45 6; 189 23
щёлок, мыльный д 56 38
щенок 34 III
щепоть 8 24; д 54 15
щетинистый д 147 20
щётка д 44 12; 55 37; д 55 77, 81; д 129 49; д 147 87; 149 29; 154 16; 170 40
~ для волос 44 27; 147 49
~, гладильная д 139 65
~, зубная 44 30
~ для локонов 147 24
~, малярная 130 1
~, обойная 130 20
~ для одежды 45 36
~ для оклейки 130 26
~, очистительная 135 25; д 143 29
~, полотёрная 55 25, 33
~, проволочная 47 41; 122 42
~ с ручкой 55 31
~ для смахивания волос 147 27
~ для унитаза 44 41
~ для чистки 136 33
щёточка д 55 82
~ для уборки стола 41 16
щиколотка 35 36
щипать д 22 35
щипец 40 5
щипцы д 43 27; 121 43-48; 129 40; 151 41
~, брикетные 55 4
~ для завивки 147 18

щипцы, зубные 63 29
~ для извлечения шкур 140 7
~ для метания петель 139 56
~ для пирожного д 167 и 168 8
~ для сахара 54 49
~, фальцевальные 142 24
щит 70 22; 122 39
~, приборный 113 22
~, распределительный 125 28
щиток 31 20
~, грязевой 172 9
~ для стопы 70 7
щука д 2 3 6
щуп 123 12
щупальце 22 23
щупать пульс д 57 11

Эвклидова геометрия д 5 и 6 4
эдельвейс д 19 31; д 20 28
эзельгофт 183 15
экватор 2 1, 37; д 2 8
экзамен д 78 84-86; д 80 V, 87, 90, 91, 95
экзема д 61 и 62 77
экземпляр д 89 и 90 49
экипаж д 185 14
~ самолёта д 181 37
эклиптика 2 2
экономить д 163 8
экран 78 31; 80 23; 87 23
~, рентгеновский 62 45
эксгаустер 114 22
экскаватор, гусеничный 112 20
~, многоковшовый 112 2, 3; 127 4
~ нижнего копания 112 2
~, сбросный 112 3
~, угольный 112 20
экскурсия д 78 75; д 80 75; д 91 63; д 107 33
экслибрис д 89 и 90 76
экспедитор д 177-179 55
экспедиция д 107 33
эксперт 100 22
эксплуатация, хищническая д 110 и 111 43
эксплуатировать д 110 и 111 75
экспозиметр 94 31

экспонат 91 14
экспонировать д 94 и 95 2
экспонометр 94 31
экстракт д 15 7
элеватор 113 3; 155 25; д 185 10
~, маятниковый д 114 6
элегантный д 48-52 48
электрифицировать д 176 22
электричество д 113 1
электроаппарат 95 32
электровоз д 176 41
~, вскрышной 112 11
~, шахтный 111 30
электровспышка д 94 и 95 42
электрогенератор 113 26
электрод 122 40
~, угольный 118 8
электродвигатель 114 21; 120 20; 122 3; 123 1, 27; 133 16; д 184 62
электродержатель 122 43
электрокар 178 42
электрокардиограмма д 61 и 62 22
электропечь д 143 13
электроподъёмник 110 11
электропроигрыватель д 88 61
электросварка 122 38
~, контактная д 121-123 29
электросеть, распределительная д 113 57
электроскоп 80 27
электросталь д 118 31
электростанция 1104; 113 з; д 113 II, 33-35
электротележка 178 42
электротехника д 113 2
элемент 45 42
элероны 181 14-17
эллинг 126 17; д 126 17, 18
эллипс 6 10
эллиптический д 5 и 6 52
эмаль, зубная 37 19
эмблема 105 6; 107 3, 23; 133 40; 167 7
эндшпиль д 93 29
энергия д 113 3
энергоснабжение д 113 4

энциклопедия д 89 и 90 32
эпидемия д 61 и 62 57
эпидермис д 140 6
эпидиаскоп 80 34
эпизоотия д 154 33
эпос д 89 и 90 89
эрозия 1 20; д 1 98
эскалатор 166 41
эскиз д 89 и 90 79
эспаньолка д 147 71
эспарцет 10 33
эстакада 174 27
~ : бункерная э. для угля 179 1
эстафета 67 20; д 67 36, 37, 40; д 74 25
эстрагон д 12 13
эстрада 97 13
~ , концертная 59 12; 85 2
этаж д 40 17; 40 19
~ , подвальный д 40 22
~ потолочного забоя 111 13
~ , чердачный д 40 16; 46 з, I
этажерка с резаками 141 16
этикетка 161 3
эфир д 61 и 62 101
эхолот д 184 52
эшелон 101 20

юбка костюма 48 36
~ с лифом 52 44
~ плиссе 48 5
юла 53 28
юнга д 185 29
юноша 105 7
Юпитер 2 20
юридический д 100 52
юрисконсульт 100 19
юриспруденция д 100 51
юрист д 100 78
юфть д 140 41

яблоко 13 16
~ , адамово д 35 28
~ , глазное 37 6
яблоня 13 VII
явление д 86 14
ягнёнок 33 8; 158 45
ягниться д 158 43
ягода 13 з, I-VI; 14 з; 15 7

ягода, виноградная 13 15
~ , можжевёловая 17 19
~ , снежная д 16 и 17 35
~ , терновая д 16 и 17 33
ягодица 35 31
ягодник 47 22
~ , высокоствольный 47 21
ядохимикат для защиты растений д 79 11
ядро д 2 20; 66 40; д 132 17
язва д 61 и 62 75
~ , сибирская д 154 36
язык 36 30; д 78 33-38
язычок 36 26; д 142 8; 142 34
яичко, семенное д 38 72
яичник д 38 68
яичница д 54 61; д 167 и 168 47
яйцо 22 35; д 167 и 168 45
~ для высиживания д 153 22
якорь д 113 39
яма 140 4
~ , авторемонтная 174 13
~ , дубильная 140 19
~ , зольная д 40 13
~ , коксовая 114 18
~ , литейная 116 10; 118 14, 27
~ для прыжков 65 10; 67 31
~ для руды (железной) 115 17
~ для угля д 113 5
~ , угольная д 184 68
ямка 51 30
~ на старте д 67 44
ямочка д 35 26
ярлык д 161 3
~ , багажный 177 16
ярмарка 98 з
ярмо 156 30
яровизация 79 III; д 79 IV
ярус 86 12; 87 24
~ , верхний д 86 61
~ с поводками и крючками 146 14
ярь д 79 48
ясень 16 36; д 134 52
ясли 154 6

ясли, детские д 77 2
ясменник д 19 24
ястреб д 24-27 4
ястреб-перепелятник д 24-27 5
яхта д 183 17
~ , парусная 76 37
ячейка, закрытая 22 32
~ : сотовая я. с крышкой 22 31
~ , трансформаторная 113 40, 41, 42
ячейка трутни 22 36
ячмень 10 11; д 157 33
ящерица 23 20
ящик 142 10; 164 38; 166 21; 178 41
~ , абонементный почтовый 180 2
~ для авиапочты 180 3
~ для брикетов д 55 5
~ , воздушный 75 20; д 75 и 76 69
~ , выдвижной д 41 34; 139 45; 164 42; 166 18
~ , гребной 75 33
~ для губки 78 14
~ , двойной 160 18
~ с инструментами 130 53; 172 36
~ картотеки 164 14
~ для магнитофона 88 14
~ , осадочный 170 1
~ с перевязочным материалом 68 18
~ с песком д 78 83
~ для пикировки 160 16; 161 17
~ для подвесных матриц 149 12
~ , почтовый 169 35; д 180 30
~ , решётчатый 135 II
~ , семенной 157 5
~ , стержневой 117 40
~ , строительный 53 9; д 53 31, 32
~ , угольный 55 5
~ для хранения картофеля 46 45
~ для цветов 40 17
ящичек, музыкальный 53 20
ящур д 154 34